Veröffentlichungen
des Max-Planck-Instituts für Geschichte
62

VERÖFFENTLICHUNGEN
DES MAX-PLANCK-INSTITUTS FÜR GESCHICHTE
62

DER LÜTTICHER RAUM
IN FRÜHKAROLINGISCHER ZEIT

Untersuchungen zur Geschichte
einer karolingischen Stammlandschaft

von

MATTHIAS WERNER

GÖTTINGEN · VANDENHOECK & RUPRECHT · 1980

CIP-Kurztitelaufnahme der Deutschen Bibliothek

Werner, Matthias:
Der Lütticher Raum in frühkarolingischer Zeit : Unters. zur Geschichte e. karoling. Stammlandschaft / von Matthias Werner. – Göttingen : Vandenhoeck und Ruprecht, 1980.
(Veröffentlichungen des Max-Planck-Instituts für Geschichte ; 62)
ISBN 3-525-35373-1

D 4

© Vandenhoeck & Ruprecht in Göttingen 1980. – Printed in Germany. – Ohne ausdrückliche Genehmigung des Verlages ist es nicht gestattet, das Buch oder Teile daraus auf photo- oder akustomechanischem Wege zu vervielfältigen.
Gesamtherstellung: Hubert & Co., Göttingen

Vorwort

Die vorliegenden Untersuchungen verdanken ihre ersten Anstöße einer Exkursion des Marburger Instituts für mittelalterliche Geschichte im Sommer 1965, die im Zusammenhang eines Seminars von Herrn Prof. Dr. Helmut Beumann über „Karlsthron und Karlskult" und eines Kolloquiums von Herrn Prof. Dr. Walter Schlesinger über „Deutsche Königspfalzen" veranstaltet wurde und unter dem Thema „Karolingische Kernlande" nach Köln, Aachen und Paderborn führte. Auf einer Fahrt von Aachen aus in die westlich angrenzenden Gebiete zwischen Maastricht, Lüttich und Stablo-Malmedy wurde als einer jener Orte, die mit den frühen Karolingern und mit Aachen in enger Verbindung standen, auch der steil aufragende Burgberg von Chèvremont südöstlich von Lüttich besucht. Die Besichtigung dieses eindrucksvollen, sein Umland beherrschenden Platzes und eine nachträgliche kurze Beschäftigung mit der noch heute am Orte lebendigen Tradition dieser Burg als eines Stammsitzes der frühen Karolinger regten an, der Geschichte von Chèvremont und der benachbarten frühkarolingischen Höfe und Pfalzen Jupille und Herstal umfassender nachzugehen und nach der Bedeutung dieses Raumes innerhalb der Stammlandschaften des karolingischen Hauses zu fragen. Aus dieser Beschäftigung, deren erste Ergebnisse im Pfalzenkolloquium von Herrn Prof. Schlesinger vorgetragen wurden, erwuchs 1967 eine Staatsexamensarbeit über den Königshof Jupille an der Maas, die als Teil einer größeren Untersuchung über Königsgut und frühe Pfalzen in der engeren Umgebung Lüttichs angelegt war. Das gleichzeitige Erscheinen des in seinen Ergebnissen weitgehend identischen Buches von Micheline Josse, Le domaine de Jupille des origines à 1297 (Bruxelles 1966) machte jedoch eine Änderung dieser Konzeption erforderlich. Hierbei lag es nahe, den Blick von der unmittelbaren Betrachtung der karolingischen Königshöfe und Pfalzen im Umkreis von Lüttich auf die zeitlich weiter zurückführende Frage nach der Stellung des Lütticher Raums unter den Herkunftsgebieten der Karolinger zu verlagern und damit noch nachdrücklicher nach den historischen Wurzeln für die hervorragende Bedeutung des mittleren Maasgebiets mit Lüttich und Aachen unter den Kernlandschaften des karolingischen Reichs zu fragen. Verbunden mit dieser veränderten Fragestellung waren eine Ausweitung des Blickfeldes auf die westlich angrenzenden Landschaften des alten Haspengaues und auf die nördlichen Ardennen sowie eine Einbeziehung auch des Adels, des

Bistums Tongern-Maastricht und des merowingischen Königtums als jener Kräfte, die neben den frühen Karolingern die wichtigsten Machtfaktoren dieses Raums im Frühmittelalter darstellten. Ein großzügig gewährtes Stipendium der Studienstiftung des deutschen Volkes ermöglichte es, diese breiter angelegten Untersuchungen in den Jahren 1968 bis 1970 zu einem weitgehenden Abschluß zu bringen und sie im Wintersemester 1970/71 der Philosophischen Fakultät der Philipps-Universität Marburg als Dissertation vorzulegen. Für die Drucklegung waren noch einige Ergänzungen und Änderungen vorgesehen, deren Abschluß jedoch durch unabweisbare andere Arbeitsvorhaben und umfangreiche personengeschichtliche Untersuchungen, zu denen sich die Neufassung des Kapitels über Adela von Pfalzel ausweitete, immer wieder verzögert wurde. Erst im Sommer 1977 konnte die geplante Überarbeitung des Manuskripts durchgeführt werden, wobei die zwischenzeitlich erschienene Literatur weitestmöglich berücksichtigt wurde, von einer vollständigen Erfassung, insbesondere der landes- und ortsgeschichtlichen Literatur, jedoch abgesehen werden mußte. Leider nicht mehr eingearbeitet werden konnte das Buch von Manfred van Rey, Die Lütticher Gaue Condroz und Ardennen im Frühmittelalter (Rheinisches Archiv 102, 1977), das erst während der Drucklegung erschien.

Meinem verehrten Lehrer Herrn Prof. D. Dr. Dr. h. c. Walter Schlesinger, aus dessen Marburger Pfalzenkolloquium diese Arbeit hervorgegangen ist, schulde ich tiefen Dank für sein stets anteilnehmendes Interesse, seinen immer wieder ermunternden Zuspruch und seine zahlreichen Anregungen und hilfreichen Ratschläge. Sehr zu Dank verbunden bin ich auch Herrn Prof. Dr. Helmut Beumann, ohne dessen quellenkritische Seminare mir der Zugang zu der schwierigen Überlieferungssituation des Lütticher Raums erheblich erschwert gewesen wäre. Herzlich danken für weiterführende Kritik und Anregungen möchte ich meinen Marburger Freunden und Kollegen, von denen hier nur Dr. Michael Gockel als derjenige genannt sei, der diese Arbeit von ihren ersten Anfängen an in zahlreichen Gesprächen und nicht selten auch mit tatkräftiger Hilfe begleitet hat. Zu großem Dank verpflichtet bin ich weiterhin dem Direktor des Max-Planck-Instituts für Geschichte, Herrn Prof. Dr. Josef Fleckenstein, für die Aufnahme der Arbeit in die Reihe der „Veröffentlichungen des Max-Planck-Instituts für Geschichte". Vielmals danken möchte ich nicht zuletzt auch Herrn Dr. Adolf Gauert für seinen langjährigen Zuspruch und für die sorgfältige redaktionelle Betreuung. Herrn Fritz Fischer danke ich für die Reinzeichnung der Kartenvorlagen.

Inhalt

Einleitung 11

Erstes Kapitel:
Landschaft, Siedlungsgeschichte und Verkehrslage 22

Zweites Kapitel:
Führende Familien des Lütticher Raums im 7. und beginnenden 8. Jahrhundert 29

Adalgisel-Grimo 31
   a) Die Besitzungen des Adalgisel-Grimo 32
   b) Zur Verwandtschaft des Adalgisel-Grimo 37
      1. Die Angaben des Testaments 38
      2. Die *duces* Adalgisel und Bobo 44
      3. Die hl. Oda von Amay und der *dux Aquitanorum* Boggis 47
   c) Zusammenfassung 58

Allowinus-Bavo 59
   a) Zur Beurteilung der Vita Bavonis 60
   b) Die Außenbesitzungen der Genter Abtei St. Bavo im Haspengau 65
   c) Die Wintershovener Landoald-Tradition 67

Trudo 73
   a) Der Bericht des Donat 73
   b) Der Umfang der Schenkung 82
   c) Zusammenfassung 92

Crodoald 94

Gundoin 100

Landrada 112
   a) Die Genter Überlieferung 112
   b) Zur Lokalgeschichte von Munsterbilzen 117
   c) Zusammenfassung 120

Dodo 121

Godobald 126

Die Förderer Willibrords in Toxandrien 139
   a) Der Schenkerkreis um Aengilbald, Aengilbert und Ansbald 140
   b) Weitere Schenker 148
   c) Die Unterstützung Willibrords durch die toxandrischen Schenker 152
   d) Besitznachbarschaft zu den frühen Karolingern 155
   e) Zusammenfassung 157

Adela von Pfalzel 159
   a) Besitz und politische Stellung der Familie Adelas 159
   b) Beziehungen zu Irmina von Oeren und Pippins II. Gemahlin Plektrud 166
   c) Alberich und Haderich 169
   d) Zusammenfassung 172

Adalhard – Grinuara – Harlindis – Reinila 175

Rotbert 184

Chrodegang von Metz 197
   a) Sicher bezeugte Familienangehörige 197
   b) Beziehungen zu den mittelrheinischen Rupertinern 202
   c) Beziehungen zu dem *comes* Rotbert 212
   d) Zusammenfassung 214

Ergebnisse 216

Drittes Kapitel:
Das Bistum Tongern-Maastricht in der Zeit des karolingischen Aufstiegs 228

I. Die Bischöfe von Maastricht im 7. und beginnenden 8. Jahrhundert 230

  Amandus 231

  Theodard 236

  Lambert 241
    a) Zur Familie Lamberts 243
    b) Die Erziehung des Lambert 251
    c) Erhebung, Exil und Wiedereinsetzung des Lambert 253
    d) Zur Missionsarbeit des Lambert 266
    e) Die Ermordung des Lambert 268
    f) Zusammenfassung 273

  Hugbert 275

II. Die Verlegung des Bischofssitzes 280
    a) Topographie, Siedlungsgeschichte und Ortsname von Lüttich 282
    b) Lüttich unter den Bischöfen Lambert und Hugbert 287
    c) Lüttich unter den Nachfolgern des Hugbert 294
    d) Der Kult des Lambert 298
    e) Die Karolinger und Lüttich 303
    f) Zusammenfassung 315

III. Zur Frage der frühen Besitzungen der Kirche von Tongern-Maastricht 319
    a) Allgemeiner Überblick 321
    b) Zur Frage der bischöflichen Nebenresidenzen 325
    c) Nivelle und Emael 327

IV. Ergebnisse 337

Viertes Kapitel:
   Die Arnulfinger-Pippiniden im Lütticher Raum 341

   Pippin I. 342
      a) Pippin I. und Landen 343
      b) Der Bericht der Annales Mettenses 347

   Grimoald 354

   Chlodulf 368
      a) Die Angaben der Urkunde von 948 369
      b) Zur Ortsgeschichte von Rutten 374
         1. Der Besitz der Abtei Burtscheid 375
         2. Das Kanonikerstift in Rutten 378
         3. Die Herrschaft des Herzogs von Brabant 379
         4. Rückschlüsse auf die Geschichte von Rutten im frühen Mittelalter 382
      c) *Littemala* 383
      d) Zur Person des Chlodulf 385
      e) Zusammenfassung 393

   Begga – Ansegisel 396

   Pippin II. 405
      a) Burg und Stift Chèvremont 410
         1. Die Burg Chèvremont 410
         2. Das Stift St. Marien 422
         3. Die Nachrichten über die Bestattung Pippins II. auf Chèvremont 426
            Die Historiae Francorum Steinveldenses II 426
            Die Genealogia Dagoberti III. 431
            Die Lütticher Tradition 435
            Die gemeinsame Herkunft der Nachrichten 438
         4. Zusammenfassung 439
      b) Schenkungen und Aufenthaltsorte Pippins II. 441
         1. Hermalle und Herstal 442
         2. Awans 448
         3. Jupille 451
         4. Schenkungen im südlichen Toxandrien 455
         5. Zusammenfassung 457
      c) Zum Verhältnis von karolingischem Hausgut und merowingischem Fiskalbesitz 458

   Ergebnisse 468

Schluß 476

Abkürzungs- und Sigelverzeichnis 487

Verzeichnis der zitierten Quellen und Literatur 489

Register 520

Verzeichnis der Karten

Karte 1:	Übersichtskarte zum Testament des Adalgisel-Grimo von 634	S. 34
Karte 2:	St. Truiden und Umgebung	S. 84
Karte 3:	Glons und Umgebung	S. 98
Karte 4:	Avroy und Umgebung	S. 136
Karte 5:	Die Förderer Willibrords in Toxandrien (Übersichtskarte)	S. 143
Karte 6:	Übersichtskarte zur Urkunde der Adela von Pfalzel von 732/33	S. 161
Karte 7:	Donk und Umgebung	S. 192
Karte 8:	Lüttich zu Beginn des 8. Jahrhunderts (Nach P. Lecouturier und L. F. Genicot)	S. 283
Karte 9:	Nivelle und Emael (Orientierungskarte)	S. 331
Karte 10:	Rutten und Umgebung	S. 375
Karte 11:	Die topographische Situation von Chèvremont	S. 411
Karte 12:	Frühkarolingische Besitzungen in der näheren Umgebung von Lüttich	S. 444
Karte 13:	Awans und Umgebung	S. 451
Karte 14:	Merowingisches Fiskalgut, frühkarolingische Besitzungen und späteres Reichsgut im mittleren Maasgebiet	nach S. 464
Karte 15:	Merowingisches Fiskalgut, frühkarolingische Besitzungen, Privatgut und Kirchengut im 7. und beginnenden 8. Jahrhundert im Lütticher Raum	Beilage

Einleitung

Der Aufstieg der Arnulfinger-Pippiniden im 7. und beginnenden 8. Jahrhundert von einer der zahlreichen miteinander rivalisierenden Familien der austrasischen Oberschicht zum Herrscherhaus der Karolinger, das die merowingische Königsdynastie ablöste, unter Karl dem Großen die Kaiserwürde erwarb und dem fränkischen Reich und seinen Teilreichen bis in das 10. Jahrhundert hinein vorstand, darf als einer der bedeutsamsten und folgenreichsten Vorgänge in der Geschichte des frühen Mittelalters gelten. Nur in seinen letzten Phasen, der Zeit Karl Martells und seiner Söhne Karlmann und Pippin, läßt sich der Weg der frühen Karolinger an die Spitze des Reiches genauer in den Quellen verfolgen. Für die Geschichte der Familie im 7. Jahrhundert hingegen liegt nur eine überaus lückenhafte Überlieferung vor. Sie läßt den Gang der Ereignisse und das wechselvolle politische Schicksal der Arnulfinger-Pippiniden allenfalls in großen Zügen und in wenigen aufschlußreichen Einzeldaten erkennen, reicht aber für ein detaillierteres Bild auch nicht annähernd aus. Dies gilt insbesondere für die entscheidende Frage, wie es der Familie trotz mehrfacher Rückschläge immer wieder gelang, die Vorherrschaft in Austrasien zu behaupten und schließlich unter Pippin II. auch die Führung im Gesamtreich zu erringen. Gänzlich im Dunkeln liegen vor allem die Geschehnisse in den Jahren zwischen dem Sturz des Grimoald 662, der zu einer weitgehenden Entmachtung der Arnulfinger-Pippiniden führte, und dem Herrschaftsantritt Pippins II. 679/80 in Austrasien. Sie fallen in eine Zeit, die zu den an Quellen ärmsten des gesamten Mittelalters zählt. Sucht man nach Möglichkeiten, die insgesamt noch wenig geklärten Vorgänge weiter aufzuhellen, so wird man sich kaum mit den spärlichen Quellenaussagen zum unmittelbaren Gang der Ereignisse selbst begnügen können. Ein Ansatzpunkt, der wichtige Aufschlüsse verspricht, scheint demgegenüber die Frage zu sein, über welche Besitz- und Machtgrundlagen die Arnulfinger-Pippiniden in jenen Landschaften Austrasiens verfügten, die als Stammlande des karolingischen Hauses anzusehen sind, und welches die führenden Kreise waren, auf die sie sich in diesen Gebieten stützen konnten bzw. mit denen sie sich auseinanderzusetzen hatten.

Die Forschung ist dieser Frage in mehrfacher Weise nachgegangen. Die ältesten Güter der Arnulfinger-Pippiniden und damit verbunden die Herkunft der Karolinger wurden erstmals ausführlich von H. E. Bonnell untersucht. Bonnell erschloß drei Gruppen frühkarolingischer Besitzungen: im Bereich der nördlichen Ardennen in den Gauen Condroz und Famine, im Gebiet um Metz und Verdun sowie an der mittleren Mosel bei Trier und im nördlichen Eifelraum[1]. Diese Landschaften, von ihm als das „eigentliche Herz Austrasiens" bezeichnet, sah er als die Stammlande des karolingischen Hauses an, in denen die Familie über die für ihren Aufstieg entscheidenden Besitzgrundlagen verfügte[2]. Die Ergebnisse von Bonnell erfuhren in der Folgezeit neben zahlreichen Korrekturen im einzelnen[3] eine Modifizierung vor allem in der Weise, als das östliche Belgien – Brabant, das mittlere Maasgebiet und die nördlichen Ardennen – vornehmlich als das Herkunftsgebiet des pippinidischen Zweiges der Familie betrachtet wurde, während man die Arnulfinger eher im Süden um Trier, Metz und Verdun beheimatet sah[4]. Eingehendere Untersuchungen wurden jedoch nicht mehr in Angriff genommen. Erst in jüngerer Zeit wandte sich die Forschung wieder stärker der Frage nach der Herkunft und dem Aufstieg der Karolinger zu. Zu nennen sind insbesondere die Untersuchungen von E. Hlawitschka, der aufgrund besitzgeschichtlich-genealogischer Beobachtungen den „Mittelmosel-Eifel-Besitzkomplex" aus der Reihe der ältesten karolingischen Besitzungen aussonderte und hierdurch nachdrücklicher als die bisherige Forschung die pippinidischen Erbgüter im östlichen Belgien und die Heimat der Arnulfinger im Raum um Metz und Verdun lokalisieren konnte[5]. Er nahm an, daß mit der Vereinigung dieser beiden Besitz-

---

[1] BONNELL, Anfänge S. 76 ff. [2] Ebd. S. 84.
[3] BONNELL, Anfänge S. 68 ff. hatte unzutreffend die Vita und die Virtutes s. Geretrudis mit ihren Angaben über die Verwandtschaft der hl. Gertrud zu Pippin I. sowie über die Klostergründungen von Gertruds Mutter Itta in Nivelles und Gertruds Schwester Begga in Andenne als eine Erfindung des ausgehenden 10. Jh.s verworfen und in Anschluß daran versucht, auch alle übrigen Nachrichten über Beziehungen der frühen Karolinger nach Brabant und in das mittlere Maasgebiet hinwegzuinterpretieren. Seinen Bedenken, denen sich noch MÜHLBACHER, Geschichte S. 24 angeschlossen hatte, wurde die Grundlage durch KRUSCH, SS rer. Merov. 2 S. 446 ff., entzogen, der zeigen konnte, daß es sich bei der Vita und den Virtutes s. Geretrudis um glaubwürdige Quellen noch des 7. Jh.s handelt, deren Aussagen zudem durch das zeitgleiche Additamentum Nivialense (SS rer. Merov. 4 S. 449 ff.) bestätigt werden. Aufgrund dieser quellenkritischen Ergebnisse konnte von der weiteren Forschung das östliche Belgien – entsprechend der durch Beinamen wie „Pippin von Landen" und „Pippin von Herstal" geprägten Tradition – sicher jenen Landschaften zugewiesen werden, zu denen bereits die ältesten bekannten Angehörigen des karolingischen Hauses enge Verbindungen hatten; vgl. jedoch Anm. 4.
[4] Vgl. etwa ROUSSEAU, La Meuse S. 49 f., DENS., Les Carolingiens S. 195, AUBIN, Herkunft S. 42 und 45, GANSHOF, Het Tijdperk S. 256 mit Anm. 2. Für das östliche Belgien vgl. auch KURTH, Notger 1 S. 14, für den Raum um Metz und Verdun u. a. ZATSCHEK, Reich S. 38. Letzterer läßt in seinen Ausführungen über „das karolingische Hausgut" S. 30 ff., wohl noch unter dem Eindruck der Ergebnisse von Bonnell, das Zeugnis der Vita und der Virtutes s. Geretrudis und des Additamentum Nivialense über die Gründung von Nivelles, Fosses und Andenne durch Familienangehörige der Pippiniden unberücksichtigt und nimmt deshalb an, erst unter Pippin II. hätten sich die Karolinger in das Maasgebiet nördlich der Ardennen vorgeschoben.
[5] HLAWITSCHKA, Herkunft S. 6 ff. und S. 14 ff.; ähnlich DERS., Vorfahren S. 52 f.

komplexe durch die Heiratsverbindung zwischen Ansegisel, dem Sohn Arnulfs von Metz, und Pippins I. Tochter Begga der Grund für den Aufstieg des karolingischen Hauses unter Pippin II. gelegt worden sei[6]. Pippin II. habe seine besitzmäßige Grundlage weiter dadurch stärken können, daß er mit Plektrud eine Angehörige der im Trierer Raum und in der Eifel reich begüterten „Hugobert-Irmina-Sippe" heiratete, deren Besitzungen – gleichsam das Bindeglied zwischen den Gütern im östlichen Belgien und um Metz und Verdun – in der Folgezeit zum Großteil an die Karolinger übergegangen seien[7].

Andere Forscher heben neben der Besitzgrundlage in zentralen Landschaften Austrasiens[8] vor allem die wichtige Rolle der austrasischen Führungsschicht beim Aufstieg der frühen Karolinger hervor. So betonte Irene Haselbach, ausgehend von den Nachrichten der erzählenden Quellen, ins-

---

[6] HLAWITSCHKA, Vorfahren S. 53.

[7] Ebd. S. 54 f. In Anschluß an die ältere Forschung sah Hlawitschka Plektrud als Tochter der Irmina von Oeren und eines Seneschalls Hugobert an und suchte darüber hinaus zu zeigen, daß auch die Gemahlin Pippins d. J., Bertrada d. J., der derart erschlossenen „Hugobert-Irmina-Sippe" entstammte, da ihre Großmutter Bertrada d. Ä., die erste Stifterin des Klosters Prüm, gleichfalls eine Tochter Irminas und Hugoberts gewesen sei. Erst durch diese zweifache Versippung mit Angehörigen der „Hugobert-Irmina-Sippe" seien dem karolingischen Hause seine Besitzungen im Mittelmosel-Eifel-Raum zugewachsen.

[8] Neben den Gütern im östlichen Belgien, im Mittelmosel-Eifel-Raum und um Metz und Verdun wurden älteste Besitzungen der Karolinger auch noch in anderen Landschaften des Reichs angenommen. So zählte etwa ZATSCHEK, Reich S. 32 ff. und 40 die von Grimoald, Pippin II. und dessen Enkel Hugo an die Reimser Bischofskirche und an neustrische Klöster und Kirchen geschenkten Besitzungen im Seinegebiet zu den karolingischen Hausgütern und erschloß als Besitzgrundlage der Arnulfinger-Pippiniden „zwei große Gruppen, eine zwischen Rhein und Maas und eine im Seinegebiet, die den Karolingern den Aufstieg zur Herrschaft erleichtert haben mag" (S. 40). STAAB, Gesellschaft S. 303 f. rechnete mit frühen „Stützpunkten der Arnulfinger-Pippiniden" am Mittelrhein im Umkreis von Bingen, Bad Kreuznach, Alzey und Mainz, wobei er sich auf Außenbesitz der Klöster Nivelles und St. Ursula in Köln sowie auf erstmals im 11. Jh. faßbare Mainzer Traditionen über Schenkungen Pippins II. in diesem Raum stützte. Ältestes pippinidisches Hausgut bzw. Besitz von Pippins I. Gemahlin Itta wird von einigen Forschern im Rheingebiet zwischen Bonn und Andernach bei Linz und Rheinbrohl erschlossen, wo die von Itta und ihrer Tochter Begga gegründeten Klöster Nivelles und Andenne über seit Ende des 9. Jh.s bzw. um 1200 erstmals bezeugten Außenbesitz verfügten, vgl. etwa EWIG, Trier S. 119 und PAULY, Zusammenfassung S. 345, der hier allerdings Schenkungen der Pippiniden aus Fiskalbesitz annimmt; zurückhaltend HOEBANX, Nivelles S. 88 Anm. 4. Noch weiter östlich gelegenes Hausgut der Karolinger hält METZ, Austrasische Adelsherrschaft S. 280 und 286 für wahrscheinlich, der in Anschluß an F. J. SCHMALE der zuerst im 11. Jh. faßbaren Tradition, wonach die hl. Gertrud das Kloster Karlburg am Main (Kr. Karlstadt) gegründet habe, größere Glaubwürdigkeit beimessen möchte. Erbgüter der Gertrud in Bergen-op-Zoom nördl. Antwerpen (Prov. Noordbrabant) schließlich nennt eine interpolierte Urkunde Ottos I. von 966 Januar 24, DO I 318 S. 433, vgl. dazu HOEBANX S. 220 ff., der im Gegensatz zu SPRANDEL, Adel S. 36 diese Nachricht verwirft. Beruht die Annahme von Hausgut im Mainzer Raum, in Ostfranken und in Noordbrabant auf einer sehr fraglichen Quellengrundlage, so bedürfen die Nachrichten über die Schenkungen früher Mitglieder des karolingischen Hauses im Reimser Raum und in Neustrien nochmaliger Untersuchung, vgl. vorerst HLAWITSCHKA, Herkunft S. 3 Anm. 9. Frühe Besitzrechte der Familie nördl. von Andernach würden sich hingegen durchaus in das Bild einer weitgestreuten Grundherrschaft, die vom Eifelraum aus auch nach Ripuarien reichte, einfügen.

besondere der Annales Mettenses, Pippin I. sei 613 gestützt „auf ein umfangreiches Hausgut und auf einen bedeutenden Anhang unter den ihm in einem gefolgschaftsähnlichen Verhältnis verbundenen austrasischen Großen" zu einem der Führer der austrasischen Adelsopposition aufgestiegen[9]. In ähnlicher Weise sei auch Pippin II. 679/80 als Gefolgsherr über weite Teile des austrasischen Adels „kraft eigenen Rechtes Inhaber der politischen Führung im östlichen Teilreich" geworden[10]. Um eine nähere Bestimmung jener führenden Familien, denen die Karolinger ihren Aufstieg verdankten, haben sich in personengeschichtlicher Hinsicht vor allem G. Tellenbach und seine Schüler bemüht. Ihren Ergebnissen zufolge war es „der Kreis der großen, mit den Arnulfingern und Pippiniden seit alters verbundenen Geschlechter aus den austrasischen Kernlandschaften an Maas und Mosel", der im 8. und 9. Jahrhundert an der Seite der Karolinger zur höchsten politischen Führungsschicht des Reiches aufstieg und an führender Stelle für die Karolinger tätig wurde[11]. Von der Gruppe dieser großen Familien des 8. und 9. Jahrhunderts, für die eine Herkunft aus den karolingischen Stammlanden nachgewiesen oder wahrscheinlich gemacht werden konnte, läßt sich allerdings kaum eine sicher in das 7. Jahrhundert zurückverfolgen[12]. Stärker mit dem Fortleben „vornehmer alter Familien" der fränkischen Führungsschicht aus dem 6./7. Jahrhundert als Helfern der frühen Karolinger rechnete hingegen K. F. Werner. Im Zusammenwirken mit diesem „Hochadel", für den Werner meist neustrische Herkunft und weitreichende Beziehungen über das Gesamtreich hinweg auch in die Gebiete an Maas und Mosel annimmt, hätten die Karolinger, insbesondere Pippin II., die Vorherrschaft erlangt[13].

Sowohl die besitzgeschichtlich-genealogischen Beobachtungen von Hlawitschka wie auch die an den erzählenden Quellen orientierte Darstellung von Haselbach und die genannten Ergebnisse der personengeschichtlichen Forschung vermitteln – der jeweiligen Fragestellung entsprechend – mehr einen allgemeinen Überblick oder aufschlußreiche Einzelaspekte als daß sie zu einem genaueren Bild über die Stellung der Arnulfinger-Pippiniden in ihren austrasischen Herkunftsgebieten beitragen könnten. Nähere Untersuchungen über die Macht- und Besitzgrundlage der frühen Karolinger in jenen Landschaften, die seit Bonnell als Stammlande des karolingischen Hauses angesehen werden, stehen ebenso aus wie eine detailliertere Erforschung der Führungsschicht im engeren Umkreis der Arnulfinger-Pippiniden. Dies dürfte

---

[9] HASELBACH, Annales Mettenses S. 42.
[10] Ebd. S. 46 ff. (Zitat S. 49).
[11] TELLENBACH, Karolinger S. 412; vgl. auch SPRANDEL, Adel S. 67 ff. und den von G. TELLENBACH 1957 herausgegebenen Sammelband „Studien und Vorarbeiten zur Geschichte des großfränkischen und frühdeutschen Adels".
[12] Vgl. SPRANDEL, Adel S. 68.
[13] WERNER, Bedeutende Adelsfamilien S. 100 ff., bes. S. 116 ff. und 130 ff.

vor allem darin begründet sein, daß auch zu den landschaftlichen Beziehungen der frühen Karolinger nur wenige Nachrichten überliefert sind. Urkunden mit sicheren Aussagen über Besitzungen des karolingischen Hauses setzen erst Ende des 7. Jahrhunderts unter Pippin II. ein[14]. Zeitlich weiter zurück reichen vereinzelte Hinweise erzählender wie urkundlicher Quellen über die führende Rolle etwa Pippins I. und Arnulfs im östlichen Belgien bzw. in Metz[15], über die pippinidischen Klostergründungen in Nivelles, Fosses, Stablo-Malmedy und Andenne[16] sowie über das Verhältnis zu einzelnen Vertretern der austrasischen Führungsschicht wie etwa zu Kunibert von Köln oder den *duces* Adalgisel, Bobo und Martin[17]. Insgesamt aber ist die Zahl der Zeugnisse sehr gering. Angesichts dieser schmalen Quellengrundlage scheint es kaum möglich, wie in der bisherigen Forschung durch eine weitgehend isolierte Betrachtung der allein die frühen Karolinger betreffenden Nachrichten weitere Aufschlüsse über die Stellung der Familie in ihren sog. Stammlandschaften[18] zu gewinnen. Vielmehr ist den wenigen Einzelzeugnissen die übrige Überlieferung

---

[14] Vgl. die Zusammenstellung der Urkunden der Arnulfinger-Pippiniden und die Liste der Deperdita bei HEIDRICH, Titulatur S. 236 ff. und 264 ff. Ausnahmen bilden lediglich die Schenkungen Grimoalds an Stablo-Malmedy und an geistliche Empfänger in Reims, ebd. S. 236 f. (A 1) und 264 f. (Nr. 3, 4) sowie die Stiftung eines Xenodochiums durch Chlodulf in Rutten und *Littemala*, ebd. S. 264 (Nr. 1, 2), auf die unten S. 368 ff. ausführlich einzugehen ist.

[15] Annales Mettenses a. 688 S. 2; Vita Arnulfi cap. 6 S. 434 f.

[16] Vita s. Geretrudis cap. 2 S. 455 f., Additamentum Nivialense S. 450, D Mer 23 S. 23 = HR 1 Nr. 4 S. 14, Virtutes s. Geretrudis cap. 10 S. 469.

[17] Vgl. Fredegar IV, 85 ff. S. 164 f. und LHF cap. 46 S. 319 f.

[18] Gegen die Verwendung von Begriffen wie „landschaftliche Herkunft" für führende Familien des fränkischen Reichs, darunter auch die frühen Karolinger, wandte sich in Hinblick auf die außerordentlich differenzierten Besitzverhältnisse in den Grundherrschaften der Oberschicht am Mittelrhein STAAB, Gesellschaft S. 299, der auch allgemein darauf hinweist, daß die fränkischen Königsdynastien und die fränkische Oberschicht „grundsätzlich im ganzen Frankenreich Besitz und Wohnung haben konnten", wobei „beim Adel ... die Übernahme eines Amtes und der Erwerb von Grundbesitz im neuen Wirkungsbereich Hand in Hand" gingen. Er schlägt vor, statt dessen von „landschaftlichen Besitzgruppierungen einer Adelsfamilie" zu sprechen. Vgl. zu diesem Problem auch die Bemerkungen von WERNER, Bedeutende Adelsfamilien S. 120. Man wird jedoch für die fränkische Führungsschicht rasche, weiträumige Wanderungsbewegungen mit stets wechselnden Schwerpunkten über entfernte Gebiete hinweg ebensowenig verallgemeinern dürfen wie eine durch Generationen hindurch andauernde enge Verbindung zu einem Einzelraum; beides tritt in der Überlieferung entgegen. Unter „Stammlandschaft" bzw. „Herkunftsgebiet" soll im folgenden lediglich eine Landschaft verstanden werden, in welche die ältesten Spuren einer Familie zurückreichen und in welcher die Familie über mehrere Generationen nachweisbar ist. Bei der Anwendung dieser Begriffe ist entsprechend den Bedenken von Staab und Werner durchaus stets mit dem Unsicherheitsfaktor zu rechnen, daß nicht bekannte ältere Familienangehörige anderen Landschaften entstammten und daß folgende Generationen ihren Wirkungsbereich in andere Gegenden verlagerten. Für den Raum um Metz und Verdun sowie insbesondere das östliche Belgien mit dem mittleren Maasgebiet scheint der Begriff einer „Stammlandschaft" des karolingischen Hauses jedoch insofern angemessen, als die Karolinger zu diesen Landschaften, in denen ihre Vorfahren erstmals faßbar werden und sich durch Generationen hindurch verfolgen lassen, bis weit über die Zeit Karls des Großen hinaus sehr enge Verbindungen unterhielten; vgl. dazu auch unten S. 481.

zur frühmittelalterlichen Geschichte dieser Landschaften gegenüberzustellen und ausgehend von dem Bild, das sich auf diese Weise für die jeweiligen Einzelräume in der Zeit des karolingischen Aufstiegs ergibt, erneut nach den Machtgrundlagen der Arnulfinger-Pippiniden im östlichen Austrasien und nach ihren Beziehungen zur austrasischen Führungsschicht zu fragen.

Bei einem solchen, stärker von den Einzelräumen ausgehenden Verfahren sind die landschaftlichen Schwerpunkte entsprechend den bisherigen Forschungsergebnissen vor allem in den Gebieten um Metz und Verdun, im Trierer Raum und im östlichen Belgien zu setzen. Im folgenden soll eine derartige Untersuchung für den Raum um Lüttich vorgelegt werden, der ein Teilgebiet des als Stammlande der Pippiniden angesehenen östlichen Belgien bildet. Unter dem Lütticher Raum wird dabei im wesentlichen das Gebiet zwischen Huy, St. Truiden, Maastricht, Aachen und Stablo-Malmedy verstanden. Die Überlieferungslage bedingt es, daß die Untersuchung mehrfach über dieses Gebiet hinausführt, andererseits aber ihren räumlichen Schwerpunkt westlich der Maas in den Kernlandschaften des alten Haspengaues hat.

Beziehungen der frühen Karolinger zum Lütticher Raum werden erstmals mit der Nachricht der Annales Mettenses faßbar, wonach Pippin I. *populum inter Carbonariam silvam et Mosam fluvium* beherrscht habe, sein Herrschaftsbereich also auch das mittlere Maasgebiet bei Lüttich umfaßte[19]. Weitere Nachrichten über die Stellung der Pippiniden in diesem Raum sind für die Zeit von Pippins I. Sohn Grimoald überliefert, der nach der Auflösung des von Sigibert III. gegründeten Königsklosters Cugnon dessen Nachfolgeklöster Stablo und Malmedy vor 650 in den nördlichen Ardennen als eigene Gründungen errichtete. Seine Schwester Begga gründete 691/92 unweit von Huy an der Maas das Kloster Andenne. Mit dem Einsetzen reicherer Überlieferung unter Pippin II. tritt das mittlere Maasgebiet noch stärker in den Vordergrund. Hier sind mit Jupille und Herstal frühe karolingische Pfalzen bezeugt. Die in ihrer Nachbarschaft gelegene Burg Chèvremont, eine der wichtigsten Festungen des Maastales, erscheint im Besitz Pippins II. Die Schenkungen Pippins II. an die Marienkirche auf Chèvremont und an die Klöster St. Truiden, Stablo-Malmedy und Rutten lassen überdies eine Reihe frühkarolingischer Besitzungen in der engeren und weiteren Umgebung von Jupille, Herstal und Chèvremont erkennen. Ein Zusammentreffen von Pfalz, Burg und Landbesitz auf derart dichtem Raum ist in ähnlicher Weise für andere Gebiete des östlichen Belgien in frühkarolingischer Zeit nicht über-

---

[19] Annales Mettenses a. 688 S. 2; nach Angaben des um 805 schreibenden Verfassers erstreckte sich der Herrschaftsbereich Pippins I. darüber hinaus *usque ad Fresionum fines*, d.h. im Norden bis in das Mündungsgebiet der Maas.

liefert. Der Raum um Lüttich, dessen westliche Teile im Haspengau zu den fruchtbarsten Gegenden nördlich der Ardennen zählen, war durch seine günstige Verkehrslage an dem Schnittpunkt der Maas und der Römerstraße Bavai-Köln als den Hauptverbindungen in süd-nördlicher und west-östlicher Richtung besonders ausgezeichnet. Er bildete zugleich den Mittelpunkt der weitausgedehnten Diözese Tongern und gehörte unter Karl dem Großen mit den sich in ihrer Bedeutung ablösenden Pfalzen Herstal und Aachen zu den „Kernlandschaften" des fränkischen Reiches[20]. Obgleich urkundliche Zeugnisse weitgehend fehlen, sind für dieses Gebiet im 7. und beginnenden 8. Jahrhundert mehrere, z.T. sehr vornehme Familien der fränkischen Führungsschicht nachzuweisen.

Die Hinweise auf die hervorragende Stellung des Raums um Lüttich unter Pippin II. gewinnen auf dem Hintergrund seiner günstigen geographischen Voraussetzungen, seiner zentralen Funktion für das Bistum Tongern, seiner Bevorzugung unter Karl dem Großen und angesichts einer Reihe hier nachweisbarer Familien der fränkischen Führungsschicht erhöhtes Interesse. Das Zusammentreffen der deutlich erkennbaren historischen Bedeutung dieses Raums im frühen Mittelalter und einer relativ günstigen Überlieferung dürfte wohl kaum zufällig sein. Beides läßt den Lütticher Raum für die Untersuchung einer jener Landschaften, die zu den karolingischen Stammlanden *inter Carbonariam silvam et Mosam fluvium* zählten, als besonders geeignet erscheinen.

In der bisherigen Forschung wurde die Geschichte des Lütticher Raums im 7. und beginnenden 8. Jahrhundert lediglich von F. Rousseau im Rahmen seiner räumlich und zeitlich weitgespannten Darstellung „La Meuse et le pays mosan en Belgique. Leur importance historique avant le XIIIe siècle" (1930) näher behandelt[21]. Rousseau läßt dem mittleren Maasgebiet, zu dessen nördlichen Teil er den Raum um Maastricht-Tongern-Lüttich zählt, aufgrund seiner bis in die Antike zurückreichenden wirtschaftlichen und kulturellen Bedeutung und seiner engen Verbindungen zum oberen Maasgebiet „le rôle prépondérant" in der älteren Geschichte des heutigen Belgien zukommen[22]. In

---

[20] MAYER, Königtum S. 59 und 66 zählt die Landschaft um Aachen neben dem Raum zwischen Seine und Aisne und dem Gebiet um Frankfurt und Ingelheim zu den „drei Kernlandschaften" des karolingischen Reiches. SCHLESINGER, Beobachtungen S. 258 spricht von „einer sogenannten ‚Kernlandschaft' der frühen Karolinger, die ihr Zentrum wohl im Raum von Lüttich hatte".

[21] ROUSSEAU, La Meuse S. 37 ff.

[22] Ebd. S. 4. Über Rousseau hinausgehend faßt JORIS, Du Ve au milieu du VIIe siècle S. 29 f. seine Ausführungen über die wirtschaftliche Bedeutung des mittleren Maasgebietes zusammen: „on ne peut manquer d'être frappé de l'importance prise dans le domaine matériel par les régions orientales axées sur la vallée de la Meuse. Qu'il s'agisse de leur activité industrielle, monétaire, commerciale ou de l'efflorescence urbaine à l'échelle du temps, elles donnent l'impression de former un ensemble actif, cohérent et solide. Dans cette perspective, la conquête de l'hégémonie par l'Austrasie et l'ascension parallèle des Carolingiens apparaissent vraiment comme la conséquence politique naturelle de pareille situation."

diesem Zusammenhang hebt er nach einer ausführlichen Untersuchung des karolingischen Haus- und Krongutes[23] hervor, daß die Pippiniden im mittleren Maasgebiet über ihre „principaux domaines" verfügt hätten[24]. Er nimmt an, daß sich unter Pippin II. der Schwerpunkt Austrasiens aus dem Raum um Metz, Toul und Verdun in das Gebiet der Diözese Tongern verlagert habe[25]. Die Kirche von Tongern-Maastricht bildete seinen Ergebnissen zufolge neben den Karolingern den zweiten größeren Machtfaktor, während den Angehörigen der fränkischen Oberschicht in diesem Gebiet nur eine geringe Bedeutung zugekommen sei[26]. Die umfassende Darstellung der Geschichte des mittleren Maasgebiets bis in das beginnende 13. Jahrhundert läßt für Rousseau ein näheres Eingehen auf den Lütticher Raum im frühen Mittelalter nur in sehr beschränktem Umfange zu. Sein aus der übergreifenden Betrachtung gewonnenes Urteil über die Bedeutung des mittleren Maasgebiets im 7. und 8. Jahrhundert bestätigt jedoch die Notwendigkeit einer ausführlicheren Untersuchung der Landschaft um Maastricht, Tongern und Lüttich für diese Zeit[27].

Für das methodische Vorgehen bieten sich mehrfache Möglichkeiten an. Sucht man sich an vergleichbaren Arbeiten über die Geschichte historisch bedeutsamer Einzelräume im Frühmittelalter zu orientieren, so richtet sich der Blick vor allem auf das grundlegende Werk von E. Ewig über die Trierer Mosellande in spätantiker und merowingischer Zeit. Aber auch die Untersuchungen von R. Kaiser über die Civitas und Diözese von Soissons sowie von M. Gockel und F. Staab über das Rhein-Main-Gebiet und in gewisser Weise auch die Studie von Helga Müller-Kehlen über die Ardennen im Frühmittelalter sind zu nennen. Entsprechend der unterschiedlichen Quellenlage und Fragestellung wurden in diesen Arbeiten z. T. recht verschiedene Wege beschritten. Während Ewig sich nahezu ausschließlich auf die schriftliche Überlieferung stützte und für einen Großteil seiner Untersuchung, eine „kirchlich-politische Statistik" in fränkischer Zeit, die spätere Pfarrei- und Dekanats-

---

[23] Seine Zusammenstellung „Les domaines des Carolingiens" S. 221–243 darf als grundlegend für weitere Untersuchungen des karolingischen Königsguts im mittleren Maasgebiet gelten.
[24] Ebd. S. 53.
[25] Ebd. S. 51.
[26] Ebd. S. 49.
[27] In der deutschen Forschung wurde die Bedeutung dieser Landschaft in frühkarolingischer Zeit zuletzt von EWIG, Descriptio S. 158 und SCHLESINGER, Beobachtungen S. 258 hervorgehoben. Beide weisen in diesem Zusammenhang auf die Verlegung des Bischofssitzes von Maastricht nach Lüttich zu Beginn des 8. Jh.s hin. Ewig scheint wohl mehr im Sinne einer Ausdehnung des karolingischen Einflusses von Metz–Verdun über die Ardennen in das nördliche Austrasien, vgl. Anm. 4, anzunehmen, daß unter Pippin II. „der Raum von Lüttich an Bedeutung" gewann.

gliederung, die zumeist erst im Spätmittelalter faßbaren Patrozinien, das später bezeugte Reichsgut und den Besitz einheimischer und auswärtiger Kirchen heranzog[28], bemühen sich die übrigen Arbeiten zugleich auch um eine Auswertung archäologischer und sprachwissenschaftlicher Ergebnisse. Hierbei suchte Kaiser in enger methodischer Anlehnung an die Arbeit von Ewig vor allem ein Gesamtbild von der politischen, wirtschaftlichen, sozialen, kulturellen, siedlungsgeschichtlichen und kirchlichen Entwicklung seines Untersuchungsraumes in der Spätantike und im Frühmittelalter zu entwerfen[29]. Stärker Aspekte der Königsgut- und Personenforschung rückte hingegen Gockel in den Vordergrund. Ausgehend von der in der zweiten Hälfte des 8. Jahrhunderts in der reichen urkundlichen Überlieferung des Rhein-Main-Gebiets detailliert faßbaren Gemengelage von Fiskalbesitz und Privatgut konnte er Rückschlüsse auf die Stellung von Königtum und einheimischer Führungsschicht in diesem Raum bereits im 7. Jahrhundert gewinnen[30]. Die gleiche Landschaft behandelte Staab unter besonderer Berücksichtigung der Kontinuität einzelner Verfassungsformen und Bevölkerungsgruppen von der Spätantike in das frühe Mittelalter in einem breit angelegten Überblick vor allem in Hinblick auf „Aufbau, Geschichte und Entwicklungstendenzen der frühmittelalterlichen Gesellschaft"[31]. Auf einen Einzelaspekt wiederum beschränkte sich Müller-Kehlen, die sich bei ihrer Darstellung der Ardennen als eines „karolingischen Kernlandes" überwiegend an den Königsgutorten orientierte[32].

Es liegt nahe, die in den genannten Arbeiten entwickelten Fragestellungen und methodischen Ansätze auch für eine Untersuchung des Lütticher Raums in frühkarolingischer Zeit zu übernehmen. Insbesondere bietet es sich an, ausführlicher auf die römischen und frühfränkischen Grundlagen einzugehen und die in diesem von der Sprachgrenze geprägten Gebiet besonders lebhaft geführte interdisziplinäre Diskussion über die Kontinuität der römischen und den Umfang der fränkischen Siedlung nochmals in Hinblick auf die Verhältnisse im 6. und 7. Jahrhundert aufzugreifen[33]. In gleicher Weise ertragreich erscheint es, das später in diesem Raum bezeugte Reichsgut[34], die Besitzrechte

---

[28] Ewig, Trier S. 147 ff.
[29] Vgl. Kaiser, Untersuchungen S. 25.
[30] Gockel, Königshöfe, insbesondere S. 221 ff.
[31] Vgl. Staab, Gesellschaft S. XI.
[32] Vgl. Müller-Kehlen, Ardennen S. 15 f.
[33] An dieser Stelle möge es genügen, auf den zusammenfassenden Überblick mit reichen Literaturangaben von Joris, Du Ve au milieu du VIIIe siècle S. 3 ff. und 45 ff. sowie auf den von F. Petri 1973 herausgegebenen Sammelband „Siedlung, Sprache und Bevölkerungsstruktur im Frankenreich" zu verweisen.
[34] Vgl. hierzu die Zusammenstellungen bei Rousseau (wie Anm. 23) und Rotthoff, Reichsgut S. 27 ff.

der ältesten Kirchen der Lütticher Diözese[35], den Außenbesitz westfränkischer Klöster[36], die in den frühneuzeitlichen Visitationsberichten faßbaren Patrozinien und Pfarreiverhältnisse[37] sowie die karolingerzeitliche und ottonische Gau- und Grafschaftsgliederung[38] heranzuziehen und im rückschließenden Verfahren für das Bild von der Besitzstruktur, der Siedlung und der Verwaltungsorganisation des Lütticher Raums im Frühmittelalter auszuwerten. Als weiterer wichtiger Aspekt tritt die wirtschaftliche Bedeutung dieses Gebiets in der Zeit des karolingischen Aufstiegs hinzu, befanden sich hier doch mit Huy und Maastricht auf engem Raum zwei frühe städtische Zentren mit spätantiker Tradition und einer lebhaften wirtschaftlichen Tätigkeit im 6. und 7. Jahrhundert[39].

Unter der speziellen Fragestellung der vorliegenden Arbeit und angesichts der besonderen Überlieferungssituation des Lütticher Raums schien jedoch eine Einschränkung in mehrfacher Weise geboten. Ziel der Untersuchung ist es, nach der Stellung der Arnulfinger-Pippiniden im Lütticher Raum zu fragen und ihren Beziehungen zu den hier nachweisbaren politischen Kräften, insbesondere der einheimischen Führungsschicht und dem Bistum Tongern-Maastricht, nachzugehen. Als nächstliegender Ansatz hierfür bietet sich an, zunächst jene Nachrichten, die den Lütticher Raum im 7. und 8. Jahrhundert unmittelbar betreffen, möglichst umfassend zusammenzustellen und sie, zumal es sich meist um personengeschichtlich aufschlußreiche Zeugnisse handelt, zur wichtigsten Grundlage unserer thematisch enger gefaßten landesgeschichtlichen Untersuchung zu machen. Ein solches Vorgehen stößt allerdings insofern auf Schwierigkeiten, als man es fast durchweg mit weit verstreuten Einzelzeugnissen zu tun hat, die vorwiegend erzählenden, vor allem hagiographi-

---

[35] So neben der Kathedralkirche von Tongern-Maastricht etwa die Kirchen St. Marien in Tongern, St. Servatius in Maastricht, St. Georg in Amay oder auch die Klöster Stablo-Malmedy, St. Truiden und Andenne.

[36] Zu nennen sind insbesondere St. Vaast in Arras, vgl. RICOUART, Les biens S. 21 ff., St. Riquier (Centula), vgl. KURTH, Notger 1 S. 120 f., St. Denis, vgl. GAIER, Documents S. 163 ff., Corbie, vgl. ZOLLER-DEVROEY, Le domaine S. 451 ff., St. Germain-des-Prés, vgl. D Karl d. K. 363, TESSIER, Recueil S. 310 Anm. 1, und St. Remi in Reims, vgl. BERNARD, Étude S. 208 ff. Ebenso zu berücksichtigen wären auch die Außenbesitzungen von Prüm und Kornelimünster in diesem Raum, vgl. etwa BEYER, MrhUB 1 S. 159 und VANDENBOUHEDE, Les domaines S. 36. Wie sehr allerdings bei der Auswertung der betreffenden besitzgeschichtlichen Nachrichten ein differenziertes Vorgehen erforderlich ist, zeigt etwa die Tatsache, daß St. Remi seinen Außenbesitz im Lütticher Raum erst in der 2. Hälfte des 10. Jh.s erwarb, zu einem Zeitpunkt, als St. Riquier seine hier befindlichen Güter bereits wieder veräußerte.

[37] Vgl. hierzu insbesondere die Untersuchungen von J. BRASSINNE über die Landdekanate St. Remacle und Hozémont sowie die von J. PAQUAY und G. SIMENON herausgegebenen Visitationsberichte.

[38] Vgl. VANDERKINDERE, La formation 2 S. 128 ff.

[39] Vgl. JORIS (wie Anm. 22); hier auch die weiterführende Literatur.

schen Quellen entstammen, und als nur in seltenen Ausnahmefällen eine gesicherte urkundliche Überlieferung zur Verfügung steht. Die Zusammenstellung dieser Einzelzeugnisse und ihre detaillierte Überprüfung auf ihren Aussagewert für das Gesamtthema stehen im Mittelpunkt der vorliegenden Arbeit. Archäologische Befunde und spätere Besitz- und Rechtsverhältnisse werden zusätzlich dort herangezogen, wo durch sie eine Erläuterung und Ergänzung der zumeist sehr knappen unmittelbaren Angaben möglich erscheint. Mehrfach sind vom Thema weit abführende quellenkritische Untersuchungen voranzustellen, um den Quellenwert hagiographischer Zeugnisse, erst spät faßbarer Lokaltraditionen oder nur in jüngeren Auszügen überlieferter Urkundenfragmente angemessen einschätzen zu können. Macht dieses Verfahren zwar aus äußeren Gründen eine Beschränkung erforderlich, so gestattet andererseits die derart gewonnene Quellengrundlage mit ihren überraschend zahlreichen Einzelaspekten in zusammenfassender Auswertung durchaus ein ausreichend dichtes Bild, das zur Klärung der eingangs gestellten Fragen beitragen kann.

Die Untersuchung gliedert sich in vier Hauptkapitel. In dem ersten, einleitenden Kapitel ist kurz auf die geographischen und siedlungsgeschichtlichen Voraussetzungen einzugehen. Das zweite Kapitel gilt der Frage, in welchem Umfange im Lütticher Raum führende Familien neben den Arnulfingern-Pippiniden nachweisbar sind und wie sich ihr Verhältnis zu den frühen Karolingern gestaltete. Das dritte Kapitel beschäftigt sich mit der Geschichte des Bistums Tongern-Maastricht in der Zeit des karolingischen Aufstiegs. Es behandelt vor allem die Rolle der Maastrichter Bischöfe im 7. und beginnenden 8. Jahrhundert, die unter Pippin II. beginnende Verlegung des Bischofssitzes von Maastricht nach Lüttich und die älteste Besitzgrundlage der Tongerner Kirche. Im vierten Kapitel schließlich werden die Nachrichten über die Beziehungen der Arnulfinger-Pippiniden zum Lütticher Raum, darunter insbesondere die Angaben über frühkarolingische Klostergründungen und die besitzgeschichtlichen Zeugnisse, untersucht. Die Stellung des merowingischen Königtums, das den vierten wichtigen Machtfaktor im Lütticher Raum bildete, wird, da die Quellengrundlage für eine gesonderte Behandlung nicht ausreicht, in den übrigen Kapiteln in erforderlichem Maße in die Untersuchung einbezogen. Zusammenfassend ist zu fragen, inwieweit der Lütticher Raum als eine „karolingische Stammlandschaft" gelten kann und welche Rolle ihm in der Zeit des karolingischen Aufstiegs zukam.

Erstes Kapitel

Landschaft, Siedlungsgeschichte und Verkehrslage

Der Lütticher Raum stellt naturräumlich gesehen keine Einheit dar[1]. In seiner Mitte verläuft die Maas, die ihren von Namur ab nach Nordosten gerichteten Lauf bei Lüttich in nördlicher Richtung ändert. Westlich der Maas, im Norden durch die Demer begrenzt, liegt das Gebiet des Haspengaues. Es bildet den östlichsten Teil des schwach gewellten, bis auf 200 m ansteigenden mittelbelgischen Hügellandes. Mit seinen schweren Lößböden gehört der Haspengau zu den fruchtbarsten Landschaften Belgiens. In seinem nördlichen Teil schließen sich sandig-lehmige Böden an, die eine Übergangszone zu den Heideflächen und Mooren des Kempenlandes darstellen. Das Gebiet südlich und östlich der Maas gehört zu den Vorardennen. Diese Zone, eine bis auf 300 m ansteigende Hochfläche, die zwischen Maas und Ourthe Condroz genannt wird, verengt sich von zunächst 50 km Breite bei Namur und Dinant bis auf etwa 10 bis 20 km im Gebiet der Ourthe und Vesdre, wo die Hochardennen sich weiter nach Nordwesten auf den Lütticher Raum hin vorschieben. Im Gebiet des Condroz bildet die Maas den nördlichen Abschluß der Vorardennen. Östlich der Ourthe im Eupener Land und im Plateau von Herve gehen die Ardennenausläufer allmählich in die niederrheinischen Tieflande über, die sie im Raum von Aachen und Maastricht erreichen. Im Condroz und im Herver Land herrschen sandig-tonige und kalkige Böden vor. Weiter nördlich im Limburgischen Gebiet schließen sich schwere Lehmböden an.

Haspengau und Südlimburg sind Altsiedellandschaften. Innerhalb des ursprünglich stark bewaldeten Gebietes gab es, wie Brulard für den Haspengau wahrscheinlich machen konnte, natürliche waldfreie Zonen, die bereits früh besiedelt waren[2]. Im Neolithikum war der Lütticher Raum Zentrum einer nach dem Hauptfundort Omal (prov. Liège, arr. Waremme) benannten

---

[1] Die folgenden Ausführungen beruhen auf den Arbeiten von DEMANGEON, Belgique S. 61 f., 82 ff., 184 ff., 187 f., TUCKERMANN, Länderkunde S. 63 ff., 72 f., 119 f., 129 ff., 137 f., KRAUS, Ardennen S. 78 f., 83 ff., SCHLÜTER, Siedlungsräume 1 S. 117 ff., 142 ff. sowie BRULARD, La Hesbaye S. 82 ff.

[2] BRULARD, La Hesbaye S. 112; vgl. auch SCHLÜTER, Siedlungsräume 2 S. 144.

bandkeramischen Kultur mit zahlreichen nachgewiesenen Siedlungsplätzen[3]. Von umfassenderen Bevölkerungsbewegungen wurde das mittlere Maasgebiet gegen Ende der Bronzezeit mit dem Einsetzen der Urnenfelderkultur betroffen[4]. Die meisten Fundorte aus der Hallstatt- und Latènezeit liegen im nördlichen Haspengau und im Kempenland[5]. An einer dichten Besiedlung auch des südlich anschließenden Gebietes besteht jedoch kein Zweifel[6]. De Laet weist auf die besonders starke Siedlungskontinuität zwischen der Hallstattperiode und dem ersten Jahrhundert v. Chr. im mittleren Maasgebiet hin, wo zur Zeit Caesars die Eburonen bezeugt sind[7]. Nach der weitgehenden Vernichtung dieses Stammes durch Caesar wurden in der frühen Kaiserzeit rechtsrheinische Stämme, vornehmlich Germanen, im mittleren Maasgebiet angesiedelt[8]. Die im Lütticher Raum ansässig gewordene Bevölkerung trug den Namen *Tungri*. Vorort des Stammes wurde *Atuatuca Tungrorum* (Tongern), später Mittelpunkt einer weit über das Siedlungsgebiet der Tungri hinausreichenden Civitas innerhalb der Provinz Niedergermanien[9].

Die Zeit der römischen Herrschaft brachte dem mittleren Maasgebiet neben einem starken wirtschaftlichen Aufschwung auch ein rasches Anwachsen der Bevölkerung[10]. Im Haspengau kam es zu einem umfassenden Landesausbau[11]. Die reichen landwirtschaftlichen Überschüsse dieses Gebietes trugen

---

[3] Vgl. TOURNEUR, Les Belges S. 87 ff. und BRULARD, La Hesbaye S. 105 ff.; eine ausführliche Zusammenstellung der Funde beiderseits der Maas sowie eine Fundkarte findet sich bei DE LAET/ GLASBERGEN, De voorgeschiedenis S. 46, die ebd. S. 44 f. darauf hinweisen, daß die Kultur der „Omaliens" zu der sich aus dem Donaugebiet über Mitteleuropa bis in das mittlere Maasgebiet ausbreitenden bandkeramischen Kultur gehörte und starke Ähnlichkeiten mit Fundtypen aus dem Rheinland aufweist.

[4] DE LAET/GLASBERGEN, De voorgeschiedenis S. 153 ff.

[5] Vgl. die Kartierung der Funde der Phasen Hallstatt A und B bei DESITTERE, De urnenveldenkultuur, Tafelband S. 136 Karte 2.

[6] DESITTERE, De urnenveldenkultuur, Textband S. 143 f. führt als Fundorte Boirs, Herstal, Lens-Saint-Servais und Wonck auf; er hebt ebd. S. 89 diese Fundgruppe, der er auch das Fundmaterial aus Brabant zuweist, von der nördlichen, flämischen Fundgruppe ab und weist auf enge Beziehungen zu der Urnenfelderkultur im Neuwieder Becken hin. TOURNEUR, Les Belges S. 103 erklärt das relativ geringe Fundmaterial aus dem Haspengau mit der starken landwirtschaftlichen Nutzung dieses Gebietes.

[7] DE LAET/GLASBERGEN, De voorgeschiedenis S. 195: „Het is opvallend, dat juist in het territorium van den Eburones sedert de Hallstatt-periode de kontinuiteit in bevolking en beschaving het meest gepronónceerd is."

[8] Vgl. ebd. S. 196.

[9] Vgl. BYVANCK, Nederland 2 S. 488 ff., FAIDER-FEYTMANS, De romeinse beschaving S. 138 ff. und insbesondere RÜGER, Germania inferior S. 38 ff. Einen sehr instruktiven Überblick über die Geschichte Belgiens und damit auch des Lütticher Raums in römischer Zeit bieten MERTENS/ DESPY-MEYER, La Belgique S. 3 ff. Die gesamte Nachkriegsforschung zur römischen Geschichte auch dieses Gebiets ist in dem umfassenden Forschungsbericht von RAEPSAET-CHARLIER/RAEPSAET, Gallia Belgica et Germania Inferior, bes. S. 50 ff. erschlossen.

[10] Vgl. ROUSSEAU, La Meuse S. 6 f. und FAIDER-FEYTMANS, La Belgique S. 13; zum Anwachsen der Bevölkerung vgl. VAN DOORSELAER, Les nécropoles S. 244 ff.

[11] So in Anschluß an BRULARD, La Hesbaye S. 107.

nach Van Doorselaer wesentlich zur Versorgung der römischen Truppen am Rhein bei [12]. Im Maastal selbst und im Condroz entwickelte sich aufgrund reicher Erzvorkommen eine bedeutende Metallindustrie [13]. In der Gegend von Tienen–Montenaken–Braives, bei Tongern, zwischen Maastricht und Heerlen sowie maasabwärts bei Maaseik und Maasbracht ist eine Häufung gallo-römischer Friedhöfe festzustellen [14]. Zusätzlich zu diesem Befund läßt die Verbreitung der gallo-römischen villae eine dichte Besiedlung des Lütticher Raums vornehmlich im Bereich der Hauptverkehrswege, der Maas und der Straße Bavai–Köln, erkennen [15]. Tongern entwickelte sich in der frühen Kaiserzeit neben Köln zur größten Stadt der Provinz Niedergermanien [16]. Mit Maastricht entstand eine weitere Siedlung städtischen Charakters etwa 20 km von Tongern entfernt am Übergang der Straße Bavai–Köln über die Maas [17]. Mit diesen beiden städtischen Siedlungen rückt der Lütticher Raum als zentrales Gebiet einer größeren Civitas in römischer Zeit stark in den Vordergrund.

Nach den schweren Germaneneinfällen zwischen 256 und 275, in deren Verlauf Tongern und die meisten villae der Umgebung geplündert und zerstört wurden, wanderte ein Teil der gallo-römischen Bevölkerung ab [18]. Im Zuge der militärischen Sicherung der Rheingrenze wurden im Lütticher Raum südlich von Tongern fränkische Laeten angesiedelt [19]. Das weiter nördlich gelegene Toxandrien wurde Mitte des 4. Jahrhunderts von Kaiser Julian den

---

[12] MERTENS, Les routes romaines S. 17; ähnlich VAN DOORSELAER, Les nécropoles S. 233 und 243.

[13] Vgl. DE MAYER, De Romeinsche villa's S. 255 ff., JORIS, Metallindustrie S. 65 ff. und VAN DOORSELAER, Les nécropoles S. 263 ff.

[14] VAN DOORSELAER, Les nécropoles S. 226.

[15] Vgl. die auf Grundlage der Verbreitungskarte von MAEYER, De Romeinsche villa's bis 1970 ergänzte Karte von LAURENT/CALLEBAUT/ROOSENS, L' habitat rural (Kartenbeilage), die Karte bei VAN DOORSELAER, Les nécropoles (Kartenanhang) sowie dessen Ausführungen S. 228 ff. Eine Kartierung der Römerstraßen, römischen villae und tumuli im westlichen Haspengau bieten MERTENS/DESPY-MEYER, La Belgique S. 9 Abb. 3.

[16] FAIDER-FEYTMANS, De romeinse beschaving S. 166; zu Tongern vgl. auch RAEPSAET-CHARLIER/RAEPSAET, Gallia Belgica et Germania Inferior S. 146 ff.

[17] Vgl. ebd. S. 165 bzw. S. 143 f. und PETRI, Städtewesen S. 242.

[18] Vgl. DE MAEYER, Le Romeinsche villa's S. 293 ff., FAIDER-FEYTMANS, La Belgique S. 14 und 20 und VAN DOORSELAER, Les nécropoles S. 252 ff. VAN CROMBRUGGEN, Les nécropoles S. 42 weist aufgrund seiner Untersuchungen der gallo-römischen Friedhöfe bei Tongern darauf hin, daß Tongern selbst nach dem Einfall von 256/275 „un renouveau remarquable" erlebt habe.

[19] Vgl. ROOSENS, Cultuurbezit S. 7 ff. und FAIDER-FEYTMANS, La Belgique S. 18, die als Standort des in der Notitia Dignitatum (um 400) erwähnten *praefectus Laetorum Lagensium prope Tungros Germaniae secundae* den Ort Caster bei Lanaye (prov. u. arr. Liège) südl. von Maastricht vermutet. Allgemein zum Problem der Laeten- und Foederatensiedlungen in Nordgallien vgl. jetzt BÖHME, Germanische Grabfunde S. 195 ff., der zeigt, daß die seit dem späten 3. Jh. in den Schriftquellen bezeugten germanischen Laeten bislang archäologisch noch nicht mit Sicherheit nachgewiesen werden konnten (S. 203).

salischen Franken als Siedlungsgebiet überlassen[20]. Reste der gallo-römischen Bevölkerung waren vor allem in dem Gebiet zwischen der Straße Bavai–Köln und der Maas verblieben, dem für den militärischen Schutz dieses großen Verbindungsweges zwischen Boulogne und Köln sowie für die Versorgung der Truppen erhebliche Bedeutung zukam[21]. Ungeachtet weiterer Frankeneinfälle seit dem Ende des 4. Jahrhunderts und der weitgehenden Aufgabe Tongerns im Verlauf des 5. Jahrhunderts trat ein Bruch in der dichten Besiedlung des Lütticher Raums nicht ein. War es seit dem Ende des 3. Jahrhunderts zu einer „infiltration pacifique"[22] fränkischer Bevölkerung gekommen, so bezeugen die Beigaben einer Reihe von Gräbern fränkischer Krieger und ihrer Angehörigen im mittleren Maasgebiet aus dem 4. und 5. Jahrhundert neben der Existenz eines starken germanischen Bevölkerungselementes das Fortbestehen gallo-römischer Werkstätten sowie das Weiterleben der spätantiken Kultur[23]. Die im Lütticher Raum angesiedelten Franken, die im 5. Jahrhundert weiteren Zuzug erhielten, bildeten einen wesentlichen Grundstock der frühmittelalterlichen Bevölkerung dieses Gebietes[24]. Während große Teile Galliens durch den Germaneneinfall von 407 in starkem Ausmaße verheert wurden[25], war das mittlere Maasgebiet durch die fränkischen Siedler soweit abgesichert, daß hier die Voraussetzungen für eine kulturelle Kontinuität erhalten blieben[26].

---

[20] Vgl. hierzu ROOSENS, Laeti S. 95 f., ZÖLLNER, Franken S. 18 f. und BÖHME, Germanische Grabfunde S. 197.
[21] So in Anschluß an VAN DOORSELAER, Les nécropoles S. 252 ff.
[22] So FAIDER-FEYTMANS, La Belgique S. 26; ähnlich BÖHME, Germanische Grabfunde S. 204 ff. Allgemein zum Problem der fränkischen Landnahme vgl. den oben S. 19 Anm. 33 zitierten Sammelband von PETRI sowie ZÖLLNER, Franken S. 190 ff. und für das mittlere Maasgebiet JORIS, Du Ve au milieu du VIIIe siècle S. 3 ff.
[23] Eine Verbreitungskarte der Gräberfelder des 4./5. Jh.s im mittleren Maasgebiet gibt ROOSENS, Laeti S. 93 Abb. 2. Zur Interpretation dieser z. T. reich ausgestatteten Gräber vgl. BÖHME, Germanische Grabfunde S. 201 ff., der diese Gräber im Gegensatz zur verbreiteten Meinung nicht den seit dem ausgehenden 3. Jh. in diesem Raum ansässigen bzw. zugewanderten Laeten zuweist, sondern sie sozial gehobenen Angehörigen germanischer Bevölkerungsgruppen zuschreibt, die seit der 2. Hälfte des 4. Jh.s als Foederaten angesiedelt wurden. Seit der ersten Hälfte des 5. Jh.s lassen vor allem die Gräber der gehobenen Oberschicht eine „charakteristische gallisch-germanische ‚Mischzivilisation'" erkennen (S. 205). Zur Kontinuität römischer Werkstätten vgl. ROOSENS, Cultuurbezit S. 9 ff. sowie auch Anm. 39.
[24] Vgl. ROOSENS, Cultuurbezit S. 18 und FAIDER-FEYTMANS, La Belgique S. 26.
[25] Vgl. hierzu ZÖLLNER, Franken S. 25 f.
[26] Vgl. ROUSSEAU, La Meuse S. 207 sowie zuletzt BÖHME, Germanische Grabfunde S. 207, der seine Ergebnisse mit den Worten zusammenfaßt: „Neben der im einzelnen nicht zu beurteilenden Bedeutung der Laeten hat vor allem die vielschichtige Gruppe freier germanischer Krieger, die sich auf Grund von Verträgen auf nordgallischem und belgischem Boden niedergelassen hatte, entscheidend mit zur Bildung einer spezifisch gallisch-germanischen Mischzivilisation, die weit über das Ursprungsland hinaus wirkte, beigetragen und mit den nachströmenden Franken des 5. Jahrhunderts eine kontinuierliche Kulturentwicklung eingeleitet, die bis in die Merowingerzeit reichte."

Mit dem Beginn des 6. Jahrhunderts wird im Lütticher Raum eine größere Zahl von Reihengräberfriedhöfen faßbar. Der Haspengau gehört nach Roosens zu jenen Zonen im mittleren Belgien, die eine dichte Streuung merowingischer Friedhöfe aufweisen[27]. Beim Vergleich mit der Verbreitung der größtenteils in der mittleren Kaiserzeit angelegten gallo-römischen villae und Friedhöfe zeigt sich, daß die meisten merowingischen Friedhöfe in Gebieten zutage kamen, die auch in römischer Zeit bereits dicht besiedelt waren[28]. Auch wenn dieser Befund angesichts der relativ dichten Streuung germanischer Gräber des 4. und 5. Jahrhunderts auf eine allgemeine, wohl mit den günstigen Siedlungsbedingungen dieses Gebietes zu erklärende Kontinuität des Siedlungsraumes hindeutet[29], so weicht die Lage der jeweiligen Siedlungsplätze im einzelnen doch stark voneinander ab[30]. Allgemein zeigt sich, daß sich die gallo-römischen villae und Friedhöfe stärker im Bereich der Straße Bavai–Köln sowie in der Umgebung von Tongern konzentrieren[31], während die fränkisch-merowingischen Friedhöfe vor allem im westlichen Haspengau zwischen Huy und Tienen sowie entlang der Flußläufe der Maas, Méhaigne, Herk und Jeker nachzuweisen sind[32]. Die größte Zahl der Reihengräber stammt aus dem 6. und 7. Jahrhundert. Gräber mit reichen Beigaben sind aus Engelmanshoven, Hollogne-aux-Pierres, Rosmeer, Lutlommel, Overpelt (Ortsteil Lindel) und Alphen bekannt[33]. Die Bestattung in Reihengräberfeldern wurde im Verlauf des 7. und beginnenden 8. Jahrhunderts durch

---

[27] ROOSENS, Begraafplaatsen S. 131. Das von Roosens bis 1949 erfaßte Fundmaterial konnte in der Folgezeit durch die Aufdeckung einer Reihe weiterer Grabplätze erweitert werden, so etwa in Sart a Ban (Gemeindeteil von Ben-Ahin), Boirs, Braives, Avernas-le-Bauduin (alle prov. Liège) sowie in Dilsen, Engelmanshoven, Linkhout, 's Hereneldern, Rosmeer und Overpelt (alle prov. Limburg), vgl. DEFIZE-LEJEUNE, Répertoire S. 14, 17f. und 20f., Helinium 10 (1970) S. 76, BAUWENS-LESENNE, Bibliografisch repertorium S. 71, 185, 331, 318 und 293 sowie ROOSENS, Cultuurbezit S. 17 (Karte).

[28] Vgl. ROOSENS, Begraafplaatsen S. 135 ff., DENS., Cultuurbezit S. 18 und VAN DOORSELAER, Les nécropoles S. 240 ff.

[29] So ROOSENS, Begraafplaatsen S. 136 f., der von einer „continuiteit van dit cultuurgebied" spricht; vgl. allgemein auch Anm. 26.

[30] Vgl. DE MAEYER, De Romeinsche villa's S. 297, ROOSENS, Begraafplaatsen S. 136 f. und VAN DOORSELAER, Les nécropoles S. 240 ff.

[31] So DE MAEYER, De Romeinsche villa's S. 256 und 262 ff. sowie VAN DOORSELAER, Les nécropoles S. 226 ff.; vgl. auch die Anm. 15 erwähnte Karte von MERTENS.

[32] Vgl. ROOSENS, Begraafplaatsen S. 141 ff.

[33] Vgl. DE SCHAETZEN/VAN DER HOEVEN, Engelmanshoven S. 24 ff., ALENUS-LECERF/DRADON, Hollogne-aux-Pierres S. 131 ff. sowie BAUWENS-LESENNE, Bibliografisch repertorium S. 318. Als Einzelfund aus Rosmeer ist besonders die von ROOSENS/THOMAS-GOORIECKX publizierte Goldscheibenfibel aus einem reichen, großenteils ausgeraubten Frauengrab der ersten Hälfte des 7. Jh.s zu nennen, die nach Roosens ein „christliches Schmuckstück" von außerordentlich hoher Qualität darstellt und sichere Rückschlüsse auf die hohe soziale Stellung der hier bestatteten Dame zuläßt (S. 11). Zu den reich ausgestatteten Gräbern in Lindel, Lutlommel und Alphen vgl. unten S. 144 ff. mit Anm. 17, 27 und 35.

Bestattungen auf den Friedhöfen bei den Kirchen abgelöst[34]. Der Brauch, daß reichere Familien ihre Angehörigen in von ihnen errichteten Eigenkirchen bestatteten, ist für das mittlere Maasgebiet archäologisch nicht nachweisbar, dürfte jedoch nach den Funden in Arlon, Morken und Grobbendonk[35] sowie nach den schriftlichen Zeugnissen auch hier vorauszusetzen sein.

Personengeschichtliche Nachrichten in der schriftlichen Überlieferung reichen für den Haspengau und Toxandrien in das 7. und beginnende 8. Jahrhundert zurück, in eine Zeit also, in der die Bestattung auf Reihengräberfriedhöfen in diesen Gebieten noch gebräuchlich war. Der dichten Besiedlung des Lütticher Raums, auf den die Verbreitung der Reihengräberfriedhöfe schließen läßt, entsprach nach der Konsolidierung der politischen Verhältnisse im 6. und 7. Jahrhundert ein starkes Wiederaufblühen des nie völlig unterbrochenen wirtschaftlichen Lebens. In den an der mittleren Maas gelegenen Orten Dinant, Namur, Huy und Maastricht wirkte jeweils eine größere Zahl merowingischer Münzmeister[36]. Die Verbreitung ihrer Prägungen weist auf die Bedeutung dieser Plätze für den Fernhandel hin[37]. Maastricht und Huy waren Stationen an dem großen Handelsweg von Marseille zu den friesischen Häfen. Als wichtigste städtische Siedlung des mittleren Maasgebietes löste Maastricht Tongern als religiösen und wirtschaftlichen Mittelpunkt des Raumes zwischen Kohlenwald und Maas ab[38]. Läßt sich seit frühfränkischer Zeit anhand der Grabfunde eine Kontinuität in der Besiedlung des seit jeher bevorzugten fruchtbaren Haspengaues aufzeigen, so dürfte für das Maastal selbst die von Rousseau aufgestellte These einer Kontinuität der kulturellen und wirtschaftlichen Bedeutung von der römischen zur fränkischen Zeit in hohem Maße zutreffen[39].

Die Verkehrslage des Lütticher Raums im Frühmittelalter ist vor allem dadurch gekennzeichnet, daß hier die Römerstraße Bavai–Köln, die das Rheinland mit dem Inneren Galliens verband, die Maas, einen der wichtig-

---

[34] Vgl. hierzu für unseren Raum ROOSENS, Cultuurbezit S. 23.

[35] Vgl. ROOSENS/ALENUS-LECERF, Sépultures mérovingiennes S. 166 ff., MERTENS, Grobbendonk S. 16 ff. und ROOSENS, Cultuurbezit S. 23 f. (hier Verweis auf Morken Kr. Bergheim/Erft).

[36] Zur wirtschaftlichen Bedeutung des mittleren Maasgebiets in merowingischer Zeit vgl. zuletzt FAIDER-FEYTMANS, La Belgique S. 67 ff. und JORIS, Du Ve au milieu du VIIIe siècle S. 26 ff. (vgl. auch das Zitat oben S. 17 Anm. 22).

[37] Vgl. JORIS, Huy S. 83.

[38] Vgl. hierzu ROUSSEAU, La Meuse S. 38 f. und PETRI, Städtewesen S. 242; siehe auch unten S. 247.

[39] ROUSSEAU, La Meuse S. 37. In gewisser Weise bestätigt wird dieses Urteil auch durch die jüngsten Funde eines merowingerzeitlichen Handwerkerviertels in der Flur „Batta" in Huy, bei denen auf einem Gelände, das bereits in römischer Zeit vom 1. bis 5. Jh. genutzt war, Töpfereien und Metall und Bein verarbeitende Werkstätten entdeckt wurden, die bereits im 6. Jh. tätig waren, wobei für den Ausgräber J. WILLEMS, Le quartier artisanal S. 60 „une occupation continue du site semble certaine". Eine der nach 600 in Huy angefertigten Bügelfibeln kam auch aus einem Grab in Herstal zutage, vgl. ebd. S. 58.

sten Verkehrswege jener Zeit in süd-nördlicher Richtung, überschritt. Die Maas bildete den nördlichsten Teil des Handelsweges, der von Marseille die Rhône und Saône aufwärts führte und die Maas bei Verdun erreichte. Er stellte zeitweise die wichtigste Verbindung zwischen dem Mittelmeerraum und den nach England und Skandinavien ausgerichteten friesischen Häfen (Dorestad und Quentovic) dar [40]. Den Verbindungen zu Land kam in fränkischer Zeit im Vergleich zu den Wasserstraßen geringere Bedeutung zu [41]. Haspengau und Herver Land waren bereits von ihrer geographischen Lage zwischen dem Nordrand der Ardennen und den Sumpf- und Heidegebieten des Kempenlandes her das natürliche Durchgangsgebiet für die Landverbindung zwischen dem Rheinland und Nordfrankreich [42]. In römischer Zeit führte die große Straße Bavai–Tongern–Köln, die Niedergermanien mit Boulogne verband, durch den Lütticher Raum [43]. Im Gebiet des Haspengaues folgte sie nach Kraus einem Höhenweg auf der Wasserscheide zwischen Maas und Schelde [44]. Tongern war in römischer Zeit ein wichtiger Verkehrsknotenpunkt. Neben einer Reihe kleinerer Straßen traf hier die Straße von Metz, die über die Ardennen führte, die Maas bei Amay überquerte und den oberen Maas-Mosel-Raum mit dem mittleren Maasgebiet verband, auf die Straße Bavai–Köln [45]. Die Straßen Metz–Arlon–Tongern und Bavai–Tongern–Köln dürften auch im Frühmittelalter noch von Bedeutung gewesen sein [46].

Zusammenfassend wird man sagen dürfen, daß der Lütticher Raum bereits aufgrund seiner günstigen naturräumlichen und verkehrsgeographischen Voraussetzungen, seiner dichten Besiedlung und seiner in die Spätantike zurückreichenden kulturellen und wirtschaftlichen Traditionen jenen Gebieten Austrasiens zugezählt werden kann, die die Voraussetzungen für eine größere Bedeutung auch im politischen Geschehen aufwiesen.

---

[40] So vor allem ZADOKS-JITTA, Duurstede S. 6 ff., die annimmt, daß nach dem Einfall der Langobarden in Italien 568, als die für die Verbindung Italiens mit dem Rhein wichtigen Alpenpässe gesperrt gewesen seien, der Weg Marseille-Dorestad die einzige Verbindung zwischen dem Mittelmeerraum, Mittel- und Westeuropa und England und Skandinavien dargestellt habe; vgl. auch FAIDER-FEYTMANS, La Belgique S. 69 ff., die die Maas für das belgische Gebiet im Frühmittelalter als „l'artère essentielle du trafic" bezeichnete und JORIS, Du Ve au milieu du VIIIe siècle S. 26 ff.

[41] So für das mittlere Maasgebiet JORIS ebd. S. 26.

[42] KRAUS, Ardennen S. 83, der zum Herver Land bemerkte, es sei „seit alters Straßenland der sich vom Rheine nach Nordfrankreich wendenden Wege".

[43] MERTENS, Les routes romaines S. 17.   [44] KRAUS, Ardennen S. 82.

[45] Vgl. MERTENS, Les routes romaines S. 20 ff. und S. 25 sowie die Karten von MERTENS/DESPY-MEYER, La Belgique S. 9 und 20.

[46] So allgemein ROUSSEAU, La Meuse S. 243: „D'une façon générale, le pays mosan n'a pas connu au moyen âge d'autres routes que les voies romaines"; vgl. auch FAIDER-FEYTMANS, La Belgique S. 71. Für die Straße Bavai-Tongern-Maastricht vgl. KURTH, La Cité 2 S. 205, HOYOUX, Figure S. 85 ff. und MERTENS, Les routes romaines S. 17; für die Straße Metz–Arlon–Tongern vgl. EWIG, Les Ardennes S. 35.

Zweites Kapitel

Führende Familien des Lütticher Raums im 7. und beginnenden 8. Jahrhundert

Über die Führungsschicht des Lütticher Raums in frühkarolingischer Zeit ist wenig bekannt. Ihrer zusammenfassenden Untersuchung steht eine auf den ersten Blick desperate Quellenlage entgegen. Doch ist es für die Frage nach den Machtgrundlagen der Arnulfinger-Pippiniden im mittleren Maasgebiet von hohem Interesse, welche führenden Personen und Personengruppen sich neben den frühen Karolingern in diesem Raum nachweisen lassen und wie sich ihr Verhältnis zu den Angehörigen des karolingischen Hauses gestaltete. In der Forschung werden hierzu unterschiedliche Auffassungen vertreten. Rousseau hielt die Arnulfinger-Pippiniden und die Bischofskirche von Tongern-Maastricht für die dominierenden Kräfte des mittleren Maasgebiets im 7./8. Jahrhundert und ging davon aus, daß in diesem Raum die „grands propriétaires laics ... ont été peu nombreux"[1]. Wesentlich höhere Bedeutung, wenngleich vor allem in Hinblick auf die Gebiete südlich der Ardennen und Eifel, maßen hingegen Tellenbach und seine Schüler, denen hierin die Forschung großenteils folgte, den führenden Familien aus dem engsten landschaftlichen Umkreis der frühen Karolinger bei. Ihnen zufolge waren es die „mit dem Haus der ehemaligen Hausmeier und späteren Könige seit alters verbundenen Kreise aus den Landen an Maas und Mosel", auf die sich die Karolinger im 8. und 9. Jahrhundert als ihre wichtigsten Helfer bei der Durchsetzung ihrer Herrschaft im Gesamtreich stützen konnten[2]. Ein wiederum anderes Bild entwarf Werner, der für einzelne im Lütticher Raum nachweisbare Personen und Familien wie die des Grafen Rotbert und des Lütticher Bischofs Ghaerbald aufzuzeigen suchte, daß sie älteren neustrischen Verwandtschaftskreisen angehörten und nur vorübergehend und durch „Einsetzung" durch die Karolinger in das mittlere Maasgebiet gelangt seien[3].

---
[1] ROUSSEAU, La Meuse S. 49.
[2] TELLENBACH, Studien und Vorarbeiten S. 6 (Zitat); SPRANDEL, Adel S. 67 ff.
[3] WERNER, Bedeutende Adelsfamilien S. 110 und 118 ff. (Zitat S. 120). In jeder Hinsicht unzureichend sind die Untersuchungen von BERGENGRUEN, Adel S. 109 ff. über den „süd- und mittel-

Eine umfassende urkundliche Überlieferung, wie sie dank der frühen Weißenburger Urkunden im beginnenden 8. Jahrhundert für den Saar- und Seillegau oder in der zweiten Hälfte des 8. Jahrhunderts mit den Lorscher und Fuldaer Urkunden für das Rhein-Main-Gebiet vorliegt, steht für den Lütticher Raum nicht zur Verfügung. An Privaturkunden haben sich hier aus dem gesamten Zeitraum bis 750 allein das Testament des Adalgisel-Grimo von 634 und die Schenkungsurkunde des Grafen Rotbert für St. Truiden von 741 erhalten. Der Großteil der personengeschichtlichen Nachrichten ist in erzählenden Quellen überliefert. Unter ihnen überwiegen die hagiographischen Zeugnisse, von denen wiederum nur ein geringer Teil zeitgenössisch ist. Die meisten dieser Berichte handeln von Klosterstiftern. Gelegentlich werden aber auch nur Personen erwähnt, die als Betroffene von Wundern in die Überlieferung eingegangen sind.

Für die Frage nach der Oberschicht des Lütticher Raums in frühkarolingischer Zeit ist man somit auf eine kleine Zahl stark verstreuter Einzelzeugnisse von unterschiedlicher Zeitstellung und zum Teil umstrittenem historischen Quellenwert angewiesen. Im folgenden ist zu prüfen, inwieweit durch detaillierte Untersuchung dieser wenigen Nachrichten dennoch ein Gesamtbild gewonnen werden kann. Einbezogen werden, soweit sie erfaßt werden konnten, sämtliche Zeugnisse zu sozial gehobenen Personen des 7. und 8. Jahrhunderts im Lütticher Raum. Der Großteil von ihnen wird in Einzelabschnitten untersucht. Auf die wenigen nicht einzeln behandelten, personengeschichtlich weniger aufschlußreichen Quellenaussagen ist kurz in der Zusammenfassung einzugehen[4]. Die umfangreiche Überlieferung zur Person und der Familie des Bischofs Lambert von Maastricht sowie die Nachrichten über seinen Nachfolger Hugbert, obgleich thematisch auch in das vorliegende Kapitel gehörig, sollen erst in dem folgenden Kapitel über die Geschichte des Bistums Tongern-Maastricht und seiner Bischöfe behandelt werden[5]. Von den späteren hagiographischen Quellen bleibt die Vita s. Ragenuflae aus dem 11. Jahrhundert, deren Aussagewert für die Frühzeit nur gering einzuschätzen

---

belgischen Adel", die auch den Lütticher Raum mit einbeziehen, und seine Zusammenstellung der Adelsgüter in Belgien S. 208 ff. Grundlegende urkundliche Zeugnisse wie das Testament des Adalgisel-Grimo von 634, dessen Aussteller unzutreffend den Arnulfinger-Pippiniden zugewiesen wird (S. 118 f.), bleiben unberücksichtigt, während späte hagiographische Zeugnisse fraglichen Quellenwertes wie die Vita Berlindis aus dem 11. Jh. überbewertet werden, S. 112; die Aussagen zeitgenössischer Zeugnisse wie die über den Grafen Rotbert werden unzutreffend wiedergegeben, S. 112 (Hennegau statt Haspengau). Bereits von der Quellengrundlage her sind die Ergebnisse Bergengruens über die Stellung der Oberschicht im östlichen Belgien nicht aufrecht zu erhalten.

[4] Vgl. unten S. 217f.
[5] Vgl. unten S. 241 ff. und S. 275 ff.

ist, unberücksichtigt⁶. Hingegen werden mit den Urkunden der toxandrischen Förderer Willibrords aus dem Beginn des 8. Jahrhunderts, der Traditionsurkunde der Adela von Pfalzel von 732/33 und der Vita der ersten Äbtissinnen des unter Willibrord gegründeten Klosters Aldeneik personengeschichtliche Zeugnisse aus den nördlich angrenzenden Nachbarräumen Toxandrien und Maasgau mit einbezogen, die wichtige Rückschlüsse auch auf die Führungsschicht des Lütticher Raums zulassen.

Adalgisel-Grimo

In seinem Testament von 634 bestimmte der Verduner Diakon Adalgisel-Grimo unter anderem, daß seine Besitzungen in der *villa in Tongrinse territorio sita nomine Fledismamalacha* nach seinem Tode an die Leprosen in Maastricht fallen sollten[1]. Bei dem genannten Ort handelt es sich um das 12 km maasaufwärts von Lüttich an der Maas gelegene Flémalle[2]. An weiteren, den Lütticher Raum betreffenden Passagen enthält das Testament Verfügungen zugunsten der Armenmatrikel in Huy und der Kirche St. Georg in dem gleichfalls an der Maas, zwischen Lüttich und Huy gelegenen Ort Amay[3]. Das Testament des Adalgisel-Grimo, eine der wichtigsten Quellen für die Kenntnis der austrasischen Führungsschicht im 7. Jahrhundert, ist damit zugleich das früheste

---

[6] Den Angaben dieser Vita zufolge soll die hl. Ragenufla im 7. Jh. *in partibus Hasbaniae in villa nomine Brumbasia ... ex parentibus de Francorum genere ... inclytis* geboren sein, cap. 1 S. 666; als Gut ihrer Eltern wird weiterhin Incourt (prov. Brabant, arr. Nivelles) am Oberlauf der Gr. Gete genannt. Zur Beurteilung der Vita vgl. VAN DER ESSEN, Étude S. 187 ff. und DE MOREAU, Histoire S. 196 f. Nicht berücksichtigt werden auch die Nachrichten der Vita Beregisi cap. 6, 7 S. 524 aus dem 10. Jh. über die Ausbildung des aus einer vornehmen Familie des Condroz stammenden Beregisus in St. Truiden und seine Tätigkeit am Hofe Pippins II. Ebenso werden die Nachrichten des 11./12. Jh.s über die im 7. Jh. in Meldert lebende hl. Ermelinde nicht herangezogen, vgl. D'HAENENS, Ermelinde Sp. 746 ff.

[1] LEVISON, Testament S. 132 Z. 38. Das Testament ist in einer von W. WATTENBACH (nach GOERZ, Regesten 1 S. 34) in das 11. Jh., von LEVISON S. 121 spätestens in das 10. Jh. datierten Abschrift erhalten, deren Provenienz nicht mehr zu bestimmen ist (heute Landeshauptarchiv Koblenz Abt. 1 A Nr. 1; früher Erzstift Trier, Erzbischöfliches Staatsarchiv). LEVISON S. 122 nahm Benutzung der merowingischen Vorlage an, deren Latein z. T. durch noch nachträgliche Verbesserungen „in bezug auf Rechtschreibung und Kasusendungen geglättet" wurde. Zur Stellung des Testaments unter den erhaltenen merowingischen Testamenten vgl. NONN, Testamente S. 30 f. Einen ausführlichen Forschungsbericht, der sich insbesondere mit der Identifizierung der in dem Testament genannten Personen und Ortsnamen beschäftigt, gibt HERRMANN, Testament, bes. S. 77 ff.

[2] Zu dieser allgemein anerkannten Deutung vgl. zuletzt GYSSELING, Woordenboek 1 S. 360.

[3] LEVISON S. 132 f. Z. 39–42; zur Identifizierung von *Amanio* mit Amay (7 km nö Huy an der Maas gelegen) vgl. HERBILLON, Toponymes hesbignons (A-Ays) S. 217 und GYSSELING, Woordenboek 1 S. 51.

schriftliche Zeugnis für eine sozial gehobene Familie im Lütticher Raum. Die Güter Grimos an der mittleren Maas bildeten allerdings nur den weitaus geringsten Teil der in dem Testament aufgeführten Besitzungen. Die Hauptmasse des Besitzes lag südlich der Ardennen an der mittleren Mosel und in dem Gebiet zwischen Trier, Verdun und Metz. Besonderes Interesse gewinnen die besitzgeschichtlichen Angaben des Testaments durch den Hinweis Adalgisel-Grimos, daß ein *dux* Bobo zu seiner Verwandtschaft zählte[4]. Mit Grimo wird somit ein Angehöriger der politisch führenden Familien Austrasiens faßbar. Testamente sind diejenigen urkundlichen Zeugnisse, die in der Regel die detailliertesten personengeschichtlichen Aussagen zulassen. Deutlicher als Einzelurkunden vermitteln sie ein Bild von dem ungefähren Gesamtbesitz des Ausstellers, wobei zumeist auch noch wichtige Nachrichten zu dessen Verwandtschaft eingeflochten sind. Das Testament des Adalgisel-Grimo ist das einzige merowingerzeitliche Testament, das sich aus dem austrasischen Reichsteil erhalten hat[5]. Um so mehr muß es als ein glücklicher Umstand für unsere Untersuchung gelten, daß es den Lütticher Raum miteinbezieht. Im folgenden ist zunächst auf die besitzgeschichtlichen Angaben des Testaments einzugehen. Daran anschließend sind seine Nachrichten zur Familie des Adalgisel-Grimo zu behandeln, wobei zu fragen ist, inwieweit sie mit Hilfe der übrigen Überlieferung ergänzt werden können.

a) Die Besitzungen des Adalgisel-Grimo

In dem Testament wird Eigengut des Adalgisel-Grimo an insgesamt 17 Orten genannt. Außerdem werden einige Güter erwähnt, die Grimo zur Nutznießung erhalten hatte: Weinberge der Kirchen St. Georg in Amay und St. Maximin in Trier an der Lieser sowie die *villa* Iré, die Grimos Schwester Ermengundis der Verduner Domkirche übertragen hatte[6]. Die Angaben über Grimos Eigengüter ergeben, was Umfang, Art und Herkunft der Besitzungen anbetrifft, ein stark differenziertes Bild.

Im Besitz der gesamten *villa* scheint Grimo in Longuyon[7], Nehren[8], Tem-

---

[4] Levison S. 131 Z. 36.
[5] Vgl. die Karte bei Nonn, Testamente S. 48.
[6] Levison S. 133 Z. 41 und 43–44; vgl. dazu Anm. 34.
[7] Ebd. S. 126 Z. 6–7.
[8] Ebd. Z. 8. Levison S. 126 Anm. 5 und ihm folgend zuletzt Herrmann, Testament S. 80 sahen in der *villa(m) quae vocatur Nogaria* den Ort Noërs (dép. Meurthe-et-Moselle, com. Longuyon) sw. von Longuyon. Wie jedoch zuletzt Pauly, Zusammenfassung S. 463 zeigte, dürfte es sich aller Wahrscheinlichkeit nach um den 1144 als *Nogera* bezeugten Ort Nehren an der Mosel zwischen Cochem und Zell (Kr. Cochem-Zell) gehandelt haben.

mels[9], *Wichimonhiaga* (im Verduner Raum)[10] sowie in Tholey[11] gewesen zu sein. In den übrigen Orten hatte er lediglich Besitzanteile, davon in Grand-Failly und Bastogne jeweils die Hälfte[12]. In Trier besaß er ein Haus *(casa)*, in Tholey eine Burg *(castrum)*[13]. Weiterhin verfügte er über nicht näher lokalisierte Weinberge an der Mosel sowie über vier, wohl in der Nähe von Mercy-le-Bas gelegene Mühlen an der Crusnes[14]. Bei den Besitzanteilen Grimos in Montmédy, Mercy-le-Bas und Flémalle handelte es sich um Erbgüter[15]. Das Haus in Trier hatte Grimo durch Kauf, die Weinberge an der Mosel auf nicht näher angegebene Weise hinzuerworben[16]. Bei den übrigen Gütern fehlen Herkunftsangaben. Für sie ist gleichermaßen mit einem Erwerb durch Erbteilung wie durch Kauf oder Tausch zu rechnen.

Die Hauptmasse der Güter lag südlich der Ardennen in dem Raum zwischen Trier, Metz und Verdun[17]. Bereits etwas stärker abseits davon befanden sich

---

[9] LEVISON, Testament S. 127 Z. 11–12. Grimo übertrug *de villa vero Tamaltio porciones duas ... tertiam vero portionem* ...; vgl. dazu PAULY, Remich-Luxemburg S. 52 f., der vermutet, daß die Kirche St. Peter in Temmels (wohl durch Schenkung Grimos) in den Besitz von St. Agatha in Longuyon gelangt war.

[10] LEVISON, Testament S. 128 Z. 18; zur Deutung dieses Ortsnamens vgl. ebd. Anm. 5. Levison hielt einen Bezug auf das 708 als *Vuidinivilla* bezeugte Woinville (dép. Meuse, arr. Commercy, c. Saint-Mihiel) für möglich, das er mit dem in demselben Zusammenhang genannten *Vindiniaco* gleichsetzte, ließ die Deutung aber letztlich offen. Für die Gleichsetzung mit Woinville setzte sich auch STAAB, Gesellschaft S. 302 mit Anm. 763 ein. Er weist darauf hin, daß Graf Wulfoald und seine Gemahlin 708 dem von ihnen in *fine Vindiniaco* gegründeten Kloster St. Mihiel u. a. *portionem unam cognominatam Vuidinivilla* geschenkt hatten, LESORT, St. Mihiel Nr. 1 S. 41, und möchte hierin einen Hinweis auf Verbindungen Grimos zu der Familie des austrasischen Hausmeiers Wulfoald sehen, der er auch den Gründer von St. Mihiel zuweist. Ein starker Unsicherheitsfaktor für eine derartige besitzgeschichtlich-genealogische Argumentation ist bereits dadurch gegeben, daß Adalgisel-Grimo knapp 30 Jahre vor der ersten Erwähnung des Hausmeiers Wulfoald die *villam ... Wichimonhiaga ... cum integra soliditate* an die Domkirche in Verdun übertragen hatte.

[11] LEVISON S. 130 f. Z. 31–34.

[12] Ebd. Z. 35 und S. 133 Z. 42.

[13] Ebd. S. 128 Z. 17 und S. 131 Z. 31; zum Kloster und der Burg, die auf dem sich steil über dem Ort Tholey erhebenden Schaumberg bzw. nach den jüngsten Grabungsergebnissen bei dem Tholeyer Abtshaus vermutet wird, vgl. K. BÖHNER und R. SCHINDLER in: Führer zu vor- und frühgeschichtlichen Denkmälern 5. 1966 S. 198 ff., HERRMANN, Testament S. 83 f. und HAUBRICHS, Ortsnamen 1 S. 49 ff. mit der Anm. 99 angegebenen Literatur.

[14] Ebd. S. 126 f. Z. 10 und 14, S. 132 Z. 38; wie LEVISON S. 118 hervorhebt, ist aus dem Vermerk *quam mihi legibus obvenit* u. ä., wie er sich allein bei der Erwähnung der Besitzanteile in diesen 3 Orten findet, darauf zu schließen, daß es sich um Erbgut handelte. Die nächstliegende Annahme ist, daß Grimo diese Besitzungen als elterliches Erbe erlangt hatte.

[16] Zu ihnen heißt es lediglich: *Vineas ... de quibuslibet atracto conquesitas*, S. 130 Z. 27.

[17] Vgl. hierzu wie zum Folgenden die Karte S. 34, in der neben den 634 genannten Gütern Grimos auch seine bereits vorher vergabten Besitzungen in Fresnes-en-Woëvre und die Güter seiner Schwester Ermengundis in Iré verzeichnet sind, vgl. Anm. 21 und 34. Eine Kartierung der Güter Adalgisel-Grimos findet sich auch bei K. BÖHNER, D. ELLMERS und K. WEIDEMANN, Das frühe Mittelalter (Führer durch das Römisch-Germanische Zentralmuseum in Mainz 1) 1970 S. 121 und HERRMANN, Testament S. 89.

die Besitzungen in Tholey und Nehren. Die weiteste Entfernung innerhalb dieser südlichen Besitzgruppe bestand zwischen Montmédy und Nehren und betrug etwa 160 km (Luftlinie). In nördlicher Richtung schlossen sich die Güter des Grimo in Bastogne und Grandhan an. Sie lagen an der die Ardennen überquerenden Römerstraße Trier-Tongern und bildeten offensichtlich das

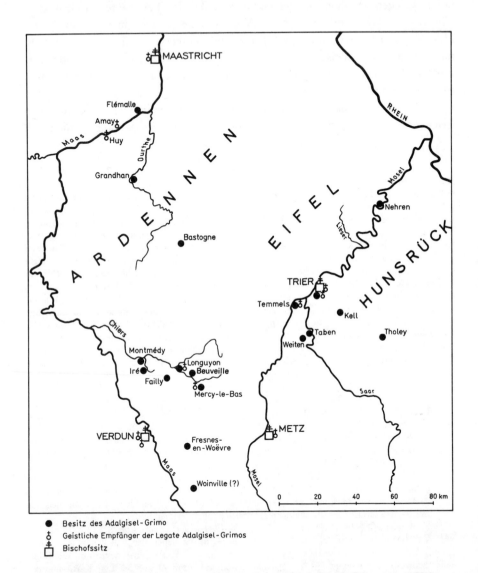

Karte 1: Übersichtskarte zum Testament des Adalgisel-Grimo von 634

Bindeglied zwischen den Besitzungen im Trierer Raum und dem nördlich der Ardennen bei Lüttich an der Maas gelegenen Erbgut in Flémalle[18]. Als nördlichste Besitzung war Flémalle von den Gütern an der Chiers und der Mosel etwa 130 km (Luftlinie) entfernt.

Ähnlich weit wie die Besitzungen Grimos lagen auch deren Empfänger auseinander. Der Großteil der Legate war an geistliche Institute, darunter vor allem an die Domkirche in Verdun und an die Klerikergemeinschaft an St. Agatha in Longuyon gerichtet[19]. Weitere geistliche Empfänger waren die Kirchen St. Peter in Temmels und St. Maximin in Trier, die Armenmatrikel in Trier und Mercy-le-Bas, die Leprosen in St. Vanne vor Verdun, in Metz und in Maastricht sowie die Armenmatrikel in St. Martin in Tours und in Huy. Von Grimos Familienangehörigen wurden lediglich einige seiner Neffen, die Söhne eines Ado, bedacht.

Die Einsetzung seiner *nepotes* als Erben und der ausdrückliche Ausschluß seiner übrigen Verwandten[20] sprechen dagegen, daß Grimo bereits vor der Ausstellung seines Testaments weitere Besitzungen seinen erbberechtigten Verwandten zugesprochen hatte. Dennoch nennt das Testament bei weitem nicht alle Güter des Verduner Diakons. Schon vor der Abfassung seines Testaments hatte Grimo nach Aussage der Gesta episcoporum Virdunensium der Domkirche in Verdun die *villa* Fresnes-en-Woëvre übertragen[21]. Weitere Besitzungen sind indirekt aus den Angaben des Testaments zu erschließen. In Tholey hatte Grimo eine Gemeinschaft von Geistlichen gegründet, wozu gewiß auch eine angemessene Ausstattung mit Land und kirchlichem Weihegerät erforderlich gewesen war. Ist hierzu im Testament lediglich von *apendiciis, villares seu reditibus* die Rede[22], so berichtete genauer über Tholey und seine Ausstattung eine diese Gründung betreffende Urkunde, auf die sich Grimo in seinem Testament zu beziehen scheint und die offensichtlich auch dem Verfasser der

---

[18] Vgl. MERTENS, Les routes romains S. 20 und EWIG, Les Ardennes S. 38 ff. (Karte). Die Römerstraße überquerte die Maas bei Amay, das sich gleichfalls in der Hand von Familienangehörigen Adalgisel-Grimos befand.

[19] An die Domkirche von Verdun sollten die Güter in Mercy-le-Bas, *Wichimonhiaga* sowie die *loca sanctorum* in Tholey mit allem Zubehör fallen; für Kirche, Kloster und Xenodochium in Longuyon waren die Güter in Longuyon selbst, in Nehren, Montmédy, Temmels und die Weinberge an der Mosel bestimmt.

[20] LEVISON S. 130 Z. 30–31: *Vos vero, parentes mei et propinqui nihi[l aliud requirere debeatis nisi quo]d vobis per presentem paginam delegavi*; die von Levison vorgeschlagene Ergänzung ist durch Parallelbelege und den Sinnzusammenhang gedeckt, vgl. ebd. Anm. 10.

[21] Cap. 8 S. 43: *Frasnidum vero villam idem Grimo pro sua pietate victui fratrum nostrorum delegavit*. Zuvor wird berichtet, daß Grimo von dem Verduner Bischof Paulus *ab infantia reverenter educatus* das Kloster Tholey der Domkirche in Verdun *suo pariter et multorum fidelium scripto, in sempiterno habendum tradidit, roboravit et omni auctoritate firmavit*.

[22] LEVISON S. 131 Z. 32.

Gesta episcoporum Virdunensium vorlag[23]. Weiterhin teilt Grimo mit, daß er an dem *monasterio sive xenodocio* in Longuyon Plätze für 16 Arme geschaffen habe[24]. Nähere Interpretation der Nachrichten des Testaments über Longuyon legt darüber hinaus nahe, daß Grimo selbst der Gründer des *monasterium* und des damit verbundenen Xenodochiums gewesen war[25]. Auch dies wiederum läßt Rückschlüsse auf weiteren, in dem Testament nicht genannten Besitz zu. Ähnlich wird man aus der Tatsache, daß Grimo ein Haus in Trier und Weinberge an der Mosel durch Kauf oder Tausch erwerben konnte und daß er neben Ländereien auch über *aurum, argentum, species, utensilia* verfügte[26], auf weiteres Vermögen des Diakons schließen können[27].

An dem Gesamtbild, wie es sich nach den bekannten Gütern Grimos ergibt, ändert sich durch diese Hinweise auf noch weiteren Besitz nur wenig. Auch die nur zu erschließenden Ländereien lagen wohl im wesentlichen in dem durch das Testament umschriebenen Raum. Der Großteil von ihnen dürfte sich – entsprechend den Hinweisen des Testaments auf die Besitzschwerpunkte Grimos und seine Wirkungszentren Verdun, Longuyon und Tholey – südlich der Ardennen in den Gegenden zwischen mittlerer Mosel und oberer Maas befunden haben.

Grimo hatte seine geistliche Ausbildung an der Domkirche von Verdun erfahren[28]. Ihrem Klerus gehörte er offensichtlich auch an, als er als Diakon 634 in Verdun sein Testament ausstellte, das die Verduner Kirche reich bedachte[29]. Auch Grimos geistliche Gründungen in Longuyon, Mercy-le-Bas[30]

---

[23] So in Anschluß an LEVISON S. 131 Anm. 6, der unter Hinweis auf die Anm. 21 zitierte Passage und vergleichbare Wendungen in zeitgenössischen Urkunden den Tholey betreffenden Passus des Testaments ergänzt: ... *omnia et omnibus [iuxta quod ipsa epistola, quam] in ipsa ecclesia Virdunense feci, continet, in suo iure ac dominatione retineat* ... (Z. 33–34).

[24] LEVISON S. 126 Z. 6 und S. 130 Z. 28.

[25] Die Longuyon betreffenden Passagen des Testaments sind z. T. zerstört. Grimo schenkte der geistlichen Anstalt in Longuyon am Ort selbst die *villam ipsam, ubi ipse monas* ... (Z. 7). LEVISON S. 126 Anm. 126 schlägt nach dem Vorbild vergleichbarer Urkunden als Ergänzung Wendungen vor, denenzufolge Grimo selbst das *monasterium* errichtet hatte, betont aber die Unsicherheit dieser Lösung. Da Grimo dem *monasterium* mit der *villa* Longuyon den Ort überließ, an dem es errichtet war, erscheint eine Gründung durch Grimo selbst jedoch als sehr naheliegend; ähnlich auch PAULY, Remich-Luxemburg S. 52 f.

[26] LEVISON S. 129 Z. 22.

[27] Auf frühere Schenkungen Grimos und damit auf weiteren Besitz des Verduner Diakons verweist, wie LEVISON S. 137 hervorhebt, auch der Passus S. 128: *Omnimodis volo ... q]ui[cqui]d per epistolas meas ad loca sancta seu merentibus personis contuli aut donavi, firma stabilitate permaneat* (Z. 17–18).

[28] LEVISON S. 128 Z. 20: *[sancta ecclesia] Virdunensi, qui me strennue de suis stipendiis enutrivit*; vgl. auch den Anm. 21 zitierten Bericht der Gesta epp. Vird.

[29] Das Testament wurde außer von Bischof Paulus von Verdun von einer Reihe von Klerikern unterzeichnet, die offensichtlich zum Verduner Domklerus zählten; auch die von Grimo erwähnte, Tholey betreffende Schenkungsurkunde wurde in Verdun ausgestellt, vgl. Anm. 23. Damit ergeben sich mehrere Indizien für ein sehr enges Verhältnis Grimos zu der Verduner Dom-

und Tholey befanden sich in den Gebieten südlich der Ardennen. Die Übertragung der Klerikergemeinschaft in Tholey an Verdun unterstreicht weiterhin Grimos enge Bindung an diese Domkirche. Wenngleich die Hauptmasse der Güter und Grimos hauptsächlicher Wirkungsbereich somit im Trier-Verduner Raum zu suchen sind, werden doch auch enge Beziehungen zu den Gebieten nördlich der Ardennen sichtbar: Die Legate Grimos an geistliche Anstalten in Huy und Maastricht zeigen, daß Grimo auch zu den kirchlichen Zentren an der mittleren Maas Verbindungen unterhielt. Mit der Kirche in Amay hatte er ein Besitzgeschäft getätigt.

Insgesamt ergibt sich aus den Nachrichten des Testaments ein überaus aufschlußreiches Bild. Bereits aufgrund der weiten Besitzstreuung zwischen Verduner und Lütticher Raum über die Ardennen hinweg wird mit Grimo ein Vertreter der vornehmsten austrasischen Führungsschicht faßbar. Als Angehöriger des Verduner Domklerus verfügte Grimo über reichen Besitz, darunter ein Wohnhaus in der alten Metropole Trier ebenso wie ein Eigenkloster und eine Burg auf dem Lande. Seine Güter bildeten keine geschlossenen Besitzkomplexe, sondern lagen über weite Teile des östlichen Austrasien verstreut verkehrsgünstig an den Flußläufen der Maas, Mosel und Chiers sowie an der Römerstraße zwischen Trier und Tongern. Gerade letzteres macht deutlich, daß die Ardennen kein allzugroßes Hindernis zwischen dem Trier-Verduner und dem Lütticher Raum gebildet haben dürften. Die weiträumig strukturierten Grundherrschaften der vornehmsten Oberschicht griffen vielmehr über dieses große Waldgebiet hinweg. In diesem Zusammenhang gewinnt besonderes Interesse, daß Grimo sowohl im Lütticher Raum als auch an der Chiers jeweils über Erbgut verfügte[31]. Die Familie Grimos war danach zumindest schon in der Generation vor Grimo, d.h. spätestens Ende des 6. Jahrhunderts südlich und nördlich der Ardennen begütert gewesen.

b) Zur Verwandtschaft des Adalgisel-Grimo

Grimos Zugehörigkeit zur Oberschicht, wie sie aus den besitzgeschichtlichen Angaben des Testaments deutlich zu erschließen ist, richtet verstärkt den Blick auf die Frage, inwieweit nähere Aussagen über die Familie des Verduner Diakons möglich sind.

---

kirche, die wohl am wahrscheinlichsten mit einer Zugehörigkeit zum Verduner Domklerus zu erklären sind. Aus welchen Gründen STAAB, Gesellschaft S. 302 Grimo als einen „Trierer Diakon" ansieht, ist nicht ersichtlich.

[30] Grimo erwähnt *pauperes illos quos in villa Marciaco institui*, LEVISON S. 129 Z. 21. Hierunter ist wohl eine kleinere Armenmatrikel zu verstehen.

[31] Vgl. Anm. 15.

1. Die Angaben des Testaments

Das Testament enthält nur wenige Mitteilungen zur Verwandtschaft Adalgisel-Grimos. An Familienangehörigen werden genannt: Grimos Neffen, die Söhne eines Ado, der Neffe *Bobo dux*, Grimos verstorbene Schwester, die Diakonisse Ermengundis, sowie eine Tante, von der lediglich bekannt ist, daß sie in der Georgskirche in Amay bestattet war. Die namentlich nicht genannten *nepotes*, die Söhne eines Ado, erhielten Grimos Besitzanteil in Beuveille bei Longuyon[32]. Der *dux* Bobo hatte einen Teil von Grimos Gütern in Grand-Failly gekauft[33]. Von Grimos Schwester Ermengundis wird mitgeteilt, daß sie die *villa* Iré der Verduner Domkirche geschenkt, Grimo aber diesen Besitz zu prekarischer Nutznießung erhalten hatte[34].

Aufschlußreich ist vor allem, daß zur Verwandtschaft Grimos ein *dux* gehörte. Dies zeigt zum einen, daß dem weitgestreuten, umfangreichen Besitz der Familie auch eine führende politische Stellung entsprach. Zum anderen wird man annehmen dürfen, daß die im Adalgisel-Grimo-Testament faßbare Besitzstruktur für Familien vergleichbaren sozialen Rangs typisch war, daß sich also auch die Besitzungen anderer führender Familien in Austrasien eher in ausgesprochener Streulage, in der Nähe wichtiger Verkehrswege gelegen, über weite Gebiete des austrasischen Teilreichs erstreckten und nicht so sehr größere geschlossene Güterkomplexe bildeten. Weiterhin liegt die Vermutung nahe, daß die Familie Adalgisel-Grimos auch in der Generation Grimos selbst wie in der seiner Eltern, für die bereits gleichfalls weitgestreuter Besitz südlich und nördlich der Ardennen vorauszusetzen ist, führende Ämter innehatte.

Die übrigen Verwandtschaftsangaben des Testaments sind weniger weiterführend. Die Besitzrechte von Grimos Schwester Ermengundis und deren Schenkung an die Verduner Domkirche verdeutlichen weiter, daß der Zweig der Familie, dem Grimo angehörte, sowohl durch seine Besitzungen wie auch in geistlicher Hinsicht dem Trier-Verduner Raum besonders verbunden war. Es ist nicht unwahrscheinlich, daß Grimos Schwester an einer der Kirchen dieses Gebiets, wohl in Verdun selbst, als *dyacona* tätig gewesen war.

Ein anderes Bild ergibt sich für jenen Teil der Familie, von dem lediglich die namentlich nicht genannte *amita* Grimos erwähnt wird. Grimo hatte von der

---

[32] Levison S. 127 Z. 11: *dulcissimis nepotibus meis filiis Adoni haberi v[o]lo;* vgl. dazu Nonn, Familie S. 14f.
[33] Levison S. 131 Z. 36: *Alia vero quarta portio nepoti meo Bobone duci vendere ceperam.*
[34] Levison S. 133 Z. 43–44: *Villa Hogregia, quem germana mea Ermengundis quondam dyacona pro anime sue remedium ecclesie Virdunense dedit et ego ipse sub usufructuario per precatoria possedi.* Zur Deutung des Ortsnamens – er kann sich sowohl auf Iré-le-Sec als auf das benachbarte Iré-le-Prés (dép. Meuse, arr. Verdun, c. Montmédy) beziehen – vgl. ebd. S. 127 Anm. 1. Mit Nonn, Familie S. 14 ist gegenüber Corsten, Adelsherrschaft S. 108 festzuhalten, daß es sich bei Ermengundis um eine leibliche, nicht um eine geistliche Schwester Grimos handelte.

Georgskirche in Amay, in der eine Tante von ihm bestattet war, Weinberge an der Lieser zu prekarischer Nutznießung erhalten[35]. Die Besitzrechte südlich der Ardennen im Moselraum lassen erkennen, daß es sich bei der Georgskirche in Amay um mehr als eine kleine Kirche auf dem offenen Lande handelte. Man wird vielmehr auf eine reicher mit Besitz ausgestattete Gründung schließen dürfen, an der sich eine Klerikergemeinschaft befand. Dies um so mehr, als die Georgskirche ebenso wie die in demselben Zusammenhang genannte Trierer Kirche St. Maximin als *basilica* bezeichnet wird[36]. Die Bestattung einer Tante Grimos als einer Angehörigen der austrasischen Führungsschicht in Amay weist auf enge Beziehungen der Familie zu dieser Kirche hin. Sie sind am ehesten damit zu erklären, daß die Georgskirche in Amay, wenn nicht von Familienangehörigen Grimos gegründet, so doch von diesen reich mit Besitz ausgestattet worden war und sich sehr wahrscheinlich als Eigenkirche in deren Hand befunden hatte. Die bekannten Güter der Kirche – in Amay selbst sowie

---

[35] Der gesamte Passus lautet: *Vineas ad Lesuram, quas de basilica domni Maximini Treverense sub usufructuario possedi, necnon et domni Iorgii in Amanio constructa, ubi amita mea requiescit, exinde similiter sub usu vineas possedi; post transitum vero meum ad basilicas ipsas revertantur*, LEVISON S. 133 Z. 40–42. Die in unserem Zusammenhang entscheidenden Worte *ubi amita mea requiescit* stehen nach LEVISON S. 133 Anm. t auf Rasur. Nochmalige Einsicht der Handschrift an dieser Stelle möchte ich Herrn Archivdirektor Dr. Johannes SIMMERT (Koblenz) für seine freundlich gewährte Hilfe nochmals danken – ergab jedoch, daß von dem Wort *requiescit* die Buchstaben *(e)scit* sich bereits nicht mehr auf Rasur befinden. Die Rasur griff das Pergament so stark an, daß auch mit der Quarzlampe keine Spuren der ursprünglichen Beschreibung mehr zu erkennen sind. Das Schriftbild der Neubeschreibung weicht, bedingt durch starke Aufrauhung des Untergrundes und ein teilweise leichtes Zerlaufen der Tinte von dem Schriftbild des Kontextes ab. Spezifische Merkmale, aufgrund derer die Schrift einer anderen Hand zuzuweisen wäre, sind allerdings nicht vorhanden. Buchstabenabstand und Zwischenräume zwischen den Wörtern entsprechen dem übrigen Schriftbild. Da für die Zuweisung zu einer anderen Hand kein zwingender Grund besteht und in dem Wort *requiescit* die auf Rasur und die nicht auf Rasur stehenden Buchstaben nahtlos aneinander anschließen, wird man nicht so sehr mit einer nachträglichen Verbesserung oder gar Interpolation rechnen wollen, sondern vielmehr davon ausgehen können, daß der Schreiber nach dem Wort *constructa* in die falsche Zeile geraten war, dies, als er das Wort *requiescit* schrieb, bemerkte, den verschriebenen Text tilgte, durch den richtigen Wortlaut ersetzte und mit den Buchstaben *(e)scit* auf dem unversehrten Pergament weiterfuhr. Spricht bereits der paläographische Befund gegen die Annahme einer verfälschenden Interpolation, so wären hierfür – die Abschrift des Testaments entstand gewiß in dem von Amay weit entfernten Trier-Verduner Raum – auch keinerlei inhaltliche Gründe ersichtlich. Man wird den auf Rasur stehenden Text somit unbedenklich übernehmen können.

[36] Vgl. das Zitat Anm. 35. Freilich ist mit einem weiten Bedeutungsfeld des Begriffs *basilica* zu rechnen, da in dem Testament neben St. Peter in Temmels auch St. Martin in Tours als *basilica* bezeichnet wird. Was die Anfänge von St. Maximin anbetrifft, so rechnet WISPLINGHOFF, St. Maximin S. 20 in der frühen fränkischen Zeit mit der Existenz einer kleineren Klerikergemeinschaft; vgl. dazu die Besprechung von J. SEMMLER (ZRG KA 90. 1973) S. 474. Für eine nicht geringe Bedeutung der Kirche im 7. Jahrhundert spricht auch, daß ihr Grimo Besitz in dem ca. 75 km (Luftlinie) entfernten Ort Bastogne übertrug, vgl. LEVISON S. 133 Z. 42. Eine klösterliche Gemeinschaft an St. Georg in Amay in der 1. Hälfte des 7. Jh.s nimmt GENICOT, Amay S. 349 an.

an der Lieser – lagen in großer Entfernung voneinander, allerdings jeweils in Gegenden, in denen auch die Familie Grimos begütert war. Für die naheliegende Vermutung, daß der Außenbesitz an der Lieser auf eine Schenkung der dieser Kirche eng verbundenen und auch an der Mosel begüterten Familie Grimos zurückging, könnte noch eine weitere Beobachtung sprechen. Grimo hatte die von seiner Schwester Ermengundis an die Domkirche in Verdun geschenkte *villa* Iré zu prekarischer Nutznießung erhalten [37]. In gleicher Weise hatte er auch Weinberge an der Lieser zur Nutznießung inne, die im Besitz der Kirchen in Amay und St. Maximin in Trier waren [38]. Dies könnte dafür sprechen, daß auch letztere Güter von Angehörigen seiner Familie an die genannten Kirchen übertragen worden waren, wobei Grimo die lebenslängliche Nutznießung daran zugesprochen erhielt. Doch auch unabhängig von einer solchen Deutung wird man bei näherer Interpretation der Nachrichten über St. Georg davon ausgehen können, daß ein anderer Zweig der Familie Grimos engere Verbindungen zu dieser nördlich der Ardennen gelegenen Kirche und damit zum Lütticher Raum unterhielt. Diese Beziehungen sind bereits in der Generation vor Grimo faßbar. Spätestens die Tante Grimos dürfte die Georgskirche, die sie zu ihrer Grablege bestimmte, gegründet, ausgestattet und eine Gemeinschaft von Geistlichen bei ihr eingerichtet haben [39].

Kombiniert man die wenigen Hinweise des Testaments, so scheinen zur Familie Grimos folgende Aussagen möglich: Bereits die Generation der Eltern Grimos war sowohl im Lütticher Raum wie in der Gegend zwischen der oberen Maas und der mittleren Mosel begütert. Da Grimo sein Testament 634 wohl schon in höherem Alter ausgestellt hatte – hierfür spricht auch, daß seine Schwester zu diesem Zeitpunkt bereits verstorben war [40] –, kommt man für die Eltern Grimos in die zweite Hälfte des 6. Jahrhunderts zurück. Neben Grimos

---

[37] Vgl. Anm. 34.
[38] Vgl. das Zitat Anm. 35.
[39] Amay, am Maasübergang der Römerstraße Trier-Tongern gelegen, war in römischer Zeit eine bedeutende Siedlung. Die heute bestehende Kirche des mittelalterlichen Kanonikerstifts an St. Georg in Amay aus dem 11. Jahrhundert befindet sich auf dem Gelände einer galloromischen Villa und folgt in ihrer Orientierung z. T. den Mauerzügen eines römerzeitlichen Bauwerks. Um so stärker ist anzunehmen, daß auch die frühmittelalterliche Kirche, von der bislang m. W. noch keine Überrreste entdeckt werden konnten, auf Fundamenten aus römischer Zeit errichtet wurde. Sie war zugleich von einem bis in die karolingische Zeit belegten, fränkischen Gräberfeld umgeben. Vgl. etwa WIBIN, Découverte S. 119 ff., THIRION/DANDOY, Recherches S. 43 und WILLEMS, Le vicus S. 7, der es für ziemlich sicher hält, daß „une occupation ininterrompue a existé dans les environs de la collégiale d'Amay". Vgl. auch unten Anm. 98.
[40] Weitere Hinweise sind, daß Grimos Neffe Bobo 634 das Amt eines *dux* innehatte, also wohl über 30 Jahre alt gewesen war, so auch HALBEDEL, Studien S. 26 f., und daß Grimo offensichtlich mit seinem baldigen Tod rechnete, wie die Bestimmung zeigt, Bobo möge die Kaufsumme für den von ihm von Grimo gekauften Besitzanteil in Grand-Failly, *si antea de hoc seculo discessero,* den *agentes* der Kirche St. Martin in Tours aushändigen, LEVISON S. 132 Z. 37.

Eltern war auch seine namentlich nicht genannte Tante nördlich der Ardennen begütert. Nimmt man an, daß sie die Weinberge an der Lieser an die Georgskirche in Amay geschenkt hatte, so würden sich wie für Grimos Eltern, so auch für eine Schwester seines Vaters oder seiner Mutter Besitzrechte nördlich und südlich der Ardennen ergeben. Dies wiederum könnte dafür sprechen, daß bereits die Großeltern Grimos beiderseits der Ardennen begütert gewesen waren. Deutlich ist weiterhin, daß Grimos Tante enge Beziehungen zum Lütticher Raum unterhielt, während Grimo selbst und auch seine Schwester stärker den Gebieten südlich der Ardennen verbunden waren. Von der Generation nach Grimo sind nur seine Neffen, die Söhne eines Ado sowie der *dux* Bobo bekannt. Von ihnen sind in den knappen, sie betreffenden Passagen des Testaments allein Güter im Trier-Verduner Raum bezeugt. Dies schließt jedoch nicht aus, daß auch sie nördlich der Ardennen begütert waren. Der hervorragenden sozialen Stellung der Familie, wie sie bereits in den besitzgeschichtlichen Angaben des Testaments erkennbar wird, entsprach, daß mit dem *dux* Bobo zumindest einer ihrer Vertreter auch zur politischen Führungsschicht Austrasiens gehörte.

Weitere personengeschichtliche Aussagen zu Grimo und seiner Familie können allein getroffen werden, wenn man die im Testament genannten Familienangehörigen mit anderwärts in der Überlieferung bezeugten Personen gleichsetzt bzw. in verwandtschaftliche Beziehung bringt[41]. An Versuchen hierzu hat es nicht gefehlt. Unter Hinweis auf die Gemengelage der Güter Grimos mit denen der Arnulfinger bei Metz und Verdun[42] und ausgehend von der Annahme, die Namen *Adalgisel* und *Ansegisel* seien „Formen desselben Namens" hielt Halbedel Adalgisel-Grimo für einen „Angehörigen des karolingischen Hauses"[43]. Verbindungen zu den Karolingern und einem 633/34 bis

---

[41] Unberücksichtigt können hier die seit dem 9. Jahrhundert aufkommenden Nachrichten bleiben, wonach Grimo ein Verwandter des Bischofs Germanus von Paris und König Dagoberts I. gewesen sei, vgl. dazu LEVISON, Tholey S. 101.

[42] Nicht nur für die frühkarolingische Besitzung Pareid und die Güter des Grimo in Fresnes, so HALBEDEL, Studien S. 31, sondern auch für Pierrepont, vgl. unten S. 394 Anm. 130, läßt sich eine weiträumige Besitznachbarschaft der Arnulfinger-Pippiniden mit Grimo, der in Beuveille und Mercy-les-Bas begütert war, zeigen. Ähnlich betonte auch BERGENGRUEN, Adel S. 118 mit Anm. 73: „Ein Blick auf die Karte der Besitzungen der Arnulfinger/Pippiniden im Département Meurthe-et-Moselle und die des Adalgisel im gleichen Raum macht die Beziehungen evident." Auch EBLING, Prosopographie S. 31 sah in den Besitzangaben ein Argument für Verwandtschaftsbeziehungen. Ansatzpunkte für besitzgeschichtlich-genealogische Beobachtungen ergeben sich jedoch nicht, lagen doch die Güter jeweils 4 bzw. 7 km auseinander. Diese weiträumige Besitznachbarschaft kann angesichts der offenkundigen Streulage adliger Besitzungen, wie sie in dem Testament von 634 entgegentritt, und bei dem Fehlen sicherer genealogischer Hinweise kaum mit verwandtschaftlichen Beziehungen erklärt werden.

[43] HALBEDEL, Studien S. 15 und S. 35. Die Fragwürdigkeit dieser Thesen betonte bereits LEVISON, Tholey S. 98 mit Anm. 6.

644/48 bezeugten austrasischen *dux* Adalgisel hielt auch Ebling für möglich[44]. Corsten hingegen sah in Adalgisel-Grimo das „Mitglied einer nordaquitanischen Adelssippe, ... die an ihren auf -gisil endenden Namen zu erkennen ist", und wies dieser Familie auch den Kölner Bischof Ebergisil, den austrasischen *dux* Adalgisel sowie mehrere aquitanische Amtsträger mit dem Namen Bodegisel zu[45]. Für letzteres berief er sich auf eine im 10./12. Jahrhundert faßbare Tradition, wonach die Georgskirche in Amay von einer hl. Oda, der Gattin eines aquitanischen Herzogs Boggis (= Bodegisel) gegründet worden sei[46]. Grimos Neffen, den *dux* Bobo, hielt er für einen Sohn Odas und Bodegisels und setzte ihn mit dem 641 bezeugten, in der Auvergne tätigen Herzog Bobo gleich[47]. Insgesamt suchte er an dem Beispiel dieser derart erschlossenen Familie zu zeigen, daß aus Aquitanien stammende Adelsfamilien als „Exponenten der königlichen Politik" auf Amtsgut in Austrasien ansässig geworden seien[48]. Nonn, der die Familie Adalgisel-Grimos zuletzt untersuchte, wies auf die Fragwürdigkeit der bloßen namenstatistischen Argumentation von Corsten hin und meldete starke Bedenken gegenüber dessen sehr weitreichenden genealogischen Verknüpfungen an[49]. Demgegenüber hielt auch er Verbindungen zu einem der 641/650 genannten *duces* Bobo für wahrscheinlich[50]. Die spätere Tradition über Oda und Boggis zog er unter Vorbehalten heran[51]. Seine Zurückweisung des rein namenstatistischen Vorgehens und damit der Thesen von Corsten ist um so mehr berechtigt, als es sich bei dem Namenglied -*gisil* um eines der gebräuchlichsten handelt, dem nur geringer personengeschichtlicher Aussagewert zukommt[52]. Die Frage nach weiteren Aussagemöglichkeiten zur

---

[44] EBLING, Prosopographie S. 30 f.; er mißt neben besitzgeschichtlichen Angaben besondere Bedeutung dem Namen Grimo bei, der „in dieser Zeit eindeutig arnulfingisches Namengut" gewesen sei; diesem namenstatistischen Argument ist jedoch durch die Einwände von NONN, Familie S. 12 mit Anm. 10 die Grundlage entzogen.

[45] CORSTEN, Adelsherrschaft S. 103 ff. (Zitat S. 105).

[46] Ebd. S. 116. Obgleich die „Ortsüberlieferung" von Amay für seine genealogischen Rekonstruktionen entscheidende Bindeglieder lieferte, unterließ Corsten eine kritische Untersuchung dieser späten Angaben: zu ihnen vgl. unten S. 47 ff.

[47] Ebd. S. 108; vgl. auch den Stammbaum S. 112.

[48] Ebd. S. 103 ff. (Zitat S. 107).

[49] NONN, Familie S. 12 ff.; er wendet sich weiterhin zu Recht gegen die willkürliche Interpretation von Verwandtschaftsbezeichnungen wie *nepos* und *germana* durch Corsten und gegen dessen Verfahren, Kurzformen wie Bobo und Ado, die auf verschiedene zweigliedrige Personennamen bezogen werden können, auf nur einen bestimmten Personennamen festzulegen und diesen wiederum für die namenstatistische Argumentation zu verwenden. Das von Corsten entworfene Bild der Familie Grimos ist nach Einwänden von Nonn nicht mehr aufrecht zu erhalten.

[50] Ebd. S. 15.

[51] Ebd. S. 16 f.

[52] Nach FÖRSTEMANN, Personennamen Sp. 647 waren die auf -*gisil* endenden Namen „namentlich bei den Franken des 6. und 7. Jahrhunderts sehr häufig gewesen".

Verwandtschaft Adalgisel-Grimos konzentriert sich, wie der Forschungsüberblick zeigte, vor allem auf die beiden austrasischen *duces* Adalgisel und Bobo sowie auf die hochmittelalterliche Tradition über die Gründerin der Kirche von Amay und ihren Gemahl, den aquitanischen *dux* Boggis [53].

[53] Ausgehend von der Zuweisung eines Bodegisel zur Verwandtschaft Grimos und von der Tatsache, daß die Kinder eines einige Zeit vor 693/94 verstorbenen, im Elsaß- und Speyergau begüterten *Bodegislus* im Kloster Weißenburg erzogen worden waren, nimmt HAUBRICHS, Mönchslisten S. 37 mit Anm. 140 und DERS., Ortsnamen 1 S. 53 f. (hier Zitat) an, daß „auch die Familie des Tholeyer Gründers Adalgisel Grimo…in der Frühzeit Weißenburgs nachzuweisen" sei. Er stützt sich hierfür weiterhin auf die im 9./10. Jh. ausgeschmückte Tradition, wonach unter dem Verduner Bischof Gisloald (648–65) ein Tholeyer Abt Chrauding, der einen Neffen Chrodoin gehabt habe, das Verduner Kloster Beaulieu gegründet habe, und hebt hervor, daß eben der Name Chrodoin auch bei einer der Gründerfamilien Weißenburgs, den sog. Chrodoinen, begegne; ähnlich bereits EWIG, Trier S. 122. Selbst wenn man von der Historizität dieser, von Levison in Frage gestellten Tradition ausgeht, muß offen bleiben, inwieweit Abt Chrauding ein Familienangehöriger Grimos war. Grimo selbst hatte seine sämtlichen Rechte an Tholey testamentarisch der Bischofskirche in Verdun überlassen. Daß er enge, möglicherweise verwandtschaftliche Verbindungen zu einem 648/65 nachweisbaren Tholeyer Abt unterhielt, ist eine zwar denkbare, aber durch nichts näher zu begründende Annahme. Sieht man dennoch in Chrauding und Chrodoin Familienangehörige Grimos, so lassen sich m. E. über die Namengleichheit hinaus kaum tragfähige Argumente für Beziehungen zu den Chrodoinen erbringen. Dies um so weniger, als auch der Hinweis auf Bodegisel sich im wesentlichen nur auf die gemeinsame Verwendung eines häufiger gebräuchlichen Personennamens stützen kann. vgl. unten S. 54 mit Anm. 108. Doch bleibt die von HAUBRICHS, Ortsnamen 1 S. 53 Anm. 104 angekündigte größere Arbeit zu diesen Fragen abzuwarten. Auch STAAB, Gesellschaft S. 302 f. erschloß, ausgehend von der Gründungstradition von Beaulieu, Verbindungen Grimos zu den Chrodoinen und wies zusätzlich auf eine frühe Besitznachbarschaft Tholeys und Weißenburgs im Mittelrheingebiet hin. Man wird sie jedoch, da die Schenker der betreffenden Güter unbekannt sind, schwerlich als Argument für Verwandtschaftsbeziehungen werten können. Ähnlich wenig tragfähig sind auch die übrigen, zumeist in Anschluß an EWIG, Trier S. 122 angeführten Argumente. Fraglich erscheinen weiterhin die von STAAB S. 302, gleichfalls in Anschluß an EWIG S. 122 angenommenen Beziehungen Grimos zu dem mit den Arnulfinger-Pippiniden verfeindeten austrasischen Hausmeier Wulfoald. Zu ihrer unzureichenden besitzgeschichtlichen Begründung vgl. oben S. 33 Anm. 10. Selbst wenn man Wulfoald einer um Verdun begüterten Familie zuweist, vgl. jedoch unten S. 102 ff., besagt die von Staab erwähnte Tatsache, daß Grimo in Verdun erzogen wurde und die dortige Bischofskirche reich bedachte, wenig für Verbindungen Grimos zu Wulfoald. Was Grimos Beziehungen zu Verdun anbetrifft, wird man zunächst an persönliche Motive im kirchlichen und geistlichen Bereich zu denken haben. – Ein weiterer Ansatzpunkt für genealogische Verknüpfungen könnte sich schließlich noch aus folgender Beobachtung ergeben: Führt man den im 9. Jh. bezeugten Besitz des Kölner Stifts St. Kunibert in Wellen (Kr. Trier-Saarburg) auf Bischof Kunibert von Köln zurück, vgl. EWIG, Trier S. 214 und PAULY, Remich-Luxemburg S. 55 f., so wäre zu folgern, daß der mit Adalgisel-Grimo zeitgenössische und den Arnulfinger-Pippiniden nahestehende Bischof nur ca. 2 km entfernt von Grimos Gütern in Temmels (Wellen war überdies nach Temmels eingepfarrt) begütert gewesen war. Der Annahme verwandtschaftlicher Beziehungen stehen jedoch schon deshalb erhebliche Bedenken entgegen, da nach den Ergebnissen von WISPLINGHOFF, Niederrheinischer Fernbesitz S. 74 ff. eine Rückführung des Außenbesitzes von St. Kunibert an der Mosel in das 7. Jahrhundert überaus fraglich ist. Rechnet man dennoch mit einer frühen Schenkung, so bleibt weiterhin zu bedenken, daß Besitz zweier Personen in zwei aneinandergrenzenden Orten angesichts der für das Moseltal vorauszusetzenden starken Besitzdifferenzierung für sich allein genommen nur wenig über genealogische Zusammenhänge besagt.

2. Die *duces* Adalgisel und Bobo

Bei der Einrichtung des Unterkönigtums in Austrasien für seinen Sohn Sigibert III. im Jahre 633/34 setzte Dagobert I. Bischof Kunibert von Köln *et Adalgyselum ducem palacium et regnum gobernandum* ein[54]. Der austrasische Hausmeier Pippin I. wurde zusammen mit mehreren austrasischen *duces* am Hofe Dagoberts I. festgehalten[55]. Adalgisels Zusammenwirken mit Kunibert von Köln und seine Gegnerschaft zu Fara und Radulf zeigen, daß Adalgisel den den Arnulfinger-Pippiniden nahestehenden Adelskreisen angehörte[56]. Nach der Rückkehr Pippins I. nach Austrasien und dessen Tod 639/40 scheint er sich die Macht mit Pippins Sohn Grimoald geteilt zu haben. 641 zog er gemeinsam mit Grimoald gegen Herzog Radulf von Thüringen[57]. Welche Rolle er bei der Beseitigung des *baiolos* Otto spielte, die den Weg für das Hausmeieramt Grimoalds frei machte, ist nicht überliefert[58]. Spätestens 643 übernahm Grimoald die führende Stellung in Austrasien, die unter Dagobert I. Adalgisel und Bischof Kunibert innegehabt hatten. Beide zählten aber weiterhin zum engeren Umkreis Grimoalds, wie ihre Beteiligung an der Gründung des Klosters Cugnon 646/47 zeigt[59]. Nach 646/47 wird Adalgisel nicht mehr genannt[60].

---

[54] Fredegar IV, 75 S. 159; dazu EWIG, Teilreiche S. 111 ff. und SCHNEIDER, Königswahl S. 146 f.

[55] Fredegar IV, 85 S. 163 f.; vgl. dazu unten S. 351 Anm. 42. In der kurzen Zeit zwischen seiner Rückkehr nach Austrasien nach Dagoberts Tode 639 und seinem Tode 640 scheint Pippin Adalgisel in der Führung Austrasiens abgelöst zu haben, vgl. ebd. S. 164. Zur Stellung Adalgisels vgl. insbesondere EWIG, Stellung S. 22 ff.

[56] Vgl. hierzu zuletzt insbesondere GOCKEL, Königshöfe S. 308 ff. und STAAB, Gesellschaft S. 296 ff. EWIG, Teilreiche S. 135 f. mit Anm. 201 bezieht die Nachricht der Vita Geretrudis (um 670) cap. 1 S. 454, wonach Pippins I. Tochter Gertrud die Verlobung mit einem *pestifer homo, filius ducis Austrasiorum* ausgeschlagen habe – die Episode spielt vor 631 –, auf den *dux* Adalgisel. Mit den Hinweisen auf die engen Beziehungen Adalgisels zu den Pippiniden-Arnulfingern scheint dieses Ereignis bzw. seine Charakterisierung nur schwer vereinbar, es sei denn, man rechnet mit einer starken hagiographischen Umgestaltung und nimmt als historischen Kern an, daß in der Tat eine Eheverbindung geplant war, was dann umgekehrt als weiteres Indiz für enge Beziehungen zwischen der Familie des *dux* und den Pippiniden gewertet werden könnte. Doch bleibt in jedem Falle die sichere Identifizierung des namentlich nicht genannten *dux* fraglich. Die Erwähnung von *citeri ducis Austrasiorum* bei Fredegar IV, 85 S. 163 f. zu 633/34 spricht wohl doch für die Deutung, daß es sich bei dem in der Gertrudsvita genannten *dux* weniger um den Inhaber des austrasischen Großdukats, in dem dann möglicherweise Adalgisel zu sehen wäre, sondern eher um einen der damals in Austrasien tätigen *duces* gehandelt hatte.

[57] Fredegar IV, 87 S. 165. Hier werden beide als *duces* bezeichnet.

[58] Fredegar IV, S. 164. Berichtet wird lediglich, daß Grimoald 640/41 einen Freundschaftsbund mit Bischof Kunibert zur Verdrängung Ottos geschlossen hatte. Doch zählte Adalgisel, der 641 mit Grimoald gegen Radulf und Fara zog, mit Sicherheit zu den Parteigängern der Arnulfinger-Pippiniden gegen deren Gegner im austrasischen Adel.

[59] D Mer 21 S. 22 = HR 1 Nr. 1 S. 2 ff.; zur Datierung der Urkunde vgl. unten S. 356 mit Anm. 11. An der Identität des hier in der Reihe der *inlustrium virorum* genannten *Adalgisili* mit dem gleichnamigen 633/34 bis 641 bei Fredegar bezeugten *dux* ist mit EBLING, Prosopographie S. 30 f. wohl kaum zu zweifeln.

[60] In der wahrscheinlich 648/50, mit Sicherheit aber nach der Gründungsurkunde für Cugnon ausgestellten Ausstattungsurkunde Sigiberts III. für Stablo-Malmedy, zu ihrer Da-

Adalgisels Wirkungsraum deckte sich mit dem der Arnulfinger-Pippiniden. Die Vermutung liegt nahe, daß Adalgisel wie diese und auch Bischof Kunibert von Köln der Führungsschicht des östlichen Austrasien entstammte[61]. Namensgleichheit und gemeinsame Zugehörigkeit zu den vornehmsten Adelskreisen des Maas-Mosel-Raums könnten dafür sprechen, daß Adalgisel und der Verduner Diakon Adalgisel-Grimo miteinander verwandt waren[62]. Über diese, für sich allein genommen nur wenig tragfähigen Anhaltspunkte hinaus fehlt jedoch jeder konkrete Hinweis[63]. Man wird somit wohl die Möglichkeit verwandtschaftlicher Beziehungen erwägen können, hierauf jedoch keine weitergehenden personengeschichtlichen Folgerungen aufbauen wollen.

Amtsträger mit dem Namen Bobo sind in der ersten Hälfte des 7. Jahrhunderts mehrfach in Austrasien bezeugt. Ein *Bobo dux Arvernus*, der zusammen mit Grimoald und Herzog Adalgisel 641 gegen Herzog Radulf zog, kam bei den Kämpfen in Thüringen um[64]. Die Auvergne gehörte damals zu Austrasien[65]. Bei der Aufzählung der *inlustrium virorum*, die 646/47 der Gründung von Cugnon und 648/50(?) der Besitzausstattung von Stablo-Malmedy beiwohnten, wird jeweils ein *Bobo* genannt[66]. Er hatte nach einem zeitgenössischen Auszug der Urkunde für Stablo-Malmedy das Amt eines *dux* inne[67]. Die nur kopial erhaltene Urkunde für Stablo-Malmedy nennt unter den anwesen-

---

tierung vgl. unten S. 359 mit Anm. 27, wird unter den *duces* ein *Adregisilus* genannt, D Mer 22 S. 22 = HR 1 Nr. 2 S. 7; zur Überlieferung seines Amtstitels vgl. unten S. 366 Anm. 62. Die Namenform *Adregisel* stimmt in sämtlichen überlieferten Fassungen der Namenliste dieses Diploms überein, vgl. hierzu Anm. 67 und 68. EBLING, Prosopographie S. 31 Anm. 5 identifiziert Adregisel mit dem *dux* Adalgisel; NONN, Familie S. 11 Anm. 7 hielt trotz der „verschiedene(n) Schreibweise" eine Identität für „mehr als wahrscheinlich". Doch handelt es sich bei dem Namen Adregisel um einen von Adalgisel sprachlich verschiedenen, eigenständigen Namen. Während der Name Adalgisel auf den PN-Stamm *Athal-* zurückgeht, ist der Name Adregisel mit dem davon unabhängigen PN-Stamm *Adar-* gebildet, vgl. FÖRSTEMANN, Personennamen Sp. 183 f. und 168 f. sowie MORLET, Noms S. 20. Beide Namen wurden wohl kaum für ein- und dieselbe Person verwandt.

[61] Vgl. EBLING, Prosopographie S. 31 sowie zu Kunibert EWIG, Trier S. 115.

[62] So zuletzt insbesondere CORSTEN, Adelsherrschaft S. 107 f. und 112 (Stammbaum) und EBLING, Prosopographie S. 31; ähnlich auch HERRMANN, Testament S. 78.

[63] Mehr als seine Stellung als *dux* und einige Hinweise auf seine politische Tätigkeit 633/34 bis 641 sind für Adalgisel an personengeschichtlichen Anhaltspunkten nicht überliefert. Damit bleibt für Vermutungen über seine Herkunft und Familie breiter Raum. Der Name Adalgisel war im 7./8. Jh. keineswegs so selten, daß er als signifikant und damit als personengeschichtlich aussagekräftig gelten kann.

[64] Fredegar IV, 87 S. 165; zu ihm vgl. EBLING, Prosopographie S. 86.

[65] EWIG, Teilreiche S. 115 ff.

[66] DD Mer 21 und 22 S. 22 = HR 1 Nr. 1 und 2 S. 3 und 7.

[67] D Mer 29 S. 28 = HR 1 Nr. 6 S. 21. Es handelt sich um eine Stablo-Malmedy betreffende Urkunde Childeberts II. von 669/70. Sie benutzte die Urkunde von 648/50 (?) als Vorurkunde, wobei deren Namenreihe korrekter wiedergegeben ist als in den Kopien der Vorurkunde aus dem 10. und 13. Jh., in denen etwa die Amtsbezeichnung *ducibus* fehlt, Bischof Kunibert hingegen als *archiepiscopus* bezeichnet wird, vgl. unten S. 366 Anm. 62.

den weltlichen Großen noch einen weiteren *Bobo;* nach ihm folgen vier eigens als solche abgehobene *domestici.* Da kein Grund besteht, die überlieferte Namenreihe in Frage zu stellen[68], der zeitgenössische Auszug der Urkunde aber vor den *domestici* die Gruppe der *duces* nennt, wird man auch den zweiten Amtsträger *Bobo* als *dux* ansehen dürfen. Für die Zeit zwischen 641 und 650(?) werden somit drei austrasische *duces* mit dem Namen *Bobo* faßbar[69]. Der Personenname Bobo war außerordentlich beliebt und häufig[70]. Dennoch wird man mit an Sicherheit grenzender Wahrscheinlichkeit annehmen können, daß der 634 genannte austrasische *dux* Bobo, der Neffe des Adalgisel-Grimo, mit einem der drei 641/50 bezeugten austrasischen *duces* gleichen Namens identisch gewesen war[71]. Diese Gleichsetzung erlaubt nähere Rückschlüsse auf die politische Stellung der Familie Adalgisel-Grimos. Sowohl der 641 gefallene *Bobo dux Arvernus,* der gemeinsam mit Grimoald und Adalgisel gegen Radulf und die diesem nahestehenden austrasischen Gegner der Arnulfinger-Pippiniden gekämpft hatte, wie auch die beiden *duces,* die der von Grimoald betriebenen Gründung von Cugnon bzw. der Ausstattung des von ihm gegründeten Klosters Stablo-Malmedy[72] beiwohnten, dürften zu dem Kreis der den frühen Karolingern politisch verbundenen führenden Persönlichkeiten Austrasiens gehört haben. Unabhängig von einer genauen Identifizierung des 634 genannten *dux* Bobo kann somit als weitgehend sicher gelten, daß die Familie des Adalgisel-Grimo zu jenen großen Familien des Maas-Mosel-Raums zählte,

---

[68] Vgl. dazu unten S. 366 Anm. 62. Da bei der Aufzählung der Bischöfe die Kopien des 10./13. Jh.s gegenüber dem Auszug in der Urkunde Childeberts II. sowie umgekehrt auch der Auszug gegenüber den Kopien jeweils einen Mehrbestand an Namen aufweisen, die genannten Bischöfe aber zur betreffenden Zeit sämtlich im Amt waren und ihre Nennung somit für das Original der Urkunde als sicher vorauszusetzen ist, wird man analog auch davon ausgehen können, daß auch die weltlichen Amtsträger, die die Kopien mit dem – eigens als zweiter Amtsträger dieses Namens *(item Bobonis)* gekennzeichneten – *Bobo* sowie mit dem Domesticus *Bettelinus* zusätzlich gegenüber dem Auszug nennen, ebenfalls im Original der Urkunde aufgeführt waren. Die in den Gesta epp. Leod. I, 46 S. 184 in der 2. Hälfte des 10. Jh.s von Heriger überlieferte Namenreihe geht offensichtlich bereits auf die Kopie der Urkunde zurück.

[69] Der in den Gesta Dagoberti cap. 37 S. 415 genannte neustrische *dux* Bobo, der mit Dagobert I. ein Tauschgeschäft bei Meaux getätigt haben soll, dürfte – abgesehen von der fraglichen Historizität dieser Nachricht – als neustrischer Amtsträger wohl aus dem Kreis der möglicherweise mit dem Neffen Grimos identischen Personen ausscheiden. EWIG, Teilreiche S. 109 hatte aufgrund der Datierung des Grimo-Testaments nach den Regierungsjahren Dagoberts I. eine zeitweilige Trennung des Bistums Verdun von Austrasien und Zugehörigkeit zu Neustrien vermutet; vgl. dazu jedoch die Bemerkungen von LEVISON, Testament S. 124 Anm. 3.

[70] Neben den bereits genannten vier *duces* dieses Namens seien als weitere Belege aus dem 6./7. Jh. etwa erwähnt: Greg., Hist. Franc. VII, 45 S. 318, D Mer 19 S. 20, PARDESSUS 2 Nr. 307 S. 82, SS rer. Merov. 4 S. 671, 730, 739,5 S. 300, 6 S. 123.

[71] Ähnlich auch NONN S. 15. Zumeist wird Adalgisels Neffe – wohl aufgrund des in der Lokaltradition von Amay genannten aquitanischen *dux* Boggis – mit dem 641 gefallenen *dux* der Auvergne identifiziert, so etwa von CORSTEN, Adelsherrschaft S. 107f. und EBLING, Prosopographie S. 86 (mit unzutreffender Berufung auf Levison).

[72] Vgl. dazu unten S. 366.

die in den Jahren der inneraustrasischen Auseinandersetzungen nach der Ausschaltung Pippins I. 630/31 bis zum Aufstieg Grimoalds 640/43 auf seiten der Arnulfinger-Pippiniden standen[73]. In denselben Gegenden Austrasiens reich begütert wie die Arnulfinger-Pippiniden und wie diese höchste Regierungsämter ausübend, dürfte die Familie den frühen Karolingern an Rang zunächst kaum nachgestanden haben.

3. Die hl. Oda von Amay und der *dux Aquitanorum* Boggis

Als Gründerin der Georgskirche in Amay begegnet in der hochmittelalterlichen Überlieferung des Lütticher Raums eine hl. Oda. Zeugnissen des 10./12. Jahrhunderts zufolge war sie eine Tante des Lütticher Bischofs Hugbert (703/06–727) und die Gemahlin eines aquitanischen Herzogs Boggis gewesen. Nach dem Tode ihres Gatten soll sie eine Reihe von Bischofskirchen reich beschenkt und die Georgskirche in Amay gestiftet haben, wo sie auch ihre Grablege fand. Die Tradition über die hl. Oda wurde von der Forschung bereits früh auf die namentlich nicht genannte, in Amay bestattete Tante des Adalgisel-Grimo bezogen[74]. Sie bildete für Halbedel und Corsten einen wichtigen Ausgangspunkt weitreichender genealogischer Aussagen zur Verwandtschaft Adalgisel-Grimos[75]. Levison wie auch Coens, der die betreffenden Zeugnisse am ausführlichsten untersuchte, betonten demgegenüber stärker den legendarischen Charakter der späteren Nachrichten über Oda[76]. Wackwitz lehnte eine Gleichsetzung Odas mit der Tante des Adalgisel-Grimo ab[77].

Ältestes Zeugnis der Tradition zur hl. Oda sind die Annales Stabulenses und die Annales Lobienses[78]. Sie berichten im Zusammenhang eines längeren Ein-

---

[73] Zu Versuchen, Grimo mit dem karolingerfeindlichen Adelskreis um den Hausmeier Wulfoald und den Chrodoinen in Verbindung zu bringen, vgl. oben S. 43 Anm. 53.

[74] Vgl. etwa die bei COENS, Sainte Ode S. 196 Anm. 3 angeführte ältere belgische Literatur, insbesondere BALAU, Sources S. 245 f. und VAN DER ESSEN, Étude S. 189; in der jüngeren Forschung vgl. etwa HERRMANN, Testament S. 79 und zurückhaltender NONN, Familie S. 16 f.

[75] HALBEDEL, Studien S. 33; CORSTEN, Adelsherrschaft S. 106 ff.

[76] LEVISON, Testament S. 133 Anm. 3; COENS, Sainte Ode S. 200 ff.

[77] WACKWITZ, Burgunderreich 1 S. 63, 2 S. 70 f. Anm. 422.

[78] SS 13 S. 227 Z. 22 ff. und S. 41 Anm. 7; vollständige Ausgabe der Annales Stabulenses bei DE REIFFENBERG, Monuments 7 S. 204–207 (hier S. 207). Vgl. zu beiden Quellen KURZE, Annales Lobienses S. 591 ff. sowie insbesondere BOSCHEN, Annales Prumienses S. 230 ff mit Anm. 25. Boschen zufolge scheinen die Annales Stabulenses „auf eine frühere Fassung einiger der in den Annales Lobienses überlieferten Nachrichten" zurückzugehen. Beide Annalen stehen der Lütticher Annalistik nahe, der eine Reihe ihrer Lüttich und Lütticher Heilige betreffenden Nachrichten entstammen dürften. Ihre Berichte über Oda stimmen wörtlich überein. In unserem Zusammenhang ist es nicht erforderlich, auf die überaus komplizierten quellenkritischen Fragen des Verhältnisses beider Annalen zueinander sowie zur Lütticher Annalistik näher einzugehen. Für das Folgende werden die Annales Lobienses zugrundegelegt, da vor allem sie in der Folgezeit in die weitere Überlieferung eingingen.

trags über Bischof Hugbert von Lüttich: *Cuius amita*[79] *sancta Oda, uxor Boggis ducis Aquitanorum, multum non solum Leodicense, sed et alia episcopia praediis suis vidua ditavit, ad ultimum in Leodicensi parrochia requievit.* Die Nachrichten über Hugbert gehören zu einer Gruppe von Zusätzen mit Angaben über die Lütticher Kirche, die nach Balau und Kurze sehr wahrscheinlich von einem Bearbeiter der Annalen aus Lüttich stammen[80]. Sie sind in das 10. Jahrhundert zu datieren, da für den Zusatz über das Martyrium des hl. Lambert Vorlagen aus der zweiten Hälfte des 9. Jahrhunderts verwendet wurden[81] und die bis 982 reichenden Annales Lobienses in einer Handschrift des beginnenden 11. Jahrhunderts überliefert sind[82]. Der Bericht der Annales Lobienses über die hl. Oda wurde von Sigebert von Gembloux in seine 1105 abgeschlossene Weltchronik übernommen[83]. Ein 1137–1143 nachweisbarer Fortsetzer der Chronik, von dem zahlreiche Lüttich betreffende Nachträge stammen[84], fügte den Angaben Sigeberts den Zusatz hinzu: *[Sancta Oda ... in Leodicensi quievit parrochia,] in villa super Mosam sita, quae dicitur Ammanium*[85]. Der in den Annales Lobienses enthaltene Bericht wurde auch in der nahezu gleichzeitigen, 1143–1147 entstandenen Vita Landiberti des Lütticher

---

[79] Die einzige erhaltene Handschrift der Annales Lobienses, eine Abschrift, vgl. zu ihr Anm. 82, weist zwischen den Worten *cuius* und *sancta* eine Lücke auf, vgl. SS 13 S. 227 Note d. Die in diesem Passus wörtlich mit den Annales Lobienses übereinstimmenden Annales Stabulenses bringen an dieser Stelle die Angabe *amita*, die auch in der späteren Tradition übernommen wurde, vgl. etwa SS rer. Merov. 6 S. 415. Die von WAITZ, SS 13 S. 227 Z. 23 vorgeschlagene Konjektur *soror* ist somit nicht aufrecht zu erhalten; so bereits VAN DER ESSEN, Étude S. 50 und COENS, Sainte Ode S. 202.

[80] BALAU, Étude S. 254; KURZE, Annales Lobienses S. 597.

[81] SS 13 S. 227 Z. 3 ff.; DE REIFFENBERG, Monuments 7 S. 206 f. Der Bericht übernimmt die Angaben des Ado von Vienne in teilweise wörtlicher Übereinstimmung direkt oder über Regino von Prüm, vgl. QUENTIN, Les martyrologes S. 581 und Reginonis Chronicon S. 34, und greift weiterhin Traditionen auf, die zu Beginn des 10. Jh.s in Lüttich ausdrücklich als mündliche Überlieferung gekennzeichnet wurden, Carmen de sancto Landberto V. 330 S. 151. Vgl. dazu KRUSCH, SS rer. Merov. 6 S. 336 sowie auch unten S. 124 Anm. 22.

[82] Vgl. zu der in Bamberg, Staatsbibliothek, Patr. 62 (früher E III 18) aufbewahrten Handschrift LEITSCHUH/FISCHER, Katalog S. 427 ff. Nach KURZE, Annales Lobienses S. 590 waren die Annalen vor 1021 nach Bamberg gelangt. Es handelt sich um eine Abschrift, da die Annales Lobienses auch zu den Vorlagen Sigeberts von Gembloux zählten, vgl. Anm. 83.

[83] Sigeberti monachi Gemblacensis Chronographia a. 711 S. 329: *Sancta Oda uxor ducis Aquitanorum, sanctitate claret in Gallia, quae aecclesias Dei sua ditavit munificentia, et moriens, in Leodicensi quievit parrochia.* Es fehlt allerdings der Hinweis auf die Verwandtschaft der Oda mit Hugbert. Da sich auch in der Vita prior s. Lamberti des Sigebert Sp. 766, 773 und 775 textliche Berührungen mit den Annales Lobienses finden, vgl. dazu auch KRUSCH, SS rer. Merov. 6 S. 337, wird man mit KRUSCH ebd. S. 415 Anm. 2 davon ausgehen können, daß Sigebert auch für den Eintrag zu 711 die Annales Lobienses heranzog, deren Benutzung für die Jahre 903–972 gesichert ist, BALAU, Sources S. 278.

[84] BETHMANN in der Vorrede zu seiner Ausgabe der Chronik Sigeberts S. 286.

[85] Ebd. S. 391. Der Nachtrag ist zwischen den Zeilen des Autographs Sigeberts eingefügt.

Kanonikers Nikolaus verwendet[86]. Nikolaus teilt ergänzend zu seiner Vorlage über die Grablege der hl. Oda mit, Oda habe nach dem Tode des hl. Lambert *in predio suo quod Amanium dicunt, non longe a Leodio* eine Kirche zu Ehren des hl. Georg errichtet, *ubi in sancto viduitatis proposito Deo infatigabiliter serviens, feliciter requievit*[87]. Diese Angaben gingen, stark erweitert, in die noch im 12. bzw. im beginnenden 13. Jahrhundert verfaßte Vita s. Odae viduae ein[88].

Außer in den Annales Lobienses und Stabulenses, die Oda als *sancta* bezeichnen, ist die Verehrung der Oda im Lütticher Raum erstmals in einer Stabloer Litanei des 10. Jahrhunderts bezeugt, deren Eintrag *Huoda* sich nach Coens zweifellos auf die hl. Oda von Amay bezieht[89]. Oda begegnet weiterhin in zwei Lütticher Kalendaren und Martyrologien aus dem 11. Jahrhundert[90]. In einer Urkunde des Lütticher Bischofs Alexander I. von 1119/30 ist von Gütern *sancte Ode de Amanio* die Rede[91]. Das Kanonikerstift an der Kirche St. Georg in Amay, auf das sich dieser Beleg bezieht, erscheint in der Folgezeit als Mittelpunkt der im wesentlichen auf die Diözese Lüttich beschränkten Verehrung der hl. Oda. Im Verlauf des 12. Jahrhunderts kam es hier zu einer Erhebung ihrer Gebeine[92]. Verbunden damit waren die Anfertigung eines Schreins Anfang des 13. Jahrhunderts und die Abfassung der Vita dieser Heiligen[93].

Das Kanonikerstift in Amay ist urkundlich erstmals Ende des 11. Jahrhunderts bezeugt[94]. Einer Urkunde Papst Hadrians IV. von 1155 zufolge

---

[86] cap. 12 S. 415 f.; Datierung nach VAN DER ESSEN, Étude S. 47 und KRUSCH, SS rer. Merov. 6 S. 342. Nikolaus führt im Prolog seiner Vita S. 408 unter seinen Quellen zwar die Chronik des Sigebert an, der Textvergleich ergibt aber, daß dem Bericht über Oda stärker die in den Annales Lobienses überlieferte Tradition zugrundelag. Da diese Annalen auch Sigebert vorlagen, ist es mit KRUSCH, SS rer. Merov. 6 S. 415 Anm. 2 wahrscheinlich, daß sie auch die Vorlage des Nikolaus waren. Nicht auszuschließen ist allerdings auch eine Benutzung der Annales Stabulenses bzw. einer etwaigen gemeinsamen Vorlage beider Annalen.
[87] S. 416.
[88] COENS, Sainte Ode S. 229 ff.; zur Datierung vgl. ebd. S. 205 ff.
[89] COENS, Litanies S. 234. Die Niederschrift der Litanei ist 938–980 anzusetzen. Der Eintrag ist von den bekannten frühen Belegen für den Kult der Oda der räumlich am weitesten von Lüttich/Amay entfernte. Es wäre zu fragen, ob ein Zusammenhang mit der Kenntnis des Berichts der Annales Stabulenses über Oda in Stablo bestand.
[90] COENS, Litanies S. 234 mit Anm. 3; DERS., Sainte Ode S. 212.
[91] CLOSON, Alexandre Ier S. 467 (Documents inédits Nr. 2).
[92] COENS, Sainte Ode S. 213. Nach der Inschrift auf einem Reliquiar aus dem Ende des 12. Jh.s besaß die Kirche von Momalle (prov. Liège, arr. Waremme) Reliquien der hl. Oda, was die Nachrichten der Vita, ebd. S. 243, über eine Erhebung und Verteilung der Reliquien bestätigt.
[93] COENS, Sainte Ode S. 206. Über den Kult der Oda und die geringe Verbreitung der Vita vgl. COENS S. 211 ff.; das Patrozinium der Oda ist nur für die Kapelle von Lexhy bei Horion (prov. Liège, arr. Liège) bezeugt (1205).
[94] ÉVRARD, Documents Nr. 1 S. 283: *Canonicis Amaniensis ecclesie* (1091).

zählte es zu den *abbatias* im Besitz der Lütticher Kirche[95]. Nach Aegidius von Orval (um 1250) war das an der *ecclesia* in Amay bestehende Kloster von den Normannen zerstört und von dem Lütticher Bischof Richer (921–945) wieder aufgebaut und als Kanonikerstift eingerichtet worden[96]. Daß die Gemeinschaft von Geistlichen an der Georgskirche in Amay bereits im 10. Jahrhundert als sehr alt galt, zeigt die Nachricht der Vita Mononis aus dem ausgehenden 10. Jahrhundert, wonach der Maastrichter Bischof Johannes (gest. 646/47) zur Betreuung der Kirche über dem Grab des hl. Monon in Nassogne *ex Hoio castro et Ammania villa sacerdotes idoneos* entsandt habe[97]. Diese Angabe verweist in jene Zeit, für die aus den besitzgeschichtlichen Angaben des Grimo-Testaments, wie oben gezeigt, bereits die Existenz einer Klerikergemeinschaft in Amay erschlossen werden kann[98].

Läßt sich jedoch wahrscheinlich machen, daß – in welcher organisatorischen Form auch immer – seit der ersten Hälfte des 7. Jahrhunderts weitgehend kontinuierlich eine Gemeinschaft von Geistlichen an der Kirche St. Georg in Amay bestand, so ist nicht daran zu zweifeln, daß diese Geistlichen die hauptsächlichen Träger der auf die hl. Oda bezogenen Tradition waren. Tradition und Verehrung der hl. Oda waren, dies zeigt ihr Eingang in die Lütticher Annalistik und in die Litanei aus Stablo-Malmedy, im 10. Jahrhundert bereits über Amay hinaus bekannt. Der Eintrag in den Annales Lobienses und Stabulenses, der Odas Beziehungen zu Amay zugunsten ihrer Verdienste um das Bistum Lüttich und anderer Bischofskirchen übergeht, macht darüber hinaus deutlich, daß Oda zu dieser Zeit im engeren Umkreis von Lüttich zu den angeseheren Heiligen aus der Frühzeit des Bistums zählte. Dies

---

[95] BS 1 Nr. 45 S. 75. Aus Urkunden von 1288 und 1310 geht hervor, daß die Grundherrlichkeit von Amay im Besitz der Bischöfe von Lüttich war, BS 2 Nr. 789 S. 430, BS 3 Nr. 966 S. 107. Indirekte Hinweise auf die eigenkirchliche Unterstellung unter den Bischof enthält die Anm. 94 erwähnte Urkunde von 1091, derzufolge Bischof Heinrich von Lüttich die Abtei Flône mit Gütern der Kanoniker von Amay ausstattete.

[96] Gesta abbreviata S. 130. Danach gehörte Amay zu den *plures ecclesias a Normannis destructas, interfectis abbatibus, monachis et monialibus.* Die Glaubwürdigkeit des Berichts, für die DEREINE, Clercs et Moins S. 187 eintritt, wird von D'HAENENS, Les invasions S. 283 in Frage gestellt.

[97] Vita et Passio s. Mononis Martyris S. 368; zur Datierung vgl. VAN DER ESSEN, Étude S. 147.

[98] Vgl. oben S. 39f. Wichtige Aufschlüsse zur Frühgeschichte der Kirche St. Georg läßt die nähere Untersuchung eines 1977 im Chor der heutigen Stiftskirche aus dem 11. Jh. im Bereich des Hochaltars entdeckten karolingerzeitlichen Sarkophags wohl des 8. Jh.s erwarten, der durch reiche ornamentale und figürliche Ausschmückungen ausgezeichnet ist und auf seiner Deckplatte die Darstellung einer weiblichen Person mit einem Schleier und beidseitig gekrümmtem Stab (Äbtissinnenstab?) enthält, an deren Kopfende sich die Inschrift SANCTA CHRODOARA findet; eine weitere Inschrift mit dem Wortlaut CHRODOARA NUBELIS MAGNA ET INCLITIS EX SUA SUBSTANCIA DICAVIT SANCTOARIA ist auf einer Seitenwand der Deckplatte angebracht, vgl. die Grabungsanzeige von WILLEMS, Découverte S. 21 und die erste Auswertung des Befundes von ROOSENS, Überlegungen S. 237ff.

wie die Verehrung in Stablo-Malmedy spricht für ein höheres Alter der Tradition aus Amay.

Ein wesentlicher Teil der in den Annales Lobienses und den Annales Stabulenses überlieferten Nachrichten über die hl. Oda dürfte nach diesen Beobachtungen auf die ältere Lokaltradition von St. Georg in Amay zurückzuführen sein. Dies macht unwahrscheinlich, daß es sich insgesamt um eine jüngere Erfindung handelt. Wohl ist durchaus mit späteren Ausschmückungen in Amay selbst wie durch den Autor des Zusatzes in den Annalen zu rechnen. Doch ist zunächst mit hoher Wahrscheinlichkeit davon auszugehen, daß die Tradition an einer historischen, mit der Frühzeit der Kirche in Amay eng verbundenen Persönlichkeit anknüpfte[99]. Gegenüber der Angabe, daß eine Oda[100] in St. Georg bestattet war, sind Zweifel somit unangebracht. Die Erinnerung an diese Persönlichkeit und ihre frühe Heiligenverehrung lassen auf besondere Verdienste um die Kirche von Amay schließen. Insofern dürfen auch die späteren Nachrichten über die reiche Förderung der Georgskirche in

---

[99] Ähnlich auch COENS, Sainte Ode S. 200 f.; vgl. auch Anm. 100.

[100] COENS S. 200 äußert, ausgehend von der Identität der in Amay verehrten Heiligen mit der Tante Grimos, Bedenken hinsichtlich der „historicité du nom d'Ode". Der Name Oda, mit dem im 6./7. Jh. häufigen Primärstamm *Auda-* gebildet, vgl. hierzu KAUFMANN, Rufnamen S. 20 und 118 und FÖRSTEMANN, Personennamen Sp. 185 ff., war vor allem im Hochmittelalter stark verbreitet, läßt sich aber auch bis in das 7. Jh. zurück nachweisen, vgl. FÖRSTEMANN Sp. 187, 1176, 1473. Zusätzlich zu den hier angeführten Beispielen sind an frühen Belegen noch zu nennen: Nach Arbeo, Vita Haimhrammi cap. 9 S. 39 hatte der 716/17 gestorbene Bayernherzog Theodo eine *filiam vocabulo Ota*; die Vita Landiberti cap. 23 S. 375 berichtet von einer in der Umgebung von Lüttich wohnenden *virgo nomen Oda caeca* (nach 703/05). 742 schenkte ein Rantwig im Elsaßgau Güter seiner *mater mea Oda* an Weißenburg, ZEUSS, Trad. Wiz. Nr. 52 S. 53. Zu nennen ist in diesem Zusammenhang auch der 721/22 an Willibrord am Niederrhein schenkende *Ebroinus comes, filius Oda quondam*, WAMPACH, Echternach 1,2 Nr. 31 S. 74. Diese Belege sprechen für eine weiträumige Verbreitung des Personennamens Oda bereits vor 700. Auf diesem Hintergrund ist es – nimmt man nicht an, daß der in den Annales Lobienses überlieferte Name eine ähnlich verstümmelte Form darstellt wie der Name Boggis – wesentlich wahrscheinlicher, daß der Name der in Amay verehrten Heiligen, auch wenn diese im 6./7. Jh. gelebt haben sollte, in der Tradition korrekt wiedergegeben wurde als daß der ursprüngliche Name vergessen und später durch einen anderen, gebräuchlichen Personennamen ersetzt wurde. WILLEMS, Découverte S. 21 hält es für denkbar, daß sich die Tradition der hl. Oda auf jene vornehme Dame Chrodoara bezogen haben könnte, die sich in fränkischer Zeit an hervorragender Stelle in Amay bestatten ließ, vgl. Anm. 98. ROOSENS, Überlegungen S. 238 verweist demgegenüber auf die sprachliche Unmöglichkeit einer direkten Herleitung des Namens Oda aus Chrodoara, hält es aber unter Hinweis darauf, daß es in der jüngeren Tradition von Amay leicht zu Umformungen älterer Überlieferungen kommen konnte bzw. daß bereits in merowingischer Zeit sich beide Namen auf ein und dieselbe Person bezogen, dennoch für gut möglich, daß es sich bei Chrodoara um die später als Oda verehrte Tante des Adalgisel-Grimo gehandelt habe. Die Angabe der Grabinschrift, Chrodoara habe aus ihrem Eigengut mehrere Kirchen Gott zugeeignet, vgl. Anm. 98, weist immerhin nicht unerhebliche Entsprechungen zu den Nachrichten der jüngeren Tradition über die reichen Schenkungen der hl. Oda an die Lütticher Kirche und andere Bischofskirchen auf. Die Frage eines möglichen Zusammenhanges bedarf noch weiterer Untersuchung.

Amay durch Oda, möglicherweise auch die Bezeichnung Odas als Stifterin der Kirche Glauben verdienen.

Schwieriger ist die Beurteilung der übrigen Nachrichten, daß nämlich Oda die Witwe eines aquitanischen *dux* Boggis und eine Tante Bischof Hugberts gewesen sei und daß sie reiche Schenkungen an das Bistum Lüttich und andere Bischofskirchen gemacht habe. Hugbert, wohl kaum vor 665 geboren, wurde 703/06 zum Bischof von Tongern-Maastricht erhoben und starb 727[101]. In seinen Lebensbeschreibungen aus dem 8. und 9. Jahrhundert fehlt jeglicher Hinweis auf eine Verwandtschaft mit der hl. Oda. Deren Bezeichnung als *amita* Hugberts läßt sich weder bestätigen noch widerlegen[102]. Allerdings ist stärker als bei den übrigen Nachrichten mit der Möglichkeit späterer Erfindung zu rechnen, da es das Ansehen der in Amay bestatteten und verehrten Heiligen gewiß beträchtlich steigern konnte, wenn man sie als eine Familienangehörige des weithin als Heiliger verehrten Bischofs Hugbert ausgab. Gleichfalls nicht näher überprüfen läßt sich der Hinweis auf die Landschenkungen der hl. Oda an verschiedene Bistümer. Er ist so allgemein gehalten, daß eine Schenkungsurkunde als unmittelbare Vorlage ausscheidet. Hält man einen konkreten Anhaltspunkt für gegeben, so ist denkbar, daß die vornehme Dame, die in Amay bestattet war, ähnlich Adalgisel-Grimo mehrere geistliche Empfänger mit Schenkungen bedacht hatte und daß die Erinnerung hieran in der Lokaltradition lebendig geblieben war. Nicht auszuschließen ist allerdings auch, daß es sich lediglich um eine Ausschmückung zum größeren Ansehen der hl. Oda handelte[103].

Bei den Nachrichten über Odas Vermählung mit einem aquitanischen *dux* Boggis erweckt der Hinweis auf aquitanische Beziehungen der Heiligen auf den ersten Blick Bedenken. Auch für andere Heilige des Lütticher Raums wurde im 11./12. Jahrhundert – offensichtlich in Anschluß an die Angaben über die aquitanische Herkunft des hl. Amandus und des hl. Remaklus – eine

---

[101] Zu den Lebensdaten Hugberts vgl. unten S. 275 ff.

[102] Für ihre Glaubwürdigkeit setzte sich zuletzt HLAWITSCHKA, Merowingerblut S. 80 ein, während etwa VAN DER ESSEN, Étude S. 50 und COENS, Sainte Ode S. 200 sie als spätere legendarische Ausschmückung ansahen; vgl. auch die Ausführungen von DE SMEDT, AA SS Nov. 1 S. 775 ff.

[103] Als vergleichbares Beispiel wäre etwa die jüngere Vita des hl. Arnulf aus dem 11. Jh. anzuführen: Hatte es in der älteren Arnulfsvita cap. 14 S. 437 lediglich geheißen, Arnulf habe nahezu seine gesamten Schätze den Armen vermacht, so berichtet die Vita altera s. Arnulfi I, 10 S. 442: *ecclesiis etiam nonnullis ampla concessit praedia; palatium, quod Mettis possidebat, Virdunensi ecclesie largitus est hereditario iure; Coloniensi quoque ac Treverensi non minimam suarum partem possessionum indulsit.* Freilich ist auch die Beurteilung dieser Nachricht nicht sicher. Die Vita entstand in dem Kloster St. Arnulf vor Metz, wo die Tradition des hl. Arnulf gewiß am unmittelbarsten war und am stärksten gepflegt wurde. Die Möglichkeit eines historischen Kerns des Berichts ist somit nicht gänzlich auszuschließen.

Herkunft aus Aquitanien behauptet[104]. Gegen eine zu weitgehende Verurteilung der Nachricht über den *dux* Boggis spricht jedoch die Tatsache, daß sich hinter dem Namen Boggis ein spätestens im 9. Jahrhundert außer Gebrauch gekommener, im Frühmittelalter hingegen sehr beliebter Personenname verbirgt. Die weitgehend singuläre Form *Boggis*[105] geht über die im 9. Jahrhundert bezeugte Bildung *Bodgis*[106] auf den Namen Baudegisel bzw. Bodegisel zurück[107]. Die weitaus meisten Belege für diesen Namen stammen

---

[104] Als typisches Beispiel sei etwa sie im 11. Jh. in Nivelles verfaßte Vita s. Gertrudis tripartita I, 4 S. 117 genannt, derzufolge die hl. Itta, die Mutter der h!. Gertrud, *ex clarissima nobilitate Aquitaniae* entstammt sei.

[105] Die bei FÖRSTEMANN, Personennamen Sp. 323 angegebenen beiden weiteren Belege aus der Conversio's. Huberti comitis (bei BOUQUET 3 S. 609) und der „charte d'Alaon", einer Fälschung aus dem 17. Jh. (TESSIER, Recueil Nr. 465 S. 539 ff.), betreffen die gleiche Person und sind über Nikolaus von Lüttich auf den Bericht der Annales Lobienses über Boggis zurückzuführen. Die Lesung des Münzmeisternamens *Boggi* auf einem von DE BELFORT, Description générale 1 Nr. 242 S. 73 unter „Aquitania" aufgeführten Denar kann nicht als gesichert gelten, da die Aufschrift stark verstümmelt ist. Die wahrscheinlich im 13. Jh. entstandene Passio Friderici, vgl. WATTENBACH/HOLTZMANN S. 102 mit Anm. 70, nennt in der Überschrift zu Kapitel 13 den sonst *Bodgis* genannten Vater des hl. Odulph *Bogisus*, wobei jedoch nur die aus dem 15. Jh. stammende Hs 1 der Passio die Kapitelüberschriften enthält, SS 15 S. 350 und 342. Daß spätestens im 13. Jh. die Herkunft des Namens Boggis aus Bodegisel nicht mehr überall verstanden wurde, zeigt die Bemerkung des Aegidius von Orval, Gesta epp. Leod I, 36 S. 29: *ex Ansberto nobili viro genuit Arnoaldum seu Bodegisilum sive Boggis, trinominus enim fuit.*

[106] Während nach 700 die Namen Bodegisel und Baudegisel sich nur noch selten belegen lassen, begegnen vom Anfang des 8. Jh.s bis in die Mitte des 9. Jh.s Formen wie *Bautgisilus*, MG Libri confr. 1 S. 208 Sp. 170 Z. 31, *Bautgislus*, MG Libri mem. 1 S. 132 fol. 58 v, *Buotgisus*, SS 13 S. 246, *Bodgis*, SS 15 S. 356 oder die Ortsnamensform *Buatgisingas*, ZEUSS, Trad. Wiz. Nr. 193 S. 182. Die Ablösung der älteren Namensform durch diese Umbildung ist deutlich. Eine Ausnahme bildet die im 12./13. Jh. in dem Kloster St. Martin zu Glandières (heute Longeville-lès-St. Avold bzw. Lubeln) faßbare, u. a. von Aegidius von Orval, vgl. Anm. 105, übernommene Tradition, wonach ein *Baudagislus* bzw. *Bodagiselus*, in einer älteren Karolingergenealogie (SS 13 S. 246) *Buotgisus*, der Vater des Arnulf von Metz gewesen sein soll, vgl. hierzu BONNELL, Anfänge S. 29 ff. sowie vor allem HERRMANN/NOLTE, Frühgeschichte S. 64 ff. Die hier aufgeführten Belege wie auch die Vita s. Odae, COENS, Sainte Ode S. 232 f. und Aegidius von Orval (wie Anm. 105) zeigen, daß bereits im Verlauf des 12./13. Jh.s die Lubelner Bodegisel-Tradition mit der Tradition von Amay verschmolzen wurde. HERRMANN, Testament S. 79 hält es für möglich, daß beide Traditionen sich tatsächlich auf ein und dieselbe Person bezogen.

[107] Dies ist von jenen hoch- und spätmittelalterlichen Kompilatoren, die Bodgis mit dem angeblichen Vater Arnulfs von Metz und dem Gründer von Lubeln, *Buotgisus/Bodagiselus* identifizierten, vgl. Anm. 106, ebenso gesehen worden wie seit jeher in der Forschung. Wenn dieser Befund an dieser Stelle nochmals eigens hervorgehoben wird, so deshalb, weil die Tatsache, daß die Lokaltradition von Amay einen historischen Namen überliefert, bei der Frage nach ihrer Glaubwürdigkeit in der Forschung − sofern nicht Boggis ungeprüft mit einem der bekannten Träger des Namens Bodegisel/Baudegisel aus dem 6./7. Jh. gleichgesetzt wurde − weitgehend unberücksichtigt blieb. Die Namen Bodegisel und Baudegisel werden hier gemeinsam mit einbezogen, da es sich bei dem PN-Stamm *Bod-* um eine Kontraktion von *Baud-* handelte, die im 6./8. Jh. zunehmend an die Stelle von *Baud-* trat, vgl. FÖRSTEMANN, Pesonennamen Sp. 250 und 319 sowie KAUFMANN, Ergänzungsband S. 56 und 65.

aus dem 6. und 7. Jahrhundert[108]. Gregor von Tours[109] und Venantius Fortunatus[110] nennen hohe Amtsträger mit dem Namen Bodegisel. Aufschlußreich ist insbesondere das Beispiel des in dem austrasischen Teil der Provence tätigen *dux Bodegislus,* der 566 *in Germania* tätig wurde und 585 starb[111]. Eine Identität mit dem in den Annales Lobienses genannten *dux* dürfte wohl schon deshalb ausscheiden, weil Bodegisel eine Palatina zur Gemahlin hatte[112]. Doch wird deutlich, wie weiträumig die Beziehungen führender Amtsträger im Merowingerreich sein konnten. Für Aquitanien sind im 6. und 7. Jahrhundert weder der Titel *dux Aquitanorum*[113] noch ein Amtsträger mit dem Namen Bodegisel nachzuweisen[114]. Wichtiger für die Beurteilung der Lokaltradition von Amay erscheint aber die auffällige Übereinstimmung, daß zu der Zeit, in der der Name Bodegisel besonders gebräuchlich war, enge Beziehungen zwi-

---

[108] FÖRSTEMANN, Personennamen Sp. 251 und 323 bringt sieben Belege für diesen Namen. Hinzuzufügen sind noch: SS rer. Merov. 3 S. 658 und ZEUSS, Trad. Wiz. Nr. 38 S. 40 sowie etwa der Ortsname *Baudechisilovalle* (697), TARDIF, Monuments historiques Nr. 39 S. 32 und die mehrfachen Belege für merowingische Münzmeister dieses Namens bei DE BELFORT, Description générale 5 S. 52 ff., wobei die weite räumliche Streuung dafür spricht, daß der Name im 6./7. Jh. im gesamten fränkischen Reich verbreitet war. Zur sprachlichen Umformung des Namens im 8./9. Jh. vgl. Anm. 106. Belege dafür, daß der Name noch im 10./11. Jh. verwendet wurde, konnten nicht erbracht werden.

[109] Bei Greg., Hist. Franc. X, 2 S. 482 wird ein *Bodigysilus filius Mummolini Sessionici* erwähnt, der als Gesandter Childeberts II. auf einer Reise zum oströmischen Hofe 589 umkam. Der ebd. VII, 15 S. 337 genannte Bischof *Baudegysilus* von Le Mans ist identisch mit dem VI, 9 S. 279 bezeugten *Badegisilum domus regiae maiorem,* vgl. DUCHESNE, Fastes 2 S. 334. Ein *Baudigysilus* war in der zweiten Hälfte des 6. Jh.s Bischof von Angers, ebd. S. 354.

[110] Venantii Fortunati carminum VII, 5 S. 156: *De Bodegisilo duce.* Bodegisel, dessen Gattin *Palatina, filia Galli Magni episcopi* Venantius im folgenden Gedicht, ebd. S. 158 nennt, war nach Angaben des 565/67 verfaßten Gedichts, V. 19–24, zunächst *ductor* bzw. *rector* von Marseille und hatte dann eine entsprechende Stellung in Austrasien (*in Germania*) inne, V. 21. Er wird allgemein gleichgesetzt mit dem *Bodygisilus dux,* dessen Tod Gregor von Tours, Hist. Franc. VIII, 22 S. 389 zum Jahre 585 berichtet, vgl. BUCHNER, Provence S. 93 und SELLE-HOSBACH, Prosopographie S. 61 f.

[111] Vgl. Anm. 110. SELLE-HOSBACH S. 61 vermutet, daß Bodegisels Güter in Austrasien gelegen waren.

[112] Vgl. Anm. 110.

[113] Der m. W. erste Beleg findet sich in den Annales regni Francorum a. 761 S. 18: *Waifarius dux Aquitaniorum.* Über den Titel des aquitanischen Herzogs und den Volksnamen *Aquitani* vgl. EWIG, Volkstum S. 600 ff. mit Anm. 41 und WOLFRAM, Intitulatio I S. 156 f. mit Anm. 4.

[114] PERROUD, Les origines S. 85 zählt mit Bezug auf die „charte d'Alaon" Boggis zu den aquitanischen Herzögen, „qui appartiennent moins à la histoire qu'à la légende, à la mythologie chrétienne", hält es aber S. 247 aufgrund der Quellen des 10. Jh.s mit Einschränkungen für möglich, daß diese „ont pu exister... et être, non pas ducs d'Aquitaine, mais ducs en Aquitaine comme tant d'autres seigneurs du VIe et du VIIe siècle". Zu diesem Personenkreis findet sich eine Zusammenstellung der Namen bei KURTH, Les ducs S. 197 ff. und DEMS., Les nationalités S. 228 ff., wo der Name Bodegisel allerdings nicht begegnet. EWIG, Volkstum S. 598 Anm. 35 hält Boggis-Bodegisel für identisch oder verwandt mit dem 641 gefallenen *dux* der Auvergne, Bobo; zu ihm vgl. oben S. 45 mit Anm. 64.

schen Austrasien und Aquitanien bestanden[115]. Man wird hierin ein wesentliches Indiz für die Glaubwürdigkeit sehen dürfen. Die lokale Tradition der geistlichen Gemeinschaft in Amay reichte weitgehend ungebrochen bis in die erste Hälfte des 7. Jahrhunderts, d. h. in die Zeit zurück, in der noch aquitanische Enklaven zum austrasischen Teilreich gehörten. Da zudem für die Angabe über die Vermählung mit einem aquitanischen *dux* keinerlei hagiographisches Interesse anzunehmen ist, wird man bis zum Vorliegen sicherer entgegenstehender Indizien davon ausgehen dürfen, daß auch dieser Tradition ein historischer Kern zugrundelag[116].

Bei einer solchen Beurteilung der Lokaltradition von Amay würde sich ergeben, daß die in Amay bestattete vornehme Dame namens Oda die Gemahlin eines in Aquitanien tätigen Amtsträgers Bodegisel gewesen war. Zeitlich wäre Oda – sieht man zunächst von den Angaben über ihre Verwandtschaft mit Bischof Hugbert von Maastricht ab – am ehesten in die zweite Hälfte des 6. bzw. in die erste Hälfte des 7. Jahrhunderts zu setzen. Oda hatte sich um die Kirche von Amay solche Verdienste erworben, daß sich hier die Erinnerung an sie über Jahrhunderte hinweg bis in Einzelheiten erhielt und Oda, zunehmend als Heilige verehrt, mit dem Aufblühen lokaler Heiligenkulte seit dem 11./12. Jahrhundert zur Lokalpatronin des Kanonikerstifts in Amay erhoben wurde.

Diesen Ergebnissen der quellenkritischen Untersuchung sind die Nachrichten des Grimo-Testaments von 634 gegenüberzustellen. Nähere Interpretation zeigte, daß die vor 634 gestorbene Tante des Adalgisel-Grimo enge Beziehungen zu der Georgskirche in Amay unterhalten hatte. Ihre Bestattung in St. Georg läßt auf reiche Schenkungen an ihre spätere Grabeskirche schließen. Die Vermutung liegt nahe, daß die Tante Grimos, wenn schon nicht die Stifterin der Kirche, so doch die Gründerin der an St. Georg bestehenden Klerikergemeinschaft gewesen war. Kirche und Klerikergemeinschaft in Amay dürften sich – ebenso wie die *loca sanctorum* in Tholey bis zu Adalgisel-Grimos Tod in dessen Hand blieben – zunächst im Besitz der Stifterin bzw. ihrer Familienangehörigen befunden haben[117]. Die Tante Grimos gehörte einer Familie an, die von ihrer politischen und sozialen Stellung her in der Lage war, Amtsträger vom Range eines *dux* zu stellen. Derart gedeutet entsprechen die Aussagen des

---

[115] Ewig, Teilungen S. 673 ff., Ders., Teilreiche S. 115 ff. sowie Ders., L'Aquitaine S. 42 ff.

[116] Die Quellengrundlage reicht m. E. nicht aus, Bodegisel mit einem der bekannten Träger dieses Namens aus dem 6./7. Jh. zu identifizieren. Hatte Ewig (wie Anm. 114) ihn mit dem 641 gefallenen *dux* Bobo in Verbindung gebracht, so erwog Nonn, Familie S. 16 f. – wenngleich unter großen Vorbehalten – eine Identität Bodegisels mit dem 589 ermordeten, wohl mit einem *dux* Bobo personengleichen *Bodegisylus filius Mummolini Sessionici*, vgl. zu ihm Anm. 109. Herrmann/Nolte, Frühgeschichte S. 68 f. hielten es für denkbar, daß der in St. Arnual und Lubeln als Gründer verehrte Bodegisel der Familie Adalgisel-Grimos angehörte, d. h. in Verbindung zu dem in Amay bezeugten *dux* Bodegisel stand.

[117] Vgl. oben S. 35 ff.

Grimo-Testaments und die Angaben der Lokaltradition von Amay einander in hohem Maße. Die Übereinstimmungen sind so weitgehend, daß eine Gleichsetzung der beiden in Amay bestatteten vornehmen Damen des 6. bzw. beginnenden 7. Jahrhunderts wesentlich näher liegt als die Annahme, es habe sich um verschiedene Persönlichkeiten gehandelt [118]. Der Gleichsetzung beider Personen steht lediglich die Mitteilung entgegen, Oda sei eine Tante Bischof Hugberts von Tongern-Maastricht gewesen. Diese Verwandtschaftsangabe ist mit der Nachricht des Testaments, daß Grimos Tante vor 634 gestorben war, nur schwer zu vereinen. Wägt man die Argumente für die Identität Odas und der Tante des Adalgisel-Grimo einerseits und die lediglich theoretisch bestehende Möglichkeit verwandtschaftlicher Beziehungen zwischen Oda und Hugbert andererseits gegeneinander ab, so wird man der Personengleichsetzung den Vorzug geben können und die genealogische Verknüpfung Odas mit dem Maastrichter Bischof als eine spätere Ausschmückung erklären dürfen, mit der das Ansehen der Lokalheiligen von Amay weiter gesteigert werden sollte.

Zwingend nachweisen läßt sich die derart erschlossene Personenidentität allerdings nicht. Durch die späte Überlieferung der Nachrichten über Oda und die wenig detaillierten Aussagen des zeitgenössischen Testaments ist noch immer ein beträchtlicher Unsicherheitsfaktor gegeben. Fragt man jedoch nach der nächstliegenden Erklärung der unabhängig voneinander überlieferten Nachrichten über die beiden in Amay bestatteten vornehmen Damen, so erscheint es angesichts der auffälligen inhaltlichen Übereinstimmungen des Grimo-Testaments und der Lokaltradition von Amay als die wohl zutreffendste Deutung, daß sich die Angaben der jüngeren Tradition über Oda und den *dux* Boggis auf die Tante des Adalgisel-Grimo beziehen. Unter diesen Vorbehalten kann die hochmittelalterliche Lokalüberlieferung von Amay als Grundlage weiterer personengeschichtlicher Aussagen zur Verwandtschaft Grimos als eines Angehörigen der austrasischen Führungsschicht dienen.

Das bisherige Bild der Familie Grimos läßt sich durch die Einbeziehung der Nachrichten über Oda und Boggis erheblich erweitern. Mit dem *dux* Bodegisel gehörte der Familie bereits in der Generation der Eltern Grimos ein hoher Amtsträger an. Da sowohl ein Oheim als auch ein Neffe Grimos das

---

[118] Entsprechend vermerkt COENS, Sainte Ode S. 200, „qu'on ne puisse, sans preuve solide, supposer dans une même église rurale l'existence de deux sépultures, particulièrement honorées, de femmes qui seraient l'une et l'autre caractérisées comme étant l'*amita* d'un personnage de marque". Er wertet dies zugleich als wichtiges Argument dafür, daß Odas Bezeichnung als Tante Bischofs Hugberts eine spätere, unglaubwürdige Ausschmückung war. Im Zusammenhang der übrigen Beobachtungen hinsichtlich der Übereinstimmungen der Nachrichten über die beiden in Amay bestatteten Damen dürfte diesem Argument doch größeres Gewicht zukommen, als ihm WACKWITZ, Burgunderreich 2 S. 70 Anm. 422 beimessen möchte.

Amt eines *dux* innehatten, wird deutlich, daß die führende Stellung der Familie bis in das 6. Jahrhundert zurückreichte und daß die Familie diese Position über die politischen Wechselfälle des beginnenden 7. Jahrhunderts hinweg mindestens bis in die Zeit des Hausmeiers Grimoald behaupten konnte. Setzt man mit Nonn die Verwendung des Begriffs *amita* durch Grimo im Sinne „Schwester des Vaters" voraus[119], so hätte Bodegisel in die Familie Grimos eingeheiratet. Was seine Beziehungen zu Aquitanien anbetrifft, so ist denkbar, daß er, aus Aquitanien stammend, zunächst in einer aquitanischen Enklave des Ostreichs und dann in Austrasien selbst als *dux* tätig war. Seine Vermählung mit einer Angehörigen einer im Maas-Mosel Raum begüterten Familie spricht jedoch eher dafür, daß Bodegisel von Austrasien aus als Amtsträger in den dem Ostreich zugesprochenen Teilen Aquitaniens eingesetzt wurde[120]. Nach seinem Tode stiftete seine Gemahlin Oda auf ihren Gütern in Amay die Kirche St. Georg bzw. richtete hier eine Gemeinschaft von Geistlichen ein und bestimmte die Kirche zu ihrer Grablege. Zur Dotierung von St. Georg zählten möglicherweise auch Weinberge an der Lieser, wobei die Annahme naheliegt, daß Oda einen weiteren Teil dieser Weingüter an St. Maximin in Trier übertragen hatte[121]. Bei einer solchen Deutung gewinnt die Nachricht der jüngeren Tradition über Besitzschenkungen Odas an zahlreiche geistliche Empfänger weitere Wahrscheinlichkeit. Sie könnte dafür sprechen, daß Oda ähnlich Adalgisel-Grimo in einem Testament oder in mehreren Einzelschenkungen einen Teil ihrer Eigengüter an Kirchen und geistliche Institutionen übertragen hatte. Hierbei dürfte – ähnlich wie Adalgisel-Grimo St. Agatha in Longuyon und wohl auch Tholey besonders bevorzugte – von Oda vor allem die als Grablege ausersehene Kirche in Amay gefördert worden sein. Sieht man die Mitteilungen über Schenkungen Odas an die Bischofskirche von Lüttich als glaubwürdig an und hält man sich vor Augen, daß Amay seit dem Wiedereinsetzen der Überlieferung im 10./11. Jahrhundert in bischöflicher Hand erscheint[122], so ist es eine verlockende Hypothese, daß die Kirche St. Georg durch Schenkung Odas an die Bischöfe von Tongern-Maastricht gelangt war[123].

---

[119] NONN, Familie S. 17.

[120] Es bedarf keiner Hervorhebung, daß hier über Hypothesen nicht hinauszukommen ist. Daß durchaus enge Beziehungen aus dem Bereich der Bistümer Metz, Trier, Verdun und Köln zu den austrasischen Teilen Aquitaniens vorauszusetzen sind, zeigen die Besitzbeziehungen und auch die literarischen Verbindungen dieser Bischofskirchen nach Aquitanien im 6. und beginnenden 7. Jh., vgl. LEVISON, Metz S. 143 ff. und EWIG, Trier S. 88 ff.

[121] Vgl. oben S. 40. Diese Annahme wird weiter dadurch erhärtet, daß Grimo selbst ein Legat an St. Maximin richtete, vgl. S. 39 Anm. 36, was dafür sprechen könnte, daß auch andere Familienangehörige zu den Förderern dieser Kirche gehört hatten.

[122] Vgl. oben S. 49 f. mit Anm. 95.

[123] 817 schenkte Bischof Waltcaud von Lüttich der Abtei St. Hubert *ex rebus ecclesiae nostrae* den Ort Lieser auf dem linken Moselufer, HANQUET, La chronique S. 14 = KURTH, Chartes St. Hubert Nr. 4 S. 6. Es wäre zu fragen, ob diese Güter der Lütticher Bischofskirche möglicherweise nicht auch auf eine Schenkung der Oda zurückgingen.

c) Zusammenfassung

Das Testament des Adalgisel-Grimo von 634 vermittelt eine annähernde Vorstellung von den Besitzungen eines Angehörigen der vornehmsten austrasischen Führungsschicht aus der ersten Hälfte des 7. Jahrhunderts. Die Güter Adalgisel-Grimos lagen in weiter Streuung in denselben Gegenden wie die der Arnulfinger-Pippiniden: im Raum von Trier, Metz und Verdun, in den Ardennen sowie nördlich davon im mittleren Maasgebiet. Grimo verfügte über Besitzanteile an einer Reihe von Landgütern, über ein Haus in Trier, ein *castrum* und ein Eigenkloster. Ähnlich umfangreicher und weitgestreuter Besitz ist auch für seine nicht näher bekannten Familienangehörigen vorauszusetzen. Die Familie war unter Grimo sehr wahrscheinlich schon in der dritten Generation, mit Sicherheit aber seit der Generation seiner Eltern in den Gebieten nördlich und südlich der Ardennen begütert. Grimo selbst und seine Schwester Ermengundis hatten den Schwerpunkt ihrer Besitzungen und ihr Wirkungszentrum im Trier-Verduner Raum. Andere Mitglieder der Familie wie die in Amay bestattete Tante Grimos scheinen dem Lütticher Raum enger verbunden gewesen zu sein. Insgesamt aber wird deutlich, daß das große Waldgebiet der Ardennen bereits im 6./7. Jahrhundert für die weiträumigen Besitzbeziehungen der austrasischen Führungsschicht kein Hindernis bildete. Man wird annehmen dürfen, daß sich auch die Besitzungen anderer Großer über ähnlich entfernte Teile Austrasiens in weiter Streulage erstreckten, wobei, wie das Testament Grimos gleichfalls zeigt, mit einer insgesamt bereits starken Besitzdifferenzierung und -mobilität zu rechnen ist.

Grimos Neffe, der *dux* Bobo, war aller Wahrscheinlichkeit nach mit einem der drei zwischen 641 und 650 bezeugten austrasischen *duces* namens Bobo identisch. Dies läßt Rückschlüsse darauf zu, daß die Familie den Arnulfingern-Pippiniden politisch nahe stand. Verwandtschaftsbeziehungen zu den frühen Karolingern lassen sich jedoch ebensowenig erweisen wie Verbindungen zu dem *dux* Adalgisel, der zusammen mit Bischof Kunibert von Köln dem engsten Kreis um die Arnulfinger-Pippiniden angehörte. Hingegen sind nähere Aussagen zur Generation der Eltern Adalgisel-Grimos möglich. Die im 10./12. Jahrhundert überlieferte Lokaltradition von Amay, wonach die Kirche St. Georg in Amay von einer Oda, der Gemahlin eines aquitanischen *dux* Boggis (= Bodegisel), gegründet und zu ihrer Grablege bestimmt worden sei, ist in hohem Maße als glaubwürdig anzusehen und kann mit großer Wahrscheinlichkeit auf die sonst namentlich nicht bekannte, in Amay bestattete Tante des Grimo bezogen werden. Wenngleich nicht alle Vorbehalte ausgeräumt werden können, wird man doch davon ausgehen dürfen, daß der Familie Grimos schon in der Generation seiner Eltern, d.h. in der zweiten Hälfte des 6. Jahrhunderts ein *dux* angehörte, der in den austrasischen Teilen

Aquitaniens tätig war. Zur selben Zeit verfügte die Familie bereits über Grundbesitz sowohl südlich als auch nördlich der Ardennen. Sie zählte somit schon vor dem Aufstieg der Arnulfinger-Pippiniden zu den großen Familien Austrasiens und konnte ihre führende politische Stellung, wie der 634/50 bezeugte *dux* Bobo zeigt, bis mindestens in die Zeit Grimoalds behaupten. Sie darf als ein Beispiel dafür gelten, daß die Arnulfinger-Pippiniden auch bei einigen schon im 6. Jahrhundert führenden und ihnen zunächst gleichrangigen Familien des Maas-Mosel-Raums Rückhalt fanden.

Neben der bloßen Tatsache, daß mit der Familie des Adalgisel-Grimo eine der großen austrasischen Familien aus der Wende des 6. zum 7. Jahrhunderts im Lütticher Raum faßbar wird, ist es für die Geschichte dieses Gebiets besonders aufschlußreich, daß sich hier mit St. Georg in Amay bereits in der Generation der Eltern Grimos eine Eigenkirche einer Angehörigen dieser Familie befand. Die Gründung einer Klerikergemeinschaft an St. Georg in Amay, ihre Ausstattung mit Gütern auch im Moselgebiet und ihre Bestimmung zur Grablege – wie dies für Oda als Tante Grimos mit hoher Wahrscheinlichkeit zu erschließen ist – weisen auf die Bedeutung hin, die der Lütticher Raum für einen Teil der Familie Grimos schon im ausgehenden 6. bzw. im beginnenden 7. Jahrhundert besaß.

Allowinus-Bavo

Nach Angaben der ältesten Vita Bavonis entstammte Allowinus-Bavo, ein Schüler des Amandus, einer vornehmen Familie aus dem *ducatus Hasbaniensis*. Er war mit der Tochter eines Grafen Adilio vermählt[1]. Nach dem Tode seiner Gattin entschloß sich Bavo unter dem Einfluß des Amandus zur Aufgabe seiner Besitzungen und zu einem Leben als Geistlicher. In der Vita heißt es weiter, Bavo habe nach seiner Weihe zum Kleriker durch Amandus in St. Peter in Gent diesen auf seinen Missionsreisen begleitet, sei dann nach Gent zurückgekehrt und habe den Abt des dortigen Klosters St. Peter (der späteren Abtei St. Bavo[2]), Florbert, um den Bau einer Zelle gebeten. Hier sei er als Rekluse drei Jahre nach seiner ersten Begegnung mit Amandus gestorben und in dem Kloster St. Peter bestattet worden.

---

[1] Vita Bavonis cap. 2 S. 535; allgemein über Bavo vgl. VAN DER ESSEN, Bavo S. 14 f. und VAN BRABANT, Sint Bavo, passim.
[2] Nach den Untersuchungen von VERHULST, Stichting S. 8–21 und DEMS., Sint-Baafsabdij S. 4–9 sind die nach Angabe der Vita Bavonis cap. 4 S. 537 von Amandus in dem *castrum cuius vocabulum est Gandavum* erbaute Peterskirche und das dort entstandene *clericorum coenobium* mit großer Wahrscheinlichkeit mit dem im 9. Jh. *Ganda*, DB 1 Nr. 132 S. 222, genannten Kloster

a) Zur Beurteilung der Vita Bavonis

Die Vita entstand in der ersten Hälfte des 9. Jahrhunderts[3] im Auftrag des Abtes von St. Bavo in Gent[4]. Sie steht noch nicht unter dem Einfluß der späteren Auseinandersetzungen der beiden Genter Abteien St. Bavo und St. Peter. Der Anlaß ihrer Abfassung ist nicht bekannt[5]. Hauptanliegen der Vita ist es, den Klosterpatron dem Bildungsstand der Zeit entsprechend ausführlich zu preisen. Bavos Heiligkeit wird mit seinem Leben als Rekluse in Gent *post conversionem* begründet[6]. Die wenigen eigenen Angaben der Vita zur Person des Heiligen und den Anfängen des Klosters sind mit zahlreichen Bibelzitaten, hagiographischen Topoi sowie Entlehnungen aus den Viten des Amandus und der Gertrud, den Briefen des Sulpicius Severus und den Vitae patrum des Gregor von Tours angereichert[7]. Die Vita verdient nach dem Urteil von Levison „nur geringen Glauben"[8]. Coens und Verhulst betonen demgegenüber, daß die späte Abfassungszeit und der hagiographische Charakter der Schrift zwar Zurückhaltung nahelegen, daß jedoch kein Grund bestehe, ihre Nachrichten völlig zu verwerfen[9].

St. Peter, dem späteren Kloster St. Bavo, identisch. Die Umbenennung des Klosters St. Peter nach dem dort verehrten Lokalheiligen St. Bavo ist erstmals in der Translatio ss. Marcellini et Petri I, 8 S. 243 bezeugt: *in monasterio Sancti Bavonis*. Seit dem 10. Jh. trug die nach 650 gegründete Abtei *Blandinium* bei Gent den Namen St. Peter, dazu VERHULST, Kritisch onderzoek S. 158 ff. und DERS., Stichting S. 38–48.

[3] Eindeutige Anhaltspunkte zur Datierung enthält die Vita nicht. Wie VAN DER ESSEN, Étude S. 351 nachwies, ist die Vita Bavonis bereits in der Vita metrica Amandi des Milo von St. Amand (845/55) benutzt. Aus der mehrfachen Erwähnung von *clerici* in St. Peter in Gent und der im Prolog vorgeführten Kenntnis griechischer und lateinischer Autoren, S. 534, sowie dem überladenen Stil wird allgemein auf die Entstehung der Vita Bavonis erst im 9. Jh. geschlossen, so KRUSCH, Vorrede S. 530 und VAN DER ESSEN, Étude S. 352. COENS, S. Bavon S. 221 rechnet mit ihrer Abfassung unter Einhard; vgl. zu ihm Anm. 4.

[4] Mit großer Wahrscheinlichkeit handelt es sich bei dem in der Praefatio S. 534 mehrfach angesprochenen *pater* um Einhard, der von 818/19 bis zu seinem Tode 840, so VERHULST, Sint-Baafsabdij S. 14 und 34, Laienabt von St. Bavo war; ähnlich VAN BRABANT, Bavo S. 13.

[5] Wenn die Annahme von VERHULST, Sint-Baafsabdij S. 15 zutrifft, das Kloster sei vor dem Abbatiat des Einhard wahrscheinlich „zowel geestelijk als materieel" in Verfall geraten und Einhard habe „het initiatief tot de restauratie van de Sint-Baafsabdij" ergriffen, so S. 27 und 34, dann würde die Abfassung einer Vita des Klosterpatrons unter Einhard durchaus derartigen Bestrebungen entsprechen.

[6] In der Darstellung der Heiligkeit des Bavo werden die Vorstellungen des Heiligen als des bekehrten Sünders und des vorbildlichen Asketen vereint. Mehrfach wird die durch Amandus herbeigeführte *conversio* hervorgehoben, cap. 3, 6, 9, 24, S. 536, 539, 542 ff., 544. Die Gegenüberstellung des Lebens vor und nach der Bekehrung ist in der Vita Bavonis stets sehr allgemein. Die speziellen Angaben über die Familie und Herkunft des Bavo in cap. 2 haben nicht die hagiographische Funktion, den Kontrast zu verdeutlichen.

[7] Vgl. das Urteil von KRUSCH in der Vorrede S. 530: „Scripturae sacrae locos cumulatius auxit, ut textum aliquo modo extenderet"; zur Frage der Vorlagen s. KRUSCH, ebd. und VAN DER ESSEN, Étude S. 354.

[8] WATTENBACH/LEVISON 1 S. 133.

[9] COENS, S. Bavon S. 221 ff. und VERHULST, Stichting S. 5.

Eine schriftliche Vorlage für die Angaben über die Person und die Herkunft des Bavo läßt sich aus der Vita nicht erschließen. Van der Essen, de Moreau und Verhulst nehmen die Übernahme mündlicher Überlieferung an[10]. Hinweise auf eine ältere Tradition über Bavo enthalten ein Gedicht des Alkuin, eine Litanei in einem zwischen 795 und 800 entstandenen Psalter und ein Schatz- und Güterverzeichnis der Abtei St. Bavo aus dem Beginn des 9. Jahrhunderts. Alkuin bezeichnet Bavo als einen Schüler des Amandus[11]. In der Litanei wird Bavo in Anschluß an Amandus genannt[12]. In dem Schatzverzeichnis sind Weihegeräte *a[d] illo sepulchro sancti babon[is]* aufgeführt[13]. Aus diesen Zeugnissen kann auf eine ältere Tradition geschlossen werden, wonach enge Beziehungen des Bavo zu Amandus und dem Kloster St. Peter in Gent bestanden. Anhaltspunkte dafür, daß die Heiligkeit des Bavo in dieser Tradition anders als in der Vita begründet wurde, ergeben sich nicht.

Den älteren Zeugnissen ist zu entnehmen, daß der Heilige unter dem Namen Bavo verehrt wurde. Im Prolog der Vita wird durch zweimalige gemeinsame Nennung der Namen *Bavo* und *Allowinus* auf die Doppelnamigkeit des Heiligen hingewiesen[14]. Sie wird zu Beginn des zweiten wie auch des zwölften Kapitels erläutert: Allowinus gilt als Taufname, Bavo als Kosename[15]. In den anschließenden Kapiteln sind beide Namen jeweils einzeln verwendet. Der Name Bavo wird häufiger gebraucht, nur bei ihm erscheinen Attribute wie *sanctus*, *beatus* und *confessor*[16]. Aus der Behandlung der Namen wird deut-

---

[10] VAN DER ESSEN, Étude S. 354; DE MOREAU, Saint Amand S. 220 ff.; VERHULST, Stichting S. 5. Zu der gelegentlich geäußerten Hypothese einer älteren Vita als Vorlage vgl. COENS, S. Bavon S. 222 ff.

[11] Alcuini carmina CVI, III S. 333: *Haec loca sanctificet venerandus Bavo sacerdos / Discipulus vita patris condignus Amandi.* Welcher Kirche die Inschrift galt, ist nicht bekannt. Dem Überlieferungszusammenhang und der Frage der Zuweisung an Alkuin wurde nicht nachgegangen.

[12] COENS, Litanies S. 297. Die Namensfolge *Amande/Bavo* ist, wie das Gedicht des Alkuin zeigt, nicht zufällig. Eine sichere Lokalisierung der Handschrift (Paris, Bibliothèque Nationale, Fonds latin 13159) ist nach BISCHOFF, Panorama S. 239 bislang noch nicht gelungen; Bischoff nimmt an, daß die Handschrift in der Grenzzone zwischen Nordostfrankreich und dem heutigen nordwestlichen Belgien entstand. Daß die Verehrung des hl. Bavo im 9. Jh. bereits weit über Gent hinaus verbreitet war, zeigt eine nach 809 wahrscheinlich in Werden angelegte Litanei, die u. a. auch den Namen Bavos nennt, COENS, Litanies S. 142.

[13] So die Lesung von VERHULST, Besitzverzeichnis S. 232 Z. 6 (ähnlich auch ebd. Z. 1) gegenüber der älteren Lesung *illo sep. libro sci babon* von MUNDING/DOLD, Palimpsesttexte S. 7 Z. 6. Das Verzeichnis wird von MUNDING/DOLD S. 193 und BISCHOFF, Schatzverzeichnisse 1 S. 36 in die Zeit um 800 datiert. VERHULST S. 204 setzt es zwischen ca. 800 und 810/14 an.

[14] S. 534: *de viro Dei Allowino, sancto videlicet Bavone ... cum sancto Bavone, qui Allowinus nomine alio vocatur*; vgl. hierzu auch COENS, S. Bavon S. 224 ff.

[15] Cap. 2 S. 535: *Igitur Allowinus, quod nomen accepit babtismate, quem vulgus Bavonem nominat*; cap. 14 S. 544: *beatus vir Allowinus, qui ex ortu nativitatis suae a dilectione vocatus est Bavo.*

[16] Der Name Allowinus wird mit Wendungen wie *vir Dei*, cap. 4, 6, S. 537, 538, *vir Domini*, cap. 8, 12 S. 541, *vir sanctissimus Domini*, cap. 10 S. 542 und *beatus vir*, cap. 14 S. 544 verbunden.

lich, daß der Autor an der überkommenen Form *Bavo* festhielt, daneben jedoch versuchte, mit einem zweiten Namen des Heiligen, *Allowinus,* vertraut zu machen. Die Angaben der Vita über die Herkunft des Heiligen, *genere nobili, parentibus inclytis,* entsprechen der hagiographischen Topik[17]. Es ist jedoch ungewöhnlich, daß nicht die Eltern namentlich genannt werden, sondern der Vater der Gattin und die Tochter[18]. Die Mitteilung *filia(e) videlicet Adilionis comitis, de qua genuit Agglethrudem* wird zu Beginn des dritten Kapitels wörtlich wiederholt[19]. Wie die Gattin des Bavo, der in der Vita eine besondere Bedeutung zukommt[20], hieß, ist wiederum nicht überliefert. Der Versuch des Autors, mit dem Taufnamen des Bavo vertraut zu machen, und die Angabe der Namen des Schwiegervaters und der Tochter sind wohl kaum aus dem hagiographischen Anliegen der Vita abzuleiten. Sie lassen vielmehr darauf schließen, daß der Autor über ältere Nachrichten verfügte. Diesen ist auch die Mitteilung über die Herkunft des Bavo aus dem *ducatus Hasbaniensis* zuzuweisen.

Es ergeben sich somit Anhaltspunkte für die Rückführung eines großen Teils der selbständigen Nachrichten der Vita über die Person des Bavo auf eine ältere Tradition. Die Glaubwürdigkeit dieser Nachrichten kann dadurch zwar nicht abgesichert, aber doch wahrscheinlicher gemacht werden[21]. Nach den Untersuchungen von Verhulst dürfen die Angaben der Vita über die Anfänge von St. Peter in Gent weitgehend als glaubwürdig gelten[22]. Da kein

---

[17] GRAUS, Volk, Herrscher und Heiliger S. 362 ff. mit Anm. 344–348.

[18] Cap. 2 S. 535: *genere nobili, parentibus inclytis, Hasbaniense editus ducatu, uxori iunctus est, filiae videlicet Adilionis comitis, de qua genuit Agglethrudem.* In dem von HOLDER-EGGER, Aus Handschriften S. 369 in das Ende des 10./Anfang des 11. Jh.s datierten Carmen de Bavone werden als Eltern des Bavo *Eliolfus* und *Adaltrudis* genannt, V. 53 u. 71 S. 241. Adilio und Agglethrudis werden im Gegensatz zu der kurz zuvor entstandenen metrischen Bearbeitung der Vita Bavonis (V. 107 ff. S. 230) nicht erwähnt.

[19] Cap. 3 S. 536, mit dem Vermerk *ut praefatum est.*

[20] Führte die Vermählung zu einer Abkehr des Bavo von seinem bisherigen sündigen Lebenswandel, so hatte der Tod der Gattin zur Folge, daß Bavo *ad viam conversionis Amandum sanctissimum pontificem expetit,* cap. 3 S. 536.

[21] Von den überlieferten Personennamen lassen sich Allowinus, Bavo und Adilio im 7. und 8. Jh. nachweisen. Als ältesten Beleg für den aus den PN-Stämmen *Ala-* und *-Vini* gebildeten Namen Allowinus geben FÖRSTEMANN, Personennamen Sp. 55 und MORLET, Noms de personne S. 28 eine Urkunde für St. Gallen von 720/737: *Aloinus* an. Der aus dem Lallstamm *Bab-* gebildete Kurzname Bavo, dazu KAUFMANN, Ergänzungsband S. 50 u. 64, war nach FÖRSTEMANN Sp. 223 ff., 317 ff. und MORLET S. 49 bereits in früher Zeit sehr verbreitet. Der Name Adilio, bei FÖRSTEMANN nicht belegt, vgl. aber Sp. 153 ff. u. 159, für den MORLET S. 19 Belege erst aus dem 9. Jh. bringt, begegnet in der mehrfach auf merowingischen Münzprägungen aus Namur bezeugten Namensform *Adeleo,* DE BELFORT, Description générale 2 S. 408 ff. Nr. 3123–3130. Die ältesten Belege für den Namen Agglethrudis bei FÖRSTEMANN Sp. 31 und MORLET S. 23 f. stammen aus dem Beginn des 9. Jh.s. Trotz der späten Parallelbelege für Agglethrudis dürften sich von den angegebenen Personennamen her kaum Zweifel an der Glaubwürdigkeit der Tradition ergeben.

[22] VERHULST, Stichting S. 12, 14, 21; DERS., Sint-Baafsabdij S. 9.

Grund besteht, die ältere Tradition über den hl. Bavo in Frage zu stellen, wird man die Erinnerung an einen tatsächlich als Reklusen in Gent verstorbenen und bestatteten Schüler des Amandus zugrundelegen und an den Angaben über Namen, Herkunft und Familie dieser Persönlichkeit festhalten dürfen.

Damit sind einige Hinweise auf eine weitere sozial gehobene Persönlichkeit aus dem Lütticher Raum in der ersten Hälfte des 7. Jahrhunderts gewonnen. Daß Allowinus-Bavo der führenden Schicht dieses Raums angehörte, zeigt seine Vermählung mit der Tochter eines merowingischen Amtsträgers Adilio[23]. Wo der Amtssprengel des Adilio lag, ist nicht sicher anzugeben[24]. Die Heiratsverbindung mit einer im Haspengau ansässigen Familie läßt auf engere Beziehungen zum mittleren Maasgebiet schließen. Sehr wahrscheinlich war der Schwiegervater des Bavo somit in dem Raum zwischen Kohlenwald und mittlerer Maas tätig gewesen[25]. Hier sind auch seine Besitzungen zu vermuten. Ähnlich wie die Familie des Adilio dürfte auch die des Allowinus-Bavo einen sozialen Rang eingenommen haben, der sie befähigte, führende Amtsträger zu stellen.

Die wenigen konkreten Nachrichten der Vita lassen eine genauere chronologische Einordnung der geschilderten Ereignisse kaum zu. Als äußerste Zeitspanne ist der Zeitraum zwischen der Gründung der Kirche St. Peter in Gent

---

[23] Der Hinweis der Vita auf Bavos Abkunft von einem *genere nobili, parentibus inclytis*, cap. 2 S. 535 — wegen seines in vergleichbaren Fällen häufig topischen Charakters für sich allein genommen nicht aussagekräftig genug — wird durch die Nachrichten über den *comes* Adilio somit vollauf bestätigt.

[24] Der Blick richtet sich in erster Linie auf den in der Vita als Herkunftsgebiet des Bavo angegebenen *ducatus Hasbaniensis*, cap. 2 S. 535. Diese Stelle ist allerdings der einzige Beleg dafür, daß das Gebiet des Haspengaues in merowingischer oder karolingischer Zeit als Dukat organisiert war. Er kann auch nicht mit der Überlieferung zu dem mehrfach als *dux* im Haspengau angesprochenen, 741 bezeugten Rotbert abgestützt werden, da dieser urkundlich nur als *comes* bezeugt ist, vgl. dazu unten S. 185. Den Vermutungen von Ewig, Volkstum S. 605 mit Anm. 54 und Dems., Stellung S. 11 mit Anm. 31 hinsichtlich der merowingerzeitlichen Organisation des Gebiets Hasbanien ist damit eine wichtige Quellengrundlage entzogen, vgl. auch unten S. 185 mit Anm. 7. Angesichts der relativ weiten Entfernung des in Gent schreibenden Autors zum Lütticher Raum ist auch mit der Möglichkeit zu rechnen, daß die Angabe *ducatus Hasbaniensis* sich weniger auf die tatsächliche Verwaltungsgliederung des mittleren Maasgebiets im 7. Jh. bezog, als vielmehr eine an den Verhältnissen des 9. Jh.s im flandrischen Raum orientierte Gebietsbezeichnung war. Ähnlich ist auch denkbar, daß der Titel *comes* für Bavos Schwiegervater dem Sprachgebrauch des 9. Jh.s angepaßt war und daß Adilio möglicherweise ein anderes Amt wie das eines *domesticus* innegehabt hatte. Vor einer wörtlichen Übernahme später bezeugter Titel warnt etwa das Beispiel des *domesticus* Dodo und des *comes* Rotbert, die in späteren bzw. räumlich entfernten hagiographischen Quellen als *comes* (Dodo) bzw. als *dux* (Rotbert) bezeichnet werden, vgl. unten S. 123 mit Anm. 10 und S. 185.

[25] Geht man trotz der Anm. 24 genannten Vorbehalte davon aus, daß Adilio *comes* gewesen war, so könnte er nach den wenigen Belegen für *comites* in diesem Raum Amtsträger im Umkreis von Namur, Maastricht oder wie der 741 bezeugte Rotbert *comes* im Haspengau gewesen sein, vgl. dazu unten S. 186. Doch ist über Hypothesen nicht hinauszukommen.

durch Amandus 630/39[26] und dem Tod der Gertrud von Nivelles im Jahre 659[27] anzusetzen. Hauptsächlicher Wirkungsbereich des Amandus war der Schelderaum gewesen[28]. Engere Beziehungen zu Persönlichkeiten aus dem Lütticher Raum konnten sich am ehesten in jener kurzen Zeit zwischen 647/48 und 649/50 ergeben, in der Amandus Bischof von Tongern-Maastricht war[29]. Die weitaus wahrscheinlichste Annahme dürfte danach sein, daß Bavo in diesen Jahren zum Schülerkreis des Amandus stieß und dem Amandus folgte, als dieser sein Bischofsamt in der Diözese Tongern-Maastricht aufgab[30]. Nach kurzer Zeit in der Begleitung seines Lehrers ließ er sich in St. Peter in Gent als in einem der Klöster des Amandus nieder, wo er, nach dem Vorbild seines Lehrers als Rekluse lebend, bald nach seinem Tode[31] in den Mittelpunkt der klösterlichen Tradition rückte und im Verlauf des 8. Jahrhunderts zum Lokalpatron des nach ihm benannten Klosters erhoben wurde[32].

Wie Pippins I. Gemahlin Itta, die in den Jahren 640/52 unter dem Einfluß des Amandus das Kloster Nivelles gründete[33], gehörte Bavo jenen führenden Familien aus dem Gebiet zwischen Kohlenwald und Maas an, die das Wirken

---

[26] Vgl. hierzu DE MOREAU, Saint Amand S. 126, VERHULST, Stichting S. 30 und DENS., Sint-Baafsabdij S. 6 ff.

[27] Der Vita zufolge hatte die hl. Gertrud von Nivelles Grabgewänder zur Bestattung des Bavo nach Gent gesandt, vgl. Anm. 34. Nach Auffassung des Autors aus dem beginnenden 9. Jh. waren somit Bavo und Gertrud Zeitgenossen gewesen, wobei Gertrud den hl. Bavo überlebt hatte. Gertrud, seit 652 Äbtissin von Nivelles, starb 659, vgl. GROSJEAN, Notes S. 387 ff.

[28] Vgl. DE MOREAU, Saint Amand S. 114 ff. und DENS., Histoire 1 S. 78 ff.

[29] Vgl. dazu unten S. 233.

[30] Die Angaben der Vita über Bavos erste Begegnung mit Amandus sind hagiographisch reich ausgeschmückt und enthalten keinerlei konkrete Bezugspunkte. Es heißt zu den näheren Umständen lediglich: *inspirante Domini misericordia, ad viam conversionis Amandum sanctissimum pontificem expetiit*, cap. 3 S. 536. Die Nachricht, daß Bavo, als er sich aufgrund der Worte des Amandus zu einem geistlichen Leben entschlossen hatte, *ad memoratum pontificem qui morabatur in castro cuius vocabulum est Gandavum repedavit*, cap. 4 S. 537, ist keineswegs zwingend in der Weise zu interpretieren, daß auch die erste Begegnung in Gent oder dessen Umgebung stattgefunden hatte. Mit den biographischen Daten des Amandus ist die Annahme durchaus vereinbar, daß dieser nach seiner Niederlegung des Bischofamts in Tongern-Maastricht für kurze Zeit nach Gent zurückkehrte und dort Bavo, der inzwischen seine geistliche Ausbildung erfahren hatte, zum Kleriker weihte, wie letzteres die Vita ebd. berichtet, vgl. auch DE MOREAU, Saint Amand S. 197.

[31] Wie die Vita cap. 14 S. 544 berichtet, starb *Bavo post confessionem penitentiae, quam a beato Amando pontifice perceperat, annis tribus praeter quadraginta dierum*. Die Nachricht bezieht sich auf die erste Begegnung Bavos mit Amandus. Setzt man diese in die Zeit der Tätigkeit des Amandus in Tongern-Maastricht, so wäre Bavo Anfang der 50er Jahre des 7. Jh.s gestorben, was auch mit dem Hinweis auf Gertrud von Nivelles gut vereinbar wäre, vgl. Anm. 34. Allgemein wird als Todesjahr des Bavo 650 angenommen, so VAN DER ESSEN, Bavo Sp. 15 und VERHULST, Sint-Baafsabdij S. 10; VAN BRABANT, Bavo S. 21 gibt 653 an.

[32] Dies ist aus den oben S. 61 erwähnten Zeugnissen für seine Verehrung und aus seiner Anfang des 9. Jh.s im Güterverzeichnis von St. Bavo und bei Einhard bezeugten Stellung als Patron des Klosters zu erschließen, vgl. VERHULST, Besitzverzeichnis S. 234 Z. 23, 26 sowie oben S. 59 Anm. 2.

[33] Vgl. dazu unten S. 348.

des Amandus förderten und seinen religiösen Bemühungen offen gegenüberstanden. Auf diesem Hintergrund dürfen auch die Nachrichten der Vita über Verbindungen zwischen Bavo und Gertrud von Nivelles durchaus als glaubwürdig gelten[34]. Unter Gertruds Vater Pippin I. oder auch erst unter dem der Familie Pippins I. nahestehenden *dux* Adalgisel[35] bzw. unter Grimoald war der Schwiegervater Bavos, Adilio, im mittleren Maasgebiet als Amtsträger tätig gewesen. Mit aller Vorsicht wird man schließen dürfen, daß die Familie Bavos wie auch die mit ihr versippte Familie des Adilio zu den führenden Kreisen dieses Raumes zählten, die in engerer Verbindung zu den Arnulfinger-Pippiniden standen. Doch ist angesichts der wenigen, nur indirekten Anhaltspunkte über Hypothesen nicht hinauszukommen. Dies gilt auch für die Frage, inwieweit nähere Aussagen über die Besitzungen des Bavo und seiner Familie im *ducatus Hasbaniensis* möglich sind.

b) Die Außenbesitzungen der Genter Abtei St. Bavo im Haspengau

Die Abtei St. Bavo hatte bis zum Ende des 10. Jahrhunderts Streubesitz im Haspengau. Verhulst hält den Erwerb dieser Güter „grâce aux libéralités ou à l'intervention du saint hesbignon" nicht für ausgeschlossen[36]. Die Vita Bavonis selbst enthält keine Angaben, die eine nähere Lokalisierung des Besitzes der Familie des Bavo innerhalb des Haspengaues zulassen könnten[37].

Nachrichten über die Außenbesitzungen der Genter Abtei im Haspengau enthalten eine Urkunde Ottos II. von 976, die Translatio s. Landoaldi des Heriger von Lobbes und der zwischen 1019–1030 entstandene Brief des Abtes Othelbold an die Gräfin Otgiva von Flandern. 976 erhielt die Abtei von Otto II. *in pago Hasbaniense villam UUintreshouo et UUinethe cum ecclesiis singulis et reliquis appendiciis* restituiert[38]. Aus der Translatio s. Landoaldi

---

[34] Unmittelbar nach seinem Tode, so berichtet die Vita cap. 14 S. 545, sei Bavo in einer Vision der *virgini beatissimae Gertrudi cum aliis virginibus secum commorantibus* erschienen und habe sie geheißen *sibi vestimenta mitti ad sepeliendum corpus suum; quod factum est*. Trotz der starken hagiographischen Prägung dieser Angaben könnte der Bericht durchaus die Erinnerung daran widerspiegeln, daß zwischen Bavo und Gertrud von Nivelles engere geistliche Beziehungen bestanden hatten, was – da es sich jeweils um Angehörige führender Familien desselben Raumes handelte – zugleich auch Rückschlüsse auf ein gutes Verhältnis der beiden Familien zueinander zulassen könnte.
[35] Vgl. zu ihm oben S. 44.
[36] VERHULST, Sint-Baafsabdij S. 595 u. S. 46.
[37] Ihre Nachrichten über die Besitzungen des Bavo sind allgemein gehalten und hagiographisch bestimmt, vgl. etwa cap. 4 S. 537: *saeculi huius divitias reputans velut umbram praetereuntem aut faenum arescens, facultates praediorum suorum ad loca sanctorum legaliter distribuit et pauperibus erogavit*, ähnlich cap. 3, 4, 5, 6, 8 S. 537–539, 541. GRAUS, Volk, Herrscher und Heiliger S. 488 zählt Parallelbeispiele für diesen Topos auf. Ungewöhnlich erscheint die Verwendung des *legaliter*.
[38] DO II 126 S. 143 = DB 1 Nr. 137 S. 233.

geht hervor, daß Wintershoven nach dem Rückzug der Normannen von dem Grafen von Flandern *abbatiam sancti confessoris Christi Bavonis tenente* an Vasallen ausgegeben wurde[39]. Ähnliches ist für das 976 restituierte Winden anzunehmen. In seinem Brief an Otgiva beklagt der Abt Othelbold, daß von den nach den Normanneneinfällen entfremdeten Gütern des Klosters die *fischales* (sc. *villae*) Chaumont und Meldert im Besitz des Lütticher Bischofs verblieben seien[40]. Den Nachrichten über die Besitzungen von St. Bavo im Haspengau ist zu entnehmen, daß diese Güter der Abtei Ende des 9. Jahrhunderts entfremdet wurden. Da das Kloster nach der Zerstörung durch die Normannen 851 fast völlig verlassen wurde[41], wird man den Besitz im Haspengau bereits für die erste Hälfte des 9. Jahrhunderts voraussetzen dürfen[42].

---

[39] DB 1 Nr. 138 S. 238 (im folgenden wird diese Ausgabe, der das Original zugrunde liegt, zitiert. Die Edition von HOLDER-EGGER, SS 15 S. 601 ff., beruht auf einer zum Teil von dem Original erheblich abweichenden Abschrift aus der Mitte des 11. Jh.s). Vor den Normanneneinfällen wurde der Ort von einem *procurator et villicus* verwaltet, S. 238. Diese Angaben beruhen zwar auf den Aussagen des Ortspriesters Sarabert, dürfen jedoch als glaubwürdig gelten, da sie nicht unmittelbar mit den Reliquienfunden und den Wunderberichten in Zusammenhang stehen.

[40] DB 1 Nr. 140 S. 248: *quibusdam* (sc. *villis*) *ut erant ibi iniuste direpte, morte ipsum* (sc. Abt Otwin 981–998) *interveniente remanentibus. Ex quibus duas fischales detinuit episcopus Leodicensis, Calmund et Meldrada, cum eorum appendiciis.* Die Identifizierung mit Chaumont-Gistoux (prov. Brabant, arr. Nivelles, cant. Wavre) und Meldert-bij-Tienen (prov. Brabant, arr. Leuven, cant. Tienen) durch VOET, De brief van abt Othelbold S. 179 ff. wird von VERHULST, Sint-Baafsabdij S. 104 und GYSSELING S. 230 u. S. 681 übernommen. Gegen die Zweifel von VOET an der früheren Zugehörigkeit dieser Besitzungen zu der Grundherrschaft von St. Bavo, denen sich bereits VERHULST, ebd. S. 105 mit Anm. 278 nicht anschließt, spricht die Angabe in der offensichtlich auf einer älteren Vorlage beruhenden (so VANDERKINDERE, La formation 2 S. 143) Grenzbeschreibung der 988 von Otto III. der Lütticher Kirche bestätigten Grafschaft *Brunengeruuz*, DO III 45 S. 446, bei Ägidius von Orval, Gesta epp. Leod. III, 15 S. 91 f.: *Abhinc vadit* (sc. *comitatus*) *ad sancti Bavonis quercum iuxta Kalmont.* Zugleich wird die Identität von *Calmund* mit Chaumont-Gistoux durch diese Beschreibung weiter abgesichert. Hinweise auf St. Bavo finden sich auch in der späteren Überlieferung zu Meldert. In der Leuvener Hs. der Vita s. Ermelindis (die Hs. stammt aus dem 15. Jh., die Vita aus dem 11. Jh.) heißt es, Pippin I. habe über dem Grab der hl. Ermelindis in Meldert ein Kloster errichtet: *Erat enim congregatio vicina monasterio beati Bavonis confessoris in monte, qui denominatur Mons Vituli,* DE BUCK, De S. Ermelinde virgine S. 854. De Buck bezieht die Angabe *Mons Vitulus* auf den bei Meldert gelegenen „Blootenberg". Um welche der danach in Meldert bestehenden zwei klösterlichen Gemeinschaften es sich bei dem von Einhard, Translatio ss. Marcellini et Petri, II,14 S. 262 erwähnten *monasterio quod Meldradium vocatur* handelt, müßten ortsgeschichtliche Untersuchungen klären, vgl. auch D'HAENENS, Ermelinde Sp. 746. Wenn Chaumont und Meldert Außenbesitzungen von St. Bavo waren, die bereits für die 1. Hälfte des 9. Jh.s vorauszusetzen sind, dann erscheint es fraglich, mit VOET S. 180 u. 211 aus der Bezeichnung *(villae) fischales* auf ehemaliges Reichsgut zu schließen. In beiden Orten ist kein Reichsgut bezeugt.

[41] VERHULST, Sint-Baafsabdij S. 40 ff.; 883 war das mönchische Leben in St. Bavo gänzlich erloschen, die Mönche kehrten erst 911–937 wieder zurück, vgl. ebd. S. 42 und S. 58.

[42] VERHULST, Sint-Baafsabdij S. 57 und S. 88, zählt den Streubesitz im Haspengau zu der *mensa abbatialis*. Güterteilung bestand in St. Bavo seit dem Laienabbatiat des Einhard, vgl. ebd. S. 31 ff.

Die ortsgeschichtliche Überlieferung für Winden, Chaumont und Meldert ist dürftig. Winden und Chaumont werden erstmals 976 bzw. 1019–1030 genannt. Der älteste Beleg für Meldert, ein Wunderbericht in der Translatio ss. Marcellini et Petri, läßt keine weiteren Rückschlüsse zu[43]. Reicher ist die Überlieferung für Wintershoven. Aufgrund ihres hagiographischen Charakters ist der Ertrag für die frühe Ortsgeschichte allerdings gering. Dennoch soll an dieser Stelle kurz darauf eingegangen werden[44].

c) Die Wintershovener Landoald-Tradition

Nach Angaben der vor 976 in Gent entstandenen metrischen Bearbeitung der Vita Bavonis war in Wintershoven ein *Landwoldus* bestattet, von dem es heißt, er sei zusammen mit seinen beiden Schwestern aus Rom dem Amandus nach Gallien gefolgt[45]. Eine seiner Schwestern sei die Mutter des Bavo gewesen[46]. Diese Nachrichten begegnen stark erweitert, allerdings ohne die genealogischen Angaben[47], in der Translatio s. Landoaldi wieder. Diese 980

---

[43] Vgl. Anm. 40.

[44] Die Translatio s. Landoaldi ist unter den späteren Quellen zur älteren Geschichte des mittleren Maasgebietes nach dem Urteil von H. SPROEMBERG, WATTENBACH/HOLTZMANN 1 S. 141 eine „weniger erfreuliche Erscheinung". Die Ergebnisse der Untersuchung von HOLDER-EGGER, Heiligengeschichten S. 626–630, denen sich VAN DER ESSEN, Étude S. 357–368 weitgehend anschloß, blieben in der Lokalforschung unberücksichtigt, wo Wintershoven als „eerste abdij in Limburg gesticht tussen 646 en 650", so VAN DE WEERD, Munsterbilzen S. 155, und als unter Amandus gegründetes Missionszentrum für das Limburgische Kempenland gilt, so PAQUAY, Wintershoven S. 40 ff. Die in Verbindung mit den Reliquientranslationen in Wintershoven entstandene Überlieferung kann an dieser Stelle allerdings nicht völlig übergangen werden, da einerseits die Frage nach einem möglichen historischen Kern der Tradition über Landoald für die Frage nach den Anfängen des Besitzes von St. Bavo in Wintershoven von Interesse ist und andererseits die Translatio s. Landoaldi die Grundlage für die Genter Überlieferung zur hl. Landrada bildete, dazu unten S. 112 ff.

[45] Vita s. Bavonis lib. 1, V. 87 ff. S. 229. Aus den Versen 98–100: *Cuius* (sc. *Landwoldus*) *membra loco pausant feliciter illo/Qui ‚Curtis hiemis' prisco stat nomine dictus, / Bavonis fuit hic quondam possessio sancti* geht hervor, daß die Vita vor der Überführung des Landoald nach Gent 980 und vor der Restituierung von Wintershoven 976 abgefaßt wurde, so STRECKER, Vorrede S. 226. Aufgrund des Sprachgebrauchs der Vita ist *Bavonis ... possessio sancti* nicht auf den hl. Bavo, so VAN DER ESSEN, Étude S. 365, sondern auf das nach ihm benannte Kloster zu beziehen.

[46] V. 103–104: *ast referunt aliam preclaro postea nexam/Coniuge felici* BAVONEM *gignere fructu*. Die Namen der Schwestern sind nicht überliefert. Bavo wäre dieser Angabe zufolge nach 625 geboren (Datierung der Romreise des Amandus nach FRITZE, Confessio S. 120), was mit den chronologischen Nachrichten der älteren Vita Bavonis schlecht zu vereinbaren ist. Die genealogischen Angaben der jüngeren Vita finden in der älteren Vita keine Entsprechung. Bezeichnenderweise fehlt in der jüngeren Vita der Hinweis auf die Herkunft des Bavo aus dem Haspengau, vgl. V. 77 ff.

[47] Nach Angaben des Translatio S. 237 folgten die *sancte femine Vintiana et Adeltrudis* Landoald aus Rom, beide wurden in Wintershoven erhoben, S. 239, nur Vinciana wurde nach

von Heriger von Lobbes unter dem Namen des Lütticher Bischofs Notker auf Bitten des Abtes von St. Bavo, Womar, abgefaßte Schrift berichtet über die Erhebung des Landoald und seiner Gefährten in Wintershoven unter Bischof Everachus (959–971) und die Überführung der Reliquien durch die Mönche von St. Bavo im Frühjahr 980 nach Gent[48]. Dem Bericht ist eine kurze Vita des Landoald vorangestellt. Landoald erscheint darin als römischer Erzpriester[49]. Nach der Resignation des Amandus soll er das Bistum Maastricht verwaltet und den hl. Lambert erzogen haben. Von dem Vater des Lambert, Aper, habe er den Ort Wintershoven zu seinem Unterhalt und zum Bau einer Kirche erhalten. Er sei dort zusammen mit seinen Gefährten in der von ihm erbauten und am 1. Dezember geweihten Kirche St. Peter bestattet worden (Todestag 19. März).

Die Nachrichten des Heriger über Landoald beruhen zum größten Teil auf den Aussagen des Pfarrers von Wintershoven, Sarabert[50]. Sie tragen alle Anzeichen der Unglaubhaftigkeit[51]. Holder-Egger machte als Hintergrund für die Abfassung des Berichts wahrscheinlich, daß die Abtei St. Bavo bestrebt war, durch den Erwerb zahlreicher Reliquien von Heiligen, die in Verbindung

---

Gent überführt, S. 241. In dem kurz nach 980 in Gent entstandenen Bericht Adventus et elevatio s. Landoaldi sociorumque eius 1,1 S. 608 erscheint Vinciana als Schwester des Landoald (Wintershoven begegnet hier unter dem Namen *Curtis Hiemis*, S. 607). Eine verwandtschaftliche Beziehung zu Bavo wird nicht mehr hergestellt. In dem um 1000 entstandenen Carmen de s. Bavone wird als Mutter des Bavo eine *Adaltrudis* genannt, vgl. oben S. 62 Anm. 18. Im Gegensatz zu Heriger war den Mönchen von St. Bavo offensichtlich eine Zeitlang daran gelegen, ihren Patron in Verwandtschaft mit den Wintershovener Heiligen zu bringen, so auch VAN DER ESSEN, Étude S. 366.

[48] Um Behauptungen der Mönche von St. Peter entgegentreten zu können, *non sanctorum reliquiae, sed malorum defunctorum ossa* seien aus Wintershoven überführt worden, bat Womar, der mit Notker befreundet war, vgl. KURTH, Notger 1 S. 233, um einen offiziellen Bericht, mit dessen Abfassung Notker nach der Abhaltung einer Synode Heriger von Lobbes beauftragte, Adventus 2, 1–3 S. 610.

[49] Der Titel eines *archypresbiter*, Translatio S. 237, wurde ihm in der metrischen Bearbeitung der Vita Bavonis noch nicht beigelegt.

[50] Ebd. S. 235, *nos parum aliud hic posuisse, quam quae aut a presbitero Saraberto id sancte iurante ... audivimus*; als weitere Quellen gibt Heriger ein Schreiben der Mönche von St. Bavo, das offensichtlich über die Translation nach Gent berichtete, so HOLDER-EGGER, Heiligengeschichten S. 268 Anm. 4, und seine Lütticher Bischofsgeschichte an. Wie der Bericht über die Auffindung der Landrada zeigt, vgl. unten S. 112 f., berief Heriger sich auch auf das Zeugnis noch anderer Personen. Die Mönche, die die Reliquien in Wintershoven abholten, ließen sich ebenfalls, *quia necdum plene merita sanctorum noverant*, von Sarabert unterrichten, Adventus 1,1 S. 608.

[51] Dazu HOLDER-EGGER, Heiligengeschichten S. 627. Selbst Heriger fügt dem Bericht mehrfach einschränkende Bemerkungen ein, etwa *quod fama ad nos usque perferente accepimus ... cui opinioni illud nos faciles facit accedere ... refertur* oder *ut fama fert*, Translatio S. 237. Daß die Heiligen nach ihrer ersten Erhebung durch Bischof Floribert vor den Normannen in der Kirche von Wintershoven verborgen wurden, wußte Sarabert von inzwischen verstorbenen Personen. Über das Leben der Heiligen war er durch eine Schrift informiert, die fast unleserlich war und bei dem Einfall der Ungarn verlorenging, ebd. S. 238.

mit Amandus gestanden hatten, die Bevorzugung der benachbarten Abtei
St. Peter durch die Grafen von Flandern auszugleichen[52]. Die Anfänge der
Tradition über Landoald und der Anteil der Mönche von St. Bavo an ihrer
Ausschmückung lassen sich nicht mehr eindeutig bestimmen[53]. Daß es sich
um reine Erfindung handelt, so D'Haenens[54], ist nicht wahrscheinlich. Man
wird eher mit Holder-Egger[55], Van der Essen[56] und Kurth[57] als Ausgangs-

---

[52] HOLDER-EGGER, Heiligengeschichten S. 624 ff.

[53] Nach Angaben des Adventus 1,1 S. 608 erfuhren die Mönche von St. Bavo erst kurz vor 980 *de sancti Landoaldi archysacerdotis ac sociorum eius reliquiis* und ließen sich Anfang 980 in Wintershoven von Sarabert unterrichten, *quia necdum plene merita sanctorum noverant*. In der metrischen Bearbeitung der Vita Bavonis (vor 976) heißt es zu den Nachrichten über Landoald und Wintershoven, V. 81 S. 229: *Commemorare senes soliti sunt denique plures*. Die Reliquienerhebungen in Wintershoven unter Bischof Everachus (959–971) erfolgten nach Angaben der Translatio S. 239 auf Betreiben des damaligen Inhabers von Wintershoven, Lantso, und seiner Gattin Sigiburgis unter maßgeblicher Beteiligung des Sarabert. Sieht man mit HOLDER-EGGER, Heiligengeschichten S. 628 in Sarabert den Urheber des „Lügengewebes", ähnlich, wenn auch weniger ablehnend, VAN DER ESSEN, Étude S. 363 u. S. 365, so wäre anzunehmen, daß die Kunde von den Reliquienfunden und die Angaben des Sarabert über die Heiligen nach Gent gelangten und dort leicht verändert in die Vita Bavonis eingearbeitet wurden. Anderseits legt die Tatsache, daß eine so große Zahl an Reliquien, an deren Erwerb die Abtei St. Bavo lebhaft interessiert war, ausgerechnet in einem Ort zutage kam, der zu den Außenbesitzungen des Genter Klosters zählte, den Verdacht nahe, daß der Anteil der Mönche von St. Bavo an der Tradition über Landoald doch größer war als es HOLDER-EGGER annahm.

[54] D'HAENENS, Les invasions S. 130 ff., ähnlich S. 217 ff.: "Les restes de saints locaux, enfouis à l'approche des Danois étaient en réalité des tombes mérovingiennes ou romaines."

[55] HOLDER-EGGER, Heiligengeschichten S. 627, der aus dem Passus in einem Wunderbericht des Adventus 1,6 S. 609: *Continuo namque ut beatam sancti Landoaldi memoriam accessi ... ecce dominus meus predictus Landzo post me veniens, eandam et ipse oraturus introgressus est insperate basilicam*, darauf schloß, daß die Kirche in Wintershoven dem Landoald geweiht war. Dem Zeugnis ist allerdings keine allzu große Bedeutung beizumessen. Das Wunder ereignete sich nach der Erhebung der Reliquien. Hauptpatron der Kirche war und blieb der hl. Petrus, Translatio S. 237, PAQUAY, Les paroisses S. 152.

[56] VAN DER ESSEN, Étude S. 363. Er versuchte darüber hinaus, eine ältere Tradition über die Beziehungen des Landoald zu Amandus zu erschließen, indem er die Vita sancti Jonathi dem Hucbald von St. Amand (gest. 930) zuwies. In der Vita wird unter den Schülern und Begleitern des Amandus u. a. ein *Londoaldus archipresbyter* genannt. Dem Autor waren schriftliche Nachrichten über diese Personen bekannt: *quorum gesta qui benevole legerit*. Van der Essen schloß daraus auf die „existence d'une ancienne Vita Landoaldi" und wendete sich gegen die Beurteilung der Angaben in der Translatio durch HOLDER-EGGER, Heiligengeschichten S. 627 als „Lügengespinst des Sarabert". Daß Hucbald von St. Amand Verfasser der Vita s. Jonathi war, ergab sich für VAN DER ESSEN S. 272 und DENS., Hucbald S. 550 ff. vor allem aus der Beobachtung stilistischer Gemeinsamkeiten. Der folgende Textvergleich spricht jedoch eher für die Abhängigkeit der Vita s. Jonathi von der in der Translatio enthaltenen Vita des Landoald: Nach eigener Angabe des Heriger beruht die Translatio auch auf seinen Gesta episcoporum Leodiensium, vgl. Anm. 50. Unter Verwendung der ältesten Vita Amandi cap. 7 S. 434 heißt es hier über einen Rombesuch des Amandus cap. 33 S. 179: *Hac de causa in foribus sedentem contristatum et subito in mentis extasi raptum* (sc. Amandum) *sanctus enim Petrus blande et comiter delinuit, ut Gallias ad praedicandum repetat admonuit*. Der Passus begegnet verkürzt in der Translatio S. 236: *Deinde Romam quoque regressus et a beato Petro per visum monitus, ut Gallias praedicationis gratia repedaret*. Zum gleichen Thema schreibt die Vita s. Jonathi S. 274: *Amandus itaque confessor et episcopus a beato Petro in visu ad praedicandum permotus*. Wie aus der Vita

punkt für die weitgehend unglaubwürdigen Nachrichten aus dem 10. Jahrhundert die lokale Verehrung eines Landoald in Wintershoven zugrundelegen dürfen[58]. Worauf diese Verehrung gegründet war und in welche Zeit sie zurückreichte, ist aufgrund des ungünstigen Überlieferungszusammenhanges nicht mehr sicher auszumachen. Geht man davon aus, daß Landoald eine historische Persönlichkeit gewesen war und enge Beziehungen zu der Kirche in Wintershoven unterhalten hatte, so scheinen jedoch einige Vermutungen zu den Anfängen der Wintershovener Landoald-Tradition möglich.

Wie die Vita Bavonis zeigt, war es dem Amandus gelungen, mit Bavo einen Angehörigen der Führungsschicht des Lütticher Raums als Schüler zu gewinnen, wobei es in der Folgezeit zu engen Verbindungen Bavos zu dem von Amandus gegründeten Kloster St. Peter in Gent kam. Es ist gut denkbar, daß Amandus – insbesondere während seiner Tätigkeit als Bischof von Tongern-Maastricht – unter den Vertretern der sozial gehobenen Schicht des Haspengaues noch weitere Anhänger und Förderer fand. Eine zweite Überlegung tritt hinzu: Die im 10./11. Jahrhundert erstmals bezeugten Güter von St. Bavo im Haspengau waren, von Streubesitz in Nordfrankreich abgesehen[59], die am weitesten entfernten Außenbesitzungen des Klosters[60]. Die Abtei, die sonst so gut wie keine Beziehungen zum Lütticher Raum unterhielt, hatte spätestens seit dem 11. Jahrhundert nurmehr geringes Interesse an dem Außenbesitz in diesem entfernten Gebiet. Wintershoven und Winden wurden wahrscheinlich schon sehr bald nach ihrer Restituierung gegen näher gelegenen Besitz ab-

---

hervorgeht, waren dem Autor die Genter Heiligen bekannt. Da ihm nach eigener Angabe *gesta* auch des Landoald vorlagen, und eine Abhängigkeit der Translatio von der Vita s. Jonathi in der Passage über Amandus ausscheidet, wird man die textliche Übereinstimmung beider Quellen und dann wohl auch die ungewöhnliche Bezeichnung des Landoald als *archipresbyter* (so mehrfach in der Translatio, aber nicht in der metrischen Vita s. Bavonis vgl. Anm. 49) am ehesten mit der Benutzung der Translatio des Heriger durch die Vita s. Jonathi erklären können.

[57] KURTH, Notger 1 S. 235.
[58] Wie die Anfänge der Tradition in der metrischen Bearbeitung der Vita Bavonis zeigen, wo weder die Namen der Schwestern des Landoald noch ihre Grablege genannt werden, war Landoald zunächst der wichtigste Heilige. Er, obwohl römischer Erzpriester, trägt im Gegensatz zu den meisten seiner Gefährten einen fränkischen Namen. Nur bei ihm ist der Todestag überliefert. Zusammen mit den Beobachtungen von HOLDER-EGGER über die bevorzugte Verehrung des Landoald in Wintershoven, vgl. Anm. 55, und der gewiß zutreffenden Ansicht von KURTH, Notger 1 S. 235, daß Notker und später die Bischöfe der Reimser Kirchenprovinz bei der Autorisierung der Reliquienerhebungen „se rendait sans doute à de bonnes raisons", mögen diese Hinweise dafür sprechen, daß in Wintershoven eine ältere lokale Tradition über einen Landoald vorhanden war.
[59] Während ihres Exils in Laon hatten die Mönche von St. Bavo von Karl d. K. Güter in Vailly (dép. Aisne, arr. Soissons) und Coulogne (dép. Aisne, arr. Saint-Quentin) erhalten, VERHULST, Sint-Baafsabdij S. 36 ff.
[60] VERHULST, Sint-Baafsabdij, gibt im Anhang eine Kartierung des Streubesitzes von St. Bavo, Karte Nr. 10, vgl. auch S. 594 ff.

gegeben⁶¹. Dies weist auf ein höheres Alter dieser Güter hin. Eine sichere Vorstellung von den frühen Landschenkungen an die Abtei St. Bavo und ihrer räumlichen Streuung ist nicht zu gewinnen⁶², da der größte Teil des Klosterarchivs bei dem Normanneneinfall von 850/51 verlorenging⁶³. Die Verhältnisse, wie sie für das 10./11. Jahrhundert überliefert sind, legen jedoch den Schluß nahe, daß die Güter von St. Bavo im Lütticher Raum bereits zum Zeitpunkt ihres Erwerbs aufgrund ihrer weiten Entfernung eine Sonderstellung unter den klösterlichen Besitzungen einnahmen⁶⁴. Bei der Frage nach ihren Anfängen richtet sich der Blick in erster Linie auf jene Zeit, für die Beziehungen zwischen Persönlichkeiten aus dem Haspengau und der Genter Abtei bezeugt sind. Sieht man einmal von der ersten Hälfte des 9. Jahrhunderts ab, als Einhard als Laienabt u. a. die Leitung von St. Servatius in Maastricht und St. Bavo in Gent in seiner Hand vereinte, so kommt hierfür vor allem das 7. Jahrhundert, die Zeit des Amandus und Bavo, in Betracht.

Auf diesem Hintergrund erscheint es als bemerkenswert, daß sich in Wintershoven als einer möglicherweise sehr frühen Außenbesitzung von St. Bavo im Haspengau ein lokaler Heiligenkult entwickeln konnte, der sich auf eine mit diesem Ort eng verbundene historische Persönlichkeit bezog. Es ist eine verlockende Hypothese, diesen Befund in der Weise zu deuten, daß Landoald ähnlich Bavo von Amandus während dessen Tätigkeit im Lütticher Raum als Schüler bzw. Förderer gewonnen wurde, unter dem Einfluß des Amandus auf seinen Gütern in Wintershoven die Kirche St. Peter errichtete⁶⁵ und sie mit ihrem Zubehör an St. Peter in Gent als einem von Amandus gegründeten Kloster übertrug⁶⁶. Weiter wäre zu vermuten, daß sich Landoald in der von

---

⁶¹ VERHULST, Sint-Baafsabdij S. 93 und S. 526. Beide Orte werden nach 976 nicht mehr unter den Besitzungen der Abtei genannt.

⁶² Zum Vergleich sei darauf hingewiesen, daß der größte Teil der Schenkungsurkunden aus dem 8. und 9. Jh. für die Abtei Blandinium, deren Inhalt in dem Fragment des vor 941 entstandenen Liber Traditionum erhalten ist, Schenkungen in der näheren Umgebung von Gent enthält. Die Schenkung einer Clotrada von Ländereien im Hennegau (Nyelles-sur-Selles, dép. Nord, arr. Valenciennes) im Jahre 725 bildet eine Ausnahme, S. 134 (Nr. 30), zeigt aber, daß auch in der frühen Zeit mit der Erwerbung weit entfernter Besitzungen zu rechnen ist.

⁶³ VERHULST, Sint-Baafsabdij S. 30.

⁶⁴ Mit Sicherheit gilt dies für die erste Hälfte des 9. Jh.s; vgl. die Zusammenstellung und Kartierung der für diese Zeit bezeugten Abteigüter bei VERHULST, Besitzverzeichnis S. 201 f.

⁶⁵ Aufgrund allgemeiner Überlegungen würde man somit zu einer gewissen Bestätigung der Nachrichten des 10. Jh.s gelangen, denenzufolge Landoald zum Umkreis des Amandus gehört hatte und der Erbauer der von ihm zu seiner Grablege bestimmten Kirche in Wintershoven gewesen war, vgl. etwa DB 1 Nr. 138 S. 237. Diese Angaben wurden – freilich ohne quellenkritische Überprüfung – in der Lokalforschung zu einem großen Teil unbedenklich übernommen, vgl. Anm. 44.

⁶⁶ Die Tradition über Landoald enthält keine Angaben dazu, wie das Landoald angeblich von dem Vater des hl. Lambert geschenkte Gut Wintershoven in den Besitz der Abtei St. Bavo gelangt war. Doch ist gut denkbar, daß Landoald die Kirche als Eigenkirche gegründet und sie mit ihrem Zubehör aus Verehrung gegenüber seinem Lehrer Amandus einer diesem sehr eng verbundenen

ihm erbauten Kirche bestatten ließ und daß die in Wintershoven lebendige Erinnerung an ihn als einen frommen Stifter und Schüler des Amandus zu einer lokalen Verehrung führte, die wiederum als Ausgangspunkt für die Reliquienerhebungen und verfälschenden Traditionen des 10. Jahrhunderts diente. Für eine derartige Deutung könnte auch sprechen, daß der Personenname *Landoald* bereits im 7. Jahrhundert durchaus gebräuchlich war[67] und daß die Kirche in Wintershoven mit St. Peter ein Patrozinium besaß, das gut auf den Einfluß des Amandus zurückgeführt werden könnte[68]. Auf ein hohes Alter der Kirche läßt weiterhin schließen, daß sich in ihrem Innern, wie die Erhebungsberichte des 10. Jahrhunderts erkennen lassen, zahlreiche Gräber befanden[69].

Die vorgeschlagene Deutung der Landoald-Tradition in Wintershoven kann angesichts der überaus unsicheren Quellengrundlage kaum mehr als eine unter mehreren denkbaren Erklärungsmöglichkeiten darstellen. Hält man die Nachrichten aus dem 10. Jahrhundert über Landoald nicht für eine von Grund auf reine Erfindung, so kommt dieser Hypothese immerhin eine gewisse Wahrscheinlichkeit zu. Für die Frage nach den Gütern Bavos würde sich bei einer derartigen Beurteilung der Landoald-Tradition ergeben, daß Wintershoven wohl kaum zu den Besitzungen Bavos gehört hatte. Bei den übrigen Außenbesitzungen der Genter Abtei im Haspengau, Winden, Chaumont und Meldert, bleibt hingegen durchaus die Möglichkeit bestehen, daß die eine oder andere von ihnen auf eine Schenkung des Bavo zurückging. Doch ist auch hier über Vermutungen nicht hinauszukommen. Mit Sicherheit läßt sich nur angeben, daß die Abtei zumindest seit der ersten Hälfte des 9. Jahrhunderts im Haspengau begütert war.

---

kirchlichen Institution zugedacht hatte. Für die Schenkung an St. Peter in Gent könnte die Beziehung Bavos zu diesem Kloster den Ausschlag gegeben haben. Möglicherweise war Wintershoven aber auch aus der Hand des Landoald zunächst unmittelbar in den Besitz des Amandus gelangt, der es dann an St. Peter übertrug, das über Bavo über Beziehungen in den Haspengau verfügte. Sichere Anhaltspunkte für die eine wie die andere Hypothese sind jedoch nicht gegeben.

[67] Vgl. FÖRSTEMANN, Personennamen Sp. 1010. Nicht ohne Interesse für die Verbreitung des Namens Lantwald/Landoald in merowingischer Zeit ist, daß Münzmeister dieses Namens in Angers, Augny (Lothringen), Marsal und Metz bezeugt sind, DE BELFORT, Description générale 5 S. 63.

[68] Nach TORSY, Landbezirke S. 718 ff. kann das Peterspatrozinium in diesem Raum als altes Patrozinium betrachtet werden. Ein Zusammenhang mit dem Wirken des Amandus in Maastricht wird u. a. von PAQUAY, Les paroisses S. 164 und DEMS., Wintershoven S. 43 angenommen.

[69] So heißt es etwa über die Reliquienerhebungen in der Kirche von Wintershoven: *Invenerunt autem plures tecas*, DB 1 Nr. 138 S. 239. Die Auffindung von Gräbern in der Kirche mag ein weiterer Anlaß für die Entstehung des um Landoald gerankten „Lügengewebes" gewesen sein. Keinerlei Ergebnisse für die Beurteilung der Tradition über Landoald erbrachten Grabungen, die 1967 im Innern der Kirche von Wintershoven durchgeführt wurden, vgl. LUX, Sint-Petruskerk S. 183. Als Vorgängerbau der heute bestehenden Kirche aus dem 12. Jh. konnte Lux aufgrund von Pfostenlöchern im Mittelschiff eine Holzkirche erschließen, deren Alter jedoch nicht sicher zu bestimmen ist, ebd. S. 168 ff.

Trudo

Eine weitere vornehme Familie aus der ersten Hälfte des 7. Jahrhunderts im Lütticher Raum wird dank der Überlieferung zum hl. Trudo faßbar. Über Trudo, den Gründer des später nach ihm benannten Klosters St. Truiden, einem Eigenkloster der Bischöfe von Metz[1], berichten ausführlich die von dem Kleriker Donat verfaßten Vita ac virtutes felicissimi patris Trudonis presbiteri[2]. Das Werk entstand 784/91 im Auftrag des Erzbischofs Angilramn von Metz[3].

a) Der Bericht des Donat

Trudo entstammte nach Angabe der Vita einer *in Hasbaniae finibus nobilissima Francorum prosapia*[4]. Bereits als Kind dem geistlichen Leben stark zu-

---

[1] Vgl. zu St. Truiden zuletzt BOES, Saint-Trond S. 26 ff. und PIEYNS-RIGO, Saint-Trond S. 25 ff. Die engen eigenklösterlichen Bindungen von St. Truiden an die Bischöfe von Metz begannen sich erst im Verlaufe des 11. Jh.s zu lockern, vgl. CHARLES, Saint-Trond S. 84 ff. Die letzten Rechte der Metzer Bischöfe in St. Truiden erloschen 1227, als Bischof Johann I. neben anderen Außenbesitzungen in der Diözese Lüttich die *villa de Sainttreon que erat allodium nostrum*, BS 1 Nr. 162 S. 225, gegen Güter des Domkapitels St. Lambert in Maidières (dép. Meurthe-et-Moselle, ar. Nancy) vertauschte, BS 1 Nr. 158–173 S. 221–236.

[2] So der von Donat stammende Titel seines Werkes in der Vorrede, S. 274. Der Verfasser bezeichnet sich ebd. in der Widmung an Erzbischof Angilramn als *Donatus exiguus ultimusque exul*. Er verfügte über eine gute Ortskenntnis und hatte Zugang zu den Urkundenbeständen sowohl der Metzer Domkirche wie des Klosters St. Truiden, vgl. S. 77 Anm. 22 und Anm. 24. BALAU, Étude S. 49 und VAN DER ESSEN, Étude S. 93 hielten Donat für einen aus dem Haspengau stammenden Metzer Kleriker. In Anschluß an LEVISON, Vorrede S. 264 ff. nahmen DE MOREAU, Histoire 1 S. 151, COENS, Saint-Trond S. 90 und OEXLE, Karolinger S. 295 Anm. 97 an, daß Donat als ein Angehöriger des Metzer Klerus die Vita nach einem Aufenthalt in Zerkingen in Metz niedergeschrieben habe. Für eine Zugehörigkeit des Autors zum Konvent in St. Truiden könnte die Bemerkung über einen Wächter der Klosterkirche, *quem nos vulgo matricularium vocamus*, sprechen. Es ist jedoch auch durchaus möglich, daß Angilramn einen weder zur Metzer Kirche noch zum Kloster St. Truiden gehörenden Geistlichen mit der Abfassung der Vita beauftragte.

[3] LEVISON, Vorrede S. 265. Die Vita ist dem *archiepiscopus* Angilramn (Erzbischof seit 784/88, gest. 791) gewidmet. In der Praefatio, S. 274/75, wird mehrfach darauf hingewiesen, daß es sich um die Ausführung eines Auftrages des Angilramn handelte, wobei an drei Stellen von *iussio* die Rede ist, S. 275 Z. 7, 13 und 27. Eine in Zerkingen in fränkischer Sprache geschriebene Vorlage des Donat versucht erneut STRACKE, Over de antiquissima Vita S. 295 ff. nachzuweisen, ohne jedoch die Einwände von LEVISON, Jahresberichte S. 256 und COENS, Utriusque linguae peritus S. 131 ff., gegen seine bereits früher vorgetragene Ansicht entkräften zu können. Aufgrund einer Untersuchung der handschriftlichen Überlieferung der Vita Trudonis, vornehmlich der in der Ausgabe von Levison noch nicht berücksichtigten ältesten Hs. (vgl. SS rer. Mer. 6, Addenda S. 637 ff.), glaubt KESTERS, Notice S. 192 ff., nur die Kapitel 1–21 dem Donat zuweisen zu können, während die Wunder nach dem Tod des Trudo enthaltenden Kapitel 22–32 von einem Fortsetzer aus dem 9. Jh. stammten, in dem Kesters den in der Vita Trudonis des Theoderich (Ende 11. Jh.), SURIUS 6 S. 588, als Autor einer Lebensbeschreibung des Trudo genannten *Guikardus abbas* sehen möchte. Da die folgende Untersuchung im wesentlichen auf dem ersten Teil der Vita beruht, kann hier von einer Überprüfung dieser These abgesehen werden.

[4] Cap. 2 S. 276. Bemerkenswert für die zeitgenössische Vorstellung einer sozial gehobenen Familie erscheint die anschließende Charakterisierung: *Erant autem parentes illius locupletes valde tam in pecuniae quam etiam in agrorum amplissima possessione.*

gewandt – er gelobte, später auf seinen elterlichen Erbgütern eine Kirche zu errichten – begab er sich als junger Mann nach einer Vision zu Remaklus, dem Bischof von Tongern. Dieser nahm ihn als seinen geistlichen Sohn auf und offenbarte ihm als göttliche Weisung, er möge sich zu Bischof Chlodulf nach Metz begeben, dem hl. Stephan seinen gesamten Besitz übertragen und sich in Metz zum Kleriker ausbilden lassen. Trudo folgte den Worten des Remaklus, übertrug in Metz dem Bischof Chlodulf seine elterlichen Erbgüter in Zerkingen, erhielt an der Metzer Domkirche seine geistliche Ausbildung und wurde von Chlodulf zum Priester geweiht. Nach einigen Jahren kehrte er mit dem Auftrag Bischof Chlodulfs in seine Heimat zurück, auf seinen dem hl. Stephan geschenkten Besitzungen in Zerkingen eine Gemeinschaft von Geistlichen zu gründen[5]. Nachdem er von seinem geistlichen Vater Remaklus als dem zuständigen Diözesanbischof die Erlaubnis zum Bau einer Kirche und zur Predigt in der gesamten Diözese erhalten hatte, errichtete er in Zerkingen eine Kirche zu Ehren der Heiligen Quintinus und Remigius, bekehrte durch seine Predigt zahlreiche Menschen zum Christentum und scharte eine große Zahl von Schülern vornehmer Abkunft um sich[6]. Nach seinem Tode[7] wurde er in der von ihm erbauten Kirche bestattet, wo es bald zu zahlreichen Wundern kam.

Hauptanliegen der Vita neben dem Preis des hl. Trudo war es, den Status des *monasterium* in Zerkingen als eines Eigenklosters der Bischöfe von Metz in einer fremden Diözese historisch zu begründen[8]. Diesem Zwecke dienten insbesondere die ausführlichen Beschreibungen der Begegnungen Trudos mit den Bischöfen Remaklus und Chlodulf. An dem Verhältnis des Remaklus zu Trudo sollte aufgezeigt werden, daß sich die Rechte des Bischofs von Tongern an dem Kloster St. Truiden allein auf die Befugnisse des zuständigen Diözesanbischofs beschränkten, wobei dieser Zustand auf göttliche Weisung durch Remaklus selbst begründet worden war[9]. Die weltlichen Rechte der Metzer

---

[5] Cap. 13 S. 285 f.; dieser Auftrag erfolgte *ob utilitatem beatissimi Stephani*.

[6] Cap. 16 S. 288: *Itaque factum est, ut multi nobiliorum hominum filii, istius seculi prospera dispicientes, comam suam deponentes, cum invicto milite Christi soli Domino deservirent*. Zum Charakter der ältesten geistlichen Gemeinschaft in Zerkingen vgl. unten S. 79 Anm. 34.

[7] Cap. 21 S. 292. Als Todestag wird in den Martyrologien der 23. November angegeben, vgl. COENS, Saint-Trond S. 94. Theoderich (Ende 11. Jh.) überliefert als Todesjahr 693, SURIUS 6 S. 561, welches Datum von CHARLES, Saint-Trond S. 77 und PIEYNS-RIGO, Saint-Trond S. 26 übernommen wird, vgl. dazu auch BOES, Saint-Trond S. 40 f. Allzu große Glaubwürdigkeit kann diese späte chronologische Nachricht allerdings nicht für sich beanspruchen. Ein terminus ante quem ist durch die vor 697/701 anzusetzende Schenkungsurkunde Pippins II. an die Kirche in Zerkingen gegeben, vgl. dazu S. 77 mit Anm. 24, die nach dem Tode Trudos ausgestellt wurde und offensichtlich bereits eine gewisse Heiligenverehrung des Trudo voraussetzt.

[8] Vgl. hierzu vor allem LEVISON, Vorrede S. 266 und COENS, Saint-Trond S. 90.

[9] Vor dem Auftrag, nach Metz zu reisen, teilte Remaklus Trudo mit: *Notum tibi sit, fili mi, quia ex hac hora lege inviolabili filius mihi eris, et ego locum patris tui perhenniter spiritali*

Bischöfe als Eigenklosterherrn von St. Truiden wurden hingegen von der Landschenkung Trudos an Bischof Chlodulf von Metz hergeleitet[10]. Im Jahre 741 ist mit dem *abba Grimo* ein eigener Vorsteher der geistlichen Gemeinschaft in Zerkingen bezeugt[11]. Seit Chrodegang (742–766) und Angilramn (768–791) hatten die Bischöfe von Metz zugleich auch die Stellung eines Abts von St. Truiden inne[12]. In den Bestrebungen, das Kloster enger mit dem Bistum Metz zu verbinden, ist wohl ein wesentlicher Anlaß für die Abfassung der von Bischof Angilramn in Auftrag gegebenen Vita Trudonis zu sehen.

Der Aussagewert der Vita wurde von ihrem Herausgeber Levison – nicht zuletzt auch wegen ihres deutlich erkennbaren politischen Anliegens – gering eingeschätzt. Als hauptsächliche Quelle des Donat konnte Levison eine Schenkungsurkunde des Trudo nachweisen, in der dieser dem Bischof Chlodulf von Metz seinen Besitz in Zerkingen mit einer von ihm daselbst errichteten Kirche übertragen hatte. Ein sicheres Urteil über die Echtheit dieser Urkunde hielt Levison nicht für möglich[13]. Von seiner urkundlichen Vorlage ausgehend habe sich der Autor die übrige Lebensgeschichte des Heiligen weitgehend selbst ausgedacht, so daß der Großteil seiner Lebensbeschreibung

---

iure tenebo, cap. 7 S. 280. Unmittelbar nach seiner Rückkehr aus Metz suchte Trudo seinen *spiritalem patrem Rimaglium episcopum* in Tongern auf, der ihm gestattete, *verbum Domini in cuncta sua parroechia praedicare et missas in omnibus ecclesiis caelebrare; insuper et licentiam sibi dedit, ut, sicut in pueritia sua Deo voverat, ecclesiam in sua hereditate aedificaret*, cap. 14 S. 286.

[10] Wenn es an späterer Stelle der Vita bei der Schilderung eines Besuches des Chrodegang in St. Truiden erklärend heißt, das Kloster sei *proprium ... ad regendum, ut diximus, Metensis urbis episcopis*, cap. 28 S. 296, so bezieht sich der Verweis *ut diximus* auf den ausführlichen Bericht über die Schenkung des Trudo und die Anfänge des Klosters. Dort findet sich u. a. die den Worten des Remaklus, vgl. Anm. 9, entsprechende Bemerkung *hereditatem parentum suorum, quam olim lege inviolabili sub cartarum discriptione Deo et sancto Stephano tradiderat*, cap. 16 S. 288.

[11] Despy, La charte S. 87: *cui etiam ecclesie venerabilis abba Grimo nomine regulariter preesse videtur*. Bischof von Metz war zu dieser Zeit Sigibald.

[12] Beide sind allerdings nicht direkt als Äbte von St. Truiden bezeugt. Der zu Beginn des 12. Jh.s von Rodulf in der Vorrede zu seinen Gesta abbatum Trudonensium S. 229 unter dem Titel *nomina quaedam abbatum* überlieferte Abtskatalog ist sehr lückenhaft und erst für das 11. Jh. zuverlässig. Dennoch ist an der Identität der von Rudolf an 15. bzw. an 5. Stelle genannten Äbte *Rodegangus* und *Angelramnus* mit den gleichnamigen Bischöfen von Metz nicht zu zweifeln, so auch Malcorps, De eerste abten S. 187, Charles, Saint-Trond S. 80 Anm. 22, Oexle, Karolinger S. 295 mit Anm. 96 und Pieyns-Rigo, Saint-Trond S. 27. Hierfür spricht zusätzlich, daß Donat den Besuch Bischof Chrodegangs in St. Truiden mit dem Hinweis begründet, das Kloster sei den Metzer Bischöfen *proprium ad regendum*, vgl. Anm. 10, und daß er die Vita Trudonis im Auftrag Erzbischof Angilramns verfaßte und diesem widmete, vgl. Anm. 3. Mit Drogo (823–855) und Adalbero (929–962) sind Bischöfe von Metz urkundlich als Äbte von St. Truiden bezeugt, Piot 1 Nr. 2 und 5 S. 4 und 8.

[13] Levison, Vorrede S. 266: „chartam ab eo adhibitam sinceram fuisse iam neque affirmare neque negare licet".

„mera figmenta" enthalte[14]. Einige Forscher schlossen sich diesem Urteil an[15], während andere die Angaben der Vita weitgehend ungeprüft übernahmen[16].

Für seinen Nachweis einer urkundlichen Vorlage des Donat stützte sich Levison vor allem auf das Vorkommen urkundensprachlicher Wendungen wie *quae possidere visus sum ... quicquid habeo in pago Hasbanio in loco qui vocatur Sarchinnio super fluvio Cysindria* oder *sub cartarum descriptione* in den Passagen der Vita, die über die Landschenkung Trudos an Metz berichten[17]. Für die Benutzung einer Urkunde sprechen weiterhin der Aufbau der Rede Trudos, in der dieser seinen Besitz an Chlodulf übertrug[18], arengenähnliche Formulierungen[19] und die Tatsache, daß die bei Donat für die Heimat des Trudo und einen mit Ortsnamen angegebenen Ort sonst ungebräuchlichen, hingegen in zeitgenössischen Urkunden durchaus üblichen Bezeichnungen *pagus* (für Hasbanien)[20] und *locus*[21] in der Rede des Trudo bei der

---

[14] Ebd. S. 266; ähnlich S. 267: „reliquam narrationem instrumento superductam solo ingenio auctoris niti certum est, qui, a donatione e charta comperta progressus, totam vitam sancti sibi excogitavit".

[15] So hinsichtlich der Echtheit der Urkunde etwa DE MOREAU, Histoire 1 S. 152 Anm. 2 und CHARLES, Saint-Trond S. 78 ff.

[16] So zuletzt etwa BOES, Saint-Trond S. 22 ff., PIEYNS-RIGO, Saint-Trond S. 25 f. wie auch PRINZ, Mönchtum S. 204.

[17] LEVISON, Vorrede S. 266. Er zog hierfür die Ausführungen des Donat in cap. 7 S. 280 und vor allem in cap. 10 S. 283 heran, wo in direkter Rede ein Gespräch zwischen Trudo und Chlodulf wiedergegeben wird, in dessen Verlauf Trudo den Grund für seine Reise nach Metz erläutert, seine Besitzungen dem hl. Stephan überträgt und um die Ausbildung zum Kleriker bittet. Den von Levison der Vorlage zugewiesenen Entlehnungen Donats wird man noch die Wendung *a praesentis articulo diei ... condono*, cap. 10 S. 283 zuzählen dürfen, die in diesem Zusammenhang gewiß eher auf den in zeitgenössischen Schenkungsurkunden sehr häufigen Vermerk *a die praesente* zurückgeht als daß es sich um eine selbständige Hinzufügung des Donat handelte, vgl. dazu unten S. 371 mit Anm. 18.

[18] Dem der Dispositio entsprechenden Satz *quam ob rem ... condono*, der die eigentliche Schenkung beinhaltet, gehen arengenähnliche Wendungen wie *pro aeternae vitae consortio* und *devotissimo mentis affectu* voran. Es folgt die einer Korroboratio vergleichbare Bemerkung: *Confirmavit ... perpetua traditione sub cartarum descriptione subnixa*, cap. 10 S. 283.

[19] In der Rede des Remaklus cap. 7 S. 280 heißt es: *facque illum (sc. sanctum Stephanum) heredem tuae terrenae possessionis, ut ipsius suffragantibus meritis, cohereditarius eius sis in gaudio regni coelestis*. In dem Traditionbericht wird als Grund für die Schenkung *pro aeternae vitae consortio* angegeben, vgl. Anm. 18. Diese Wendungen entsprechen inhaltlich einer der in frühmittelalterlichen Privaturkunden häufigen „Lohnarengen", vgl. FICHTENAU, Arenga S. 143 ff. Sie deuten um so mehr auf eine urkundliche Vorlage hin, als Donat cap. 7 S. 280 ff. und cap. 10 S. 283 ff. die Schenkung des Trudo mit dem durch Remaklus übermittelten göttlichen Auftrag und dem Wunsch des Trudo nach der Ausbildung zum Geistlichen motiviert.

[20] Hierfür gebraucht Donat sonst durchweg Wendungen wie *in Hasbaniae partibus* (cap. 9 S. 282, cap. 11 S. 284, cap. 13 S. 285), *in Hasbaniae finibus* (cap. 2 S. 276, cap. 25 S. 293, cap. 31 S. 297) oder auch nur *Hasbania* (cap. 16 S. 288, cap. 27 S. 295).

[21] Es finden sich sonst die Bezeichnungen: *urbs* und *oppidum* bei den Bischofsstädten Metz (z. B. cap. 9 S. 282) und Tongern (cap. 14 S. 286); *vicus* für Velm (cap. 20 S. 290) und *villa* bei den übrigen mit Ortsnamen angegebenen Orten, wie Zepperen (cap. 5 S. 279, cap. 20 S. 291), Trognée (cap. 15 S. 287), Emmeren (cap. 18 S. 289) sowie Eksel und Oostham (cap. 23 S. 293).

Erwähnung von Zerkingen gemeinsam verwandt sind. Auf die Schenkung Trudos nimmt auch der Bericht des Donat über die Errichtung der Kirche in Zerkingen Bezug. Der betreffende Passus wird mit der Bemerkung eingeleitet, Trudo habe sein Erbgut *sub cartarum discriptione Deo et sancto Stephano* übertragen. Wenige Zeilen weiter heißt es: *ecclesiam in sua hereditate construxit in honore beati Quintini martyris et sancti Remigii confessoris in loco qui vocatur Sarchinnio, sito super fluvio Cysindria*[22]. Der Kontext und die nahezu wörtlichen Übereinstimmungen mit der ersten, der Urkunde entnommenen Erwähnung von Zerkingen zeigen, daß auch an dieser Stelle die urkundliche Vorlage benutzt ist.

Die in der Vita überlieferten Auszüge lassen auf eine Schenkungsurkunde Trudos schließen, derzufolge Trudo seine elterlichen Erbgüter in Zerkingen mit einer von ihm daselbst erbauten Kirche dem Bischof Chlodulf von Metz für die Metzer Bischofskirche übertragen hatte. Chlodulf hatte das Bischofsamt in Metz von ca. 654/55 bis 670/86 inne[23]. Der Tod Trudos ist nach einer gleichfalls in der Vita benutzten Schenkungsurkunde Pippins II. für die Kirche von Zerkingen in der Zeit vor 697/701 anzusetzen[24]. Die Vita Trudonis entstand somit gut ein Jahrhundert nach den geschilderten Ereignissen. Für die Annahme, daß im Verlauf dieser Zeit auf den Namen des hl. Trudo eine Schenkungsurkunde für das Bistum Metz gefälscht worden sei, ergeben sich keinerlei Anhaltspunkte. Der stark tendenziöse Bericht des Donat berechtigt für sich allein genommen noch nicht, die Echtheit der in ihm verwendeten urkundlichen Vorlagen in Frage zu stellen. Es erscheint als schwer vorstellbar, daß die Bischöfe von Metz in der ersten Hälfte des 8. Jahrhunderts versucht haben sollten, durch eine Urkundenfälschung in den Besitz der Kirche in Zerkingen und der dortigen Klerikergemeinschaft zu gelangen bzw. ältere Besitzrechte durch ein derartiges Machwerk neu zu begründen oder zu erweitern[25]. Gegen die Annahme einer Fälschung spricht neben dieser allgemeinen Überlegung auch folgende Einzelbeobachtung. Wie eben gezeigt,

---

[22] Cap. 16 S. 288.

[23] Datierung des Episkopats nach HEIDRICH, Titulatur S. 220 ff., vgl. auch unten S. 390 Der gesamte Bericht des Donat spricht dafür, daß die Urkunde in Metz aufbewahrt wurde.

[24] Donat berichtet in cap. 23 S. 292 f., daß *Pippinus igitur inclitissimus maior domus, filius Ansigisi* der Grabeskirche des Trudo geschenkt habe, *quicquid habere visus est in villa quae cognominatur Ochinsala et in altera villa quae dicitur Ham*. Die zitierten, urkundensprachlichen Wendungen sprechen für die Benutzung einer Schenkungsurkunde Pippins II., vgl. LEVISON S. 292 Anm. 2 und HEIDRICH, Titulatur S. 266 (Dep. Nr. 9). Setzt man Pippins Majordomus-Titel für die Urkunde voraus, woran wohl kaum zu zweifeln ist, so wäre die Urkunde in die Zeit vor 697/701 zu datieren, da Pippin II. bald nach 697 seinen Sohn Grimoald an seiner Stelle zum Hausmeier einsetzte und spätestens 701 den Titel eines Hausmeiers nicht mehr führte, vgl. dazu LEVISON, Annales Mettenses S. 478 Anm. 4.

[25] Unabhängig von der Urkunde ist der Metzer Besitz an St. Truiden erstmals in der Zeit Bischof Chrodegangs bezeugt, vgl. Anm. 10.

waren die Nachrichten des Donat über die Patrozinien der Kirche in Zerkingen gleichfalls der urkundlichen Vorlage entnommen. Danach war die von Trudo erbaute Kirche den Heiligen Quintinus und Remigius geweiht. In der ältesten erhaltenen Urkunde von St. Truiden von 741 begegnet die Kirche in Zerkingen hingegen als *basilica sancte Marie et sancti Petri et sancti Trudonis* [26]. Maria und Petrus sind auch in der Folgezeit als Hauptpatrone der Klosterkirche von St. Truiden bezeugt [27]. Daneben ist eine Remigius-Verehrung von geringerer Bedeutung überliefert [28]. Es ist deutlich, daß die ursprünglichen fränkischen Patrone der Kirche von Zerkingen vor 741 zugunsten des Marien- und Peterspatroziniums zurückgedrängt wurden. In der Tatsache, daß in der Vorlage des Donat ein Zustand wiedergegeben ist, der Mitte des 8. Jahrhunderts nicht mehr bestand [29], ist ein weiterer Hinweis auf die Echtheit der Urkunde zu sehen.

Darf es somit als sicher gelten, daß Trudo zwischen 654/55 und 670/86 seine Erbgüter in Zerkingen mit der von ihm erbauten Kirche an Bischof Chlodulf von Metz übertrug, so ist damit zugleich ein fester Anhaltspunkt für die Beurteilung auch der übrigen Nachrichten der Vita gewonnen. Weitere

---

[26] DESPY, La charte S. 87. Die Kopie aus dem 13. Jh. und die Nachzeichnung aus dem 12. Jh., vgl. dazu unten S. 184 mit Anm. 2, stimmen hier wörtlich überein, was dafür spricht, daß bei dieser Angabe der ursprüngliche Text überliefert ist.

[27] Das 870 aufgestellte Schatzverzeichnis von St. Truiden nennt neben 5 kleinen Altären und einem silbernen Stephansaltar nur noch ein *altare in honore sanctae Mariae et sancti Petri auro argentoque imaginatum cum cyborio desuper*, BISCHOFF, Schatzverzeichnisse 1 Nr. 82 S. 87.

[28] In den Gesta abb. Trud. X, 7 S. 293 wird berichtet, Abt Rodulf habe, nachdem er durch die Lektüre der Vita Trudonis über die ursprünglichen Patrozinien der Kirche in Zerkingen unterrichtet worden sei *videretque usque et a populo exterius et a fratribus interius festivitatem sancti Remigii celebrari, et de sancto Quintino unam tantam collectam fieri, miratus qua negligentia hoc de tanto martyre contigisset*, eine Belebung des Kultes eingeleitet. Wenn es in dem Bericht über die Weihe der neuen Klosterkirche 1117 unter Abt Rodulf heißt, der Hauptaltar sei nach der Maria *in honore sanctorum Quintini et Remigii, quibus beatus Trudo primum a se factum monasterium dedicavit* geweiht worden, Gesta abb. Trud. X, 17 S. 297, so wird man darin eine weitere Maßnahme des Rodulf zur Wiederbelebung des ursprünglichen Kultes sehen dürfen.

[29] COENS, Saint-Trond S. 97 weist auf die späte abschriftliche Überlieferung der Urkunde von 741 und des Schatzverzeichnisses von 870 (Anfang 12. Jh. bei Rodulf, Gesta abb. Trud. I, 3 S. 230 ff.) hin. Bei den wechselnden Patrozinienangaben in der Nachzeichnung und der geringen Verbreitung des Marienpatroziniums im Norden des Frankenreiches im 7./8. Jh. sei ein sicherer alter Beleg für das Marienpatrozinium an der Abteikirche wünschenswert, um „la suspicion d'une retouche par laquelle on aurait adapté certains documents à une situation postérieure" auszuschließen. Der Verdacht ist unbegründet: die Patrozinienangabe in der Urkunde von 741 gehört mit großer Wahrscheinlichkeit dem ursprünglichen Text an, vgl. Anm. 26. Eine Interpolation des Schatzverzeichnisses ist zumindest für die Abfassungszeit der Gesta abb. Trud. unwahrscheinlich, da Rodulf an der Wiederbelebung des ursprünglichen Kultes gelegen war, vgl. Anm. 28. Die Patrozinien Maria und Petrus lassen sich zu Beginn des 8. Jh.s im mittleren Maasgebiet mehrfach nachweisen, so etwa in Chèvremont (D Karol 1 Nr. 124 S. 173), Susteren (WAMPACH, Echternach 1, 2 Nr. 24 S. 59), Waalre (vgl. unten S. 152 mit Anm. 57), Bakel (WAMPACH Nr. 30 S. 72), Lüttich (Vita Hugberti cap. 15 S. 496), Aldeneik (vgl. unten S. 181 mit Anm. 36) und Donk (vgl. unten S. 189 Anm. 27).

Hinweise ergeben sich aus folgenden Angaben: Der in der Vita benutzten Urkunde Pippins II. zufolge hatte dieser der Kirche in Zerkingen mit dem Grab des Trudo Besitz in Eksel und Oostham geschenkt[30]. Seine Gemahlin Plektrud stiftete nach der von Donat wiedergegebenen klösterlichen Tradition *altare in honore sancti patris* (sc. *Trudonis*) *argento et auro* für die Grabeskirche des Trudo[31]. Die zeitgenössische Vita des 738 gestorbenen Bischofs Eucherius von Orleans berichtet von dessen Besuch in der *ecclesia beati confessoris Trudonis* und dem dort tätigen *abba ipsius monasterii*[32]. Entsprechend ist auch in der Urkunde von 741 von der *basilica(m) sancti Trudonis que est constructa in villa nomine Sarchinnio ubi ipse sanctus Dei in corpore requiescit* die Rede[33]. Deutlich wird, daß an der von Trudo erbauten Kirche eine Gemeinschaft von Geistlichen bestand[34] und daß Trudo, dessen Grab sich in Zerkingen befand, sehr bald als Heiliger und als Kloster-

---

[30] Vgl. Anm. 24.

[31] Cap. 23 S. 293. Nach Angaben Donats hatten sich Pippin und damit wohl auch Plektrud *ad tumulum ipsius* (sc. *sancti Trudonis*) *orationis causa* begeben.

[32] Cap. 9 S. 51 und cap. 14 S. 53. Zum Aufenthalt des Eucherius in St. Truiden vgl. unten S. 187f.

[33] DESPY, La charte S. 86.

[34] Welcher Art diese Gemeinschaft war und welcher Regel sie folgte, geht aus der Vita wie auch aus den sonstigen Zeugnissen zur Frühzeit von St. Truiden nicht klar hervor. Trudo, der nach Aussage des Donat S. 274 *presbiter* gewesen war, wird in der Vita als *pater* von *discipuli* und *fratres* abgehoben, cap. 16 S. 288 und cap. 21 S. 291; *religiosi viri* sollten in Zerkingen Gott dienen, cap. 20 S. 290f. Zu Lebzeiten Trudos bestand ein *monasterium*, eine *viri Dei cella*, cap. 26 S. 294. Donat berichtet von einem Wunder, das sich in der ersten Hälfte des 8. Jh.s unter einem *Leotharius praepositus in coenobio sancti viri* ereignete, cap. 26 S. 294. Von einem Abt ist in der gesamten Vita nicht die Rede. Die nächsten Belege, die Vita Eucherii und die Urkunde von 741, nennen hingegen einen *abba*, der *regulariter* dem *monasterium* vorstand, vgl. Anm. 32 und 11. Die Auffassungen der Forschung über die älteste Prägung der geistlichen Gemeinschaft in Zerkingen gehen auseinander. KESTERS, De abdij S. 62, dem PIEYNS-RIGO, Saint-Trond S. 26 folgt, nimmt eine Klostergründung durch Trudo nach einer columbanisch-benediktinischen Mischregel an. PRINZ, Mönchtum S. 204 spricht von engen Beziehungen zu Stablo-Malmedy. CHARLES, Saint-Trond S. 76 zählt die Stiftung des Trudo, im Hochmittelalter eine der bedeutendsten Benediktinerabteien der Lütticher Diözese, zu den frühen Benediktinerklöstern in Belgien. LEVISON, Vorrede S. 267 schloß aus der Wendung *regulariter preesse* in der Urkunde von 741 (in der Nachzeichnung: *deservire*) auf das Bestehen einer monastischen Gemeinschaft. Den frühen Belegen am besten entspricht wohl die Auffassung von SEMMLER, Lorsch S. 77 mit Anm. 29 und 30, der in St. Truiden eine „nach einer bestimmten Regel lebende(n) Klerikergemeinschaft" annimmt, wofür er die Erwähnung von *clerus* und *clerici* an St. Truiden in der Vita Eucherii cap. 13, 14 S. 52 f. (hier jedoch untechnisch, in Gegenüberstellung zu *populus* gebraucht) anführt und ausgehend von der Beobachtung, daß die überlieferte Abtsreihe von St. Truiden erst mit dem unter Chrodegangs Vorgänger Sigibald bezeugten *abba* Grimo einsetzt, auf einen reformierenden Eingriff dieses Bischofs schließt, der „einen Aufschwung des gemeinsamen Lebens des stiftisch organisierten Klerus" in St. Truiden zur Folge gehabt habe. Die Vermutung liegt nahe, daß der 741 anzusetzende Patrozinienwechsel an der Kirche in Zerkingen, vgl. S. 78, mit diesen Vorgängen in Verbindung stand; ähnlich bereits COENS, Saint-Trond S. 88. Wann das *monasterium* in St. Truiden in eine Benediktinerabtei umgewandelt wurde, bedarf noch der Klärung.

patron verehrt wurde. Die frühe Heiligenverehrung Trudos bestätigt die Nachrichten der Vita über seine Bekehrungstätigkeit[35] und über seine Rolle als Gründer und erster Vorsteher der geistlichen Gemeinschaft in Zerkingen in hohem Maße.

Nachweislich unzutreffend ist hingegen die Bezeichnung des Remaklus als Bischof von Tongern-Maastricht[36]. Wie Krusch und Frank zeigten, hatte Remaklus nicht das Amt eines Diözesanbischofs inne, sondern war lediglich Abtbischof von Stablo-Malmedy gewesen[37]. Die Vita Trudonis ist der erste Beleg dafür, daß man Remaklus auch als Bischof von Tongern ansah. Ihr Bericht hatte zur Folge, daß Remaklus fortan in der gesamten mittelalterlichen Geschichtsschreibung des Lütticher Raums zu den Bischöfen von Tongern-Maastricht gezählt wurde[38]. Donat kam es bei seinen Angaben über den *beatum Rimaglium Tungrensis urbis pontificem* in erster Linie darauf an, den Status des Tongerner Diözesanbischofs gegenüber dem Kloster St. Truiden zu verdeutlichen[39]. Wohl ist denkbar, daß er zu diesem Zweck die gesamten Nachrichten über Remaklus erfand[40]. Andererseits aber dürfte es wenig wahrscheinlich sein, daß er für sein spezielles Anliegen eine Persönlichkeit in den Bericht einführte, die weder Bischof von Tongern-Maastricht gewesen war noch Verbindungen zu Trudo unterhalten hatte. Wesentlich näher liegt die Annahme, daß zwischen Trudo und Remaklus – er war zwischen 648/ 50(?) und 670/79 Abt in Stablo-Malmedy gewesen[41] – tatsächlich Beziehungen bestanden hatten[42] und daß eben dies, zusammen mit der Kenntnis davon, daß Remaklus den Titel eines *episcopus* trug, für den Verfasser der Vita der Anlaß war, Remaklus zum Diözesanbischof von Tongern-Maastricht

---

[35] Cap. 16 S. 288: *Innumerabiles itaque viri per doctrinam illius conpuncti, ab erroris via conversi, sanctum patrem sequentes, soli Domino servierunt ... Meritis igitur beati patris exigentibus, plurimi ad Dominum conversi sunt.*

[36] So etwa cap. 5 S. 279, sowie cap. 14 S. 286: *ad Tungrensem urbem usque pervenit, in qua suum spiritalem patrem Rimaglium episcopum repperit.* Letztere Nachricht steht deutlich in Kontrast zu der Angabe der ältesten Lambert-Vita über den mit Remaklus gleichzeitigen Vorgänger Bischof Lamberts, Theodard: *Eo tempore oppido Treiectinse cathedra ponteficale praesedebat summus pontefex Theodardus,* cap. 3 S. 355.

[37] KRUSCH, SS rer. Merov. 5 S. 92 ff.; FRANK, Klosterbischöfe S. 82 ff.

[38] So im 9. Jh. in der Vita Remacli cap. 3 S. 105, die auch ansonsten die Vita Trudonis ausschrieb; über die Vita Remacli ging die Nachricht im 10. Jh. unter breiter Ausschmückung in das grundlegende Werk von Heriger, Gesta epp. Leod. I, 40–56 ein.

[39] Vgl. oben S. 74 mit Anm. 9.

[40] Bei einer solchen Annahme wäre davon auszugehen, daß Donat daran gelegen war, einen in der Diözese Tongern-Maastricht hervorragenden kirchlichen Vertreter, der noch Ende des 8. Jh.s bekannt war, als Zeitgenossen des Trudo und Chlodulf anzugeben. Hierfür bot sich aus der Zeit vor Bischof Lambert neben Amandus in erster Linie Remaklus an.

[41] Vgl. BAIX, Stavelot-Malmedy S. 19 und 41. Zur Datierung der klösterlichen Anfänge von Stablo-Malmedy vgl. unten S. 359 Anm. 27.

[42] So PRINZ, Mönchtum S. 204 und FRITZE, Confessio S. 100, die Trudo als Schüler des Remaklus bezeichnen.

zu machen und ihm einen wichtigen Anteil an dem rechtlichen Status von St. Truiden zuzuschreiben. Für eine solche Beurteilung spricht nicht zuletzt auch die allgemeine Überlegung, daß in einer Vita, die gut hundert Jahre nach dem Tode des Heiligen abgefaßt wurde und die vorwiegend dem klösterlichen Gebrauch diente, eine derart wichtige Nachricht wie die über das enge Verhältnis zwischen Trudo und Remaklus wohl kaum vollständig erfunden worden sein dürfte.

Ähnliches gilt auch für die Angaben der Vita über Trudos Ausbildung zum Kleriker in Metz. Bereits Levison wies in diesem Zusammenhang auf das vergleichbare, sicher bezeugte Beispiel des Adalgisel-Grimo hin, der der Kathedralkirche von Verdun, an der er seine geistliche Ausbildung genossen hatte, mehrere Besitzungen, darunter die in einer anderen Diözese gelegene Kirche mit Klerikergemeinschaft in Tholey übertrug[43]. Da kein zwingender Grund besteht, die betreffenden Nachrichten der Vita Trudonis in Frage zu stellen, dürfte es für die auffällige Schenkung des Trudo an das weitentfernte Bistum Metz[44] die weitaus plausibelste Erklärung sein, daß Trudo in der Tat unter Bischof Chlodulf in Metz zum Geistlichen ausgebildet worden war und in diesem Zusammenhang der dortigen Domkirche einige seiner Erbgüter überließ.

Nimmt man somit außer für die Urkundenauszüge auch für einen weiteren Teil der Nachrichten Donats einen historischen Kern an, so erscheinen folgende Aussagen über Trudo möglich: Trudo, der sozial gehobenen Schicht des Haspengaues entstammend, entschloß sich ähnlich Adalgisel-Grimo, Bavo und anderen Angehörigen vornehmer Familien zu einem geistlichen Leben und ließ sich an der weitentfernten Bischofskirche in Metz zum Kleriker ausbilden. Nach seiner Weihe zum *presbyter*[45] errichtete er auf seinem Erbgut in Zerkingen eine Kirche mit dem Ziel, an ihr eine Klerikergemeinschaft zu gründen und von ihr aus in der Mission tätig zu werden. Unter dem Episkopat

---

[43] LEVISON, Vorrede S. 266 in Anschluß an FRIEDRICH, Kirchengeschichte 2, 1 S. 349; zu Adalgisel-Grimo vgl. oben S. 36 mit Anm. 28. In die gleiche Richtung weist auch das Beispiel des Bertrichram von Le Mans, der in seinem Testament von 616 der *basilice domni et peculiaris patrini mei Germani episcopi, qui me dulcissime enutrivit, et sua sancta oratione, acsi indignum, ad sacerdotii honorem perduxit*, eine Reihe von Gütern zudachte, BUSSON/LEDRU, Actus Cenom. S. 112 und 127.

[44] Kennzeichnend für die Einschätzung durch die Zeitgenossen ist, daß Donat Bischof Chlodulf den in Metz eingetroffenen Trudo nach dem Grund dafür fragen läßt, *ut de tam remotis partibus nos visitasses*, cap. 10 S. 283.

[45] Für die Glaubwürdigkeit der Nachricht in cap. 12 S. 285, Trudo habe in Metz unter Chlodulf *per aecclesiasticos gradus feliciter pergens, usque ad sacerdotalem dignitatem vitae suae merita* erlangt, könnte weiterhin sprechen, daß es dem Anliegen der Vita, geistliche und weltliche Belange des Klosters St. Truiden in ihrem Verhältnis zu den Bischöfen von Tongern und Metz deutlich voneinander abzuheben, wesentlich besser entsprochen hätte, wenn von einer Weihe des im Haspengau tätigen *presbyter* Trudo durch Remaklus als dem zuständigen Diözesanbischof berichtet worden wäre.

des Chlodulf (654/55 bis 670/86) übertrug er diese Kirche mit seinen Erbgütern in Zerkingen an die Bischofskirche von Metz. Ob diese Schenkung unmittelbar nach seiner Rückkehr aus Metz erfolgte, Trudo also im Auftrag Chlodulfs ein *monasterium* gründete, oder ob Trudo ähnlich Adalgisel-Grimo von sich aus an seiner Eigenkirche in Zerkingen eine Gemeinschaft von Geistlichen einrichtete und sie erst zu einem späteren Zeitpunkt an Metz schenkte, muß offen bleiben. Dem Bericht der Vita ist weiterhin zu entnehmen, daß Trudo sehr wahrscheinlich auch in engerer Verbindung mit dem Abtbischof Remaklus von Stablo-Malmedy (648/50 bis 670/79) stand.

Remaklus war von Chlodulfs Schwager Grimoald durch die Gründung des Doppelklosters Stablo-Malmedy in hohem Maße gefördert worden[46]. Chlodulf selbst war, wie an späterer Stelle zu zeigen ist, aller Wahrscheinlichkeit nach unweit von Zerkingen begütert und zählte zu jenen Großen, die der Ausstattung des Klosters Stablo-Malmedy beiwohnten[47]. Er war zugleich der Oheim Pippins II., der noch vor 697/701 die Grabeskirche des Trudo zusammen mit seiner Gemahlin Plektrud reich mit Ländereien und Weihegerät aus Edelmetall beschenkte. Auf dem Hintergrund dieser Zusammenhänge wird erkennbar, daß die Familie des Trudo dem engeren Umkreis um die Arnulfinger-Pippiniden im Lütticher Raum angehörte. Vor allem wohl aus diesem Grunde dürfte Trudo die von Chlodulf geleitete Bischofskirche in Metz zur Stätte seiner geistlichen Ausbildung bestimmt und ihr seine Kirchengründung im Haspengau übertragen haben. Inwieweit Remaklus, der den Arnulfingern-Pippiniden gleichfalls nahestand, Trudos Verbindungen zu Metz weiter förderte oder erst nach Trudos Rückkehr aus Metz in Beziehung zu ihm trat, ist nicht mehr zu klären. Die Schenkung Pippins II. und Plektruds an die Kirche des Trudo verdeutlicht das gute Verhältnis der Arnulfinger-Pippiniden zu Trudo und dessen Familie. Dies um so mehr, als, wie die Vita berichtet, die Familie Trudos auch noch nach seinem Tode dem Kloster eng verbunden war[48].

b) Der Umfang der Schenkung

In der Überlieferung des 12. Jahrhunderts aus St. Truiden ist von umfangreichen Besitzungen des hl. Trudo in dem weiten Raum zwischen Westflandern und dem Gebiet um Verdun die Rede, die Trudo neben seinen Gütern im

---

[46] Vgl. dazu unten S. 360 ff.
[47] Vgl. unten S. 388 ff.
[48] In cap. 24 S. 293 ist von einem Verwandten des Trudo namens Harifrid die Rede, der nach dem Tode des Trudo, d. h. zur Zeit Pippins II., in die Klerikergemeinschaft in Zerkingen eintrat und *cunctam hereditatem suam ad sepulchrum sancti Trudonis tradidit.*

Haspengau der Bischofskirche in Metz übertragen habe[49]. Im Anschluß an diese Nachrichten wurde in der Forschung mehrfach die Schenkung weitgestreuter Ländereien durch Trudo an Metz angenommen[50]. Die späte Überlieferung reicht jedoch als Grundlage für derart weitgehende Aussagen, die zugleich von hohem personengeschichtlichen Interesse für die Familie des Trudo wären, nicht aus[51]. Bereits Bussels und Charles wiesen darauf hin, daß nach dem älteren Zeugnis der Vita Trudonis die Schenkung des Trudo lediglich dessen Erbgüter in Zerkingen umfaßt hatte[52]. Genauere Angaben über den Umfang des Besitzes in Zerkingen enthält der Auszug der Schenkungsurkunde bei Donat nicht[53]. Aufgrund weiterer Nachrichten in der Vita

---

[49] In einem zwischen 1119 und 1138 abgefaßten Brief an den Obervogt von St. Truiden, Herzog Waleramn von Limburg, schreibt Abt Rodulf, so umfangreich seien die von Trudo an den hl. Stephan geschenkten Ländereien gewesen (sie werden einige Zeilen zuvor als *omne patrimonium suum* bezeichnet), daß abgesehen von der unmittelbaren und zu Lehen ausgegebenen Besitzungen des Metzer Bischofs in St. Truiden, den derzeitigen und bereits verlorenen Gütern des Klosters und vielem anderen Besitz *vos habeatis inde in feodo pro advocatia 1100 mansos*, SS 10 S. 324. Zu den verlorenen Schenkgütern des Trudo zählt Rodulf *inter cetera Bruges in Flandria allodium sancti Trudonis..., ubi et congregationem 80 monachorum habuit*. Derselbe Autor berichtet in den Gesta abb. Trud. VII, 6 S. 266, auf seiner Reise nach Metz im Jahre 1107 habe er in der *villa* Dugny bei Verdun (dép. Meuse, ar. Verdun) Station gemacht, die, *sicut a Metensibus et indigenis tunc ibi didici, una fuit ex illis quas dominus noster sanctus Trudo cum caetero allodio suo beato prothomartyri Stephano in pueritia sua Mettis tradidit*.

[50] So insbesondere Hansay, Etude S. 1, Simenon, L'organisation S. 5 und Boes, Saint-Trond S. 36 ff.

[51] Die Nachricht Rodulfs über ein Kloster des Trudo bei Brügge bezieht sich auf das erstmals 1075 in einer hagiographischen Quelle erwähnte *monasterium Sancti Trudonis* in Odegem bei Brügge, bei dem es sich nach den Untersuchungen von Huyghebaert, Origines S. 277 ff. zunächst um ein kleineres, im ausgehenden 9. oder im 10. Jh. errichtetes Oratorium handelte, dessen Patrozinium St. Trudo weniger mit Besitzbeziehungen der Abtei St. Truiden als vielmehr mit dem zu dieser Zeit auch in Nord-Ostfrankreich verbreiteten Kult des Trudo und Verbindungen des Klosters St. Truiden zu den Grafen von Flandern zu erklären ist, vgl. Huyghebaert S. 286 ff. sowie auch Bussels, Verdeling S. 338, Coens, Saint-Trond S. 94 und Charles, Saint-Trond S. 83 Anm. 37. Mit Huyghebaert S. 284 ff. ist in der bloßen Existenz dieser Kirche, die im Besitz von St. Martin in Tournai war, der hauptsächliche Grund für die unzutreffende Behauptung Rodulfs zu sehen. Geringes Vertrauen verdient auch Rodulfs Hinweis auf die Güter Trudos bei Verdun. Wohl könnte man – hält man sich das Beispiel des Adalgisel-Grimo vor Augen – durchaus mit der Möglichkeit rechnen, daß Trudo, zumal er sich in Metz ausbilden ließ, wie Grimo sowohl im Lütticher Raum wie im Gebiet von Metz und Verdun begütert gewesen war. Bei dem Fehlen sonstiger Zeugnisse wird man die von Rodulf mitgeteilte Tradition aus Dugny aber wohl eher in der Weise zu deuten haben, daß man zu Beginn des 11. Jh.s in Dugny das Wohlwollen des durchreisenden Mönchs aus St. Truiden zu gewinnen suchte, indem man diesen Ort als Schenkgut Trudos bezeichnete, und daß Rodulf diese Angabe nur zu gerne übernahm. Wie andere Kirchen des Lütticher Raums auch verfügte St. Truiden im Mittelalter über Besitz im Moselraum und bei Metz, vgl. Piot 1 Nr. 7 S. 11 f. (Schenkung von 959) und Gesta abb. Trud. V, 4 S. 253 und XIII, 7 S. 315, der aber nicht zur Bestätigung der Nachrichten Rodulfs über Güter Trudos in diesem Gebiet herangezogen werden kann. Nach Auffassung der Zeitgenossen entstammte Trudo einer Familie aus den *Hasbaniae finibus*, vgl. oben S. 73 mit Anm. 4.

[52] Bussels, Verdeling S. 232, Charles, Saint-Trond S. 78.

[53] Von der Aufzählung des Besitzes, die nach dem *quicquid habeo in pago Hasbanio in loco qui vocatur Sarchinnio* in der Traditionsurkunde des Trudo wohl zu erwarten wäre (vgl. etwa

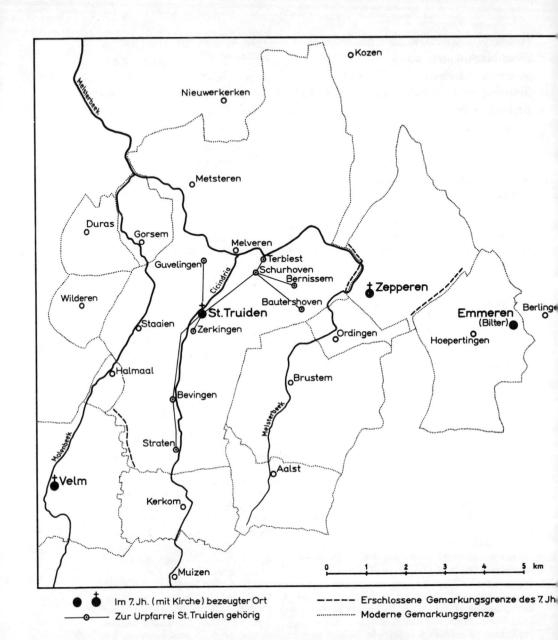

Karte 2: St. Truiden und Umgebung

Trudonis und der späteren Besitzverhältnisse scheint jedoch eine annähernde Vorstellung möglich.

Von den Orten in der näheren Umgebung von Zerkingen werden in der Vita Zepperen, Velm und Emmeren erwähnt. In der *villa quae dicitur Septimburias* traf Trudo den Remaklus an, der dort in einer *domus episcopi* weilte; in dem Ort befand sich eine der hl. Genoveva geweihte Kirche[54]. Bis zu seinem Lebensende suchte Trudo abwechselnd jede Nacht die Kirchen in Zepperen und Velm (St. Martin)[55] auf. Nach Gebet und Gesang von Psalmen kehrte er *ad propriam ... cellam* bzw. *ad suam ... ecclesiam* zurück. In der *villa quae vocatur Amburnia* wohnte ein Verwandter des Trudo. Dieser errichtete nach einem Wunder ein Oratorium zu Ehren des Heiligen, das noch zur Zeit des Donat bestand[56]. Der Vita Trudonis ist somit zu entnehmen, daß Velm, Zepperen und Emmeren im 8. Jahrhundert als Orte galten, die nicht zu den Besitzungen des Trudo gehörten und von Zerkingen abgegrenzt waren[57].

Besitzgeschichtliche Nachrichten für den Raum um Zerkingen setzen erst im 10. Jahrhundert wieder ein. In der Zeit zwischen 950 und 1150 begegnen in der Umgebung des Klosters, später der Stadt St. Truiden, größere weltliche Grundherrschaften in Velm, Gorsem, Staaien, Brustem und Duras sowie größere geistliche Grundherrschaften in Zepperen, Hoepertingen, Halmaal, Aalst, Kerkom, Wilderen und Melveren. Der Verwaltungsmittelpunkt dieser Grundherrschaften war zumeist auch Sitz einer Pfarrei[58].

Form. Salicae Lind. 1 und 2, Formulae S. 266, 268), findet sich in den Auszügen bei Donat lediglich die Angabe über die Kirche. Ob die Erbgüter des Trudo in Zerkingen einen Teil des Ortes oder den gesamten Ort umfaßten, ist dem Text nicht zu entnehmen. Die Übertragung der Kirche läßt jedoch darauf schließen, daß der Herrenhof und damit wohl der größere Teil des Ortes im Besitz des Trudo waren. Daß die Urkunde noch weitere Schenkungen des Trudo an anderen Orten enthielt, ist unwahrscheinlich. In der auf den Preis des Heiligen und die Sicherung der Metzer Besitzansprüche angelegten Vita wäre dies sicher vermerkt worden.

[54] Cap. 5 S. 279; cap. 20 S. 291: *ad villam quae Septimburias dicitur, in quae aedificata est basilica in honore sanctae Genovefae virginis.*

[55] Ebd. S. 290: *ad vicum qui nuncupatur Falmio pergeret in quo aecclesia in honore sancti Martini constructa esse dinoscitur.*

[56] Cap. 18 S. 289 ff. Die Identität von *Amburnia* mit Emmeren, einer Wüstung bei Bilter im Osten der Gemarkung Hoepertingen, deren Name bis ins 19. Jh. als Flurname fortlebte, wurde von PAQUAY, Amburnia S. 259 ff. überzeugend nachgewiesen.

[57] Die Bemerkung, die Kirchen von Velm und Zepperen seien von Zerkingen etwa gleich weit entfernt gelegen, cap. 20 S. 291, und die zutreffenden Patrozinienangaben bei beiden Kirchen (St. Martin und St. Genoveva lassen sich auch später als Patrozinien in Velm und Zepperen nachweisen) zeigen eine gute Ortskenntnis des Donat. Dies berechtigt dazu, seine Angaben für die besitzgeschichtliche Untersuchung heranzuziehen.

[58] Nach einer Urkunde von 1139, in der die *ecclesie* der Dekanate von Sint-Truiden, Leeuw und Geldenaken aufgezählt werden, besaßen von den Orten in der Umgebung von St. Truiden Hoepertingen, Velm, Aalst, Brustem, Kerkom, Zepperen, Halmaal, Staaien, Gorsem, Melveren und Wilderen eine eigene Pfarrei, PIOT 1 Nr. 38 S. 49 ff.

Velm war eine der weitgestreuten lothringischen Besitzungen des Konrad, Sohn eines Grafen Rudolf[59]. Der Ort fiel mitsamt der Kirche 982 an die Abtei Gorze[60]. Gorsem mit der Kirche St. Vinzenz war Erbgut des Bischofs Udo von Toul und kam unter Heinrich III. durch Tausch an die Abtei Kornelimünster[61]. Udo entstammte einer hochadeligen lothringischen Familie. Seine Erbgüter reichten bis in die Diözese Trier[62]. Die *totam villam de Stades* kaufte das Kloster St. Truiden vor 1065 von ihrem Obervogt Herzog Friedrich von Niederlothringen[63], einem Angehörigen des Luxemburger Grafenhauses und

---

[59] Über Konrad unterrichtet DO II 280 S. 326 = D'HERBOMEZ, Gorze Nr. 199 S. 335 ff., Capua 982 Sept. 26. In einer ausführlichen Narratio teilt Otto II. mit, daß *Cunradus, filius Ruodolfi quondam comitis*, am Tage der Schlacht gegen die Sarazenen *legali ritu tradendum nobis commendavit omne predium suum quod habuit in regno Lothariensi*, mit der Bitte, im Falle seines Todes diesen Besitz dem Kloster Gorze zu übertragen, was er (sc. Otto II.) auf Intervention der Theophanu und nach Beratschlagung mit seinem Neffen, dem Herzog von Schwaben und Bayern, und dem Metzer Bischof Theoderich auszuführen gedenke. Die Besitzungen des Konrad lagen im Woëvregau, im Moselgau, im Osning (Longlier), Bliesgau und Haspengau: *curtem insuper suam Uelme nominatam, in pago Hasponngouue*. ROTTHOFF, Reichsgut S. 100 mit Anm. 528 konnte nachweisen, daß Konrad den Besitz in Longlier 946 durch eine Schenkung Ottos I. erhalten hatte. Für einen Rückschluß auf ehemaliges Reichsgut auch in Velm reicht dies jedoch nicht aus. ROTTHOFF, ebd., identifiziert den Vater des Konrad mit dem bei der Reichsversammlung Karls d. E. 916 in Herstal anwesenden *Ruodolfus comes*, LAUER Nr. 84 S. 189.

[60] Die Übertragung erfolgte *cum omnibus utensilibus illuc et ad prescriptas curtes in regno Lothariensi ubicumque ibi iaceat aspicientibus, in mancipiis utriusque sexus, areis, edificiis, ecclesiis* ... Aus einem Diplom von 1249, BS 1 Nr. 447 S. 542, geht hervor, daß der Patronat der Kirche von Velm Abt und Konvent von Gorze zustand. Urkunden von 1229/32, BS 6 Ann. Nr. 13 S. 248 ff., und 1233, BS 1 Nr. 247 S. 318 ff., ist zu entnehmen, daß die Abtei in Velm einen *prepositus* eingesetzt, einige Güter zu Lehen ausgegeben hatte und über eine Villikation mit Schöffengericht verfügte. Die Bischöfe von Metz, 1164/1171, COENEN 1 Nr. 466, das Domkapitel St. Lambert in Lüttich, VAN DERVEEGHDE, Le Polyptyque S. 162 (Halingen), S. 120 ff. (Schoor) und S. 121 (Waalhoeven) und die Abtei St. Truiden, PIRENNE, Polyptyque S. 257–259, hatten Streubesitz in Velm. Die Angabe von SIMENON, Notes S. 98, der Bischof von Lüttich sei Kollator der Pfarrkirche zu Velm gewesen, zu der noch Anfang des 12. Jh.s Kerkom gehört habe, ist nicht nachprüfbar.

[61] Der Tausch wurde 1059 Januar 2 von Heinrich IV. bestätigt, DH IV Nr. 46 S. 58: *predium suum Grusinede ex integro cum ecclesia integra in honore sancti Vincentii martiris consecrata, ad quam pertinet dotalitium non modice quantitatis cum pluribus mancipiis*. Daß es sich um Erbgut *paterno vel materno* handelte, geht aus einer Urkunde des Udo für das Salvatorkloster von Toul von 1069 hervor, CALMET, Histoire 1, Preuves col. 464. Die Identität von *Grusinede* mit Gorsem ist durch DH IV Nr. 127 S. 166 gesichert, GYSSELING, Woordenboek S. 416, VANDENBOUHEDE, Cornelimünster S. 30 Anm. 2 und S. 115. Die Abtei St. Truiden besaß in Gorsem eine Mühle, Gesta abb. Trud. X, 5 S. 293, PIOT 1 Nr. 50 S. 67 (1145–1155).

[62] *Fuit hic ex nobilissima parentum stirpe ortus, ex utraque parte regali stemmate clarus*, Gesta episcoporum Tullensium cap. 39 S. 644. Sein Vater, Graf Richwin, stammte aus Ripuarien, seine Mutter Mathilde aus Alemannien. Seine drei Brüder Richwin, Heinrich und Sigebodo waren Grafen. Zur genealogischen Einordnung vgl. OEDIGER, Steinfeld S. 43 ff. Zu den Erbgütern des Bischofs gehörten neben Gorsem Besitzungen in Heerlen, Voerendaal und Welten (Nl. Limburg), CALMET, Histoire 1, Preuves col. 465. Da sich die Familie des Udo nicht sicher über Richwin und Mathilde hinaus zurückverfolgen läßt, sind Angaben über die Anfänge des Besitzes in Gorsem nicht möglich.

[63] Gesta abb. Trud. I, 12 S. 235. Ob die Kirche von Staaien (St. Remigius) bereits vor dem Übergang des Ortes an St. Truiden bestand, ist nicht sicher anzugeben. Sie wird unter den *aeccle-*

Bruder des Bischofs Adalbero von Metz[64]. Brustem erscheint im 12. Jahrhundert als eine *villa* der Grafen von Loon[65]. Besitz der Familie in Brustem ist bereits vor 967 bezeugt[66]. Duras war im 11./12. Jahrhundert Sitz einer kleineren Grafschaft[67].
Der Besitz der *curia* und Kirche von Zepperen wurde 1139 dem Stift St. Servatius in Maastricht von Innozenz II. bestätigt[68]. Halmaal[69] mit der Kirche

---

siae quas per abbatiam novas edificavit, seu quas reedificari maxima ex parte iuvit (sc. Abt Adalhard II. 1055–1082, unter dem der Kauf stattfand) genannt, Gesta abb. Trud. ebd. 1107 wurde der Abtei das *altare ... de Stadim* bestätigt, PIOT .1 Nr. 22 S. 31, 1139 erscheint Staaien unter den Pfarreien des Dekanates St. Truiden, ebd. Nr. 38 S. 50. SIMENON, Notes S. 149 ff. hält die Pfarrkirche von Staaien für „très ancienne et pour le moins antérieure au milieu du XIe siècle", CHARLES, Saint-Trond S. 159 Anm. 38 bemerkte bei seiner Untersuchung der Pfarrei St. Marien in St. Truiden: „Les ressorts paroissiaux de Staden et de Melveren étaient évidemment exclus." Mitte des 13. Jh.s ist ein Schöffengericht, das St. Truiden unterstand, in Staaien bezeugt, PIRENNE, Polyptyque S. 6. Als weiterer Grundherr in Staaien läßt sich der Lütticher Bischof nachweisen. 1043 schenkte Bischof Wazo von Lüttich Besitz in Staaien an das Stift St. Bartholomäus, PAQUAY, Saint-Barthélemy Nr. 3 S. 92.

[64] RENN, Grafenhaus S. 120 ff. Friedrich (1046–1065) erhielt von seinem Bruder, Bischof Adalbero von Metz, die Vogtei über St. Truiden zu Lehen, PIOT 1 Nr. 16 S. 22. Durch seine Gattin Gerberga, von der „ein lückenloser Stammbaum" zur gleichnamigen Gemahlin Herzog Giselberts zurückführt, so ROTTHOFF, Reichsgut S. 40, war er in Niederlothringen begütert, so in Sprimont, Genappe (Brabant), WAMPACH, UBQ 1 Nr. 294 S. 436, und Baelen (nö. Lüttich), ROTTHOFF, Reichsgut S. 37 ff. Die Anfänge seines Besitzes in Staaien lassen sich nicht bestimmen.

[65] 1175 verlieh Graf Gerhard von Loon *loco et hominibus ville nostre de Brustemie ... idem ius, eandem legem et eandem libertatem quam cives habent Leodienses*, PIOT 1 Nr. 93 S. 123. 1172 hatte er *allodiumque suum in Brustemio et castrum* Kaiser Friedrich I. zu Lehen aufgetragen, Gesta abb. Trud., cont. sec. III, 25 S. 359.

[66] 967 schenkte Graf Arnulf von Flandern im Auftrag seiner Mutter Berta dem Kloster St. Truiden u. a. *unam decimam apud villam que vocatur Brustemiam*, Gesta abb. Trud. cont. tertia 1, III, 14 S. 379. Nach BAERTEN, Les origines S. 464 ff. ist Arnulf mit dem gleichnamigen Grafen von Valenciennes zu identifizieren, dessen Mutter Berta mütterlicherseits von den Reginaren, väterlicherseits von den Balderichen abstammte und eine Tante des ersten Grafen von Loon, Giselbert, war, ebd. S. 1236. Nach PIOT 1 Nr. 161 S. 197 (1237) und Gesta abb. Trud. cont. tertia 2, II, 6 S. 428 (1347) erstreckte sich die Gemarkung Brustem bis Bautershoven und schloß Brukskens ein. Die 1139 erstmals genannte Pfarrkirche von Brustem, PIOT 1 Nr. 38 S. 49, war im Besitz der Grafen von Loon. Der Anfang des 11. Jh.s im Besitz von St. Truiden bezeugte Zehnt in Brustem ist auf die Schenkung des Arnulf zurückzuführen. Darüber hinaus scheint St. Truiden im 10.–12. Jh. nicht über größere Besitzungen in Brustem verfügt zu haben.

[67] Der Titel eines Grafen von Duras begegnet erstmals Anfang des 12. Jh.s, BAERTEN, Les origines S. 469. Auch der Ortsname ist nicht früher bezeugt, GYSSELING, Woordenboek S. 292. BAERTEN S. 1239 ff. konnte jedoch wahrscheinlich machen, daß Ende des 10. Jh.s Duras Zentrum eines Teils der früheren Grafschaft Avernas wurde, die nach BAERTEN S. 1224 ff. Mitte des 10. Jh.s Rudolf, ein Sohn Reginars II., innehatte.

[68] DOPPLER, Sint Servaas 1 Nr. 41 S. 39 ff. Weder die Urkunden von St. Truiden, noch die Gesta mit ihren reichen besitzgeschichtlichen Nachrichten, noch das ausführliche Polyptychon des Abtes Wilhelm v. Ryckel aus der Mitte des 13. Jh.s enthalten einen Hinweis auf Besitz des Klosters St. Truiden in dem benachbarten Zepperen. Dem dürfte entsprechen, wenn es in einer Urkunde von 1337 heißt, der Offizial von Lüttich sei der Bitte der Einwohner von Zepperen um Ausnahme von dem über die gesamte Grafschaft Loon verhängten Interdikt nachgekommen, da seit altersher die *totalis iurisdictio* und das *dominium* in Zepperen Dekan und Kapitel von St. Servatius zustanden, DOPPLER Nr. 293 S. 183. Nach Angaben des Donat hielt sich der angeb-

St. Peter und mit großer Wahrscheinlichkeit auch Emmeren/Hoepertingen [70]

liche Bischof von Tongern, Remaklus, zeitweise in einer *domus episcopi* in Zepperen auf, vgl. S. 85 mit Anm. 54. Der Bericht ist von der Gestalt des Remaklus her unglaubwürdig. Geht man davon aus, daß Maastricht bis Anfang des 8. Jh.s Sitz der Bischöfe von Tongern war und daß dem Bericht des Donat als historischer Kern die Tatsache kirchlichen Besitzes in Zepperen zugrundeliegen könnte, so ist es eine verlockende Hypothese, den erst im 12. Jh. bezeugten, wohl ausschließlichen Besitz von St. Servatius in Zepperen bereits in das 7./.8. Jh. zurückzuführen, vgl. zur Interpretation dieser Nachricht auch unten S. 322 Anm. 17. Urkunden von 1244 und 1360, DOPPLER Nr. 145 und 357 S. 91 und 229, ist zu entnehmen, daß die mittelalterliche Gemarkungsgrenze von Zepperen nicht wesentlich von der heutigen abwich, und daß die Gemarkungen Zepperen und Hoepertingen aneinander grenzten.

[69] In einer auf den Namen König Theuderichs III. (673–690/91) gefälschten Bestätigung einer angeblichen früheren Schenkung dieses Herrschers an St. Vaast werden u. a. *in pago Hasbanio et Ribuario ... Halmala ... Ambron, Musinium* genannt, VAN DRIVAL, Cartulaire S. 428 = D Mer (Sp.) 76 S. 192. Eine weitere Bestätigung dieser Schenkung wurde auf den Namen Karls d. K. gefälscht, 875 Dezember 25/877 Oktober 6, TESSIER Nr. 502 S. 663, „un faux intégral", ebd. S. 662. Beide Fälschungen sind in Kopien vor 1150 überliefert und nach Tessier kaum wesentlich früher entstanden. Nach den Untersuchungen von RICOUART, Les biens S. 23 ff. und PAQUAY, Amburnia S. 262 ff. sind einige Ortsnamen aufgrund später bezeugten Besitzes von St. Vaast sicher zu identifizieren, darunter *Halmala*. Die Identität von *Musinium* mit Muizen bei St. Truiden, so RICOUART S. 28, PAQUAY S. 262 und TESSIER S. 661 ist sprachlich möglich, vgl. GYSSELING, Woordenboek S. 722, besitzgeschichtlich jedoch nicht abzusichern. In einer Urkunde von 1147/1155 teilte der Abt von St. Vaast mit, daß eine Auseinandersetzung zwischen der St. Vaaster Propstei in Haspres und einem Eustachius v. Halmaal über eine Mühle der Propstei *in curia nostra Halmalensi coram scabinis nostris* beigelegt worden sei, PIOT 1 Nr. 54 S. 74 ff. Den Patronat der 1139 erstmals bezeugten Pfarrkirche von Halmaal (St. Peter), ebd. Nr. 38 S. 50, hatte nach SIMENON, Notes S. 87 die Abtei St. Vaast inne. Aus einer Notiz nach RICOUART S. 26 mitgeteilten frühneuzeitlichen Archivalien geht hervor, daß Halmaal als eine Besitzung aus der Gründungszeit der Abtei galt und daß die Gemarkungen Halmaal und Velm aneinandergrenzten. Neben St. Vaast verfügte die Abtei St. Truiden über eine *curtis* in Halmaal, PIOT 1 Nr. 14 S. 22 (1065) und Nr. 21 S. 28 (1095).

[70] In dem 1041–1043 entstandenen Teil der Gesta episcoporum Cameracensium findet sich unter den Miracula, die einer kurzen Lebensbeschreibung des hl. Vedastus angefügt wurden, die Schilderung eines Wunders *in una quoque aecclesia, quae in episcopio Leodecensi sita, in honore sancti Vedasti colitur,* lib. 1 cap. 11 S. 407. RICOUART, Les biens S. 25 und PAQUAY, Amburnia S. 263 weisen darauf hin, daß als einzige Pfarrkirche in der Diözese Lüttich die Kirche von Hoepertingen das Patrozinium St. Vedastus hatte. Hieraus, der gesicherten Deutung des mit *Ambron* identischen Ortsnamens *Amburnia* auf Emmeren und der Tatsache, daß Emmeren als eine Art Exklave in einem Berlingen unterstehenden Gebiet zur Pfarrei und Gerichtsbarkeit von Hoepertingen gehörte, schloß Paquay auf die Identität des in den beiden Fälschungen genannten *Ambron*, vgl. Anm. 69, mit Emmeren. Der Ortsname Hoepertingen *(Hubertingis)* begegnet erstmals 1139 in der Aufzählung der Pfarreien um St. Truiden, PIOT 1 Nr. 38 S. 49. Der Ort war im 12. Jh. im Besitz der Grafen von Loon, PAQUAY, Amburnia S. 264 Anm. 1. In Emmeren ist Besitz der Abtei St. Truiden nachweisbar, so Mitte 11. Jh. Waldbesitz in Emmerenbos, *in silva nomine Imbrika*, Ex miraculis s. Trudonis auctore Stepelino I, 4 S. 823, Deutung nach GYSSELING, Woordenboek S. 317. Einkünfte u. a. aus *Amburriam id est Embre et Wikelde* nennt ein Zinsregister der Abtei aus dem 12. Jh., STIENNON, Documents, Tafel S. 180, S. 183. Nach Angaben des Polyptychon aus dem 13. Jh., PIRENNE S. 93, hatte St. Truiden in *Emberen* einen *villicus* und *forestarius*; spätere Belege für den Meierhof in Emmeren bringt PAQUAY, Amburnia S. 260 A. 2 u. A. 4. Besitz von St. Vaast ist hingegen weder in Emmeren noch in Hoepertingen bezeugt. Andererseits ist der Wunderbericht in den Gesta epp. Cam. auf die Kirche von Hoepertingen zu beziehen. Das Patrozinium St. Vedastus an der Kirche von Hoepertingen und die Erwähnung dieser Kirche in einer auf der Überlieferung von St. Vaast beruhenden Quelle sind bei dem nach-

waren Außenbesitzungen der Abtei St. Vaast in Arras. Aalst[71], Kerkom[72], Wilderen[73] und Melveren[74] waren Höfe des Klosters St. Truiden.

Die genannten Grundherrschaften umgrenzten ein Gebiet, in dessen Mitte die Abtei St. Truiden mit einer vorgelagerten Siedlung lag[75]. Im 11./12. Jahrhundert entwickelte sich die Siedlung um das Kloster zur Stadt[76]. Stadtherren waren entsprechend der Teilung von Bischofs- und Abtsgut im 11. Jahrhundert der Bischof von Metz (nach 1227 der Lütticher Bischof) und der Abt von St. Truiden[77]. In der zweiten Hälfte des 11. Jahrhunderts wurde die Pfarrkirche St. Marien errichtet[78]. Ihr Sprengel reichte über das ummauerte Stadtgebiet hinaus und umfaßte die umliegenden Dörfer Schurhoven, Baurshoven, Guvelingen, Zerkingen und Bevingen[79], in denen das Kloster über Besitz verfügte[80]. St. Marien war im Besitz der Abtei und wurde dieser 1161

---

weisbaren Besitz der Abtei in dem benachbarten Halmaal am ehesten mit der Annahme von Hoepertingen als einer frühen Besitzung von St. Vaast zu erklären. Übernimmt man die Deutung von *Ambron* mit Emmeren durch PAQUAY und GYSSELING S. 317 und bezieht man den Besitz der Abtei St. Vaast in *Ambron* auf Hoepertingen, so ist mit einer Zurückdrängung des ursprünglich auch das Gebiet von Hoepertingen einschließenden Namens Emmeren auf den späteren Meierhof von St. Truiden bei Bilter zu rechnen. Bei einer solchen Annahme spricht der Name *Ambron* in den Fälschungen von St. Vaast für ein hohes Alter dieses Außenbesitzes.

[71] Der Besitz der *villa* Aalst mit Kirche (St. Gertrud) wurde St. Truiden 1107 von Paschalis II. bestätigt, PIOT 1 Nr. 22 S. 30 ff. Zwischen 1108 und 1136 schenkte Graf Giselbert von Duras der Abtei ein Stück Land in Aalst, Gesta abb. Trud. X, 3 S. 291.

[72] Heusden bei Kerkom erscheint bereits 953/58 im Besitz von St. Truiden, PIOT 1 Nr. 3 S. 6, Identifizierung durch GYSSELING, Woordenboek S. 492 und BAERTEN, Les origines S. 1217. Kerkom wird 1065 unter den dem Konvent zustehenden *curtes* der Abtei genannt, PIOT 1 Nr. 16 S. 22. Der Besitz der *villa* Kerkom wurde 1107 bestätigt, wie Anm. 71. Ende des 13. Jh.s wurde die Frage des Patronates über die Kirche von Kerkom (St. Martin; diese ist erstmals 1139 bezeugt, PIOT 1 Nr. 38 S. 49) geregelt, wobei der Abt von St. Truiden und der Dekan des Lütticher Domkapitels als die *veri patroni ecclesie de Kerkehem* erscheinen, PIOT Nr. 290 S. 358. Mitte des 12. Jh.s stand den Mönchen von St. Truiden zur Kleiderversorgung *In Kircheym dimidium aecclesiae et quae in villa habemus* zu, Gesta abb. Trud. XIII, 7 S. 315. Zu den Angaben von SIMENON, Notes S. 98 über die Anfänge der Pfarrei Kerkom vgl. Anm. 60.

[73] Die *curtis* Wilderen gehörte zu dem 1065 genannten Konventsgut, PIOT 1 Nr. 16 S. 22. Die Pfarrkirche ist 1139 bezeugt, ebd. Nr. 38 S. 50. Sie gehörte zu den größeren Pfarreien um St. Truiden, DE MOREAU, Histoire 3 S. 441.

[74] Die Kirche von Melveren wurde der Abtei 1107, die *villa* 1161 bestätigt, PIOT Nr. 22 S. 31 u. Nr. 74 S. 98. Daß die Kirche bereits in der 2. Hälfte des 11. Jh.s im Besitz von St. Truiden war, geht aus Gesta abb. Trud. IX, 4 S. 282 hervor. SIMENON, Notes S. 113 hält ihre Gründung zu Beginn des 10. Jh.s für wahrscheinlich. Arnulf v. Valenciennes schenkte 967 St. Truiden *silvam unam sitam non longe a villa Merwel*, Gesta abb. Trud. cont. tertia 1, III, 14 S. 379, vgl. zu Melveren auch Anm. 86.

[75] Einen *vicum, qui est ante fores monasterii* erwähnt bereits Donat. cap. 29 S. 296.

[76] CHARLES, Saint-Trond S. 118 ff., S. 142 ff., S. 163 ff.

[77] Ebd. S. 187 ff.

[78] Gesta abb. Trud. I, 12 S. 235; SIMENON, Notes S. 167, CHARLES, Saint-Trond S. 194.

[79] SIMENON, Notes S. 40, 168, 216, 221, 226.

[80] Besitz des Klosters *in vico qui dicitur Scurehove* ist erstmals 1136 genannt, Gesta abb. Trud. IX, 14 S. 285. Der Bericht in den Gesta abb. Trud. cont. tertia 2, cap. 11 S. 400 über den Bau einer Kirche durch Abt Wilhelm 1258 *in suburbio de Schuroven in allodio et districtu*

inkorporiert[81]. In St. Truiden bestanden infolge des Kondominiums zwei Schöffengerichte[82]. Schöffen und Schultheißen entstammten, wie Charles zeigte, ursprünglich der klösterlichen bzw. bischöflichen familia[83]. Die beiden Schöffengerichte fällten ihre Entscheidungen zumeist gemeinsam[84]. Ihr Jurisdiktionsbereich erstreckte sich über das ummauerte Stadtgebiet bis an die Grenzen von Kozen, Zepperen, Brustem, Aalst, Kerkom, Velm, Wilderen, Duras, Halmaal und Gorsem[85] und umfaßte das ursprüngliche Kirchspiel St. Marien. Die Pfarrechte von St. Marien und die Gerichtsbarkeit der Schöffen von St. Truiden in den umliegenden Dörfern spiegeln mit großer Wahrscheinlichkeit Organisationsformen aus der Zeit vor der Entstehung der Stadt wider. Sie erstreckten sich auf ein Gebiet, das von außen durch Grundherrschaften abgegrenzt wurde, die seit der Mitte des 10. Jahrhunderts faßbar sind[86]. Es ist anzunehmen, daß dieses Gebiet einen älteren grundherrschaftlichen Verband wiedergibt, dessen Mittelpunkt Zerkingen, das spätere St. Truiden[87], bildete. Zerkingen mit dem Kloster St. Truiden war wiederum ein Außenbesitz der Bischöfe von Metz.

---

monasterii nostri läßt auf eine Güterteilung zwischen dem Kloster und dem Bischof in Schurhoven schließen. Zur Pfarrei Schurhoven, die sich bis nach Zepperen erstreckte, gehörten nach einem Visitationsbericht von 1712 Bernissem, Bautershoven und Terbiest, SIMENON, Notes S. 221; zu Bautershoven vgl. HANSAY, Étude S. 26, zu Guvelingen SIMENON, L'organisation S. 37. Einkünfte des Abtes aus Zerkingen sind in dem Zinsverzeichnis aus dem 12. Jh. bezeugt, STIENNON, Documents S. 183. In dem Polyptychon des Abtes Wilhelm werden die *nomina scabinorum de Serkingen* genannt, PIRENNE, Polyptyque S. 5. Daß es neben kirchlichem Besitz auch Privatbesitz gab, zeigt eine Schenkung von 1138, PIOT 1 Nr. 37 S. 47. – In Bevingen errichtete Abt Adalhard II. (1055–1082) eine Kirche, Gesta abb. Trud. I, 12 S. 235. In dem Dorf und dem nach Bevingen eingepfarrten Straten, SIMENON, L'organisation S. 273, hatte außer St. Truiden auch das Domkapitel St. Lambert Besitz, BS 1 Nr. 139 S. 204 (1224), der dem Polyptychon von 1280 zufolge von dem Meier von Attenhoven verwaltet wurde, VAN DERVEEGHDE, Le Polyptyque S. 118.

[81] SIMENON, Notes S. 171. [82] CHARLES, Saint-Trond S. 187.
[83] Ebd. S. 366. [84] Ebd. S. 190. [85] Ebd. S. 191.
[86] Lediglich im Norden von St. Truiden weichen Pfarrsprengel und Gerichtsbezirk stärker voneinander ab. Der Jurisdiktionsbereich umfaßte Melveren, das nach Angabe der Urkunden von 1161 und 1107 eine *villa* mit Pfarrkirche war, vgl. Anm. 74. Einkünfte aus Metsteren, zwischen Gorsem und Melveren gelegen und im NW an Duras angrenzend, Gesta abb. Trud. IX, 20 S. 286, werden in dem Zinsverzeichnis aus dem 12. Jh. unter den *Census de oppido sancti Trudonis* angeführt, STIENNON, Documents S. 181. Die nächste größere Grundherrschaft nördlich von Metsteren und Melveren war Nieuwerkerken, 1139 als Sitz einer Pfarrei bezeugt, PIOT 1 Nr. 38 S. 51; 1280 erscheint das Kapitel St. Lambert als Inhaber der hohen und niederen Gerichtsbarkeit, VAN DERVEEGHDE, Le Polyptyque S. 122. Dazwischen ist Besitz von St. Truiden faßbar, so etwa in Nieuwenhoven, SIMENON, L'organisation S. 358. In Kasselaar südlich von Kozen ist unter Bischof Bertram (1179–1212) Besitz der Bischöfe von Metz bezeugt, COENEN, Limburgsche oorkonden 1 Nr. 748 u. 927. Der Frage der nördlichen Gemarkungsgrenze von Zerkingen konnte nicht weiter nachgegangen werden. Die Möglichkeit, daß Melveren früher einmal Teil der *villa* Zerkingen war, ist nicht auszuschließen.

[87] Der Name Zerkingen wurde Anfang des 12. Jh.s durch die Benennung des Ortes nach dem hl. Trudo abgelöst, CHARLES, Saint-Trond S. 106 ff., und bezeichnete seitdem die südliche Vorstadt von St. Truiden.

Für die Zeit nach der Mitte des 10. Jahrhunderts läßt sich somit eine bemerkenswerte Besitzstreuung in der engeren Umgebung von St. Truiden beobachten[88]. Als Inhaber von Grundherrschaften erscheinen neben Vertretern des lokalen Adels und dem Kloster St. Truiden Angehörige des vornehmsten lothringischen Adels sowie das Stift St. Servatius, die Abtei St. Vaast in Arras und die Bischöfe von Metz. Während die Anfänge des Metzer Besitzes an St. Truiden überliefert sind, können über die Entstehung der übrigen Grundherrschaften keine sicheren Angaben gemacht werden. Die Ausbildung neuer Besitzverhältnisse in der Zeit der Normanneneinfälle und der Auseinandersetzungen der Reginare mit den karolingischen und ottonischen Herrschern[89] sowie der starke Landesausbau um St. Truiden[90] gestatten kaum Rückschlüsse auf die Besitzgliederung in karolingischer Zeit. Dennoch zeigen sich gewisse Entsprechungen zu den aus dem Bericht des Donat zu erschließenden Verhältnissen.

Velm und Zepperen galten nach dem Zeugnis der Vita Trudonis im 8. Jahrhundert als Orte, die nicht zu den Besitzungen des Trudo gehörten, von Zerkingen abgegrenzt waren und bereits zu Lebzeiten des Trudo eine Kirche hatten. Velm und Zepperen erscheinen später als Mittelpunkt von Pfarreien und Grundherrschaften, die St. Truiden nicht unterstanden und an das Gebiet der *villa* Zerkingen angrenzten. Man wird für die Abgrenzung der Gemarkung Zerkingen zu Velm und Zepperen ein hohes Alter voraussetzen dürfen. Auch zwischen Zepperen und Hoepertingen/Emmeren ist nach dem Vergleich der Angaben des Donat mit den späteren Verhältnissen[91] eine sehr alte Gemarkungsgrenze anzunehmen. Die Geschichte der übrigen Orte um St. Truiden, die nach der Mitte des 10. Jahrhunderts als Sitz einer Pfarrei und Grundherrschaft begegnen, läßt sich nicht zurückverfolgen[92]. Daß das von ihnen

---

[88] Das untersuchte Gebiet umfaßt etwa 10 × 10 km.

[89] Es sei in diesem Zusammenhang lediglich darauf verwiesen, daß, wie MALCORPS, De eerste abten S. 188 ff., nachweisen konnte, Herzog Giselbert Laienabt auch von St. Truiden war; dazu PIOT Nr. 69 S. 92 (1158): *titulum ingenuitatis sue sub domino Gisleberto tum temporis duce et abbate beato Trudoni tradiderunt.* Vgl. auch PIEYNS-RIGO, Saint-Trond S. 29.

[90] CHARLES, Saint-Trond S. 66 mit Anm. 6. Bemerkenswert ist die Überarbeitung des Berichtes des Theoderich über den Besuch des Trudo in den Kirchen von Zepperen und Velm in der 3. Fortsetzung der Gesta abb. Trud., pars 1, lib. I, 18 S. 368: *Distabat autem uterque a loco Sarcinii propter interpositum ab antiquo tempore nemus spaciosum 3 ferme miliaribus, sed nunc grata campestris planicies dimidio tantum miliario illuc usque perducit.*

[91] Vgl. Anm. 68 und 70. Hält man es für wahrscheinlich, daß der Außenbesitz von St. Vaast in Emmeren in das 7. Jh. zurückging, in eine Zeit also, zu der nach Angaben Donats, vgl. Anm. 94, ein Verwandter des Trudo an diesem Ort begütert war, so wird man für das 7. Jh. auf mehrere Grundbesitzer in diesem Ort schließen können. Inwieweit die Besitzrechte von St. Vaast auf königliche Schenkung zurückzuführen sind, wie es die Fälschungen des 12. Jh.s behaupten, läßt sich wohl erst beurteilen, wenn der gesamte Fälschungskomplex sowohl diplomatisch wie besitzgeschichtlich eingehender untersucht ist; vgl. vorläufig HÖVELMANN, Klosterbesitz S. 28 ff.

[92] Eine Rückführung in das 7. Jh. wäre aufgrund der alten Patrozinien St. Vinzenz und St. Peter am ehesten für die Orte Gorsem und Halmaal denkbar.

umschriebene Gebiet, dessen Pfarrei- und Gerichtsorganisation mit dem Mittelpunkt St. Truiden auf einen älteren grundherrschaftlichen Verband schließen läßt, sich nicht wesentlich von dem Besitz des Trudo *in loco qui vocatur Sarchinnio* unterschied, ist bei dem hohen Alter der Abgrenzung zu Velm und Zepperen wahrscheinlich.

c) Zusammenfassung

In der Vita Trudonis, einem Auftragswerk des Metzer Erzbischofs Angilramn von 784/91, sind Auszüge einer Urkunde erhalten, derzufolge Trudo unter dem Episkopat des Chlodulf (ca. 654/55 bis 670/86) seine Erbgüter in Zerkingen mit einer von ihm daselbst errichteten Kirche der Bischofskirche in Metz übertrug. Die Urkunde ist als echt anzusehen. Ebenso darf eine Reihe weiterer Nachrichten der stark tendenziösen und hagiographisch reich ausgeschmückten Vita als glaubwürdig gelten. Dies gilt insbesondere für die Angaben, Trudo sei in Metz zum Kleriker ausgebildet und zum Priester geweiht worden und habe an der Kirche von Zerkingen eine Gemeinschaft von Geistlichen gegründet und von hier aus Missionsarbeit betrieben. Sehr wahrscheinlich ist auch der Hinweis der Vita auf enge Beziehungen Trudos zu Abt Remaklus von Stablo-Malmedy zutreffend. Offen muß bleiben, inwieweit Trudo das *monasterium* in Zerkingen im Auftrag Chlodulfs von Metz gründete bzw. es zunächst als eine Art Eigenkloster einrichtete und erst später dem Bischof von Metz, der ihm seine geistliche Ausbildung gewährt hatte, übertrug.

Über den Umfang der Schenkgüter Trudos an die Metzer Bischofskirche enthalten die in der Vita überlieferten Auszüge seiner Urkunde lediglich die Mitteilung, Trudo habe seine gesamten elterlichen Erbgüter in dem Ort Zerkingen mitsamt der dortigen Kirche an Metz geschenkt. Es ist denkbar, aber in keiner Weise quellenmäßig abzustützen, daß zur Dotierung der Kirche und der von Trudo eingerichteten Klerikergemeinschaft in Zerkingen noch weitere Besitzungen Trudos im Lütticher Raum gehörten. Als sicher darf jedoch gelten, daß die Kirche bei dem Herrenhof erbaut wurde und daß Trudo somit der größte Grundbesitzer in Zerkingen war. Zur Besitzstruktur im Umkreis von Zerkingen bietet die Vita einige Hinweise, die in Kombination mit der späteren Überlieferung eine annähernde Vorstellung von den Besitzverhältnissen dieses Raums im 7. Jahrhundert zulassen.

Mit großer Wahrscheinlichkeit grenzten bereits in der Mitte des 7. Jahrhunderts die Gemarkungen von Velm, Zerkingen, Zepperen und Emmeren aneinander. Die Orte Velm und Zepperen hatten zur Zeit Trudos bereits eine Kirche. Man wird auch hier jeweils einen dazugehörigen Herrenhof voraussetzen dürfen. Über die Besitzer ist nichts bekannt. Möglicherweise war Zepperen bereits zur Zeit Trudos im Besitz der Maastrichter Kirche St. Servatius[93]. In der *villa* Emmeren war ein Verwandter des Trudo begütert[94]. Ebenfalls im Nordwesten des Haspengaues lagen vermutlich die Besitzungen eines weiteren Verwandten des Trudo, Harifrid, der nach Trudos Tod in die geistliche Gemeinschaft in Zerkingen eintrat und ihr seine gesamten Güter übertrug[95]. Mit Trudo, dem Besitzer im Emmeren und Harifrid werden Angehörige ein und derselben Familie faßbar. Bei dem Besitz des Trudo in Zerkingen handelte es sich um Erbgut. Die Familie war danach zumindest seit der ersten Hälfte des 7. Jahrhunderts, wahrscheinlich aber schon länger in diesem Raum ansässig. Ihre Besitzungen lagen in Gemenge mit den Gütern anderer, uns nicht bekannter Grundherren. In der Umgebung von Zerkingen sind somit Mitte des 7. Jahrhunderts Besitzverhältnisse zu erschließen, wie sie ähnlich Anfang des 8. Jahrhunderts in Toxandrien aufgrund urkundlicher Überlieferung deutlich faßbar sind.

Zur sozialen Stellung Trudos findet sich in der Vita lediglich der allgemeine Hinweis auf seine Abstammung von einer *nobilissima Francorum prosapia*[96]. Der Bau einer Kirche und der Besitz eines Herrenhofes lassen erkennen, daß Trudo der grundherrlich lebenden Schicht angehörte. Seine weitgespannten Beziehungen zur Bischofskirche von Metz und seine Gründung einer geistlichen Gemeinschaft sprechen dafür, daß Trudo in der Tat einer sehr vornehmen Familie entstammte. Seine Verbindungen zu Bischof Chlodulf, dem Sohn Arnulfs von Metz, und die Schenkung von Ländereien und Weihegerät an die Kirche in Zerkingen durch Pippin II. und Plektrud lassen Rückschlüsse auf ein gutes Verhältnis des Trudo und seiner Familie zu den Arnulfingern-Pippiniden zu[97].

---

[93] Vgl. S. 87 Anm. 68.

[94] Cap. 18 S. 289: *cognatus etiam venerabilis patris habitans in villa, quae vocatur Amburnia, dives valde opibus*.

[95] Vgl. oben S. 82 Anm. 48; für die Lokalisierung seiner Güter im Nordwesten des Haspengaues spricht, daß mit Trudo und dem Grundbesitzer in Emmeren in diesem Raum nachweislich zwei seiner Familienangehörigen begütert waren.

[96] Cap. 2 S. 276, vgl. S. 73 mit Anm. 4; ähnlich cap. 4 S. 278. In der Bearbeitung der Vita durch Theoderich (Ende 11. Jh.) lib. 1 cap. 1, SURIUS 6 S. 589, heißt es, in Trudo hätten sich *Francorum principum sanguis et Austrasiorum ducum vena* vereint, ähnlich in dem Brief des Rodulf von 1119–1138, SS 10 S. 324. In der dritten Fortsetzung der Gesta abb. Trud. (Ende 14. Jh.) werden als Vater des Trudo *Wicholdus ... ex recta linea consanguineus* Chilperichs I., und als Mutter *Adela*, eine Blutsverwandte Pippins d. Ä., genannt, I, 1,3 S. 364.

[97] Für eine Verwandtschaft des Trudo mit den Karolingern, wie sie BOES, Saint-Trond S. 20 ff. annahm und COENS, Saint-Trond S. 91 Anm. 2 und CHARLES, Saint-Trond S. 77 Anm. 11 für nicht unwahrscheinlich hielten, gibt es keine Anhaltspunkte.

Crodoald

1878 wurde an der Pfarrkirche von Glons auf einem als Mauerstein verwendeten Block aus Jurakalk eine Inschrift entdeckt, die eine interessante personengeschichtliche Nachricht enthält. Ihr Text lautet nach der Lesung von Monchamp: *FITAERI TEMPORE SE/GOBERTO REGI CRODO/ALDUS FECIT*[1]. Der Schriftcharakter und die Zeitangabe legen eine Datierung in merowingische Zeit nahe[2]. Bei dem genannten König Sigibert handelt es sich mit großer Wahrscheinlichkeit um Sigibert III. (633/34—656)[3].

Bei dem Abbruch der Pfarrkirche um 1900 kamen zwei weitere Steine mit Inschriften[4] und fünf reich skulptierte Bogenfragmente zutage. Sämtliche Fundstücke sind aus Jurakalk[5]. In der Abbruchsmasse fanden sich außerdem noch mehrere unverzierte Steine aus dem gleichen Material[6]. Nach Mon-

---

[1] MONCHAMP, Une inscription S. 646. Der Buchstabe *T* in *FITAERI* wurde nachträglich eingefügt, wobei nicht zu erkennen ist, ob von der gleichen oder einer anderen Hand. Ein Orts- oder Personenname *FITAERI* ist nach den Ausführungen von MONCHAMP S. 648 ff. unwahrscheinlich. Obwohl kein Grund für die nachträgliche Einfügung des *T* ersichtlich ist, wird man mit MONCHAMP S. 650 an *FIAERI* als der ursprünglichen Form festhalten dürfen.

[2] Ebd. S. 647. MONCHAMP stützt sich bei dieser Datierung vor allem auf die Verwendung eines unzialen *G*, für dessen Form er mehrere gesicherte Parallelbeispiele aus dem 7. Jh. erbringen kann.

[3] Da Sigibert II. 613 ermordet wurde, ohne jemals zur Regierung gekommen zu sein, EWIG, Teilungen S. 692, ist zu entscheiden zwischen Sigibert I., König von Reims (561—575), ebd. S. 676 und 681, und dem austrasischen König Sigibert III. (633/34—656). Bei dem Fehlen vergleichbarer Inschriften aus dem 6. Jh. aus dem nordgallischen Raum und der Übereinstimmung mit Schriftformen des 7. Jh. ist der genannte König mit MONCHAMP S. 653 am ehesten mit Sigibert III. zu identifizieren.

[4] Beide Inschriften befinden sich im Gegensatz zu der Inschrift des Crodoald auf gleichmäßig behauenen rechteckigen Mauersteinen. Bei der einen Inschrift handelt es sich um eine Weiheinschrift mit dem Wortlaut + *K OCTOBRIS DEDIKCI / O ISSTA HECCLESIE*. Sie ist in Kapitalbuchstaben gehalten und unterscheidet sich in ihrem Schriftcharakter wesentlich von der Inschrift des Crodoald. MONCHAMP S. 657 hält sie für jünger als diese, aber vor dem 10. Jh. entstanden und datiert sie ohne nähere Begründung in die 1. Hälfte des 8. Jh.s. Die zweite Inschrift lautet: *HIC IACET BERNARDUS/CUMMUNI SORTE SE*. Sie wird von MONCHAMP S. 659 aus paläographischen und stilistischen Gründen in das 11. Jh. datiert.

[5] Sämtliche Stücke werden heute im Musée diocésain de Liège aufbewahrt. Eine petrographische Untersuchung des Gesteins ergab, daß es sich um oolithische Kalkgesteine aus dem Obermaasgebiet, vermutlich aus den Steinbrüchen im Tal der Ornain handelt, vgl. DASNOY, Les sculptures S. 139 und 152.

[6] MONCHAMP, Une inscription S. 660; DASNOY, Les sculptures S. 145. Die um 1900 abgebrochene Pfarrkirche stammte aus dem 16. Jh. Die Inschrift des Crodoald befand sich an dem im 18. Jh. erweiterten Teil der Kirche. Die beiden jüngeren Inschriften waren im aufgehenden Mauerwerk, die Bogenfragmente in den Fundamentmauern verwendet. Über den Vorgängerbau der 1900 abgebrochenen Kirche ist nichts bekannt. MONCHAMP S. 665 weist die Fundstücke aus Jurakalk einer Kapelle des 7. Jh.s zu, neben der im 11. Jh. eine größere Kirche errichtet worden sei. Beide Gebäude seien im 16. Jh. zerstört worden. Die seit langem angekündigten Grabungen, die hier allein Aufschlüsse vermitteln könnten, wurden bislang m. W. noch nicht in Angriff genommen.

champ sind die Bogenfragmente der gleichen Zeit zuzuweisen wie die Inschrift des Crodoald[7]. Die Fundstücke wurden zuletzt von Dasnoy untersucht[8]. Vier der Fragmente gehörten zu einem Bogen von etwa 2,56 m Spannweite. Das fünfte Fragment läßt auf einen zweiten Bogen von geringeren Ausmaßen schließen. Die Innen- und Frontseiten der Bögen waren prunkvoll verziert. In der reichen Ornamentik sind Pflanzen-, Spiralen- und Flechtwerkmotive miteinander verbunden. Die beiden Bögen weichen in ihrer Ausschmückung nur geringfügig voneinander ab und sind derselben Werkstatt zuzuweisen. Sie dürfen als Arbeiten von hoher Qualität gelten[9]. Bei dem Stein mit der Inschrift des Crodoald handelt es sich dem Profil und der Größe nach um einen Kämpfer. In seinen Ausmaßen paßt er zu den Bögen. Er ist aus demselben Material gearbeitet wie diese. Dasnoy weist aufgrund dieser Entsprechungen und der Tatsache, daß sich für die Skulpturornamentik der Bögen zahlreiche Parallelbeispiele aus dem 7. und 8. Jahrhundert erbringen lassen[10], den Kämpfer und die Bogenfragmente dem gleichen Bauwerk zu[11]. Er nimmt an, daß die Werksteine einer Kirche angehörten[12], die unter Sigibert III., spätestens aber in der 2. Hälfte des 7. Jahrhunderts in Glons errichtet wurde[13]. Die Auffindung auch unverzierter Steine aus Jurakalk spricht nach Dasnoy

---

[7] MONCHAMP, Une inscription S. 659 ff.
[8] DASNOY, Les sculptures S. 139 ff.
[9] Ebd. S. 145.
[10] Ebd. S. 146 ff. Für Bögen vergleichbarer Größe und Ausschmückung sind aus dem frühmerowingischen Gallien keine Parallelbeispiele bekannt.
[11] Ebd. S. 150.
[12] Ebd. S. 150. Über die architektonische Funktion der Bögen äußert DASNOY sich nicht. Grabungen dürften wohl auch zu dieser Frage wichtige Aufschlüsse bringen. LECLERCQ, Glons Sp. 1321 vermutet, daß die Bögen zu einem Portal oder Ziborium gehörten. VERBEEK, Frühe Bischofskirchen S. 371 möchte die Bögen einer aus einer Dreierbogengruppe bestehenden Schrankenanlage zuweisen, die quer vor dem Altarraum verlief, ähnlich DOBERER, Steinskulptur S. 204. Bei einer solchen Annahme wäre mit einer Kirche von erheblichen Ausmaßen zu rechnen. Es erscheint nicht als ausgeschlossen, daß es sich bei dem größeren der beiden Bögen um einen Triumphbogen und bei dem kleineren Bogen um einen Portalbogen handelte. Bei dem von DASNOY S. 146 als Parallelbeispiel für die Verwendung größerer skulptierter Bögen angeführten Bogen in der westgotischen Kirche Quintanilla de la Viñas (Burgos) handelt es sich um einen Triumphbogen.
[13] DASNOY, Les sculptures S. 150. Es ist zu fragen, ob die Weiheinschrift, vgl. Anm. 4, auf die älteste Kirche zu beziehen ist und ob sie in diesem Falle erst nachträglich angefertigt wurde. DASNOY S. 151 weist hierzu auf das Beispiel von Germigny-des-Prés hin, wo eine Weiheinschrift gefunden wurde, die jünger als die Kirche war, und mißt der Inschrift für die Datierung des Bauwerkes in Glons keine Bedeutung bei. Er hält es für möglich, daß für die beiden jüngeren Inschriften Bausteine der ältesten Kirche herangezogen wurden. Das Patrozinium gestattet keine sicheren Rückschlüsse auf das Alter der ersten Kirche, zumal es nicht einmal feststeht, welches das ursprüngliche Patrozinium war. Es ist unzutreffend, wenn VERBEEK, Frühe Bischofskirchen S. 370 als Fundort der Baustücke die „alte(n) Eligiuskirche von Glons" nennt. Der Vorgängerbau der 1900 abgebrochenen Kirche hatte nach Zeugnissen aus dem 15. Jh. den hl. Viktor zum Hauptpatron, PONCELET, Saint-Pierre Nr. 434 S. 170 (1422). MONCHAMP, Une inscription S. 664 ff. nimmt an, daß die älteste Kirche dem Eligius und Aegidius geweiht war, Patron der

dafür, daß außer den Bögen und den Kämpfern noch weitere architektonisch hervorgehobene Teile des Baues aus wertvollerem Material gearbeitet waren, während für das Mauerwerk gewöhnlicher Stein verwendet wurde[14].

Die Inschrift des Crodoald ist ihrem Wortlaut nach als eine Stifterinschrift zu betrachten[15]. Mit ihrer Zuweisung zu den Bogenfragmenten[16] ergeben sich Rückschlüsse auf die Person des Crodoald. Die Angaben der Inschrift können sowohl auf die Bogenanlage, der der Kämpfer angehörte, als auch auf die gesamte Kirche bezogen werden. In beiden Fällen ist deutlich, daß es sich bei dem Stifter um einen Angehörigen der sozial gehobenen Schicht handelte. Der Bau einer Steinkirche[17] wie auch die Stiftung einer von hervorragenden Steinmetzen aus importiertem Material angefertigten Bogenanlage setzten erheblichen Reichtum voraus. Weiter wird man schließen können, daß Crodoald dem Raum um Tongern-Maastricht eng verbunden war und daß sich hier vielleicht ein Schwerpunkt seiner Besitzungen und seines Wirkens befand.

Über die Bestimmung der Kirche sind keine sicheren Angaben möglich. Geht man davon aus, daß die Bögen und der Kämpfer nicht von einem Bauwerk an einem anderen Ort stammen[18], sondern zu einer Kirche gehörten, die Mitte

---

Pfarrkirche des 11. Jh.s sei Viktor gewesen. Er weist die Angaben eines Visitationsberichts von 1564: *In eadem ecclesia (sc. de Glons) est altare consecratum in honorem B. M. Virginis et sanctorum Aegidii et Eligii,* zit. ebd. S. 665 Anm. 2, der Kapelle neben dem Bau des 11. Jh.s zu, in der er die älteste Kirche sieht, vgl. Anm. 6.

[14] DASNOY, Les sculptures S. 145 ff.

[15] Hält man mit MONCHAMP, Une inscription S. 650 die auf Inschriften häufiger vorkommende Wendung *FIAERI ... FECIT* für ursprünglich, so ist es äußerst unwahrscheinlich, daß es sich um eine Künstlerinschrift handelt. Als Beispiele für die Anbringung von Stifterinschriften an hervorgehobenen Stellen innerhalb der Kirche sind aus dem Frühmittelalter zu nennen etwa die westgotische Klosterkirche in Quintanilla de las Viñas (Burgos) (Inschrift auf einem der Kämpfer des Triumphbogens: *OC EXIGUUM EXIGUA OFF[ERT] DO[MINA] FRAMMOLA VOTUM D[EO])* und die Kirche S. Vincenzo in Cortona (Inschrift auf dem Rahmen des Eingangsbogens der Schrankenanlage vor dem Altarraum: *[TEM]PORIBUS D[OM]N[O] CARULO IMPERATORI IDO PR[ES]B[ITER] FIERI FECI PRO AMORE D[E]I ET S[AN]C-[TI] (?) V[INCENTII]),* nach PIDAL, Historia 3 S. 748 und DOBERER, Steinskulptur S. 206.

[16] Die Datierung der Fragmente durch DASNOY fand weitgehende Zustimmung, vgl. FAIDER-FEYTMANS, La Belgique S. 108, VERBEEK, Frühe Bischofskirchen S. 370 und JORIS, Du Ve au milieu du VIIIe siècle S. 39. Zur gleichen Datierung gelangt, wenngleich ohne eingehendere Untersuchung, FRESON, Histoire de Glons S. 60 ff.

[17] Daß die Fundstücke aus Glons der Innenausstattung einer Holzkirche angehörten, ist äußerst unwahrscheinlich. Steinkirchen auf dem offenen Lande im mittleren Maasgebiet dürfen im frühen Mittelalter als Seltenheit gelten.

[18] Erstmals vertrat KURTH, Notger 1 S. 301 Anm. 1 die Ansicht, die Fundstücke aus Glons stammten von einer älteren Kirche in Maastricht oder Tongern und seien im 11. Jh. zum Bau der Pfarrkirche nach Glons gebracht worden. Die Forschung schloß sich großenteils dieser Ansicht an, vgl. etwa PAQUAY, Les origines S. 99 ff., ROUSSEAU, La Meuse S. 180 Anm. 3, FAIDER-FEYTMANS, La Belgique S. 108, DOBERER, Steinskulptur S. 204 und mit Vorbehalten auch VERBEEK, Frühe Bischofskirchen S. 370 ff. und MUNSTERS, Middeleeuwse Kerk S. 430 ff. Dabei wird als Bauwerk, dem die Fundstücke ursprünglich angehört hätten, St. Marien in Maastricht angegeben. Der an sich bereits nicht schlüssigen These dürfte in erster Linie die etwa von PAQUAY S. 99 Anm. 1 geäußerte Vorstellung zugrundeliegen, daß es „n'est en effet pas admissible, qu'à

des 7. Jahrhunderts in Glons errichtet wurde, so ist am wahrscheinlichsten, daß es sich dabei um eine Eigenkirche, vielleicht sogar um die Grablege einer vornehmen Familie handelte. Bei einer solchen Annahme wird mit Glons eine bevorzugte Besitzung der gewiß auch sonst im mittleren Maasgebiet reich begüterten Familie des Crodoald faßbar. Es ist anzunehmen, daß der größte Teil des Ortes im Besitz dieser Familie war und daß auch Crodoald hier über Güter verfügte. Weitere Rückschlüsse auf die Person des Crodoald sind, auch wenn man in ihm den Erbauer der Kirche sieht, nicht möglich. Der Personenname [19] und die Angaben über die soziale Stellung und den Besitz im Lütticher Raum reichen für eine nähere genealogische Einordnung des Crodoald nicht aus.

Auch die spätere Überlieferung zur Ortsgeschichte kann kaum weitere Aufschlüsse vermitteln. Die nächsten Nachrichten über Glons stammen erst aus dem 10./11. Jahrhundert [20]. Schenkungen der Bischöfe Everachus (959–971) [21]

---

une époque aussi reculée un monument de cette importance ait été dans une communauté rurale". KALF, De monumenten S. 470 ff. hält nach ausführlicher Diskussion diese Grundlage für „volkomen wankel" und betrachtet die Herkunft der Stücke aus St. Marien als „niet meer dan een volkomen onbewezen mogelijkheid". Die Zuweisung auf St. Marien beruht auf der Tatsache, daß der Weihetag dieser Kirche der 30. September war (Weihestein von Glons: 1. Oktober; im im 17. Jh. wurde das Kirchweihfest in Glons am 11. Oktober begangen, MONCHAMP, Une inscription S. 658), sowie auf der Annahme, daß St. Marien über den Patronat der Kirche von Glons verfügt habe. Die im 12. Jh. einsetzenden Zeugnisse über den Besitz von St. Marien in Glons enthalten jedoch keinerlei Hinweise auf Rechte des Maastrichter Stifts an der Kirche von Glons, vgl. Anm. 21. Entsprechende Fundstücke aus Maastricht oder Tongern fehlen. Da es keinerlei Anhaltspunkte dafür gibt, die Herkunft der Stücke von auswärts anzunehmen, hat die ohnehin näherliegende Annahme, daß das Abbruchmaterial von einem Vorgängerbau am gleichen Ort stammte, die weitaus größte Wahrscheinlichkeit für sich.

[19] Die wenigen Belege für den Namen Chrodoald aus dem 7. Jh. lassen keinerlei Rückschlüsse zu. Der unter Theuderich II. (587–613) in Burgund bezeugte *Chrodoaldus ... qui amitam Theudeberti regis in coniugium habebat*, Vita Columbani I, 22 S. 95 und der *quidam ex procerebus de gente nobile Ayglolfingam nomen Chrodoaldus*, Fredegar IV, 52 S. 146 – beide werden von EWIG, Teilreiche S. 118 A. 132 für identisch gehalten – gehörten dem vornehmsten Adel an. Münzmeister dieses Namens begegnen in allen Teilreichen, DE BELFORT, Description générale 5 S. 55 u. 69. Ein *Frodoaldus* unterzeichnete 663 eine Urkunde des neustrischen Großen Sichelmus, PARDESSUS 2 Nr. 348 S. 131. In Zeugenreihen Weißenburger Urkunden von 661, 693 (?), 695 und 724 werden Zeugen mit dem Namen *Chrodoaldus* bzw. *Rodoaldus* und *Chodoaldus* (wohl als *Chrodoaldus* zu deuten) genannt, ZEUSS, Trad. Wiz. Nr. 203, 38, 43 (wohl identisch mit dem in Nr. 38 genannten Zeugen) und Nr. 262 S. 194, 40, 45 und 252. Die erstmals im 13. Jh. faßbare Tradition über einen Wormser Bischof Chrodoald aus dem 7. Jh. wird von BÜTTNER, Bistum Worms S. 13 für glaubwürdig gehalten. Im mittleren Maasgebiet läßt sich ein *Chrodoaldus* unter den Zeugen der Schenkung von Susteren durch Pippin II. und Plektrud an Willibrord 714 nachweisen, D Arnulf 6 S. 96 = WAMPACH, Echternach 1, 2 Nr. 24 S. 60.

[20] Einen kurzen Überblick über die Ortsgeschichte geben DE RYCKEL, Les communes S. 230 ff. und SWINNEN, Toponymie S. 10 ff.

[21] In dem Totenbuch des Maastrichter Stifts St. Marien aus dem 13. Jh. ist zum 28. Oktober vermerkt: *Euerardi episcopi qui dedit Gladonam*, FRANQUINET, O. L. Vrouwekerk 2 S. 177. Besitz des Stifts in Glons ist 1148 *(dato allodio quod apud Gladonam habuerat ecclesia)*, 1187 *(Quicquid habetis in Gladona tam in molendino quam aliis possessionibus)* und 1225 *(curtim*

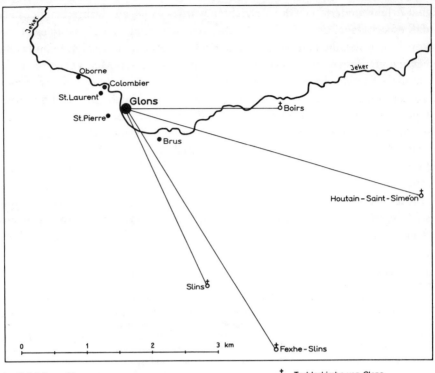

Karte 3: Glons und Umgebung

und Reginar (1025–1037)[22] sowie im 13. Jahrhundert bezeugte Besitzungen des Kapitels St. Lambert[23] lassen erkennen, daß die Lütticher Kirche über um-

---

quondam dominicatam que wlgo zel dicitur ... ad villam que gladona dicitur in qua sita est curtis memorata) bezeugt, FRANQUINET, O. L. Vrouwekerk 1 Nr. 3, 4 und 8, S. 6, 10 und 17. SWINNEN, Toponymie geht auf den Flurnamen *zel* nicht ein.

[22] Reginar übertrug 1034 der Abtei St. Laurent u. a. *Gladons, XIIII mansos, cum quarta parte ecclesie et aliis appenditiis suis,* BONENFANT, Les Chartes de Réginard Nr. 2 S. 339. Diese Schenkung bildete die Grundlage einer größeren klösterlichen Grundherrschaft zwischen den Weilern Oborne, St. Pierre und Glons, vgl. LESIRE, La ferme abbatiale S. 163 ff.

[23] Oborne und Boirs werden in einer Urkunde von 1254 unter den Besitzungen des Kapitels St. Lambert genannt, BS 2 Nr. 532 S. 69. Zur ursprünglichen Zugehörigkeit von Boirs zur Gemarkung Glons vgl. Anm. 25. Oborne, 1280 als *iuxta Glons* gelegen bezeichnet, VAN DERVEEGHDE, Le polyptyque S. 39, war nach DE RYCKEL, Les communes S. 231 ein Ortsteil von Glons. 1260 erscheint eine Mühle in dem zwischen Glons und Boirs am Jeker gelegenen Ortsteil Brus im Besitz des Kapitels, BS 2 Nr. 572 S. 122. Weitere Besitzungen des Kapitels in Brus, Oborne und Boirs werden in dem Güterverzeichnis von 1280 beschrieben, wobei Brus und Boirs teilweise unter Slins (Fexhe-Slins) aufgeführt werden, VAN DERVEEGHDE, Le polyptyque S. 37 (Brus), 39–41 (Oborne), 41 ff. (Brus, Boirs). Die umfangreichsten Güter werden in Oborne genannt.

fangreichen Besitz in Glons verfügte. Die Pfarrkirche scheint allerdings nicht dazu gehört zu haben. Patronat und Zehnt befanden sich im 12. und 13. Jahrhundert zum größten Teil in der Hand lokaler Familien[24]. Daneben hatten nach Zeugnissen aus dem 11. und 12. Jahrhundert die Grafen von Namur[25] und die Familie von Valkenburg[26] geringen Allodialbesitz in Glons[27]. Als geistliche Grundherren in Glons begegnen im 13. und 14. Jahrhundert noch die Lütticher Stifter St. Jean[28], St. Pierre[29] und St. Denis[30]. Reichsgut ist in Glons nicht nachweisbar. Man wird von einer vergleichsweisen starken Besitzaufsplitterung in Glons sprechen dürfen. Ihre Anfänge lassen sich nicht näher bestimmen. Die Zugehörigkeit der Grundherrschaften in Boirs, Oborne, Colombier und Brus zu Glons[31] läßt auf eine größere, bereits für das

---

[24] Dies geht aus Urkunden von 1187, 1212 und 1222 hervor, YANS, Saint-Laurent Nr. 27 S. 85 ff., PONCELET, Hugues de Pierrepont Nr. 105 und 202 S. 109 und 198. Es ist zu vermuten, daß das Viertel der Kirche, das 1034 im Besitz der Lütticher Kirche erscheint, aus privater Hand, vielleicht durch Schenkung, an das Bistum gelangte, und daß dieses zuvor überhaupt keine Besitzanteile an der Kirche zu Glons hatte.

[25] Nach Angaben der kurz nach 1064 entstandenen Fundatio s. Albani S. 963 schenkte Graf Albert II. von Namur dem Stift St. Aubain in Namur *Glonus super Iayram fluvium situm*, welches das Stift in Tausch an St. Jacques in Lüttich gab. In der auf diesen Tausch Bezug nehmenden Urkunde des Abtes Stephan von St. Jacques ist statt Glons von einer *ville que dicitur Builes* die Rede, NIERMEYER, Onderzoekingen, Bijlage 1 S. 202. STIENNON, Étude S. 253 ff. identifiziert *Builes* mit der im 13. bis 16. Jh. unter dem Namen *vigne Builhet* bezeugten Flur *elle Vignette* bei Boirs und hält es aufgrund des Beleges in der Fundatio s. Albani und der Pfarrbeziehung für wahrscheinlich, „que le domaine de Glons, au XIe siècle, ait englobé Boirs".

[26] Anfang des 12. Jh.s übertrug ein *Tiebaldus miles* dem Kloster St. Jacques *tria predia, scilicet Columbire, Bilesten et Struona*, v. WINTERFELD, Eine Originalurkunde S. 229. STIENNON, Étude S. 315 ff. identifiziert *Columbire* mit Colombier, einem Flur bei dem Ortsteil St. Laurent.

[27] Auch in jenem Bernhard, der sich im 11. Jh. in der Pfarrkirche von Glons bestatten ließ, vgl. Anm. 4, wird man einen Grundbesitzer in Glons sehen dürfen. Jüngere Zeugnisse für Allodialbesitz in Glons sind etwa die Erwähnung eines *Egidius de Glaons* unter den Mitbesitzern des Zehnten der Kirche von Glons (1222), PONCELET, Hugues de Pierrepont Nr. 202 S. 198, und die Schenkung von Allodialgut in Glons durch die Söhne eines *Philippon con appele Moiesseamore de Glons* 1260 an St. Barthélemy, PAQUAY, Saint-Barthélemy Nr. 50 S. 118.

[28] LAHAYE, Fragments d'un polyptique S. 212 (Glons), 211, 219, 237, 238, 287–289 (Boirs); in Boirs hatte das Stift eine Villikation mit eigenem Schöffengericht, ebd. S. 287.

[29] Eine Urkunde von 1366 und eine verlorene *Littera iusticie Sancti Petri in Glons* lassen auf eine Grundherrschaft von St. Pierre in Glons schließen, auf die der heutige an Oborne und St. Laurent angrenzende Ortsteil St. Pierre zurückgehen dürfte, PONCELET, Saint-Pierre Nr. 213 und 549 S. 74 ff. und S. 219. Bereits in einem Testament von 1305 ist die Rede von einem Stück Land *iacentis inter Glons et Slins solventis in curia sancti Petri duos denarios et obolum*, PAQUAY, Tongres Nr. 139 S. 22, ähnlich ebd. S. 25.

[30] So nach dem Polyptychon von St. Denis von 1324, zitiert bei DELATTE, La Hesbaye liégeoise S. 297.

[31] Vgl. Anm. 23 und 26. Die wenigen Nachrichten deuten darauf hin, daß die Zugehörigkeit zu Glons in der gemeinsamen Dorfgemarkung und den Pfarrbeziehungen zur Kirche in Glons bestand. Glons erscheint im Hoch- und Spätmittelalter nicht als Zentrum einer größeren Grundherrschaft, sondern war in die Ortsteile *Gluns saint Piere et de Gluns saint Laurent*, BS III Nr. 620 S. 340 (1330), vgl. auch Anm. 22 und 29, aufgeteilt. Dem entspricht die Bemerkung in einem frühneuzeitlichen Visitationsbericht: *Nullus est pagus* (= Dorf) *qui vocatur Glons, sed sola ecclesia parochialis habet illud nomen*, SIMENON, Visitationes 1 S. 257.

Frühmittelalter anzunehmende Dorfgemarkung schließen. Glons war Mittelpunkt einer Urpfarrei, die außer den in der Gemarkung gelegenen Wohnplätzen die Dörfer Fexhe, Slins und Houtain-Saint-Siméon umfaßte[32]. Da die Pfarrkirche, deren ursprüngliches Patrozinium nicht mehr sicher zu ermitteln ist[33], mit großer Wahrscheinlichkeit auf eine weltliche Eigenkirche des 7. Jahrhunderts zurückgeht, wird man die Pfarrbeziehung dieser Dörfer mit ihrer ursprünglichen Zugehörigkeit zu dem Hof in Glons erklären dürfen[34].

Zusammenfassend ist festzustellen, daß die Inschrift von Glons bei einer Übernahme der Ergebnisse von Dasnoy Rückschlüsse auf eine weitere Persönlichkeit aus der Mitte des 7. Jahrhunderts im Lütticher Raum ermöglicht. Crodoald gehörte einer vornehmen Familie mit engen Beziehungen zum mittleren Maasgebiet an und war in Glons begütert. Es ist zu vermuten, daß es sich dabei um umfangreiche Besitzungen handelte.

Gundoin

Aus einer Urkunde Childerichs II. von 669/70 für Stablo-Malmedy, die an den *dux* Gundoin und den *domesticus* Hodo gerichtet ist[1], ist zu erschließen, daß Gundoin unter Childerich II. eine der führenden Persönlichkeiten in den nördlichen Ardennen war. Hierauf und auf die Frage seines Verhältnisses zu den Karolingern ist im folgenden näher einzugehen.

Die Urkunde wurde am 6. September 669/70 im Beisein der Königinnen Chimnechild und Bilichild in Maastricht ausgestellt. Auf Bitten des Abtes Remaklus bestätigte Childerich II. den Klöstern Stablo und Malmedy die Forstschenkung Sigiberts III. und verlieh ihnen die Immunität. Zugleich be-

---

[32] In einer Urkunde von 1222 heißt es: *totam decimam magnam et minutam de Glaons cum appendiciis videlicet Fehe et Sclins*, PONCELET, Hugues de Pierrepont Nr. 202 S. 198. Zur Zugehörigkeit von Houtain-Saint-Siméon zur Pfarrei Glons vgl. SIMENON, Visitationes 1 S. 257 und DE RYCKEL, Les communes S. 308.

[33] Vgl. Anm. 13.

[34] Die Überlieferung zu diesen Orten setzt erst im 12./13. Jh. ein. Das 1034 in der Schenkungsurkunde des Reginar für St. Laurent genannte *Holtaim*, für das BONENFANT, Les Chartes de Réginard S. 342 Anm. 6 Houtain-Saint-Siméon vorschlägt, wird von GYSSELING, Woordenboek S. 516 und HERBILLON, Toponymes hesbignons (Hi- à Hy-) S. 66 mit Houtain-l'Évêque identifiziert. Houtain-Saint-Siméon begegnet danach erstmals in einer Urkunde von 1118 für Flône *(Holtheim)*, EVRARD, Flône Nr. 5 S. 289; die Anfänge des Besitzes von Flône in Holtheim sind nicht bekannt. Im 14. Jh. war Holtheim eine größere Allodialherrschaft, DE RYCKEL, Les communes S. 309. In Fexhe-Slins war nach DE RYCKEL S. 190 das Kapitel St. Lambert der größte Grundherr.

[1] D Mer 29 S. 28 = HR 1 Nr. 6 S. 20: *Childericus rex Francorum, Emnehildis et Bilihildis gratia Dei reginae, viris illustribus Gundoino duce et Hodone domestico*. Datierung nach KRUSCH, SS rer. Mer. 6 S. 355 Anm. 2.

auftragte er den Maastrichter Bischof Theodard und den *domesticus* Hodo, zusammen mit den königlichen *forestarii* eine Neuabgrenzung der von Sigibert III. geschenkten *forestis* um Stablo-Malmedy vorzunehmen². Die Schenkung sollte dabei im Süden der beiden Klöster um die Hälfte zugunsten der benachbarten Königshöfe Amblève, Cherain und Lierneux verkleinert werden³. Hodo war somit der für diese Königshöfe und die Forstbeamten zuständige königliche Beamte⁴. Seine Anrede in der Adresse ist mit dem in der Dispositio enthaltenen Auftrag zu erklären⁵. Der vor Hodo genannte *Gundoinus dux* wird im Kontext nicht mehr erwähnt⁶. Seine Nennung läßt darauf schließen, daß er als der dem Domesticus übergeordnete Amtsträger die Oberaufsicht über die Durchführung und Einhaltung der Bestimmungen des Königs hatte⁷. Das Gebiet um Amblève, Cherain und Lierneux gehörte danach zum Dukat des Gundoin. Genauere Angaben über den Umfang und die Lage seines Amtssprengels sind nicht möglich⁸. Es ist jedoch anzunehmen, daß er sich eher in

---

² Ebd.: *Unde iussimus pro hac re domno et patri nostro Theodardo episcopo vel inlustri viro Hodoni domestico cum forestariis nostris ipsa loca mensurare et designare per loca denominata* ... (es folgt die Grenzbeschreibung).

³ Wie die ausführliche Grenzbeschreibung zeigt, vgl. dazu unten Anm. 25, war die Abgrenzung, als die Urkunde ausgestellt wurde, bereits durchgeführt.

⁴ Zur Interpretation dieser Stelle vgl. CARLOT, Étude S. 14 und KASPERS, Comitatus nemoris S. 32.

⁵ Vgl. CLASSEN, Kaiserreskript S. 62 ff.

⁶ Neben den Unterschriften des Childerich, der für ihn die Regentschaft führenden Chimnechild und seiner Gattin Bilihild findet sich im Eschatokoll der Urkunde auch das *Signum Gundoini ducis*. Da Zeugenunterschriften in merowingischen Königsurkunden sonst nicht bezeugt sind (eine Ausnahme bildet die im Original erhaltene Urkunde Chlodwigs II. für St. Denis von 654, D Mer 19 S. 20f. = LAUER/SAMARAN Nr. 6 S. 6f.) und die Urkunde nur kopial überliefert ist, gilt die Unterschrift des Gundoin nicht als ursprünglich, vgl. LEVISON, Merowingerdiplome S. 756 Anm. 3: „ist mit einer Hs. die Unterschrift des Herzogs Gundoin zu tilgen". Dies müßte dann allerdings auch für den ebenfalls in der Hs-Gruppe B (13. Jh.) fehlenden weiteren, unverdächtigen Teil des Eschatokolls gelten. BRESSLAU, Handbuch der Urkundenlehre 2, 1 S. 202 Anm. 1 vermutete, daß die Namen aus der Intitulatio und der Adresse in das Eschatokoll interpoliert wurden. Dafür spricht der Textvergleich. Der Namenreihe *Childericus rex Francorum, Emnehildis et Bilihildis, gratia Dei reginae, viris illustribus Gundoino duce et Hodone domestico* in Intitulatio und Adresse steht in der Signumzeile gegenüber: *Signum gloriosi domni Childerici regis* (+). *Signum Emnehildis regine* (+). *Signum Bilihildis gratia Dei reginae* (+). *Signum Gundoini ducis.* Dabei bleibt jedoch offen, weshalb nicht auch der Name des Hodo unter den Unterschriften erscheint. EBLING, Prosopographie S. 167 zählt auch die zweite Erwähnung Gundoins zum ursprünglichen Bestand der Urkunde.

⁷ Vgl. CLASSEN, Kaiserreskript S. 62 ff. U. a. aufgrund der Tatsache, daß eine Schenkungsurkunde Dagoberts I. von 632 für St. Denis an die *viris inlustrebus Vuandelberto duci, Gaganrico domestico et omnibus agentibus* adressiert war, vermutet CLAUDE, Comitat S. 51 mit Anm. 251, daß die *duces* eine gewisse Verfügungsgewalt und Oberaufsicht über das in ihrem Dukat gelegene Königsgut hatten.

⁸ Außer Gundoin ist in den nördlichen Ardennen und im mittleren Maasgebiet im 7. und 8. Jh. als *dux* nur noch ein *Aericus* bezeugt. Er wird 692 in einer Bestätigungsurkunde Chlodwigs III. für Stablo-Malmedy in der Adresse vor einem *Charievius comes* genannt, D Mer 62 S. 55 = HR 1 Nr. 12 S. 36–38. Die Urkunde ist in Namur ausgestellt. Der bestätigte Tausch be-

das mittlere Maasgebiet als über die Ardennen hinweg in den Trierer Raum erstreckte. Die Königshöfe lagen im nördlichen Teil der Ardennen. Der Bischof von Maastricht beteiligte sich als kirchlicher Vertreter an der Festlegung der neuen Grenze.

Als *dux* ist Gundoin als Angehöriger der vornehmsten austrasischen Führungsschicht gekennzeichnet. Er wird von einem Großteil der Forschung in verwandtschaftliche Verbindung mit einer „Wolfoald-Gundoin-Familie" gebracht[9]. Er gilt dabei zumeist als Schwiegersohn des austrasischen *dux* und zeitweiligen Hausmeiers im Gesamtreich Wulfoald (662–679/80)[10]. Neben Gundoin und Wulfoald werden diesem Verwandtschaftskreis auch die Gründer von St. Mihiel[11] und die Weißenburger Stifterfamilie des Ermbert und

traf Güter im Condrozgau südöstlich von Namur. Dies läßt Rückschlüsse auf die Lage der Amtssprengel des Aericus und Charievus zu. Es ist nicht unwahrscheinlich, daß Aericus ein Nachfolger des Gundoin war. Über die Verwaltungsgliederung der nördlichen Ardennen und des mittleren Maasgebietes im 7. Jh. ist außer diesen urkundlichen Nachrichten, die auf eine Gliederung in Dukate schließen lassen, und dem unsicheren Beleg für einen *ducatus Hasbaniensis* in der Vita Bavonis, vgl. dazu oben S. 63 Anm. 24 so gut wie nichts bekannt. EWIG, Volkstum S. 604 ff. nimmt in der „fränkischen Nordzone" eine Reihe von „Volksländern, die als Dukate organisiert waren", an, darunter den Dukat Ribuarien, den Dukat Hasbanien und den Pagus Mosariorum, vgl. dazu unten S. 246. Bei dem erstmals 767/68 bezeugten *pago Ardinense*, WAMPACH, Echternach 1,2 Nr. 49 S. 115, handelt es sich wohl eher um eine Landschaftsbezeichnung, die keine Rückschlüsse auf einen älteren Verwaltungsbezirk zuläßt. EWIG, Les Ardennes S. 16 vermutet in dem Ardennengau eine Neuschöpfung der Karolinger im 8. Jh. Wenig für die Lage des Amtssprengels Gundoins dürfte auch besagen, daß die Urkunde von 669/70 in Maastricht ausgestellt wurde.

[9] So etwa EWIG, Trier S. 137 Anm. 152, LANGENBECK, Probleme S. 28 ff. (hier auch die Bezeichnung „Wolfoald-Gundoin-Familie"), EBLING, Prosopographie S. 167 f. und 241 ff.; vgl. auch HEIDRICH, Titulatur S. 217 mit Anm. 689, MAYR, Studien S. 102 ff. und STAAB, Gesellschaft S. 300 f.

[10] Vgl. hierzu insbesondere LANGENBECK, Probleme S. 29 (Stemma) und EBLING, Prosopographie S. 168. Diese genealogische Einordnung geht von den Verwandtschaftsangaben in den Urkunden einer Wolfgunda und ihrer Söhne Ermbert und Otto aus, die 699 und 695/711 umfangreichen Besitz im Saar-, Seille- und Moselgau an Weißenburg schenkten, ZEUSS, Trad. Wiz. Nr. 205 und 228 S. 196 f. und 218 f. Ihnen zufolge war Wolfgunda die Tochter eines vor 695/711 gestorbenen *Uolfoaldo* und hatte einen Gemahl *Gunduuino*, der seinerseits bereits vor 699 verstorben war. Wolfoald wird mit dem gleichnamigen, 679/80 verstorbenen *dux* und Hausmeier gleichgesetzt, während sein Schwiegersohn Gundoin mit dem 669/70 bezeugten *dux* dieses Namens identifiziert wird. Zur politischen Stellung des *dux* Wulfoald vgl. unten S. 255 mit Anm. 92.

[11] Es handelt sich um den 708 für St. Mihiel urkundenden *Volfaudus, filius Gislaramni quondam* mit seiner Gemahlin *Adalsinda, filia Alberti quondam*, der 708 als *comes* bezeugt ist, LESORT, Saint-Mihiel Nr. 1 und 2 S. 40 und 51; zur Echtheit beider Urkunden vgl. HEIDRICH, Titulatur S. 213 ff. Seine Zuweisung zu der Weißenburger Stifterfamilie des Ermbert und Otto und damit auch zum Hausmeier Wulfoald, vgl. Anm. 10, beruht im wesentlichen auf seiner Namensgleichheit mit Ermberts und Ottos Vater Wolfoald sowie auf der Tatsache, daß er und sein Schwiegervater Albert Besitz im Gau Verdun von einem *Gondouuino* gekauft hatten und daß ein *Gundoeno* die Ausstattungsurkunde Wulfoalds für St. Mihiel als Zeuge mitunterzeichnete, LESORT S. 43 und S. 49 mit Anm. aa. Ausgehend von der Tatsache, daß Wulfoalds Gattin Adalsind die Tochter eines Albert war (der Name Adalbert war bei den Etichonen gebräuchlich), und gestützt auf die sehr wahrscheinliche Annahme, daß jener *Uuolfoaldus comes*, der 728 das

Otto¹² zugewiesen. Letztere waren vor allem im Saar-, Seille- und Moselgau begütert; die Besitzungen des *comes* Wulfoald, der 708 zusammen mit seiner Gemahlin Adalsind das von ihm gegründete Kloster St. Mihiel reich dotierte, lagen überwiegend im Verduner Raum. Es ergibt sich somit das Bild einer einflußreichen, südlich von Verdun und Metz sowie im Saar- und Seillegau begüterten Familie, die von der Forschung aufgrund der Stellung des *dux* Wulfoald und wohl auch der Feindschaft zwischen einem Nachfahren des *comes* Wulfoald und Pippin III.¹³ zu der „Gegenpartei der Arnulfinger-Pippiniden" gezählt wird¹⁴.

Auch unabhängig von der Frage verwandtschaftlicher Beziehungen zu dem *dux* Wulfoald lassen sich einige Indizien dafür erbringen, daß Gundoin, der unter Wulfoald tätig war, zu den Gegnern der frühen Karolinger gehörte. Um so aufschlußreicher wäre es, wenn die mehrfach angenommenen Verwandtschaftsverbindungen in dieser Form bestätigt werden könnten. Hierfür reicht die schmale Quellengrundlage allerdings nicht aus. Weder für Wulfoald noch für Gundoin liegen Nachrichten über Familienangehörige oder auch besitzgeschichtliche Zeugnisse vor¹⁵. Ansatzpunkte für sichere personengeschichtliche Aussagen sind somit nicht gegeben. Die Personennamen, die hohe soziale Stellung und die gemeinsame Gegnerschaft zu den Arnulfingern-Pippiniden

---

Privileg Bischofs Widegern von Straßburg für das Kloster Murbach mitunterzeichnete, BRUCKNER, Regesta Alsatiae Nr. 113 S. 56, mit dem Gründer von St. Mihiel identisch war, wurden mehrfach Beziehungen dieser Familie auch zu den elsässischen Etichonen erschlossen, vgl. LANGENBECK, Probleme S. 29 und EBLING, Prosopographie S. 244 f.

¹² Vgl. Anm. 10. Der Personenname Otto wiederum bildet im Zusammenhang mit der genealogischen Verknüpfung mit dem *dux* Wulfoald als einem nachweislichen Gegner der Arnulfinger-Pippiniden den wesentlichen Ausgangspunkt für die mehrfach vertretene Annahme, daß auch jener Otto ... *filius Uronis domestici*, der nach Fredegar IV, 86 S. 164 in den Jahren 640–643 die Arnulfinger-Pippiniden vom Metzer Königshof verdrängen konnte, diesem Verwandtschaftskreis angehört habe, vgl. etwa EWIG, Teilreiche S. 113 mit Anm. 116, LANGENBECK, Probleme S. 30 und STAAB, Gesellschaft S. 300.

¹³ Vgl. hierzu ausführlich HEIDRICH, Titulatur S. 217. Ein weiterer Anhaltspunkt für die Zuweisung der Familie zur Adelsopposition gegen die frühen Karolinger wurde auch darin gesehen, daß die Annales Mettenses als Gegner Pippins II. einen *Gundewinus* nennen, vgl. unten S. 108 mit Anm. 31, der gleichfalls als Angehöriger der „Gundoin-Familie" gilt, so etwa EWIG, Teilreiche S. 113 Anm. 116 und LANGENBECK, Probleme S. 30.

¹⁴ So STAAB, Gesellschaft S. 300; ähnlich EWIG, Trier S. 137 Anm. 152 und EBLING, Prosopographie S. 65, 168 und 242.

¹⁵ Hält man Gundoin für einen in den nördlichen Ardennen und im mittleren Maasgebiet tätigen *dux*, so ist für ihn austrasische Herkunft wahrscheinlich. Zu Wulfoald heißt es, daß nach dem Sturz Grimoalds die Neustrier König Childebert II. *in Auster una cum Vulfoaldo duce regnum suscipere dirigunt*, LHF cap. 45 S. 317. Ebd. cap. 46 S. 319 f. wird mitgeteilt, *decedente Vulfoaldo de Auster* hätten Martin und Pippin II. *in Austria* die Herrschaft übernommen. In den Worten *de Auster* wird man kaum mit EBLING, Prosopographie S. 241 einen Beleg für „die austrasische Herkunft Wulfoalds" sehen können. Der Kontext zeigt vielmehr, daß Wulfoalds führende Stellung in Austrasien gekennzeichnet werden sollte. Eine austrasische Herkunft Wulfoalds dürfte gewiß die wahrscheinlichere Annahme sein; doch wird deutlich, wie unsicher die Quellengrundlage zu seiner Person ist.

lassen wohl Verwandtschaftsbeziehungen beider Amtsträger zu Familien des Verduner Raums als möglich erscheinen, sind aber für sich allein genommen als Argumente nicht so tragfähig, daß eine derartige verwandtschaftliche Einordnung mehr als eine auf den ersten Blick plausible, aber nicht näher zu begründende Hypothese darstellen könnte[16]. Auch für Verbindungen zu anderen Trägern des Namens Gundoin ergeben sich keine Anknüpfungspunkte[17]. Die Annahme, daß Gundoin und der mit ihm genannte *domesticus* Hodo miteinander verwandt gewesen seien, läßt sich gleichfalls nicht näher begründen[18].

---

[16] Wie aus Anm. 10 hervorgeht, ist die entscheidende Voraussetzung der Nachweis, daß der *dux* Wulfoald mit dem Vater der Wolfgunda und der *dux* Gundoin mit Wolfgundas Gemahl identisch waren. Neben der Gleichheit der Personennamen und Gemeinsamkeiten in der sozialen Stellung – GLÖCKNER, Anfänge S. 15 zählt die Familie Ermberts und Ottos zu den „reichsten und mächtigsten im Lande" – gibt es keinen einzigen näheren Hinweis für diese Personenidentität. Das Urteil von EBLING, Prosopographie S. 242 Anm. 14: „Als Vater Wolfgunds kann nur der *dux* Wulfoald in Frage kommen" und S. 168: „Mit den Wulfoalden ist Gundoin durch seine Heirat mit Wolfgunde verbunden", läßt sich in dieser Bestimmtheit nicht aufrecht erhalten. Die nur indirekt, über die Gleichsetzung mit Angehörigen der Weißenburger Stifterfamilie erschlossene Versippung der Familien des Hausmeiers Wulfoald und des *dux* Gundoin beruht vielmehr auf einer Reihe unerweisbarer Voraussetzungen und kann m. E. bis zum Vorliegen detaillierterer personengeschichtlicher Untersuchungen kaum mehr als eine unter mehreren denkbaren Hypothesen gelten.

[17] So erwog MAYR, Studien S. 105 eine Identität Gundoins mit dem *dux Gundoinus* des Elsaß, Vita Germani cap. 10 S. 37. Dem stehen jedoch chronologische Bedenken entgegen, da Gundoins Nachfolger Bonifatius wohl schon um 665 tätig war und dessen Nachfolger Chatalrich/Eticho mit Sicherheit 675 bezeugt ist, vgl. BURG, Herzogtum S. 85 f. Weitere Träger des Namens Gundoin außer den in Anm. 10 und 11 genannten Personen sind etwa der vor 629 in Meuse (dép. Haut-Marne, arr. Langres) bezeugte *vir nomine Gundoenus,* der Vater der Äbtissin Sadalberga von St. Marien in Laon, Vitae Columbani II, 8 S. 122 – zu seiner Gleichsetzung mit dem elsässischen *dux* Gundoin vgl. BURG S. 85 und EBLING S. 166 f. –, ein *Gundoenus,* der 632 eine Solignac betreffende Urkunde des Eligius mitunterzeichnete, SS rer. Merov. 4 S. 749, der 693 bei einem Placitum Chlodwigs III. in Valenciennes unter den *optimatis* genannte *Gunduino,* D Mer 66 S. 58 = LAUER/SAMARAN Nr. 23 S. 16, der 702 bei einem Tausch Pippins II. mit St. Vanne vor Verdun auftretende *Gonduinus comes,* D Arnulf 3 S. 93 = BLOCH, St. Vanne Nr. 2 S. 378, sowie ein Zeuge *Gundoino* in einer Schenkungsurkunde an St. Remi in Reims von 715, PARDESSUS 2 Nr. 492 S. 301. Die breite Streuung der Belege spricht für eine gewisse Häufigkeit dieses Namens. Dies legt Zurückhaltung hinsichtlich seiner personengeschichtlichen Aussagekraft nahe.

[18] EBLING, Prosopographie S. 65 setzte Hodo mit dem Weißenburger Schenker Otto, dem Sohne Gundoins gleich, vgl. Anm. 10; ähnlich bereits LANGENBECK, Probleme S. 30. Dementsprechend ging er davon aus, daß in dem Diplom von 669/70 Gundoin „zusammen mit seinem Sohn genannt wird". Der Personenname Otto/Hodo war jedoch so häufig, daß diese Gleichsetzung selbst unter der Voraussetzung, daß der Vater des Schenkers Otto mit dem *dux* Gundoin identisch war, äußerst fraglich wäre, vgl. FÖRSTEMANN, Personennamen Sp. 186 f. Die weitergehende These von Ebling, Otto/Hodo sei mit einem in Weißenburger Urkunden der Zeit zwischen 700 und 737 bezeugten *Auduuino condam comitem* identisch gewesen, vgl. ZEUSS, Trad. Wiz. Nr. 242 S. 233, kann sich zwar darauf stützen, daß dieser an einer Stelle auch unter der Kurzform *Ocdo* (= Otto) bezeugt ist, ebd. Nr. 243 S. 234, doch ist seine Gleichsetzung mit dem Schenker Otto damit keineswegs gesichert.

Die Urkunde von 669/70 gestattet einige Rückschlüsse auf das Verhältnis des *dux* Gundoin zu den Arnulfingern-Pippiniden. Sie ist die erste erhaltene Königsurkunde für Stablo-Malmedy nach dem Sturz des Grimoald[19]. Ihre Angaben sind auf dem Hintergrund der Frühgeschichte von Stablo-Malmedy zu werten.

Aus den Urkunden Sigiberts III. (633/34–656) für Stablo-Malmedy geht hervor, daß der König zur Errichtung und Ausstattung des Doppelklosters Fiskalland zur Verfügung gestellt hatte, daß es aber der Hausmeier Grimoald gewesen war, der die beiden *monasteria ... suo opere in vasta heremi Ardenensis construxit*[20]. Grimoald selbst schenkte seiner Gründung die *villa* Germigny an der Aisne, die er von Sigibert III. erhalten hatte, und seine durch Kauf erworbenen Besitzungen in dem benachbarten Terron-sur-Aisne[21]. Beide Vorgänge erfuhren nach dem Sturz des Grimoald in der königlichen Kanzlei eine Umdeutung. In der Urkunde Childerichs II. von 669/70 wie in einem Diplom Dagoberts II. von 676/79 für Stablo-Malmedy heißt es, daß König Sigibert III. das Doppel-Kloster *suo opere construxit*[22]. Dagobert II. bestätigte Abt Godoin die *villa* Germigny, nannte aber als ihren Schenker König Sigibert III.[23]. Die Güter in Terron-sur-Aisne, von Grimoald als Zubehör der

---

[19] Zu etwaigen weiteren, verlorenen Urkunden Childerichs II. (662–675) für Stablo-Malmedy vgl. Anm. 27.

[20] D Mer 23 S. 23 = HR 1 Nr. 4 S. 12; vgl. hierzu ausführlich unten S. 359 ff.

[21] D Arnulf 1 S. 93 = HR 1 Nr. 3 S. 9 f.: *loco cognominante Germiniaco in pago Remensi, quem domnus gloriosus Sigibertus rex nobis concessit ... et appendiciis, id est duos molendinos in Supia cum area et terra, vinea una in Beterio, et alia appenditia quae dicitur Terune iuxta fluviolum Axina, quem de Godetrude dato pretio comparavi*. Es handelt sich um den heute verschwundenen Ort Germigny bei Neuville-en-Tourne-à-Fuy (dép. Ardennes, arr. Rethel), ca. 5 km von Terron-sur-Aisne entfernt.

[22] DD Mer 29 und 45 (Zitat) S. 28 und 42 = HR 1 Nr. 6 und 9 S. 20 und 28.

[23] D Mer 45 S. 42 = HR 1 Nr. 9 S. 28. In der Arenga wird zum Ausdruck gebracht, die Bestätigung der *facta domni et genitoris nostri Sygiberti* erfolge *ad stabilitatem regni*. In der Narratio heißt es, Abt Goduin habe Dagobert II. (676–679) davon unterrichtet, daß Sigibert III. Germigny den beiden Klöstern *per suam preceptionem concessisset*; er habe die Urkunde vorgelegt und um Bestätigung gebeten. In der Dispositio wird verfügt: *Precipientes enim ut, sicut constat per inspectam preceptionem iam dicto principe, ipsa villa superius intimata ... taliter per suam preceptionem ad ipsa loca sanctorum visus est concessisse*. Auf die Vorurkunde ging Dupraz, Regnum Francorum S. 140–146 ausführlich ein. Er hält die von Dagobert II. mehrfach erwähnte Urkunde Sigiberts III. für „fort suspect", S. 143, und für unvereinbar mit der aus der Angabe des Grimoald *quem domnus gloriosus Sigibertus rex nobis concessit*, vgl. Anm. 21, zu erschließenden Schenkungsurkunde Sigiberts III. für Grimoald und vermutet, daß Dagobert II. die Urkunde des Grimoald vorgelegt wurde, S. 144. Unabhängig von der Frage, ob in der Kanzlei Dagoberts II. der in der Urkunde des Grimoald mitgeteilte Übergang der *villa* Germigny vom König über Grimoald auf Stablo-Malmedy als eine Schenkung Sigiberts III. an die beiden Klöster dargestellt wurde, so Dupraz S. 144, oder tatsächlich eine entsprechende Urkunde Sigiberts III. vorlag, zeigt die Gegenüberstellung der Urkunden des Grimoald und Dagoberts II. deutlich, daß der maßgebliche Anteil des Grimoald an der Schenkung von Germigny zugunsten Sigiberts III. verschwiegen wurde. Dupraz S. 119 hält an der Echtheit der bereits von Krusch, SS rer. Merov. 5 S. 91 Anm. 4 angezweifelten Bestätigung von Germigny

villa Germigny bezeichnet, sind in der Urkunde Dagoberts II. nicht unter deren *appenditiis* aufgeführt[24] und scheinen, da sie auch später nicht mehr unter den klösterlichen Besitzungen begegnen, Stablo-Malmedy bereits in der ersten Zeit nach dem Sturz Grimoalds verlorengegangen zu sein. Eine weitere Minderung des klösterlichen Besitzes ordnete Childerich II. in seiner Urkunde von 669/70 an. Er bestätigte zwar die Schenkung der *forestis* um Stablo-Malmedy, die Sigibert III. auf den Rat und in Anwesenheit der damaligen Großen, an der Spitze Kunibert von Köln und Grimoald, vorgenommen hatte, machte sie aber teilweise wieder rückgängig, indem er die *forestis* im Süden der Klöster um die Hälfte zugunsten der Königshöfe Amblève und Lierneux verkleinern ließ[25].

durch Dagoberts II. Vorgänger Childerich II. (662–675) fest, D Mer 27 S. 26 = HR 1 Nr. 8 S. 25 ff., PERRIËNS, Een studie S. 61 ff. kann jedoch in Anschluß an Krusch nachweisen, daß es sich dabei um eine Ende des 11. Jh.s unter Verwendung der Urkunde Dagoberts II. angefertigte Fälschung handelt. Die Urkunde Dagoberts II. ist somit als älteste Bestätigung von Germigny zu betrachten. Sie zeigt, daß Dagobert II. die unter Childerich II. begonnene Politik in dem Verhalten gegenüber Stablo-Malmedy fortführte. Daß in die Königsurkunden aus der Zeit Pippins II. die Angaben der Vorurkunden übernommen wurden, wonach die Gründung der beiden Klöster auf Sigibert III. zurückzuführen sei, ist für die Beurteilung der Diplome Childerichs II. und Dagoberts II. ohne Belang.

[24] D Mer 45 S. 42 = HR 1 Nr. 9 S. 28; zu Terron-sur-Aisne als Zubehör von Germigny vgl. Anm. 21. Die Urkunde Dagoberts II. nennt nur die anderen Appenditien. Sieht man die Anm. 21 zitierte Schenkungsurkunde Grimoalds als Vorurkunde an, so wäre das Fehlen von Terron-sur-Aisne, einer nicht auf Königsgut zurückgehenden Schenkung Grimoalds, besonders augenscheinlich. Rechnet man mit einer verlorenen Urkunde Sigiberts III. vgl. Anm. 23, so würde die fehlende Bestätigung von Terron-sur-Aisne wohl in gleicher Weise auf den Verlust dieses Besitzes hindeuten oder aber besagen, daß Abt Godoin die Bitte um Bestätigung der Schenkung Grimoalds nicht als opportun erschien. Die spätere Besitzgeschichte von Stablo-Malmedy spricht für erstere Erklärung.

[25] D Mer 29 S. 28 = HR 1 Nr. 6 S. 21. Der entscheidende Passus lautet: *ea tamen conditione sic petierunt ipsi servi Dei* (sc. *confirmationem*), *ut versus curtes nostras, id est Amblavam, Charancho, Ledernao, de ipsis mensuris duodecim milibus dextrorum saltibus sex milia subtrahere deberemus pro stabilitate operis; quod per nostram ordinationem sic factum est.* Die neu festgelegte Grenzstrecke Steinbach-Wolfsbusch-Recht verlief in großer Nähe zu Amblève (etwa 2–4 km), die Strecke Glain-Arbrefontaine zur Amblève (Fluß dieses Namens) führte ca. 4–8 km an Lierneux vorbei, vgl. hierzu DREES, Remaclus S. 32 ff., MÜLLER-KEHLEN, Ardennen S. 43 mit Anm. 25 sowie die eingehenden Untersuchungen von DE WALQUE, Les limites S. 9 ff. (mit Hinweis auf ältere Arbeiten desselben Verfassers). Da der neuabgegrenzte Bezirk zumindest im Süden der Klöster nur noch aus der Hälfte der ursprünglichen Schenkung bestand, ergibt sich mit ziemlicher Sicherheit, daß die Königshöfe Lierneux – für ihn nahm dies bereits BAIX, Stavelot-Malmedy S. 34 an – und Amblève ursprünglich innerhalb der von Sigibert III. geschenkten *forestis* lagen. Cherain liegt weiter entfernt. Die Maßnahme Childerichs II. bedeutete also eine erhebliche Vergünstigung für die beiden Königshöfe. In ihrer Beurteilung gehen die Auffassungen der Forschung auseinander. KRUSCH, SS rer. Merov. 5 S. 91, WEHLT, Reichsabtei S. 203 und MÜLLER-KEHLEN S. 42 mit Anm. 24 gehen davon aus, daß diese Besitzminderung – *propter quietudinem monachorum*, wie es erläuternd in einer Urkunde Ludwigs d. Fr. von 814 heißt, HR 1 Nr. 25 S. 64 f. – im Interesse der Mönche von Stablo-Malmedy lag. Nach DE NOÜE, Études S. 315 f. (zitiert nach BAIX S. 35 Anm. 124) handelte es sich bei dem Hinweis auf die Bitte des Remaklus lediglich um eine „formule diplomatique" für das königliche Interesse an einer Besitzvergrößerung. Ähnlich urteilen auch DREES S. 30 ff., WILLEMS, Schlacht S. 79, der den Verzicht

Daß nach 662 der Anteil des Grimoald an der Gründung und Ausstattung von Stablo-Malmedy verschwiegen wurde und die Klöster als rein königliche Stiftungen galten[26], andererseits jedoch als tatsächliche Gründungen des Grimoald nicht mehr im früheren Umfang königliche Unterstützung erfuhren, sondern vielmehr eine Verringerung ihres Besitzes durch den König hinnehmen mußten[27], scheint darauf hinzudeuten, daß auch Stablo und Malmedy von der Gegnerschaft der neuen Regierung zu Grimoald und dessen Familie betroffen wurden[28]. Zugleich wird deutlich, daß den Arnulfingern-Pippiniden der unter Grimoald dominierende Einfluß auf Stablo-Malmedy und Umgebung verlorengegangen war. Nach dem Sturz des Grimoald erscheint als führende Persönlichkeit in diesem Gebiet der *dux* Gundoin. Seine Stellung als hoher Amtsträger in der von Wulfoald und Chimnechild getragenen Regierung Childerichs II. läßt darauf schließen, daß er das Vertrauen der neuen Machthaber besaß und nicht zu den Parteigängern der Familie des Grimoald zählte. In seiner Funktion als *dux* fiel ihm die Verantwortung für die Neuabgrenzung der *forestis* um Stablo-Malmedy zu. Die Annahme, daß die frühen Karolinger in Gundoin, der in einem früheren Einflußbereich ihrer Familie die neue königliche Politik gegenüber Stablo-Malmedy vertrat, einen ihrer Gegner sahen, dürfte einige Wahrscheinlichkeit für sich haben[29].

Ewig und Langenbeck hielten es für gut denkbar, daß es sich bei dem *dux* Gundoin um jenen *tirannus nomine Gundewino* handelte, von dem die Annales Mettenses berichten, er habe Pippins II. Vater Ansegisel ermordet und sei von Pippin, als dieser noch in jungen Jahren gewesen war, erschlagen worden[30]. Ihre Annahme, im wesentlichen mit Gundoins Zuweisung zu dem

---

der Klöster „für unfreiwillig und mehr oder weniger erzwungen" hält, und EBLING, Prosopographie S. 65. Geht man davon aus, daß die *stabilitas operis* unter Childerich II. im Gegensatz zu Sigibert III. nicht in den alten Grenzen, sondern erst nach einer für den König vorteilhaften Neuabgrenzung gewährt war, so hat die Deutung, daß der Wunsch nach einer Verkleinerung des klösterlichen Besitzes nicht so sehr von dem Abt als vielmehr vom König (bzw. dessen Amtsträgern in diesem Gebiet) ausging, wohl die wesentlich größere Wahrscheinlichkeit für sich.

[26] Auf dieses Verhalten der Kanzlei nach 662 und den Zusammenhang mit dem Sturz des Grimoald wiesen bereits KRUSCH, SS rer. Merov. 5 S. 91, BAIX, Étude S. 33, DUPRAZ, Regnum Francorum S. 118 ff., S. 144 und EBLING, Prosopographie S. 168 mit Anm. 3 hin. Unklar bleibt die Parteinahme des Remaklus nach 662. Krusch nimmt an, der Abt habe nach dem Herrschaftswechsel „eodem studio Childerici partes" ergriffen.

[27] Es ist allerdings darauf hinzuweisen, daß eine allgemeine Güterbestätigung Theuderichs III. (679/80−690/91) auf nicht näher bestimmbare Schenkungen Sigiberts III. und Childerichs II. an Stablo-Malmedy Bezug nimmt, D Mer 53 S. 48 = HR 11 S. 34. Über den Charakter eines Tauschgeschäftes zwischen Childerich II. und Remaklus, über das eine Bestätigungsurkunde Chlodwigs III. von 692 unterrichtet, D Mer 62 S. 55 = HR 1 Nr. 12 S. 36 ff., sind wohl keine näheren Angaben möglich; vgl. auch unten S. 463 Anm. 279.

[28] Die Vermutung liegt nahe, daß die beiden Klöster wegen der Beteiligung Sigiberts III. an ihrer Gründung unter Childerich II. einem ähnlichen Schicksal wie Nivelles entgingen, vgl. unten S. 255 Anm. 94.

[29] So auch EBLING, Prosopographie S. 65 und 167 f.

[30] EWIG, Trier S. 137 Anm. 152; LANGENBECK, Probleme S. 30; vgl. auch Anm. 13.

karolingerfeindlichen Adelskreis um den *dux* Wulfoald begründet, gewinnt auf dem Hintergrund der Beobachtungen zu Gundoins Stellung im Raum von Stablo-Malmedy erneutes Interesse.

Die Nachricht von dem Sieg Pippins II. über einen Gundewin steht zu Beginn der Annales Mettenses priores und eröffnet somit jenes um 805 entstandene Geschichtswerk, das am ausführlichsten den Aufstieg des karolingischen Hauses schildert. Ihr zufolge soll Pippin, der mit David in seinem Kampf gegen Goliath verglichen wird, *adhuc in pueritiae flore positus* Gundewin als den Mörder seines Vaters in einem plötzlichen Überfall *(subita irruptione)* erschlagen und dessen Vermögen unter seine Getreuen verteilt haben. Auf die Kunde von Pippins *virtus atque victoria* und den Tod Gundewins hin hätten sich die *duces ac optimates Francorum,* die durch Pippins Vater Ansegisel in hohe Stellungen gelangt waren, mit ihrem Gefolge Pippin angeschlossen. Der Sieg Pippins über Gundewin wird als *principium ... insignis victoriae et perpetuae laudis cumulus* gewertet. Er war jenes Ereignis, das die Übernahme der väterlichen Stellung, des *orientalium Francorum principatus,* durch Pippin zur Folge hatte[31].

Die historiographische Funktion des Berichtes, den Aufstieg des karolingischen Hauses mit einer „normensetzenden Tat" Pippins II. als Ahnen Karls des Großen beginnen zu lassen, ist deutlich erkennbar[32]. Dementsprechend hat die ältere Forschung, der nur die jüngeren Metzer Annalen bekannt waren, die Nachricht über die siegreiche Auseinandersetzung Pippins II. mit Gundewin mehrfach in Frage gestellt[33]. Auch Irene Haselbach, die die Annales Mettenses zuletzt eingehender untersuchte, betonte das „sagenhafte Gepräge" der Erzählung, hielt die Angaben aber auf dem Hintergrund des allgemeinen politischen Geschehens nicht für vollkommen unhistorisch[34]. Gegen eine völlige Erfindung des Berichts sprechen darüber hinaus die Überlieferung des Namens *Gundewin,* die auf eine historische Persönlichkeit hindeutet, mehr aber noch die allgemeine Überlegung, daß der Autor, wollte er

---

[31] Annales Mettenses priores S. 1 f. (a. 688). Von den *plurima prelia magnosque triumphos,* die zum Herrschaftsantritt Pippins II. führten, wird allein diese Tat mitgeteilt. Der weitere Bericht über die Jugend Pippins befaßt sich mit den Vorfahren und der Idoneität dieses *princeps.* Er endet mit der Beschreibung von Pippins Stellung in Austrasien nach seinem Herrschaftsantritt. Eine eingehende Analyse des Berichtes bietet HASELBACH, Annales Mettenses S. 41–52.

[32] Vgl. HAUCK, Lebensnormen S. 222 (Zitat) sowie die Besprechung von HASELBACH, Annales Mettenses durch K.-U. JÄSCHKE (RhVjbll 36. 1972) S. 341.

[33] BONNELL, Anfänge S. 118 ff.; MÜHLBACHER, Deutsche Geschichte S. 31 ff.; Reg. Imp. Karol. 73 b. sowie noch VON SIMSON in seiner Ausgabe der Annales Mettenses priores S. 2 Anm. 1 unter Hinweis auf die stärker sagenhafte Nachricht des Paulus Diaconus, vgl. Anm. 37.

[34] HASELBACH, Annales Mettenses S. 45, ähnlich S. 46: „so spricht dennoch eine innere Wahrscheinlichkeit dafür, daß unser Autor mit seiner Erzählung einer echten Überlieferung folgt". Für die Glaubwürdigkeit der Nachricht traten u. a. auch EWIG, Teilreiche S. 113 Anm. 16, HLAWITSCHKA, Vorfahren S. 59 Anm. 19 und WENSKUS, Stammesadel S. 103 mit Anm. 913 ein.

an den Beginn der glanzvollen Geschichte des karolingischen Hauses eine „primordiale Normtat"[35] setzen, sich hierfür wohl schwerlich einer Fiktion bedient hätte. Eher ist davon auszugehen, daß er eine bereits bestehende und bekannte Tradition, der ein historischer Kern zugrundelag, dem Anliegen seines Werkes entsprechend ausschmückte und umgestaltete.

Für letzteres könnte zusätzlich sprechen, daß auch Paulus Diaconus in seiner Langobardengeschichte, die er nach seinem Aufenthalt in der Umgebung Karls des Großen verfaßte[36], zum Preis der Tapferkeit Pippins II. von einem denkwürdigen Sieg des *princeps* über einen seiner Gegner berichtet[37]. Es ist nicht unwahrscheinlich, daß sich Paulus Diaconus und der Verfasser der Annales Mettenses auf dasselbe Ereignis bezogen[38]. Für eine sichere Rückführung auf eine gemeinsame Tradition reichen die Übereinstimmungen allerdings nicht aus[39].

Als historischen Kern des Berichts in den Annales Mettenses wird man ansehen dürfen, daß es in der Tat zu Auseinandersetzungen zwischen Pippin und einem Gundewin gekommen war, in deren Verlauf Pippin seinen Gegner erschlagen hatte. Glauben verdient wohl auch die Nachricht, daß Gundewin der Mörder von Pippins Vater Ansegisel gewesen war. Pippin II. starb im Jahre 714. Selbst wenn man für ihn ein hohes Lebensalter annimmt[40], sind die geschilderten Ereignisse doch kaum vor 660 anzusetzen. Für eine Datierung vor 680 spricht, daß Pippin II. in diesem Jahre zusammen mit einem Martin die Herrschaft in Austrasien übernahm[41]. Bei einem solchen Zeitansatz liegt

---

[35] Vgl. HAUCK, Lebensnormen S. 222.
[36] Vgl. dazu WATTENBACH/LEVISON 2 S. 217 ff. und 221. ff.
[37] Historia Langobardorum VI, 37 S. 177 f.: *Aput regnum Francorum tunc temporis Pipinus optinebat principatum. Fuit autem vir mirae audaciae, qui hostes suos statim adgrediendo conterebat. Nam supra quendam suum adversarium, Rhenum transgressus, cum uno tantum satellite suo inruit eumque in suo cubiculo residente cum suis trucidavit.*
[38] Dies wurde bereits mehrfach in der älteren Forschung angenommen, hier allerdings als ein Hinweis auf die Unglaubwürdigkeit gewertet, vgl. Anm. 33 und HASELBACH, Annales Mettenses S. 46 Anm. 28.
[39] Deutlich ist nur zu erkennen, daß Pippin II. als ein Mann besonderer Kühnheit in die Tradition eingegangen war. Seiner Kennzeichnung als *vir mirae audaciae* in der Historia Langobardorum entspricht die knappe Bemerkung des Paulus Diaconus in den Gesta epp. Mett. S. 265: *Pippinum, quo nihil umquam potuit esse audatius.* In der Historia Langobardorum suchte Paulus diese Eigenschaft Pippins II. an einem besonders eindrucksvollen Beispiel zu verdeutlichen. Anlaß für das Aufkommen dieses Bildes Pippins II. könnten ältere Traditionen gewesen sein, die sich auf Pippins Sieg über Gundewin bezogen und die Paulus wesentlich sagenhafter wiedergab als der Verfasser der Annales Mettenses. Eine gewisse Ähnlichkeit zeigen immerhin der Hinweis der Annales Mettenses auf den Sieg Pippins *subita irruptione* und die Bemerkung des Paulus über das *statim adgrediendo.* Doch wird man hieraus keine weitreichenden Folgerungen hinsichtlich eines gemeinsam verwendeten Nachrichtenkerns ziehen wollen.
[40] Zur Bestimmung seines Lebensalters gibt es nur wenige Anhaltspunkte. Danach ist das Geburtsjahr Pippins II. zwischen 635 und 655 anzusetzen, ohne daß eine nähere Eingrenzung möglich erscheint, vgl. dazu unten S. 397 mit Anm. 7.
[41] LHF cap. 46 S. 319 f.

es nahe, daß die Kämpfe, deren Erinnerung in den Annales Mettenses in stark idealisierter Form wiedergegeben ist, in Zusammenhang mit der Ermordung Grimoalds 662 und der anschließenden politischen Entmachtung der Arnulfinger-Pippiniden in Austrasien standen. Es würde sich ergeben, daß im Verlauf dieser Auseinandersetzungen Grimoalds Schwager Ansegisel[42] von einem Gundewin – wohl einem Anhänger der von Wulfoald getragenen Regierung Childerichs II. – erschlagen wurde[43] und daß es Pippin II. nach einiger Zeit gelang, diesen Gegner seines Hauses zu beseitigen. Als Raum, in dem sich diese inneraustrasischen Adelskämpfe abspielten, wird man vor allem wohl jene Gebiete des östlichen Austrasien betrachten können, in denen die Arnulfinger-Pippiniden bis 662 über größeren Einfluß verfügt hatten.

Fragt man nach Trägern des Namens Gundewin in der austrasischen Führungsschicht der Jahre 662/80, so richtet sich der Blick in erster Linie auf den 669/70 bezeugten *dux* Gundoin[44]. Dies ist gewiß zu einem guten Teil mit der starken Lückenhaftigkeit der Überlieferung zu erklären, die einen erheblichen Unsicherheitsfaktor mit sich bringt. Geht man jedoch davon aus, daß das Amt und die Tätigkeit des *dux* Gundoin im Raum um Stablo-Malmedy auf eine Gegnerschaft zur Familie Pippins II. hindeuten, so entsprechen die Nachrichten über den *tirannus nomine Gundewinus* und den *Gundoinus dux*, was die Zeit, die soziale Stellung, den Raum und das Verhältnis zu den frühen Karolingern anbetrifft, einander so weitgehend, daß die Gleichsetzung der beiden Personen eine hohe Wahrscheinlichkeit für sich hat. Der nur wenig deutliche Bericht der Annales Mettenses als die einzige erhaltene direkte Nachricht über die Vorgeschichte des Herrschaftsantritts Pippins II. in Austrasien könnte bei einer solchen Annahme um wichtige Einzelzüge erweitert werden.

---

[42] Über seine Stellung unter Grimoald ist nur wenig bekannt. Doch kann mit einiger Sicherheit erschlossen werden, daß Ansegisel mit dem in der Ausstattungsurkunde für Stablo-Malmedy von 648/50(?) unter den *domesticis* genannten *Ansegisilo* identisch war, vgl. dazu unten S. 389f. und S. 399.

[43] Einen ähnlichen Zusammenhang vermutet auch HLAWITSCHKA, Merowingerblut S. 70 Anm. 13, der jedoch annimmt, daß Ansegisel bereits in den Staatsstreichversuch Grimoalds verwickelt war und wie Grimoald 662 sein Leben verlor. Sigebert von Gembloux berichtet in seiner Weltchronik S. 327 zum Jahre 685 von der Ermordung Ansegisels. Worauf diese Zeitangabe beruht, ist nicht mehr sicher auszumachen. Historischer Aussagewert kommt ihr nicht zu, da Ansegisel nach Angaben des LHF cap. 46 S. 320 bereits 679/80 nicht mehr am Leben war. Sigebert folgt in seinem Bericht der erstmals im 11. Jh. faßbaren volkstümlichen Legende, wonach Ansegisel Gundoin als einen ausgesetzten Knaben gefunden und aufgezogen habe, von diesem aber auf der Jagd heimtückisch erschlagen worden sei, vgl. dazu unten S. 400 mit Anm. 19. Die von Paulus Diaconus mitgeteilte Version eines Überfalls *Rhenum transgressus* hingegen wurde in der späteren Tradition etwa im Sinne einer Aktion Pippins II. in *Alamannia* ausgeschmückt, so im 10. Jh. in der Vita Chrodegangi cap. 7 S. 556.

[44] Die übrigen für diese Zeit bezeugten Namensträger dürften wohl kaum in Frage kommen, vgl. Anm. 17.

Zunächst würde sich ergeben, daß Gundoin, der in den Kämpfen nach 662 Ansegisel ausgeschaltet hatte, den Dukat in den nördlichen Ardennen und wohl auch einem Teil des mittleren Maasgebiets übernahm und ihn bis mindestens 669/70 innehatte, wobei es zur Zusammenarbeit mit dem Maastrichter Bischof Theodard und einem *domesticus* Hodo kam. Für die Kämpfe zwischen Pippin II. und Gundoin, die sehr wahrscheinlich in diesem Raum zu lokalisieren sind, würden die Jahre 669/70 bis 680 verbleiben. Sie standen vermutlich mit den Auseinandersetzungen nach der Ermordung Childerichs II. 675/76, als Wulfoald zeitweise Austrasien verlassen mußte, oder aber mit dem Herrschaftswechsel in Austrasien 679/80, der zur Beseitigung Dagoberts II. und Wulfoalds führte, in Zusammenhang[45]. Geht man davon aus, daß sich die von Wulfoald getragene Regierung Dagoberts II. auch in den Jahren 676/79 im Raum von Stablo-Malmedy behaupten konnte und daß das Doppelkloster zu dieser Zeit auf seiten Dagoberts II. stand[46], so wäre der Sieg Pippins II. über den im Raum von Stablo-Malmedy tätigen *dux* Gundoin am ehesten wohl erst 679/80 anzusetzen[47]. Die Ausschaltung Gundoins könnte dann – entsprechend dem Bericht der Annales Mettenses – als ein wesentlicher Schritt Pippins II. zur Erringung der Herrschaft in Austrasien betrachtet werden. Doch ist bei dem Fehlen sicherer Anhaltspunkte über Hypothesen nicht hinauszukommen. Hingegen kann mit hoher Wahrscheinlichkeit festgehalten werden, daß mit Gundoin ein maßgeblicher Vertreter jener führenden Kreise in Austrasien faßbar wird, die in Gegnerschaft zu den frühen Karolingern standen und deren Angehörige sich nach dem Sturz Grimoalds zeitweise sogar in den unmittelbaren Einflußbereichen der Arnulfinger-Pippiniden durchsetzen konnten. Wahrscheinlich ist weiterhin, daß Gundoin nach 669/70, am ehesten wohl bei den Auseinandersetzungen kurz vor 679/80, von Pippin II. erschlagen wurde.

---

[45] Vgl. zu diesen Vorgängen ausführlich unten S. 258 ff.
[46] Vgl. S. 261 f.
[47] Der Hinweis der Annales Mettenses auf Pippins II. *pueritia* würde einem solchen Ansatz nur bedingt entgegenstehen. Mit BONNELL, Anfänge S. 119 Anm. 2 wäre anzunehmen, daß der Autor dieses Ereignis vor allem wegen des Vergleiches mit David in die Kindheit Pippins verlegte.

Landrada

Das Kloster Munsterbilzen ist erstmals Mitte des 10. Jahrhunderts bezeugt[1]. Es zählt zu den frühen Gründungen im mittleren Maasgebiet[2]. Einer um 1050 in St. Bavo in Gent nachweisbaren Tradition zufolge wurde es in der Zeit Pippins II. von einer Landrada gegründet[3]. Zur Beurteilung dieser Tradition ist ausführlicher auf ihren Überlieferungszusammenhang und auf die Lokalgeschichte von Munsterbilzen einzugehen.

a) Die Genter Überlieferung

Unter den Reliquien aus Wintershoven, in deren Besitz die Abtei St. Bavo im Frühjahr 980 gelangte, befanden sich auch die Gebeine einer *Landrada virgo*[4]. Über die Erhebungen der Reliquien und deren Überführung nach Gent berichten die Translatio s. Landoaldi des Heriger von Lobbes als die von dem zuständigen Diözesanbischof Notker von Lüttich bestätigte Darstellung[5] und der kurz nach 980 in Gent entstandene Adventus s. Landoaldi[6]. Nach Angaben des Heriger wurden Landrada und mit ihr Adrianus und Julianus in einer zweiten Erhebung aufgefunden, nachdem Landrada in mehreren nächtlichen Erscheinungen *sanctimonialis scilicet effigie* den Ort der Gräber in Wintershoven angegeben und zu der Erhebung aufgefordert hatte[7]. Im Ad-

---

[1] Vgl. unten S. 117 mit Anm. 27; den ausführlichsten Überblick über die Geschichte des Klosters, die Quellen und die Literatur bietet VANHEUSDEN, Munsterbilzen S. 103 ff.

[2] So vor allem in der Lokalforschung, wo bei der Darstellung der klösterlichen Anfänge von Munsterbilzen die Angaben der Vita s. Landradae und der Genter Bearbeitung der Translatio s. Landoaldi zumeist unkritisch übernommen werden, WOLTERS, Munsterbilsen S. 5 ff, KONINCKX, De Abdij S. 13 ff. u. 29 ff., VAN DE WEERD, Munsterbilzen S. 151 ff., PAQUAY, De Heiligen S. 4 ff. und BRUWIER, Brève histoire S. 134. KURTH, Landrade Sp. 257–260 wies zwar auf die späte und unzuverlässige Überlieferung hin, hielt aber an der Glaubwürdigkeit der Nachrichten über die Klostergründung fest. DE MOREAU, Les abbayes S. 24 und DERS., Histoire 1 S. 153, und in Anschluß daran PRINZ, Mönchtum S. 203 äußerten sich zurückhaltender, wobei PRINZ jedoch auf Karte 6: Die Klöster der Merowinger und Karolinger (481–ca. 750) Munsterbilzen unter den von den Karolingern gegründeten Klöstern anführt. Ähnlich bezeichnet auch der jüngste Bearbeiter der klösterlichen Geschichte, VANHEUSDEN, Munsterbilzen S. 103 und 108 den Quellenwert der späten hagiographischen Überlieferung als „n' ... guère estimable", geht aber doch davon aus, daß die „abbaye de Munsterbilzen fut vraisemblement fondée par Landrade dans la seconde moitié du VIIe siècle". Eine ausführliche kritische Untersuchung der Frühgeschichte von Munsterbilzen steht noch aus.

[3] Vgl. S. 115 mit Anm. 19.

[4] Translatio S. 241.

[5] Vgl. oben S. 68 mit Anm. 48.

[6] Datierung nach HOLDER-EGGER, SS 15, 2 S. 600 mit Anm. 5.

[7] Translatio S. 239 ff. Landrada erschien der Gattin des damaligen Inhabers von Wintershoven, Sigiburgis. Nach der Weigerung des Lütticher Bischofs, die Erhebung vorzunehmen, teilte Landrada in einer weiteren Erscheinung mit, S. 240: *Et si causaris, quia episcopum aut eius vicarios non mereris, e vicino Sarabertum saltem presbiterum habes, et alios ad id perfitiendum*

ventus werden die beiden Erhebungen, die jeweils zur Auffindung von mehreren Heiligen geführt hatten, als *elevatio sancti Landoaldi* und *elevatio sanctae Landradae* bezeichnet[8]. Die Auffindung der Landrada wird somit in der Translatio und im Adventus besonders hervorgehoben. Beide Berichte enthalten jedoch im Gegensatz zu den übrigen nach Gent überführten Heiligen keine näheren Angaben zu Landrada.

Nachrichten über die Person der Landrada begegnen erstmals in einem auf Rasur stehenden, nachträglich in das von Notker besiegelte Original der Translatio s. Landoaldi am Ende des Berichtes über die Erhebung der Landrada eingefügten Zusatz. Es heißt darin, einer weitverbreiteten Ansicht zufolge habe diese Landrada, während sie den Sanktimonialen in Munsterbilzen vorstand, die hl. Amalberga in den geistlichen Dingen unterwiesen[9].

---

viros fideles. Die Erhebung fand ein Jahr nach der des Landoald statt. Sigiburgis, *a cuiusque ore iurantis hec et obtestantis nos ista decerpsimus*, wurde bei der Erhebung geheilt. Dem Bericht des Heriger ist zu entnehmen, daß zuvor niemand von den Gräbern der Landrada, des Adrianus und Julianus in Wintershoven wußte. Die Zugehörigkeit dieser Personen zur *societas* des Landoald war dem Priester Sarabert, der allein darüber Aussagen machen konnte, vgl. oben S. 68 mit Anm. 50 und 51, nicht bekannt: Zu diesem Personenkreis gibt Heriger unter Berufung auf Sarabert an: *Landoaldus archypresbiter, Amantius diaconus, quos etiam comitate sunt sancte femine Vintiana et Adeltrudis, cum aliis viris et mulieribus septem*, S. 237. Zur Bestattung in Wintershoven heißt es ebd.: *Sed et comites peregrinationis eius* (sc. *Landoaldi*) *supra denominati ... circa eum sunt in eadem aecclesia tumulati.* Zu Adrian wird mitgeteilt, ebd.: *Adrianus quidam, eiusdem beati viri ad regem internuntius* sei auf dem Weg zwischen Maastricht und Wintershoven erschlagen worden. Er zählte für Sarabert offensichtlich nicht, wie von Landrada angegeben, vgl. Anm. 15, zur *societas nostra.* Die Vermutung liegt nahe, daß in einer zweiten, von dem Diözesanbischof nicht approbierten Erhebung nachträglich versucht wurde, die Zahl der um Landoald bestatteten Heiligen zu erhöhen, wobei besonderer Wert auf Landrada gelegt wurde. Es ist auffällig, daß an der Spitze der beiden Erhebungen mit Landoald und Landrada Heilige mit fränkischen Namen stehen. Die übrigen in Wintershoven erhobenen Heiligen tragen außer Adeltrudis römische Namen. Sie sind mit Sicherheit im Zusammenhang mit der Angabe über die römische Herkunft des Landoald und seiner Begleitung erfunden, so auch HOLDER-EGGER, Heiligengeschichten S. 627. Nimmt man aufgrund der Personennamen und der hervorragenden Stellung innerhalb der Erhebungsberichte an, daß Landoald und Landrada lokal verehrte Heilige waren, zu Landoald vgl. oben S. 70 mit Anm. 58, dann wäre aus der Behandlung der Landrada in der Translatio zu schließen, daß diese Heilige ursprünglich nicht in Wintershoven verehrt wurde.

[8] Adventus cap. 6 S. 609.
[9] Translatio S. 240: *Fert autem fama multorum et ante nos et in presentiarum, hanc beatam Landradam, dum sanctimonialibus Belisiae positis prefectae suavissimos superne contemplationis carperet fructus, sacratissimam virginem preclareque nobilitatis Amalbergam sanctis instituisse moribus studiisque. Facta est haec translatio.* Nach GYSSELING/KOCH, DB 1 S. 240 Anm. a stammen diese Sätze von einer Hand aus der 1. Hälfte des 11. Jh.s. Der weitere Teil der Datumsangabe: *III nonas martii,* steht nicht auf Rasur, ist aber der jüngeren Hand zuzuweisen; hier war vorher durch das Ende eines Absatzes ein Teil der Zeile unbeschrieben geblieben. Die gesamte Datumsangabe dürfte aus dem ursprünglichen Text übernommen worden sein. Der interpolierte Satz schließt ohne jeglichen Sinnzusammenhang an den Bericht über die wunderbare Heilung der Sigiburgis an. Es ist aufgrund des Kontextes äußerst unwahrscheinlich, daß der ursprüngliche Text nähere Angaben über Landrada enthielt. Nach freundlicher Mitteilung von Herrn WUHENS, Rijksarchief te Gent, sind von der ersten Beschreibung keine Spuren zu erkennen. Da in der Ausgabe der Translatio von Holder-Egger das Original nicht berücksichtigt ist, wurden die inter-

Rückschlüsse auf den Zeitpunkt und das Motiv dieser Interpolation gestattet der 1019–1030 anzusetzende Brief des Abtes von St. Bavo, Othelbold, an die Gräfin Otigiva[10]. Der Brief beginnt mit einer Aufzählung der klösterlichen Reliquienschätze. Er enthält kurze Angaben zu den jeweiligen Heiligen. Für seine Angaben über die aus Wintershoven erworbenen Heiligen verweist Othelbold auf einen *liber gestis eorum conscriptus*[11]. Dabei kann es sich nur um die Translatio s. Landoaldi handeln. Während bei Landoald die enge Beziehung zu Amandus und bei Amantius, Adrianus und Vinciana die Nähe zu Landoald hervorgehoben werden[12], heißt es zu Landrada: *Sexta beata Landrada, Belisie abbatissa, que beatam docuit Amalbergam*. Es ist somit wahrscheinlich, daß Othelbold die Translatio s. Landoaldi bereits in der interpolierten Fassung benutzte. In dem Zusatz zur Translatio und in dem Brief des Othelbold erscheint Landrada als Äbtissin von Munsterbilzen und als Erzieherin der hl. Amalberga. Die Betonung liegt auf der Angabe über die Erziehung der hl. Amalberga[13]. Zentrum des Kultes dieser Heiligen war St. Peter in Gent[14]. In der ursprünglichen Fassung der Translatio war Landrada lediglich durch ihre Zugehörigkeit zu der *societas* des Landoald ausgezeichnet[15]. Die Annahme liegt nahe, daß die Interpolation in das offizielle Dokument über die Heiligen aus Wintershoven vor allem deshalb erfolgte, um das Ansehen der Landrada durch die Angabe enger Beziehungen zu der in Gent verehrten Amalberga zu steigern[16].

---

polierten Angaben über Landrada Heriger zugewiesen. Die Beurteilung der Angaben wird erheblich erschwert, nachdem Heriger als Verfasser ausscheidet.

[10] Datierung nach VOET, Brief S. 14.

[11] Nach der Aufzählung der Wintershovener Heiligen heißt es: *Sed hec omnia liber gestis eorum conscriptus manifestus testatur*, DB 1 Nr. 140 S. 247.

[12] Othelbold hält sich im wesentlichen an die Angaben der Translatio, gibt jedoch bei Landoald (*Rome presul ordinatus* statt *archypresbiter*) und bei Amantius (*archidiaconus* statt *diacomus*) einen höheren geistlichen Rang an. Vinciana ist wie im Adventus, vgl. oben S. 67 Anm. 47, Schwester des Landoald.

[13] In dem interpolierten Zusatz, vgl. Anm. 9, wird das Wirken der Landrada in Munsterbilzen in einem mit *dum* eingeleiteten Nebensatz erwähnt, wohl als Erläuterung der im Hauptsatz enthaltenen Aussage über die Erziehung der Amalberga. Bei Othelbold ist *Belisie abbatissa* eine Apposition, das Wirken der Landrada ist charakterisiert durch den Relativsatz *que beatam docuit Amalbergam*.

[14] Die Reliquien der Amalberga gelangten nach GRIERSON, The Translation S. 302 ff., 864 nach St. Peter. Die Heilige wurde, wie eine Litanei aus dem 12. Jh. zeigt, auch in St. Bavo verehrt, COENS, Litanies S. 266. Nach einer Mitte des 11. Jh.s, so HOLDER-EGGER, Heiligengeschichten S. 633 Anm. 3, in St. Peter verfaßten Schrift sollen sich die Mönche von St. Bavo vergeblich um den Besitz der Reliquien der Amalberga bemüht haben, eine Spitze gegen St. Bavo, die jedoch Rückschlüsse auf das Ansehen der Amalberga in diesem Kloster zuläßt, Inventio, elevatio et translatio sacri corporis s. Amalbergae Tamisia ad coenobium Blandiniense S. 99.

[15] Translatio S. 239 f. Bei der ersten Erscheinung spricht Landrada zu Sigiburgis: *Ego quippe sum Landrada; Adrianus martyr et Iulianus, ipsi quoque sunt de societate nostra*.

[16] Bemerkenswert erscheint in diesem Zusammenhang, daß Landrada das Attribut *beata* erhält, Amalberga hingegen als *sacratissima virgo preclareque nobilitatis* bezeichnet wird, vgl.

Die Angaben über die Gründung von Munsterbilzen finden sich in der erweiterten Fassung der Translatio s. Landoaldi aus der Mitte des 11. Jahrhunderts [17]. Dem in wörtlicher Übereinstimmung übernommenen interpolierten Passus folgt ein längerer Bericht über die Bestattung der Landrada [18]. Zu seinem Beginn wird kurz mitgeteilt, Landrada habe in der Zeit Pippins II. in Munsterbilzen ein Kloster errichtet, es der Maria weihen lassen und daselbst Sanktimonialen vorgestanden [19]. Im Anschluß an diese Nachricht wird der Tod der Landrada geschildert [20]. Es folgt die Wiedergabe eines Gespräches der Verstorbenen mit dem hl. Lambert. Dann wird ausführlich berichtet, Landrada sei zunächst wider ihren Willen in Munsterbilzen bestattet worden [21], ihr Sarkophag sei jedoch auf wunderbare Weise von dort nach Wintershoven gelangt. Der Autor betont mehrfach die Glaubwürdigkeit des von ihm mit-

---

Anm. 9. Die Nachricht über die Erziehung der Amalberga in Munsterbilzen findet sich in der ältesten Lebensbeschreibung dieser Heiligen, dem Tomellus seu sermo Domini Radbodi sancte Traiectensis ecclesiae episcopi de vita et meritis paradoxae virginis Christi Amalbergae, noch nicht. Sie erscheint hingegen in der aus der 2. Hälfte des 11. Jh.s stammenden, von GROSJEAN, Saints anglosaxons S. 163 ff. Gozelin von St. Bertin zugewiesenen Vita s. Amalbergae virginis cap. 5 ff. S. 88 ff. Der Autor läßt die Werbung Karls d. Gr. abweichend von seiner Vorlage, dem Tomellus, in Munsterbilzen stattfinden, wohin Amalberga von Willibrord zur geistlichen Erziehung empfohlen worden sei. Die Angaben der Vita über Landrada und Munsterbilzen entsprechen der in St. Bavo faßbaren Tradition. Deren Abhängigkeit von der Vita ist auszuschließen. Ob in den Zusätzen zur Translatio s. Landoaldi und in der Vita s. Amalbergae eine gemeinsame Vorlage verwendet ist, oder ob die Nachrichten aus St. Bavo der Vita vorlagen, ist nicht mit Sicherheit zu bestimmen. Angesichts der Abweichungen der Vita von dem Tomellus ist wohl eine Übernahme und Ausschmückung der Angaben aus St. Bavo in der Vita s. Amalbergae eher wahrscheinlich als etwa umgekehrt die Rückführung der aus St. Bavo stammenden Nachrichten über das Verhältnis der Landrada zu Amalberga in Munsterbilzen auf eine ältere Tradition über die hl. Amalberga. Der Annahme von VAN DER ESSEN, Étude S. 178, neben wenigen anderen gehöre die Tradition über die Erziehung durch Landrada in Munsterbilzen zu den „seules (données) à retenir pour sainte Amalberga", wird man sich danach wohl kaum anschließen wollen.

[17] Datierung nach GYSSELING/KOCH, DB 1 Nr. 138 S. 234.
[18] Der Bericht wurde von Holder-Egger nicht in seine Ausgabe der Translatio aufgenommen. Er ist ediert in: Analecta Bollandiana 4. 1885 S. 192–194.
[19] S. 193: *Igitur sceptrum regni Francorum optinente principe Pippino, in saltu Beilae, in villa nuncupata Belisia, suo sumptu utpote expectabilibus orta natalibus, coenobium construxit* (sc. Landrada), *et honori sanctissimae semperque virginis Mariae dedicari fecit. Ubi cum sancte sanctis praeesset sanctimonialibus* ... Aus der Bezeichnung *princeps* und der Tatsache, daß im folgenden Lambert als Zeitgenosse der Landrada angegeben wird, ist auf Pippin II. zu schließen.
[20] Am Ende des Berichtes wird als Todestag der Landrada der 8. Juli genannt, S. 194.
[21] Der Autor betont, der *populus* in Munsterbilzen habe sich der von Bischof Lambert mitgeteilten Vision, wonach Landrada in Wintershoven bestattet werden wollte, widersetzt und die Ansicht vertreten, die Heilige solle an der Stätte ihres Wirkens bestattet werden. Daß damit auf ein wesentliches Argument gegen die Glaubwürdigkeit der Angabe über die Auffindung der Landrada in Wintershoven angespielt wird, liegt auf der Hand. Das Anliegen des Berichtes, jeglichen Zweifel an dieser Angabe zu zerstreuen, kann bei einer derart fabelhaften Erzählung nicht als Hinweis auf eine tatsächliche Tradition über das Wirken der Landrada in Munsterbilzen gelten.

geteilten Wunders[22]. Er beruft sich zu Beginn seines Berichtes auf die *hominum veterum auctoritas* und betont am Ende: *Ecce, quicquid hominibus impossibile difficileque videtur, facillimum Deo comprobatur.* Mit dem derart abgesicherten Wunderbericht sollten die Auffindung der Reliquien in Wintershoven glaubhaft[23] und die Heiligkeit der Landrada deutlich gemacht werden[24]. Die wenigen Angaben über die Stiftung von Munsterbilzen und das Wirken der Landrada sind im Gegensatz zu dem übrigen Bericht nüchtern gehalten. Sie dienen nicht so sehr dem Preis der Landrada, sondern sind eher Ausgangspunkt für die Darstellung des Gespräches mit Lambert und den Wunderbericht.

Zusammenfassend ist der Überlieferung aus St. Bavo in Gent zu der hl. Landrada[25] zu entnehmen, daß die aus Wintershoven überführte *Landrada virgo* in Gent zwar als Äbtissin und Gründerin des Klosters St. Marien in Munsterbilzen bezeichnet wurde, daß diese Angaben jedoch von geringerer Bedeutung für das Ansehen der Landrada waren. Die Nachricht über das Wirken der Heiligen als Äbtissin in Munsterbilzen wurde mit der Angabe verbunden, Landrada habe dort die hl. Amalberga erzogen. Die Mitteilung über die Gründung des Klosters bildete den Ausgangspunkt für die ausführliche Schilderung eines Wunders, das die Heiligkeit der Landrada aufzeigen und ihre Auffindung in Wintershoven erklären sollte. Da bereits zu Beginn des 11. Jahrhunderts durch Zusätze und nicht so sehr durch Nachrichten über Munsterbilzen selbst versucht wurde, das Ansehen der Landrada zu steigern, ist es unwahrscheinlich, daß diese Nachrichten Erfindungen der Mönche von St. Bavo sind. Eher ist anzunehmen, daß eine Tradition über Landrada vorlag, die jedoch bei der weiten Entfernung und der geringen Bedeutung von Munsterbilzen den um Besitz von möglichst angesehenen Heiligen bestrebten Mönchen nicht ausreichte.

---

[22] S. 193: *fidem gestorum ponentes in hominum veterum auctoritate, et eorum inlustrium, plus ignorantes quo pacto videtur habere gravitatis;* S. 194: *cunctis contemplantibus huiusque raritatem spectaculi stupentibus;* vgl. weitere Wendungen wie *quod nulli dubium sit, quin id Christo disponente angelicis extiterit factitatum amministrationibus* bzw. *ne quis dubitaret de tanti assertione miraculi* oder: *Numquid dubitandum quis credat haec Christum suae non egisse meritis famulae ...?*.

[23] Die Bestattung in Wintershoven wird nicht mit der Zugehörigkeit des Landrada zur *societas* des Landoald begründet, vgl. Anm. 21.

[24] Nachdem mehrfach die Außergewöhnlichkeit und Unbezweifelbarkeit des Wunders betont wurde, vgl. Anm. 22, heißt es: *O mira cunctipotentis Dei in sanctis suis operatio, qui sic multimodis illos facit coruscare meritorum virtutibus.*

[25] Die weitere Überlieferung zur hl. Landrada in der Vita s. Amalbergae virginis, vgl. Anm. 16, und der Vita s. Landradae des Theoderich von St. Truiden geht von einigen hagiographischen Ausschmückungen, Wunderberichten und genealogischen Angaben abgesehen nicht über die vorgeführten Nachrichten hinaus.

b) Zur Lokalgeschichte von Munsterbilzen

Aus der Zeit vor 1200 liegen nur wenige Nachrichten über Munsterbilzen vor[26]. Der älteste Beleg für das Bestehen einer klösterlichen Gemeinschaft findet sich in der Translatio s. Landoaldi. Es heißt dort, bei der Erhebung des Landoald (959–970) seien Leute *ex monasteriis scilicet sancti Trudonis, Belisie et Tungris* zugegen gewesen[27]. Die ältere Verfassung des Klosters ist nicht bekannt[28]. Spätestens im Verlauf des 11./12. Jahrhunderts entwickelte sich Munsterbilzen zu einem adeligen Damenstift[29]. In unserem Zusammenhang sind die Entstehung des Lokalkultes des hl. Amor, die Verehrung der Landrada in Munsterbilzen und die Bedeutung der Pfarrei von Interesse.

In Urkunden von 1060 und 1176 werden als Patrozinien der Kirche von Munsterbilzen Maria und Amor angegeben[30]. Die übrigen Urkunden des Klosters nennen nur Amor[31]. Munsterbilzen galt im 11. Jahrhundert als *locus sancti Amoris*[32].

Über die Person dieses Heiligen und die Entstehung seines Kultes berichtet die Vita s. Amoris[33]. Die uns überlieferte Vita gehört dem 11. Jahrhundert an[34]. Eine ältere Vita, deren Dürftigkeit der Autor des 11. Jahrhunderts hervorhebt, ist verloren[35]. Coens vermutet ihre Entstehung im 10. Jahrhun-

---

[26] Grabungen, deren Ergebnisse für die Beurteilung der Genter Tradition wohl von ausschlaggebender Bedeutung wären, wurden nach VANHEUSDEN, Munsterbilzen S. 107 noch nicht durchgeführt.

[27] DB 1 Nr. 138 S. 239. Der Ortsname Munsterbilzen ist nach BRUWIER, Brève histoire S. 133 erstmals 1274 bezeugt *(Monstreblisia)*.

[28] VANHEUSDEN, Munsterbilzen S. 109 nimmt an, daß das Kloster nach der Zerstörung durch die Normannen als ein Doppelkloster nach der Benediktinerregel wieder eingerichtet worden sei.

[29] VANHEUSDEN S. 109.

[30] VAN NEUSS, Munsterbilsen Nr. 943 S. 109: *in Bilusia Sancte Marie et Sancti Amoris tradidi me ad altare*; ebd. Nr. 950 S. 112: *Ecclesia Sancte Marie Sanctique Amoris in Bylisia*.

[31] So bereits in der ältesten erhaltenen Urkunde von Munsterbilzen von 1040: *tradidi me in ancillam sancti Amori in Bilisia*, WOLTERS, Munsterbilsen Nr. 1 S. 43. Die Urkunde ist wie das in Anm. 30 zitierte Diplom von 1060 nur in einer überarbeiteten Fassung aus der 2. Hälfte des 12. Jh.s erhalten, DB 1 Nr. 223 u. 224 S. 375. Für die Patrozinienangabe dürfte dieser Überlieferungszustand jedoch kaum von Bedeutung sein.

[32] Dies geht aus dem Prolog der Vita s. Amoris hervor, ediert von COENS, Sur le prologue S. 345.

[33] Vita s. Amoris confessoris S. 343–347. Da diese Ausgabe auf Handschriften des 15. Jh.s beruht, wurde im folgenden auch die älteste erhaltene Handschrift herangezogen. Sie stammt aus dem Kloster Aulne, heute Codex Bruxellensis II. 1050 fol. 75^v–81^v, und wird von COENS, Sur le prologue S. 344 in das 11. Jh. datiert.

[34] COENS, Martyrologes S. 122.

[35] COENS, Sur le prologue S. 345. Es heißt, die Vita *(libellus)*, sei *grecis intertexta dictionibus* gewesen, habe aber *nec aliud quicquam ... quod dignum conderetur* enthalten, so daß der Autor gebeten worden sei, *ut vitam sancti huius notiore materia renovarem*. Man wird daraus schließen dürfen, daß über den Heiligen zunächst nur wenig bekannt war, sich aber rasch eine reichere Tradition ausbildete. Eine weitere Anspielung auf den *prior hoc libellus* findet sich cap. 1, 7 S. 344, Hs fol. 77^r.

dert[36]. Nach Angaben der Vita stammte Amor aus Aquitanien. Nach einer Romreise verbrachte er auf Geheiß des Petrus sein Leben in Maastricht. Über seinem Grab, das zahlreiche Gläubige anzog, wurde eine Kirche zu seinen Ehren errichtet[37]. Einige Zeit nach seinem Tode wurden seine Gebeine von der Gattin eines Grafen Odulf erhoben[38]. Die Erhebung war erst möglich, nachdem diese adelige Dame ihre kostbaren Gewänder und ihren Schmuck ablegte und *seipsam cum monilibus et quadam dotis sue villa perpetue mancipat servituti*. Der Heilige wurde *Domino praemonstrante* zu dem Ort überführt, an dem er in der Folgezeit durch eine Fülle von Wundern wirkte[39].

Als historischer Kern ist diesem Bericht zugrundezulegen, daß Angehörige einer adeligen Familie die Reliquien eines in Maastricht bestatteten Heiligen nach Munsterbilzen überführten und anläßlich der Translation eine Landschenkung machten. Die Vita enthält keine Hinweise darauf, daß sich in Munsterbilzen ein Kloster befand[40]. Die Angabe, die Gattin des Odulf habe sich zusammen mit *monilibus* dem Dienst des hl. Amor geweiht, kann dafür sprechen, daß mit der Reliquientranslation und der Landschenkung die Einrichtung eines Konvents verbunden war[41]. Sichere Anhaltspunkte für eine

---

[36] COENS, Prologue S. 348.
[37] Cap. 2, 18 S. 346. Der Text der Ausgabe ist hier verderbt; in der ältesten Hs fol. 20ʳ heißt es: *tumulatus in loco ubi postmodum que hodieque habetur ecclesia* (überschrieben: *basilica*) *in eius est honore et laude constructa*, vgl. auch COENS, Sur le prologue S. 346. Daß Amor in Maastricht bestattet wurde, geht sicher aus einer Urkunde von 1157 hervor, in der der Lütticher Bischof Heinrich der *Ecclesia beati Amoris quae est in Traiecto* eine Schenkung der Äbtissin von Munsterbilzen Goda anläßlich der Weihe der Kirche bestätigt. Es heißt dort: *ecclesiam super allodium beati Amoris sciebat fundatam et ipsum corpus sancti confessoris in eadem ecclesia primo sepulture commissum*, Rijksarchief te Hasselt, Munsterbilzen Nr. 945, Regest bei VAN NEUSS, Munsterbilsen Nr. 945 S. 122. Zugleich wird durch diese Angabe der Bericht der Vita über den Kult des Amor an seiner Grablege bestätigt.
[38] Cap. 2, 20-22 S. 346 ff. Als Motiv für die Translation wird die in einer nächtlichen Erscheinung offenbarte Weisung Gottes angegeben. Im Gegensatz zu den jüngeren Handschriften und den Eintragungen im Martyrologium von Munsterbilzen, wo die Gattin des Odulf unter dem Namen Hilda erscheint, ist in der ältesten Hs fol. 80ᵛ kein Personenname überliefert. Der Gatte trägt im Gegensatz zu der jüngeren Überlieferung, wo er *Chlodulfus* heißt, den Namen *Odulfus*. Zu seiner Stellung heißt es ebd.: *et huius vicinie illis forte diebus rectorem volunt*; wie im Martyrologium, COENS S. 122 ff., angegeben, wird man ihn als einen *comes* betrachten dürfen. Seine Identität ist nicht näher zu bestimmen. Für die von SUYSKENS, Vorrede S. 341 ff. vorgeschlagene Gleichsetzung mit dem 840 unter den Großen zwischen Maas und Kohlewald genannten *Odulfus*, Nithard II, 2 S. 15, gibt es über die Gleichheit des Namens und der sozialen Stellung hinaus keine Anhaltspunkte.
[39] Cap. 2, 22, 23 S. 347, Hs fol. 81ʳ.
[40] Es ist lediglich von einem *locus* die Rede, zu dem die Reliquien überführt wurden.
[41] Diese Interpretation findet sich in der Vita brevior s. Amoris S. 348-349, die jedoch aufgrund der Korruptel *in loco qui dicitur Holdier* für *in loco ubi postmodum que hodieque*, vgl. Anm. 37, mit Sicherheit jünger als die Vita des 11. Jh.s ist. Von Interesse ist in diesem Zusammenhang, daß Hilda und Odulf, soweit es aus den Angaben bei COENS, Martyrologes ersichtlich ist, die einzigen Laien waren, deren Todestag in dem Martyrologium von Munsterbilzen vermerkt war, ebd. S. 122 ff.

nähere Datierung der geschilderten Ereignisse enthält die Vita nicht. Der Bericht über die wunderbare Heilung eines Grafen bei Mailand, Hucboldus, durch den Heiligen[42] und die Tatsache, daß der Vita aus dem 11. Jahrhundert eine ältere Vita vorausging, lassen auf das 9./10. Jahrhundert schließen.

Als frühestes Zeugnis für die Kenntnis der Landrada in Munsterbilzen ist die Nachricht des Theoderich von St. Truiden (Ende 11. Jahrhundert) zu betrachten, eine Äbtissin von Munsterbilzen habe ihn um die Abfassung einer Vita der Heiligen gebeten[43]. Die Vita s. Landradae beruht auf der Genter Überlieferung[44]. Ihre Angaben über die Gründung des Klosters und der Bericht der Translatio s. Landoaldi über die Reliquienerhebungen in Wintershoven liegen den Einträgen zu Landrada in einem Martyrologium von Munsterbilzen aus dem 13. Jahrhundert zugrunde[45]. Die Nachrichten über die Translation der Landrada nach Gent wurden dabei nur undeutlich wiedergegeben[46]. Hinweise auf einen Kult der Landrada enthält die Angabe in dem Martyrologium: *fundavit* (sc. *Landrada*) *ecclesiam, ubi usque hodie omnibus digne petentibus eius prestantur beneficia*[47]. Spätestens zu Beginn des 14. Jahrhunderts war das Stift im Besitz einiger Reliquien der Heiligen[48].

Landrada wurde somit als Gründerin des Klosters verehrt. Gegenüber der Verehrung des Amor war ihr Kult jedoch von geringerer Bedeutung. Inwieweit vor der Übernahme der Genter Tradition eine lokale Überlieferung zur hl. Landrada bestand, ist aufgrund der Nachrichten aus Munsterbilzen nicht auszumachen.

Nach den Untersuchungen von Paquay umfaßte die Urpfarrei Munsterbilzen das von den Orten Genk, As, Gellik, Riemst und Bilzen umschriebene Gebiet (etwa 22 × 8 km)[49]. Der große Umfang des Pfarrsprengels deutet darauf hin, daß Munsterbilzen ein altes kirchliches Zentrum war. Pfarr- und

---

[42] Cap. 1, 9 S. 344 *per Mediolanense territorium ... Ibi Hucboldum quendam comitem ...*; SUYSKENS, Vorrede S. 341 hielt eine Identität mit dem unter Ludwig II. in Oberitalien bezeugten Pfalzgrafen Hucpold für wahrscheinlich, vgl. HLAWITSCHKA, Oberitalien S. 204 ff.; über den Anfang des 9. Jh.s bezeugten Inhaber der Grafschaft Verona, Hucpald, vgl. ebd. S. 203 ff.

[43] In der Praefatio der Vita s. Landradae (AA SS Julii 2 S. 624) bemerkt Theoderich: *Aggrediar tamen una lucubratiuncula vitam beatae Virginis Landradae, vobis petentibus ut satisfaciam, et ceteras exemplo admirabilis feminae ad virtutem ut accendam.* Daß die Vita für das Kloster Munsterbilzen geschrieben wurde, wie HOLDER-EGGER, Heiligengeschichten S. 628 Anm. 1 angab, geht vor allem aus ihrer Verwendung in dem Martyrologium von Munsterbilzen hervor. HOLDER-EGGER, MG SS 15, 2 S. 608 Anm. 4, macht darauf aufmerksam, daß die Translation der Landrada von Wintershoven nach Gent in der Vita nicht erwähnt wird.

[44] Dies ergibt sich deutlich aus dem Textvergleich. Ähnlich VAN DER ESSEN, Étude S. 176. Theoderich hielt sich von 1082–1099 in St. Peter in Gent auf, BALAU, Étude S. 355.

[45] COENS, Martyrologes S. 123 ff.

[46] Ebd. S. 124. Die Überführung nach Gent wird nicht erwähnt. Eher sollen wohl Angaben wie *transtulerunt Belisie* und *translatio venerabilis virginis Landrade in Belisia* den Eindruck einer Translation nach oder in Munsterbilzen erwecken.

[47] Ebd. S. 124.   [48] Ebd. S. 125.   [49] PAQUAY, Les paroisses S. 181–205.

Stiftskirche von Munsterbilzen lagen in unmittelbarer Nachbarschaft innerhalb des Stiftsgebietes[50]. Die Pfarrkirche, die bis zum Bau einer eigenen Stiftskirche zugleich auch dem Stift diente[51], war der Maria geweiht[52]. Nimmt man nicht einen Patrozinienwechsel an, so darf für das Marienpatrozinium in Munsterbilzen ein hohes Alter vorausgesetzt werden.

c) Zusammenfassung

Aus den vorhergehenden Beobachtungen ergibt sich für die Beurteilung der Nachrichten über die Klostergründung der Landrada in Munsterbilzen: Gegen ihre Glaubwürdigkeit sprechen vor allem der späte Zeitpunkt ihrer Überlieferung, ihre Zugehörigkeit zu der von den Auseinandersetzungen mit St. Peter geprägten literarischen Produktion von St. Bavo, die Tatsache, daß das Kloster Munsterbilzen erst im 10. Jahrhundert bezeugt ist und daß in dem offiziellen Bericht über die Reliquienerhebungen in Wintershoven, der in größerer Nähe zu Munsterbilzen abgefaßt wurde, keine Beziehung zwischen Landrada und diesem Kloster hergestellt wird, sowie schließlich die geringe und erst spät faßbare Verehrung der Landrada in Munsterbilzen selbst. Es lassen sich jedoch auch einige Hinweise dafür erbringen, daß es sich bei den Nachrichten über die Anfänge von Munsterbilzen nicht um eine reine Erfindung der Mönche von St. Bavo gehandelt haben kann. Daß Landoald und Landrada in den Berichten über die Erhebung von Reliquien in Wintershoven besonders hervorgehoben werden und im Gegensatz zu den übrigen Heiligen fränkische Namen tragen, kann für eine ältere lokale Verehrung sprechen. Bei einer solchen Annahme ist aus dem Bericht des Heriger über die Auffindung der Landrada zu schließen, daß ihre Tradition ursprünglich nicht in Verbindung mit Wintershoven stand. Die späteren Nachrichten über die Beziehungen der Landrada zu Munsterbilzen entsprechen in dieser Hinsicht durchaus den Angaben des Heriger[53]. Daß Landrada die Erzieherin der Amalberga war und sich bei ihrer Bestattung ein Wunder ereignete, war in Gent für das Ansehen dieser Heiligen von weitaus größerer Bedeutung als die Stiftung des Klosters in Munsterbilzen. Da spätestens im 11. Jahrhundert der hl. Amor als Titelheiliger von Munsterbilzen galt, gibt die der gleichen Zeit angehörende Nachricht, das von Landrada gegründete Kloster sei der Maria geweiht gewesen, einen älteren Zustand wieder. Für die Marienkirche in Munsterbilzen,

---

[50] So nach einem bei VAN NEUSS, Munsterbilsen (auf dem Titelblatt) wiedergegebenen Katasterplan von Munsterbilzen aus dem 18. Jh.
[51] Nach KONINCKX, Munsterbilzen S. 106, der mit PAQUAY, De groote Relieken S. 148 aus der erstmals 1040 bezeugten Stellung des hl. Amor als Titelheiliger von Munsterbilzen, vgl. Anm. 31, auf die Weihe der neuen Stiftskirche vor 1040 schließt.
[52] PAQUAY, Les paroisses S. 186.
[53] Vgl. oben S. 112 mit Anm. 7.

die in enger Verbindung zu dem Stift stand, ist ein hohes Alter anzunehmen. Der Personenname Landrada und die Stiftung kleinerer klösterlicher Gemeinschaften sind unter Pippin II. im mittleren Maasgebiet bezeugt[54].

Diese Hinweise reichen keineswegs aus, die Bedenken gegen die Tradition über die Anfänge von Munsterbilzen völlig zu zerstreuen. Sie verleihen der Annahme jedoch eine gewisse Wahrscheinlichkeit, daß diese späten Nachrichten zumindest teilweise auf einer älteren, nicht unglaubwürdigen Tradition beruhen. Bei einer solchen Annahme können, wenngleich unter großen Vorbehalten, die Angaben der Genter Bearbeitung der Translatio s. Landoaldi über die Klostergründung der Landrada in Munsterbilzen für die Frage nach der Führungsschicht und der Besitzstreuung im mittleren Maasgebiet im 7. und beginnenden 8. Jahrhundert herangezogen werden[55]. Mit Landrada wäre dann eine weitere, der sozial gehobenen Schicht zuzuweisende Persönlichkeit zu fassen. Als Besitzung ist das unweit Maastricht gelegene Munsterbilzen (etwa 12 km nw.) anzugeben. Hält man die frühe Gründung einer kleineren klösterlichen Gemeinschaft in Munsterbilzen für wahrscheinlich, so liegt die Hypothese nahe, daß es sich bei dem Ereignis, das dem Translationsbericht der Vita s. Amoris zugrunde liegt, um eine, wohl der Zeit nach den Normanneneinfällen angehörende Neugründung handelte, wobei die Erinnerung an die erste Stifterin so stark zugunsten des neuen Amorkultes zurücktrat, daß die Einbeziehung der Landrada in die Wintershovener Reliquientranslation möglich war.

Dodo

Dodo war nach der ältesten Vita Landiberti und den Miracula s. Dionysii der Hauptverantwortliche für die Ermordung des Maastrichter Bischofs Lambert (703/05)[1]. Die ausführlichere der beiden Quellen ist die Vita Landiberti, die wenige Jahrzehnte nach dem Tode Lamberts in Lüttich entstanden, den geschilderten Ereignissen zugleich auch zeitlich und räumlich nähersteht[2]. In ihrem Bericht über die Ermordung Lamberts überwiegt das hagiographische

---

[54] Vgl. unten S. 169ff. und 197.
[55] Daß das Wirken der Landrada in die Zeit Pippins II. verlegt wird, vgl. Anm. 19, ist weder aus der Tradition über die Beziehungen zur hl. Amalberga noch aus der Zuweisung zur *societas* des Landoald abzuleiten.
[1] Die Vita cap. 24 S. 377 bezeichnet Dodo als denjenigen, *qui primus et princeps necem antestite currit;* in den Miracula heißt es von einem Gefährten Dodos Godobald, daß er *in necem beatissimi viri Lantberti episcopi cuidam comiti Dodoni nomine se consortem et conscium praebuisset,* vgl. hierzu sowie zur Datierung der Quelle unten S. 127 mit Anm. 2.
[2] Zur Datierung der Vita vgl. unten S. 242.

Interesse, den gewaltsamen Tod des Bischofs als Martyrium für die Maastrichter Bischofskirche darzustellen. Die Angaben über Dodo sind dementsprechend stark negativ geprägt und teilweise wohl auch überzeichnet. Mit den Abschnitten über das Martyrium Lamberts setzen jene Passagen der Vita ein, in denen der Autor zunehmend selbständige Nachrichten bringt und z. T. eine starke Detailkenntnis zeigt. Zweifellos stand ihm für die Vorgänge um den Tod des Bischofs, die den Höhepunkt der Vita bilden, eine reichere lokale Tradition zur Verfügung. Die wenigen von ihm mitgeteilten Einzelheiten zur Person Dodos sind auf diese Lütticher Lokalüberlieferung zurückzuführen und dürfen, von einigen hagiographischen Ausschmückungen abgesehen, als Grundlage personengeschichtlicher Aussagen dienen.

Nach Angaben der Vita hatten sich zwei nahe Blutsverwandte des Dodo, die Brüder Gallus und Rivaldus, Übergriffe auf die Person Lamberts und auf Hörige der Maastrichter Bischofskirche zuschulden kommen lassen. Anhänger *(amici)* des Bischofs, bei denen es sich, wie aus späteren Andeutungen in der Vita hervorgeht, um Lamberts Neffen Petrus und Autlaecus handelte, erschlugen daraufhin die beiden Brüder[3]. Dies wiederum hatte zur Folge, daß Dodo mit einer großen Zahl von Familienangehörigen und Gefolgsleuten den Bischof bei einem Aufenthalt in Lüttich überfiel und ihn mitsamt seinen Neffen tötete[4]. Bischof Lambert entstammte einer einflußreichen Maastrichter Familie[5]. Dodo wird in der Vita als *domesticus ... principes Pippini* bezeichnet und als reicher Grundbesitzer und Herr einer größeren bewaffneten Dienstmannschaft geschildert[6]. Von seinen Verbündeten in der Auseinandersetzung mit Lambert ist durch das Zeugnis der Miracula s. Dionysii ein Godobald bekannt, der aus dem Lüttich benachbarten Ort Avroy stammte und möglicherweise ein Verwandter des Dodo war[7]. Für Dodos Stellung scheint weiterhin aufschlußreich, daß die Anhänger Lamberts, die den toten Bischof nach Maastricht überführt hatten, es nicht wagten, Lambert feierlich zu bestatten, sondern ihn *cum magnu metu* in dem Grab seines Vaters beisetzten[8].

---

[3] Cap. 11 S. 364f. sowie zu Petrus und Autlaecus cap. 15 und 16 S. 368 ff.; eine ausführliche Interpretation der Angaben über die Ermordung Lamberts wird unten S. 268 ff. gegeben; dort Anm. 159 auch vollständiges Zitat der betreffenden Angaben der Vita.

[4] Es ist die Rede von einer *magna copia virorum, fortissimus ad praeliandum,* cap. 11 S. 365, von einem *hostile exercitu,* einer *multitudo copiosa virorum pugnatorum ad bellandum* bzw. der *plurima multitudo sodaliorum eius,* cap. 13 S. 367; aus cap. 24 S. 377 geht hervor, daß sich darunter auch *proximi consanguinii* Dodos befunden hatten. Es liegt auf der Hand, daß der Autor die Zahl der Feinde seines Heiligen übertrieb. Dennoch wird man mit einem größeren bewaffneten Gefolge des Dodo zu rechnen haben.

[5] Vgl. dazu unten S. 243 ff.

[6] Cap. 11 S. 365: *erant ei possessiones multae et in obsequio eius pueri multi;* zur Interpretation dieser Stelle vgl. auch EBLING, Prosopographie S. 127.

[7] Zu ihm vgl. unten S. 126 ff.

[8] Cap. 18 S. 372; Lambert wurde aller Wahrscheinlichkeit nach in der südlich vor Maastricht gelegenen Kirche St. Pieter bestattet, vgl. dazu unten S. 248 ff.

Offensichtlich waren sie selbst im engeren Umkreis von Maastricht nicht vor weiteren Rachehandlungen Dodos sicher.

Die Nachrichten der Vita und der Miracula s. Dionysii über die Beteiligten und den Verlauf der Auseinandersetzungen, die zur Ermordung Lamberts führten, lassen deutlich erkennen, daß Dodo einer mächtigen, im Lüttich-Maastrichter Raum ansässigen Familie angehörte. Die führende soziale Stellung der Familie geht auch daraus hervor, daß sie in der Lage war, mit Dodo einen hohen Amtsträger zu stellen [9]. Dodos Bezeichnung als *domesticus* in der Vita Landiberti ist der Angabe der ein Jahrhundert später in St. Denis niedergeschriebenen Miracula vorzuziehen, wonach Dodo *comes* gewesen sei [10]. Als *domesticus* stand Dodo in der Rangfolge der königlichen Amtsträger zwar unter dem *dux* und dem *comes* [11], zählte aber wie diese zu den *viri illustres* [12], ein Rangtitel, der in Königsurkunden verwandt, die Zugehörigkeit zur politischen Führungsschicht zum Ausdruck bringt [13]. Aufgabe des *domesticus* war vor allem die Verwaltung des Fiskalbesitzes in einem ihm zugewiesenen Amtsbezirk [14]. Angesichts der seit dem Ende des 6. Jahrhunderts zunehmen-

---

[9] Ein deutliches Beispiel für die vornehme Abkunft eines *domesticus* ist etwa der 723 an das Kloster Honau schenkende *Ebrohardus domesticus,* der dem elsässischen Herzogshaus der Etichonen angehörte, Sohn des *dux* Adalbert war, den *dux* Liutfrid zum Bruder hatte und selbst zum *comes* aufstieg, vgl. BRUCKNER, Regesta Alsatiae Nr. 103 und 127 S. 47 und 67 sowie EBLING, Prosopographie S. 129 ff. Als weiteres Beispiel sind Arnulf von Metz, Vita Arnulfi cap. 7 S. 434, sowie dessen Söhne Chlodulf und Ansegisel zu nennen, die sehr wahrscheinlich wie ihr Vater gleichfalls das Amt eines *domesticus* bekleideten, vgl. dazu unten S. 389 f.

[10] CARLOT, Étude S. 31 sieht in den beiden Nachrichten einen Beleg dafür, daß der *comes* auch mit den Aufgaben eines *domesticus* betraut werden konnte. Seine übrigen Belege für diese Annahme sind jedoch keineswegs tragfähig, vgl. CLAUDE, Comitat S. 16, BRUCKNER, Regesta Alsatiae Nr. 59 S. 21 sowie das Anm. 9 erwähnte, anders zu interpretierende Beispiel Eberhards. KURTH, Un témoignage S. 421, BAIX, Saint Hubert S. 205 Anm. 15 und YANS, Domaine S. 911 setzten das Amt eines *comes* und eines *domesticus* unzutreffend gleich, wobei Kurth annahm, Dodo sei Graf des Haspengaues gewesen. Sprechen bereits die größere Detailkenntnis der Vita Landiberti und ihre räumliche und zeitliche Nähe für die zutreffende Überlieferung des Amtstitels Dodos, so ist gut vorstellbar, daß in dem entfernten St. Denis in der 1. Hälfte des 9. Jh.s, als es das Amt des *domesticus* nicht mehr gab, aus einem *domesticus* leicht ein *comes* werden konnte.

[11] Vgl. etwa die beiden Placita Chlodowechs III. und Childeberts III. von 693 bzw. 697, in denen die *domestici* nach den *comites* und *grafiones* aber noch vor den *referendarii* und *senescalci* aufgeführt werden, DD Mer 66 und 70 S. 58 und 62 = LAUER/SAMARAN Nr. 23 und 27 S. 17 und 19. CLAUDE, Comitat S. 34 vermutet, daß der *domesticus* um die Mitte des 7. Jh.s unter den *comes* absank.

[12] Dieses Rangprädikat ist etwa dem 669/70 im Umkreis von Stablo-Malmedy bezeugten *domesticus* Hodo wie auch den bei dem Placitum von 693 anwesenden *domesticis* beigelegt, vgl. Anm. 11 sowie oben S. 100 f. mit Anm. 1 und 2.

[13] Vgl. HEIDRICH, Titulatur S. 136 f. mit Anm. 295 sowie WOLFRAM, Intitulatio I S. 121 ff. und 144 mit Anm. 24.

[14] Hierzu vor allem CARLOT, Étude S. 23 ff. Der Titel bei Marculf II, 52, MG Formulae S. 106: *Ego in Dei nomen ille domesticus, acsi indignus, glorioso domno illius regis super villas ipsius illas ...* läßt deutlich erkennen, daß dem *domesticus* mehrere *villae* unterstanden. Nach CARLOT

den Entwicklung, daß Amtsträger den Gebieten entstammten, in denen sie tätig wurden[15], wird man mit hoher Wahrscheinlichkeit davon ausgehen dürfen, daß sich der Amtssprengel des Dodo im Lütticher Raum befand[16].

Aus der Angabe *domesticus ... principes Pippini* schloß Carlot, daß Dodo für die Verwaltung der pippinidischen Hausgüter zuständig gewesen sei[17]. Da jedoch unter Pippin II. die merowingische Ämterordnung unverändert weiterbestand[18] und zwischen Fiskalgut und Eigengut der Arnulfinger-Pippiniden durchaus streng unterschieden werden konnte[19], muß es als wesentlich wahrscheinlicher gelten, daß Dodo die Verwaltung des Fiskalguts im Umkreis von Lüttich und Maastricht unterstand. Andererseits aber spiegelt seine Titulierung als Amtsträger Pippins II. durch den Autor der Vita die tatsächlichen Machtverhältnisse zutreffend wider[20]. Pippin II., der seinen Sohn Grimoald zum Hausmeier und damit zum höchsten königlichen Amtsträger einsetzte[21], dürfte auch auf die Besetzung der führenden Ämter in den seiner Familie eng verbundenen Landschaften an Maas, Mosel und Rhein entscheidenden Einfluß genommen haben. Der Lütticher Raum zählte zu jenen Gebieten, die unter Pippin II. stark in den Vordergrund traten und in denen die Arnulfinger-Pippiniden über nicht unbeträchtlichen Besitz verfügten. Die Übernahme eines führenden Amtes in diesem Raum setzte zweifellos sehr enge Beziehungen zum karolingischen Hause voraus[22].

S. 28 ff. konnte der Umfang der Amtssprengel durchaus unterschiedlich sein, so daß keine genaueren Angaben möglich sind.

[15] Vgl. etwa CLAUDE, Comitat S. 31 (zu dem 614 von Chlothar II. gewährten Indigenatsprinzip für *iudices*) und S. 65 ff.

[16] KRUSCH, SS rer. Merov. 6 S. 301 f. und BAIX, Saint Hubert S. 205 Anm. 5 vermuten hingegen, daß Dodo der Nachfolger des 669/70 im Umkreis von Stablo-Malmedy genannten *domesticus* Hodo gewesen sei, vgl. Anm. 12; doch spricht die Überlieferung für eine noch engere Verbindung zum Lütticher Raum.

[17] CARLOT, Étude S. 18 und 47. Der einzige vergleichbare Beleg in der Zusammenstellung von CARLOT S. 110: *Erchenaldus* (sc. *maior domus*) *constituit tres domesticos suos* findet sich in den Virtutes s. Fursei cap. 11 S. 444 aus dem Beginn des 9. Jh.s und kann, da er wesentlich jüngeren Datums ist, kaum zur Deutung beitragen.

[18] Deutlichster Beleg hierfür sind wohl die in den beiden königlichen Placita von 693 und 697 zahlreich aufgeführten verschiedenen königlichen Amtsträger, vgl. Anm. 11.

[19] Vgl. dazu unten S. 458 ff.

[20] Seiner Bezeichnung Dodos als eines Amtsträgers Pippins II. entspricht, daß der Autor an anderer Stelle Pippin als *princeps ... super plurimas regionis et civitatis sitas Eoruppe* tituliert, cap. 7 S. 361.

[21] LHF cap. 49 S. 323; deutlicher noch für Grimoalds Sohn Theudoald ebd. cap. 50 S. 325.

[22] Im Verlauf des 9. Jh.s kam die Tradition auf, Dodo sei ein Bruder von Pippins II. Nebenfrau Chalpaida gewesen und habe, nachdem Lambert Pippin II. Vorhaltungen wegen seines Ehebruchs gemacht hatte, aus Zorn bzw. auf Geheiß Pippins II. den Bischof erschlagen; so erstmals in dem Carmen de s. Landberto V. 33 ff. S. 151 aus dem beginnenden 10. Jh., dessen Inhalt aber bereits der Mitte des 9. Jh.s in dem Martyrolog des Ado undeutlich wiedergegebenen Tradition zugrundelag, daß Lambert, *dum regiam domum zelo religionis accensus increpasset ... ab iniquissimis viris de palatio regio missis* heimtückisch erschlagen worden sei, QUENTIN, Les martyrologes

Die Angaben über Dodo in der Vita Landiberti und den Miracula s. Dionysii vermitteln nicht zuletzt auch einen aufschlußreichen Einblick in das Verhältnis führender Familien des Lütticher Raums untereinander. Selbst wenn, dem Bericht der Vita entsprechend, der Konflikt mit Lambert seinen Ausgang bei einer Verletzung von Rechten der Maastrichter Kirche durch Familienangehörige Dodos genommen haben sollte, wird deutlich, daß sich hieraus sehr bald blutige Auseinandersetzungen zwischen zwei der einflußreichsten Familien des Gebiets um Maastricht und Lüttich entwickelten. Der Rechtsstreit wurde nicht vor Gericht, sondern unter den bewaffneten Angehörigen der beiden Parteien ausgetragen. Dodo konnte sich auf zahlreiche Familienangehörige, Verbündete und Dienstleute stützen; aber auch Lambert war nicht ohne bewaffneten Anhang nach Lüttich gekommen [23].

Welche Folgen der Vollzug der Blutrache an Lambert und seinen Neffen für Dodo hatte, ist aus den Angaben der Vita nicht klar zu erkennen. Ihre Nachrichten über das Schicksal der Mörder Lamberts sind stark hagiographisch geprägt und zum Teil nachweislich unglaubwürdig. Es heißt, nachdem Lambert ein Jahr nach seinem Tode in einer Vision das Ende seiner Mörder angekündigt habe, sei Dodo *ultione divina percussus* erkrankt und qualvoll gestorben. Seine mitschuldigen Familienangehörigen hätten sich zum Teil gegenseitig erschlagen oder seien von Dämonen befallen worden. Nur wenige, denen für kurze Zeit *propter exemplum* ein elendes Leben zugestanden wurde, hätten überlebt [24]. Der Bericht enthält keine Hinweise darauf, daß es, wie aus den Miracula s. Dionysii hervorgeht, zur Bestrafung einiger der Täter durch

---

S. 581. Die Tendenz, die den späteren kirchlichen Vorstellungen nicht mehr entsprechenden Angaben der ältesten Lambertsvita über den Anlaß des Martyriums durch diesen Hinweis auf Lamberts wahrhaft vorbildliches bischöfliches Verhalten zu ersetzen, ist so klar erkennbar, daß die Angaben über eine Verwandtschaft Dodos mit Pippins Nebenfrau Chalpaida keinerlei Glaubwürdigkeit für sich beanspruchen können, vgl. hierzu KRUSCH, SS rer. Merov. 6 S. 328 ff., VAN DER ESSEN, Étude S. 23, WATTENBACH/LEVISON 2 S. 166 und ZENDER, Heiligenverehrung S. 27. Zu erwägen bleibt allenfalls, ob nicht möglicherweise die Erinnerung an ein gespanntes Verhältnis zwischen Lambert und Pippin II. und an enge Beziehungen zwischen Pippin und Dodo einer der Ausgangspunkte für die Entstehung der späteren Legende in dieser Form gewesen war. Die Vermutung von KRUSCH S. 328 zu den Auseinandersetzungen mit Lambert: „fere de rebellione agi videtur a Dodone domestico iussu Pippini principis opprimenda" findet allerdings in der ältesten Lambertsvita keine Stütze.

[23] So weilten etwa Lamberts Neffen Petrus und Autlaecus mit ihm in Lüttich; von Lambert selbst heißt es, daß er auf die Nachricht von dem Überfall des Dodo aufgesprungen sei als *fortissimus proeliator, continuo adprehenso gladio in manibus suis, ut contra hostes suos pugnaturus accederet*, cap. 14 S. 367. Zweifellos lag auch hier das hagiographische Anliegen zugrunde, durch die Schilderung der Kampfesbereitschaft den Verzicht Lamberts auf eine bewaffnete Auseinandersetzung um so leuchtender herauszustellen. Für die Vorstellung, die man wenige Jahrzehnte später in Lüttich von dem Bischof besaß, sind die Nachrichten dennoch noch immer aufschlußreich genug.

[24] Cap. 24 S. 376 ff.

weltliche bzw. kirchliche Instanzen gekommen war[25]. Möglicherweise sollte in der Vita diese Bestrafung hagiographisch als ein vom Heiligen selbst bewirktes Strafgericht dargestellt werden[26]. Denkbar ist aber auch, daß eine zu milde oder gar ausgebliebene Bestrafung der Hauptverantwortlichen, insbesondere Dodos, auf diese Weise verschleiert werden sollte[27]. In welcher Weise sich die Ermordung Lamberts auf die Beziehungen Dodos und seiner Familie zu Pippin II. auswirkte, ist nicht mehr anzugeben.

Insgesamt wird dank der Nachrichten der Vita Landiberti mit Dodo und seiner Verwandtschaft eine weitere führende Familie des Lütticher Raums aus der zweiten Hälfte des 7. Jahrhunderts faßbar. Bereits durch ihren umfangreichen Besitz sozial hochgestellt, zählte sie unter Pippin II. zur politischen Führungsschicht des mittleren Maasgebietes und gehörte hier dem engsten Umkreis der frühen Karolinger an.

Godobald

Nähere Angaben über einen Verbündeten des Dodo, den aus dem Lütticher Raum stammenden Godobald, finden sich in den Miracula sancti Dionysii[1]. Diese, bereits in dem Abschnitt über Dodo mehrfach erwähnte, in der ersten Hälfte des 9. Jahrhunderts entstandene Quelle berichtet von einem *Godobaldus, ortus provincia Asbaniensi, villa quae dicitur Arbrido,* der ein Gefährte des *comes* Dodo und einer der Mörder des Bischofs Lambert gewesen

---

[25] Vgl. dazu unten S. 131. Die Möglichkeit, daß die Täter das Land verließen, noch lange am Leben blieben und wie Godobald, der Abt von St. Denis wurde, später noch zu hohen Ehren kamen, wird in dem Bericht der Vita ausgeschlossen.

[26] Die Lex Ribuaria 40, 9 S. 94 sah für den Bischofsmord ein Wergeld von 900 Schilling vor. Dieser Betrag zählt zu den höchsten der in der Lex genannten Bußtaxen. Das angelsächsische Bußbuch des Theodor von Canterbury und das im Südwesten des fränkischen Reichs verbreitete sog. Poenitentiale Parisiense verwiesen die Verurteilung des Mörders eines Bischofs oder Priesters an das *regis iudicium,* SCHMITZ, Bußbücher S. 528 und 686; vgl. auch BEYERLE, Leges S. 297.

[27] Bei strenger Interpretation des Berichts der Vita ist zu schließen, daß Dodo zumindest im ersten Jahr nach der Ermordung Lamberts unbehelligt blieb. SILVESTRE, Le Chronicon S. 373 folgert: „La conclusion à tirer de tout cela, c'est que les meurtriers de S(aint) L(ambert) bénéficièrent d'une impunité de la part de l'autorité publique". Wenn es in der Ende des 8. Jh.s entstandenen Vita Desiderii cap. 8 S. 568 über die Bestrafung der Mörder des Bischofs Rusticus heißt: *Siquidem vehementer ira regis commota terribilia valde promulgavit praecepta, adeo ut alii ob id truncati, alii interempti, alii exilio damnati, alii etiam perpetua ob hoc servitute addicti sunt,* dann sind die Unterschiede zu den Angaben der Lambertsvita nicht zu übersehen.

[1] Auf diese in diesem Zusammenhang nur wenig berücksichtigte Quelle machte erstmals KRUSCH, Reise S. 600 ff. aufmerksam, der den Text auch ebd. edierte. Eingehender mit dem Bericht beschäftigten sich KURTH, Un témoignage S. 414 ff. und KRUSCH in der Vorrede zu seiner Ausgabe der Vita Landiberti SS rer. Merov. 6 S. 304 f.

sei. Von Gott für dieses Verbrechen mit Krankheit gestraft, habe sich Godobald für lange Zeit auf die Reise zu heiligen Stätten begeben, um Vergebung und Heilung zu erlangen. In Rom schließlich habe er durch eine Vision erfahren, daß ihm bei den Heiligen Dionysius, Rusticus und Eleutherius Heilung gewährt würde. In St. Denis angekommen, sei er geheilt worden, woraufhin ihm der dortige Abt Chillard, erfreut über dieses Wunder, eine Bleibe in dem Kloster eingeräumt habe. Auf Geheiß Karl Martells sei er später zum Abt von St. Denis erhoben worden und habe dem Kloster 25 Jahre lang vorgestanden [2].

Die beiden ersten Bücher der Miracula s. Dionysii wurden um 835 unter Abt Hilduin in St. Denis abgefaßt [3]. Der Bericht über Godobald findet sich nur in einer Reimser Handschrift des 10. Jahrhunderts, die neun Wunderberichte *Ex libello Miraculorum Sancti Dyonisii* enthält [4]. Der Hauptteil der Miracula ist in jüngeren Handschriften überliefert [5], in die zwei Mirakelberichte der Reimser Handschrift, darunter jener über Godobald, nicht aufgenommen wurden [6]. Nach dem Vergleich der überlieferten Wunder ist jedoch

---

[2] KRUSCH, Reise S. 601: *Sub Carolo Francorum principe et maiore domus, ut tunc moris erat, vocato quidam nomine Godobaldus, ortus provincia Asbaniensi, villa quae dicitur Arbrido, cum in necem beatissimi viri Lantberti episcopi cuidam comiti Dodoni nomine se consortem et conscium praebuisset, Deo poenam exigente, claudus effectus est. Itaque divini flagelli admonitu reatum suum agnoscens, diu sanctorum loca circumiens et admissis veniam et membris incolomitatem restitui flagitabat. Tandemque ad beatissimi Petri limina Romam veniens, divina revelatione cognovit, sanitatis recuperandae locum in Galliis sibi apud sanctorum martyrum Dyonisi, Rustici et Eleutherii memorias esse concessum. Regressus igitur ab Urbe, designatum caelitus locum expetit, ibique obtatam diuque quaesitam sanitatem recuperat. Erat tunc abba loci Helardus, qui divino miraculo congratulans, locum ei et alimenta communia concessit. Sicque in eodem loco vitam degens, cum in multis probus omnibus appareret, praecipiente Carolo principe, abbatis inibi officium suscepit ac per viginti quinque annos strenuissime administravit.*

[3] Datierung nach LEVILLAIN, Saint-Denis 1 S. 62 ff. Levillain versuchte ebd. S. 88 ff., die Miracula und die Gesta Dagoberti Hinkmar von Reims zuzuweisen, vgl. jedoch WATTENBACH/ LEVISON 1 S. 113 Anm. 254.

[4] Edition des gesamten Auszuges bei LUCHAIRE, Études S. 93–97, Beschreibung der Hs. ebd. S. 28. Der Codex (Bibliothèque de Reims ms 1137), der aus der Bibliothek des Reimser Domkapitels stammt, enthält zahlreiche Viten, Passiones und Miracula. Einem Nachtrag auf fol. 67 mit Reimser Lokalnachrichten aus dem 11. Jh. ist zu entnehmen, daß sich die Hs. zu dieser Zeit bereits in Reims befand, vgl. KRUSCH, Reise S. 603 und LUCHAIRE S. 29. Der Auszug aus den Miracula s. Dionysii enthält von den auch in den jüngeren Hss. überlieferten Mirakelberichten die Kapitel I, 4, 6, 9, 10, 18, 24 und II, 31. Nach welchen Gesichtspunkten die Auswahl erfolgte, ist nicht ersichtlich. Aus dem Fehlen eines Auszuges aus dem 876/877 abgefaßten 3. Buch der Miracula schließt LEVILLAIN, Saint-Denis 1 S. 91 ff., daß dem Kopisten aus dem 10. Jh. ein Exemplar mit den beiden ersten Büchern vorlag, das bereits vor 877 nach Reims gelangt sei.

[5] Die älteste dieser Hss. stammt nach LEVILLAIN, Saint-Denis 1 S. 59 Anm. 8, aus dem 11./12. Jh. Die übrigen gehören im wesentlichen dem 12. und 13. Jh. an, vgl. LUCHAIRE, Études S. 23 ff. Der bislang einzigen Ausgabe von J. MABILLON liegen unvollständige Hss. aus dem 14. und 15. Jh. zugrunde.

[6] Der Auszug in der Reimser Hs. beginnt mit dem Bericht über Godobald. Das zweite nur hier überlieferte Kapitel berichtet über ein Wunder aus der Zeit König Pippins: die Gattin des

davon auszugehen, daß auch diese beiden Erzählungen zu der ältesten Fassung der Miracula gehörten und sich hier zu Beginn des ersten Buches befanden[7].

Die Miracula bestehen aus einem kurzen Bericht über die Anfänge des Klosters St. Denis[8] und einer langen Folge einzelner Wunderberichte, in denen die Wunderkraft der in St. Denis bestatteten Märtyrer Dionysius, Rusticus und Eleutherius aufgezeigt werden sollte. Die meisten der geschilderten Ereignisse spielten sich in der näheren Umgebung von St. Denis ab und standen in enger Beziehung zu dem Kloster. Nur drei der 67 Wunder fallen in die Zeit vor Abt Fulrad (749–784). Zu ihnen zählt der Bericht über Godobald, dem zwei Gregor von Tours entnommene Wundererzählungen vorangehen[9]. Außer diesen beiden Kapiteln dürften sämtliche Wunderberichte im wesentlichen auf der lokalen Tradition von St. Denis beruhen[10].

Die Erzählung über die wunderbare Heilung des Godobald folgt dem in der Mirakelliteratur üblichen Schema: Der Sünder, von Gott für sein Vergehen gestraft, erfährt am Grabe des Klosterpatrons Heilung[11]. Einzelne

---

(753 urkundlich bezeugten) Grafen von Paris, Gerard, sei wegen der Nichtbeachtung des Feiertages des Dionysius bestraft worden, KRUSCH, Reise S. 601f. Daß auch dieses Kapitel in den jüngeren Hss. fehlt, spricht gegen die Annahme, der Bericht über Godobald sei wegen seines für die Frühgeschichte von St. Denis wenig günstigen Inhalts weggelassen worden. Die beiden Kapitel wären zwischen I,2 und 3 sowie zwischen I,4 und 6 einzuordnen.

[7] Anders LEVILLAIN, Saint-Denis 1 S.61 Anm.2 und S.92, nach dessen Ansicht das Kapitel über Godobald "n'appartenait sans doute pas au texte primitif", sondern von Hinkmar nachträglich in das vor 877 nach Reims gelangte Exemplar der Miracula, vgl. dazu Anm. 4, eingefügt wurde. Levillain geht von der Bemerkung des Autors über den Inhalt des ersten Buches in dem Prolog zu Buch II aus: *Eorum* (sc. *miraculorum*) *tantum hic primus* (sc. *liber*) *erit, quo initia Monasterii quatuorque Abbatum sibi vicissim succedentium tempora conplexus sum*, MABILLON S. 353 (es sind die Äbte Fulrad, Maginarius, Fardulf und Walto gemeint, unter denen sich fast alle der in Buch I geschilderten Wunder ereigneten). Aufgrund dieser Bemerkung sei anzunehmen, daß die davorliegenden drei Wunder I, 1 und 2 sowie das Kapitel über Godobald spätere Zusätze seien. Da Levillain auch das zweite nur in der Reimser Hs. überlieferte Wunder, das der Zeit des Fulrad angehört, als einen Reimser Zusatz betrachtet, sich andererseits aber die Wunder I, 1 und 2 nur in Hss. finden, die die Wunder der Reimser Hs. nicht bringen, würde sich bei seiner Annahme ergeben, daß die Miracula sowohl in St. Denis wie auch in Reims Zusätze erhielten. Demgegenüber dürfte es wesentlich wahrscheinlicher sein, daß sämtliche Wunder der Reimser Hs. zum ursprünglichen Bestand der Miracula gehörten, der Autor aber bei seinen Angaben über den Inhalt der beiden Hauptteile von Buch I der Miracula das unter Abt Chillard an Godobald geschehene Wunder nicht eigens erwähnte. Zur ursprünglichen Einordnung der nur in der Reimser Hs. überlieferten Kapitel vgl. Anm. 6.

[8] Dieser nach LUCHAIRE, Études S. 24ff., LEVILLAIN, Saint-Denis 1 S. 71 und WATTENBACH/LEVISON 3 S. 319 mit den Gesta Dagoberti in enger Verbindung stehende Teil der Miracula ist in den von MABILLON benutzten Handschriften nicht enthalten und m. W. noch nicht ediert.

[9] I, 1 und 2 S. 343. Die der Zeit König Sigiberts I. (561–75) angehörenden Wunderberichte sind in enger wörtlicher Anlehnung Gregors Liber in gloria martyrum cap. 71 S. 535f. entnommen; vgl. auch MABILLON S. 343 Anm.

[10] Im Prolog hebt der Autor eigens hervor, daß seinem Bericht mündliche Überlieferung und eigene Erlebnisse zugrundelagen, S. 343.

[11] So in den Miracula s. Dionysii etwa die Berichte I, 6, 7, 8, 11, 14, 16, 18, 22, 36, II, 35, 36, S. 345–350, S. 358f.

ausschmückende Elemente wie der Hinweis auf die lange, vergebliche Reise zu vielen heiligen Stätten[12] und die göttliche Weisung, daß Heilung erst in St. Denis gewährt würde[13], finden sich auch an anderen Stellen der Miracula. Dennoch weicht das Kapitel über Godobald in einigen Punkten stark von den übrigen Wunderberichten ab: Es ist das einzige Kapitel, das von einem Wunder an einem Abt von St. Denis berichtet und das dementsprechend auch nähere Angaben über Herkunft, Vorleben, Erhebung und Amtsdauer eines Vorstehers dieses Klosters enthält[14]. Von einem ähnlich schweren Verbrechen wie der Mitwirkung an einem Bischofsmord ist in den anderen Mirakelberichten nicht die Rede[15]. Nur bei Godobald schloß die *peregrinatio* zu den heiligen Stätten auch eine Reise nach Rom mit ein.

Der Bericht bezieht sich auf den 726 urkundlich bezeugten *venerabilis Godobaldus abba* von St. Denis[16]. Die Angaben über seine Herkunft, seine Beteiligung an der Ermordung des Lambert und seine Aufnahme und spätere Einsetzung als Abt in St. Denis geben den äußeren Rahmen für den eigentlichen Mirakelbericht ab. Es besteht kein Grund, an ihrer Glaubwürdigkeit zu zweifeln. Daß man in dem angesehenen Kloster einem der Vorgänger Hilduins und Fulrads die wenig rühmliche Mitwirkung bei dem Mord an dem weithin als heilig verehrten Bischof Lambert andichtete, muß als ausgeschlossen gelten[17]. Eine Abhängigkeit des Berichts von den betreffenden Passagen der Vita Landiberti, bereits aus diesen inneren Gründen unwahrscheinlich, ist vom Wortlaut her nicht erkennbar[18]. Die Vita, die von der Ermordung Lamberts durch einen *domesticus* Dodo und dessen *sodales*

---

[12] I, 5 und 12 S. 345, 347. In beiden Fällen handelte es sich jedoch um ohne eigenes Verschulden Erkrankte. Von einer Bußreise zu heiligen Stätten ist II, 35 S. 358 die Rede.

[13] I, 9 S. 346.

[14] Ansonsten wird lediglich in stereotypen Wendungen der Wechsel der Äbte mitgeteilt, vgl. etwa I, 18, 25, II, 1 S. 349, 351, 353.

[15] Bei den meisten geschilderten Vergehen handelt es sich um Übergriffe auf den Besitz des Klosters oder um die Mißachtung des hl. Dyonisius.

[16] D Mer 94 S. 84. Die Urkunde datiert von 726 März 3.

[17] Man könnte eher vermuten, daß der Bericht in den späteren Handschriften der Miracula ausgelassen wurde, da er dem Ansehen des Klosters abträglich erschien; vgl. jedoch Anm. 6.

[18] Rückschlüsse auf die Arbeitsweise des Autors erlauben die Kapitel I, 1 und 2, in denen er seine Vorlage in enger Anlehnung ausschrieb, vgl. Anm. 9. Die Mitteilung über die Ermordung Lamberts enthält abgesehen von der Angabe des Personennamens keine Übereinstimmung mit der ältesten Vita Landiberti. Heißt es in der Vita cap. 11 S. 365: *erat Dodo domesticus iam dicti principes Pippini*, so bezeichnet der Autor der Miracula Dodo als *comes* und unterläßt die Zeitangabe nach der Herrschaft Pippins II. Lambert, in der Vita als *martyr* und *sanctus* gepriesen, cap. 24 S. 378, erscheint in den Miracula als *beatissimus vir Lantbertus episcopus*. Es fehlt somit jeder Hinweis auf eine Benutzung wie auch auf eine Kenntnis der Vita Landiberti. Auch die handschriftliche Überlieferung der Vita läßt keine Rückschlüsse darauf zu, daß die Vita in St. Denis bekannt war. Der in der 2. Hälfte des 9. Jh.s vermutlich in St. Denis angefertigte sog. Psalter Karls d. K. verzeichnet den Namen Lamberts, vgl. COENS, Litanies S. 299.

berichtet¹⁹, zeigt ebenso wie die genaue und in sich zutreffende Mitteilung über Godobalds Herkunft aus Avroy im Haspengau²⁰, daß sich die Erinnerung an diesen Abt in St. Denis bis in Einzelheiten erhalten hatte.

Bischof Lambert wurde von dem *domesticus* Dodo aus Blutrache erschlagen²¹. Godobalds Mitwirkung könnte dafür sprechen, daß er ein Verwandter Dodos war²². Unabhängig davon läßt seine Erhebung zum Abt von St. Denis darauf schließen, daß Godobald einer sehr vornehmen Familie entstammte. Über die Ereignisse, die zwischen der Ermordung Lamberts und Godobalds Einsetzung als Abt von St. Denis lagen, berichten jene Passagen der Wundererzählung, in denen die hagiographischen Elemente überwiegen.

Abt Chillard, von dem es heißt, er habe Godobald nach dessen wunderbarer Heilung aufgenommen, ist zwischen 709/10 und 716/17 urkundlich bezeugt²³. Die Angabe der Miracula, daß Godobald nach dem Tode Lamberts (703/05) zunächst für einige Zeit herumgereist sei, läßt sich somit bestätigen²⁴. Dies wiederum spricht für einen historischen Kern auch der Nachricht,

---

[19] Cap. 14 S. 367; ähnlich cap. 11 und 24 S. 365 und 377 f.

[20] Die Identifizierung von *Arbrido* mit Avroy kann als sicher gelten, vgl. KURTH, Un témoignage S. 419 mit Anm. 1 und HERBILLON, Toponymes hesbignons IX S. 30. GYSSELING, Woordenboek S. 87 kennt den Beleg nicht, führt aber die im 11. Jh. für Avroy überlieferte Namensform *Avrido* wie KURTH und HERBILLON S. 31 auf lat. *arboretum* zurück. Die Lokalisierung von Avroy in der *provincia Asbaniensi* durch die Miracula trifft zu. Der Ort liegt zwischen den beiden an der Maas gelegenen Orten Hermalle und Jemeppe, die 779 bzw. 956 zum Haspengau gehörten, D Karol 1 Nr. 124 S. 174, PIOT 1 Nr. 6 S. 10. Obwohl es St. Denis zu Beginn des 9. Jh.s gelang, Außenbesitz im Haspengau zu erwerben, vgl. GAIER, Documents S. 167, wird man mit KURTH S. 419 davon auszugehen haben, daß allein Godobald "peut avoir apporté à Saint-Denis la mention de l'obscur village d'Avroy en Hesbaye".

[21] Vgl. oben S. 122.

[22] Nach Angaben der Vita Landiberti cap. 24 S. 377 hatten sich unter den Gefährten des Dodo zahlreiche *proximi consanguinii* befunden. Es waren Streitigkeiten zwischen den Familien Lamberts und Dodo, die zu der Ermordung des Bischofs führten, vgl. oben S. 122.

[23] Chillard (*Helardus*, vgl. Anm. 2) begegnet erstmals in einer auf 706 März 12 datierten Urkunde, D Mer 75 S. 66. In Urkunden von 710 Dezember 13 und 14 erscheint ein Dalfinus als Abt, DD Mer 77 und 78 S. 68 f. = LAUER/SAMARAN Nr. 32 und 32 S. 23 f. In drei Urkunden von Februar/März 716 wird wiederum Chillard als Abt von St. Denis genannt, DD Mer 81, 82, 84 S. 72 ff. = LAUER/SAMARAN Nr. 34, 35, 37 S. 24 ff. LEVISON, Kleine Beiträge S. 363 ff. konnte wahrscheinlich machen, daß die beiden von PERTZ auf 710 datierten Diplome für Dalfinus dem Jahre 709 angehören, die älteste Urkunde für Chillard hingegen auf 710 März 12 zu datieren ist, womit sich für den Amtsantritt Chillards die Zeit zwischen Mitte Dezember 709 und Anfang März 710 ergibt, vgl. ebd. S. 364 Anm. 3 sowie SEMMLER, Sukzessionskrise S. 12 mit Anm. 84. Die Amtszeit Chillards endete zwischen März 716 und März 717, vgl. Anm. 33.

[24] Die Nachricht, daß Godobald *sub Carolo Francorum principe et maiore domus* erkrankte, für längere Zeit umherreiste und nach St. Denis gelangte, ist hingegen mit der Datierung des letzteren Ereignisses in die Amtszeit Chillards unvereinbar, da Karl Martell erst 717 Hausmeier in Austrasien wurde und dieses Amt erst 718 im Gesamtreich antrat. Der Hinweis auf Abt Chillard verdient jedoch als die wesentlich speziellere und der unmittelbaren klösterlichen Tradition entstammende chronologische Angabe den Vorzug gegenüber der allgemeineren und weniger präzisen Datierung nach der Herrschaft Karl Martells. Sie ist wohl damit zu

daß Godobalds Entfernung aus dem Lütticher Raum und damit auch seine Ankunft in St. Denis in Zusammenhang mit seiner Beteiligung an dem Bischofsmord standen. Sehr wahrscheinlich war Godobald, für seine Tat mit dem Exil oder der Bußeleistung in der *peregrinatio* bestraft[25], auf seiner Bußreise nach St. Denis gelangt und wurde hier – nicht zuletzt auch wegen seiner vornehmen Abkunft – aufgenommen[26]. Denkbar, wenngleich weniger wahrscheinlich ist auch, daß er sein Vergehen mit dem Klostereintritt sühnte und daß seine Aufnahme in das Kloster in den Miracula mit einem Wunderbericht begründet wurde[27]. Inwieweit die Mitteilung über seine Romreise zutrifft

---

erklären, daß die verwickelten politischen Geschehnisse der Jahre 714/18 in St. Denis bald in Vergessenheit gerieten, hingegen bekannt blieb, daß Godobald und Karl Martell Zeitgenossen gewesen waren.

[25] Vgl. SCHMITZ, Sühnewallfahrten S. 9 ff. POSCHMANN, Kirchenbuße S. 82 und VOGEL, Le pèlerinage pénitentiel S. 41 ff. weisen auf die große Verbreitung der angelsächsischen Bußsatzungen im fränkischen Reich im 8. Jh. hin, in denen die Verbannung (*exilium, peregrinatio*) zu den Strafen für besonders schwere Verbrechen zählte. Dem entspricht etwa die Form. Sal. Lindenbrog. Nr. 17 MG Formulae S. 278 mit dem Titel *Tracturia in perigrinatione*, wonach der Bischof für jemanden, der einen Blutsverwandten ermordet hatte, *secundum consuetudinem vel canonicam institutionem* zu entscheiden hatte, *ut lege peregrinorum ipse praefatus vir annis septem in peregrinatione ambulare debet*. Als aufschlußreiches Parallelbeispiel zu dem Bericht über Godobald mag ein Wunderbericht in Altfrids Vita Liudgeri II, 20 S. 51 gelten, wonach ein Brudermörder von Bischof Jonas von Orleans nach einem Jahr Kerkerhaft *in exsilium missus est*, Lösung von seinen Fesseln und Heilung u. a. in Nivelles und Rom suchte und bei seinem zweiten Besuch in Rom in einer Vision erfuhr, daß er am Grab des hl. Liudger in Werden geheilt werde.

[26] So auch KURTH, Un témoignage S. 419, der auch die Angaben über Godobalds wunderbare Heilung für glaubwürdig hält. Aus der Nachricht, Abt Chillard habe Godobald in St. Denis *locum ... et alimenta communia* gewährt, schließen KURTH, La cité 1 S. 16 und WATTENBACH/LEVISON 2 S. 165 Anm. 9, Godobald sei Mönch geworden. Die Angabe ist im Vergleich zu zwei anderen, ähnlichen Nachrichten der Miracula ungenau: I, 3 S. 344: *ibique* (St. Denis) *attonsus comam, quod negligenter admiserat diligenter confitendo deflens, reliquum vitae suae tempus sub religioso habitu gessit*, und I, 5 S. 345: *eum inter stipendia Monasterii quotidiana constituit*. Der Ausdruck *locum et alimenta communia concedere* läßt sich m. W. auch anderwärts nicht als Bezeichnung für die Aufnahme in den Konvent nachweisen. Die Anm. 25 zitierte Form. Sal. Lindenbrog. Nr. 17 schrieb den kirchlichen Institutionen, die der Büßer aufsuchte, vor, den Büßer nicht festzuhalten, ihm aber, *quando ad vos venerit, mansionem ei et focum et panem et aquam largire*. Godobald hatte – möglicherweise nach Ablauf der ihm gesetzten Bußzeit – eine Bleibe in St. Denis erhalten, wo er nach einiger Zeit, wie seine spätere Erhebung zum Abt zeigt, auch in den Konvent aufgenommen wurde.

[27] Nach POSCHMANN, Kirchenbuße S. 47 ff. galt in der angelsächsischen und auf das Festland übernommenen kirchlichen Bußpraxis der Eintritt in ein Kloster als wirksamste Sühne. Der diesbezügliche Kanon in dem Bußbuch des Theodor von Canterbury lautet: *Qui multa mala fecerint, i. e. homicidium, adulterium cum muliere et cum pecude et furtum, eant in monasterium et poeniteant usque ad mortem* (zitiert nach POSCHMANN S. 48). Deutlich von einem solchen Fall berichten die Miracula I, 3 S. 344, vgl. Anm. 26 (hier hatte der Büßer einen Mord begangen). Ähnlich weist auch SPRIGADE, Einweisung S. 102 ff. und S. 108 darauf hin, daß die „Vermönchung von Missetätern nicht nur eine kirchliche, sondern auch eine von weltlicher Instanz verhängte Strafe war". Gegen die Annahme einer Klosterhaft Godobalds in St. Denis spricht jedoch, daß Godobald, wie seine Ankunft in diesem Kloster erst einige Jahre nach der Ermordung Lamberts zeigt, eher zu einer langjährigen Bußreise verurteilt worden sein dürfte.

oder als eine dem außerordentlich schweren Vergehen entsprechende hagiographische Ausschmückung anzusehen ist, läßt sich kaum mehr entscheiden[28].

Als unmittelbarer Amtsvorgänger Godobalds in St. Denis wird in einer Urkunde von 723/24 ein Abt Berthoald genannt[29]. Godobald hatte sich somit vor seiner Übernahme der Abtswürde mindestens acht Jahre in St. Denis aufgehalten. Als Nachfolger Godobalds ist erstmals 748 ein Abt Amalbert bezeugt, dem vor 750 Fulrad folgte[30]. Die Nachricht, daß Godobald dem Kloster 25 Jahre hindurch vorgestanden habe, dürfte in dieser Form wohl kaum zutreffen. Sicher aber war Godobald unter den zahlreichen Äbten von St. Denis aus der ersten Hälfte des 8. Jahrhunderts derjenige mit der längsten Amtszeit.

Seine Einsetzung erfolgte nach Angaben der Miracula *praecipiente Carolo principe*. Diese Nachricht scheint in Widerspruch zu der Urkunde von 723/24 zu stehen, in der Theuderich IV. auf Betreiben Karl Martells dem Kloster unter Godobalds Vorgänger Berthoald u.a. die freie Abtswahl zugestanden hatte[31]. Dem Kontext ist jedoch zu entnehmen, daß es sich dabei lediglich

---

Nimmt man an, daß Godobald vor 714 nach St. Denis gelangte, so ist es von Interesse, daß zu dieser Zeit der Sohn Pippins II. und neustrische Hausmeier Grimoald, der 714 beim Gebet in der Lambertskirche in Lüttich erschlagen wurde, zugleich auch Graf im *pagus Parisiacus* war, D Mer 77 S. 68 = LAUER/SAMARAN Nr. 31 S. 22, vgl. LEVILLAIN, Saint-Denis 4 S. 45 ff.

[28] ZETTINGER, Berichte S. 100 betont, daß Rom häufig das Ziel für Pilger bildete, die wegen besonders schwerer Verbrechen verbannt waren. Berichte wie die über Godobald oder den in der Vita Liudgeri erwähnten Büßer, vgl. Anm. 25, dürften somit gewiß zu einem Teil einen realen Hintergrund haben. Andererseits lassen sich aber auch zahlreiche Beispiele für den rein hagiographischen Gebrauch von Nachrichten über Bußreisen nach Rom erbringen, so etwa die Angabe in der nur wenig glaubwürdigen Vita Landelini cap. 4 S. 440: *destinavit* (sc. *Landelinus*) *ire Romam, ut, qui iam dimiserat saeculi pompam, peregrinationis quoque mercaretur coronam*. Noch häufiger zu beobachten ist das in dem Bericht über Godobald verwandte Muster: der Büßer oder Kranke erlangt zwar in Rom keine Heilung, erfährt hier aber, bei welchem Ortsheiligen er geheilt würde, vgl. etwa Vita Maximini cap. 14 S. 79, Vita Liudgeri (wie Anm. 25) oder Vita Ermenlandi cap. 20 und 27 S. 705 und 708. Das deutlich erkennbare Bestreben, den Rang des lokalen Heiligen durch den Vergleich mit dem hl. Petrus bzw. durch dessen Weisung besonders hervorzuheben, legt Zurückhaltung gegenüber dem historischen Kern der jeweiligen Nachrichten nahe; vgl. auch GRAUS, Volk, Herrscher und Heiliger S. 445 f.

[29] D Mer 93 S. 82 f. = HAVET, Les origines, App. 2 Nr. 6 S. 242 ff. Die an einem 1. März ausgestellte Urkunde wird von Havet auf 724, von HEIDRICH, Titulatur S. 202 auf 723 datiert.

[30] D Arnulf 18 S. 104 f.; die an einem 11. Februar ausgestellte Urkunde wird von HEIDRICH, Titulatur S. 204 auf 748 datiert; zu Fulrad vgl. ebd.

[31] HAVET, Les origines S. 245. Die Urkunde war *missa peticione per inlustri viro Carlo maiorem domus nostri* bzw. auf Bitten Abt Berthoalds und Karl Martells ausgestellt worden. Der betreffende Passus lautet: *Et illut viro in hunc privilegio nostre serinitat(is) placuit inserendi, ut, cum abbas de ipsa casa Dei de hunc seculo nuto divino fuerit evogatus, liciat ipsius sancti congregacion(i) de ipso monasthirio ex simedipsis elegire et quem bonum et condignum invenirent, [qui] pro honus abbatiue secundum urdiny sancto possit regere vel gobernare et unanimiter consinserint, dato auctoritat(e) a nobis vel a successoribus nostris, ibidem [in] ipsa casa Dei instituatur abba*. Auf die Frage, ob es sich bei dieser Bestimmung am Ende einer

um ein Vorschlagsrecht handelte[32]. Die Einsetzung des Abtes blieb von der Zustimmung des Königs, d.h. in diesem Falle des Hausmeiers abhängig[32]. Die Urkunde bedeutete für das Kloster insofern einen Erfolg, als in den Jahren zuvor der Bischof von Paris zugleich auch die Leitung von St. Denis beansprucht hatte. Bis 718 hatte Bischof Turnoald dem Kloster, das damals auf seiten der Gegner Karls stand, vorgestanden[33]; Karls Neffe Hugo war, als er nach 718 von Karl das Bistum Paris erhielt, offensichtlich gleichfalls für kurze Zeit Abt von St. Denis gewesen[34]. Wie die Einsetzung Berthoalds als eines eigenen Abtes noch unter Bischof Hugo und die von Karl erwirkte Urkunde Theuderichs IV. von 723/24 zeigen, scheint Karl dem Kloster in der Folgezeit stärker entgegengekommen zu sein. Dennoch ist kaum zu bezweifeln, daß er sich weiterhin einen starken Einfluß auf die Auswahl des Abtes vorbehielt. Dies um so mehr, als er eben in diesen Jahren seinen Sohn Pippin dem Kloster St. Denis zur Erziehung anvertraute[35]. Berthoalds Nach-

Reihe von Bestätigungen um ein neues Zugeständnis oder um die Übernahme der bereits in dem Privileg des Pariser Bischofs Landerich von 652 St. Denis gewährten Vergünstigung der freien Abtswahl handelte, so LEVILLAIN, Saint-Denis 3 S. 33, ist hier nicht weiter einzugehen. In Königsurkunden für St. Denis vor 724 findet sich die Gewährung der freien Abtswahl nicht.

[32] Vgl. das Zitat Anm. 31 sowie auch LEVY-BRUHL, Les élections S. 96. In der Urkunde Theuderichs IV. von 728 für Murbach, in der dem Kloster u. a. gleichfalls das Recht der freien Abtswahl gewährt wurde, fehlt der Hinweis auf die königliche *auctoritas*, vgl. D Mer 95 S. 85 sowie BRUCKNER, Regesta Alsatiae Nr. 114 S. 58.

[33] Aus der Tatsache, daß nach Abt Chillard, der zuletzt am 16. März 716 urkundlich bezeugt ist, vgl. Anm. 23, unter Chilperich II. und dem Hausmeier Raganfred in einer Urkunde von 717 März 21 Bischof Turnoald als Vorsteher (*custos*) von St. Denis begegnet, D Mer 87 S. 77 = LAUER/SAMARAN Nr. 38 S. 27, schließt LEVILLAIN, Saint-Denis 3 S. 337 überzeugend, "que ... Saint-Denis avait été le prix dont Chilpéric II. avait acheté la fidélité de l'évêque de Paris". Vgl. hierzu auch FRANK, Klosterbischöfe S. 40 sowie zur Parteinahme von St. Denis für Raganfred und Chilperich II. HEIDRICH, Titulatur S. 202 und SEMMLER, Sukzessionskrise S. 14f.

[34] In seiner Urkunde für St. Denis von 752 erwähnt König Pippin die Schenkungsurkunde einer Loba für das Kloster, die seinerzeit *ante Chilpericum regem antecessorem nostrum et Hugonem antecessorem ipsius Fulradi abbatis* ausgestellt worden war, D Karol 1 Nr. 1 S. 4. Da Chilperich II. bis 721 regierte, wird deutlich, daß noch vor 721 auf Bischof Turnoald ein Abt Hugo in St. Denis folgte. Der Sohn des Drogo und Neffe Karl Martells Hugo (gest. 730/32), der nach dem Zeugnis der Gesta abb. Font. cap. 4, 1 S. 40 *factione scilicet patrui sui, Karoli principis* auch als Bischof von Paris eingesetzt wurde, wird in dem Pariser Bischofskatalog allerdings erst an dritter Stelle nach Turnoald aufgeführt, DUCHESNE, Fastes 2 S. 469. Doch ist sehr wahrscheinlich, daß die Liste an dieser Stelle ungenau ist und daß Karl sofort nach dem endgültigen Sieg über Raganfred und Chilperich II. 718 seinen Einfluß auf Paris dadurch zu sichern suchte, daß er hier seinen Neffen Hugo als Bischof einsetzte; um so mehr als dieser in den Gesta abb. Font. S. 40 auch als *rector quoque sive procurator urbis Parisiacae* bezeichnet wird, vgl. hierzu HEIDRICH, Titulatur S. 202. Bei einer solchen Annahme darf mit EWIG, Descriptio S. 163 Anm. 117 sowie zuletzt auch SEMMLER, Sukzessionskrise S. 29 mit Anm. 204 die Identität Hugos mit dem gleichnamigen Abt von St. Denis als sicher gelten.

[35] Vgl. DD Karol 1 Nr. 8 und 12 S. 13 und 18. In letzterer Urkunde teilt Pippin mit, daß er *semper a sua infantia ipsos teloneos partebus sancti Dionisii habere et colligere vidisset*. Da Pippin um 714/15 geboren wurde, dürfte er jedenfalls vor 725, sehr wahrscheinlich aber schon bald nach 720/21 nach St. Denis gelangt sein.

folger Godobald war ein Abt aus den Reihen des Konvents von St. Denis. Zugleich aber entstammte er einer vornehmen Familie aus Karl Martells Stammlanden an der mittleren Maas und war mit dem *domesticus* Dodo als einem engen Vertrauten von Karls Vater Pippin wenn nicht verwandt, so doch verbündet gewesen. Beides mochte Karl bewogen haben, in ihm eine Persönlichkeit zu sehen, die Loyalität seiner Herrschaft gegenüber gewährleistete und die geeignet war, das ruhmreiche merowingische Königskloster seinen Interessen entsprechend zu leiten. Godobald war jener Abt, dem Karl sowohl eine Zollbeschränkung für sein Kloster auferlegte, unter dem er zugleich aber auch sich nach reichen Schenkungen in St. Denis bestatten ließ [36]. Geht man davon aus, daß Karl an einem guten Verhältnis zu St. Denis ebenso wie an größeren Einflußmöglichkeiten auf das Kloster lag, so darf die Nachricht, daß er die Einsetzung des aus dem Maasgebiet stammenden Abtes Godobald betrieb, hohe Glaubwürdigkeit für sich beanspruchen.

Neben der Mitteilung, daß Godobald zu den Verbündeten des Dodo bei der Ermordung Bischof Lamberts gehörte, findet sich in den Miracula zu seiner Stellung im Lütticher Raum nur mehr die Nachricht, daß er aus Avroy im Haspengau stammte. Sie ist in der Weise zu deuten, daß er in diesem Lüttich benachbarten Ort seinen bevorzugten Wohnsitz hatte und hier reich begütert war. Die Überlieferung zur Ortsgeschichte von Avroy setzt erst im 11. Jahrhundert wieder ein. Sie enthält einige, auch für die Frühzeit aufschlußreiche Hinweise [37].

Nach Kurth bildeten zu Beginn des 8. Jahrhunderts Avroy im Süden und Herstal im Norden die Grenzen der *villa Leodius* [38]. Yans nahm dagegen an, daß die Höfe Lüttich, Ans und Avroy nicht unmittelbar aneinandergrenzten, sondern daß sich zwischen ihnen ein großes, gemeinsam genutztes Waldgebiet befand [39]. Im Hoch- und Spätmittelalter begegnet Avroy als Sitz einer Pfarrei

---

[36] Zu Karls Verhältnis zu St. Denis in den Jahren nach 730 bis zu seinem Tode 741 vgl. HEIDRICH, Titulatur S. 202 f.

[37] Vgl. allgemein zur Ortsgeschichte GOBERT, Les rues 2 S. 83 ff. und LEMOINE, Histoire S. 36 ff.

[38] KURTH, La cité S. 9; ähnlich GOBERT, Les rues 1 S. 3.

[39] YANS, Domaine S. 911. YANS geht davon aus, daß der 965 bei der Gründung von St. Martin in Lüttich erstmals bezeugte Publémont (HALPHEN/LOT Nr. 23 S. 51: *in edita montis specula, cui Publicum nomen est*) – eine ursprünglich dicht bewaldete Anhöhe, die sich von St. Pierre in Lüttich bis nach St. Gilles erstreckte, GOBERT, Les rues 5 S. 119 – eine "ancienne propriété du fisc" gewesen sei, in der die umliegenden Orte Montegnée, Avroy, Ans und die *villa* Lüttich Nutzungsrechte gehabt hätten. Bischof Notker sei es gelungen, die „prétentions du fisc royal sur le Publémont" abzuwenden (S. 912) und das Gebiet in Lütticher Besitz zu bringen, so daß Bischof Reginar im 11. Jh. die Abtei St. Laurent mit einer „portion respectable, point de départ d'un vaste domaine abbatial" ausstatten konnte. Der Vita Notgeri cap. 3 S. 11, auf die sich Yans beruft, ist dies nicht zu entnehmen: nicht der *Mons Publicus*, auf dem Bischof Everachus St. Martin errichtete, sondern die Ausstattungsgüter dieses Stiftes wurden von Otto III. *tamquam domino Eraclio prestita, in fiscum regium* zurückgerufen. Reichsgut ist in dem Gebiet

und eines Schöffengerichts[40]. Der Pfarrsprengel[41] war erheblich größer als der im wesentlichen auf die Lütticher Grundherrschaft Avroy beschränkte Zuständigkeitsbereich des genannten Gerichts[42]. Das von beiden Bezirken gemeinsam umschriebene Gebiet war, von dem schmalen Maasufer abgesehen, dicht bewaldetes, bergiges Ausbau- und Rodungsland[43]. Das Kirchspiel Avroy, dessen Mittelpunkt die Pfarrkirche St. Martin (seit dem 14./

---

zwischen Lüttich, Ans, Avroy und Montegnée nicht bezeugt. Die These von Yans könnte sich allenfalls auf den Ortsnamen *Publicus mons* und auf die Annahme stützen, daß das Bistum, das vor allem in diesem Gebiet begütert war, hier die Besitznachfolge des Reichs angetreten hatte. Beides sind jedoch sehr fragliche Argumente. Es ist Yans darin zuzustimmen, daß die späteren Besitzverhältnisse nicht für eine ursprüngliche „contiguité" von Ans und Avroy sprechen und daß die Abgrenzung zwischen Lüttich und Avroy auf dem Publémont nicht eindeutig ist. Bereits in der Schenkungsurkunde von 1034 an St. Laurent werden die *Publico Monti adiacentes XI mansos* von den *in Avrido IIII mansos* deutlich abgehoben, BONENFANT, Les chartes Nr. 2 S. 339 und 340. Die auf dieser Schenkung beruhende, umfangreiche Grundherrschaft von St. Laurent lag nach der sicheren Rekonstruktion von YANS S. 901 ff. zwischen Avroy, Lüttich, Ans und Montegnée. Eine Lokalisierung der vier *mansus* in Avroy wurde von Yans nicht versucht. Es wäre zu fragen, ob dieser Besitz nicht auch in dem 1340 beschriebenen *alleu de Saint-Laurent* aufgegangen ist. Wenn 1251 die *bannos de Auroto, de sancto Laurentio, de Ans*, BS 2 Nr. 500 S. 18, unterschieden werden, so mochte dies den damals bestehenden Grundherrschaften entsprechen. Die Scheidung zwischen Avroy und dem Gebiet der späteren Grundherrschaft St. Laurent war, wie die Urkunde von 1034 zeigt, älter, ohne daß eine sichere Zuweisung dieses Gebietes, für das ein altes Verwaltungszentrum nicht erkennbar ist, möglich wäre. Die auf der klösterlichen Grundherrschaft errichteten Pfarrkirchen St^e Marguerite und St^e Gertrude lagen dicht an der Grenze zu Lüttich und Ans, waren aber Filialkirchen von Avroy. Auf eine ursprüngliche Zugehörigkeit des gesamten Publémont zu Avroy ist aus diesen kirchlichen Verhältnissen jedoch nicht zu schließen. Die These von YANS S. 914, daß die Abtei St. Laurent die neugeschaffenen Pfarreien der in ihrem Besitz befindlichen und kirchlich von Lüttich unabhängigen Mutterkirche von Avroy „contre les tendances annexionistes de Liège et de son archidiacre" unterstellte, hat einige Wahrscheinlichkeit für sich.

[40] Die Kirche von Avroy ist erstmals 1034 bezeugt, BONENFANT, Les chartes Nr. 2 S. 341; die „cour de justice" bestand nach GOBERT, Les rues 2 S. 85 bereits im 11. Jh. Bei dem ältesten Beleg für ein *placitum Auriti*, einer undatierten Urkunde Heinrichs V. (nach YANS S. 910 um 1112), MARTENE/DURAND 4 Sp. 1177 = STUMPF, Reichskanzler Nr. 3217 S. 274, handelt es sich allerdings mit großer Wahrscheinlichkeit um eine Fälschung.

[41] Er umfaßte nach BRASSINNE, Saint-Remacle S. 295 ff. auf dem westlichen Maasufer außer Avroy selbst Tilleur, das seit 817 im Besitz von St. Hubert war, vgl. Anm. 52, die Grundherrschaft von St. Laurent mit Saint-Nicolas-en-Glain, auf dem östlichen Maasufer Fétinne, eine Grundherrschaft des Kapitels von St. Lambert, erstmals 1188/1191 bezeugt, STIENNON, Étude Annexes Nr. 12 S. 452, und Angleur, das 968 durch Gerberga an St. Remi in Reims kam, BERNARD, Étude S. 222. Hier war diese Abtei bereits im 9. Jh. begütert, sofern die Passage über Angleur in dem Polyptychon von St. Remi, ed. GUERARD, Polyptyque S. 30, der ältesten Fassung des Güterverzeichnisses angehört.

[42] Nach GOBERT, Les rues 2 S. 85 ff. unterstanden der „cour d'Avroy" außer dem engeren Bereich von Avroy St. Nicolas, einige Häuser aus dem Quartier de l'Ile, St. Gilles, Bois-d'Avroy und Bois-l'Évêque. In Quellen aus dem 16. Jh. erscheint auch Petit Montegnée als zur *haulteur d'Averoit* gehörig, HANKART, La franchise S. 103 mit Anm. 5. Die von Hankart erschlossenen frühneuzeitlichen Grenzen des Schöffengerichts von Avroy weichen von den mittelalterlichen nur geringfügig ab.

[43] GOBERT, Les rues 2 S. 210 ff., S. 215; YANS, Domaine S. 895 und 911.

15. Jh. Patrozinium St. Veronika)⁴⁴ bildete, grenzte im Norden an den Pfarrsprengel von Lüttich, im Osten an die Pfarrei Jupille⁴⁵. Dies spricht in Verbindung mit dem Martinspatrozinium für ein hohes Alter der Kirche von Avroy⁴⁶. Man wird annehmen dürfen, daß sich bereits im Frühmittelalter

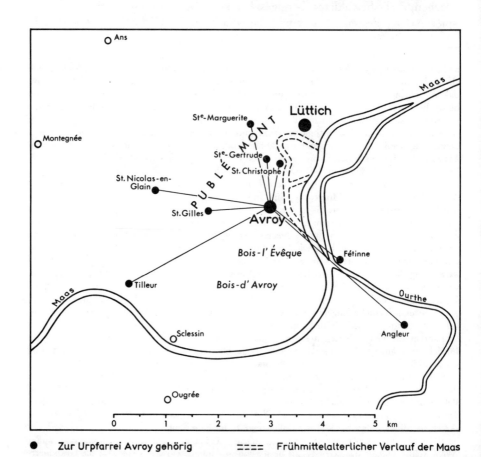

Karte 4: Avroy und Umgebung

---

⁴⁴ Dazu GOBERT, Les rues 5 S. 512. In den Urkunden des 11. und 12. Jh.s wird das Patrozinium nicht erwähnt. Der m. W. älteste Beleg, *le glise Saint Martin à Avroit* findet sich in einer Urkunde von 1265, BS 6 Annexe 19 S. 255. Trotz dieses späten Beleges wird man St. Martin für das ursprüngliche Patrozinium halten dürfen.

⁴⁵ Zur Grenze zu den Lütticher Pfarreien vgl. DE MOREAU, Histoire 3, Nebenkarte: Liège avant 1559; zur Grenze zu Jupille, BRASSINNE, Saint-Remacle, Karte 1, und JOSSE, Jupille, Karte 3.

⁴⁶ Hinzuweisen ist auch auf die besondere Lage der Pfarrei innerhalb der kirchlichen Verwaltungsgliederung: die auf dem westlichen Maasufer gelegene Pfarrei, die zu dem haupt-

das Zentrum der *villa* am Maasufer, in der Nähe der heutigen Kirche St[e] Véronique befand[47]. Der älteste Siedlungskern von Lüttich lag etwa 2 km stromabwärts auf dem gleichen Maasufer[48]. Es gibt keine Anhaltspunkte dafür, daß zwischen Lüttich und Avroy eine weitere frühmittelalterliche Grundherrschaft gelegen war. Vielmehr darf es als sicher gelten, daß die Gemarkungen der beiden *villae* zu Beginn des 8. Jahrhunderts benachbart waren und zumindest an der Maas über eine gemeinsame Grenze verfügten[49]. Avroy erscheint im 11. Jahrhundert im Besitz des Bistums Lüttich[50]. Tilleur, das bis in das 14. Jahrhundert nach Avroy eingepfarrt war[51], wird bereits 817 unter den Besitzungen der Lütticher Kirche genannt[52]. Es ist nicht bekannt, wann und in welchem Zusammenhang das Bistum Lüttich in den Besitz von Avroy kam. Für einen frühen Zeitpunkt könnte sprechen, daß der

---

sächlich sich östlich der Maas erstreckenden Dekanat St. Remaklus und damit zu dem Archidiakonat Condroz gehörte, grenzte an die Dekanate Tongern (Archidiakonat Hesbaye) und Hozémont (Archidiakonat Brabant) sowie an den Archidiakonat Lüttich.

[47] Die heutige Kirche aus dem 19. Jh. wurde unweit der alten Pfarrkirche errichtet, GOBERT, Les rues 5 S. 517. Die Maas verlief vor ihrer Verlegung an der Stelle der heutigen Avenue Blonden und des Boulevard d'Avroy, teilte sich etwa 400 m nördlich der Kirche von Avroy in einen Hauptarm, der dem heutigen Boulevard Piercot und dem heutigen Maaslauf entspricht, und einen Nebenarm, der eine größere Schleife bildete, heute Boulevard-d'Avroy – Boulevard de la Sauvenière – Rue de la Régence. In der Höhe der Mündung dieses Seitenarmes in den Hauptstrom und der Mündung der *Legia* in die Maas wird der älteste Siedlungskern von Lüttich angenommen, vgl. unten S. 283 Karte 8.

[48] Vgl. unten S. 282 ff.

[49] Nach GOBERT, Les rues 2 S. 86 bildete in späterer Zeit ein Wasserlauf in der Gegend der heutigen Rue Frère Michel die Grenze der Gerichtsbarkeit von Avroy und Lüttich.

[50] Erstmals 1034 in der Ausstattungsurkunde des Bischofs Reginard für St. Laurent, BONENFANT, Les chartes Nr. 2 S. 340 ff. Daß die Lütticher Kirche nach der Übertragung der vier *mansus* und der *integra ecclesia* noch über erheblichen Besitz in Avroy verfügte, geht aus einer Urkunde Friedrich Barbarossas von 1155 hervor, in der dem Bistum u. a. *Auroit* ... *omnibus pertinentiis et advocatia* bestätigt wurden, BS 1 Nr. 46 S. 78.

[51] Die am Maasufer gelegene Kapelle St. Hubert wurde 1332 von der Mutterkirche in Avroy unabhängig und erhielt eigene Pfarrrechte, Auszug der Urkunde bei DARIS, Saint-Laurent S. 213.

[52] Das unter den *rebus ecclesie nostre, que videlicet non indominicate sed in beneficio constitute fuerunt* von Bischof Waltcaud 817 an die Abtei St. Hubert geschenkte *Teuledum* ist aufgrund des später in diesem Orte nachweisbaren Besitzes von St. Hubert sicher mit Tilleur zu identifizieren, HANQUET, La chronique S. 14, KURTH, Saint-Hubert 1 Nr. 4 S. 5 ff. Außer der kirchlichen Abhängigkeit sind Beziehungen von Tilleur zu Avroy nicht feststellbar. Es gibt keine Anhaltspunkte für die Annahme von BRASSINNE, Saint-Remacle S. 300 Anm. 1, daß die gesamte Pfarrei Avroy früher einmal „un seul domaine" gebildet habe. Der zwischen Tilleur und Fragnée/Avroy in einer Maasschleife gelegene Ort Sclessin war von Avroy unabhängig und gehörte zu der Pfarrei und Gerichtsbarkeit des auf dem gegenüberliegenden Maasufer gelegenen Ortes Ougrée, BRASSINNE, Hozémont S. 253. In einer Urkunde von 1279 Juli 14 heißt es zu dem in der Nähe von Val-Benoit bei Sclessin gelegenen Weinberg Beaumont: *tam curia de Ugreis quam curia de Avroto a quibus dicta vinea movetur*, CUVELIER, Val-Benoit Nr. 180 S. 235. Größter Grundherr in Sclessin war Stablo-Malmedy, erstmals 1092 bezeugt, HR 1 Nr. 128 S. 262 f. (zugleich ältester Beleg für den Ort), vgl. auch HR 1 Nr. 134 S. 272 f. Der Frage, inwieweit hier alte Abgrenzungen faßbar werden, kann im Rahmen dieser Untersuchung nicht weiter nachgegangen werden.

Bischof und das Domkapitel die einzigen größeren Grundherren in Avroy waren[53]. Man wird annehmen dürfen, daß sich unter den Gütern der Lütticher Kirche in Avroy die früheren Besitzungen des Godobald befanden[54].

Aus dem Bericht der Miracula s. Dionysii und den Beobachtungen zur Ortsgeschichte von Avroy wird deutlich, daß zu Beginn des 8. Jahrhunderts unter Bischof Lambert der Besitz des Maastrichter Bistums in Lüttich im Süden an die *villa* Avroy angrenzte, in der mit Godobald ein Angehöriger einer führenden Familie des Lütticher Raums und ein Gegner Bischof Lamberts der größte Grundbesitzer war. In den Auseinandersetzungen des *domesticus* Dodo mit der Familie des Lambert zählte Godobald zu den Verbündeten des Dodo. Er beteiligte sich an dem Überfall auf den bischöflichen Hof in Lüttich und an der Ermordung Lamberts. Mit Verbannung bestraft – möglicherweise gelangten seine Güter in Avroy in diesem Zusammenhang an die Maastrichter Bischofskirche –, wurde er nach mehrjähriger Bußreise zwischen 709 und 711 in dem Kloster St. Denis aufgenommen. Karl Martell, der nach seinem Herrschaftsantritt im Gesamtreich 718 enge Verbindungen zu diesem angesehenen merowingischen Königskloster anknüpfte, wirkte darauf hin, daß Godobald, der aus demselben Raum stammte wie er selbst, in den Jahren 723/26 zum Abt von St. Denis erhoben wurde. Godobald stand dem Kloster bis in die Zeit Pippins d. J. vor. Unter ihm wurde Karl Martell in St. Denis bestattet.

Godobalds Ernennung zum Abt von St. Denis läßt darauf schließen, daß er einer sehr vornehmen Familie entstammte. Daß seine Einsetzung *praecipiente Carolo principe* erfolgte, darf als deutlicher Hinweis darauf gelten, daß die Familie Godobalds zu den führenden Kreisen des Lütticher Raums zählte, die den frühen Karolingern nahestanden. Unter Pippin II. gehörte Godobald dem Umkreis Dodos, eines einflußreichen Amtsträgers Pippins im mittleren Maasgebiet, an. Die Vermutung liegt nahe, daß nach der von kirchlicher Seite erwirkten Verbannung Godobalds andere Angehörige seiner Familie weiterhin enge Verbindungen zu den frühen Karolingern unterhielten und in den Auseinandersetzungen nach dem Tode Pippins 714 auf seiten Karl Martells

---

[53] So vermutet etwa JORIS, Saint-Laurent S. 50: „Il est permis de croire que l'évêque de Tongres-Maastricht, établi depuis 725 dans la villa de Liège, s'est assuré à cette occasion le contrôle de la plus grande partie du domaine d'Avroy". Eine Zusammenstellung der Belege für den Lütticher Besitz in Avroy bietet GOBERT, Les rues 2 S. 84ff.

[54] Keine Anhaltspunkte gibt es für die Annahme von BRASSINNE, Saint-Remacle S. 300 Anm. 1, Avroy habe ursprünglich zum „fisc royal" gehört, ähnlich GOBERT, Les rues 2 S. 84, der annahm, daß Avroy unter dem Episkopat des Notker vom König an die Lütticher Kirche geschenkt wurde, YANS, Saint-Laurent S. 44 Anm. 1, der Avroy als „domaine carolingien" bezeichnete, und LEMOINE, Histoire S. 40, demzufolge das Reichsgut in Avroy im 9. Jh. aufgelöst wurde und an das Bistum Lüttich gelangte.

standen. Letzteres könnte Karls starke Einflußnahme zugunsten Godobalds in St. Denis besonders gut erklären.

Avroy ist die einzige bekannte Besitzung Godobalds. Man wird annehmen dürfen, daß er noch über weiteren umfangreichen Besitz in der *provincia Asbaniensi* verfügt hatte und daß hier auch ein nicht geringer Teil seiner Verwandtschaft begütert war. Noch in einer weiteren Hinsicht erscheint der Bericht der Miracula s. Dionysii aufschlußreich. Zu der Zeit, in der Godobald zum Abt von St. Denis erhoben wurde, hatte bereits eine starke, bald über die engere Umgebung von Maastricht und Lüttich hinausreichende Heiligenverehrung des Lambert als Märtyrer eingesetzt[55]. Daß Karl einen der Mörder des Bischofs zum Abt eines der ruhmreichsten Klöster des Frankenreichs machte, spricht eher gegen als für ein enges Verhältnis der frühen Karolinger zu Bischof Lambert und seiner Familie.

Die Förderer Willibrords in Toxandrien

In der Zeit zwischen 698/99 und 726 erhielt der angelsächsische Missionar und Bischof von Utrecht Willibrord eine Reihe von Landschenkungen in dem nördlich an den Haspengau angrenzenden Toxandrien. Willibrord überließ die meisten dieser ihm zu persönlichem Eigen übertragenen Güter in seinem sog. Testament von 726 dem Kloster Echternach[1]. Die an ihn gerichteten Urkunden der toxandrischen Schenker gelangten in das Echternacher Archiv und wurden zu einem Großteil Ende des 12. Jahrhunderts in den Liber aureus, das prunkvoll angelegte Kopialbuch der Abtei, übertragen. Auf diese Weise sind acht der frühen toxandrischen Urkunden zumeist in vollem Wortlaut erhalten geblieben[2]. Von zwei weiteren Schenkungen berichtet das sog. Willibrord-Testament in stark verknappter Form[3]. Verglichen etwa mit dem reichen Weißenburger Urkundenbestand ist die Zahl der toxandrischen Urkunden bescheiden. Dennoch stellen sie für das nordöstliche Austrasien die bei weitem

---

[55] Vgl. dazu unten S. 298 ff.

[1] WAMPACH, Echternach 1, 2 Nr. 39 S. 96 f.; auszugsweise Neuausgabe und Datierung auf 726/27 bei KOCH, Oorkondenboek 1 Nr. 2 S. 4 ff. Zu toxandrischen Gütern Willibrords, die nicht durch die große Schenkung von 726 an Echternach gelangten, vgl. unten S. 151 mit Anm. 47.

[2] WAMPACH, Echternach 1, 2 Nr. 7, 11, 16, 17, 20, 21, 28 und 30. Nr. 7 ist nur durch einen regestartigen Auszug der Urkunde durch Theoderich, den Verfasser und Schreiber des Liber aureus, überliefert, vgl. auch SS 23 S. 55 Z. 24. Bei Nr. 21 und 28 fehlen die Zeugenlisten. Die übrigen Urkunden sind bis auf die mehrfach fehlende Poenformel vollständig.

[3] WAMPACH, Echternach 1, 2 Nr. 36 und 28; der Bezug letzterer Schenkung auf Toxandrien ist fraglich, vgl. S. 149 mit Anm. 43.

reichste urkundliche Überlieferung eines Einzelraums im frühen Mittelalter dar[4]. Neben den Schenkern, von denen einige das Rangprädikat *illuster* tragen, werden zahlreiche Familienangehörige und weitere Personen genannt. Darüber hinaus enthalten die Urkunden nähere Angaben über die vergabten Besitzungen und ihre Vorbesitzer. Das aus diesen Zeugnissen zu gewinnende Bild darf, obgleich Toxandrien wesentlich dünner besiedelt war als der fruchtbare Haspengau, als repräsentativ auch für die grundherrlich lebende Schicht dieses südlich angrenzenden Raums gelten. Eine nochmalige Untersuchung der Urkunden[5] ist um so mehr von Interesse, als mit dem südlichen Toxandrien ein Gebiet erfaßt wird, in dem auch die frühen Karolinger begütert waren.

a) Der Schenkerkreis um Aengilbald, Aengilbert und Ansbald

Die Urkunden Nr. 11, 16, 17, 20, 21 und 28 bilden eine zusammengehörige Gruppe. Bei Schenkern und Zeugen begegnen in hohem Maße gleiche Personennamen. Als Schenker werden genannt: Aengilbald (11), Aengilbert (16, 20), Bertilindis (17) und Ansbald (21, 28)[6]. Von den Namen der acht Zeugen in

---

[4] Abwegig ist die Interpretation der Urkunden durch DELAHAYE, Goederen S. 44 ff., der ausgehend von der Annahme, das sog. Testament Willibrords sei eine Fälschung Theoderichs aus dem Ende des 12. Jh.s, aufgrund derer das Kloster Echternach in den Besitz der Güter Willibrords zu gelangen suchte, die Ansicht vertritt, daß diese Güter, selbst wenn sie von Willibrord tatsächlich an ein Kloster *Epternacum*, dessen Identität mit Echternach gar nicht so sicher sei (S. 47), übertragen worden wären, dennoch auf jeden Fall in der Nähe von Willibrords eigentlichen Wirkungsbereich Atrecht (= Arras) zu lokalisieren seien (S. 54 ff.). Nach dem Verlust seiner Besitzungen in Nordfrankreich habe Echternach, als für jedermann Utrecht als Sitz Willibrords bekannt war (S. 47), Ende des 12. Jh.s in Nordbrabant Fuß gefaßt und dort aufgrund der alten Urkunden mit Erfolg Besitzansprüche auf Orte erhoben, deren Namen den Ortsnamen in den alten Urkunden ähnlich gewesen seien, und Besitzungen erlangt, „die alleen naar de schijn en niet in werkelijkheid de oude waren" (S. 47). Diese gänzlich unwahrscheinliche Hypothese, die die urkundliche und erzählende Überlieferung zu Willibrord und Echternach entweder gewaltsam umdeutet oder, wo dies nicht möglich ist, unberücksichtigt läßt und fundamentale Sachverhalte der politischen Geschichte übergeht, ist als völlig verfehlt anzusehen und nicht mehr weiter zu verfolgen.

[5] Besonders zu nennen sind die eingehenden Untersuchungen von WAMPACH, Echternach 1, 1 S. 391 ff., DEMS., Sankt Willibrord S. 296 ff. und DEMS., Apostolat S. 247 ff. sowie VAN DE WEERD, De H. Willibrordus S. 194–212, GANSHOF, Grondbezit S. 11 ff., BUSSELS, Kempische landbouw S. 305 ff. und POST, Christianisierung S. 240 ff.

[6] Der Schenker in Nr. 21 von 712 bezeichnet sich in der Intitulatio als *Ansbaldus, filius Willibaldi quondam* und in der Schreiberzeile als *Ansbaldus monachus,* wohingegen der Schenker in Nr. 28 von 718 als *Ansbaldus monachus, filius Wigibaldi quondam* entgegentritt. Willibrord spricht bei der Wiedergabe beider Schenkungen in seiner Urkunde von 726 von *Ansbaldus* und *Ansbaldus clericus,* Nr. 39 S. 96. Da beide in demselben Raum begütert waren, für den zu Beginn des 8. Jh.s noch nicht mit einer größeren Zahl von Mönchen zu rechnen ist, und gemeinsam an Willibrord schenkten, ist es dennoch wesentlich wahrscheinlicher, daß in Nr. 21 der Name des Vaters, *Wigibaldi,* in *Willibaldi* verschrieben wurde, vgl. dazu Anm. 8, und daß beide Personen identisch waren; so auch WAMPACH, Echternach 1, 1 S. 409 und POST, Christianisierung S. 240 Anm. 2.

der Schenkungsurkunde des Aengilbald finden sich vier in der Urkunde der Bertilindis wieder: neben dem Namen der Schenkerin selbst auch die Namen der Zeugen Ansbald, Rotbert und Folcbald. In den Zeugenlisten der Schenkungsurkunden des Aengilbert ist der Name Folcbald einmal vertreten (20). In beiden Urkunden werden ein Bruder des Aengilbert namens Verengaot und ein Nanduin als Zeugen genannt. Die Namen Verengaot und Nanduin begegnen auch in der Zeugenliste der Bertilindis. Hier erscheint weiterhin ein Adlef unter den Zeugen; eine Person gleichen Namens leistete auch Aengilbert Zeugenhilfe (16). Bei dem geringen zeitlichen und räumlichen Abstand der Schenkungen[7] und der Tatsache, daß sie sämtlich an denselben Empfänger gerichtet waren, kann aus dem häufigen Vorkommen der gleichen Personennamen mit Sicherheit auf einen weitgehend gleichbleibenden Personenkreis geschlossen werden. Drei Familien sind zu erkennen: Die Geschwister Ansbald und Bertilindis[8], Kinder des Ehepaares Oadrada und Wigibald, die Brüder Aengilbert und Verengaot, Söhne eines Gaotbert, und die Familie des Aengilbald, des Sohns eines Hildibold[9].

Die Schenkungsurkunde der Bertilindis wurde in dem Kloster Chelles bei Paris, in das Bertilindis zwischen 704 und 710 eingetreten war, ausgestellt[10]. Unter den acht Zeugen der Urkunde begegnen sieben Personen, die – zum Teil mehrfach – in den übrigen Urkunden als Schenker oder Zeugen genannt werden[11]. Daß sie sich von Toxandrien aus in das über 250 km weit

---

[7] Wohl erstreckten sich die vergabten Besitzungen über ein Gebiet von über 90 km Längenausdehnung, doch waren etwa Aengilbert und Ansbald gemeinsam in Diessen und Aengilbald und Aengilbert in Waalre und Eersel nur unweit voneinander entfernt begütert. Dieser Befund gewinnt um so mehr Gewicht, als es sich um ein recht dünn besiedeltes Gebiet handelte.

[8] Bertilindis erscheint in ihrer Urkunde Nr. 17 von 710 als *filia Wigibaldi*, Ansbald wird 718 in Nr. 28 als *filius Wigibaldi quondam* bezeichnet. In der Zeugenliste der Schenkungsurkunde der Bertilindis steht er an erster Stelle. Zwar wird er nicht wie der in den beiden Urkunden Aengilberts Nr. 16 und 20 an erster Stelle genannte Zeuge Verengaot als *frater* bezeichnet, doch dürften angesichts des auch sonst zu beobachtenden engen Zusammenhangs dieses Personenkreises die Argumente für die sichere Annahme ausreichen, daß Ansbald und Bertilindis Geschwister waren; so auch WAMPACH, Apostolat S. 248, GANSHOF, Grondbezit S. 18 Anm. 52 und POST, Christianisierung S. 240.

[9] Während WAMPACH, Echternach 1, 2 S. 47 vermutete, Aengilbald sei ein Bruder Ansbalds und der Bertilindis gewesen, was aber eine wenig wahrscheinliche Verschreibung *Hildiboldi* statt *Wigibaldi* bei der Nennung des Vaters Aengilbalds in Nr. 11 voraussetzt, rechnete POST, Christianisierung S. 240 mit verwandtschaftlichen Beziehungen vor allem zwischen Aengilbald und der Familie des Ansbald, wofür er sich auf die stärkeren Übereinstimmungen in den Zeugenlisten der Urkunden dieser Schenker stützte.

[10] Nr. 17 S. 48: *Actum publice loco Cale ... rogante Bertilinde illustri femina atque Deo consecrata virgine.* Daß es sich um Chelles handelte, ist angesichts der zeitgenössischen Bezeichnung *Cala* bzw. *Cale* für dieses Kloster, vgl. etwa Beda, Hist. eccl. IV, 23 S. 253, und der Tatsache, daß Bertilindis zu diesem Zeitpunkt dem geistlichen Stand angehörte, nicht zu bezweifeln.

[11] Es handelt sich um Ansbald (Nr. 11, 21, 28), Folcbald (Nr. 11, 20), Aengilbert (Nr. 16, 20), Rotbert (Nr. 11), Adlef (Nr. 20), Verengaot (Nr. 16, 20) und Nanduin (Nr. 16, 20). Ledig-

entfernte westfränkische Kloster begaben, um hier der Schwester Ansbalds Zeugenhilfe zu leisten, muß als deutlicher Hinweis auf ihre enge Zusammengehörigkeit gelten. Auf diesem Hintergrund ist die auffällige Verwendung derselben Namenglieder *Aengil-*, *Bert-* und *-bald* in den Namen der Schenker wie ihrer Eltern als ein weiteres, aussagekräftiges Indiz zu werten [12]. Man wird mit hoher Wahrscheinlichkeit darauf schließen können, daß die drei Schenkerfamilien einem gemeinsamen, größeren Verwandtschaftskreis angehörten [13]. Welcher Art die Verwandtschaft der Schenker und Zeugen untereinander war, ist im einzelnen nicht mehr anzugeben. Die nächst denkbare Möglichkeit wäre, daß die Schenker einen gemeinsamen Großvater hatten. Sehr wahrscheinlich aber reichten die Verwandtschaftsbeziehungen in noch weiter zurückliegende Generationen zurück [14].

Willibrord erhielt von den Angehörigen dieses toxandrischen Schenkerkreises Besitz an insgesamt zehn Orten. Hiervon gelangte lediglich die *villa* Alphen ungeteilt an Willibrord [15]. Bei sämtlichen übrigen Schenkungen handelte es sich um Besitzanteile. Von ihnen sind fünf als Erbgüter gekennzeichnet [16]. Die Schenker übertrugen hier jeweils ihren gesamten ererbten Besitz. Wie in

---

lich der an letzter Stelle genannte Wigbert ist allein in der Urkunde der Bertilindis bezeugt. Nach dem Wortlaut des Eschatokolls kann es als sicher gelten, daß die Zeugen wie auch Willibrord als Empfänger der Schenkung bei der Beurkundung in Chelles anwesend waren.

[12] In der Generation der Eltern wurden die Namenglieder *Bert-* und *-bald* bei Aengilberts Vater Gaotbert, bei Aengilbalds Vater Hildibold und bei Wigibald, dem Vater Ansbalds und der Bertilindis, verwandt. In der Generation der Schenker vereinten Aengilbald und Aengilbert die Namenglieder *Aengil-* und *-bald* bzw. *Bert-* in ihren Namen; die beiden Namenglieder *-bald* und *Bert-* begegnen wiederum bei den Kindern Wigibalds, Ansbald und Bertilindis. Auch bei großer Zurückhaltung gegenüber dem namenstatistischen Argument wird man dieser Häufung weniger variierter Namenglieder bei den Angehörigen eines gemeinsamen Personenkreises erhebliche Beweiskraft einräumen können. In den Namen der Zeugen begegnen die Namenglieder *-bald* und *Bert-* bei Folcbald (Nr. 11, 17, 20), Rotbert (Nr. 11, 17) und Wigbert (Nr. 17). Das Namenglied *Gaot-*, das in den Namen von Aengilberts Vater und Bruder Gaotbert und Verengaot (Nr. 16, 17, 20) verwandt ist, findet sich auch bei Aengilberts Zeugenhelfer Nardgaot (16). Auch dies spricht für enge Beziehungen der Zeugen zu den Urkundenausstellern.

[13] So zuletzt auch Post, Christianisierung S. 240 f.

[14] Hierfür spricht, daß die Zeugenlisten auf einen größeren Kreis von Familienangehörigen schließen lassen, die man wohl kaum sämtlich als Oheime, Vettern oder Neffen der Schenker wird ansprechen wollen.

[15] Aengilbert schenkte Willibrord seine väterlichen Erbgüter *in loco nuncupante Alfheim ... hoc est casatas XI cum sala et curticle meo*, Nr. 16 S. 45. Willibrord kennzeichnete diese Schenkung in seiner Urkunde von 726 mit den Worten: *Engilbertus ... tradebat villam integram que vocatur Alpheimpso*, Nr. 39 S. 96. Es handelte sich um die umfangreichste Schenkung an einem Ort, die Willibrord in Toxandrien erhielt. Ganshof, Grondbezit S. 12 nahm an, daß die Güter Aengilberts in Alphen als Teil einer größeren Grundherrschaft nach einer Erbteilung zu einer eigenen *villa* ausgebaut worden waren.

[16] Es handelte sich um die Erbgüter Aengilbalds in Waalre (Nr. 11), die von ihrer Mutter Oadrada ererbten Besitzungen der Bertilindis in Hoksent und Hapert (Nr. 17), Aengilberts von seinem Vater Gaotbert stammende Güter in Eersel (Nr. 20) und Ansbalds Besitz in Hasselt (?), den er von seinem Vater Wigibald geerbt hatte (Nr. 28).

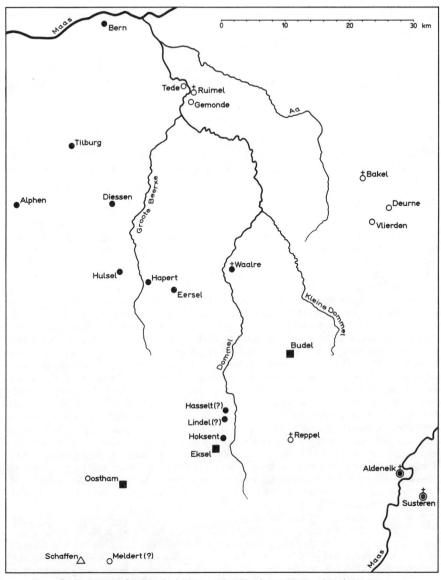

Karte 5: Die Förderer Willibrords in Toxandrien (Übersichtskarte)

143

Alphen bestanden auch in Hoksent, Eersel, Diessen (Schenkung Ansbalds) und Lindel (?)[17] die Schenkgüter aus einem Herrenhof (*sala*) mit mehreren abhängigen Bauernstellen (*casatae*). Größere Besitzanteile wurden auch in Waalre und Hasselt (?)[18] übertragen, wohingegen die Schenkung Aengilberts in Diessen und die in Bern, Hulsel und Hapert vergabten Güter geringeren Umfangs waren.

Bis auf Aengilbald, der Besitz allein in Waalre schenkte, überließen alle Schenker Willibrord jeweils Besitz an mehreren Orten: Aengilbert in Alphen, Bern, Diessen und Eersel, Ansbald in Diessen, Lindel (?) und Hasselt (?) und Bertilindis in Hoksent, Hulsel und Hapert. Aengilberts Schenkungen lagen stärker im Norden Toxandriens[19], die der Geschwister Ansbald und Bertilindis mehr im Süden[20]. Die am weitesten entfernten Schenkgüter lagen jeweils

---

[17] Während die bisher genannten Orte mit Sicherheit den in den Urkunden überlieferten Ortsnamen entsprechen, ist die Deutung des *loco Levetlaus super fluvio Dutmala*, wo Ansbald 712 sieben *casatae* und einen Salhof schenkte, Nr. 21, in der Forschung umstritten; vgl. hierzu zuletzt mit Diskussion der älteren Deutungen MOLEMANS, Limburgse Kempen S. 283, dessen ausführlichere Untersuchung: Toponymie van Overpelt (Bekroonde werken, uitgegeven door de Koninklijke Academie voor Nederlands Taal- en Letterkunde, VIe reeks, Nr. 105) Gent 1976, nicht mehr herangezogen werden konnte. Molemans hält eine Deutung auf den Weiler Lindel in der Gemeinde Overpelt unweit der Dommel für die wahrscheinlichste Erklärung, betont aber, daß eine besitzgeschichtliche Bestätigung noch aussteht. Diese Deutung wäre insofern von hohem Interesse, als in Lindel ein merowingerzeitlicher Friedhof zutage kam, von dessen mindestens 100 erschlossenen Gräbern bislang 35 ausgegraben worden sind, vgl. CLAASEN, Lindel S. 55. Nach dem bisher vorliegenden Fundmaterial wurde der Friedhof von der Wende des 6./7. Jh.s bis zur Wende des 7./8. Jh.s belegt, CLAASEN, De Franken S. 248. Letztere Datierung ergibt sich nach BREUER, Vergulde triens S. 289 aus dem Fund eines durchbohrten, als Anhänger benutzten vergoldeten Triens, bei dem es sich wahrscheinlich um eine in Dorestat angefertigte Nachahmung einer Madelinus-Prägung handelt. BREUER S. 290 sieht in diesem Fund einen Hinweis darauf, daß um 700 in Lindel noch die heidnische Beigabensitte bestand, und betont, daß mit „zekere waarschijnlikheid" Verbindungen zu dem unweit gelegenen Hof in Hoksent bestanden, wo Bertilindis begütert war. Setzt man *Levetlaus* mit Lindel gleich, so kann kein Zweifel daran bestehen, daß einige der in Lindel bestatteten Personen in Beziehung zur Familie des Grundbesitzers Ansbald standen, so auch CLAASEN, Lindel S. 54 und zurückhaltender MOLEMANS S. 284.

[18] Auch die Deutung von *Haeslaos in pago Texandrie super fluvio Dudmala*, Nr. 28 S. 69, dem in der Willibrord-Urkunde von 726 *Husloth* entspricht, Nr. 39 S. 96, ist nicht sicher. Gegenüber GANSHOF, Grondbezit S. 11, der Aalst südl. Eindhoven vorschlug, wird man jedoch mit VAN DE WEERD, De H. Willibrord S. 211, GYSSELING, Woordenboek S. 454 und MOLEMANS, Limburgse Kempen S. 283 eine Deutung auf den Weiler het Hasselt in der Gemeinde Overpelt ca. 1 km nordöstl. von Lindel vorziehen dürfen. Auch hier steht eine besitzgeschichtliche Bestätigung aus.

[19] Daß Tilburg, der Ausstellort der ersten Schenkungsurkunde des Aengilbert, unweit Alphen und Diessen gelegen, zu den Gütern Aengilberts gehörte, ist gut denkbar, aber nicht weiter zu belegen. Das am weitesten abgelegene Schenkgut sowohl Aengilberts selbst als auch der gesamten toxandrischen Schenker befand sich in Bern (bei Herpt) im Teisterbant an der Maas. Die Entfernung zwischen Bern und der südlichsten Besitzung Aengilberts, Eersel, betrug ca. 45 km (Luftlinie).

[20] Lokalisiert man Ansbalds Schenkungen in *Levetlaus* und *Haeslaos* in Lindel und Hasselt, so lagen diese Güter nur knapp 5–6 km nordöstlich von dem Besitz der Bertilindis entfernt.

40–45 km (Luftlinie) auseinander[21]. Gemeinsame Besitzbeziehungen bestanden zu Diessen[22] sowie in den Raum von Hapert, Hulsel und Eersel. Hier berührten sich auch die Erbgüter beider Familien. Bereits Aengilberts Vater Gaotbert und die Mutter der Bertilindis, Oadrada, waren in diesem Raum unweit voneinander begütert gewesen[23]. Eine andere Besitzung der Oadrada, Hoksent, lag in der Nachbarschaft von Hasselt, wo mit hoher Wahrscheinlichkeit Güter ihres Mannes Wigibald anzunehmen sind. Die bekannten Besitzungen Gaotberts in Alphen und Eersel lagen ca. 27 km (Luftlinie), diejenigen der Oadrada in Hoksent und Hapert ca. 26 km (Luftlinie) voneinander entfernt.

Der Überblick über die vergabten Güter der toxandrischen Schenker läßt Rückschlüsse auf einen beträchtlichen Umfang der einbehaltenen Besitzungen[24] wie auch auf deren Lage und Organisation zu. Es wird deutlich, daß der Besitz einer ungeteilten *villa* eine Seltenheit darstellte und daß es an den meisten Orten in der Generation der Schenker bereits mehrere Besitzer gab. Die Besitzanteile konnten dabei einen Salhof mit einer Anzahl von Bauernstellen wie auch nur einige *casatae* oder lediglich kleinere Landstücke oder Waldungen ausmachen[25]. Diese Güter unterschiedlicher Größe lagen zumeist in weiter Streuung auseinander und befanden sich bis aus wenige Ausnahmen in Gemengelage mit den Besitzungen anderer Grundherren. Für die Generation der Eltern sind nach den Hinweisen über die vergabten Erbgüter bereits ähnliche Besitzverhältnisse vorauszusetzen.

---

[21] Zu Aengilbert vgl. Anm. 19; die weiteste Entfernung unter den Besitzungen Ansbalds und der Bertilindis bestand mit ca. 40 km (Luftlinie) zwischen Hoksent und Diessen.

[22] Während Aengilbert hier lediglich eine *casata* mit Zubehör schenkte, Nr. 20 S. 52, übertrug Ansbald *casatas VI cum sala et curticle*, Nr. 21 S. 53. Die Herkunft der Güter beider ist nicht vermerkt. Daß mit noch weiterem Besitz in Diessen zu rechnen ist, zeigt die Schenkung eines Hesterbaldus – möglicherweise eines Nachfahren der frühen Schenker – von 780/81, der dem Kloster Echternach einen *mansus* in Diessen übertrug, Nr. 84 S. 148.

[23] Die Entfernung zwischen den Gütern der Oadrada in Hapert und denen des Gaotbert in Eersel betrug etwa 5 km, Nr. 17 und 20, S. 48 und 41.

[24] Daß sie noch über weiteren umfangreichen Besitz verfügten, wird man nicht nur aus der fast allen Urkunden eingefügten formelhaften Bemerkung schließen dürfen, daß die beurkundete Schenkung *aliquid de rebus meis* betroffen habe. Konkrete Hinweise könnten sich jedoch allenfalls aus den bekannten Ausstellungsorten Tilburg, vgl. Anm. 19, und *Bettinum* Nr. 11 S. 36 ergeben; bei den anderen Ausstellorten handelte es sich um Klöster wie Chelles und Susteren oder Orte, in denen Willibrord bereits begütert war oder gerade eine Schenkung erhielt wie Diessen und Waalre. VAN DE WEERD, Het Maasland S. 22 ff. setzte *Bettinum* mit einem 946 in DO I 82 S. 162 genannten *Biettine* gleich, welches er wiederum mit Bicht (= Obbicht an der Maas südl. Maaseik) identifizierte, dessen Kirche das Patrozinium St. Willibrord hatte. BAERTEN, Biettine S. 57 ff. suchte diese Deutung weiter abzustützen, während GYSSELING, Woordenboek S. 135 die Identifizierung von *Bettinum* offenließ.

[25] Nach GANSHOF, Grondbezit S. 15 ff. und DEMS., Aspects S. 82 ff. bezeichnet der in den toxandrischen Urkunden verwandte Begriff *casata* ein gegen Abgaben und Dienst zur Nutzung ausgegebenes Stück Land mit einer Hofstätte. In Hapert schenkte Bertilindis *terras et silvas*, Nr. 17 S. 48.

In den drei Urkunden, deren Zeugenlisten sich erhalten haben, werden neben den als Schenkern bekannten Personen 15 weitere Personen genannt, die, soweit sie nicht mit den Urkundenausstellern verwandt waren, diesen doch zumindest nahestanden [26]. Für den Großteil von ihnen ist ähnlich weitgestreuter und umfangreicher Besitz wie für die Schenker selbst anzunehmen. Dies läßt insgesamt auf eine bereits relativ weit vorangeschrittene Besitzdifferenzierung schließen. Die Nachrichten über die Vorbesitzer der Schenker lassen erkennen, daß deren Familien Anfang des 8. Jahrhunderts zumindest schon in der dritten Generation in Toxandrien begütert waren. Geht man davon aus, daß die Schenker einem größeren Verwandtschaftskreis angehörten, und rechnet man mit differenzierten Besitzverhältnissen in Toxandrien schon in der Generation der Eltern der Schenker, so wird man mit hoher Wahrscheinlichkeit annehmen können, daß die Vorfahren der unter Willibrord bezeugten Grundbesitzer bereits in der ersten Hälfte des 7. Jahrhunderts, wenn nicht noch länger in dem weiten Raum zwischen Demer und Maas ansässig gewesen waren [27]. Willibrord zählte die toxandrischen Schenker in seiner Urkunde von 726 zu den *ingenui Franci*; sie selbst beriefen sich bei ihren Schenkungen auf die *leges et iura ... et conventientia Francorum* [28].

---

[26] Zu einigen der Zeugen vgl. Anm. 12; nicht miteinbezogen wurde der in der Urkunde Aengilberts von 709 an zweiter Stelle unter den Zeugen genannte *Paulus presbiter*, für den eine Herkunft aus dem Kreis der toxandrischen Grundbesitzer wohl kaum anzunehmen ist.

[27] Eine gute Entsprechung zu diesen aufgrund der Urkunden gewonnenen Ergebnissen bildet der archäologische Befund, der sich aus der Auswertung der Grabfunde der merowingischen Friedhöfe von Lindel, vgl. Anm. 17, und Lutlommel (etwa 10 km in nordwestlicher Richtung von Hoksent gelegen) ergab. Der Friedhof von Lutlommel, der größtenteils zerstört ist, bildet nach VAN BOSTRATEN, Lutlommel S. 97 „een der belangrijkste ... die ooit werd ontdekt in Toxandrie". Er war vom späten 6. Jh. bis zum Ende des 7. Jh.s belegt. Von den zu erschließenden „meerdere tientallen graven" (S. 94) heben sich einige durch kostbare Grabbeigaben von ärmer ausgestatteten Gräbern ab und lassen auf Personen schließen, die „kunnen met enige waarschijnlikheid aangezien worden als leden van een aristokratie" (S. 96). Trotz der starken Störung des Friedhofes dürfte es gestattet sein, aufgrund dieses Befundes für Lutlommel eine ähnliche Sozialstruktur anzunehmen, wie sie für Beerlegem (Prov. Oost-Vlanderen, arr. Oudenaarde) gesichert ist, wo sich auf dem ebenfalls bis in das Ende des 7. Jh.s belegten Friedhof unter etwa 250 Gräbern die Gräber der „famille seigneuriale, propriétaire du domaine" durch ihren Reichtum von ärmeren Gräbern abheben, vgl. ROOSENS, Quelques particularités S. 16. Dieser Sozialstruktur würden die in den Echternacher Urkunden bezeugten Verhältnisse entsprechen. Von besonderem Interesse ist in Lutlommel der Fund einer Münzwaage mit Gewichten und Kästchen, die wahrscheinlich einem Grab aus dem 7. Jh. angehörte. ROOSENS S. 17 schloß aus diesem für dieses Gebiet einzigartigen Fund in Verbindung mit den übrigen kostbaren Grabbeigaben auf das Gebiet von Lutlommel „comme un centre important – cheflieu de pagus ou de centena – de l'administration mérovingienne". Dürfte dieser Schluß auch zu weit gehen, so wird man doch daran festhalten dürfen, daß sich in Lutlommel einige Personen von hohem sozialen Rang bestatten ließen und daß der Friedhof bis in eine Zeit belegt war, in der mit Oadrada und Wigibald in den Nachbarorten reiche Grundbesitzer urkundlich faßbar werden, deren Kinder das Prädikat *illuster* trugen. Zu dem merowingischen Friedhof in Alphen vgl. Anm. 36.

[28] Vgl. Nr. 39 S. 95 sowie Nr. 16 und 20 S. 45 und 51.

Die mehrfach vertretene Annahme, daß sich diese vornehmen Franken erst in der zweiten Hälfte des 7. Jahrhunderts im Zusammenwirken mit den frühen Karolingern in Toxandrien niedergelassen hätten [29], trifft nicht zu.

Bereits die weite Streuung des Besitzes läßt erkennen, daß die toxandrischen Schenker der grundherrlich lebenden Schicht angehörten. Vertreter jeder der drei Familien führten in den Urkunden das Rangprädikat *illuster* [30]. Ihre Familien zählten somit zu den vornehmsten dieses Raums. Die Zugehörigkeit des Verwandtschaftskreises zur Oberschicht geht weiterhin auch daraus hervor, daß die *illustris femina Bertilindis* mit Chelles in ein Kloster eintrat [31], das als Gründung der Königin Balthilde (um 658/59) und als bevorzugte Ausbildungsstätte angelsächsischer Königstöchter eines der vornehmsten Frauenklöster jener Zeit im Frankenreich war [32]. Nicht zuletzt spricht auch die Tatsache, daß zahlreiche Vertreter der toxandrischen Grundbesitzer der Schenkung der Bertilindis in dem weit entfernten Kloster Chelles beiwohnten, für den hohen sozialen Rang dieses Personenkreises [33].

Toxandrien, mit seinen weiten Sandböden und ausgedehnten Heideflächen für den Ackerbau nur wenig geeignet [34], war im Frühmittelalter wesentlich

---

[29] So insbesondere WAMPACH, Apostolat S. 247f., BERGENGRUEN, Adel S. 113 ff. und NIERMEYER, S. 561 ff., der auch Toxandrien zu jenen nördlichen Gegenden des Reichs zählte, die seit dem Ende des 7. Jh.s im Zusammenwirken der Arnulfinger-Pippiniden mit „quelques autres familles nobles de Francs" von einer mit kulturellem und religiösem Aufschwung verbundenen „expansion politique franque" erfaßt worden seien (S. 564). Dieser These stehen neben den Ergebnissen der urkundlichen Untersuchungen die archäologischen Befunde entgegen, die gleichfalls auf eine bereits längere Ansiedlung sozial gehobener fränkischer Familien in diesem Raum schließen lassen, vgl. etwa Anm. 17, 27 und 35. Das methodisch ohnehin fragwürdige Argument von BERGENGRUEN, Adel S. 113: „so bewohnen die Willibrordfranken ein Gebiet, in dem nicht ein einziges frühmittelalterliches Grab gefunden ist", entspricht auch nicht dem Forschungsstand seiner Zeit. Zu den bis in das Ende des 7. Jh.s belegten merowingischen Friedhöfen im nördlichen Belgien hebt ROOSENS, Quelques particularités S. 16 zusammenfassend hervor: „si ces nécropoles se distinguent par certains caractères, elles n'en restent pas moins partie intégrante de la grande civilisation mérovingienne".

[30] Nr. 11 S. 36 (Aengilbald), Nr. 17 S. 48 (Bertilindis) und Nr. 20 S. 52 (Aengilbert).

[31] Da Bertilindis 704 noch bei der Schenkung Aengilbalds in *Bettinum* unter den anwesenden Zeugen genannt wird, Nr. 11 S. 36, ihre Schenkungsurkunde von 710 aber in Chelles als *consecrata Deo* ausstellen ließ, ergibt sich mit weitgehender Sicherheit, daß sie zwischen 704 und 710 in Chelles Nonne wurde.

[32] Vgl. zu Chelles ausführlich KRÜGER, Königsgrabkirchen S. 238 ff.

[33] Unzutreffend ist die Gleichsetzung der Bertilindis mit der ersten, bald als Heilige verehrten Äbtissin von Chelles, Bertila, durch WAMPACH, Echternach 1, 1 S. 394, ähnlich DERS., St. Willibrord S. 271 und Apostolat S. 248, für die sich auch SPRANDEL, Adel S. 53 mit Anm. 45 einsetzt. Handelt es sich bei *Bertila* und *Bertilindis* bereits um unterschiedliche Personennamen, vgl. FÖRSTEMANN, Personennamen Sp. 283, 292 und 1058, so stammte Bertila nach Angaben ihrer Vita cap. 1 S. 101 (Ende 8. Jh.) aus der Gegend von Soissons, während beide Elternteile der Bertilindis in Toxandrien begütert waren. Bertilindis führt auch in der Intitulatio ihrer Urkunde von 710 nicht den Titel einer *abbatissa*. Während Bertila 46 Jahre lang Äbtissin von Chelles gewesen war und 705/13 starb – VAN DOREN, Chelles Sp. 605 nennt eine 708 bezeugte Äbtissin Sigisla –, dürfte Bertilindis erst 704/10 in das Kloster eingetreten sein, vgl. Anm. 31.

[34] Vgl. ROOSENS, Toxandria S. 35 und VAN DORSELAER, Les nécropoles S. 257.

dünner besiedelt als der Haspengau und die Gebiete längs der Maas[35]. Seine siedlungsgünstigsten Zonen lagen im Bereich der Dommel und ihrer Nebenflüsse. In diesen Gebieten, nahezu den gesamten toxandrischen Raum in seiner nord-südlichen Ausdehnung erfassend, befanden sich die Schenkgüter Aengilbalds, Aengilberts, Ansbalds und der Bertilindis. Der Verwandtschaftskreis, der mit diesen Schenkern und ihren näheren und entfernteren Familienangehörigen faßbar wird und dessen Einflußbereich sich über die wichtigsten Gegenden Toxandriens erstreckte, dürfte einen wesentlichen Teil der toxandrischen Führungsschicht verkörpert haben[36].

b) Weitere Schenker

Von weiteren Schenkungen in Toxandrien an Willibrord vor 726 berichten die Urkunden Nr. 7, 30 und 39. Zwei dieser Schenkungen sind nur auszugsweise überliefert. 698/99 übertrug ein Haderich, Sohn eines Odo, seine gesamten Erbgüter *in villa Rumelacha et in Datmunda et in Tadia cum hominibus ad se pertinentibus* an Willibrord[37]. Die Ortsnamen, die von einem Teil der Forschung im Mosel-Eifel-Raum lokalisiert werden[38], sind nach den Ergebnissen von Sprenger de Rover mit hoher Wahrscheinlichkeit auf Ruimel,

---

[35] Allgemein wird angenommen, daß der toxandrische Raum, der in römischer Zeit nur eine sehr geringe Besiedlung aufwies, vgl. DE LAET, De Kempen S. 31 ff., erst im Zuge einer von Ripuarien ausgehenden und von den Pippiniden betriebenen „pénétration franque" stärker aufgesiedelt worden sei, so etwa in Anschluß an NIERMEYER (wie Anm. 29) FAIDER-FEYTMANS, La Belgique S. 55 und 65. Vgl. auch MOLEMANS, Limburgse Kempen S. 281 f. ROOSENS, Toxandria S. 73 f. glaubt eine „zekere continuiteit in de bewoning" allein für Alphen erschließen zu können, wo zahlreiche römische Funde sowie ein merowingischer Friedhof zutage kamen; vgl. jedoch die zurückhaltenden Bemerkungen von MOLEMANS S. 282. Der merowingische Friedhof in Alphen (an diesem Ort schenkte 709 Aengilbert seine väterlichen Erbgüter) war im 6. und frühen 7. Jh. belegt. Einige überdurchschnittlich reich mit Beigaben ausgestattete Gräber lassen darauf schließen, daß der Ort bereits im 6. Jh. von wohlhabenden Franken bewohnt war, vgl. ROES, Alphen S. 21 ff.

[36] Für Verbindungen dieses Personenkreises bzw. für die Gleichsetzung einiger seiner Angehörigen mit anderwärts bezeugten Vertretern der austrasischen Führungsschicht bietet die Überlieferung über die bloßen Personennamen und die hohe soziale Stellung der Schenker und ihrer Familie hinaus keinerlei konkrete Anknüpfungspunkte. Die Vermutung von ANGENENDT, Willibrord S. 111 Anm. 297, der angesichts der Zeugen *Eburvines ... Eutlinde* in der Urkunde Aengilbalds von 704 eine Herkunft der Gattin *Theodelinde* des 721 am Niederrhein bei Kleve an Willibrord schenkenden *Ebroinus comes* aus dem Kreis der toxandrischen Schenker annahm, WAMPACH, Echternach 1, 2 Nr. 11 und 31 S. 36 und 74, kann deshalb nicht mehr als eine verlockende Hypothese darstellen, die kaum als Grundlage weitergehender personengeschichtlicher Aussagen dienen kann. Zu weiteren Versuchen, in der zeitgenössischen Überlieferung genannte Personen mit Angehörigen des toxandrischen Schenkerkreises in Beziehung zu bringen, vgl. unten S. 156 mit Anm. 76.

[37] WAMPACH, Echternach 1, 2 Nr. 7 S. 27; zur Überlieferung vgl. Anm. 2.

[38] WAMPACH S. 26 Anm. 1 setzte die Orte mit Rümlingen, Tadler (Luxembourg) und Gemünd (Kr. Bitburg) gleich. Ihm folgten zuletzt HEYEN, Pfalzel S. 8 Anm. 6 für Rümlingen und Tadler sowie JUNGANDREAS, Hist. Lexikon S. 438 für Gemünd.

Tede und Gemonde (Gemeinde St. Michiels Gestel bei 's Hertogenbosch) zu beziehen[39]. Hieraus würde sich ergeben, daß Willibrord schon früh bei einem Grundherren im nördlichen Toxandrien Unterstützung gefunden hatte. Für nähere Aussagen über Haderich reicht die Überlieferung nicht aus[40]. Noch knapper sind die Nachrichten über die Schenkung eines Heinrich, von der Willibrord in seinem sog. Testament von 726 lediglich mitteilt: *et Henricus mihi condonabat in villa que vocatur Replo.* Der Ort ist mit Sicherheit mit Reppel im südlichen Toxandrien zu identifizieren[41]. Gleichfalls nur in dem sog. Testament ist die Schenkung eines *Thietbaldus* überliefert, der Willibrord *ecclesiam aliquam, que est constructa in villa Mulnaim que Araride vocatur cum appenditiis suis* übertragen hatte[42]. Eine Lokalisierung dieser Güter in Toxandrien ist jedoch fraglich[43].

---

[39] SPRENGER DE ROVER, Rumelacha S. 54 ff. weist darauf hin, daß im Bereich der Gemeinde St. Michiels Gestel mit der Flur Tede und den Dörfern Ruimel und Gemonde die im Mittelalter überlieferten Namen *Thede, Rumelo* und ein zu erschließender ON *Gaimunda* auf dichtem Raum beieinander lagen. Während *Thede* unschwer mit *Tadia* gleichgesetzt werden könne, seien *Rumelacha* und *Datmunde* als Verschreibungen der erschlossenen Namenformen *Rumelaus* und *Gaimunda* anzusehen. Für den Bezug von *Rumelacha* auf das als *Rumelo* bezeugte Ruimel spreche insbesondere die Nachricht in dem Kalendar Willibrords zum 29. Mai: *dedicatio bassilicae sancti pauli in rumleos*, WILSON, Calendar, Tafel V und S. 7. Fragt man, auf welchen der in der Überlieferung zur Person Willibrords genannten Orte der Name *rumleos* am ehesten zu beziehen sei, so richtet sich der Blick in der Tat allein auf *Rumelacha*, was dann wiederum stärker für eine Lokalisierung dieses Ortes im toxandrischen Raum als im Mittelmosel-Eifelgebiet sprechen würde. Während Grabungen auf dem „Kapelberg" in Ruimel keine Ergebnisse brachten, vgl. KNIPPENBERG, Opgravingen S. 355, glaubt GLAZEMA, Het Kerkhof S. 84 ff. als älteste von drei Vorgängerbauten der romanischen Kirche auf dem Kirchhügel zu Gemonde einen Holzbau aus dem Ende des 7. Jh.s nachweisen zu können, der sich inmitten eines bis zu dieser Zeit belegten Friedhofes befunden habe. Hinsichtlich der Gleichsetzung von Tede mit *Tadia* scheint durch den Nachweis von SMULDERS, St. Michiels-Gestel S. 83, daß Ende des 17. Jh.s dem Abt von Echternach Zinse in der Flur Tede zustanden, eine gewisse Sicherheit gewonnen. Dies würde dann zusätzlich auch für die übrigen Deutungsvorschläge sprechen, denen sich auch WAMPACH, St. Willibrord S. 271, DERS., Apostolat S. 247f. und GYSSELING, Woordenboek S. 394, 870 und 952 angeschlossen haben.

[40] Haderich wird in der Forschung mehrfach als Sohn der Adela von Pfalzel angesehen, vgl. etwa HLAWITSCHKA, Vorfahren S. 72 f. (Stemma) und S. 76 Anm. 24, was, da Adela als Schwägerin Pippins II. gilt, als ein weiteres Argument für die These gewertet wird, daß in der zweiten Hälfte des 7. Jh.s mehrere den Karolingern nahestehende Grundherren in Toxandrien ansässig geworden seien. Die Annahme verwandtschaftlicher Verbindungen Haderichs zu Adela von Pfalzel beruht jedoch auf fraglichen Voraussetzungen und muß, wenngleich eine Verwandtschaft nicht auszuschließen ist, als sehr unwahrscheinlich gelten, vgl. unten S. 170 mit Anm. 52.

[41] WAMPACH, Echternach, 1, 2 Nr. 39 S. 96 (= Nr. 36 S. 82). Die Identität ergibt sich aus Nr. 145 S. 217 und der späteren Besitzgeschichte. Anhaltspunkte für eine genauere Datierung der Schenkung fehlen.

[42] Ebd. Nr. 39 S. 96f. (= Nr. 38 S. 83). Die Schenkung Thietbalds ist ohne Gauangabe zwischen die *in pago Texandrio* bzw. *in pago Turingie* lokalisierten Schenkungen Ansbalds bzw. des thüringischen Herzogs Heden eingereiht. Die Eingang des 12. Jh.s unter Benutzung urkundlicher Vorlagen verfaßte Vita Willibrordi Thiofrids cap. 12 SS 23 S. 23 Z. 43 gibt statt *Mulnaim* die Namensform *Mulneheim* an.

[43] WAMPACH, Echternach 1, 2 S. 83 und GYSSELING, Woordenboek S. 723 identifizieren

Die Schenkungsurkunde des Herelaef, Sohn eines Badager, von 721 ist in ihrem Wortlaut weitgehend erhalten. Herelaef hatte kurz vor der Ausstellung der Urkunde auf seinen Erbgütern in Bakel eine Kirche zu Ehren der Apostel Peter und Paul und des hl. Lambert erbaut und sie Willibrord unterstellt[44]. Dieser Kirche, die als Eigenkirche Willibrords anzusehen ist[45], schenkte er seine gesamten mütterlichen Erbgüter in Bakel, darunter einen Herrenhof, sowie je eine abhängige Bauernstelle in den benachbarten Orten Vlierden und Deurne. Die sieben Zeugen der Schenkung bieten keine Anknüpfungspunkte für die Annahme engerer Beziehungen zu Herelaef oder anderwärts in der Überlieferung genannten Personen[46]. Sie lassen aber auf eine nicht geringe Zahl mit Herelaef sozial gleichgestellter Personen im Umkreis von Bakel schließen. Die Errichtung einer Kirche und die Vergabung eines Herrenhofes zeigen, daß auch Herelaef der grundherrlich lebenden Schicht angehörte. Seine Familie war zumindest in der zweiten Generation in diesem Raum ansässig.

Inwieweit mit noch weiteren frühen Schenkungen an Willibrord in Toxandrien zu rechnen ist, muß offenbleiben. Willibrord hatte dem Kloster Echternach in seiner großen Schenkungsurkunde von 726 wohl den größten Teil, aber nicht sämtliche seiner toxandrischen Besitzungen übertragen. Die Güter

---

Mulnaim mit Mülheim (heutiger Stadtteil von Köln), wobei Wampach aufgrund des Patroziniums St. Clemens der Mülheimer Kirche auf Beziehungen dieses Ortes zu Willibrord schließt. POST, Christianisierung S. 244 möchte den Ort mit den thüringischen Schenkungen an Willibrord in Zusammenhang bringen, wie es auch in der landesgeschichtlichen Forschung Thüringens mehrfach vorgeschlagen wurde; doch ist diese Deutung dem Wortlaut der Urkunde nach weniger wahrscheinlich, vgl. Anm. 42. VAN DE WEERD, Limburg S. 126 ff. und DERS., De H. Willibrordus S. 204 ff. schlug Mulheim bei Eysden an der Maas vor, wo 1881 die Fundamente einer kleinen romanischen Kirche entdeckt wurden. Die Mutterkirche von Mulheim in Eysden hatte das Patrozinium St. Willibrord. MOLEMANS, Limburgse Kempen S. 287 macht in anderem Zusammenhang auf die im südlichen Toxandrien gelegenen Orte Molem bei Lummen (1377: *moelem*) und Molhem bei Peer (1608: *mollem*) aufmerksam. Da der Schenker Thietbald einen Namen trug, der auch unter den Zeugen der Schenkung Herelaefs in Toxandrien begegnet, WAMPACH Nr. 30 S. 72, ist es durchaus denkbar, daß sich der ON *Mulnaim* auf einen dieser Orte oder das nicht allzuweit entfernte Mulheim bei Eysden bezog. Doch muß die Frage bis zum Vorliegen bestätigender besitzgeschichtlicher Zeugnisse offenbleiben.

[44] WAMPACH, Echternach 1, 2 Nr. 30 S. 71; vgl. Anm. 59.

[45] Dies ist einerseits der Angabe der Urkunde: *basilicam ... ubi nunc domnus pater et pontifex Willibrordus preesse videtur*, und andererseits der Tatsache, daß sich die Kirche von Bakel später in Echternacher Besitz befand, zu entnehmen, WAMPACH, Echternach 1, 2 Nr. 208 S. 347 (1161); vgl. zu dem nach dem Vorbild einer irischen monastischen Parochia angelegten Besitz einer Reihe von Kirchen und Klöstern in der Hand Willibrords ANGENENDT, Willibrord S. 89 ff.

[46] Zu dem Zeugen *Theotbaldus* vgl. Anm. 43 und S. 156 mit Anm. 76. Auch die Namen der übrigen Zeugen haben als zweites Namenglied durchweg den PN-Stamm -*bald* bzw. -*bold*, der auch in der Namengebung des an der Dommel begüterten Schenkerkreises häufig verwandt wurde, vgl. Anm. 12. Doch reicht dies für die Annahme von Beziehungen zu diesen Personen nicht aus.

in Bakel und die Schenkungen Haderichs scheinen erst nach dem Tode Willibrords (739) an das Kloster gefallen zu sein[47]. In der Überlieferung des 12./13. Jahrhunderts werden mehrere Echternacher Außenbesitzungen in Toxandrien genannt, für die frühe Zeugnisse fehlen und deren Anfänge nicht mehr zu bestimmen sind[48]. Von ihnen verdient vor allem das Mitte des 13. Jahrhunderts bezeugte *allodium Sancti Willibrordi apud Meldert* Interesse[49]. Dieser Echternacher Besitz lag in unmittelbarer Nachbarschaft des Ortes Schaffen, wo das Kloster St. Truiden 741 eine Schenkung des Grafen Rotbert erhalten hatte[50]. Es ist gut denkbar, daß einige Schenkungen an Willibrord nicht in die Überlieferung eingegangen sind[51]. Spätere Besitzerwerbungen Echternachs wie etwa 780/85 in Diessen und Heeze (südöstl. von Waalre) und 855/56 in Reppel[52] zeigen jedoch, daß das Kloster von seinen durch Willibrord erlangten Gütern in Toxandrien aus eine lebhafte Besitzpolitik betrieb, die es bis in das 12./13. Jahrhundert fortgesetzt haben dürfte. Rückschlüsse von später bezeugtem Besitz auf frühe Schenkungen und verlorene Urkunden sind demnach mit einem erheblichen Unsicherheitsfaktor verbunden. Der größte und wichtigste Teil der Toxandrien betreffenden Schenkungsurkunden an Willibrord dürfte bekannt sein.

[47] Bakel wird nicht im sog. Willibrord-Testament genannt, doch hatte die Abtei hier später umfangreichen Besitz, vgl. Anm. 45 sowie die Anm. 48 erwähnte Echternacher Hebeliste. Daß die Schenkungen Haderichs in den Besitz Echternachs übergingen, zeigt die Kenntnis seiner Schenkungsurkunde im Liber aureus, vgl. Anm. 2, und wohl auch der spätere Echternacher Besitz bei St. Michiels Gestel, vgl. Anm. 39. Die Tatsache, daß zahlreiche früh bezeugte Güter in diesem Raum wie etwa Bern, *Levetlaus* (Lindel?) oder *Haeslaos* (Hasselt?) dem Kloster verloren gingen oder von Willibrord anders verwandt worden waren, läßt gleichfalls mit der Möglichkeit weiterer, unbekannter Schenkungen rechnen.

[48] So vor allem etwa der umfangreiche, erstmals 1069 bezeugte Echternacher Besitz in Oss, WAMPACH, Echternach 1, 2 Nr. 195 S. 318 oder die in einer Echternacher Hebeliste aus dem ersten Viertel des 13. Jh.s aufgezeichneten Rechte des Klosters in Orten wie Winterle, Mierde und Kasteren (im weiteren Umkreis von Waalre, Eersel und Hulsel gelegen), vgl. REINERS, Les manuscrits S. 44; Datierung und Identifizierung nach GYSSELING, Woordenboek S. 1081, 697 und 555.

[49] Auf diesen Beleg, der sich in dem Güterverzeichnis von St. Truiden findet, PIRENNE, Polyptyque S. 207, machte VAN DE WEERD, De H. Willibrordus S. 216ff. und DERS., Meldert S. 77ff. aufmerksam. Seiner Deutung dieser Angabe als „bezitting der abdij van Echternach" (S. 78) wird man sich aufgrund des häufig bezeugten Gebrauchs des Wortes *allodium* in dieser Bedeutung bei Wilhelm de Ryckel anschließen können. Sowohl die Kirche von Meldert wie auch eine Kapelle im Ort sind dem Willibrord geweiht, ebd. S. 216ff. und S. 79. Daß es sich lediglich um Güter dieser Kirche handelte, ist nach dem Sprachgebrauch des Güterverzeichnisses weniger wahrscheinlich.

[50] Vgl. dazu unten S. 189f.

[51] Dies um so mehr, wenn man sich vor Augen hält, daß einerseits Schenkungen an Willibrord nur durch sein sog. Testament bekannt sind und sich die betreffenden Urkunden nicht erhalten haben, vgl. Anm. 41 und 42, daß aber andererseits Schenkungen, die an Willibrord gerichtet waren und durch ihn an Echternach gelangten, in seiner Urkunde von 726 nicht genannt sind, vgl. Anm. 47. Zur Frage etwaiger weiterer Schenkungen an Willibrord vgl. auch WAMPACH, Echternach 1, 2 S. 90 Anm. 28 und DENS., Apostolat S. 250f.

[52] WAMPACH, Echternach 1, 2 Nr. 84, 91, 145 S. 148, 154f., 217f.

c) Die Unterstützung Willibrords durch die toxandrischen Schenker

Die Rolle Willibrords und der toxandrischen Schenker bei der Christianisierung des Gebietes zwischen Demer und Maas ist in der Forschung umstritten. Während Post annahm, Willibrord habe in Toxandrien keine Mission getrieben, sei aber von der christianisierten Oberschicht dieses Raumes unterstützt worden[53], rechnete Wampach mit einer umfangreichen Missionsarbeit Willibrords auch in Toxandrien[54]. Der Frage ist an dieser Stelle nicht weiter nachzugehen. Daß Toxandrien zur Zeit Willibrords noch ein Missionsgebiet war, geht aus den Nachrichten der Vita Landiberti und der Vita Hugberti über die Missionstätigkeit der Maastrichter Bischöfe Lambert und Hugbert deutlich hervor[55]. Die Überlieferung zur Person Willibrords läßt erkennen, daß es dem Missionar in Toxandrien nicht nur um den Erwerb von Eigengütern ging.

Lokalisiert man die 698/99 von Haderich an Willibrord geschenkten Güter *in villa Rumelacha* in Ruimel bei St. Michiels Gestel, so ist aus dem Eintrag in dem Kalendar Willibrords: *dedicatio bassilicae sancti pauli in rumleos* zu schließen, daß Willibrord an diesem Ort eine Kirche geweiht hatte, die sich möglicherweise in seinem Besitz befand[56]. Deutlicher noch ist die Überlieferung für Waalre. Hier hatte Willibrord 704 umfangreichen Besitz von Aengilbald erhalten. Auf diesen Gütern wohl hielt er sich auf, als am 1. Juni 712 Ansbald seine erste Schenkungsurkunde für Willibrord in *Waderloe* ausstellen ließ. Das Kalendar Willibrords vermerkt zu einem 26. Mai die Weihe einer *bassilicae sancte mariae in uaedritlaeum*. Bei diesem Ort handelte es sich mit hoher Wahrscheinlichkeit um Waalre[57]. Man wird schließen können, daß Willibrord auf seinen Gütern in Waalre eine Kirche erbauen ließ und sie bei seinem Aufenthalt im Frühjahr 712 in Toxandrien selbst weihte[58]. In Bakel hatte Herelaef kurz vor 721 eine Kirche

---

[53] Vgl. etwa Post, Kerkgeschiedenis 1 S. 28 f. und Dens., Christianisierung S. 236 ff. Post verwies vor allem auf das Fehlen von Nachrichten über eine Missionsarbeit Willibrords in diesem Raum in den erzählenden Quellen und auf die fragliche Frühdatierung der Schenkung der Kirche in Antwerpen an Willibrord auf 692/93, vgl. Wampach, Echternach 1, 2 Nr. 1 S. 16.

[54] Wampach, Apostolat S. 249 ff.; vgl. auch Löwe, Pirmin S. 231 ff. und Fritze, Confessio S. 99 ff.

[55] Vita Landiberti cap. 10 S. 363 f., vgl. dazu unten S. 266 ff., und Vita Hugberti cap. 3, S. 485.

[56] Vgl. Anm. 39.

[57] Wilson, Calendar, Tafel V und S. 7. Waalre erscheint in den Urkunden Nr. 11 und 21 S. 35 und 54 unter den Namensformen *Waderlo* und *Waderloe,* in dem sog. Testament Willibrords hingegen als *Wadradoch,* Nr. 39 S. 96. Geht man davon aus, daß ähnlich wie in dem sog. Testament auch in dem Kalendar eine korrupte Namensbildung vorliegt, so dürfte diese sich von den unter Willibrord bezeugten Orten mit weitaus größter Wahrscheinlichkeit auf Waalre beziehen, so auch Wampach, St. Willibrord S. 277.

[58] So auch Bannenberg, Sint Willibrord S. 40. Willibrord, der am 1. März 712 eine Schenkungsurkunde in Diessen erhalten hatte, scheint sich im Frühjahr dieses Jahres für längere

errichtet, die er Willibrord unterstellte und reich mit Besitz ausstattete[59]. In Reppel, wo Willibrord Schenkungen eines Heinrich erhalten hatte, übertrug 855 ein *Hattho vir illustris* dem Kloster Echternach u.a. *ecclesiam, quam ipse sanctus Dei Willib(rordus) dedicavit*[60]. Die Überlieferung enthält somit Beispiele dafür, daß ein vornehmer Grundherr Willibrord Güter schenkte, auf denen dieser eine Kirche errichten ließ (Waalre, möglicherweise auch Ruimel), oder daß ein Grundbesitzer auf seinem Hof eine Kirche erbaute und sie Willibrord übertrug (Bakel), oder aber, daß ein Kirchengründer seine Kirche durch Willibrord weihen ließ und in ihrem Besitz verblieb (Reppel). Gemeinsam ist diesen Vorgängen das Entstehen von Kirchen im Zusammenwirken der Schenker und anderer Grundbesitzer mit Willibrord[61]. In der späteren Überlieferung erscheinen auch die Kirchen von Diessen, Alphen und Eersel in Echternacher Besitz. Vielleicht darf man für diese Kirchen, die jeweils Mittelpunkt einer Urpfarrei waren, ähnliche Anfänge annehmen[62].

Von den Förderern Willibrords in der toxandrischen Oberschicht treten einige nicht nur als Schenker entgegen. Bertilindis trat in den Jahren 704/10 in das Kloster Chelles ein. Ihr Bruder Ansbald scheint 710/12 Mönch gewor-

---

Zeit in Toxandrien aufgehalten zu haben. Das Weihedatum der Kirche in *uaedritlaeum* und das Datum des Aufenthalts Willibrords in Waalre stützen sich m.E. für eine Gleichsetzung dieses Ortes mit Waalre und die Annahme einer Kirchweihe daselbst gegenseitig ab. Dafür, daß sich die Kirche im Besitz Willibrords befand, könnte sprechen, daß sie später unter den Echternacher Gütern in Waalre begegnet, vgl. WAMPACH, Echternach 1, 2 Nr. 195 S. 318. Doch ist, wie im Falle von Reppel, auch späterer Erwerb möglich.

[59] WAMPACH, Echternach 1, 2 Nr. 30 S. 72: *basilicam ... quam nuper construximus in loco Baclaos*. Da die Schenkung in Bakel bald nach Errichtung der Kirche und in Anwesenheit Willibrords erfolgte, ist wohl kaum zu bezweifeln, daß Willibrord auch diese Kirche geweiht hatte.

[60] WAMPACH, Echternach 1, 2 Nr. 145 S. 217. ANGENENDT, Willibrord S. 89 Anm. 164 weist einschränkend auf die Möglichkeit hin, daß es sich hierbei auch um eine spätere ätiologische Legende handeln könne. Sie wäre in einer Zeit gestärkten Diözesanbewußtseins – Reppel lag in der Lütticher Diözese – für die Erinnerung an das Wirken Willibrords freilich ihrerseits aufschlußreich genug.

[61] Ähnliches berichtet Alkuin in seiner Vita Willibrordi cap. 12 S. 126 über das Wirken Willibrords in Friesland: *caeperunt plurimi fidei fervore incitati, patrimonia sua viro Dei offerre. Quibus ille acceptis, mox ecclesias in eis aedificare iusserat, statuitque per eas singulas presbiteros et verbi Dei sibi cooperatores*. Letzteres dürfte auch für Willibrords toxandrische Kirchen anzunehmen sein. WAMPACH, St. Willibrord S. 276 f. und DERS., Apostolat S. 249 vermutet, daß es sich bei den in der Schenkungsurkunde Aengilberts von 709 genannten Zeugen *Paulus presbiter* und *Alduino* – sofern dieser mit dem Schreiber der Schenkungsurkunde Aengilbalds, *Elduinus presbiter* identisch war, Nr. 11 S. 36 – sowie bei dem Schreiber der Urkunde Aengilberts von 712, einem *Docfa presbiter*, um Eigenpriester der Schenker gehandelt habe. Es ist aber auch an Geistliche aus dem Umkreis Willibrords zu denken, denen er die Leitung der ihm unterstehenden Kirchen anvertraute.

[62] WAMPACH, Echternach 1, 2 Nr. 195 S. 318 (Diessen), ebd. Nr. 211 S. 353 (Alphen); zu Eersel vgl. VAN VEEN/BEEKMAN, Geschiedkundige Atlas 9, 3 S. 34. Zur Stellung dieser Kirchen in der Pfarrorganisation vgl. ebd. S. 29 und 33. Hingegen dürfte die Annahme von WAMPACH, St. Willibrord S. 277, „daß alle Kirchen in Nordbrabant, so weit sie in jenen Jahren entstanden sind, auch von Willibrord konsekriert worden sind", zu weit gehen.

den zu sein und ist 718 im Kloster Susteren bezeugt. Da Chelles in enger Verbindung zu angelsächsischen Kreisen stand und hier Angehörige vornehmer angelsächsischer Familien ihre Ausbildung erhielten, liegt die Annahme nahe, daß Bertilindis sich auf Anregung und unter dem Einfluß Willibrords zu dem Eintritt in dieses Kloster entschieden hatte[63]. Noch deutlicher ist die Verbindung zu Willibrord bei Ansbald zu erkennen. Nimmt man an, daß er nach seiner geistlichen Ausbildung in das um 714 für Willibrord gegründete Kloster Susteren eintrat, so ist er dem engeren Umkreis des Missionars zuzuzählen[64]. Das Beispiel Ansbalds und der Bertilindis zeigt, daß Angehörige führender toxandrischer Familien den religiösen Vorstellungen Willibrords sehr aufgeschlossen gegenüberstanden. Es läßt zugleich aber auch auf eine nicht unbeträchtliche Wirksamkeit Willibrords unter der Führungsschicht dieses Raumes schließen.

Willibrord scheint bei seiner Aktivität in Toxandrien vor allem zwei Ziele verfolgt zu haben. Zum einen förderte er durch eine Reihe von Kirchengründungen die kirchliche Durchdringung dieses noch wenig christianisierten Gebiets[65]. Zum anderen suchte er den Besitz zahlreicher Ländereien und Eigenkirchen in seiner Hand zu vereinen und Förderer unter der Oberschicht zu finden. Toxandrien lag im unmittelbaren Hinterland des friesischen Missionsgebiets. Die kirchliche Durchdringung dieses Grenzlandes sowie reicher Grundbesitz mit kirchlichen Stützpunkten und Rückhalt bei den führenden Familien dieses Raums bildeten eine wichtige Voraussetzung für die Friesenmission[66]. Die Unterstützung durch die toxandrischen Schenker dürfte für Willibrord von erheblicher Bedeutung gewesen sein.

[63] Vgl. oben S. 141 mit Anm. 10; zu den angelsächsischen Beziehungen dieses Klosters vgl. KRÜGER, Königsgrabkirchen S. 238 f. und PRINZ, Mönchtum S. 174 f.

[64] Ansbald, der bereits in den Urkunden Aengilbalds von 704 und seiner Schwester Bertilindis von 710 als Zeuge genannt ist, WAMPACH, Echternach 1, 2 Nr. 11 und 17 S. 36 und 48, begegnet in den von ihm 712 in Waalre und 718 in Susteren ausgestellten Urkunden als *monachus*, vgl. Anm. 6. Das Kloster Susteren wurde sehr wahrscheinlich kurz vor 714 oder im Frühjahr dieses Jahres von Pippin II. und Plektrud für Willibrord erbaut und diesem übertragen, vgl. unten S. 169 f. Möglicherweise war Ansbald zunächst Mönch in Echternach gewesen oder hatte sich im Gefolge Willibrords befunden und war dann in das Kloster Susteren eingetreten, zu dessen Ausrichtung in den toxandrischen Raum gerade er besonders gut beitragen konnte. Eine Zugehörigkeit Ansbalds zum Konvent von Susteren nehmen auch POST, Christianisierung S. 242 und WAMPACH, St. Willibrord S. 272 f. an.

[65] Mit WAMPACH, St. Willibrord S. 276 und POST, Christianisierung S. 242 wird man annehmen dürfen, daß von den Schenkern und einigen ihrer Familienangehörigen auch auf einigen der nicht vergabten Höfe Kirchen oder Kapellen erbaut wurden. Ein gewisser Nachklang des Wirkens Willibrords in diesem Raum dürfte sein, daß das Willibrordpatrozinium im nördlichen Teil der alten Diözese Lüttich, etwa im Gebiet von Toxandrien und im Maasgau, sehr verbreitet ist, wobei es sich nur zum geringsten Teil um ein „Besitzpatrozinium" Echternachs handelte, während es südlich der Linie Meldert–Eysden, d. h. im Haspengau, nicht begegnet, vgl. VAN VEEN/BEEKMAN, Geschiedkundige Atlas 9, 3 S. 29–96, VAN DE WEERD, Het landdekenaat Eyck (passim) und WAMPACH, St. Willibrord S. 385.

[66] So insbesondere auch LÖWE, Pirmin S. 262 f.

d) Besitznachbarschaft zu den frühen Karolingern

Im südlichen Toxandrien sind neben den Gütern der toxandrischen Schenker auch Besitzungen Pippins II. nachweisbar. Nach Aussage einer Urkunde Karls des Großen von 779 hatte Pippin II. dem von ihm gegründeten Stift in Chèvremont Besitz u. a. *in Budilio in Texandria* geschenkt. Es handelt sich um den Ort Budel östlich der oberen Dommel[67]. Vor 697/701 übertrug Pippin II. seine Güter *in villa quae cognominatur Ochinsala et in altera villa quae dicitur Ham* an die Kirche des hl. Trudo in Zerkingen[68]. Der Ort *Ham* ist sicher mit Oostham im Kempenland zu identifizieren[69]. Für *Ochinsala* werden Eksel am Oberlauf der Dommel[70] und Neder-Ockerzeel bei Brüssel[71] vorgeschlagen. Sprachlich sind beide Deutungen möglich[72]. Da Besitzungen von St. Truiden später allein in Eksel bezeugt sind, verdient die Gleichsetzung von *Ochinsala* mit diesem Ort den Vorzug[73].

Mit Eksel war Pippin II. an einem Ort begütert, in dessen unmittelbarer Nachbarschaft, dem knapp 2 km entfernten Hoksent, die *femina illustris Bertilindis* über Erbgüter verfügte. Die Besitzungen Pippins II. in Oostham und Budel befanden sich zu Hoksent und Reppel als den nächstgelegenen bekannten Gütern der toxandrischen Schenker in einem Abstand von 16 bzw. 12 km. Da für die reich begüterten Förderer Willibrords und ihre Familien-

---

[67] D Karol 1 Nr. 124 S. 174; vgl. dazu unten S. 456.
[68] Vita Trudonis cap. 23 S. 292 f.; zu der als Vorlage zu erschließenden Schenkungsurkunde Pippins II. vgl. oben S. 77 mit Anm. 24.
[69] GYSSELING, Woordenboek S. 766. Gesichert dürfte die Identität vor allem durch die Wiedergabe der Nachricht in der Bearbeitung der Vita Trudonis durch Theoderich Anfang des 12. Jh.s sein, II, 10 S. 561: *villam, pago Campaniae sitam, nomine Ham*. Besitzgeschichtlich bestätigt wird die Gleichsetzung etwa durch PIRENNE, Polyptyque S. 209: *et ibi apud Hamme, iacet quoddam bonum quod vocatur Bonum-Sancti-Trudonis, Sentruden-gut*.
[70] So LEVISON, SS rer. Merov. 6 S. 292 Anm. 1, SIMENON, Notes S. 70, VAN DE WEERD, De H. Willibrordus S. 199 ff. und BOES, Saint-Trond S. 42.
[71] So HANSAY, Étude S. 12, MÜHLBACHER, Reg. Imp. Karol. 21, GYSSELING, Woordenboek S. 730 und CHARLES, Saint-Trond S. 114.
[72] Die ältesten gesicherten Namensformen für beide Orte stammen aus dem 12. Jh.: *Hecscele, Hexsele* für Eksel, *Hockesele, Hockansele* für Ockerzeel, vgl. GYSSELING, Woordenboek S. 309 und 730. Theoderich (wie Anm. 69) gibt den Namen als *Ekinsala* wieder.
[73] Vgl. etwa PIOT 1 Nr. 77 S. 103 (1155) und das Güterverzeichnis Wilhelms de Ryckel, PIRENNE, Polyptyque S. 218: *inter villam nostram Hegsele* und S. 73, wo die Kirche von *Hechsela* unter denjenigen Kirchen aufgeführt wird, bei denen der Abt von St. Truiden den Patronat innehatte. Die von PIRENNE S. 391 erwogene Deutung dieses ON auf Gestel ist nach den Ausführungen von VAN DE WEERD, Une colonie agricole S. 36 ff. über die Besitzungen von St. Truiden und des Klosters Floreffe in Eksel nicht aufrecht zu erhalten. Größeren Umfang hatten die Güter von St. Truiden in Eksel nicht. Gegen eine Identifizierung mit *Ochinsala* könnte vor allem sprechen, daß Theoderich das gleichfalls im Kempenland gelegene Oostham in *pago Campaniae* lokalisiert, vgl. Anm. 69, zur Lage von *Ekinsala* – Eksel liegt gleichfalls im Kempenland – aber keine Angaben macht. Doch ist zu fragen, ob dieses Argument ausreicht, obwohl St. Truiden nachweislich in einem *Hechsela* = Eksel begütert war, in *Ochinsala* = Ockerzeel verlorenen Außenbesitz des Klosters anzunehmen.

angehörigen weiterer umfangreicher Besitz in diesen Gegenden anzunehmen ist, wird man möglicherweise an noch mehreren Orten mit einer ähnlich dichten Besitznachbarschaft zu den frühen Karolingern wie in Eksel und Hoksent rechnen können. Mit Sicherheit aber ergibt sich, daß Angehörige der toxandrischen Führungsschicht und des karolingischen Hauses gemeinsam in dem an den Haspengau angrenzenden südlichen Toxandrien begütert waren, wobei die jeweiligen Besitzungen z. T. sehr dicht beieinander lagen [74].

Angesichts dieser gemeinsamen Besitzbeziehungen und der hohen sozialen Stellung der toxandrischen Schenker darf es als sicher gelten, daß es zu mehrfachen Kontakten dieses Personenkreises mit Angehörigen des karolingischen Hauses gekommen war. Zeugnisse, denen dies unmittelbar zu entnehmen wäre, liegen allerdings nicht vor. Eine Urkunde, die Karl Martell 723 in Herstal für Willibrord ausstellte, nennt unter den Zeugen Engilbald, Adalhard, dessen Neffen Thiodold sowie einen Ruotbert [75]. Personen mit diesen Namen begegnen auch im Umkreis der toxandrischen Schenker. Für einige von ihnen erscheint eine Identität mit den Zeugen der Urkunde von 723 durchaus als möglich, sichere Hinweise hierfür stehen jedoch aus [76]. Denkbar, wenngleich nicht ausreichend abzusichern ist auch, daß es sich bei jenem Ort *Bagoloso,* an dem Pippin II. und Plektrud 714 eine Urkunde für Willibrord ausstellten, um Bakel handelte, wo Willibrord 721 die Güter des Herelaef erhielt [77].

---

[74] Rückschlüsse auf eine weitere in diesem Raum begüterte Familie läßt möglicherweise die Schenkung einer *Gullint* zu, die vor 815 dem Kloster Lorsch im Gau Toxandrien Besitz *in villa Martfelde* sowie 6 Hufen und eine Kirche in *villa Palati* übertrug, GLÖCKNER, CL 3809 Bd. 3 S. 259. GYSSELING, Woordenboek S. 677 und 73 bezieht die Namen auf Meerfelt (alter Name für Nederweert nö. Roermond) und Neerpelt (ca. 7 km nö. Hoksent an der Dommel gelegen). Die im 11. Jh. wieder einsetzenden Nachrichten über Neer- und Overpelt enthalten allerdings keine Bezugspunkte zu dieser Lorscher Urkunde, vgl. BUSSELS, Peelt S. 147 ff.

[75] D Arnulf 11 S. 98 f. = DB 1 Nr. 173 S. 305; die in Herstal ausgestellte Urkunde betraf Güter in und bei Utrecht.

[76] Für die Identität dieser Personen setzte sich vor allem VAN DE WEERD, Het Maasland S. 20 ff. und DERS., De H. Willibrordus S. 230 ff. ein. Darüber hinaus sah er in *Adalhardi / Edilhardes* (WAMPACH, Echternach 1, 2 Nr. 11 S. 36) den gleichnamigen Vater der Stifterinnen von Aldeneik, Harlindis und Reinila, vgl. unten S. 183; *Ruotbertus/Rotbertes* (Nr. 11, 17 S. 36, 48) identifizierte er mit dem 741 im Haspengau bezeugten *comes* Rotbert, vgl. zu ihm S. 184 ff. Handelt es sich hierbei meist um sehr willkürliche Gleichsetzungen, so erscheint eine Identität Engilbalds und Ruotberts mit den in Toxandrien genannten Personen immerhin gut denkbar. Sichere Anhaltspunkte über die Namensgleichheit und dieselbe sozial gehobene Stellung hinaus ergeben sich jedoch nicht. Die Identifizierung der Zeugen *Thiedoldus* und *Theotbaldus* stößt bereits auf sprachliche Schwierigkeiten.

[77] D Arnulf S. 95 = WAMPACH, Echternach 1, 2 Nr. 24 S. 60: *actum Bagoloso villa publice.* Für die Gleichsetzung mit Bakel, dem Ausstellungsort der Schenkungsurkunde Herelaefs von 721: *actum publice loco Baclaos,* Nr. 30 S. 72, traten u. a. WAMPACH S. 58 und GYSSELING Woordenboek S. 95 ein. Eine Identität würde, da Herelaef als der größte Grundbesitzer in Bakel anzusehen ist und Hinweise auf Reichsgut an diesem Ort fehlen, wohl bedeuten, daß Plektrud und Willibrord sich mit ihrem Gefolge auf den Gütern Herelaefs aufgehalten hatten. Für Bakel

Mit ihrer tatkräftigen Unterstützung Willibrords handelten die toxandrischen Schenker zweifellos auch im Sinne Pippins II. und Karl Martells. Wie zuletzt Angenendt zeigte, hatten die Hausmeier Willibrord in mehrfacher Weise eng an sich und ihr Haus gebunden. Unter ihrem Schutz übernahm Willibrord die Friesenmission, die in hohem Maße auch der politischen Einbeziehung der eroberten Gebiete Frieslands in das fränkische Reich galt[78]. Wenngleich man die Förderer Willibrords in Toxandrien schwerlich mit Wampach und Niermeyer als Träger einer von Pippin II. gelenkten politischen und kulturellen Erschließung des toxandrischen Raums ansehen kann[79], darf es doch als sehr wahrscheinlich gelten, daß zwischen ihnen als maßgeblichen Vertretern der toxandrischen Führungsschicht und den frühen Karolingern ein gutes Verhältnis bestand.

e) Zusammenfassung

Den Großteil der Landschenkungen in Toxandrien erhielt Willibrord in den Jahren 704 bis 718 von den Angehörigen dreier vornehmer Familien. Die Besitzungen der einzelnen Schenker lagen in weiter Streuung bis zu 45 km voneinander entfernt. Es handelte sich zumeist um Besitzanteile, wobei die Streulage der Güter und ihre unterschiedliche Größe bereits stark differenzierte Besitzverhältnisse erkennen lassen. Die Familien der Schenker waren zu Beginn des 8. Jahrhunderts mit Sicherheit seit der dritten Generation in Toxandrien begütert. Sie gehörten sehr wahrscheinlich einem größeren Verwandtschaftskreis an, für den anzunehmen ist, daß er bereits in der ersten Hälfte des 7. Jahrhunderts, wahrscheinlich aber schon länger in diesem Raum ansässig war. Der hohe soziale Rang dieses Schenkerkreises wird ersichtlich an der weiten Streuung der Besitzungen – die bekannten Güter erstreckten sich über ein Gebiet mit einer Längenausdehnung von ca. 90 km – wie auch an der Tatsache, daß Angehörige sämtlicher drei Familien das Rangprädikat *illuster* führten und daß die Schenkerin Bertilindis in das Kloster Chelles eintrat, das zu den vornehmsten Klöstern jener Zeit im Frankenreich zählte. Eine ähnlich hohe soziale Stellung und reicher Grundbesitz sind auch

---

ist im 11./13. Jh. die Namensform *Bacle* belegt, vgl. GYSSELING S. 95. HEIDRICH, Titulatur S. 152 Anm. 378 hält die Identifizierung nicht für gesichert; vgl. auch unten S. 452 mit Anm. 222.

[78] Über die Beziehungen Willibrords zu Pippin II. und Karl Martell ausführlich ANGENENDT, Willibrord, bes. S. 68 ff. und S. 108 ff.

[79] Vgl. WAMPACH, Apostolat S. 247 f., der ausgehend von der Annahme verwandtschaftlicher Beziehungen zu Pippin II. die Förderer Willibrords als „Männer des besonderen Vertrauens der fränkischen Staatslenker" ansprach, und NIERMEYER, La Meuse S. 561, der in ihnen die Helfer der Karolinger bei der „pénétration franque et chrétienne" der nördlichen Reichsgebiete sah; vgl. auch oben Anm. 29.

für die zahlreichen Personen anzunehmen, die in den Zeugenlisten begegnen und von denen ein Großteil wohl zur Verwandtschaft der Schenker zählte. Die übrigen Schenkungsurkunden für Willibrord lassen ähnliche Verhältnisse auch in anderen Gebieten Toxandriens erkennen, so daß insgesamt das Bild einer relativ breiten, schon länger in diesem Raum ansässigen Oberschicht entsteht.

Bei seinen Bemühungen, in Toxandrien als dem Hinterland des friesischen Missionsgebietes umfangreichen Grundbesitz und kirchliche Stützpunkte zu persönlichem Eigen zu erwerben, wandte sich Willibrord in erster Linie an diese führenden Familien. Er erreichte im Zusammenwirken mit ihnen, vor allem durch die Errichtung von Kirchen, eine stärkere kirchliche Durchdringung Toxandriens, das gleichfalls noch ein Missionsgebiet war. Seine engen persönlichen Verbindungen zu den toxandrischen Grundbesitzern führten dazu, daß zwei der Schenker unter seinem Einfluß in die angelsächsisch geprägten Klöster Chelles und Susteren eintraten. Die starke Unterstützung Willibrords darf zusammen mit der Besitznachbarschaft zu Pippin II. im Süden Toxandriens als Hinweis darauf gelten, daß zwischen den toxandrischen Schenkern und den frühen Karolingern gute Beziehungen bestanden.

Im Gegensatz zum Lütticher Raum, aus dem fast nur Einzelpersonen ohne nähere Angaben zu ihrer Verwandtschaft und ihrem Besitz bekannt sind, wird in dem benachbarten Toxandrien ein größerer Personenkreis faßbar, von dessen Besitzverhältnissen, wechselseitigen Beziehungen und landschaftlicher Verbundenheit die dank der Echternacher Überlieferung erhalten gebliebenen Schenkungsurkunden an Willibrord eine annähernde Vorstellung ermöglichen. Die Gegenüberstellung führt eindringlich vor Augen, wie lückenhaft die personengeschichtlichen Zeugnisse für den Lütticher Raum in dieser Hinsicht sind. Um so höher ist umgekehrt aber der Ertrag der toxandrischen Urkunden für die Kenntnis auch der Führungsschicht im Lütticher Raum einzuschätzen. Für ihre Angehörigen, soweit es sich um Personen vergleichbarer sozialer Stellung handelte, sind durchaus ähnliche Verhältnisse wie für die bekannten Vertreter der toxandrischen Oberschicht vorauszusetzen: reicher, durch Erbteilung wie eigenen Zuerwerb gewonnener Streubesitz über größere Entfernungen hinweg – wobei für den dichter besiedelten Haspengau mit einer noch stärkeren Besitzdifferenzierung zu rechnen ist – und Zugehörigkeit zu größeren Verwandtschaftskreisen, für die man, sofern die Quellen nicht ausdrücklich etwas anderes berichten, annehmen kann, daß sie bereits seit Generationen im Lütticher Raum ansässig waren.

Adela von Pfalzel

Unter den Besitzungen, die die Äbtissin Adela nach Aussage ihrer Urkunde von 732/33 ihrem Kloster Pfalzel bei Trier übertragen hatte, wird auch eine *villa quae dicitur Scriptinas sita in pago Mosao super ripam Mosae* genannt[1]. Die Gauangabe *in pago Mosao* bezieht sich auf den im 8. und 9. Jahrhundert mehrfach bezeugten Maasgau, der sich von Maastricht an maasabwärts bis etwa nach Kuik erstreckte[2]. Auch ohne daß es bisher gelang, den Ort *Scriptinas* sicher zu lokalisieren[3], ergibt sich somit, daß Adela von Pfalzel im mittleren Maasgebiet begütert gewesen war. Adela gehörte einer der führenden Familien Austrasiens im 7./8. Jahrhundert an. Über den Besitz und die politische Stellung ihrer Familie liegt eine vergleichsweise günstige Überlieferung vor[4].

a) Besitz und politische Stellung der Familie Adelas

Adela, um 660/75 geboren, gründete um die Wende des 7./8. Jahrhunderts nach dem Tode ihres Mannes das Nonnenkloster St. Marien in Pfalzel. Sie stattete es in einer Reihe von Schenkungen reich mit Besitz aus und stand ihm

---

[1] WAMPACH, Urkunden- und Quellenbuch 1 Nr. 19 S. 25.

[2] Eine genaue Lokalisierung des Maasgaues, der sich als ein schmaler Gebietsstreifen beiderseits der Maas von Maastricht aus in nördlicher Richtung erstreckte, steht m. W. noch aus. Zu seiner Umschreibung sind folgende Belege aus dem 8. bis 12. Jh. von Interesse: 8. Jh.: Susteren *(in pago Mosariorum)*, WAMPACH, Echternach 1,2 Nr. 24 S. 59; 9. Jh.: Blerick bei Venlo *(in pago Mosavo)*, DRONKE, Trad. Fuld. 7,17 S. 43; Gangelt Kr. Aachen *(in pago Mosao)*, Translatio ss. Marcellini et Petri IV, 8 S. 258; Odilienberg südl. Roermond, D Lo II 7 S. 393; Maastricht *(in comitatu Maselant)*, D Arn 53 S. 76; Susteren *(in Masalante)*, D Arn 85 S. 127; 10. Jh.: Meeswijk ca. 18 km nördl. Maastricht, DO I 82 S. 162; Obbicht nördl. Meeswijk, Gesta abb. Gembl. cap. 8 S. 528; Kessel zwischen Roermond und Venlo *(in pago Masalant)*, DO I 129 S. 210; Meerssen, BERNARD, Étude S. 222; 11. Jh.: Epen ca. 10 km westl. Aachen *(in pago Maselant)*, DH III 377 S. 519; Aalburg nordwestl.'s Hertogenbosch *(in pago Masualensi)*, Ex miraculis s. Trudonis I, 6 S. 823. Der Ort war eigentlich im Teisterbant gelegen, vgl. BLOK, Teisterbant S. 9; 12. Jh.: Echt, gegenüber Maaseik *(in pago Maselant)*, D Lo III 12 S. 12. Die Belege zeigen, daß das Gebiet beiderseits der Maas zwischen Maastricht und Roermond/Venlo im 8. bis 12. Jh. als Maasgau bzw. Maasland bezeichnet wurde. Die Abgrenzung im Süden ist sicherer als im Norden, wo das Grenzgebiet von Teisterbant, Hattuariergau, Batavergau und *Masau inferior* schwer auszumachen ist. VAN DEN BERGH, Handboek S. 250 ff. gibt als nördliche Grenze Kuik oder Grave an. VAN DE WEERD, De Maasgau S. 52 ff. nimmt eine Übereinstimmung der vier im Vertag zu Meerssen genannten Grafschaften *Masau* mit den Landdekanaten Eyck, Kuik, Wassenberg und Susteren an, was einer Abgrenzung im Norden im Mündungsgebiet der Dommel in die Maas entsprechen würde.

[3] Vgl. GYSSELING, Woordenboek S. 905 und HEYEN, Pfalzel S. 38; Diskussion der einzelnen Deutungsvorschläge demnächst ausführlich bei WERNER, Adelsfamilien.

[4] Der folgende Abschnitt gibt die wichtigsten Ergebnisse meiner breiter angelegten Untersuchung zur Verwandtschaft Irminas von Oeren und Adelas von Pfalzel wieder. Diese Untersuchung, die ursprünglich als ein Teil der vorliegenden Arbeit gedacht war, soll getrennt erscheinen, vgl. künftig WERNER, Adelsfamilien. Im folgenden werden nur die nötigsten Zitate, Literaturangaben und Erläuterungen beigegeben.

als erste Äbtissin vor. Das Kloster hatte den Status eines persönlichen Eigenklosters Adelas. 732/33, kurz vor ihrem Tode, übertrug Adela das Kloster der Bischofskirche von Trier[5]. In der Urkunde, die sie hierüber ausstellen ließ, nahm sie eine nochmalige Beurkundung der Klostergründung und sämtlicher ihrer Schenkungen an Pfalzel vor. Die detaillierte Aufzählung der einzelnen Ausstattungsgüter läßt einen nicht unbeträchtlichen Teil der umfangreichen Besitzungen erkennen, die Adela in ihrer Hand vereinte. Der Traditionsurkunde von 732/33, mehrfach unzutreffend als Testament der Adela angesehen[6], kommt der personengeschichtliche Aussagewert eines Testaments zu.

Adela hatte ihrem Kloster Besitz an insgesamt 10 Orten übertragen. Die Hauptmasse der Ausstattungsgüter lag im Mittelmosel-Eifelraum. Es handelte sich neben der *villa* Pfalzel selbst, die Adela durch Tausch von Pippin II. erworben hatte[7], um Güter in den Moselorten Enkirch, Ürzig und Kaimt sowie um Besitz in *Regnemoseht*, *Bedelingis* und *Machariaco* im Bitgau[8]. Zu dieser, ihrerseits weit gestreuten Besitzgruppe kamen einige weit abgelegene Außenbesitzungen in den Gebieten nördlich der Ardennen und Eifel hinzu. Sie lagen im Gellepgau nördlich von Köln am Niederrhein (Hohenbudberg, *Beslanc*)[9] und an der Maas nördlich von Maastricht im Maasgau (*Scriptinas*). Ihre Entfernung zu Pfalzel betrug etwa 180 bzw. 140 km (Luftlinie). An keinem der genannten Orte machten die Schenkgüter Adelas den gesamten am Ort befindlichen Besitz aus[10]. Von größerem Umfang waren die Güter in Pfalzel, *Scriptinas*, Hohenbudberg und *Beslanc*. Bei den übrigen Besitzungen handelte es sich um kleinere Besitzanteile. An vier Orten hatte Adela ihre Güter durch Kauf, an zwei weiteren durch Tausch erworben. Ob es sich bei jenen Besitzungen, deren Herkunft nicht angegeben ist, um Erbgüter handelte, muß offenbleiben.

---

[5] Zur Gründung und Dotierung von Pfalzel sowie zu seiner Übertragung an Trier vgl. ausführlich HEYEN, Pfalzel S. 7 ff. und 28 ff.

[6] So insbesondere von ihrem letzten kritischen Herausgeber WAMPACH, Urkunden- und Quellenbuch 1 S. 21.

[7] WAMPACH Nr. 19 S. 23: *villa que dicitur Palociolum situm super fluvium Moselle, quod nos ipsum Pippino maiore domus concampsimus*. Die diesen Tausch betreffende Urkunde wurde vor 697/701 ausgestellt, da Pippin noch den Hausmeier-Titel trägt.

[8] Zur Deutung der beiden letzteren Ortsnamen vgl. HEYEN, Pfalzel S. 42, der *Bedelingis* mit Badelingen (wüst, Gemarkung Echternacherbrück) bei Echternach und *Machariaco* mit einem der Machern-Orte an der mittleren Mosel gleichsetzt.

[9] Daß es sich bei dem 732/33 genannten *Gildegavia* unzweifelhaft um den nach seinem römerzeitlichen Vorort *Gelduba* (Gellep) benannten Gellepgau am Niederrhein handelte, konnte zuletzt ROTTHOFF, Studien S. 4 ff. mit Sicherheit zeigen. Rotthoff deutet von den hier lokalisierten Orten *Botbergis* auf das unweit von Gellep gelegene Hohenbudberg und vermutet in *Beslanc* den gleichfalls Gellep benachbarten Ort Lank; vgl. auch HEYEN, Pfalzel S. 39 f.

[10] Zur *villa* Pfalzel vgl. HEYEN S. 29. Die *villa Scriptinas* scheint in ihrer Gesamtheit im Besitz Adelas gewesen zu sein, doch hatte Adela nach Aussage ihrer Urkunde hier vor der Schenkung an ihr Kloster bereits 40 Joch Land ihrem Sohn Alberich überlassen.

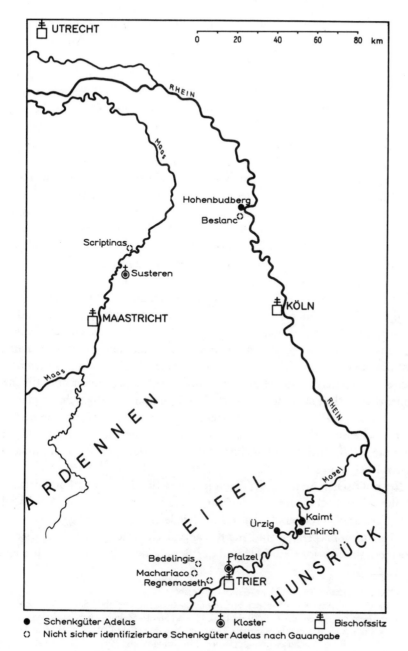

Karte 6: Übersichtskarte zur Urkunde der Adela von Pfalzel von 732/33

Die Ausstattungsgüter von Pfalzel bildeten nur einen Teil von Adelas Gesamtbesitz. Weitere Teile waren für die Einrichtung des Klosters aufgewandt worden bzw. dürften an Adelas erbberechtigte Anverwandte übergegangen sein. Die Urkunde von 732/33 läßt dennoch wohl eine annähernde Vorstellung von dem Umfang, der Lage und der Struktur des Gesamtbesitzes zu. Danach ist anzunehmen, daß die Hauptmasse der Eigengüter Adelas in dem Raum südlich von Ardennen und Eifel lag, wo sich mit dem Kloster Pfalzel auch das Wirkungszentrum Adelas befand. Am Niederrhein und im mittleren Maasgebiet scheint Adela weniger reich begütert gewesen zu sein. Doch unterhielt sie, wie etwa der Landkauf von ihrer Schwester Regentrud in Hohenbudberg und *Beslanc* zeigt[11], lebhafte Besitzbeziehungen auch in diese weit entfernten Gebiete. Für ihre übrigen Güter, von denen die meisten wohl in dem von den Schenkungen an Pfalzel umschriebenen Raum gelegen waren, ist eine ähnlich weite Streulage anzunehmen. Auch bei ihnen ist mit einer starken Besitzdifferenzierung und Besitzmobilität zu rechnen.

Ähnlich weiträumige Besitzbeziehungen sind im 7. und beginnenden 8. Jahrhundert im Maas-Mosel-Raum außer für die Arnulfinger-Pippiniden selbst nur mehr für den Verduner Diakon Adalgisel-Grimo bezeugt. Bereits dies läßt erkennen, daß Adela von Pfalzel einer Familie angehörte, die zur vornehmsten Führungsschicht Austrasiens zählte und die an Rang und Einfluß der Familie des Adalgisel-Grimo und den frühen Karolingern kaum nachgestanden haben dürfte. Für weitere Angehörige der Familie Adelas, zumindest aber für ihren namentlich nicht bekannten Gemahl[12] und ihren Sohn Alberich, ist gleichermaßen umfangreicher und weitgestreuter Besitz vorauszusetzen. Bemerkenswert erscheint, daß der Einflußbereich der Familie nicht nur den Trierer Raum und das mittlere Maasgebiet umfaßte, sondern sich darüber hinaus bis an den Rhein nördlich von Köln erstreckte.

Zur politischen Stellung der Familie liegen für die Generation Adelas wie die ihrer Eltern und ihrer Kinder nur wenige Nachrichten vor. Von Adelas Vater ist lediglich bekannt, daß er am Niederrhein begütert gewesen war[13]. Zur Person Adelas lassen ein Brief der angelsächsischen Äbtissin Aelffled von Straneshalh von vor 713/14[14] und der Bericht der Vita Gregorii über einen

---

[11] Vgl. das Zitat unten S. 167 mit Anm. 41.

[12] Als Gemahl Adelas wird in der Forschung noch häufig der oben S. 100 ff. erwähnte *domesticus* Hodo angesehen, der 669/70 im Umkreis von Stablo-Malmedy bezeugt ist, vgl. HEYEN, Pfalzel S. 8 mit Anm. 6. Doch beruht diese These, die bereits auf chronologische Bedenken stoßen muß, auf einer Reihe fraglicher genealogischer Zuweisungen und Personengleichsetzungen, vgl. unten S. 170 mit Anm. 52, so daß sie wohl schwerlich aufrecht erhalten werden kann.

[13] Zur Frage, inwieweit der 693/4 und 697 in Neustrien bezeugte Seneschall bzw. Pfalzgraf Hugobert als Vater Adelas angesehen werden kann, vgl. unten S. 166 mit Anm. 34.

[14] Epp. Bonifatii Nr. 8 S. 3. Dem an eine *Adolane abbatissae* adressierten Schreiben Aelffleds ist zu entnehmen, daß das von *Adola* geleitete Kloster ein in England bekannter Stützpunkt angel-

Besuch des Bonifatius 721 in Pfalzel[15] erkennen, daß Adela enge Verbindungen zu angelsächsischen Kreisen unterhielt. Einige Wahrscheinlichkeit spricht dafür, daß Adela mit jener *religiosa femina ... ex nobile genere orta, cui nomen erat Adula* identisch war, die nach dem Bericht der zeitgenössischen Virtutes s. Geretrudis dem Kloster Nivelles im Jahre 693/94 einen Besuch abstattete und hier nach einem Wunder die hl. Gertrud mit einer reichen Schenkung bedachte[16]. Dies könnte zusammen mit der Nachricht der Adela-Urkunde über das Tauschgeschäft mit Pippin II. dafür sprechen, daß Adela und ihre Familie gute Beziehungen zu den frühen Karolingern unterhielten. Von den Familienangehörigen der Generation nach Adela ist nur Adelas Sohn Alberich sicher bezeugt[17]. Doch ist auch für ihn nicht mehr überliefert, als daß Adela ihm einen Teil ihrer Güter in *Scriptinas* geschenkt hatte und daß somit auch er über Verbindungen in das mittlere Maasgebiet verfügte. Rückschlüsse auf seine politische Stellung lassen jedoch die Nachrichten der Vita Gregorii über die führende Rolle der Söhne Alberichs unter Karl Martell zu.

Die Vita Gregorii, 790/91 von Gregors Schüler Liudger in Utrecht verfaßt, berichtet, daß sich Gregor, der älteste Sohn Alberichs, bis zum Jahre 721 zur Ausbildung am Hofe Karl Martells aufgehalten hatte[18] und daß einige der Brüder Gregors nach 733 von Karl mit hohen Amtsaufträgen in die südlichen Reichsteile entsandt worden waren[19]. Die frühe Berufung Gregors an den Hof Karls und die spätere Vertrauensstellung seiner Brüder unter Karl sind am ehesten damit zu erklären, daß bereits zwischen Gregors Vater Alberich und Karl Martell ein gutes Verhältnis bestanden hatte. Die Vermutung liegt nahe, daß Alberich nach dem Tode Pippins II. zu den Parteigängern Karls zählte und daß er, da sein Tod bereits vor 721 anzusetzen ist[20], bei den Auseinandersetzungen der Jahre 715/18 um die Vorherrschaft Karls umgekommen war.

---

sächsischer Romreisender auf dem Kontinent war. Bei der Empfängerin des Briefes kann es sich nur um Adela von Pfalzel gehandelt haben.

[15] Cap. 2 S. 67; Datierung nach SCHIEFFER, Winfrid-Bonifatius S. 119 und 140.
[16] Cap. 11 S. 469 ff.
[17] WAMPACH, Urkunden- und Quellenbuch 1 Nr. 19 S. 25: *iam antea dulcissimo filio Alberico condonavi*. Dazu Vita Gregorii cap. 2 S. 67 f.: *venit* (sc. *Gregorius*) *ad aviam suam, id est ad matrem patris sui Albrici supradictam abbatissam Deum timentem Addulam*.
[18] Cap. 2 S. 67: *puer Gregorius, qui per idem tempus nuper a scola et palatio reversus, sub laico adhuc habitu quasi quartum decimum aut decimum quintum aetatis suae agens annum*. Da ein rein topischer Charakter dieser Nachricht nach dem Kontext weitgehend auszuschließen ist, die Angabe sich aber schwerlich auf den merowingischen Königshof beziehen kann, wird man sie mit RICHÉ, Éducation S. 492 am wahrscheinlichsten in Verbindung mit der Nachricht des Paulus Diaconus über die Ausbildung des späteren Bischofs Chrodegang von Metz *in palatio maioris Karoli* sehen können und sie im Sinne einer Ausbildung Gregors am Hofe Karl Martells interpretieren dürfen, vgl. unten S. 198 mit Anm. 5.
[19] Vgl. Anm. 21.
[20] Dies ist aus den Angaben der Vita zu schließen, daß Gregor sich 721 nach der Rückkehr vom Hofe bei seiner Großmutter in Pfalzel aufhielt und daß er jüngere *uterini fratres* hatte, was

Genauere Aussagen der Vita über die Tätigkeit von Alberichs namentlich nicht genannten Söhnen in den *longinquiora regna Galliarum* fehlen[21]. Der Vergleich mit der übrigen Überlieferung läßt jedoch kaum eine andere Deutung zu, als daß Gregors *fratres nobiles et eximii* zu jenen austrasischen Großen zählten, die Karl nach 733 in die neu unterworfenen Gebiete Burgunds und der Provence zur Sicherung seiner Herrschaft entsandte und hier unter Entmachtung einheimischer Familien als führende Amtsträger einsetzte[22]. Zu Gregor selbst heißt es in der Vita, daß er sich 721 im Alter von 14/15 Jahren dem Bonifatius anschloß und bald einer von dessen engsten Schülern und Mitarbeitern in der Missionsarbeit wurde[23]. Weitere Rückschlüsse auf seine Person erlaubt ein Bonifatius-Brief von Anfang 742/43, dem zu entnehmen ist, daß Bonifatius 738/39 dem Papst einen Geistlichen offensichtlich fränkischer Herkunft als Nachfolger für den Fall seines Todes präsentiert hatte[24]. Wie bereits Tangl zeigen konnte, handelte es sich bei dem vorgesehenen Nachfolgekandidaten, dessen Name nicht genannt ist, mit an Sicherheit grenzender Wahrscheinlichkeit um Gregor[25]. Es dürfte außer Zweifel stehen, daß Bonifatius diese Nachfolgeregelung auch im Einvernehmen mit Karl Martell getroffen hatte und daß für ihn die Herkunft seines Schülers Gregor aus der vornehmsten fränkischen Führungsschicht im Umkreis des Hausmeiers ein wesentlicher Grund war, in ihm den geeigneten Nachfolger für seine Missionsvorhaben und die angestrebte fränkische Kirchenreform zu sehen.

Derselbe Bonifatius-Brief läßt erkennen, daß es noch vor 742/43 in den Beziehungen der Familie zum karolingischen Hause zu einem Umschwung kam. Bonifatius teilt dem Papst mit, daß die geplante Nachfolgeregelung auf den Widerstand des *princeps* stoße, da ein Bruder des vorgesehenen Kandidaten

---

darauf hindeutet, daß seine Mutter eine zweite Eheverbindung eingegangen war, cap. 2 und 9 S. 67f. und 74.

[21] Cap. 9 S. 74. Geht der Amtsauftrag aus der Angabe: *aliqui ex maioribus fratribus honorati a rege* (sc. Karl Martell) *mitterentur* deutlich hervor, so wird ihre Stellung in diesen Gebieten mit den Worten: *principatum non modicum ipsis in locis habuerunt* umschrieben.

[22] So auch LÖWE, Bonifatius S. 299f. Es erscheint aufschlußreich für die Regierungspolitik Karls und für die Stellung des mittleren Maasgebiets, daß Karl zu derselben Zeit, zu der er Angehörige einer führenden Familie dieses Raums nach Burgund und in die Provence entsandte, umgekehrt mit der Familie des Eucherius von Orleans eine der mächtigsten Familien Burgunds in die Verbannung nach St. Truiden im Haspengau schickte, vgl. unten S. 187.

[23] Vgl. insbesondere cap. 3 und 5 S. 70ff.

[24] Epp. Bonifatii Nr. 50 S. 83. Daß es sich bei dem hier erwähnten *in aecclesiastico ministerio heredem et successorem* um den Angehörigen einer mächtigen fränkischen Familie handelte, zeigen die Anm. 26 zitierten Angaben mit Deutlichkeit.

[25] TANGL, Studien S. 160ff.; ähnlich auch SCHIEFFER, Winfrid-Bonifatius S. 207 und LÖWE, Bonifatius S. 299f.

einen *avunculum ducis Francorum* erschlagen habe²⁶. Der Hintergrund der blutigen Auseinandersetzungen zwischen Angehörigen der Familie Adelas und des karolingischen Hauses liegt im Dunkeln. Nimmt man nicht persönliche Motive an, so ist am ehesten ein Zusammenhang mit den Kämpfen zu vermuten, die nach dem Tode Karl Martells Ende 741 zwischen Karlmann und Pippin und ihrem Halbbruder Grifo ausgebrochen waren²⁷. Gregor, der an den Auseinandersetzungen zweifellos nicht beteiligt war, mußte auf Drängen Karlmanns als Nachfolgekandidat des Bonifatius ausscheiden. Seine Brüder dürften in noch wesentlich stärkerem Maße von der Feindschaft des karolingischen Hauses betroffen worden sein.

Weitere Nachrichten liegen allerdings nurmehr für Gregor selbst und seinen Neffen Alberich vor. Gregor wurde um 748 Abt von St. Martin in Utrecht und übernahm nach dem Tode des Bonifatius 754 von Utrecht aus die Leitung der Friesenmission, ohne jedoch zum Bischof von Utrecht erhoben zu werden²⁸. Alberich, der in Utrecht von Gregor erzogen und zu seinem Nachfolger bestimmt wurde, gehörte zu den Geistlichen im Gefolge Karls des Großen auf dessen Italienzug von 776²⁹. Bald nach 777 wurde er zum Bischof von Utrecht ernannt³⁰. Ein Gedicht Alkuins läßt erkennen, daß Alberich den Hofkreisen Karls des Großen nahestand³¹. Die wenigen Hinweise zur Person Alberichs scheinen darauf hinzudeuten, daß es in der Generation nach Gregor und Pippin wieder zu einem Ausgleich zwischen der Familie Adelas und dem karolingischen Hause gekommen war. Mit dem Tode Alberichs 784 verliert sich die Spur der Familie im Dunkeln.

Die Adela-Urkunde von 732/33, die Vita Gregorii und der Bonifatius-Brief von 742/43 als die wichtigsten Zeugnisse, auf denen das im vorangehenden gezeichnete Bild der Familie Adelas beruht, beziehen sich unzweifelhaft bzw. mit an Sicherheit grenzender Wahrscheinlichkeit auf Adela von Pfalzel und Angehörige ihrer Familie. Sie gestatten es, die Familie durch fünf Generationen hindurch von der zweiten Hälfte des 7. Jahrhunderts bis in das ausgehende 8. Jahrhundert zu verfolgen und vermitteln eine annähernde Vorstellung von ihrem weiträumigen Besitz und ihrem politischen Schicksal im 8. Jahrhundert. Für die Frage, welche Rolle die Familie im 7. Jahrhundert, insbesondere in der

---

[26] Epp. Bonifatii Nr. 50 S. 83: *Sed modo dubito et nescio, si fieri possit, quod postea frater illius avunculum ducis Francorum occidit, et adhuc ignoramus, qualiter ista discordia pacificari et finiri valeat.* Zu der geplanten Nachfolgeregelung heißt es: *quia hoc non videtur posse fieri, si contrarius princeps fuerit.* Da der Brief nach dem Tode Karl Martells abgefaßt wurde, ist in dem namentlich nicht genannten fränkischen Herrscher Karlmann zu sehen, dem Austrasien zugefallen war.
[27] So auch LÖWE, Bonifatius S. 299 f.
[28] Vita Gregorii cap. 5 und 10 S. 71 und 74 f.
[29] Ebd. cap. 15 S. 79: *Albrici ... qui tunc temporis in Italia erat regali servitio occupatus.* Alberich ist durch die Vita s. Liudgeri I, 15 S. 19 sicher als *nepos* Gregors bezeugt.
[30] Vita s. Liudgeri I, 17 S. 21.   [31] Alcuini Carmina IV, V. 6 und 42 S. 221 f.

Zeit des karolingischen Aufstiegs unter Pippin II. spielte, ist es von hohem Interesse, inwieweit der Kreis der bekannten Familienangehörigen erweitert werden kann.

b) Beziehungen zu Irmina von Oeren und Pippins II. Gemahlin Plektrud

Im Anschluß an die Ergebnisse von Halbedel und Wampach gilt Adela in der Forschung zumeist als eine Tochter Irminas von Oeren und eines Seneschalls Hugobert sowie als eine Schwester von Pippins II. Gemahlin Plektrud[32]. Für die Zuweisung Adelas zu der sog. „Hugobert-Irmina-Sippe" setzte sich in der neueren Forschung insbesondere Hlawitschka ein[33]. Irmina von Oeren, die Gründerin des Klosters Echternach, entstammte einer vornehmen Familie des Mittelmosel-Eifelraums. Adelas Vater hingegen war nachweislich am Niederrhein begütert. Pippins II. Vermählung mit Plektrud, der Tochter eines Hugobert[34], ist spätestens 668/70 anzusetzen. Sieht man Plektrud als eine Schwester Adelas und eine Tochter Irminas an, so würde deutlich, daß die Heiratsverbindung Pippins mit einer Angehörigen der in wichtigen Teilen Austrasiens reich begüterten „Hugobert-Irmina-Sippe" den Arnulfinger-Pippiniden einen beträchtlichen Machtzuwachs brachte[35]. Die engen Beziehungen zu dieser mächtigen Familie dürften für Pippin II. in den Auseinandersetzungen der Jahre 679/80 bis 687, die schließlich mit seinem Sieg bei Tertry endeten, einen wesentlichen Rückhalt bedeutet haben.

Die Annahme, Adela sei eine Tochter der Irmina von Oeren gewesen, gründet sich auf einen im Echternacher Liber aureus überlieferten Auszug einer Schenkungsurkunde von 704, derzufolge eine *Ymena, Deo sacrata, et Attala atque Crodelindis, filie ipsius* ihren Erbanteil in Köwerich an der Mosel und in *Bedelinga* an Willibrord bzw. Echternach geschenkt hatten[36]. Eine Identität Ymenas mit der Äbtissin Irmina von Oeren liegt auf den ersten Blick nahe, zumal auch Irmina in einem Ort *Baidalingo* (Badelingen bei Echternach) begütert war[37]. Gegen eine Gleichsetzung spricht jedoch, daß *Ymena* und

---

[32] HALBEDEL, Studien S. 16ff., WAMPACH, Echternach 1,1 S. 124ff.

[33] HLAWITSCHKA, Herkunft S. 9 ff., DERS., Merowingerblut S. 77 ff.

[34] Vgl. etwa D Arnulf 4 S. 93 = WAMPACH, Echternach 1,2 Nr. 14 S. 39: *Plectrudis, filia Huogoberti quondam* (706). Dies ist zugleich die einzige unmittelbar für Plektrud überlieferte Verwandtschaftsangabe. Hugobert wird zumeist mit dem Anm. 13 erwähnten gleichnamigen Amtsträger in Neustrien identifiziert, vgl. auch EBLING, Prosopographie S. 121 sowie unten S. 277 mit Anm. 19. Zum Zeitpunkt der Vermählung Pippins II. mit Plektrud vgl. unten S. 397 Anm. 7.

[35] So insbesondere HLAWITSCHKA, Vorfahren S. 54 f., der bei diesem Urteil zusätzlich davon ausgeht, daß die Gemahlin Pippins d. J., Bertrada d. J., über ihre Großmutter Bertrada d. Ä. gleichfalls der „Hugobert-Irmina-Sippe" angehört habe, deren Besitzungen somit zum Großteil durch Heirat in die Hand der Karolinger gelangt seien, vgl. auch oben S. 12 f. mit Anm. 7.

[36] WAMPACH, Echternach 1,2 Nr. 12 S. 37.

[37] Ebd. Nr. 3 S. 19.

Irmina sprachlich verschiedene Namen sind und daß beiden Personen unterschiedliche geistliche Titel beigelegt wurden[38]. Das besitzgeschichtliche Argument verliert an Gewicht dadurch, daß die Deutung von *Bedelinga* auf Badelingen nicht sicher ist und daß, selbst wenn man gemeinsame Besitzbeziehungen zu Badelingen annimmt, die Angaben über die jeweiligen Güter nur schwer miteinander zur Deckung zu bringen sind[39]. Adelas Gleichsetzung mit Ymenas Tochter Attala beruht neben der Gleichheit der Namen vor allem darauf, daß Adela in einem *Bedelingis*, Attala hingegen in einem *Bedelinga* über Besitzrechte verfügten. Setzt man beide Orte gleich, was ebenfalls nicht zu erweisen ist, so würde sich ergeben, daß Attala der Schenkung ihrer Mutter an einem Ort zugestimmt hatte, an dem Adela als Käuferin eines kleineren Besitzanteils aufgetreten war[40]. Dies kann, zumal der Name *Adela* keineswegs selten war, nicht als sicheres Indiz für eine Personenidentität gelten. Doch ist es, wenngleich auch nicht weiter abzusichern, so doch weder auszuschließen noch unwahrscheinlich, daß Adela und Attala identisch waren. Im Falle Ymenas und Irminas hingegen dürfte es dem Wortlaut der überlieferten Nachrichten wesentlich besser entsprechen, wenn man sie auf verschiedene Personen bezieht.

Verwandtschaftliche Beziehungen Adelas zu Plektrud, der Gemahlin Pippins II., werden aus folgender Passage der Adela-Urkunde von 732/33 erschlossen: *Similiter dono ad prefatum monasterium villas meas que sunt Botbergis, Beslanc, quas ego a dulcissima germana mea Regentrudi dato precio comparavi et ei ex legitima hereditate et de genitore suo Dagoberto quondam legibus obvenit et ipsa germana mea Regentrudis vel missi sui contra Plectrudem in partem receperunt, sitas in pago quae dicitur Gildegavia*[41]. Die hier genannte Plektrud gilt als Schwester Adelas und als identisch mit Pippins II. gleichnamiger Gemahlin. Ersterer Annahme steht jedoch entgegen, daß Adela in demselben Zusammenhang Regentrud an zwei Stellen ausdrück-

---

[38] Vgl. FÖRSTEMANN, Personennamen Sp. 951f. und 474f. Während Ymena als *Deo sacrata* bezeichnet ist, wird Irmina durchweg der Titel *Deo sacrata abbatissa* beigelegt (in WAMPACH Nr. 6 S. 25 nur *abbatissa*). Da sämtliche Angaben im Liber aureus überliefert sind, müßte man eine zweifache Abänderung der Vorlage für Ymena annehmen, was unwahrscheinlich ist.

[39] Lokalisiert man *Bedelinga* im Trierer Raum, was gleichfalls nicht sicher zu erweisen ist, so kommen aus sprachlichen Gründen neben Badelingen auch Beilingen *(Beydelingin)* Kr. Bitburg-Prüm und wüst *Beidlingen* bei Trier in Betracht. Besitzgeschichtliche Argumente für die Deutung des Namens auf einen dieser drei Orte sind nicht gegeben.

[40] WAMPACH, Urkunden- und Quellenbuch 1 Nr. 19 S. 26: *et res illas in villa que dicitur Bedelingis, sitas pago Betense, quantumcumque michi Gauciofidus et Wighericus per venditionis titulum contulerunt*.

[41] Ebd. S. 25. Bereits in der Intitulatio ihrer Urkunde erscheint Adela als *filia Dagoberti quondam regis*. Da die Urkunde nur in einem Auszug in dem Libellus de rebus Treverensibus aus dem 11./12. Jh. überliefert ist, SS 14 S. 105f., und zu dieser Zeit auch Irmina von Oeren als eine Tochter König Dagoberts galt, ist die Nennung Dagoberts, wie auch zumeist in der Forschung angenommen, als Interpolation anzusehen.

lich als *germana mea* bezeichnet, während eine derartige Angabe für Plektrud fehlt. Die bloße Verwendung der Erbteilungsformel *contra NN in partem recipere* spricht für sich alleine genommen nicht dafür, daß Plektrud und Regentrud Schwestern waren. Auch bei den am häufigsten vorkommenden Erbteilungen unter Geschwistern wird in der Formel der Verwandtschaftsgrad der Erbberechtigten jeweils vermerkt[42]. Die Angaben der Urkunde lassen erkennen, daß Regentrud und Plektrud einen gemeinsamen Erblasser hatten und somit wohl miteinander verwandt waren. Welcher Art ihr Verwandtschaftsverhältnis war, muß jedoch offenbleiben.

Für die Gleichsetzung Plektruds mit der Gemahlin Pippins II. beruft sich die Forschung vor allem darauf, daß die Nachkommen Pippins II. und Plektruds, Herzog Arnulf und Pippin d. J., in Bitburg und Besslingen begütert waren und daß in eben diesen Orten auch die in der Adela-Urkunde genannte Plektrud über Besitz verfügt habe[43]. Dieses besitzgeschichtlich-genealogische Argument muß jedoch entfallen, da die Güter Plektruds in *Botbergis* und *Beslanc* nicht in Bitburg und Besslingen, sondern mit Sicherheit im Gellepgau am Niederrhein zu lokalisieren sind[44]. Weitere Anknüpfungspunkte, die unmittelbar auf die von Adela erwähnte Plektrud und die Gemahlin Pippins zu beziehen wären, stehen aus. Die sonst für eine Personenidentität angeführten Beobachtungen wie der Hinweis auf die guten Beziehungen Adelas zu Pippin II. und dem Kloster Nivelles und die Verbindungen beider Familien zu Susteren[45] oder auch die Erwägung, daß die Interpolation *Dagoberti* in der Adela-Urkunde leicht mit einem ursprünglichen *Hugoberti*, d.h. dem Namen von Plektruds Vater, zu erklären sei[46], besitzen ohnehin stärker bestätigenden

---

[42] Dies zeigen bereits die meisten der von HLAWITSCHKA, Herkunft S. 9 Anm. 33 zitierten Beispiele, die noch beträchtlich vermehrt werden können.

[43] So vor allem HLAWITSCHKA, Herkunft S. 9 und DERS., Merowingerblut S. 76 f. Als weiteres besitzgeschichtliches Argument, das zugleich auch bestätigen soll, daß die in der Adela-Urkunde genannte Plektrud eine Schwester Adelas war, führt HLAWITSCHKA S. 78 an, daß 720/21 Pippins II. und Plektruds Enkel Arnulf und 697/98 eine Gerelind, Tochter eines Odo, jeweils über (nicht als Erbgut bezeichneten) Besitz in Klotten an der Mosel verfügten. Er sieht in Gerelind eine Tochter der Adela von Pfalzel und führt den Besitz der beiden Personen auf eine Erbteilung zwischen Plektrud und Adela zurück, die als Schwestern geteilt hätten. Doch kann dieses Argument keineswegs überzeugen, da die Verwandtschaft zwischen Gerelind und Adela nicht gesichert ist, vgl. unten S. 170 mit Anm. 52, und die Besitznachbarschaft zweier Personen an einem Ort, sofern keine sicheren Zeugnisse dafür vorliegen, nicht zwingend auf eine Erbteilung zwischen der Mutter der einen und der Großmutter der anderen Person zurückgeführt werden kann.

[44] Vgl. Anm. 9.

[45] Vgl. HLAWITSCHKA, Merowingerblut S. 78 f. Dieses Argument geht davon aus, daß es Plektrud war, die das Gut Susteren von einem Alberich und Haderich gekauft hatte, wobei letztere als Söhne Adelas angesehen werden, vgl. S. 170. Ein weiteres Argument, die gemeinsamen Beziehungen Irminas, Pippins II. und Plektruds zum Kloster Echternach, verliert bereits dadurch an Gewicht, daß Verwandtschaftsbeziehungen zwischen Adela und Irmina fraglich sind.

[46] Vgl. Anm. 41. Die These von HEYEN, Pfalzel S. 67 ff., daß die Verlesung oder Umdeutung eines ursprünglichen *Hugoberti* in *Dagoberti* durch den Autor des Libellus de rebus Treverensibus

Charakter als eigene Beweiskraft. Sie können den Mangel an direkten Argumenten auch nicht annähernd ausgleichen. Diese Bedenken schließen eine Identität Plektruds, der Verwandten Adelas, mit der Gemahlin Pippins II. keineswegs aus. Vielmehr ist es angesichts der führenden Stellung der Familie Adelas und ihrer guten Beziehungen zu den Karolingern historisch keineswegs unwahrscheinlich, daß es zwischen beiden Familien zu einer Heiratsverbindung gekommen war, die dann am ehesten wohl über Plektrud gelaufen wäre. Doch kann sich eine derartige Annahme über die Namengleichheit hinaus auf keinerlei konkrete Anknüpfungspunkte stützen. Das Argument der Namengleichheit ist jedoch auch in diesem Falle nur wenig tragfähig, da der Name Plektrud gleichfalls häufiger gebräuchlich war. Es bleibt somit ein erheblicher Unsicherheitsfaktor bestehen.

In der Rekonstruktion der sog. „Hugobert-Irmina-Sippe" bildet Adela von Pfalzel das entscheidende Bindeglied zwischen Irmina von Oeren und Pippins II. Gemahlin Plektrud, der Tochter eines Hugobert. Eine Verwandtschaft Adelas mit Irmina muß als fraglich gelten. Die Annahme, Adela sei eine Schwester Plektruds gewesen, beruht auf mehreren Voraussetzungen, die nicht näher zu begründen sind. Auf diesem Hintergrund wird man die erschlossenen Verwandtschaftsverbindungen schwerlich zur Grundlage weitergehender personengeschichtlicher Aussagen machen können[47].

c) Alberich und Haderich

Kurz vor 714 kaufte Pippins Gemahlin Plektrud von einem *Alberico et Haderico* das kleine Landgut Susteren *(mansionile Suestra)* im Maasgau. Pippin und Plektrud errichteten hier eine kleine klösterliche Niederlassung, statteten sie mit dem Landgut aus und übertrugen sie Willibrord zur Leitung und Einrichtung eines Konvents. Das Salvatorpatrozinium der Kirche in Susteren und die Besetzung mit *fratres peregrini* lassen erkennen, daß Willibrord maßgeblichen Anteil an der Klostergründung hatte[48]. Susteren, ver-

---

zu dem Aufkommen der auf Irmina und Adela bezogenen Dagobert-Tradition in Trier geführt habe, läßt sich bereits von den Zeugnissen für die Irmina-Dagobert-Tradition her nicht aufrechterhalten, vgl. WERNER, Anfänge S. 10 f.

[47] Die Zuweisung Bertradas d. Ä., der ersten Gründerin von Prüm und der Großmutter von Pippins d. J. Gemahlin Bertrada d. J., zur Familie der Adela durch HLAWITSCHKA, Herkunft S. 11 ff. hat zur entscheidenden Voraussetzung, daß Adela eine Schwester Plektruds gewesen war. Hält man diese Voraussetzung dennoch für gegeben, so kann diese Annahme, da sie im wesentlichen auf allgemeinen erb- und kirchenrechtlichen Erwägungen, nicht jedoch auf konkreten besitzgeschichtlich-genealogischen Anhaltspunkten beruht, allenfalls als eine denkbare, aber nicht näher zu begründende Hypothese gelten, vgl. künftig WERNER, Adelsfamilien.

[48] D Arnulf 6 S. 95 = WAMPACH, Echternach 1,2 Nr. 24 S. 59. Die am 2. März 714 ausgestellte Urkunde Pippins II. und Plektruds, in der diese das Kloster an Willibrord übertrugen, berichtet zugleich auch über den Besitzkauf und die Einrichtung des Klosters. Zu den Anfängen von Susteren vgl. vor allem COENS, Susteren S. 328 ff.

kehrsgünstig in der Nähe der Maas gelegen, dürfte für Willibrord ein geeigneter Stützpunkt auf seinen Reisen zwischen Echternach und dem friesischen Missionsgebiet gewesen sein[49]. Stärker aber noch war das Kloster wohl als geistiges Zentrum der von Willibrord tatkräftig geförderten Christianisierung des toxandrischen Raums angelegt worden[50]. Susteren, dessen Abt zur Treue gegenüber Mitgliedern des karolingischen Hauses verpflichtet wurde, war dem *mundiburdium* und der *defensio* Pippins II. und seiner Nachkommen unterstellt. Trotz weitgehender Rechte Willibrords verblieb das Kloster damit unter der Oberherrschaft der Karolinger[51].

Die Vorbesitzer des *mansionile* Susteren, Alberich und Haderich, werden von dem Großteil der Forschung als Brüder angesehen. Diese Annahme hat angesichts des gemeinsamen Besitzes eines kleineren Anwesens hohe Wahrscheinlichkeit für sich. Alberich wird zumeist mit dem gleichnamigen Sohn der Adela von Pfalzel identifiziert. Haderich, der damit gleichfalls als Sohn Adelas gilt, bildet das Bindeglied für die Einbeziehung noch weiterer Personen in die Verwandtschaft der Gründerin von Pfalzel[52].

Die Gleichsetzung des Mitbesitzers in Pfalzel mit Adelas Sohn Alberich beruht neben der Gleichnamigkeit vor allem auf der Tatsache, daß beide Personen im Maasgau begütert waren. Da auch mit einer weiträumigen Besitznachbarschaft zu rechnen ist und der Name *Alberich* keineswegs als signifikant gelten kann, reichen diese Argumente für sich allein genommen nicht aus. Als zusätzlicher Hinweis könnte gewertet werden, daß nach der späteren Lokaltradition von Susteren Alberichs Gemahlin Fastrada, sein Sohn Gregor und sein Enkel Alberich von Utrecht in dem Kloster Susteren bestattet worden waren[53]. Für Gregor und Alberich läßt sich diese Nachricht aufgrund kult-

---

[49] So LÖWE, Pirmin S. 232 f.

[50] WAMPACH, Apostolat S. 255 ff. spricht gleichfalls von Susteren „als Angel- und Drehpunkt für das friesische Missionsfeld und das von Nord- und Süd-Eifel", hebt zugleich aber auch die besondere Bedeutung des Klosters „für Willibrords Tätigkeit im eigentlichen Maasgau" hervor. Geht man davon aus, daß der aus der toxandrischen Oberschicht stammende Ansbald Mönch in Susteren geworden war, vgl. oben S. 154 mit Anm. 64, so wären die Verbindungen dieses Klosters zu dem von Willibrord in dem Raum nördlich von Maastricht und der Demer angesprochenen Personenkreis deutlich zu fassen.

[51] Vgl. hierzu auch ANGENENDT, Willibrord S. 70.

[52] Vgl. WAMPACH, Echternach 1,1 S. 131 ff. und HLAWITSCHKA, Merowingerblut S. 84 mit Anm. 63. Haderich wird mit dem 698/99 im nördlichen Toxandrien an Willibrord schenkenden *Hadericus filius Odonis* identifiziert, vgl. oben S. 148 mt Anm. 37. Aufgrund der Namengleichheit ihres Vaters wird eine 697/98 in Klotten an der mittleren Mosel an Willibrord schenkende *Gerelindis filia Odonis*, WAMPACH, Echternach 1,2 Nr. 5 S. 23, als Schwester Haderichs und damit als Tochter Adelas angesehen. In Odo sehen Wampach und ein Teil der ihm folgenden Forschung den 669/70 bezeugten *domesticus* Hodo, vgl. Anm. 12; zurückhaltend hierzu hingegen HLAWITSCHKA S. 83 f.

[53] Aegidius von Orval teilt in seinen um 1250 entstandenen Gesta epp. Leod II, 38 S. 51 in einem eigenen, Susteren betreffenden Nachtrag u. a. mit: *Sepulti sunt etiam in eadem* (sc. *ecclesia Sustrensi*) *duo sancti confessores presules sucessive Traiecti inferioris, qui propter devotionem*

geschichtlicher Beobachtungen weitgehend bestätigen. Die Angaben über Fastrada entziehen sich hingegen einer sicheren Beurteilung[54]. Hält man auch sie für glaubwürdig, so wäre Susteren als eine Art Familiengrablege für einen Teil der Familie Alberichs anzusehen. Diese Stellung des Klosters könnte auf den ersten Blick schlüssig damit erklärt werden, daß über den Vorbesitzer Alberich bereits seit alters Verbindungen der Familie zu dem Ort Susteren bestanden[55]. Umgekehrt wird man aus der bloßen Tatsache des Besitzverkaufs kaum auf engere Beziehungen Alberichs und Haderichs zu dem von ihren Besitznachfolgern gegründeten Kloster schließen können. Auch die Vermutung, daß Alberich und Haderich in Susteren eine Klostergründung geplant hatten, diese aber von Pippin II. und Plektrud durchgeführt wurde, findet in der Gründungsurkunde von Susteren von 714 keine Stütze. Die Nachrichten der Urkunde und die Susterner Lokaltradition sind also kaum in der Weise zur Deckung zu bringen, daß die Vorbesitzer des Hofes und die später in dem Kloster bestatteten Personen Mitglieder derselben Familie waren[56]. Dennoch ist durchaus mit der Möglichkeit zu rechnen, daß es sich bei den Vorbesitzern von Susteren um Söhne Adelas von Pfalzel handelte. Mit der erforderlichen Sicherheit läßt sich dieses Verwandtschaftsverhältnis jedoch nicht erweisen. Sieht man in Alberich und dem Sohn der Adela verschiedene Persönlichkeiten, so wären mit den Nachrichten der Urkunde von 714 über die Vorbesitzer von Susteren Hinweise auf eine weitere im Maasgau begüterte Familie gewonnen.

Doch auch unabhängig von der Frage verwandtschaftlicher Beziehungen zu den Vorbesitzern Alberich und Haderich sind die Nachrichten der Susterner Lokaltradition über die Bestattung von Familienangehörigen des Adela-Sohnes Alberich im Kloster Susteren von hohem Interesse. Sie lassen auf enge persönliche Verbindungen zu dem Kloster Willibrords durch mehrere Generationen hindurch schließen. Zur Erklärung mag beitragen, daß die Familie

---

et sanctitatem sanctimonialium sepe visitantes eundem locum; beati Albrici festivitas 18. Kal. Decembris, sancti quoque Gregorii 10. Kal. Octobris recolitur. Sancta autem Vastradis, mater predicti sancti episcopi Gregorii, corpore quiescit ibidem, cuius festum agitur 12. Kal. Augusti. Aegidius, der noch zahlreiche weitere in Susteren bestattete und verehrte Heilige aufführt, dürfte an dieser Stelle zweifellos die Susterner Lokaltradition wiedergeben.

[54] Ausführlich hierzu COENS, Susteren S. 332ff., der auch eine Bestattung der im Gegensatz zu Gregor und Alberich ansonsten nicht mehr bezeugten Fastrada in Susteren für wahrscheinlich hält.

[55] So nimmt etwa COENS, Susteren S. 337f., ausgehend von verwandtschaftlichen Beziehungen Alberichs und Haderichs wie auch Gregors und seines Neffen Alberich zu Pippin II. und Plektrud an, daß das Kloster Susteren, „établi grâce aux libéralités de Plectrude et de Pépin sur une terre familiale qui avait appartenu aux fils d'Adula, devait donc être particulièrement cher à S. Grégoire et à S. Albéric. On s'étonnera moins dès lors qu'ils l'aient choisi, l'un et l'autre, comme le lieu de leur sépulture".

[56] Mit engen, noch von Alberich herrührenden Beziehungen zu Susteren würde man insbesondere auch die Bestattung der Fastrada in diesem Kloster schwerlich erklären können, da die Gemahlin Alberichs, wie aus der Vita Gregorii cap. 9 S. 74 zu erschließen ist, nach dessen Tode noch eine zweite Eheverbindung eingegangen war, vgl. oben Anm. 20.

Adelas einerseits im Maasgau begütert war und daß sie andererseits angelsächsischen Kreisen nahestand. Es ist gut denkbar, daß Alberichs Gemahlin Fastrada, sofern die späte Tradition auch für sie zutrifft, Willibrord durch eine Reihe von Schenkungen an Susteren im mittleren Maasgebiet gefördert hatte und daß sie deshalb hier ihre Grablege erhielt. Gregor und sein Neffe Alberich konnten zudem von ihrer Stellung in Utrecht aus an ältere, durch Willibrord geschaffene Verbindungen zu Susteren anknüpfen. Bei dem Fehlen näherer Angaben ist über Hypothesen nicht hinauszukommen. Mit weitgehender Sicherheit läßt sich lediglich angeben, daß Gregor und Alberich Susteren zu ihrer Grablege bestimmt hatten. Dies aber spiegelt deutlich wider, daß auch in den Generationen nach Adela enge Beziehungen ihrer Familie zum mittleren Maasgebiet bestanden.

d) Zusammenfassung

In der Überlieferung zur Familie Adelas von Pfalzel ergänzen sich urkundliche und erzählende Quellen in glücklicher Weise. Adelas Urkunde von 732/33 für die Bischofskirche in Trier, dank ihrer Aufzählung sämtlicher Schenkungen Adelas an ihr Eigenkloster Pfalzel ein Zeugnis von dem besitzgeschichtlichen Aussagewert eines Testaments, vermittelt eine annähernde Vorstellung von dem umfangreichen Besitz, über den die Familie in weiten Teilen Austrasiens verfügte. Dem stehen die Nachrichten der Viten Gregors und Liudgers und des Bonifatius-Briefes von 742/43 über die politische Stellung der Familie gegenüber. Zusammengenommen ermöglichen es die genannten Zeugnisse, die Familie von den um die Mitte des 7. Jahrhunderts lebenden Eltern Adelas bis hin zu Adelas Urenkel Alberich, dem 784 gestorbenen Bischof von Utrecht, durch fünf Generationen hindurch zu verfolgen. Der Zufälligkeit der einzelnen Nachrichten entsprechend wird stets nur ein kleiner Teil der Familienangehörigen und auch ihrer Besitzungen faßbar. Dennoch liegt, außer für die Arnulfinger-Pippiniden selbst, für kaum eine andere Familie des Maas-Mosel-Raums im 7. und 8. Jahrhundert eine auch nur annähernd vergleichbar günstige Überlieferung vor.

Ausführlicher setzen die Quellenaussagen allerdings erst mit der Generation Adelas ein. Ihnen ist vor allem zu entnehmen, daß die Familie um die Wende des 7./8. Jahrhunderts über weitgestreuten Besitz in dem Raum zwischen der mittleren Maas, dem Niederrhein und der Mosel bei Cochem und Trier verfügte. In denselben Gebieten wie die frühen Karolinger begütert, zählte die Familie zu dieser Zeit zweifellos zu jenen Kreisen der austrasischen Oberschicht, die ähnlich der Verwandtschaft des Adalgisel-Grimo den Arnulfinger-Pippiniden an Rang kaum nachgestanden haben dürften. Daß dem weiträumigen Besitz eine führende politische Stellung entsprach, ist für die Generation der Enkel Adelas deutlich zu erkennen. Gregor war, wie sein früher Aufenthalt am Hofe Karl Martells zeigt, für die Übernahme hoher Ämter vorgesehen. Einige seiner Brüder wurden nach 733 als Amtsträger Karls in Burgund oder der Provence tätig. Ihre Entsendung in die neu unterworfenen Gebiete Südgalliens ist ein sicher bezeugtes Beispiel dafür, daß die frühen Karolinger Angehörige ihnen nahestehender Familien aus dem Maas-Mosel-Raum zur Sicherung ihrer Herrschaft in entfernten Reichsteilen einsetzten. Gleichermaßen kennzeichnend wie das politische Zusammenwirken mit Karl Martell ist für die Stellung der Familie in der Generation Gregors die enge Verbindung mit der angelsächsischen Mission. Gregor, als Schüler des Bonifatius von diesem 737/38 zu seinem Nachfolger bestimmt, sollte nach dem Tode des Bonifatius als ein hervorragender Vertreter der fränkischen Führungsschicht an die Spitze der austrasischen Kirche treten und die Vorhaben seines Lehrers in der Mission und der fränkischen Kirchenreform weiterführen.

Die Nachrichten über die politische Tätigkeit der Brüder Gregors in Südgallien entsprechen dem vorherrschenden Bild, wonach den Familien aus dem engsten landschaftlichen Umkreis der Karolinger eine führende Rolle bei der Durchsetzung der karolingischen Herrschaft im Gesamtreich im 8. Jahrhundert zugekommen sei. Der Hinweis des Bonifatius-Briefes auf blutige Auseinandersetzungen zwischen Angehörigen Gregors und des karolingischen Hauses zeigt jedoch, daß das Verhältnis der Karolinger zu den ihnen nahestehenden mächtigen Familien des Maas-Mosel-Raums noch im 8. Jahrhundert keineswegs immer stetig war. Vielmehr kam es unter Karlmann und Pippin – möglicherweise im Zusammenhang mit den Kämpfen um Grifo – zu einer Verfeindung, als deren Folge die Familie Adelas ihren politischen Einfluß weitgehend eingebüßt haben dürfte. Aufschlußreich erscheint jedoch, daß die Familie nicht völlig entmachtet wurde, sondern noch immer über einen Rang verfügte, der sie zur Besetzung führender Ämter und zum Hofdienst befähigte. Bereits in den Generation nach Pippin und Gregor, unter Karl dem Großen und Alberich, scheint ein Ausgleich erfolgt zu sein, da Alberich im Gefolge und am Hofe Karls begegnet und unter Karl zum Bischof von Utrecht erhoben wurde.

Über die politische Rolle der Familie zu Beginn des 8. und in der zweiten Hälfte des 7. Jahrhunderts liegen keine unmittelbaren Quellenaussagen vor. Für Adelas Sohn Alberich ist es angesichts der engen, bereits 721 bezeugten Verbindungen seiner Söhne zu Karl Martell sehr wahrscheinlich, daß er in den Auseinandersetzungen nach 714 ein führender Parteigänger Karls gewesen war. Auch in der Generation Adelas, für die bereits die weiträumigen Besitzbeziehungen überliefert sind, dürfte die Familie einige politische Bedeutung erlangt haben. Adelas Besitzgeschäft mit Pippin II. und möglicherweise auch ihr

Besuch in Nivelles deuten an, daß schon zu dieser Zeit ein gutes Verhältnis zum karolingischen Hause bestand. Für die Generation der Eltern Adelas ist lediglich bezeugt, daß Adelas Vater am Niederrhein begütert war. Nimmt man bereits für diese Generation Besitzrechte auch an der mittleren Maas und im Trierer Raum an, so wäre die Familie schon in den Jahren 660/680 der austrasischen Führungsschicht zuzuweisen. Bei einer solchen Annahme könnten die guten Beziehungen zu Pippin II. darauf schließen lassen, daß die Familie in der Zeit des Rückschlags und des Wiederaufstiegs der Arnulfinger-Pippiniden nach 662 zu den Großen auf seiten der frühen Karolinger gehört hatte. Eine deutliche Bestätigung dieser Annahme wäre es, wenn Adela entsprechend der vorherrschenden Auffassung der Forschung sicher als Tochter der im Trierer Raum begüterten Irmina von Oeren und als Schwester von Pippins II. Gemahlin Plektrud erwiesen werden könnte. Nähere Überprüfung der sog. „Hugobert-Irmina-Sippe" ergab jedoch, daß Verwandtschaftsbeziehungen Adelas zu Irmina von Oeren weniger wahrscheinlich sind und daß sichere Argumente für eine Zuweisung der Gemahlin Pippins II. zur Familie Adelas ausstehen. Man wird die erschlossenen Verwandtschaftsverbindungen somit schwerlich zur Grundlage weitergehender personengeschichtlicher Aussagen machen können. Hinsichtlich der in der Adela-Urkunde genannten Güter ist nicht auszuschließen, daß ein Großteil von ihnen erst durch die Heirat Adelas angewachsen war. Hält man sich jedoch vor Augen, daß die Familie des Adalgisel-Grimo und die Arnulfinger-Pippiniden jeweils über mehrere Generationen hinweg in den Gebieten nördlich und südlich der Ardennen begütert waren, so liegt die Vermutung näher, daß der unter Adela bezeugte weiträumige Besitz der Familie gleichfalls in weiter zurückliegende Generationen zurückreichte.

Verbindungen der Familie in das mittlere Maasgebiet sind durch vier Generationen hindurch bezeugt. Adela und ihr Sohn Alberich verfügten über Besitz in *Scriptinas* im Maasgau. Alberichs Sohn Gregor und dessen Neffe Alberich von Utrecht bestimmten das im Maasgau gelegene Kloster Susteren zu ihrer Grablege. Zusammengenommen lassen diese Nachrichten auf weiteren Besitz der Familie im Umkreis von *Scriptinas* und Susteren und auf sehr enge Beziehungen zu diesem Raum schließen. Die Familie Adelas als eine der großen Familien Austrasiens war somit zugleich auch eine der bedeutendsten Familien des mittleren Maasgebiets in frühkarolingischer Zeit.

Adalhard–Grinuara–Harlindis–Reinila

Nur wenige Kilometer nordwestlich von Susteren, auf dem linken Maasufer gelegen, befand sich das Nonnenkloster und spätere Kanonikerstift Aldeneik[1]. Seine Anfänge reichten nach der klösterlichen Tradition in die Zeit Willibrords zurück. Über die Gründung des Klosters und seine Stifter berichtet die Vita der ersten Äbtissinnen von Aldeneik, Harlindis und Reinila[2].

Harlindis und Reinila waren die Töchter eines Adalhard und seiner Gemahlin Grinuara[3]. Von ihren Eltern einem Kloster *Valencina*[4] zur geistlichen Erziehung anvertraut, verblieben sie nach ihrer Rückkehr zunächst als gottgeweihte Jungfrauen in ihrem elterlichen Hause. Nach einiger Zeit errichteten Adalhard und Grinuara für ihre Töchter ein Kloster, in dem sie mit ihnen lebten und das sie zu ihrer Grablege bestimmten[5]. Harlindis und Reinila wandten sich nach dem Tode ihrer Eltern noch entschiedener dem geistlichen

---

[1] Zur Geschichte von Aldeneik vgl. zuletzt SOENEN, Aldeneik S. 81 ff. mit Ankündigung einer in Vorbereitung befindlichen Arbeit zur Frühgeschichte des Klosters von A. DIERKENS (Brüssel), die jedoch nicht mehr herangezogen werden konnte.

[2] Vita ss. Herlindis sive Harlindis et Reinulae abbatissarum Masaci in Belgio S. 384–388. Während die Namensform *Harlindis* bzw. *Harlinda* in der Vita durchgehend verwandt ist, finden sich für den Namen der Schwester der Harlindis die Formen *Renula* (cap. 2 S. 384), *Renildis* (cap. 12 S. 386) und hauptsächlich *Reinila* (cap. 7, 17, 18, 19, 24 S. 385, 387 f.). Die Einzelform *Renula* ist als Abweichung von *Reinila* paläographisch zu erklären. *Renildis* dürfte eine Form des Namens *Raganhildis* sein, FÖRSTEMANN, Personennamen Sp. 1233 f., zu dem der bei FÖRSTEMANN und MORLET, Les noms, nicht nachgewiesene PN *Reinila* aller Wahrscheinlichkeit nach eine Kurz- oder Koseform bildete. Die Belege aus dem 10. Jh.: *Reginelae* (MEYER, Diplom S. 121) und *Reinilae* (DO I 466 S. 638) sprechen dafür, daß die auch in der Vita überwiegend verwandte Namensform *Reinila* die gebräuchliche war.

[3] Cap. 3 S. 384: *Pater vero illarum virginum Adalhardus vocabatur, genetrix autem Grinuara vocabulum tenuit.* Vgl. zu dem mit dem Stamm *Grima-* gebildeten PN *Grinuara* FÖRSTEMANN, Personennamen Sp. 673. Der Name der Tochter Harlindis ist aus den PN-Stämmen *Harja-* und *-lindi* gebildet, FÖRSTEMANN Sp. 773 f. Die bekannten Namen dieser Familie weisen also im Gegensatz zu denen der toxandrischen Schenker, vgl. S. 142 mit Anm. 12, in der Generation der Eltern und der Kinder keinerlei Namenvariation auf.

[4] Cap. 4 S. 384: *commendarunt eas abbatissae cuiusdam monasterii, quod vulgo Valencina vocatur.* Vom Ortsnamen her liegt ein Bezug auf Valenciennes am nächsten, wie er auch vor allem in der älteren Forschung angenommen wurde. Hatte jedoch schon DE MOREAU, Histoire 1 S. 155 Anm. 1 darauf hingewiesen, daß in Valenciennes kein frühes Kloster bekannt sei, auf das sich diese Nachricht beziehen könnte, so wurden sein Zweifel von DEISSER-NAGELS, Valenciennes S. 87 Anm. 129 bestärkt: "L'original de la Vita est perdu et il serait hasardeux de conclure à l'existence d'un monastère de femmes à Valenciennes sur la foi de ce témoignage peu probant." SOENEN, Aldeneik S. 82 läßt die Frage offen. Geht man davon aus, daß ein anderes Kloster gemeint war, dessen Name in Aldeneik nicht mehr genau bekannt war und deshalb korrupt überliefert wurde, so ist hieraus zu schließen, daß es sich um ein weiter entferntes, zumindest nicht im Gesichtskreis des Lüttich-Maastrichter Raums gelegenes Kloster handelte. Wie weiträumig die Beziehungen in dieser Hinsicht sein konnten, zeigt das Beispiel der in das Kloster Chelles eingetretenen toxandrischen Schenkerin Bertilindis, vgl. oben S. 141.

[5] Cap. 8 S. 385: *Corpora quoque illorum (sc. genitorum) in eodem monasterio iacent humata.* Noch zur Abfassungszeit der Vita bewahrte man den Eltern der beiden Heiligen in Aldeneik somit ein ehrenvolles Gedenken.

Leben zu und wurden von den Bischöfen Willibrord und Bonifatius zu Äbtissinnen geweiht. Beide Bischöfe unterhielten enge Verbindungen zu dem Kloster. Harlindis und Reinila scharten einen Konvent von zwölf Jungfrauen um sich, der sich in der Folgezeit rasch vergrößerte[6]. Sie zeichneten sich vor allem durch umfangreiche künstlerische Schreib- und Stickarbeiten aus[7]. Harlindis, die an einem 12. Oktober starb, wurde von ihrer Schwester Reinila um viele Jahre überlebt[8].

Die Vita, deren handschriftliche Überlieferung erst spät einsetzt[9], endet mit der Mitteilung, die Äbtissin Ava von Aldeneik habe die älteste Klosterkirche, einen Holzbau, der durch sein hohes Alter baufällig geworden war, durch einen Steinbau ersetzen lassen. Bischof Franco von Lüttich (856–901) habe die Gebeine der hl. Harlindis und der hl. Reinila in die neue Kirche überführt[10]. Für die Datierung der Vita ist neben der Erwähnung des Bischofs Franco von Interesse, daß Nachrichten über die Geschichte des Klosters in der Zeit der Normanneneinfälle fehlen. Wie Regino von Prüm berichtet, hatten die Normannen im Winter 881 von ihrem Lager *Haslon iuxta Mosam* aus verheerende Raub- und Zerstörungszüge nach Lüttich, Maastricht, Tongern, Aachen und deren gesamte engere und weitere Umgebung unternommen[11]. Es ist kaum zu bezweifeln, daß hiervon auch Aldeneik betroffen wurde[12] und daß dieses Ereignis in der Vita in irgendeiner Form erwähnt worden wäre. Mit Van der Essen wird man aus dem Fehlen betreffender Nachrichten mit hoher Wahrscheinlichkeit auf eine Abfassung der Vita in der Zeit zwischen 856 und

---

[6] Cap. 11 S. 386. Die Vita ist an dieser Stelle in sich nicht stimmig, da schon zuvor von *ceterasque sorores* in Aldeneik die Rede ist, cap. 9 S. 385. Bemerkenswert erscheint auch die Nachricht, nach der Weihe der Äbtissinnen seien *multae nobilium hominum filiae vel servitio mancipatorum* in das Kloster eingetreten, cap. 11 S. 386.

[7] Diese Fähigkeiten der beiden Heiligen hebt der Autor mehrfach hervor, vgl. cap. 5 S. 385 und cap. 12 S. 386.

[8] Von ihr heißt es, *usque ad senectam et senium et ad decrepitam aetatem perdurans*, sei sie an einem 8. Februar gestorben, cap. 19 S. 387.

[9] Vgl. SOENEN, Aldeneik S. 75 f.

[10] Cap. 23 S. 388.

[11] Chronicon Reginonis a. 881 S. 118. Diskussion der vorgeschlagenen Deutungen von *Haslon* auf Elsloo (ca. 20 km südl. von Aldeneik) bzw. Asselt (ca. 20 km maasabwärts des Klosters) bei D'HAENENS, Les invasions S. 312ff., der eine sichere Lokalisierung bis zum Vorliegen neuer archäologischer Ergebnisse nicht für möglich hält. Zu dem schweren Normanneneinfall von 881/82 in Lothringen vgl. VOGEL, Normannen S. 280 ff. und D'HAENENS S. 49 ff.

[12] Über eine Zerstörung Aldeneiks durch die Normannen berichtet Aegidius von Orval in seinen um 1250 entstandenen Gesta abbreviata S. 130. Er zählt das Kloster *sancte Marie, sancte Reinile et Herlendis Ekensis* zu jenen zahlreichen *abbatias*, die von den Normannen zerstört und von dem Lütticher Bischof Richer (920–945) wieder aufgebaut worden seien. Nach D'HAENENS, Les invasions S. 283 folgt Aegidius hier einem im 12./13. Jh. häufig gebräuchlichen „cliché" und kann deshalb keine Glaubwürdigkeit für sich beanspruchen. Wohl enthalten seine Angaben chronologische Unstimmigkeiten – Aldeneik kam erst 952 an den Bischof von Lüttich –, gegen eine zu schematische Beurteilung spricht jedoch die hohe historische Wahrscheinlichkeit eines Normanneneinfalls auf das unweit von ihrem Lager *Haslon* entfernte Kloster.

880 schließen können[13]. Die Überführung der Gebeine der Harlindis und Reinila durch Bischof Franco und ihre feierliche Bestattung am Hauptaltar der neuen Kirche kamen einer förmlichen Heiligsprechung der beiden Äbtissinnen durch den zuständigen Diözesanbischof gleich. Die Annahme liegt nahe, daß die Vita in diesem Zusammenhang entstand und den Kult der beiden Lokalheiligen weiter fördern sollte[14]. Erscheint das Kloster 828 noch als *monasterium sanctimonialium Eike vocabulo*[15], so ist 929 in einer Urkunde Heinrichs I. von der *familia sanctarum virginum Reginelae et Hardlindae* die Rede[16].

Die Vita, von einem Kleriker aus Aldeneik verfaßt, gibt im wesentlichen wohl die klösterliche Lokaltradition wieder[17]. Dem Autor standen nur wenige konkrete Nachrichten zur Verfügung. Die Dürftigkeit seiner Mitteilungen suchte er mit beträchtlichem rhetorischen Aufwand durch die Einfügung zahlreicher theologischer und hagiographischer Allgemeinplätze und Bibelzitate zu verdecken. Über die Preisung der beiden Äbtissinnen hinaus ist ein besonderes Anliegen nicht zu erkennen[18].

Der Beleg zum Jahre 828 ist zugleich das älteste Zeugnis für das Bestehen des Klosters. Für die Datierung der klösterlichen Anfänge ist man allein auf die Vita angewiesen. Sie verlegt die Gründung Aldeneiks in die Zeit des Willibrord und Bonifatius und vermerkt, Harlindis und Reinila hätten sich auch

---

[13] VAN DER ESSEN, Étude S. 110, der als weiteres Datierungsmerkmal das „latin carolingien" der Vita nennt. Für eine Abfassung vor 901 (dem Todesjahr Bischof Francos) spricht, daß in der Vita cap. 23 S. 388 von der *beatae memoriae Ava abbatissa* sowie unmittelbar darauf von *Francone episcopo* die Rede ist. Damit ist zugleich aber die Datierung vor 880 noch wahrscheinlicher. Auch SOENEN, Aldeneik S. 76 setzt die Vita noch im 9. Jh. an.
[14] So auch VAN DER ESSEN, Étude S. 110, der einer Vermutung von HENSCHEN, Vorrede S. 383 folgend, als Datum der Translation den 22. März 860 angibt; vgl. auch SOENEN, Aldeneik S. 85.
[15] Einhardi Translatio et Miracula ss. Marcellini et Petri II, 14 S. 262 Z. 27. Es wird von der wunderbaren Heilung einer Nonne aus dem *monasterium sanctimonialium Eike vocabulo situm super Mosam fluvium* berichtet.
[16] MEYER, Diplom S. 121. Es ist deutlich, daß Harlindis und Reinila zur Zeit Einhards noch nicht als namengebende Patrone von Aldeneik verehrt wurden. Der Aufschwung ihres Kultes stellte eine unmittelbare Folge ihrer Reliquientranslation und auch der Abfassung der Vita dar.
[17] So VAN DER ESSEN, Étude S. 111. Daß es sich bei dem Autor um eine dem Kloster nahestehende Person handelte, geht aus der Bemerkung in cap. 12 S. 386 hervor, die beiden Schwestern hätten ein *Psalmorum libellum, quem Psalterium appellamus*, angefertigt. Hinweise auf die klösterliche Lokaltradition finden sich etwa in Bemerkungen wie: *Adalhardus, ut ferunt, ingreditur*, cap. 7 S. 385, und auch in den allerdings stärker topischen Wendungen wie: *verumtamen propter negligentiam illius temporis habitatorum plura sunt oblivioni tradita quam memoriae habita*, cap. 13 S. 386, ähnlich cap. 21 S. 388.
[18] Hier wiederum suchte er neben dem üblichen Preis der christlichen Tugenden beider Jungfrauen vor allem hervorzuheben, wie vollkommen Harlindis und Reinila die Regel des hl. Benedikt erfüllten, vgl. etwa cap. 19 S. 387: *Egit quippe veneranda virgo* (sc. *Reinila*) *ut beatus vir Benedictus, aetatem quidem moribus transiens, nulli animum dedit voluptati*, ähnlich auch cap. 11 S. 386. In diesem Zusammenhang erwähnt er auch die kunstvollen Handarbeiten der beiden Äbtissinnen, vgl. Anm. 33.

an der Bekämpfung des Heidentums beteiligt[19]. Die Nachrichten über Willibrord und Bonifatius sind in ihrer Glaubwürdigkeit umstritten[20]. Die ihnen zugrunde liegende Tradition, daß das Kloster bereits in der ersten Hälfte des 8. Jahrhunderts bestand, ist allerdings schwerlich zu bezweifeln. Man wird dem Autor kaum unterstellen können, daß er für ein Kloster, das möglicherweise erst unter Karl dem Großen errichtet wurde, bereits in der zweiten Hälte des 9. Jahrhunderts eine Gründung schon unter Pippin II. und Karl Martell behaupten wollte. Dies um so weniger, als die wenigen indirekten Hinweise zur Zeitstellung der klösterlichen Anfänge keinesfalls ein besonderes Interesse an dem Nachweis eines möglichst hohen Alters für das Kloster erkennen lassen[21]. Mit der Mehrzahl der Forscher ist von einer Gründung Aldeneiks in der ersten Hälfte des 8. Jahrhunderts auszugehen[22].

Schwieriger zu beurteilen sind die Angaben über die engen Beziehungen der Bischöfe Willibrord und Bonifatius zu Aldeneik. Wohl trugen diese Nachrichten erheblich zum Ansehen der beiden ersten Äbtissinnen von Aldeneik bei, doch lassen ihr unmittelbarer Wortlaut wie auch ihr Kontext keineswegs den Eindruck entstehen, daß es dem Autor mit seinen Hinweisen auf die berühmten Missionsbischöfe vor allem hierauf angekommen wäre. Seine Mitteilung: *ambae secundum normam sanctae regulae et ecclesiastica instituta abbatissae ordinatae atque consecratae sunt a beatis episcopis Willibrordo atque Bonifacio*, scheint in erster Linie besagen zu wollen, daß die Weihe der beiden Äbtissinnen, wenn auch nicht von dem zuständigen Diözesanbischof vorgenommen, so doch korrekt gewesen war[23]. Hält man sich vor Augen, daß

---

[19] Letzteres teilt er im Prolog mit den Worten mit: *Hae enim advertentes et comperientes delubra falsorum deorum pullulasse, et ritu paganorum culturam idolorum micare cernentes, illico insigni nisu mentis in destruendis idolis, in aedificandis ecclesiis ... magnopere desudasse noscuntur,* cap. 2 S. 384.

[20] Während die Lokalforschung die Angaben weitgehend übernahm, vgl. etwa VAN DE WEERD, De H. Willibrordus S. 223 und COENEN, De drie Munsters S. 97, äußerten sich VAN DER ESSEN, Étude S. 110, VERBIST, Saint Willibrord S. 233 Anm. 1, DE MOREAU, Histoire 1 S. 155, SCHIEFFER, Winfrid-Bonifatius S. 271 und SOENEN, Aldeneik S. 84 mit Anm. 4 zurückhaltender bzw. hielten die Nachrichten für unglaubwürdig.

[21] Den genannten Hinweisen ist noch die beiläufige Bemerkung des Verfassers hinzuzufügen, daß die von den Eltern der Harlindis und Reinila errichtete Holzkirche *diuturni temporis spatio stabat erecta. Post multum temporis putrescere coepit,* cap. 23 S. 388.

[22] Vgl. zuletzt SOENEN, Aldeneik S. 84.

[23] Cap. 10 S. 386. Die Nachricht wurde mehrfach in der Weise interpretiert, daß Harlindis von Willibrord und nach dem Tode beider Reinila von Bonifatius geweiht worden seien, vgl. VAN DE WEERD, De H. Willibrordus S. 223 und SOENEN, Aldeneik S. 84; ähnlich wohl auch SCHIEFFER, Winfrid-Bonifatius S. 271. Die Zeit der gemeinsamen Tätigkeit Willibrords und Bonifatius' 719/21 in Friesland scheidet aus, da Bonifatius erst Ende 722 zum Bischof geweiht wurde. Zuständig für die Weihe war der Bischof von Tongern-Maastricht, dem, wie die Nachricht über die Reliquienerhebung durch Bischof Franco zeigt, Aldeneik unterstand. Bei der *norma sanctae regulae* und den *ecclesiastica instituta*, auf die sich der Autor beruft, kann es sich nur um die Vorschriften der Regel Benedikts und der gallischen Konzilsbestimmungen über die Zuständigkeit des Diözesanbischofs gehandelt haben. Möglicherweise suchte der Autor zu betonen, daß eine bischöfliche

Willibrord zur Gründungszeit des Klosters in dem naheliegenden Toxandrien, das wie Aldeneik der Diözesanhoheit des Bischofs von Tongern-Maastricht unterstand, Kirchen weihte[24], daß er in unmittelbarer Nachbarschaft zu Aldeneik mit Susteren über ein Kloster verfügte, das dem Einfluß des Tongern-Maastrichter Diözesanbischofs gewiß weitgehend entzogen war[25] und daß zahlreiche Klostergründungen dieser Zeit auch hinsichtlich der Weiherechte volle Unabhängigkeit von dem zuständigen Diözesanbischof erlangt hatten[26], so ist es keineswegs unwahrscheinlich, daß Willibrord in der Tat die erste Äbtissin von Aldeneik, eines kleineren Eigenklosters einer grundherrlich lebenden Familie in der Nähe seines toxandrischen Tätigkeitsgebietes, geweiht hatte[27]. Fraglicher dürfte sein, inwieweit eine Äbtissinnenweihe in Aldeneik auch für Bonifatius historisch wahrscheinlich ist. Wohl dürfte Bonifatius von seiner Stellung in Utrecht aus gelegentlich Verbindungen in das Maasgebiet unterhalten haben, sein Eintreten für die Wiederherstellung der kanonisch geforderten Diözesanbindung schloß jedoch einen derartigen Eingriff in die Rechte des Tongerner Bischofs weitgehend aus[29]. Möglicherweise wird man die Bonifatius betreffende Nachricht als eine spätere Ausschmückung ansehen können[30]. Ähnlich ist wohl auch die zweite Mitteilung der Vita zu beurteilen, wonach Willibrord und Bonifatius Aldeneik öfters aufgesucht und Harlindis und Reinila seelsorgerisch betreut hätten. Die Angabe, die beiläufig

---

Weihe vorlag, wobei die Autorität der beiden angesehenen Missionsbischöfe etwaigen kirchenrechtlichen Bedenken von vornherein die Spitze nahm. Dies aber deutet eher auf einen historischen Kern der Nachricht als auf eine bloße Erfindung hin.

[24] Vgl. oben S. 152 f.

[25] Nachrichten hierüber sind zwar nicht erhalten, doch darf als sicher gelten, daß Susteren wie Echternach als Kloster Willibrords weitgehend aus der Diözesanbindung herausgelöst worden war, vgl. zu Echternach ANGENENDT, Willibrord S. 91 ff.

[26] Vgl. hierzu etwa ANGENENDT, Pirmin S. 254 ff.

[27] Dem Bericht der Vita zufolge war Harlindis zuerst gestorben und von ihrer Schwester Reinila um viele Jahre überlebt worden, cap. 14–19 S. 387, vgl. auch Anm. 8. Da beide Schwestern als Äbtissinnen bezeichnet werden, ist mit dem Großteil der Forschung anzunehmen, daß Harlindis als ältere dem Kloster zunächst vorgestanden hatte und daß nach ihrem Tode Reinila ihre Nachfolgerin wurde, vgl. Anm. 23.

[28] Für die Glaubwürdigkeit der Nachricht spricht auch die allgemeine Überlegung, daß der Autor – sollte es ihm lediglich auf die enge Verbindung der beiden Äbtissinnen mit hochangesehenen und als heilig verehrten Bischöfen ihrer Zeit angekommen sein – unschwer auch eine Weihe durch den hl. Lambert oder den hl. Hugbert hätte angeben können. Beide Bischöfe genossen im 9. Jh. eine breite Verehrung in der Diözese Lüttich. Die Schwierigkeit, daß die ersten Äbtissinnen von Aldeneik nicht von dem zuständigen Diözesanbischof geweiht worden waren, hätte sich bei ihnen nicht ergeben.

[29] Vgl. ANGENENDT, Pirmin S. 257 f. Zur Stellung des Bonifatius in Utrecht vgl. SCHIEFFER, Winfrid-Bonifatius S. 270 f.

[30] So ist es gut denkbar, daß die Erinnerung an Verbindungen Willibrords zu Aldeneik zusammen mit der Kenntnis, daß Willibrord und Bonifatius zeitweise gemeinsam in der Friesenmission tätig gewesen waren, die Grundlage und den Ausgangspunkt dafür bildete, daß man in der späteren Tradition auch Bonifatius mit dem Kloster in Beziehung brachte, vgl. auch Anm. 31.

zu Beginn eines Wunderberichts eingefügt ist, dürfte eher für Willibrord als für Bonifatius zutreffen[31].

Bei dem Fehlen bestätigender Zeugnisse entziehen sich die Nachrichten der Vita über Willibrord und Bonifatius einer sicheren Beurteilung im einzelnen. Insgesamt aber ist es wesentlich wahrscheinlicher, daß ihnen die glaubwürdige Tradition enger Verbindungen des Klosters zumindest zur Person des Willibrord zugrunde lag, als daß es sich um eine reine Erfindung des Autors aus dem 9. Jahrhundert handelt. Daß der Autor über die Missionsarbeit der beiden Äbtissinnen in gänzlich anderem Zusammenhang berichtet, mag dieses Urteil in gewisser Weise bestätigen[32]. Wesentlich deutlicher aber ist ein anderer Hinweis. Die Vita erwähnt ein kostbares Evangeliar, das von Harlindis und Reinila selbst geschrieben worden sei[33]. Der Codex, der somit bereits im 9. Jahrhundert zu den ältesten Handschriften des Klosters zählte und der sich im Klosterschatz erhalten hat, ist in angelsächsischer Minuskel aus der ersten Hälfte des 8. Jahrhunderts geschrieben[34]. Er läßt mit hoher Wahr-

---

[31] Cap. 13 S. 386: *Solebant quidem beati episcopi Willibrordus atque Bonifacius vicissim frequentare illas gratia animarum suarum.* Es folgt die Schilderung eines Wunders, das sich bei einem gemeinsamen Besuch beider Bischöfe ereignet hatte. Der Bericht macht deutlich, daß der Autor für Willibrord und Bonifatius ein längeres gemeinsames Wirken in diesem Raum annahm, d. h. daß ihm die Einzelheiten nicht mehr genau bekannt waren. Auf diesem Hintergrund ist wohl auch die Nachricht über die Äbtissinnenweihe in Aldeneik durch Bonifatius zu beurteilen. Besuche Willibrords, der sich häufiger in seinem benachbarten Kloster Susteren aufhielt, vgl. Alkuin, Vita Willibrordi cap. 15 S. 128f., dürften hingegen durchaus wahrscheinlich gewesen sein.

[32] Vgl. Anm. 19.

[33] Cap. 12 S. 386: *Quatuor Evangelistarum scripta, quae sunt Christi Jesu Domini nostri dicta et facta, honorifico opere conscripserunt.* Das Evangeliar wird an erster Stelle mehrerer, den beiden Äbtissinnen zugewiesener Handschriften aufgeführt, von denen nur mehr ein Psalter näher spezifiziert ist, vgl. Anm. 17. Die Nachrichten finden sich im Zusammenhang einer Aufzählung und Preisung der künstlerischen Arbeiten der beiden Heiligen. Diese Arbeiten wurden von Harlindis und Reinila ausgeführt *propter regularia complenda praecepta vel varia ornamenta peragenda monasterio profutura*, wobei der Autor jedoch betont, daß die *municipia orationum* darüber nicht vernachlässigt worden seien. Bei den kostbaren Web- und Stickarbeiten, die den Äbtissinnen an dieser Stelle gleichfalls zugeschrieben werden, handelte es sich nach den Untersuchungen von CALBERG, Tissus S. 28 ff. zum Teil um angelsächsische Arbeiten aus dem Ende des 8. und der ersten Hälfte des 9. Jh.s.

[34] Der heute im Kirchenschatz der Pfarrkirche St. Katharina in Maaseik aufbewahrte Codex entstand nach LOWE, Codices Latini Antiquiores 10 Nr. 1558 S. 34 in der ersten Hälfte des 8. Jh.s „in an Anglo-Saxon centre with Northumbrian connexions of the Continent or possibly in Northumbria itself". FISCHER, Bibelreform S. 195 datiert die Handschrift in dieselbe Zeit, hält aber eine Entstehung „in einem angelsächsischen Zentrum auf dem Kontinent, vielleicht in Echternach" für wahrscheinlich. Einen Überblick über die reiche weitere Literatur über diese älteste in Belgien befindliche Handschrift gibt SOENEN, Aldeneik S. 78 ff. LOWE weist auf einen Vermerk auf fol. 128 des Codex: *finito volumine deposco ut quicumque ista legerint pro laboratore huius operis depraecentur*, hin, der die Angaben der Vita über die Anfertigung des Codex durch Harlindis und Reinila widerlegt. Daran, daß der Verfasser der Vita sich auf diese Handschrift bezog, ist jedoch nicht zu zweifeln.

scheinlichkeit auf frühe Beziehungen des Klosters Aldeneik zu angelsächsischen Kreisen schließen[35]. Ein Zusammenhang mit dem Wirken des angelsächsischen Missionars Willibrord und seiner Helfer in dem Raum nördlich von Maastricht dürfte hierfür die weitaus plausibelste Erklärung sein.

Mit dem Ergebnis, daß das Kloster Aldeneik bereits zu Lebzeiten Willibrords (gest. 739) bestand und enge Verbindungen zu Willibrord und seinem Umkreis unterhielt, sind sichere Anhaltspunkte für eine personengeschichtliche Auswertung der Vita gewonnen. Ihre Nachrichten über die Stifter von Aldeneik, Adalhard und Grinuara, und die ersten Äbtissinnen Harlindis und Reinila lassen eine weitere grundherrlich lebende Familie des frühen 8. Jahrhunderts im mittleren Maasgebiet erkennen. Die dürftigen Angaben über die klösterlichen Anfänge können durch zeitgenössische Urkunden über vergleichbare Klostergründungen und durch spätere Hinweise um einige Einzelzüge ergänzt werden.

Adalhard und Grinuara, die ihre Töchter in ein weiter entferntes Kloster zur geistlichen Ausbildung gegeben hatten, errichteten auf ihren Gütern in der Nähe der Maas ein *Eike* genanntes Kloster zu Ehren der hl. Maria[36]. Sie statteten es mit Besitz und kirchlichem Weihegerät aus, führten einen Konvent zusammen und setzten eine ihrer beiden Töchter, wohl Harlindis, als Äbtis-

---

[35] LOWE, Codices Latini Antiquiores 10 Nr. 1559 S. 34 beschreibt einen weiteren Codex des 8. Jh.s aus dem Klosterschatz von Aldeneik, Canones Evangeliarum, der wahrscheinlich auf dem Kontinent unter angelsächsischem Einfluß geschrieben wurde. In demselben Zusammenhang sind auch die von CALBERG (wie Anm. 34) untersuchten Web- und Stickarbeiten sowie ein gleichfalls im Klosterschatz überkommenes Bursenreliquiar zu sehen, das ebenfalls angelsächsische Einflüsse aufweist, dessen Datierung allerdings zwischen dem Ende des 7. und dem Beginn des 9. Jh.s schwankt, vgl. SOENEN, Aldeneik S. 81.

[36] Zu dem Kloster, in dem Harlindis und Reinila ihre Ausbildung erhielten, vgl. Anm. 4. Zu dem Ort der Klostergründung heißt es in der Vita cap. 7 S. 385, bei der Suche nach einem für den Klosterbau geeigneten Platz hätten Adalhard und Grinuara schließlich eine *parvulam ac inutilem silvam haud longe a flumine Mosae fere milliario distantem* gefunden, wo sich eine Quelle befand. Dem neugegründeten Kloster hätten sie den Namen *Eike* gegeben: *Eike vocabulum indiderunt.* Der Autor schildert die Anfänge von Aldeneik als eine Neugründung aus wilder Wurzel. Grabungen, die klären könnten, ob es sich um einen stärker topischen Gründungsbericht handelt, stehen noch aus. SOENEN, Aldeneik S. 83 hält es für gut denkbar, daß das Kloster an der Stelle einer heidnischen Kultstätte errichtet wurde. Das Patrozinium der ersten Kirche ist nicht bezeugt. Die Kirche aus der zweiten Hälfte des 9. Jh.s war St. Maria geweiht: Bischof Franco überführte die Gebeine der Harlindis und Reinila *in orientali plaga eiusdem ecclesiae, retro altare intemeratae semperque virginis Mariae*, cap. 23 S. 388; in der Urkunde Heinrichs I. von 929 für Aldeneik ist von der *ecclesiae in villa Eycke nuncupata sub honore beatae dei genitricis semperque virginis Mariae constructae ac dedicatae* die Rede, MEYER, Diplom S. 121. Da kein Grund besteht, einen Patrozinienwechsel anzunehmen und das Marienpatrozinium bei Frauenklöstern jener Zeit sehr häufig war, darf es als sicher gelten, daß auch schon die älteste Kirche in Aldeneik der Maria geweiht war.

sin ein³⁷. Reinila gehörte zunächst dem Konvent als Nonne an und übernahm nach dem Tode der Harlindis die Leitung des Klosters³⁸. Das Kloster hatte den Status eines Eigenklosters in der Hand des Klostergründers Adalhard³⁹. Es diente ihm wie seiner Gemahlin als Grablege. Aldeneik stand in seiner Frühzeit dem Bischof Willibrord, der sich mehrfach in dem naheliegenden Toxandrien und in seinem Aldeneik unmittelbar benachbarten Kloster Susteren aufhielt, wesentlich näher als dem zuständigen Diözesanbischof von Tongern-Maastricht. Möglicherweise erfolgte seine Gründung unter dem Einfluß Willibrords, dem Beda und Alkuin zahlreiche Klostergründungen zuschreiben⁴⁰ und der nach der Errichtung des Mönchsklosters Susteren durchaus auch die Gründung eines seinen Vorstellungen nahestehenden Frauenklosters in diesem Raum angeregt und gefördert haben könnte. Aldeneik ging, wie die Vita berichtet, nach dem Tode Adalhards *relictione haereditaria et paterna traditione* an Harlindis und Reinila über⁴¹. Eine eigenkirchliche Unterstellung unter eine größere kirchliche Institution, wie sie in vergleichbaren Fällen von anderen Klostergründern für die Zeit nach dem Tode der ersten Äbtissin verfügt wurde, war nicht vorgesehen⁴². Aldeneik blieb ein Eigenkloster in der Hand seiner Gründerfamilie, die auch die ersten Äbtissinnen stellte⁴³. Das Schicksal des Klosters in der Zeit nach dem Tode der Reinila liegt im Dunkeln. 870 ist Aldeneik in Reichsbesitz bezeugt⁴⁴. Ob es durch

---

³⁷ Mehrfach ist in zeitgenössischen Urkunden von ähnlichen, stark familiär geprägten Gründungen die Rede. Besonders instruktiv ist das Beispiel von Limeux (dép. Somme, arr. Abbeville): Nach Aussage ihrer Urkunde von 697 hatten ein Gammo und seine Gemahlin das Kloster Limeux auf ihren Eigengütern gegründet, *ut ibidem puellas in honore sancte Marie institueremus ... et ipsam filiam nostram Bertam ibidem instituimus esse abbatissam*. Sie statteten es mit Besitz an mehreren Orten aus und übertrugen es dem Kloster St. Germain-des-Prés unter dem Vorbehalt, daß *ego Gammo et coniunx mea Adalgudis vel iam dicte filie mee Berta et Maria quandiu vixerint ipsum monasterium Lemausum vel memoratas res tenere vel dominare debeamus*, POUPARDIN, Saint-Germain-des-Prés Nr. 10 S. 15 ff. Ein ähnliches Beispiel ist das Kloster Honnecourt (dép. Nord, arr. Cambrai), das von einem *Amalfridus illuster vir* für seine Tochter gegründet, durch Schenkung von 685 nach deren Tode an St. Bertin fallen sollte, DB 1 Nr. 5 S. 15 f. Beide Urkunden zeigen auch, daß zu diesen Klöstern eine beträchtliche Besitzausstattung gehörte.

³⁸ Vgl. Anm. 27.

³⁹ Dies geht aus dem zitierten Passus über den Übergang des Klosters an die Töchter hervor, vgl. Anm. 41, der inhaltlich in den Anm. 37 zitierten Urkunden eine deutliche Entsprechung findet.

⁴⁰ Beda, Hist. eccl. V, 12 S. 303: *plures per illas regiones ecclesias, sed et monasteria nonnulla construxit*; Alkuin, Vita Willibrordi cap. 8 S. 123: *testes et Deo famulantium congregationes, quas aliquibus adunavit in locis*. Die Berichte beziehen sich allerdings vorwiegend auf Friesland.

⁴¹ Cap. 10 S. 386. An der Glaubwürdigkeit der Nachricht ist nach den Anm. 37 zitierten Beispielen nicht zu zweifeln.

⁴² Vgl. Anm. 37.

⁴³ Der Autor, der über die früheren Rechtsverhältnisse recht gut informiert war, zu den zeitgenössischen hingegen keine Angaben macht, hebt eigens hervor, daß Harlindis und Reinila nach der väterlichen *traditio* und der Erbeinsetzung das Kloster *ambae ... possidebant*, cap. 10 S. 386.

⁴⁴ Im Vertrag von Meerssen wird *Echa* unter den *abbatiae* aufgeführt, die an Karl den Kahlen fielen, Capitularia 2 Nr. 251 S. 195.

Übertragung seitens der Gründerfamilie oder auf andere Weise an die Karolinger gelangte, muß offenbleiben.

Die Gründung und Ausstattung eines Klosters setzten größeren Grundbesitz und beträchtliche Geldmittel voraus. Entsprechend schildert die Vita Adalhard als Herrn über umfangreiche Ländereien, der zu den Bauarbeiten *omnes suae potestatis mares ac foeminas* heranzog[45]. Für eine sozial gehobene Stellung spricht auch, daß Harlindis und Reinila ihre geistliche Ausbildung in einem entfernter gelegenen Kloster erhielten. Die Familie Adalhards ist somit der Oberschicht des Lüttich-Maastrichter Raums im frühen 8. Jahrhundert zuzuweisen. Wie die Schenker in Toxandrien gehörte sie jenen führenden Kreisen an, an die sich Willibrord in der Gegend nördlich von Maastricht wandte und mit deren Unterstützung er rechnen konnte[46]. Für weitere personengeschichtliche Aussagen bietet die Überlieferung nur wenige Anhaltspunkte[47]. Außer *Eike* sind keine Güter Adalhards und Grinuaras bekannt. Der übrige Besitz lag sehr wahrscheinlich gleichfalls im Bereich des Maasgaues und seiner engeren Umgebung[48]. An Personen, mit denen Adalhard identifiziert werden könnte, kommen allein die gleichnamigen Zeugen in der Urkunde des toxandrischen Schenkers Aengilbald von 704 und der Urkunde Karl Martells für Willibrord von 723 in Betracht[49]. Die Namensgleichheit,

---

[45] Cap. 7, 8 S. 385. Die Erzählung von der Suche nach einer geeigneten Stätte für das geplante Kloster wird mit den Worten eingeleitet: *Adalhardus sive Grinuara plurimis diebus cunctam suam haereditatem undique circumeuntes ac peragrantes* ... Wenngleich die Schilderung gewiß stark topisch geprägt ist, so dürfte sich in ihr doch die Erinnerung daran widerspiegeln, daß Adalhard und seine Gemahlin über größeren Grundbesitz in diesem Raum verfügt hatten.

[46] NIERMEYER, La Meuse S. 560 zählt Adalhard zu jenen fränkischen Großen, die die Träger der „pénétration franque, organisée et dirigée par les Arnulfiens" in dem nördlichen Reichsgebiet an der Maas gewesen seien.

[47] Aus der Vita geht nicht hervor, ob Adalhard noch weitere Kinder hatte. Die Behauptung von COENEN, De drie Munsters S. 133, Harlindis und Reinila hätten einen Bruder Erluinus gehabt, ist nach den Untersuchungen von CALBERG, Tissus S. 7ff. nicht aufrecht zu erhalten. Keinerlei Aussagewert kommt der erst in sehr späten Quellen überlieferten Nachricht über eine Abstammung der beiden Äbtissinnen *de nobile stirpe Karolidarum* zu, vgl. HENSCHEN, Vorrede S. 383.

[48] Auch dies wird man der Schilderung über die Suche nach der geeigneten Gründungsstätte entnehmen dürfen, vgl. Anm. 45. In der lokalgeschichtlichen Forschung, vor allem bei VAN DE WEERD, Kessenich S. 14ff. und DEMS., De H. Willibrordus S. 222, wurde aufgrund dieses Berichtes und der späteren Kirchen- und Gerichtsorganisation mehrfach angenommen, „dat Adelaard heer van Kessenich was en van het uitgestrekte domein aan dien naam verbonden". Sichere Hinweise fehlen für diese Annahme jedoch ebenso wie für die Vermutung von SNIDDERS/ GEERKENS, Harlindis S. 528ff., der Herrenhof des Adalhard habe sich in dem ca. 4 km maasabwärts gelegenen Geistingen befunden; vgl. auch SOENEN, Aldeneik S. 81f. Im 10. Jh. erstmals bezeugte Besitzungen des Klosters Aldeneik *ad Rhenum Grueslo et Waladorp*, MEYER, Diplom S. 121, und in *Villina*, DO I 466 S. 638, das ROTTHOFF, Reichsgut S. 27 Anm. 5 mit Wellen südlich von Hasselt identifiziert, lassen keine Rückschlüsse auf das Ausstattungsgut zu.

[49] WAMPACH, Echternach 1,2 Nr. 11 S. 36: *Edilhardes*; D Arnulf 11 S. 98f. = DB 1 Nr. 173 S 305: *Adalhardi*. Während VAN DE-WEERD, De H. Willibrordus S. 231 sämtliche drei Namens-

die ähnlich hohe soziale Stellung und der zumindest indirekte Zusammenhang mit Willibrord könnten durchaus für die Identität des Gründers von Aldeneik mit der einen oder anderen dieser beiden Personen sprechen. Für eine sichere Identifizierung ergeben sich jedoch weder von seiten der Zeugen noch von der Adalhards ausreichende Hinweise.

Rotbert

Die einzige Privaturkunde, die sich aus dem frühen Mittelalter für die zahlreichen Kirchen und Klöster des Lütticher Raums erhalten hat, ist die Schenkungsurkunde eines Grafen Rotbert von 741 an das Kloster St. Truiden[1]. Auch sie ist nicht im Original, sondern nur in stark überarbeiteten Fassungen aus dem 12. und 13. Jahrhundert überliefert[2]. Ihre zweifellos echten Nach-

---

träger miteinander gleichsetzte, traten VERBIST, Saint Willibrord S. 233 Anm. 1 und COENEN, De drie Munsters S. 91 vor allem für eine Identität Adalhards mit dem Zeugen von 723 ein, der, wie der Ausstellungsort der Urkunde, Herstal, vermuten läßt, möglicherweise engere Beziehungen zum mittleren Maasgebiet hatte. Vgl. auch oben S. 156 mit Anm. 76.

[1] Zu den Ausgaben der Urkunde vgl. Anm. 2. Datierung nach HEIDRICH, Titulatur S. 158, die gegenüber den letzten Herausgebern, die eine Datierung auf 741 bzw. 742 offenließen, sicher zeigen kann, daß die Urkunde am 8. April 741 ausgestellt wurde.

[2] Ausgaben der Urkunde u. a. bei PIOT 1 Nr. 1 S. 1ff., Gesta abb. Trud. Cont. tertia I, 2, 9 S. 371, DB 1 Nr. 212 S. 360f. und DESPY, La charte S. 86ff. Die Urkunde ist überliefert in einer Nachzeichnung, die DESPY S. 90 in das erste Viertel des 12. Jh.s datiert (Ausgabe bei PIOT und DB 1) und in einer davon abweichenden Fassung in einem Chartular von St. Truiden aus dem 13. Jh., das in den Gesta abb. Trud. ausgeschrieben wurde. Nach Despy gehen beide Fassungen auf das Original zurück; die Nachzeichnung benutzte möglicherweise eine Abschrift des 10. Jh.s, gibt den ursprünglichen Wortlaut aber wesentlich weniger zuverlässig wieder als die gleichfalls überarbeitete Fassung des Chartulars aus dem 13. Jh. (S. 91). Die gemeinsamen Abweichungen beider Fassungen gegenüber dem für das Original vorauszusetzenden Wortlaut sucht Despy damit zu erklären, „que chacun de ces deux scribes a dû improviser sur l'original devenu difficile à lire: on ne peut s'expliquer autrement les erreurs communes en même temps que les différences relativement considérables des textes fournis par chacun d'eux" (S. 91). Die Verhältnisse scheinen jedoch komplizierter zu liegen. Beide Fassungen geben an unterschiedlichen Stellen den frühmittelalterlichen Text besser wieder, wie dies bereits deutlich der Vergleich von Invocatio und Intitulatio zeigt, vgl. Anm. 6. Die Nachzeichnung scheint der Vorlage näher zu stehen etwa in der Datierung *(sub die)*, der Nennung des Empfängers *(ubi ipse sanctus Dei in corpore requiescere videtur)*, in der Pertinenzformel *(commanentibus)* oder der Übereignungsformel *(a die presenti)*. In der Fassung des Chartulars ist der Text besser etwa bei der Erwähnung des Abtes *(regulariter preesse videtur)* oder in der Schreiberzeile *(Ego Hunfridus scripsi et subscripsi)*, die in der Nachzeichnung fehlt. Zugleich aber fallen bei beiden Fassungen gemeinsame Abweichungen auf. Wendungen wie *(sub)die VII post Kalendas* (so auch DESPY S. 89) oder *Actum ... publice a Roberto qui hoc testamentum ... rogavit* sind für eine frühmittelalterliche Urkunde ungewöhnlich und auch nicht mit einer Verschreibung unabhängig voneinander zu erklären. Man wird vielmehr eine Zwischenstufe als gemeinsame Vorlage beider Fassungen annehmen müssen, die ihrerseits bereits einen überarbeiteten Text enthielt, der dann wiederum von den späteren Bearbeitern erneut verändert wurde. Die Vorlage scheint, zumindest was die formalen Teile und die Schreibung der Eigennamen anbetrifft *(Rotbertus, Lantberti* statt *Robertus, Lamberti)* in der Nachzeichnung besser wiedergegeben zu sein. Zu inhaltlichen Abweichungen vgl. unten S. 190.

richten zur Person des Rotbert werden in glücklicher Weise durch das zeitgenössische Zeugnis der Vita Eucherii ergänzt. Die Mitte des 8. Jahrhunderts entstandene Vita berichtet über die Verbannung des Bischofs Eucherius von Orleans durch Karl Martell und seine Überwachung in *loco vocabulo Hasbanio Chrodeberto duce*[3]. Der Aufenthalt des Eucherius in Hasbanien fällt in die Jahre 733/34 bis 738[4]. Daß es sich bei den in der Urkunde und in der Vita genannten Amtsträgern *Rotbertus/Chrodebertus* um ein und dieselbe Person handelte, steht außer Zweifel[5].

Soweit der ursprüngliche Wortlaut der Urkunde Rotberts erschlossen werden kann, lautete ihre Intitulatio: *Ego in Dei nomine Rotbertus comes filius quondam Lantberti donator*[6]. Der urkundlich bezeugte *comes*-Titel verdient den Vorzug gegenüber dem in der Vita überlieferten Titel eines *dux*[7]. Dies um so mehr, als der Verfasser der Vita, wohl ein Kleriker aus Orleans, über die Verhältnisse in dem entfernten Hasbanien nur durch die Erzählungen seiner Gewährsleute unterrichtet war[8]. Seinen Angaben ist jedoch zu entnehmen,

---

[3] Cap. 9 S. 51. Datierung der Vita nach LEVISON, Vorrede S. 43.

[4] Eucherius war Ende 732 zunächst nach Köln und da dies nicht sicher genug erschien, nach einiger Zeit in den Haspengau gebracht worden, wo er im sechsten Jahr seines Exils starb. Vgl. zur Datierung der Ereignisse auch EWIG, Milo S. 428 mit Anm. 90.

[5] Die Identität wird zusätzlich dadurch bestätigt, daß, wie aus der Schenkungsurkunde und der Vita Eucherii hervorgeht, beide enge Beziehungen zu St. Truiden unterhielten.

[6] Auf eine der Form. Lind. Nr. 1 S. 266 entnommene arengenähnliche Wendung folgt in der Nachzeichnung: *In Dei nomine Rotbertus comes filius quondam Lantberti donator*; es schließt sich die Datierung an. In der Fassung des Chartulars heißt es: *Quod ego Robertus comes, filius quondam Lamberti*; es folgen eine Arenga mit gänzlich unüblicher Publicatio und dann erst die Datierung. In der Form. Lind. Nr. 1 geht es nach der Intitulatio: *Quapropter ego in Dei nomine ille* sofort in die Dispositio über. Die nur in der Nachzeichnung überlieferte Angabe *donator* begegnet häufig in der Intitulatio frühmittelalterlicher Schenkungsurkunden, vgl. etwa WAMPACH, Echternach 1,2 Nr. 16, 20, 31 S. 44, 51, 74, und ist somit gleichfalls für die Vorlage des 8. Jh.s vorauszusetzen. Vergleicht man danach etwa WAMPACH Nr. 31: *In Dei nomine. Ego Ebroinus comes, filius Oda quondam, donator* (721/22), so wird deutlich, daß insgesamt die Nachzeichnung den ursprünglichen Wortlaut besser wiedergibt. Lediglich mit dem Übergang *Quod ego* steht die Kopie des 13. Jh.s der Vorlage wohl näher. Zugleich ist der in beiden Fassungen überlieferte *comes*-Titel Rotberts als echter Bestandteil der Titulatur zu erschließen.

[7] EBLING, Prosopographie S. 116 f. läßt die Urkunde von 741 unberücksichtigt und vermutet, Karl Martell habe „Chrodebert auch mit dem Dux-Amt im austrasischen Hasbanien betraut, das in der Vita Euchers zum erstenmal zeitgenössisch belegt wird". Da wohl auszuschließen ist, daß Rotbert vor 738 *dux* war und dann *comes* wurde, und da der Beleg für einen *ducatus Hasbaniensis* in der Vita Bavonis des 9. Jh.s als unsicher gelten muß, ist die Quellengrundlage für die Annahme eines Dukats im Haspengau sehr fraglich, vgl. auch S. 63 Anm. 24. Keinerlei Rückhalt in den zeitgenössischen Quellen finden Bezeichnungen wie „Rotbert, dux von Hasbania" oder „Robert, dux Hasbaniae" bei WERNER, Bedeutende Adelsfamilien S. 118 Anm. 129 und S. 119 Anm. 133; ähnlich bereits GLÖCKNER, Lorsch und Lothringen S. 313. Sie beruhen wohl auf der von dem zweiten Fortsetzer der Gesta abb. Trud. (Ende 12. Jh.) unter Benutzung der Vita Eucherii verwandten Angabe *Rotbertus dux Hasbaniae*, vgl. Anm. 26.

[8] Vgl. LEVISON, Vorrede S. 43. Der Autor informierte sich bei den Schwestern des Eucherius in einem Kloster bei Orleans, cap. 1 S. 41, vermerkt hingegen zu den Wundern des Eucherius in St. Truiden: *quas didici a narrantibus*, cap. 10 S. 52. Ortsfremdheit zeigen auch Bemerkungen

daß Rotbert sein Amt bereits 733/34 innehatte und daß er im Haspengau tätig war. Die Nachricht, daß Rotbert dem verbannten Bischof *in ecclesia beati confessoris Trudonis pro se et pro fidelibus ipsius facultatem tribueret deprecandi*, zeigt an, daß St. Truiden in Rotberts Amtssprengel lag[9].

Für genauere Aussagen über Lage und Umfang seines Amtssprengels reicht die Überlieferung nicht aus. Von den wenigen *comites*, die im 7./8. Jahrhundert im mittleren Maasgebiet bezeugt sind, war der 692 genannte *Charievus comes* wahrscheinlich für das Gebiet südöstlich von Namur im Condrozgau zuständig[10]; der 714 im Gefolge Pippins II. erwähnte *Chammingo comes* dürfte, sofern sich sein Amtssprengel im mittleren Maasgebiet befand, am ehesten im Bereich des Maasgaues tätig gewesen sein[11]. Ein weiterer Amtsträger vom Rang eines *comes* war wohl auch der Vater des Bischofs Lambert in der zweiten Hälfte des 7. Jahrhunderts, dessen Tätigkeitsgebiet möglicherweise im Umkreis von Maastricht lag[12]. Weitere Zeugnisse fehlen[13]. Im Meerssener Vertrag von 870 werden *in Hasbanio comitatus IIII* genannt, die Karl der Kahle zugesprochen erhielt[14]. Eine Lokalisierung dieser Comitate wurde mit Hilfe einzelner Grafschaften dieses Raums aus dem 10. und 11. Jahrhundert sowie der kirchlichen Grenzen (Landdekanate) mehrfach versucht[15]. Rückschlüsse auf eine entsprechende Verwaltungsgliederung bereits im frühen 8. Jahrhundert wird man daraus jedoch schwerlich ziehen können[16]. Umgekehrt bleibt fraglich, inwieweit noch unter Karl Martell mit *duces* im mittleren Maasgebiet zu rechnen ist, denen, wie es in der zweiten Hälfte des 7. Jahrhunderts bezeugt ist, *comites* unterstanden[17]. Nimmt man an, daß die ältere Aufgliederung in Dukate im Verlauf des 8. Jahrhunderts durch Graf-

---

wie: *luminaria ... quod incolae quidem candelam vocant*, cap. 12 S. 53, vor allem aber die völlig unübliche Landschaftsbezeichnung *loco vocabulo Hasbanio*, cap. 9 S. 50.

[9] Cap. 9 S. 51.

[10] Vgl. EBLING, Prosopographie S. 106 sowie oben S. 101 Anm. 8.

[11] D Arnulf 6 S. 95 f. = WAMPACH, Echternach 1, 2 Nr. 24 S. 59. Es handelt sich um die das Kloster Susteren *in pago Mosariorum* betreffende Urkunde Pippins II. und Plektruds. Chammingo wird unter den Zeugen genannt. EBLING, Prosopographie S. 100 hält für ihn eine Amtstätigkeit im Maasgau für möglich.

[12] Vgl. dazu unten S. 245 ff.

[13] Als weiterer *comes* im mittleren Maasgebiet ist für den Anfang des 7. Jh.s durch die Vita Bavonis aus dem 9. Jh. ein Adilio bezeugt; doch läßt dieser Beleg keinerlei Rückschlüsse auf die Verwaltungsgliederung zu, vgl. oben S. 63 mit Anm. 24 und 25.

[14] Capitularia 2 Nr. 251 S. 195.

[15] Vgl. BAERTEN, In Hasbanio S. 5 ff., DENS., Het graafschap Loon S. 4 ff. und AERTS, Haspengouw S. 62 ff.

[16] EWIG, Stellung S. 15 hält dies für vier der fünf gleichfalls 870 bezeugten Comitate Ribuariens für möglich.

[17] Es handelt sich um die 669/70 bzw. 692 bezeugten *duces* Gundoin und Aericus, deren Amtssprengel möglicherweise identisch war und vielleicht in den Lütticher Raum hineinreichte, wobei dem *dux* Aericus der *comes* Charievus untergeordnet war, vgl. oben S. 101 mit Anm. 8.

schaften abgelöst wurde [18], wo wäre weiterhin zu fragen, inwieweit sich die jeweiligen Amtssprengel mit dem Gebiet des Haspengaues deckten [19]. Für Graf Rotbert wird man nach seiner Zuständigkeit für St. Truiden und seinen bekannten Besitzungen im Bereich der Demer und Herk davon ausgehen können, daß er im Nordwesten des Haspengaues tätig war. Sehr wahrscheinlich aber reichte sein Einfluß noch weiter darüber hinaus.

Bischof Eucherius gehörte einer der mächtigsten Familien Burgunds an. Karl Martell suchte diese führende Familie auszuschalten, indem er Eucherius Ende 732 seines Amtes enthob, ihn mitsamt seiner Verwandtschaft nach Austrasien verbannte und ihre Besitzungen wie auch das Hochstift Orleans seinem unmittelbaren Einfluß unterstellte [20]. Köln, wo er den Bischof und seine Angehörigen zunächst festsetzen ließ, schien ihm als Aufenthaltsort nicht sicher genug, weshalb er *clam tutiori eum loco vocabulo Hasbanio Chrodeberto duce eum tradidit custodiendum* [21]. Rotbert, so berichtet die Vita weiter, nahm den verbannten Bischof mit großer Freude auf und gewährte ihm und den Seinigen auf dessen Bitte hin die Möglichkeit zum Gebet in St. Truiden. Eucherius verbrachte *die noctuque* im Gebet in der Kirche des hl. Trudo und wurde auch in der Missionsarbeit tätig [22]. Nach seinem Tode im

---

[18] Vgl. hinsichtlich der Dukatsgliederung insbesondere EWIG, Volkstum S. 604ff. und DENS., Stellung S. 10ff. mit Anm. 31, der im nordöstlichen Austrasien mit den „Landschaftsdukaten" Ribuarien, Masuarien und Hasbanien rechnet; vgl. auch Anm. 28.

[19] Die äußersten Punkte des Haspengaues bildeten nach vorläufiger Zusammenstellung der Belege: Lanaken nw. Maastricht (1106/11: DOPPLER, Sint-Servaas Nr. 28 S. 32), Avroy südl. von Lüttich (ca. 835, vgl. oben S. 126), St. Denis und Grand-Leez bei Gembloux nw. Namur (980: DO II 232 S. 261), Piétrebais, ca. 16 km sö. Leuven (1050: DESPY, Waulsort Nr. 9 S. 335), Tienen (1119: DUVIVIER, Recherches S. 520) und Assent südl. Diest (837: PIOT 1 Nr. 2 S. 5). Das derart umschriebene Gebiet, dem die Belege aus dem 8./9. Jh. weitgehend entsprechen, wurde im Osten und Süden durch die Maas (bis in die Höhe von Namur), im Westen durch die Gr. Gete und im Norden durch die Demer begrenzt. Seine Ausmaße betrugen etwa 40 × 50 km; vgl. hierzu auch AERTS, Haspengouw S. 62ff. Zur allgemeinen Problematik der karolingischen Grafschaftsverfassung und zum Verhältnis von Gau und Grafschaft vgl. SCHULZE, Grafschaftsverfassung S. 300ff.

[20] Nach Angaben der Vita cap. 7 S. 49 hatten Neider des Bischofs Karl geraten, daß er Eucherius *cum omni propinquitate eius exilio deputaret honoresque eorum quasdam propriis usibus adnecteret, quasdam vero suis satellitibus comularet*. Karl selbst habe die Familie als *gentem ... ferocissimam atque belligeram ac locupletatam* bezeichnet und Eucherius nach seinem Sieg über die Araber *in exilio cum reliquis propinquis ad urbem Coloniam* bringen lassen, cap. 9 S. 50. Die genauen Hintergründe der Auseinandersetzung mit Eucherius werden in der Vita nicht mitgeteilt. Vgl. zu den Vorgängen wie auch zur Familie des Eucherius LEVISON, Vorrede S. 41f. und SEMMLER, Episcopi potestas S. 344ff.

[21] Cap. 9 S. 50. In Köln, so teilt die Vita in hagiographischer Ausschmückung mit, habe der Bischof durch sein gottgefälliges Verhalten das Wohlwollen aller erlangt, was Karl *minime latere valuit*.

[22] Cap. 9 S. 51. Vgl. auch das Zitat S. 186 mit Anm. 9, aus dem klar hervorgeht, daß Eucherius mit seinen *fidelibus*, bei denen es sich nach dem Kontext nur um seine Familienangehörigen gehandelt haben kann, nach Hasbanien gebracht worden war. Seine Beziehungen zu Graf Rotbert werden mit den Worten charakterisiert: *dedit ei Dominus gratiam coram eo, velud beato Joseph*

sechsten Jahr seines Exils (738) wurde er in St. Truiden bestattet, wo es in der Folgezeit rasch zu zahlreichen Wundern an seinem Grabe kam.

Die Vita entwirft ein freundliches Bild von dem Aufenthalt des Bischofs im Haspengau und seinen Beziehungen zu Rotbert. Dem Autor kam es darauf an, seinen Heiligen auch in dieser Situation in möglichst günstigem Licht darzustellen. Ob sein Bericht in dieser Form zutrifft, erscheint jedoch als zweifelhaft. Den Angaben dürfte die Tatsache zugrunde liegen, daß Eucherius und seine Angehörigen nach ihrer Überführung in den Haspengau die gesamte Zeit ihres Exils in St. Truiden verbracht hatten. Hält man sich vor Augen, daß in Köln die Gefahr einer Flucht bestand und daß sich der von Karl verbannte Abt Wando von St. Wandrille seit 719 in dem benachbarten Maastricht *in exilio ... in monasterio uidelicet beati Servatii* befand[23], so ist es wesentlich wahrscheinlicher, daß für Eucherius und seine Verwandten von vornherein eine Klosterhaft in St. Truiden unter der Oberaufsicht des Grafen Rotbert vorgesehen war und daß dies in der Vita in einen freiwilligen Aufenthalt zum Gebet umgedeutet und hagiographisch verschleiert wurde. Die Tatsache, daß Karl die führenden Mitglieder einer der einflußreichsten burgundischen Familien, die in Köln nicht ausreichend gesichert waren, dem Grafen Rotbert zur Bewachung anvertraute, zeigt mit Deutlichkeit, daß Rotbert eine Persönlichkeit seines engsten Vertrauens war.

Die Stellung des Rotbert als *comes* läßt weiterhin erkennen, daß seine Familie unter Karl Martell zur politischen Führungsschicht des mittleren Maasgebietes zählte. Über seine Verwandtschaft und seine Besitzungen sagt die Urkunde von 741, neben der Vita Eucherii das einzige zeitgenössische Zeugnis zu seiner Person, nur wenig aus[24]. Als Familienangehöriger wird allein Rotberts Vater Lantbert genannt. Unter den Zeugen der Urkunde, Folbert, Hubert, Ansuin, Winebert und Balther, sind möglicherweise noch weitere Mitglieder der Familie zu vermuten; doch muß offenbleiben, wer von ihnen zur Verwandtschaft des *comes* zählte und welcher Art die verwandt-

---

priscis temporibus dederat coram Pharaone. Daß Eucherius in der Mission tätig war, scheint aus dem Bericht in cap. 11 S. 52 über ein Wunder an einer Frau, *quem* (sic!) *ipse sanctus de gentilitatis errore per suam abstraxerat admonitionem,* hervorzugehen.

[23] Gesta abb. Font. cap. 8, 1 S. 61, vgl. auch ebd. cap. 3, 1 und 9, 1 S. 24 und 63 f. Wando hielt sich bis 742, d. h. bis in die Zeit nach dem Tode Karl Martells im Exil in St. Servatius auf. 735 ließ Karl Martell den Bischof Ainmar von Auxerre, der hier die Nachfolge von Eucherius' Oheim Savaricus angetreten hatte, in Bastogne *custodie carcerali* festsetzen, Gesta epp. Autissiodorensium cap. 27 S. 394 (Karl wird hier versehentlich mit König Pippin verwechselt), vgl. Ewig, Milo S. 428 f. Daß Karl drei seiner politischen Gegner aus Burgund und Neustrien im Lütticher Raum bzw. in den Ardennen inhaftieren ließ, wirft von einem Seitenaspekt her ein bezeichnendes Licht darauf, über welchen Rückhalt er in diesen „Stammlandschaften" verfügte.

[24] Zur Gleichsetzung Rotberts mit anderen Trägern dieses Namens und zu seiner genealogischen Einordnung in den Verwandtschaftskreis der sog. Rupertiner vgl. unten S. 195 mit Anm. 59 und 212 ff.

schaftlichen Beziehungen waren[25]. Auf enge Verbindungen Rotberts zu St. Truiden läßt neben seiner Schenkung von 741 und der gemeinsamen Überwachung des Eucherius auch die späte, aber wohl glaubwürdige Nachricht der Gesta abbatum Trudonensium schließen, daß Rotbert und seine Gemahlin die Kirche des hl. Trudo in Zerkingen zu ihrer Grablege bestimmt hatten[26].

Rotbert übertrug der Kirche des hl. Trudo *in pago Hasbaniensi* den Ort Donk mit einer von ihm daselbst erbauten Kirche[27] sowie die *in pago Hasbaniensi et Masuarinsi* lokalisierten Orte Halen, Schaffen, Velpen und Meerhout mit deren gesamtem Zubehör[28]. Bis auf das nördlich der Demer in ca. 7 km

---

[25] Als weiteres Indiz neben der Zeugenhilfe, die häufig von Verwandten geleistet wurde, könnte gelten, daß die Namen dreier Zeugen ebenso wie die Rotberts und seines Vaters Lantbert im zweiten Namenglied mit dem PN-Stamm *-bert* gebildet sind. Doch handelt es sich hierbei um einen außerordentlich weit verbreiteten PN-Stamm, dessen gemeinsamer Verwendung für sich allein genommen keinerlei personengeschichtlicher Aussagewert zukommt, vgl. FÖRSTEMANN, Personennamen Sp. 277 ff.

[26] Der Ende des 12. Jh.s schreibende zweite Fortsetzer der Gesta abbatum teilt mit, daß 1169 beim Neubau der Kapelle über den Gräbern des Trudo und Eucherius *in angulo cuiusdam murelli invenerunt ossa duorum, unius quidem maiora, alterius vero minora*. Hierbei habe es sich zweifellos um den *Rotbertum ducem Hasbaniae* gehandelt, der sich Bischof Eucherius gegenüber freundlich erwiesen habe und der nach *seniorum nostrorum attestatione* hier mit seiner Gemahlin bestattet worden sei, Cont. secunda IV, 1 S. 351. Der Autor zeigt Kenntnis der Vita Eucherii, aufgrund derer vor allem wohl man sich später noch in St. Truiden an Rotbert erinnern konnte. Wenngleich nicht auszuschließen ist, daß dies der alleinige Anlaß für das Aufkommen der Tradition seiner Bestattung in St. Truiden war, ist es doch nicht unwahrscheinlich, daß Rotbert als Förderer des Klosters hier seine Grablege erhielt. Insofern dürfte die von dem Fortsetzer mitgeteilte Tradition in gewisser Weise durch die Schenkung Rotberts gestützt werden. Der dritte Fortsetzer der Gesta greift diese Nachricht auf und erwähnt *plures carte*, die die Schenkung Rotberts in Donk betrafen. Doch teilt er nur die durch das Chartular des 13. Jh.s bekannte Urkunde von 741 mit, Cont. tertia I, 2, 7 S. 371.

[27] Rotbert hatte die Kirche *in honore sancte Marie et sancti Petri, sancti Iohannis et sancti Servatii et sancti Lamberti* errichtet, DESPY, La charte S. 87.

[28] Die Gauangabe *in pago Hasbaniensi et Masuarinsi* hat in der Forschung eine lebhafte Diskussion ausgelöst. Die Deutung von DESPY, La charte S. 85: „le sens du text est, dans le pagus de Hesbaye, au comté de Maselant" wurde von GORISSEN, Maasgouw S. 390 unter Hinweis auf das erst spätere Aufkommen der Formel *in pago NN et in comitatu NN* überzeugend zurückgewiesen. Gorissen schlug die Deutung vor: „in de gouw Haspengouw, die ook Masuarie genoemt word" und hielt „Masuarien" für die ursprüngliche Bezeichnung des später „Hasbanien" genannten Gebietes. EWIG, Stellung S. 11 mit Anm. 31 hingegen sah in Masuarien, dessen Namen er von dem Personenverband der nach *Mosaus* benannten *Masuarii* herleitete, eine „übergeordnete Großlandschaft", die neben Hasbanien auch den Maasgau umfaßt habe. In der Argumentation von Gorissen und Ewig spielt der im 9. Jh. bei Nithard III, 2 S. 31 erwähnte *Gislebertus comes Mansuariorum* eine wichtige Rolle. M. E. bestehen jedoch sprachliche Schwierigkeiten, die *Mansuarii* mit dem 714 bezeugten *pagus Mosariorum*, vgl. Anm. 11, bzw. dem *pago ... Masuarinsi* in Verbindung zu bringen. Für die Beurteilung der in dieser Form singulären Gauangabe von 741 scheint wichtig, daß Donk allein im Haspengau, die übrigen Orte hingegen *in pago Hasbaniensi et Masuarinsi* lokalisiert werden. Da von ihnen Velpen, Halen und Meerhout in engster Umgebung von Donk liegen, sich hingegen Schaffen als einziger Ort nördl. der Demer und in größerer Entfernung zu Donk befindet, ist es die nächstliegende Deutung, daß sich die Gauangabe *Hasbaniensis* auf Velpen, Halen und Meerhout, die Angabe *Masuarinsis* hin-

Entfernung von Donk gelegene Schaffen lagen sämtliche Güter dicht beieinander[29]. In der Nachzeichnung des 12. Jahrhunderts findet sich kein Hinweis auf die Herkunft der Besitzungen; in der Kopie des 13. Jahrhunderts werden sie hingegen als *aliquid de possessione mea hereditaria* bezeichnet. Die Ursprünglichkeit dieser Angabe scheint fraglich[30]. Die beiden Fassungen der Urkunde weichen auch in ihren Nachrichten über den Gegenstand der Schenkung voneinander ab. Der Nachzeichnung zufolge hatte Rotbert an St. Truiden die Kirche in Donk geschenkt. Diese wiederum erscheint als Empfängerin seiner Besitzungen in Donk, Halen, Schaffen, Velpen und Meerhout[31]. In der Kopie des 13. Jahrhunderts werden der Ort Donk mit der Kirche und die übrigen Orte nebeneinander als Schenkgüter an St. Truiden aufgeführt[32]. Welche der beiden Versionen den ursprünglichen Text getreuer wiedergibt, ist vom bloßen Wortlaut her kaum mehr auszumachen[33]. Einige Rückschlüsse

---

gegen auf Schaffen bezieht, das im Grenzgebiet des Haspengaues zu Toxandrien lag. Es scheint gut möglich, daß es in dieser Situation aus nicht mehr erkennbaren Gründen zu einer Lokalisierung von Schaffen in dem vom Haspengau abgehobenen Maasgau kam. Vergleichbar wäre auch eine Urkunde für St. Truiden von 837, derzufolge sich das ca. 8 km westl. von Donk gelegene Assent *in pago Hasbaniensi sive Dyostiensi* befand, PIOT 1 Nr. 2 S. 5. Der Beleg für den Diestgau ist singulär, zeigt aber gleichfalls an, daß in diesen Grenzgebieten die Lokalisierung schwanken konnte. Auf diesem Hintergrund sollte man dem zudem nur in hochmittelalterlichen, überarbeiteten Abschriften der Urkunde überlieferten Beleg von 741 für die frühmittelalterliche Verwaltungsgliederung des mittleren Maasgebiets kein allzu großes Gewicht einräumen.

[29] Velpen und Halen auf dem westlichen Ufer der Velp liegen von Donk etwa 3 bzw. 1,5 km entfernt. *Mare(h)olt* ist, wie DANIELS, Mareolt S. 6 ff. nachweisen konnte, mit der bis in das 19. Jh. *Meerot, Meerhot* oder *Meerhout* benannten Flur zu identifizieren, die sich an der Stelle des heutigen Dorfes Donk (ca. 1 km von der ehemaligen Dorfstelle Donk entfernt) befand.

[30] DESPY, La charte S. 86 Sp. 1. Der arengenähnlichen Formulierung *sedulo animo pertractans statui aliquid de possessione mea hereditaria conferre ad corpora sanctorum* entsprechen in frühmittelalterlichen Urkunden zumeist Wendungen wie: *aliquid de rebus meis ad loca sanctorum pro remedio anime mee ... dare disposui*, vgl. etwa WAMPACH, Echternach 1, 2 Nr. 31 S. 74. An dieser Stelle wird die Herkunft der Güter zumeist nicht vermerkt. Sie wird in der Regel bei der Aufzählung der einzelnen Schenkgüter in der Dispositio angegeben. Hier aber scheint sich nach dem Vergleich beider Fassungen in der Vorlage kein entsprechender Hinweis befunden zu haben.

[31] DESPY S. 87 Sp. 2 = DB 1 Nr. 212 S. 361: *hoc est quod dono ... in loco ... Dungo illam basilicam ... tam ipse Dungus quam reliquas villas vel loca cognominantes de mea possessione ad iam dictum locum videlicet Dungo vel ipsa basilica pro meo testamento condonavi, hoc sunt Halon, Scafnis, Felepa et Mareolt.*

[32] DESPY S. 87 Sp. 1: *tradidi locum quemdam qui dicitur Dungo cum basilica inibi constructa ... tam ipsum locum quam reliquas villas vel loca ad supradictum locum de mea possessione pretitulata scilicet Halon, Scafnis, Felepa et Mareholt.* Es liegt nahe, das wenig sinnvolle *pretitulata* als Verschreibung oder Verlesung von *pertinentia* anzusehen; doch ist bei dem stark verwilderten Latein Zurückhaltung gegenüber Textverbesserungen geboten.

[33] In beiden Fällen scheint der Text der Vorlage überarbeitet worden zu sein. Inhaltlich finden beide Versionen Entsprechungen in zeitgenössischen Urkunden. Für die Version der Nachzeichnung vgl. etwa die Besitz an mehreren Orten umfassende Schenkung Herelaefs an die von ihm erbaute Kirche in Bakel 721, wobei allerdings die Schenkung dieser Kirche an Willibrord nicht in der Urkunde vermerkt ist, WAMPACH, Echternach 1, 2 Nr. 30 S. 72; vgl. dazu oben S. 150.

auf die Beziehungen der genannten Orte zueinander und auf die herausgehobene Stellung von Donk gestattet die spätere ortsgeschichtliche Überlieferung.

Das Indorsat der Nachzeichnung, gleichfalls aus der ersten Hälfte des 12. Jahrhunderts stammend, bezeichnet Halen, Schaffen, Velpen und Meerhout als *adpendicia* von Donk[34]. Für Schaffen sind keinerlei Verbindungen zu Donk mehr erkennbar[35]. An Orten, die nach Donk eingepfarrt waren oder von Donk aus verwaltet wurden, werden in Quellen aus dem 13. Jahrhundert genannt: *Curpte*[36], Hontsum[37], Berbroek[38], Lummen[39], Schulen, Loksbergen[40] sowie Güter bei Halen[41]. Innerhalb des von diesen Orten umschriebenen Gebiets liegen Meerhout, Halen und Velpen. Im 11. Jahrhundert bestand in Halen ein Meierhof des Klosters St. Truiden mit Schöffengericht[42]; 1107 ist hier ein *altare* im Besitz des Klosters bezeugt[43]. Für Velpen[44] und Meerhout[45] werden aus späteren Nachrichten enge Beziehungen zu Donk ersichtlich. Inwieweit die im Hoch- und Spätmittelalter bezeugten Verhältnisse ältere Beziehungen widerspiegeln oder sich erst aus späteren Organisationsmaßnahmen der Abtei St. Truiden herleiten, bedarf noch der Klärung. Für

---

[34] DB 1 S. 360, Vorbemerkung zu Nr. 212. Datierung nach DESPY, La charte S. 90.

[35] Daß St. Truiden seine Besitzrechte in Schaffen bewahrt hatte, wird daraus ersichtlich, daß Abt Adelard II. (1055–82) hier eine Kirche errichten ließ, Gesta abb. Trud. I, 12 S. 235. Schaffen war bis in das 16. Jh. eine Tochterkirche von Webbekom. SIMENON, Notes S. 143 hält es für möglich, daß der Ort ursprünglich nach Donk eingepfarrt war.

[36] PIOT 1 Nr. 177 S. 212 (1243). Es wird von Weideland *inter Curpte et Dunc* berichtet, das von der *curia* Donk aus verwaltet wurde.

[37] PIRENNE, Polyptyque S. 355: *Item sunt 4 bonuaria magne mensure terre arabilis apud Hunshem, iuxta Halen, que pertinent ad curtem de Dunc*. Diese Güter wurden 1261 im Beisein von *subvillicus* und Schöffen von Donk verkauft, *quod a dicta curte* (sc. Donk) *nimis erant ad colendum remota*, PIOT 1 Nr. 252 S. 300.

[38] 1308 wurde die Kapelle von Berbroek von Donk unabhängig und erhielt eigene Pfarrrechte, PIOT 1 Nr. 356 S. 429, SIMENON, Notes S. 35 ff.

[39] PIRENNE, Polyptyque S. 209: *decima(m) nostra(m) de novalibus in allodio de Lummene, in parrochia de Dunch, infra terminos decime nostre de Scoinlo*.

[40] Ebd. S. 351: *Ad curtem nostram de Dunch pertinet decima de Scoinlo … decima de Loxberge*. 1107 erhielt St. Truiden die *decimam de Sconelo* erstmals bestätigt, PIOT 1 Nr. 22 S. 30.

[41] PIRENNE, Polyptyque S. 355: *2 bonuaria pratorum, parum plus, iuxta Halen, super Ghetam* werden unter den Gütern genannt, die *ad curtem de Dunc pertinent*. Güter *inter Donk et Hales et circa* waren nach einer Urkunde von 1244 zwischen St. Truiden und dem Lütticher Domkapitel St. Lambert strittig, PIOT 1 Nr. 180 S. 175 = BS 1 Nr. 376 S. 464. Der Urkunde über einen Rechtsstreit zwischen der Abtei Gorze und einem Ritter Wilhelm von Halingen von 1233 ist zu entnehmen, daß das Kloster Gorze Zehntrechte in Donk hatte, BS 1 Nr. 247 S. 318 ff.

[42] Zu den Besitzungen von St. Truiden in Halen vgl. ausführlich HANSAY, Étude S. 31 ff.

[43] PIOT 1 Nr. 22 S. 31.

[44] Nach einem Visitationsbericht von 1613 hatte der Pfarrer von Donk die Kollatur der Kapellen von Velpen und Rijnrode, SIMENON, Notes S. 66.

[45] Aus Zehntregistern der Kirche von Donk aus dem 15. Jh. geht die bei der Nähe beider Orte ohnehin sehr wahrscheinliche Zugehörigkeit von Meerhout zu Donk deutlich hervor, vgl. DANIELS, Mareolt S. 6.

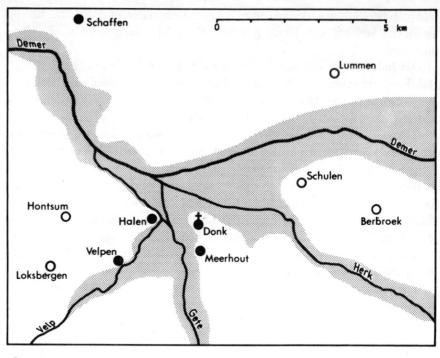

- Schenkungen des Grafen Rotbert von 741
- Im 13. Jahrhundert zu Donk gehörig
- Überschwemmungs- und Sumpfgebiet

Karte 7: Donk und Umgebung

eine frühe Zuordnung der benachbarten Orte Halen, Velpen und Meerhout auf Donk hin spricht, daß Donk einerseits als Sitz einer frühen Kirchengründung besonders herausgehoben war, daß andererseits aber der Ort selbst mit seiner unmittelbaren Umgebung sich zur landwirtschaftlichen Nutzung nur wenig eignete [46].

Die alte Ortsstelle von Donk befand sich auf der am weitesten vorgeschobenen Spitze einer kleinen inselartigen Anhöhe inmitten des Mündungsgebietes

---

[46] 1243 ist die Rede von *de palude circa atrium de Dunc*, PIOT 1 Nr. 177 S. 212. Über die Weiden und Wiesen *circa curiam* (Donk) heißt es: *sed propter nimiam habundantiam aquarum non sunt magne utilitatis*, PIRENNE, Polyptyque S. 355.

der Flüsse Gete, Herk und Demer[47]. Da diese Flüsse im Mittelalter schiffbar waren und der Siedelplatz durch das umliegende Sumpfgebiet gesichert wurde, war der Ort verkehrsmäßig und strategisch außerordentlich günstig gelegen[48]. Größere Bedeutung für das Kloster St. Truiden gewann er allerdings erst im 11./12. Jahrhundert. Abt Adelard II. (1055–1082) ließ die verfallene Kirche in Donk wieder aufbauen[49], die bis in den Beginn des 12. Jahrhunderts das einzige Gebäude in Donk blieb[50]. In dieser Zeit sind Meierhof, Kirche und Brückenzoll in Halen auf dem gegenüberliegenden Ufer der Gete bezeugt[51]. Um 1112 richtete Abt Rodulf in Donk ein Priorat ein, um hier, wie Houtman vermutet, „vu la sécurité du lieu, de créer un refuge"[52]. Nach der Auflösung des Priorats Ende des 12. Jahrhunderts wurde der Ort im 13. und 14. Jahrhundert befestigt und diente während der Auseinandersetzungen zwischen den Bürgern der Stadt St. Truiden und dem Kloster dem Abt und Konvent mehrfach, zum Teil für längere Zeit, als Zufluchtsort[53].

Daß gerade in Donk, dessen strategisch wichtige und wirtschaftlich geringe Bedeutung in den Quellen des 11. bis 14. Jahrhunderts deutlich entgegentritt, von Graf Rotbert eine Eigenkirche erbaut wurde, gestattet Rückschlüsse auf eine ähnliche Funktion dieses Ortes bereits in frühmittelalterlicher Zeit. Man wird in Donk einen gut geschützten Herrensitz des Grafen Rotbert erblicken dürfen, zu dessen wirtschaftlicher Versorgung die umliegenden, 741 genannten Güter Rotberts dienten. Bei einer solchen Annahme liegt die Vermutung nahe, daß bei der Übertragung an St. Truiden die Güter in Halen, Schaffen, Velpen und Meerhout in erster Linie als Ausstattungsgüter der

---

[47] Der Ort wurde um 1750 um ca. 1 km in südlicher Richtung an seine heutige Stelle verlegt, vgl. TIMMERMANS, Problemen S. 129 ff. und HOUTMAN, Donk S. 70. Kennzeichnend kommt die besondere Lage des Ortes zum Ausdruck in einer Urkunde von 1107, in der St. Truiden u. a. *ecclesiam sancte Marie sitam in insula Dunc in Cellam* bestätigt erhielt, PIOT 1 Nr. 22 S. 31; zur Identifizierung mit Donk vgl. SIMENON, Notes S. 56 ff. und GYSSELING, Woordenboek S. 279. Nach Gysseling ist der Ortsname Donk aus germ. *dunga-* gebildet, das er als „sandige Erhebung im Sumpfgelände" interpretiert.

[48] Gesta abb. Trud. IX, 23 S. 287: *Ecclesia de Dunch duas tantum libras solvebat in anno; locus in quo stat solitarius est et amenus, utpote circumfluente eum aqua navigifera, et arcentibus ab eo latis paludibus omnem viam, excepta una, studio potius quam natura facta. In hoc videlicet loco preter aecclesiam ab omni edificio vacuo* ... Es folgt der Bericht über den Bau des Priorats. Zur Interpretation dieses Berichts vgl. insbesondere TIMMERMANS, Problemen S. 106 f.

[49] Gesta abb. Trud. I, 12 S. 235.

[50] Vgl. Anm. 48.

[51] Nach PIOT 1 Nr. 52 S. 70 war mit dem Amt des Meiers in Halen auch die Einnahme des *theloneum pontis* verbunden; vgl. zur Stellung von Halen auch Anm. 42. Die Vermutung liegt nahe, daß in dieser Zeit die Bedeutung von Donk auf Halen übergegangen war.

[52] HOUTMAN, Donk S. 69 f.

[53] Vgl. HOUTMAN S. 70. Über diese Ereignisse wird etwa zu 1256, 1302 (*tutiora loca petentes*) und 1323 berichtet, Gesta abb. Trud. cont. tertia, II S. 400, 406, 416. Befestigungsarbeiten sind zum Jahre 1291 und 1329 überliefert, ebd. S. 406, 421. Erst in der frühen Neuzeit machten zunehmende Überschwemmungen eine Aufgabe des Platzes und die Verlegung der Kirche erforderlich, vgl. TIMMERMANS, Problemen S. 132 ff.

Kirche von Donk vergabt wurden. Dies würde stärker der in der Nachzeichnung der Urkunde aus dem 12. Jahrhundert überlieferten Version entsprechen, wonach Rotbert die genannten Besitzungen der von ihm erbauten und an St. Truiden geschenkten Kirche übertragen hatte [54].

Neben den Kirchen in Wintershoven und Munsterbilzen, deren Anfänge nicht mehr sicher zu bestimmen sind, zählte die Kirche in Donk zu den frühesten Kirchengründungen im nördlichen Haspengau. Sie befand sich bereits in einem Gebiet, das nur wenig von dem toxandrischen Tätigkeitsbereich Willibrords entfernt lag. Besonders deutlich würde dieser Zusammenhang, wenn der Schaffen benachbarte Außenbesitz Echternachs in Meldert mit den toxandrischen Schenkungen an Willibrord in Zusammenhang gebracht werden könnte [55]. Hält man die Nachricht der Vita Eucherii über die Missionsarbeit Bischofs Eucherius von St. Truiden aus für glaubwürdig, so hat die Vermutung von Post, daß die Kirche von Donk in einem Missionsgebiet errichtet worden sei, einige Wahrscheinlichkeit für sich [56]. Möglicherweise kam Rotbert mit seiner Schenkung Missionsbestrebungen von St. Truiden entgegen, wie sie bereits von Pippin II. durch die Schenkung der noch weiter nördlich gelegenen Orte Oostham und Eksel gefördert worden waren.

Die Urkunde Rotberts wurde *in villa Curtrictias* ausgestellt. Der Ort wird allgemein mit Kortessem (10 km nordwestlich von Tongern) identifiziert [57]. Sehr wahrscheinlich ist er als eine weitere Besitzung des Rotbert anzusehen [58]. Seine Entfernung zu den im Umkreis von Donk gelegenen Gütern Rotberts betrug ca. 20 km (Luftlinie). Die Urkunde von 741 läßt somit darauf schließen, daß Rotbert im nördlichen Haspengau in dem Gebiet zwischen Tongern, St. Truiden und der Demer über weitgestreuten Besitz verfügte. Angesichts seiner Zugehörigkeit zur Führungsschicht des mittleren Maasgebiets, wie sie aus seiner Stellung als *comes* ersichtlich wird, ist davon auszugehen, daß er auch in anderen Teilen des Lüttich-Maastrichter Raums und möglicherweise

---

[54] Vgl. Anm. 31. Es ist gut denkbar, daß die Nachzeichnung im Zusammenhang mit der Einrichtung des Priorats in Donk angefertigt wurde und daß man in diesem Zusammenhang die Zugehörigkeit der genannten Orte zur Kirche von Donk noch deutlicher unterstrich als dies in der Vorlage der Fall war.

[55] Vgl. oben S. 151.

[56] POST, Christianisierung S. 242. Fraglich erscheint jedoch die Annahme von TIMMERMANS, Problemen S. 110, Rotbert habe die Kirche „als de eerste kern van een nieuwe abdij" angelegt.

[57] Vgl. HERBILLON, Toponymes hesbignons (Chap- à Cut-) S. 137f. und GYSSELING, Woordenboek S. 573.

[58] Das Kloster St. Truiden verfügte in Kortessem nicht über Besitz. 847 schenkte ein Nandger dem Kloster Lorsch neben Besitzungen in Lambsheim, Heßheim und Mörsch im Wormsgau zwei Hufen mit Zubehör und 14 Unfreien *in Hasmachgauue in villa que dicitur Curtriza*, GLÖCKNER, CL 1233 Bd 2 S. 364. Der Ort wird ebenfalls mit Kortessem identifiziert, vgl. GLÖCKNER S. 364 Anm. 2 und GYSSELING, Woordenboek S. 573. Beziehungen des Schenkers zur Familie des Grafen Rotbert sind nicht ersichtlich, so daß diese Nachricht für die Frage der Verbindungen Rotberts zu den Rupertinern nicht herangezogen werden kann, vgl. auch GLÖCKNER, Lorsch S. 312.

auch noch weiter darüber hinaus in den angrenzenden Landschaften begütert war. Doch fehlt für nähere Angaben jeglicher Anhaltspunkt.

Insgesamt läßt die erzählende und urkundliche Überlieferung zur Person des Rotbert erkennen, daß Rotbert unter Karl Martell einer der führenden, vielleicht sogar der höchste Amtsträger im Haspengau war und daß er das engste Vertrauen des Hausmeiers besaß. Zumindest im nördlichen Haspengau reich begütert, verfügte er in Donk in der Nähe des toxandrischen Missionsgebiets über einen gut geschützten Herrensitz, an dem er eine Eigenkirche errichtete. Er zählte zu den Förderern des Klosters St. Truiden. Für das Verhältnis dieses Metzer Eigenklosters zu den Karolingern ist es aufschlußreich, daß St. Truiden als Verbannungsort für die von Karl entmachtete Familie des Bischofs Eucherius vorgesehen war und hierbei unter der Oberaufsicht des Grafen Rotbert stand. Wird man die Familie Rotberts mit Sicherheit der politischen Führungsschicht des mittleren Maasgebiets unter Karl Martell zuweisen können, so fehlen doch Nachrichten für weiterführende Aussagen zur Verwandtschaft des *comes*. Für enge landschaftliche Verbindungen zum Lütticher Raum spricht neben Rotberts Amtstätigkeit und seinem Besitz in diesem Gebiet, daß sich Rotbert in St. Truiden bestatten ließ. Von der Überlieferung zur Person Rotberts her ist es danach die wohl nächstliegendste und wahrscheinlichste Annahme, daß Rotbert einer bereits länger im Haspengau begüterten und ansässigen Familie entstammte. Da Rotbert unter Karl Martell eine besondere Vertrauensstellung genoß, ist es nicht unwahrscheinlich, daß bereits sein Vater Lantbert zu den führenden Persönlichkeiten im engeren Umkreis der frühen Karolinger im Lütticher Raum zählte.

Weitere Aussagen zur Person und Familie Rotberts scheinen nur möglich, wenn man andere Träger des Namens *Rotbert* mit dem *comes* im Haspengau identifiziert oder Rotbert und seinen Vater Lantbert aufgrund allgemeiner personengeschichtlicher Kriterien in größere Verwandtschaftszusammenhänge einordnet. Für eine sichere Gleichsetzung Rotberts mit anderen in der Überlieferung faßbaren Personen dieses Namens reicht die jeweilige Quellengrundlage nicht aus[59]. Auf seine Zuweisung zu dem Verwandtschaftskreis der sog.

---

[59] Im mittleren Maasgebiet und in Toxandrien sind neben einem Maastrichter Münzmeister *Chrodoberto*, DE BELFORT, Description générale 3 Nr. 4465/66 S. 314f. (mit unzutreffender Deutung des Prägeortes *Triecto* auf Utrecht) zu Beginn des 8. Jh.s der Zeuge *Rotbertes* in den Schenkungsurkunden Aengilbalds und der Bertilindis von 704 und 710, WAMPACH, Echternach 1,2 Nr. 11, 17 S. 36, 48 sowie der Zeuge *Ruotbertus* in der 723 von Karl Martell in Herstal für Willibrord ausgestellten Urkunde bezeugt, D Arnulf 12 S. 99 = DB 1 Nr. 174 S. 308. VAN DE WEERD, De H. Willibrordus S. 230 ff. setzte die beiden Zeugen mit Graf Rotbert gleich, was aber bei dem toxandrischen Zeugen auf chronologische Schwierigkeiten stößt. Eine Identität Rotberts mit dem Zeugen von 723 ist denkbar, aber nicht weiter zu begründen. Eine Gleichsetzung der drei Personen erwägt auch SEMMLER, Episcopi potestas S. 345 Anm. 280, der in diesem Zusammenhang als weitere Träger des Namens Rotbert einen 710 in Neustrien bezeugten Pfalzgrafen Childe-

Rupertiner ist in dem folgenden Abschnitt über die Familie des Chrodegang von Metz einzugehen.

---

berts III., den Gründer des Klosters Maroilles im französischen Hennegau (670/72) und einen unter Chlothar IV. (717/19) im Hennegau bei Cambrai bezeugten *inluster vir Rodbertus* nennt und, obgleich er die Frage der Personenidentität offenläßt, davon ausgeht, „daß aufgrund der Besitzlage alle bisher genannten Rutperti der gleichen Familie angehörten". Bestimmter noch zu Person und Familie des Grafen Rotbert äußerte sich kürzlich nochmals SEMMLER, Sukessionskrise S. 15 f. mit Anm. 110–112. In diesem erst während des Umbruchs erschienenen Aufsatz setzt Semmler ohne zusätzliche Begründung eine Personengleichheit mit dem Grafen Rotbert für sämtliche der angesprochenen Namenträger bis auf den 670/72 genannten Stifter von Maroilles bereits als gegeben voraus. Er spricht in diesem Zusammenhang Rotbert weiterhin als „führenden Beisitzer" an den Placita Karl Martells an. Hierfür stützt er sich auf folgende, ein Placitum von 723 in Zülpich betreffende Nachricht der Gesta abb. Font. cap. III, 5 S. 32 f.: *Hic Benignus abbas euindicauit contra Bertharium comitem uillam quae uocatur Monticellos ... coram Karolo maiore domus, mediante aduocato suo nomine Rotberto*. Entgegen der bisherigen Forschung sieht er Rotbert, den er mit dem Grafen im Haspengau gleichsetzt, nicht als Vogt des Abtes von St. Wandrille an, sondern schreibt ihm die einem Pfalzgrafen vergleichbare „Funktion des Testimoniators" am Gericht Karl Martells zu. Diese Deutung ist jedoch weder vom unmittelbaren Wortlaut noch von den zeitgenössischen Belegen für *advocati* geistlicher Amtsträger her aufrecht zu erhalten, vgl. etwa Karls Urkunde für Willibrord von 726: *Signum Erkanfredi comitis, qui aduocatus fuit episcopi et hanc traditionem manu propria cum domino suo recepit*, D Arnulf 12 S. 100 = DB 1 Nr. 174 S. 308, sowie EBLING, Prosopographie S. 116. Semmler zählt aufgrund dieser mehrfachen Personengleichsetzungen den Grafen Rotbert, der seine „Machtbasis ... im Henne- und Hasbengau, wo seine Dynastie das Kloster Maroilles gestiftet hatte", besessen habe, zu den wichtigsten Parteigängern Karl Martells bei der Durchsetzung von dessen Vorherrschaft in Austrasien und Neustrien nach 717/18. Auf diesem Hintergrund vermutet er in ihm auch jenen *praeses Chrodebertus,* der nach 723 zeitweise die Leitung des Bistums Sées in der Kirchenprovinz Rouen übernahm, ebd. S. 31. Das von Semmler entworfene Bild beruht im wesentlichen auf der Gleichnamigkeit der angesprochenen, im 1. Drittel des 8. Jh.s z. T. in führender Stellung bezeugten Personen. Es kann sich von der Überlieferung zur Person des Grafen Rotbert zusätzlich nur darauf stützen, daß für Rotbert eine enge Vertrauensstellung bei Karl Martell zu erschließen ist. Dies aber reicht für weitergehende Personengleichsetzungen von derart weitreichenden Konsequenzen für die Verfassungs- und politische Geschichte des frühen 8. Jh.s nicht aus. Um so weniger, als der Personenname Rotbert, dem die hauptsächliche Beweiskraft beigemessen wird, keineswegs als signifikant gelten kann. Vgl. an frühen Zeugnissen für diesen Namen außer den bereits genannten Belegen etwa für Austrasien *Robertus presbiter,* LESORT, Saint-Mihiel Nr. 1 S. 49 (709), *Ruadberto,* ZEUSS, Trad. Wiz. 179 S. 169 (760), die im Mittelrhein-Gebiet inschriftlich bezeugten *Chrodebertus* und *Rodobertus,* BOPPERT, Inschriften S. 130 und 80 sowie für Neustrien etwa die bei EBLING, Prosopographie S. 112 ff. aufgeführten Amtsträger. Läßt bereits diese keineswegs vollständige Zusammenstellung der Belege auf eine weite Verbreitung des Namens Rotbert im 7. und beginnenden 8. Jh. schließen, so wird dieser Befund durch die große Zahl der Belege, die FÖRSTEMANN, Personennamen Sp. 892 ff. für das 8. und 9. Jh. erbracht hat, weiter bestätigt. Da es sich somit um einen bereits im Frühmittelalter sehr gebräuchlichen Namen handelte, wird man ihm, sofern nicht andere sichere Indizien vorhanden sind, für die Frage einer Personenidentität oder verwandtschaftlicher Beziehungen nur geringes Gewicht beimessen können. Gegenüber dem Bild, das Semmler von der hervorragenden politischen Rolle des Grafen Rotbert unter Karl Martell zu zeichnen suchte, scheint somit bis zum Vorliegen zusätzlicher Argumente erhebliche Zurückhaltung geboten.

Chrodegang von Metz

Die bekannteste unter den führenden Familien des 8. Jahrhunderts im Haspengau ist die Familie des Chrodegang von Metz. Sie kann dank zweier knapper Mitteilungen bei Paulus Diaconus und Thegan vom frühen 8. Jahrhundert bis in den Beginn des 9. Jahrhunderts nachgewiesen werden. Sie gehörte in dieser Zeit durch mehrere Generationen hindurch zur politischen Führungsschicht des Reiches und zum engsten Umkreis der Karolinger. Ihrem hohen Rang und ihrer politischen Bedeutung entspricht, daß in der Forschung mehrfach eine Zuweisung der Familie in größere Verwandtschaftskreise versucht wurde. Insbesondere wurden verwandtschaftliche Beziehungen zu dem *comes* Rotbert im Haspengau und den mittelrheinischen Rupertinern angenommen.

a) Sicher bezeugte Familienangehörige

Paulus Diaconus berichtet in seiner Metzer Bischofsgeschichte (783/88) mit folgenden Worten über die Herkunft Chrodegangs: *ex pago Hasbaniensi oriundus, patre Sigramno, matre Landrada, Francorum ex genere primae nobilitatis progenitus*[1]. Wie hoch er die soziale Stellung der Familie einschätzte, zeigt die entsprechende Angabe über Chrodegangs Amtsvorgänger Sigibald: *generosis ortus natalibus*[2]. Geht man nicht davon aus, daß Paulus Diaconus lediglich den hohen Rang, den die Familie zu seiner Zeit einnahm, bereits für die Vorfahren Chrodegangs beanspruchte, so wird deutlich, daß Chrodegang nach der Metzer Tradition einer der vornehmsten Familien des fränkischen Reiches entstammte und daß zumindest ein Teil dieser Familie in der Generation der Eltern Chrodegangs im Haspengau ansässig gewesen war[3].

---

[1] Pauli Gesta epp. Mettensium S. 267 Z. 44f. Zur Entstehungszeit des Werkes und zur historiographischen Konzeption des Berichtes über Chrodegang vgl. POENSGEN, Geschichtskonstruktionen S. 19f. und 59ff.

[2] Ebd. S. 267 Z. 37.

[3] Die im 10. Jh. unter Benutzung der Gesta epp. Mett. des Paulus Diaconus wahrscheinlich in Gorze entstandene Vita Chrodegangi cap. 6 S. 556 bezeichnet Chrodegangs Mutter als Schwester König Pippins. Sprechen gegen diese Angabe bereits chronologische Bedenken, vgl. HLAWITSCHKA, Vorfahren S. 76 Anm. 26, so ist bei dem Fehlen entsprechender zeitgenössischer Hinweise und dem stark ausschmückenden Charakter der Vita weitgehend auszuschließen, daß ihr hier ältere glaubwürdige Traditionen hinsichtlich einer Verwandtschaft zwischen Chrodegang und den frühen Karolingern zugrunde lagen.

Von den Lebensdaten Chrodegangs ist sein Todesjahr 766 sicher bezeugt[4]. Chrodegang dürfte nicht allzu lange vor 712 geboren worden sein, da er einerseits *in palatio maioris Karoli* ausgebildet worden war[5], andererseits aber bei seiner Erhebung zum Bischof von Metz 742 mindestens das kanonisch erforderliche Alter von 30 Jahren erreicht hatte[6]. Damit läßt sich seine Familie bereits in das Ende des 7. Jahrhunderts im Haspengau zurückverfolgen. Sie dürfte, da Chrodegangs Ausbildung am Hofe wohl in der ersten Hälfte der Regierungszeit Karls anzusetzen ist[7], jenen Kreisen in Austrasien angehört haben, auf die sich Karl in den Auseinandersetzungen nach dem Tode Pippins II. stützen konnte und deren Angehörige er nach der Erringung seiner Vorherrschaft im Gesamtreich für die Übernahme hoher Ämter vorsah[8]. Chrodegang wurde zunächst in der Kanzlei Karls tätig, wo er 741 als Referendar bezeugt ist[9]. Nach dem Tode Karl Martells stieg Chrodegang bekanntlich

---

[4] Annales Laureshamenses a. 766 S. 28. Aus der reichen Literatur zur Person Chrodegangs von Metz sind besonders SCHIEFFER, Angelsachsen S. 30 ff., SEMMLER, Chrodegang S. 229 ff., FOLZ, Metz S. 18 ff., EWIG, Saint Chrodegang S. 25 ff. und DERS., Beobachtungen S. 67 ff. zu nennen.

[5] So nach Paulus Diaconus S. 267, demzufolge Karl selbst Chrodegang erzogen habe. Die Nachricht des Paulus über Chrodegangs Ausbildung am Hofe und die entsprechende Mitteilung der Vita Gregorii über Gregors Ausbildung in *scola et palatio* (vor 721), vgl. dazu oben S. 163 mit Anm. 18, stützen sich gegenseitig ab. Möglicherweise hatten sich Chrodegang und Gregor sogar zeitweise gemeinsam am Hofe aufgehalten. Die Vita Chrodegangi cap. 8 S. 556 teilt mit, daß Karl Martell, nachdem er gehört habe, daß sein Neffe Chrodegang *in ipso infantiae articulo illius aetatis lasciviam toto corde abhorrere senium vero gravitatem omnino sectari*, diesen dem *monasterio sancti Trudonis educandum ac nutriendum* anvertraut habe, womit er beabsichtigte, daß Chrodegang *imbutus sacris litteris... sibi autem palatinis in negotiis adiutor tutissimus fieri posset*. Von St. Truiden habe er ihn dann nach Metz gesandt, wo Chrodegang seine Ausbildung fortsetzte. Der Verfasser, der sich weitgehend auf die Bischofsgeschichte des Paulus Diaconus stützte, verschwieg hingegen deren Mitteilung über Chrodegangs weltliche Erziehung am Hofe durch Karl. Die Vermutung liegt nahe, daß dem Autor, dem stark ausgeprägten erbaulichen Charakter der Vita entsprechend, daran lag, von Anfang an Chrodegangs Ausbildung zum Geistlichen herauszustellen, und daß er deshalb die entgegenstehende Nachricht seiner Vorlage durch den Hinweis auf Chrodegangs Erziehung in St. Truiden ersetzte. Ob er sich hierfür auf eine glaubwürdige Metzer Tradition berufen konnte oder lediglich den Hinweis seiner Vorlage auf Chrodegangs Herkunft aus dem Haspengau mit seiner Kenntnis, daß das im Haspengau gelegene St. Truiden ein Metzer Eigenkloster war, in diesem Sinne kombinierte, mag hier offenbleiben. Gegenüber der Nachricht, der etwa SEMMLER, Chrodegang S. 230 und EWIG, Beobachtungen S. 67 Glauben zu schenken bereit sind, dürfte größte Zurückhaltung angebracht sein.

[6] Ähnlich auch SEMMLER, Chrodegang S. 229 und EWIG, Beobachtungen S. 67.

[7] Gregor war nach dem Bericht der Vita Gregorii cap. 2 S. 67 im Alter von 14/15 Jahren vom Hof zurückgekehrt. Für Chrodegang wird man davon ausgehen dürfen, daß er spätestens 725/30 an den Hof kam.

[8] Es ergibt sich somit ein ähnliches Bild, wie es auch für die Familie Alberichs, des Sohnes der Adela von Pfalzel, anzunehmen ist, vgl. oben S. 163 f.

[9] Der Nachricht des Paulus Diaconus S. 267: *eiusdemque referendarius extitit* entspricht D Arnulf 14 S. 102 von 741 September 17, wo *Chrothgangus* als Rekognoscent begegnet, vgl. HEIDRICH, Titulatur S. 205 und S. 220.

zu einer der führenden Persönlichkeiten des Frankenreiches auf. 742 wurde er zum Bischof des den Karolingern besonders verbundenen Bistums Metz erhoben[10]. 753 geleitete er als Gesandter König Pippins Papst Stephan II. aus Rom in das Frankenreich[11]. Nach seiner Ernennung zum Erzbischof und der Verleihung des Palliums 755 durch den Papst trat er in engem Zusammenwirken mit Pippin als Leiter mehrerer Reformsynoden und als Metropolitanbischof, der zahlreiche Bischöfe der verschiedensten Diözesen ordinierte, gleichsam die Nachfolge des Bonifatius an der Spitze der fränkischen Kirche an[12]. Weiteres Ansehen erwarb er sich durch seine Bemühungen um eine fränkische Liturgiereform, durch die Schaffung der nach ihm benannten Kanonikerregel sowie durch die Gründung zweier Klöster, darunter vor allem des Klosters Gorze[13]. Letzteres, 748 von Chrodegang als Eigenkloster der Metzer Kirche errichtet[14], erlangte binnen weniger Jahre einen derart vorbildlichen Ruf[15], daß seine Mönche 761 zur Besiedlung des Klosters Gengenbach in der Ortenau berufen wurden[16] und daß 764 Graf Cancor und seine Mutter Williswind ihre Klostergründung Lorsch dem Bischof Chrodegang zur Einführung des monastischen Lebens nach dem Vorbild von Gorze zu persönlichem Eigen übertrugen[17].

An Familienangehörigen aus der Generation Chrodegangs werden in den Quellen zwei Brüder des Bischofs erwähnt. Nur für einen von ihnen, Gunde-

---

[10] Die Datierung seines Amtsbeginns schwankt in der Forschung zwischen 742 und 747. SCHIEFFER, Angelsachsen S. 31 f. und ihm folgend SEMMLER, Chrodegang S. 230 hielten das Jahr 747 vor allem aus historischen Gründen für wahrscheinlicher. Nach EWIG, Saint Chrodegang S. 27 mit Anm. 3 und POENSGEN, Geschichtskonstruktionen S. 60 Anm. 2 sprechen jedoch die Zeitangaben des Paulus Diaconus mit wesentlich höherer Wahrscheinlichkeit für die Datierung auf 742.

[11] Gesta epp. Mett. S. 268 Z. 2; vgl. dazu POENSGEN, Geschichtskonstruktionen S. 60 ff.

[12] Vgl. SEMMLER, Chrodegang S. 231 ff. Auf die Rolle Chrodegangs als „Fortsetzer des Bonifatius" wies insbesondere SCHIEFFER, Angelsachsen S. 30 ff. hin. Die Bedeutung Chrodegangs für die Integration der verschiedenen Parteiungen im fränkischen Episkopat stellt vor allem EWIG, Beobachtungen S. 72 heraus.

[13] Gesta epp. Mett. S. 268 Z. 15. Worauf sich das von Paulus als erste Gründung Chrodegangs erwähnte, reich ausgestattete *monasterium in parrochia beati Stephani in pago Mosellensi, in honore beatissimi Petri apostolo* bezog, scheint bislang noch nicht geklärt zu sein.

[14] D'HERBOMEZ, Gorze Nr. 1 S. 1 ff.; Datierung nach REUMONT, Chronologie S. 274. Vgl. zuletzt HALLINGER, Rechtsgeschichte S. 325 ff.

[15] SEMMLER, Lorsch S. 77 mit Anm. 36 schließt aus der Bemerkung in Chrodegangs Urkunde für Gorze von 757/58, D'HERBOMEZ, Gorze Nr. 5 S. 14, die *congregatio* dieses Klosters möge *in exemplum sancte et religiose conversationis* heranwachsen, daß Chrodegang aus Gorze ein „Musterkloster" zu machen wünschte.

[16] Annales Lauresbamenses a. 761 S. 28: *transmisit domnus Hrodegangus suos monachos de Gorcia ad monasterio Hrodhardi.* Vgl. zu den in der Forschung stark umstrittenen Anfängen von Gengenbach und den Beziehungen des als Gründer geltenden Grafen Ruthard zu Chrodegang jetzt ausführlich ANGENENDT, Monachi peregrini S. 108 ff.

[17] Vgl. dazu unten S. 203 f. und 210 ff.

land, ist der Name bekannt[18]. Gundeland, offensichtlich jünger als Chrodegang, scheint dessen wichtigster Helfer bei seinen monastischen Bemühungen gewesen zu sein. Aller Wahrscheinlichkeit nach war er zunächst Abt in Gorze[19]. Möglicherweise stand er 761 an der Spitze der nach Gengenbach entsandten Gruppe Gorzer Mönche[20]. 765 vertraute ihm Chrodegang die Leitung seines Eigenklosters Lorsch an und setzte ihn wohl auch in diesem Zusammenhang zum Erben der rasch aufblühenden Gründung ein[21]. Gundeland stand dem Kloster Lorsch, das er 772 Karl dem Großen übertrug, bis zu seinem Tode im Jahre 778 vor.

Die Nachrichten über den zweiten Bruder Chrodegangs wie auch die übrigen Familienangehörigen sind Thegan zu verdanken. Er teilt in seiner Vita Hludowici imperatoris (837/38) zur Familie Irmingards, der ersten Gemahlin Ludwigs des Frommen, mit: *filiam nobilissimi ducis Ingorammi, qui erat filius fratris Hruotgangi, sancti pontificis*[22]. Da Chrodegang über enge Verbindungen zum Hofe verfügte und Ingoram ein hoher Amtsträger war, ist anzunehmen, daß auch der namentlich nicht bekannte Bruder Chrodegangs eine führende Stellung innehatte. Auch über Ingoram ist nur wenig bekannt. Er dürfte sein Amt als *dux* unter Karl dem Großen erhalten haben[23]. Wo sein Amtssprengel lag, ist nicht mehr auszumachen[24]. Mit der Vermählung von

---

[18] GLÖCKNER, CL cap. 3 S. 270; D Karol 1 Nr. 65 S. 95. WENSKUS, Stammesadel S. 171 und MAYR, Studien S. 108 ff. halten eine Identität Gundelands mit jenem *Guntlando* für wahrscheinlich, der in der verfälschten Gründungsurkunde von Hornbach von 742 gemeinsam mit seinem Bruder *Uuelando* unter den Zeugen genannt ist, DOLL, Hornbach S. 142. Doch lassen sich über die Namensgleichheit hinaus keine überzeugenden Argumente für eine Personengleichheit erbringen, so daß man diesen Beleg nicht für die Verwandtschaft Chrodegangs heranziehen kann.

[19] Als Abt von Gorze wird im Jahre 759, nach REUMONT, Chronologie S. 288 eher 760, ein *Gundelandus* genannt, D'HERBOMEZ, Gorze Nr. 16 S. 15. In ihm ist, zumal für Gundeland Beziehungen zum Gorzer Mönchtum durch die Lorscher Überlieferung sicher bezeugt sind, mit dem Großteil der Forschung der gleichnamige Bruder Chrodegangs zu sehen, vgl. SEMMLER, Lorsch S. 77. EWIG, Beobachtungen S. 67 nimmt darüber hinaus an, daß Gundeland als Mönch in das Kloster Gorze eingetreten sei. Zurückhaltend hingegen GLÖCKNER, CL Bd. 1 S. 270 Anm. 1.

[20] Vgl. SEMMLER, Lorsch S. 77 mit Anm. 44.

[21] Vgl. SEMMLER, Chrodegang S. 234 mit Anm. 77 und 78 sowie WEHLT, Reichsabtei S. 27, dessen Deutung, daß „Chrodegang zwar ursprünglich offiziell als Abt galt, Gundeland aber von Anfang an die tatsächliche örtliche Leitung innehatte", den Aussagen der urkundlichen und erzählenden Überlieferung aus Lorsch am besten entspricht. Gundelands Einsetzung als Erbe geht aus D Karol 1 Nr. 72 S. 105 (772) deutlich hervor: *Gundelandum monasterii abbatem atque heredem in eodem sancto loco post se visus est reliquisse* (sc. *Ruothgangus*).

[22] Cap. 4 S. 591.

[23] Nach der Vita Hludowici des Astronomus cap. 8 S. 611, der über Ingoram gleichfalls nur im Zusammenhang der Vermählung Ludwigs des Frommen berichtet, war Ingoram *comes*. Irmingard wird als *claris orta(m) natalibus* bezeichnet. Da Thegan die detaillierteren Angaben über die Herkunft Irmingards bietet, wird man auch den bei ihm überlieferten Titel eines *dux* vorziehen dürfen.

[24] Ingoram ist außerhalb der beiden Viten Ludwigs des Frommen nicht mehr bezeugt. TELLENBACH, Königtum und Stämme S. 45 sah ihn als Graf im Haspengau an. Es ist denkbar, daß Ingo-

Ingorams Tochter Irmingard mit Karls des Großen Sohn Ludwig im Jahre 794 erreichten die engen Verbindungen der Familie zum karolingischen Hause ihren sichtbarsten Höhepunkt [25]. Irmingard, aus deren Ehe mit Ludwig dem Frommen bekanntlich die Söhne Lothar, Ludwig und Pippin hervorgingen, starb im Jahre 818.

Die Familie des Chrodegang von Metz [26] ist eines der wenigen sicher bezeugten Beispiele dafür, daß führende Familien aus dem engsten landschaftlichen Umkreis der Arnulfinger-Pippiniden in der Zeit des karolingischen Aufstiegs im 8. Jahrhundert über Generationen hinweg hohe Stellungen einnahmen. Von besonderem Interesse ist, daß die Familie unter Karl dem Großen schließlich durch Versippung in die unmittelbare Nähe des Herrscherhauses aufrückte. Die ältesten bekannten Familienangehörigen, die Eltern Chrodegangs, lassen sich bis in das Ende des 7. Jahrhunderts im Haspengau zurückverfolgen. Die Angaben des Paulus Diaconus über die Herkunft Chrodegangs aus dem *pagus Hasbaniensis* sind schwerlich anders zu deuten, als daß seine Eltern Sigramn und Landrada in diesem Raum ansässig waren und hier schon unter Pippin II. zur Führungsschicht zählten [27]. Wo im Haspengau ihre gewiß sehr umfangreichen Güter lagen, läßt sich bei dem Fehlen jeglicher besitzgeschichtlicher Nachrichten nicht mehr angeben [28]. Es ist nicht unwahr-

---

ram in dem Gebiet tätig war, in dem seine Großeltern ansässig gewesen waren, doch läßt sich dies nicht weiter belegen.

[25] Zur Datierung vgl. Reg. Imp. Karol. 333 c und 515 aa.

[26] Neben den Rupertinern und dem Graf Rotbert im Haspengau, vgl. dazu unten S. 212 ff., hat die Forschung versucht, noch weitere Persönlichkeiten der Familie Chrodegangs zuzuweisen. So sahen etwa WERNER, Bedeutende Adelsfamilien S. 119 Anm. 133 und OEXLE, Karolinger S. 293 f. unter Berufung auf FLECKENSTEIN, Hofkapelle 1 S. 49 Chrodegangs Nachfolger in Metz, Angilramn, als einen Familienangehörigen Chrodegangs an. Der wichtigste Beleg, die Angabe der Gallia Christiana 7 Sp. 224: *Engilramus Chrodegangi episcopi Metensis fratre in lucem editus, patruo successit in cathedra Metensi* (ähnlich ebd. 13 Sp. 708), ist nach Fleckenstein zwar nicht mehr nachprüfbar, hat „aber einige Wahrscheinlichkeit für sich". FLECKENSTEIN S. 49 Anm. 29 verweist darauf, daß es zahlreiche Parallelen für die Sukzession Oheim-Neffe im Bischofsamt gibt, daß der Name Angilramn sich gut in den Namensbestand der Familie Chrodegangs einfügt und daß mehrere bedeutende Träger dieses Namens im 9. Jh. in Brabant und im Hennegau begegnen. In der Metzer Tradition, wie sie sich in den Gesta epp. Mettensis aus der Mitte des 12. Jh.s niedergeschlagen hat, scheint diese Verwandtschaft nicht bekannt gewesen zu sein; zumindest findet sich in dem verhältnismäßig umfangreichen Bericht über Angilramn, wo man durchaus eine betreffende Mitteilung hätte erwarten können, keinerlei Hinweis darauf, cap. 38 S. 540 f. Unmittelbare Anhaltspunkte neben der späten und in ihrer Herkunft fraglichen Nachricht der Gallia Christiana stehen somit aus. Auch der Hinweis von WERNER S. 118 Anm. 129 auf die gemeinsame Beziehung Chrodegangs und Angilramns zu St. Truiden ist nicht tragfähig, vgl. unten Anm. 83. Mit MORRET, Stand S. 11 f. wird man die verwandtschaftliche Herkunft Angilramns offenlassen müssen.

[27] Selbst wenn die Bezeichnung *Francorum ex genere primae nobilitatis* vor allem den Rang der Familie unter Karl dem Großen widerspiegeln sollte, so zeigen doch die von Paulus Diaconus berichteten Tatsachen wie Chrodegangs Ausbildung am Hofe Karl Martells, sein Amt als Referendar und seine Erhebung zum Bischof von Metz, daß er einer hochgestellten Familie entstammte.

[28] Eigengut eines Angehörigen der Familie Chrodegangs ist, sieht man von dem 764 er-

scheinlich, daß die Eltern Chrodegangs oder andere Familienangehörige auch noch in anderen Gegenden des östlichen Austrasien begütert waren. Doch fehlt auch hierfür jeder nähere Hinweis. Offenbleiben muß auch, inwieweit die Familie ihren Aufstieg zur höchsten Führungsschicht des Reiches erst dem Aufstieg der Karolinger verdankte oder ob sie bereits in der zweiten Hälfte des 7. Jahrhunderts, als die Arnulfinger-Pippiniden das Ringen um die Vorherrschaft in Austrasien und dem Gesamtreich noch nicht zu ihren Gunsten entschieden hatten, zu den großen Familien Austrasiens zählte. Zur Klärung beider Fragen könnten die von der Forschung erschlossenen Verwandtschaftsbeziehungen Chrodegangs zu den mittelrheinischen Rupertinern und dem Grafen Rotbert im Haspengau nicht unwesentlich beitragen.

b) Beziehungen zu den mittelrheinischen Rupertinern

Als wichtigster Beleg für eine Verwandtschaft zwischen Chrodegang und den Rupertinern gilt jene Nachricht der Lorscher Chronik, derzufolge Graf Cancor und seine Mutter Williswind, die Witwe des Grafen Rupert, im Jahre 764 das Kloster Lorsch dem Bischof Chrodegang *tamquam consanguineo* übertragen hatten[29]. Auf mögliche Verwandtschaftsbeziehungen der Rupertiner und Chrodegangs zu dem Grafen Rotbert im Haspengau wies erstmals Glöckner hin. Er betonte, daß die Familien Chrodegangs und Rotberts „verlockende Ähnlichkeiten" in ihrer Namengebung aufwiesen, und machte weiter darauf aufmerksam, daß der Name des Rupertiners Cancor 770/79 auch im Umkreis von Stablo-Malmedy in der *fontana Cancaronis* begegne[30]. Die Beobachtungen Glöckners bildeten in der Folgezeit mehrfach den Ausgangspunkt für die Annahme, daß die mittelrheinischen Rupertiner aus dem Maasgebiet stammten und daß sie eine jener führenden Familien aus den karolingischen Stammlanden an Maas und Mosel gewesen seien, die während der ersten Hälfte des 8. Jahrhunderts im Zuge der karolingischen Expansion in den östlichen Reichsteilen eingesetzt wurden und hier unter Zurückdrängung der einheimischen Führungsschicht wichtige Aufgaben im Dienste der fränkischen Zentralgewalt wahrnahmen[31]. Werner stellte darüber hinaus eine

---

worbenen Eigenkloster Lorsch ab, allein 772 für Gundeland in Hüffelsheim sw. Kreuznach bezeugt; doch läßt die betreffende Urkunde keinerlei Rückschlüsse auf älteres Familiengut zu, vgl. unten S. 209 f. Auch spätere Zeugnisse für das Gorgonius-Patrozinium und Gorzer Besitz im Haspengau sind nicht in diesem Sinne auszuwerten, vgl. Anm. 85.

[29] GLÖCKNER, CL cap. 1 S. 266.
[30] GLÖCKNER, Lorsch S. 311 ff.
[31] So etwa LEVILLAIN, Études S. 27 Anm. 1, insbesondere aber BÜTTNER, Christentum S. 41 f., DERS., Heppenheim S. 161 ff., der diese These auch in zahlreichen seiner übrigen Arbeiten zur frühmittelalterlichen Geschichte des Rhein-Main-Neckar-Raumes vertrat, DIENEMANN-DIETRICH,

Verbindung der Rupertiner zu neustrischen Referendaren des 7. Jahrhunderts her und nahm an, daß die Familie „nur durch Einsetzung, Ernennung der Karolinger" von Neustrien in das Maasgebiet und von dort in die mittleren Rheinlande gelangt sei[32]. Diese These beruht, worauf bereits Gockel hinwies, auf unzutreffenden Voraussetzungen[33]. Gockel konnte weiterhin zeigen, daß auch die Annahme einer maasländischen Herkunft der Rupertiner nicht aufrecht zu erhalten ist, da die Familie schon im 7. Jahrhundert führende Positionen am Mittelrhein innehatte[34].

Die Frage verwandtschaftlicher Beziehungen zwischen der Familie Chrodegangs, dem Grafen Rotbert und den Rupertinern bleibt von diesen Feststellungen unberührt. Sie gewinnt durch sie vielmehr erhöhtes Gewicht. Für die Kenntnis der Führungsschicht im Lütticher Raum wäre es von großem Interesse, wenn sich zeigen ließe, daß es hier neben einflußreichen Familien mit Beziehungen in den Raum um Trier und Verdun auch Familien gab, deren Verwandtschaftsverbindungen bis an den Mittelrhein reichten und deren Angehörige als Amtsträger der Karolinger im mittleren Maasgebiet wie in Alemannien und am Oberrhein tätig wurden[35]. Daß Chrodegang einer Familie entstammte, die an Rang der des Adalgisel-Grimo oder der Adela von Pfalzel gleichkam, darf nach den wenigen Hinweisen zu seiner Person und seiner Verwandtschaft als durchaus wahrscheinlich gelten.

Die Lorscher Chronik berichtet über die Schenkung des Klosters Lorsch durch Cancor und Williswind an Bischof Chrodegang mit folgenden Worten: *Cancor illustris rhenensis pagi comes, cum matre sua religiosa et deo acceptabili Williswinda, uidua Rŭperti comitis, monasterium Lauresham in insula, que nunc appellatur Aldenmunster iniciantes, uenerabili Rŭtgango, Metensis ecclesie archiepiscopo ad instituendam inibi monastice professionis militiam tradiderunt, nullius quidem episcopii seu cuiuslibet ecclesie iuri aut dominio subicientes, sed quia minus id per se poterant, tamquam consanguineo, et tum in dei rebus uiro spectatissimo perficiendum gubernandumque sub traditionis*

Adel S. 164, WERLE, Eigenkirchenherren S. 477, DERS., Haganonis villa S. 176, EWIG, Descriptio Franciae S. 159 mit Anm. 9, DERS., Beobachtungen S. 67, WERNER, Bedeutende Adelsfamilien S. 118f. mit Anm. 129 und PRINZ, Mönchtum S. 219f. Die meisten dieser Arbeiten berufen sich auf GLÖCKNER (wie Anm. 30), der wohl Beziehungen der Rupertiner zum Haspengau nahegelegt, jedoch keineswegs Verwandtschaftsverbindungen Rotberts mit Chrodegang und den Rupertinern oder auch nur eine maasländische Herkunft der Rupertiner behauptet hatte.

[32] WERNER, Bedeutende Adelsfamilien S. 119f. (Zitat S. 120).

[33] GOCKEL, Königshöfe S. 298ff. Das entscheidende Argument von WERNER S. 119, daß der „Hausheilige der Robertiner", der hl. Lambert, ein Neffe des unter Chlothar III. in Neustrien tätigen Referendars Hrotbert gewesen sei, geht auf eine Verwechslung des hl. Lambert, dem Abt von St. Wandrille und späteren Bischof von Lyon, mit dem hl. Lambert von Lüttich zurück.

[34] GOCKEL, Königshöfe S. 300 f.

[35] Zur Amtstätigkeit Graf Ruperts I. und seines Sohnes Cancor vgl. zuletzt SCHULZE, Grafschaftsverfassung S. 196f. sowie unten Anm. 68.

*titulo commendantes*³⁶. Diese Nachricht wird von der Forschung als ein unmittelbares Zeugnis für verwandtschaftliche Beziehungen Chrodegangs zu den Rupertinern gewertet. Als weitere Argumente gelten Ähnlichkeiten in der Namengebung beider Familien, die Besitzrechte von Chrodegangs Bruder Gundeland im Nahegau und die Gründung einer dem hl. Lambert von Lüttich geweihten Kirche durch die Rupertiner in Mainz. Sind Verwandtschaftsverbindungen insgesamt unbestritten, so werden über die Art der Verwandtschaft unterschiedliche Auffassungen vertreten³⁷.

Die Lorscher Chronik wurde in den Jahren 1170/75 abgefaßt³⁸. Als Vorlage für den Gründungsbericht diente dem Autor neben der urkundlichen Überlieferung vor allem das Lorscher Totenbuch³⁹. Ihm entnahm er die Nachrichten über die Besitzübertragung von Lorsch an Chrodegang und die daran anschließenden Angaben zur Gründungsausstattung des Klosters durch Cancor und Williswind⁴⁰. Der eingeschobene Passus *nullius ... commen-*

---

³⁶ GLÖCKNER, CL cap. 1 S. 265 f.

³⁷ Zu den verschiedenen Versuchen einer genealogischen Einordnung nimmt ausführlich GOCKEL, Königshöfe S. 298 Anm. 739 Stellung.

³⁸ GLÖCKNER, CL Bd. 1 S. 18.

³⁹ Zu den Vorlagen der Chronik vgl. GLÖCKNER S. 28 ff. Eine Edition des in einer Fassung aus dem 14. Jh. überlieferten Totenbuchs und eine Untersuchung seiner verschiedenen Textschichten stehen noch aus, vgl. vorerst GLÖCKNER S. 28 mit Anm. 7. Die deutlichen Übereinstimmungen der Chronik mit dem Totenbuch, auf die Glöckner hinweist, erweisen das Totenbuch als Vorlage. Gründet Glöckner dieses Urteil im wesentlichen darauf, daß die betreffenden Passagen der Chronik in Entsprechung zu den Einträgen des Totenbuchs Nachrichten über wichtige Personen mit *Hic* oder *Qui* anknüpfen und über diese Personen inhaltlich übereinstimmend „im Ton und Stil der Totenbücher" berichten, so läßt sich die Priorität des Totenbuchs auch im unmittelbaren Textvergleich mit Deutlichkeit aufzeigen. Als Beispiel möge die Inhaltsangabe des in der Chronik wiedergegebenen D Karol 1 Nr. 72 S. 105 = GLÖCKNER, CL 3 S. 274 dienen: Heißt es in der Urkunde: *qui (sc. Gundelandus) ipsum monasterium in manu nostra tradidit, etiam et secum omnem congregationem suam in mundeburdem uel defensionem nostram plenius commendauit*, so gab der Verfasser des Totenbuchs diesen Passus mit den Worten wieder: *in manus gloriosi regis Karli tradidit*. Der Autor der Chronik teilte, Totenbuch und Urkunde zugleich benutzend mit: *in manus et mundeburdem gloriosi regis Karoli tradidit, quatinus priuilegiis insigniretur regalibus*, ebd. S. 273 mit Anm. 2.

⁴⁰ Der Eintrag des Totenbuchs zum Todestag der Williswind (30.8.) lautet: *Williswindis deo sacr. Hec cum filio suo Cancur comite predium suum Laurissam archiep. metensi Ruotgango ad instituendam monachicam vitam tradidit et Hagenheim ex integro mansumque unum in Moguncia cum 5 mancipiis et basilicam in Scarra cum 15 manc. ad supplementum dedit*. Zum 18.2. war vermerkt worden: *Ruperti comitis. Hic fuit maritus domne Williswinde*; zitiert nach GLÖCKNER, CL Bd. 1 S. 266 Anm. 3 und 4. Die Angaben über die Besitzausstattung werden in der Chronik in unmittelbarem Anschluß an den oben im Text zitierten Bericht über die Schenkung des Klosters an Chrodegang mit den Worten wiedergeben: *ecclesiam in Scarra cum suis appenditiis, predium suum in Magontia, uillam quoque Hagenheim cum omni integritate, in possesionem eiusdem monasterii contulerunt*, ebd. S. 267. Die Chronik übernimmt anschließend die Hahnheim betreffende Schenkung in vollem Wortlaut. Die Urkunde über die Schenkung des *mansus* mit fünf Hörigen in Mainz wurde hingegen nicht aufgenommen und war möglicherweise zur Abfassungszeit der Chronik schon verloren, vgl. ebd. S. 267 Anm. 2. Bei der Wiedergabe der *Scarra* betreffenden Schenkung werden wohl die *basilica* mit Zubehör, nicht aber die 15 *mancipia* erwähnt, CL 598 Bd. 2 S. 169. Es ist also deutlich, daß das Totenbuch unmittelbar auf die Urkun-

dantes, in dem die Schenkung und ihre Motive näher erläutert werden, findet im Totenbuch keine Entsprechung. Der Autor verweist an dieser Stelle darauf, daß die Schenkung *sub traditionis titulo* erfolgt sei. Deutlicher noch auf die Existenz einer Schenkungsurkunde lassen die Urkunden Karls des Großen von 772 für Lorsch mit ihrem Bezug auf das *testamento illius donationis* schließen[41]. Da sich ein entsprechendes Diplom unter den zahlreichen in die Chronik und das Kopialbuch aufgenommenen Schenkungsurkunden von Mitgliedern der Stifterfamilie nicht findet, urkundensprachliche Wendungen in dem Bericht der Chronik fehlen und die wesentlichen inhaltlichen Angaben auf dem Totenbuch beruhen, ist davon auszugehen, daß die Traditionsurkunde Williswinds und Cancors dem Autor nicht vorlag und zur Abfassungszeit der Chronik wohl bereits verloren war. Auch für die Verwendung einer von Glöckner angenommenen „alten Sonderaufzeichnung" ergeben sich keine Anhaltspunkte[42]. Die Passage, in der Chrodegang als *tamquam con-*

---

den zurückging und von dem Verfasser der Chronik an dieser Stelle ausgeschrieben wurde. Für die „alte Sonderaufzeichnung", die GLÖCKNER S. 29 als weitere Vorlage für den Bericht über die Klostergründung in cap. 1 und 3 annimmt, bleibt in dieser Passage somit nur wenig Raum.

[41] D Karol 1 Nr. 72 S. 105 = GLÖCKNER, CL 4 S. 274; deutlicher noch ist der Anm. 50 zitierte Passus aus D Karol 1 Nr. 65 S. 95 = CL 3 S. 273. Der Hinweis der Chronik auf die Schenkungsurkunde geht möglicherweise auf diese Angaben zurück.

[42] GLÖCKNER, CL S. 29 hält diese Quelle, „welche Stücke aus des Paulus Historia ep. Mett. mit einigen Einzelheiten aus den ersten Jahren des Klosters verflicht", oder die verlorenen Miracula s. Nazarii für die wichtigste Vorlage des Berichts der Chronik über die Klostergründung und die Überführung des hl. Nazarius nach Lorsch sowie auch für die Würdigung der Person Chrodegangs, cap. 1 und cap. 3 S. 265 ff. und 270 ff. Auf ältere schriftliche Vorlagen neben dem Totenbuch lassen die detaillierten Angaben über die Namen und die Zahl der aus Gorze berufenen Mönche und über die Anwesenden bei der Translation des Nazarius schließen, cap. 3 und 7 S. 271 und 282. Konkrete Anhaltspunkte dafür, daß es sich hierbei um eine einer Fundatio entsprechende Aufzeichnung handelte, stehen jedoch aus. Hinweise auf die etwaige Vorlage gibt der Autor hingegen in cap. 7 S. 282 in unmittelbarem Anschluß an die Nachricht über die Translation des Nazarius bei der feierlichen Weihe der Klosterkirche 774 mit dem Vermerk, daß er über die zahlreichen Wunder des Nazarius nicht berichten wolle, *presertim cum sit de his libellus a maioribus nostris prosaico metricoque stilo satis elucubrate compositus.* GLÖCKNER S. 282 Anm. 4 bringt hiermit den Vermerk des Totenbuchs in Verbindung, wonach ein *Adalher dum scolis nostris prefuit libellum de miraculis s. N. composuit.* Die Entstehung dieses Werks ist bei dem Fehlen entsprechender Angaben in den Lorscher Bibliothekskatalogen des 9./10. Jh.s, ed. BECKER, Catalogi Nr. 37, 38 S. 82–125 und nach dem Hinweis des Lorscher Mönchs Trotmar zu Beginn des 11. Jh.s, in Lorsch sei über den hl. Nazarius *nilque a doctis preter solas missales orationes elaboratum nobisve relictum,* vgl. GLÖCKNER S. 373 Anm. 5, wohl frühestens in der 1. Hälfte des 11. Jh.s anzusetzen. Die Vermutung von GLÖCKNER S. 282 Anm. 4, die von FALK, Lorsch S. 124 aus einem Codex des 14. Jh.s der Stadtbibliothek Frankfurt unter dem Titel *Miracula beati Nazarii* veröffentlichten Wunderberichte seien Reste dieses Libellus, hat bei dem typischen Mirakelcharakter dieser Aufzeichnungen große Wahrscheinlichkeit für sich. Die Zuweisung der Schrift in die Anfangszeit des Klosters durch Falk kann sich nicht auf tragfähige Argumente stützen. Die Vermutung liegt nahe, daß diesen Miracula ähnlich den Miracula s. Dionysii, vgl. oben S. 128 mit Anm. 8, ein kurzer Bericht über die Anfänge des Klosters vorangestellt war, der seinerseits auf ältere Lokaltradition zurückging. Daß diese Quelle jedoch in dem Passus der Chronik über die Schenkung des Klosters an Chrodegang und seine Gründungs-

sanguineus erscheint, ist vielmehr mit hoher Wahrscheinlichkeit dem Autor aus der zweiten Hälfte des 12. Jahrhunderts zuzuweisen[43].

Bei der ersten Erwähnung Chrodegangs in dem Gründungsbericht von Lorsch, die ihn als Empfänger der Schenkung nennt, ist von einer Verwandtschaft mit der Gründerfamilie nicht die Rede. Das Wort *consanguineus* begegnet erst in der anschließenden Erläuterung des Schenkungsaktes. Hier sollte gezeigt werden, daß Cancor und Williswind das Kloster wohl einem Erzbischof geschenkt, es damit aber keineswegs der Herrschaft oder dem Besitz eines Bistums oder einer Kirche unterstellt hatten[44]. Sie hatten ihre Gründung Chrodegang vielmehr *tamquam consanguineo et tum in dei rebus uiro spectatissimo* übertragen, damit er das Kloster vollende und leite, wozu sie selbst nicht in der Lage gewesen seien. Das Wort *tamquam* diente im zeitgenössischen Sprachgebrauch der Kennzeichnung eines tatsächlichen Sachverhaltes wie auch der Einleitung eines Vergleichs[45]. Beide Bedeutungen sind an dieser Stelle möglich. Der Passus könnte somit einerseits besagen, daß die Stifter das Kloster an Chrodegang nicht in seiner Funktion als Bischof, sondern als ihrem Blutsverwandten schenkten[46]. Er könnte andererseits aber auch bedeuten, daß es sich nicht um eine Schenkung an das Bistum, sondern um eine Übertragung wie an einen Blutsverwandten gehandelt hatte[47]. Diese Deutung würde den Rechtscharakter der Schenkung als einer Übertragung zu persönlichem Eigen besonders klar herausstellen. Da es dem Autor bei seiner

---

dotierung benutzt wurde, ist bei der engen inhaltlichen und z. T. auch wörtlichen Anlehnung der Chronik an das Totenbuch in dieser Passage weitgehend auszuschließen, vgl. Anm. 40.

[43] Mit Sicherheit dem Autor zuzuschreiben ist die Charakterisierung Chrodegangs als *in dei rebus viro spectatissimo*, die auch in späteren Abschnitten der Chronik, etwa cap. 123 c S. 391: *Anno coloniensis archiepiscopus, uir in dei rebus spectatissimus*, wiederkehrt.

[44] Vgl. hierzu NEUNDÖRFER, Studien S. 3 Anm. 1 und SEMMLER, Lorsch S. 124 mit Anm. 2.

[45] Die beste Erläuterung hierfür bietet Gerhoh von Reichersberg in seiner 1163 entstandenen Schrift Liber de gloria et honore filii hominis 10, 1 Sp. 1104: *Sed hoc, ut perpensi, offendit quosdam carnales, quod in scriptis meis ubi commemoratur iste unigenitus tamquam sponsus de thalamo suo procedens, ‚tamquam' adverbium dixi potius veritatis quam similitudinis esse signativum*. Die Kenntnis dieser Stelle verdanke ich der mir freundlich gewährten Einsichtnahme in die Materialsammlung des Mittellateinischen Wörterbuchs, Arbeitsstelle München. Beiderlei Bedeutung des Wortes ist auch in der Lorscher Chronik nachweisbar, vgl. cap. 19 S. 298: *tamquam allocuturus iuuenculam de regali mandato, statim uersa uice solus cum sola secretis usus alloquiis et datis amplexibus*; cap. 124 S. 393: *iubet abbatem tamquam noua molientem loco excedere*.

[46] Auf keinen Fall dem Wortlaut angemessen ist eine Übersetzung, wie sie etwa MINST, Lorscher Codex S. 49 bietet: „übergaben sie die Stiftung zur Vollendung und Leitung ihrem Blutsverwandten"; ähnlich auch GLÖCKNER, Lorsch S. 302.

[47] Im 8./9. Jh. dürfte die Besitzübertragung unter Verwandten gewiß die häufigste Form einer nicht durch Kauf, Tausch oder Erbfall veranlaßten Besitzübertragung zu persönlichem Eigen unter Privatpersonen gewesen sein, so daß eine Schenkung zu persönlichem Eigen an dem Beispiel einer *traditio* unter Verwandten gut erläutert werden konnte; vgl. etwa ZEUSS, Trad. Wiz. Nr. 52 S. 53, STENGEL, UB Fulda 1 Nr. 200 S. 297 oder GLÖCKNER, CL 233 Bd. 2 S. 33. Zu diesen Übertragungen, die „gerade eine Durchbrechung des Erbganges" darstellten, vgl. auch FLECKENSTEIN, Fulrad S. 15 ff.

Erläuterung des Schenkungsaktes vor allem um den privaten Charakter der Schenkung ging und er bischöfliche Besitzansprüche auszuschließen suchte, dürfte die Interpretation der Worte *tamquam consanguineo* im Sinne eines Vergleichs die wesentlich größere Wahrscheinlichkeit besitzen [48].

Das Ergebnis, daß der Autor wahrscheinlich nicht eine tatsächliche Verwandtschaft behaupten, sondern vor allem den privaten Charakter der Schenkung verdeutlichen wollte, wäre zugleich die plausibelste Erklärung für den auffälligen Befund, daß in der reichen Lorscher Überlieferung ansonsten an keiner Stelle von Verwandtschaftsbeziehungen zwischen Chrodegang und der Gründerfamilie die Rede ist. In der Hahnheim betreffenden Schenkungsurkunde Williswinds und Cancors von 764 erscheint Chrodegang als *uir uenerabilis Rûdgangus archiepiscopus et abbas* bzw. als *domnus Rûdgangus* [49]. Hinweise auf verwandtschaftliche Verbindungen fehlen auch in den Angaben der Urkunden Karls des Großen von 772 über die Tradierung von Lorsch an Chrodegang [50] sowie in den zeitlich nahestehenden Berichten des Paulus Diaconus und der Annales Laureshamenses über dieses Ereignis [51]. Auch Gundeland, für den als Bruder des Chrodegang – folgt man der üblichen Deutung der Worte *tamquam consanguineo* – ebenfalls Verwandtschafts-

---

[48] Die Stelle wäre in diesem Falle zu übersetzen: „... übergaben sie es ihm wie einem Blutsverwandten und als dem damals in Gottes Dingen hervorragendsten Manne". Der hier vorgeschlagenen Deutung hat sich inzwischen bereits K.-U. JÄSCHKE in seiner Besprechung von WEHLT, Reichsabtei (Hess. Jahrb. f. Landesgesch. 21. 1971) S. 266 angeschlossen.

[49] GLÖCKNER, CL 1 S. 267. Daß für Urkunden jener Zeit detaillierte Verwandtschaftsangaben vorausgesetzt werden können, zeigen bereits die Anm. 47 genannten Beispiele mit aller Deutlichkeit. Umgekehrt lassen sich aber auch zeitgenössische Belege für den urkundensprachlichen Gebrauch des Wortes *consanguineus* erbringen, vgl. etwa HAVET, Œuvres 1 S. 431: *consanguineam nostram Adrehildem abbatissam constituimus* (um 700).

[50] Besonderes Interesse verdient D Karol 1 Nr. 65 S. 95 = GLÖCKNER, CL 3 S. 273 über die Klage des Gundeland gegen Heimerich, den Sohn des Cancor. Es heißt: *dum dicèret* (sc. *Heimericus), quod suus pater Cancor eum de ipso monasterio vestitum dimisisset. Et ipse Gundelandus presens astabat, et causam in omnibus denegabat, dum diceret, quod avia ipsius Heimerici, nomine Williswinda, vel genitor suus Cancor, germano suo domino Ruodgango archiepiscopo tradidisset vel confirmasset, et talem cartam nobis exinde protulit ad relegendum.* Verwandtschaftliche Beziehungen des Chrodegang und Gundeland zu Williswind, Cancor und Heimerich wären in diesem Zusammenhang bei der Frage der Erbansprüche des Heimerich mit Sicherheit erwähnt worden. Irrig ist die Interpretation der Worte *germano suo* als „an ihren Bruder ... Ruodgang" in Reg. Imp. Karol. 144. Sie wird durch die Nachrichten über die Eltern Williswinds, Cancors und Chrodegangs ausgeschlossen. Auch bei der Erwähnung der Schenkung von Lorsch an Chrodegang unter Bezugnahme auf die Traditionsurkunde Williswinds und Cancors in D Karol 1 Nr. 72 S. 105 = GLÖCKNER, CL 4 S. 274 findet sich keine Andeutung verwandtschaftlicher Beziehungen. Nach den bekannten Auszügen dieser im 12. Jh. wohl schon verlorenen Urkunde war danach auch in ihr von einer Verwandtschaft der Gründerfamilie mit Chrodegang nicht die Rede.

[51] Gesta epp. Mett. S. 268: *Hoc siquidem predium Chilliswindis quondam, religiosa foemina, et Cancro eius filius, eidem Chrodegango antistiti ad partem beati Stephani tradiderant*, Annales Laureshamenses a. 764 S. 28: *Et Chancor vir inluster comis dedit domno Chrodegango archiepiscopo et suos monachos monasterio qui vocatur Laurishaim in pago Rininse.*

beziehungen zu den Rupertinern vorauszusetzen wären, wird weder in den Urkunden der Angehörigen der Stifterfamilie für das Kloster Lorsch noch in den erzählenden Quellen als Verwandter der Rupertiner bezeichnet[52]. Auch in der späteren lokalen Tradition, dem Lorscher Totenbuch und dem Bericht der Lorscher Chronik, findet sich sonst keinerlei Hinweis auf eine Verwandtschaft Chrodegangs und Gundelands mit den Rupertinern[53].

Dieser negative Befund läßt darauf schließen, daß eine ältere Lokaltradition, wonach Chrodegang und Gundeland mit der Gründerfamilie des Klosters verwandt gewesen seien, in Lorsch aller Wahrscheinlichkeit nach nicht bestand. Die vorgeschlagene Deutung der Worte *tamquam consanguineo* im Sinne eines Vergleichs wird durch diese Feststellung weiter bestätigt. Hält man dennoch an der weniger wahrscheinlichen Interpretation fest, der Autor der Chronik sei von einer tatsächlich bestehenden Verwandtschaft ausgegangen, so wird deutlich, daß er sich hierfür weder auf schriftliche Vorlagen noch auf eine sonstige erkennbare ältere Tradition hätte stützen können. Einer derart singulären und zudem spät überlieferten Angabe könnte auf dem Hintergrund der übrigen Lorscher Überlieferung nur sehr geringer Quellenwert beigemessen werden. Die Nachricht der Lorscher Chronik, will man sie nicht gänzlich ausscheiden, stellt somit allenfalls einen sehr unsicheren Beleg dar. Da mit ihr das wichtigste Zeugnis für eine Verwandtschaft Chrodegangs mit den Rupertinern weitgehend entfällt, kommt den übrigen Argumenten erhöhte Beweislast zu.

Als zusätzlicher Hinweis auf verwandtschaftliche Beziehungen werden in der Forschung vor allem die Gemeinsamkeiten in der Namengebung beider Familien gewertet. Die in der Familie Chrodegangs verwandten Namenglieder *Chrod-*, *Gund-* und *-ram* begegnen auch in den Namen der Rupertiner Rupert und Guntram[54]. Doch handelt es sich jeweils um sehr gebräuch-

---

[52] Vgl. etwa GLÖCKNER, CL 10, 167 und 598 S. 286 ff., Bd. 2 S. 3 und 169.

[53] Dies überrascht sowohl bei dem Verfasser des Totenbuchs, der sich um genaue Verwandtschaftsangaben bemühte, vgl. das Zitat Anm. 40 oder GLÖCKNER, CL S. 286 Anm. 2, als auch bei dem Autor der Chronik, der mehrfach ausführlich über die Beziehungen der Gründerfamilie zu Chrodegang und Gundeland berichtet und es gewiß nicht unterlassen hätte, verwandtschaftliche Verbindungen, die der Gründerfamilie zu weiterem Ruhm gereicht hätten, entsprechend deutlich herauszustellen, vgl. neben cap. 1 insbesondere cap. 3 S. 270 ff. Auch die möglicherweise als Vorlage benutzte verlorene Quelle mit Nachrichten über die klösterlichen Anfänge, vgl. Anm. 42, dürfte nach den etwaigen erhaltenen Auszügen eine derartige Tradition nicht gekannt haben.

[54] Vgl. WERNER, Bedeutende Adelsfamilien S. 118 f. Anm. 129 und 133 sowie GOCKEL, Königshöfe S. 298 Anm. 739. Eine genauere genealogische Einordnung des im letzten Viertel des 8. Jh.s am Mittelrhein bezeugten *Guntramn comes*, GLÖCKNER, CL 256 Bd. 2 S. 43, in den Verwandtschaftskreis der Rupertiner steht m. W. noch aus. STAAB, Gesellschaft S. 387 ff. stellt seine Zugehörigkeit zu den Rupertinern in Frage. Selbst wenn man in dem 834 in Bönsheim gemeinsam mit der Witwe des Grafen Rupert (II.), Wialdruth, schenkenden *Guntram*, CL 271 Bd. 2 S. 49, einen weiteren Angehörigen des rupertinischen Hauses sieht, ist es doch fraglich, ob dem Namen Guntram als „Robertiner-Leitnamen", so WERNER S. 118 Anm. 129, größerer genealogischer

liche PN-Stämme, deren gemeinsame Verwendung bei zwei räumlich derart weit voneinander entfernten Familien für sich allein genommen schwerlich als sicheres Indiz für Verwandtschaftsbeziehungen gelten kann[55]. Das namenstatistische Argument würde auch nicht an Gewicht gewinnen, wenn der Graf Rotbert im Haspengau der Familie Chrodegangs zugewiesen werden könnte, da *Rotbert* zu den häufiger gebräuchlichen Personennamen zählte[56]. Wenig tragfähig ist auch das besitzgeschichtliche Argument, daß Chrodegangs Bruder Gundeland im Nahegau, also unweit der im Wormsgau begüterten Rupertiner, über Eigengut verfügte[57]. Gundeland schenkte 772 zwei Tagewerke Ackerland in Hüffelsheim südwestl. Kreuznach *pro anima Wolfhardi* an das Kloster Lorsch[58]. Die Urkunde ist der einzige Beleg für Eigengut eines Angehörigen der Familie Chrodegangs[59]. Sie läßt weder Beziehungen zu den Rupertinern erkennen noch enthält sie Anhaltspunkte dafür, daß es sich bei den vergabten Gütern um alten Familienbesitz handelte[60]. Näher liegt die An-

---

Aussagewert beigemessen werden kann. GOCKEL, Königshöfe S. 41 Anm. 70 konnte zeigen, daß dieser Name mit Sicherheit bei der Familie des Hrabanus Maurus, einer weiteren am Mittelrhein begüterten führenden Familie des 8./9. Jh.s, mehrfach gebräuchlich war. STAAB S. 388 Anm. 490 und S. 389 vermutet, daß der 834 genannte *Guntram* dieser Familie angehörte und durch seine Heirat mit Wialdruth in Verwandtschaftsbeziehung zu den Rupertinern trat.

[55] Hinsichtlich des Stammes *Chrod-* sei lediglich auf das Urteil von FÖRSTEMANN, Personennamen Sp. 886 verwiesen: „Am anfange von n(amen) gehört HROTHI zu den allerhäufigsten stämmen", wobei bereits für das 6./7. Jh. ein reiches Namenmaterial vorliegt; vgl. auch KAUFMANN, Ergänzungsband S. 202 f. Ein ähnliches Bild ergibt sich für den Stamm *-ram* (assimilierte Form von *Hraban*), den FÖRSTEMANN Sp. 869 f. in 125 Personennamen als Grundwort nachweisen kann. Der Stamm *Gund-* (Gundi) war nach FÖRSTEMANN Sp. 694 „eins der beliebtesten bestimmungswörter altdeutscher namen".

[56] Vgl. oben S. 195 Anm. 59. Das von WERNER, Bedeutende Adelsfamilien S. 118 Anm. 129 stark in den Vordergrund gestellte Argument, der Name Cancor sei die Umkehrung von Hrodgang, ist nicht aufrecht zu erhalten, vgl. GOCKEL, Königshöfe S. 298 Anm. 739 und WENSKUS, Stammesadel S. 167 Anm. 1492. Das Vorkommen des Namens Cancor in der Benennung der *fontana Cancaronis* in den Ardennen 770/79, HR 1 Nr. 23 S. 60, auf die in diesem Zusammenhang erstmals GLÖCKNER, Lorsch S. 312 verwies, wird man kaum genealogisch auswerten können. Dies um so weniger, als der Name Cancor, wie GOCKEL, Verwandtschaft S. 32 zeigen konnte, keineswegs so singulär war, wie dies gemeinhin angenommen wird.

[57] Vor allem hierin sah GLÖCKNER, Lorsch S. 308 eine Bestätigung der Verwandtschaftsangabe der Lorscher Chronik.

[58] GLÖCKNER, CL 2002 Bd. 2 S. 495. Die Urkunde datiert von 772 Mai 17.

[59] Nicht als besitzgeschichtliches Zeugnis kann das gefälschte Testament Chrodegangs gewertet werden, demzufolge Chrodegang dem Kloster Gorze umfangreiche Eigengüter in Pfeddersheim, Dalsheim und Flomersheim im Wormsgau geschenkt habe, D'HERBOMEZ, Gorze Nr. 11 S. 24 ff. Dies um so weniger, als die Güter in Pfeddersheim nachweislich aus dem Besitz der Metzer Kirche stammten, vgl. Anm. 70. PERRIN, Recherches S. 196 ff., dem die ausführlichste Untersuchung zu verdanken ist, datiert die Fälschung in die 1. Hälfte des 12. Jh.s.

[60] Der erhaltene Urkundenauszug nennt weder Zeugen noch Anrainer. Von den in der Lorscher Überlieferung genannten Personen namens Wolfhart könnte die Seelgerätestiftung Gundelands entweder dem im Lobdengau schenkenden *Wolfhart*, Gemahl einer *Marcsint*, GLÖCKNER, CL 311 Bd. 2 S. 66 (772 April 23) gegolten haben, der wohl 770 Juli 1 einem Landolf Zeugenhilfe leistete, CL 698 Bd. 2 S. 203, oder auch dem 768/78 Oktober 30 in Griesheim nö. Wimpfen schenkenden *Wolfhart* gewidmet gewesen sein, CL 2425 Bd. 3 S. 33. Möglichkeiten

nahme, daß Gundeland nach seiner Übersiedlung nach Lorsch in der weiteren Umgebung seines Klosters – möglicherweise durch Schenkung – auch Eigengut erworben hatte, das er später an Lorsch übertrug[61]. Ebenfalls nur geringen genealogischen Aussagewert besitzt die Tatsache, daß die Rupertiner im ersten Drittel des 8. Jahrhunderts in Mainz eine Eigenkirche zu Ehren des hl. Lambert von Lüttich errichteten[62]. Die Kirche ist die älteste bekannte Lambertskirche außerhalb der Lütticher Diözese. Obgleich sich das Lambert-Patrozinium sehr rasch verbreitete[63], weist sein frühes Vorkommen in Mainz zweifellos auf Verbindungen der Gründer der Kirche zum mittleren Maasgebiet hin. Für eine Erklärung mit verwandtschaftlichen Beziehungen der Rupertiner in den Lütticher Raum ergeben sich jedoch keine Anhaltspunkte[64].

Als weiteres Indiz für eine Verwandtschaft Chrodegangs mit den Gründern von Lorsch könnte gelten, daß, wie die Übertragung des Klosters zeigt, zwischen den Rupertinern und Chrodegang enge persönliche Verbindungen bestanden. Doch stellte die Schenkung eines Klosters zu persönlichem Eigen an angesehene Geistliche keineswegs eine Seltenheit dar. Sie ist vor allem für angelsächsische Geistliche auf dem Kontinent mehrfach bezeugt[65], aber auch Chrodegangs Zeitgenosse, der aus dem Maas-Mosel-Raum stammende Abt Fulrad von Saint-Denis, vereinte in seiner Hand eine größere Zahl von Klöstern, die er von privaten Schenkern zu persönlichem Eigen erhalten hatte[66]. Chrodegangs Klostergründung Gorze war, wie die Besetzung Gengen-

---

einer verwandtschaftlichen Einordnung dieser Namenträger erwägt WENSKUS, Stammesadel S. 255 f. und 272 f. Die 767 bis 804 in Hüffelsheim bezeugten Grundbesitzer, CL 2001–2006 Bd. 2 S. 495 f. sowie STENGEL, UB Fulda 1 Nr. 278 S. 403, wurden von MAYR, Studien S. 108 ff. und GOCKEL, Königshöfe S. 253 untersucht. Mayr nahm dabei, ausgehend von der Identität Gundelands mit dem gleichnamigen Zeugen der Hornbacher Gründungsurkunde von 742, vgl. Anm. 18, Verbindungen zur sog. „Baugulffamilie" an" doch ergaben sich unabhängig davon keinerlei Hinweise auf Verwandtschaftsbeziehungen Gundelands zu den Mitbesitzern in Hüffelsheim.

[61] Vgl. etwa die zahlreichen Landschenkungen, die Abt Fulrad von Saint-Denis zu persönlichem Eigen erhielt und erst in seinem Testament dem Kloster Saint-Denis überließ, TANGL, Testament S. 208 f.

[62] Zu den Anfängen der erstmals 779 bezeugten Kirche vgl. GOCKEL, Königshöfe S. 242 ff. Gänzlich unzutreffend dürfte die Deutung von WERLE, Eigenkirchenherren S. 478 sein, wonach die Kirche „wohl möglich die Kirche eines Lantpert, und zwar des Ahnherrn der Ruppertiner in ihrer Mainzer Grundherrschaft gewesen ist".

[63] Vgl. unten S. 298.

[64] Im Jahre 774 ist eine *ecclesia s. Lamberti* in Eschbach nw. Frankfurt bezeugt, GLÖCKNER, CL 3334 Bd. 3 S. 121. Ob auch sie in die 1. Hälfte des 8. Jh.s zurückreicht, muß offenbleiben. Dennoch warnt dieser gleichfalls sehr frühe Beleg vor einer Überbewertung des Lambert-Patroziniums in Mainz. Eine Förderung dieses Patroziniums durch Chrodegang ist nicht erkennbar. Daß Graf Rotbert seine Eigenkirche in Donk u. a. neben dem hl. Servatius auch dem hl. Lambert weihte, vgl. oben S. 189 Anm. 27, ist mit der raschen lokalen Ausbreitung des Kults zu erklären.

[65] Vgl. ANGENENDT, Willibrord S. 87 ff. und 95 ff. sowie DENS., Pirmin S. 262 ff.

[66] TANGL, Testament S. 209; vgl. dazu FLECKENSTEIN, Fulrad S. 28 ff.

bachs mit Gorzer Mönchen zeigt, rasch zu einem monastischen Zentrum herangewachsen, dessen Ausstrahlungskraft weit über die Metzer Diözese hinausreichte [67]. Es ist gut denkbar, daß Graf Cancor 761, als Mönche aus Gorze das Kloster Gengenbach besiedelten, noch in Alemannien tätig war und daß sich in diesem Zusammenhang Kontakte zu Chrodegang ergaben [68]. Anknüpfungspunkte boten weiterhin die gemeinsame führende Stellung Chrodegangs und der Rupertiner in der Reichspolitik [69] und die Tatsache, daß das Kloster Gorze seit 755 im Wormsgau und damit in weiträumiger Besitznachbarschaft zu den Rupertinern begütert war [70]. Konnte es somit in mehrfacher Weise leicht zu Verbindungen zwischen Chrodegang und Angehörigen der Stifterfamilie kommen, so waren es, was die Motive der Schenkung anbetrifft, zweifellos weniger etwaige Verwandtschaftsbeziehungen [71] als vielmehr das hohe kirchliche und politische Ansehen Chrodegangs und der vorbildliche Ruf seiner Klostergründung Gorze, die Graf Cancor und seine Mutter Williswind dazu bewogen, Chrodegang als den geistlichen Gründer ihrer geplanten Klosterstiftung heranzuziehen und ihm das Kloster zur Leitung und zu persönlichem Eigen zu übertragen [72]. Daß Chrodegang seinerseits die Möglich-

[67] Vgl. oben S. 199 mit Anm. 16.

[68] Cancor, der 745 Graf im Thurgau war, ist 758 als Graf im Breisgau bezeugt; nach dem Tode seines Vaters Rupert (vor 764) scheint er das Grafenamt im Rheingau übernommen zu haben, wo er 765–770 bezeugt ist. Der nächste im Breisgau bekannte Graf wird erst 781/801 genannt, vgl. SCHULZE, Grafschaftsverfassung S. 76, 197 und 105 mit Anm. 178. Beziehungen zu Chrodegang konnten leicht über den Grafen Ruthart hergestellt werden, der wohl als Gründer von Gengenbach anzusehen ist und der wie Cancor der fränkischen Führungsschicht entstammte und gleichzeitig mit diesem im Auftrag der Karolinger in Alemannien tätig wurde, vgl. DIENEMANN-DIETRICH, Adel S. 154 ff. und FLECKENSTEIN, Fulrad S. 25.

[69] Sie ergibt sich für die Rupertiner mit Sicherheit aus ihrer Tätigkeit in Alemannien. Cancors Vater Rupert wird darüber hinaus mehrfach mit dem 756/58 von Pippin nach Italien gesandten *Rodbertus* identifiziert, vgl. etwa GLÖCKNER, Lorsch S. 308 f. und WEHLT, Reichsabtei S. 26 Anm. 55.

[70] D'HERBOMEZ, Gorze Nr. 2 S. 6; Datierung nach REUMONT, Chronologie S. 274 f. Es handelte sich um eine Kirche mit Zubehör in dem von Lorsch ca. 20 km entfernten linksrheinischen Pfeddersheim Kr. Worms, die Chrodegang dem Kloster zusammen mit einer Reihe von Besitzungen in anderen Gegenden *de rebus sancti Stephani* übertragen hatte.

[71] So nimmt etwa WEHLT, Reichsabtei S. 26 an, daß Chrodegangs Verwandtschaft mit den führenden Geschlechtern unter König Pippin ihm die Abtswürde in Lorsch eingebracht habe.

[72] SEMMLER, Lorsch S. 124 stellt als wichtigen Gesichtspunkt für die Klostergründer heraus, daß das Kloster durch die Eigentumsübertragung an ihren Verwandten Chrodegang „in der Verfügungsgewalt der rupertinischen Adelssippe verblieb" und den „Charakter des adligen Familienklosters" nicht verlor. Bei einer solchen Deutung wären die 772 vor dem Königsgericht entschiedenen Auseinandersetzungen um die Erbansprüche Heimerichs, des Sohns des Cancor, auf das Kloster Lorsch gleichsam als familieninterner Erbstreit anzusehen, wofür der Wortlaut der Urkunde aber keinerlei Anhaltspunkte bietet, vgl. Anm. 50. Es ging Heimerich 772 vor allem darum, sich und seiner Familie das Kloster Lorsch als Eigenkloster zurückzugewinnen. Daß andere Familienangehörige enge Verbindungen zu dem Kloster unabhängig von seinem Rechtsstatus unterhielten, zeigen die Schenkungen von Heimerichs Schwester Rachilt und Eufemia an Lorsch nach dessen Übergang an das Reich, vgl. GLÖCKNER, Lorsch S. 304 f. In diesem Zusammenhang und nicht als Hinweis auf Verwandtschafts- oder gar Besitzbeziehungen, so

keit nutzte, im Rhein-Main-Gebiet ein Eigenkloster zu erwerben und mit Hilfe einer der führenden Familien dieses Raums seinen monastischen Vorstellungen entsprechend auszubauen, zeigt die Frühgeschichte von Lorsch mit hinreichender Deutlichkeit [73].

Die vorgebrachten zusätzlichen Argumente, um zusammenzufassen, haben eher unterstützenden Charakter als eigene Beweiskraft. Sie reichen weder für sich alleine genommen noch in ihrer Gesamtheit für den Nachweis einer Verwandtschaft zwischen Chrodegang und den Rupertinern aus. Auch die Deutung der Worte *tamquam consanguineo* im Gründungsbericht der Lorscher Chronik kann durch sie nicht im Sinne verwandtschaftlicher Beziehungen entschieden oder auch abgestützt werden. Ebensowenig könnten sie, sieht man in dem betreffenden Passus der Chronik eine Verwandtschaftsangabe, deren Glaubwürdigkeit erhärten. Da die Lorscher Chronik somit als der wichtigste Beleg entfällt, zumindest aber sehr fraglich ist, und den übrigen Argumenten nur geringer Aussagewert zukommt, entbehrt die vorherrschende Auffassung verwandtschaftlicher Beziehungen zwischen Chrodegang und den Rupertinern einer tragfähigen Grundlage. Die Möglichkeit einer derartigen Verwandtschaft wird durch diese Feststellungen nicht ausgeschlossen. Sichere Indizien, wie sie – zumal bei der weiten räumlichen Entfernung beider Familien – erforderlich wären, stehen aus. Die reiche Überlieferung zu den mittelrheinischen Rupertinern kann nach alledem nicht für personengeschichtliche Aussagen zur Familie des Chrodegang von Metz herangezogen werden.

c) Beziehungen zu dem *comes* Rotbert

Ausgehend von den Beobachtungen Glöckners wurden in der Forschung mehrfach Verwandtschaftsbeziehungen auch zwischen Chrodegang und dem Grafen Rotbert im Haspengau angenommen. Diese Annahme stützt sich im

---

WERLE, Eigenkirchenherren S. 477 mit Anm. 48, ist auch Gundelands Zeugenhilfe für Rachilt im Jahre 776 zu sehen, STENGEL, UB Fulda 1 Nr. 76 S. 139 (Gundeland erscheint hier als letzter von 21 Zeugen). Es war also durchaus möglich, enge familiäre Verbindungen zu dem Kloster zu unterhalten, ohne daß es sich in der Hand der Stifterfamilie befand. Ähnliches wird man auch für die Gründer selbst annehmen dürfen.

[73] Die Tatsache, daß Chrodegang seinen Bruder Gundeland zum *abbatem atque heredem* in Lorsch bestimmte, D Karol 1 Nr. 72 S. 105, vgl. Anm. 21, unterstreicht m.E., daß in den Beziehungen Chrodegangs zu diesem Kloster ein starkes persönliches Element vorherrschte, wie es ähnlich ANGENENDT, Willibrord S. 94ff. für eine Reihe von angelsächsischen bzw. angelsächsisch geprägten Geistlichen auf dem Kontinent zeigte, die in ihren Eigenklöstern bzw. in den von ihnen geleiteten Klöstern Familienangehörige als Nachfolger und als *heredes* einsetzten. Hält man sich vor Augen, daß Chrodegang unmittelbar nach der Schenkung des Klosters 764 seinen Bruder Gundeland zum Abt ernannte, vgl. Anm. 21, und ihn damit bereits auch wohl als seinen Besitznachfolger vorsah – Chrodegang starb 766 –, und daß weiterhin Gundeland nach seiner Übersiedlung nach Lorsch keine erkennbaren Bindungen mehr an die Metzer Bischofskirche hatte, so wird man den Erwerb von Lorsch durch Chrodegang schwerlich mit SEMMLER, Lorsch S. 77 in Zusammenhang eines „Metzer Ausgriffs zum Ober- und Mittelrhein" sehen wollen.

wesentlichen darauf, daß die Familien beider im Haspengau begütert waren, Gemeinsamkeiten in der Namengebung aufwiesen und daß Chrodegang ebenso wie Rotbert enge Beziehungen zu dem Kloster St. Truiden unterhielt[74]. Man wird als weiteres Argument nennen können, daß Chrodegang und Rotbert derselben den Karolingern nahestehenden Führungsschicht des mittleren Maasgebietes angehörten.

Rotbert, spätestens seit 733/34 Amtsträger im Range eines *comes*, hatte einen Lantbert zum Vater, der vor 741 gestorben war[75]. Für Chrodegang, der wohl kurz vor 712 geboren wurde, sind Sigramn und Landrada als Eltern bezeugt. Nimmt man verwandtschaftliche Beziehungen dieser Personen an, so können sie nach Ausweis der Personennamen nur über Chrodegangs Mutter Landrada gelaufen sein. Werner betrachtet Landrada als Tochter des Rotbert[76]. Ewig vermutet in ihr hingegen eine Schwester oder Cousine des *comes*[77]. Nach den bekannten Lebensdaten gehörte Rotbert am ehesten wohl der Generation Chrodegangs oder der seiner Eltern an. Die nächstliegende Annahme verwandtschaftlicher Beziehungen wäre danach, daß Chrodegangs Mutter Landrada eine Schwester oder Tante Rotberts war.

Als wichtigstes Argument gilt die gemeinsame Verwendung der Namenglieder *Chrod-* und *Land-* in beiden Familien. Vor einer Überbewertung dieses namenstatistischen Befundes hat jedoch schon Glöckner gewarnt[78]. Wohl sind bei der geringen Zahl personengeschichtlicher Zeugnisse aus dem mittleren Maasgebiet[79] keine sicheren Aussagen über die Häufigkeit einzelner Personennamen möglich. Doch zeigt ein allgemeiner Überblick über die frühmittelalterliche Namengebung, daß die PN-Stämme *Chrod-* und *Land-* weit verbreitet waren und zahlreiche Variationsmöglichkeiten boten[80]. Man wird ihrem gemeinsamen Vorkommen auch bei räumlich benachbarten Familien somit keine allzu große Beweiskraft einräumen können[81]. Weitere konkrete

---

[74] Vgl. Anm. 31.
[75] Vgl. oben S. 185.
[76] WERNER, Bedeutende Adelsfamilien S. 118 f. mit Anm. 129 und 133.
[77] EWIG, Beobachtungen S. 67.
[78] GLÖCKNER, Lorsch S. 312. Er wies hierbei insbesondere auf die Häufigkeit des Namens Rotbert im linksrheinischen Gebiet hin.
[79] OFFERMANS, Les noms S. 160f. konnte in einer, allerdings unvollständigen Zusammenstellung für das 7. und 8. Jh. in dem gesamten Gebiet zwischen Charleroi, Dinant und Maastricht nur 64 Personen nachweisen.
[80] Zur Verbreitung des PN-Stammes *Chrod-* vgl. oben S. 209 mit Anm. 55. Der PN-Stamm *Land-* war nach FÖRSTEMANN, Personennamen Sp. 1003 im 7. Jh. „recht häufig". Unter den wenigen aus dem Lütticher Raum bekannten Personen aus dem Frühmittelalter begegnet er bei Bischof Lambert von Maastricht sowie – allerdings weniger sicher nachweisbar – bei Landoald von Wintershoven und der als Gründerin von Munsterbilzen verehrten Landrada.
[81] Keinerlei Anknüpfungspunkte für die vorgeschlagenen Verwandtschaftsverbindungen bieten die Namen der Zeugen in der Schenkungsurkunde Rotberts von 741: *Folbert, Hubert, Ansuin, Winebert* und *Balther*, DESPY, La charte S. 87 f.

Argumente für eine Verwandtschaft Rotberts und Chrodegangs stehen aus. Chrodegangs Beziehungen zu St. Truiden [82], soweit sie sicher bezeugt sind, waren in seiner Stellung als Bischof von Metz begründet [83]. Während für Rotbert Besitzungen im Norden des Haspengaues überliefert sind [84], ist unbekannt, wo in dem weiten Gebiet zwischen Gete, Maas und Demer die Güter der Familie Chrodegangs lagen [85]. Es verbleibt somit neben der Ähnlichkeit in der Namengebung nurmehr der allgemeine Hinweis darauf, daß Chrodegang und Rotbert denselben hohen sozialen Rang einnahmen und zum engsten Umkreis Karl Martells gehörten.

Eine Verwandtschaft Chrodegangs und Rotberts ist somit bei der dürftigen Quellenlage weder sicher zu beweisen noch auszuschließen. Die durchaus vorhandenen Gemeinsamkeiten lassen es als gut möglich erscheinen, daß Chrodegang und Rotbert einem größeren, gemeinsamen Verwandtschaftskreis angehörten. Da jedoch eindeutige Anhaltspunkte fehlen, ist hierin kaum mehr als eine naheliegende Hypothese zu sehen. Für weitergehende personengeschichtliche Aussagen reicht die Überlieferung nicht aus.

d) Zusammenfassung

Mit der Familie Chrodegangs wird auch im Lütticher Raum eine jener großen, in der Forschung so häufig genannten Familien des Maas-Mosel-

---

[82] GLÖCKNER, Lorsch S. 311 f. und EWIG, Beobachtungen S. 66 f. weisen in diesem Zusammenhang auf die Nachricht der Vita Chrodegangi aus dem 10. Jh. über Chrodegangs Erziehung in St. Truiden hin. Ewig sieht in den Beziehungen Rotberts zu dem Kloster einen Hinweis für die Glaubwürdigkeit dieser Angaben. In quellenkritischer Hinsicht erscheint jedoch das Zeugnis der Vita als derart fraglich, daß man es selbst unter der Voraussetzung verwandtschaftlicher Verbindungen zwischen Chrodegang und Rotbert schwerlich als Beleg für engere Beziehungen Chrodegangs zu St. Truiden in der Zeit vor der Übernahme des Metzer Bischofsamts werten kann, vgl. oben Anm. 5.

[83] Das einzige Zeugnis ist der Bericht der 784/91 entstandenen Vita Trudonis über einen Besuch des *patris Chrodegangi archiepiscopi* in St. Truiden, cap. 28 S. 295. Der Aufenthalt des Bischofs in dem Kloster wird eigens damit erläutert, daß dieses *proprium est ad regendum, ut diximus, Metensis urbis episcopis*. Das Argument von WERNER, Bedeutende Adelsfamilien S. 119 Anm. 133, für eine Verwandtschaft des Metzer Bischofs Angilramn mit der Familie Chrodegangs spreche, „daß Angilramn die Hausabtei des Vaters der *Landrada* (der Gemahlin des *Sigramn*), *Robert, dux Hasbaniae*, nämlich Saint-Trond innehatte", geht somit in mehrfacher Hinsicht von unzutreffenden Voraussetzungen aus.

[84] Vgl. oben S. 189 ff.

[85] Zur Ausdehnung des Haspengaues vgl. oben S. 187 Anm. 19. Verbindungen Chrodegangs zu dem Ort Hoegaarden bei Tienen erschließt VAN DER VELPEN, Alpaide S. 16 aus dem Patrozinium der hier 1013 bezeugten *aecclesia sancti Gorgonii*, Gesta epp. Camerac. III, 5 S. 468. Ähnlich äußerte sich bereits VANDERKINDERE, La formation 2 S. 144. Doch fehlt über das Patrozinium hinaus jeglicher Anhaltspunkt für Beziehungen zu Gorze oder gar zu Chrodegang. Ähnliches gilt auch für den Gorzer Zehntbesitz in Donk, der im 13. Jh. bezeugt ist, vgl. oben S. 191 Anm. 41. Er dürfte ebenso auf späteren Erwerb zurückzuführen sein, wie dies sicher für die Güter von Gorze in Velm bei St. Truiden bezeugt ist, die das Kloster 982 durch Schenkung erwarb, vgl. oben S. 86 Anm. 59 und 60.

Gebietes faßbar, die im 8. Jahrhundert zu den engsten Helfern der Karolinger zählten und für die in der neueren Forschung der Begriff des „karolingischen Reichsadels" geprägt worden ist. Eine günstig gelagerte Überlieferung erlaubt es, obgleich nur wenige Zeugnisse vorliegen, die Familie durch vier Generationen hinweg sicher zu verfolgen. Das vorherrschende Bild, wonach Angehörige dieser führenden Familien aus dem landschaftlichen Umkreis der Karolinger im Zuge der karolingischen Expansion als Amtsträger der fränkischen Zentralgewalt in anderen Reichsteilen eingesetzt worden seien, läßt sich für die Familie Chrodegangs nicht bestätigen. Sicher dürfte sein, daß die Familie im Verlauf des 8. Jahrhunderts durch ihre Nähe zum karolingischen Hause beträchtlich an Ansehen, Rang und Einfluß gewann. Nach Ansicht der Zeitgenossen verdankte sie jedoch ihre Stellung keineswegs in erster Linie dem Aufstieg der Karolinger zum Königtum. Vielmehr werden bereits die Eltern Chrodegangs als *genus primae nobilitatis* bezeichnet. Im einzelnen ergibt sich folgendes Bild:

Chrodegangs Eltern, im Haspengau ansässig, scheinen nach 714 Partei für Karl Martell genommen zu haben, der Chrodegang schon in jungen Jahren an seinen Hof berief und ihn später mit dem Amt eines Referendars betraute. Die Beziehungen zu den Karolingern vertieften sich, als Chrodegang 742 die Leitung des Bistums Metz übernahm und von hier aus insbesondere unter König Pippin an führender Stelle im Reichsdienst und in der fränkischen Kirchenreform tätig wurde. Chrodegangs Bruder Gundeland wurde nach 748 Abt des von Chrodegang gegründeten Klosters Gorze. Damit verlagerte ein Teil der Familie seinen Wirkungsbereich vom Lütticher Raum in das Gebiet an der oberen Mosel. Von Metz und Gorze aus erweiterten Chrodegang und Gundeland ihren persönlichen Einflußbereich bis an den Mittelrhein. Dank seines hohen geistlichen Ansehens und dem vorbildlichen Ruf seiner Klostergründung Gorze erhielt Chrodegang im Jahre 764 aus der Hand einer der vornehmsten Familien am Mittelrhein, der Rupertiner, deren Klostergründung Lorsch zur monastischen Betreuung wie zu persönlichem Eigen übertragen. Gundeland wechselte von Gorze an den Mittelrhein über, verfügte hier von 766 an als Erbe Chrodegangs über Lorsch und stand dem Kloster auch nach dessen Übergang an das Reich 772 bis zu seinem Tode im Jahre 778 weiterhin als Abt vor. Ein weiterer, namentlich nicht bekannter Bruder Chrodegangs scheint unter Karlmann und Pippin eine hohe weltliche Laufbahn eingeschlagen zu haben. Sicher als hoher Amtsträger ist sein Sohn, der *dux* Ingoram bezeugt. Unter ihm erreichten die seit Generationen bestehenden engen Verbindungen zum karolingischen Hause ihren sichtbarsten Höhepunkt. Mit der Vermählung der Tochter Ingorams, Irmingard, mit Karls des Großen Sohn Ludwig im Jahre 794 rückte die Familie Chrodegangs in die unmittelbare

Nähe des Herrscherhauses auf. Nach dem Tode Irmingards 818 verliert sich die Spur der Familie im Dunkeln.

Läßt sich insgesamt ein verhältnismäßig deutliches Bild von der hervorragenden Stellung der Familie im 8. Jahrhundert zeichnen, so sind sichere Aussagen über ihre Rolle im 7. Jahrhundert nicht möglich. Neben dem allgemeinen Hinweis des Paulus Diaconus auf den hohen sozialen Rang der Vorfahren Chrodegangs könnten sich Anhaltspunkte allein aus einer Zuweisung der Familie in größere verwandtschaftliche Zusammenhänge ergeben. Doch reicht hierfür die Quellengrundlage nicht aus. Dies gilt insbesondere für die vorherrschende Auffassung, derzufolge zwischen Chrodegang und den mittelrheinischen Rupertinern Verwandtschaftsverbindungen bestanden hatten. Der wichtigste Beleg für diese Annahme, der Bericht der Lorscher Chronik über die Schenkung des Klosters Lorsch durch Cancor und Williswind an Chrodegang, muß von seinem Wortlaut wie von seinen Vorlagen her als fraglich gelten. Da auch die verbleibenden Argumente nicht stichhaltig sind, läßt sich eine Verwandtschaft der beiden räumlich weit voneinander entfernten Familien weder näher begründen noch auch wahrscheinlich machen. Größere Wahrscheinlichkeit besitzt hingegen die Annahme, daß Chrodegang und der 733/41 im Haspengau bezeugte *comes* Rotbert einem gemeinsamen Verwandtschaftskreis angehörten. Doch ist auch hier über Hypothesen nicht hinauszukommen.

Mit Sicherheit ist zu den Vorfahren Chrodegangs somit allein anzugeben, daß ein Zweig der Familie in der Generation der Eltern Chrodegangs im Haspengau ansässig war und hier bereits unter Pippin II. zur Führungsschicht zählte. Da für diese Zeit keinerlei Hinweise auf weiträumige Verwandtschaftsbeziehungen oder auf ein Überwechseln in andere Räume vorliegen, ist mit hoher Wahrscheinlichkeit davon auszugehen, daß es sich bei der Familie Chrodegangs um eine der alteingesessenen, vornehmen Familien des Lütticher Raums handelte.

Ergebnisse

In den vorangegangenen Einzeluntersuchungen wurden die wichtigsten Quellenaussagen über Personen und Personengruppen des Lütticher Raums im 7. und beginnenden 8. Jahrhundert näher überprüft und unter Hinzuziehung ergänzender Zeugnisse möglichst umfassend ausgewertet. Der von der Zufälligkeit der Überlieferung gekennzeichnete und von seiner Zahl her bescheidene Bestand der einzeln behandelten Nachrichten zeichnet sich durch eine überraschende inhaltliche Vielfalt aus. Der Großteil der erzählenden

Quellen erlaubt personengeschichtliche Aussagen wie sie bei einer rein urkundlichen Überlieferung kaum möglich sind. Doch auch bei den Urkunden überwiegen die Zeugnisse von hohem personengeschichtlichen Interesse. Das Testament des Adalgisel-Grimo und die Traditionsurkunde der Adela von Pfalzel, die beiden einzigen aus dem Frühmittelalter erhaltenen Urkunden Austrasiens, die eine sich über weite Räume erstreckende Grundherrschaft einer Einzelperson sicher bezeugen, beziehen den Raum um Lüttich und nördlich von Maastricht mit ein. Die Urkunden der toxandrischen Schenker an Willibrord, die einzige geschlossenere Gruppe von frühmittelalterlichen Privaturkunden, die für eine Einzellandschaft im nordöstlichen Austrasien überliefert ist, betreffen ein Gebiet, das unmittelbar an den Lütticher Raum angrenzt, und lassen mit ihren reichen Aussagen über die Besitzgliederung und die Verwandtschaftsbeziehungen der toxandrischen Führungsschicht wichtige Aufschlüsse auch auf die Führungsschicht des benachbarten Lütticher Raums zu. Günstig trifft es sich weiterhin, daß die Urkunden Adelas von Pfalzel und des Grafen Rotbert durch die Nachrichten erzählender Quellen in entscheidender Weise ergänzt werden können.

Die personengeschichtliche Überlieferung für den Lütticher Raum in der Zeit des karolingischen Aufstiegs ist bei näherer Betrachtung somit als wesentlich günstiger einzuschätzen als es auf den ersten Blick den Anschein hat. Bei der Zusammenfassung der zahlreichen Einzelergebnisse richtet sich der Blick vor allem auf die Frage nach dem Umfang und dem Alter der Führungsschicht im Lütticher Raum, auf die soziale Schichtung innerhalb der führenden Familien und auf ihre Beziehungen zu den Arnulfinger-Pippiniden. Die Ergebnisse der in dem Kapitel über das Bistum Tongern-Maastricht folgenden Untersuchungen über die Bischöfe Lambert und Hugbert von Maastricht sind, soweit sie zu diesen Fragen beitragen können, bereits an dieser Stelle mit einzubeziehen.

Bei der Frage, in welchem Umfang in frühkarolingischer Zeit mit Familien der sozial gehobenen Schicht im Lütticher Raum zu rechnen ist, sind ergänzend zunächst noch die nicht einzeln behandelten personengeschichtlichen Zeugnisse anzuführen. In der Vita Trudonis werden neben den Familienangehörigen Trudos, dem Grundbesitzer in Emmeren sowie dem späteren Mönch Harifrid[1], als Betroffene von Wundern auch eine unweit von St. Truiden begüterte *nobilis matrona nomine Walda* und ein im Haspengau wohnender *Gotfridus, fidelis moribus et nobilis prosapia* genannt[2]. Die Vita Landiberti erwähnt außer Lamberts Neffen Petrus und Autlaecus und den Verwandten des *domesticus* Dodo, Gallus und Rivaldus, auch einen *tensaurarium nomen Amalgislo, qui olim iudex eius* (sc. *Landiberti*) *fuerat*, der

---
[1] Vgl. zu ihnen oben S. 93 mit Anm. 94 und S. 82 mit Anm. 48.
[2] Cap. 22 und 25 S. 292f.

gewiß gleichfalls vornehmer Abkunft war³. Zu nennen sind weiterhin die sechs Zeugen der Urkunde des Grafen Rotbert von 741. Auch sie gehörten wohl, sofern sie nicht ohnehin zur Verwandtschaft des *comes* zählten, vornehmen Familien des Lütticher Raums an⁴. Mit diesen wenigen Hinweisen ist die Reihe der zusätzlichen Zeugnisse bereits erschöpft⁵. Insgesamt sind im Lütticher Raum im 7. und beginnenden 8. Jahrhundert weniger Personen zu fassen als sie Anfang des 8. Jahrhunderts für den kurzen Zeitraum von zwanzig Jahren dank der Echternacher urkundlichen Überlieferung in dem dünn besiedelten Toxandrien bezeugt sind. Hält man sich die Zufälligkeit der Überlieferung und ihre weitgehend einseitige Ausrichtung auf kirchlich profilierte Persönlichkeiten vor Augen und stellt dem die Aussagen der toxandrischen Urkunden entgegen, so wird deutlich, daß im Lütticher Raum, für den zudem eine dichtere Besiedlung vorauszusetzen ist, nur ein verschwindend geringer Bruchteil der tatsächlich vorhandenen Bevölkerung quellenmäßig faßbar wird. Die meisten der in den toxandrischen Urkunden genannten Personen waren von gehobener sozialer Stellung. Entsprechend wird man auch im Lütticher Raum mit einer breiten Schicht grundherrlich lebender Familien rechnen können⁶.

Das Testament des Adalgisel-Grimo von 634 und die Urkunden der toxandrischen Schenker und der Adela von Pfalzel aus dem beginnenden 8. Jahrhundert lassen erkennen, daß der Besitz einer ungeteilten *villa* eine Seltenheit darstellte und daß ein Großteil der Angehörigen sozial gehobener Familien über Besitzanteile unterschiedlicher Größe in z.T. weit auseinander liegenden

---

³ Cap. 24 S. 376 f. Vgl. zu ihm unten S. 318 Anm. 193.

⁴ Vgl. oben S. 213 Anm. 81.

⁵ Fraglich muß bleiben, inwieweit es sich bei den Zeugen der 714 von Pippin II. und Plektrud in *Bagoloso* betreff Susteren für Willibrord und der 723 von Karl Martell in Herstal für die Utrechter Kirche ausgestellten Urkunden um Persönlichkeiten aus dem Lütticher Raum und dem mittleren Maasgebiet handelte, vgl. DD Arnulf 6,11 S. 96, 99 = WAMPACH, Echternach 1,2 Nr. 24 S. 60 und DB 1 Nr. 173 S. 305 f. Zur Gleichsetzung hier genannter Personen mit Angehörigen der Führungsschicht Toxandriens und des Maasgaues vgl. oben S. 156 mit Anm. 76, S. 183 mit Anm. 49 und S. 195 Anm. 59. Unberücksichtigt bleiben auch die insgesamt 26 namentlich bekannten merowingischen Münzmeister aus Namur, Maastricht und Huy, bei denen es sich zweifellos um wirtschaftlich einflußreiche und angesehene Persönlichkeiten handelte, von denen gewiß einige der sozial gehobenen Schicht des Lüttich-Maastrichter Raums entstammten, vgl. PROU, Monnaies S. 257 ff. Die im Verhältnis zu den in der urkundlichen und erzählenden Überlieferung dieses Raums genannten Personen relativ hohe Zahl bekannter Münzmeister verdeutlicht als ein aufschlußreiches Einzelbeispiel zugleich auch, wie lückenhaft die personengeschichtliche Überlieferung des mittleren Maasgebietes ist.

⁶ Als weiterer Hinweis hierfür möge die den benachbarten Ardennenraum betreffende Urkunde Karl Martells für Stablo-Malmedy von 720 gelten, in der neben einer Reihe von Grundbesitzern auch eine größere Zahl von *fideles* Karls genannt wird, D Arnulf 10 S. 98 = HR 1 Nr. 15 S. 42. Sie zeigt ebenso wie die Urkunden aus Toxandrien, welche Lücke für die Kenntnis der sozial gehobenen Schicht der weitgehende Ausfall der urkundlichen Überlieferung im Lütticher Raum bedeutet.

Orten verfügte. Für die meisten der im Lütticher Raum bezeugten Personen vornehmer Abkunft wird man eine ähnliche Besitzgliederung voraussetzen können. Da auch sie nur einen kleinen Teil der vorhandenen Bevölkerung und der im Lütticher Raum ansässigen bzw. begüterten Führungsschicht ausmachten, sind insgesamt bereits für das 7. und beginnende 8. Jahrhundert differenzierte Besitzverhältnisse zu erschließen. Wie das Testament des Grimo und die Adela-Urkunde zeigen, kam bei der Ausbildung dieser Verhältnisse neben dem Prinzip der Erbteilung auch dem Besitzerwerb durch Güterkauf oder Gütertausch erhebliche Bedeutung zu. Ansatzweise ist die Gemengelage von Besitzungen verschiedener Grundherrn durch die Vita Trudonis in der zweiten Hälfte des 7. Jahrhunderts im Umkreis von Zerkingen bezeugt. Der Besitz größerer geschlossener Güterkomplexe dürfte auch bei den führenden Familien in jener Zeit nur selten vorgekommen sein.

Die Familie des Adalgisel-Grimo war mit Sicherheit bereits in der Generation der Eltern Grimos, wahrscheinlich aber schon in der Generation seiner Großeltern, d.h. in der zweiten Hälfte bzw. um die Mitte des 6. Jahrhunderts im Lütticher Raum begütert. Bis in den Anfang des 7. Jahrhunderts lassen sich die Familien des Bavo und des Trudo zurückverfolgen. Nimmt man auch für sie Besitzverhältnisse an, wie sie zu dieser Zeit für Adalgisel-Grimo bezeugt und wie sie als das Ergebnis einer längeren Entwicklung anzusehen sind, so wird man auch für diese Familien mit einem noch höherem Alter rechnen dürfen. Für die Familien des Lambert von Maastricht, des in Glons begüterten Crodoald, des *domesticus* Dodo und seines Verbündeten Godobald reicht die Überlieferung bis in die Mitte bzw. in die zweite Hälfte des 7. Jahrhunderts zurück. Anfang des 8. Jahrhunderts werden die Familien der Adela von Pfalzel, der Stifter von Munsterbilzen(?) und Aldeneik sowie die Eltern des Chrodegang von Metz und wohl auch die Familien des Bischofs Hugbert von Maastricht und des Grafen Rotbert im Lüttich-Maastrichter Raum faßbar. Sie gehören derselben Zeit wie die toxandrischen Schenker an Willibrord an. Für letztere läßt sich wiederum dank der besseren urkundlichen Überlieferung zeigen, daß sie nicht, wie mehrfach angenommen, erst im Zuge der karolingischen Expansionspolitik in der zweiten Hälfte des 7. Jahrhunderts in Toxandrien angesiedelt worden waren, sondern daß sie einem größeren, bereits seit Generationen in diesem Raum ansässigen Verwandtschaftskreis angehörten. Ähnliches wird man auch für die meisten der gleichzeitig und auch früher im Lütticher Raum bezeugten Familien annehmen dürfen. Sichere Hinweise auf weiträumige Wanderungsbewegungen führender Familien oder auf die Einsetzung von hohen Amtsträgern aus weit entfernten Gebieten im Lütticher Raum fehlen. Wohl ist durchaus eine gewisse Mobilität in der Weise erkennbar, daß es innerhalb der weiträumigen Grundherrschaft von Familien wie der des Adalgisel-Grimo unterschiedliche und wechselnde Besitzschwerpunkte einzelner Familienmitglieder gab oder daß Angehörige vornehmer Familien des Lüttich-Maastrichter Raums wie etwa Chrodegang von Metz und sein Bruder Gundeland oder die Enkel der Adela von Pfalzel in anderen Gegenden Austrasiens oder in entfernten Reichsteilen tätig wurden. Insgesamt aber ist davon auszugehen, daß die weitaus meisten der im Lütticher Raum bezeugten vornehmen Familien bereits seit langem in diesem Gebiet begütert waren und hier auch ansässig blieben. Diesem Bild einer gewachsenen, weit in das 6. Jahrhundert zurückreichenden sozial gehobenen Schicht entspricht nicht zuletzt auch der archäologische Befund. Im Lütticher Raum, etwa in Rosmeer, Engelmanshoven und Hollogne-aux-Pierres[7] und im toxandrischen Gebiet in Alphen, Lindel und Lutlommel[8] ist eine Reihe merowingischer Friedhöfe des 6. und 7. Jahrhunderts mit reichen Grabbeigaben aus Edelmetall bekannt. Die Friedhöfe in Lindel und Lutlommel reichen zeitlich und räumlich unmittelbar an das urkundliche Auftreten von Angehörigen der toxandrischen Führungsschicht heran.

Darf man nach diesen Feststellungen mit einer breiten Schicht bereits länger im Lütticher Raum begüterter und ansässiger vornehmer Familien rechnen, so ist innerhalb dieser Führungsschicht eine nicht unbeträchtliche soziale Abstufung zu beobachten. Deutlich erkennbar wird eine Gruppe von Familien, deren Güter im Lütticher Raum nur einen kleinen Teil ihres Gesamtbesitzes ausmachten. Zu dieser Gruppe zählten die Familien des Adalgisel-Grimo und der Adela von Pfalzel. Beide Familien waren sowohl südlich als auch nördlich von Ardennen und Eifel begütert. Die Besitzungen Adelas reichten darüber hinaus bis an den Niederrhein. Bei beiden Familien läßt sich zeigen, daß dem umfangreichen Besitz über weite Teile Austrasiens hinweg eine führende politische Stellung entsprach. Hatte die Familie des Adalgisel-Grimo sehr wahrscheinlich schon Ende des 6. Jahrhunderts in der Generation der Eltern Grimos mit dem *dux* Bodegisel einen hohen aquitanischen Amtsträger gestellt, so gehörte ihr in der Generation nach Grimo der 634/50 bezeugte, in Austrasien bzw. in der Auvergne tätige *dux* Bobo an. Angehörige der Familie Adelas hingegen wurden nach 733 von Karl Martell in führenden Positionen in Burgund und der Provence eingesetzt. Mit den Familien Adalgisel-Grimos und Adelas von Pfalzel werden im mittleren Maasgebiet Vertreter jener vornehmsten Führungsschicht Austrasiens faßbar, aus der auch die Arnulfinger-Pippiniden selbst hervorgegangen waren. Beide Familien dürften den frühen Karolingern zunächst an Rang kaum nachgestanden haben. Man wird weiter annehmen können, daß sie neben den Arnulfingern-Pippiniden schwerlich die einzigen Familien dieser hohen sozialen Stellung im Lüttich-Maastrichter Raum gewesen waren. Einer Familie vergleichbaren

---

[7] Vgl. dazu oben S. 26.
[8] Vgl. oben S. 144 ff. mit Anm. 17 (Lindel), Anm. 27 (Lutlommel) und Anm. 35 (Alphen).

Ranges entstammte der um 690 von Pippin II. zum Bischof von Reims erhobene Rigobert, dessen Eltern in Ribuarien und den Reimser Ardennen begütert waren und dessen Familie möglicherweise auch in dem dazwischen liegenden Lütticher Raum über Besitz verfügte[9]. Denkbar ist auch, daß die in den nördlichen Ardennen bzw. im Umkreis von Namur bezeugten *duces* Gundoin und Aericus[10] Familien angehörten, deren weiträumige Besitzbeziehungen auch das Gebiet um Lüttich und Maastricht umfaßten. Von ähnlich hoher sozialer Stellung könnte nicht zuletzt auch jener Crodoald gewesen sein, dessen Eigenkirche in Glons von großem Reichtum und engen kulturellen und wirtschaftlichen Beziehungen zu den südlichen Reichsteilen zeugt. Insgesamt aber dürfte der Kreis dieser vornehmsten Familien im Lütticher Raum überschaubar geblieben sein[11].

Bei den übrigen der untersuchten Personen und Personengruppen ist eine ähnlich sichere soziale Einordnung wie bei Adalgisel-Grimo und Adela von Pfalzel nur in den wenigsten Fällen möglich. Für sie liegen Testamente oder andere urkundliche Zeugnisse von vergleichbarem besitzgeschichtlichen Aussagewert nicht vor. Da man im wesentlichen auf die Nachrichten über die Herkunft, den Tätigkeitsbereich oder einzelne Besitzungen angewiesen ist, wird man nicht ausschließen können, daß auch von diesen Familien – zu denken wäre etwa an die des Chrodegang von Metz – die eine oder andere zu der ranghöchsten austrasischen Führungsschicht zählte[12]. Der größte Teil von ihnen dürfte aber einer Schicht von gleichfalls vornehmen, aber räumlich enger begrenzten und damit weniger einflußreichen Familien angehört haben. Sicher faßbar wird diese soziale Abstufung innerhalb der Führungsschicht wiederum durch die Urkunden der toxandrischen Schenker. Sie lassen

---

[9] Vita Rigoberti cap. 1 S. 61: *Qui in regione Ribuariorum spectabili de prosapia exortus, patre siquidem ex eodem pago nomine Constantino, matre autem Francigena ex Portensi territorio* (sc. die Landschaft Porcien, dép. Ardennes, ar. Rethel). Mit EWIG, Teilreiche S. 141 Anm. 219 ist davon auszugehen, daß diese Angaben der Ende des 9. Jh. verfaßten Vita schwerlich erfunden sein dürften. Es ist anzunehmen, daß den weiträumigen Heiratsverbindungen ausgedehnte Besitzbeziehungen entsprachen.

[10] Zu Aericus vgl. oben S. 101 Anm. 8. Allerdings ist bei ihm wie auch bei Gundoin eine nähere genealogische und damit auch landschaftliche Einordnung nicht möglich.

[11] Gemeinhin dem Umkreis Pippins II. wird der in der Vita Bertuini (9. Jh.) cap. 13 S. 182 genannte *Odacrus princeps regis Pipini* zugewiesen, bei dem es sich um eine führende, unweit von Namur begüterte Persönlichkeit gehandelt zu haben scheint, vgl. VAN DER ESSEN, Étude S. 83 und SPRANDEL, Adel S. 68; LEVISON, Vorrede S. 176 möchte die Nachricht hingegen eher auf König Pippin beziehen. Hält man Odaker für einen Großen am Hofe Pippins II., so ist es gut denkbar, daß auch er einer der sehr vornehmen, auch im Lütticher Raum weiträumig begüterten Familien des 7. und beginnenden 8. Jh.s angehörte. Für eine Zugehörigkeit zu einer mittelrheinischen Familie des ausgehenden 7. Jh.s, wie sie METZ, Austrasische Adelsherrschaft S. 261 erwägt, gibt es jedoch keinerlei Anhaltspunkte.

[12] Wie weiträumige Familien- und Besitzbeziehungen sich hinter einer eher kleinräumigen Herkunftsangabe, wie sie sich etwa bei Chrodegang und Trudo mit dem Hinweis auf ihre Herkunft aus dem Haspengau findet, verbergen konnten, zeigt in methodisch aufschlußreicher Weise die Anm. 9 zitierte Nachricht der Vita Rigoberti.

einen größeren Verwandtschaftskreis erkennen, dessen Güter sich in Streulage über den gesamten toxandrischen Raum erstreckten und dessen Angehörige das Rangprädikat *illustris* trugen. Dieser Personenkreis verkörperte einen Großteil der toxandrischen Führungsschicht; seine Besitzungen reichten wohl kaum über Toxandrien hinaus. Familien vergleichbarer sozialer Stellung sind auch für den Lütticher Raum vorauszusetzen. Zu ihnen zählten sehr wahrscheinlich jene Familien, deren Angehörige als hohe kirchliche oder weltliche Amtsträger bezeugt sind, wie die des Adilio und Bavo in der ersten Hälfte des 7. Jahrhunderts oder in der Folgezeit die des Lambert, Dodo, Godobald, Hugbert und Rotbert sowie möglicherweise auch die des Chrodegang von Metz. Derselben Gruppe sozial gehobener Familien wird man auch die Kirchen- und Klostergründer Landoald(?), Trudo, Landrada(?) und Adalhard zuweisen dürfen. Hierfür spricht neben der allgemeinen Erwägung, daß die Erbauung und Ausstattung einer, wenn auch nur kleinen klösterlichen Anlage beträchtliches Vermögen voraussetzten, und dem Befund, daß die meisten Klöster jener Zeit nachweisbar von Vertretern der Oberschicht gestiftet wurden, vor allem die Tatsache, daß Familien wie die des Trudo und des Adalhard in der Lage waren, ihren Angehörigen eine geistliche Ausbildung in weit entfernten Orten wie Metz bzw. *Valencina* zukommen zu lassen. Inwieweit es sich bei den Vorbesitzern Plektruds und Pippins II. in Susteren, Alberich und Haderich, sofern man in ihnen nicht Söhne der Adela von Pfalzel sieht, gleichfalls um Angehörige dieser sozial gehobenen Schicht oder eher um kleinere Grundherren mit Besitz in nur wenigen Orten handelte, ist nicht mehr sicher auszumachen. Dasselbe gilt auch für jene toxandrischen Schenker, für die Besitz an nur einem Ort bezeugt ist.

Insgesamt läßt die Überlieferung darauf schließen, daß im Lütticher Raum im 7. und beginnenden 8. Jahrhundert eine kleinere Gruppe von sehr vornehmen Familien begütert war, die zur ranghöchsten Oberschicht Austrasiens zählten, und daß es daneben eine breitere Schicht von Familien gab, deren Wirkungszentrum und Besitzschwerpunkt im Lütticher Raum bzw. im mittleren Maasgebiet lagen und die die regionale Führungsschicht dieses Raumes bildeten. Es ist abschließend nach dem Verhältnis der Arnulfinger-Pippiniden zu diesem Personenkreis zu fragen.

Gute Beziehungen der Familie des Adalgisel-Grimo zu den frühen Karolingern sind daraus zu erschließen, daß Grimos Neffe, der *dux* Bobo, zu jenen hohen austrasischen Amtsträgern zählte, die 641/50 auf seiten bzw. im Umkreis Grimoalds begegnen. Die Familie, bereits in der zweiten Hälfte des 6. Jahrhunderts in denselben weiträumigen Gebieten wie auch die Arnulfinger-Pippiniden begütert und sehr wahrscheinlich auch schon zu dieser Zeit in führenden Positionen politisch tätig, verdankte ihren Aufstieg nicht den frühen Karolingern, sondern gehörte wie diese selbst der austrasischen Oberschicht des 6. Jahrhunderts an. Sie ist ein Beispiel dafür, daß sich die Arnulfinger-Pippiniden auf einen Kreis von alteingesessenen und ihnen zunächst gleichrangigen Familien des Maas-Mosel-Raums stützen konnten und daß diese großen Familien des 6. Jahrhunderts ihre einflußreiche Stellung auch noch nach dem Machtwechsel von 611 bis weit in das 7. Jahrhundert hinein behaupteten. Eine führende Familie aus dem Haspengau, die in der ersten Hälfte des 7. Jahrhunderts zu den Parteigängern der Arnulfinger-Pippiniden zählte, wird möglicherweise mit Bavo und Adilio faßbar. Hierfür spricht, daß Adilio in dem unmittelbaren Einflußbereich Pippins d. Ä. zwischen Kohlenwald und mittlerer Maas als Amtsträger tätig war und daß Bavo über die Person des Amandus sehr wahrscheinlich Verbindungen zu Gertrud von Nivelles unterhielt. Sicher bezeugt sind gute Beziehungen zwischen Angehörigen des karolingischen Hauses und der Führungsschicht des Lütticher Raums zu Beginn der zweiten Hälfte des 7. Jahrhunderts durch die Person des Trudo, der, einer vornehmen Familie des Haspengaues entstammend, seine geistliche Ausbildung durch Bischof Chlodulf von Metz, den Schwager Grimoalds, erhielt und Chlodulf seine Erbgüter in Zerkingen für die Metzer Bischofskirche übertrug.

In der Zeit nach dem Sturz des Grimoald 662 begegnet mit dem 669/70 bezeugten *dux* Gundoin, dessen Amtssprengel die nördlichen Ardennen und wohl auch den Lütticher Raum umfaßte, im mittleren Maasgebiet ein Angehöriger jener führenden Kreise Austrasiens, die in Gegnerschaft zu den Arnulfingern-Pippiniden standen und die sich nach dem Machtwechsel von 662 zeitweise in deren unmittelbaren Einflußbereichen durchsetzen konnten. Für eine genealogische Einordnung Gundoins und Angaben über seine Herkunft und die Lage seiner Güter reicht die Überlieferung nicht aus. Hingegen läßt sich wahrscheinlich machen, daß er mit dem in den Annales Mettenses genannten Mörder von Pippins II. Vater Ansegisel identisch war, seine Stellung in den nördlichen Ardennen somit nach blutigen Kämpfen mit Angehörigen der Arnulfinger-Pippiniden erlangt hatte und daß er im Auftrag der von Wulfoald getragenen Regierung Childerichs II. eine gegen die Karolinger gerichtete Politik gegenüber Stablo-Malmedy betrieb. Von den führenden Familien des Lüttich-Maastrichter Raums gehörte zu dieser Zeit dem karolingerfeindlichen Lager um Wulfoald und Gundoin offensichtlich die einflußreiche Familie des Lambert an, der es in den Jahren 669/75 gelang, das Bistum Maastricht zu besetzen[13]. Es ist nicht unwahrscheinlich, daß unter dem *dux* Gundoin und Bischof Lambert die Gegner der Arnulfinger-Pippiniden zeitweise die Oberhand im Lütticher Raum gewonnen hatten. Sieht man in dem *dux* den Mörder von Pippins Vater Ansegisel, so dürften die siegreichen Aus-

---

[13] Vgl. dazu unten S. 253 ff.

einandersetzungen Pippins II. mit Gundoin, von denen die Annales Mettenses berichten, entsprechend der Schilderung der Annalen in der Tat ein wichtiger Schritt für die Wiedererlangung der Oberherrschaft in Austrasien 679/80 durch Pippin II. gewesen sein.

Inwieweit sich Pippin II. bei diesen Auseinandersetzungen auf führende Familien des Lütticher Raums stützen konnte, ist den Quellen nicht mehr unmittelbar zu entnehmen. Als aufschlußreicher Hinweis kann jedoch die Nachricht der Vita Trudonis über den Besuch Pippins II. vor 697/701 am Grabe des hl. Trudo und seine Schenkung an die Kirche in Zerkingen gelten, die auf gute Beziehungen Pippins zu der seinem Hause seit alters verbundenen Familie des Trudo schließen läßt. Dies könnte dafür sprechen, daß die Verwandtschaft Trudos auch nach 662 auf seiten der Arnulfinger-Pippiniden gestanden hatte. Nicht ausreichend abstützen läßt sich hingegen die für die Erklärung des Aufstiegs Pippins II. wichtige und in der Forschung überwiegend vertretene Annahme, daß Pippin II. vor 668/70 durch seine Eheverbindung mit Plektrud als einer Schwester Adelas von Pfalzel in enge Beziehungen zu der im Maas-Mosel-Raum führenden Familie Adelas getreten sei und hierdurch seine Machtgrundlage erheblich verbreitert habe. Die Zugehörigkeit Plektruds zur Familie Adelas ist nicht mit der erforderlichen Sicherheit zu erweisen.

Anfang des 8. Jahrhunderts wird mit dem *domesticus* Dodo ein Angehöriger einer mächtigen Familie des Lütticher Raums faßbar, für die gute Beziehungen zu Pippin II. vorauszusetzen sind. Auch Bischof Hugbert, der 703/05 in Maastricht auf Lambert folgte, und dessen Sohn Florbert 727 die Leitung des Bistums übernahm, entstammte sehr wahrscheinlich einer einflußreichen, Pippin II. nahestehenden Familie des mittleren Maasgebiets [14]. Dem engeren Umkreis Pippins II. in diesem Raum sind weiterhin wohl auch Adela von Pfalzel und Godobald, der Verbündete des Dodo und spätere Abt von St. Denis, zuzuweisen. Ein gutes Verhältnis zu Pippin II. wird man auch für die toxandrischen Schenker vermuten dürfen, die mit ihrer Förderung Willibrords zugleich auch die missions- und kirchenpolitischen Vorhaben Pippins II. unterstützten. Ebenso ist angesichts der engen Vertrauensstellung des Grafen Rotbert und Chrodegangs von Metz unter Karl Martell anzunehmen, daß bereits die Eltern Rotberts und Chrodegangs gute Beziehungen zu Pippin II. unterhalten hatten. Es ergeben sich somit einige Hinweise darauf, daß es zu Beginn des 8. Jahrhunderts im Lütticher Raum einen größeren Kreis von führenden Familien gab, die Pippin II. politisch nahestanden. Man wird kaum annehmen wollen, daß diese Familien alle erst nach 680 in das Lager Pippins II. übergewechselt waren. Wesentlich näher liegt die Annahme, daß ein Teil von ihnen wie etwa die Familie des Trudo bereits seit alters zum engeren

---

[14] Vgl. dazu unten S. 275 ff.

Umkreis der Arnulfinger-Pippiniden zählte und daß es Pippin II. gelungen war, nach dem Rückschlag von 662 noch weitere Parteigänger unter der Führungsschicht des Lütticher Raums zu finden. Der Kreis jener Persönlichkeiten, auf die sich Pippin II. 683/84 in seinen Kämpfen gegen den neustrischen Hausmeier Ghislemar bei Namur stützen konnte und der gewiß mit Pippins Helfern bei den Auseinandersetzungen um den Wiederaufstieg des karolingischen Hauses vor 679/80 identisch war, wird von dem ersten Fortsetzer Fredegars als *plures eorum* (sc. *Pippini ducis*) *nobilis viris* beschrieben[15]. Wenngleich sichere Aussagen auch nicht möglich sind, spricht doch einige Wahrscheinlichkeit dafür, daß zu diesen Großen auch Angehörige führender Familien des Lütticher Raums zählten.

Deutlicher zu erkennen sind die Beziehungen Karl Martells zur Führungsschicht des Lütticher Raums. Mit den Familien Adelas von Pfalzel, Chrodegangs von Metz, des Grafen Rotbert und des Godobald werden im mittleren Maasgebiet vier einflußreiche Familien faßbar, deren Angehörige Karl mit besonderen Vertrauensstellungen bedachte. Alberich, der Sohn Adelas von Pfalzel, und Sigramn, der Vater Chrodegangs von Metz, scheinen in den Kämpfen nach dem Tode Pippins II. 714 auf seiten Karls gestanden zu haben, da Karl ihre Söhne früh an seinen Hof berief und sie offensichtlich für die Übernahme hoher Ämter vorsah. In dieser Zeit dürfte der Grund für die hervorragende Stellung gelegt worden sein, die die Familie Chrodegangs von Metz durch Generationen hindurch bis in den Beginn des 9. Jahrhunderts im fränkischen Reich einnahm. Während Karl sehr wahrscheinlich Chrodegang in seiner unmittelbaren Umgebung am Hofe behielt, entsandte er nach 733 einige der Söhne Alberichs als hohe Amtsträger zur Sicherung seiner Herrschaft in die neu unterworfenen Gebiete Burgunds und der Provence. Für den starken Rückhalt Karl Martells im mittleren Maasgebiet ist es kennzeichnend, daß er einerseits Vertreter der Führungsschicht dieses Raums in wichtige Positionen in Burgund und der Provence einsetzte, daß er andererseits aber gleichzeitig eine der großen, von ihm entmachteten Familien Burgunds, die Sippe des Eucherius von Orleans, in den Lütticher Raum in die Verbannung schickte und sie hier mit dem Grafen Rotbert einer Persönlichkeit seines engsten Vertrauens zur Bewachung übergab. Einen weiteren Angehörigen der Führungsschicht des Lütticher Raums, den aus Avroy stammenden Godobald, setzte Karl 723/26 als Abt in St. Denis ein. Wohl bestanden ältere Verbindungen Godobalds zu St. Denis, für seine Erhebung zum Abt dieses angesehenen Klosters durch Karl Martell dürfte jedoch ausschlaggebend gewesen sein, daß Godobald einer Familie aus dem engeren Umkreis der frühen Karolinger im mittleren Maasgebiet angehörte.

---

[15] Cont. Fred. cap. 4 S. 171; vgl. unten S. 264 Anm. 136.

Unter Karl Martell treten somit auch im Lütticher Raum einige jener großen Familien entgegen, für die der Begriff des „karolingischen Reichsadels" geprägt worden ist. Der mit diesem Begriff verbundenen Vorstellung, wonach die Angehörigen führender Familien aus den karolingischen Stammlanden an Maas und Mosel bei dem Aufstieg der Karolinger deren wichtigste Helfer gewesen und im 8./9. Jahrhundert zur Führungsschicht des fränkischen Großreiches aufgestiegen seien, entspricht in hohem Maße die Familie des Chrodegang von Metz, die im 8. Jahrhundert über mehrere Generationen hindurch führende Positionen innehatte und unter Karl dem Großen durch Heiratsverbindung in unmittelbare Nähe des Herrscherhauses aufrückte [16]. Doch kann gerade die Familie Chrodegangs im Gegensatz zu der vorherrschenden Auffassung der Forschung nicht als ein markantes Beispiel dafür gelten, daß Vertreter der Führungsschicht aus dem Maas-Mosel-Raum im Zuge der karolingischen Expansion als hohe Amtsträger in den östlichen Reichsgebieten eingesetzt worden seien. Verwandtschaftsbeziehungen Chrodegangs zu den mittelrheinischen Rupertinern und damit verbunden eine Herkunft der Rupertiner aus dem mittleren Maasgebiet, wie sie als Ausgangspunkt dieser weitreichenden These angenommen worden sind, lassen sich weder quellenmäßig belegen noch auch wahrscheinlich machen. Ein sicheres Beispiel für die Entsendung von Mitgliedern führender Familien des Maas-Mosel-Raums in neu unterworfene entfernte Reichsteile bietet hingegen die Familie Adelas von Pfalzel, die unter Karl Martell hohe Amtsträger in Burgund und der Provence stellte. Die weitere Geschichte dieser Familie zeigt jedoch, daß das Verhältnis der Karolinger zur Führungsschicht des Maas-Mosel-Raums keineswegs stetig war und daß es in der Folgezeit durchaus auch zu einer weitgehenden Entmachtung dieser dem karolingischen Hause ehemals eng verbundenen Kreise kommen konnte.

Kehren wir nach diesem Überblick über die wichtigsten Ergebnisse der Einzeluntersuchungen zusammenfassend zu den eingangs gestellten Fragen zurück. Das Urteil von Rousseau, wonach es im mittleren Maasgebiet im 7. und beginnenden 8. Jahrhundert neben den Arnulfingern-Pippiniden nur eine unbedeutende Führungsschicht gegeben habe, ist nicht aufrecht zu erhalten. Vielmehr ist mit einer breiten Schicht sozial gehobener Familien zu rechnen. Die Oberschicht des Lütticher Raums setzte sich zusammen aus einer zahlenmäßig größeren Gruppe von Familien, deren Güter und Wirkungsbereich im mittleren Maasgebiet lagen, und aus einem kleinen Kreis herausgehobener

---

[16] Einer alten Familie dieses Ranges im Lütticher Raum könnte auch jener Franco, *natione videlicet Francus, ex pago Asbanio nobile genere* entstammt sein, der nach längerer Tätigkeit als Kapellan am Hofe Karl d. Gr. von diesem 793 zum Bischof von Le Mans erhoben wurde und dessen Neffe Franco, unter Ludwig d. Fr. als Kapellan tätig, ihm 816 in der Leitung dieses Bistums folgte, vgl. BUSSON/LEDRU, Actus cap. 21, 22 S. 271, 293 sowie FLECKENSTEIN, Hofkapelle 1 S. 58 und 89.

Familien, die in weiten Teilen Austrasiens begütert waren, hohe politische Stellungen innehatten und zur ranghöchsten austrasischen Führungsschicht zählten. Eine Einsetzung dieser Familien im Lütticher Raum durch das merowingische Königtum oder die karolingischen Hausmeier oder auch weiträumige Wanderungsbewegungen sind nicht erkennbar. Die meisten der im Lütticher Raum bezeugten oder zu erschließenden Familien dürften vielmehr bereits seit langem in diesem Gebiet begütert und ansässig gewesen sein. Die Arnulfinger-Pippiniden verfügten in der ersten Hälfte des 7. Jahrhunderts über Rückhalt in der Führungsschicht des Lütticher Raums und konnten sich wohl auch nach dem Rückschlag von 662 und in der Zeit des Aufstiegs Pippins II. vor 679/80 auf einige ihnen verbundene Familien im mittleren Maasgebiet stützen. Doch läßt sich deren Anteil am Aufstieg des karolingischen Hauses nicht mehr näher bestimmen. Seit dem Beginn des 8. Jahrhunderts, unter Pippin II. und Karl Martell, wird im Lütticher Raum ein größerer Kreis von vornehmen Familien quellenmäßig faßbar, deren Angehörige führende kirchliche und weltliche Ämter, z.T. in weit entfernten Gebieten besetzten. Hinsichtlich ihrer Rolle in der karolingischen Reichspolitik des 8. Jahrhunderts ergibt sich jedoch ein differenzierteres Bild. Wesentlich für die Machtgrundlage der frühen Karolinger im Lütticher Raum erscheint, daß die Arnulfinger-Pippiniden nur eine von mehreren ihnen zunächst gleichrangiger vornehmer Familien in diesem Gebiet waren, daß sie hier angesichts des reichen, breit gestreuten Besitzes zahlreicher anderer Grundherrn schwerlich über größere geschlossene Besitzkomplexe verfügt haben dürften, und daß es ihnen im Verlauf des 7. und beginnenden 8. Jahrhunderts immer wieder gelang, unter den führenden Familien dieses Raums Parteigänger und Helfer zu finden.

Drittes Kapitel

Das Bistum Tongern-Maastricht in der Zeit des karolingischen Aufstiegs

Bereits in der Spätantike wies der Lütticher Raum mit Tongern, dem Mittelpunkt einer größeren Civitas, einen Bischofssitz auf[1]. Die Anfänge dieses Bistums lassen sich bis in die Mitte des 4. Jahrhunderts zurückverfolgen. 342/43 und 359 ist ein Bischof *Servatius Tungrorum* sicher bezeugt[2]. Die nächsten Nachrichten zur Geschichte des Bistums stammen aus dem Beginn des 6. Jahrhunderts. Aus der Bezeichnung des Bischofs Domitian auf dem Clermonter Konzil von 535 als *episcopus ecclesiae Tongrorum, quod et Traiecto* geht hervor, daß der Bischofssitz damals bereits nach Maastricht verlegt worden war[3]. Wann und unter welchen Umständen die Verlegung erfolgte, ist nicht anzugeben[4]. Es ist nicht einmal bekannt, ob der Bischofsstuhl während des

---

[1] Eine umfassende Untersuchung der frühen Bistumsgeschichte steht noch aus; eine ausführliche Darstellung mit weitgehender Berücksichtigung der neueren Forschung bringt MUNSTERS, Verkenning S. 418–438. Von der älteren Forschung sind besonders der Artikel von LECLERQ, Maestricht Sp. 929–963 und die Ausführungen von DE MOREAU, Saint Amand S. 163 ff. und DEMS., Histoire 1 S. 28 ff., 53 ff., 86 ff. und 93 ff. zu nennen.

[2] Concilia Galliae a.314–a.506 S. 27; es handelt sich um die Teilnehmerliste des Konzils von Sardica (Sofia) von 342/43, die in den in ihrer Echtheit umstrittenen Akten eines Konzils von Köln von 346 verwendet ist; zu der Anwesenheit des Servatius auf dem Konzil von Rimini von 359 vgl. Sulpicius Severus, Chronica II, 44 S. 97. Zu der Frage, inwieweit der in der Lütticher Bischofsliste des 10./11. Jh.s an erster Stelle genannte Maternus als ältester Bischof von Tongern anzusehen ist, vgl. OEDIGER, Regesten 1 S. 4 ff.

[3] Concilia Galiae a.511–a.695 S. 111; auf dem Konzil von Orleans von 549 ist Domitian als *episcopus ecclesiae Tungrinsis* bezeugt, ebd. S. 158.

[4] Zu der Kontroverse, ob Tongern überhaupt jemals Bischofssitz war und ob nicht vielmehr Maastricht als ältester Bischofssitz anzusehen ist, vgl. zuletzt MUNSTERS, Verkenning S. 423, der überzeugend für Tongern als erste bischöfliche Residenz des Bistums eintritt. VERBEEK, Frühe Bischofskirchen S. 371 glaubt die Spuren eines von ihm als Bischofskirche angesprochenen Baues in Tongern in das 4. Jh. sowie eine vermutliche Bischofskirche neben St. Marien in Maastricht in das 6. Jh. datieren zu können. Er bringt ebd. S. 331 den Niedergang von Tongern, das nach Münzfunden bis in die Mitte des 5. Jh.s besiedelt war, mit dem Zusammenbruch der römischen Herrschaft um 460 in Verbindung, nimmt aber die Verlegung des Bischofssitzes ähnlich wie DEETERS, Servatiusstift S. 23 bereits Ende des 4. Jh.s unter Servatius an. Mit DE MOREAU, Le transfert S. 464 und MUNSTERS, Verkenning S. 425 ff. wird man bis zum Vorliegen einer auch archäologisch abgesicherten Untersuchung über die Geschichte des Tongern-Maastrichter

5. Jahrhunderts durchgehend besetzt war[5]. Die Überlieferung des 6. und beginnenden 7. Jahrhunderts ist sehr lückenhaft. Ein Brief des Reimser Bischofs Remigius an Bischof Falco, den Vorgänger des Domitian, zeigt, daß die Diözesen Tongern und Reims an der oberen Maas, nördlich von Stenay, aneinander grenzten[6]. Gregor von Tours erwähnt einen Bischof Monulf von Tongern (nach 549) und berichtet von der Erbauung einer größeren Kirche über dem Grab des Servatius in Maastricht[7]. Unter den Anwesenden des Konzils von Paris im Jahre 614 wird ein Bischof Bettulf *ex civitate Treiecto* genannt[8]. Weitere zeitgenössische Nachrichten aus der ersten Hälfte des 7. Jahrhunderts fehlen. Erst mit dem Einsetzen hagiographischer Zeugnisse über die Maastrichter Bischöfe seit der Mitte des 7. Jahrhunderts wird die Überlieferung reicher.

Das mittlere Maasgebiet bildete den östlichsten Teil der Diözese Tongern[9]. Dennoch ist es, wie die Lage des Bischofssitzes zeigt, als das eigentliche Kerngebiet des Bistums anzusehen. Das Bistum war zweifellos bereits im Frühmittelalter einer der wichtigsten Machtfaktoren im Lütticher Raum. Die Frage nach der Stellung der Bischöfe in diesem Gebiet und nach dem Verhältnis der frühen Karolinger zur Kirche von Tongern-Maastricht ist für die Bestimmung der karolingischen Position im Lütticher Raum von großem Interesse. Im folgenden Kapitel sind deshalb zunächst die einzelnen Bischöfe von Tongern-Maastricht unter besonderer Berücksichtigung ihrer Herkunft und politischen Stellung zu untersuchen. Des weiteren ist zu prüfen, inwieweit ein Zusammenhang zwischen der Verlegung des Bischofssitzes von Maastricht nach Lüttich zu Beginn des 8. Jahrhunderts und der besonderen Bevorzugung der Lüttich benachbarten Orte Chèvremont und Jupille durch Pippin II. bestand. In einem weiteren Abschnitt ist auf die Frage der frühen Besitzungen der bischöflichen Kirche einzugehen.

Raumes im 5. Jh. von genaueren Angaben über den Zeitpunkt und die näheren Umstände der Verlegung absehen müssen. Es erscheint durchaus möglich, daß der Wechsel von Tongern nach Maastricht sich ähnlich wie die Verlegung des Bischofssitzes von Maastricht nach Lüttich über längere Zeit hin erstreckte. Ob Tongern-Maastricht zu den „Fluchtbistümern" gezählt werden kann, muß offenbleiben.

[5] Vgl. MUNSTERS, Verkenning S. 428. Daß die Bischofslisten des 10./11. Jh.s keine Unterbrechung erkennen lassen, ist bei ihrer geringen Glaubwürdigkeit für die frühe Zeit ohne Belang, vgl. ebd. S. 427 ff.; christliche Grabinschriften aus Maastricht aus dem 5. und beginnenden 6. Jh. zeigen jedoch, daß das Christentum in den städtischen Siedlungen nicht völlig erloschen war, KALF, Monumenten S. 36 ff.

[6] Epistolae Austrasicae Nr. 4 S. 115; zur Interpretation und Datierung vgl. DE MOREAU, Saint Amand S. 172 ff., MUNSTERS, Verkenning S. 428 und BROUETTE, Falcon Sp. 432.

[7] Liber in gloria confessorum cap. 71 S. 790; Zitat vgl. unten S. 322 Anm. 17. Der hier nicht eigens als Maastrichter Bischof gekennzeichnete Bischof Monulf erscheint in einem zeitgenössischen Schriftstück aus Chartres als *treiectinse episcopo*, Abbildung und Lesung bei LECLERCQ, Maestricht Sp. 947 und MUNSTERS, Verkenning S. 429.

[8] Concilia Galliae a. 511–a. 695 S. 282.

[9] Zur Grenze der Bistümer Köln und Tongern in Frühmittelalter vgl. EWIG, Köln S. 239 ff.

I. Die Bischöfe von Maastricht im 7. und beginnenden 8. Jahrhundert

Die älteste Bischofsliste des Bistums Tongern-Maastricht findet sich in der Lütticher Überarbeitung der Annales Lobienses aus dem 10. Jahrhundert[1]. Sie reicht nur bis Bischof Lambert zurück. Die Namen der Bischöfe vor Theodard und Lambert sind erstmals in der Bistumsgeschichte des Heriger von Lobbes (vor 980) zusammengestellt[2]. Welche Vorlage Heriger für seine Bischofsliste außer den Viten des Maternus, Servatius und Remaklus sowie den Akten des Konzils von Orleans von 549 zur Verfügung standen, ist unbekannt[3]. Der in Lütticher Handschriften des 11. Jahrhunderts überlieferte Bischofskatalog beruht nach Holder-Egger auf den Angaben des Heriger[4]. Daß Heriger ältere Aufzeichnungen über Namen und Folge der Lütticher Bischöfe vorlagen, darf nach der Erwähnung des sicher bezeugten Bischofs Falco als Vorgänger des Domitian (Anfang des 6. Jahrhunderts) und der Zusammenstellung der jüngeren Bischöfe in den Annales Lobienses als sicher gelten. Zurückhaltung gegenüber der von Heriger mitgeteilten Bischofsreihe für die Zeit vor Lambert legt jedoch die Tatsache nahe, daß mit Bettulf ein sicher bezeugter Bischof von Tongern-Maastricht fehlt, während Remaklus, der dem Bistum nicht vorgestanden hatte, unter den Maastrichter Bischöfen erscheint[5]. Man wird danach nur die Angaben über die in der zeitgenössischen Überlieferung erwähnten Bischöfe für gesichert halten können. Als Nachfolger des Monulf (Ende des 6. Jahrhunderts) nennt Heriger die Bischöfe Gundulf, Perpetuus, Evergisus und Johannes. Nimmt man bei Evergisus keine Verwechslung mit dem gleichnamigen Bischof von Köln (circa 590) an, so wird man an den Namen festhalten dürfen. Herigers Angaben über die Bestattungsorte dieser Bischöfe lassen sich nicht absichern. Dies gilt auch für seine Mitteilung, Bischof Johannes sei vor seiner Erhebung ein vermögender Grundherr

---

[1] Annales Lobienses S. 226–235; die Bischofsreihe ist in den bis 982 reichenden Annalentext eingefügt und endet mit dem *Dominus noster Notkerus*; vgl. zu ihr auch unten S. 276 Anm. 13. Eine von Bischof Hartgar (840–855?) bis Bischof Everachus (gest. 956) reichende, möglicherweise gleichzeitig, spätestens aber im 10. Jh. angelegte Namenliste Lütticher Bischöfe findet sich in einem Diptychon aus Tongern eingetragen, vgl. LECLERCQ, Liége Sp. 645.

[2] Gesta epp. Leod., passim; vgl. besonders cap. 15 und 28 S. 171 und 176.

[3] Zu den Vorlagen des Heriger vgl. KOEPKE, Vorrede S. 142ff. und BALAU, Étude S. 127ff., der ebd. S. 15ff. und S. 125 ältere Aufzeichnungen auf Diptychen annimmt.

[4] Series episcoporum Leodiensium S. 291; HOLDER-EGGER, Vorrede S. 290. Vgl. auch DUCHESNE, Fastes 3 S. 184ff.

[5] Zu Bettulf vgl. S. 229 mit Anm. 8. Für eine Identität Bettulfs mit dem in der Bischofsliste genannten Gundulf, wie sie DE MOREAU, Saint Amand S. 165 erwägt, gibt es keine Anhaltspunkte. Zu der unzutreffenden Einfügung des Remaklus in die Lütticher Bischofsliste vgl. oben S. 80 mit Anm. 37. Ähnlich in der Beurteilung der Bischofsliste u. a. bereits DUCHESNE, Fastes 3 S. 185, DE MOREAU, Histoire 1 S. 93 und MUNSTERS, Verkenning S. 427ff.

aus Tihange bei Huy gewesen und habe seine Grabeskirche St. Cosmas in Huy reich ausgestattet[6]. Nähere Angaben sind erst über die Nachfolger des Johannes, die Bischöfe Amandus, Theodard, Lambert und Hugbert möglich. Die vorwiegend hagiographische Überlieferung gestattet jedoch auch hier nur wenige sichere Aussagen.

Amandus

Nach den Angaben der Vita Amandi war der aus Aquitanien stammende Missionsbischof Amandus drei Jahre lang Diözesanbischof von Tongern-Maastricht. Die Vita berichtet, Amandus habe auf Drängen von König und Klerus das Bischofsamt in Maastricht übernommen und sei drei Jahre hindurch predigend durch seine Diözese gezogen. Wegen des Widerstandes des Klerus habe Amandus jedoch sein Amt wieder niedergelegt und sich einer anderen Tätigkeit zugewandt[1].

Die Entstehungszeit der Vita und der Ort ihrer Abfassung sind nicht eindeutig zu bestimmen. Krusch datierte die Vita in die zweite Hälfte des 8. Jahrhunderts[2]. De Moreau und im Anschluß an ihn Fritze setzten sie in das Ende des 7. oder den Anfang des 8. Jahrhunderts[3]. Die Frage der genauen Datierung ist in diesem Zusammenhang von geringerer Bedeutung, da die Nachricht der Vita über die Tätigkeit des Amandus in Maastricht aufgrund einer anderen, unabhängigen und zeitgenössischen Quelle überprüft werden kann.

Krusch stellte die Glaubwürdigkeit der Nachricht der Vita unter Hinweis auf Angaben des Testaments des Amandus über dessen universalmissiona-

---

[6] Gesta epp. Leod. cap. 29–31 S. 176 ff.

[1] Vita Amandi cap. 18 S. 442 f.: *His ita gestis, adveniente obitus die, Treiectensium episcopus feliciter migravit ad Christum. Tunc vero rex sanctus arcessivit Amandum, congregataque multitudine sacerdotum populique turbam non modicam, ad regendam Treiectensium ecclesiam eum praeposuit. Illo vero rennuente atque se indignum vociferante, omnes una voce clamabant, dignum eum esse sacerdocium atque ob animarum sollicitudinem ecclesiam magis quam pecuniae questu debere suscipere. Coactus igitur a rege vel sacerdotibus, pontificalem suscepit cathedram, sicque per triennium fere vicos vel castra circumiens, verbum Domini constanter omnibus praedicavit. Multi etiam, quod dictu quoque nefas est, sacerdotes atque levitae praedicationem illius respuentes, audire contempserunt; at ille secundum euangelii praeceptum pulverem de pedibus in testimonium excutiens, ad alia proberabat loca.*

[2] KRUSCH, Vorrede S. 403; ähnlich WATTENBACH/LEVISON S. 133; COENS, Amand Sp. 18 ff. wendet sich zwar gegen das „verdict sévère et trop systematique" von Krusch, läßt die Frage der Entstehungszeit aber offen. Auf bislang unbekannte Fragmente einer wohl älteren Redaktion der Vita, die „zumindest in frühkarolingische Zeit gehört", macht neuerdings RIEDMANN, Handschriftenfragmente S. 281 ff. aufmerksam.

[3] DE MOREAU, Saint Amand S. 27; DERS., La Vita Amandi S. 454; FRITZE, Confessio S. 89.

rische Tätigkeit⁴ sowie aufgrund chronologischer Unstimmigkeiten⁵ in Frage und nahm an, der Autor der Vita habe das Wirken des Amandus in der Diözese Maastricht als Missionsbischof mit dem Amt des Diözesanbischofs verwechselt⁶. Demgegenüber ist mit De Moreau geltend zu machen, daß Amandus in der Vita sonst durchweg als Missionsbischof erscheint und daß seine eigens als die eines Diözesanbischofs gekennzeichnete Tätigkeit zeitlich auf drei Jahre beschränkt wird⁷. Chronologische Unstimmigkeiten ergeben sich nur dann, wenn man in dem namentlich nicht genannten König, der die Erhebung des Amandus betrieben haben soll, den in dem vorhergehenden Kapitel der Vita erwähnten Dagobert I. (gest. 639) sieht⁸. Hält man es mit De Moreau für ebensogut möglich, daß es sich um einen anderen König handelt oder daß der Autor jenen *rex* versehentlich mit Dagobert I. gleichsetzte⁹, so lassen sich die Nachrichten der Vita über die Tätigkeit des Amandus in Maastricht mit solchen eines Briefes von Papst Martin von 649 in Verbindung bringen. In der Vita heißt es zu den Widerständen des Klerus, die zu der Resignation des Amandus führten: *sacerdotes atque levitae praedicationem illius respuentes, audire contempserunt*¹⁰. Papst Martin nimmt in seinem Schreiben auf einen Brief des Amandus Bezug, in dem dieser über die *duritia sacerdotum gentis illius* und die mangelnde Kirchenzucht der von ihm geweihten Geistlichen geklagt und den Papst um Entlassung aus dem Bischofsamt ersucht hatte¹¹.

---

⁴ Krusch, Vorrede S. 397. Die entsprechende Passage in dem Testament lautet: *qualiter nos longe lateque per universas provincias seu gentes propter amorem Christi seu verbo Dei admuntiare vel baptismum tradere discursum habuimus,* ed. Krusch S. 484, zu ihrer Interpretation vgl. Fritze, Confessio S. 88 ff. Krusch hält diese Angabe offensichtlich auch mit einer zeitweisen Bindung des Amandus an einen Bischofssitz für unvereinbar.

⁵ Krusch, Vorrede S. 404.

⁶ Ebd.: „Brevi Treiectensis episcopatus Amando eodem iure attributus videtur esse ut Remaclo, quem ipsi successisse credunt". Frank, Klosterbischöfe S. 95 und Coens, Amand Sp. 21 lassen die Frage eines Episkopates des Amandus in Maastricht unentschieden. Munsters, Verkenning S. 433 bemerkt: „Een (mogelijk pauselijke?) opdracht of verzoek om in Maastricht orde op zaken te stellen, lijkt dan ook veel meer voor de hand te liggen dan een aanstelling als bisschop."

⁷ De Moreau, Saint Amand S. 47; ähnlich im Anschluß daran Albers, Sint Amandus S. 140 ff. und Frank, Klosterbischöfe S. 94.

⁸ Unter den Bischöfen, die das Privileg des Bischofs Faro von Meaux für Rebais von 636/37 unterzeichneten, erscheint Amandus als einziger Bischof ohne Diözese, was seiner damaligen Stellung als Missionsbischof entsprach, Pardessus 2 Nr. 275 S. 41. In der Zeit zwischen 639 und 641/42 ist Amandus sicher in Elnone und der Scheldegend bezeugt, de Moreau, Saint Amand S. 134 ff.

⁹ De Moreau, Saint Amand, S. 41.

¹⁰ Cap. 18 S. 443.

¹¹ Exemplar epistolae Martini papae, ed. Krusch, SS rer. Merov. 5 S. 453: ... *tantum pro duritia sacerdotum gentis illius conterimur, quod, postpositis salutis suae suffragiis, atque redemtoris nostri contempnendo servitia, vitiorum foederibus ingravantur ... Suggestum est namque nobis, eo quod presbiteri seu diaconi aliique sacerdotalis officii post suas ordinationes in lapsum inquinantur, et propterea nimio merore fraternitatem tuam adstringi velleque pastorale*

Als damaliger Wirkungsbereich des Amandus läßt sich aus dem Papstbrief Austrasien erschließen: Papst Martin bittet am Ende seines Schreibens, Amandus möge sich für die Einberufung einer Synode in Austrasien einsetzen und König Sigibert III. um die Entsendung einiger Bischöfe nach Rom bitten, die eine päpstliche Botschaft nach Byzanz überbringen sollten[12]. De Moreau schließt aus den Angaben des Briefes von 649, daß Amandus im Reiche Sigiberts III. das Amt eines Diözesanbischofs innehatte, und nimmt an, daß es sich bei den *sacerdotes gentis illius*[13] um die Weltgeistlichen seiner Diözese handelte[14]. Bei einer solchen Interpretation entsprechen sich die Angaben der Vita und die Hinweise des Papstbriefes in hohem Maße[15]. Da eine Verwechslung der Tätigkeit als Missionsbischof mit dem Amt eines Diözesanbischofs in der Vita nicht anzunehmen ist und kein Grund vorliegt, die für Amandus wenig günstigen Nachrichten über seine Tätigkeit in Maastricht als eine Erfindung anzusehen[16], wird man nach dem Vergleich der Vita mit dem Brief des Papstes Martin an der Glaubwürdigkeit dieser Nachrichten festhalten dürfen[17]. Das Wirken des Amandus in Maastricht ist nach den Angaben der Vita über die dreijährige Amtsdauer und den Hinweisen des Papstbriefes von 649 am ehesten in die Zeit zwischen 647/48 und 649/50 zu datieren.

Die Erhebung des Amandus zum Bischof von Maastricht erfolgte nach Angaben der Vita auf Vorschlag des Königs. Es heißt, Amandus habe sich zunächst geweigert und für unwürdig gehalten, habe dann aber *coactus a rege vel sacerdotibus* das Amt übernommen[18]. Diese Worte stimmen wörtlich mit dem Bericht der Vita über die Erhebung des Amandus zum Missionsbischof überein[19]. Es ist deutlich, daß der Autor die Bischofserhebung in stereotypen Wendungen beschrieb[20]. De Moreau vermutete unter Hinweis auf die engen

obsequium pro eorum inoboedientia deponere et vacatione ab episcopatus laboribus eligere et silentio atque otio vitam degere, quam in his quae tibi commissa sunt permanere.

[12] Ebd. S. 456. Aus der Passage: *studeat fraternitas tua ... ut ... synodale conventione omnium fratrum et coepiscoporum nostrorum partium illarum* (das Reich Sigiberts III.) *effecta ... scripta una cum subscriptiones vestras nobismet destinanda concelebrent,* geht eindeutig hervor, daß der Papst Bischof Amandus dem austrasischen Episkopat zuzählte.

[13] Vgl. Anm. 11.

[14] DE MOREAU, Saint Amand S. 46 ff.

[15] Hierauf weist auch KRUSCH, Vorrede S. 398 hin; er lehnt jedoch einen Bezug auf die Maastrichter Zeit ab und bemerkt, daß ein „vir tam strenuus" wie Amandus wohl kaum der päpstlichen Aufforderung, im Amt zu bleiben, nicht nachgekommen sei; dieser Deutung neigt auch FRANK, Klosterbischöfe S. 95 Anm. 21 zu. In dem *episcopatus,* vgl. Anm. 11, sieht Krusch das Amt des Missionsbischofs.

[16] So auch DE MOREAU, Saint Amand S. 43.

[17] DE MOREAU, Saint Amand S. 43 sieht in der Übereinstimmung mit dem in der Vita nicht verwendeten Papstbrief die „raison principale" für die Glaubwürdigkeit dieser Angabe.

[18] Vgl. Anm. 1.

[19] Cap. 8 S. 434: *coactus a rege vel sacerdotibus, episcopus ordinatus est, acceptoque pontificatus honore, gentis verbum euangelizare coepit Domini.*

[20] Andererseits zeigt der Vergleich von cap. 8 und cap. 18, daß der Autor die Ämter eines Missions- und Diözesanbischofs deutlich voneinander abhob.

Beziehungen des Amandus zur Familie Pippins I., daß Amandus auf Betreiben des Grimoald zum Bischof von Maastricht erhoben worden sei[21]. An anderer Stelle vertrat er demgegenüber die Ansicht, einer Empfehlung des Amandus durch Grimoald habe es bei König Sigibert III., der von Amandus getauft worden sei, nicht bedurft[22]. Nach der Vita s. Geretrudis trat Amandus nach dem Tode Pippins I. mit dessen Gattin Itta in Verbindung. Unter seinem Einfluß gründete Itta für sich und ihre Tochter Gertrud ein Kloster in Nivelles[23], das reich ausgestattet wurde[24] und dem von Amandus geförderten columbanischen Mönchtum nahestand[25]. Die Vita berichtet von großen Widerständen bei der Gründung von Nivelles[26]. Von wem diese ausgingen, ist unklar. Daß Grimoald zu den Gegnern der Stiftung gehörte, ist denkbar, aber wenig wahrscheinlich[27]. Die Erziehung von Grimoalds Tochter Wulfetrud durch die hl. Gertrud und deren unmittelbare Nachfolge als Äbtissin von Nivelles[28], das entgegenkommende Verhalten des Grimoald bei der Aufnahme der aus Neustrien vertriebenen Iren Foillan und Ultan durch Itta in Nivelles[29] sowie Grimoalds Aufenthalt in diesem Kloster zusammen mit Bischof Dido von Poitiers im Jahre 656[30] deuten auf enge Beziehungen des Hausmeiers zu Nivelles hin. Man wird danach die Zustimmung Grimoalds zur Gründung von Nivelles voraussetzen dürfen. Geht man davon aus, daß Amandus in enge

---

[21] DE MOREAU, Saint Amand évangélisateur S. 34.

[22] DE MOREAU, Saint Amand S. 169; er vermutet hier eher eine Einflußnahme des Kölner Bischofs Kunibert; zurückhaltend über die näheren Umstände der Bischofserhebung äußert sich DERS., Histoire 1 S. 86. Ob König Sigibert III., der zur Zeit der Erhebung des Amandus zum Bischof von Maastricht ein Alter von 15/16 Jahren erreicht hatte, diese Entscheidung unabhängig von Grimoald treffen konnte, erscheint mehr als fraglich.

[23] Vita s. Geretrudis cap. 2 S. 455; vgl. dazu unten S. 348 Anm. 31 und S. 367 mit Anm. 64.

[24] Nach Angaben der Vita cap. 2 S. 455 übertrug Itta der Stiftung *omnia quae habebat*; hierzu HOEBANX, Nivelles S. 86ff. Die merowingische Klosteranlage umfaßte, wie aus der ältesten Überlieferung aus Nivelles hervorgeht und durch Grabungen bestätigt und ergänzt werden konnte, vgl. MERTENS, Nivelles S. 110, eine ganze Reihe kleinerer Kirchen in der Umgebung der Klosterkirche. Die Angabe der Vita cap. 2 S. 457, Itta habe für ihre Gründung *sanctorum patrocinia vel sancta volumina de urbe Roma et de transmarinis regionibus gignaros homines ad docendum divini legis carmina* kommen lassen, ist mit PRINZ, Mönchtum S. 187 als ein weiterer Hinweis darauf zu werten, daß mit Nivelles ein Kloster von höchstem Rang geschaffen werden sollte.

[25] Hierzu HOEBANX, Nivelles S. 77 und PRINZ, Mönchtum S. 186.

[26] Cap. 2 S. 456: *Quales iniurias vel ignobilitates et penurias propter nomen Christi supradicta famula Christi cum filia sua perpessa est, scribere longum est, si per singula narretur.* Daß es sich um einen Topos zur Preisung Gottes und der Klostergründung handelt, ist unwahrscheinlich.

[27] Da es in cap. 2 weiter heißt, Itta habe verhindert, *ut violatores animarum filiam suam ad inlecbras huius mundi voluptates per vim raperent,* könnte man annehmen, daß es sich um die Familie jenes *dux Austrasiorum* handelte, der es nach cap. 1 S. 454 nicht gelungen war, über Gertrud mit den Pippiniden in verwandtschaftliche Beziehungen zu treten.

[28] Vita s. Geretrudis cap. 6 S. 459 ff.

[29] Additamentum Nivialense de Fuilano S. 450; vgl. dazu unten S. 355 Anm. 8.

[30] Vgl. unten S. 355 mit Anm. 8.

Verbindung mit der Familie getreten war, die den Hausmeier Sigiberts III. stellte[31], und daß Grimoald das Wirken des Amandus durch die Förderung von Nivelles unterstützte, so liegt die Annahme nahe, daß Grimoald an der Erhebung des Amandus zum Bischof von Maastricht nicht unwesentlich beteiligt war[32].

Mit Amandus wurde ein Landfremder zum Bischof erhoben. Es ist zu vermuten, daß seine Einsetzung dazu dienen sollte, ihm nach seiner bisherigen Stellung als Missionsbischof im Nordosten des fränkischen Reiches ohne eigenen Bischofssitz die Möglichkeit zu verschaffen, als Leiter eines Bistums, dessen Sprengel weite noch nicht oder nur wenig christanisierte Gebiete umfaßte und das zudem an sein früheres Missionsgebiet an der unteren Schelde angrenzte, Mission zu betreiben. Die Angaben der Vita Amandi und des Papstbriefes von 649 über die geringe Disziplin des Klerus in der Diözese Tongern-Maastricht[33] lassen Rückschlüsse auf die Amtsführung der Vorgänger des Amandus auf dem Maastrichter Bischofsstuhl zu. Es dürfte sich bei ihnen zweifellos um Vertreter des stark verweltlichten fränkischen Episkopats gehandelt haben, dessen Angehörige in der Regel führenden einheimischen Familien entstammten[34]. Mit der Erhebung des Amandus, eines landfremden Missionars, wurde die einheimische Führungsschicht bei der Besetzung des Maastrichter Bischofsstuhles offenbar übergangen. Läßt sich auch nicht nachweisen, daß Grimoald die Einsetzung des Amandus betrieb, so darf doch als sicher gelten, daß die Ausschaltung der führenden Kreise des mittleren Maasgebiets bei der Besetzung des Bistums der Zustimmung des Hausmeiers bedurfte. Auch aus diesem Grunde ist mit einem maßgeblichen Einfluß des Grimoald bei der Erhebung des Amandus zu rechnen. Ob neben dem Widerstand des Klerus noch weitere Gründe für die baldige Resignation des Amandus ausschlaggebend waren, ist nicht anzugeben.

Zusammenfassend ist festzuhalten, daß die Angaben der Vita Amandi über eine dreijährige Amtszeit des Amandus als Bischof von Maastricht mit hoher Wahrscheinlichkeit glaubwürdig sind. Das Wirken des Amandus in Maas-

---

[31] Die Gründung von Nivelles wird allgemein als Hinweis auf enge Beziehungen des Amandus zu den Pippiniden gewertet, so etwa KRUSCH, Vorrede zur Vita Amandi S. 397; DE MOREAU, Saint Amand S. 194 ff. und FRITZE, Confessio S. 104 ff.

[32] Der Anteil Grimoalds dürfte nicht so sehr in dem Vorschlag und der Empfehlung des Kandidaten gelegen haben, wie DE MOREAU, Saint Amand S. 169 annimmt: „Mais le roi Sigebert n'avait pas besoin, pensons-nous, qu'on lui recommandat saint Amand." Vielmehr ist davon auszugehen, daß angesichts der damals führenden Position des Grimoald die Entscheidungsgewalt über die Nachfolge im wesentlichen beim Hausmeier lag und daß dem König allein die formale Bestätigung der Kandidatur und die Erlassung des Konsekrationsdekrets verblieben waren, vgl. CLAUDE, Bestellung S. 54 ff.

[33] Vgl. Anm. 1 und Anm. 11.

[34] Vgl. WIERUSZOWSKI, Zusammensetzung S. 67 ff. und S. 72 ff. und EWIG, Milo S. 432 ff.

tricht ist in die Zeit zwischen 647/48 und 649/50 zu datieren[35]. Seine Einsetzung erfolgte offenbar unter Einfluß des Hausmeiers Grimoald, mit dessen Familie Amandus in enger Verbindung stand. Die Erhebung eines Landfremden zum Bischof von Maastricht und die damit verbundene Ausschaltung führender einheimischer Familien bei der Besetzung des Bistums entsprechen der führenden Stellung, die Grimoald als Hausmeier Sigiberts III. in Austrasien innehatte.

Theodard

Über Bischof Theodard, der dem Bistum Tongern-Maastricht in der Zeit nach Amandus und vor Lambert vorstand, ist nur wenig bekannt. An zeitgenössischen Zeugnissen liegen eine Urkunde Childerichs II. von 669/70 und einige knappe Angaben der ältesten Vita Landiberti vor. In späteren hagiographischen Quellen wird berichtet, daß Theodard im Elsaß erschlagen worden sei.

Der ältesten Vita Landiberti ist zu entnehmen, daß Theodard der Vorgänger des Lambert war[1]. Die Vita berichtet weiterhin von der Ausbildung des Lambert durch Theodard[2] und von dem gewaltsamen Ende des Bischofs[3]. Aus der Urkunde von 669/70 geht hervor, daß Theodard bei einem Aufenthalt des königlichen Hofes in Maastricht von Childerich II. beauftragt wurde, zusammen mit dem *domesticus* Hodo die Neuabgrenzung des Forstes um Stablo-Malmedy durchzuführen[4]. Der Tod des Theodard fällt in die Zeit

---

[35] Es fällt auf, daß bei der Gründung von Stablo-Malmedy der Bischof von Tongern-Maastricht als der für Stablo zuständige Diözesan nicht zugegen war, wohingegen eine Reihe anderer Bischöfe genannt wird; vgl. unten S. 366 mit Anm. 62. Eine Beteiligung des Amandus wäre um so mehr zu erwarten gewesen, als zwischen Amandus und dem Abtbischof Remaklus von Stablo-Malmedy enge Verbindungen bestanden und Grimoald der Initiator der Klostergründung gewesen war, vgl. dazu unten S. 359 ff. Der auffällige Befund ist vielleicht am ehesten in der Weise zu erklären, daß Amandus zur Gründungszeit von Stablo-Malmedy die Leitung des Bistums Tongern-Maastricht bereits niedergelegt hatte.

[1] Cap. 3 S. 355: *Eo tempore oppido Treiectinse cathedra ponteficale praesedebat summus pontefex Theodoardos.* In cap. 4 S. 356 heißt es, Lambert sei *Interfecto itaque prefato antestite Theodoardo* gewählt worden.

[2] Vgl. unten S. 252 mit Anm. 73.

[3] Vgl. Anm. 1.

[4] D Mer 29 S. 28 = HR 1 Nr. 6 S. 21: *Unde iussimus pro hac re domno et patri nostro Theodardo episcopo vel inlustri viro Hodoni domestico cum forestariis ipsa loca mensurare et designare per loca denominata ...* Childerich II. befand sich in Begleitung seiner Gattin Bilichild, deren Mutter Chimnechild und vermutlich auch des *dux* Gundoin in Maastricht. Aus der ausführlichen Grenzbeschreibung in der Urkunde geht hervor, daß die Abgrenzung bereits vor der Ausstellung der Urkunde durchgeführt worden war, Theodard also schon längere Zeit zuvor mit dem Hofe bzw. den königlichen Amtsträgern in Verbindung gestanden hatte. Vgl. zu der von Childerich II. angeordneten Neuabgrenzung des Forstes um Stablo-Malmedy auch oben S. 106 f.

zwischen 669/670 und Mitte 675[5]. Der Beginn seines Episkopates ist nicht sicher zu bestimmen. Nach Angaben der Lütticher Bischofsliste folgte Theodard auf Amandus und Remaklus[6]. Die Aufnahme des Remaklus in den Bischofskatalog ist auf die unglaubwürdigen Angaben der Vita Trudonis über seine Stellung als Diözesanbischof von Tongern zurückzuführen[7]. Ob Theodard unmittelbar auf Amandus folgte, d.h. das Bischofsamt 649/650 übernahm, ist angesichts der geringen Zuverlässigkeit der Lütticher Bischofsliste für die Zeit vor Lambert[8] nicht sicher anzugeben.

Hält man die in dem Katalog angegebene Folge abgesehen von der Einfügung des Remaklus für glaubwürdig, so wäre anzunehmen, daß Theodard, ähnlich wie es für Amandus zu vermuten ist[9], mit der Zustimmung, wenn nicht sogar auf Betreiben des Grimoald erhoben wurde. Weiter wäre dann zu vermuten, daß es ihm gelang, das Vertrauen Childerichs II. zu erwerben, so daß dieser Maastricht in sein Itinerar aufnahm und Theodard als kirchlichen Vertreter mit der für Stablo nachteiligen Neuabgrenzung[10] beauftragte. Die Nachrichten der Vita Landiberti über die geistliche Ausbildung des Lambert durch Theodard *in aula regia* können nicht als Hinweis für enge Beziehungen des Bischofs zum königlichen Hofe gelten. Sie sind eher auf das Anliegen des Autors zurückzuführen, das Ansehen seines Heiligen durch die Angabe besonderer Königsnähe zu steigern[11]. Sieht man in den weiteren Nachrichten der Vita über die Erziehung des Lambert durch Theodard nicht nur den Versuch, die guten Voraussetzungen des Lambert für die Übernahme des Bischofsamtes aufzuzeigen, so kann aus ihnen geschlossen werden, daß zwischen Theodard und der einflußreichen Maastrichter Familie, der Lambert angehörte, gute Beziehungen bestanden[12].

Die näheren Umstände der Ermordung des Theodard werden in der Vita Landiberti nicht mitgeteilt. Im 8. Jahrhundert, der Abfassungszeit der Vita, galt Theodard noch nicht als *sanctus* und *martyr*[13]. Daß eine kultische Ver-

---

[5] Childerich II., unter dem Lambert das Bischofsamt in Maastricht antrat, wurde in der Zeit zwischen dem 11. August und dem 14. November 675 ermordet, LEVISON, Nekrologium S. 47. Wie lange Lambert vor seiner Vertreibung 675/676 Bischof war, geht aus der Vita nicht hervor.

[6] Series episcoporum Leodiensium S. 291 und DUCHESNE, Fastes 3 S. 187.

[7] Vgl. dazu oben S. 80f.

[8] Vgl. oben S. 230.

[9] Vgl. oben S. 234 f.

[10] Vgl. dazu oben S. 106 mit Anm. 25. Mit Theodard erscheint erstmals ein Maastrichter Bischof in einer Urkunde für Stablo-Malmedy; bei der Gründung der Klöster waren die Bischöfe von Köln, Trier, Laon, Toul und Verdun anwesend, vgl. unten S. 366 mit Anm. 62.

[11] Vgl. unten S. 252f.

[12] Vgl. unten S. 253.

[13] Theodard erscheint in der Vita als *summus pontefex* und als *antestes,* vgl. Anm. 1; mit dem Prädikat *gloriosus* wird Theodard im Gegensatz zu Childerich II., vgl. unten S. 253 mit Anm. 134, und Lambert vor seiner Erhebung (cap. 2 S. 354: *gloriosus vir Landibertus*) nicht versehen.

ehrung des Theodard zunächst ausblieb[14], mag dafür sprechen, daß der Bischof im Verlauf von Auseinandersetzungen erschlagen wurde, die seine Kirche nicht betrafen. Darüber hinaus ist den wenigen zeitgenössischen Nachrichten nichts zur Person des Theodard zu entnehmen. Da nur sein Name und seine soziale Stellung bekannt sind, muß offenbleiben, ob Theodard der Führungsschicht des Lütticher Raums oder einer in anderen Teilen Austrasiens ansässigen Familie entstammte[15].

Auf die späteren hagiographischen Zeugnisse ist wegen ihrer Nachricht über die Ermordung des Theodard im Elsaß einzugehen. Die Verehrung des Theodard als Märtyrer läßt sich bis in die Anfänge des 10. Jahrhunderts zurückverfolgen[16]. Sie blieb im wesentlichen auf Lüttich und seine engere Umgebung beschränkt[17]. Um die Wende zum 11. Jahrhundert entstand in Lüttich eine *Passio sancti Theodardi episcopi et martyris*[18]. Ihre einzige selbständige

---

[14] In Martyrologien des 8. und 9. Jh.s wird Theodard im Gegensatz etwa zu Lambert und Trudo nicht genannt, QUENTIN, Les martyrologes S. 725 und S. 739.

[15] WAMPACH, Echternach 1, S. 128 Anm. 5, DERS., Sankt Willibrord S. 252 und EWIG, Trier S. 136 f. nehmen eine Zugehörigkeit des Theodard zur Familie der Irmina von Oeren an. Sie schließen, wie auch GLÖCKNER, Weißenburg S. 19 und HLAWITSCHKA, Vorfahren S. 73 Anm. 4, aus der 706 bezeugten Besitznachbarschaft der Irmina mit einem *Theotarius quondam dux* und dessen Sohn *Theodardus* in Echternach (D Arnulf 4 S. 93 = WAMPACH, Echternach 1, 2 Nr. 14 S. 39) auf eine Verwandtschaft der Irmina mit den Mitbesitzern in Echternach und identifizieren diese mit dem 682/683 in Marsal an Weißenburg schenkenden *Theotcharius dux* und dessen Sohn *Theotcharius* (ZEUSS, Trad. Wiz. Nr. 213 S. 204 f.). Die Annahme einer Verwandtschaft des Bischofs Theodard mit diesen Personen beruht allein auf der Ähnlichkeit, bzw. bei dem Sohn des in Echternach begüterten *dux* auf der Gleichheit der Personennamen und der gleichen sozialen Stellung. Selbst wenn man die spätere Tradition über das Martyrium des Theodard in der Gegend zwischen Weißenburg und Speyer für glaubwürdig hält, so ergeben sich daraus doch keine Anhaltspunkte für engere Beziehungen des Bischofs und seiner Kirche zu diesem Raum, wie sie WAMPACH, Sankt Willibrord S. 252 unzutreffend angibt. Gänzlich unhaltbar ist seine Annahme, ebd. und ähnlich DERS., Echternach 1, 1 S. 128 Anm. 5, daß Theodard und Hugbert „als Mitglieder einer Familie sich auf dem Bischofssitz zu Lüttich ablösten".

[16] So erstmals in der Vita Landiberti des Stephan von Lüttich cap. 1, 7 S. 582: *pontifex Theodardus et clarissimus martyr futurus*; cap. 1, 8 S. 583: *ab impiis interfectus, palmam beatitudinis sanctus percepit Teodardus*; ähnlich auch Heriger in seinen Gesta epp. Leod. cap. 43 und 49 S. 182 und 185. Die Tatsache seines gewaltsamen Todes mochte zu dieser Zeit ausreichen, Theodard in die Reihe der Märtyrer und Bekenner unter den frühen Lütticher Bischöfen aufzunehmen.

[17] Zentrum des Kultes war Lüttich, wo die Gebeine des Theodard in der Kathedralkirche St. Lambert aufbewahrt wurden, vgl. Aegidius v. Orval, Gesta epp. Leod. II, 30 S. 46. Unter den zahlreichen von Coens edierten Litaneien aus belgischen Klöstern und Kirchen weisen nur zwei Litaneien des 13. Jh.s aus St. Truiden und Huy den Namen des Theodard auf, COENS, Litanies S. 241 und 247. Nach den Gesta abbreviata des Aegidius v. Orval S. 130 gehörte die *ecclesia ... sancte Marie sanctique Theodardi* in Thuin (prov. Hainaut) zu den von den Normannen zerstörten und von Bischof Richer (920–945) wieder aufgebauten Lütticher Kirchen. Das Kloster ist nach BACHA, Étude S. 33 Anm. 3 erst spät bezeugt.

[18] Hrsg. unter dem Titel „Acta S. Theodardi episcopi Traiectensis martyris", AA SS Septembris 3 S. 588–592; bessere Ausgabe bei DEMARTEAU, Saint Théodard S. 35–47. Dazu DEMARTEAU, Saint Théodard S. 7 ff., BALAU, Étude S. 144 ff., VAN DER ESSEN, Étude S. 135 ff. und BACHA, Étude S. 27 ff., dessen Kritik an der Nachricht der ältesten Lambertsvita über die Ermordung des Theodard (S. 29), wie schon BAIX, Saint Hubert S. 200 Anm. 2 betonte, nicht stichhaltig

Nachricht ist die Mitteilung, Theodard sei *in pago Allie sede* erschlagen worden, als er sich wegen entfremdeter Kirchengüter auf der Reise zum König befand[19]. Anselm, dessen Angaben über Theodard ansonsten auf der Passio beruhen, gibt in seiner zwischen 1052 und 1056 niedergeschriebenen Lütticher Kirchengeschichte eine genauere Lokalisierung. Danach ereignete sich das Martyrium im Bienwald unweit von Speyer[20]. Weiter teilt Anselm mit, die Bewohner jener Gegend würden alljährlich den Todestag des Theodard mit größter Feierlichkeit begehen[21]. Diese Angabe erfährt eine gewisse Bestä-

ist. Eine genauere Datierung der Passio scheint nicht möglich. Die Passio wurde erstmals von Anselm 1052/56 benutzt. Daß ihr für die Nachrichten über die Ausbildung und Designation des Theodard durch Remaklus sowie dessen Wunsch nach einem Leben als Einsiedler, cap. 4 und 5 S. 37 ff., Angaben der Lütticher Bischofsgeschichte des Heriger (vor 980) cap. 43 und 49 S. 182 und 185 vorlagen, läßt sich zwar nicht zwingend nachweisen, ist jedoch sehr wahrscheinlich. Ähnlich bereits VAN DER ESSEN, Étude S. 141, der die Passio als „une œuvre du Xe siècle" betrachtete (S. 135). KURTH, Le Vita S. 339 Anm. 4 datierte sie in den Beginn des 11. Jh.s. Ein unmittelbarer Anlaß für die Abfassung der Passio ist nicht zu erkennen.

[19] Cap. 9 S. 40: *Iamque diocesis suae vicum excesserat et in pago Allie sede, quem sic nomine dicunt bonis adhuc proventibus gressum fixerat* (sc. *Theodardus*). Der Name *Allie sedis* weicht von den bekannten Formen für das Elsaß bzw. den Elsaßgau ab, vgl. etwa die Zusammenstellung von Belegen bei LANGENBECK, Probleme S. 7 ff.; daß der Autor jedoch das Elsaß meinte, ergibt sich aus der Angabe, die Kunde von der Ermordung des Theodard sei rasch bis nach Worms, Speyer und Straßburg gedrungen, cap. 15 S. 44. Zu der von BACHA, Étude S. 31 angezweifelten Deutung von *Allie sedis* auf das Elsaß vgl. auch BRESSLAU, Exkurse S. 420 ff. Wie die Passio weiter berichtet, cap. 12 ff. S. 42 ff., wurde Theodard nach einigen Wundern zunächst in einem nahegelegenen Ort bestattet; leider weisen hier die ältesten Handschriften bei der Angabe des Ortsnamens eine Lücke auf, vgl. HERBILLON, Le lieu S. 75. Nachdem der Bischof von Worms, über alle Maßen darüber erfreut, daß sich das Martyrium *in procinctu suae dioceseos* ereignet hatte (die Diözese Worms erstreckte sich nicht bis in den Elsaßgau), vergeblich versucht hatte, in den Besitz der Reliquien zu gelangen, überführte Lambert, der nach einem ersten erfolglosen Versuch die Anwohner durch Geldzahlungen umzustimmen vermochte, die Gebeine des Theodard nach Lüttich, cap. 15 ff. S. 44 ff. Es ist deutlich, daß dieser Bericht von der Lokalisierung des Martyriums im Elsaß abgeleitet ist.

[20] Gesta epp. Leod. I, 2 S. 192: *in saltu quodam qui dicitur Biwalt haut longe ab urbe Nemetensi, quae usitato nomine Spira nunc dicitur, ab ipsis suae aecclesiae praedonibus ... ipse innocens ibidem trucidatur* (sc. *Theodardus*). Daß es sich hier eindeutig um den südlich von Speyer und nordöstlich von Weißenburg gelegenen Bienwald, vgl. CLAUSS, Wörterbuch des Elsaß S. 124, handelt, ergibt sich außer der Lokalisierung durch Anselm bei Speyer auch durch den etwa gleichzeitigen Wunderbericht zur Lebensbeschreibung der Kaiserin Adelheid des Odilo von Cluny, PAULHART, Lebensbeschreibung cap. 8 S. 50, wo es heißt, ein Mann, der *dum per silvam iter haberet, que rustico vocabulo nuncupatur Binualt* (eine Hs hat *Biwalth*), sei von einem fremden Pferd bis nach Seltz begleitet worden; dazu BRESSLAU, Exkurse S. 420 ff. Die zutreffenden geographischen Angaben des Anselm sind mit den sich widersprechenden Nachrichten der Passio, vgl. Anm. 19, nicht zu vereinbaren; der Bienwald lag im Speyergau und in der Diözese Speyer, vgl. GEHRIG, Grenzen S. 98 ff., also weder im Elsaßgau noch in der Diözese Worms. Worauf die im Vergleich zum Verfasser der Passio gute Ortskenntnis des Anselm beruhte, ist nicht auszumachen. Bei seinen Angaben über weitentfernte Kultstätten des hl. Lambert beruft sich Anselm auf das Zeugnis reisender *clerici* und *laici*, cap. 9 S. 195.

[21] Ebd.: *Cuius* (sc. *Theodardi*) *adhuc passionis diem eiusdem provintiae compatriotae singulis annis cum summa celebritate solent frequentare*. Diese Nachricht findet in der Passio keine Entsprechung. Daß es sich um eine rein hagiographische Angabe zur Steigerung des Ansehens des Theodard handelt, ist aufgrund des Wortlautes und des Kontextes unwahrscheinlich.

tigung durch den Eintrag *Thietharti martyris* zum 4. September[22] in einem Weißenburger Kalendar aus dem Anfang des 12. Jahrhunderts. Daß es sich bei diesem sonst nicht bekannten Heiligen um den zum 10. September in Lüttich verehrten *Theodardus martyr* handelt, ist kaum zu bezweifeln[23]. Geht man davon aus, daß im 11./12. Jahrhundert in Weißenburg und dem nordöstlich angrenzenden Gebiet das Fest des Theodard begangen wurde, so ist es nicht unwahrscheinlich, daß bereits zu dieser Zeit die Tradition über das Martyrium des Maastrichter Bischofs an der Stätte der späteren *capella s. Dietheri* bei Rülzheim (Kr. Germersheim) am Nordausgang des Bienwaldes haftete[24]. Aus dem Eintrag in dem Weißenburger Kalendar und der, vielleicht bei Rülzheim zu lokalisierenden Verehrung des Theodard im Bienwald kann auf eine lokale Tradition geschlossen werden, die den selbständigen Nachrichten des Anselm zugrundeliegt und nicht auf die nur unwesentlich ältere Passio s. Theodardi zurückzuführen ist. Über die Anfänge dieser lokalen sowie der in Lüttich faßbaren Tradition und deren wechselseitigen Abhängigkeitsverhältnisse sind keine sicheren Angaben möglich[25]. Eine völlige Verurteilung der späteren Nachrichten über den Tod des Theodard im Elsaß bzw. Bienwald[26] erscheint jedoch nicht als angemessen, da die Lokalisierung des Mar-

---

[22] BARTH, Heiligenkalendare S. 91. Datierung des Kalendars nach BARTH S. 83. Auf den in diesem Zusammenhang bislang nicht berücksichtigten Eintrag machte erstmals FATH, Beiträge S. 4, aufmerksam. In einem Weißenburger Kalendar des 14. Jh. findet sich zum 4. September als Nachtrag aus dem 15. Jh. der Vermerk: *Theodardi martyris*, BARTH S. 96.

[23] Nach BARTH, Heiligenkalendare S. 91 war Thiethart/Theodard ein „Heiliger der Diözese Speyer". Außer Theodard v. Narbonne (1.5.) ist ein Heiliger dieses Namens nicht nachweisbar. Die Namensgleichheit, die Bezeichnung als *martyr* und die Nähe des Festtages sprechen für die Identität mit dem Maastrichter Bischof. Bei der geringen Verbreitung des Kultes des Theodard ist das Zeugnis aus Weißenburg besonders auffällig.

[24] So erstmals J. GAMANS 1648 in einem Brief an Bollandus, zitiert bei LIMPENS, AA SS Septembris 3 S. 584; ähnlich auch DEMARTEAU, Saint-Théodard S. 29 ff., STAMER, Kirchengeschichte S. 48, ECKARDT/V. REITZENSTEIN, Kunstdenkmäler Germersheim S. 182 und FATH, Beiträge, passim. Die *capella s. Dietheri*, 1,5 km südlich von Rülzheim an der Römerstraße Seltz–Rheinzabern–Germersheim in einem bis ins 17. Jh. bewaldeten Gebiet gelegen, ist erstmals 1468/1470 bezeugt, vgl. ECKARDT/V. REITZENSTEIN S. 182; beim Abbruch der Kapelle 1824 geborgene Reliefsteine gehören der Zeit um oder kurz vor 1400 an, ebd. S. 181. Ein Heiliger, auf den der Name „Dieterskirchel" in dieser Gegend zu beziehen wäre, ist sonst nicht bekannt. Das Dieterskirchel war eng mit der Pfarrei Rülzheim verbunden. In Rülzheim hatte das Kloster Weißenburg seit 774 Besitz, ZEUSS, Trad. Wiz. Nr. 61 und 63 S. 65 und 69. Sprechen die auf guter Ortskenntnis beruhenden Nachrichten des Anselm und der Eintrag in dem Weißenburger Kalendar durchaus dafür, die Anfänge des Dieterskirchel, obwohl es erst spät bezeugt ist, mit der Tradition über die Ermordung des Theodard in Verbindung zu bringen, so bestehen nach freundlicher Auskunft von Herrn Prof. Dr. H. WOLF, Marburg, von sprachlicher Seite keine Bedenken dagegen, in *Diether* eine spätere volkstümliche Umbildung des älteren Namens *Diethard/ Theodard* zu sehen.

[25] Beziehungen des Bistums Lüttich zum Oberrhein waren durch früh bezeugte Außenbesitzungen im Wormsgau gegeben, vgl. DEBUS, Fernbesitz S. 881 sowie unten S. 324 mit Anm. 30.

[26] So vor allem BACHA, Étude S. 32 ff. Zu stark den Angaben der Passio schließt sich VAN DER ESSEN, Théodard Sp. 753 f. an. Die Sorge des Bischofs um das Kirchengut als Motiv für die Reise zum König und damit für das Martyrium ist mit großer Wahrscheinlichkeit den beiden ältesten Lambertsviten entlehnt; ähnlich DE MOREAU, Histoire 1 S. 93 Anm. 1.

tyriums für das hagiographische Anliegen der Passio letztlich belanglos war und ihr nördlich von Weißenburg eine lokale Tradition entsprach, die schwerlich aus der Lütticher Überlieferung abzuleiten ist.

Die wenigen zeitgenössischen Zeugnisse reichen für Angaben über die Familie des Theodard, seine Herkunft und die Dauer seines Episkopats nicht aus. Über das politische Verhalten des Bischofs, der vielleicht schon unter Grimoald in Maastricht eingesetzt wurde, ist nicht viel mehr bekannt, als daß er das Vertrauen der Regierung Childerichs II. besaß. Der späteren Überlieferung ist mit einiger Wahrscheinlichkeit zu entnehmen, daß Theodard in dem Gebiet zwischen Speyer und Weißenburg erschlagen worden war. Welcher Art seine Beziehungen in diesem Raum waren, muß jedoch offenbleiben. Anknüpfungspunkte zur Führungsschicht des elsässischen Raums und des Saar- und Seillegaues[27] sind ebensowenig ersichtlich wie ein Zusammenhang mit den Lütticher Außenbesitzungen im Wormsgau[28]. Das Ausbleiben einer frühen Heiligenverehrung Theodards in der Diözese Tongern-Lüttich könnte möglicherweise dafür sprechen, daß Theodard im Verlauf von Auseinandersetzungen erschlagen wurde, die seine Kirche nicht betrafen.

Lambert

Der Episkopat des Lambert fällt in die Zeit des *dux* Wulfoald und Pippins II. Der gewaltsame Tod des Bischofs (vor 706) führte zu einer sich rasch ausbreitenden Verehrung des Lambert als Märtyrer. Noch im 8. Jahrhundert wurde eine Vita des Heiligen verfaßt. Mit ihren Nachrichten über die Weihe, die Vertreibung und Wiedereinsetzung des Lambert in den Jahren zwischen 669/70 und 683 ist sie die einzige annähernd zeitgenössische erzählende Quelle zur Geschichte des mittleren Maasgebiets in der Zeit zwischen dem Sturz des Grimoald und dem Herrschaftsantritt Pippins II. Im folgenden sind die Angaben der Vita über die Familie des Lambert, seine Erziehung, sein Schicksal in den Jahren 669/70 bis 683, seine Mission in Toxandrien und seinen gewaltsamen Tod näher zu untersuchen[1]. Zunächst ist jedoch kurz auf die Vita selbst einzugehen[2].

---

[27] Vgl. Anm. 15.
[28] So zuletzt DEBUS, Fernbesitz S. 881.

[1] Abgesehen von der Arbeit von R. HUG, Saint-Lambert, évêque de Maestricht. Étude critique et biographique (Mémoire de licence à l'Université de Louvain) Louvain 1944/45 (masch.), die mir nicht zugänglich war, steht eine eingehende kritische Untersuchung über Lambert m. W. noch aus. An älterer Literatur vgl. insbesondere die Vorrede von KRUSCH zu seiner Ausgabe der Lambertsviten, SS rer. Merov. 6 S. 299–305, KURTH, Le Vita S. 336–346, BAIX, Saint Hubert S. 202–214, DE MOREAU, Histoire 1 S. 94–98 und VAN DER ESSEN, Saints S. 65–76.

[2] Ed. KRUSCH, SS rer. Merov. 6 S. 353–394; zur Vita vgl. KURTH, Étude S. 5 ff., der seine negative Beurteilung der ältesten Lambertsvita in späteren Arbeiten nicht aufrecht erhielt, BALAU,

Die Entstehung der Vita Landiberti ist in der Zeit zwischen dem Tode des Bischofs Hugbert (727) und dem Beginn der Herrschaft Karls des Großen anzusetzen[3]. Die Vita enthält keine Anhaltspunkte für eine genauere Datierung. Auch ihre jüngste Vorlage, die Vita Eligii, und die früheste Ableitung, die Vita Hugberti, lassen sich zeitlich nicht näher einordnen[4]. Kurth setzt die Vita Landiberti in die erste Hälfte des 8. Jahrhunderts[5]. Sonst wird sie im Anschluß an Krusch in die Zeit Pippins III. datiert[6]. Inwieweit die Angaben des Sigebert von Gembloux über den Autor der ältesten Lambertsvita für die Frage der Datierung heranzuziehen sind, kann hier offenbleiben[7]. Mit Krusch ist anzunehmen, daß der Autor dem Lütticher Klerus angehörte[8]. Die eigenen An-

---

Étude S. 34–38, VAN DER ESSEN, Étude S. 23–38, KRUSCH, Vorrede S. 308–310, KURTH, Le Vita S. 328–336 und WATTENBACH/LEVISON 2 S. 165 ff.

[3] Mit KRUSCH, Vorrede S. 309, ist aus der Bemerkung *Erat autem Cugubertus pontifex in regione illa*, cap. 25 S. 379, zu schließen, daß die Vita nach dem Tod des Hugbert abgefaßt wurde. Daß sie erst Ende des 8. Jh.s entstand, ist angesichts des verwilderten Lateins, auch ihrer Ableitung, der Vita Hugberti, gänzlich unwahrscheinlich. Darüber hinaus beruft der Autor sich auf das Zeugnis eines Begleiters des Lambert in Stablo (675/76–682/83), Theoduin, *qui multum nobis de vita et opera eius solitus est narrare*, cap. 5 S. 358. Im Gegensatz zu KURTH, Étude S. 30, maß KRUSCH S. 308 dieser Nachricht zur Bestimmung der Abfassungszeit der Vita kaum Bedeutung bei. Ein weiteres, m. W. bislang nicht berücksichtigtes Argument für die Frühdatierung ist, daß Hugbert, dessen kultische Verehrung mit der Erhebung seiner Reliquien 743 einsetzte, vgl. dazu unten S. 309 f., bei seiner Erwähnung in der Vita Landiberti noch nicht als *sanctus* oder *beatus* erscheint.

[4] KRUSCH, SS rer. Merov. 4 S. 649 und WATTENBACH/LEVISON 1 S. 128 datierten die Vita in die Mitte des 8. Jh.s, während VAN DER ESSEN, Étude S. 335 ihre Entstehung in der 1. Hälfte des 8. Jh.s annahm. Zur Datierung der Vita Hugberti vgl. unten S. 275.

[5] KURTH, Étude S. 37 ff.; DERS., Le Vita S. 334 ff.

[6] KRUSCH, Vorrede S. 309, VAN DER ESSEN, Besprechung von SS rer. Merov. 6 (RHE 15. 1914) S. 334, BAIX, Saint Hubert S. 201 Anm. 3; nach WATTENBACH/LEVISON 2 S. 166 entstand die Vita „einige Zeit nach dem Tode Hugberts (727)".

[7] Im Epilog zu seiner Vita Landiberti S. 406 teilt Sigebert mit: *Vitam sancti Lamberti primus iussu Agilfridi episcopi scripsit Godescalcus diaconus, ipsius congregationis clericus, qui fuit tempore Pippini et Karoli Magni* (in der Hs-Gruppe B wird hier hinzugefügt: *quam licet pro simplicitate sensus multis barbarismi et soloecismi vitiis respersit, eam tamen totam ad honorem sancti martyris ipse aurigraphus aureis litteris scripsit*), *et gesta quidem eius veraciter prosecutus de causa martyrii parum libero ore locutus est*. Diese Nachricht wurde in der Forschung verschieden beurteilt. Während KURTH, Étude S. 24 ff. die Ansicht vertrat, Sigebert habe einen Bearbeiter der ältesten Lambertsvita in der 2. Hälfte des 8. Jh.s für deren Autor gehalten, hielten BALAU, Étude S. 39, VAN DER ESSEN, Étude S. 38, KRUSCH, Vorrede S. 338 und S. 406 Anm. 1 und die daran anschließende Forschung die Nachricht des Sigebert in ihrer Gesamtheit für unglaubwürdig. DIENEMANN, Kult S. 88 ff. sah dagegen in dem Fehlen älterer Nachrichten über Godescalc keinen Grund, die Angaben des Sigebert in Frage zu stellen, und identifizierte Godescalc mit dem gleichnamigen Hofkalligraphen Karls d. Gr. BISCHOFF, Hofbibliothek S. 55 Anm. 47 sah in der Bezeichnung des Godescalc durch Sigebert als *aurigraphus* das „stärkste Argument für die Identität des Kalligraphen und des Lütticher Diakons". Er nahm an, daß Godescalc den Hof verließ und unter Agilfrid (gest. 787) dem Domklerus von Lüttich beitrat. Hält man an der Identität fest, so dürfte es wahrscheinlicher sein, daß Godescalc lediglich eine Prachthandschrift der Vita des Lütticher Patrons herstellte, so wohl auch BISCHOFF, Prachthandschrift S. 53 Anm. 25, als daß er die Vita selbst verfaßte.

[8] KRUSCH, Vorrede S. 309; WATTENBACH/LEVISON 2 S. 166.

gaben der Vita beruhen auf mündlicher Überlieferung[9]. Über das Leben des Bischofs lagen dem Autor offensichtlich kaum Nachrichten vor[10]. Erst mit der Schilderung des Martyriums und der Translationen wird der Bericht ausführlicher und reicher an eigenen Angaben. Zur hagiographischen Ausschmückung und Erweiterung der wenigen vorgefundenen Nachrichten über die Person und das Wirken des Lambert schrieb der Autor über weite Passagen die Vita Eligii aus[11]. Auf die Frage der Glaubwürdigkeit seiner eigenen Nachrichten ist in den folgenden Einzeluntersuchungen einzugehen. Bemerkenswert ist, wie bereits Kurth hervorhob, die Zurückhaltung des Autors gegenüber dem karolingischen Hause[12].

a) Zur Familie des Lambert

Zur Herkunft und Familie des Lambert wird in der Vita lediglich mitgeteilt, daß Lambert aus Maastricht stammte, daß seine Eltern zu den *presidis* zählten[13] und daß seine Neffen Petrus und Autlaecus für den Tod der Verwandten des Dodo verantwortlich waren und sich mit Lambert in Lüttich aufhielten[14]. Weiterhin ist der Vita zu entnehmen, daß Lambert an der gleichen Stelle wie sein Vater, in der Kirche St. Peter in Maastricht, beigesetzt wurde. Für eine

---

[9] Vgl. Anm. 3; allgemeiner cap. 1 S. 353: *mihi quae ab aduliscentia conperta sunt, et per veros prudentis cognovi adfirmantes ... in quantum ad nostrum pervenit auditum.*

[10] Die Dürftigkeit seiner eigenen Nachrichten steht im Gegensatz zu der Angabe des Autors, er habe von einem Gefährten des Lambert in Stablo viel über dessen Leben und Werke erfahren, vgl. Anm. 3. Vielleicht bezieht sich dieser Hinweis lediglich auf die Episode aus der Klosterhaft des Lambert, deren sehr ausführliche und von der Vita Eligii völlig unabhängige Schilderung cap. 6 S. 358–361 angesichts der sonstigen Knappheit der eigenen Nachrichten im ersten Teil der Vita auffällig ist.

[11] Hierauf wies erstmals KURTH, Étude S. 101 ff. hin.

[12] KURTH, Étude S. 32 ff., ähnlich DERS., Le Vita S. 375, betonte, daß Childerich II. mehrfach als *gloriosus* bezeichnet wird, während Pippin lediglich als *princeps* erscheint, vgl. dazu unten S. 263 mit Anm. 133 und 134. Er sprach von einer „précaution avec laquelle il parle de Maire du palais Pepin, dont il n'ose dire du mal et dont il ne veut pas dire du bien". Es muß auffallen, daß die Rückführung des Lambert durch Pippin mit keinem Wort gewürdigt wird und Pippin erst wieder bei der näheren Kennzeichnung des Mörders des Lambert, Dodo, als *domesticus iam dicti principes Pippini* genannt ist, cap. 11 S. 365. Ob der Autor mit KURTH, Le Vita S. 335 als ein „partisan de la dynastie mérovingienne" zu betrachten ist, steht dahin. Andererseits spricht die Tatsache, daß außer Childerich II. kein merowingischer König mehr genannt wird, Pippin II. als *princeps Pippinus super plurimas regionis et civitatis sitas Eoruppe*, dazu unten Anm. 132, erscheint und Dodo nicht als *domesticus* eines Königs sondern Pippins bezeichnet wird, nicht unbedingt dafür, daß der Autor karolingerfreundlich war, wie KRUSCH, Vorrede S. 309 nachzuweisen suchte.

[13] In der Translatio s. Landoaldi des Heriger von Lobbes erscheint der Vater des Lambert als *illustris vir Aper* und als Besitzer von Wintershoven, DB 1 Nr. 138 S. 237. Sigebert von Gembloux überliefert in seiner Lambertsvita für die Mutter des Lambert den Namen *Herisplindis*, cap. 1 S. 393. Diesen Angaben ist keine Bedeutung beizumessen.

[14] Vgl. dazu unten S. 269 ff.

nähere genealogische Einordnung des Lambert und eine Bestimmung des Besitzes seiner Familie reichen die Angaben der Vita nicht aus. Deutlich wird jedoch, daß die Familie zumindest seit der Generation vor Lambert im mittleren Maasgebiet ansässig war und enge Beziehungen zu Maastricht hatte. Im folgenden ist zu untersuchen, inwieweit die Nachrichten über die Stellung des Vaters und die Grablege St. Peter in Maastricht weitere Aussagen über die Familie des Lambert zulassen.

Die Herkunft des Lambert wird in enger Anlehnung an den entsprechenden Passus in der Vita Eligii beschrieben[15]. Die Mitteilung *oppido Treiectinse oriundus fuit* erfolgt analog der Nachricht über den Geburtsort des Eligius. Den allgemeinen Wendungen seiner Vorlage über die vornehme und christliche Abstammung des Heiligen fügte der Autor die Bemerkung über die Eltern hinzu: *locupletis secundum dignitatem seculi, inter presidis venerandis*. Die Formel über den irdischen Reichtum begegnet mehrfach in merowingischen Heiligenviten[16]. Die Angabe, die Eltern hätten sich *inter presidis venerandis* befunden[17], läßt sich hingegen nur in der Vita Landiberti nachweisen.

Die Bezeichnung *praeses*, in der Spätantike der Titel für den Provinzialstatthalter der niedrigsten Rangstufe[18], ist in merowingischer Zeit selten und zumeist nur in untechnischer Bedeutung zu belegen[19]. In dem Additamentum Nivialense de Fuilano wird der Hausmeier Grimoald als *praeses* bezeichnet[20]. Die Angaben des sog. fränkischen Ämtertraktates über den *praeses*[21] werden

---

[15] Cap. 2 S. 354: *Gloriosus vir Landibertus pontefex oppido Treiectinse oriundus fuit et alitus ex parentibus locupletis secundum dignitatem seculi, inter presidis venerandis et longa prosapia christianis*. In der Vita Eligii I, 1 S. 669 f. heißt es: *Igitur Eligius Lemovecas Galliarum urbae ... oriundus fuit ... In hac ergo regione parentibus ingenuis atque ex longa prosapia christianis Eligius natus atque alitus est, cuius pater Eucherius, mater Terrigia vocitata est*.

[16] Einige Beispiele nennt KRUSCH S. 354 Anm. 2.

[17] Das Latein ist an dieser Stelle stark verwildert. Das Adjektiv *venerandis* ist wohl eher auf *presidis* als auf *parentibus* zu beziehen.

[18] So in Anschluß an NESSELHAUF, Verwaltung S. 85 f. und ENSSLIN, Praeses Sp. 608.

[19] Vgl. dazu allgemein KLEBEL, Herzogtümer S. 51 ff. und ECKHARDT, Lex Ribuaria 1 S. 72. Die von BORETIUS, Capitularia 1 Nr. 4 S. 9 vorgeschlagene Lesung *qui preside sua dicant* in dem Edikt Chilperichs I. von 573/75 ist nach ECKHARDT, Pactus Legis Salicae II, 2 S. 430 und BEYERLE, Chilperich I. S. 170 durch *qui pro fide sua dicant* zu ersetzen.

[20] S. 450: *ipso etiam Grimaldo praeside eisdem sanctis congratulante viris*. Die Schrift wurde nach WATTENBACH/LEVISON 1 S. 127 Anm. 303 und KRUSCH, Vorrede S. 428 um 655 von einem irischen Mönch in Nivelles verfaßt. In der gleichen Quelle werden Grimoald und der Hausmeier Erchinoald auch als *patricius* bezeichnet, S. 449 und 451. HEIDRICH, Titulatur S. 93 ff. und S. 101 führt die Verwendung beider Begriffe auf den angelsächsischen Sprachgebrauch des Verfassers zurück.

[21] Ed. BAESECKE S. 5: *Praeses multas divitias habet; qui iudicat ad presentiam regis et causa de scola regis et de domno palatii iudicat et damnat, ut voluerit, et soluit sicut oeconomus sub abbate* (Hs V); *et qui super duces civitatum longe a rege ad facienda ibi iudicia statuitur, praeses vocatur* (Hs S u. V).

von Conrat und Eckhardt[22] auf den Hausmeier bezogen. In einigen St. Galler[23] und Freisinger[24] Urkunden aus der zweiten Hälfte des 8. Jahrhunderts und in der ältesten Vita s. Galli[25] wird *praeses* gleichbedeutend mit *comes* verwendet.

Schließt man aus der Aufzählung dieser Belege auf einen ähnlichen Sprachgebrauch von *praeses* in der Vita Landiberti, so ergibt sich, daß der Autor Lambert einer Familie zuwies, die hohe Amtsträger stellte. Die Kennzeichnung der sozialen Stellung durch den Begriff *praeses* weicht stark von den sonst gebräuchlichen allgemeinen Formeln über die vornehme Herkunft eines Heiligen ab[26]. Dies spricht gegen eine rein topische Verwendung dieser Bezeichnung in der Vita Landiberti. Die Annahme von Claude, der Vater des Lambert sei *comes* gewesen[27], hat bei der späteren Gleichsetzung von *praeses* und *comes* und bei dem Fehlen eines Beleges für diesen Begriff in der Bedeutung von *dux* oder *domesticus* die größte Wahrscheinlichkeit für sich[28]. Daß die Familie den hohen sozialen Rang innehatte, der sie befähigte, auch das Comes-Amt zu besetzen, ist durch die Tatsache der Bischofserhebung des Lambert ausreichend gesichert.

Umfang und Lage des Amtsbezirkes lassen sich nicht sicher bestimmen. Nach Claude war der Vater des Lambert *comes* bei Maastricht[29]. Der Vita ist dies nicht unmittelbar zu entnehmen. Daß Maastricht in merowingischer Zeit Sitz eines Grafen war, wie Rousseau angibt[30], ist nirgends bezeugt. Über

---

[22] CONRAT, Traktat S. 257 und ECKHARDT, Lex Ribuaria S. 78 ff. Hingegen setzt SCHRAMM, Studien S. 167 ff. bzw. DERS., Traktat S. 126 ff. den Traktat in die Tradition des Isidor von Sevilla und nimmt seine Entstehung noch im 7. Jh. an. Die Angaben des Isidor über die *praesides* unterscheiden sich wesentlich von denen des Traktates und geben die spätantike Bedeutung des Terminus wieder, vgl. Isidori Etymologiarum sive originum lib. 9, 3, 28 und lib. 9, 4, 15.

[23] WARTMANN, UB Sanct Gallen 1 Nr. 49 S. 49 f.: *confessi sumus ante Cozperto praeside et ante pagensis nostros*; Cozpert erscheint einige Zeilen weiter als *comes* (766 Juni 7).

[24] BITTERAUF, Trad. Fris. 1 Nr. 131 S. 140: Als Zeuge wird 790/94 ein *Hamadeo praeses* genannt, der als identisch mit dem 798, 802 und 804/07 bezeugten *Hamadeo comes* (Nr. 176, 183, 211 S. 169, 174 und 200) zu betrachten ist. 760 wird ein *Ragino preses* als Zeuge vor einem *iudex* genannt, Nr. 15 S. 43; 779 schenkte ein *Cuntperht preses*, Nr. 98 S. 116; die Teilnehmer des Konzils von Aschheim 755/60 beauftragten Herzog Tassilo, *ut per omnia presides seu iudices, centoriones atque vicarios admonere seu praecipere debeatis*, Concilia 2 Nr. 10 S. 58.

[25] Vitae Galli vet. frag. cap. 10 S. 255. Der hier als *praeses* bezeichnete *Birhtilo* darf mit KRUSCH, SS rer. Merov. 4 S. 255 Anm. 3 als identisch mit dem nach 770 mehrfach genannten *Pirahtilone comiti* gelten, WARTMANN 1 Nr. 56, 102, 103 S. 55, 96, 97. Eine bei KLEBEL, Herzogtümer S. 52 zitierte St. Galler Hs aus der Zeit um 800 enthält die Gleichung *preses = grave*.

[26] Dazu GRAUS, Volk, Herrscher und Heiliger S. 362 ff., der ebd. Anm. 344–348 eine ausführliche Zusammenstellung der entsprechenden Belege bringt.

[27] CLAUDE, Comitat S. 25.

[28] Ähnlich äußerten sich bereits WAITZ, Verfassungsgeschichte 2, 2 S. 26 Anm. 2, KRUSCH, Vorrede S. 299, DE MOREAU, Histoire 1 S. 94, ZENDER, Heiligenverehrung S. 27, NIERMEYER, Lexicon S. 839 und PRINZ, Mönchtum S. 491.

[29] CLAUDE, Comitat S. 25; es muß hier statt Utrecht natürlich Maastricht heißen.

[30] ROUSSEAU, La Meuse S. 38 und S. 56.

die Verwaltungsgliederung des mittleren Maasgebietes in dieser Zeit liegen kaum Nachrichten vor[31]. Mitte des 7. und zu Beginn des 8. Jahrhunderts werden der *pagus Hasbaniensis*[32] und der *pagus Mosariorum*[33] in den Quellen genannt. Beide Gaue lagen innerhalb des Gebietes der Civitas Tungrorum. Ob sie nach alten Völkerschaften, deren Siedlungsgebiet sie entsprachen[34], oder nach Flußnamen benannt wurden[35], ist noch nicht geklärt. Für beide Gaue ist nach Ganshof ein hohes Alter vorauszusetzen[36]. Es läßt sich nicht angeben, inwieweit sie sich in merowingischer Zeit mit dem Amtssprengel eines *comes* deckten[37]. Im 9. Jahrhundert waren Haspengau und Maasgau in mehrere Comitate gegliedert[38].

---

[31] Besonderes Interesse verdient als ältester urkundlicher Beleg die Lokalisierung von Flémalle bei Lüttich *in Tongrinse territorio* in dem Testament des Adalgisel-Grimo von 634, LEVISON, Testament S. 132. Nach einer Civitas erfolgt auch die Lokalisierung *in territorio Virdunensi* und *in ... Treverense*, ebd. S. 126, 128, 129. Daneben finden sich Landschaftsbenennungen nach Gebirgen wie *in Ardenense*, *in Vosago*, S. 126, 129, 131, sowie die Lokalisierung *in Wabrense*, S. 126, 129. Die Bezeichnung *pagus* – im 8. Jh. sind *pagus Virdunensis* (709), LESORT, St. Mihiel Nr. 1 S. 41; *pagus Wabrense* (751/68), WAMPACH, Echternach 1, 2 Nr. 53 S. 118, und *pagus Ardinensis* (767/68), vgl. oben S. 101 Anm. 8, zu belegen – kommt in dem Testament nicht vor. Bemerkenswert ist, daß die offensichtlich in der 1. Hälfte des 7. Jh.s noch gebräuchliche Landschaftsbezeichnung nach der Civitas Tongern im Gegensatz zu Verdun nicht Grundlage eines Gaunamens bildete. Als weitere Bezeichnung für das mittlere Maasgebiet ist in einem Brief des Desiderius von Cahors von 647 die Angabe *in Mosao* überliefert, NORBERG, Epistolae II, 12 S. 61. Fraglich ist hingegen der für den Anfang des 7. Jh.s in der Vita Bavonis aus dem beginnenden 9. Jh. überlieferte Beleg eines *ducatus Hasbaniensis*, vgl. dazu oben S. 63 mit Anm. 24. Er bildet die wesentliche Grundlage für die Annahme von EWIG, Volkstum S. 605 mit Anm. 54, das Gebiet Hasbanien sei in merowingischer Zeit als Dukat organisiert gewesen. An anderer Stelle nimmt EWIG, Stellung S. 11 mit Anm. 51 einen merowingerzeitlichen Dukat Masuarien an, der das Gebiet des Haspengaues und des Maasgaues umfaßt habe, vgl. dazu jedoch oben S. 189 Anm. 28.

[32] Die Angabe der Vita Trudonis cap. 10 S. 283: *quicquid habeo in pago Hasbanio in loco qui vocatur Sarchinnio super fluvio Cysindria* kann der urkundlichen Vorlage aus der Zeit um 655/70 zugewiesen werden, vgl. oben S. 76f. Der nächste Beleg für den Haspengau findet sich in der Urkunde des Grafen Rotbert von 741: *pago Hasbaniensi*, DESPY, La charte S. 87.

[33] D Arnulf 6 S. 95 = WAMPACH, Echternach 1,2 Nr. 24 S. 59: *in pago Mosariorum* (714); WAMPACH, Urkunden- und Quellenbuch 1 Nr. 19 S. 25: *in pago Mosao* (732/33).

[34] So EWIG, Volkstum S. 605 und DERS., Stellung S. 11 mit Anm. 31; ähnlich auch GYSSELING, Woordenboek S. 488.

[35] So für den Haspengau HERBILLON, Toponymes hesbignons (He-) S. 94 ff. und GORISSEN, Maasgouw S. 397, der betont: „De gouw wordt niet meer genoemd naar haar bewoners, maar naar een geografisch gegeven, dat op een zeker ogenblik als centraal wordt aangezien, in ons geval, hetzij het riviertje de Hesp, hetzij de dorpen Over- en Neerhespen, die er op lagen." Für den Maasgau GYSSELING S. 670 und offensichtlich auch v. POLENZ, Landschafts- und Bezirksnamen S. 66 Anm. 2.

[36] GANSHOF, Het Tijdperk S. 268.

[37] Der erste sicher bezeugte *comes* im mittleren Maasgebiet ist der 692 genannte Charievus, dessen Amtssprengel wahrscheinlich bei Namur lag, vgl. oben S. 101 Anm. 8. Im Lütticher Raum erscheint erstmals 741 mit Rotbert ein *comes*. Der Umfang seines Amtssprengels läßt sich nicht angeben, vgl. oben S. 186f. Das Amt eines *comes* bekleidete nach Angaben der Vita Bavonis auch der Schwiegervater des Bavo, Adilio, Anfang des 7. Jh.s, doch ist diesem Beleg für

Maastricht, das erstmals 908 als Sitz eines Grafen bezeugt ist[39], lag an der Grenze beider Gaue[40]. Die Vermutung von Ewig, der *pagus Mosariorum* sei vielleicht einmal auf Maastricht bezogen gewesen[41], läßt sich nicht weiter abstützen. Nach der Aufgabe von Tongern war Maastricht die bedeutendste Stadt im mittleren Maasgebiet[42]. Mit der Verlegung des Bischofssitzes trat Maastricht in kirchlicher Hinsicht die Nachfolge von Tongern als Vorort der Civitas Tungrorum an. Petri nimmt an, daß damit auch die Übernahme der administrativen und wirtschaftlichen Funktionen von Tongern verbunden war[43]. Auf die hervorragende wirtschaftliche Bedeutung des Ortes weisen die große Zahl der merowingischen Münzmeister und die weite Verbreitung der Maastrichter Münzen hin[44]. Welche Stellung in Maastricht die weltlichen Amtsträger hatten und wie das Verhältnis des Ortes zum Comitat war, läßt sich jedoch weder aus der zeitgenössischen Überlieferung noch aus den späteren Verhältnissen erschließen. Claude wies darauf hin, daß die *comites* häufig

die Frage der Verwaltungsgliederung im mittleren Maasgebiet nichts zu entnehmen, vgl. oben S. 63 mit Anm. 24 und 25.

[38] Capitularia 2 Nr. 251 S. 194f. Zur Lokalisierung der vier 870 genannten Comitate im Haspengau vgl. oben S. 186 mit Anm. 15. Für die Vermutung von BAERTEN, In Hasbanio S. 13, auch der im Meersener Vertrag genannte *districtus Trectis* habe zum Haspengau gehört, gibt es keine Anhaltspunkte. Dem Versuch von AERTS, Haspengouw S. 59, den westlich der Maas gelegenen Teil des Dekanates Maastricht aus dem Gebiet des Haspengaues auszusondern, stehen die Pagus-Belege für Eben, Lanaken und Maastricht gegenüber, vgl. Anm. 40.

[39] D LdK 57 S. 184. Ludwig bestätigt dem Bistum Lüttich: *insuper teloneum ac monetam de Traiecto nostra donatione Albuini illius comitis concessam*. Ein anderer Bezug des *illius comitis* als auf *Traiecto* ist nicht möglich. VANDERKINDERE, La formation 2 S. 266 schließt daraus, daß Albuin, den er mit dem 898 bezeugten, gleichnamigen *comes* im Eifelgau, D Zw 25 S. 63, identifiziert, Graf im Maasgau war. – Die Hss 2 (9./10. Jh.) und 4 (10./11. Jh.) der Akten der Zusammenkunft Lothars II., Ludwigs d. Dt. und Karls d. K. vom 1.–7. Juni 860 in Koblenz bringen folgende, allerdings nicht zutreffende Überschrift: *Anno incarnationis domni nostri Ihesu Christi DCCCLX. Haec sunt capitula venerabilium regum Hlotharii, Hluduwici et scilicet Karoli, quae inter se firmaverunt pridie Id. Iun. in pago Treiectinse iuxta ipsum locum Treiectum*, Capitularia 2 Nr. 242 S. 153. Dieser m. W. bisher unbeachtete Beleg für einen *pagus*, dessen Mittelpunkt Maastricht war, kann hier nicht näher überprüft werden.

[40] Die südlichsten im Maasgau bezeugten Orte sind Meerssen (968) und Epen (1056), vgl. oben S. 159 Anm. 2, das 1041 im *pago Liugowe* lokalisiert wird, D H III 74 S. 99. Beide Orte sind östlich der Maas gelegen. Auch die entsprechenden Belege für den Haspengau setzen erst spät ein: südlich von Maastricht ist 1005 Eben im Haspengau bezeugt, D H II 93 S. 117; Lanaken nw Maastricht wird 1106/1111 *in pago Asbanie* genannt, DOPPLER, Sint-Servaas Nr. 28 S. 32 = STUMPF, Reichskanzler Nr. 3215. Wie wenig eindeutig die Zugehörigkeit von Maastricht um die Wende des 9./10. Jh.s war, zeigen die wechselnden Angaben über die Lage der Abtei St. Servatius in den Urkunden Arnolfs, Zwentibolds und Karls d. E.: *in comitatu Maselant noncupato*, D Arn 53 S. 76 (889); *in pago Hasbaniense iuxta Mosam et in comitatu Maselant*, D Zw 20 S. 55 (898); *in pago Masalant*, D Zw 21 S. 57 (898); *in comitatu Maseland*, D KdE 100 LAUER S. 230 (919); *in comitatu vero Hasbacensi*, D KdE 103 LAUER S. 245 (919).

[41] EWIG, Volkstum S. 605 vergleicht den Pagus Mosariorum mit dem auf Köln bezogenen Pagus Ribuariorum und nimmt an, daß er in merowingischer Zeit als Dukat organisiert war.

[42] ROUSSEAU, La Meuse S. 40.

[43] PETRI, Anfänge S. 242.

[44] Ebd. mit Anm. 39.

in ihrem Amtsbezirk begütert waren[45] und daß der Stadt die „Funktion als Hauptfestung des Comitats" zukam[46]. Ende des 7. und Anfang des 8. Jahrhunderts lassen sich *comites* in Reims, Clermont, Noyon, Angers und Paris nachweisen[47]. In mehreren Fällen wurde der *comes* im Laufe des 7. Jahrhunderts aus der Stadt verdrängt[48]. Auf dem Hintergrund dieser allgemeinen Beobachtungen kann man aus der Tatsache, daß der Vater des Lambert in Maastricht ansässig war, mit einiger Wahrscheinlichkeit darauf schließen, daß er sein Amt in der Umgebung von Maastricht ausübte.

In cap. 18 der Vita wird mitgeteilt, Lambert sei in Maastricht in der *basilica sancti Petri* beigesetzt worden, in der auch sein Vater begraben war[49]. Es ist nicht sicher anzugeben, um welche Kirche es sich dabei handelt. Die *basilica sancti Petri* wird in Anschluß an die Lambertsvita des Nikolaus (1142/47)[50] allgemein mit der Kirche St. Pieter südlich vor Maastricht identifiziert[51]. Verbeek, Ewig und mit Einschränkungen auch Deeters nehmen dagegen an, daß Lambert in St. Servatius bestattet worden sei[52]. Für ein Peterspatrozinium an der Servatiuskirche scheinen eine Urkunde des Trierer Erzbischofs Rotbert von 946[53] und die erstmals bei Jocundus (um 1090) faßbare Tradition über

---

[45] CLAUDE, Comitat S. 66.
[46] Ebd. S. 23 ff.
[47] Ebd. S. 25. Für Paris vgl. D Mer 77 S. 69.
[48] Ebd. S. 28 ff.; vgl. auch PRINZ, Stadtherrschaft S. 23 ff.
[49] S. 371 f.: *Ergo cum corpusculus ad portum pervenisset, petierunt ex more deposito de nave, in faeretroque inditum ad basilicam sancti Petri deferunt eum ... Crastina diae non fuerunt ausi decoratum preparare sepulcrum. Cum magno metu in tumba patri una cum ipsius cadaver mancipatus est.* Daß Lambert innerhalb der Kirche bestattet wurde, ist dem anschließenden Wunderbericht, cap. 19 S. 372 f., zu entnehmen.
[50] Vgl. Anm. 62.
[51] So etwa KURTH, Saint-Lambert Sp. 148, DE MOREAU, Saint-Amand S. 171, BAIX, Saint Hubert S. 117 und S. 77, DE MOREAU, Histoire 1 S. 97 und NOTERMANS, St. Lambertus S. 228.
[52] VERBEEK, Frühe Bischofskirchen S. 361 (der S. 360 angegebene Beleg von 1087 für das Peterspatrozinium an St. Servatius läßt sich allerdings nicht nachweisen); EWIG, Apostelkult S. 241; DEETERS, Servatiusstift S. 25 f.
[53] WAMPACH, Urkunden- und Quellenbuch 1 Nr. 160 S. 203 f. Die Urkunde enthält die Bestätigung eines Gütertausches zwischen dem Stift St. Servatius und seinem Vogt Goderamnus. DEETERS, Servatiusstift S. 24 und Exkurs 1 S. 133 f. schließt aus der zweimaligen Nennung des Petrus neben Servatius auf ein altes Peterspatrozinium der Servatiuskirche. Der Schluß ist nicht zwingend: An drei Stellen in der Urkunde wird der geistliche Tauschpartner nur nach dem hl. Servatius genannt. Die Erwähnung auch des Petrus findet sich an zwei besonders wichtigen Stellen: zu Beginn der Urkunde wird mitgeteilt, ein Tausch *de rebus ecclesie sancti Petri et sancti Servatii* habe stattgefunden; der Empfänger der Besitzungen des Goderamn wird als *altare Sancti Petri et sancti Servatii* gekennzeichnet. Der Tausch erfolgte *cum licentia regis Ottonis ac Rotberti archiepiscopi qui abbaciam sibi vindicaverat*. Der Trierer Erzbischof hatte das ihm mehrfach entfremdete Stift St. Servatius 945 von Otto I. zurückerhalten. Die Nennung des Petrus an zwei für die Kennzeichnung des Rechtsaktes wichtigen Stellen der Urkunde kann auch mit dem Obereigentum der Trierer Bischofskirche St. Peter an dem Stift St. Servatius erklärt werden (so erscheint etwa bei einem Tauschgeschäft des Metzer Eigenklosters St. Truiden von 953/58 der geistliche

die Weihe der späteren Servatiuskirche durch Maternus[54] zu sprechen. Von großer Bedeutung war das Peterspatrozinium im 10. und 11. Jahrhundert nicht. Neben Servatius war in dieser Zeit Salvator der Hauptpatron[55]. Ihm war bereits unter Einhard der Hauptaltar geweiht[56]. Die Servatiuskirche war ursprünglich eine Coemeterialkirche außerhalb der Stadt[57]. Der Kult des Servatius gewann früh an Bedeutung und war bereits im 8. Jahrhundert über Maastricht hinaus verbreitet[58]. Spätestens zu Beginn des 8. Jahrhunderts befand sich an der Grabeskirche dieses Heiligen ein *monasterium*[59]. Kirche und Kloster trugen im 8. Jahrhundert den Namen des Servatius[60]. Daß

Empfänger als *altare beatissimi Stephani*, DB 1 Nr. 213 S. 362). Schließt man jedoch auf ein Peterspatrozinium an St. Servatius, so kann die Tatsache, daß der einzige urkundliche Beleg dafür aus jener Zeit stammt, in der St. Servatius eine Trierer Eigenkirche war, auch für einen Trierer Einfluß bei diesem Patrozinium sprechen.

[54] Translatio et miracula s. Servatii Traiectensis S. 92; danach wurde die später nach Servatius benannte Kirche von Bischof Maternus (1. Hälfte 4. Jh.) erbaut und *in honore domini Salvatoris principisque apostolorum* geweiht. Die Nachricht wurde von Aegidius von Orval I, 13 S. 16 übernommen, der ebd. S. 17 und cap. 24 S. 20 nur Petrus angibt. Jocundus berichtet cap. 6 S. 94, daß der Hauptaltar von St. Servatius unter Bischof Hugbert *in honorem domini Salvatoris principisque apostolorum* geweiht war. Beide Angaben des Jocundus über die Patrozinien von St. Servatius finden sich innerhalb legendenhafter Berichte; zur Maternuslegende vgl. OEDIGER, Regesten S. 1 ff. Sie geben im Falle des Salvatorpatroziniums einen 828/30 und 1051 bezeugten Zustand wieder, vgl. Anm. 55. Es bliebe zu prüfen, inwieweit die Urkunde von 946 und die Angaben des Jocundus - beide für sich genommen als Belege für ein Peterspatrozinium nicht ausreichend - sich gegenseitig abstützen können.

[55] Eine Schenkung Heinrichs III. von 1051 war *ad altare domino Jesu Christo sanctoque Servatio Masetrieth consecratum* gerichtet, D H III 270 S. 359. Die Gesta epp. Camerac. III, 56 S. 488 berichten über die Weihe der neuen Kirche 1039 *in honore sancti Servatii*. Nach Nikolaus cap. 17 S. 428 war die Servatiuskirche zur Zeit des Lambert die *(ecclesia) beati Bartholomei apostoli*. Zu diesem sonst nirgends bezeugten Patrozinium bringt Aegidius II, 59 S. 63 einen gewiß erfundenen Bericht.

[56] Translatio ss. Marcellini et Petri II, 14 S. 261: *ante altare sancti Salvatoris, quod in media ecclesia positum est.*

[57] Vgl. VERBEEK, Frühe Bischofskirchen S. 359 ff.

[58] Hierzu zuletzt ZENDER, Heiligenverehrung S. 61. Von einer Verehrung des Aravatius-Servatius in Maastricht bereits im 6. Jh. berichtet Gregor von Tours, Liber in gloria confessorum cap. 71 S. 790. An Zeugnissen für den Kult des Servatius in Maastricht und seine Verbreitung im 8. Jh. sind u. a. zu nennen: die Abfassung einer *Vita sancti ac beatissimi Servatii episcopi et confessoris* im 8. Jh. (SS rer. Merov. 3 S. 87-89), die Eintragung des Heiligen in das Kalendar des Willibrord vor 739 (WILSON, Calendar, Tafel V und S. 7), die Errichtung der Kirche in Donk zu Ehren u. a. des Servatius vor 741 durch den Grafen Rotbert (DESPY, La charte S. 87), die Überführung von *pignora reliquiarum beati Servatii confessoris* nach Fontanelle 742/747, der Bau einer *basilica in honore ipsius confessoris Christi* daselbst durch Abt Wando (Gesta abb. Font. cap. 9, 1 S. 63) und der Bericht des Paulus Diaconus in seiner Metzer Kirchengeschichte über den *beatus Servatius Tungrorum episcopus* (S. 262).

[59] Vgl. Anm. 60 und DEETERS, Servatiusstift S. 27 ff. sowie auch unten S. 322 Anm. 17.

[60] D Karol 1 Nr. 124 S. 174: *ecclesia sancti Servatii* (779); nach Angaben der Gesta abb. Font. cap. 8, 1 S. 61 (um 830) hielt sich Abt Wando von St. Wandrille 719 bis 742 *in Traiecto castro, in monasterio videlicet beati Servatii confessoris Christi* auf; in einem Brief an Arn von Salzburg spricht Alkuin von *fratribus Sancti Servasii* (799), Alcuini epistolae Nr. 165 S. 267; in seiner Translatio ss. Marcellini et Petri II, 14 S. 261 f. schildert Einhard Wunder in der *basilica Servacii*.

Coemeterialkirchen vielfach dem Petrus geweiht waren[61], mag dafür sprechen, aufgrund der späteren Belege auch bei St. Servatius ein ursprüngliches Peterspatrozinium anzunehmen. Angesichts der Bedeutung des Servatiuskultes im 8. Jahrhundert ist es jedoch wenig wahrscheinlich, daß der Autor der Vita Landiberti die Kirche nach Petrus und nicht nach Servatius benannt haben sollte.

Nikolaus identifizierte die *basilica sancti Petri* mit der *ecclesiola sancti Petri* südlich vor Maastricht[62]. Über diese Kirche ist nur wenig bekannt[63]. Sie befand sich wie St. Servatius auf dem Gelände eines römischen Friedhofes[64]. Im Inneren der romanischen Kirche wurden fränkische Steinsarkophage gefunden[65]. Die Kirche selbst ist erstmals Mitte des 12. Jahrhunderts bezeugt[66]. Sie lag abgesondert auf einer Anhöhe am Ufer der Maas[67]. Das Dorf *sanctum Petrum in Traiecto* (der heutige Vorort St. Pieter), dem sie als Pfarrkirche diente, war nach ihr benannt[68]. Der Ort war im Besitz des Bistums Lüttich[69]. Die Existenz einer das Frühmittelalter betreffenden Tradition

---

[61] EWIG, Apostelkult S. 239 ff.

[62] Cap. 17 S. 428: *feretrum eius sine aliqua funeris pompa intulerunt in quandam ecclesiolam sancti Petri apostolorum principis, in qua vir illustris Aper, quem sancti Lamberti patrem supra memoravimus, in lapideo sarcophago corpore quiescebat. Erat autem solitaria, sita fere in ipsa Mose ripa, ad orientalem clivum montis, quem incole Castra* (der heutige St. Pietersberg) *vocant, habens inter se et Traiectum quasi quendam limitem Jecharam* (Jeker). Die zutreffenden geographischen Angaben zeigen, daß Nikolaus den Ort aus eigener Anschauung kannte.

[63] Die Entfernung der Kirche zur Innenstadt (Liebfrauenkirche) beträgt etwa 1 km. Von der mittelalterlichen Kirche ist nichts mehr erhalten. Die an der Stelle der 1748 zerstörten romanischen Kirche St. Pieter errichtete Kapelle St. Lambert wurde bei der Anlage des Kanals Lüttich–Maastricht 1847 abgebrochen und durch einen weiter westlich gelegenen Bau ersetzt, vgl. KALF Monumenten S. 756 und 766 sowie auch SPRENGER, Fundamentresten Sp. 143 ff.

[64] VAN DOORSELAER, Repertorium S. 325. Die Gräber stammen aus dem 1. bis 4. Jh.

[65] SPRENGER, Fundamentresten Sp. 146 ff. Zwei Sarkophage, die zu Beginn des 17. Jh.s bei Nachforschungen anläßlich der Anlage eines Grabes unter dem Lambertsaltar und im Seitenschiff der romanischen St. Pieterskirche gefunden wurden, blieben, da sie für die Sarkophage des Lambert und seiner Familie gehalten wurden, nach dem Abbruch der Kirche im 19. Jh. erhalten. Über den Verbleib von 12 weiteren 1847 gefundenen Steinsarkophagen ist nichts bekannt. Die beiden Sarkophage sind aus Jura-Kalkstein aus dem Obermaasgebiet. Die Datierung des einen Sarkophages in „de tijd van Sint Lambertus" ist nach SPRENGER durch die starke Ähnlichkeit mit einem bei Villey-Saint-Étienne bei Toul gefundenen, von SALIN, La civilisation 2 S. 170 f. in das 7./8. Jh. datierten Sarkophag gesichert, während der zweite Sarkophag möglicherweise etwas jünger ist.

[66] Hadrian IV. bestätigte 1158 dem Marienstift in Maastricht u. a.: *Ecclesiam sancti Petri cum decima ipsius ville*, FRANQUINET, O. L. Vrouwekerk 1 Nr. 45 S. 10 = JL 10377.

[67] *Erat autem solitaria ...*, vgl. Anm. 62; zur ursprünglichen Lage der Kirche vgl. auch SPRENGER, Fundamentresten Sp. 143.

[68] Der Ort ist erstmals in der Besitzbestätigung Hadrians IV. von 1155 Juli 24 für das Bistum Lüttich bezeugt, BS 1 Nr. 45 S. 75.

[69] Die Kirche gelangte vor 1157 durch Schenkung eines wohl als Wazo zu deutenden *Mezonis episcopi* an das Maastrichter Liebfrauenstift, FRANQUINET, O. L. Vrouwekerk 1 S. 9 Anm. 4. Nur eine eingehende Untersuchung der späteren Besitzverhältnisse, die hier nicht vorgelegt werden kann, könnte zeigen, ob Rückschlüsse darauf möglich sind, inwieweit Kirche und Grundherrschaft St. Pieter zu dem ältesten Besitz der Lütticher Bischöfe in Maastricht gehörten oder

an St. Pieter, die Auffindung fränkischer Sarkophage im Inneren der Kirche und die abgesonderte Lage in Verbindung mit der Bedeutung für den Ort St. Pieter lassen auf ein hohes Alter der Kirche schließen. St. Pieter war im 12. Jahrhundert offensichtlich die einzige Maastrichter Kirche, auf die die Nachricht der ältesten Lambertsvita über den Bestattungsort des Lambert bezogen werden konnte[70]. Da sich für die Annahme einer frühmittelalterlichen Kirche in Maastricht, die im 12. Jahrhundert nicht mehr als Grabeskirche des Lambert bekannt war, keine Anhaltspunkte ergeben, die Identität der *basilica sancti Petri* mit der Servatiuskirche wenig wahrscheinlich ist und die Nachrichten zur Geschichte von St. Pieter durchaus mit den Angaben des Nikolaus zu vereinbaren sind, besteht kein Grund, die Lokalisierung der ersten Grablege des Lambert durch Nikolaus in St. Pieter in Frage zu stellen[71].

Daß Lambert an der gleichen Stätte wie sein Vater beigesetzt wurde, läßt auf die Bedeutung der Kirche als Familiengrablege schließen. Worauf die engen Beziehungen dieser vornehmen Maastrichter Familie zu der *basilica sancti Petri* gegründet waren, ist nicht mehr sicher anzugeben. Identifiziert man sie mit der vor der Stadt gelegenen Kirche St. Pieter, so ist es nicht unwahrscheinlich, daß die Familie des Lambert im Besitz der Kirche war und vielleicht sogar zu ihren Stiftern zählte.

b) Die Erziehung des Lambert

Als Vorlage für die Angaben zur Erziehung des Lambert benutzte der Autor die Vita Fursei[72]. Neben lokal bedingten Abweichungen finden sich an eigenen Nachrichten vor allem Mitteilungen über die Erziehung und den

---

erst später an Lüttich kamen. Eine sichere Beurteilung der bei Jean de Warnant (1. Hälfte 14. Jh.) faßbaren Tradition zu St. Pieter, daß der Ort *quondam fuerat hereditas S. Lamberti ex parte suorum parentum,* zitiert nach KRUSCH, SS rer. Merov. 6 S.428 Anm.5, dürfte jedoch kaum mehr möglich sein. HARDENBERG, Vroenhof S.41 vermutet aufgrund dieser Nachricht, daß St. Pieter im 8. Jh. „als het patrimonium van de Heilige Lambertus aan de Luikse kerk is gekomen".

[70] Die Lokalisierung der Grabeskirche des Lambert, die Nikolaus im Gegensatz zu den drei früheren Bearbeitern der ältesten Lambertsvita bringt, entspricht dem mehrfach zu beobachtenden Interesse dieses Autors an der Mitteilung geographischer Einzelheiten, vgl. dazu VAN DER ESSEN, Étude S.48. Daß der Lütticher Autor die Grablege in der Kirche St. Pieter lokalisierte, weil diese neben St. Marien die einzige Maastrichter Kirche in Lütticher Besitz war, kann vermutet werden, ist aber wenig wahrscheinlich.

[71] EWIG, Kirche und Civitas S.47 weist darauf hin, daß das Apostel- oder Petruspatrozinium „bei den bischöflichen Grabkirchen besonders früh und häufig auftrat"; in Metz und Reims lassen sich im 7./8. Jh. jeweils mehrere Peterskirchen nachweisen, ebd. S.51 Anm.16 und S.53 Anm.24.

[72] Vita Fursei cap.1 S.435: *summis etiam sacerdotibus per divinam gratiam providentibus, sacris litteris et monasticis erudiebatur disciplinis.* KURTH, Le Vita S.332f. stellte gegen KRUSCH, Vorrede S.310 und 355f. die Abhängigkeit der Vita Landiberti von der Vita Fursei in Frage; seine zur Begründung angegebene Gegenüberstellung der Texte enthält jedoch nur die weniger

Dienst des Lambert am königlichen Hofe. Es heißt, Lambert sei von seinem Vater dem Maastrichter Bischof Theodard zur geistlichen Erziehung *in aula regia* anvertraut worden, er habe *tam cum pontifice quam et in domo regia* zur Zufriedenheit aller gedient [73]. Über die Erziehung von Geistlichen durch Bischöfe am merowingischen Königshof liegen sonst keine Nachrichten vor [74]. Die Angaben der Vita Landiberti wurden verschieden gedeutet. Vacandard nimmt an, daß Lambert während seines Aufenthaltes am Hofe von Theodard für sein geistliches Amt vorbereitet wurde [75]. Nach Kurth und Van der Essen wurde Lambert in Maastricht erzogen, wo der König zu jener Zeit öfters residiert habe [76]. Krusch vermutete, daß Lambert bei dem Bischof für den geistlichen Beruf, am königlichen Hofe für die Übernahme weltlicher Ämter ausgebildet wurde [77].

Die Angaben der Vita über die Stellung des Lambert am Hofe sind wenig deutlich. Sie sind auf die allgemeine Mitteilung der Ausbildung *in aula regia* bzw. *in domo regia* beschränkt. Die Beziehung zu dem Maastrichter Bischof wird in den Vordergrund gestellt: ihm wurde Lambert anvertraut; die Gunst des Theodard erwarb er sich in so hohem Maße, daß dieser ihn gerne zu

---

signifikanten Passagen. Die Abhängigkeit der Vita Landiberti wird vor allem durch den Vergleich des in beiden Viten an die Nachricht über die Erziehung anschließenden Tugendkataloges gesichert. Den Bericht der Vita Eligii I, 3 S. 671 über die Ausbildung des Eligius bei einem Goldschmied übernahm der Autor der Vita Landiberti, soweit er es mit seiner Vorstellung über die Erziehung des Lambert vereinbaren konnte, cap. 2 S. 355. Er spricht abweichend von seiner Vorlage von *viros sapientes et sthoricos*, denen Lambert als Kind zur geistlichen Erziehung anvertraut worden sei, und schließt sich dann, da die Vita Eligii zunächst ausführlich die weltliche Karriere des Heiligen beschreibt, dem Bericht der Vita Fursei über die geistliche Ausbildung des Furseus an. Im Gegensatz zu der Vita Fursei gibt er jedoch den Namen und die Stellung des geistlichen Erziehers an.

[73] Cap. 3 S. 355 f.: *Eo tempore oppido Treiectinse cathedra pontefícale praesedebat summus pontefex Theodoardos. Divine dispensatione providente, protinus pater eius commendavit eum ad iam dicto antestite, divinis dogmatibus et monasticis disciplinis in aula regia erudiendum. Erat enim adulsicens sapiens, aspectu amabilis, conloquio affabilis; recta conversatione tam cum pontifice quam et in domo regia militare coepit, ita ut omnes homines erat conformes.*

[74] Eine Zusammenstellung von Nachrichten über die Erziehung von Söhnen vornehmer Familien am merowingischen Hofe bringt VACANDARD, La schola S. 497, der die Aufgabe der Hofschule folgendermaßen umschreibt: „Ce programme comportait évidement toutes les sciences préparatoires aux carrières publiques, soit domestiques, soit politiques, soit militaires." Ähnlich äußert sich dazu RICHÉ, Éducation S. 284. Für ihre Ansicht, daß am Königshof Angehörige führender Familien unter Leitung eines Bischofs auch für den geistlichen Beruf ausgebildet wurden, führen WAITZ, Verfassungsgeschichte 2,2 S. 110 und FLECKENSTEIN, Hofkapelle 1 S. 7 nur das Zeugnis der Vita Landiberti an.

[75] VACANDARD, La schola S. 496. Es handelt sich um den einzigen Beleg für geistliche Ausbildung am Hofe; VACANDARD scheint ihn so zu deuten, daß Lambert neben der weltlichen Ausbildung am „palais royal" zugleich auch die Vorbereitung für ein geistliches Amt erhielt.

[76] KURTH, Saint-Lambert Sp. 114; VAN DER ESSEN, Théodard Sp. 753: „Il (sc. Théodard) fut, à Maestricht, l'éducateur de saint Lambert, au moment où la cour mérovingienne semble avoir résidé en cette ville."

[77] KRUSCH, Vorrede S. 299. Ähnlich SUYSKENS, Vorrede S. 524, der annimmt, Theodard habe Lambert sowohl für den geistlichen Beruf wie für den Königsdienst ausgebildet.

seinem Nachfolger bestimmt hätte[78]. Die Vita enthält keine Anhaltspunkte dafür, daß Lambert als Inhaber eines Hofamtes oder als Angehöriger der Hofgeistlichkeit[79] zum Bischof erhoben wurde. Die Zustimmung des Königs zu seiner Kandidatur erfolgte, nachdem die Großen *regi famam beati viri innotuerunt*[80]. Diese Nachricht steht in Gegensatz zu der Angabe über den früheren Aufenthalt des Lambert am Königshof[81].

Die Nachrichten über die geistliche Erziehung des Lambert *in aula regia* sind mit den übrigen Angaben der Vita und dem, was über die Hofschule bekannt ist, kaum zu vereinbaren. Es liegt nahe, sie auf das in dem Bericht über das Verhältnis des Lambert zu Childerich II. deutlich faßbare Bestreben des Autors zurückzuführen, das Ansehen des Heiligen durch die Angabe enger Beziehungen zum König zu steigern[82]. Andererseits zeigen die weiteren Nachrichten über die Ausbildung des Lambert, daß der Autor dem Aufenthalt in der Umgebung des Maastrichter Bischofs Theodard die größere Bedeutung zukommen ließ. Hier wäre zu fragen, ob diese Angaben nicht lediglich dazu dienten, die guten Voraussetzungen des Lambert für die Übernahme des Bischofsamtes aufzuzeigen. Hält man sie für glaubwürdig[83], so ist ihnen zu entnehmen, daß Lambert für den geistlichen Stand bestimmt wurde und seine Ausbildung an der Maastrichter Domschule unter Theodard erhielt[84]. Dies könnte Rückschlüsse darauf zulassen, daß zwischen dem Bischof von Maastricht und der Familie des Lambert zur Zeit des Theodard gute Beziehungen bestanden[85].

c) Erhebung, Exil und Wiedereinsetzung des Lambert

Nach Darstellung der Vita führten die Wahl durch einen Teil der Gemeinde, die Billigung der Kandidatur durch die Großen am Hofe und die Zustimmung

---

[78] Im Anschluß an den Anm. 73 zitierten Bericht und nach einigen Wendungen zum Preis des Lambert heißt es: *Tanta gratia in conspectu pontificis invenire meruit, ut quasi filium heredem et successorem sibi eum elegere adoptabat, se licitum ei fuisset propter institutionem canonicam.*

[79] Vgl. dazu FLECKENSTEIN, Hofkapelle 1 S. 6 ff. und CLAUDE, Bischöfe S. 50 mit Anm. 251.

[80] Vgl. Anm. 86.

[81] Hierauf macht GRAUS, Volk, Herrscher und Heiliger S. 366 Anm. 371 aufmerksam.

[82] Vgl. S. 254 mit Anm. 88.

[83] Sie gewinnen an Glaubwürdigkeit durch die Tatsache, daß der Autor, der in der Angabe der Königsnähe ein Mittel zur Steigerung des Ansehens des Heiligen sah, mit seinem Bericht über die geistliche Erziehung des Lambert deutlich von seiner hauptsächlichen Vorlage, der Vita Eligii, abwich, in der die Karriere des Eligius am Königshof vor seiner Bischofserhebung ausführlich geschildert wird, vgl. Anm. 72.

[84] Offensichtlich aus den Viten des Lambert und Hugbert schließt RICHÉ, Éducation S. 328 auf die Existenz einer „école épiscopale" in Tongern-Maastricht.

[85] Die erstmals in der Translatio s. Landoaldi faßbare Tradition über die Erziehung des Lambert durch den römischen Erzpriester Landoald in Wintershoven, vgl. oben S. 68, ist nicht glaubwürdig. Sie diente dazu, das Ansehen des bisher wenig bekannten Lokalheiligen Landoald durch die Angabe zu steigern, er sei der Lehrer eines berühmten Heiligen gewesen.

Childerichs II. zur Einsetzung des Lambert in Maastricht[86]. Abgesehen von dem Satz über die Zustimmung des Königs, der wörtlich der Vita Eligii entnommen ist[87], besteht der Bericht aus eigenen Angaben des Autors. Die Schilderung der Wahl und der Beteiligung der Großen enthält zwar Preisungen des Heiligen, die Nachrichten selbst sind aber im Gegensatz zu dem anschließenden Bericht über die Stellung des Bischofs am Hofe[88] kaum aus dem hagiographischen Anliegen der Vita abzuleiten.

Die Wahl des Lambert erfolgte durch eine *copiosa multitudo virorum, regionem illam habitantes*. Daß mit dieser Angabe nicht allgemein die Gemeinde, sondern ein bestimmter Personenkreis bezeichnet werden sollte, zeigt der Vergleich mit dem Sprachgebrauch in dem Bericht über die Wiedereinsetzung des Bischofs[89]. Von einer Mitwirkung des Klerus bei der Wahl ist nicht die Rede. Mit den *viri* dürften vor allem Große aus Maastricht und Umgebung gemeint sein[90]. Die Zustimmung Childerichs II. verdankte Lambert nach Ansicht des Autors den maßgeblichen Kreisen am Hofe. Sie unterrichteten den König über den Kandidaten und entschieden über dessen Wür-

---

[86] Cap. 4, S. 356 f.: *Interfecto itaque prefato antestite Theodoardo, copiosa multitudo virorum, regionem illam habitantes et cognuscentes Landiberti prudentiam, fidem et opera adque conversationem nobilissimam, clam locutionem in invicem elegere eum disponebant ad ponteficalem sedem. Ergo optimati viri et inlustrissimi, qui eo tempore rectores palatii videbantur, glorioso domno Childerico regi famam beati viri innotuerunt, et actus eius non silentis, testimonium perhibentis, ut dignus erat sacerdotium fungere et onus pontificale accipere. Habuit itaque effectum eorum peticio; libenter obtinuerunt, quod devoti postolaverunt. Tunc omnis plebs, in Spiritu sancto unum acceptum consilium et simul cum regis imperium, favente Domino, a quo iam dudum aelectus erat, subrogatus est, ut preesset aecclesiae Treiectinse.*

[87] Vita Eligii II, 1 S. 695: *Habuit itaque effectum eorum pia petitio, et libenter obtinuerunt, quod devote rogaverunt. Tunc ergo placuit omnibus, uno in Spiritu sancto accepto consilio simul cum regis imperio, ut nullus, praetio dato, ad sacerdotale officium admitteretur...* Von dem Bericht über die Erhebung des Eligius (II, 2 S. 695) wurde in die Vita Landiberti nur die Wendung *ut praeesset ecclesiae* (sc. *Noviomagensi*) übernommen. Bei der ansonsten starken Anlehnung des Autors an seine Vorlage in diesen Sätzen kommt seinen selbständigen Nachrichten besondere Bedeutung zu.

[88] Cap. 4 S. 357: *Porro rex cum almitatem et prudentiam eius percunctasset, diligebat illum super omnis pontefices et obtimatibus suis.* Nach einer ausführlichen Preisung der äußeren Erscheinung des Lambert heißt es dann weiter: *Erat enim et consiliarius fortis et omnem sapientiam cum cura et moderatione gerebat. Apud regem summum tenebat locum.* Ob Lambert nach seiner Amtsübernahme tatsächlich ein besonderer Vertrauter des Königs war, muß offenbleiben. Wahrscheinlicher dürfte sein, daß lediglich die Preisung der Tugenden des Lambert (*almitas, prudentia, sapientia, moderatio*) durch die Angabe königlicher Anerkennung gesteigert werden sollte. Hält man diese Angabe für glaubwürdig, so offensichtlich KRUSCH, Vorrede S. 300, so wäre sie als ein weiterer Hinweis auf die Gegnerschaft des Lambert zu dem karolingischen Hause zu werten.

[89] Cap. 7 S. 361: *agmina clericorum et vulgus populorum* beteten für die Rückkehr des Lambert. Weiter heißt es: *Et iam longum est aenarrare, quanta exultatio in universo populo adfuit, quante laudes et hymni in adventum eius tripudiati sallebant sacerdotes cum levitis, monachorum agmina et universi cleri.*

[90] Zur Beteiligung weltlicher Großer an der Bischofswahl vgl. CLAUDE, Bischöfe S. 21 ff.

digkeit[91]. Die führende Persönlichkeit am Hofe Childerichs II. war Wulfoald[92]. Auf ihn vor allem ist die Angabe zu beziehen: *optimati viri et inlustrissimi, qui eo tempore rectores palatii videbantur*[93]. Wie die Zustimmung der Großen zu seiner Kandidatur zeigt, besaß Lambert das Vertrauen der *rectores palatii*, d. h. er galt als Anhänger der von Wulfoald getragenen Regierung Childerichs II. Damit ist es sehr wahrscheinlich, daß Lambert als Angehöriger einer der mächtigsten Maastrichter Familien vor 675 auf seiten der Gegner des karolingischen Hauses stand[94]. Bei

---

[91] Vgl. Anm. 86. Angesichts des zunehmenden Einflusses des Hausmeiers und der Großen auf die Neubesetzung der Bistümer im 7. Jh., vgl. dazu CLAUDE, Bischöfe S. 54 ff., liegt es nahe, aus dieser Angabe zu schließen, daß die Entscheidungsgewalt über die Nachfolge des Theodard allein bei den Großen lag und daß die königliche Bestätigung der Kandidatur lediglich ein formaler Akt war.

[92] Dies ist aus den Nachrichten des LHF zu 662 (cap. 45 S. 317: *Childericum itaque, alium fratrem eius, in Auster una cum Vulfoaldo duce regnum suscipere dirigunt*) und 673 (cap. 45 S. 318: *In Auster propter Childericum mittentes, accomodant. Et una cum Vulfoaldo duce veniens, in regno Francorum elevatus est*) zu schließen. Als Hausmeier ist Wulfoald nach der Erhebung Childerichs II. in Neustrien in zwei Urkunden dieses Königs von 673 für Fontanelle und Montier-en-Der bezeugt, die in Auszügen in der Vita Lantberti abbatis cap. 3 S. 610 bzw. in der Vita s. Bercharii, vgl. LEVISON, Merowingerdiplome S. 757, erhalten sind. Weitere Belege für seine Stellung als Hausmeier sind die Passio Praeiecti cap. 22 und 25 S. 238 und 241, und die Passio Leodegarii I cap. 9 S. 291. Daß Wulfoald vor 673 austrasischer Hausmeier unter Childerich II. war, wird u. a. von LEVILLAIN, La succession S. 74, DUPRAZ, Regnum Francorum S. 167 und EWIG, Teilreiche S. 123 angenommen. Nachrichten zur Beurteilung der Angaben des nicht immer zuverlässigen LHF über Wulfoald vor 673 fehlen. Hält man an dem Titel *dux* für Wulfoald fest, so liegt die Annahme nahe, daß nach dem Sturz des Grimoald in Austrasien – ähnlich wie bei der Einsetzung Sigiberts III 633/34, dazu Fredegar IV, 75 S. 159: *Chunibertum Coloniae urbis pontevecem et Adalgyselum ducem palacium et regnum gobernandum insteuit* (sc. Dagobert I.) – zusammen mit Childerich II. kein Hausmeier eingesetzt wurde. EBLING, Prosographie S. 241 weist Wulfoald die „Rolle des ersten Beraters" am Hofe Childerichs II. nach 662 zu.

[93] So auch KRUSCH, SS rer. Merov. 6 S. 356 Anm. 4, der darauf hinweist, daß bereits in der Passio Leodegarii I cap. 12 S. 294: *hii qui videbantur esse primi palatii*, und cap. 20 S. 301: *primi et quasi rectores palatii*, die Bezeichnung für den Hausmeier (ebd. cap. 4 S. 286: *Ebroinus, ut dicimus maiordomus, qui sub rege Chlothario tunc regebat palatium*) allgemein auf die Großen am Hofe bezogen wird. Sachlich ändert sich durch die Anwendung dieser Bezeichnung auf einen größeren Personenkreis nichts, da in jedem Fall auch der Hausmeier – bzw. unter Childerich II. als führende Persönlichkeit am Hofe der *dux* Wulfoald – mit eingeschlossen ist.

[94] Direkte Nachrichten über das Verhältnis des Wulfoald zu den Arnulfingern-Pippiniden sind nicht überliefert. EWIG, Teilreiche S. 122 nimmt an, daß Wulfoald an der Spitze der austrasischen Opposition gegen Grimoald stand. Daß Wulfoald als Vertrauter der neustrischen Regierung, die Grimoald stürzen ließ, ein Gegner der frühen Karolinger war, ist sehr wahrscheinlich. In die Zeit, in der Wulfoald die führende Stellung in Austrasien innehatte, fallen die weitgehende politische Entmachtung der Arnulfinger-Pippiniden und ihre Zurückdrängung aus ihren Einflußbereichen um Stablo-Malmedy, vgl. dazu oben S. 107, und Nivelles. Zu letzterem heißt es in der Vita s. Geretrudis cap. 6 S. 460, nachdem Grimoalds Tochter Wulfetrude die Leitung des Klosters Nivelles übernommen hatte, *contigit autem ex odio paterno, ut reges, reginae, etiam sacerdotes per invidiam diaboli illam* (sc. *Vulfetrudem*) *de suo loco primum per suasionem, postmodum vellent per vim trahere, et res Dei, quibus benedicta puella praeerat, iniquiter possiderent.* Die Nachricht bezieht sich auf denselben Personenkreis, der auch in der die Neuabgrenzung des Forstes um Stablo-Malmedy betreffenden Urkunde von 669/70 begegnet: *Childericus rex Francorum, Emnehildis et Bilihildis, gratia Dei reginae*, D Mer 29 S. 28 = HR 1 Nr. 6 S. 20. Die Maß-

den Großen, die die Kandidatur des Lambert durchsetzten, ist die gleiche Parteinahme zu vermuten. Die Bischofserhebung des Lambert fällt in die Zeit zwischen 669/70 [95] und Mitte 675 [96].

Im fünften Kapitel der Vita wird berichtet, Lambert sei nach der Ermordung Childerichs II. (11.8./14.11.675) abgesetzt worden. Während die Gegner des Lambert einen Pharamund zum Bischof von Maastricht erhoben, habe sich Lambert nach Stablo begeben [97]. Dort habe er sich sieben Jahre lang aufgehalten [98].

Der Sturz des Lambert stand in Zusammenhang mit den Ereignissen nach dem Tode Childerichs II. Dies ist dem Bericht deutlich zu entnehmen. Offen bleibt jedoch, von wem und aus welchen Gründen Lambert abgesetzt wurde. Es ist lediglich von *adversarii sevissimi* [99] bzw. von *iniqua et falsa consilia* die Rede. *Sine causa* und *absque culpa* sei Lambert seines Amtes enthoben wor-

---

nahmen Childerichs II. gegenüber den Arnulfingern-Pippiniden sprechen deutlich auch für eine Gegnerschaft Wulfoalds gegenüber den frühen Karolingern. Das Urteil von STAAB, Gesellschaft S. 307: „Da Wulfoald die Anhänger des gestürzten Grimoald offenbar schonte, kam es zwischen seiner Gruppe und den Arnulfingern und Pippiniden zu einer recht guten Zusammenarbeit", kann sich demgegenüber nicht auf sichere Argumente stützen und dürfte historisch kaum wahrscheinlich sein.

[95] Der Vorgänger des Lambert, Theodard, ist zuletzt in der Urkunde Childerichs II. von 669/70 bezeugt, vgl. oben S. 236.

[96] Childerich II. wurde in der Zeit zwischen dem 11.8. und dem 14.11.675 ermordet. Datierung nach LEVISON, Nekrologium S. 47. DUPRAZ, Essai S. 560f. setzt den Tod Childerichs II. zwischen dem 18.10. und dem 10.11./9.12.675 an.

[97] Cap. 5 S. 357f.: *Igitur cum interfectus fuit ab impiis gloriosus rex Childericus, tunc invidus omnium bonorum diabolus festinus insurrexit contra beatum virum, adversarios sevissimi iniqua et falsa consilia machynantes, ut eum de sede pontificale eiecerunt. Ita prevaluit iniquitas eorum, deposuerunt eum de sedem suam sine causa, et privatus est de honus suum absque culpa. Post hec Pharamundo in cathedra illius constituerunt. Electus Dei Landibertus pontefex perrexit ad monastirium qui vocatur Stabolaus, nec amplius in obsequium eius remanserunt quam duo pueri.*

[98] Ebd.: *per annus septem ibidem vitam sanctam et angelicam conversationem duxit.* Die Jahresangabe wird in dem Bericht über die Rückkehr des Lambert wiederholt, vgl. unten S. 263. Nach Angaben der Vita hielt sich Lambert freiwillig in Stablo auf; dies bemerkt BAIX, Saint Remacle S. 198 Anm. 1 zu Recht gegen DUPRAZ, Regnum Francorum S. 364f. Die Bemerkung der Vita: *in omnem custodiam sanctorum exempla imitatus* kann nicht als Hinweis auf eine Klosterhaft gelten; vielmehr ist hier das Wort *custodia* ähnlich wie in der Vita s. Geretrudis cap. 6 S. 459 als klösterliche Disziplin zu deuten. Der Bericht der Vita über Lamberts Aufenthalt in Stablo zeigt deutlich, daß der Autor diese Phase aus dem Leben des Lambert zum Anlaß nahm, die Vollkommenheit der monastischen Tugenden seines Heiligen zu preisen. Daß die Erklärung des Klosteraufenthaltes als Inhaftierung diesem Anliegen wenig entsprach, liegt auf der Hand. Man wird deshalb den Bericht der Vita nicht als eindeutiges Zeugnis dafür werten können, daß Lambert im Exil Stablo freiwillig aufsuchte. Das allgemeine Verfahren in der fränkischen Zeit, abgesetzte Bischöfe in ein Kloster zu verweisen, und die Tatsache, daß Lambert im Gegensatz zu Pharamund, vgl. unten Anm. 131, nicht aus der Diözese vertrieben wurde und daß jeglicher Hinweis auf eine Exulierung fehlt, sprechen dafür, den Aufenthalt des Lambert in Stablo als Klosterhaft zu betrachten.

[99] Ob der Autor sich hier im Falle einer Anspielung auf die frühen Karolinger oder Ebroin vorsichtiger bzw. deutlicher geäußert hätte, ist wohl kaum anzugeben.

den. Zur Person des Pharamund finden sich keine näheren Hinweise [100]. Hingegen werden Ort und Dauer der Klosterhaft mitgeteilt [101]. Das Exil des Lambert kann danach in den Zeitraum von 675/76 bis 682/83 datiert werden.

Erklärungen für den Sturz des Lambert finden sich erst in der späteren Lütticher Überlieferung. Nach Angaben der Annales Lobienses soll Lambert auf Betreiben des Kölner Bischofs abgesetzt worden sein [102]. Diese Nachricht läßt sich nicht weiter nachprüfen [103]. Sie wurde in den Lambertsviten des Sigebert und Nikolaus übernommen, jedoch stark zugunsten der Angabe abgeschwächt, Lambert sei wegen seiner Parteinahme für Childerich II. von Ebroin vertrieben worden [104]. Dieser Erklärung liegt deutlich das Bestreben zugrunde, Lambert an die Seite des Leodegar von Autun zu stellen [105]. Beide Versionen über den Sturz des Lambert wurden in der neueren Forschung übernommen.

---

[100] Außerhalb der Vita ist über Pharamund nichts bekannt. Er wird in den Lütticher Bischofslisten nicht genannt, erscheint aber zwischen Theodard und Lambert in einem von Jocundus überlieferten Bischofskatalog aus Maastricht, SS 12 S. 126. In Nachrichten aus dem 11. und 12. Jh., wonach Pharamund ein Kölner Kleriker gewesen sei, ist eine Weiterentwicklung der Tradition über die Schuld des Kölner Bischofs am Sturz des Lambert zu sehen, vgl. Anm. 102. Eine Identität mit dem in der Kölner Bischofsliste zwischen Anno (unter Dagobert III. 711–715) und Aldwin (unter Theuderich IV. 721–734) eingereihten Faramund ist nicht wahrscheinlich, vgl. EWIG, Beobachtungen S. 15 und 35.

[101] Vgl. Anm. 98. Für die Nachricht über das siebenjährige Exil Lamberts – die Zahl Sieben dürfte hier wohl kaum in symbolischer Bedeutung verwandt sein – beruft sich der Autor zweifellos auch auf das Zeugnis des Theodoin, der einer der beiden Begleiter des Lambert in Stablo-Malmedy gewesen war, vgl. oben Anm. 3. Man wird somit auch die Jahresangabe unbedenklich übernehmen dürfen.

[102] S. 226: *Sed interfecto Hildrico, etiam sanctus Lantbertus factione Coloniensis episcopi propter invidiam ex episcopatu eicitur, et Theodericus in regno revocatur.*

[103] Sie gehört zu den Zusätzen eines wahrscheinlich Lütticher Bearbeiters der Annalen aus dem 10. Jh., vgl. oben S. 48. An dem Eintrag über das Martyrium des Lambert konnte ebd. gezeigt werden, daß der Autor ältere Nachrichten um mündliche Traditionen von geringer Glaubwürdigkeit erweitert und sie damit größtenteils entstellt hat. Gegenüber dem Urteil von EWIG, Civitas Ubiorum S. 26 Anm. 68, es bestehe „gegen die überlieferte Nachricht kein Verdachtsgrund", muß offenbleiben, ob der Mitteilung der Annalen außer den Angaben der ältesten Lambertsvita über den Sturz des Lambert ein historischer Kern zugrundeliegt, oder ob es sich mehr um eine Spitze gegen den zuständigen Erzbischof handelt, wie KRUSCH, SS rer. Merov. 6 S. 357 Anm. 2 vermutet und wie es auch der Wortlaut nahelegt. Die Nachricht wird von OEDIGER, Regesten 1 Nr. 55 S. 28 verworfen; vgl. auch DENS., Geschichte S. 78.

[104] Bei Sigebert cap. 10 S. 394 f. heißt es: *Fertur Coloniensis episcopus conspirasse huic pravorum* (sc. Ebroin und die ihm ergebenen Bischöfe) *factioni, zelo invidiae ductus et primores populi, huius pecunia, ad odium Lamberti concitasse, qui etiam clericum ecclesiae suae Faramundum ad episcopatum Traiectensem contra ius et fas passus est promoveri.* Die Nachricht der Vorlage wird einerseits abgeschwächt, andererseits aber wird die gegen Köln gerichtete Tendenz verschärft. Zurückhaltender äußert sich unter Verwendung der Vita des Sigebert Nikolaus cap. 8 S. 412 f.: *et Faramundum quendam ut dicunt, Coloniensem clericum, calcata omni sacrorum canonum reverentia, illuc obtrudendo violenter intronizavit* (sc. Ebroin).

[105] Sigebert, wie Anm. 104, verwendet den Bericht der Passio Leudegarii II cap. 16 S. 338 über die auf Betreiben des Ebroin einberufene Synode zur Absetzung des Leodegar. Nikolaus, wie Anm. 104, erwähnt unter den von Ebroin verfolgten Bischöfen Leodegar vor Lambert.

Während Ewig Auseinandersetzungen zwischen den Bischöfen von Köln und Maastricht als Hintergrund für die Vertreibung des Lambert vermutet[106], sehen Hauck, Baix, De Moreau u. a. in der Absetzung des Bischofs eine Maßnahme des Ebroin[107]. Dupraz hält es für wahrscheinlich, daß sich die Gegner des Lambert „dans le clan des Pippinides et dans l'entourage d'Ebroin" befanden[108].

Aus den wenigen Nachrichten zur Situation in Austrasien nach der Ermordung Childerichs II.[109] geht hervor, daß sich Ende 675 / Anfang 676 mit den Anhängern des Wulfoald und Dagoberts II.[110] auf der einen und den Parteigängern des Ebroin und des Scheinkönigs Chlodwig[111] auf der anderen Seite

---

[106] EWIG, Köln S. 240 und DERS., Civitas Ubiorum S. 26 Anm. 68 nimmt an, die Vertreibung des Lambert als eines Parteigängers Childerichs II. sei durch einen Kölner Bischof im Einvernehmen mit den Arnulfingern erfolgt.

[107] HAUCK, Kirchengeschichte 1 S. 372, BAIX, Stavelot-Malmédy 1 S. 44, DERS., Saint Hubert S. 202, DE MOREAU, Histoire 1 S. 94f., VAN DER ESSEN, Saints S. 66.

[108] DUPRAZ, Regnum Francorum S. 365.

[109] Vgl. dazu allgemein KRUSCH, Vorrede zu seiner Ausgabe der Passiones Leudegarii S. 251 ff., LEVILLAIN, La succession S. 73 ff., DUPRAZ, Regnum Francorum S. 99 ff., 363 ff., EWIG, Teilreiche S. 129 ff., FISCHER, Ebroin S. 142 ff. und SCHNEIDER, Königswahl S. 165 ff.

[110] Nach DUPRAZ, EWIG und FISCHER, wie Anm. 109, gilt es als sicher, daß Wulfoald Dagobert II. aus Irland zurückrufen ließ und dessen Hausmeier wurde. Es muß demgegenüber betont werden, daß dies nirgends in den Quellen direkt bezeugt ist, sondern daß es sich lediglich um einen Schluß von allerdings großer Wahrscheinlichkeit handelt. Da der im folgenden zu entwerfenden Hypothese über die Ursachen für den Sturz des Lambert die Annahme einer führenden Stellung des Wulfoald unter Dagobert II. zugrunde liegt, ist kurz auf die Quellengrundlage hinzuweisen. Aus der Zeit nach 675 sind nur zwei Nachrichten über Wulfoald bekannt: LHF cap. 45 S. 318: *Vulfoaldus quoque per fugam vix evasit, in Auster reversus* (nach der Ermordung Childerichs II.); ebd. cap. 46 S. 319 f.: *decedente Vulfoaldo de Auster Martinus et Pippinus iunior ... decedentibus regibus, dominabantur in Austria*. Aus diesen Nachrichten ist zu schließen, daß Wulfoald nach seiner Flucht aus Neustrien noch einige Zeit eine führende Stellung in Austrasien innehatte. Von 2.4./1.7.676 bis 23.12.679 war Dagobert II. König in Austrasien, vgl. LEVISON, Nekrologium S. 37. Über die Rückkehr Dagoberts II., des von Grimoald nach Irland verbannten Sohnes Sigiberts III., nach Austrasien berichtet die Vita Wilfridi cap. 28 S. 221, *amici et propinqui* des verbannten Königs hätten sich mit der Bitte um seine Rückführung an Wilfrid von York gewandt. LEVILLAIN, La succession S. 79 und DUPRAZ, Regnum Francorum S. 101 mit Anm. 2 vermuten unter den *propinqui* die Mutter Dagoberts II., Chimnechild, die bis 670 die Regentschaft für Childerich II. geführt hatte. Da einerseits in der Vita Wilfridi mehrfach von der Feindschaft des Ebroin zu Wilfrid wegen der Rückführung Dagoberts II. die Rede ist (cap. 25 und 26 sowie bes. cap. 33 S. 219 f. und 227 f.) und die Familie des Grimoald mit *inimici* bezeichnet wird (cap. 28 S. 221) und da andererseits aus den Nachrichten des LHF auf eine führende Stellung des Wulfoald in Austrasien während der Regierungszeit Dagoberts II. geschlossen werden kann, ist mit großer Wahrscheinlichkeit mit LEVILLAIN, La succession S. 79 anzunehmen, daß unter den *amici* vor allem Wulfoald und seine Anhänger zu verstehen sind. EBLING, Prosopographie S. 242 hält es für fraglich, daß Wulfoald nach 675 noch Hausmeier in Austrasien gewesen sei.

[111] Ebroin hatte sich nach seiner Entlassung aus Luxeuil und seinem mißglückten Anschlag auf Leodegar von Autun nach Austrasien begeben. In der Hauptquelle zu den Auseinandersetzungen in Neustrien nach 675, der Passio Leudegarii I cap. 19 S. 300 f. heißt es darüber: *Denique acceperunt* (sc. Ebroin und die übrigen Gegner Leodegars und Theuderichs III., darunter die in cap. 20 S. 301 namentlich genannten Bischöfe Desideratus von Chalon-sur-Saône und Bobo von

zwei einflußreiche Parteien gegenüberstanden, von denen sich die Partei des Wulfoald bis spätestens Mitte 676 in Austrasien durchsetzen konnte[112]. Ebroin gelang es, mit Unterstützung seiner austrasischen Parteigänger seine frühere Stellung in Neustrien wieder zu erlangen. Ob es neben den Anhängern des Wulfoald und des Ebroin in Austrasien noch weitere mächtige Parteiungen gab, ist ebensowenig bekannt wie die Haltung der Arnulfinger-Pippiniden um 675/76[113]. Als austrasische Verbündete des Ebroin lassen sich

---

Valence) *quendam puerolum, Chlothario fuisse confixerunt filium, hunc in partibus Austri secum levantes in regnum. Qua de re multum colligerunt hostiliter populum, eo quod veresimile videbatur esse cunctorum.* Auf dieses Heer ist die Nachricht cap. 18 S. 300 über den Überfall des Ebroin auf den in Neustrien erhobenen Theuderich III. bei Nogent-sur-Oise (dép. Oise, ar. Senlis) zu beziehen: *cum repentino superventu Ebroinus cum Austrasius.* Wie lange sich Ebroin in Austrasien aufhielt, ist nicht sicher anzugeben. LEVILLAIN, La succession S. 78, DUPRAZ, Regnum Francorum S. 367, EWIG, Teilreiche S. 129 und FISCHER, Ebroin S. 156 nehmen an, daß Ebroin aufgrund der Rückkehr Dagoberts II. nach Austrasien Mitte 676 Chlodwig fallen ließ und Theuderich III. anerkannte, dessen Hausmeier er wurde (Passio Leodegarii cap. 28 S. 309). Bei dieser Annahme ergibt sich für die gesamten Ereignisse von Ebroins Entlassung aus Luxeuil, seinem Sieg über Leodegar bis zur Anerkennung Theuderichs III. ein Zeitraum von höchstens einem Jahr. Der Aufenthalt des Ebroin in Austrasien wäre dann nur von kurzer Dauer gewesen. Eine andere Datierung schlägt KRUSCH, SS rer. Merov. 5 S. 229 Anm. 4 vor: Als Hausmeier Theuderichs III. ist Ebroin erstmals 677 September 12 bezeugt, LAUER/SAMARAN Nr. 14 S. 11 mit Anm. 3; 676 September 4 (die von KRUSCH, ebd. vorgeschlagene Datierung der Urkunde auf 676 wurde allgemein übernommen) übertrug Theuderich III. dem Kloster Bèze Besitzungen des *Adalricus dux,* der *nobis infideles apparuit et se Austrasiis consociavit,* D Mer 46 S. 43. Krusch identifiziert den Herzog mit dem in der Passio Leudegarii I cap. 26 S. 307 als Anhänger des Ebroin genannten *Chadalrico duce* (dem elsässischen Herzog Eticho), sieht in der Konfiszierung eine Maßnahme Theuderichs III. gegen einen Verbündeten des Ebroin und schließt daraus, daß Ebroin sich erst kurz vor September 677 in Neustrien durchsetzte und Hausmeier Theuderichs III. wurde. LEVILLAIN, La succession S. 79 mit Anm. 3, DUPRAZ, Regnum Francorum S. 102 und FISCHER, Ebroin S. 151 nehmen dagegen einen Parteiwechsel des Eticho von Theuderich III. und Ebroin zu Wulfoald und Dagobert II. an. EBLING, Prosopographie S. 34 scheint sich hingegen stärker der Auffassung von Krusch anzuschließen. Der Frage kann hier nicht weiter nachgegangen werden.

[112] Der Regierungsantritt Dagoberts II. in Austrasien ist nach LEVISON, Nekrologium S. 37 und KRUSCH, Chronologica S. 494 zwischen dem 2. 4. und 1. 7. bzw. 30. 6. 676 anzusetzen.

[113] DUPRAZ, Regnum Francorum S. 102 Anm. 1 und S. 366 vermutet die Pippiniden unter den austrasischen Parteigängern des Ebroin 675/76. EWIG, Teilreiche S. 129 hält die Erhebung Chlodwigs durch die Pippiniden für wahrscheinlich und spricht von einem „vierjährigen Bündnis zwischen Ebroin und den Arnulfingern", ebd. S. 134. Daß Pippin und Ebroin gemeinsam an der Ermordung Dagoberts II. beteiligt waren, wird von LEVILLAIN, La succession S. 87 f., DUPRAZ, Regnum Francorum S. 370 f. und EWIG, Teilreiche S. 134 angenommen. Der Versuch von Dupraz, diese Annahme mit den Urkunden Childerichs III. von 695, D Mer 68 S. 60 f. = LAUER/SAMARAN Nr. 25 S. 18, und Pippins III. von 754, D Karol 1 Nr. 7 S. 11 abzustützen, ist nicht überzeugend. Die Annahme eines Bündnisses zwischen den Karolingern und Ebroin 675/79 beruht strenggenommen allein auf der gemeinsamen Gegnerschaft Pippins und Ebroins zu Wulfoald – wobei diese Gegnerschaft für Pippin sogar nur erschlossen werden kann – und der „considération générale du jeu politique de l'époque", so DUPRAZ S. 370. Es erscheint fraglich, ob diese Annahme damit ausreichend abgesichert werden kann, so auch FISCHER, Ebroin S. 152 und S. 165 und STAAB, Gesellschaft S. 307. Den Quellen ist zu den Beziehungen zwischen Pippin und Ebroin nur zu entnehmen, daß es bald nach dem Tode Dagoberts II. zu Auseinandersetzungen kam, LHF, cap. 46 S. 320. Nimmt man die Ermordung Ebroins vor Anfang Mai 680 an, vgl. Anm. 135, so ergibt

einzig die *duces* Eticho und Waimar[114] fassen. Wo Wulfoald nach seiner Flucht aus Neustrien Rückhalt fand[115], läßt sich nicht angeben. Die Überlieferung reicht nicht aus, den in der Vita Landiberti angegebenen Zusammenhang zwischen dem Sturz des Lambert und der Lage in Austrasien nach der Ermordung Childerichs II. aufzuhellen. Es muß letztlich offenbleiben, ob Lambert während der Machtkämpfe 675/76 oder nach der Konsolidierung der Herrschaft des Wulfoald sein Bischofsamt verlor[116].

Bei der Frage nach Anhaltspunkten für eine Deutung der Vorgänge ist von der Tatsache auszugehen, daß die Klosterhaft des Lambert und die Amtszeit des Pharamund zu einem großen Teil in die Regierungszeit Dagoberts II. (2.4./1.7. 676 bis 23.12. 679) fielen. Zwei Erklärungen bieten sich an: Lambert wurde von Gegnern der von Wulfoald getragenen Regierung Childerichs II. vertrieben und die neue Regierung war nicht fähig, den Wechsel in der Leitung des Maastrichter Bistums rückgängig zu machen[117] – die Vertreibung des Bischofs wäre dann wohl auf Ebroin, die Pippiniden oder beide gemeinsam zurückzuführen[118] – oder aber: Lambert wurde erst unter Dagobert II. seines Amtes enthoben[119]. Daß Pippin und Ebroin sich 675 gegen Wulfoald verbündeten, muß Vermutung bleiben[120]. Es ist wenig wahrschein-

---

sich aus dem Bericht der Vita Wilfridi cap. 33 S. 227f., vgl. Anm. 121, daß Ebroin auch nach seinen Kämpfen mit Pippin Anhänger unter den Gegnern Dagoberts II. in Austrasien hatte.

[114] Der in der Passio Leudegarii I cap. 26 S. 307 als Anhänger des Ebroin genannte *Chadalricus dux* wird allgemein mit dem elsässischen Herzog Eticho identifiziert, so etwa BÜTTNER, Geschichte des Elsaß 1 S. 69, VOLLMER, Etichonen S. 142f., LANGENBECK, Probleme S. 73 f. und EBLING., Prosopographie S. 34. Zu Waimar heißt es in der Passio Leudegarii cap. 25 S. 306: *Inter ceteros* (sc. Belagerer von Autun) *dux quidem erat Campaniae, Waimeris vocatus in nomine, qui ad hoc malum perpetrandum a finibus Austri venerat cum Deidone.*

[115] Daß es Wulfoald nach seiner Flucht aus Neustrien gelang, in der Zeit zwischen Ende 675 und spätestens Mitte 676 unter einem neuen König wieder weitgehend an seine frühere Stellung in Austrasien anzuknüpfen und die Anerkennung Dagoberts II. durchzusetzen, läßt auf einen starken Rückhalt unter den austrasischen Großen schließen. EBLING, Prosopographie S. 242 vermutet unter Wulfoalds Parteigängern die „Gundoine aus dem Donatorenkreis für das Kloster Weißenburg", stützt sich hierbei aber auf nicht näher zu begründende Verwandtschaftsbeziehungen, vgl. oben S. 104 mit Anm. 16. Noch weniger überzeugend läßt sich die These von STAAB, Gesellschaft S. 307 begründen, daß Pippin, der „seinen Rückhalt in der Stellung Wulfoalds suchen" mußte, nach 675/76 auf seiten Wulfoalds gegen Ebroin gestanden habe.

[116] Die Angabe der Vita cap. 5 S. 357: *tunc* (Ermordung Childerichs II.) *invidus omnium bonorum diabolus festinus insurrexit contra beatum virum*, gestattet wohl kaum eine eindeutige Festlegung.

[117] So SUYSKENS, der in der Vorrede zu seiner Ausgabe der Lambertsviten in den AA SS Septembris 5 S. 528 f. den Sturz des Lambert auf Ebroin zurückführte und als Ursache, „cur Dagobertus tam sanctum Praesulem non revocaverit", vermutete, daß austrasische Gegner des Lambert seine Rückkehr unter Dagobert II. verhinderten.

[118] So die am häufigsten vertretene Annahme, vgl. Anm. 107.

[119] Diese Möglichkeit wird von DUPRAZ, Regnum Francorum S. 365 erwogen, der jedoch eine Beteiligung der Pippiniden und des Ebroin beim Sturz des Lambert für wahrscheinlicher hält.

[120] Vgl. Anm. 113.

lich, daß Ebroin nach seiner Rückkehr nach Neustrien über großen Einfluß im östlichen Austrasien verfügte[121].

Die Position der Arnulfinger-Pippiniden im mittleren Maasgebiet nach 675 läßt sich nicht näher bestimmen. Vor 675 scheint die Familie hier, wie die Zurückdrängung aus dem Raum um Stablo[122] und die maßgebliche Beteiligung des Wulfoald bei der Neubesetzung des Maastrichter Bistums schließen lassen, erheblich an Einfluß verloren zu haben. Als einziges konkretes Indiz für eine teilweise Rückgewinnung der früheren Positionen vor 679/80 kann die Nachricht der Annales Mettenses über den Sieg Pippins II. über Gundoin betrachtet werden[123]. Allgemeinere Überlegungen sprechen dafür, daß Pippin zu dieser Zeit unter der Führungsschicht des Maastricht-Lütticher Raums nicht ohne Anhang gewesen war[124].

Rückschlüsse auf die Stärke der Regierung Dagoberts II. ergeben sich aus der Tatsache, daß sich Dagobert in einem Krieg gegen Theuderich III. 675/77 behaupten konnte, und daß er, wie sein Angebot an Wilfrid von York 678 zeigt, über die Besetzung von Bistümern verfügte[125]. Über seine Stellung im mittleren Maasgebiet ist wenig bekannt. Von Interesse ist hier die Urkunde für Stablo-Malmedy, in der Dagobert II. den beiden Klöstern auf Bitten des Abtes Goduin die *villa* Germigny bestätigte[126]. Wie in der Urkunde Childerichs II. von 669/70 wird die Gründung der beiden Klöster Sigibert III. zuge-

---

[121] Der Aufenthalt des Ebroin in Austrasien 675/76, die Erhebung des Scheinkönigs Chlodwig und die Aufstellung eines Heeres dienten, wie der weitere Verlauf der Ereignisse deutlich erkennen läßt, vgl. Passio Leudegarii I cap. 19, 25 und 26 S. 301 und 306 f., vor allem Ebroins Zielen in Neustrien. Es ist fraglich, ob Ebroin es beabsichtigte und ob es ihm gelang, während seines Aufenthaltes in Austrasien im Namen Chlodwigs eine Herrschaft in diesem Teilreich auszuüben und führende Stellungen wie den Maastrichter Bischofsstuhl mit seinen Parteigängern zu besetzen. Überliefert ist darüber nichts. Daß unter den *duces* und *episcopi*, auf deren Betreiben nach Angaben der Vita Wilfridi cap. 33 S. 227 f. Dagobert II. ermordet wurde, sich auch Anhänger des Ebroin befanden, zeigt das Beispiel jenes noch nicht sicher identifizierten austrasischen Bischofs, der versuchte, Wilfrid *in custodia usque ad Yfirvini ducis iudicium reservare*, ebd: S. 228. Die gewiß stark übertriebenen und von dem Autor der Vita schematisch wiedergegebenen Vorwürfe des Bischofs gegen Dagobert: *dissipatorem urbium, consilia seniorum despiciens, populos ut Roboam filius Salomonis tributo humilians, ecclesias Dei cum praesulibus contempnens*, scheinen darauf hinzudeuten, daß sich diese austrasische Opposition erst im Laufe der Regierung Dagoberts II. bildete. Weder läßt sich zeigen, daß diese 679/80 begegnenden Parteigänger des Ebroin bereits 675/76 zu seinen Verbündeten gehörten, noch ist anzugeben, wo ihr Einflußbereich lag. Als Parteigänger des Ebroin in den Auseinandersetzungen mit Pippin nennt die Cont. Fred. cap. 3 S. 170 den austrasischen Bischof Reolus von Reims. Man wird annehmen dürfen, daß Ebroin vor allem im austrasisch-neustrischen Grenzgebiet versuchte, Fuß zu fassen.

[122] Vgl. oben S. 105 ff.
[123] Vgl. dazu oben S. 107.
[124] Vgl. dazu oben S. 224 f.
[125] Zu den Auseinandersetzungen mit Theuderich III. vgl. Vita Sadalbergae cap. 13 S. 57 sowie DUPRAZ, Regnum Francorum S. 369 und EWIG, Teilreiche S. 133 mit Anm. 192 und 193. Nach Angaben der Vita Wilfridi cap. 28 S. 221 hatte Dagobert Wilfrid das Bistum Straßburg angeboten.
[126] D Mer 45 S. 42 = HR 1 Nr. 9 S. 27 ff.

schrieben. Der Besitz der Klöster an der *villa* Germigny, die Grimoald von Sigibert III. erhalten und an Stablo-Malmedy geschenkt hatte, wird auf eine Schenkung Sigiberts III. zurückgeführt. Terron-sur-Aisne bei Germigny, von Grimoald käuflich erworben und zusammen mit Germigny übertragen, wurde nicht bestätigt[127]. Es ist deutlich, daß Dagobert II. sich dem Verhalten seines Vorgängers gegenüber Stablo-Malmedy anschloß: Der Anteil Grimoalds bei der Gründung und Ausstattung der Klöster wurde verschwiegen. Stablo und Malmedy galten als königliche Stiftungen und als Königsklöster[128]. Zugleich geht aus der Urkunde hervor, daß der Abt von Stablo-Malmedy die Herrschaft Dagoberts II. anerkannte und mit dem König in Verbindung getreten war. Die Ausstellung der Bestätigungsurkunde spricht nicht dafür, daß die Arnulfinger-Pippiniden in Stablo-Malmedy wieder Fuß gefaßt hatten. Eher ist zu vermuten, daß Goduin sich um gute Beziehungen zum König bemühte[129].

Als die Urkunde Dagoberts II. für Stablo-Malmedy ausgestellt wurde, befand sich Lambert mit großer Wahrscheinlichkeit bereits dort in Klosterhaft. Da Anhaltspunkte dafür fehlen, daß sich nach dem Regierungsantritt Dagoberts II. Anhänger des Ebroin im mittleren Maasgebiet behaupten konnten oder Pippin hier eine bedeutende Machtposition innehatte, und da andererseits Lambert unter Dagobert II. in einem Kloster inhaftiert war, das als Königskloster galt, die Herrschaft Dagoberts II. anerkannte und wohl auch auf seiten des Königs stand, hat die Hypothese, daß es sich bei der Neubesetzung des Maastrichter Bistums um eine Maßnahme Dagoberts II. handelte, mehr Wahrscheinlichkeit für sich als die Annahme, die Gegner Childerichs II. und Wulfoalds hätten Lambert als deren Anhänger vertrieben und den Episkopat des Pharamund unter Dagobert II. aufrecht erhalten können. Als führende Persönlichkeit in der Regierung Dagoberts II. ist Wulfoald zu betrachten[130], der sich, wie aus dem Bericht über die Erhebung des Lambert zu erschließen ist, unter Childerich II. für Lambert eingesetzt hatte. Legt man den Wechsel in der Leitung des Maastrichter Bistums erst in die Zeit Dagoberts II., so liegt der Schluß nahe, daß Lambert das Vertrauen des Wulfoald nicht mehr besaß, als dieser seine frühere Stellung wiedererlangt hatte. Als Ursache für das veränderte Verhältnis des Wulfoald zu Lambert nach 675/76 erscheint nicht ausgeschlossen, daß der Maastrichter Bischof in den Wirren nach der

---

[127] Vgl. oben S. 105 mit Anm. 23.
[128] Vgl. oben S. 107.
[129] Anders DUPRAZ, Regnum Francorum S. 365: „on devait encore y (sc. Stablo) être fidèle au souvenir du fondateur (sc. Grimoald), et dévoué à sa famille et à son parti". Dupraz sieht in der Tatsache, daß Lambert in Stablo inhaftiert wurde, einen Hinweis auf die Beteiligung der Pippiniden am Sturz des Bischofs.
[130] Vgl. Anm. 110.

Ermordung Childerichs II. zu den Gegnern des Wulfoald, vielleicht sogar zu den Anhängern des Ebroin übergewechselt war.

Zur Wiedereinsetzung des verbannten Bischofs führten nach Darstellung der Vita die Vertreibung des Pharamund nach sieben Jahren, das Drängen der Gemeinde auf eine Rückkehr des Lambert, die Unterrichtung Pippins über die Taten des Bischofs und sein Befehl, Lambert ehrenvoll zurückzurufen[131].

Auch hier enthält der Bericht keine genaueren Angaben. Es bleibt offen, auf wessen Betreiben Pharamund gestürzt und aus der Diözese Maastricht verjagt wurde. Zwischen diesem Ereignis und der Rückkehr des Lambert wird lediglich ein chronologischer Zusammenhang hergestellt. Die Beteiligung Pippins an der Wiedereinsetzung wird analog dem Verhalten Childerichs II. bei der Erhebung als Zustimmung des Herrschers nach der Unterrichtung über die Taten des Lambert beschrieben[132]. Zugleich ist dem Bericht jedoch zu entnehmen, daß die tatsächliche Entscheidung über die Rückkehr des Lambert allein bei Pippin lag. Es ist auffällig, daß Angaben über die Beziehungen des Lambert zu Pippin II. und ein Preis dieses Herrschers fehlen[133], während zuvor das gute Verhältnis des Bischofs zu Childerich II. ausführlich geschildert und der König als *gloriosus* bezeichnet wurde[134].

Die Wiedereinsetzung des Lambert stand, wie sich aus der Jahresangabe der Vita ergibt, nicht in unmittelbarem Zusammenhang mit dem Herrschafts-

---

[131] Cap. 7 S. 361: *Post septem annis expletis depositus est Pharamundus de sede pontificale et eiectus de provintia Treiectinse. Tunc agmina clericorum et vulgus populorum una pariter vocem ingentem postolabant Deum, ut pastorem eorum domno Landiberto recepturi essent. In illo tempore erat princeps Pippinus super plurimas regionis et civitatis sitas Eoruppe. Audita opera beatissimi viri, sub unius diei articulo iussit eum cum magna honore ad propriam sedem revocare.*

[132] Cap. 4 S. 356 f.: *glorioso domno Childerico regi famam beati viri innotuerunt, et actus eius non silentis ... libenter obtinuerunt, quod devoti postolaverunt*; zur Wiedereinsetzung Lamberts durch Pippin II. vgl. das Zitat Anm. 131. In dem Bericht über die Erhebung wird der Anteil der Großen hervorgehoben: der König tritt nicht als handelndes Subjekt auf. Die Rückführung des Lambert wird dagegen als Maßnahme Pippins dargestellt. Die Angabe: *In illo tempore erat princeps Pippinus super plurimas regionis et civitatis sitas Eoruppe*, trifft für die Zeit um 682/83 nicht zu. In der von KRUSCH, SS rer. Merov. 6 S. 361 Anm. 2 als Vorlage vermuteten Passage der Vita s. Servatii cap. 3 S. 88: *et universae civetatis Eorupe et castella igni cremenda exurentur* ist nach FISCHER, Oriens-Occidens-Europa S. 49 unter *Eorupe* Gallien zu verstehen. Aus der Stellung der Angabe in der Vita Landiberti zwischen dem Satz über den Wunsch der Gemeinde nach Rückkehr des Lambert und der Nachricht über den Befehl Pippins ist zu schließen, daß es sich eher um eine Erklärung, weshalb die Entscheidung über die Rückkehr des Bischofs bei Pippin lag, als um eine Preisung des karolingischen Hauses handelt, wie KRUSCH, Vorrede S. 309 annimmt.

[133] Außer in der Anm. 131 zitierten Passage wird Pippin II. in der Vita nur noch in dem Bericht über die Ermordung des Lambert erwähnt, cap. 11 S. 365: *Dodo domesticus iam dicti principes Pippini*. Die Rückführung des Lambert wird nicht zum Anlaß für eine Preisung Pippins genommen.

[134] Cap. 4 S. 356: *glorioso domno Childerico regi*; cap. 5 S. 357: *cum interfectus fuit ab impiis gloriosus rex Childericus*.

wechsel in Austrasien 679/80 oder der Ermordung des Ebroin[135]. Pippin ließ Lambert erst zwei Jahre nach dem Beginn seiner Herrschaft zurückrufen. Pharamund blieb bis 682/83 Bischof von Maastricht. Nimmt man nicht an, daß es Pippin erst zu diesem Zeitpunkt gelang, Pharamund abzusetzen, so wird man auf einen Wechsel in der Haltung Pippins in der Frage der Besetzung des Bistums Maastricht schließen dürfen. Diese Annahme liegt dem folgenden Versuch einer Erklärung zugrunde. Zunächst ist jedoch auf die Stellung Pippins in den Jahren 682/83 einzugehen.

Über die Stellung Pippins in der Zeit nach seiner Niederlage gegen Ebroin und dem Ausgleich mit Waratto liegen nur wenige Nachrichten vor. Nach Angaben des Liber Historiae Francorum und der Fortsetzung des sog. Fredegar kam es zwischen dem Nachfolger des Waratto, Ghislemar, und Pippin zu *bella civilia et multae discordiae*, in deren Verlauf es Ghislemar gelang, bis nach Namur vorzudringen und Pippin eine schwere Niederlage zuzufügen[136]. Auf diese Auseinandersetzungen ist wahrscheinlich die Nachricht der Vita Audoini über eine Reise zu beziehen, die Bischof Audoin von Rouen zur Beilegung von *discordiae inter gentem Francorum et Austrasiorum* kurz vor

---

[135] Das Todesjahr des Ebroin ist allerdings nicht sicher anzugeben. Der Bericht des LHF über die Ermordung des Ebroin und die Anfänge seines Nachfolgers Waratto, cap. 47 S. 321, enthält keine Anhaltspunkte zur Datierung. Aus dem Zeugnis der Vita Wilfridi, vgl. Anm. 121 (die hier geschilderte Episode fand auf der Rückreise Wilfrids von einer im März 680 in Rom tagenden Synode statt), ergibt sich, daß Ebroin nach Mitte April 680 ermordet wurde. In der Vita Condedi cap. 8 S. 649 ist eine Urkunde aus dem 7. Regierungsjahr Theuderichs III. verwendet, die in Anwesenheit des *illustris Waratto maior domus* ausgestellt wurde. Das 7. Regierungsjahr Theuderichs III. endete zwischen dem 10. März und 15. Mai 680, vgl. LEVISON, Nekrologium S. 38. Der Amtsantritt des Waratto würde danach in die Zeit vor dem 15. Mai 680 fallen. DUPRAZ, Regnum Francorum S. 352 Anm. 1 (mit älterer Literatur), EWIG, Teilreiche S. 135 und FISCHER, Ebroin S. 171 ff. berufen sich bei ihrer Datierung der Ermordung des Ebroin in die Zeit zwischen Mitte April und Mitte Mai 680 auf dieses Zeugnis. KRUSCH, SS rer. Merov. 5 S. 320 Anm. 1 und LEVISON, ebd. S. 649 Anm. 5 stellen hingegen die Angabe der Vita Condedi in Frage und nehmen die Ermordung des Ebroin zu einem späteren Zeitpunkt an. KRUSCH, Vita Leudegarii S. 589 Anm. 3 versuchte das Datum aufgrund der Nachricht der in der 2. Hälfte des 8. Jh.s entstandenen Vita Filiberti cap. 28 S. 599 zu bestimmen, der 675 von Ebroin vertriebene Abt Filibert sei nach dessen Ermordung *anno peracto octavo, incipiente nono* wieder in sein Kloster zurückgekehrt. An anderer Stelle nahm KRUSCH als Todesjahr 682 an und vermutete einen Zusammenhang zwischen dem Tod des Ebroin und der Rückkehr des Lambert, SS rer. Merov. 6 S. 301. Eine sichere Entscheidung ist wohl kaum möglich. Da die Zweifel von Krusch an der Glaubwürdigkeit der auf einer urkundlichen Vorlage beruhenden Angabe der Vita Condedi nicht ausreichend begründet sind und die Jahresangabe der Vita Filiberti sich innerhalb eines Wunderberichtes findet (die Dauer des Exils war von Filibert geweissagt worden), ist die von DUPRAZ, EWIG und FISCHER vorgeschlagene Datierung vorzuziehen.

[136] LHF cap. 47 S. 321: *Fueruntque inter ipso Ghislemaro et Pippino bella civilia et multae discordiae*. Die Cont. Fred. cap. 4 S. 171 fügt dieser Nachricht hinzu: *Nam ad castro Namuco contra hostem* (hostis hat hier die Bedeutung von „Heer") *Pippini ducis Ghislemaris consurgens, fraudulenter falso iuramento dato, quam plures eorum nobilis viris occidit.* Aus dem Bericht ist auf eine siegreiche Belagerung von Namur durch Ghislemar zu schließen.

seinem Tode nach Köln unternahm[137]. Audoin starb Mitte 684, als Waratto wieder Hausmeier in Neustrien war[138]. Die Auseinandersetzungen Pippins mit Ghislemar sind in Anschluß an Ewig in die Zeit zwischen 680 und 684 zu datieren, wobei eine Eingrenzung auf 681/83 als möglich erscheint[139]. Daß Ghislemar bis nach Namur vordringen und Pippin schlagen konnte und daß Pippin in Köln residierte, scheint darauf hinzudeuten, daß der Herrschaftsbereich Pippins im nördlichen Austrasien zu jener Zeit wohl kaum wesentlich über das Gebiet zwischen Namur und Köln hinausreichte[140] und daß Pippin sich in einer wenig günstigen Lage befand.

Lambert war ein angesehener Vertreter der führenden Kreise in Maastricht und im Lütticher Raum. Geht man davon aus, daß Pippin in der Zeit der Kämpfe mit Ghislemar seine Haltung in der Frage der Besetzung des Maas-

---

[137] Vita Audoini cap. 13 S. 562: *Igitur sanctus Audoinus dum pro pacis concordia decertare semper videretur, inde vero procedente tempore orta est discordia inter gentem Francorum et Austrasiorum. Pergens itaque vir Dei adsumens sacra consilia, Dei fretus auxilio, ad urbem Colonia filius pacis adveniens, explorandorum gratia civitatem ingrediens martyrum multitudinem.* Nach dem Bericht über die wunderbare Heilung eines Kranken durch Audoin in Köln heißt es, der Bischof sei *pacis foedera confirmata* nach Neustrien zurückgekehrt, cap. 14 S. 563. Die Ende des 7. Jh.s entstandene Vita gestattet keine sichere Datierung der Reise. Die zuvor in cap. 12 S. 561 erwähnten *in regno Francorum inter principes palatii orta scandala* sind auf die Auseinandersetzungen zwischen Ebroin und Leudesius 676/77 oder zwischen Waratto und Ghislemar nach 680 zu beziehen. In cap. 15 wird über den Tod des Audoin berichtet. Bei den cap. 13 erwähnten *discordiae* zwischen den *Franci* (= Neustrier) und *Austrasii* kann es sich danach nur um die Auseinandersetzungen Pippins II. mit Ebroin (680) oder Ghislemar (nach 680) handeln. Bezieht man die Nachricht auf die Ereignisse von 680, so wäre in dem von Audoin erreichten Frieden am ehesten jener Ausgleich zwischen Ebroins Nachfolger Waratto und Pippin zu sehen, von dem der LHF cap. 47 S. 321 berichtet: *Accepit ipse Waratto inter haec obsides a predicto Pippino et pacem cum eo iniit.* In der unter Ludwig d. Fr. entstandenen Bearbeitung der ältesten Vita des Audoin ist der Bericht über die Reise des Bischofs nach Köln in die Zeit des Ghislemar eingereiht, Vita altera s. Dadonis § 35/36 S. 817. VACANDARD, Saint Ouen S. 69ff., LEVISON, SS rer. Merov. 5 S. 562 Anm. 2 und EWIG, Teilreiche S. 138 vermuten einen Zusammenhang der Reise mit den Auseinandersetzungen zwischen Ghislemar und Pippin. Für diese Vermutung sprechen folgende Argumente: Die Angabe der Vita über den von Audoin vermittelten Ausgleich (cap. 14 S. 563: *Sicque inter utrasque partes pax unita aliquantulum fuit*) trifft eher für einen Friedensschluß nach dem Tod des Ghislemar als für den Ausgleich zwischen Waratto und Pippin 680 zu, dem bald die Kämpfe Pippins mit Ghislemar folgten. Da der Verfasser des LHF eine auffällige Verehrung für Audoin von Rouen zeigt, vgl. KRUSCH, SS rer. Merov. 2 S. 216, ist es unwahrscheinlich, daß er in dem Bericht über den Frieden zwischen Waratto und Pippin, cap. 47 S. 321, den Anteil des Audoin verschwiegen hätte.

[138] Vita Audoini cap. 15 S. 563; LHF cap. 47 S. 321 f. Als Todesdatum ermittelte LEVISON, SS rer. Merov. 5 S. 540 mit Anm. 14 den 24. August 684.

[139] EWIG, Teilreiche S. 138. In die Zeit zwischen Mai 680 und August 684 fallen der Beginn der ersten Hausmeiertätigkeit des Waratto, der Ausgleich mit Pippin, die Verdrängung des Waratto durch seinen Sohn Ghislemar, dessen Kämpfe mit Pippin, der Tod des Ghislemar und die erneute Übernahme des Hausmeieramts durch Waratto. Eine Datierung der Kämpfe zwischen Ghislemar und Pippin in die Zeit 681/83 ist somit wahrscheinlich.

[140] So in Anschluß an EWIG, Teilreiche S. 137f., dessen Vermutung, Pippin habe in jener Zeit „seinen Hauptsitz von den exponierten Maaslanden nach Köln" verlegt, einige Wahrscheinlichkeit für sich hat.

trichter Bistums änderte, so kann in der Wiedereinsetzung des Lambert der Versuch gesehen werden, sich stärkeren Rückhalt in Maastricht und damit auch im mittleren Maasgebiet zu verschaffen. Daß dieser Ausgleich nicht schon 680 in der Zeit der Auseinandersetzung mit Ebroin erfolgte, würde der Vermutung entsprechen, daß Lambert, der vor 675 auf seiten der Gegner des karolingischen Hauses stand, sich nach der Ermordung Childerichs II. zunächst der Partei des Ebroin anschloß.

Auch diese Deutung der Vorgänge bei der Rückberufung des Lambert durch Pippin kann nicht mehr als eine Hypothese darstellen. Sie beruht auf dem Versuch, die wenigen erhaltenen Nachrichten zueinander in Beziehung zu bringen. Daß die Absetzung des Lambert und seine Rückkehr durch Ereignisse herbeigeführt wurden, die in der Überlieferung nicht faßbar sind, kann nicht ausgeschlossen werden.

d) Zur Missionsarbeit des Lambert

Über das Wirken des Bischofs nach seiner Wiedereinsetzung weiß der Autor lediglich von einer oder mehreren Missionsreisen nach Toxandrien zu berichten[141]. Seinem Bericht liegen zum größten Teil entsprechende Passagen aus der Vita Eligii zugrunde[142]. Wo Lambert in Toxandrien missionierte und wie oft er auf Missionsreisen ging, bleibt offen[143]. Die Nachrichten über den Erfolg seiner Missionsarbeit sind aus der Vorlage übernommen.

Das als Toxandrien bezeichnete Gebiet reichte im Süden bis an die engere Umgebung von Maastricht heran[144]. Es zählte, wie die Nachrichten über die Missionstätigkeit Lamberts und Hugberts[145] erkennen lassen, zu Beginn des 8. Jahrhunderts zum Einflußbereich der Bischöfe von Tongern-Maastricht und gehörte in der Folgezeit zur Diözese Lüttich. Auf die umstrittene Frage, inwieweit bereits unter Lambert mit einer festen Diözesangrenze im Norden gegenüber dem 695/704 neugegründeten Bistum Utrecht[146] zu rechnen ist,

---

[141] Die Kapitel 8 und 9 S. 362f. bestehen aus größtenteils der Vita Eligii entnommenen allgemeinen Wendungen über die vorbildliche Amtsführung und Frömmigkeit des Bischofs.

[142] Die wichtigste selbständige Nachricht ist: *Fuit aliquando ingressus in Texandria; plurima templa et simulacra ibidem distruxit*. Die weiteren Angaben über den Verlauf der Mission beruhen auf der Vita Eligii II, 3 Sp. 513f.

[143] Die sehr unbestimmte Angabe *aliquando* kann sich auf eine oder mehrere Missionsreisen beziehen, vgl. Mittellat. Wörterbuch 1 Sp. 457f.

[144] Die Angabe des Nikolaus, Vita Landiberti cap. 9 S. 413: *Nam regio, cui Taxandria nomen est, que a Traiectensi oppido versus septemtrionem vix tribus miliaribus disparatur*, ist mit den urkundlichen Zeugnissen über die südliche Grenze Toxandriens gut zu vereinbaren.

[145] Vgl. dazu unten S. 279.

[146] Zu den Anfängen von Utrecht vgl. Fritze, Entstehungsgeschichte S. 129 und 145ff., der ebd. S. 111ff. und 146ff. zeigt, daß die Maas die alte fränkisch-friesische Grenze bildete. Dies könnte, da Utrecht als Bischofskirche für den friesischen Missionsraum gegründet wurde, für eine schon frühe Abgrenzung des Maastrichter und Utrechter Einflußbereiches an der nördlichen Maas sprechen.

die Toxandrien in seiner Gesamtheit mit einbezog, kann hier nicht eingegangen werden [147]. Die Frage erscheint von Interesse deshalb, weil Willibrord im Norden der späteren Lütticher Diözese, wie die Schenkungen und Kirchweihen in Toxandrien [148] und die Anfänge der Klöster Susteren und Aldeneik im Maasgau [149] zeigen, gleichzeitig mit Lambert und Hugbert eine lebhafte Tätigkeit entfaltete [150] und hierbei – dies ist aus der Gründung von Susteren durch Pippin und Plektrud zu erschließen – die Unterstützung Pippins II. fand.

Über die Beziehungen zwischen Lambert und Willibrord liegen nur wenige indirekte Hinweise vor. Lambert gehört zu den wenigen maasländischen Heiligen, die in das Kalendar Willibrords aufgenommen sind [151]. Die unter dem Einfluß des Willibrord errichtete und ihm kurz vor 721 übertragene Kirche in Bakel war neben Peter und Paul auch dem hl. Lambert geweiht [152]. Willibrord erkannte den Kult des Lambert somit schon sehr bald an und scheint ihn auch gefördert zu haben. Dies deutet darauf hin, daß zwischen den beiden Bischöfen ein gutes Verhältnis bestanden hatte [153]. Mit Sicherheit aber wird man ausschließen können, daß es hinsichtlich der Christianisierung Toxandriens zu einer Rivalität zwischen Lambert und Willibrord gekommen war. Für gute Beziehungen Willibrords zu den Bischöfen von Tongern-Maastricht

---

[147] Vgl. hierzu insbesondere DE MOREAU, Histoire 1 S. 66 ff. und mit Zusammenfassung der älteren Kontroversliteratur ECKHARDT, Kapitulariensammlung S. 38 f. Die Diskussion nahm ihren Ausgang bei einem Brief des Lütticher Bischofs Ghaerbald aus dem Anfang des 9. Jh.s an seine Diözesane, in dessen Adresse lediglich die *parochiani nostri* in den Gauen Condroz, Lomme, Hasbanien und im Ardennengau, nicht hingegen in den zu dieser Zeit bzw. später zum Bistum Lüttich gehörigen Gauen Toxandrien, Maasgau und Lüttichgau angesprochen werden, vgl. ebd. S. 106. Mit ANGENENDT, Willibrord S. 89 darf es wohl als wahrscheinlich gelten, daß Toxandrien bereits zu Beginn des 8. Jh.s der Diözese Tongern-Maastricht zugewiesen war.

[148] Vgl. dazu oben S. 152 f.

[149] Vgl. oben S. 169 ff. und 181 f.

[150] Die Anfänge von Willibrords Tätigkeit in diesem Raum sind, sieht man einmal von der umstrittenen Datierung der Schenkung an Willibrord in Antwerpen auf 692/93 bzw. 726 ab, vgl. dazu FRITZE, Confessio S. 102 mit Anm. 99, in das Ende des 7. Jh.s zurückzuverfolgen, vgl. WAMPACH, Echternach 1,2 Nr. 7 S. 27 und oben S. 148 f. Die erste Schenkung unmittelbar in Toxandrien erhielt Willibrord im Oktober 704, ebd. Nr. 11 S. 35. Doch setzte sie zweifellos schon ältere Beziehungen Willibrords zu dem Schenkerkreis voraus.

[151] WILSON, Calendar, Tafel IX und S. 11: *sancti landberichti episcopi*. Dieser Eintrag zum 17. September stammt von einem zweiten Schreiber, wurde aber noch vor dem Tode des Willibrord eingefügt, vgl. WILSON S. XI f. Nach WILSON S. XIII war das Kalendar für den privaten und persönlichen Gebrauch des Willibrord bestimmt, vgl. auch FRITZE, Confessio S. 101 mit Anm. 94.

[152] WAMPACH, Echternach 1,2 Nr. 30 S. 72: *ad basilicam sanctorum apostolorum Petri et Pauli et sancti Landoberti episcopi et martyris*; vgl. zu der Kirchengründung in Bakel auch oben S. 150.

[153] Von einer Begegnung zwischen Lambert und Willibrord an einem namentlich nicht genannten Ort im Teisterbant berichtet unter Berufung auf eine ältere Tradition (*si antiquorum relationi creditur*) Nikolaus, Vita Landiberti cap. 3, 40 S. 609. Ein Treffen beider Bischöfe wird von WILSON, Calendar S. X f., VERBIST, Saint Willibrord S. 219 und FRITZE, Confessio S. 102 Anm. 96 für möglich gehalten.

spricht auch, daß Lamberts Nachfolger Hugbert zu jenen Bischöfen zählte, die 706 die Echternach betreffenden Urkunden Pippins II. und Plektruds für Willibrord unterzeichneten [154].

Die stärkere kirchliche Durchdringung des benachbarten Toxandrien war nach der Konsolidierung der politischen Verhältnisse unter Pippin II. eine der vordringlichsten Aufgaben der Bischöfe von Tongern-Maastricht. Sie lag auch im Interesse Pippins II., da Toxandrien ein wichtiges fränkisches Hinterland der Friesenmission bildete. Daß Willibrord auch bei der Christianisierung Toxandriens die dominierende Kraft war und die stärkere Bevorzugung Pippins II. fand, ist wohl kaum zu bezweifeln. Den Bischöfen von Tongern-Maastricht dürfte es in dieser Situation vor allem darauf angekommen sein, einerseits durch eigene Missionstätigkeit eine zu starke Beeinflussung Toxandriens durch den in Utrecht residierenden Missionsbischof Willibrord zu verhindern und andererseits durch Zusammenarbeit mit diesem den Absichten Pippins II. und Willibrords zu entsprechen und sie zu unterstützen. Vor allem wohl in dem letzteren Sinne sind die Hinweise auf gute Beziehungen zwischen Lambert und Willibrord zu werten.

e) Die Ermordung des Lambert

Lambert wurde vor 706 in der *villa* Lüttich von dem *domesticus* Dodo erschlagen [155]. Auf die Bedeutung dieses Ereignisses für die Verlegung des Bischofssitzes von Maastricht nach Lüttich ist an anderer Stelle einzugehen [156]. Hier ist zu untersuchen, inwieweit die Nachrichten über die Ermor-

---

[154] Vgl. unten S. 279.

[155] Als Todestag des Lambert wird in der Überschrift der ältesten Lambertsvita (S. 353), in dem Kalendar Willibrords, vgl. Anm. 151, und in den Martyrologien (Zusammenstellung bei KRUSCH, Vorrede S. 303) der 17. September angegeben. Das Todesjahr ist nicht so eindeutig zu bestimmen. Hält man den in zwei Urkunden Pippins II. von 706 Mai 13 genannten Bischof *Chuchobertus* bzw. *Chugobertus*, DD Arnulf 4 und 5 S. 94f. = WAMPACH, Echternach 1,2 Nr. 14 und 15 S. 40 und 43, für identisch mit dem gleichnamigen Nachfolger des Lambert, was wohl kaum zu bezweifeln ist, so ist dieses urkundliche Zeugnis der Angabe der Vita Hugberti cap. 1 S. 483, Lambert habe das Bischofsamt 40 Jahre hindurch innegehabt (d. h. bis in die Zeit von 709/710, vgl. oben S. 256 mit Anm. 95) vorzuziehen; so mit ausführlicher Diskussion dieser erstmals von DE SMEDT geäußerten Ansicht KRUSCH, Vorrede S. 303 f. und BAIX, Saint Hubert S. 210 f. Als Todesdatum würde sich damit spätestens der 17. September 705 ergeben. Eine noch genauere Eingrenzung des Datums versuchen KRUSCH, Vorrede S. 306 und in Anschluß an ihn BAIX, Saint Hubert S. 217 ff., indem sie ausgehend von der Nachricht der Vita Landiberti cap. 25 S. 380 über die Translation des Lambert im 13. Jahr des Episkopats des Hugbert und dem Nachtrag: *Leodico vico translatio corporis sancti Lantdeberti* zum 31. Mai in einem Zusatz der Berner Hs des Martyrologium Hieronymianum, AA SS Nov. 2,2 S. 286, und unter Hinweis auf die Tatsache, daß Translationen gewöhnlich an einem Sonntag stattfanden, den 31. Mai 716 als Datum für die Überführung des Lambert erschließen, was wiederum 703 als Todesjahr des Bischofs ergeben würde.

[156] Vgl. unten S. 299 ff.

dung des Lambert Rückschlüsse auf seine Beziehungen zu anderen führenden Familien des mittleren Maasgebietes und zu Pippin II. zulassen. Hauptsächliche Quellen sind die älteste Lambertsvita [157] und der Bericht der Miracula s. Dionysii über die wunderbare Heilung des späteren Abtes von St. Denis, Godobald [158].

Zur Vorgeschichte des Martyriums heißt es in der Vita Landiberti, zwei Brüder, Gallus und Rivaldus, hätten sich gegen Lambert erhoben und Hörige seiner Kirche in unerträglicher Weise bedrängt. Sie seien daraufhin von Freunden des Bischofs erschlagen worden. Auf die Nachricht ihres Todes hin sei der *domesticus* Dodo, ein naher Verwandter der Erschlagenen, mit zahlreichen Verbündeten nach Lüttich gezogen, um den Bischof zu töten [159]. Das Martyrium des Lambert erscheint in dieser Darstellung als eine Folge der Verteidigung kirchlicher Interessen durch die Anhänger des Bischofs. Ausdrücklich hebt der Autor hervor, daß die Ermordung der beiden Brüder durch die *amici* des Lambert gerechtfertigt war: *interfecerunt eos ex merito eorum*.

Nähere Angaben über die *amici* finden sich an einer späteren Stelle der Vita. Kurz vor dem Bericht über den Tod des Lambert gibt der Autor einen Wortwechsel zwischen dem Bischof und seinen Neffen wieder [160]. Petrus und Autlaecus, die die eindringenden Leute des Dodo zurückschlagen wollen, werden von Lambert daran erinnert, daß sie *rei et noxii in crimine necem* gewesen seien [161]. Für ihre Verbrechen sollten sie nun die gerechte Strafe hinnehmen

---

[157] Unberücksichtigt können hier die späteren, erstmals um die Mitte des 9. Jh.s faßbaren Traditionen bleiben, wonach Lambert Pippin II. durch seine Vorhaltungen wegen dessen Verbindung mit Chalpaida erzürnt habe und daraufhin von Dodo, dem angeblichen Bruder der Chalpaida und Vertrauten Pippins II., erschlagen worden sei. Bemerkenswert an dieser, mit den veränderten kirchlichen Vorstellungen des 9. Jh.s zu erklärenden Tradition ist lediglich ihre gegen Pippin II., einen der Stammväter des karolingischen Hauses, gerichtete Tendenz, die möglicherweise die Erinnerung an ein gespanntes Verhältnis zwischen Pippin und Lambert widerspiegelt, vgl. dazu oben S. 124 mit Anm. 22.

[158] Vgl. oben S. 126 ff.

[159] Cap. 11 S. 364 f.: *Et iam cum Dominus vocasset sanctum Landibertum, ut pro tanta opera dignam redderet ei mercedem, surrexerunt duo pessimi homines Gallus et germanus suos Rivaldus in adversitatem eius et in servientes ecclesiae suae in tanta opera perversa, ut nullus ferre potuit, nec evadendum erat locus ante illos. Repleti amici pontificis ira et tristicia, calamitate magna conpulsi et humilitatem depressi, interfecerunt eos ex merito eorum. In diebus illis erat Dodo domesticus iam dicti principes Pippini, proprius consanguinius eorum qui interfecti fuerant, et erant ei possessiones multae et in obsequio eius pueri multi. Cum audisset necem proximorum, collexit magna copia virorum, fortissimus ad praeliandum; mox inruit ad interficiendum beatum virum Landeberti pontifici in villa cuius vocabulum est Leodius, sita super fluvium qui vocatur Mosa. Adpropinquavit autem pontifici gloria et domestici paena.*

[160] Cap. 15 S. 368 f. und cap. 16 S. 370, das letztlich nur eine Wiederholung bzw. verkürzte Wiedergabe der in cap. 15 geäußerten Gedanken enthält, nach KRUSCH, Vorrede S. 323 jedoch der ältesten Fassung der Vita angehört.

[161] Cap. 16 S. 370: *ait ad nepotes suos:* ,*Rei et noxii in crimine necem fuistis; recipite modo, quod tunc egistis*', *non ignarus, quod Dominus examinator iustus non iudicat bis peccatores*. Daß unter *nepotes* in diesem Zusammenhang nicht geistliche, sondern leibliche Verwandte zu ver-

und den Tod durch die Feinde als *iuditium Domini* betrachten[162]. Bei der Tat, auf die diese Worte anspielen, handelt es sich ohne Zweifel um die Ermordung des Gallus und Rivaldus[163]. Daß die Rache des Dodo sich gegen Lambert richtete, spricht dafür, daß vor allem dessen Angehörige für den Tod der beiden Brüder verantwortlich waren. Der Autor verurteilt das Verhalten der *nepotes*, indem er es durch Lambert tadeln läßt: *que tunc egistis iniqui*[164]. Zumindest will er damit deutlich machen, daß diese Tat nicht die Billigung des Heiligen fand.

Zieht man diese späteren Angaben hinzu, so ergibt sich, daß Lambert nach Auseinandersetzungen zwischen Mitgliedern seiner Familie und der Familie des Dodo aus Blutrache erschlagen wurde. Die Angehörigen des Bischofs hatten zuerst einen Mord an den Gegnern begangen. Der Tod des Lambert und seiner Neffen[165] war eine Folge dieser Tat. Die Behandlung dieser für das Ansehen des Heiligen wenig günstigen Sachlage[166] in den Kapiteln 11 und 15/16 ist unterschiedlich. In Kapitel 11 wird der Anteil der Familie des Lambert verschwiegen[167]. Daß zuerst die *amici* Gegner töteten, wird mit dem Hin-

---

stehen sind, ist nicht zweifelhaft, vgl. DU CANGE, Glossarium 4 S. 620, BLAISE, Dictionnaire S. 553 und NIERMEYER, Lexicon S. 717. In der Vita selbst werden die *nepotes suos* deutlich von den *iuniores suos* abgehoben, cap. 15 S. 368.

[162] Cap. 15 S. 369: *Et ait nepotes suos: ‚Rei et noxiae, recordate, quod in crimine fuistis. Nescitis, quia Dominus non iudicat bis peccatores nec peccata non demittit invindicata? Sed que tunc egistis iniqui, modo recipite iuxte. Quid ad me vos venistis? Sed ambulate ante conspectu illorum, et ibi quod dedistis, pro iuditium Domini recipite hodie.* Mit diesen Worten soll zugleich deutlich gemacht werden, daß Lambert selbst keine Schuld traf, daß er das Vorgehen seiner Neffen nicht billigte und daß seine Neffen nicht zu seiner ständigen Umgebung gehörten.

[163] Es ist natürlich nicht völlig auszuschließen, wenn auch in diesem Zusammenhang äußerst unwahrscheinlich, daß sich diese Andeutungen auf eine andere Bluttat beziehen. Die vorgeschlagene Interpretation wird auch von dem Großteil der Forschung vertreten, vgl. KRUSCH, Vorrede S. 302 und S. 365 Anm. 1, KURTH, Le Vita S. 340, BAIX, Saint Hubert S. 205 Anm. 14 und S. 206, DE MOREAU, Histoire 1 S. 97, VAN DER ESSEN, Saints S. 73 und NOTERMANS, St. Lambertus S. 222.

[164] Vgl. Anm. 162.

[165] Den Worten des Lambert in cap. 15, vgl. Anm. 162, dürfte die Tatsache zugrunde liegen, daß Petrus und Autlaecus bei dem Überfall des Dodo ebenfalls ums Leben kamen; so bereits die spätere Lütticher Tradition, vgl. Anselm, Gesta epp. Leod. II, 17 S. 198.

[166] Daß der Autor, obwohl er die Ermordung des Gallus und Rivaldus für gerechtfertigt hält, die Beteiligung der Neffen verschweigt und den Heiligen selbst sich mehrfach eindeutig davon distanzieren läßt, spricht dafür, daß das Verhalten der *nepotes* offensichtlich nicht zum Ruhm des Märtyrers beitrug. Daß überhaupt darauf eingegangen wird, wenn auch nur undeutlich und an einer Stelle, an der der Kausalzusammenhang mit dem Martyrium des Lambert nicht so ersichtlich ist und die Mitteilung des Vergehens mit der Nachricht über die Buße zu verbinden war, läßt darauf schließen, daß der Anteil der Familie nicht gänzlich verschwiegen werden konnte.

[167] Nach dem mittelalterlichen Sprachgebrauch von *amicus*, vgl. Mittellat. Wörterbuch 1 Sp. 563 f., muß die Bezeichnung *amici pontificis* nicht unbedingt im Widerspruch zu den Nachrichten über die Neffen stehen; unter *amici* konnten auch Verwandte verstanden werden. Die Verwendung von Bezeichnungen wie *consanguinius, proximi* (cap. 11 S. 365) oder *proximi consanguinii* (cap. 24 S. 377) in anderem Zusammenhang zeigt jedoch, daß mit der Angabe *amici pontificis* die Beteiligung Verwandter verschwiegen werden sollte.

weis auf deren unerträgliche Übergriffe auf die Person des Bischofs und die Besitzungen der Kirche gerechtfertigt[168]. Die Darstellung der Vorgeschichte des Martyriums ist somit deutlich von dem Bestreben bestimmt, Lambert und seine Anhänger in ein günstiges Licht zu setzen. Es ist von Interesse, daß der Autor in den Kapiteln 15 und 16, wo er genauere Angaben über die Mörder des Gallus und Rivaldus macht, nicht an der positiven Beurteilung ihres Verhaltens festhält[169]. Die Annahme liegt nahe, daß in Verbindung mit der Geheimhaltung des Anteils der Familie des Lambert in Kapitel 11 die Nachrichten über die Anfänge der Auseinandersetzungen[170] vor allem dazu dienen sollten, die Ermordung des Bischofs nicht als Folge des Verhaltens seiner Angehörigen darzustellen, sondern auf die Verteidigung kirchlicher Interessen zurückzuführen[171]. Unabhängig von der Frage der Glaubwürdigkeit dieser

---

[168] Vgl. Anm. 159.

[169] Auf die widersprüchliche Beurteilung des Vorgehens gegen die Invasoren wies bereits KURTH, Le Vita S. 340f. hin, der darin allerdings „une preuve de sa (l'auteur) sincérité et une garantie d'authenticité pour son récit" sah.

[170] In der Forschung wird die Angabe der Vita über den Anlaß der Auseinandersetzungen allgemein nicht in Frage gestellt. Daß die unmittelbare Ursache für den Tod des Bischofs die Blutrache des Dodo war, wurde nur von Krusch bezweifelt. Über die Art der Übergriffe des Gallus und Rivaldus, den Verlauf der Auseinandersetzungen und die Rolle, die Lambert darin einnahm, werden verschiedene Ansichten vertreten. KRUSCH, Vorrede S. 299 zählt Lambert zu den merowingischen Heiligen wie Praiectus von Clermont und Leodegar von Autun, die „propter res profanas et inprimis propter nimiam dominandi cupiditatem" das Martyrium erlitten hätten, und sieht in Anschluß an MABILLON in den Invasoren königliche Beamte, die die von Chlodwig III. der Maastrichter Kirche verliehene Immunität verletzt hätten (S. 301f. und 328). Da ihm als Motiv für das Vorgehen des Dodo die „ultio ab episcopo omnino innocenti" unwahrscheinlich erschien, vermutet er: „fere de rebellione agi videtur a Dodone domestico iussu Pippini principis opprimenda" (S. 328). Diese Hypothesen, die in der Vita keine Entsprechung finden, wurden bereits von KURTH, Le Vita S. 341ff. zurückgewiesen. Nach KURTH, La cité 1 S. 14 bestanden Auseinandersetzungen „entre l'église de Tongres et l'administrateur des domaines royaux"; zwischen Anhängern des Lambert und Leuten des Dodo sei es „à l'insu de leur maître" mehrfach zu Kämpfen gekommen. Lambert habe nicht verhindern können, daß es dabei zur Ermordung von Gegnern kam, vgl. auch KURTH, Le Vita S. 342. DE MOREAU, Histoire 1 S. 97 hebt dagegen hervor, daß Gallus und Rivaldus in der Vita als Verwandte des Dodo „et nullement comme des personnages officiels" erscheinen; ihr Tod sei „par la mort du pontife innocent et par celle de ses neveux coupables" gerächt worden. Nach WATTENBACH/LEVISON 2 S. 166 gab der Autor der ältesten Lambertsvita „Kämpfe weltlicher Leidenschaft" als Ursache des Martyrium an; ZENDER, Heiligenverehrung S. 27 spricht von einem „ganz und gar unchristliche(n) Handel", den der älteste Biograph schildere. YANS, Domaine S. 911 vermutet, daß Differenzen mit dem „tenancier, maiordome d'Avroy, soutenu par son propriétaire, le comte Dodon" wegen der gemeinsamen Nutzung des Forstes bei Lüttich zum Tod des Lambert führten. DEETERS, Servatiusstift S. 93 hingegen hält Maastricht als Schauplatz der „Streitigkeiten mit der weltlichen Gewalt" für möglich.

[171] Deutlich wird diese Vorstellung über das Martyrium des Lambert in der Vita Hugberti cap. 1 S. 483 vertreten: *triumphum sui certaminis martyrii palmam adeptus, martyrum collegio sociatus, exultat in perpetuum. Post cuius sacro martyrio Dominus, qui pro suis ovibus animam posuit* ... Daß angesichts der für das Ansehen des Lambert wenig günstigen Vorgeschichte, deren Einzelheiten der Autor ohnehin zum Teil zu vertuschen suchte, der Angabe über die Ursachen der Auseinandersetzungen erhebliche Bedeutung für die Beurteilung des Verhaltens der bischöflichen Seite und damit auch für das Bild über den Tod des Lambert zukam, liegt auf der Hand.

Nachrichten zeigt das Vorgehen des Petrus und Autlaecus, daß die Verwandten des Dodo mit ihren Übergriffen zugleich auch die Interessen der Familie des Lambert verletzt hatten.

Sowohl Petrus und Autlaecus als auch Gallus und Rivaldus waren Angehörige vornehmer Familien, die im mittleren Maasgebiet ansässig waren und dort führende Stellungen innehatten[172]. Soweit es aus den Quellen ersichtlich ist, stellte die Familie des Lambert Amtsträger von höherem Rang. Ob dem auch eine stärkere Machtposition entsprach, bleibt offen, da über den Besitz der Familie wenig bekannt ist. Der Anlaß ihrer Auseinandersetzungen ist nicht mehr sicher zu bestimmen. Die betreffenden Angaben der Vita sind von der Parteinahme des Autors für den Maastrichter Bischof geprägt. Mit Sicherheit ist der Vita jedoch zu entnehmen, daß der Konfrontation zwischen dem Bischof und dem *domesticus* Streitigkeiten zwischen Angehörigen der beiden Amtsträger vorausgegangen waren. Lamberts Tod war demnach vor allem wohl eine Folge von Auseinandersetzungen rivalisierender Familien der Führungsschicht im mittleren Maasgebiet.

Dodo war als Verwalter des Fiskalbesitzes im Lüttich-Maastrichter Raum aller Wahrscheinlichkeit nach ein enger Vertrauter Pippins II. Über die Beziehungen Pippins zu Lambert nach dessen Rückberufung 682/83 ist nichts Näheres bekannt. Deutet man die Vorgänge von 682/83 im Sinne eines Ausgleichs zwischen Pippin II. und der Familie des Lambert, so könnten Lamberts Beteiligung an der Christianisierung Toxandriens und die Ausstellung einer Immunitätsurkunde für die Maastrichter Kirche durch Chlodwig III. (690/91 bis 694/95)[173] dafür sprechen, daß sich das Verhältnis zwischen Lambert und Pippin in der Folgezeit weiter gebessert hatte, zumindest aber korrekt gewesen war. In diese Richtung scheint auch zu deuten, daß Pippin II. sich dem raschen Aufstieg Lüttichs zu einem Kultzentrum des hl. Lambert in unmittelbarer Nachbarschaft seiner bevorzugten Güter Jupille und Chèvremont nicht entgegensetzte und daß Pippins Sohn Grimoald 714 die Kirche des hl. Lambert in Lüttich zum Gebet aufsuchte[174]. Andererseits aber ist nach dem Wortlaut der Vita Landiberti durchaus mit der Möglichkeit zu rechnen, daß Dodo nur verhältnismäßig milde bestraft worden war[175]. Mit Dodos Verbündetem Godobald wurde, wie der Bericht der Miracula s. Dionysii zeigt, einer der Mörder Lamberts von Karl Martell zum Abt von St. Denis erhoben[176]. Erscheint es als kennzeichnend, daß die Mitwirkung an der

---

[172] Zu Dodo vgl. oben S. 123 f.
[173] Der Inhalt der nicht mehr erhaltenen Urkunde kann aus der Lambertsvita des Nikolaus cap. 5 S. 411 erschlossen werden, vgl. dazu KRUSCH, Vorrede S. 301.
[174] Vgl. dazu unten S. 306 ff.
[175] Vgl. oben S. 126 mit Anm. 27.
[176] Vgl. oben S. 132 ff.

Ermordung des Lambert für Karl kein Hinderungsgrund war, Godobald die Leitung eines der angesehensten Klöster des Reichs zu übertragen, so entspricht dem in gewisser Weise die Tatsache, daß die älteste Vita Landiberti von einer auffallenden Zurückhaltung gegenüber Pippin II. gekennzeichnet ist und daß Pippin bereits ein Jahrhundert später in der Lütticher Tradition in unmittelbare Verbindung mit der Ermordung des Bischofs gebracht wurde[177]. Allzu eng dürften somit die Beziehungen Pippins II. und seiner Familie zu Lambert kaum gewesen sein.

f) Zusammenfassung

Lambert stammte aus dem *oppido Treiectinse*. Er wurde an der gleichen Stätte wie sein Vater, in der *ecclesia sancti Petri* in Maastricht, bestattet. Diesen Nachrichten ist zu entnehmen, daß die Familie des Lambert zumindest in der zweiten Generation im mittleren Maasgebiet ansässig war und enge Beziehungen zu Maastricht unterhielt. Hält man die *ecclesia sancti Petri* für identisch mit der Kirche St. Pieter vor Maastricht, so ist es nicht unwahrscheinlich, daß diese Kirche eine als Grablege bestimmte Stiftung der Familie des Lambert war. Der hohe soziale Rang der Familie läßt sich aus der Tatsache der Bischofserhebung des Lambert erschließen. Die Angabe der Vita, die Eltern des Lambert hätten sich *inter presidis venerandis* befunden, ist mit einiger Wahrscheinlichkeit dahin zu deuten, daß der Vater *comes* gewesen war. Es ist anzunehmen, daß er dieses Amt in der Umgebung von Maastricht ausübte. Bei einer solchen Annahme würde sich ergeben, daß es der Familie, die bereits einen hohen weltlichen Amtsträger stellte, gelang, auch das Bischofsamt in Maastricht zu besetzen. Damit sind Rückschlüsse auf ihre hervorragende Machtposition im mittleren Maasgebiet möglich. Daß dieser Stellung reicher Landbesitz entsprach, ist nicht zu bezweifeln. Bevorzugter Wohnsitz dieser vornehmen Familie war das befestigte Maastricht. Inwieweit sie auch am wirtschaftlichen Leben der Stadt teilnahm, ist nicht anzugeben.

Das politische Verhalten des Lambert in der Zeit zwischen dem Sturz des Grimoald und dem Herrschaftsantritt Pippins war zunächst durch die Parteinahme für Childerich II. bestimmt. Die Zustimmung des Königs zur Kandidatur des Lambert erfolgte auf Betreiben der Großen am Hofe. Daß Lambert als ein Vertrauter der von Wulfoald getragenen Regierung Childerichs II. zu jener Zeit ein Parteigänger der Arnulfinger-Pippiniden war, ist wenig wahrscheinlich. In den Wirren nach der Ermordung Childerichs II. konnte Lambert seine Stellung in Maastricht nicht behaupten. Was zu seiner Verban-

---

[177] Vgl. dazu oben S. 124 Anm. 22.

nung nach Stablo (nach 675) und zu seiner Rückführung durch Pippin (682/ 83) führte, ist nicht mehr sicher zu erkennen. Es ergeben sich Anhaltspunkte für die Annahme, daß Lambert von Wulfoald wegen eines Parteiwechsels nach dem Tod des Childerich aus Maastricht vertrieben wurde und daß er sein Bischofsamt von Pippin II. zurückerhielt, als für diesen in der Auseinandersetzung mit dem neustrischen Hausmeier Ghislemar, der bis nach Namur vordringen konnte, ein Arrangement mit der mächtigen Maastrichter Familie von Nutzen sein konnte. Ausgehend von dieser Hypothese wäre das Verhalten des Lambert und damit wohl auch seiner Familie in der Zeit zwischen 662/63 und 682/83 als Versuch zu kennzeichnen, sich mit den jeweiligen Machthabern zu arrangieren, wobei diese Politik nach dem Tode Childerichs zunächst einen Rückschlag erlitt.

Lambert, der vor 675 auf seiten der Gegner der Arnulfinger-Pippiniden stand und dann bis 682/83 in Stablo-Malmedy festgehalten wurde, gehörte nicht zu den Verbündeten, denen Pippin II. seinen Aufstieg verdankte. Direkte Nachrichten, wie sich das Verhältnis zwischen Pippin und Lambert nach dessen Wiedereinsetzung gestalteten, sind nicht überliefert. Wohl gibt es einige Anhaltspunkte für eine weitere Annäherung, doch überwiegen die Hinweise darauf, daß die Beziehungen zwischen Lambert und Pippin II. und dessen Familie nicht allzu eng waren. Von Lamberts Tätigkeit als Bischof ist lediglich bekannt, daß er in Toxandrien Missionsarbeit betrieb. Möglicherweise kam es dabei zu einem Zusammenwirken mit Willibrord, der, von Pippin II. gewiß stärker begünstigt als der Bischof von Tongern-Maastricht, auch die nördlichen Gebiete der späteren Lütticher Diözese in seine Missionsvorhaben miteinbezog. Weniger die Wahrung kirchlicher Interessen als vielmehr Auseinandersetzungen seiner Familie mit der rivalisierenden Familie des Dodo als eines Amtsträgers Pippins II. im Lüttich-Maastrichter Raum führten dazu, daß Lambert 703/05 in Lüttich erschlagen wurde.

Die Vita Landiberti vermittelt trotz ihrer spärlichen und meist nur schwer zu deutenden Angaben ein lebhaftes Bild von den Auseinandersetzungen, in die das Bistum Tongern-Maastricht in der Zeit zwischen dem Sturz des Grimoald und dem Herrschaftsantritt Pippins II. einbezogen wurde. Sie wirft mit ihren Hinweisen auf die wechselvolle Geschichte des Bistums in diesen Jahren ein bezeichnendes Schlaglicht auf die politische Situation des Lütticher Raums in einer der entscheidenden und zugleich auch dunkelsten Phasen des Aufstiegs der frühen Karolinger. Daß es den Arnulfingern-Pippiniden zwischen 662 und 679/80 nicht gelang, stärkeren Einfluß auf das Bistum zu nehmen, läßt wichtige Rückschlüsse auf ihre Machtstellung im Lütticher Raum zu.

Hugbert

Hugbert[1] war von 703/06 bis 727 Bischof von Tongern-Maastricht[2]. Hauptsächliche Quelle ist, von einigen Nachrichten in der Vita Landiberti abgesehen[3], die Vita Hugberti[4]. Sie wurde um oder kurz nach der Mitte des 8. Jahrhunderts unter Benutzung der Viten des Arnulf[5] und Lambert[6] von einem Schüler des Hugbert abgefaßt[7]. Zur Herkunft des Bischofs und zu den näheren Umständen seiner Bischofserhebung enthält die Vita keinerlei Angaben. Über das Leben des Hugbert vor der Übernahme des Bischofsamtes und den ersten Teil seines Episkopates finden sich nur wenige Nachrichten. Ausführlich und selbständig berichtet die Vita über die letzten Lebensjahre des Hugbert, seinen Tod und die Erhebung seiner Gebeine[8]. Von den beiden Viten abgesehen wird Hugbert in zeitgenössischen Quellen nur noch in zwei Urkunden Pippins II. von 706 unter den Zeugen genannt[9]. Für eine eingehen-

---

[1] Neben der Vorrede von LEVISON zu seiner Ausgabe der Vita Hugberti S. 471 ff. ist an Literatur vor allem die Arbeit von BAIX, Saint Hubert zu nennen. Auf ihr beruhen im wesentlichen VAN DER ESSEN, Saints S. 79 ff. und ROUSSEAU, Les Carolingiens S. 207 ff. Großenteils unkritisch ist COENEN, Saint Hubert, mehr von kunsthistorischem und volkskundlichem Interesse PENY, Saint Hubert.

[2] Schließt man sich KRUSCH an, der den Tod des Lambert auf den 17. September 703 datiert, vgl. oben S. 268 Anm. 155, so wäre der Beginn des Episkopats des Hugbert 703/04 anzusetzen. Daß Hugbert spätestens Anfang 706 zum Bischof erhoben wurde, ergibt sich aus den Urkunden Pippins II. vom 13. Mai dieses Jahres, vgl. Anm. 9. Als Todestag des Hugbert kann der 30. Mai 727 sicher erschlossen werden, vgl. LEVISON, Vorrede S. 473.

[3] Cap. 25 S. 379 f.

[4] Zur Vita vgl. VAN DER ESSEN, Étude S. 59 ff., LEVISON, Vorrede S. 473 ff., BAIX, Saint Hubert S. 107 ff. und GENICOT, Discordiae S. 67 f.

[5] So vor allem in den Wunderberichten cap. 4, 6 und 7 S. 485 ff.

[6] Der Bericht über die Translation des Lambert, cap. 2 S. 484, und wohl auch die Bemerkung, Lambert sei der Lehrer des Hugbert gewesen, cap. 1 S. 483, beruhen auf der Vita Landiberti cap. 25 ff. S. 378 ff.

[7] Daß es sich bei dem Autor um einen Schüler des Bischofs handelte, ist aus seinen Bemerkungen zu seiner eigenen Person zu schließen, vgl. LEVISON, Vorrede S. 473 f. Aus dem Bericht über die Erhebung des Hugbert cap. 18 ff. S. 493 ff. ergibt sich, daß die Vita nach 743 entstand. Nach LEVISON S. 474 wurde die Vita wohl noch in der Regierungszeit Pippins III. abgefaßt. VAN DER ESSEN, Étude S. 60 und GENICOT, Discordiae S. 67 nehmen ihre Entstehung kurz nach 743, wohl im Zusammenhang mit der Reliquienerhebung, an.

[8] Cap. 8 ff. S. 487 ff. Der Autor berichtet ausführlich über ein Wunder in Nivelle, dessen Zeuge er war und das sich gut ein Jahr vor dem Tode des Hugbert ereignete. Es wird allgemein angenommen, daß der Autor erst in den letzten Lebensjahren des Bischofs zu dessen Umgebung gehörte, vgl. LEVISON, Vorrede S. 474, BAIX, Saint Hubert S. 111, GENICOT, Discordiae S. 68.

[9] Die Identität des in DD Arnulf 4 und 5 S. 95 f. = WAMPACH, Echternach 1,2 Nr. 14 und 15 S. 40 und 43 unter den Zeugen genannten *Chuchobertus episcopus* bzw. *Chugobertus* gilt allgemein als sicher. Ein anderer Bischof dieses Namens ist nach DUCHESNE, Fastes 3 S. 245 zu Beginn des 8. Jh.s nicht nachweisbar. Auf die reichen späteren Nachrichten zur Person des Hugbert und seiner Familie ist hier nicht weiter einzugehen; ausführlichste Zusammenstellung bei DE SMEDT, Vorrede zu seiner Ausgabe der Viten des Hugbert, AA SS Nov. 1 S. 772 ff. Vgl. jedoch zur Tradition einer aquitanischen Herkunft Hugberts Anm. 18.

dere personen- und besitzgeschichtliche Untersuchung reicht die Quellengrundlage somit nicht aus. Die Verlegung des Bischofssitzes von Maastricht nach Lüttich, die eng mit dem Episkopat des Hugbert verbunden war, ist gesondert zu behandeln [10]. Im folgenden ist kurz auf die wenigen Nachrichten der Vita zur Person des Hugbert, auf die Frage seiner verwandtschaftlichen Beziehungen zu den Karolingern und auf sein Verhältnis zu Pippin II. und Karl Martell einzugehen.

Der Vita ist zu entnehmen, daß Hugbert vor der Übernahme des Bischofsamtes verheiratet gewesen war, einen Sohn Florbert hatte [11] und unter Lambert dem Maastrichter Domklerus beigetreten war [12]. Nach der späteren Überlieferung ist es sehr wahrscheinlich, daß Florbert seinem Vater auf dem Bischofsstuhl folgte [13]. Daß es der Familie offensichtlich gelang, über zwei

---

[10] Vgl. unten S. 280ff.

[11] In cap. 14 S. 491 wird berichtet, daß die Schüler des Hugbert *una cum egregio filio suo Florberto* bei dem Tod des Bischofs zugegen waren. Gegenüber der älteren Forschung zeigte BAIX, Saint Hubert S. 118 f., daß nach dem Sprachgebrauch der Vita hierunter ein leiblicher Sohn zu verstehen ist und daß auf eine Ehe des Hugbert geschlossen werden kann; ähnlich bereits BALAU, Étude S. 41 Anm. 2 und LEVISON, Vorrede S. 471.

[12] Die Angabe der Vita Landiberti cap. 25 S. 379: *Erat autem Cugubertus pontifex in regione illa, qui et aliquando discipulus eius* (sc. Landiberti) *fuerat*, darf als glaubwürdig gelten, da sie nicht auf das hagiographische Anliegen des Autors zurückzuführen ist. BAIX, Saint Hubert S. 119 vermutet, daß Hugbert nach dem Tod seiner Gattin in den geistlichen Stand eintrat. HLAWITSCHKA, Merowingerblut S. 80 mit Anm. 3 hält aufgrund der Ausbildung des Hugbert durch Lambert und angesichts der Nachfolge des Hugbert verwandtschaftliche Beziehungen der beiden Bischöfe für möglich. Eindeutige Anhaltspunkte für eine derartige Verbindung fehlen. Der mehrfach vorgeschlagenen Gleichsetzung des Hugbert mit einem in Echternacher Urkunden von 697/98 genannten *Hudobertus presbiter*, vgl. BAIX, Saint Hubert S. 121 und ROUSSEAU, Les Carolingiens S. 212, wird durch die Lesung *Audobertus* von WAMPACH, Echternach 1,2 Nr. 4 S. 23 die Grundlage entzogen.

[13] Der nächste sicher bezeugte Bischof von Tongern-Maastricht nach Hugbert ist der in einem Schreiben des Papstes Zacharias von 749 genannte *Fulcricus Tungriensis episcopus*, Epp. Bonifatii Nr. 82 S. 182. Wie die Gegenüberstellung mit den wenigen sicheren Nachrichten über die Lütticher Bischöfe aus dem 8. und beginnenden 9. Jh., vgl. DUCHESNE, Fastes 3 S. 192 und DE MOREAU, Histoire 1 S. 207, 202 Anm. 1 und S. 312 f. zeigt, kann die von KURZE, Annales Lobienses S. 597 dem Lütticher Bearbeiter des 10. Jh.s zugewiesene Bischofsreihe in den Annales Lobienses S. 227ff. als glaubwürdig gelten. Hier wie auch in der Translatio s. Landoaldi des Heriger von Lobbes S. 238, der Lütticher Bischofsliste SS 13 S. 291 und bei Anselm, Gesta epp. Leod. cap. 17 S. 198 erscheint als Nachfolger des Hugbert und als Vorgänger des Fulcar ein *Florebertus*. Er wird in den Annales Lobienses als Sohn des Hugbert bezeichnet; als Amtszeit werden die Jahre 727 bis 737/38 angegeben, S. 227. Daß der Autor aufgrund der Angaben der Vita Hugberti, vgl. Anm. 11, den Nachfolger des Hugbert erst nachträglich zu dessen Sohn machte, ist natürlich nicht auszuschließen, aber wenig wahrscheinlich, da er die im 10. Jh. für einen als heilig verehrten Bischof wenig ehrenvolle Bemerkung anschließen läßt: *Siquidem laicus fuerat antea beatus Hucbertus*. Die in den Annales Lobienses wiedergegebene Tradition findet vielleicht eine gewisse Entsprechung darin, daß der Sohn des Hugbert in der Vita Hugberti als *egregius* gekennzeichnet und unter den Schülern des Bischofs genannt wird. Diese Hinweise mögen über die Namensgleichheit hinaus für die Identität sprechen. Daß Bischof Florbert der Sohn des Hugbert war, wird allgemein angenommen, vgl. LEVISON, Vorrede S. 471, DE MOREAU, Histoire 1 S. 103, VAN DER ESSEN, Saints S. 79, BAIX, Saint Hubert 2 S. 74 Anm. 14 und EWIG, Milo S. 423 f.

Generationen hinweg das Bistum Tongern-Maastricht zu besetzen, läßt Rückschlüsse auf ihren hohen sozialen Rang[14] und ihr gutes Verhältnis zu den frühen Karolingern zu. Geht man davon aus, daß Hugbert bereits vor seiner Bischofserhebung dem Maastrichter Domklerus angehört hatte und daß ihm sein Sohn in der Leitung des Bistums Tongern-Maastricht folgte, so sprechen diese Hinweise übereinstimmend dafür, daß Hugbert und Florbert einer einflußreichen Familie des mittleren Maasgebietes entstammten[15]. Die Nachrichten der Vita über die Aufenthaltsorte des Bischofs auf seinen Reisen durch die Diözese[16] und den Bau der zu seiner Grablege bestimmten Kirche St. Peter in Lüttich[17] können hingegen für die Frage nach der Herkunft der Familie kaum herangezogen werden[18].

Mehrfach wurde versucht, Hugbert der Familie der Plektrud, der Gattin Pippins II., zuzuweisen und ihn und den gleichnamigen Vater der Plektrud mit einem 693/94 auf dem Hoftag von Valenciennes bezeugten Seneschall *Chugobertcho* und einem bei dem Placitum zu Compiègne 697 genannten *Hocioberctho comite palacii* in verwandtschaftliche Beziehungen zu bringen[19]. Die Zuweisung des Hugbert zur Familie der Plektrud beruht auf der

---

[14] Gegen die mehrfach versuchte Zuweisung des Hugbert zu den „grandes lignées" allein aufgrund der Tatsache seiner Bischofserhebung macht GENICOT, Discordiae S. 68 Anm. 2 die Möglichkeit von Ausnahmen geltend. Daß eine weniger vornehme Familie einen Bischofsstuhl mit zwei ihrer Mitglieder in unmittelbarer Folge besetzen konnte, ist jedoch kaum anzunehmen.

[15] Ähnliche Beispiele für die zu jener Zeit mehrfach zu beobachtende Besetzung eines Bistums durch mehrere Angehörige ein und derselben führenden einheimischen Familie nennt EWIG, Milo S. 413 ff. und 421 ff. mit den Familien des Milo von Trier und Gewilib von Mainz. Gegen eine zu schematische Auswertung einer Verwandtennachfolge für die Frage der Herkunft der jeweiligen Familie spricht das oben S. 226 Anm. 16 erwähnte Beispiel der beiden Bischöfe Franco von Le Mans, die einer Familie aus dem Haspengau entstammten. Auch die Zugehörigkeit zum Domklerus besagt, wie etwa das Beispiel des an der Kathedralkirche in Metz ausgebildeten Trudo zeigt, vgl. oben S. 81, für sich allein genommen nur wenig. Das Zusammentreffen beider Faktoren darf hingegen als sicheres Indiz für enge landschaftliche Verbindungen zu dem betreffenden Bistum gelten.

[16] Zur Frage, inwieweit die in der Vita genannten Aufenthaltsorte des Hugbert Tervueren, Nivelle, Emael und Givet als Eigengüter des Bischofs betrachtet werden können, wie es etwa BAIX, Saint Hubert S. 116 annimmt, vgl. unten S. 321 f. mit Anm. 15.

[17] Vgl. hierzu unten S. 292.

[18] Eine andere Version über die landschaftliche Herkunft Hugberts wird in der späteren Lütticher Tradition vertreten. Erstmals Nikolaus teilt in seiner 1143/47 entstandenen Lambertsvita cap. 12 S. 415 mit, Hugbert sei als *adolescens nobilis Aquitanus genere sub Theoderico rege comes palatii* auf der Flucht vor dem grausamen Hausmeier Ebroin nach Austrasien zu Pippin II. gezogen. Diese Nachricht erweist sich aber deutlich als eine Ausschmückung der bereits im 10. Jh. faßbaren und bei Nikolaus in demselben Zusammenhang mitgeteilten unglaubwürdigen Tradition, daß Bischof Hugbert die in Amay bestattete *sancta Oda, uxor Boggis ducis Aquitanorum* zur Tante gehabt habe, vgl. oben S. 47 ff. Man wird ihr danach schwerlich größeres Gewicht für die Person Hugberts beimessen oder sie gar in Verbindung mit dem Anm. 21 genannten *Hocioberctho comite palacii* bringen können, so zuletzt ECKHARDT, Merowingerblut S. 119 f.

[19] Plektrud erscheint erstmals 706 als *filia Huogoberti quondam*, D Arnulf 4 S. 93 = WAMPACH, Echternach 1, 2 Nr. 14 S. 39, vgl. dazu auch oben S. 166 mit Anm. 34. LEVISON, Vorrede

Namensgleichheit jeweils eines Familienmitgliedes[20] sowie auf der Zugehörigkeit zur gleichen sozialen Schicht und auf der Tatsache, daß der Bischof über gute Beziehungen zum karolingischen Hause verfügte. Mit diesen Argumenten allein läßt sich jedoch die Annahme einer Verwandtschaft des Hugbert mit den Karolingern nicht ausreichend abstützen. Daß eine Verbindung zu den 693/94 und 697 genannten gleichnamigen Amtsträgern bestand, ist wenig wahrscheinlich. Beide Hoftage betrafen neustrische Angelegenheiten und waren hauptsächlich von Großen aus Neustrien und Burgund besucht[21].

Auch zur Frage des Verhältnisses des Hugbert zu Pippin II. und Karl Martell enthält die Vita keine direkten Nachrichten. Daß Hugbert zu einer Zeit erhoben wurde, als die Herrschaft Pippins II. gefestigt war, und daß sein Sohn Florbert unter Karl Martell auf dem Maastrichter Bischofsstuhl nachfolgte, zeigt jedoch ausreichend, daß Hugbert einer den Karolingern nahestehenden

---

S. 472 vermutete, daß es sich bei dem 693/94 genannten Seneschall entweder um den Vater der Plektrud oder um den späteren Bischof von Maastricht gehandelt habe, der wiederum mit der Familie der Plektrud verwandt gewesen sei. BAIX, Saint Hubert S. 120f. hielt es für das Wahrscheinlichste, daß Hugbert ein Enkel des Vaters der Plektrud gewesen war. Nach WAMPACH, Echternach 1,1 S. 130 war Plektruds Vater ein „direkter Verwandter, wenn nicht Vater des gleichnamigen Bischofs"; EWIG, Trierer Land S. 256 hält Hugbert für einen Sohn der Irmina v. Oeren und des Seneschalls Hugobert, d. h. für einen Bruder der Plektrud. HLAWITSCHKA, Vorfahren S. 74 Anm. 11 möchte dagegen aufgrund erbrechtlicher Überlegungen Hugbert „eher als einen Vetter, nicht als Bruder der fünf Hugobert-Irmina-Töchter" ansehen; zur Zuweisung der Plektrud zur Familie der Irmina von Oeren vgl. jedoch oben S. 166f. Enge verwandtschaftliche Beziehungen zwischen Plektrud und Bischof Hugbert halten ROUSSEAU, Les Carolingiens S. 213 für sehr wahrscheinlich und WERNER, Bedeutende Adelsfamilien S. 116 für sicher, der ebd. Anm. 119 wie bereits HALBEDEL, Studien S. 20 Anm. 17 Verbindungen zu dem 617 erwähnten Hausmeier *Chucus* herstellen möchte.

[20] Mehrfach werden in diesem Zusammenhang auch der in einer von BRANDI und zuletzt von HEIDRICH aufgrund der im 12. Jh. gefälschten Reichenauer Gründungsurkunden erschlossenen, in Jupille ausgestellten Urkunde Karl Martells, vgl. unten S. 453 Anm. 228, erwähnte *inluster vir Hucberto comes palatii* und der 747 in einer Urkunde Karlmanns für Stablo bezeugte *Hugberto comiti palatio nostro*, D Arnulf 16 S. 103 = HR 1 Nr. 18 S. 53 genannt. Beide Belege, hält man die Personen nicht für identisch, können zusammen mit der Erwähnung eines *Huberti* unter den Zeugen der Urkunde des Grafen Rotbert von 741, vgl. DESPY, La charte S. 87, und den zahlreichen von FÖRSTEMANN, Personennamen Sp. 924f. zusammengestellten Belegen aus dem 8. Jh. auch für eine gewisse Häufigkeit des Personennamens Hugobert in der ersten Hälfte des 8. Jh.s sprechen. Dem Argument der Namengleichheit kommt somit auch bei diesem Namen nur geringeres Gewicht zu.

[21] DD Mer 66 und 79 S. 58 und 62 = LAUER/SAMARAN Nr. 23 und 27 S. 16 und 19. 693/94 wurde über Besitzungen in Bayencourt (dép. Oise, ar. Compiègne) verhandelt; von den 12 anwesenden Bischöfen stammten 8 aus Neustrien-Burgund, 4 sind nicht sicher zu identifizieren; unter ihnen kommt nur Abbo (Metz?) als austrasischer Bischof in Frage. Unter den weltlichen Großen vermutet EWIG, Teilreiche S. 140 abgesehen von Nordebert, den Pippin II. zu seinem „Bevollmächtigten" in Neustrien ernannt hatte, ebd. S. 139, ebenfalls Große aus Burgund und Neustrien. Ein ähnliches Bild ergibt sich für die Teilnehmer des Placitum von 697. Zur Gleichsetzung Bischof Hugberts mit den in den beiden Urkunden genannten Amtsträgern namens Hugobert durch ECKHARDT, Merowingerblut S. 119f. vgl. Anm. 18.

Familie angehörte[22]. In die gleiche Richtung deuten die Anwesenheit des Hugbert 706 bei einer von Pippin II. einberufenen Zusammenkunft in *Gaimundas*[23] und seine Nennung an erster Stelle unter den Zeugen der beiden dort für Echternach und Willibrord ausgestellten Urkunden[24]. Spätestens bei dem Treffen von 706 nahm Hugbert Beziehungen zu Willibrord auf. Er beteiligte sich nach Angaben der Vita an der von Pippin unterstützten und von Willibrord maßgeblich geförderten Christianisierung Toxandriens[25]. Als weiterer Hinweis auf gute Beziehungen des Bischofs zu den Karolingern ist zu werten,

---

[22] Zur Erhebung des Hugbert heißt es in der Vita cap. 1 S. 483 lediglich: *Electus est igitur Hugbertus pontifex et in cathedra pontificali summo honore collocatus*. Daß der Einfluß Pippins bei der Erhebung Hugberts von entscheidender Bedeutung war, wie auch BAIX, Saint Hubert S. 222 und ROUSSEAU, Les Carolingiens S. 213 annehmen, dürfte wohl außer Frage stehen. In noch höherem Maße ist dies für die Einsetzung des Florbert unter Karl Martell anzunehmen.

[23] Vgl. Anm. 9. Die allgemein angenommene Identifizierung des Ausstellortes mit Saargemünd kann nach den Ausführungen von HEIDRICH, Titulatur S. 152 Anm. 378 nicht als gesichert gelten; dies gilt auch für die von GYSSELING, Woordenboek S. 386 vorgeschlagene Gleichsetzung mit Hornbach.

[24] Die Urkunden betreffen eine Schenkung Pippins II. und Plektruds an das von Willibrord geleitete Kloster Echternach und regeln den künftigen Rechtsstatus des Klosters, das Willibrord als sein Eigenkloster an Pippin und Plektrud übertragen hatte und das von diesen ihrer *dominiatio* und *defensio* unterstellt, Willibrord zur geistlichen Leitung anvertraut wurde. ANGENENDT, Willibrord S. 73 ff. hat unter Hinweis auf die Reihe bischöflicher Subskribenten und die Ausstellung der Urkunden am Himmelfahrtstag 706 mit guten Gründen wahrscheinlich machen können, daß es sich bei dem von Pippin einberufenen Treffen, bei dem diese wichtigen Entscheidungen getroffen wurden, um eine Zusammenkunft von synodalem Charakter gehandelt hatte. Unter den Zeugen beider Urkunden erscheint Hugbert nach den Angehörigen Pippins II., Plektrud und Drogo, und vor den Bischöfen Garebald von Toul, Bernarius, Constantin von Beauvais, Josephus und Winetharius. Bernarius ist nicht zu identifizieren, bei Josephus und Winetharius handelt es sich nach WAMPACH, Echternach 1,2 S. 53 Anm. 2 vermutlich um Chorbischöfe. Der Bischof von Trier, in dessen Diözese das Kloster Echternach lag und der von den 706 gefällten Entscheidungen unmittelbar betroffen war, wohnte dem Treffen nicht bei. Dies mochte ein Grund dafür sein, daß Hugbert, der von den anwesenden Bischöfen durch die Lage seines Bistums zwischen den beiden Wirkungszentren Willibrords, Utrecht und Echternach, am stärksten mit Willibrord in Berührung kam, an erster Stelle genannt wurde. Mit seiner Anwesenheit in *Gaimundas* und als erster Zeuge dokumentierte er zugleich seine Übereinstimmung mit dem von Pippin II. gewählten Verfahren, vgl. auch ANGENENDT S. 76. Man wird mit diesem Hintergrund seine Nennung in den Urkunden von 706 um so stärker als Hinweis auf enge Beziehungen zu Pippin II. werten dürfen. LEVISON, Vorrede S. 472 und WAMPACH, Echternach 1,1 S. 130 Anm. 5 sehen in der Nennung Hugberts an der Spitze der Bischöfe einen Anhaltspunkt für verwandtschaftliche Verbindungen zu Pippin und Plektrud. Mit HLAWITSCHKA, Vorfahren S. 74 Anm. 11 wird man die Zeugenlisten dieser von Geistlichen unterzeichneten Urkunden jedoch kaum genealogisch auswerten wollen.

[25] Cap. 3 S. 485. In demselben Zusammenhang wird auch von der Missionsarbeit des Hugbert in den Ardennen und in Brabant berichtet. Sichere Hinweise auf die Beziehungen zwischen Hugbert und Willibrord liegen ansonsten nicht vor. Das Wirken Willibrords in Toxandrien und im Maasgau, soweit es aus den Urkunden zu erkennen ist, fiel vor allem in die Zeit Bischof Hugberts. Da es auch das südliche Toxandrien und damit den unmittelbaren Einflußbereich der Bischöfe von Tongern-Maastricht erfaßte und da spätestens seit 706 persönliche Verbindungen zwischen Hugbert und Willibrord bestanden, wird man mit einem guten Verhältnis zwischen den beiden Bischöfen rechnen können.

daß Karlmann bei der Erhebung der Gebeine des Hugbert 743 in Lüttich anwesend war und der Grabeskirche St. Peter Weihegeräte und Ländereien übertrug[26].

Zusammenfassend lassen die wenigen Nachrichten zur Person und Familie des Hugbert erkennen, daß mit Hugbert eine Pippin II. nahestehende Persönlichkeit in Maastricht auf Bischof Lambert folgte. Hugbert gehörte mit hoher Wahrscheinlichkeit einer führenden Familie aus dem mittleren Maasgebiet an. Für ihre einflußreiche Stellung und ihr gutes Verhältnis zum karolingischen Hause spricht, daß die Familie den Tongerner Bischofssitz nach dem Tode Hugberts 727 mit dessen Sohn Florbert besetzen konnte. Für eine nähere genealogische Einordnung Hugberts fehlen sichere Anhaltspunkte. Trotz der guten Beziehungen zu Pippin II. muß offenbleiben, inwieweit verwandtschaftliche Verbindungen Hugberts zu Pippins Gemahlin Plektrud bestanden.

II. Die Verlegung des Bischofssitzes

Ist unter Theodard und Lambert noch Maastricht als Bischofssitz bezeugt[1], so erscheint seit dem Episkopat des Hugbert Lüttich als hauptsächlicher Aufenthaltsort der Bischöfe von Tongern. Die Verlegung des Bischofssitzes aus einer befestigten städtischen Siedlung mit spätantiker Tradition in eine bis dahin gänzlich unbedeutende *villa* auf dem offenen Lande dürfte ein einmaliger Vorgang innerhalb des fränkischen Reiches gewesen sein[2]. Der neue Bischofssitz befand sich in unmittelbarer Nachbarschaft zu den karolingischen Besitzungen Herstal, Jupille und Chèvremont. Die Verlegung setzte zu einem Zeitpunkt ein, als diese Orte unter Pippin II. von größerer Bedeutung waren und das mittlere Maasgebiet unter den karolingischen Stammlandschaften stärker in den Vordergrund trat. Der Frage nach den näheren

---

[26] Vgl. dazu unten S. 309 ff.

[1] Vita Landiberti cap. 3 S. 355: *Eo tempore oppido Treiectinse cathedra ponteficale praesedebat summus pontefex Theodoardos*; ebd. cap. 17 S. 370 heißt es, die Leiche des Lambert sei *ad civitatem eius* (Maastricht) gebracht worden. Eine ausführliche Zusammenstellung der Belege aus dem 6. und 7. Jh. für Maastricht als Bischofssitz bringt BAIX, Saint Hubert S. 170 Anm. 2.

[2] SPROEMBERG, Lüttich S. 348 betont unter Hinweis auf „ähnliche Vorgänge" in Tournai und Cambrai, daß „der Wechsel der Bischofsresidenzen für dieses Gebiet kein Sonderfall" sei. Ende des 6. Jh.s wurde Cambrai Bischofssitz auch der Diözese Arras; Anfang des 7. Jh.s wurden die Diözesen von Tournai und Noyon vereint, wobei Noyon Bischofsresidenz wurde. Cambrai und Noyon weisen römische Kontinuität auf und waren – Tournai allerdings nur kurze Zeit – vor der Verlegung der Residenzen von Arras und Tournai Sitz eines Bischofs gewesen, vgl. VERCAUTEREN, Étude S. 167 ff., 176, 208 und 239.

Umständen und den Hintergründen dieses Vorganges kommt deshalb im Rahmen der vorliegenden Untersuchung großes Interesse zu.

In den zeitgenössischen Quellen wird über die Verlegung des Bischofssitzes nichts berichtet. Erstmals Anselm teilt in seiner 1052/56 verfaßten Lütticher Bischofschronik mit, Bischof Hugbert habe *propter patrocinia sancti martiris Lamberti* den Sitz des Bistums in Lüttich gewünscht[3] und mit den Reliquien des Lambert zugleich auch die *sedes episcopii* nach Lüttich übertragen[4]. In der Forschung werden verschiedene Ansichten über die Ursachen der Verlegung vertreten. Der Wechsel von Maastricht nach Lüttich wird dabei zumeist als ein Vorgang betrachtet, der sich über längere Zeit hin erstreckte[5]. Bei zahlreichen Forschern gilt in Anschluß an Kurth der Kult des Lambert als Hauptgrund für den Aufstieg Lüttichs zum bevorzugten Aufenthaltsort der Bischöfe von Tongern-Maastricht[6]. Als weitere Ursachen werden Schwierigkeiten der Bischöfe mit den Grafen in Maastricht[7], die zentralere Lage Lüttichs innerhalb der Diözese[8], die strategisch günstigere

---

[3] Gesta epp. Leod., Proemium S. 191: *Isque* (sc. *Hubertus*) *propter patrocinia sancti martiris Lamberti aput Leodium vicum publicum, ubi usque hodie perseverat, voluit esse caput episcopii.*

[4] Ebd. cap. 16 S. 198: *Hic cum ossibus beati Lamberti Leodium transtulit sedem episcopii, quae eatenus habebatur Traiecti.*

[5] KURTH, La cité 1 S. 18 sieht in der Translation den Anstoß für die Verlegung der Residenz: „La translation des reliques de Saint Lambert entraîna la translation du siège épiscopal de Maestricht à Liège", bezeichnet die Verlegung selbst aber als ein „résultat fortuit", ebd. S. 19 Anm. 1. Lüttich sei für Hugbert „une villégiature de prédilection" gewesen, der Bischof habe mit der Reliquientranslation nicht die Verlegung des Bischofssitzes beabsichtigt. Ähnlich DE MOREAU, Histoire 1 S. 105. ROUSSEAU, La Meuse S. 57 und DERS., Les Carolingiens S. 209 beschreibt den Vorgang folgendermaßen: „Hubert y fait transporter le corps de son prédécesseur et il établit sa résidence habituelle à Liège, acte qui devait avoir des conséquences incalculables. Il a créé une tradition, car ses successeurs suivront son exemple. Il n'y eut pas de transfert formel du siège de l'évêché de Tongres, de Maestricht à Liège. Ce fut une question de fait. Mais en dernière analyse si l'humble villa de Liège est devenue le chef-lieu du diocèse, c'est à l'initiative de saint Hubert qu'elle le doit. L'épiscopat de celui-ci marque donc un tournant décisif." Diese Beurteilung des Vorgangs findet in der folgenden Untersuchung eine weitgehende Bestätigung. Ähnlich auch GANSHOF, Het tijdperk S. 295 und JORIS, Du V{e} au milieu du VIIIe siècle S. 31 f. GENICOT, Un groupe épiscopal S. 282 f. sucht hingegen aufgrund baugeschichtlicher Beobachtungen zu zeigen, daß Bischof Hugbert es angelegt habe „à la réalisation d'un programme déterminé: celui de fixer à Liège le nouveau centre religieux du diocèse".

[6] KURTH, La cité 1 S. 20: „Les évêques de Tongres ne se purent plus se détacher de ce voisinage sacré: une force mystérieuse semblait les enchaîner auprès de la châsse du martyr." Ähnlich äußerten sich etwa auch GOBERT, Les rues 1 S. 6, ROUSSEAU, La Meuse S. 57, DE MOREAU, Histoire 1 S. 105: „Ce que n'avait pu faire la tombe de saint Servais, celle de saint Lambert allait le réaliser", GANSHOF, Het tijdperk S. 295 und ENNEN, Frühgeschichte S. 106 ff., S. 108: „An die Durchschlagskraft dieses irrationalen Motivs bei der Stadtwerdung Lüttichs nicht glauben zu wollen, bedeutet eine Verkennung des Mittelalters."

[7] So KURTH, Notger 1 S. 18, GOBERT, Les rues 1 S. 6; ROUSSEAU, La Meuse S. 56 nennt dies als Ursache dafür, daß die Maastrichter Bischöfe in Nebenresidenzen auswichen, vgl. jedoch unten S. 325 ff.; DE MOREAU, Histoire 1 S. 105.

[8] So etwa BAIX, Saint Hubert S. 175, der die größere Nähe Lüttichs zu dem fruchtbaren, dichtbevölkerten Teil des Haspengaues als weitere Ursache für möglich hält; ähnlich DE MOREAU,

Situation des Orts[9], die persönliche Vorliebe des Hugbert für diesen Ort[10] sowie die unmittelbare Nachbarschaft von Lüttich zu den karolingischen Pfalzen Herstal und Jupille[11] genannt.

Eine eingehendere Untersuchung steht noch aus[12]. Sie kann auch im folgenden nicht vorgelegt werden. Es soll lediglich versucht werden, die Quellengrundlage aufzuzeigen, aufgrund derer ein annäherndes Bild über den Vorgang der bischöflichen Residenzverlegung selbst, den Einfluß des Lambertkultes und den Anteil der Karolinger gewonnen werden kann. Es erscheint angebracht, einige Bemerkungen zu Topographie, Siedlungsgeschichte und zum Ortsnamen von Lüttich voranzustellen.

a) Topographie, Siedlungsgeschichte und Ortsname von Lüttich

Lüttich liegt am nördlichen Rand einer langgezogenen Maasschleife[13]. In ihrem Verlauf wird das Maastal beiderseits von rasch ansteigenden, mehrfach durchbrochenen Höhenzügen begrenzt, die ursprünglich dicht bewaldet waren. Nach einer Verengung (zwischen dem Plateau von La Cointe und dem Steilabfall des Bois de St. Laurent) auf etwa 900 m erreicht die Talsohle nach der Mündung der Ourthe eine durchschnittliche Breite von etwa 2 km. Ursprünglich teilten sich Maas und Ourthe in ihrem Mündungsgebiet in zahl-

---

Histoire 1 S. 105. VERBEEK, Frühe Bischofskirchen S. 349 vermutet, daß die Gründung des Bistums Utrecht dazu beitrug, „daß sich der Schwerpunkt des Maasbistums nach Süden verlagerte".

[9] So LECOUTURIER, Liège S. 71 Anm. 1 und BRUNNER, Probleme S. 380, der den Wechsel des Bischofssitzes unzutreffend in das 9. Jh. verlegt. Gegen die Annahme einer Verlegung aus strategischen Gründen spricht, daß der Bischofssitz in einer Zeit der Bedrohung des Christentums von dem offenen Land in das befestigte Maastricht verlegt wurde und daß Verhältnisse, die eine noch größere Sicherheit der Residenz erfordert hätten, zu Beginn des 8. Jh.s wohl kaum anzunehmen sind. Daß Lüttich eine solche Sicherheit geboten hätte, erscheint angesichts des Überfalls auf Lambert gerade in Lüttich und der Zerstörung der Stadt durch die Normannen 881/82 mehr als fraglich.

[10] MUNSTERS, Middeleeuwse Kerk S. 435 f., der allerdings hervorhebt: „Naar ons toeschijnt mist het probleem altijd nog een geheel bevredigende oplossing."

[11] So etwa GOBERT, Les rues 1 S. 6 und LECOUTURIER, Liège S. 71 Anm. 1, die annehmen, daß den Bischöfen an dem Aufenthalt in der Nähe des Hofes gelegen war. EWIG, Descriptio S. 158 sieht in der Verlegung des Bischofssitzes einen weiteren Hinweis darauf, daß unter Pippin II. der „Raum Lüttich an Bedeutung (gewann)". BOEREN, Frankische tijd S. 6 betont, nachdem die Karolinger die Macht erlangt hatten, seien sie bestrebt gewesen, „de bisschop van hun stamland als een soort hofbisschop dichter bij zich te hebben". Die Translation des Lambert sei der unmittelbare Anlaß der Verlegung gewesen. SCHLESINGER, Beobachtungen S. 258 vermutet allgemein einen Zusammenhang der Verlegung „mit der Funktion von Herstal und Chèvremont".

[12] Die ausführliche Untersuchung von BAIX, Saint Hubert bricht leider mitten in dem Kapitel „Le Transfert de la résidence épiscopale" ab. In jüngerer Zeit hat sich m. W. lediglich GENICOT, Un groupe épiscopal S. 270 ff. näher mit einigen vorwiegend baugeschichtlichen Aspekten der Verlegung des Bischofssitzes beschäftigt.

[13] Dem Folgenden liegen weitgehend die Ausführungen von LECOUTURIER, Liège S. 15 ff. zugrunde.

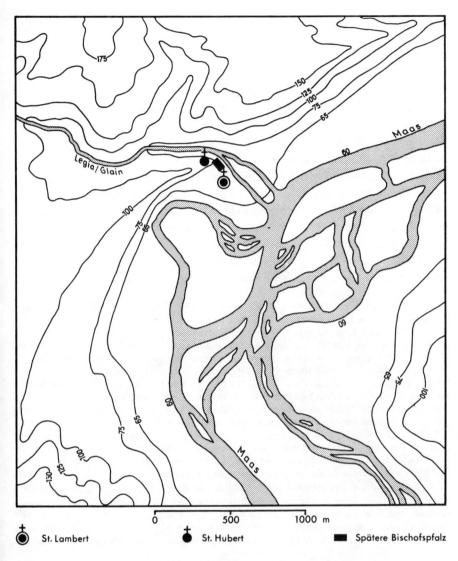

Karte 8: Lüttich zu Beginn des 8. Jahrhunderts
(Nach P. Lecouturier und L. F. Genicot)

reiche, ihren Lauf ständig wechselnde Flußarme [14]. Die größtenteils aus sumpfigen Wiesen bestehende Talaue war häufigen Überschwemmungen ausgesetzt. Günstige Voraussetzungen zur Siedlung bestanden nur auf dem westlichen Maasufer nördlich des Zusammenflusses der beiden Hauptarme des Stromes. Hier hatte sich durch die reichen Anschwemmungen der Glain [15] kurz vor der Mündung in die Maas ein Ablagerungskegel von etwa 450 × 600 m und einer Höhe von etwa 7 m über der Maas gebildet [16], der vor Überflutungen weitgehend geschützt war [17]. An seiner Rückseite befinden sich das anfänglich noch breite Tal der Glain und beiderseits dieses Flusses steil abfallende Anhöhen, südlich der Publémont, nördlich die Pierreuse.

Die älteste Siedlungsgeschichte des Platzes ist noch weitgehend ungeklärt. Grabungen, die 1907 auf dem Gelände der ehemaligen Kathedrale St. Lambert durchgeführt wurden, brachten über Resten einer jungsteinzeitlichen Siedlung und einer Ablagerungsschicht der Glain von etwa 1,30 m Stärke Fundamente eines reicher ausgestatteten Bauwerks zutage. Die Grabungsergebnisse sind nur unzureichend publiziert [18]. Sie betreffen nur einen kleinen

---

[14] LECOUTURIER, Liège S. 45, dazu die Karte im Anhang: „Site primitif de Liège"; vgl. auch KURTH, La cité 1 S. 1 ff., GOBERT, Les rues 1 S. 3, POLAIN, La formation S. 161 ff. mit Karte S. 163 und GOTHIER, Liège S. 465 ff. Vor ihrer Verlegung im 19. Jh. verlief die Maas an der Stelle der heutigen Avenue Blonden und des Boulevard d'Avroy. Sie teilte sich etwa 400 m nördlich der Kirche St^e Véronique von Avroy in zwei Hauptarme. Der größere entsprach dem heutigen Boulevard Piercot und dem heutigen Maaslauf; der zweite Hauptarm verlief in einer größeren Schleife, dem sog. „méandre d'Avroy", LECOUTURIER S. 55. Sein Lauf ist durch die Straßen Boulevard d'Avroy – Boulevard de la Sauvenière – Rue de la Régence wiedergegeben.

[15] Dieser in den Höhen von Ans entspringende Bach ist aus dem heutigen Stadtbild verschwunden, GOBERT, Les rues 1 S. 54 f. und LECOUTURIER, Liège S. 52 f.

[16] Hierzu bemerkt LECOUTURIER, Liège S. 59: „C'est le cône de déjection de la Légia, facteur géographique insignifiant en apparence, qui a donc joué le rôle essentiel dans la fixation de la ville." Der Schutz vor Überflutungen, die Nähe der an dieser Stelle leicht zu überschreitenden Maas, die windgeschützte Lage, die gute Versorgung mit Wasser und Holz durch die Legia und die angrenzenden bewaldeten Höhen sowie die Nähe des für die Verteidigung geeigneten Publémont „constituaient donc un endroit relativement favorable à l'établissement d'un campement humain", ebd. S. 60. Ähnlich GOTHIER, Liège S. 466, der die Lage des Orts charakterisiert: „en somme un site d'économie rurale". ROUSSEAU, La Meuse S. 55 bezeichnet die geographischen Voraussetzungen als „insuffisants pour provoquer la naissance d'une agglomération considérable".

[17] Daß er nicht völlig gesichert war, zeigen der Bericht der Annales Bertiniani a. 858 S. 78 über eine Überflutung, von der auch die Kathedralkirche St. Lambert betroffen war, und die Erwähnung einer Überschwemmung des *Rivus noster, cui nomen Leggia* 1118 in dem Canonici Leodiensis Chronicon V. 106 ff. S. 417.

[18] Die Grabungen wurden in geringerem Umfang noch bis 1930 weitergeführt. Sie standen unter Leitung des Architekten P. LOHEST. Teilergebnisse wurden vor allem in der Chronique archéologique du pays de Liège, daneben in den Zeitschriften BIAL und Leodium sowie in Tageszeitungen veröffentlicht. Zu einer vollständigen Publikation mit einer zusammenfassenden Auswertung der Grabungsergebnisse kam es nicht. Teile der Funde sind verloren bzw. ihr Fundort ist nicht bekannt. Ein Inventar der erhaltenen Funde mit ausführlichen, auf den Grabungsberichten beruhenden Erläuterungen bringt PHILIPPE, Les fouilles. DERS., Liège bietet eine Zusammenfassung dieser Publikation.

Geländeausschnitt, dessen Kulturschicht zudem durch die Kathedralbauten des 10. und 12. Jahrhunderts stark gestört war. Die ergrabenen Fundamente werden meist als Überreste einer gallo-römischen Villenanlage gedeutet[19]. Genicot hingegen sah in ihnen Mauerzüge der zu Beginn des 8. Jahrhunderts von Bischof Hugbert errichteten Kirche des hl. Lambert und rechnete mit einer nur geringen Bedeutung des Platzes in römischer Zeit[20]. Letzteres dürfte unabhängig von einer endgültigen Klärung des Grabungsbefundes auch daraus hervorgehen, daß der Ort abseits des römischen Wegenetzes lag[21]. An Funden, die mit Sicherheit der merowingischen Zeit angehören, kamen eine Scherbe eines Gefäßes aus Knickwandkeramik des 6. Jahrhunderts und eine zweiarmige Fibel aus dem beginnenden 8. Jahrhundert zutage[22]. Ob es sich dabei um Grab- oder Siedlungsfunde handelt, ist nicht zu entscheiden. Spuren einer baulichen Anlage aus der Zeit vor 700 fanden sich nicht. Soweit man aus dem mit einem starken Unsicherheitsfaktor belasteten Grabungsbefund weitergehende Folgerungen ziehen darf, wird man aus der Tatsache, daß nur derart wenig merowingerzeitliches Fundmaterial nachweisbar ist, mit einiger Wahrscheinlichkeit darauf schließen können, daß der Ort in fränkischer Zeit gleichfalls von geringer Bedeutung gewesen war[23].

---

[19] DEFIZE-LEJEUNE, Répertoire S. 55 spricht von einer „importante villa romaine". Ausführliche Beschreibung bei DE MAEYER, De overblijfselen S. 148 ff. und PHILIPPE, Les fouilles S. 17 ff. GOBERT, Les rues 3 S. 454 und PHILIPPE S. 19 rechnen mit einer Zerstörung der Anlage spätestens zu Beginn des 4. Jh.s. Im Gegensatz zu POLAIN, La formation S. 164 halten BRASSINNE, Un cimetière S. 31 und PHILIPPE S. 32 eine Siedlungskontinuität von der römischen zur fränkischen Zeit für wahrscheinlich.

[20] GENICOT, Un groupe épiscopal S. 265 ff. und 282 f.

[21] So LECOUTURIER, Liège S. 64: „la villa liégeoise devait rester à l'arrière pendant toute la période romaine". YANS, Le toponyme „Treist" S. 485 vermutet, daß der im 12. Jh. erstmals bezeugte Lütticher Straßen- und Quartiernamen an der Maas *Transitum* auf einen alten Flußübergang hindeutet. Er nimmt an, daß bereits in römischer Zeit eine Verbindung von Tongern über Lüttich nach Trier führte und daß „le bourg primitif de Liège s'établit en bordure de la route et non du fleuve". Dagegen nimmt MERTENS, Les routes romaines S. 21 an, daß eine römische Straße von Tongern über Wihogne, Paifve, Liers und Vottem verlief (heute die sog. Chaussée Brunehaut), die Maas (im Süden von Herstal) bei Jupille überquerte und sich im Herver Land mit der Straße Reims–Köln verband. An die Hauptverbindungen Bavai–Köln und Metz/Trier–Arlon–Tongern fand Lüttich vor allem wohl über den Wasserweg bei Maastricht bzw. Amay Anschluß.

[22] Abbildungen bei PHILIPPE, Liège S. 8 ff. sowie DEMS., Les fouilles S. 20 (hier nur die Fibel). Datierung nach mündlicher Auskunft von Prof. Dr. J. WERNER, München. Mehrfach wurde aufgrund von Berichten über die Auffindung von Gräbern mit Waffenbeigaben in der Nähe der früheren Kirche St. Pierre in den Jahren 1326, 1556 und 1860 angenommen, daß sich hier ein merowingischer Friedhof befunden habe, so BREUER, Les études S. 139, GOBERT, Les rues 4 S. 540, POLAIN, La formation S. 164, BRASSINNE, Un cimetière S. 36 ff., PHILIPPE, Les fouilles S. 29 und GOTHIER, Liège S. 464 f. Eine sichere Datierung gestatten die von PHILIPPE ebd. aufgeführten, wenigen erhaltenen Fundstücke offensichtlich nicht, da ROOSENS, Begraafplaatsen S. 63, FAIDER-FEYTMANS, L'aire S. 104 und DEFIZE-LEJEUNE, Répertoire S. 56 das Gräberfeld unberücksichtigt lassen.

[23] GENICOT, Un groupe épiscopal S. 270 f. geht davon aus, daß im Verlauf des 7. Jh.s sich in Lüttich ein *vicus* entwickelt habe, der durch seine Lage mit den älteren Siedlungen Huy, Namur

Eine sichere Deutung des Ortsnamens Lüttich steht noch aus. Die ältesten Namensformen *Leodius* und *Leudico* finden sich in der Vita Landiberti und im Liber Historiae Francorum[24]. Beide Bildungen wurden bis ins 10. Jahrhundert nebeneinander verwendet[25]. Erstmals im 10. Jahrhundert begegnet daneben die Form *Ledgia*[26], die sich zu *Legia/Leggia*[27] weiterentwickelte und im Verlauf des 11. Jahrhunderts die älteren Formen verdrängte. In der Forschung werden hauptsächlich zwei Deutungen vertreten. Kurth und in Anschluß an ihn die meisten der übrigen Forscher sehen in der älteren Namensform eine Bildung aus der germanischen Wurzel *Leod- und dem lateinischen Suffix -icus und halten das derart erschlossene Adjektiv *leudicus für gleichbedeutend mit *publicus*[28]. Auf dieser Deutung beruht letztlich die These, wonach Lüttich aus römischem Staatsbesitz in merowingisches Fiskalgut übergegangen und dann durch königliche Schenkung an die Kirche von Tongern-Maastricht gelangt sei[29]. Aebischer wies demgegenüber darauf hin, daß

und Dinant vergleichbar gewesen sei und der, versehen mit einer Kirche St. Marien, wie diese Orte „constituait sans doute une résidence secondaire des évêques de Maastricht". Dieses vorwiegend aus den Schriftquellen erschlossene Bild läßt sich m. W. mit dem bisherigen archäologischen Befund nicht weiter abstützen.

[24] Vita Landiberti cap. 11 S. 365: *in villa cuius vocabulum est Leodius*; ähnliche Belege finden sich in cap. 1, 12, 20, 21 S. 353, 366, 373, 374: *in villa ... Leodio* oder in cap. 25 S. 379: *ad Leodio*; LHF cap. 50 S. 324: *in basilica sancti Landiberti martyris Leudico peremtus est*. Die Hypothese von VINCENT, Les localités S. 377, bei dem vom sog. Geographen von Ravenna zwischen Namur *(Namon)* und Maastricht *(Trega)* genannten *Neonsigo* handele es sich um Verlesungen von *Heon und *ligo, d. h. Huy und Lüttich (ähnlich GYSSELING, Woordenboek S. 612, *Neonsigo* sei eine Verlesung für *Leodigo, d. h. Lüttich), kann nicht überzeugen.

[25] Eine wenn auch nicht vollständige Zusammenstellung der Belege findet sich bei KURTH, Les origines S. 32 ff. und GYSSELING, Woordenboek S. 613 f. Hinzuweisen ist auch auf das Adjektiv *Leticensis*, D Lo II 29 S. 432.

[26] So in dem zu Beginn des 10. Jh.s entstandenen Carmen de sancto Landberto V. 343 S. 152: *ad villam, quae Ledgia nomine fertur* und auf einer Münze aus dem Ende des 10. Jh.s, GYSSELING S. 614.

[27] Urkundlich erstmals 1024: *actum in civitate Legia*, D Ko II 6 S. 8. Zahlreiche weitere Belege in den Anm. 25 genannten Arbeiten.

[28] KURTH, Les origines S. 41: „il est formé d'un radical barbare ,leud' et d'une terminaison latine ,icus', et ne signifie pas autre chose que ,publicus'". Kurth griff damit eine bereits im 17. Jh. von Adrien Valois geäußerte Ansicht auf, vgl. DU CANGE 4 S. 69. Seiner Deutung schlossen sich u. a. GOBERT, Les rues 1 S. 55, LECOUTURIER, Liège S. 70, BRASSINNE, Un cimetière S. 30 und GOTHIER, Liège S. 465 an.

[29] KURTH, Les origines S. 42 ff. Als das zu dem Adjektiv *leudicus gehörende Substantiv gibt Kurth *vicus* an und schließt auf * *vicus leudicus* als „nom primitif de Liège". Mit dem gleichbedeutenden Namen *vicus publicus* sei der Fiskalbesitz in römischer Zeit und nach seinem Übergang in das merowingische Königsgut auch in fränkischer Zeit bezeichnet worden. Deutlich heißt es dann bei KURTH, Notger 1 S. 135 f.: „Ce village, comme son nom l'indique, était un domaine royal ..." und DERS., La cité 3 S. 374: „Le domaine de Liège appartenait à Saint-Lambert en vertu d'une donation royale qui remontait à l'époque mérovingienne et dont l'acte est perdu." Danach GOBERT, Les rues 1 S. 2 f., LECOUTURIER, Liège S. 70, ROUSSEAU, La Meuse S. 56 mit Anm. 1, DE MOREAU, Histoire 1 S. 105, BRASSINNE, Un cimetière S. 33, GOTHIER, Liège S. 465, YANS, Domaine S. 911, SPROEMBERG, Lüttich S. 348 und BOEREN, Frankische tijd S. 23: „De plaats Luik ... was een staatsdomein (villa publica)."

ein Adjektiv *leudicus* weder in der Bedeutung von *publicus* noch sonst überhaupt nachweisbar ist[30]. Seine Annahme, der Ort sei nach dem Fluß *Legia* benannt, von dessen keltischem Namen *Leodia* oder *Leoda* die spätere Form *Leodicum* gebildet sei[31], fand bei Legros und Gysseling[32] keine Zustimmung. Weitere Deutungen schlugen u. a. Polain, Gröhler und Gysseling vor[33]. Entscheidend ist in unserem Zusammenhang nur, daß auch diese Deutungsversuche die Ansicht ablehnen, der Ortsname sei auf ein mit *publicus* gleichbedeutendes Adjektiv *leudicus* zurückzuführen.

Zusammenfassend ergibt sich aus den Bemerkungen zu Topographie, Siedlungsgeschichte und Ortsnamen, daß Lüttich weder aufgrund seiner geographischen Voraussetzungen noch aufgrund seiner Geschichte in römischer und fränkischer Zeit in eine Reihe mit den von Rousseau als „résidences secondaires" der Bischöfe von Tongern betrachteten Maasorten Dinant, Namur und Huy[34] zu stellen ist. Zutreffend spricht Nikolaus (1. Hälfte 12. Jh.) von Lüttich unter Lambert als einem *tunc quidem ignobilis vicus*[35]. Der Ortsname *Leodius, Leodicus* kann nicht zur Begründung der These herangezogen werden, der Ort sei durch königliche Schenkung aus merowingischem Fiskalgut an die Kirche von Tongern-Maastricht gelangt[36].

b) Lüttich unter den Bischöfen Lambert und Hugbert

Zu Beginn des 8. Jahrhunderts begegnet Lüttich erstmals in der schriftlichen Überlieferung. Die *villa cuius vocabulum est Leodius* wird in der Vita

---

[30] AEBISCHER, Les origines S. 652, der ebd. S. 653 ff. und 679 nachweist, daß die in diesem Zusammenhang mehrfach herangezogene Parallelbildung *Leodie quoque Silvae* (990), *sylvae Leodige* (991), *sylvam Legium* (1021), die ältere Bezeichnung der Forêt d'Orleans, nicht auf ein Adjektiv *leudicus* mit der Bedeutung *publicus* zurückgeführt werden kann.

[31] AEBISCHER, Les origines S. 667 f. und 681. Nach einer Bemerkung von Adrien Valois, zitiert bei AEBISCHER ebd. S. 654, wurde bereits im 16./17. Jh. der Name der Stadt von dem Flußnamen *Legia* hergeleitet. Dieser ist erstmals 1118 bezeugt, vgl. Anm. 17. Er ist nach KURTH, Les origines S. 85 f. eine von dem Ortsnamen abgeleitete poetische Bildung. Als ursprüngliche Namen des Flusses sind Glain (im Oberlauf) und Merchoul (im Unterlauf) zu betrachten, vgl. HERBILLON, Topoymes hesbignons (G-) S. 115 mit Anm. 1.

[32] LEGROS, Besprechung von AEBISCHER, Les origines (BTD 32.1958) S. 261 f.; zu GYSSELING vgl. Anm. 33.

[33] POLAIN, La formation S. 162 führt ein von ihm als älteste Form betrachtetes *Luticha* auf kelt. *Lutetia* = „endroit marécageux et limoneux" zurück. GRÖHLER, Ursprung 2 S. 332 f. hält den germanischen Personennamen *Liudiko* für namengebend. GYSSELING, Woordenboek S. 614 erwägt altgermanisch *leudika-*, abgeleitet von *leudi*, das er mit „Volk" übersetzt. Ein näheres Eingehen auf die Frage des Ortsnamens erscheint in unserem Zusammenhang nicht notwendig.

[34] ROUSSEAU, La Meuse S. 42. Vgl. dazu unten S. 325 ff.

[35] Vita Landiberti cap. 4 S. 410. Ähnlich auch die Beschreibung Lüttichs ebd. cap. 15 S. 419 f., wo es heißt, Lambert habe den Ort bevorzugt, *quia tunc temporis adeo erat invius et solitarius, ut quandam heremi videretur similitudinem.*

[36] Vgl. auch unten S. 313 Anm. 178.

Landiberti als ein Aufenthaltsort des Bischofs Lambert und seines Gefolges genannt und näher beschrieben. Anlaß für die Erwähnung des Aufenthalts und die Beschreibung des Orts war die Ermordung des Lambert in Lüttich. Dem Bericht der Vita ist zu entnehmen, daß das Haus, in dem der Bischof sich aufhielt[37], einen Schlafraum für die Kleriker[38], ein Schlafgemach des Bischofs[39] sowie einen Speisesaal[40] hatte und von einem Zaun mit Toren umgeben war[41]. Aus den Angaben über das Chorgebet des Lambert und seiner Schüler geht hervor, daß es in dem Ort eine von dem Wohngebäude abgesonderte Kirche gab[42]. Beide Gebäude waren auf dem siedlungsgünstigsten Gelände errichtet[43]. Dies läßt in Verbindung mit den späteren Besitzverhältnissen darauf schließen, daß das Bistum Maastricht der größte Grundbesitzer am Orte war[44]. Es ist zu vermuten, daß neben der Kirche und dem Haus des Bischofs

---

[37] Das Gebäude, *ubi domnus apostolicus aderat*, wird durchgehend als *domus* oder *domus ipsius* bezeichnet. Nähere Angaben über dieses Gebäude finden sich innerhalb der Berichte über das Martyrium des Lambert cap. 12–17 S. 366 ff. und die Anfänge seines Kults cap. 20–23 S. 373 ff. Eine Beschreibung der Baulichkeiten nach den Angaben der Vita bringen KURTH, Les origines S. 50 ff., GOBERT, Les rues 3 S. 454 und GENICOT, Un groupe épiscopal S. 270 ff. Wenngleich der Autor der Vita nicht Augenzeuge der geschilderten Vorgänge war, so dürfte er sich für seinen Bericht doch auf eine noch sehr lebendige Tradition gestützt haben. Insofern vermitteln seine Angaben ein gutes Bild davon, welche Vorstellungen die Zeitgenossen von dem Aussehen der *villa* Lüttich zur Zeit Lamberts besaßen. Daß sie, zumal sie von dem hagiographischen Anliegen nicht berührt werden, auch ein einigermaßen zutreffendes Bild der tatsächlichen Verhältnisse wiedergeben, darf als weitgehend sicher gelten.
[38] Cap. 12 S. 366: *pulsans ostium camere, apellans discipulis dixit* ... Daß die *camera* zu dem Haus gehörte, in dem sich auch das Gemach des Lambert befand, geht aus der Beschreibung in cap. 12 eindeutig hervor.
[39] Cap. 20 S. 373: *infra cubiculum, ubi sanctus Dei felicem fudit cruorem, luminaria ... resplendebat crebrius, ita ut omnis domus illa tota refulgebat.* Über den Raum, in dem Lambert erschlagen wurde, heißt es cap. 12 S. 366: *ad lectum vadens, cupiebat quiescere paululum.* Er ist cap. 17 S. 370 auch als *cubile* bezeichnet. Die gebräuchlicheren Bedeutungen von *cubiculum* waren Kapelle und Grab, DU CANGE 2 S. 684, NIERMEYER S. 284.
[40] Cap. 13 S. 366: *puer ... cuius ad vigilandum ipsa nocte ante domnum apostolicum fuerat iussum, ipse exiit foras in accubito domus ipsius: mox vidit turba multa ...* NIERMEYER S. 12 nimmt aufgrund des Kontextes die Bedeutung „vestibule portique" an. *Accubitus* als Gebäudeteil ist sonst jedoch nur in der Bedeutung von Speisesaal bezeugt, DU CANGE 1 S. 50 und Mittellat. Wörterbuch 1 Sp. 102.
[41] Cap. 13 S. 367: *et intrare cepissent ianuis, fractisque osteis et sepis disruptis, et supermontare cepissent.* Man wird daraus wohl kaum auf eine stärker befestigte Anlage schließen können.
[42] Cap. 12 S. 366: *Elevatisque fratribus, tunc una cum illis Dominum matutinis reddit obsequia. Officioque peracto et cursu expleto, reversus domum* ... Die aus dieser Angabe zu erschließende Kirche wird mehrfach mit der späteren Pfarrkirche Notre-Dame aux Fonts identifiziert, vgl. unten S. 291 mit Anm. 54.
[43] Von den beiden Gebäuden sind keine Spuren erhalten. Die Lage der *domus* ist durch die späteren Kathedralbauten gesichert, die an ihrer Stelle errichtet wurden, vgl. unten S. 293 mit Anm. 62. Die Kirche dürfte in unmittelbarer Nachbarschaft gelegen haben.
[44] Es ist allerdings darauf hinzuweisen, daß Lüttich in der Vita nicht ausdrücklich als kirchliche Besitzung gekennzeichnet wird. So nimmt etwa POLAIN, La formation S. 166 an, der Ort

noch Wirtschaftsgebäude bestanden. Baulichkeiten, die zur Beherbergung des Bischofs und seines Gefolges geeignet waren, befanden sich nach dem Zeugnis der Vita Hugberti auch in Nivelle, Givet, Emael und Tervueren[45]. Es dürfte sich hierbei um die Salhöfe dieser kirchlichen Grundherrschaften gehandelt haben. Da archäologische und schriftliche Zeugnisse für eine besondere Bedeutung von Lüttich vor dem 8. Jahrhundert fehlen, ist die *villa Leodius*[46] in eine Reihe mit den in der Vita Hugberti genannten *villae* der Kirche von Maastricht zu setzen. Der Vita ist zu entnehmen, daß die Bischöfe diese Höfe auf ihren Reisen aufsuchten. Aufgrund der Angaben der Vita Landiberti über die Baulichkeiten in Lüttich sind mehrere Aufenthalte des Lambert an diesem Ort wahrscheinlich. Nichts deutet jedoch darauf hin, daß Lüttich,

---

sei in persönlichem Besitz des Lambert gewesen. Man wird dies ebensowenig ausschließen können wie die Möglichkeit, daß Lambert mit seinem Gefolge in Lüttich auf dem Hof eines Grundherren zu Gast war, wie es etwa für Hugbert in Brabant berichtet wird, Vita Hugberti cap. 11 S. 489 f. Andererseits ist es für die Tatsache, daß Lambert sich mit seinem Gefolge in dazu geeigneten Baulichkeiten in Lüttich aufhielt und daß sein Nachfolger Hugbert in diesem Ort als Erbauer von mehreren Kirchen erscheint, die einfachste und wahrscheinlichste Erklärung, daß Lüttich, wie auch allgemein angenommen wird, eine Besitzung der Maastrichter Kirche war. Zu den späteren Besitzverhältnissen vgl. unten S. 313 mit Anm. 178. Auch ist die Möglichkeit nicht auszuschließen, daß es in früher Zeit neben dem Bischof noch weitere Grundbesitzer in Lüttich gab. Von den *omnes habitatores loci illius*, Vita Landiberti cap. 27 S. 382, werden in der Vita nur wenige genannt. KURTH, La cité 1 S. 44 hält sie sämtlich für „des gens de condition servile, dont l'évêque était le maître". Dies dürfte mit Sicherheit lediglich für Baldgisel und Raganfrid zutreffen, die sich nach ihrer wunderbaren Heilung zu ständigem Dienst an der Kirche verpflichteten, cap. 21, 22 S. 374 f. Über den rechtlichen und sozialen Status zweier weiterer genannter Personen, Theodoin und seiner Frau, die eine *mansio* in Lüttich bewohnten, cap. 20 S. 373 f., sind keine Angaben möglich. Fraglich ist die Deutung der Nachricht cap. 25 S. 379, Hugbert habe *collecto cum senioribus loci illius consilio huiusmodi confirmatum* die Überführung des Lambert nach Lüttich beschlossen. Bei dem *locus* handelt es sich, wie aus dem Kontext zu erschließen ist, um Lüttich. In Übereinstimmung mit der gebräuchlichen Bedeutung von *seniores loci* als „angesehenste Bewohner des Ortes", NIERMEYER S. 956, hält BAIX, Saint Hubert S. 350 diese Personen für „seigneurs locaux". Es würde sich dann ergeben, daß nach Ansicht des Autors vornehme Grundherren in Lüttich mitbestimmten. Die Angabe, daß bei wichtigen geistlichen Entscheidungen das *consilium seniorum* eingeholt wurde, begegnet mehrfach, so etwa in der Vita Bertilae cap. 6 S. 106 f.: *non denegavit, sed cum consilio seniorum ... illuc direxit* (LEVISON S. 107 Anm. 1 weist an dieser Stelle auf die entsprechende Bestimmung der Regel des Benedikt [cap. 3] hin: *seniorum tantum utatur consilio* [sc. *abbas*]) und in der von der Lambertsvita auch bei dieser Passage ausgeschriebenen Vita Eligii II, 42 S. 725: *visum est senioribus consilium optimum, ut auferentes eum de tumulo*. Als zweite Interpretationsmöglichkeit liegt somit nahe, daß der Autor lediglich eine allgemeine Wendung übernahm und enger auf Lüttich bezog, ohne damit weltliche Große an diesem Ort zu meinen. Übernimmt man die Bedeutung von Baix, so ist der Bischof von Maastricht zwar nicht als der einzige, wohl aber als der mächtigste und größte Grundherr in Lüttich zu betrachten.

[45] Vgl. unten S. 322 mit Anm. 15. In Tervueren ist die Kirche neben der *domus* sicher bezeugt. bezeugt.

[46] Lüttich erscheint in der Vita Landiberti an fünf Stellen als *villa*: in dem Titel S. 353 sowie in cap. 11, 12, 20 und 21 S. 365, 366 und 373 f. und an einer Stelle ohne weitere Bezeichnung, cap. 25 S. 379.

wie mehrfach angenommen wurde[47], ein bevorzugter Aufenthaltsort des Lambert war[48].

Die Vita Hugberti berichtet für die letzte Zeit des Hugbert ausführlich über dessen Itinerar. Dabei werden die Aufenthalte des Bischofs in Lüttich im Gegensatz zu seinen Besuchen an anderen Orten nicht ausdrücklich als Besuche gekennzeichnet. Dies läßt darauf schließen, daß in der Zeit, als der Autor der Vita dem Schülerkreis des Hugbert angehörte, Lüttich der hauptsächliche Aufenthaltsort des bischöflichen Hofes war[49]. Auch für die frühere Zeit, über die der Autor nicht so gut informiert war, sind mehrere Aufenthalte des Hugbert in Lüttich anzunehmen[50]. Daß der Ort unter seinem Episkopat rasch an Bedeutung gewann, geht vor allem aus den Nachrichten über die Bautätigkeit des Bischofs hervor.

Die *basilica sancti Landiberti* wurde 714/18 fertiggestellt[51]. Nach der Verlegung des Bischofssitzes diente sie bis in die Zeit Notkers (972–1008) als

---

[47] So bereits Nikolaus, Vita Landiberti cap. 15 S. 419, vgl. Anm. 35. In der neueren Forschung vertraten diese Ansicht u. a. KURTH, La cité 1 S. 11, ROUSSEAU, La Meuse S. 56, DE MOREAU, Histoire 1 S. 105 und GENICOT, Un groupe épiscopal S. 271. Sie stützten sich hierbei zumeist auf die Überführung des Theodard durch Lambert nach Lüttich. Nachrichten über dieses Ereignis finden sich erstmals in der um die Wende zum 11. Jh. entstandenen Passio s. Theodardi cap. 15 S. 44 ff., als Lüttich längst Bischofssitz war. Sie sind von der Lokalisierung der Ermordung des Theodard im Elsaß abgeleitet, vgl. oben S. 239 Anm. 19, und verdienen, da frühe Zeugnisse für einen Kult des Theodard fehlen, keinen Glauben.

[48] Eher ist BAIX, Saint Hubert S. 171 zuzustimmen: „A la mort de saint Lambert ce n'était qu'un obscur village, dont il est nécessaire, pour éviter toute méprise, d'indiquer l'emplacement." BAIX bezieht sich auf die erste Erwähnung Lüttichs in der Vita cap. 11 S. 365: *in villa cuius vocabulum est Leodius, sita super fluvium qui vocatur Mosa*. Der Besuch des Lambert in Lüttich wird nicht näher erläutert, cap. 12 S. 366: *Tunc adveniens vir Dei Landibertus pontifex in villa iam dicta Leodio*.

[49] In den Wunderberichten cap. 3–8 S. 484 ff. sind die jeweiligen Aufenthaltsorte des Bischofs, darunter auch Maastricht, genau angegeben; auch die letzte Reise des Hugbert nach Brabant ist beschrieben, cap. 11–15 S. 489 ff. In cap. 10 S. 488 wird hingegen berichtet, Hugbert habe die *basilicam sancti martyris Landberti* und die *aliam basilicam* (St. Peter) zum Gebet aufgesucht. Da der Bericht über die Reise des Bischofs nach Brabant, in deren Verlauf der Bischof starb, in Anschluß an dieses Kapitel mit den Worten *Inde vero egrediens,* cap. 11 S. 489, eingeleitet wird, ist es wahrscheinlich, daß Hugbert sich während seines letzten Lebensjahrs fast ständig in Lüttich aufhielt.

[50] Auf frühere Aufenthalte lassen die Angaben über den Bau der Lambertskirche, die Translation des Lambert von Lüttich aus (cap. 2 S. 484) und die Errichtung der Kirche St. Peter (cap. 10 S. 244) schließen, so auch BAIX, Saint Hubert S. 176. Interesse verdient in diesem Zusammenhang auch die Nachricht der Vita Landiberti cap. 24 S. 376, Lambert sei ein Jahr nach seinem Tode *ad tensuararium nomen Amalgislo, qui olim iudex eius fuerat* erschienen. Sie findet sich innerhalb einer Reihe von Berichten, deren Schauplatz Lüttich ist. KRUSCH, Vorrede S. 302 sah in Amalgisel den Schatzmeister der Kirche St. Lambert in Lüttich. Sieht man in ihm den Thesaurarius der bischöflichen Kirche, vgl. dazu unten Anm. 196, und nimmt man mit KURTH, Notger 1 S. 126 und GOBERT, Les rues 1 S. 5 an, daß Amalgisel sich in Lüttich aufhielt, so wäre hierin ein Indiz für eine baldige Verlagerung des bischöflichen Hofes nach Lüttich zu sehen. Sicher sind diese Anhaltspunkte allerdings nicht.

[51] Vgl. dazu unten Anm. 147 und S. 298 mit Anm. 95.

Kathedralkirche[52]. Es handelte sich danach um ein bedeutenderes Bauwerk[53]. Die Kirche scheint die Funktionen der älteren, zu dem Hof des Bischofs in Lüttich gehörenden Kirche übernommen zu haben. Es gibt keine Anhaltspunkte dafür, daß diese ältere Kirche fortbestand und mit der erstmals unter Notker bezeugten *ecclesia parrochialis beate Marie* identisch war[54].

[52] In Urkunden aus dem 9. Jh. wird Lambert neben Maria als Titelheiliger des Bistums genannt, vgl. Anm. 89. Der Sitz des Domkapitels erscheint als *monasterium sancti Landeberti*, vgl. Anm. 63; ähnlich auch D LdK 55 S. 182: *monasterium sanctae Mariae et sancti Lantperti ubi illius episcopii domus est principalis*. In der Vita Notgeri cap. 2 S. 11 (Ende 11. Jh.) heißt es: *Ecclesia enim, quam beatus Hubertus edificaverat, infirmitate minoris operis et vetustate incombentis temporis ad lapsum declinaverat. Hac diruta, templum LX canonicorum iuxta magnificentiam dilatati cordis sui, secundum amplitudinem et sublimitatem operis qua cernitur, in caput et protectionem civitatis et patrie protegende exaltavit* (sc. Nothgerus), dazu KURTH, Notger 1 S. 155 und ebd. 2 S. 29 ff. Zurückhaltend hinsichtlich des Fortbestehens des Kirchenbaues Hugberts bis in die Zeit Notkers äußert sich GENICOT, Un groupe épiscopal S. 274 ff.

[53] Die Grabungen auf der Place Saint-Lambert erbrachten keine sicheren Aufschlüsse über den ältesten Bau. Eine neue Interpretation des zuvor bereits stark unterschiedlich gedeuteten Befundes versuchte zuletzt GENICOT, Un groupe épiscopal S. 274 ff., der für einen Teil der ergrabenen Fundamentreste als Mauerzüge einer Kirche aus dem ersten Viertel des 8. Jh.s mit einer Ausdehnung von ca. 30 × 12 m deutete und mit diesem Bauwerk drei mit den Fragmenten von Glons, vgl. dazu oben S. 94 ff., stilverwandte Relieffragmente und ein Mosaikfragment in Verbindung bringt, die unter dem Niveau der ottonischen Kathedrale zutage kamen. Er vermutet in dieser Kirche den von Bischof Hugbert errichteten Vorgängerbau der späteren Kathedralbauten St. Lambert und sieht sie als ein zunächst bescheideneres Bauwerk an, welches „a sans doute été agrandie, transformée ou restaurée au cours des temps" (S. 277). Ein aufschlußreiches, von Genicot in diesem Zusammenhang nicht genanntes Zeugnis darüber, wie die Zeitgenossen die von Hugbert errichtete Lambertskirche beurteilten, findet sich in der Vita Hugberti des Jonas von Orleans (825) cap. 3 S. 809: *Fabrica autem eiusdem basilicae, qua beati viri conditae sunt reliquiae, qualiter ab eodem viro sancto Hugberto ordinata sit, quia oculis videntium se offert, de ea aliquid dicere supersedi*. Mit DE SMEDT, Vorrede S. 797, KURTH, La cité S. 17, BAIX, Saint Hubert S. 358 f. und ROUSSEAU, La Meuse S. 56 wird man diese Bemerkung in der Weise interpretieren dürfen, daß noch ein Jahrhundert nach dem Tode Hugberts die von ihm erbaute Lambertskirche als ein Bauwerk von besonderer Schönheit galt.

[54] So erstmals DEMARTEAU, La première église S. 30 ff., der in der späteren Tauf- und Pfarrkirche St. Marien das alte Oratorium aus der Zeit des Lambert sah, das als unbedeutendes Bauwerk neben der Kathedrale fortbestanden habe, die Mutterkirche des Ortes gewesen sei und unter Notker erneuert worden sei. Dieser Ansicht schlossen sich u. a. KURTH, La cité 1 S. 12, LAHAYE, Les paroisses S. 1 ff., PONCELET, Les domaines S. 65 und GOTHIER, Liège S. 473 an. Auch GOBERT, Les rues 4 S. 338 ff., BAIX, Saint Hubert S. 118 und DE MOREAU, Histoire 1 S. 105 nehmen an, daß die Kirche aus der Zeit des Lambert der Maria geweiht war. GENICOT, Un groupe épiscopal S. 270 und 278 f. möchte die Kirche St. Marien dem von ihm erschlossenen „vicus liégeois" zuweisen. Nach Gobert hingegen wurde diese Kirche, wie den Urkunden des 9. Jh.s zu entnehmen sei, von Hugbert als *sancte Marie sanctique Lantberti ecclesia* neu erbaut. Erst Notker habe neben der Kathedrale „une seconde église qu'il dédia également à Notre Dame" errichtet, die die Aufgabe des Domes als Tauf- und Pfarrkirche übernehmen sollte; ähnlich auch BAUERREISS, Fons sacer S. 28. Diese Ansicht über die Anfänge von Notre-Dame aux Fonts wird dem ersten sicheren Beleg für diese Kirche, Vita Notgeri cap. 2 S. 11: *ecclesiam parrochialem beate Marie templo adiacentem ... a fundamentis ... consurgere fecit* (sc. *Nothgerus*) und der Tatsache, daß es im 10./12. Jh. häufig zur Errichtung eigener Pfarrkirchen neben der Domkirche kam, vgl. FEINE, Kirchliche Rechtsgeschichte S. 198, am ehesten gerecht. Ob das Marienpatrozinium der Kathedrale auf die älteste Lütticher Kirche, das Marienpatrozinium der früheren Kathedralkirche in Maastricht, vgl. VERBEEK, Frühe Bischofskirchen S. 275 f. und EWIG, Kathe-

In unmittelbarer Nähe der Lambertskirche errichtete Hugbert eine *basilica sancti Petri*. Er stattete sie mit Reliquien des hl. Albinus aus und bestimmte sie zu seiner Grablege [55]. Nach Angaben der Vita Hugberti bereiteten die *custodes* dieser Kirche die Bestattung des Bischofs vor und setzten sich später für seine Erhebung ein [56]. Unter *custodes* können in diesem Zusammenhang gemeinschaftlich an einer Kirche lebende Geistliche verstanden werden [57]. In der späteren Lütticher Tradition werden die Anfänge des Kollegiatsstiftes an St. Peter auf Bischof Hugbert zurückgeführt [58]. Angesichts der Bemerkungen des Jonas von Orleans (825) über die Grablege des Hugbert [59] und der Nachrichten aus dem 10. und 11. Jahrhundert über die Kirche St. Peter [60] erscheint

---

dralpatrozinien S. 9, oder auf beides zurückzuführen ist, ist nicht sicher zu entscheiden. Ebenso mag hier offenbleiben, inwieweit die Beobachtungen von HUBERT, Les „cathédrales doubles" S. 124f., wonach unter norditalienischem Einfluß seit der Mitte des 7. Jh.s auch in Gallien zahlreiche Bischofssitze „Doppelkathedralen" besäßen, wobei die zumeist St. Marien geweihte zweite Kirche als „sanctuaire plus particulièrement réservée à l'évêque" gedient habe, auf die Lütticher Verhältnisse übertragbar sind.

[55] Vita Hugberti cap. 10 S. 488: *Deinde progressus ad aliam basilicam, quam in honore apostolorum ipse condiderat, orando visitaret. At ubi in ipsa basilica ad altare sancti Albini, cui reliquias ibi ipse conplexerat, oracione incumbens ... presaga voce exorsus ait: ‚Tantum hic fodere precipite, quia isto loco miser indignus quiescere cupio'.* Die Kirche erscheint cap. 15 und 19 S. 492 und 494 als *basilica sancti Petri*.

[56] Cap. 16 und 18 S. 492 und 494, wo es heißt, die *custodes illius basilicae et ... alios Deo timentes hominibus* seien durch Visionen zur Erhebung des Hugbert aufgefordert worden; sie hätten dieses Ereignis mit *vigiliis* und *matutinis* eingeleitet cap. 19 S. 494.

[57] Diese Bedeutung liegt den bei NIERMEYER S. 298 angegebenen, allerdings urkundlichen Belegen zugrunde: *Ibidem familia Dei vel custodes eiusdem ecclesiae quieto ordine contemplativam vitam agere deberent*, D Mer 22 S. 22 = HR 1 Nr. 2 S. 7 und: *Custodes qui ad ipso sancto loco derserviunt*, Form. Sal. Bignon. 18, Formulae S. 235.

[58] So erstmals in dem auf 1137–1143 datierten Auctuarium Gemblacense zum Jahre 714: *Sanctus Hubertus construxit et reditibus ditavit monasterium sancti Petri in Leodio*, SS 6 S. 391; später bei Aegidius von Orval, Gesta epp. Leod. II, 37 S. 49.

[59] In seinem Bericht über die Erhebung des Hugbert ersetzte Jonas, Vita Hugberti cap. 15 S. 815 das Wort *custodes* in seiner Vorlage, vgl. Anm. 56, durch *aedituus*, womit eindeutig ein Kirchenbeamter niederen Grades gemeint ist, vgl. Mittellat. Wörterbuch 1 Sp. 290. In der Schilderung der Translation des Hugbert durch den Lütticher Bischof Waltcaud nach Andagina cap. 31 S. 817 heißt es: *indignumque locum, quo sancta membra iacebant, tanto confessore iudicavit* (sc. Waltcaud); an seiner neuen Grablege sei Hugbert *religiosius* verehrt worden, cap. 32 S. 818. Bereits die Tatsache der Überführung spricht nicht für das Bestehen einer Klerikergemeinschaft an der Grabeskirche des Hugbert. Nimmt man die Existenz eines Konventes an, so kann dieser nach den Bemerkungen des Jonas nur unbedeutend gewesen sein. Bei der Angabe des Jonas cap. 23 S. 815, nach der Bestattung des Hugbert hätten *quidam inter diurnum nocturnumque officium inibi* (sc. *basilica S. Petri*) *peragentes* ein Wunder erlebt, handelt es sich um eine Ausschmückung der entsprechenden Passage in der älteren Vita Hugberti cap. 17 S. 493.

[60] Hier begegnet Bischof Richer (920–945) als hauptsächlicher Förderer der Kirche, Gesta abb. Lob. cap. 19 S. 63: *in ecclesia sancti Petri Leodiensis, quam ipse construxit, tumulatus quiescit.* Anselm berichtet, Richer habe die frühere Grabeskirche des Hugbert vergrößert *(ampliavit)* und dem Petrus geweiht, *deputans illic tantum praediorum, unde usque nunc 30 fratres canonici victus et vestitus habent sufficientiam*, Gesta epp. Leod. cap. 22 S. 201. Dem Wortlaut nach handelt es sich um die Neugründung des Kanonikerstifts.

es jedoch als fraglich, ob diese Tradition Glaubwürdigkeit für sich beanspruchen kann[61].

Die *basilica sancti Landiberti* wurde nach der Lambertsvita über der Stätte des Martyriums des Lambert errichtet, d. h. an der Stelle, wo sich unter Lambert die *domus* des Bischofs befunden hatte[62]. Dies läßt darauf schließen, daß Hugbert an anderer Stelle neue Wohngebäude für Bischof und Klerus errichten ließ. Aufgrund der gestiegenen Bedeutung des Ortes und der häufigeren Aufenthalte des Bischofs ist anzunehmen, daß diese Gebäude die ältere *domus* an Umfang und Ausstattung übertrafen. Erstmals unter Bischof Waltcaud (810–831) ist das *monasterium sancti Landiberti* in Lüttich bezeugt[63]. Inwieweit dessen Baulichkeiten und der Vorgängerbau der von Bischof Hartgar (840–855?) errichteten Bischofspfalz[64] der Zeit des Hugbert angehörten, muß offenbleiben.

Erscheint Lüttich unter Lambert noch als eine der *villae* der Kirche von Tongern-Maastricht, so zeigen die umfangreiche Bautätigkeit des Hugbert[65], seine häufigen Aufenthalte und die Bestimmung der von ihm errichteten Kirche St. Peter zu seiner eigenen Grablege, daß der Ort unter dem Nachfolger

---

[61] So erstmals PONCELET, Saint-Pierre S. VIf. und Nr. 1 S. 1 sowie KURTH, La cité S. 22, die annehmen, Hugbert habe an St. Peter einen Benediktinerkonvent eingerichtet, der nach der Zerstörung des Klosters durch die Normannen von Richer durch Kanoniker ersetzt worden sei; ähnlich GOBERT, Les rues 4 S. 453. Zurückhaltend COENEN, Saint Hubert S. 108 ff. und BERLIÈRE, Monasticon belge 2 S. 139.

[62] In cap. 20 S. 373 heißt es, *infra cubiculum, ubi sanctus Dei felicem fudit cruorem* seien Lichter erstrahlt, *ita ut omnis domus illa tota refulgebat*. Die nächsten Wunder ereigneten sich an dem *locus ... ubi vir Dei interfectus fuerat,* cap. 21 und 22 S. 374 f., der cap. 23 S. 375 als *sanctus locus* erscheint; *ibidem* wurde die Kirche erbaut. Nach ihrer Vollendung wurde von Künstlern ein Sarkophag angefertigt; *et sic eum* (sc. *lectum*) *posuerunt in loco ubi iaculatus fuerat pontifex,* cap. 23 S. 376. Mit KRUSCH, Vorrede S. 307 und BAIX, Saint Hubert S. 358 Anm. 34 ist aus diesen Angaben zu schließen, daß die neue Kirche über der Stelle erbaut wurde, an der Lambert erschlagen worden war. Die Grabungen erbrachten zu dieser Frage keine Aufschlüsse.

[63] Vita s. Hucberti auctore Jona cap. 16 S. 817. Bischof Waltcaud erscheint 831 als *rector monasterii sancti Landeberti,* vgl. unten S. 296 f. mit Anm. 85.

[64] Vgl. Anm. 87.

[65] GENICOT, Un groupe épiscopal S. 279 ff., der neben den von Hugbert errichteten Kirchen St. Lambert und St. Peter zu Beginn des 8. Jh.s in Lüttich auf engem Raum auch mit der Existenz einer weiteren Kirche St. Marien rechnet, vgl. Anm. 54, verweist auf zahlreiche Beispiele aus dem gallo-fränkischen Bereich für die Existenz derartiger „Kirchenfamilien" an Bischofssitzen und Klöstern und sieht in der „création d'un groupement ecclésial typique des ensembles, cathédraux notamment, du haut moyen âge" (S. 282) durch Hugbert einen sicheren Hinweis darauf, daß der Bischof beabsichtigte, „de fixer à Liège le nouveau centre religieux du diocèse". Diese Deutung hat auch unabhängig von der Frage einer eigenen Kirche St. Marien einige Wahrscheinlichkeit für sich; vgl. zu den sog. „Kirchenfamilien" auch HUBERT, Les „cathédrales doubles" S. 124 f. Doch wird man in den Kirchenbauten Hugberts weniger eine gezielte Maßnahme zur Verlegung des Bischofssitzes – ein Vorgang, dem erhebliche kirchenrechtliche Schwierigkeiten entgegenstanden – sehen als vielmehr darauf schließen wollen, daß es Hugbert darum ging, dem von ihm geförderten, rasch aufblühenden Lambertskult ein angemessenes kirchliches Zentrum zu schaffen.

des Lambert Maastricht als Residenz der Bischöfe von Tongern an Bedeutung übertraf. Diese Entwicklung findet ihren Niederschlag auch in der unterschiedlichen Behandlung von Maastricht in den Viten der beiden Bischöfe. Während in der Vita Landiberti das Bistum nach Maastricht benannt und der Ort selbst einmal als *civitas* bezeichnet wird[66], erscheint Maastricht in der Vita Hugberti nur als *oppidum* bzw. ohne nähere Bezeichnung[67]. Bei den Angaben über die Aufenthaltsorte des Hugbert wird der alte Bischofssitz nicht als Residenz von besonderer Bedeutung behandelt, sondern als ein Ort neben anderen, die der Bischof auf seinen Reisen aufsuchte[68]. Es ist jedoch bemerkenswert, daß gerade Maastricht als Schauplatz eines Wunders angegeben wird, für das in der Vorlage, der Vita Arnulfi, Metz als Handlungsort erscheint[69]. Dies könnte dafür sprechen, daß für den Autor Maastricht seine Bedeutung als geistlicher Hauptort der Diözese noch nicht völlig eingebüßt hatte[70]. Es liegt nahe, in der unterschiedlichen Behandlung von Maastricht in den beiden Viten und innerhalb der Vita Hugberti sowie in dem Fehlen von zeitgenössischen Nachrichten über die Verlegung des Bischofssitzes einen Hinweis darauf zu sehen, daß der Wechsel von Maastricht nach Lüttich nicht auf einmal erfolgte, sondern sich über längere Zeit erstreckte. Die Angaben der beiden Viten zeigen deutlich, daß dieser Vorgang erst mit der Amtszeit des Hugbert einsetzte.

c) Lüttich unter den Nachfolgern des Hugbert

Über die Nachfolger des Hugbert und ihre Beziehungen zu Lüttich ist bis in die Zeit des Bischofs Waltcaud (810–831)[71] so gut wie nichts bekannt.

---

[66] Cap. 4 S. 357: *ut preesset aecclesiae Treiectinse*; cap. 7 S. 361: *eiectus de provintia Treiectinse*. Die Benennung nach Tongern entfällt. In cap. 17 S. 370 heißt es: *navigaverunt eum ad civitatem eius*; in cap. 2 und 3 S. 354 f. ist jedoch von dem *oppido Treiectinse* die Rede.

[67] Cap. 2 S. 484: *ab oppido Triiectense*.

[68] In diesem Sinne ist mit DE MOREAU, Histoire 1 S. 105 der Bericht über den Besuch des Hugbert in Maastricht zu interpretieren: *vir sanctus Dei athleta per oppida et castella praedicando pergeret, veniensque Triiecto*, cap. 6 S. 486.

[69] Cap. 6 S. 486, vgl. Vita s. Arnulfi cap. 10 S. 435.

[70] In dem anschließenden cap. 7 S. 486 f. wird über die Übernachtung des Bischofs und seines Gefolges in dem nahe Maastricht gelegenen Ort Emael berichtet. Wenn die Annahme von BAIX, Saint Hubert S. 80 und COENEN, Saint Hubert S. 18 zutrifft, daß Hugbert sich noch am Tage der Bittprozession von Maastricht nach Emael begab, was aus der Reihenfolge der Kapitel allein zwar nicht zwingend hervorgeht, in diesem Falle aber doch wahrscheinlich ist, so wäre dies für das Verhältnis des Bischofs zu Maastricht von einigem Interesse. Die späte, von Jocundus (um 1090) in seiner Translatio s. Servatii cap. 6/7 S. 94 überlieferte Nachricht, wonach Hugbert in Maastricht die Gebeine des hl. Servatius erhoben habe, ist wegen ihres stark legendenhaften Charakters wohl kaum für die Frage nach den Beziehungen des Bischofs zu Maastricht heranzuziehen, vgl. dazu auch FRANK, Klosterbischöfe S. 33 mit Anm. 4.

[71] Amtszeit nach DUCHESNE, Fastes 3 S. 192 f. Waltcaud ist zuletzt 831 bezeugt, vgl. Anm. 85; als Todestag seines Vorgängers Ghaerbald kann ECKHARDT, Kapitulariensammlung S. 75 den 18. Oktober 809 wahrscheinlich machen.

An direkten Nachrichten zur Ortsgeschichte sind lediglich die Angaben der Vita Hugberti über die Erhebung des Hugbert im Jahre 743 [72] und der Bericht der Reichsannalen über den Besuch Karls des Großen zu Ostern 770 in Lüttich [73] zu nennen. Darüber hinaus sind nur wenige Angaben möglich. Die Abfassung der Vita Hugberti Mitte des 8. Jahrhunderts läßt auf das Bestehen einer Klerikergemeinschaft in Lüttich schließen, der Mitglieder des Domklerus aus der Zeit des Hugbert angehörten [74]. Die Zeugnisse für die Verbreitung des Lambertskultes deuten darauf hin, daß Lüttich im Verlauf des 8. Jahrhunderts das bedeutendste Kultzentrum zwischen Rhein und Kohlenwald wurde [75]. In der zweiten Hälfte des 8. Jahrhunderts ließen sich, wie Grabfunde zeigen, mehrere vornehme Persönlichkeiten in der Lambertskirche bestatten [76]. Dem wachsenden Ansehen des Ortes in kirchlicher Hinsicht entsprach sein wirtschaftlicher Aufstieg [77]. Zeugnis hierfür ist die Münzprägung in Lüttich zu Beginn der Regierung Karls des Großen [78]. Sie läßt auf das Bestehen eines Marktes schließen, dessen Einrichtung wohl auf den Bischof zurückzuführen ist [79]. Auf den stadtähnlichen Charakter Lüttichs weist die Bezeichnung des Ortes als *vicus publicus* in den Reichsannalen im Jahre 770 hin [80].

---

[72] Vgl. unten S. 309 f.

[73] Vgl. unten S. 311 f.

[74] Nach den Angaben des Autors über seine Aufenthalte in Lüttich, cap. 10 und 14 S. 489 und 491, und der selbstverständlichen Behandlung Lüttichs in der Vita, vgl. oben S. 290 mit Anm. 49, ist es nicht zu bezweifeln, daß die Vita in Lüttich entstand. Der Autor kennzeichnet sich selbst mehrfach als zur näheren Umgebung Hugbert gehörig, vgl. oben S. 275 Anm. 7. In seiner Vorrede erwähnt er die Bedenken, die *a quibusdam meis contubernalibus* gegen die Abfassung einer Vita geäußert wurden, S. 482. Wie Krusch, Vorrede S. 309 gegen Kurth wahrscheinlich machen konnte, wurde auch die Lambertsvita, deren Autor sich als *indignus servus* bezeichnet, cap. 29 S. 383, in Lüttich abgefaßt. Allerdings sind die hieraus zu gewinnenden Anhaltspunkte für das Bestehen einer organisierten Klerikergemeinschaft in Lüttich, so Krusch S. 309, nicht ausreichend.

[75] Vgl. Zender, Heiligenverehrung S. 27.

[76] Nach Philippe, Les fouilles S. 42 ff. enthielten die auf dem Gelände der ehemaligen Kathedrale St. Lambert gefundenen Steinsarkophage Nr. 8, 11, 26, 30 und 40 Stoffreste aus Goldbrokat; in dem Sarkophag Nr. 11 fand sich eine im Tassilokelchstil verzierte Riemenzunge, Abb. ebd. Pl. 9 S. 26, die nach Stein, Adelsgräber S. 109 der Zeit nach 750 angehört. Die Sarkophage Nr. 8 und 11 befanden sich mit Sicherheit innerhalb der ältesten Lambertskirche, vgl. den Grundriß bei Philippe, Les fouilles S. 24 f., Tafel 8.

[77] Es ist zu vermuten, daß bereits die umfangreiche Bautätigkeit des Hugbert, die zahlreiche Arbeitskräfte und deren Versorgung erforderte, ein Anwachsen der nichtagrarischen Bevölkerung in Lüttich zur Folge hatte.

[78] Nach Frère, Monnaies S. 54 f. sind 4 Denare aus der Zeit Karls d. Gr. erhalten. Sie tragen die Aufschrift: *CARO/LUS* (Vorderseite) und *LEO/DICO*. Sie sind der 2. Prägeperiode Karls von ca. 770–793 zuzuweisen, Grierson, Money S. 506 Tafel 1 und S. 508 Tafel 3. Nur bei einem Stück, Frère 1b, ist der Fundort bekannt (Domburg auf Walcheren). An Münzfunden in Lüttich ist lediglich ein Denar aus der Zeit Pippins III. ohne Angabe des Prägeortes zu nennen, von dem ein Parallelstück in Bonn gefunden wurde und der vermutlich aus dem flämischen Gebiet stammt, so nach Völckers, Karolingische Münzfunde S. 62.

[79] Die ältere Markt- und Kaufmannsniederlassung, auf deren Bestehen der spätestens Ende des 10. Jh.s entstandene *novus vicus* (wohl im Gebiet der heutigen Straße En Neuvice) schließen

Läßt sich der Aufstieg des Ortes im 8. Jahrhundert mit einiger Sicherheit aufzeigen, so liegen direkte Nachrichten über Beziehungen der Bischöfe zu Lüttich und die Stellung des Ortes innerhalb der Diözese erst aus dem Beginn des 9. Jahrhunderts vor. In der interpolierten Fassung der Miracula s. Germani wird von der wunderbaren Heilung eines Chorbischofs aus Lüttich namens Witbald berichtet[81]. Das Ereignis gehört nach Krusch noch der Zeit Karls des Großen an[82]. Von Bischof Waltcaud heißt es in den Miracula s. Huberti: *in illis tunc Leodio diebus residebat*[83]. Unter Waltcaud übertrug Ludwig der Fromme *partibus sancte Marie et sancti Lamberti* Besitzungen, damit die *episcopatus Tongrensis sedis* durch die Ausstattung von St. Hubert keinen Schaden erleide[84]. Waltcaud erscheint in einer anderen Urkunde Ludwigs des Frommen von 831 als *Tongrensis episcopus et rector monasterii*

---

läßt, vgl. PETRI, Städtewesen S. 268 ff., ist nicht sicher zu lokalisieren. Sie befand sich nach GANSHOF, Étude S. 29 „immédiatement à l'est du Palais épiscopal et des trois monastères, qui y ont joué ensemble le rôle de noyau pré-urbain". Nimmt man ihre Existenz aufgrund der Münzprägung bereits in der 2. Hälfte des 8. Jh.s an, so liegt es nahe, ihre Errichtung mit der Anweisung Pippins von 744 in Zusammenhang zu bringen, wonach die Bischöfe zur Einrichtung eines Marktes in ihren Civitates verpflichtet waren: *Et per omnes civitatis legitimus forus et mensuras faciat* (sc. *unusquisque episcopus*) *secundum habundantia temporis*, Capitularia 1 Nr. 13 S. 32. LECOUTURIER, Liège S. 71 Anm. 1 dürfte die Bedeutung des Marktes allerdings überschätzen, wenn sie in dem Bestreben der Bischöfe, ein neues „centre marchal" in dem weniger gefährdeten Lüttich zu schaffen, einen entscheidenden Grund für die Verlegung des Bischofssitzes vermutet. Es ist darauf hinzuweisen, daß gleichzeitig auch in St. Truiden, wo eine als *vicus* bezeichnete Siedlung vor dem Kloster bestand, vgl. oben S. 89 Anm. 75, Münzprägung bezeugt ist, vgl. CHARLES, Saint-Trond S. 112 f. Lediglich die günstigere Verkehrslage der Maas, der Aufenthalt des bischöflichen Hofes und die größere Anziehungskraft des hl. Lambert sprechen dafür, der wirtschaftlichen Entwicklung Lüttichs im 8. Jh. größere Bedeutung beizumessen als der in St. Truiden.

[80] So aufgrund des Sprachgebrauchs der Reichsannalen und der Bestimmung des Kapitulars von 806, vgl. dazu unten Anm. 180, sowie in Anschluß an SCHLESINGER, Burg und Stadt S. 122 mit Anm. 229. Als Hinweis auf den stadtähnlichen Charakter der Siedlung ist auch die Tatsache zu werten, daß Bischof Waltcaud 817/25 dem von ihm ausgestatteten Kloster St. Hubert u. a. *mansionem unam apud Leodium a nobis constructam* übertrug, HANQUET, La chronique S. 14 = KURTH, Saint-Hubert 1 Nr. 4 S. 6. Ob man mit KÖBLER, burg und stat S. 322 mit Anm. 639 auch Lüttich für den Nachweis des synonymen Gebrauchs der Bezeichnung *vicus* und *villa* heranziehen kann, erscheint fraglich, da zwischen dem Zustand, der von dem Autor der Vita Landiberti als einem Kenner der lokalen Verhältnisse als *villa* bezeichnet wurde (Anfang 8. Jh.) und dem Zeitpunkt des ersten Belegs für *vicus* (770) grundlegende Veränderungen am Ort vorauszusetzen sind.

[81] Translatio s. Germani I, 11 S. 8: *in pago Hasbanio, villa Leudico, Witbaldus quidam nomine corepiscopus fuit.*

[82] KRUSCH, SS rer. Merov. 6 S. 307.

[83] Miracula s. Huberti I, 1 S. 819. Der erste Teil der Miracula stammt aus dem 9. Jh., vgl. VAN DER ESSEN, Étude S. 68.

[84] So nach Angabe der Ausstattungsurkunde des Waltcaud für das Kloster St. Hubert. Das Diplom Ludwigs d. Fr. ist verloren, HANQUET, La chronique S. 14 = KURTH, Saint-Hubert 1 Nr. 4 S. 6; LECHNER, Verlorene Urkunden Nr. 282. Hinzuweisen ist in diesem Zusammenhang auch auf die Erwähnung der Kirche *sancte Marie et sancti Lamberti* als Anrainer in einer Stabloer Urkunde von 824, HR 1 Nr. 27 S. 71.

sancti Landeberti[85]. Unter Bischof Hartgar (840–855?)[86] scheint es nach den Worten des Sedulius Scottus zu einem Neubau der Bischofspfalz in Lüttich gekommen zu sein[87]. Aufenthalte der Bischöfe in Maastricht sind nicht mehr nachzuweisen. Die Bezeichnung des Bistums nach Maastricht, so noch in der Vita Landiberti[88], wurde zunächst durch die ursprüngliche Benennung nach Tongern ersetzt. Erstmals 866 wird das Bistum urkundlich nach Tongern und Lüttich benannt[89]. Bei Regino von Prüm erscheint Lüttich als *civitas*[90]. Läßt sich im 9. Jahrhundert noch eine gewisse Unsicherheit in der Bezeichnung von Bistum und Bischofssitz beobachten[91], so tritt im Verlauf des 10. Jahrhunderts der Name Lüttich mehr und mehr in den Vordergrund. Der Titel *episcopus Leodie* (sc. *ecclesie*) begegnet urkundlich zuerst 946[92].

Zu Beginn des 9. Jahrhunderts, mit dem Wiedereinsetzen von Nachrichten über die Aufenthaltsorte der Bischöfe von Tongern, erscheint somit Lüttich – wie schon zu Beginn des 8. Jahrhunderts unter Bischof Hugbert – als bevorzugte und dauernde Residenz. Daß die Bischöfe in der Zwischenzeit ihren Hauptsitz wieder nach Maastricht zurückverlegten, ist bei dem Fehlen entsprechender Angaben und angesichts der Nachrichten über den Aufstieg Lüttichs im Verlauf des 8. Jahrhunderts gänzlich unwahrscheinlich. Vielmehr kann mit großer Sicherheit und in Übereinstimmung mit der in der Forschung bisher vorherrschenden Auffassung[93] aus den Nachrichten des 9. Jahrhunderts geschlossen werden, daß auch Hugberts unmittelbare Nachfolger, ins-

---

[85] BS 1 Nr. 2 S. 3.

[86] Amtszeit nach DUCHESNE, Fastes 3 S. 193 und DE MOREAU, Histoire 1 S. 343.

[87] In einem an Hartgar gerichteten Gedicht stellt Sedulius das Haus des Bischofs (*Vestri tecta*) seinem Wohngebäude in Lüttich (*Nostri tecta*) gegenüber, wobei er vor allem die neue farbige Ausschmückung des Bischofspalastes und dessen Glasfenster preist und Hartgar um Verbesserung seiner *obscura domus*, die er mit einem Maulwurfsbau vergleicht, bittet, Sedulii Scotti carmina II, 4 S. 169. KURTH, La cité 1 S. 26, GOBERT, Les rues 4 S. 392 und PONCELET, Les domaines S. 67 schließen aus diesen Angaben auf einen Neubau der bischöflichen Pfalz unter Hartgar. Die Bezeichnung seiner Wohngebäude durch Sedulius als *aula vetusta* und *vetulae aedes* sprechen für diese Annahme. Zur Interpretation des Gedichtes vgl. auch DÜCHTING, Sedulius Scottus S. 36f.

[88] Vgl. oben S. 294 mit Anm. 66.

[89] D Lo II 29 S. 432: *res sancti Lantberti Tungrensis seu Leticensis ab ipsa ecclesia a nobis commutatas*; die Benennung der Kirche nach Lüttich allein findet sich m. W. erstmals in einer Urkunde Zwentibolds von 898: *ecclesie sancte in honore beate Marie ... et preclari martyris Christi Lantiberti Leodio constituti*, D Zw 24 S. 62.

[90] Reginonis Chronicon a. 881 S. 118: *Leodium civitatem, Traiectum castrum, Tungrensem urbem ...*

[91] Als besonders markante Beispiele sind zu nennen: Unter den Bischöfen, die in der Aufzeichnung über den Eid Lothars II. als Zeugen genannt werden und deren Bischofssitz sonst genau angegeben ist, erscheint *Franco episcopus Sancti Landberti*, Annales Bertiniani a. 865 S. 121. In D LdK 55 S. 182 (907) heißt es: *monasterium sanctae Mariae et sancti Lantperti, ubi illius episcopii domus est principalis*.

[92] DO I 81 S. 160 = DESPY, Waulsort 1 Nr. 3 S. 326: *venerabiles episcopi nostri Fridericus sancte Maguntiense ecclesie et Ogo Leodie*.

[93] Vgl. oben S. 281 mit Anm. 5, vornehmlich ROUSSEAU.

besondere wohl sein Sohn Florbert, Lüttich gegenüber Maastricht als Aufenthaltsort bevorzugten. Die unter Bischof Hugbert getroffenen baulichen Maßnahmen und das ständig steigende Ansehen von Lüttich als Zentrum des Lambertskultes dürften dafür ausschlaggebend gewesen sein.

d) Der Kult des Lambert

Der Bau der *basilica sancti Landiberti* vor dem Jahre 714[94] und die Überführung der Reliquien nach Lüttich 716/18[95] sind sichere Zeugnisse für die rasch einsetzende Verehrung des Lambert in Lüttich. In Nivelle, Herstal und Bakel wurden 716/18 bzw. 721 Kirchen zu seiner Ehre errichtet[96]. Willibrord nahm Lambert in sein Kalendar auf und förderte seine Verehrung im toxandrischen Missionsgebiet[97]. Die vor 741 von Graf Rotbert in Donk errichtete Kirche war u.a. dem Lambert geweiht[98]. Daß der Kult binnen kurzer Zeit überregionale Bedeutung gewann, zeigt die Stiftung einer Lambertskirche in Mainz noch im ersten Drittel des 8. Jahrhunderts[99]. Das Lambertspatrozinium begegnet um 750 in Fontanelle[100], Ende des 8. Jahrhunderts in Liessies bei Cambrai[101] und 805 in Dachau bei München[102]. Der weiten Verbreitung des Patroziniums entspricht die Aufnahme des Lambert in die Metzer und Weißenburger Handschriften des Martyrologium Hieronymianum aus dem

---

[94] Vgl. unten Anm. 147.

[95] Eine genauere Datierung der Translation ist nicht möglich. Sie erfolgte nach Angaben der Vita Landiberti cap. 25 S. 380 im 13. Amtsjahr des Hugbert. Als Tagesdatum der Translation ist in einem Zusatz der Berner Hs des Mart. Hier. der 31. Mai, vgl. oben S. 268 Anm. 155, und bei Reiner von St. Laurent der 31. Dezember überliefert, vgl. BAIX, Saint Hubert S. 217. KRUSCH vermutet den 31. Mai 716 als Translationsdatum, vgl. oben S. 268 Anm. 155. BAIX S. 355 hält den 14. Dezember 717 oder 718 für ebensogut möglich. Ein besonderer Anlaß für die Translation ist nicht zu erkennen, vgl. jedoch unten Anm. 121.

[96] Zu Nivelle und Herstal vgl. unten S. 327 und S. 308 f. Unzutreffend gibt ZENDER, Heiligenverehrung S. 28 für die Erbauung beider Kirchen die Zeit nach 768 an. Zu Bakel vgl. oben S. 267 mit Anm. 152.

[97] Vgl. oben S. 267 mit Anm. 151.

[98] Vgl. oben S. 189 mit Anm. 27.

[99] Vgl. oben S. 210 mit Anm. 62. Ein Zeugnis für die weite Verbreitung des Kultes ist auch die ebd. Anm. 64 erwähnte, erstmals 774 bezeugte Lambertskirche in Eschbach nw Frankfurt.

[100] Nach ZENDER, Heiligenverehrung S. 27 f. und S. 45 Nr. 214.

[101] Nach der 1051/56 entstandenen Vita s. Hiltrudis I, 5 S. 462 wurde die Klosterkirche in Liessies in der Zeit Pippins III. dem hl. Lambert geweiht, nachdem der Bischof von Tongern zahlreiche Reliquien *precipueque sancti Lamberti* dorthin überführt hatte. BALAU, Étude S. 232, der sich zurückhaltend gegenüber der Glaubwürdigkeit der Vita äußert, setzt die Klostergründung Ende des 8. Jh.s an; ähnlich ZENDER, Heiligenverehrung S. 50.

[102] BITTERAUF, Trad. Fris. 1 Nr. 218 S. 204: *ad basilicam sanctae Mariae semper virginis seu sancti Corbiniani Christique confessoris electi vel etiam beati Landeberti dei electi quae sita est in loco Dahauua*. ZENDER, Heiligenverehrung S. 45 Nr. 223, der die in der Sekundärliteratur unvollständig zitierte Passage übernimmt, bezieht die Angabe unzutreffend auf den Freisinger Dom. Seine Annahme, das Lambertpatrozinium sei unter dem Einfluß der Karolinger durch fränkische Große nach „dem besonders stark fränkisch beeinflußten Freising" gelangt (S. 28), ist hinfällig.

Ende des 8. Jahrhunderts[103] sowie in eine Litanei aus Soissons und in den sog. Psalter Karls des Großen aus der gleichen Zeit[104]. Der Kult des Lambert übertraf den des hl. Servatius schon bald an Bedeutung.

Um die Bedeutung des Kultes für die Verlegung des Bischofssitzes bestimmen zu können, ist auf den Bericht der Vita Landiberti über die Anfänge der Verehrung des Lambert in Lüttich näher einzugehen. Es heißt dort, nach dem Tode des Lambert habe sich die Nachricht verbreitet, daß der Bischof das Martyrium erlitten habe[105]. In der Grabeskirche des Lambert in Maastricht seien Engelsstimmen vernommen worden[106]. In Lüttich ereigneten sich an der Stelle, an der Lambert erschlagen worden war, mehrere Wunder, deren Kunde dazu führte, daß der Ort verehrt wurde und das Volk eine Kirche über dem *sanctus locus* zu erbauen begann[107]. Nach Vollendung der Kirche errichteten *fideli et devoti Dei* ein Grabmal, ließen es von Künstlern ausschmücken und stellten es (innerhalb der Kirche) dort auf, wo Lambert das Martyrium erlitten hatte[108]. In einer Vision verkündete der Heilige daraufhin einer nicht näher genannten Person *(cuidam)* seinen Wunsch, nach Lüttich zurückgeführt zu werden. Dies wurde auf vielfache Weise auch Priestern und *fidelibus viris*

---

[103] Martyrologium Hieronymianum S. 513; dazu ZENDER, Heiligenverehrung S. 31 Anm. 9.

[104] COENS, Litanies S. 285 und S. 297; zur Lokalisierung des Psalters vgl. oben S. 61 Anm. 12.

[105] Cap. 18 S. 371: *Audito nuntio per oppidos, quod domnus Landibertus consummatus esset martirium, contremuit universa regio.*

[106] Cap. 19 S. 372f. Lambert wurde zunächst in der Grabeskirche seines Vaters, sehr wahrscheinlich St. Pieter bei Maastricht, vgl. oben S. 248ff., bestattet. Auch die erste Grablege des Lambert wird in der Vita als *sanctus locus* bezeichnet, cap. 19 S. 372. Zu der Angabe ebd.: *Cuius* (sc. *Landiberti*) *angeli Dei custodientes monumento* bemerkt BAIX, Saint Hubert S. 117 wohl zutreffend: „l'hagiographe masque l'indifférence ou la réserve générale (sc. à Maestricht même)".

[107] Cap. 20–23 S. 373ff. Die Wunderberichte cap. 20–22 gehen im wesentlichen auf entsprechende Erzählungen der Vita Eligii II, 39 und 49 zurück. Aufschlußreich erscheint der Textvergleich: Vita Eligii cap. 39 S. 724: *Ex quo facto coeperunt omnes sanctum antistitem ex ipso die obitus eius magnopere pertimescere ac venerationem ei debitam de die in diem iugiter exhibere.* In der Vita Landiberti cap. 22 S. 375 heißt es über die Folgen der Wunder: *Ex quo audito coeperunt homines sanctum Dei debita admiratione de diae in diae iugiter exhibere et cum magna diligentia locum illum venerare. Et iam, cum basilica populus ibidem coepissent fundare, audita miracula per universa terra, quem Dominus pro servo suo dignatus est ostendere, omnes populus laudes dabat Deum.* Im folgenden Kapitel wird ein Wunder an einer Blinden geschildert, die von weit her *ad sanctum locum* gekommen war. Es heißt dann weiter über den Bau der Kirche: *Item ex hoc* (das Wunder) *amplius concurrebat mixtus vulgus utriusque sexus, seni et parvoli, ad basilica in honore ipsius sancti aedificare; sic auxiliante Domino velociter consummata est. Similiter, ubi virgo lumen ex fidem recepit, testimonium basilica in eius nomine est constructa et adsiduo veneranda.*

[108] Cap. 23 S. 376: *Et iam fideli et devoti Dei timentes conposuerunt lectum et fabre artem ordinaverunt illud, et sic eum posuerunt in loco ubi iaculatus fuerat pontifex; ibi Dominus magna et absque numerum mirabilia operatus est cotidiae.* Das Wort *lectus* ist in der Vita noch einmal zu belegen, und zwar in der Bedeutung: Lager, Bett (cap. 12 S. 366: *ad lectum vadens cupiebat quiescere paululum*). Wohl in Anschluß daran deutet BAIX, Saint Hubert S. 120 die zitierte Passage: „Son lit surtout représentait la relique la plus insigne"; ähnlich DE MOREAU, Histoire 1

Deum timentis kundgetan¹⁰⁹. Auf die Nachricht von diesen Wundern hin prüfte Bischof Hugbert die Glaubwürdigkeit der Ereignisse und führte im 13. Jahr seines Pontifikates die Erhebung der Reliquien und ihre Translation durch¹¹⁰. Auf dem Zuge von Maastricht nach Lüttich kam es bei Aufenthalten in Nivelle und Herstal zu Wundern, aufgrund derer in diesen Orten Kirchen zu Ehren des Lambert errichtet wurden¹¹¹.

Daß der Kult in Lüttich und nicht an der Grablege des Heiligen in Maastricht¹¹² entstand, wird in der Vita damit erklärt, daß sich an der Stätte des Martyriums Wunder ereigneten, die die Verehrung dieses Platzes und des dort erschlagenen Bischofs zur Folge hatten. Es steht außer Frage, daß ein Ereignis wie die Ermordung eines Bischofs rasch Ausgangspunkt einer kultischen Verehrung werden konnte, wobei irrationale Motive ausschlaggebend waren und dem Tatort besonderes Interesse galt¹¹³. Diese Entwicklung wird

---

S. 103. Als Reliquie wurde z. B. das Sterbebett *(lectus, lectulus)* der Gertrud von Nivelles verehrt, Virtutes s. Geretrudis cap. 4 ff. S. 406 ff. Mit KRUSCH, SS rer. Merov. 6 S. 644, KNÖGEL, Schriftquellen S. 41 und NIERMEYER S. 592 ist in der Vita Landiberti jedoch die Verwendung des Wortes *lectus* in seiner übetragenen Bedeutung: Grabmal, Grablege (so etwa Vita Hugberti cap. 17 S. 493 und Vita Trudonis cap. 26 S. 295) anzunehmen, welcher die Angabe *conposuerunt* und *fabre artem ordinaverunt* wesentlich besser entspricht. Hieraus ist zu folgern, daß ein Prunkgrab für den zu überführenden Heiligen angefertigt wurde. Die Angaben der Vita über die Bestattung des Lambert in Lüttich (cap. 27 S. 382: *dignum ei praeparaverunt mausiolum. In quo opere cupiosa molem auri et argenti mirabile fabricatum super corpus eius posuerunt*) gehen auf die Vita Eligii II, 48 und 41 S. 727 und S. 725 zurück und dürften sich wohl auf den bei Heiligengräbern häufigen Aufbau aus Gold, Silber und Edelsteinen beziehen, vgl. hierzu CLAUSSEN, Heiligengräber S. 160. Der Vita Hugberti cap. 10 S. 488 ist zu entnehmen, daß sich unter Hugbert der *tumulus* des Lambert in unmittelbarer Nähe eines Altars, sehr wahrscheinlich des Hauptaltars der Lambertskirche befand. Nach CLAUSSEN S. 149 ff. erhielt der Heilige in merowingischer Zeit nach seiner Erhebung bzw. Translation zumeist „den Ehrenplatz hinter dem Altar" (S. 154), wobei es mehrfach zur Errichtung von Apsiden kam. Zusammenfassend läßt sich aufgrund der Nachrichten in cap. 23 und 27 der Lambertsvita und cap. 10 der Vita Hugberti wahrscheinlich machen, daß vor der Überführung des Lambert ein Prunkgrab hinter dem Hauptaltar der Lambertskirche angefertigt wurde, das nach der Bergung der Reliquien einen kostbaren Aufbau erhielt.

¹⁰⁹ Cap. 25 S. 378 f.
¹¹⁰ Cap. 25 S. 379 f.
¹¹¹ Cap. 25 S. 381 f., vgl. dazu unten S. 327 und S. 308.
¹¹² Es ist zu berücksichtigen, daß die Vita zu einem Zeitpunkt entstand, als Lüttich das Zentrum des Lambertskultes war. Es ist nicht ausgeschlossen, daß es auch in Maastricht zu Ansätzen eines Kultes kam, zumal die Verbindungen des Bischofs zu dieser Stadt sehr eng gewesen waren. Zweifellos aber lag das Schwergewicht des Kultes in Lüttich, wo die Verehrung in wesentlich höherem Maße gefördert wurde; vgl. auch Anm. 106.
¹¹³ Wenn KURTH, La cité 1 S. 16 f. hierzu allerdings bemerkt: „Il est difficile à un lecteur moderne de se figurer l'émotion dont la mort tragique de saint Lambert remplit le diocèse et les pays avoisinants. Un évêque, un oint du Seigneur était tombé sous les coups des assassins pour la défense des droits de son église: c'était un martyr", so möchte man mit BAIX, Saint Hubert S. 117 Anm. 9 eher zur Zurückhaltung neigen. Sie scheint geboten einerseits aufgrund der näheren Umstände der Ermordung des Lambert, vgl. dazu oben S. 270, und andererseits aufgrund der Tatsache, daß der gewaltsame Tod von Lamberts Vorgänger Theodard zunächst keine Verehrung des Bischofs zur Folge hatte, vgl. oben S. 237 f.

in der Vita hagiographisch in Form stereotyper Wunderberichte wiedergegeben. In seinem weiteren Bericht gibt der Autor die Heiligenverehrung, die zunächst dem *sanctus locus* galt, als Grund für den Bau einer Kirche durch das Volk an und führt, wiederum allgemeinem hagiographischen Gebrauch entsprechend, die Translation des Lambert auf den in einer Vision geäußerten Wunsch des Heiligen zurück. Das Verhalten des Hugbert wird in der Weise geschildert, als habe er erst kurz vor der Erhebung des Lambert von den Ereignissen in Lüttich erfahren[114]. Kurth, Baix und De Moreau schließen sich auch hier der Vita an und erklären den Bau der Kirche und die Translation als Äußerungen einer spontanen Volksfrömmigkeit[115]. Prüft man jedoch die näheren Umstände des Kirchenbaues und der Reliquienüberführung, so erscheint es fraglich, ob die Angaben der Vita über die Ereignisse, die zur Entstehung eines neuen kultischen Zentrums in Lüttich wesentlich beitrugen, in so hohem Maße Glaubwürdigkeit beanspruchen können.

Die *basilica sancti Landiberti* wurde auf einer Besitzung der Maastrichter Kirche errichtet. Sie erhob sich auf dem Gelände, auf dem sich zuvor die Wohngebäude des Bischofs und des Klerus befunden hatten[116]. Der Bau der Kirche konnte somit nicht ohne die maßgebliche Beteiligung des Hugbert erfolgt sein[117]. Wie das Urteil des Jonas und die spätere Verwendung des Baues als Kathedralkirche zeigen, handelte es sich um ein ansehnliches Bauwerk[118]. Die Kirche wurde vor 714/18 vollendet[119]. Dies bedeutet, daß mit ihrem Bau bald nach dem Tode des Lambert begonnen wurde. Der Zeitpunkt des Kirchenbaues und der Standort der Kirche[120] machen den Zusammen-

---

[114] Cap. 25 S. 379: *Erat autem Cugubertus pontifex in regione illa, qui et aliquando discipulus eius fuerat. Audita hec miracula, diligenter et cum timore Dei festinabat inquerere ordinem rei.* Hugbert wird erst unmittelbar vor dem Bericht über die Translation in die Schilderung eingeführt, an einer Stelle also, an der die Nennung des zuständigen Bischofs für die Anerkennung des Kultes notwendig war.

[115] KURTH, La cité 1 S. 17: „Bientôt, la dévotion des fidèles fit surgir ... un superbe sanctuaire consacré spécialement au culte de Saint Lambert ... Mais la construction d'une basilique ne suffisait pas à l'enthousiasme des multitudes: elles voulurent posséder les reliques du saint patron..."; BAIX, Saint Hubert S. 118 und DE MOREAU, Histoire 1 S. 103.

[116] Vgl. oben S. 293 mit Anm. 62.

[117] So auch KURTH, La cité 1 S. 17, der von einem „concours actif" des Hugbert spricht, dem Kult aber ausschlaggebende Bedeutung beimißt, vgl. Anm. 115.

[118] Vgl. oben S. 291 mit Anm. 53.

[119] Bereits Anfang 714 war der Bau der Kirche soweit vorangeschritten, daß der Hausmeier Grimoald sich zum Gebet in die *basilica sancti Landeberti* begab, vgl. unten S. 306 mit Anm. 147. Es besteht kein Grund, die Angabe der Vita Landiberti cap. 23 S. 376, die Kirche sei vor der Überführung des Lambert 716/18 *consummata* gewesen, in Frage zu stellen.

[120] Vgl. oben S. 293 mit Anm. 62. Nach der Anm. 108 vorgeschlagenen Deutung der Angaben der Vita über die Anfertigung eines *lectus* für die Gebeine des Lambert ergibt sich, daß der Hauptaltar der Kirche sich in unmittelbarer Nähe der Stelle befand, an der Lambert erschlagen worden war. Folgert man daraus, daß die Kirche von vornherein so angelegt wurde, daß sich der Platz des Hauptaltars an dieser Stelle befinden konnte, so wäre dies als ein deutlicher Hinweis für die Ausrichtung des Baues auf den Kult des Lambert zu betrachten.

hang mit dem Kult des Lambert deutlich. Da die Kirche als größeres Bauwerk und mit Beziehung auf Lambert angelegt wurde, ist es wahrscheinlich, daß die Translation des Lambert vom Beginn des Kirchenbaues an vorgesehen war. Die Überführung fand statt, als die Kirche vollendet und eine neue Grablege für den Heiligen in unmittelbarer Nähe des Altars vorbereitet war[121]. Die feierliche Elevation in Maastricht unter Leitung des Hugbert kam einer förmlichen Heiligsprechung des Lambert gleich[122]. Ist bereits bei dem Bau der Kirche eine maßgebliche Beteiligung des Hugbert vorauszusetzen, so gilt dies in noch höherem Maße für die Translation des Lambert.

Aus diesen Feststellungen ergibt sich, daß Bischof Hugbert wesentlich stärker an den Ereignissen beteiligt war, als es nach den Angaben der Vita Landiberti zunächst erscheinen mag. Größeren Glauben verdienen demnach die Nachrichten der Vita Hugberti, denen zufolge es Hugbert gewesen war, der die Lambertskirche erbaut hatte und von dem die Initiative zur Überführung des hl. Lambert nach Lüttich ausgegangen war[123]. Den Berichten der ältesten Viten Lamberts und Hugberts dürfte somit die Tatsache zugrundeliegen, daß Hugbert schon bald nach dem Tode des Lambert mit dem großangelegten Bau einer Kirche in Lüttich begann und von Anfang an die Überführung der Reliquien beabsichtigte. Im Zusammenhang mit der Errichtung der Lambertskirche scheint es zu einem Neubau der bischöflichen *domus* gekommen zu sein[124]. Es ist zu fragen, ob diese aufwendigen Maßnahmen allein mit der spontanen Verehrung des Lambert an der Stätte seiner Ermordung erklärt werden können. Aus der Vita Landiberti geht zwar hervor, daß es in Lüttich rasch zur Entstehung eines Kultes kam, auf den die neue *basilica* deutlich bezogen war. Andererseits aber wird berichtet, daß der Bau der Kirche bereits begonnen hatte, als sich die Kunde von den Wundern in Lüttich *per universa terra* verbreitete[125]. Der Kirchenbau in Lüttich und die feierliche

---

[121] Zu ihrem Datum vgl. Anm. 95. Es ist wahrscheinlich, daß der Zeitpunkt der Translation sich nach der Fertigstellung der Kirche und des Grabmals richtete.

[122] Dazu BAIX, Saint Hubert S. 348, dessen Ansicht, die Translation sei „une œuvre mûrie et soigneusement préparée" gewesen, große Wahrscheinlichkeit für sich hat. Zur Bedeutung der Erhebung als zeitgemäße Form der Kanonisierung vgl. unten Anm. 161.

[123] Vita Hugberti cap. 2 S. 484: *in basilicam, qua successor sancto paraverat*; cap. 10 S. 488: *ad basilicam sancti martyris Landberti, quam ipse paraverat*. KRUSCH, Vorrede S. 306 und BAIX, Saint Hubert S. 121 Anm. 21 interpretieren *parare* in diesem Zusammenhang nicht als „erbauen", sondern als „vorbereiten". Dagegen spricht, daß in der Vita Hugberti bei den Nachrichten über die Erbauung der Kirche St. Peter *condere* und *parare* synonym verwendet sind, cap. 10 und 15 S. 489 und 492. Bei Jonas heißt es zur Lambertskirche anstelle von *paraverat* cap. 3 S. 809 *ordinata* und ca. 12 S. 812 *condiderat*. Bei dem Bericht der Vita Hugberti über die Erhebung cap. 2 S. 484 wird stärker auf den Anteil des Hugbert eingegangen als in der Lambertsvita. Gewiß bleibt bei der Beurteilung zu berücksichtigen, daß diese Darstellung zum Ansehen des Hugbert beitrug.

[124] Vgl. oben S. 293.

[125] Vgl. oben Anm. 107. Erstmals in Anschluß an die erste Nachricht über den Kirchenbau wird von dem Wunder an einer Person berichtet, die nicht aus Lüttich stammte, cap. 13 S. 375.

Überführung der Reliquien dürften das Anwachsen des Kultes stark gefördert haben[126]. Die älteren Nachrichten über den Lambertskult deuten somit darauf hin, daß eine Wechselwirkung zwischen der Verehrung des Lambert und dem Vorgehen des Hugbert bestand. Bei einer solchen Annahme ist es wenig wahrscheinlich, daß der Kult des Lambert zu dem Zeitpunkt, als mit dem Bau der Kirche begonnen wurde, bereits eine solche Bedeutung erlangt hatte, daß er als einziger Grund für die Maßnahmen des Hugbert betrachtet werden kann. Vielmehr ist zu fragen, ob Hugbert nicht auch noch aus anderen Gründen an der Schaffung eines mit dem Kult des Lambert eng verbundenen kirchlichen Zentrums in Lüttich interessiert gewesen war.

e) Die Karolinger und Lüttich

Bei der Frage nach den Beziehungen der Karolinger zu Lüttich ist vor allem auf die Nachbarschaft des Ortes zu Jupille und Herstal, auf die Aufenthalte karolingischer Herrscher in Lüttich sowie auf die Errichtung einer Lambertskirche in Herstal einzugehen.

Jupille und Herstal sind 714 und 723 als Aufenthaltsorte Pippins II. bzw. Karl Martells bezeugt[127]. Die Kirche St. Amand in Jupille und die Place Licourt in Herstal, in deren Nähe die karolingischen Pfalzen anzunehmen

---

[126] Es ist zu fragen, wer außer Bischof Hugbert noch den Kult des Lambert förderte. Nach Angaben der Vita Landiberti waren es *fideli et devoti Dei*, die das Grab in Lüttich errichteten, sich für die Erhebung des Lambert einsetzten, vgl. oben S. 299 mit Anm. 108, und die Kirchen in Nivelle und Herstal erbauten, vgl. unten S. 308 mit Anm. 151. Die Nachricht cap. 27 S. 382, für das Grab sei eine Menge Gold und Schmuck *a potentibus eodem loco* gestiftet worden, ist wörtlich der Vita Eligii II, 41 S. 725 entnommen. Es darf als sicher gelten, daß die „heilige Stätte" in Lüttich und später das Märtyrergrab eine große Anziehungskraft ausübten und daß es zu reichen Stiftungen an den neuen Heiligen kam. Dies dürfte gewiß den hagiographisch stark ausgeschmückten Nachrichten der Vita über die Beteiligung des *populus*, der *fideles* und *potentes* zugrundeliegen. ZENDER, Heiligenverehrung S. 27 nimmt an, daß die Parteigänger des Lambert dessen Verehrung stark förderten, und vertritt die Ansicht, Lambert sei ein „Heiliger des Adels, nach Martin einer der ersten Standespatrone überhaupt" gewesen (S. 29). Erscheint die Annahme eines „Standespatrons" für das 7./8. Jh. als fraglich, so wird man mit Zender in jenen Kreisen, die hinter dem erschlagenen Bischof standen, wohl vor allem die Förderer seines Kults und seiner Grablege vermuten dürfen. Hierzu zählte in erster Linie zweifellos die Familie Lamberts, die an einer angemessenen Ausstattung des Heiligengrabes und dem Ruhm des Heiligen gewiß erhebliches Interesse hatte. Im Gegensatz zu den Berichten der Vita Trudonis und der Vita Hugberti ist in der zeitgenössischen hagiographischen Überlieferung zum hl. Lambert von Besuchen Angehöriger des karolingischen Hauses am Grabe des Heiligen und dabei erfolgten frommen Stiftungen nicht die Rede, vgl. dazu oben S. 79 mit Anm. 30, 31 und unten S. 309 mit Anm. 157. Doch ist es wahrscheinlich, daß Grimoald, der 714 die Lambertskirche zum Gebet aufsuchte, dies mit einer Stiftung verband, vgl. unten S. 306 ff. Auch ist schwer vorstellbar, daß Pippin II. das Vorgehen Hugberts in Lüttich in keiner Weise materiell unterstützt haben sollte. Anhaltspunkte für Schenkungen der frühen Karolinger an den hl. Lambert fehlen jedoch, vgl. auch unten S. 314 mit Anm. 181.

[127] Reg. Imp. Karol. 21 a und 34.

sind [128], liegen von der Stelle der bischöflichen *domus* und der Lambertskirche in Lüttich etwa 4 km bzw. knapp 6 km entfernt. Der zwischen Herstal und Lüttich gelegene Ort Vivegnis gehörte nach einer Schenkungsurkunde des Bischofs Waltcaud von 817/25 zum Gebiet von Lüttich [129]. Der Überlieferung des 11. bis 13. Jahrhunderts ist zu entnehmen, daß die Besitzungen der Lütticher Kirche in Vivegnis in Richtung Herstal bis nach Hoyoux [130], Morinval [131], Bernalmont [132] und Coronmeuse [133] reichten. Das Gebiet gehörte über die Tochterkirche St^e Foy zur Urpfarrei St. Marien in Lüttich [134]. Der Jurisdiktionsbereich der Schöffen von Lüttich reichte nach einer Grenzbeschreibung aus der ersten Hälfte des 14. Jahrhunderts im Norden bis Bernalmont und Coronmeuse [135]. Aufgrund des Beleges von 817/25 ist anzunehmen, daß die aus den späteren Quellen zu erschließende Abgrenzung des Gebietes von Lüttich bei Bernalmont und Coronmeuse im wesentlichen der frühmittelalterlichen Gemarkungsgrenze der *villa Leodius* entspricht. Nach Zeugnissen aus dem 14. und 15. Jahrhundert grenzte das *territorium de Harstallio*, das

[128] JOSSE, Jupille S. 14. Zur Place Licourt vgl. unten Anm. 153.

[129] HANQUET, La chronique S. 14 = KURTH, Saint Hubert 1 Nr. 4 S. 6: *necnon et vineam unam cum manso ad se pertinente in territorio Leodiensi nuncupato Vingitis cum omnibus appenditiis suis*. Nach der Bezeichnung des Bistums als *episcopatus Tungrensis sedis* und bei dem Fehlen weiterer Lageangaben bei den übrigen in der Urkunde genannten Orten kann unter *territorium Leodiense* hier nur das zu dem Ort Lüttich gehörende Gebiet verstanden werden. Vgl. hierzu wie auch zum Folgenden die Lagekarte S. 444.

[130] Bischof Heinrich schenkte 1078 dem Stift St. Barthélemy u. a. *decimas vinearum a via que ascendit ad sanctam Walburgem usque prope Hoyolum*, DARIS, Saint-Barthélemy S. 183, Regest bei PAQUAY, Saint-Barthélemy Nr. 6 S. 95. Die genannten Weinberge erstreckten sich über das Gebiet von Vivegnis.

[131] 1186 überließ das Domkapitel St. Lambert einem gewissen Alard gegen Zins *quadam silva quam in Moralli valle habemus; hec quidem silva curie nostre Vineti adiacet et ad eandem pertinet*, BS 1 Nr. 64 S. 106. Die Lage des Gebietes ist durch die heutige rue Morinval gekennzeichnet, GOBERT, Les rues 3 S. 250 f.

[132] Nach PONCELET, Les domaines S. 148 handelte es sich bei dem in einer Urkunde von 1293, Regest bei SCHOONBROODT, Val Saint-Lambert 1 Nr. 393 S. 147, genannten Besitzungen von Val St-Lambert zwischen Besonheid (Flur zwischen Vivegnis und Vottem) und dem Wald von Bernalmont um „biens sis à Vingnis". Nach einer Urkunde von 1263 hatte das Lütticher Domkapitel dem Stift St. Paul zwei Stück Land *una petia ... iuxta domum de Bernamont, altero vero secus viam ad quercus que descendit Harstalium* überlassen, THIMISTER, Saint-Paul S. 68.

[133] Dazu VAN DERVEEGHDE, Le Polyptyque S. 195 ff. und PONCELET, Les domaines S. 151 ff. und 155 ff.

[134] LAHAYE, Les paroisses S. 38 ff. und GOBERT, Les rues 3 S. 82, nach deren Angaben der Pfarrsprengel von St^e Foy sich in Richtung Herstal bis nach Hayeneux erstreckte.

[135] Jacques de Hemricourt, Le patron de la temporalité S. 176: *tout le tiege jusque à grain abeal deseur Bernalmont, à main senestre, à deseure del Preul; – et, de celle abeaul, revenant aus chainés qui stont sour les thiers, à desseur des vingnes; – et, de ches chaigneis, lingnant tout oultre à desous, jusque aux lieches de Cronmuze, stesant deleis le porte del court les heures Wilhelme de Gronmuze*. Die Beschreibung gibt nach PONCELET, Introduction S. LXXVI eine Schöffenurkunde aus der ersten Hälfte des 14. Jh.s wieder; GOBERT, Les rues 1 S. 79 Anm. 2 glaubt noch ältere Vorlagen nachweisen zu können. Mitte des 13. Jh.s kam es zu Auseinandersetzungen zwischen den Lütticher Schöffen und dem Domkapitel St. Lambert über die Gerichtsbarkeit in Vivegnis, vgl. PONCELET, Les domaines S. 149 f.

als reichsunmittelbare Herrschaft der Herzöge von Brabant über das ehemalige Amtslehen der niederlothringischen Herzöge auf den karolingischen Fiskus zurückging[136], bei Bernalmont und Coronmeuse an das Gebiet von Lüttich[137]. Die 716/18 *in solium ville cuius vocabulum est Cheristalius* errichtete Kirche St. Lambert[138] lag von der Lütticher Gemarkungsgrenze etwa 1,5 bis 2 km entfernt. Es gibt keine Hinweise darauf, daß sich dazwischen ein weiterer Ort befand, dessen Gemarkung später in der von Herstal aufgegangen wäre. Vielmehr ist mit großer Wahrscheinlichkeit anzunehmen, daß bereits zu Beginn des 8. Jahrhunderts Lüttich und Herstal eine gemeinsame Gemarkungsgrenze hatten[139].

Die ältesten Nachrichten über die Ausdehnung von Lüttich auf das östliche Maasufer in Richtung Jupille stammen erst aus dem 12. und 13. Jahrhundert. Das Gelände zwischen dem Hauptarm der Maas und dem ursprünglichen Lauf der Ourthe, das im wesentlichen aus Weideland bestand, war im 12. Jahrhundert zum größten Teil ein Lehen der bischöflichen Ministerialen der De Prez[140]. Kirchlich unterstand es über die Pfarrkirchen St. Pholien und St. Nicolas der Mutterkirche St. Marien[141]. Ein Teil des Gebietes wurde im 13. Jahrhundert in die Stadtummauerung einbezogen[142]. Die Grenze des Jurisdiktionsbereiches der Lütticher Schöffen verlief nach der Beschreibung aus der ersten Hälfte des 14. Jahrhunderts in diesem Abschnitt entlang der Maas und den Prés Saint-Denis bis zur Brücke von Amercœur[143]. Mit einiger Wahrscheinlichkeit ist aus diesen späten Verhältnissen zu schließen, daß die

---

[136] Vgl. dazu unten S. 446 f.

[137] Eine ältere Grenzbeschreibung des Gebietes von Herstal ist nach COLLART-SACRÉ, Herstal 1 S. 11 nicht überliefert. Auf die Nachbarschaft von Herstal und Bernalmont deuten bereits die Angaben einer von GOBERT, Les rues 2 S. 193 Anm. 8 zitierten Urkunde aus der Mitte des 13. Jh.s hin: *Sor le voie de Harstailh deleis Bernamont*. Deutlicher ist eine von PONCELET, Les domaines S. 152 erwähnte Urkunde des Hospitals Saint-Mathieu à la Chaîne von 1340, wo Güter *in justicia leodiensi ... ante Bernamont* in Nachbarschaft mit Besitzungen *in justitia et territorio de Herstallio* genannt werden. Nach Urkunden aus der 1. Hälfte des 15. Jh.s markierten bei Coronmeuse ein Wasserlauf und ein Graben die Grenze zwischen Lüttich und Herstal, zitiert bei GOBERT, Les rues 1 S. 79 Anm. 1 und PONCELET, Les domaines S. 152 Anm. 2.

[138] Vgl. unten S. 308 f.

[139] So ohne nähere Begründung u. a. bereits KURTH, La cité 1 S. 9 und GOBERT, Les rues 1 S. 3.

[140] PONCELET, Les domaines S. 161 ff.

[141] LAHAYE, Les paroisses S. 41. St. Nicolas wurde zu Beginn des 12. Jh.s von Angehörigen der Familie De Prez gegründet, die auch die Kollatoren waren. St. Pholien ist erstmals zu Beginn des 13. Jh.s bezeugt. Nach LAHAYE S. 51 war die Kirche im Besitz „de personnages qui formaient la cour de l'évêque".

[142] Nach POLAIN, La formation S. 180 Karte 3 und LECOUTURIER, Liège S. 85.

[143] Wie Anm. 135; in Anschluß an die dort zitierte Passage heißt es: *et, là tout fendant l'eawe de Muze, jusque aux haies delle preit de Sains Denis, lyqueis entierement est de la dit frankize; – et de dit preit, jusque alle clawier de point d'Ameircourt*. Die Prés Saint-Denis befanden sich zwischen einem Seitenarm der Maas (Barbou) und der Ourthe (heute Place du Congrès und Umgebung), GOBERT, Les rues 2 S. 527 f.

Ourthe und nach deren Mündung in die Maas diese bereits in früherer Zeit die südöstliche Grenze des Gebietes von Lüttich bildeten. Der Lauf von Ourthe und Maas kennzeichnete an dieser Stelle nach der sicheren Rekonstruktion vom M. Josse zugleich auch die nordwestliche Grenze des karolingischen Fiskus Jupille[144].

Aus den Angaben zur Ortsgeschichte ergibt sich, daß die Gemarkung von Lüttich im Nordosten an Herstal und Jupille grenzte[145]. Eine Besitznachbarschaft der Bischöfe von Maastricht mit den Pippiniden ist somit äußerst wahrscheinlich[146]. Das unter Bischof Hugbert neu entstandene kirchliche Zentrum lag in unmittelbarer Nachbarschaft zu jenen beiden Orten, denen unter den frühkarolingischen Besitzungen im mittleren Maasgebiet besondere Bedeutung zukam. Für die Frage, inwieweit dieser räumlichen Nähe auch enge Beziehungen der frühen Karolinger zur Grablege des Lambert und dem künftigen Hauptort der Diözese entsprachen, liegen nur wenige Nachrichten vor.

Das Interesse richtet sich vor allem auf die Zeit Pippins II., d.h. auf die ersten Jahre nach der Ermordung Lamberts, in denen der entscheidende Grund für den raschen Aufstieg Lüttichs zu einem weithin bekannten Kultzentrum und bevorzugten Aufenthaltsort der Bischöfe von Tongern-Maastricht gelegt wurde. Es trifft sich günstig, daß das älteste betreffende Zeugnis bereits dieser frühen Zeit entstammt. Wie dem Bericht des Liber Historiae Francorum zu entnehmen ist, hatte sich Pippins II. Sohn Grimoald, seit 697/701 Hausmeier in Neustrien-Burgund, im Frühjahr 714 zu seinem erkrankten Vater nach Jupille begeben[147]. Bei dieser Gelegenheit besuchte er

---

[144] JOSSE, Jupille S. 172, Karte 3 und S. 141. JOSSE S. 22 macht darauf aufmerksam, daß bereits in der Lambertsvita des Nikolaus (1143/47) Ourthe und Maas als Grenze zwischen Lüttich und Jupille angegeben werden, cap. 15 S. 420: *Exiguo enim spacio a se invicem distant Ioppilia et Legia, duobus fluviis Mosa et Urta interfluentibus seseque illic commiscentibus;* Nikolaus spricht ebd. von der *vicinitas* beider Orte und betont, daß der Weg zwischen ihnen *non ... laboriosus ac difficilis* gewesen sei.

[145] In den vorangehenden Ausführungen erschien es für unsere Fragestellung als ausreichend, anhand des leichter zugänglichen Materials ein nur ungefähres Bild der älteren Gemarkungsgrenze zu geben. Die Untersuchung von M. YANS, Aux Origines de la grande agglomération. La Banlieue Liégoise. Liège 1974 konnte nicht mehr herangezogen werden.

[146] Daß es innerhalb der Gemarkungen der drei Orte zu Beginn des 8. Jhs. noch weitere Grundbesitzer gab, ist nicht auszuschließen. Es ist jedoch kaum zu bezweifeln, daß der Bischof in Lüttich und die Pippiniden in Herstal und Jupille jeweils die größten Grundbesitzer waren. Die später bezeugten Besitzungen des Lütticher Bischofs in Vivegnis und dem Gebiet zwischen Maas und Ourthe einerseits sowie der auf königliche Schenkung zurückgehende Besitz des Verduner Domkapitels in Jupille (etwa in Amercœur, vgl. JOSSE, Jupille S. 73) und die Grenzziehung des auf Reichsgut zurückgehenden brabantischen *territorium de Harstallio* andererseits sind durchaus auf eine Besitznachbarschaft der Maastrichter Bischöfe und der frühen Karolinger zurückzuführen. Zwischen den Siedlungskernen von Lüttich, Herstal und Jupille dürften sich ursprünglich umfangreiche Waldungen befunden haben.

[147] LHF cap. 50 S. 324: *egrotante Pippino principe, genitorem eius, dum ad eum visitandum accessisset, nec mora in basilica sancti Landeberti martyris Leudico peremptus est a Rantgario gentile, filio Belial.* In den Annales s. Amandi a. 714 S. 6 heißt es dazu: *depositio Grimoaldo in*

die *basilica sancti Landeberti*[148]. Anlaß des Berichts über seinen Aufenthalt in Lüttich ist allerdings allein die Tatsache, daß Grimoald in der Lambertskirche von einem Rantgar erschlagen wurde[149]. Dennoch ist die Nachricht für das Verhältnis der frühen Karolinger zu dem entstehenden Kultzentrum in dem benachbarten Lüttich von hohem Interesse. Grimoalds Besuch in der Lambertskirche – noch vor der Überführung des hl. Lambert aus Maastricht nach Lüttich – zeigt, daß die Familie Pippins II. den neuen Heiligenkult anerkannte und den von Hugbert getroffenen Maßnahmen durch Herrscherbesuche in Lüttich höchstes Ansehen verlieh[150]. Dies läßt darauf schließen, daß Pippin II. der Schaffung eines mit dem hl. Lambert verbundenen religiösen Zentrums in unmittelbarer Nachbarschaft seiner bevorzugten Besitzungen Chèvremont und Jupille wohlwollend gegenüberstand und sie sehr wahrscheinlich auch förderte. Bei seiner Entscheidung, Lüttich zum Mittelpunkt der Lambertverehrung und einem zunehmend bevorzugten Aufenthaltsort des bischöflichen Hofes zu machen, dürfte sich Hugbert somit auf das Einverständnis Pippins II. gestützt und möglicherweise sogar dessen Interessen entsprochen haben. Grimoald, nach dem Tode Drogos (708) der einzige verbliebene Sohn Pippins II. aus seiner Ehe mit Plektrud, war von Pippin II. zweifellos als sein hauptsächlicher Nachfolger an der Spitze des Gesamtreichs vorgesehen worden. Nimmt man an, daß in den ersten Jahren nach

---

mense Aprili. In der Urkunde Pippins II. von 714 März 2, die Pippin *propter egritudinem* nicht selbst unterzeichnete, wird Grimoald noch unter den Lebenden genannt, D Arnulf 6 S. 96 = WAMPACH, Echternach 1, 2 Nr. 24 S. 60. Der Anlaß der Reise des Grimoald zeigt, daß Pippin, der Ende 714 starb, bereits im Frühjahr 714 schwer erkrankt war. Grimoald war nach dem Tode des Drogo 708 der einzig legitime Sohn Pippins II. Es liegt nahe, daß die Frage der Nachfolge geregelt werden sollte.

[148] In seiner Überarbeitung des LHF berichtet der Cont. Fred. cap. 7 S. 173, Pippin sei in *Iobvilla super Mosam* erkrankt; zu Pippins II. Aufenthalt 714 in Jupille vgl. auch unten S. 451 ff. Aus dem Bericht des LHF und des Cont. Fred. geht nicht eindeutig hervor, ob Grimoald sich auf seiner Reise nach Jupille oder während seines Aufenthaltes in Jupille nach Lüttich begab.

[149] Der Täter, Rantgar, wird im LHF als Heide bezeichnet; er erscheint bei dem Cont. Fred. als *crudelissimus vir impius*, ähnlich in den Annales Mettenses S. 19, wo dazu weiter berichtet wird, Pippin habe von seiner Krankheit genesen *omnes qui in illo consilio fuerunt iusta ultione* niedergemacht. Erstmals Sigebert von Gembloux nennt Rantgar einen Beauftragten (*satelles*) des Friesenherzogs Ratbod, Chronicon a. 713 S. 329; ähnlich in seiner Vita Landiberti cap. 27 S. 405. Daß Rantgar Friese war, wie allgemein angenommen wird, läßt sich somit nur mit der Bezeichnung *gentilis* im LHF abstützen, die ebd. cap. 50 S. 324 auch für Radbod, *dux gentilis*, verwendet wird. Der Personenname Rantgar war auch im fränkischen Sprachgebiet gebräuchlich, vgl. FÖRSTEMANN, Personennamen Sp. 1246 f. Sichere Angaben über die Person des Mörders und die Hintergründe des Anschlags scheinen kaum möglich.

[150] Nach EWIG, Descriptio Franciae S. 158 mit Anm. 79 wurde Grimoald in Lüttich bestattet. Dies geht aus den Quellen nicht hervor. Unter *depositio*, vgl. Anm. 147, kann wohl Beisetzung verstanden werden, in den Annales s. Amandi wird das Wort jedoch in seiner allgemeineren Bedeutung „Tod" gebraucht, zudem fehlt eine Ortsangabe. Wo Grimoald bestattet wurde, ist nicht überliefert. Die Angabe der Genealogia ducum Brabantiae ampliata (13. Jh.) S. 393: *Grimoaldum, qui martyrizatus fuit Leodii et ibidem apud sanctum Iacobum in altari cripte quiescit* entbehrt wohl jeglicher Grundlage.

dem Aufkommen der Lambertverehrung in Lüttich eine engere Verbindung zwischen diesem Kultzentrum und dem karolingischen Hause geplant war, so dürften diese Pläne durch die Ermordung Grimoalds an dem eben erst entstandenen *sanctus locus* einen empfindlichen Rückschlag erlitten haben. Daß Karl Martell in den auf den Tod Pippins II. (714) folgenden Machtkämpfen um die Vorherrschaft im Gesamtreich seinen Blick stärker auf den engeren Raum um Lüttich richtete, ist gänzlich unwahrscheinlich. Der Aufstieg Lüttichs zum Mittelpunkt eines neuen Heiligenkults und damit verbunden zu einer neuen bischöflichen Residenz, wie er zu Lebzeiten Pippins II. unter Bischof Hugbert eingeleitet worden war, wurde von diesen äußeren Ereignissen jedoch nicht betroffen, sondern konnte sich nach den einmal getroffenen Maßnahmen unabhängig davon fortsetzen. Deutliches Kennzeichen hierfür ist die feierliche Überführung der Lambertreliquien 716/18 von Maastricht nach Lüttich.

In dem Bericht über dieses Ereignis findet sich die nächste, wenngleich nur indirekte Nachricht über das Verhältnis der frühen Karolinger zum Kult des hl. Lambert. Es heißt, der Zug mit den Reliquien habe Aufenthalt in Nivelle und Herstal eingelegt. Bei diesen Aufenthalten hätten sich Wunder ereignet. In beiden Orten seien daraufhin von *fidelibus et devotis christianis* Kirchen zu Ehren des Lambert erbaut worden[151]. Die in Herstal errichtete *basilica* ist mit der späteren Kapelle St. Lambert gleichzusetzen. Teile des heutigen Baues stammen aus dem 11. und 12. Jahrhundert[152]. Die Kapelle liegt etwa 1 km südwestlich der Stelle, an der sich wahrscheinlich mit dem Haupthof und der Pfarrkirche St. Marien der Mittelpunkt der karolingischen *villa* befand[153].

---

[151] Cap. 26 S. 381: *Egressi exinde, iterum resumebat turba in solium ville cuius vocabulum est Cheristalius. Dum cummorassent ibi paulolum, ad augendam fidem in populo* ... (es folgt der Bericht über die wunderbare Heilung einer Gelähmten) ... *Et iam in prefata loca, ubi Dominus dignatus est ostendere has virtutes, a fidelibus et devotis christianis basilicae in honore sancti Landiberti sunt aedificate et cum magno honore venerande.* Die Handschriften der Klasse 2, deren älteste ebenfalls noch dem 8. Jh. angehört, bringen *Herimala* statt *Cheristalius*; dieser Lesart gibt KURTH, La cité S. 18 den Vorzug. Nach der Handschrifteneinteilung von KRUSCH ist jedoch *Cheristalius* als die ursprüngliche Form zu betrachten.

[152] Nach COENEN, La chapelle Saint-Lambert S. 186 ff. und COLLART-SACRÉ, Herstal 2 S. 113.

[153] Schriftliche Zeugnisse oder archäologische Befunde für eine Lokalisierung der karolingischen Pfalz in Herstal liegen nicht vor. In einer nochmaligen Überprüfung und Ergänzung der von der älteren ortsgeschichtlichen Forschung, insbesondere von COLLART-SACRÉ, Herstal S. 2 S. 398 ff., angeführten Argumente gelangt JORIS, Herstal S. 394 ff. zu dem Ergebnis, daß sich die Pfalz, wie bereits bisher angenommen, am ehesten wohl im Bereich der seit dem Beginn des 14. Jh.s bezeugten „Place Licour" befunden hatte. Der Platz, in unmittelbarer Nähe der Maas und unweit der Straße Lüttich-Maastricht gelegen, war die Stätte, an der sich die Pfarrkirche St. Marien und im Spätmittelalter der Verwaltungsmittelpunkt des Ortes befanden. Bis zum Vorliegen entgegenstehender Befunde muß die Lokalisierung der Pfalz an dieser Stätte als die weitaus wahrscheinlichste Annahme gelten. Aufgrund der 723 Januar 1 von Karl Martell in Anwesenheit zahlreicher Großer in *Harastallio uilla publice* ausgestellten Urkunde D Arnulf 11 S. 98 f. = DB N Nr. 173 S. 305, wird man bereits für den Beginn des 8. Jh.s in Herstal größere Hofgebäude in Verbindung mit einer Kirche voraussetzen können; vgl. dazu auch unten S. 445 mit Anm. 186.

Ein eigenes Zentrum bildete sich bei St. Lambert nicht. Die *basilica* blieb stets eine von St. Marien abhängige Kapelle. Der Bau der Kirche an dieser Stelle ist am ehesten damit zu erklären, daß der Zug mit den Reliquien hier Halt gemacht hatte. Das Gelände, auf dem die Kirche erbaut wurde, gehörte mit großer Wahrscheinlichkeit zu den karolingischen Besitzungen in Herstal. Es erscheint nicht als ausgeschlossen, daß sich Leute des Wirtschaftshofes an dem Bau beteiligten. Daß der Zug mit den Reliquien innerhalb des Gebietes von Herstal nicht bei der Pfalz, sondern ein gutes Stück südlich davon Halt machte, und daß die *basilica*, ihrer Lage abseits des Zentrums des Ortes und ihrer geringen Bedeutung nach zu urteilen, von Anfang an offensichtlich nur als Kapelle zum Gedächtnis an den Aufenthalt der Reliquien angelegt wurde[154], spricht nicht dafür, dem Bericht für die Frage der Beziehungen der Karolinger zu dem Lambertskult größere Bedeutung beizumessen.

Nach dem Besuch des Grimoald ist erst unter Karlmann wieder ein Aufenthalt eines Karolingers in Lüttich bezeugt. Die Vita Hugberti berichtet, Karlmann sei bei der Erhebung der Gebeine des Hugbert zugegen gewesen. Es heißt, nach der Auffindung des unversehrten Leichnams habe ein Bote dieses Ereignis *ad palatium* gemeldet. Karlmann habe sich daraufhin mit seiner Gattin und den Vornehmsten am Hofe zur Grablege des Hugbert begeben[155], die Gebeine des Heiligen erhoben[156] und der Kirche St. Peter Weihegeräte und Ländereien übertragen[157]. Die Erhebung des Hugbert fand am 3. November 743 statt[158]. Da die Vita bald danach entstand, steht die Glaubwürdigkeit ihrer Angaben über die Teilnahme des Karlmann außer Frage. Es ist anzunehmen, daß erst die Erhebung der Reliquien den Kult des Hugbert begründete[159]. Vor allem scheinen Schüler des Hugbert und die *custodes* der Kirche

---

[154] So auch BRASSINNE, Saint Remacle S. 286.

[155] Cap. 20 S. 495: *Haec audiens vir Dei nobilissimus princeps Carlomannus, statim surrexit de solio suo una cum uxore sua atque obtimatibus suis, qui primati erant eius palacio, et venerunt simul ad sanctum Dei Hugbertum et viderunt, quae acta erant de ipso.*

[156] Ebd.: *Tunc iam dictus princeps una cum sodalibus suis arripuit corpus illius sancti, et inponens eum feretrum ... et ferentes eum ante cornu altaris.*

[157] Ebd.: *et cum muneribus suis ditavit, cum palliis atque vasa argentea, et de iure hereditatis suae cum hominibus, cum terris tradidit ei et per strumenta cartarum delegavit ad basilicam.*

[158] Das Jahr ergibt sich aus der Angabe der Vita cap. 18 S. 494, die Translation sei *in anno tercio Carlomanno in regno precedente* durchgeführt worden; das Tagesdatum verzeichnen der Titel der Vita Hugberti S. 483, und Eintragungen in liturgischen Quellen des 9./10. Jh.s, vgl. LEVISON, Vorrede S. 473.

[159] Dies im Gegensatz zu den Anfängen des Lambertskults. Es ist auffällig, daß der Autor, der nach eigenen Angaben die Lambertsvita benutzte, cap. 2 S. 484, abweichend von seiner Vorlage nur wenig und allgemein über Wunder in der Zeit zwischen dem Tode seines Heiligen und der Reliquienerhebung berichtet (cap. 17 S. 493), hingegen ausführlich die Erhebung der Gebeine schildert (cap. 18–20 S. 493 ff.). LEPIQUE, Der Volksheilige Hubertus S. 18 ff. geht auf die Anfänge des Kultes in Lüttich nicht näher ein. Sie führt diese vor allem darauf zurück, daß Hugbert aufgrund seines Wirkens „schon zu Lebzeiten als ein besonders Begnadeter" galt.

St. Peter sich für die Heiligsprechung des Bischofs eingesetzt zu haben[160]. Persönliche Verehrung und das Bestreben, das Ansehen Lüttichs durch die Schaffung eines weiteren Heiligenkultes zu steigern, mögen dafür ausschlaggebend gewesen sein. Die Anwesenheit des Hofes und die Erhebung des Hugbert durch Karlmann und andere weltliche Große zeigen, daß der neue Kult von höchster weltlicher Seite[161] anerkannt und gefördert wurde. Dies dürfte

---

[160] Vita Hugberti cap. 18 S. 494: *et per multa indicia et visiones plurimas ad custodes illius basilicae et ad alios Deo timentes hominibus revelatum est, ut corpus beati Hugberti de tumulo ipsius relevarent.* Zur Frage, inwieweit zu jener Zeit bereits ein Konvent an St. Peter bestand, vgl. oben S. 292 f. Es läßt sich nicht sicher angeben, wer unter den Personen, die neben den *custodes* genannt sind, zu verstehen ist. Sie standen nach Angaben der Vita ebenfalls in enger Verbindung zur Kirche St. Peter und werden cap. 19 S. 494 (in Anschluß an die Vita Landiberti cap. 7 bzw. 25 S. 351 bzw. 379 f.) als *sacerdotes cum levitis* bezeichnet. In cap. 17 S. 493 zählt sich der Autor, der nach eigenen Angaben ein Schüler des Hugbert war, zu jenen, die sich öfters in der Grabeskirche des Hugbert aufhielten und dort Zeuge von Wundern wurden. Dies könnte ebenso wie die Tatsache, daß die Vita von einem *familiarius* des Hugbert abgefaßt wurde, Prolog S. 482, dafür sprechen, daß Personen aus der engeren Umgebung des verstorbenen Bischofs zu den Initiatoren und Förderern seines Kultes gehörten, die vielleicht auch die Kirche St. Peter betreuten; ähnlich ROUSSEAU, Les Carolingiens S. 214 Anm. 1, nach dessen Ansicht die Initiative zur Erhebung des Hugbert von dem „clergé de la basilique Saint-Pierre" ausging. Der Kult des Hugbert konnte sich in Lüttich neben der Verehrung des Lambert nicht entfalten. Der Name des Bischofs fehlt in den älteren Hss. des Mart. Hieron. und in den frühen liturgischen Quellen. Hugberts Grablege erfreute sich, den Bemerkungen des Jonas nach zu schließen, vgl. oben Anm. 59, nur bescheidener Verehrung. Die Translation des Hugbert 825 nach Andagium, die – wie die Abfassung von Miracula und einer zweiten Vita sowie liturgische Quellen aus dem 9./10. Jh. zeigen (vgl. LEVISON, Vorrede S. 473) – einen raschen Aufschwung des Kultes zur Folge hatte, ist wohl auch mit der geringen Bedeutung der Hugbert-Verehrung in Lüttich zu erklären; anders ROUSSEAU, Les Carolingiens S. 214 und GENICOT, Discordiae S. 68 Anm. 2.

[161] So auch COENEN, Saint Hubert, S. 132. BAIX, Saint Hubert 2 S. 74 und ROUSSEAU, Les Carolingiens S. 214 heben hervor, daß in dem Elevationsbericht der Bischof nicht erwähnt wird, wobei Rousseau von „circonstances assez singulières" bei der Erhebung spricht. In dem Bericht der Vita Hugberti übernehmen einerseits die Kleriker an St. Peter (liturgische Vorbereitung und Öffnung des Grabes) und andererseits Karlmann (Erhebung der Gebeine an den Altar) die Funktion des Bischofs. Dies ist um so auffälliger, als in den Translationsberichten der beiden Vorlagen, der Vita s. Arnulfi cap. 23 S. 442 und der Vita Landiberti cap. 25 S. 379 f., jeweils der Bischof als die handelnde Persönlichkeit genannt wird. Angesichts der kirchlichen Reformbestrebungen Karlmanns und der Tatsache, daß der in Lüttich erhobene Heilige Bischof von Maastricht gewesen war, wäre es erstaunlich, wenn die Erhebung ohne die für die allgemeine Anerkennung als Heiliger notwendige Beteiligung des zuständigen Diözesanbischofs vorgenommen worden wäre, vgl. etwa KUTTNER, La réserve papale S. 173, KLAUSER, Heiligsprechungsverfahren S. 86 ff. und VAN DER ESSEN, Saints S. 105 ff. Eine sichere Erklärung scheint nicht möglich. DEMARTEAU, Saint Hubert S. 143 (zitiert nach COENEN, Saint Hubert S. 132) schloß aus dem Translationsbericht der Vita Hugberti auf eine Sedisvakanz. Weitere Anhaltspunkte für eine solche Annahme lassen sich jedoch nicht erbringen. Die Möglichkeit, daß Hugbert von seinem Sohn Florbert erhoben wurde und dies in der Vita verschleiert werden sollte, ist, legt man die später überlieferte Amtszeit Florberts (bis 737/38) zugrunde, auszuschließen, vgl. oben S. 276 Anm. 13. Denkbar erscheint, daß der Autor dem Klerus von St. Peter (neben der gewiß angeseheneren Kirche St. Lambert) einige Bedeutung verschaffen und vor allem die Teilnahme des Hofes hervorheben wollte, wohingegen er der Beteiligung des Bischofs weniger Bedeutung beimaß.

wesentlich zu seinem Ansehen beigetragen haben[162]. Es läßt sich nicht sagen, inwieweit die Erhebung des Hugbert und die Anwesenheit Karlmanns in der Nähe von Lüttich aufeinander abgestimmt waren. Dem Wortlaut der Vita nach ist es wahrscheinlich, daß die Lütticher Kleriker einen Aufenthalt des Hofes in einer der nahegelegenen Pfalzen zum Anlaß nahmen, die Reliquienerhebung einzuleiten und Karlmann um seine Teilnahme zu bitten[163]. Karlmann, für den gewiß starke religiöse Motive vorauszusetzen sind, bekundete mit seiner führenden Beteiligung an der Reliquienerhebung seine Verehrung des 727 gestorbenen und seiner Familie nahestehenden Bischofs[164] und brachte zugleich auch sein Interesse an dem weiteren Ausbau Lüttichs zu einem durch mehrere örtliche Heiligenkulte ausgezeichneten kirchlichen Zentrum zum Ausdruck.

Pippin und Karl der Große stellten für die Kirche von Tongern-Lüttich Besitzbestätigungen aus[165]. Über Beziehungen Pippins zu Lüttich oder dem Lambertskult ist sonst nichts bekannt. Karl scheint Bischof Agilfrid (769 bis 787?)[166] Landbesitz übertragen zu haben[167]. In den Reichsannalen wird zu

---

[162] Das Interregnum nach dem Tode Theuderichs IV. (16. März / 30. April 737) wurde mit der Einsetzung Childerichs III. (16. Februar / 3. März 743) beendet. Der Autor datierte die Erhebung des Hugbert im November 743 nach den Regierungsjahren Karlmanns.

[163] Karlmann war bei der Auffindung des Leichnams noch nicht anwesend. Ein Bote eilte nach der Auffindung *ad palatium*. Die anschließenden Angaben dienen dazu, die sofortige Unterbrechung der Regierungsgeschäfte durch Karlmann auf die Kunde von der Entdeckung des unversehrten Leichnams deutlich zu machen. Um welches *palatium* es sich handelt, ist nicht auszumachen. Beziehungen Karlmanns zum engeren Raum um Lüttich werden mit der Festsetzung des Grifo auf Chèvremont 741, vgl. unten S. 417f., und einem Aufenthalt in Wasseiges, Reg. Imp. Karol. 50, faßbar. Daß sich Karlmann in Lüttich selbst aufhielt, ist aufgrund des Wortlauts in der Vita *(exiit fama in cunctis partibus municipatum illius, necnon et ad palatium nuncius venit)* nicht wahrscheinlich. Unter den bekannten Pfalzen in der näheren Umgebung wird man vor allem an Herstal und Jupille denken, bei denen sich für den Lütticher Autor eine nähere Ortsangabe vielleicht erübrigen mochte. PONCELET, Herstal S. 79 führt den erst spät bezeugten Besitz des Stiftes St. Pierre in dem zu Herstal gehörenden Vivegnis auf die in der Vita Hugberti genannte Landschenkung Karlmanns an St. Peter anläßlich der Erhebung des Hugbert zurück. Die ebd. erwähnte Schenkungsurkunde ist verloren.

[164] ROUSSEAU, Les Carolingiens S. 214 sieht in der Beteiligung des Karlmann an der Erhebung des Hugbert einen Hinweis auf verwandtschaftliche Beziehungen. Hugbert könnte allenfalls der Familie Plektruds angehört haben, vgl. oben S. 277 mit Anm. 19, für die jedoch kaum Verbindungen zu den Söhnen Karl Martells anzunehmen sind.

[165] DO II 210 S. 238 = BS 1 Nr. 14 S. 19f.: *Notkerus precepta quedam nostris obtulit obtutibus que ab antecessoribus nostris Pipino, Karolo ... collata erant ecclesie sancte Marie et sancti Lamberti ... super universas possessiones eiusdem matris ecclesie*, vgl. auch unten S. 319 Anm. 3.

[166] Amtszeit nach Angaben der Annales Lobienses S. 229 bei DUCHESNE, Fastes 3 S. 192. MOREAU, Histoire 1 S. 343 gibt für Agilfrid lediglich Ende des 8. Jh.s an.

[167] So nach Aegidius von Orval, Gesta epp. Leod. II, 32 S. 47: *Sub isto Agilfrido ecclesia Leodiensis multa acquisivit, sicut testantur privilegia a rege Karolo sibi collata*, vgl. LECHNER, Verlorene Urkunden Nr. 281. Die Bezeichnung Karls als *rex* spricht für die Glaubwürdigkeit der ohnehin unverdächtigen Tradition. – Unter Bischof Agilfrid soll sich nach Angaben der Annales Lobienses der Langobardenkönig Desiderius in Lüttich im Exil befunden haben: *Desiderium*

Ostern 770 (22. April) von einem Aufenthalt Karls *in Leudico vico publico* berichtet[168]. Im März 770 ist Karl in Herstal bezeugt[169]. Die Vermutung liegt nahe, daß er sich von dieser Pfalz aus zu den Osterfeierlichkeiten nach Lüttich begab. Weitere Aufenthalte Karls in Lüttich sind nicht bekannt. Ostern 771, 772, 773, 789 und 784[170] sowie Weihnachten 772, 776, 778 und 783[171] feierte Karl in Herstal. Sämtliche Festaufenthalte sind in den Reichsannalen überliefert. Wenn der Osteraufenthalt in Lüttich, der vermutlich von Herstal aus stattfand, eigens hervorgehoben wird, so ist daraus zu schließen, daß Karl während der Festaufenthalte in Herstal die kirchlichen Feierlichkeiten in der dortigen Pfalzkapelle und nicht etwa in der nahegelegenen Kathedrale St. Lambert beging[172]. Der Bischof von Tongern-Lüttich ist unter Karl kein einzigesmal in Herstal bezeugt.

Im 9. Jahrhundert sind Herrscheraufenthalte in Lüttich zu 854[173], 874(?)[174], 876[175] und 898[176] überliefert. Für das Bestehen einer königlichen

---

captum cum uxore et filiis exulandum direxit (sc. Karolus) *in Frantiam ad locum qui dicitur Pausatio sancti Lantberti martyris.* Als Stätte des Exils werden daneben noch u. a. die Klöster Corbie und St. Denis angegeben, Annales Sangallenses maiores a. 774 S. 75 und Hist. reg. Franc. mon. s. Dionysii cap. 18 S. 400. Es kann hier offenbleiben, welche Nachricht den Vorrang verdient bzw. ob wie etwa bei Bischof Eucherius von Orleans die Exilorte wechselten, vgl. oben S. 187 mit Anm. 20. – Die von ECKHARDT, Kapitulariensammlung S. 74 ff. zusammengestellten Nachrichten über die Beziehungen Karls d. Gr. zu Agilfrids Nachfolger Ghaerbald tragen zu unserer Fragestellung wenig bei.

[168] Annales regni Francorum a. 769 S. 30: *Et celebravit natalem Domini in villa quae dicitur Duria, et pascha in Leodico vico publico.* In den Annales q. d. Einhardi heißt es: *et pascha apud sanctum Lantbertum in vico Leodico.*

[169] Reg. Imp. Karol. 137; die Urkunde D Karol 1 Nr. 60 S. 87 f. enthält kein Tagesdatum.

[170] Ebd. 139c, 143a, 156a, 219a, 266b.

[171] Ebd. 150a, 203f, 216b, 266a.

[172] Es ist unzutreffend, wenn FRERE, Monnaies S. 45 mit Anm. 33 in den Jahren, in denen Karl in Herstal bezeugt ist, auch Aufenthalte in Lüttich annimmt. Belege für die an sich naheliegende Annahme von KURTH, La cité 1 S. 24: „Elle (sc. Liège) était trop voisine des villas royales de Herstal et Jupille pour ne pas recevoir plus d'une fois la visite des souverains" fehlen.

[173] Reg. Imp. Karol. 1162b, 1163, 1164. Über das Zusammentreffen Karls d. K. und Lothars I. in Lüttich berichten die Annales Bertiniani a. 854 S. 68: *Karolus super fratris sui Ludoici fide suspectus, ad Lotharium in vico Leutico venit. Ubi diu de communi amicitia atque indissolubili tractantes, tandem coram omnibus qui aderant identidem super sancta iurando vicissim firmaverunt, commendatis alternatim filiis, proceribus et regnis.* Das Treffen, das offensichtlich länger dauerte, ist zwischen dem Aufenthalt Karls in Orleans 854 Januar 19 (D KdK 159, TESSIER S. 416) und seinem Kriegszug nach Aquitanien Anfang März (Annales Bertiniani S. 69) anzusetzen. Lothar urkundete am 25. Februar in *Leodico vico publico* (D Lo I 130 S. 293). Man wird mit einem großen Gefolge der beiden Könige, das sich ebenfalls in Lüttich aufhielt, zu rechnen haben, vgl. SCHNEIDER, Brüdergemeine S. 40 ff.

[174] Das Treffen zwischen Ludwig d. Dt. und Karl d. K. im Dezember 874 fand nach den Annales Bertiniani S. 197 *secus Mosam apud Heristallium*, nach den Annales Fuldenses S. 83 *apud sanctum Lantbertum* statt.

[175] Nach dem Bericht der Annales Bertiniani a. 876 hatte Karl d. K. bei seinem Aufbruch nach Andernach seine Gattin Richildis in Begleitung des Abtes von St. Bertin Hilduin und des Lütticher Bischofs Franco *ad Haristallium* geschickt, S. 207 ff. Auf die Nachricht von Karls Niederlage flüchtete Richildis aus Herstal, während Karl sich *ad monasterium sancti Landberti* begab,

Pfalz neben dem bischöflichen Palatium [177] und für die Existenz von Reichsgut in Lüttich gibt es keine Hinweise [178]. Die Münzprägung zu Beginn der Regierung Karls des Großen könnte für die Tätigkeit königlicher Beamter in Lüttich sprechen [179]. Darüber hinaus liegen keine Nachrichten vor, aufgrund derer die Bezeichnung Lüttichs als *vicus publicus* von 770 und 854 mit engen Beziehungen des Ortes zum König erklärt werden könnte [180].

wo er sich einige Tage mit Franco und Hilduin aufhielt, S. 210. Als Aufenthaltsstätte des Herrschers in Lüttich wird hier eindeutig der kirchliche Gebäudekomplex mit der Bischofspfalz angegeben.

[176] Reg. Imp. Karol. 1977c. Aus der Angabe des Chronicon Reginonis a. 898 S. 146: *Zuendibolch ad Franconem episcopum venit* kann auf einen Aufenthalt in Lüttich geschlossen werden.

[177] Ältere Versuche, in Lüttich eine karolingische Königspfalz nachzuweisen, wurden schon von GOBERT, Les rues 4 S. 391 zurückgewiesen. GAUERT, Itinerar S. 312 hält die Existenz einer Königspfalz in Lüttich bereits wegen der Nähe von Herstal und Jupille für unwahrscheinlich, gibt aber zu bedenken, ob aus der Bezeichnung von Lüttich als *vicus publicus* geschlossen werden kann, „daß das *palatium* des Bischofs zur Zeit Karls des Großen auch noch als Königspfalz angesehen worden ist". Wie ROTTHOFF, Reichsgut S. 102 zeigt, ist unter dem *regis palatium*, das Ende des 11. Jh.s in dem Triumphus s. Remacli II, 25 S. 458 in Lüttich erwähnt wird, die bischöfliche Pfalz zu verstehen.

[178] In Anschluß an KURTH, Les origines S. 41 ff., der das von ihm erschlossene Adjektiv **leudicus* für synonym mit *publicus* hielt und als Bezeichnung für eine „propriété de l'état ou du fisc" betrachtete, wurde mehrfach angenommen, daß Lüttich vor dem Ende des 7. Jh.s durch königliche Schenkung aus fränkischem Fiskalbesitz an das Bistum Tongern-Maastricht gelangte, vgl. oben S. 286 mit Anm. 29. GAUERT, Itinerar S. 312 scheint aus der Bezeichnung *vicus publicus* auf königlichen Besitz in Lüttich in karolingischer Zeit zu schließen. In einem Exkurs über den Grundbesitz in Lüttich hebt KURTH, La cité 3 S. 374 hervor, daß infolge der von ihm vermuteten Schenkung, „dont l'acte est perdu, Saint Lambert était le propriétaire de tout le sol et le seigneur de tous les habitants du fiscus leudicus". Unabhängig von der Frage nach den Anfängen des kirchlichen Besitzes in Lüttich ist daran festzuhalten, daß bis zur Gründung der von den Bischöfen dotierten Stifter und Klöster im 10./11. Jh., vgl. unten S. 320 Anm. 4, neben dem Bistum kein Grundbesitzer in Lüttich nachweisbar ist. Daß es in früher Zeit noch weitere Grundbesitzer gab, wird man allerdings nicht ausschließen können, selbst wenn man die in der Vita Landiberti genannten *seniores loci illius* nicht als „seigneurs locaux" betrachten, vgl. oben Anm. 44. Für die Existenz von Königsgut in Lüttich gibt es jedoch keine Hinweise. Zu der Vermutung von YANS, Domaine S. 912, der König habe bis in die Zeit Notkers Ansprüche auf den Publémont erhoben, vgl. oben S. 134 Anm. 39; zur Frage einer Königspfalz in Lüttich vgl. Anm. 177. Interesse verdient in diesem Zusammenhang auch eine Urkunde Karls III. von 884, in der Karl der Kirche von Lüttich u. a. *mancipia insuper illa utriusque sexus, que in Tongris ac Leodio residere et manere noscuntur, de quocumque nostro fisco sint aut ex dominicato aut ex beneficiato* überließ, D K III 104 S. 168 = BS 1 Nr. 4 S. 6. Unzutreffend nimmt GOBERT, Les rues 1 S. 7 ein Verbleiben königlicher Höriger in Lüttich nach dem Ausscheiden des Ortes aus dem Fiskalgut an. Der Aufenthalt von Hörigen königlicher Fisci in beiden Orten im Jahre 884 ist wohl am ehesten damit zu erklären, daß der Kirche für die Aufbauarbeiten nach den Normanneneinfällen 881/82 vom König Fiskalinen zur Verfügung gestellt worden waren.

[179] Zu den Prägungen vgl. oben S. 295 mit Anm. 78. FRÈRE, Monnaies S. 46 f. hält eine „attribution à l'évêque du denier de Liège au nom de Charlemagne" nicht für unwahrscheinlich; sicher bezeugt ist die Verleihung des Münzrechts für die Lütticher Kirche erst im 10. Jh., vgl. FRÈRE, Le droit de monnaie S. 76 ff. Nach freundlicher Auskunft von Herrn Dr. W. HESS, Marburg, ist es jedoch ebenso gut möglich, daß unter Karl d. Gr. die Münzprägung in Lüttich von königlichen Beamten durchgeführt wurde.

[180] In den Reichsannalen wird außer Lüttich kein anderer Platz als *vicus publicus* bezeichnet oder mit dem Adjektiv *publicus* versehen. Der Ausdruck läßt sich auch in den Urkunden Karls

Die wenigen vorangehend aufgeführten Nachrichten reichen schwerlich für die Annahme aus, die Karolinger hätten ein besonders enges Verhältnis zum hl. Lambert gehabt und das Bistum Tongern-Maastricht bzw. den Ort Lüttich bevorzugt behandelt [181]. Ihnen ist in erster Linie zu entnehmen, daß Angehörige des karolingischen Hauses Lüttich, wie andere heilige Stätten auch, gelegentlich aufsuchten und Schenkungen an die Kirchen St. Lambert und St. Peter machten. Bei der Beurteilung der einzelnen Quellenaussagen ist allerdings die Lückenhaftigkeit der Überlieferung zu berücksichtigen. Dies gilt insbesondere für die Zeit Pippins II., in der das mittlere Maasgebiet unter den karolingischen Stammlandschaften stärker hervortritt und in die die entscheidenden Maßnahmen des Hugbert fallen. Immerhin läßt die Mitteilung über den Besuch von Pippins Sohn Grimoald 714 in der Lambertskirche in Lüttich mit einiger Wahrscheinlichkeit darauf schließen, daß die frühen Karolinger die Entstehung des neuen religiösen Zentrums in Lüttich von seinen Anfängen an gefördert hatten und daß Pippin II. wohl auch ein Interesse an der Entwicklung Lüttichs zum Mittelpunkt eines rasch aufblühenden Heiligenkults und zu einem häufig besuchten Aufenthaltsort des Bischofs von Tongern-Maastricht besaß. Angesichts der schwankenden politischen Stellung von Hugberts Vorgänger Lambert, der sich zeitweise in Gegnerschaft zu Pippin II. befunden hatte [182], könnte auf den ersten Blick weiterhin die Vermutung naheliegen, daß Pippin II. auch aus politischen Gründen daran interessiert war, daß der Bischof von Tongern-Maastricht seinen Aufenthaltsort aus der gesicherten Residenz Maastricht zunehmend nach Lüttich in die Nähe von Pippins unmittelbarem Einflußbereich bei Jupille und Chèvremont verlagerte. Doch dürfte dies, zumal Bischof Hugbert offensichtlich einer Pippin II. nahestehenden Familie des mittleren Maasgebiets entstammte [183], nur eine weniger

---

d. Gr. nicht nachweisen; in den Urkunden Lothars I. erscheint neben Lüttich, D Lo I 130 S. 293 vgl. Anm. 173, lediglich noch Verdun als *vicus publicus*, D Lo I 133 S. 298, auch hier in der Actumzeile. Beide Diplome wurden von dem Notar Hrotmund rekognosziert. In den zeitlich nahestehenden Urkunden bezeichnet Hrotmund etwa Diedenhofen und Manderfeld als *palatium regium*, DD Lo II 127, 128, 129, 131 S. 288, 290, 291, 295. Nach den Bemerkungen zur Ortsgeschichte von Lüttich und dem Sprachgebrauch der Reichsannalen und der Kanzlei Lothars I. und aufgrund des besonderen Status von Lüttich als bevorzugte Bischofsresidenz, nicht aber als *civitas*, ist die Bezeichnung *vicus publicus* von 770 und 854 eher in der Bedeutung zu verstehen, die dem Passus eines Kapitulars von ca. 806, Capitularia 1 Nr. 47 S. 133, zugrundeliegen dürfte: *Ut festivitates praeclaras nonnisi in civitates aut in vicos publicos teneantur*, und nicht so sehr in der Bedeutung von „in besonderer Weise königlich", so etwa CLASSEN, Bemerkungen S. 81 für *civitates*, die in der Actumzeile in Verbindung mit *publicus* genannt werden.

[181] Es sei dahingestellt, ob mit KURTH, La cité 1 S. 17 aus dem Besuch des Grimoald in Lüttich geschlossen werden kann: „Tous les princes carolingiens ont prié sous ses voûtes". GOTHIER, Liège S. 467 hält es für sicher, „que la cité des évêques de Tongres bénéficia de la bienveillance des chefs carolingiens et de la proximité de leurs domaines". Ein „enge(s) Verhältnis des karolingischen Hauses zum hl. Lambert" nimmt auch GAUERT, Itinerar S. 312 an.

[182] Vgl. oben S. 255 f.

[183] Vgl. oben S. 277.

wahrscheinliche Erklärung sein. Rechnet man demgegenüber stärker mit religiösen Motiven und dem Interesse Pippins II. an einem angesehenen kirchlichen Zentrum in der Nachbarschaft seiner Aufenthaltsorte Jupille und Chèvremont, so ist anzunehmen, daß die zunächst engen Beziehungen des karolingischen Hauses zu diesem Kultort und zum hl. Lambert durch die Ermordung Grimoalds, den Pippin II. als seinen hauptsächlichen Nachfolger vorgesehen hatte, in der Lambertskirche in Lüttich empfindlich getroffen wurden. Karl Martell und seine Söhne dürften kaum mehr größeren Einfluß auf die Entwicklung in Lüttich genommen haben. Lediglich Karlmann bekundete durch seine Förderung des Kults des hl. Hugbert sein Interesse an dem weiteren Aufstieg des Ortes zu einem angesehenen kirchlichen Mittelpunkt. Ein Zusammenhang zwischen der Nähe von Lüttich als Kultzentrum und Bischofsresidenz und der Bevorzugung von Herstal gegenüber Jupille als Pfalz durch Karl den Großen zu Beginn seiner Regierung ist nicht zu erkennen. Mit dem Aufstieg von Aachen Ende des 8. Jahrhunderts wurde die unmittelbare Nachbarschaft von Bischofssitz und bevorzugter Pfalz im mittleren Maasgebiet aufgegeben.

f) Zusammenfassung

Nach den Bemerkungen zur Topographie und Siedlungsgeschichte und aufgrund der Angaben der Viten des Lambert und Hugbert sowie der Überlieferung aus dem 9. Jahrhundert läßt sich zusammenfassend folgende Entwicklung aufzeigen. Die geographischen Voraussetzungen für die Entstehung eines kirchlichen Zentrums von der Bedeutung eines Bischofssitzes waren in Lüttich nicht günstig. In römischer und fränkischer Zeit war der Ort nur von geringer Bedeutung. Zu Beginn des 8. Jahrhunderts erscheint Lüttich als eine *villa* im Besitz der Kirche von Tongern-Maastricht. Ihre Gemarkung grenzte im Süden an Avroy, wo die Besitzungen eines Godobald lagen, und im Nordosten an die karolingischen Höfe Herstal und Jupille. Den Mittelpunkt der *villa* bildeten eine Kirche und Baulichkeiten, die zur Unterbringung des Bischofs und seines Gefolges geeignet waren. Die Lage dieses Gebäudekomplexes auf dem siedlungsgünstigsten Gelände und die späteren Besitzverhältnisse machen wahrscheinlich, daß die Bischöfe die größten Grundherren in Lüttich waren. Wann und auf welche Weise sie in den Besitz des Ortes gelangten, ist nicht bekannt.

Nach der Ermordung des Lambert bei einem Aufenthalt in Lüttich gewann der Ort rasch an Bedeutung. Es kam zur Ausbildung eines Kultes an der Stätte, an der Lambert erschlagen worden war. Bischof Hugbert begann bald nach dem Tode des Lambert mit dem Bau einer größeren Kirche in Lüttich. Die Überführung des Lambert nach Lüttich war offensichtlich von Anfang an beabsichtigt. Hugbert, der in Lüttich noch eine weitere Kirche St. Peter und neue Gebäude für Bischof und Klerus errichten ließ, hielt sich bevorzugt an diesem Ort auf und ließ sich in St. Peter bestatten. Während der baulichen Maßnahmen des Hugbert, die die Voraussetzungen für einen längeren Aufenthalt des Bischofs schufen, erlebte der Kult des Lambert, dessen Zentrum von Anfang an Lüttich gewesen war, eine rasche Verbreitung. Er übertraf den Servatius-Kult in Maastricht schon bald an Bedeutung. Spätestens im 9. Jahrhundert galt der hl. Lambert neben Maria als zweites Kathedralpatrozinium des Bistums Tongern.

Über die Entwicklung von Lüttich unter den Nachfolgern des Hugbert ist bis in den Beginn des 9. Jahrhunderts so gut wie nichts bekannt. Die Münzprägung unter Karl dem Großen läßt auf das Anwachsen der wirtschaftlichen Bedeutung Lüttichs schließen. Ein Zusammenhang mit den häufigen Aufenthalten des bischöflichen Hofes und der Verehrung des Lambert liegt nahe. Mit dem Wiedereinsetzen der Überlieferung im 9. Jahrhundert begegnet Lüttich als ständige Residenz der Bischöfe von Tongern. Beziehungen zu Maastricht sind nicht mehr faßbar[184]. Man wird daraus schließen können, daß, nachdem unter Hugbert die baulichen Voraussetzungen geschaffen waren und der Ort durch den Kult des Lambert mehr und mehr an Bedeutung gewonnen hatte, auch Hugberts Nachfolger Lüttich als Aufenthaltsort gegenüber Maastricht bevorzugten. Die Verlagerung der bischöflichen Residenz von Maastricht nach Lüttich war somit ein Vorgang, der sich, wie zumeist in der Forschung angenommen, über einen längeren Zeitraum hin erstreckte. Nominell blieb der Status der Bischofskirche unverändert, da im kirchenrechtlichen Sinne weiterhin Tongern als Bischofssitz galt. Beides erklärt, weshalb die Verlegung des Bischofssitzes als ein allmählicher Prozeß von den Zeitgenossen offensichtlich weitgehend unbemerkt blieb, von den späteren Betrachtern hingegen als ein markantes Ereignis gekennzeichnet wurde[185]. Erst längst nachdem Lüttich den kanonischen Vorschriften für eine bischöfliche *sedes* entsprach[186] und nachdem der Ort nahezu zwei Jahrhunderte hindurch die bevorzugte bischöfliche Residenz gewesen war, setzte sich seit dem Ende des 9. Jahrhunderts zunehmend auch die offizielle Bezeichnung des Bistums nach

---

[184] Im 10. Jh. setzen Nachrichten ein, die das Bestreben der Bischöfe zeigen, ihre rechtliche und grundherrliche Position in Maastricht zu festigen und zu erweitern, vgl. die Verleihung der *moneta de Traiecto* an Bischof Stephan durch Ludwig d. Kind, D LdK 57 S. 184 = BS 1 Nr. 9 S. 13, und die Besitzbestätigung Ottos III. für die Lütticher Kirche von 985, die Maastricht an erster Stelle unter den *vicis* nennt, DO III 16 S. 414 = BS 1 Nr. 15 S. 21. Hinweise auf eine besondere Bedeutung des Ortes für den Bischof in kirchlicher Hinsicht fehlen.

[185] Vgl. oben S. 281 mit Anm. 3 und 4.

[186] Während die Bischöfe von Tongern sich in der Nachfolge des Hugbert zunehmend in Lüttich aufhielten, schrieb Papst Zacharias (743) an Bonifatius: *Meminis enim, carissime, quid in sacris canonibus precipimur observare, ut minime in villulas vel in modicas civitates episcopos ordinemus, ne vilescat nomen episcopi*, Epp. Bonifatii Nr. 51 S. 87.

seinem neuen Vorort Lüttich durch. Erst zu diesem Zeitpunkt wird man von einer endgültigen Verlegung des Bischofssitzes nach Lüttich sprechen können.

Die allmähliche Entwicklung der *villa Leodius* zum Sitz des Bistums Tongern-Lüttich läßt sich insgesamt in den Quellen verhältnismäßig sicher verfolgen. Sie ist deutlich als eine Folge des rasch aufblühenden Lambertskultes und jener Maßnahmen zu erkennen, die Bischof Hugbert bald nach 703/05 zur Förderung der Lambertverehrung in Lüttich traf. Mit ihnen schuf Hugbert binnen weniger Jahre ein kirchliches Zentrum, das in der Diözese Tongern zu seiner Zeit unter den bischöflichen Kirchen, abgesehen wohl von Maastricht selbst, einzigartig war. Daß hierbei religiöse Motive und die Verehrung gegenüber Lambert eine ausschlaggebende Rolle spielten, wird man auch unabhängig von den hagiographisch geprägten Aussagen der Zeitgenossen kaum bezweifeln wollen. Wenn es dennoch naheliegt, nach noch weiteren Gründen für Hugberts Vorgehen in Lüttich zu fragen, so deshalb, weil Hugbert nicht nur, wie es auch für andere Bischöfe des 7./8. Jahrhunderts bezeugt ist, nachdrücklich die Heiligenverehrung seines erschlagenen Vorgängers betrieb, sondern – und dies dürfte in fränkischer Zeit wohl kaum eine Parallele besitzen – weil er darüber hinaus seinen städtischen Bischofssitz zugunsten des von ihm geförderten Heiligenkults weitgehend aufgab und für sich und die Geistlichen in seinem Gefolge in einer bis dahin unbedeutenden ländlichen *villa* einen neuen bevorzugten Aufenthaltsort schuf.

Der zeitgenössischen Überlieferung ist zu den weiteren Motiven Hugberts an direkten Aussagen nichts zu entnehmen. Die auffällige Tatsache, daß das neue kirchliche Zentrum in unmittelbarer Nähe der karolingischen Besitzungen Jupille und Chèvremont lag und zu einer Zeit entstand, als diese Orte unter Pippin II. in den Vordergrund traten, läßt Verbindungen zu Pippin als sicher erscheinen. Hugbert konnte sich bei seinem Vorgehen auf das Einverständnis und wohl auch auf die Förderung Pippins II. stützen. Der Besuch Grimoalds 714 in der Lambertskirche macht darüber hinaus deutlich, daß die Karolinger zunächst enge Beziehungen zu dem benachbarten *sanctus locus* unterhielten und durchaus ein Interesse an seinem Aufstieg zu einem weithin angesehenen religiösen Mittelpunkt besaßen. Doch gibt es keinerlei Hinweise darauf, daß sie die treibende Kraft für die Maßnahmen Hugberts gewesen waren.

Weist man die Initiative somit stärker Bischof Hugbert selbst zu, so ist zu prüfen, was ihn außer dem Lambertskult veranlaßt haben könnte, den Ort Lüttich der bisherigen bischöflichen Residenz in Maastricht vorzuziehen. Zu den kirchlichen und politischen Verhältnissen, die Hugbert in Maastricht vorfand, liegen gleichfalls kaum Quellenaussagen vor. Es ist wahrscheinlich, daß die Grabeskirche des Servatius als Zentrum eines über Maastricht hinaus verbreiteten Kultes die Kathedralkirche St. Marien an Ansehen übertraf und daß neben dem Servatiuskult die Entstehung eines Kultes vergleichbarer Bedeutung an St. Marien nur schwer möglich war [187]. Die Kathedralkirche lag innerhalb des kleinen römischen Kastells [188]. Die Machtstellung des Bischofs in Maastricht läßt sich nur annähernd erschließen [189]. Es ist anzunehmen, daß neben dem Bischof auch der merowingische König über größeren Besitz verfügte [190]. Vollends bei der Annahme von Grafen in Maastricht [191] ergibt sich, daß es die Bischöfe nicht vermocht hatten, die Herrschaft über ihre Civitas zu erlangen [192]. In Lüttich hingegen bestanden Ansätze eines sich rasch ausbreitenden Märtyrerkultes, der Ort unterstand weitgehend der Herrschaft des Bischofs und befand sich in unmittelbarer Nachbarschaft zu Besitzungen der Hugbert nahestehenden Karolinger [193]. Möglicherweise

[187] Zur Bedeutung des Servatiuskults vgl. oben S. 249 mit Anm. 58; zum Rechtsstatus der Kirche St. Servatius im 7./8. Jh. vgl. unten S. 322 mit Anm. 17.

[188] Vgl. VERBEEK, Frühe Bischofskirchen S. 359 und DEETERS, Servatiusstift S. 24; zum Umfang des römischen Kastells und der römischen Siedlung vgl. KESSEN, Maastricht's plattegrond S. 203 ff.

[189] In der Forschung herrscht weitgehende Übereinstimmung darüber, daß der seit dem 10. Jh. bezeugte Besitz der Lütticher Kirche in Maastricht auf die Zeit zurückgeht, in der Maastricht noch Bischofssitz war, vgl. ROTTHOFF, Reichsgut S. 105 und DEETERS, Servatiusstift S. 110, der ebd. S. 117 wohl aufgrund der späteren Besitzverhältnisse annimmt, daß dem Bischof das Gebiet des ehemaligen Kastells und einiger westlich angrenzender Straßen als Immunitätsbezirk verliehen worden war.

[190] Sichere Nachrichten hierzu fehlen. Rückschlüsse auf merowingisches Königsgut in Maastricht gestattet jedoch die Tatsache, daß einerseits unter Childebert II. (595) und Childerich II. (669/70) Aufenthalte merowingischer Könige in Maastricht bezeugt sind, vgl. ECKHARDT, Decretio Childeberti S. 32 f. und 70 und oben S. 100, und daß andererseits im 10. Jh. Reichsgut in Maastricht faßbar wird. Unter Berufung auf die ältere Forschung bemerkt ROTTHOFF, Reichsgut S. 104: „Das weltliche Reichsgut in Maastricht, das wir 922 als Lehen Giselberts bezeichnet finden, war zweifellos karolingischen bzw. merowingischen Ursprungs". Im 11./12. Jh. wird zu Maastricht gehöriges Reichsgut westlich der Stadt faßbar, wobei als Verwaltungszentrum Vroenhoven erschlossen werden kann, vgl. HARDENBERG, Vroenhoef S. 30 ff. und 38 sowie in Anschluß daran DEETERS, Servatiusstift S. 87 ff. Eine genauere Abgrenzung des Reichsgutes und des bischöflichen Besitzes in Maastricht und eine eingehendere Untersuchung, inwieweit aus den späteren Verhältnissen auf die frühmittelalterliche Verfassung des Ortes geschlossen werden kann, stehen auch nach den Ausführungen von Deeters über den Fiskus S. 86 ff. und die Stellung des Bistums in Maastricht S. 92 ff. und S. 117 noch aus.

[191] Vgl. oben S. 245 ff.

[192] Beispiele für die gestiegene Macht der Bischöfe in den Städten im Verlauf des 7. Jh.s bringen CLAUDE, Comitat S. 28 ff. und PRINZ, Stadtherrschaft S. 23 ff.

[193] Die zunächst denkbare Annahme, daß Hugbert als ein Parteigänger Pippins II. unter der Führungsschicht in Maastricht, der Lambert entstammte, auf Schwierigkeiten stieß und deshalb einen Aufenthaltsort außerhalb seiner *civitas* bevorzugte, ist unwahrscheinlich. Hugbert war ein Schüler des Lambert gewesen, vgl. oben S. 276 mit Anm. 12, und dürfte bereits durch seine starke Förderung der Lambert-Verehrung die Familie des erschlagenen Bischofs für sich gewonnen haben. Einen weiteren Hinweis auf das Verhältnis des Hugbert zu der Umgebung Bischof Lamberts enthält die Vita Landiberti cap. 24 S. 376 f., mit der Mitteilung, Lambert sei ein Jahr nach seinem Tode dem *tensaurarium nomen Amalgislo, qui olim iudex eius fuerat* erschienen. Die Nachricht läßt erkennen, daß Amalgisel, der unter Lambert wohl bischöflicher Richter in einem oder mehreren kirchlichen Immunitätsbezirken gewesen war, so nach BAIX, Saint Hubert S. 121 Anm. 23 und CLAUDE, Comitat S. 43 mit Anm. 210, unter Hugbert Schatzmeister wurde.

erhoffte sich Hugbert von der raschen Anerkennung und Förderung des Lambertskultes durch Angehörige des karolingischen Hauses und von der Nachbarschaft zu den Aufenthaltsorten Jupille und Chèvremont weiteres Ansehen für das von ihm gegründete Kultzentrum.

Angesichts der dürftigen Quellenlage ist über Vermutungen nicht hinauszukommen. Am nächsten liegt die Annahme, daß für Hugbert in Lüttich mehrere günstige religiöse und politische Voraussetzungen zusammentrafen, wie er sie ähnlich in Maastricht nicht vorfand, und daß ihn dies veranlaßte, die Stätte, die er zum Mittelpunkt des Lambertskultes machte, auch zu seinem bevorzugten Aufenthaltsort auszubauen. Daß er hiermit gezielt eine Verlegung des Bischofssitzes einleiten wollte, erscheint – schon aufgrund der kanonischen Bedenken gegenüber einem solchen Schritt – eher fraglich. Wohl aber schuf er mit seiner Bevorzugung Lüttichs die Grundlagen dafür, daß dieser Ort in einem über Jahrhunderte andauernden Prozeß zum endgültigen Bischofssitz der Diözese Tongern aufstieg.

III. Zur Frage der frühen Besitzungen der Kirche von Tongern-Maastricht

Aus dem 7. und 8. Jahrhundert sind nur wenige Nachrichten über den Besitz der bischöflichen Kirche von Tongern-Maastricht überliefert. Es handelt sich hauptsächlich um hagiographische Zeugnisse. Die reichsten Angaben enthält die Vita Hugberti mit ihren Mitteilungen über die Aufenthaltsorte des Hugbert bei seinen Reisen durch die Diözese Tongern[1]. Die urkundliche Überlieferung setzt erst im 9. Jahrhundert ein. Unter den wenigen erhaltenen Stücken kommt der Urkunde des Bischofs Waltcaud von 817/25 für das Kloster St. Hubert die größte Bedeutung zu[2]. Die wichtigsten Zeugnisse aus dem 10. bis 12. Jahrhundert sind die Bestätigungsurkunden der Könige und Päpste für die Lütticher Kirche[3] und die Nachrichten über die Ausstattung einer

---

Daß er dieses Amt lediglich an der Lambertskirche in Lüttich ausübte, wie KRUSCH, Vorrede S. 302 vermutet, ist aufgrund der Zeitangabe in der Vita wenig wahrscheinlich. Eher ist anzunehmen, daß Amalgisel Schatzmeister der Kathedralkirche und der bischöflichen Finanzen war, vgl. hierzu die Belege bei DU CANGE 6 S. 579f., d. h. unter Hugbert in ein Amt aufstieg, das an sich die Zugehörigkeit zum Klerus voraussetzte, so KRUSCH, SS rer. Merov. 6 S. 376 Anm. 3, und dessen Übernahme wohl von einem besonderen Vertrauen des Bischofs zeugt.

[1] Vgl. dazu unten S. 321.
[2] Vgl. unten S. 323f.
[3] Die zuletzt in der Urkunde Friedrichs I. von 1155 erwähnten Bestätigungsurkunden Pippins III., Karls d. Gr., Ludwigs d. Fr., Lothars I. und Karls III. sind nicht mehr erhalten, vgl. LECHNER, Verlorene Urkunden Nr. 276–280 und oben S. 311 Anm. 165. In den Bestätigungsurkunden Ottos II. von 980, Ottos III. von 985 und Heinrichs II. von 1006 werden jeweils nur

Reihe von Stiftern und Klöstern durch die Bischöfe von Lüttich[4]. Sie lassen erkennen, daß in dieser Zeit die bischöfliche Kirche im Lütticher Raum westlich der Maas der größte Grundbesitzer war. Ein Teil der Besitzungen ist nachweislich erst nach dem Ende des 9. Jahrhunderts an das Bistum übergegangen[5]. Inwieweit die übrigen Güter zur ältesten Besitzschicht des Bistums gehörten, ist im Einzelfall nur schwer zu klären. Einige Orte waren zuvor Reichs-

---

einige der wichtigeren Güter genannt und im übrigen auf die *cetera loca* verwiesen, DO II 210 S. 238, DO III 45 S. 446, DH II 115 S. 142 = BS 1 Nr. 14, 15 und 18 S. 19 ff. und 25 ff. Eine größere Zahl von Orten erscheint in DH IV 234 S. 294 (1070) = BS 1 Nr. 24 S. 34 ff. und in dem Privileg Innozenz' II. von 1143, BS 1 Nr. 40 S. 66 ff. Die ausführlichsten Angaben enthalten die 1155 ausgestellten Bestätigungsurkunden Hadrians IV. und Friedrichs I., BS 1 Nr. 45 und 46 S. 66 ff., STUMPF 3725. In den beiden jeweils nicht vollständigen und leicht voneinander abweichenden Besitzaufzählungen wird Besitz in 80 bzw. 78 Orten aufgezählt. Das Güterverzeichnis des Kapitels St. Lambert aus dem Jahre 1280 und das Lehnsbuch des Bischofs Adolf von der Mark (1313–1344) als die wichtigsten jüngeren besitzgeschichtlichen Quellen können hier unberücksichtigt bleiben.

[4] St. Pierre erhielt 922 von Bischof Richer u. a. Zehnten in Ans und Hombroux, PONCELET, Saint-Pierre Nr. 3 S. 2; zur Ausstattung des Stifts durch diesen Bischof vgl. oben S. 292 Anm. 60. In der Ausstattungsurkunde des Bischofs Everachus für das Stift St. Martin von 965 werden zum Teil *de antiquioribus ecclesiae rebus* stammende Besitzungen in 26 Orten genannt. Die nur in Abschriften aus dem 17. Jh. überlieferte Urkunde bedarf noch eingehender Untersuchung, vor allem bezüglich der genannten Ortsnamen, vgl. HALPHEN/LOT, Recueil Nr. 23 S. 50 ff. und OEDIGER, Regesten 1 Nr. 465. Zur Geschichte des Lütticher Kirchenguts unter Notker teilt Anselm, Gesta epp. Leod. cap. 29 S. 206 mit: *praedia aecclesiae in tres aequas porciones divisit, quarum unam suis et successoribus usibus, alteram Deo servientibus per aecclesias et per monasteria, terciam his qui miliciam exercerent concessit*. Notker gründete die Lütticher Kollegiatsstifte S^t^{e} Croix, St. Jean und St. Denis. Ausstattungsurkunden sind nicht erhalten. Eine umfassendere Besitzbestätigung enthält nur das Privileg Eugens III. für St. Jean von 1147, LAHAYE, Saint-Jean Nr. 14 S. 10 f. Es werden Besitzungen und Einkünfte in 66 Orten genannt, von denen ein großer Teil auf die Dotation durch Notker zurückgehen dürfte. S^t^{e} Croix erhielt von den Bischöfen Balderich und Reginar 1011 und 1018 Besitz in 11 Orten, PONCELET, Sainte-Croix Nr. 2 und 3 S. 2 f. Bischof Reginar übertrug 1034 dem Kloster St. Laurent Besitz und Einkünfte in 31, größtenteils in der engeren Umgebung Lüttichs gelegenen Orten, BONENFANT, Les chartes de Réginard Nr. 2 S. 338 ff. Ebenfalls reich mit Gütern der Lütticher Kirche wurde das Stift Saint-Barthélemy ausgestattet, dem die Bischöfe Walbodo, Reginar und Wazo (1042–1048) Besitz und Einkünfte in 20 Orten übertrugen, PAQUAY, Saint-Barthélemy S. 70 f. und Nr. 3 und 4 S. 92 ff. Nach Angaben des Totenbuches von St. Marien in Maastricht erhielt das Stift von den Lütticher Bischöfen im Verlauf des 10. und 11. Jh.s Besitz und Einkünfte in 7 Orten, FRANQUINET, O. L. Vrouwekerk 2 S. 136, 138, 143, 152, 157, 162 und 177. Es handelt sich bei den genannten Urkunden und Nachrichten nur um die wichtigsten Zeugnisse. Sie lassen sich um zahlreiche Einzelnachrichten erweitern.

[5] Eine Zusammenstellung der Erwerbungen der bischöflichen Kirche seit dem Ende des 9. Jh.s gibt PAQUAY, Le patrimoine S. 10 ff. Ebenso wie KURTH, Notger 1 S. 117 ff. legt Paquay nur die urkundliche Überlieferung zugrunde, die jedoch kein vollständiges Bild über die Vergrößerung des kirchlichen Besitzes im 10./11. Jh. gestattet, vgl. etwa die Angaben des Genter Abtes Orthebold über den Erwerb von Meldert und Chaumont-Gistoux (oben S. 66), den Übergang der Kirche von Huy an Lüttich (unten S. 326) und den Kauf der Außenbesitzungen von St. Riquier im Haspengau durch Notker, vgl. KURTH, Notger 1 S. 120 f. Neben den Untersuchungen von KURTH, Notger 1 S. 114 ff. über die Anfänge der Territorialbildung unter Notker und der weitgehend auf neuzeitlichen Zeugnissen beruhenden Zusammenstellung von Paquay wurden mir keine umfassenderen Arbeiten über den Besitz des Bistums Lüttich bekannt.

gut[6] oder in der Hand privater Grundherren[7]. Verbinden wir damit die Nachricht von größeren Erwerbungen der Lütticher Kirche unter Karl dem Großen[8], so wird hinreichend deutlich, daß ein sicherer Rückschluß von den später bezeugten Gütern auf frühmittelalterlichen Besitz nur in den wenigsten Fällen möglich sein dürfte. Zurückhaltung gegenüber dem rückschließenden Verfahren legt auch die Tatsache nahe, daß im 9. Jahrhundert genannter Besitz in der späteren Überlieferung nicht mehr erscheint[9]. Für die Frage nach dem frühen Besitz des Bistums Tongern bieten somit sichere Anhaltspunkte allein die zeitgenössischen Nachrichten. Im folgenden soll zunächst ein allgemeiner Überblick über die früh bezeugten Besitzungen des Bistums gegeben werden. Im Anschluß daran ist auf die Frage der bischöflichen Nebenresidenzen im 6. und 7. Jahrhundert und auf die in der Vita Hugberti erwähnten kirchlichen Besitzungen südlich von Maastricht einzugehen.

a) Allgemeiner Überblick

In den Viten des Lambert und Hugbert werden Lüttich[10], Givet[11], Emael, Nivelle[12] und Tervueren[13] als Aufenthaltsorte der Bischöfe von Maastricht genannt[14]. In diesen Orten bestanden Baulichkeiten, die zur Beherbergung des Bischofs und seines Gefolges geeignet waren und in denen man – von dem *tabernaculum stabilitum* in Givet abgesehen – die Salhöfe kirchlicher Grund-

---

[6] So etwa Wasseiges, das in der Zehntschenkung Ludwigs d. Fr. von 814 an Stablo-Malmedy unter den *fiscis nostris* genannt wird, HR 1 Nr. 25 S. 66. Der Ort ging an Lüttich über. Bischof Reginar schenkte Saint-Laurent 1034 *in Wasegga centum mansos*, BONENFANT, Les chartes de Réginard Nr. 2 S. 338, vgl. ROTTHOFF, Reichsgut S. 143. Zum Übergang der im Besitz Lothars I. bezeugten Marienkirche in Huy an das Bistum vgl. unten S. 326.

[7] So Glons und Avroy, vgl. oben S. 97 und 134ff.; ähnliches ist auch für St. Pieter vor Maastricht zu vermuten, vgl. oben S. 250f.

[8] Zu den Erwerbungen unter Bischof Agilfrid oben S. 311 mit Anm. 167. Ebenfalls nach Angaben des Aegidius von Orval, Gesta epp. Leod. II, 33 S. 47 soll Bischof Ghaerbald der Lütticher Kirche zahlreiche Güter übertragen haben.

[9] In einer Stabloer Urkunde von 824 wird die Kirche *sancte Marie et sancti Lamberti* als Besitzanrainer in Awagne (Ortsteil von Lisogne; prov. Namur, arr. Dinant) genannt, HR 1 Nr. 27 S. 71. Ebenfalls als Besitzanrainer erscheint die Lütticher Kathedralkirche in einer Lorscher Urkunde von 866 in Soye-lez-Namur (prov. et arr. Namur), GLÖCKNER, CL 23 S. 318. In beiden Orten ist später kein Lütticher Besitz mehr faßbar.

[10] Vita Landiberti cap. 12 S. 366; zu dem Bericht über den Aufenthalt des Lambert und den Angaben über die Baulichkeiten in Lüttich vgl. oben S. 287ff.

[11] Vita Hugberti cap. 5 S. 485; Givet (dép. Ardennes, arr. Mézières) erscheint im 12. Jh. unter den Lütticher Besitzungen, BS 1 Nr. 45 S. 75, vgl. auch ROTTHOFF, Reichsgut S. 80f.

[12] Ebd. cap. 7 und 8 S. 486f.; vgl. dazu unten S. 327ff.

[13] Ebd. cap. 12–15 S. 490ff. In Tervueren (prov. Brabant, arr. Leuven) ist später kein Lütticher Besitz mehr nachweisbar.

[14] Ein weiterer Aufenthaltsort des Hugbert, die *villa Wiodh*, kann hier unberücksichtigt bleiben, cap. 4 S. 485. Bei dem nicht sicher identifizierten Ort handelte es sich dem Bericht der Vita zufolge offensichtlich nicht um eine Besitzung der bischöflichen Kirche.

herrschaften sehen darf[15]. Weiterer Besitz befand sich in Tongern, dem ehemaligen Vorort der Diözese[16], und in der zeitweiligen bischöflichen Residenz

[15] Hugbert hielt sich jeweils längere Zeit in diesen Orten auf. In Tervueren wird eine zu dem Hof gehörige Kirche genannt. Die Orte sind nicht ausdrücklich als kirchliche Besitzungen gekennzeichnet. Vielmehr sind die entsprechenden Angaben nur wenig eindeutig. Zu Givet heißt es: *in vico Gabelio habebat ipse domnus tabernaculum stabilitum*, in Emael wird eine *domus illius* genannt, der Bericht über Tervueren beginnt mit der Angabe: *usque ad domum propriam nocturnae luce pervenit.* BAIX, Saint Hubert S. 82 und 116 schließt aus diesen Angaben, daß Hugbert in diesen Orten „à titre personnel" begütert war, ähnlich für Emael und Tervueren auch COENEN, Saint Hubert S. 45. Eine derart scharfe Interpretation scheint dem Wortlaut der Angaben und ihrer Überlieferung innerhalb von Mirakelberichten nicht angemessen. Die Erläuterung *domus illius* bei Emael diente, so ist nach dem Kontext anzunehmen, vgl. unten S. 332 mit Anm. 66, lediglich zur Bezeichnung des Hauses, in dem der Bischof sich gerade aufhielt. Die Angabe *domus propria* bei Tervueren kann, da vorher von zwei Aufenthalten auf Gütern anderer Personen die Rede war, ebensogut auf kirchlichen Besitz hindeuten. In sämtlichen genannten Orten hielt sich der Bischof mit seinen Schülern, d. h. mit Angehörigen des Domklerus auf. Tervueren und wahrscheinlich auch Emael besuchte Hugbert auf Reisen, die er in Ausübung seines kirchlichen Amtes unternahm (Weihe einer Kirche in Brabant, cap. 11 S. 489, Durchführung der *dies rogationis* in Maastricht, vgl. oben S. 294 mit Anm. 70). Da die Angaben der Vita nicht eindeutig auf Eigenbesitz des Hugbert schließen lassen, ist es nach den Berichten über die einzelnen Aufenthalte wahrscheinlich, daß es sich bei Givet, Emael, Nivelle und Tervueren um kirchliche Besitzungen handelte. Interesse verdient in diesem Zusammenhang auch, daß später in sämtlichen Orten außer Tervueren Lütticher Besitz bezeugt ist, vgl. Anm. 11 und unten S. 327 ff.

[16] Besitz des Bistums in Tongern selbst ist erstmals in D K III 104 S. 168 = BS 1 Nr. 4 S. 6 von 884 bezeugt, vgl. dazu oben S. 313 Anm. 178. In der Bestätigungsurkunde Ottos II. von 980 wird Tongern unter den *possessiones ... capitales* der Lütticher Kirche genannt, DO II 210 S. 238 = BS 1 Nr. 14 S. 20. Friedrich I. bestätigte *Tungris cum ecclesia et omnibus pertinentiis suis*, BS 1 Nr. 46 S. 78. Es handelte sich um die Hauptkirche St. Marien mit dem dazugehörigen Kollegiatstift. Die historische Verbindung der Lütticher Kirche mit Tongern, die sich auch in der Benennung des Bistums nach Tongern bis in das 10./11. Jh. widerspiegelt, spricht dafür, den Ort trotz der späten Belege mit PAQUAY, Tongres S. 79 ff. als „une des propriétés les plus anciennes de l'patrimoine de l'église de Tongres-Liège" anzusehen. Die Angabe der Vita Trudonis cap. 14 S. 286 über einen Aufenthalt des angeblichen Tongerer Bischofs Remaklus in der *Tungrensis urbs* kann hier unberücksichtigt bleiben, vgl. oben S. 80 mit Anm. 36.

[17] An der Kirche St. Servatius ist zu Beginn des 8. Jh.s ein *monasterium* bezeugt, vgl. oben S. 188 mit Anm. 23, dessen Anfänge auf eine seit alters bestehende Klerikergemeinschaft an der Memorialkirche des hl. Servatius zurückgehen dürften; ähnlich auch DEETERS, Servatiusstift S. 28, der jedoch dem ältesten Rechtsstatus der Kirche nicht weiter nachgeht. Von der Servatiuskirche heißt es bei Gregor von Tours, Liber in gloria confessorum cap. 71 S. 790: *Monulfus episcopus* (nach 549) *templum magnum in eius* (sc. *Servatii*) *honore construxit, conposuit ornavitque.* Hieraus ist zu schließen, daß St. Servatius zunächst eine bischöfliche Kirche gewesen war. Der nächste Beleg ist die Nachricht über den Aufenthalt des von Karl Martell 719 verbannten Abtes Wando von St. Wandrille in dem *monasterio videlicet beati Servatii*, vgl. oben S. 188 mit Anm. 23. Daß Karl St. Servatius zum Verbannungsort bestimmte, besagt über den Rechtsstatus des *monasterium* nur wenig, da etwa St. Truiden, wohin Karl den Bischof Eucherius in Klosterhaft schickte, ein Metzer Eigenkloster war, vgl. oben S. 74f. Die Nachricht läßt lediglich erkennen, daß Karl St. Servatius für einen sicheren Verbannungsort hielt, was bei einem bischöflichen Kloster unter dem ihm nahestehenden Bischof Hugbert zweifellos gegeben war. Ende des 8. Jh.s, als Einhard Laienabt des *monasterium* wurde, ist St. Servatius sicher in karolingischem Besitz bezeugt, vgl. DEETERS, Servatiusstift S. 27. Man wird also folgern können, daß St. Servatius zu jenen zahlreichen bischöflichen Klöstern gehörte, die die frühen Karolinger im Verlauf des 8. Jh.s in ihre Hand brachten, vgl. dazu SEMMLER, Episcopi potestas S. 305 ff. Der genaue Zeitpunkt des Übergangs ist nicht zu bestimmen. Anhaltspunkte ergeben sich vielleicht

Maastricht. Zu den Maastrichter Besitzungen des Bischofs scheint zunächst auch die angesehene Kirche St. Servatius mit ihrer Klerikergemeinschaft gehört zu haben, die aber im Verlauf des 8. Jahrhunderts an die Karolinger überging[17]. Aus der zweiten Hälfte des 8. Jahrhunderts sind keine besitzgeschichtlichen Nachrichten überliefert. In Urkunden von 824, 831 und 866 werden Güter der bischöflichen Kirche in Awagne[18], Villers-l'Évêque[19] und Soye-lez-Namur[20] genannt. Eine größere Besitzaufzählung enthält die Ausstattungsurkunde des Bischofs Waltcaud von 817/25 für das Kloster St. Hubert[21]. Das Kloster erhielt aus dem Güterbestand der bischöflichen Kirche Besitz und Einkünfte in 23 Orten[22]. Davon werden in der unmittelbaren Nähe von Lüttich nur zwei Orte, Tilleur und Vivegnis, genannt[23]. Mehrere *villae* lagen jeweils zwischen Huy und Lüttich südlich der Maas[24] und in dem östlich an Namur

---

aus folgender Beobachtung. Die Nachricht der 784/91 entstandenen Vita Trudonis, wonach der angebliche Bischof von Tongern Remaklus sich in dem Ort Zepperen – einer alten Besitzung von St. Servatius – aufgehalten habe, könnte die Erinnerung daran widerspiegeln, daß Zepperen einstmals in bischöflicher Hand gewesen war, vgl. dazu oben S. 85 und 87 mit Anm. 68. Dies würde für die Zeit zutreffen, in der St. Servatius noch dem Bischof von Tongern-Maastricht unterstand. Bei einer solchen Hypothese wäre der zeitliche Abstand zu der Nachricht der Vita Trudonis wohl kaum allzu groß anzusetzen. Dies könnte für einen Übergang von St. Servatius an die Karolinger unter Karl Martell oder seinen Söhnen sprechen. Die von DEETERS S. 28 erwogene, aber nicht entschiedene Möglichkeit, daß die Karolinger selbst „die Errichtung einer geistlichen Gemeinschaft am Grabe des Servatius veranlaßt haben" könnten, ist wohl weniger wahrscheinlich. Zu den übrigen Besitzungen des Bistums in Maastricht vgl. oben S. 318 Anm. 189.

[18] Vgl. Anm. 9.
[19] Ludwig d. Fr. bestätigte 831 den Tausch einiger Ländereien *in pago Asbaninse in loco nuncupato Villario* zwischen Bischof Waltcaud und einem Norduin, BS 1 Nr. 2 S. 3. Für die Gleichsetzung mit Villers-l'Évêque (prov. Liège, arr. et cant. Liège) traten u. a. HERBILLON, Villers-l'Évêque S. 115 und GYSSELING, Woordenboek S. 1013 ein. Der erstmals 1143 bezeugten Namensform *Viler qui dicitur Episcopi* entsprechen an besitzgeschichtlichen Zeugnissen BS 1 Nr. 46 und 76 S. 78 und 121 f. Gegen eine Gleichsetzung des *Villario* mit dem namensgleichen erstmals 1046 genannten Villers-le-Buillet (prov. Liège, arr. Huy) spricht, daß der bischöfliche Besitz in diesem Ort auf eine Schenkung des Grafen von Löwen zurückgeht, PAQUAY, Saint-Barthélemy Nr. 4 S. 93.
[20] Vgl. Anm. 9.
[21] Die im Original nicht erhaltene Urkunde ist auszugsweise in dem Anfang des 12. Jh.s entstandenen Chronicon s. Huberti cap. 4 S. 12 ff. überliefert; Ausgabe der urkundlichen Passagen auch bei KURTH, Saint-Hubert 1 Nr. 4 S. 5 f.
[22] Die Ausstattungsgüter werden bezeichnet als *res ex rebus ecclesie nostre, que videlicet non indominicate sed in beneficio constitute fuerunt*, S. 12 ff. Das Kloster St. Hubert selbst, 1006 erstmals in Lütticher Besitz bezeugt, DH II 115 S. 142 = BS 1 Nr. 18 S. 26 kam nach BAUDHUIN, Saint-Hubert S. 146 im Zuge der von Waltcaud durchgeführten Klosterreform an das Bistum. Zur Ausstattung des Klosters vgl. jetzt auch DESPY-MEYER/DUPONT, Abbaye de Saint-Hubert S. 27 f.
[23] Zu Tilleur (prov. Liège, arr. Liège) und Vivegnis vgl. oben S. 137 mit Anm. 52 und S. 304 mit Anm. 129.
[24] Es handelt sich um Terwagne, Les Avins, Tavier und Yernée (sämtliche Orte prov. Liège, arr. Huy). Gleichsetzung von *Ernau* mit Yernée mit HANQUET, La Chronique S. 14 Anm. 7 und BAUDHUIN, Saint-Hubert S. 14 Anm. 36 gegen GYSSELING, Woordenboek S. 1096, der Yernawe

und Dinant angrenzenden Teil der Ardennen[25]. Weiter im Innern der Ardennen begegnen Marloie sowie Bras und Vesqueville in der unmittelbaren Umgebung von St. Hubert[26]. Das Kloster erhielt ferner zwei an der oberen Maas zwischen Sedan und Stenay gelegene Höfe[27], Besitz in Evergnicourt an der Aisne[28] und in Lieser an der Mosel nördlich Trier[29] sowie Weinzehnten in *Goganheim*, Bechtheim und Kobern[30].

Die wenigen Zeugnisse reichen für genauere Angaben über Umfang und Lage des bischöflichen Besitzes im Frühmittelalter nicht aus. Die Urkunde von 817/25 vermag jedoch eine annähernde Vorstellung zu vermitteln. Sie läßt einerseits in dem Lüttich näher gelegenen Gebiet, in dem später zahlreicher Lütticher Besitz faßbar ist, eine dichtere Streuung von Gütern erkennen und zeigt andererseits, daß die Bischöfe über weitgestreuten Außenbesitz vom Rhein-Main-Gebiet bis in die östliche Champagne verfügten. Welche der 817/25 vergabten Güter bereits im 7. und beginnenden 8. Jahrhundert dem Bistum gehörten, ist nicht sicher anzugeben. Ein Großteil des umfangreichen Besitzes der Lütticher Kirche, auf den die Urkunde des Waltcaud zu Beginn des 9. Jahrhunderts schließen läßt, dürfte jedoch in diese Zeit zurückgehen. Die in der übrigen Überlieferung genannten Orte Tongern, Emael, Nivelle, Villers-l'Évêque und Tervueren ergänzen das aus der Urkunde von 817/25 gewonnene Bild für das Gebiet nordwestlich der Maas[31]. Bemerkenswert

---

(Ortsteil von Saint-Georges-sur-Meuse; prov. Liège, arr. Waremme) vorschlägt. Die Orte liegen in größerer Nähe zueinander.

[25] Florée (prov. Namur, arr. Namur), Nettinne (prov. Namur, arr. Dinant), Buzin (Ortsteil von Verlée; prov. Namur, arr. Dinant). Identifizierung von *Buthesami* mit Buzin nach KURTH, Les premiers siècles S. 42, HANQUET S. 13 Anm. 14 und BAUDHUIN S. 13 Anm. 30. Dieser Gruppe sind auch Waut und Hordenne (Ortsteile von Anseremme; prov. Namur, arr. Dinant) auf dem westlichen Maasufer bei Dinant zuzuzählen, Identifizierung von *Wowonium, Arduanium* nach HANQUET S. 13 Anm. 7. Die Orte liegen weiter auseinander als die der Gruppe zwischen Lüttich und Huy südlich der Maas.

[26] Marloie (Ortsteil von Waha; prov. Luxembourg, arr. Marche); *Bractis quae alio nomine vocatur Episcopi Villa* bezeichnet nach HANQUET S. 13 Anm. 8 und 9 die benachbarten Orte Bras-sur-Lomme und Vesqueville (prov. Luxembourg, arr. Neufchâteau).

[27] Noyers-Pont-Mangis (dép. Ardennes, arr. Sedan) und Soupy (Ortsteil von Autreville-Saint-Lambert; dép. Meuse, arr. Verdun); beide Orte liegen in unmittelbarer Nähe der Maas.

[28] Dép. Aisne, arr. Laon; der Ort liegt etwa 20 km nördlich von Reims.

[29] Vgl. oben S. 57 Anm. 123.

[30] HANQUET, La Chronique S. 14 = KURTH, Saint-Hubert 1 Nr. 4 S. 6: *et de tribus villis decimam vini, videlicet de Goganheim et Berthahem atque Cuverono.* In Bechtheim (Kr. Worms) ist seit dem 11. Jh. umfangreicher Lütticher Besitz nachweisbar, vgl. DEBUS, Fernbesitz S. 881. *Goganheim* wird von GYSSELING, Woordenboek S. 554 und DEBUS S. 881 mit Jugenheim (Kr. Bingen) gleichgesetzt, wo Lütticher Besitz im Gegensatz zu dem von der älteren Forschung vorgeschlagenen Bockenheim (Kr. Frankenthal) nicht nachweisbar ist. Die Gleichsetzung von *Cuverono* mit Kobern (Kr. Koblenz) läßt sich hingegen sprachlich und besitzgeschichtlich absichern, vgl. KURTH, Les premiers siècles S. 110 f.

[31] Daß bei der Ausstattung von St. Hubert im Haspengau nur die Höfe Tilleur und Vivegnis übertragen wurden, entspricht eher der Lage des Klosters im Süden der Diözese und läßt nicht auf geringeren Besitz des Bistums in diesem Raum schließen.

erscheint, daß die Bischöfe über eine Reihe von Besitzungen entlang der Maas bis in den Verduner Raum verfügten[32]. Geht man davon aus, daß bereits das Bestehen einer bischöflichen Kirche auf umfangreicheren Besitz in der engeren und weiteren Umgebung des Bischofssitzes schließen läßt, so ist es deutlich, daß in den zufällig überlieferten Zeugnissen nur der geringste Teil der Güter des Bistums Tongern-Maastricht faßbar wird. Es ist sehr wahrscheinlich, daß nicht wenige der Güter im Lütticher Raum, die seit dem Ende des 10. Jahrhunderts in bischöflichem Besitz begegnen und deren Anfänge nicht bekannt sind, der ältesten Besitzschicht angehörten. Auch bei dem Fehlen umfassender Überlieferung darf es wohl als sicher gelten, daß die Bischöfe von Tongern-Maastricht im Frühmittelalter zu den größten Grundherren im mittleren Maasgebiet zählten. Die überaus lückenhafte Überlieferung gestattet jedoch nur in wenigen Fällen eine genauere Lokalisierung. In Verbindung mit den allgemeinen Bemerkungen lassen ihre Angaben über den weitgestreuten Außenbesitz[33] das Bistum als einen der einflußreichsten Machtfaktoren in unserem Raum erkennen.

b) Zur Frage der bischöflichen Nebenresidenzen

Die Frage nach dem Einfluß der Tongern-Maastrichter Bischöfe auf die bereits im 7. und 8. Jahrhundert als befestigte Handelszentren bezeugten Maasorte Dinant, Namur und Huy ist für die Bestimmung der bischöflichen Machtposition im mittleren Maasgebiet nicht ohne Interesse. Rousseau nahm aufgrund topographischer Beobachtungen an, daß der erst spät überlieferte bischöfliche Besitz an den Hauptkirchen der drei Städte und den dazugehörigen Immunitätsbezirken bis in das Frühmittelalter zurückreichte[34]. Die Angaben des Heriger von Lobbes (vor 980) über die Bestattung der Tongerner Bischöfe Domitian (gest. um 549), Perpetuus (Anfang 7. Jh.) und Johannes (gest. um 647) in St. Marien in Huy, St. Vinzenz in Dinant und St. Cosmas in Huy[35] sowie die Bezeichnung von Namur auf merowingischen Münzprägungen als *civitas*[36] sprechen nach Rousseau dafür, daß Dinant, Namur und

---

[32] Es handelt sich um Nivelle, Lüttich, Tilleur, Waut und Hordenne, Givet, Noyers-Pont-Mangis und Soupy.
[33] Die Angaben des D Lo II 29 S. 432 von 866 über Lütticher Besitz in Italien können hier unberücksichtigt bleiben.
[34] ROUSSEAU, La Meuse S. 42 mit Anm. 2.
[35] Gesta epp. Leod. cap. 28 und 31 S. 176 und 170. Zeitangaben nach DUCHESNE, Fastes 3 S. 189f. und DE MOREAU, Histoire 1 S. 343.
[36] Die Angabe findet sich nur auf Prägungen des Münzmeisters Adeleo, DE BELFORT, Description générale 2 Nr. 3123–3130 S. 408f.

Huy im 6. und 7. Jahrhundert zeitweilige Residenzen der Bischöfe von Tongern-Maastricht waren[37]. Die Schenkung von drei Weinbergen *in castro Hoii* durch Bischof Waltcaud an St. Hubert 817/25 ist das einzige ältere Zeugnis für bischöflichen Besitz in einem dieser Orte[38]. Besitzungen der Lütticher Kirche in Namur und Dinant sind erst seit dem Ende des 10. Jahrhunderts bezeugt. Daß zu den Gütern, die Otto III. 985 Bischof Notker in den *vicis ... Namucho, Deonanto* bestätigte, die Hauptkirchen St. Marien und St. Vinzenz und die mit ihnen verbundenen Kanonikerstifte gehörten, darf als sehr wahrscheinlich gelten[39]. Gegen eine sichere Rückführung auf frühen bischöflichen Besitz spricht jedoch das Beispiel der Kirche in Huy, für die ältere Nachrichten überliefert sind. Einer den Gesta epp. Cameracensium eingefügten Urkunde von 874/75 ist zu entnehmen, daß Lothar I. die Marienkirche in Huy einem Macharius zu Eigen gegeben hatte, der sie dem Bistum Cambrai übertrug[40]. Joris kann wahrscheinlich machen, daß die Kirche unter Notker durch Tausch an das Bistum Lüttich gelangte und daß Notker, um das Ansehen des Stiftes an St. Marien zu steigern, die Gebeine des Bischofs Domitian erheben ließ[41]. Es ist deutlich, daß der Rückschluß von den Nachrichten des 10. Jahrhunderts auf frühen bischöflichen Besitz in Dinant und Namur nur eine mehrerer Erklärungsmöglichkeiten darstellt und im Falle von Dinant nicht durch die Angaben des Heriger über die Bestattung des Perpetuus abge-

---

[37] Wie Anm. 34; ähnlich ROUSSEAU, Namur S. 38 ff., der S. 44 f. vermutet, Namur sei unter dem 675/76 für Lambert eingesetzten Bischof Pharamund, vgl. oben S. 256 ff., „le cheflieu du diocèse" gewesen. Seine Annahme von Nebenresidenzen wurde u. a. von DE MOREAU, Histoire 1 S. 104 f. und für Dinant von ENNEN, Frühgeschichte S. 218 und PETRI, Städtewesen S. 247 übernommen; zurückhaltend hingegen GAIER-LHOEST, Dinant S. 19 f.

[38] HANQUET, La Chronique S. 13 = KURTH, Saint-Hubert 1 Nr. 4 S. 6.

[39] DO III 45 S. 446 = BS 1 Nr. 15 S. 21. Beide Orte werden auch in der Bestätigungsurkunde Heinrichs II. von 1006 genannt, DH II 115 S. 142 = BS 1 Nr. 18 S. 26, in der unter den namentlich aufgeführten Besitzungen nur Orte erscheinen, an denen dem Bistum unterstehende Klöster bzw. Stifter bestanden oder später bezeugt sind. 1155 bestätigte Friedrich I. dem Bistum unter den *abbatie* Namur und unter den Burgen das *castrum de Dinant et abbatia et villa*, BS 1 Nr. 46 S. 77 f., ähnlich auch das päpstliche Privileg von 1155, BS 1 Nr. 45 S. 75. Als Hinweis auf den Besitz des Bistums an der Kirche von Dinant bereits im 10. Jh. darf die Angabe des Heriger über die Bestattung des Perpetuus gelten. In diesem Zusammenhang ist auch die Nachricht des Aegidius von Orval zu sehen, wonach Bischof Richer (920–945) u. a. in Dinant und Namur Kollegiatsstifte eingerichtet habe, Gesta abbreviata S. 130.

[40] Gesta epp. Camerac. I, 54 S. 420. Macharius nennt unter den Gütern, die ihm der *domnus imperator Lotharius per suam misericordiam et per suum preceptum in ius proprium dedit*, an erster Stelle *in vico Hoio, super fluvium eiusdem nominis Hoio, aecclesiam in honore santae Dei genitricis Mariae*.

[41] JORIS, Huy S. 101 f. und 189. Die Bestätigung von *Hoium* 980 durch Otto II., DO II 210 S. 238 = BS 1 Nr. 14 S. 20, betraf nach JORIS S. 102 Grundbesitz und Regalien. JORIS S. 88 hält es für wahrscheinlich, daß Huy zunächst in königlichem Besitz war und daß sich „le domaine royal" im Laufe der Zeit auflöste, wobei bereits früh Besitzanteile an die Bischofskirche von Tongern-Maastricht, an das Kloster Stablo-Malmedy und an weltliche Große gelangten.

stützt werden kann[42]. Auch für Namur läßt die Bezeichnung des Prägeortes als *civitas* einen solchen Rückschluß nicht zu[43]. Die Anfänge des bischöflichen Besitzes in beiden Orten bedürfen noch eingehenderer Untersuchung.

c) Nivelle und Emael

An bischöflichen Besitzungen in der engeren Umgebung von Maastricht und Lüttich werden in der älteren Überlieferung nur Nivelle und Emael genannt. Nach Angaben der Vita Hugberti hielt sich Bischof Hugbert mit seinen Schülern in der *villa Niviella* zum Fischfang auf. Emael diente dem Bischof und seinem Gefolge als Stützpunkt auf einer Reise, die er offensichtlich in Ausübung seiner kirchlichen Amtsgeschäfte unternommen hatte. Nach dem Wortlaut der Vita ist es nicht völlig auszuschließen, daß es sich bei den beiden Orten um persönliches Eigen des Hugbert handelte. Die Annahme kirchlicher Besitzungen dürfte jedoch wahrscheinlicher sein[44]. Im folgenden ist unter Hinzuziehung späterer Nachrichten näher auf beide Orte einzugehen.

Nivelle wird bereits in dem Bericht der Vita Landiberti über die Translation des Lambert von Maastricht nach Lüttich erwähnt. Der Zug mit den Reliquien legte einen Aufenthalt *in loco qui vocatur Nivialia* ein, wo es zu einem Wunder kam und eine Kirche zu Ehren des Lambert errichtet wurde[45]. In der

---

[42] Angesichts der geringen Zuverlässigkeit der Lütticher Bischofsliste in ihrem älteren Teil, vgl. dazu oben S. 230f., erscheint es zudem als fraglich, ob der sonst nirgends bezeugte Bischof Perpetuus historisch ist. Sein Name fehlt in der Liste von DE MOREAU, Histoire 1 S. 343 und wird von DUCHESNE, Fastes 3 S. 189 Anm. 5 nur mit Vorbehalten übernommen. GAIER-LHOEST, Dinant S. 20 hält die Nachricht hingegen für glaubwürdig. Die Grabeskirche des Bischofs Johannes, St. Cosmas in Huy, konnte nach JORIS, Huy S. 196 Anm. 305 bislang noch nicht identifiziert werden. Die nach VAN DER ESSEN, Étude S. 163 mit Anm. 1 erstmals bei Jocundus (um 1090) überlieferte Nachricht, wonach Dinant persönliches Eigen des Bischofs Monulfus (Ende des 5. Jh.s) gewesen sei, kann hier unberücksichtigt bleiben.

[43] Offizieller Sprachgebrauch auf merowingischen Münzprägungen ist wohl kaum anzunehmen. Wie wenig sicher von der Bezeichnung *civitas* auf einen Bischofssitz geschlossen werden kann, zeigen etwa der bei dem Geographen von Ravenna unter den *civitates* im mittleren Maasgebiet aufgeführte Ort Nassogne (prov. Luxembourg, arr. Marche-en-Famenne), vgl. ROUSSEAU, La Meuse S. 45 Anm. 1, und die von HESS, Geldwirtschaft S. 51 zusammengestellten Civitas-Belege auf Münzen im Rhein-Main-Gebiet vor 900.

[44] Vgl. oben S. 322 mit Anm. 15. Gegen BAIX, Saint Hubert S. 116 heben DEBOUXHTAY/ DUBOIS, Nivelle S. 85 f. hervor, daß Nivelle zu den Gütern der Maastrichter Bischöfe gehört habe. Ausgehend von der Tatsache, daß die bis 1288 nach Lixhe eingepfarrten Orte Haccourt und Hallembaye im Besitz des Stiftes Munsterbilzen waren, und von der späteren Tradition, wonach enge Beziehungen zwischen der Gründerin des Stifts, Landrada, und Bischof Lambert bestanden, nehmen sie an, daß Lambert dem Stift bei der Gründung die zu seinem Besitz in Nivelle-Lixhe gehörenden Orte Haccourt und Hallembaye übertragen habe, d. h. „que saint Lambert déjà était seigneur de Nivelle". Dieser Ansicht schließt sich u. a. KNAEPEN, Visé S. 283 an. Die Überlieferung über die Anfänge von Munsterbilzen reicht jedoch für eine sichere Rückführung des Besitzes auf eine bischöfliche Schenkung im 7./8. Jh. nicht aus, vgl. oben S. 120 f.

[45] Cap. 26 S. 381 f.: *Refocilata plebs in loco qui vocatur Nivialia ... Et iam in prefata loca, ubi Dominus dignatus est ostendere has virtutes, a fidelibus et devotis christianis basilicae in honore sancti Landiberti sunt aedificate et cum magno honore venerande.*

Vita Hugberti wird Nivelle als *villa* bezeichnet[46]. Der Autor berichtet von einem Wunder, das sich beim Bau einer Fischreuse in der Maas durch Hugbert und seine Schüler ereignete[47]. Hugbert übernachtete mit seinem Gefolge in einem unweit der Maas gelegenen Haus[48]. In diesem Gebäude, das zur Unterbringung des Bischofs und seiner Schüler geeignet war, wird man den Salhof der *villa* sehen dürfen. Daß der Bischof in Nivelle das herrschaftliche Recht der Fischerei ausübte und damit wohl die Jagdhoheit innehatte und über geeignete Baulichkeiten für einen Aufenthalt des bischöflichen Hofes verfügte, läßt darauf schließen, daß er der größte Grundbesitzer am Orte war[49].

Die Überlieferung zur Ortsgeschichte setzt erst im 12. Jahrhundert wieder ein. Nach den Untersuchungen von Debouxhtay und Dubois[50], war Nivelle Mittelpunkt einer Grundherrschaft des Lütticher Bischofs[51], zu der die Orte Lixhe, Loën, Lanaye, Caster, Enixhe sowie eine Mühle bei Eben am Jeker gehörten[52]. Das *terrois de Nivelle*[53] war ein langgezogenes, schmales Gebiet

---

[46] Cap. 8 S. 487: *Ad villam Niviellam veniens, faciebat capturam piscium; succinctus ipse stabat in nave ad ea ipsa certamina*. Nach den Angaben in cap. 9 S. 488 ist der Aufenthalt in das Jahr 726 zu datieren.

[47] Der Autor spricht von der Anwesenheit von *famulis eius* und *eius pueris*; mehrfach erwähnt er auch, daß er selbst zugegen war, woraus zu schließen ist, daß sich Hugbert in Begleitung seiner Schüler in Nivelle aufhielt.

[48] Cap. 8 S. 487: *Percussaque manu, ad domum revertens, in crastina die praecepit nobis ad ipsa festinare opera*. Daß sich die *domus* in der Nähe der Maas befand, ergibt sich aus dem anschließenden Bericht. DEBOUXHTAY/DUBOIS, Nivelle S. 26 f. vermuten, daß sich das Haus des Bischofs an der Stelle des späteren Hofes des Vogtes von Nivelle, dem sog. *courtil de Labroye* (1449) befand.

[49] DEBROUXHTAY/DUBOIS, Nivelle S. 21 und 85 messen dem besondere Bedeutung bei: „Seigneur des eaux territoriales, Hubert devait l'être également du sol de la localité". Vgl. allgemein dazu KASPERS, Comitatus nemoris S. 50 ff.

[50] DEBOUXHTAY/DUBOIS, Nivelle S. 84 ff.

[51] Die nächsten eindeutigen Belege für bischöflichen Besitz in Nivelle nach der Vita Hugberti sind die Besitzbestätigungen Hadrians IV. und Friedrichs I. von 1155: *curtes ... Nivellam* bzw. *Nivella, Lenaie cum omnibus pertinentiis et advocatia*, BS 1 Nr. 45 und 46 S. 75 und 78.

[52] Die älteste überlieferte Grenzbeschreibung stammt allerdings erst aus dem 17. Jh. In der unter Verwendung älterer Aufzeichnungen von dem *mayeur et eschevins de la Courte et Justice de Nivelles sur Mœuse* verfaßten Beschreibung heißt es u. a.: *et que les villages du dit Nivelle, Loenne, Liexhe, Naye, au Thier* (Petit-Lanaye) *et plusieurs maisons et jardins de Caustert à l'aultre costé de la Meuse compris le moulin banal illecque ... sont de la même seigneurie et district*, zitiert nach DEBOUXHTAY/DUBOIS, Nivelle S. 90 f. Die ältesten sicheren Hinweise auf Grundbesitz der Bischöfe in Lixhe stammen aus dem 13. Jh. Danach gehörten zum Lehnsgut der bischöflichen Vögte von Nivelle auch Besitzungen in Lixhe, BS 2 Nr. 537 S. 75 Anm. 3 (S. 77), dazu DEBOUXHTAY/DUBOIS S. 113 mit Anm. 1; in der ebd. S. 111 zitierten Urkunde von Robermont von 1279 wird eine Rente des Vogtes in Lixhe genannt. Einkünfte der Bischöfe sind erstmals 1333 bezeugt, PONCELET, Le livre des fiefs S. 340. – Die Zugehörigkeit von Loën auch in weltlicher Hinsicht zu Nivelle und Rechte des Bischofs in Loën werden erst im 14. Jh. faßbar, vgl. DEBOUXHTAY/DUBOIS S. 144 f.; im 11. Jh. ist Allodialbesitz in Loën bezeugt, ebd. S. 142. Lanaye, 1155 neben Nivelle unter den bestätigten Besitzungen genannt, erscheint zwar 1316/17 als Sitz eines eigenen Schöffengerichts; die Lage des Ortes zwischen dem Zentrum der Seigneurie und dem zu Nivelle gehörigen Petit-Lanaye sowie die Pfarrbeziehungen machen die ursprüngliche Zugehörigkeit zur Grundherrschaft Nivelle sehr wahrscheinlich. Besitzungen und Wald-

von etwa 7 km Länge, das sich längs der Maas erstreckte[54]. Es grenzte im Süden und Osten an Visé[55] und Breust[56], im Norden an St. Pieter[57] und

nutzungsrechte *de monte qui dicitur Castris* wurden 1126 von Bischof Albero I. einem Bovo zur Gründung einer Kirche und eines Klosters übertragen, HALKIN, Albéron I., Doc. inéd. Nr. 7 S. 351 f. Die auf der Anhöhe zwischen Jeker und Maas über der Maas gelegene neue Kirche befand sich nach einer Urkunde von 1130 *in prospectu Traiectensis oppidi*, CLOSON, Alexandre I., Doc. inéd. Nr. 2 S. 469. Die Nennung des Vogtes von Nivelle in der Zeugenliste zweier Caster betreffender Urkunden von 1126 und 1131, HALKIN, Albéron I Nr. 7 S. 351 und CLOSON, Alexandre I. Nr. 3 S. 471, dazu DEBOUXHTAY/DUBOIS, Nivelle S. 192 und 196, und die Pfarrbeziehungen machen es wahrscheinlich, daß die bischöflichen Besitzungen in Caster seit jeher, wie DEBOUXHTAY/DUBOIS S. 85 annehmen, zur „hauteur de Nivelle" und nicht etwa zu dem benachbarten bischöflichen Hof in St. Pieter gehörten. In einer den Zehnten von Caster betreffenden Urkunde von St. Paul von 1169 heißt es: *ecclesie de Chastres, que sita est in terminis decimationis de Lise*, vgl. AHEB 18. 1882 S. 57. – Enixhe erscheint 1324 unter den Besitzungen des Lütticher Bischofs, PONCELET, Le livre des fiefs S. 57. An das zwischen Eben und Wonck gelegene Gehöft schloß sich im Nordwesten die jenseits des Jeker bei Eben befindliche Bannmühle an, von der es in einer Schöffenaufzeichnung von 1404 heißt: *stat et stiet ens alle Haulteur Monsigneur de Liège condist elle Vallé a Nivelle sur Mœuse*, zitiert nach DEBOUXHTAY/DUBOIS, Nivelle S. 90. Die Zuweisung von Enixhe zu Nivelle, ebd. S. 90 und Karte S. 83, der auch der bischöfliche Besitz in dem Ort entspricht, hat große Wahrscheinlichkeit für sich. DEBOUXHTAY, Les possessions S. 52 vermutet in dem 1145 St. Paul von Papst Eugen III. bestätigten *Hennicas* Enixhe. – Nach diesen Ausführungen, die keineswegs Vollständigkeit für sich beanspruchen, läßt sich der im 17. Jh. beschriebene Bereich der Herrschaft von Nivelle annähernd für das 12.–15. Jh. bestätigen.

[53] RUWET, Val-Dieu Nr. 124 S. 108 (1258).

[54] Es wurde im Osten durch die Maas begrenzt, die westliche Grenze verlief auf dem zwischen Maas und Jeker gelegenen St. Pietersberg. Ob die schmale Ausbuchtung des Gebiets über Enixhe zum Jeker ursprünglich ist oder durch spätere Besitzerweiterung entstand, ist nicht auszumachen. Abgesehen von dem „appendice d'Enixhe", DEBOUXHTAY/DUBOIS, Nivelle S. 90, betrug die größte Breite des Gebietes etwa 2,5 km.

[55] Das Gebiet von Visé reichte mit dem Weiler Devant-le-Pont ein kleines Stück auf das westliche Maasufer und grenzte hier im Norden an Nivelle, CEYSSENS, Visé S. 35 und 140 ff., DEBOUXHTAY/DUBOIS, Nivelle S. 196, KNAEPEN, Visé S. 275 Anm. 6, 277 Anm. 5 und S. 284. In der Grenzbeschreibung von 1665 heißt es dazu: *et du costé de Lihe à la jurisdiction de Visé dessoub devant-le-Pont*, zitiert nach DEBOUXHTAY/DUBOIS S. 90. Zur östlichen Abgrenzung zu Visé vgl. ebd. S. 106.

[56] Bischof Everachus übertrug 965 dem Stift St. Martin u. a. die *villam Brusti cum ecclesia Woltensi*, HALPHEN/LOT, Recueil Nr. 23 S. 51. Es handelt sich um die Kirche von Oost, nö. Breust, vgl. KNAEPEN, Visé S. 382 Anm. 1. Im Süden grenzte das Gebiet von Breust nach KNAEPEN S. 284 an Visé. Der südlich Breust liegende Ort Eijsden gehörte nach einer Urkunde von 1256 zu Breust. Die Grenze der „Justices de Breust et d'Eysden", der im wesentlichen wohl die alte Grundherrschaft von St. Martin entsprechen dürfte, zu Nivelle verlief nach einer Beschreibung von Navagne nö. Visé maasabwärts bis in die Höhe der Kapelle von Caster, DEBOUXHTAY/DUBOIS, Nivelle S. 198 f. Für die Annahme von KNAEPEN, Visé S. 283, das Gebiet von Breust habe ursprünglich zu Nivelle gehört und sei 965 von der „domaine primitif" abgetrennt worden, gibt es keine Anhaltspunkte.

[57] St. Pieter begegnet erstmals Mitte des 12. Jh.s unter den Besitzungen der Lütticher Kirche, vgl. oben S. 250 mit Anm. 69. In einer, allerdings späten Grenzbeschreibung der *vrijheid Sint Pieter* von 1512 heißt es u. a.: *van daer de Maese opperwaerts tot gegen over de trappen staende beneden Castart scheydende de vryheydt van St. Piter van de heerlyckheydt van Nivelle en de langks die trappen opwaerts door den bosch tot aen den Luycker wegh ... scheydende de heerlycheden van St. Piter, Nivelle en de Kan*, EVERSEN, Limietbeschrijvingen S. 430 f. Angesichts der großen Nähe der bereits im 12. Jh. als selbständig bezeugten Grundherrschaften St. Pieter und

Kanne[58] und im Westen an Eben-Emael und Wonck[59]. Die Grundherrschaft Nivelle umschloß den größten Teil der Pfarrei Lixhe[60]. Das Kirchspiel umfaßte lediglich im Südwesten noch die Dörfer Haccourt und Hallembaye, die dem Stift Munsterbilzen unterstanden[61]. Wie einer Urkunde von 1111 zu entnehmen ist, wurde die Kirche von Lixhe mit sämtlichem Zubehör von Bischof Everachus (959–971) dem Lütticher Kanonikerstift St. Paul übertragen[62]. In Verbindung mit den Zeugnissen aus dem 8. und 12. Jahrhundert über Grundbesitz der Bischöfe in Nivelle spricht diese Nachricht dafür, daß die Bischöfe von Tongern-Lüttich seit dem frühen Mittelalter in Nivelle ständig begütert waren[63]. Da die Angaben der Vita Hugberti auf den Bischof als den größten Grundbesitzer in Nivelle schließen lassen, wird man annehmen dürfen, daß die spätere Herrschaft Nivelle in ihrem Umfang den Besitzungen des Bischofs zu Beginn des 8. Jahrhunderts annähernd entsprach.

Nivelle sind kaum größere Abweichungen des 1512 mitgeteilten Grenzverlaufs von der mittelalterlichen Grenzziehung anzunehmen.

[58] Die *villa Cannes cum ecclesia* kam 965 durch Bischof Everachus an das Stift St. Martin, wie Anm. 56. Bei der Nachbarschaft der nah aneinanderliegenden, früh bezeugten selbständigen Orte Emael, Kanne und Nivelle ist mit alten Abgrenzungen zu rechnen, die sich von den später bezeugten Grenzen, s. die Karte bei DEBOUXHTAY/DUBOIS, Nivelle S. 83, nur unwesentlich unterscheiden dürften.

[59] Zu Emael vgl. Anm. 58; zu Eben vgl. S. 334 f. Nach Zeugnissen aus dem 13. Jh. war das Stift St. Paul im Besitz des Zehnten und eines Hofes in Wonck, BS 1 Nr. 208 S. 272 und THIMISTER, Saint-Paul S. 36 und 77 f. Für die Abgrenzung von Nivelle zu Eben und Wonck ist eine Angabe von 1324 über das zu Nivelle gehörende Gehöft Enixhe von Interesse: *domum de Enich sitam prope Wonc et Enbemmes*, PONCELET, Le livre des fiefs S. 57.

[60] Die Überlieferung zur Urpfarrei ist verhältnismäßig reich, vgl. DEBOUXHTAY/DUBOIS, Nivelle S. 28 ff. Die 1111 erstmals bezeugte *mater ecclesia* in Lixhe (St. Lambert) läßt sich zumindest bis in das 10. Jh. zurückverfolgen, vgl. Anm. 62. 1145 bestätigte Papst Eugen III. dem Stift St. Paul u. a.: *ecclesiam de Lysia cum quibusdam culturis et omni decima, videlicet ipsius Lysia, Haccur, Nivelle, Linaye, Lones, Halembock*, DEBOUXHTAY, Les possessions S. 50. Caster, hier nicht genannt, war nach einer Urkunde von 1169 nach Lixhe zehntpflichtig, vgl. Anm. 52.

[61] Die Herrschaft des Stifts ist zwar erst im 13. Jh. bezeugt, VAN NEUSS, Munsterbilsen Nr. 965 S. 117, ist aber wesentlich älter, wie der Versuch der *moniales Bilisie* im 11. Jh. zeigt, in den Besitz der von Lixhe abhängigen und dem Stift St. Paul unterstehenden *ecclesia de Hacus* zu gelangen, THIMISTER, Saint-Paul S. 2; so auch DEBOUXHTAY/DUBOIS, Nivelle S. 29, die die Kirche von Haccourt bereits im 10. Jh. voraussetzen, was aus dem Text der Urkunde Bischof Otberts von Lüttich von 1111 nicht eindeutig hervorgeht. Es muß offenbleiben, ob Haccourt-Hallembaye im Zusammenhang mit der Neugründung an Munsterbilzen kam oder bereits im Besitz der allerdings nicht sicher nachzuweisenden älteren Gründung war, vgl. Anm. 44. Es ist auch fraglich, ob man mit DEBOUXHTAY/DUBOIS, Nivelle S. 86 und KNAEPEN, Visé S. 283 allein aus den Pfarrbeziehungen auf eine ursprüngliche Zusammengehörigkeit von Nivelle und Haccourt-Hallembaye auch in weltlicher Hinsicht schließen kann. Interesse verdient in diesem Zusammenhang eine Urkunde von 1260, in der Güter des Stifts St. Marien in Tongern *apud Hallebai, descendentia a curia de Lix* erwähnt werden, RUWET, Val-Dieu Nr. 130 S. 115.

[62] In der Urkunde Bischof Otberts von 1111 heißt es: *Domnus Everaclus beate memorie predecessor noster, ecclesiam que est in Lisia cum omnibus appendiciis et terminis tradidit ecclesie beati Pauli*, THIMISTER, Saint-Paul S. 2.

[63] So auch DEBOUXHTAY/DUBOIS, Nivelle S. 85.

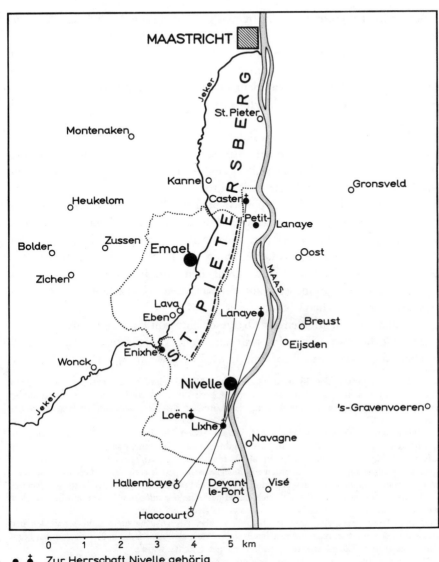

Karte 9: Nivelle und Emael (Orientierungskarte)

Bereits im 10. Jahrhundert dürften sich kirchliches und weltliches Zentrum des Gebietes von Nivelle an verschiedenen Orten befunden haben. Es ist anzunehmen, daß der Hof des Bischofs in Nivelle[64] auf die *domus* des Hugbert zurückging. Lixhe liegt etwa 1 km südlich von Nivelle, ebenfalls in der Nähe der Maas. Die Pfarrkiche war dem hl. Lambert geweiht. Für das Bestehen einer Lambertskirche in Nivelle gibt es keine eindeutigen Hinweise[65]. Es läßt sich nicht sicher entscheiden, ob die *basilica* von 716/18 eine Gedächtniskapelle wie in Herstal, eine Hauskapelle für den bischöflichen Hof oder eine Pfarrkiche war oder ob sie mehrere dieser Funktionen innehatte. Auch muß offenbleiben, ob sie in Nivelle selbst oder auf dem Gebiet der *villa*, in dem zu Nivelle gehörigen Ort Lixhe errichtet wurde.

Aus dem Bericht der Vita Hugberti über ein Wunder in der *villa Aimala* ergibt sich, daß Hugbert in Emael eine *domus* hatte, in der er mit seinen Schülern nächtigte[66]. Ähnlich wie bei Nivelle ist anzunehmen, daß es sich bei diesem Gebäude, das zur Unterbringung des Bischofs und seines Gefolges geeignet war, um den Salhof einer kirchlichen Grundherrschaft handelte. Der Hof befand sich wohl in der Nähe der Kirche von Emael auf einer Flußterrasse auf dem westlichen Ufer des Jeker.

Die nächsten Nachrichten zur Ortsgeschichte von Emael stammen aus dem 11./12. Jahrhundert. Einer Inschrift aus dem 11. Jahrhundert zufolge soll Hugbert die Kirche von Emael im Jahre 712 geweiht haben[67]. 1147 ist die

---

[64] Nach Zeugnissen des 13. und 14. Jh.s war Nivelle eine der bischöflichen Residenzen außerhalb Lüttichs; in einem Dokument von 1365 wird die *salle de Nivelle* neben der *Salle de Seraing*, der bevorzugten Sommerresidenz der Lütticher Bischöfe, genannt, DEBOUXHTAY/DUBOIS, Nivelle S. 87 f.

[65] DEBOUXHTAY/DUBOIS, Nivelle S. 22 f. weisen darauf hin, daß es keine Zeugnisse für das Bestehen einer Kirche und Kapelle in Nivelle gibt. Aus der Tatsache, daß im 17. Jh. in der Flur *Labroye* bei Nivelle, die seit dem 15. Jh. als Weide bezeugt ist, zahlreiche Gräber zutage kamen, was zur Annahme führte, hier habe sich *très anciennement fust le cimitière de l'esglise parochiale dudit Nyvelle* befunden, und der Bestimmung, nur bei Pfarrkirchen Friedhöfe anzulegen, schließen DEBOUXHTAY/DUBOIS S. 30, daß sich die Pfarrkirche der *villa* Nivelle, die mit der *basilica* von 716/18 identisch gewesen sei, ursprünglich in Nivelle bei Labroye, wo sie auch die bischöfliche *domus* vermuten, vgl. Anm. 48, befunden habe. Als Ursache für das Verschwinden der Kirche und den Wechsel nach Lixhe nehmen sie S. 31 an, daß die Kirche in Nivelle von den Normannen zerstört und an günstigerer Stelle in Lixhe neu errichtet wurde.

[66] Cap. 7 S. 486 f.: *Itaque demum ad villam Aimala veniens, cumque iam ad pausum pergeret, dixerunt pueri ipsius a foris venientes, quod micantes acies ignita e caelo viderent. At ille foris progressus ... His dictis, nunciaverunt ei, quod domus illius arderet ... Qui introgressi domum, at contra vidimus per ostium domus minacitur flamma lambere ... Tunc ad lectula nostra, completa canentes, transivimus quieti.*

[67] Lesung und Datierung nach VAN WINTERSHOVEN, L'inscription S. 128 f. und 139 f. Ein sicheres Urteil über die Glaubwürdigkeit scheint kaum möglich. Die Kirche von Emael hatte das Marienpatrozinium. Sie ist bereits im 10. Jh. bezeugt, vgl. Anm. 69; eine Rückführung auf die für die Zeit des Hugbert in Emael anzunehmende Kirche in der Nähe des bischöflichen Hofes ist somit durchaus wahrscheinlich. Hinsichtlich der Weihe durch Bischof Hugbert dürfte die Annahme von BAIX, Saint Hubert S. 81, „que cette tradition tardive est née du souvenir même du séjour que fit saint Hubert à Emael" zutreffend sein.

villa Exmala cum ecclesia et pertinentiis suis unter den Besitzungen des Lütticher Kanonikerstiftes St. Jean bezeugt[68]. Einer Urkunde aus dem 12. Jahrhundert ist zu entnehmen, daß die Vorfahren einer Ruezele unter dem Episkopat des Notker (972–1008) der Kirche von Emael kopfzinspflichtig geworden waren und der *familia* von St. Jean angehört hatten[69]. Die Kirche von Emael und ein dort befindlicher Hof sind somit zu den ältesten Besitzungen des Stifts zu zählen. Besitz des Bistums in Emael, wie er aus den Angaben der Vita Hugberti für den Beginn des 8. Jahrhunderts erschlossen werden kann, läßt sich in späterer Zeit nicht nachweisen. Es ist danach wahrscheinlich, daß dieser Besitz unter Notker, wohl bei der Ausstattung des Stifts, an St. Jean überging[70]. Bei einer solchen Annahme erscheint es möglich, den Umfang der bischöflichen *villa* des 8. Jahrhunderts mit Hilfe späterer Nachrichten über den Besitz von St. Jean annähernd zu bestimmen.

Bis ins 13. Jahrhundert sind neben St. Jean keine Grundbesitzer in Emael bezeugt[71]. Nach einer Zinsliste von 1348 waren dem Stift 161 Personen und geistliche Anstalten für Ländereien in Emael zinspflichtig[72]. Die Güter von St. Jean in Emael reichten nach einer Aufzeichnung von 1383 im Norden bis in die Nähe von Kanne[73] und im Süden bis nach Lava bei Eben[74] und *Heis* bei

---

[68] LAHAYE, Saint-Jean 1 Nr. 14 S. 10. Bereits aus einer Urkunde von 1131 geht hervor, daß St. Jean über größeren Grundbesitz in Emael verfügte, Nr. 13 S. 9.

[69] Archives de l'État à Liège. S. Jean, Charte 35: *Sicut Ruezele de Wandre femina quondam a predecessoribus suis ex tempore domni Notgeri episcopi fundatoris ecclesie nostre fuit de familia Johannis et censum capitalem scilicet unum denarium annuatim exsolvit super altare ecclesie in Emale, que de iure patronatus ad nostram spectat ecclesiam ...*; Regest und Datierung bei LAHAYE, Saint-Jean 1 Nr. 35 S. 26 f. Man wird aus diesen Angaben schließen dürfen, daß das Stift bereits unter Notker in Emael einen Hof mit dazugehöriger *familia* hatte, der die Vorfahren der Ruezele angehörten.

[70] Daß Emael, wie es 990 für Nethen bezeugt ist, durch Privatschenkung an St. Jean kam, LAHAYE, Saint-Jean 1 Nr. 2 S. 1 f., ist allerdings ebensowenig auszuschließen, wie die Möglichkeit, daß Notker dieses Gut neu hinzu erwarb, wie Anselm es allgemein für die Ausstattung von St. Jean berichtet: *30 fratres canonicos ad serviendum Deo ordinavit, fundos a se adquisitos, unde sufficiens illis victus et vestitus esset, deputavit*, Gesta epp. Leod. cap. 29 S. 204. In die Vita Notgeri wurde diese Version nicht übernommen, KURTH, Notger 2 S. 10. Ihr ist die Nachricht Anselms über die Verteilung von Kirchengütern an Stifter und Klöster durch Notger gegenüberzustellen, vgl. Anm. 4. Dafür, daß Emael diesen Gütern zuzuweisen ist, spricht einerseits die für den Beginn des 8. Jh. erschlossene Zugehörigkeit des Orts zu den Besitzungen der Maastrichter Kirche und andererseits die Tatsache, daß neben St. Jean das in bischöflichem Besitz befindliche Stift St. Marien in Maastricht Rechte an der Kirche von Emael hatte, die wohl in die Zeit vor der Stiftung von St. Jean zurückreichen, vgl. Anm. 89.

[71] Eine Ausnahme bildet St. Marien in Maastricht, vgl. dazu Anm. 89; *ad curtim Heimale* gehörige Güter, die Bovo 1131 für seine Klostergründung in Caster erwarb, waren im Obereigentum von St. Jean, vgl. Anm. 68.

[72] Regest bei LAHAYE, Saint-Jean 1 Nr. 402 S. 200.

[73] Regest und Aufzählung der genannten Orte ebd. Nr. 522 S. 261 mit Anm. 1: *entre Emale et Can*.

[74] Ebd.: *deseur Labea*; der Name ist auf den bei Eben gelegenen Weiler Lava zu beziehen.

Wonck[75]. Das Stift ist nach diesen Zeugnissen wohl als der größte Grundherr am Ort zu betrachten. Über den ursprünglichen Umfang der Gemarkung von Emael sind nur wenige sichere Angaben möglich. Bei der Abgrenzung der frühbezeugten, benachbarten *villae* Nivelle und Emael dürfte es sich um eine sehr alte Gemarkungsgrenze handeln[76]. Ähnlich verhält es sich wohl mit der Grenze gegen Kanne. Der Ort erscheint 965 als Sitz einer eigenen Pfarrei und einer bischöflichen Grundherrschaft[77]. Die im Westen angrenzenden Dörfer Zichen, Zussen und Bolder begegnen erst im 12. Jahrhundert in der Überlieferung[78]. Beziehungen zu Emael sind nicht faßbar. Unklar ist das Verhältnis zu dem 1,5 km südlich Emael am Jeker gelegenen Ort Eben[79]. Die zu Emael gehörigen Besitzungen von St. Jean reichten weit in das Gebiet von Eben hinein[80]. Der Ort war nach Emael eingepfarrt[81]. Weitere Beziehungen scheinen jedoch zu der Zeit, für die Nachrichten vorliegen, nicht bestanden zu haben. Ende des 11. Jahrhunderts wurde nach einer Befragung von Richtern und Schöffen festgestellt, daß Eben eine unabhängige *villa* sei[82].

---

[75] Ebd.: *deseur Heis*. Es liegt nahe, diesen Flurnamen auf die in einer Urkunde von 1124 erwähnte *terram apud Wonk in Hez ubi quondam fuit silva* zu beziehen, THIMISTER, Saint-Paul S. 36. Wonck ist die südlich an Eben-Emael angrenzende Gemeinde.

[76] Sie entspricht wohl weitgehend der heutigen Gemarkungsgrenze zwischen Eben-Emael und dem früher zu Nivelle gehörenden Dorf Lanaye, die auf dem Scheitel des das Tal von Maas und Jeker trennenden St. Pietersberg bzw. Montagne de Caster verläuft.

[77] Vgl. Anm. 58. Die Schenkung von *terras quasdam in vicinia sua positas, videlicet apud Cannam, Walruoz, Meres cum suis appenditiis* 1088 durch Heinrich IV. an die Lütticher Kirche zeigt, daß es neben den kirchlichen Besitzungen in Kanne, offensichtlich in Streulage, noch Reichsgut gab, DH IV 399 S. 528 vgl. ROTTHOFF, Reichsgut S. 54.

[78] 1139 wurden dem Stift St. Servatius von Innozenz II. u. a. *Sechene cum ecclesia Susgene* bestätigt, DOPPLER, Sint Servaas 1 Nr. 41 S. 40. 1154 konnte das Kapitel St. Lambert Allodialgut eines Kuno im Raum von Zussen erwerben, BS 1 Nr. 44 S. 73. Ob der 1147 St. Jean bestätigte *mansus in Sescaut*, LAHAYE, Saint-Jean 1 Nr. 14 S. 11, auf Zussen zu beziehen ist, so GYSSELING, Woordenboek S. 1107, erscheint fraglich. Einer Urkunde von 1310 ist zu entnehmen, daß sich Besitzungen von St. Servatius in Zichen und Zussen in der Nähe der *versus villam de Embemes* (Eben) gelegenen Flur Vroenendael befanden, BS 3 Nr. 959 S. 103, Regest bei DOPPLER, Sint Servaas 1 Nr. 257 S. 160. Über Umfang und Alter des Besitzes von St. Servatius in Zichen und Zussen sind hier keine genaueren Angaben möglich. Daß Zichen bereits vor 1139 eine eigene Pfarrkirche hatte, spricht für ein höheres Alter des Orts.

[79] Die beiden Orte bilden heute die Gemeinde Eben-Emael, deren Mittelpunkt Emael ist.

[80] Vgl. Anm. 74 und 75 sowie LAHAYE, Saint-Jean 1 Nr. 720 S. 346 und PONCELET, Sainte-Croix Nr. 1199 S. 400.

[81] SIMENON, Visitationes 1 S. 179.

[82] Wie die Bemerkung des Abtes Rodulf von Stablo zeigt: *cum pervenissem ad villam Embonnes nomine et interrogassem si per se staret vel alias apprehenderet, audivi a quibusdam eam respicere ad villam que Fehun vocatur*, HR 1 Nr. 120 S. 245f. (um 1088), war der Status des Ortes Ende des 11. Jh.s nicht eindeutig. Es scheint sich wohl eher um einen Weiler gehandelt zu haben, wofür auch die kirchliche Abhängigkeit von Emael bis in die Neuzeit spricht. *Fehun* ist bislang noch nicht identifiziert. Die Vermutung von COENEN, Limburgsche Oorkonden 1 Nr. 209 und HERBILLON/STEVENS, Toponymes hesbignons S. 62, es handele sich um eine Verlesung von *Sehun* (das benachbarte Zichen), hat einige Wahrscheinlichkeit für sich.

Neben einem Hof von Stablo-Malmedy[83] befand sich in dem Ort eine *curtis* von St^e Croix, die 1005 durch königliche Schenkung an das Stift gelangt war[84]. Führt man den größten Teil der Besitzungen von St. Jean in Emael auf älteren Besitz der Lütticher Kirche zurück und schließt man aus den Angaben der Vita Hugberti, daß der Bischof zu Beginn des 8. Jahrhunderts über einen Salhof in diesem Ort verfügte, so läßt es sich, auch unabhängig von der Frage der Gemarkungsgrenzen im Westen und Süden, wahrscheinlich machen, daß die Kirche von Tongern-Maastricht unter Bischof Hugbert der größte Grundbesitzer am Ort war.

Fassen wir zusammen: Aufgrund der Angaben der Vita Hugberti und der späteren Besitzverhältnisse können zwei frühmittelalterliche Besitzzentren der Kirche von Tongern-Maastricht im Süden von Maastricht erschlossen und in ihrem Umfang annähernd bestimmt werden. Inwieweit es innerhalb der (benachbarten) Gemarkungen Nivelle und Emael neben den Bischöfen noch andere Grundbesitzer gab, muß offenbleiben. Es ist jedoch äußerst wahrscheinlich, daß der Bischof in beiden Orten jeweils der größte Grundherr gewesen war. Damit wird südlich von Maastricht auf dem westlichen Maasufer ein größeres Gebiet bischöflichen Einflusses faßbar, dem sich im Süden mit Hermalle und Herstal umfangreiche frühkarolingische Besitzungen anschlossen[85]. Zwischen dem zu Maastricht gehörenden Reichsgut[86] sowie

---

[83] HR 1 Nr. 120 S. 245 f.; ebd. Nr. 154 S. 312 f. (um 1131) heißt es, die Mühle bei Eben habe *antiquitus* 124 statt 8 Schillingen erbracht. Die *maierie de Saint-Remacle* in Eben läßt sich bis ins 16. Jh. verfolgen, HR 2 Nr. 1176 S. 549. Wann die Besitzungen in Eben an Stablo kamen, ist nicht sicher anzugeben, wenngleich die Bemerkung von 1131 auf ein bereits höheres Alter schließen läßt. Daß die Abtei auch im hohen Mittelalter in dem entfernten Haspengau eine aktive Besitzpolitik trieb, zeigt der Erwerb von Gütern in Bassenge (Bitsingen) bei Wonck am Jeker 1105 und bei Vechmaal 1138, HR 1 Nr. 136 und 166 S. 278 und 342.

[84] Heinrich II. schenkte *in pago vero Hasbaniensi curtes duas Halterinia iuxta litus Mose et Inbonnas super ripam Gayre*, DH II 93 S. 117, bessere Ausgabe KURTH, Notger 2 S. 84 f. Im Vergleich mit den anderen in der Urkunde genannten Besitztiteln ergibt sich bereits aus dem Wortlaut, daß es sich bei den *curtes* Hauterne-les-Visé (zum Reichsgut Visé gehörig, KNAEPEN, Visé S. 267 mit Anm. 7) und Eben um kleinere Besitzungen handelte, ähnlich ROTTHOFF, Reichsgut S. 64, der karolingischen Ursprung vermutet. 1171 und 1180 erwarb die Abtei St. Laurent ein Stück Land in Eben, davon die Hälfte von einem *Bodo miles* von Hozémont, YANS, Saint-Laurent Nr. 15 und 20 S. 61 und 73. ROTTHOFF, Reichsgut S. 65 Anm. 263 und 265 hält eine Rückführung des Besitzes von Stablo und des Bodo auf ehemaliges Reichsgut für wahrscheinlich. Nach einem allerdings späten Zeugnis war auch das Kapitel St. Lambert in Eben begütert (1350), VAN DERVEEGHDE, Val Saint-Lambert S. 121 Anm. 2.

[85] Vgl. dazu die an Karte 9 S. 331 südlich anschließende Karte 12 S. 444.

[86] Hierzu zuletzt DEETERS, Servatiusstift S. 86 ff. in Anschluß an HARDENBERG, Vroenhof. Ist der Versuch von GORISSEN, Maastricht S. 121 unhaltbar, das gesamte später bezeugte Reichsgut in der weiteren Umgebung von Maastricht und die Orte, deren Gerichte an das brabantische Obergericht Vroenhof appellierten, dem Fiskus Maastricht zuzuweisen, so dürfte die Rückführung der späteren Grafschaft Vroenhof auf früheres zu Maastricht gehörendes Reichsgut durch Hardenberg größere Wahrscheinlichkeit für sich haben. Der Fiskus umfaßte im Südwesten Montenaken und Heukelom, im Süden reichten jedoch Kanne und besonders St. Pieter nahe an Maastricht heran.

Emael und Nivelle sind im 11./12. Jahrhundert die bischöflichen Herrschaften St. Pieter und Kanne bezeugt[87]. Angaben über frühmittelalterliche Besitzverhältnisse sind hier kaum möglich[88]. Dies gilt auch für das Gebiet östlich der Maas gegenüber Nivelle, wo sich für den Beginn des 10. Jahrhunderts eine Nachbarschaft der bischöflichen *villa* Breust mit den südlich daran angrenzenden Reichsgütern Visé und 's-Gravenvoeren wahrscheinlich machen läßt[89]. Doch liegt die Vermutung nahe, daß auch östlich der Maas, wie es sich für das westliche Maasufer mit einiger Wahrscheinlichkeit erschließen läßt, zunächst das Bistum Maastricht-Tongern stärker begütert war[90] und sich weiter südlich größere frühkarolingische Besitzungen anschlossen.

[87] Vgl. Anm. 57 und 58.
[88] Nimmt man an, daß die Kirche St. Pieter die Grablege der Familie des Lambert war, vgl. oben S. 250f., so würden sich Anhaltspunkte auch für frühes Privatgut in der engeren Umgebung von Maastricht ergeben. Daß mit reichem Streubesitz zu rechnen ist, zeigen die königlichen Güter in Kanne und Eben, vgl. Anm. 77 und 84, sowie der spät bezeugte Außenbesitz der Abtei Corbie in Montenaken, den HARDENBERG, Vroenhof S. 43 unzutreffend auf Adalhard von Corbie zurückführt, vgl. ZOLLER-DEVROEY, Le domaine S. 438 ff. und 456 ff.
[89] Zu Breust vgl. Anm. 56. Das Reichsgut in Visé und 's-Gravenvoeren läßt sich mit Sicherheit nur bis in die zweite Hälfte des 9. Jh.s zurückverfolgen; vgl. dazu unten S. 465. Nach KNAEPEN, Visé S. 284 f. und S. 265 (Karte) grenzten die Gebiete von Breust, Visé und 's-Gravenvoeren ursprünglich aneinander an. Sichere Anhaltspunkte für Reichsgut in Breust gibt es außer dem erst spät bezeugten Rechtszug von Sint-Geertruid bei Breust zum Aachener Oberhof nicht, SCHWABE, Oberhof S. 68 f. und ROTTHOFF, Reichsgut S. 147. Die Überlieferung für das nördlich an Breust angrenzende Gebiet von Gronsveld setzt erst spät ein. Aufgrund der Tatsache, daß die Herrschaft Gronsveld von Maximilian I. zur unmittelbaren Reichsherrschaft erhoben wurde und ihr Rechtszug zum Aachener Oberhof ging, vermutet HARDENBERG, Les divisions politiques S. 369, „qu'elle fut jadis un bienne de la couronne". Daneben scheint die Abtei St. Vaast in Gronsveld über Außenbesitz verfügt zu haben, PAQUAY, Amburnia S. 262. Da das Gebiet von Breust nicht mit KNAEPEN, Visé S. 283 den frühbezeugten bischöflichen Besitzungen zugewiesen werden kann, vgl. Anm. 56, können sichere Angaben über frühmittelalterliche Besitzverhältnisse auf dem östlichen Maasufer erst für das Gebiet südlich von Visé gemacht werden, wo mit Hermalle und Herstal, die auf das östliche Maasufer hinüberreichten, und Jupille eine Reihe von frühbezeugten karolingischen Besitzungen begegnet.
[90] In Breust und Kanne, die 965 *cum ecclesia Woltensi* bzw. *cum ecclesia* durch Bischof Everachus an St. Martin in Lüttich gelangten, HALPHEN/LOT, Recueil Nr. 23 S. 51, und in Wonck, einer Besitzung von St. Paul, vgl. Anm. 59, verfügte das Maastrichter Stift St. Marien über den Zehnten oder einen Teil davon, wie aus Urkunden von 1193, 1231 und 1307 hervorgeht, SCHOONBROODT, Saint-Martin Nr. 10 S. 5, FRANQUINET, O. L. Vrouwekerk Nr. 9 und 49 S. 18 f. und S. 88. Hierauf ist die Angabe in den Besitzbestätigungen Hadrians IV. und Urbans III. von 1157 und 1186 für St. Marien zu beziehen: *Ecclesias de Winch, Emale, Chanaphia et Brosthen*, ebd. Nr. 4 und 6 S. 10 f. und 15. Obwohl spätere Angaben darüber fehlen, wird man danach auch Zehntbesitz in Emael annehmen können. Der Schluß liegt nahe, daß es spätestens bei der Ausstattung von St. Paul, St. Martin und St. Jean zu einer Teilung kam, bei der die Zehnten von Wonck, Kanne, Breust und Emael an St. Marien kamen und die Grundherrschaften und das Eigentum an den Kirchen bei der Lütticher Domkirche blieben bzw. an die Stifter übergingen. Führt man mit MUNSTERS, Middeleeuwse Kerk S. 478 ff. die Anfänge des Stifts auf den nach der Verlegung des Bischofssitzes an der Maastrichter Hauptkirche verbliebenen Klerus zurück, so ist es eine verlockende Hypothese, den Zehntbesitz des Stifts in den vier nahegelegenen Orten mit einer älteren Teilung zu erklären und darin einen Hinweis darauf zu sehen, daß auch Wonck, Breust und Kanne alte kirchliche Besitzungen waren, wie es für Emael bezeugt ist. Ob auch St. Pieter, wo

IV. Ergebnisse

Auch bei der Untersuchung des Bistums Tongern-Maastricht in der Zeit des karolingischen Aufstiegs läßt die dürftige Quellenlage nur selten weitergehende Aussagen zu. Vor dem Episkopat des Amandus ist über die Namen einiger Bischöfe hinaus kaum Näheres aus der Frühgeschichte der Bischofskirche bekannt. Im folgenden sollen die Ergebnisse der vorangehenden Untersuchungen für die Zeit nach 650 nochmals unter dem Blickpunkt zusammengefaßt werden, inwieweit nähere Angaben über die Machtstellung der Bischöfe und das Verhältnis der frühen Karolinger zur Maastrichter Kirche möglich sind und sich damit Rückschlüsse auf die Position der Arnulfinger und Pippiniden im Lütticher Raum ergeben.

Nach Ausweis der besitzgeschichtlichen Überlieferung gelang es den Bischöfen erst seit dem Ende des 9. Jahrhunderts, durch den Erwerb von Klöstern, Burgen und seit Bischof Notker (972–1008) auch Grafschaften in den Kernlanden ihrer Diözese, dem Raum an Sambre und Maas, stärker Fuß zu fassen. Es gibt keine eindeutigen Anhaltspunkte dafür, daß die spätere Stellung der Lütticher Bischöfe in Dinant, Namur und Huy auf frühmittelalterlichen Besitz zurückgeht. Die Annahme, diese nächst Maastricht im 6. und 7. Jahrhundert wichtigsten Orte an der Maas seien Nebenresidenzen der Bischöfe von Tongern-Maastricht gewesen, ist nicht zu erhärten. Maastricht selbst war nur zum Teil in bischöflicher Hand. Die bedeutendsten frühmittelalterlichen Klöster der Diözese, wie Stablo, Nivelles und Andenne, befanden sich im Besitz des Königs oder der frühen Karolinger. Eine vornehme private Kirchengründung mit Klerikergemeinschaft wie St. Truiden ging an ein anderes Bistum über. Frühe Eigenklöster der Kirche von Tongern sind nicht bekannt. St. Servatius in Maastricht, das zunächst in bischöflicher Hand gewesen zu sein scheint, ging der Bischofskirche im Verlaufe des 8. Jahrhunderts an die Karolinger verloren. Über einen Patron, um den sich ein Kult von überregionaler Bedeutung entwickeln konnte, verfügte die Bischofskirche neben dem hl. Servatius erst mit dem Aufkommen des Lambertskultes in der ersten Hälfte des 8. Jahrhunderts. Insgesamt dürfte das Bistum Tongern-Maastricht in der Zeit des karolingischen Aufstiegs an Macht und Ansehen erheblich hinter den Bistümern an der oberen Maas und den Metropolen Trier und Köln zurückgestanden haben. Wenn die führenden Persönlichkeiten Austrasiens, wie die Vita Landiberti zeigt, dennoch größeren Einfluß auf das Bistum zu nehmen suchten, so ist dies wohl vor allem mit seiner zentralen Lage im nördlichen Austrasien zwischen dem Kohlenwald und dem Rhein zu erklären.

---

der Bischof über die Grundherrschaft verfügte und St. Marien im Besitz der Kirche und der Zehnten war, dieser Gruppe zugewiesen werden kann, ist nach den späteren Traditionen über die Anfänge des Besitzes des Stifts in St. Pieter fraglich, vgl. oben S. 250 Anm. 69.

Hält man die Machtgrundlage des Bistums im gesamten mittleren Maasgebiet für ursprünglich eher bescheiden, so ist das Bistum im engeren Lütticher Raum zu den bedeutendsten Machtfaktoren zu zählen. Auf umfangreichen kirchlichen Besitz in diesem Gebiet läßt bereits die Tatsache schließen, daß hier in geringer Entfernung voneinander die sich in ihrer Bedeutung ablösenden bischöflichen Residenzen Tongern, Maastricht und Lüttich lagen. Quellenmäßig faßbar sind von den frühen Besitzungen die Güter Emael und Nivelle südwestlich von Maastricht. Von den später bezeugten bischöflichen Besitzungen im Haspengau und Condroz dürfte ein nicht geringer Teil auf altes Kirchengut zurückzuführen sein, auch wenn ein Nachweis im Einzelnen nicht erbracht werden kann. Bei der Bestimmung des Umfangs der Besitzungen der frühen Karolinger im Lütticher Raum ist demnach neben einer Reihe privater Grundherrschaften auch von umfangreichem bischöflichen Besitz auszugehen. Die Nachbarschaft der bischöflichen *villae* Lüttich und Nivelle zu den Gütern des Godobald in Avroy und den karolingischen Höfen Herstal, Jupille und Hermalle zeigt deutlich, daß wie bei den Gütern der sozial gehobenen Schicht auch bei dem kirchlichen Besitz mit einer Streu- und Gemengelage zu rechnen ist.

Über das Verhältnis der frühen Karolinger zu Bistum und Bischöfen sagen die Quellen zwar unmittelbar nichts aus, doch wird man voraussetzen dürfen, daß die Bischöfe Amandus, Theodard und Hugbert, die zu einer Zeit erhoben wurden, als Angehörige der Arnulfinger-Pippiniden an der Spitze Austrasiens standen und damit weitgehende Entscheidungsgewalt über die jeweilige Besetzung eines Bistums hatten, den frühen Karolingern nahestanden. Von Amandus ist darüber hinaus bekannt, daß er an der Gründung des pippinidischen Hausklosters Nivelles maßgeblich beteiligt war. Offenbar wurde Amandus gegen den Widerstand des Maastrichter Klerus unter Ausschaltung der einheimischen Führungsschicht, deren Vertreter bislang den Bischofsstuhl besetzt haben dürften, als Landfremder zum Diözesanbischof erhoben. Ein solches Vorgehen ist ohne die Zustimmung des damaligen Hausmeiers Grimoald kaum denkbar. Bei Hugbert läßt neben seiner Teilnahme an dem Treffen von 706 in *Gaimundas* und der Nachfolge seines Sohnes Florbert auf dem Bischofsstuhl vor allem die Anwesenheit Karlmanns bei der Erhebung der Gebeine des Bischofs 743 in Lüttich auf enge Beziehungen zu den Karolingern schließen. Man darf folglich davon ausgehen, daß Grimoald und Pippin II. auf der Höhe ihrer Macht das Bistum Maastricht mit ihnen nahestehenden Persönlichkeiten besetzten. Bezeichnenderweise konnte die Familie nach dem Sturz des Grimoald ihren Einfluß auf das Bistum nicht behaupten. Nach dem Tode Bischof Theodards gelang es der mächtigen in Maastricht ansässigen Familie des Lambert, durch Parteinahme für die Gegner der Arnulfinger-Pippiniden, den *dux* Wulfoald und Childerich II., den Bischofsstuhl zu besetzen.

Die näheren Umstände der Vertreibung des Lambert nach 675 und seiner Wiedereinsetzung um das Jahr 682/83 sind nicht mehr zu erkennen. Doch scheint Pippin II. Lambert deshalb wieder eingesetzt zu haben, um durch einen Ausgleich mit den führenden Kreisen in Maastricht seine nach der Niederlage gegen den neustrischen Hausmeier bei Namur geschwächte Stellung im mittleren Maasgebiet wieder zu festigen. Daß sich an der Ermordung des Lambert 703/05 mit Godobald und Dodo einheimische Große beteiligten, die den Karolingern offensichtlich nahestanden, deutet darauf hin, daß sich die Beziehungen Pippins II. zu Lambert auch nach dessen Wiedereinsetzung nicht grundsätzlich verbessert hatten.

Neben der Frage der Besetzung des Bischofsstuhles ist die Beteiligung der Bischöfe an der Mission für ihr Verhältnis zu den frühen Karolingern von Interesse. Vor allem die nördlichen Gebiete der Diözese Tongern waren zu Beginn des 8. Jahrhunderts über weite Teile dem Christentum noch nicht erschlossen. Die Quellen lassen deutlich erkennen, daß die Christianisierung dieses Gebietes nach 690 unter Pippin II. stark vorangetrieben wurde. Neben den Maastrichter Bischöfen Lambert und Hugbert beteiligte sich vor allem der von Pippin nachhaltig geförderte Angelsachse Willibrord an der kirchlichen Durchdringung Toxandriens. Sein Einflußbereich erstreckte sich bis in das südliche Toxandrien und das Gebiet um Aldeneik an der Maas, also bis in die unmittelbare Nähe des Bischofssitzes der Diözese Tongern. Mit Susteren richtete Pippin II. Willibrord etwa 30 km nördlich von Maastricht ein Kloster ein, das offensichtlich auch als geistiges Zentrum für die Mission in Toxandrien dienen sollte. Diese Tatsachen lassen darauf schließen, daß Pippin dem Wirken des Willibrord bei der Christianisierung Toxandriens größere Bedeutung beimaß als der Missionstätigkeit der zuständigen Diözesanbischöfe.

Die Untersuchung der Umstände der Verlegung des Bischofssitzes der Diözese Tongern von Maastricht nach Lüttich erbrachte keine Anhaltspunkte dafür, daß bei diesem Vorgang Pippin II. und Karl Martell die treibenden Kräfte waren, etwa um ihre Pfalzen Jupille und Herstal und ihre Burg Chèvremont durch die unmittelbare Nachbarschaft des bischöflichen Hofes und des aufblühenden Kultzentrums des hl. Lambert auszuzeichnen oder um stärkeren Einfluß auf den Bischof zu gewinnen, indem sie ihn zur weitgehenden Übersiedlung aus Maastricht nach Lüttich veranlaßten. Die Verlegung des Bischofssitzes war ein Vorgang, der sich über längere Zeit hin erstreckte und erst mit der formellen Anerkennung Lüttichs als der neuen *sedes* des Bistums Tongern seit dem ausgehenden 9. Jahrhundert seinen Abschluß fand. Die Initiative zur allmählichen Aufgabe der Residenz in Maastricht ging im wesentlichen von Bischof Hugbert aus. Für die Bevorzugung Lüttichs als Aufenthaltsort und seinen Ausbau zu einem neuen religiösen Zentrum scheinen für Hugbert neben dem rasch anwachsenden Lambertskult auch die Nähe des Ortes zu den karolingischen Pfalzen und die günstigeren Entfaltungsmöglichkeiten des bischöflichen Hofes in Lüttich bestimmend gewesen zu sein.

Besonders enge Beziehungen der frühen Karolinger zu dem Bistum Tongern-Maastricht sind nach diesen Ausführungen nicht zu erkennen. Dem entspricht, daß unter den Maastrichter Bischöfen kein Angehöriger des karolingischen Hauses begegnet. Auch ließ sich kein Mitglied der pippinidischen und arnulfingischen Familie in der bischöflichen Civitas bestatten. Der Gegensatz zu Metz ist offenkundig. Inwieweit in diesem Zusammenhang auch die Tatsache aufschlußreich ist, daß sich der Arnulfinger Chlodulf nach dem Sturz des Grimoald auf dem Metzer Bischofsstuhl behaupten konnte, mag dahinstehen. Für die Stellung Pippins im Lütticher Raum in dieser Zeit ist es kennzeichnend, daß mit der Entmachtung der Arnulfinger-Pippiniden nach dem mißglückten Staatsstreich des Grimoald im Jahre 662 auch der Einfluß auf das Bistum Maastricht verloren ging. Er konnte erst nach der weitgehenden Konsolidierung der karolingischen Herrschaft unter Pippin II. wiedergewonnen werden.

Viertes Kapitel

Die Arnulfinger-Pippiniden im Lütticher Raum

Bereits in den vorangehenden Kapiteln wurden mehrfach die Beziehungen der Arnulfinger-Pippiniden zum Lütticher Raum angesprochen. Doch beschränkte sich dies jeweils auf die Frage, inwieweit Verbindungen einzelner Angehöriger der Familien Arnulfs von Metz und Pippins I. zu anderen Vertretern der Führungsschicht im mittleren Maasgebiet feststellbar sind bzw. in welcher Weise die frühen Karolinger auf die Geschichte des Bistums Tongern-Maastricht Einfluß nahmen. Im folgenden sollen nun jene Zeugnisse zusammengestellt und näher untersucht werden, die sich unmittelbar auf die Arnulfinger-Pippiniden im Lütticher Raum beziehen. Ihre Zahl ist, obgleich die Überlieferung noch immer günstiger ist als in anderen karolingischen Stammlandschaften, verhältnismäßig gering. Zeitgenössische Nachrichten setzen erst mit Grimoald ein. Seine Klostergründung in Stablo-Malmedy, über die man dank der ältesten Urkunden dieses Klosters vergleichsweise gut unterrichtet ist, läßt enge Verbindungen Grimoalds in den Lütticher Raum erkennen. Über die Stiftung eines weiteren pippinidischen Klosters im mittleren Maasgebiet, die Gründung des Klosters Andenne durch Begga, die Schwester Grimoalds und Mutter Pippins II., berichten die Virtutes s. Geretrudis aus dem Ende des 7. Jahrhunderts. Für Pippin II. sind in erzählenden und urkundlichen Quellen des 8. Jahrhunderts einige Besitzungen und Aufenthaltsorte in der näheren Umgebung von Lüttich, im Haspengau und im südlichen Toxandrien bezeugt. Einer Urkunde Karls des Großen von 779 ist darüber hinaus zu entnehmen, daß Pippin II. auf der bei Lüttich gelegenen Burg Chèvremont eine reich dotierte Klerikergemeinschaft eingerichtet hatte.

Wie bei der Untersuchung der Führungsschicht im Lütticher Raum und des Bistums Tongern-Maastricht stellt sich angesichts der sehr wenigen zeitgenössischen Zeugnisse die Frage, inwieweit die Quellengrundlage durch die Heranziehung jüngerer Nachrichten verbreitert werden kann. Unter ihnen richtet sich der Blick zunächst auf die Mitteilung der 805 entstandenen Annales Mettenses priores, derzufolge der älteste Herrschaftsbereich Pippins I. das Gebiet zwischen Kohlenwald, mittlerer Maas und der friesischen Grenze umfaßt habe. Mit dem Einsetzen reicherer Überlieferung seit dem 10. Jahrhundert werden im Lütticher Raum zahlreiche ortsgebundene Einzeltraditionen faßbar, die von einer lebendigen Erinnerung an die Bedeutung dieses Raums in frühkarolingischer Zeit zeugen. Aus der Gruppe dieser Nachrichten verdienen die Angaben der Brabanter Genealogien aus dem 13. Jahrhundert über enge Verbindungen Pippins I. zu dem Ort Landen und die Hinweise der Ende des 11. Jahrhunderts entstandenen Vita s. Beggae auf die Rolle der Burg Chèvremont als Residenz von Pippins II. Vater Ansegisel besonderes Interesse. Auf Chèvremont beziehen sich auch zwei unabhängig voneinander in Köln und an der oberen Maas überlieferte Mitteilungen des 12./13. Jahrhunderts, wonach diese Burg die Grablege Pippins II. gewesen sei. Als wichtigstes unter den jüngeren Zeugnissen erscheint jedoch eine Urkunde Ottos I. von 948, die von der Gründung zweier Xenodochien in der Nähe von Tongern durch einen *maior domus* Chlodulf berichtet. Chlodulf wird von einigen Forschern mit dem gleichnamigen Sohn Arnulfs von Metz identifiziert. Für das Bild der karolingischen Stammlandschaften wäre es von weitreichender Bedeutung, wenn sich diese Gleichsetzung bestätigen ließe und damit neben den Pippiniden auch die Arnulfinger im Lütticher Raum nachgewiesen werden könnten. Voraussetzung für weitergehende Folgerungen aus den Angaben von 948 wie auch den übrigen genannten Zeugnissen ist jedoch, daß ihr historischer Aussagewert für die frühkarolingische Zeit abgesichert werden kann. Zur Beurteilung der jüngeren Nachrichten sind, wie bereits in den vorangehenden Kapiteln, mehrfach zunächst weit vom Thema abführende quellenkritische und ortsgeschichtliche Einzeluntersuchungen erforderlich.

Pippin I.

Sichere zeitgenössische Angaben über die Stellung Pippins I. im Lütticher Raum fehlen. Erstmals der Bericht der Annales Mettenses aus dem beginnenden 9. Jahrhundert, wonach der Herrschaftsbereich Pippins I. vom Kohlenwald bis an die Maas und an die Grenze der Friesen gereicht habe, läßt Beziehungen Pippins auch in dieses Gebiet erkennen. Das bis in das 19. Jahrhundert vorherrschende Bild des Lütticher Raums als der Heimat der Pippiniden wurde jedoch erst durch die spätere Tradition geprägt. Sie nennt den Ort Landen, im Zentrum des alten Haspengaues gelegen, als Stammsitz Pippins I. Als „Pippin von Landen" ist der älteste bekannte Ahnherr der Pippiniden weithin in die Geschichtsschreibung und in die volkstümliche Überlieferung eingegangen. Erstmals Bonnell trat dem mit Entschiedenheit entgegen und suchte die betreffenden Nachrichten „als eine Ausgeburt späterer Zeit" zu erweisen[1]. Ihm ist die Forschung zum großen Teil gefolgt[2]. Doch fehlte es, vor allem seitens der ortsgeschichtlichen Forschung, nicht an Versuchen, demgegenüber einen historischen Kern für die Tradition enger Beziehungen Pippins I. zu Landen zu sichern[3].

a) Pippin I. und Landen

Wohl erstmals in der 1271 verfaßten Genealogia ducum Brabantiae ampliata heißt es, daß der *sanctus Pipinus dux* und seine Gemahlin, die hl. Iduberga, *manserunt apud Landenen in Brabantia, ubi ipse Pipinus Nivellensis primo sepultus diu quievit, sed corpus eius postea inde translatum est in Nivellam Brabantie*[4]. In der kurz zuvor entstandenen ältesten Genealogie der Herzöge von Brabant fehlt der Hinweis auf Landen. Von Pippin, der gleichfalls als *sanctus* und als *primus dux Brabantie* erscheint, wird lediglich mitgeteilt, daß sich sein Grab gemeinsam mit dem der hl. Itta und Gertrud in *monasterio Nivellensi* befand[5]. Deutlich ist in beiden Genealogien der Versuch zu erkennen, das Haus Brabant von den Karolingern abzuleiten, Pippin I. als ältesten Ahnherrn auszugeben, die Herzöge von Brabant als die rechtmäßigen Erben der Karolinger zu erweisen[6] und bei traditionsreichen Stätten der frühen Karolinger wie Nivelles, Herstal und Jupille, die z. T. unter brabantischer Herrschaft standen, das Ursprungsgebiet und Kernland des Herzogtums Brabant zu lokalisieren[7].

In Landen, das in dieser Reihe von Orten mit ältester karolingischer Tradition genannt wird, ist Besitz der Herzöge von Brabant erstmals um die Mitte

---

[1] BONNELL, Anfänge S. 61 ff. (Zitat S. 68). [2] Vgl. etwa HLAWITSCHKA, Vorfahren S. 52.
[3] So insbesondere PITON, Le surnom S. 225 ff. und DERS., Landen S. 59 ff. und 66 ff.; zurückhaltend zu seinen Ergebnissen äußert sich in einer Rezension P. BONENFANT (RBPhH 30.1952) S. 930, der jedoch einräumt, daß die ortsgeschichtlichen Beobachtungen von Piton immerhin „en faveur de l'existence à Landen d'un domaine des Carolingiens" zu sprechen scheinen.
[4] Genealogia ampliata cap. 2 S. 392 f. Datierung nach HELLER S. 391. BONNELL, Anfänge S. 65 mit Anm. 2 und 5, der diese Genealogie noch in den Beginn des 14. Jh.s datierte, gibt als ältesten Beleg eine nach Beginn des 13. Jh.s verfaßte Vita Pippini an, die ausführlicher über Pippins Translation von Landen nach Nivelles berichtet, vgl. AA SS Febr. 3 S. 262. Doch steht eine sichere Datierung dieser Vita noch aus.
[5] Genealogia cap. 2 S. 387. Die Genealogie wird von HELLER S. 385 f. bald nach 1268 angesetzt.
[6] Die Verbindung wird über Gerberga, die Tochter Herzogs Karl von Niederlothringen aus karolingischem Hause (er war ein Sohn Ludwigs IV.) hergestellt, die mit Graf Lambert I. von Löwen, dem Stammvater der Herzöge von Brabant, verheiratet gewesen war. Zu dem Tode Karls und dem Herrschaftsantritt des als Usurpator gekennzeichneten Hugo Capet heißt es cap. 4 S. 389: *Hic cessavit stirps Karoli Magni regnare in Francia et in Lotharingia; sed tantum comites vocabantur Bruxellenses et Lovanienses per longum tempus, cum tamen essent heredes utriusque regni*.
[7] Unter Gottfried dem Bärtigen, Grafen von Löwen (1106–1139) und Urenkel Lamberts I., so heißt es weiter, *stirps Karoli restituta est in gradum pristinum, scilicet in ducatum Lotharingie, in quo regnabant antequam reges fierent. Postea vero et regnum et nomen ducatus amiserunt, sed nunquam terram Brabantie*, cap. 4 S. 389. Zu den einzelnen Orten vgl. Anm. 20.

des 12. Jahrhunderts bezeugt[8]. Ende des 12. Jahrhunderts erhob Herzog Heinrich I. Landen zur Stadt. 1213 wurde Landen von dem Lütticher Bischof zerstört und kurz darauf von Heinrich I. ca. 2 km weiter nordöstlich an neuer Stelle wieder aufgebaut[9]. Pfarrkirche auch der neuen Stadt blieb die Kirche St. Gertrudis[10], die sich an der alten Ortsstelle, der bald nach ihr benannten Flur Sint-Geertruide, befand und zugleich die Mutterkirche für mehrere umliegende Orte war[11]. Die Kirche lag in unmittelbarer Nähe eines künstlich angelegten Hügels, der noch heute den Namen „Tombe van Pepijn van Landen" trägt. Grabungen der Jahre 1958/59 brachten im Bereich der Kirche ein Gräberfeld des 7. Jahrhunderts zutage und zeigten weiterhin, daß die spätromanisch-gotische Kirche St. Gertrudis einen kleineren Kirchenbau des 8. Jahrhunderts und eine größere dreischiffige Anlage der Karolingerzeit als Vorgängerbauten hatte. Der Hügel erwies sich nicht als Grabtumulus, sondern als eine bereits im 7. Jahrhundert bewohnte Wurt, die im 10./11. Jahrhundert weiter erhöht und durch die Anlage eines Grabens zu einer Motte ausgebaut wurde[12]. Die historische Bedeutung Landens reicht also weit über die ältesten schriftlichen Belege für das Bestehen des Ortes zurück[13]. Diese entstammen dem 11./12. Jahrhundert und lassen Landen zunächst als ein Dorf erkennen, in dem vor allem das Domkapitel St. Lambert in Lüttich und die Herzöge von Brabant begütert waren[14].

---

[8] Vgl. BONNELL, Anfänge S. 63 Anm. 1. [9] Vgl. PITON, Landen S. 77 ff. und 106 ff.
[10] Nach ZENDER, Räume und Schichten S. 129 ist das Patrozinium St. Gertrud erstmals 1213 belegt.
[11] Vgl. PITON, Landen S. 128 ff.
[12] Kurze Vorberichte über die Grabungen veröffentlichte J. MERTENS in: L'Antiquité Classique 28. 1959 S. 136 f. und 305 sowie in dem Ausstellungskatalog „Vijfentwintig jaar archeologische opgravingen in België". Brussel 1972 S. 112 ff. mit Plan S. 113 Abb. 11; eine ausführlichere, mir jedoch erst nachträglich bekannt gewordene Publikation des Grabungsbefundes findet sich bei MERTENS, Tombes mérovingiennes S. 27 ff.
[13] Vgl. GYSSELING, Woordenboek S. 590 und HERBILLON, Toponymes hesbignons (L-) S. 33 f. Die beiden Belege aus dem 11. Jh., die Erwähnung Landens in einem Wunderbericht und die Nennung eines nach Landen genannten Zeugen in einer Urkunde für St. Truiden, sind ortsgeschichtlich unergiebig.
[14] Vgl. PITON, Le surnom S. 227 f. und DENS., Landen S. 61 f. und 69 ff. Danach war wohl der Herzog von Brabant der Stadtgründer und Stadtherr von Landen, der größte Teil des Grundbesitzes in der Gemarkung scheint jedoch in der Hand des Lütticher Domkapitels St. Lambert gewesen zu sein, vgl. zu dessen Gütern in Landen auch VAN DERVEEGHDE, Le Polyptyque S. 113 ff. In Landen bzw. in den benachbarten Orten Neerwinden, Gingelom und Wange ist im Spätmittelalter auch Streubesitz von Nivelles bzw. Andenne bezeugt. Piton führt diese Güter auf Schenkungen Gertruds bzw. Beggas an ihre Klostergründungen Nivelles und Andenne zurück und nimmt an, daß die Besitzungen des Domkapitels St. Lambert in Landen auf königlicher Schenkung und die der Grafen von Löwen und späteren Herzöge von Brabant auf Besitznachfolge der Karolinger beruhten. Hieraus wiederum schließt er auf altes pippinidisches Hausgut in Landen und folgert: „Les ducs de Brabant possédaient effectivement à Landen, au moyen âge, une propriété, qui n'était autre que l'ancien palais de Pépin" (S. 61). Angesichts einer Überlieferungslücke von nahezu 500 Jahren bis in den Beginn des 12. Jh.s ist jedoch gegenüber derartigen Rückschlüssen größte Zurückhaltung angebracht.

Der Person Pippins I. wandte sich die Geschichtsschreibung des Brabanter Raumes erstmals im 11. Jahrhundert stärker zu. Wohl bald nach der Mitte des 11. Jahrhunderts wurde in Nivelles eine neue ausführliche Lebensbeschreibung der hl. Gertrud, die sog. Vita s. Gertrudis tripartita, verfaßt, die die älteren Gertrudsviten ablösen und in aller Deutlichkeit und Breite die ruhmreiche karolingische Verwandtschaft der hl. Gertrud herausstellen sollte[15]. Pippin I. als dem Ahnherrn des karolingischen Hauses und dem Vater der hl. Gertrud galt hierbei die besondere Zuwendung des Autors. Er bezeichnet ihn als einen *beatissimus dux*, stellt Nachrichten *in testimonium sanctitatis eius* zusammen[16] und begründet seine sehr ausführliche Lebensbeschreibung Pippins I. – vorwiegend Exzerpte aus dem Liber Historiae Francorum – damit, daß *praeter nomen cetera vitae gestorumque eius cunctis pene historias ignorantibus manent incognita*[17]. Dieser Teil der Vita wurde, wörtlich abgeschrieben, auch als eigene Vita Pippini verbreitet[18]. Nachrichten über eine Bestattung Pippins in Landen fehlen ebenso wie Hinweise auf eine Aufbewahrung seiner Gebeine in Nivelles. Offensichtlich erst infolge der von Nivelles ausgehenden Zuweisung Pippins unter die Heiligen des karolingischen Hauses rückte Pippin I. stärker in den Blickpunkt des historischen Interesses. Die später faßbare Tradition, Nivelles sei wie für Gertrud und Itta auch die Grablege des hl. Pippin gewesen, dürfte hier ihre Ursprünge haben.

In den ältesten Genealogien der Herzöge von Brabant treffen sich somit die von Nivelles ausgehende Tradition des *sanctus Pippinus* und das Bestreben der Herzöge von Brabant, die ältesten Pippiniden an die Spitze ihres Stammbaumes zu stellen und ihre kontinuierliche landschaftliche Verbundenheit zum mittleren Maasgebiet zu betonen[19]. Hierbei kam den Grablegen und Residenzen der frühen Karolinger in diesem Raum besondere Bedeutung zu. So wird Jupille als Bestattungsort Grimoalds I. und als Wohnort Pippins II. bezeichnet. Als Residenz König Pippins erscheint Herstal, *quod dicitur fuisse caput Brabantiae*[20]. In beiden Fällen konnte sich der Autor auf eine seit alters

---

[15] Der ausführlich erläuterte Stammbaum des karolingischen Hauses, der bis in die Zeit Lothars I. und seiner Söhne reicht, macht fast das gesamte Buch I (S. 109 ff.) der Vita aus; vgl. dazu VAN DER ESSEN S. 5 ff.

[16] Vgl. Vita Pippini cap. 11 S. 264. Der Passus ist nach VAN DER ESSEN, Étude S. 7 Anm. 1 bereits für die ursprüngliche Fassung der Vita s. Gertrudis tripartita vorauszusetzen.

[17] DE RYCKEL, Vitae s. Gertrudis S. 107.

[18] Vgl. BALAU, Étude S. 241. Zu einer wohl auf der Grundlage dieser Vita entstandenen jüngeren Vita Pippini, die den inzwischen aufgekommenen Kult Pippins I. in Nivelles stärker berücksichtigt, vgl. Anm. 4.

[19] Vgl. zu letzterem das Zitat Anm. 7.

[20] Genealogia ampliata cap. 2, 3 S. 392 f. Ebd. werden an Bestattungsorten weiterer Angehöriger des karolingischen Hauses genannt: Nivelles für Itta und Gertrud, Jupille für Pippins I. Sohn Grimoald, St. Jacques in Lüttich für Pippins II. Sohn Grimoald, Chiny für den hl. Silvinus (einen angeblichen Sohn Pippins II.), St. Marien im Kapitol für Plektrud und Aachen für Karl d. Gr. Andenne erscheint als jener Ort, an dem Karl Martell von seiner Großmutter Begga er-

schriftlich fixierte frühkarolingische Tradition dieser Orte berufen. Im Falle von Landen steht dem in der schriftlichen Überlieferung nichts Vergleichbares entgenen. Wohl aber läßt der archäologische Befund eine bis in das 7. Jahrhundert zurückreichende historische Bedeutung dieses Ortes erkennen. Auf diesem Hintergrund ist es durchaus denkbar, daß an der Gertrudiskirche und der Burganlage in Landen eine alte, glaubwürdige Tradition haftete, wonach dieser Ort wie Jupille und Herstal ein Sitz der frühen Karolinger gewesen sei [21], und daß der Autor des 13. Jahrhunderts diese lokale Überlieferung aufgriff und dem Anliegen der Genealogia entsprechend umgestaltete. Ebensogut aber ist auch möglich, daß das Nebeneinander einer alten Burg und einer frühen, der hl. Gertrud geweihten Kirche sowie die Stellung Landens als Stadtgründung der Herzöge von Brabant wesentlich dazu beitrugen, daß eine derartige Tradition erst aufkommen konnte bzw. daß sich, als man nach einem Herstal oder Jupille vergleichbaren Wohnsitz Pippins I. in diesem Raum zu fragen begann, der Blick vor allem auf Landen richtete [22].

Die Anfänge der auf Pippin I. und Landen bezogenen Tradition bedürfen gegenüber dem einseitigen Verdikt Bonnells wie auch gegenüber der zu unbedenklichen Einschätzung durch die lokale Forschung nochmals einer eingehenden quellenkritischen und ortsgeschichtlichen Untersuchung. Insgesamt jedoch erscheint es zweifelhaft, ob aus diesen Nachrichten, die erst spät und in einem Kontext stark tendenziöser Prägung überliefert sind, Rückschlüsse auf die Rolle des Ortes Landen in der Zeit Pippins I. gewonnen werden können.

---

zogen worden sei. Hingegen wird bezeichnenderweise nicht vermerkt, daß sich Karl Martell und König Pippin in St. Denis bestatten ließen. Auffällig ist das Fehlen von Angaben über die Grablege Pippins II., vgl. dazu unten S. 437. Die Zählung der Herzöge von Brabant setzt mit Pippin I. ein. Pippin II. erscheint als *dux Lotharingie et Brabantie tercius*, cap. 3 S. 393. Die Angaben über Pippin I. und Landen sind vor allem auf dem Hintergrund dieser starken, landschaftlich gebundenen Betonung der karolingischen Tradition und Kontinuität der Herzöge von Brabant zu werten. Wenig wahrscheinlich ist demgegenüber die Annahme von BONNELL, Anfänge S. 64, sie hätten vor allem dazu gedient, nach der Zerstörung der Stadt Landen und deren Wiederaufbau an anderer Stelle 1213 für „St. Gertruyden-Landen den Fortbestand zu sichern".

[21] So etwa BONENFANT (wie Anm. 3).

[22] Bereits zu Beginn des 14. Jh.s wurde der Burghügel in Sint-Geertruide in den brabantischen Reimchroniken als Wohnsitz Pippins I. angesehen: *Op een stede darmen noch mach/ sien staen ene oude hofstat / Oude Landen heet noch dat. / Deze was den eersten Pippijn, / Landen was die hoefstat sijn, / Dese hiet Pippijn van Landen*; zitiert nach BONNELL, Anfänge S. 67 Anm. 1 und PITON, Le surnom S. 225 Anm. 1. BONNELL S. 64 vermutet nicht ohne Wahrscheinlichkeit, daß der Burghügel zusammen mit der Gertrudiskirche wesentlich „zur Anknüpfung der Sage" beigetragen hätte. Zurückhaltung bei der Beurteilung der Nachrichten legt auch nahe, daß die Angaben über Pippins I. Beziehungen zu Landen zunächst nur im Umkreis der Brabanter Genealogien und der Geschichtsschreibung von Nivelles begegnen. Sigebert von Gembloux, der nahezu sämtliche Lokalheilige des Lütticher Raums verzeichnet und die historische Bedeutung dieser Landschaft durchaus herauszustellen sucht, vermerkt in seiner Chronik a. 647 S. 324 lediglich den Tod Pippins I., macht aber keinerlei Angaben über Pippins Beziehun-

b) Der Bericht der Annales Mettenses

Die um 805 entstandenen Annales Mettenses beschreiben die Stellung Pippins I. mit folgenden Worten: *Pippini precellentissimi quondam principis, qui populum inter Carbonariam silvam et Mosam fluvium et usque ad Fresionum fines vastis limitibus habitantem iustis legibus gubernabat*. Weiter heißt es, Pippin habe, da ihm männliche Nachkommenschaft fehlte, *nepoti suo Pippino superstiti nomen cum principatu* übertragen[23]. Die Angaben finden sich in dem breit angelegten einleitenden Bericht über den Aufstieg und die Vorfahren Pippins II. Ihre Funktion innerhalb des historiographischen Anliegens der Annales Mettenses wurde zuletzt ausführlich von Irene Haselbach untersucht. Danach verfolgte der Autor mit seinen Hinweisen auf Pippin I. mehrere Ziele. In erster Linie kam es ihm darauf an, die Stellung Pippins I. als die Herrschaft eines bedeutenden Gefolgsherrn zu charakterisieren und damit die „eigenständige Wurzel der karolingischen Herrscherstellung aufzudecken"[24]. Die Beschreibung des Prinzipats Pippins I. als einer Herrschaft nach gerechten Gesetzen diente weiterhin dazu, der *iusticia* unter den Herrschertugenden der Karolinger zentrale Bedeutung zuzuweisen[25]. Schließlich sollte das Erbe Pippins I., der *principatus* zwischen Kohlenwald und Maas, als eine der wesentlichen Grundlagen für den Aufstieg Pippins II. und seine Übernahme des *principatus* über die *orientales Franci* aufgezeigt werden[26]. Die Charakterisierung der Herrschaft Pippins I. ist somit in mehrfacher Weise von dem Gesamtanliegen der Annales Mettenses geprägt, den kontinuierlichen und von königlicher Amtsstellung unabhängigen Aufstieg der Karolinger und ihre vorbildliche Erfüllung christlicher Herrschertugenden darzustellen[27]. Daß der Autor hierzu bei einem entgegenstehenden Sachverhalt vor groben Verfälschungen nicht zurückscheute, zeigen die Nichterwähnung Grimoalds bzw. die Angabe, Pippin I. habe keine Söhne gehabt[28]. Für die räumliche Umschreibung des Herrschaftsbereichs Pippins I. ist eine ähnlich verfälschende Tendenz jedoch kaum anzunehmen. Sie bildet lediglich den äußeren Rahmen für die übrigen Nachrichten über Pippin I. Es ist wahrscheinlich, daß der Autor bei seinen geographischen Hinweisen die Vorstellung seiner Zeit über den ältesten Einflußbereich der Pippiniden wiedergab.

---

gen zu Nivelles und Landen. Man wird schließen können, daß ihm betreffende Traditionen noch nicht bekannt waren.

[23] Annales Mettenses a. 688 S. 2f.
[24] HASELBACH, Annales Mettenses S. 46f.
[25] Ebd. S. 167.
[26] Ebd. S. 46.
[27] Vgl. hierzu HASELBACH S. 184ff.
[28] Genannt werden Pippins I. Töchter Begga und Gertrud (S. 2, 4), sonst heißt es jedoch: *huic* (sc. *Pippino*) *masculini sexus proles defuerat*; vgl. hierzu HASELBACH, Annales Mettenses S. 47.

Für den westlichen Teil des umschriebenen Gebiets lassen sich die Angaben der Annales Mettenses durch weitgehend zeitgenössische Zeugnisse sicher bestätigen. Der ältesten Gertrudsvita und dem Additamentum de s. Fuilano ist zu entnehmen, daß die Gattin Pippins I., Itta-Iduberga, nach dem Tode ihres Gemahls (640) in Nivelles und *Bebrona* (dem späteren Fosses) Klöster gegründet und ausgestattet hatte[29]. Nivelles lag in unmittelbarer Nähe des Kohlenwaldes, der sich als eine mehrere Kilometer breite Waldzone von der Gegend südlich der Sambre bei Thuin in nordöstlicher Richtung bis über die Dijle bei Löwen erstreckte[30]. Der Ort Fosses ist knapp 40 km südöstlich von Nivelles bereits in der engeren Umgebung von Namur gelegen. Ob es sich bei diesen Orten, denen noch weiteres Ausstattungsgut hinzuzuzählen ist, um Güter aus der Familie Ittas[31] oder um Besitzungen aus der Familie Pippins I. handelte, ist nicht mehr auszumachen[32]. Deutlich ist jedoch, daß der Einfluß-

---

[29] Vita s. Geretrudis cap. 2 S. 445; vgl. Anm. 31 sowie zur Klostergründung in Nivelles HOEBANX, Nivelles S. 47 ff. Zu den Anfängen von Fosses heißt es in dem Additamentum S. 450, daß Foillan nach seiner ehrenvollen Aufnahme durch Itta, Gertrud und Grimoald *in villa, quae ex nomine fluminis decurrentis nuncupatur Bebrona, ordinate monasterium religiosorum construxit monachorum, predicta Dei famula Itane cuncta necessaria ministrante*. Im Verlauf des weiteren Berichts erscheint das Kloster als *alio nomine Fossa*, ebd. S. 451. Dieser Name setzte sich in der Folgezeit durch. Zum ältesten Ausstattungsgut von Fosses (heute Fosses-la-Ville, prov. und arr. Namur) vgl. ROUSSEAU, La Meuse S. 222.
[30] GANSHOF, Carbonaria Silva Sp. 589.
[31] Die betreffenden Angaben der Vita s. Geretrudis sind recht undeutlich gehalten. Es heißt cap. 2 S. 455, nachdem Itta den Amandus gebeten hatte, *ut monasterium sibi seu suae filie Dei famulae Geretrudi ... construeret*, habe sie den Schleier genommen *et semet ipsam Deo tradidit et omnia quae habebat*. Daß die Nachricht in dieser Form nicht zutreffen kann, zeigt der Anm. 29 zitierte Gründungsbericht von Fosses, der erkennen läßt, daß Itta auch noch nach der Stiftung von Nivelles und ihrem Eintritt in dieses Kloster – den Gepflogenheiten der Zeit entsprechend – durchaus noch über Eigengut verfügen konnte. EWIG, Trier S. 119 vermutet, daß Itta einer in der östlichen Eifel im Mayengau begüterten Familie angehört habe. Er stützt sich hierfür auf die später bezeugten Besitzrechte von Nivelles in Rheinbrohl, vgl. dazu oben S. 13 Anm. 8, sowie auf die Nachricht, daß der Trierer Bischof Modoald (614/27–vor 646/47), der in Münstermaifeld im Mayengau eine Kirche gegründet hatte, ein Bruder Ittas gewesen sei. Diese Nachricht findet sich jedoch erstmals in der zu Beginn des 12. Jh.s in Lüttich verfaßten Vita s. Modoaldi, wo sie den Anknüpfungspunkt für die Übernahme weiter Teile des ersten Buches der Vita s. Gertrudis tripartita über die Geschichte des karolingischen Hauses in die Lebensbeschreibung Modoalds bildet. Sie kann, zumal in Trier wie in Nivelles betreffende Traditionen nicht nachweisbar sind, keinen Glauben für sich beanspruchen, vgl. dazu WERNER, Modoald S. 5 ff.
[32] HLAWITSCHKA, Herkunft S. 17 und DERS., Vorfahren S. 53 hält es unter Hinweis auf eine merowingische Münzprägung in *NIVIALCHA* für fraglich, daß Nivelles auf Eigengut gegründet wurde und nimmt eher eine Stiftung „auf ehemaligem Krongut" an. Nach HOEBANX, Nivelles S. 27 Anm. 10, der hierbei die Ergebnisse der numismatischen Forschung wiedergibt, ist es jedoch gänzlich unwahrscheinlich, daß es sich bei diesem bislang noch nicht sicher identifizierten Prägeort um Nivelles handelte. Geht man in Anschluß an den Bericht der Annales Mettenses davon aus, daß Pippin I. in dem gesamten Raum zwischen Kohlenwald und Maas begütert war, dann könnte der auffällige Befund, daß bis ins Hochmittelalter außer in Gingelom bei Landen keine Besitzungen von Nivelles im Lütticher Raum bezeugt sind, möglicherweise dafür sprechen, daß das Ausstattungsgut des Klosters im wesentlichen von seiten Ittas stammte; vgl. die Karte der klösterlichen Besitzungen bei HOEBANX S. 226 f.

bereich Pippins I. mit Sicherheit das Gebiet südöstlich des Kohlenwaldes bis an die Maas bei Namur umfaßte.

Indirekte Hinweise auf eine weitere Ausdehnung seines Machtbereichs in östlicher Richtung ergeben sich, wie Ewig zeigte, aus den Nachrichten der Chronik des sog. Fredegar über die Auseinandersetzungen zwischen Brunichilde und Chlothar II. 613 in Austrasien. Sie lassen erkennen, daß Brunichilde, Theuderich II. und dessen Söhne sich nach Ihrem Sieg über den austrasischen König Theudebert II. vor allem auf das südliche Austrasien stützten. Als Residenzen werden Metz und Worms genannt[33]. Der Mainzer Bischof Leudegasius erscheint als Parteigänger Theuderichs II.[34] Bereits dies legt die Annahme nahe, daß die Gegner Brunichildes, an ihrer Spitze Arnulf von Metz und Pippin I., über stärkeren Rückhalt im nördlichen Austrasien verfügten. Dem scheint zu entsprechen, daß der von den führenden Kreisen um Arnulf und Pippin ins Land gerufene Chlothar II., dessen Reich im nördlichen Neustrien lag[35], bei seinem Vorstoß nach Andernach den Weg offensichtlich über das mittlere Maasgebiet und das Land nördlich der Ardennen und Eifel nahm[36].

Die Lokalisierung von Pippins Herrschaftsbereich durch die Annales Mettenses läßt sich somit für das Gebiet des Kohlenwalds und den Umkreis von Namur mit Sicherheit und für das weiter östlich anschließende mittlere Maasgebiet mit einiger Wahrscheinlichkeit bestätigen. Da auch vom Überlieferungszusammenhang her keine Bedenken bestehen, wird man die betreffenden Nachrichten der Annalen als glaubwürdig ansehen können. Als unmittelbarer Einflußbereich Pippins I. ergibt sich danach die Landschaft zwischen dem Kohlenwald, der mittleren Maas und dem Grenzraum zu den Friesen. Letzterer ist nach den Ergebnissen von Fritze wohl an der nördlichen Maas

---

[33] Fredegar IV, 38 ff. S. 139 f. Theuderich II. scheint sich von Köln, wo er nach dem Sieg über Theudebert II. bei Zülpich dessen Thesaurus an sich nahm, wieder in das südliche Austrasien begeben zu haben, da sein Heereszug gegen den im nördlichen Neustrien regierenden Chlothar II. nicht über die große Verbindungsstraße Köln-Maastricht-Bavai, sondern über Metz führte, vgl. cap. 39 S. 140. Als Chlothar II. Andernach erreichte, residierte Brunichilde in Worms, cap. 40 S. 140.

[34] Fredegar IV, 38 S. 139.

[35] Vgl. EWIG, Teilungen S. 690.

[36] EWIG, Trier S. 114 vermutet, daß Chlothar II. die durch die Eifel führende Römerstraße von Maastricht nach Andernach benutzte und bemerkt hierzu: „Offensichtlich besaßen die an der mittleren Maas beheimateten Pippiniden eine Schlüsselstellung, die ihm diesen Vormarsch gestattete"; ähnlich DERS., Teilungen S. 715. Sucht man diese Annahme über den Marschweg Chlothars II. unabhängig von den Nachrichten der Annales Mettenses über den Herrschaftsbereich Pippins I. abzustützen, so spricht für den von Ewig angenommenen Verlauf des Heereszuges vor allem die Tatsache, daß Chlothar nicht an den Oberrhein oder in den Metzer Raum vorstieß, sondern nach Andernach, das von seinem Teilreich um Beauvais, Rouen und Amiens aus am leichtesten über das nördliche Austrasien zu erreichen war.

und deren Mündungsgebiet zu lokalisieren[37]. Das derart umschriebene Gebiet deckte sich mit weiten Teilen der Gaue Brabant, Haspengau, Maasgau und Toxandrien. Der Lütticher Raum mit dem fruchtbaren, dichtbesiedelten Haspengau, dem Bischofssitz in Maastricht und seinen wirtschaftlichen Zentren an der Maas dürfte einen wichtigen Bestandteil des Herrschaftsbereichs Pippins ausgemacht haben. Dies richtet verstärkt den Blick auf die Frage, welcher Art der *principatus* Pippins I. in diesen Gebieten gewesen war.

Die Annales Mettenses beschreiben die Stellung Pippins I. als eigenständige Herrschaft nach gerechten Gesetzen. In der zeitgenössischen Überlieferung stehen dem nur wenige erläuternde Nachrichten gegenüber. Sie entstammen im wesentlichen der Chronik des sog. Fredegar. Ihr ältester Beleg, jene bekannte Nachricht über die Einladung Chlothars II. nach Austrasien durch Arnulf und Pippin, mit der die Karolinger in das Licht der Geschichte treten, ist zugleich am knappsten gehalten. Es heißt lediglich, daß nach dem Tode Theuderichs II. (613) und der Einsetzung seines Sohnes Sigibert II. durch Brunichilde *Chlotharius factione Arnulfo et Pippino vel citeris procerebus Auster ingreditur*[38]. Unter Dagobert I., den Chlothar II. 623 als Unterkönig in Austrasien eingesetzt hatte, wird Pippin zum Jahre 624/25 als Hausmeier genannt[39]. Er erhielt dieses Amt nach 617/18, möglicherweise in Zusammenhang mit der Einrichtung des austrasischen Unterkönigtums für Dagobert I.[40] Als Dagobert 629 die Herrschaft auch in Neustrien und Burgund

---

[37] FRITZE, Utrecht S. 112 mit Anm. 22 und S. 147. Fritze beruft sich allerdings vor allem auf das Zeugnis der Annales Mettenses, das jedoch mit der übrigen Überlieferung gut in Einklang zu bringen ist.

[38] Fredegar IV, 40 S. 140.

[39] Ebd. cap. 52 S. 146. Es handelt sich um die Nachricht, daß *instigantibus beatissimo vero Arnulfo pontifice et Pippino maiores domus seu et citeris prioribus sublimatis in Auster* der Agilolfinger Chrodoald bei Dagobert I. in Ungnade gefallen und später von diesem durch eine List umgebracht worden war. Pippin und Arnulf treten somit zu dieser Zeit sicher als die einflußreichsten austrasischen Großen am Hofe entgegen.

[40] Chlothar II. hatte in Austrasien zunächst den noch 616 bezeugten Hausmeier Rado und als dessen Nachfolger den 617/18 genannten Hausmeier Chucus eingesetzt, vgl. Fredegar IV, 42 und 45 S. 142 und 144 sowie EBLING, Prosopographie S. 201 und 122. Auf die auffällige Tatsache, daß Pippin I. wohl 613 an der Spitze der austrasischen Parteigänger Chlothars II. genannt wird, von diesem aber zunächst trotz mehrfacher Wechsel nicht bei der Besetzung des Hausmeieramts berücksichtigt wurde, wies die Forschung bereits mehrfach hin. Während EWIG, Teilreiche S. 107 Anm. 84 eine Erklärung offenließ, vermutete BONNELL, Anfänge S. 94 nicht ohne Wahrscheinlichkeit, daß bei der ersten Erwähnung Pippins I. 613 in der Chronik des sog. Fredegar „der für das karolingische Geschlecht eingenommene Berichterstatter doch vielleicht der Geschichte vorgegriffen habe". Ähnlich nimmt auch HLAWITSCHKA, Vorfahren S. 57 an, das erste historisch bedeutsame Handeln Pippins I. und Arnulfs habe beide „noch nicht entscheidend vorangebracht". Man wird dies jedoch lediglich für Pippin, nicht aber für Arnulf annehmen können. Erstmals sicher in führender Stellung tritt Pippin unter Dagobert I. entgegen, vgl. Anm. 39. Dies spricht für die mehrfach vertretene Annahme, daß es maßgeblich Pippin und Arnulf und die ihnen verbundenen Kreise waren, die 623 die Einrichtung eines austrasischen

übernahm und seine Residenz nach Paris verlegte, scheint Pippin zunächst in Austrasien verblieben zu sein. Kurz darauf wurde er von austrasischen Gegnern bei Dagobert I. angefeindet (vor 631), was offensichtlich zu einer Entmachtung Pippins und einem längeren Aufenthalt in Neustrien führte[41]. 639, nach dem Tode Dagoberts I., huldigte Pippin zusammen mit anderen austrasischen Großen dem 633/34 in Austrasien eingesetzten Sigibert III. und wurde erneut als austrasischer Hausmeier tätig[42].

Deutlich wird, daß die Annales Mettenses sich nicht auf Pippins I. Herrschaftsbereich als austrasischer Hausmeier beziehen. Sie scheinen eher jene Machtstellung zu kennzeichnen, aufgrund derer Pippin I. bei den Vorgängen von 613 eine führende Rolle spielen und nach 617/18 das Hausmeieramt in Austrasien erlangen konnte. Ein wesentliches Merkmal dieser Machtposition dürfte gewiß umfangreicher Besitz in dem umschriebenen Gebiet gewesen sein. Für eine andere politisch führende Familie dieses Raums zu Beginn des 7. Jahrhunderts läßt das Testament des Adalgisel-Grimo erkennen, daß Angehörige der politischen Führungsschicht über weitgestreuten Besitz über große Entfernungen hinweg verfügen konnten[43]. Für Pippin I. wird man eine

---

Unterkönigtums durch Chlothar II. erreichten, vgl. EWIG S. 107 f. sowie die Anm. 49 zitierte Mitteilung der Vita Arnulfi und die zumeist verworfene Nachricht des LHF cap. 41 S. 311. Pippins Einsetzung zum Hausmeier bei dieser Gelegenheit nimmt bereits BONNELL S. 96 an.

[41] Fredegar IV, 61, 62 S. 151. Die Vorgänge scheinen im einzelnen noch ungeklärt, vgl. Anm. 42.

[42] Fredegar IV, 85 S. 163 f. Es heißt, nachdem *Pippinus maior domi post Dagoberti obetum et citiri ducis Austrasiorum, qui usque in transito Dagoberti suae fuerant dicione retenti, Sigybertum unanemem conspiracionem expetissint*, habe Pippin seinen früheren Freundschaftsbund mit Bischof Kunibert von Köln erneuert und sich auch mit den übrigen austrasischen Großen in *amicicia* verbunden. Im folgenden erscheint Pippin deutlich als der *maior domi* Sigiberts III. Gemeinhin wird die Nachricht in der Weise gedeutet, daß Pippin I. nach den Vorgängen von 629/31 von Dagobert I. in Neustrien festgehalten worden sei bzw. sich freiwillig hier aufgehalten habe, vgl. etwa EWIG, Teilreiche S. 111 ff. mit Anm. 117, HLAWITSCHKA, Vorfahren S. 57 f., HASELBACH, Annales Mettenses S. 43, SCHNEIDER, Königswahl S. 150 und ECKARDT, Treueidleistung S. 167 ff. BONNELL, Anfänge S. 106 vermutete hingegen, daß Pippin I. und die übrigen *duces* „denjenigen Landestheilen angehörten, die erst mit Dagoberts Tode an Sigibert fallen sollten". K.-U. JÄSCHKE deutet in seiner Rezension von HASELBACH (RhVjbll. 36 1972) S. 346 die Nachricht in der Weise, „daß der Hausmeier Pippin und die anderen austrasischen Führer, die der Herrschaft Dagoberts I. unterstanden hatten, nach dessen Tod einmütig in Richtung auf ein Teilkönigreich des Dagobert-Sohnes Sigibert III. hin konspirierten". Für die vorherrschende Deutung spricht vor allem die Tatsache, daß – obgleich Pippin I. zumindest nach dem Wortlaut Fredegars sein austrasisches Hausmeieramt nach 629/31 beibehalten hatte – Dagobert I. bei der Einrichtung des austrasischen Unterkönigtums für Sigibert III. 633/34 Kunibert von Köln und den *dux* Adalgisel *palacium et regnum gobernandum instetuit*, Fredegar IV, 75 S. 158 f. In Neustrien selbst war von 613–639 der Hausmeier Gundoland tätig, vgl. EBLING, Prosopographie S. 165. Der auffällige Befund, daß Pippin I. einerseits bei den Vorgängen von 633/34 unberücksichtigt blieb, andererseits bis auf die Erziehung Sigiberts in Orleans (vor 633) schwerlich politische Funktionen im Dienste Dagoberts I. ausgeübt haben dürfte, spricht im Sinne der vorherrschenden Auffassung wohl stärker für eine politische Kaltstellung Pippins durch Dagobert.

[43] Vgl. oben S. 58 f.

ähnliche Besitzgrundlage voraussetzen können. Bereits die Klostergründungen Ittas in Nivelles und Fosses mit den zugehörigen Ausstattungsgütern lassen auf eine weiträumige Grundherrschaft schließen. Es ist sehr wahrscheinlich, daß Pippin I. und seine Familie auch in anderen Teilen Brabants und des mittleren Maasgebiets begütert waren. Möglicherweise reichten ihre Besitzungen wie bei Adalgisel-Grimo darüber hinaus auch noch in entferntere Gegenden Austrasiens. Der Schwerpunkt ist jedoch entsprechend den Angaben der Annales Mettenses nördlich der Ardennen im östlichen Belgien zu suchen.

Wohl ausgehend davon, daß Pippin I. 613 nicht als Amtsträger bezeugt ist und daß er 639 durch Freundschaftsbünde mit den *omnesque leudis Austrasiorum*[44] an die Spitze der austrasischen Großen trat, zeichnet Haselbach für die Herrschaft Pippins I. ein Bild, das weitgehend den Aussagen der Annales Mettenses über den *principatus* Pippins II. entspricht. Ihrzufolge war Pippin 613 nicht als Inhaber eines Amts[45], sondern als ein „mächtiger Adeliger" aufgetreten, „der sich auf ein umfangreiches Hausgut und einen bedeutenden Anhang unter den ihm in einem gefolgschaftsähnlichen Verhältnis verbundenen austrasischen Großen stützen konnte"[46]. Ähnlich wie für Pippin II. scheint Haselbach bereits für Pippin I. stärker eine Herrschaft „eigenen Rechtes" anzunehmen[47].

Besser als über Pippin I. ist man über seinen Verbündeten Arnulf von Metz unterrichtet. Seiner weitgehend zeitgenössischen Vita ist zu entnehmen, daß Arnulf von dem Hausmeier Gundulf am Hofe König Theudeberts II. (596–612) ausgebildet wurde und als *domesticus* über sechs *provinciae* ein besonders einflußreicher und bevorzugter Amtsträger Theudeberts II. gewesen war[48]. Nach der Niederlage und dem Tod Theudeberts stand er, wie der Bericht des sog. Fredegar zeigt, an führender Stelle des Widerstands gegen Theudeberts Gegner, Brunichilde und deren Enkel Theuderich II. Kurze Zeit nach der Erhebung Chlothars II. wurde Arnulf im Jahre 614 zum Bischof von Metz ernannt und blieb damit in unmittelbarer Nähe des königlichen Hofes[49].

---

[44] Fredegar IV, 85 S. 164.

[45] Ähnlich bereits BONNELL, Anfänge S. 94, der unter Hinweis auf die vornehme Abkunft und den reichen Grundbesitz Pippins und Arnulfs betont, beide hätten nicht „der Folie einer öffentlichen Stellung bedurft, um etwas zu gelten". Für Pippin hält er eine Amtstätigkeit vor 623 vor allem deshalb für unwahrscheinlich, da dieser nach 613 zunächst für 10 Jahre nicht mehr in den Quellen entgegentritt, vgl. auch Anm. 40.

[46] HASELBACH, Annales Mettenses S. 42; ähnlich auch S. 46.

[47] Ebd. S. 49.

[48] Vita Arnulfi cap. 3, 4 S. 433.

[49] Cap. 7 S. 434. Zum Zeitpunkt seiner Bischofserhebung vgl. KRUSCH ebd. S. 426. HASELBACH, Annales Mettenses S. 42 setzt den Amtsantritt Arnulfs unzutreffend auf 611/12 an und folgert hieraus, daß Arnulf anders als Pippin durch „seine angesehene und einflußreiche Position als Inhaber einer bedeutenden Diözese" eine wichtige Rolle bei den Vorgängen von 613 habe spielen können. Die Nähe Arnulfs zum austrasischen Königshof erhellt vor allem aus der Nachricht der Vita cap. 16 S. 439, wonach Chlothar 623 bei der Einsetzung seines Sohnes Dagobert in

Deutlich ist, daß mit Arnulf 613 ein führender Amtsträger zur Spitze der austrasischen Opposition gegen Brunichilde zählte.

Der Amtscharakter königlicher Ämter war seit dem Niedergang des merowingischen Königtums in der zweiten Hälfte des 6. Jahrhunderts zunehmend im Schwinden begriffen. Claude zeigte bei einer Reihe von königlichen Amtsträgern des ausgehenden 6. und beginnenden 7. Jahrhunderts auf, daß Amt und persönliche Herrschaft häufig eng miteinander verbunden waren[50]. Schufen einerseits umfangreicher Besitz, gute Verbindungen zu anderen Großen und eine bewaffnete Dienstmannschaft die Voraussetzungen für die Übernahme hoher Ämter wie das eines *dux, comes* oder *domesticus*, so bot andererseits deren Ausübung die Möglichkeit, die eigene Herrschaftsgrundlage beträchtlich zu erweitern. Eine auf Grundbesitz und Anhang unter den Großen beruhende Machtposition und die Ausübung von Herrschaft als hoher Amtsträger dürften weniger als Gegensätze verstanden worden sein als vielmehr in wechselseitiger Verbindung erst eine führende politische Stellung begründet haben[51].

Auf dem Hintergrund dieser allgemeinen Beobachtungen und angesichts der Nachrichten über die politische Laufbahn des Arnulf von Metz scheint es fraglich, ob man Pippins Machtstellung in Austrasien vor 613 mit Haselbach vor allem auf seine „gefolgsherrliche Stellung" zurückführen kann. Vielmehr ist stärker auch mit der Möglichkeit zu rechnen, daß Pippin I. bereits vor 613 versucht hatte, wie andere Große seiner Zeit auch seine persönliche Machtgrundlage mit der Übernahme eines Amts zu verbinden, um hierdurch seine Herrschaftsposition weiter auszubauen. Hält man es für nicht unwahrscheinlich, daß Pippin schon vor 613 Inhaber eines Amts gewesen war, so ist sein Amtssprengel am ehesten wohl in dem von den Annales Mettenses umschriebenen Bereich zwischen Kohlenwald und mittlerer Maas zu vermuten. Möglicherweise hatte er wie Arnulf die Stellung eines *domesticus* über mehrere Sprengel oder wahrscheinlicher noch das Amt eines *dux* in einem der Dukate dieses Raums[52] innegehabt. Für weitergehende Aussagen fehlt jedoch jeglicher Anhaltspunkt.

Insgesamt ergibt sich aus den wenigen Nachrichten über Pippin I., daß sich der Einflußbereich Pippins vor allem auf das Gebiet zwischen Kohlenwald, mittlerer Maas und der friesischen Grenze erstreckte und daß somit die Pippiniden bereits zu Beginn des 7. Jahrhunderts über enge Beziehungen zum Lütticher Raum verfügt hatten. Sehr wahrscheinlich war die Familie schon

---

Austrasien dem hl. Arnulf *regnum ad gubernandum et filium erudiendum in manu* übertragen hatte.
[50] CLAUDE, Comitat S. 54 ff.
[51] Vgl. hierzu CLAUDE S. 59 ff., bes. S. 70.
[52] Vgl. dazu oben S. 186 f. mit Anm. 17 und 18.

unter Pippin I. in diesem Gebiet begütert. Es ist denkbar, aber mit der bislang bekannten Überlieferung nicht näher zu begründen, daß entsprechend der späteren Tradition der Ort Landen zu den bevorzugten Gütern Pippins I. im Haspengau zählte. Welcher Art die Machtstellung Pippins I. im östlichen Belgien war, auf die sich der Verfasser der Annales Mettenses bezieht, ist bei dem Fehlen aussagekräftiger Parallelzeugnisse nicht mehr sicher zu bestimmen. Der zuletzt von Haselbach vertretenen Annahme einer Herrschaft vorwiegend eigenen Rechts steht zumindest gleichberechtigt die Möglichkeit gegenüber, daß sich Pippin I. in dem Raum zwischen Kohlenwald und mittlerer Maas nicht nur auf umfangreichen Besitz und Anhang unter den einheimischen Großen stützen konnte, sondern daß er hier schon vor 613 ein führender Amtsträger gewesen war.

Grimoald

Grimoald tritt erstmals nach dem Tode seines Vaters Pippin I. im Jahre 640 in der Überlieferung entgegen. Für ihn war offensichtlich die Übernahme der väterlichen Stellung in Austrasien vorgesehen [1]. Gegen seine Nachfolge kam es jedoch zu Widerständen innerhalb der austrasischen Führungsschicht. Im Zusammenhang der Kämpfe, die nach 640 ausbrachen, ist Grimoald als *dux* bezeugt [2]. Führende Persönlichkeit am Hofe Sigiberts III. war der *baiolos* Otto, der einer mächtigen mit den Pippiniden verfeindeten Familie entstammte [3]. Erst die Ermordung Ottos 643 eröffnete Grimoald den Weg zum Hausmeieramt und zur Übernahme der Regierungsgewalt über das *omnem regnum*

---

[1] Fredegar IV, 85 S. 164.

[2] In dem Bericht der Fredegarchronik über den Kriegszug Sigiberts III. 641 gegen den thüringischen Herzog Radulf, der dem Agilolfinger Fara und den Mainzer Großen nahestand, vgl. dazu GOCKEL, Königshöfe S. 308 ff., heißt es, daß *Grimoaldus et Adalgyselus ducis* sich besonders um den Schutz des jungen Königs bemüht hätten, cap. 87 S. 165. Ein untechnischer Gebrauch der Bezeichnung *dux* lediglich im Sinne eines anläßlich des Heereszuges ernannten Heerführers ist an dieser Stelle weitgehend auszuschließen: Zum einen wird Adalgisel bereits in anderem Zusammenhang 633/34 als *dux* bezeichnet, cap. 75 S. 159; zum anderen finden sich in dem Bericht zu 641 mehrfach sehr detaillierte Amtsangaben wie *dux Avernus, comex Sogiontinsis* oder *domesticus*. Es ist somit davon auszugehen, daß Grimoald spätestens 641, sehr wahrscheinlich aber noch zu Lebzeiten seines Vaters das Amt eines *dux* übernommen hatte. Wo sein Amtssprengel lag, muß offenbleiben. Die Hypothese liegt nahe, daß es sich um einen der Dukate in den ihm landschaftlich enger verbundenen nordöstlichen Teilen Austrasiens handelte.

[3] Fredegar IV, 86 S. 164; zu Otto vgl. zuletzt EBLING, Prosopographie S. 66f. Eine sichere genealogische Einordnung Ottos, des Sohnes eines *domesticus* Uro, scheint nicht möglich. Mehrfach wurden Zusammenhänge mit den Gründerfamilien Weißenburgs und den Gundoinen bzw. den Chrodoinen vermutet, vgl. EWIG, Trier S. 114 und S. 122 Anm. 76, EBLING S. 67 und WENSKUS, Stammesadel S. 103 f. sowie auch oben S. 102 f. mit Anm. 12.

*Austrasiorum*⁴. Über die landschaftlichen Beziehungen Grimoalds in den knapp zwanzig Jahren seiner Tätigkeit als austrasischer Hausmeier liegen nur sehr wenige Nachrichten vor.

An Besitzungen Grimoalds sind mehrere Güter im Raum von Reims bekannt, die er an das Kloster Stablo-Malmedy und unter Bischof Nivard von Reims (vor 657 bis 673) an die Reimser Bischofskirche übertrug⁵. Die an Stablo-Malmedy vergabten Güter hatte Grimoald durch Schenkung Sigiberts III. bzw. durch Kauf erworben. Dies macht fraglich, inwieweit es sich bei seinen übrigen Besitzungen in diesem Raum um altes Hausgut handelte⁶. Beziehungen zu dem Gebiet zwischen Kohlenwald und Maas sind vor allem durch die Überlieferung aus Nivelles bezeugt. Nach Angaben der Vita s. Geretrudis wurde Grimoalds Tochter Wulfetrude von seiner Schwester Gertrud in Nivelles erzogen und folgte dieser Ende 658 in der Leitung des Klosters nach⁷. Das Additamentum de s. Fuilano berichtet zum Jahre 656 von einem Treffen zwischen Grimoald und Bischof Dido von Poitiers in Nivelles, bei dem es, wie Grosjean zeigen konnte, um die Nachfolgeregelung in Austrasien für Sigibert III. ging⁸. Grimoalds enge Verbindungen zu Nivelles lassen darauf schließen, daß auch für ihn das östliche Belgien, in dem ein Großteil seiner väterlichen Erbgüter anzunehmen ist, einen Schwerpunkt innerhalb seiner weiträumigen Beziehungen bildete. Allgemeinere Rückschlüsse auf eine stärkere Machtgrundlage Grimoalds im nördlichen Austrasien gestattet die Tatsache, daß es Grimoald nach 640 zunächst nicht gelang, Einfluß auf den in Metz residierenden Hof Sigiberts III. zu gewinnen, und daß sein wichtigster Verbündeter, Bischof Kunibert von Köln, zu den Großen im nördlichen Austrasien gehörte⁹.

---

⁴ Cap. 88 S. 165. Seine hervorragende Stellung kommt auch in der Adresse eines an ihn gerichteten Briefes des Desiderius von Cahors zum Ausdruck: *Domino inlustri, totius aulae, immoque regni rectorem Grimoaldo maiorem domus*, NORBERG, Epistolae I, 6 S. 20. Der Brief wird zumeist in die Zeit kurz nach 643 datiert.

⁵ D Arnulf 1 S. 91 = HR 1 Nr. 3 S. 9f.; Vita Nivardi cap. 6 S. 164, vgl. dazu HEIDRICH, Titulatur S. 264f. (Nr. 3, 4).

⁶ Vgl. ZATSCHEK, Reich S. 32.

⁷ Vita s. Geretrudis cap. 6 S. 459f.; vgl. KRUSCH, Vorrede S. 447 und HOEBANX, Nivelles S. 28f. und 32f.

⁸ Additamentum S. 451. Vgl. GROSJEAN, Notes S. 391f., der das Treffen mit Sicherheit auf 656 datieren kann und wahrscheinlich macht, daß Grimoald und Dido nicht, wie es in dem Additamentum heißt, *locorum sanctorum visitandi gratia* in Nivelles zusammengekommen waren, sondern um hier angesichts des unmittelbar bevorstehenden Todes Sigiberts III. über die geplante Verbannung von Sigiberts Sohn Dagobert nach Irland zu verhandeln, durch die der Weg für das Königtum des Sohnes Grimoalds, des von Sigibert adoptierten Childebert, freigemacht werden sollte. Bereits zur Gründungszeit von Fosses 650/52 heißt es, der aus Neustrien vertriebene Foillan sei mit seinen Gefährten von Itta und Gertrud *honorifice* aufgenommen worden, *ipso etiam Grimaldo praeside eisdem sanctis congratulante viris*, S. 450. Auch dies deutet auf engere Verbindungen Grimoalds zu dem Raum um Nivelles und Fosses hin.

⁹ Fredegar IV, 86 S. 164: *Grimoaldus cum Chuniberto pontefice se in amiciciam constringens, ceperat cogitare, quo ordine Otto de palacio aegiceretur, et gradum patris Grimoaldus adsumeret*.

Im Lütticher Raum ist der Name Grimoalds vor allem mit den Anfängen des späteren Reichsklosters Stablo-Malmedy verbunden. Stablo-Malmedy, im Zusammenwirken Sigiberts III. und Grimoalds für den Abtbischof Remaklus gegründet, trat an die Stelle des Klosters Cugnon am Südrand der Ardennen, das gleichfalls von Sigibert und Grimoald für Remaklus gegründet worden war, von diesem aber schon bald nach der Gründung aufgegeben wurde. Der Vergleich mit den klösterlichen Anfängen von Cugnon läßt aufschlußreiche Rückschlüsse auf die näheren Umstände der Gründung von Stablo-Malmedy und die Rolle Grimoalds bei diesen Vorgängen zu.

Über die Anfänge von Cugnon berichtet eine undatierte Urkunde Sigiberts III., deren Adresse sich an den *viro inlustri*[10] *Grimoaldo maiori domus* richtet und deren Abfassungszeit um 646/47 anzusetzen ist[11]. Der König teilt seinem Hausmeier mit, daß er auf den Rat der Bischöfe Kunibert von Köln, Numerian von Trier und Godo von Metz sowie der Großen Grimoald, Bobo und Adalgisel *in terra nostra silva Ardenense in loco qui dicitur Casecongidunus ... et ex nostrae largitatis munere* ein Kloster gründen wolle *(coenobium construere volumus)*. Er habe in Cugnon den Remaklus zum Abt eingesetzt *(abbatem constituimus)* und den Mönchen königliche Waldungen im Umkreis von drei Leugen um den Ort Cugnon zur Nutzung geschenkt[12]. Das

---

Es wird zwar nicht ausdrücklich gesagt, daß sich der Hof unter Otto in Metz befand; man wird dies jedoch mit einiger Wahrscheinlichkeit daraus erschließen können, daß Metz noch 639 als Residenz Sigiberts III. bezeugt ist, ebd. cap. 87 S. 164. Für Kunibert wurde mehrfach eine Herkunft aus einer moselländischen Familie angenommen, so etwa von EWIG, Trier S. 114; vgl. dazu oben S. 43 Anm. 53. Die hervorragende politische Stellung Kuniberts dürfte jedoch vor allem auf seiner Position als Bischof von Köln beruht haben.

[10] So entgegen den Herausgebern K. PERTZ und HALKIN/ROLAND in Anschluß an HEIDRICH, Titulatur S. 231.

[11] Anhaltspunkte für eine ungefähre Datierung der Urkunde ergeben sich von der Person des Remaklus wie auch von den in der Urkunde genannten Bischöfen Numerian und Godo her. BAIX, Saint Remacle S. 186 verweist auf die unten Anm. 40 zitierte Nachricht der Vita Eligii II, 15 S. 702 f., derzufolge Eligius auf der Rückkehr von seiner Reise zum Grabe des Sulpicius von Bourges sein Kloster Solignac besucht und hier den zweiten Abt eingesetzt habe (der erste war Remaklus gewesen). Da Sulpicius 647 gestorben sei (nach KRUSCH SS rer. Merov. 4 S. 365 ist das Jahr 646 zutreffender) und wohl kaum mit einer größeren Vakanz in Solignac gerechnet werden könne, sei der Weggang des Remaklus in die Zeit um 646/47 bzw. kurz davor zu datieren. EWIG, Trier S. 129 hebt hervor, daß Bischof Numerian, der etwa um 620 geboren wurde, das Bischofsamt in Trier, geht man von dem kanonisch erforderlichen Alter von 30 Jahren aus, wohl schwerlich allzu lange Zeit vor 647/48 übernommen haben könne. LEVISON, Metz S. 149 gibt unter Hinweis auf die Metzer Bischofsliste des 9. Jh.s als Todesjahr des Bischofs Abbo von Metz, des Vorgängers des Godo, 647 an. Diese voneinander unabhängigen Hinweise deuten übereinstimmend darauf hin, daß die Gründungsurkunde von Cugnon am ehesten wohl auf 646/47 zu datieren ist. Sicherer terminus post quem ist 643, das Jahr, in dem Grimoald Hausmeier wurde. Nicht haltbar ist die Datierung von DUPRAZ, Regnum Francorum S. 304 auf 641/42. Die von PERTZ S. 21 und HALKIN/ROLAND S. 2 vorgeschlagene Datierung auf 644, der sich zuletzt MÜLLER-KEHLEN Ardennen S. 39 anschließt, ist wohl weniger wahrscheinlich.

[12] D Mer 21 S. 22 f. = HR 1 Nr. 1 S. 2 ff.

Kloster, von Sigibert III. gegründet und ausgestattet, war deutlich als ein Königskloster angelegt.

Sigibert III. hatte nach eigener Aussage 646/47 das Mündigkeitsalter von 15 Jahren erreicht[13]. Es erscheint fraglich, daß die Initiative zur Gründung von Cugnon allein von ihm ausgegangen war. Der Hinweis auf das *consilium* der genannten geistlichen und weltlichen Großen spricht vielmehr dafür, daß die treibenden Kräfte für die Klostergründung vor allem in diesem Personenkreis zu suchen sind[14]. Die Gründungsurkunde von Cugnon ist die einzige bekannte Merowingerurkunde, die allein an den Hausmeier adressiert ist[15]. Königsurkunden, deren Adresse sich an Amtsträger richtete, waren für diese in der Regel Auftrag und Vollmacht zugleich[16]. Adressaten waren zumeist jene Amtsträger, deren Sprengel von der urkundlichen Verfügung betroffen waren. Daß sich die Urkunde Sigiberts III. an den Hausmeier richtete, dem selbst kein eigener Amtssprengel innerhalb des Teilreichs unterstand, bedeutete somit formal den Auftrag an den höchsten Amtsträger Austrasiens, den königlichen Plan einer Klostergründung auszuführen und die Zuweisung des Ausstattungsgutes an Cugnon durchzusetzen. Die Urkunde schuf Grimoald als dem tatsächlichen Inhaber der Regierungsgewalt in Austrasien die Möglichkeit, in eigener Person eine Klostergründung im Namen des Königs vorzunehmen. Dahinter dürfte das besondere Interesse Grimoalds an der Errichtung eines Klosters für Remaklus gestanden haben[17].

Remaklus, der seine Ausbildung wohl in Luxeuil erhalten hatte, war ein führender Vertreter des columbanischen Mönchtums[18]. Von 632 bis 645/46[19] war er Abt des Klosters Solignac bei Limoges, das von Eligius, einem

---

[13] D Mer 23 S. 24 = HR 1 Nr. 4 S. 14: *ut dummodo auxiliante Domino in regni solium ad legitimam provenimus aetatem ... hoc est de anno quarto decimo regni nostri*. Der Regierungsbeginn Sigiberts III. fällt auf Ende 633/Anfang 634; zur Interpretation dieser Nachricht vgl. KRUSCH, SS rer. Merov. 5 S. 90 und DUPRAZ, Regnum Francorum S. 293 Anm. 1. Das Mündigkeitsalter der Merowinger war nach EWIG, Studien S. 22 ff. mit Vollendung des 15. Lebensjahres erreicht.

[14] Dies um so mehr, als nach ECKHARDT, Lex Ribuaria 1 S. 91 der Hinweis auf den *consensus* bzw. das *consilium* der Großen in Merowingerurkunden erstmals in der Gründungsurkunde von Cugnon begegnet. Vgl. auch WEHLT, Reichsabtei S. 202.

[15] Zu vergleichen ist allein D Mer 97 S. 87 = HR 1 Nr. 16 S. 43. Die Adresse wendet sich an den *viro inclito Karolomanno, maiori domus, rectori palatio nostro*, richtet sich im Gegensatz zu der Urkunde von Cugnon zugleich aber auch an die Gesamtheit der geistlichen und weltlichen Großen.

[16] Vgl. CLASSEN, Kaiserreskript 2 S. 62 ff. und HEIDRICH, Titulatur S. 134.

[17] Den maßgeblichen Anteil Grimoalds an der Gründung von Cugnon betont zuletzt auch WEHLT, Reichsabtei S. 202.

[18] Zu Remaklus vgl. insbesondere BAIX, Saint Remacle S. 167 ff. und PRINZ, Mönchtum S. 133 f., deren Ansicht, daß Remaklus Mönch in Luxeuil gewesen sei, von FRITZE, Confessio S. 85 Anm. 21 zurückhaltend beurteilt wird. Die starke columbanische Prägung des Remaklus steht jedoch außer Frage.

[19] Vgl. Anm. 11.

engen Vertrauten Dagoberts I., 632 gegründet worden war. Neben Eligius, der 640 das Bischofsamt in Noyon übernahm, gehörten dem Hofkreis Dagoberts I. mit den späteren Bischöfen Audoin von Rouen, Sulpicius von Bourges, Burgundofaro von Meaux, Desiderius von Cahors und Paulus von Verdun zahlreiche weitere Große an, die dem von Luxeuil ausgehenden columbanischen Mönchtum offen gegenüberstanden und ihm durch die Gründung einer größeren Zahl von Klöstern zu starker Verbreitung verhalfen[20]. Eine vergleichbare Förderung der irofränkischen Bewegung durch den austrasischen Hof blieb bis in die Zeit Grimoalds aus[21]. Verbindungen des neustrischen Hofkreises zu austrasischen Großen sind vor allem für die Arnulfinger-Pippiniden bezeugt. Desiderius von Cahors unterhielt enge Beziehungen zu Grimoald und Arnulfs Sohn Chlodulf[22]. Weitere Anknüpfungspunkte ergaben sich über Amandus, der Eligius und Audoin nahestand und zugleich wesentlichen Anteil an der Gründung des pippinidischen Hausklosters Nivelles hatte[23]. Sieht man in Grimoald die treibende Kraft bei der Errichtung von Cugnon, so sind die Anfänge dieses Klosters wohl vor allem auf dem Hintergrund dieser Beziehungen zu sehen. Offensichtlich war Grimoald daran gelegen, nach dem Vorbild von Luxeuil und Solignac ein monastisches Zentrum für das columbanische Mönchtum[24] auch in dem austrasischen Kernraum an Maas und Mosel zu schaffen. Es gelang ihm, hierfür mit Remaklus einen erfahrenen und angesehenen Abt zu gewinnen[25], dem für die geplante Gründung in Austrasien sehr wahrscheinlich auch einige seiner Mönche aus

---

[20] So in Anschluß an PRINZ, Mönchtum S. 124 ff.; vgl. zu diesem Personenkreis auch SPRANDEL, Adel S. 49 ff. und FRITZE, Confessio S. 84 ff.

[21] Vgl. PRINZ, Mönchtum S. 141, der nach einem Überblick über die Klostergründungen jener Zeit pointiert feststellt: „Der columbanische Anstoß, soweit er am Pariser Hofe fruchtbar wird, wirkt sich fast ausschließlich auf nichtaustrasischem Gebiet aus."

[22] NORBERG, Epistolae I, 2, 6 und 8 S. 12, 20 f. und 24. Der Brief an Chlodulf, auf den unten S. 386 ff. noch ausführlicher einzugehen ist, läßt enge Verbindungen des Desiderius auch zu Arnulf von Metz erkennen. Arnulf hatte über seinen Verwandten Bertulf, den späteren Abt von Bobbio, und über seinen Freund Romarich enge Beziehungen zu dem von Luxeuil ausgehenden Mönchtum unterhalten, vgl. SPRANDEL, Adel S. 17 f. und PRINZ, Mönchtum S. 138 ff.

[23] Vgl. DE MOREAU, Saint Amand S. 238 ff., PRINZ, Mönchtum S. 165 f. und FRITZE, Confessio S. 84 ff. und 104 f. Weitere Zusammenhänge dieser Personengruppen werden etwa daraus ersichtlich, daß der Ire Foillan, dessen Bruder Furseus von Bischof Eligius von Noyon feierlich erhoben worden war, nach seiner Vertreibung durch den neustrischen Hausmeier Erchinoald zu Grimoald, Itta und Gertrud flüchtete, vgl. Anm. 8 und Vita Fursei cap. 10 S. 439.

[24] Zu Solignac bemerkt der Autor der Vita Eligii II, 21 S. 685, daß es außer Luxeuil *in partibus occiduis huius religionis extitit caput.*

[25] Welche Motive Remaklus zum Verlassen von Solignac bewogen, liegt im Dunkeln. Die Vita Eligii II, 15 S. 703 vermerkt unzutreffend, er sei *ad episcopatum captus* gewesen. BERLIÈRE, Stavelot-Malmédy S. 68 hält es für denkbar, daß Remaklus „ait sollicité la faveur de vivre dans la solitude" und daß er sich möglicherweise auf Anregung des Eligius zur Missionsarbeit in diesen z. T. noch nicht christianisierten Gebieten Austrasiens angeboten habe; ähnlich auch BAIX, Saint Remacle S. 187 f. Letzteres ist jedoch unwahrscheinlich, da mit den Klostergründungen in Cugnon

Solignac folgten²⁶. Die Beteiligung der Bischöfe von Köln, Trier und Metz sowie der *duces* Adalgisel und Bobo zeigt den hohen Rang an, den Grimoald der neuen Klostergründung beimaß.

Das Kloster Cugnon hatte nur kurzen Bestand. Bereits wenige Jahre nach seiner Gründung verlagerte Remaklus seinen Wirkungsbereich in die nördlichen Ardennen, wo ihm mit Stablo-Malmedy ein Doppelkloster errichtet wurde, dem er bis zu seinem Tode 670/79 als Abt vorstand. Über die Anfänge von Stablo-Malmedy berichten zwei weitere Urkunden Sigiberts III. In der älteren von ihnen – ihre Datierung durch die Forschung schwankt zwischen 646 und 650²⁷ – teilt Sigibert mit, er habe den Mönchen²⁸ gestattet, daß *in*

---

und Stablo-Malmedy ganz offensichtlich keine Missionsabsichten verfolgt wurden. Keine Anhaltspunkte gibt es für die Annahme von SPRANDEL, Adel S. 56, Eligius habe Remaklus an den Hof Sigiberts III. geschickt. Es ist hingegen gut vorstellbar, daß die in Austrasien gebotene Möglichkeit, im Zusammenwirken mit dem König und dem Hausmeier eine Neugründung vorzunehmen und von hier aus für die Verbreitung des columbanischen Mönchtums tätig zu werden, einer der entscheidenden Beweggründe des Remaklus war.

²⁶ So in Anschluß an BAIX, Saint Remacle S. 188, der unter Remaklus mit einer „colonie venue de l'Aquitaine" in Cugnon und Stablo-Malmedy rechnet. Daß beide Klostergründungen von starken Einflüssen aus Solignac geprägt waren, zeigen die von KRUSCH, SS rer. Merov. 4 S. 744 f. beobachteten auffälligen Formularberührungen der ersten Sigibert-Urkunde und der Grimoald-Urkunde für Stablo-Malmedy mit der Stiftungsurkunde des Eligius für Solignac. Sie lassen zugleich auf ein enges Zusammenwirken des austrasischen Hofes und Grimoalds mit Remaklus und den mit ihm übergesiedelten Mönchen schließen.

²⁷ D Mer 22 S. 22 f. = HR 1 Nr. 2 S. 6 ff. BAIX, Saint Remacle S. 188 Anm. 3 setzt die Urkunde auf 646/48, DUPRAZ, Regnum Francorum S. 294 hält sie für vor 648 entstanden. BERLIÈRE, Stavelot-Malmédy S. 69 datiert die Urkunde auf 647/50, WEHLT, Reichsabtei S. 198 auf 648/50. PRINZ, Mönchtum S. 169 und MÜLLER-KEHLEN, Ardennen S. 40 f. gehen von einer Datierung um 648 aus. Sie folgen mit diesem Ansatz den Herausgebern der Urkunde PERTZ, D Mer S. 22 Anm. 23 und HALKIN/ROLAND 1 S. 6, die sich darauf beriefen, daß einerseits Remaklus, der 648 zum Bischof von Tongern-Maastricht erhoben worden sei, in der Urkunde noch nicht als *episcopus* bezeichnet werde und daß andererseits der in der Urkunde genannte Bischof Gisloald von Verdun sein Bischofsamt erst 648 angetreten habe. Beide Argumente sind jedoch, wie bereits BERLIÈRE S. 69 f. betonte, nicht aufrechtzuerhalten. Weitere Anhaltspunkte für eine genauere Datierung zwischen 646/47 (Gründung von Cugnon) und 656 Februar 1 (Tod Sigiberts III.) sind nicht ersichtlich. Die bekannten Amtsdaten der übrigen genannten Bischöfe Kunibert von Köln, Attela von Laon, Theudofrid von Toul und Numerian von Trier lassen keine nähere Eingrenzung der Urkunde zu. Indirekte Hinweise ergeben sich daraus, daß Sigibert III. nach der Gründung von Stablo-Malmedy den beiden Klöstern eine Schenkung machte, da sie *mundanam tamen substantiam cernuntur parumper habere*, D Mer 23 S. 23 = HR 1 Nr. 4 S. 12 ff. Auch diese Urkunde ist undatiert. Die von den Herausgebern vorgeschlagene Datierung auf 651/53 beruht gleichfalls auf unzutreffenden Voraussetzungen. Die Urkunde selbst setzt jedoch einen gewissen zeitlichen Abstand zu der Klostergründung voraus und dürfte somit kaum vor 650 ausgestellt worden sein. Selbst wenn man sie in das Ende der Regierungszeit Sigiberts III. verlegt, wird man somit spätestens in den Jahren 650/53 mit der Existenz der Klöster Stablo-Malmedy rechnen können. Auf diesem Hintergrund besitzt der zuletzt von Wehlt vorgeschlagene Ansatz auf 648/50 wohl die größte Wahrscheinlichkeit. Eine sichere chronologische Grundlage für eine genauere Datierung der ältesten Urkunden von Stablo-Malmedy ist jedoch nicht gegeben; vgl. auch FRANK, Klosterbischöfe S. 83 f.

²⁸ Die Bestimmung *concessimus eis* bezieht sich wohl am ehesten auf die Klosterinsassen; heißt es doch unmittelbar auf die Nachricht über Remaklus: *et eis tale beneficium prestitisse com-*

foreste nostra nuncupante Arduinna die Klöster Malmedy und Stablo *construerentur, ubi Christo auspice Remaglus venerandus abba preesse dinoscitur.* Mit Zustimmung seiner *fideles*, an ihrer Spitze Kunibert von Köln und Grimoald, habe er dem Remaklus die Erlaubnis erteilt, im Umkreis von zwölf Meilen um die Klöster eine *forestis* abzugrenzen, die niemand außer den Angehörigen des Klosters betreten oder nutzen dürfe. Der Gründungsvorgang selbst wird in der Urkunde nicht näher beschrieben[29]. Um so deutlichere Angaben finden sich in der zweiten Urkunde Sigiberts, einer um 650/56 anzusetzenden Zollschenkung an Stablo-Malmedy. In ihrer Narratio heißt es: *monasteria Malmundarium sive Stablaus cognominata ... quae vir illuster Grimoaldus maior domus ... suo opere in vasta heremi Ardenensis construxit, quemadmodum nos loca ipsa ad ipsa monasteria aedificanda pro nostra preceptione ex foreste nostra concessimus*[30].

Grimoald war, dies lassen die Urkunden erkennen, wie bei der Gründung von Cugnon so auch bei den Anfängen von Stablo-Malmedy entscheidend beteiligt gewesen. Um so klarer treten jedoch die Unterschiede zwischen den beiden Gründungsvorgängen entgegen. In der Urkunde für Cugnon werden die Gründung des Klosters, seine Besitzausstattung und die Einsetzung des Abtes als rein königliche Akte dargestellt. Cugnon erhielt somit den Status eines Königsklosters, das dem König unterstand und in dessen Obereigentum verbleiben sollte. Bei Stablo-Malmedy hingegen beschränkte sich der Anteil des Königs darauf, daß Sigibert III. den Grund und Boden für die Erbauung des Klosters und ein umliegendes großes Waldgebiet zur Sicherung des klösterlichen Lebens und zur Besitzausstattung zur Verfügung stellte[31]. Die Gründung selbst erfolgte nach Aussage der königlichen Kanzlei durch den Hausmeier Grimoald, der das Kloster *suo opere* errichtet hatte. Unter dieser Angabe ist nicht nur zu verstehen, daß die Initiative zur Klostergründung von Grimoald ausgegangen war[32]. Sie ist vielmehr dahingehend zu deuten, daß

---

pertum sit, ut ibidem familia Dei vel custodes eiusdem ecclesiae quieto ordine contemplativam vitam agere deberent iuxta monitionem divinam.

[29] Der Wortlaut legt nahe, daß die Klostergründung zur Zeit der Ausstellung der Urkunde bereits erfolgt war und daß die Urkunde somit eine nachträgliche königliche Bestätigung bereits vorher getroffener Maßnahmen darstellte.

[30] D Mer 23 S. 23 = HR 1 Nr. 4 S. 12; zur Datierung vgl. Anm. 27.

[31] Die Abgrenzung des großen Waldgebiets im Umkreis von 12 Meilen sollte *ob cavenda pericula animarum inhabitantium et ad devitanda consortia mulierum* vorgenommen werden, damit die Mönche *absque impressione populi vel tumultuatione saeculari Deo soli vacarent.* Damit war, wie das anschließende Verbot des Betretens dieses Gebiets durch andere Personen zeigt, zugleich aber auch das alleinige Nutzungsrecht der Mönche an diesen Waldungen verbunden.

[32] Das Wort *construere* bezieht sich in den Berichten urkundlicher und erzählender Quellen der Zeit über Klostergründungen in der Regel auf den weltlichen Stifter, der die materielle Grundlage und die baulichen Voraussetzungen für die Einrichtung eines Klosters geschaffen hatte. Gelegentlich betrifft es aber auch den geistlichen Gründer, vgl. etwa Vita s. Geretrudis cap. 2

Grimoald auch die baulichen Voraussetzungen geschaffen, das liturgische Gerät und die sonstige Einrichtung gestiftet und den Abt ernannt hatte[33]. Wie grundsätzlich verschieden dieses Vorgehen von seinem Verhalten bei der Gründung von Cugnon war, kennzeichnet nichts deutlicher, als daß Grimoald, obgleich er bereits bei der Stiftung von Cugnon die führende Persönlichkeit gewesen war, Cugnon seinerzeit als Königskloster einrichten und deklarieren ließ. Auf diesem Hintergrund wird man die von dem Gründungsbericht über Cugnon stark abweichende urkundliche Darstellung der Anfänge von Stablo-Malmedy schwerlich in dem Sinne interpretieren können, daß auch Stablo-Malmedy als Königskloster angelegt war und daß der Hausmeier auch hier nur im Auftrage des Königs gehandelt habe[34]. Vielmehr ist darauf zu schließen, daß Grimoald für Stablo-Malmedy einen von Cugnon verschiedenen Rechtsstatus anstrebte. Indem er *suo opere* die Gründung vornahm[35] und sich von der königlichen Kanzlei als Erbauer des Klosters bezeichnen ließ, beanspruchte er jene unmittelbare Verfügungsgewalt über das Kloster, die zunächst allein dem Gründer und dessen Familie zustand[36].

An vergleichbaren Klostergründungen, für die der König zwar Land zur Verfügung gestellt, die er aber nicht selbst durchgeführt hatte, ist vor allem Solignac zu nennen, jenes Kloster, dem Remaklus vor seiner Tätigkeit in Cugnon und Stablo-Malmedy als Abt vorgestanden hatte. Eligius teilt in seiner Gründungsurkunde für Solignac von 632 mit, er habe das Kloster *intra fundo agri Solemniacensis* errichtet, und überträgt ihm den *ager* Solignac, *qui*

S. 455: Itta bittet den Amandus, *ut monasterium sibi … construeret*; ähnlich auch der oben S. 348 Anm. 29 zitierte Bericht über die Anfänge von Fosses.

[33] Nahezu sämtliche Klostergründungsurkunden aus diesem Zeitraum lassen erkennen, daß die Auswahl und Einsetzung des ersten Abtes dem Gründer des Klosters zustanden; vgl. etwa neben der Gründungsurkunde für Cugnon die oben S. 169 mit Anm. 48 und S. 182 Anm. 37 erwähnten Beispiele von Susteren und Limeux sowie die Formula für eine Klostergründungsurkunde in der Collectio Flaviniacensis Nr. 43 MG Formulae S. 480: *et constituimus ibi abbatem nomine illo*. Es ist danach nicht zu bezweifeln, daß Remaklus in Stablo-Malmedy im Gegensatz zu Cugnon formell vom Abt bestellt worden war.

[34] So insbesondere BAIX, Saint Remacle S. 192 Anm. 3. Auch BERLIÈRE, Stavelot-Malmédy S. 68 f. sieht Sigibert III. als den Gründer von Stablo-Malmedy an.

[35] Im Anschluß an die betreffende Nachricht der Sigibert-Urkunde gilt bei einer Reihe von Forschern Grimoald als Gründer des Klosters, vgl. KRUSCH, SS rer. Merov. 5 S. 89, DUPRAZ, Regnum Francorum S. 145, HLAWITSCHKA, Herkunft S. 16 und SEMMLER, Episcopi potestas S. 388 mit Anm. 56. Ähnlich auch WEHLT, Reichsabtei S. 202 sowie PRINZ, Mönchtum S. 169, der eine maßgebliche Beteiligung Grimoalds an der Klostergründung annimmt, und MÜLLER-KEHLEN, Ardennen S. 41, die gleichfalls stärker die Mitwirkung Grimoalds betont, es aber für fraglich hält, inwieweit man von einer „Karolingerstiftung" sprechen kann. Demgegenüber rechnet EWIG, Trier S. 116 mit einer Gründung des Klosters durch Remaklus.

[36] Vgl. SEMMLER, Episcopi potestas S. 382 ff.; die von Semmler an dieser Stelle erwähnten Einschränkungen der Verfügungsgewalt der Klostergründer durch die kanonischen Bestimmungen hinsichtlich der weitgehenden Rechte des Diözesanbischofs wurden durch die Einflüsse des columbanischen Mönchtums im Verlauf des 7. Jh.s zunehmend aufgehoben, vgl. ebd. S. 387 ff. und ANGENENDT, Pirmin S. 252 ff.

mihi ex munificentia gloriosissimi et piissimi domini Dagoberti regis obvenit[37]. Weiterhin bestimmt er u. a., daß niemand außer dem König die *potestas* über den Besitz und die Angehörigen des Klosters ausüben dürfe[38]. Ein königliches Kloster war Solignac trotz dieser Verfügung jedoch nicht[39]. Die Vita Eligii läßt vielmehr deutlich erkennen, daß Eligius weitgehende Eigentumsrechte an dem Kloster besaß[40]. Ein ähnliches Bild ergibt sich auch für das Kloster Rebais, das der spätere Bischof von Rouen, der Referendar Audoin, und seine Brüder Ado und Rado errichtet und in dem sie den aus Luxeuil stammenden Mönch Agilus eingesetzt hatten[41]. Der Grund und Boden für diese Klostergründung stammte aus der Hand Dagoberts I. Der König selbst bezeichnete das Kloster, das später im Besitz Audoins bezeugt ist, als *super fiscum nostrum ... constructum atque ex parte ditatum*[42].

Solignac und Rebais sind Beispiele dafür, daß der König führenden Persönlichkeiten seines engsten Umkreises Ländereien für eine Klostergründung übertragen hatte, daß die Gründer angesehene, von Luxeuil geprägte Mönche als Äbte einsetzten und daß sie über die von ihnen gegründeten Klöster als Eigenklöster verfügen konnten, wobei zugleich eine enge Verbindung zum König erhalten blieb[43]. Die Anfänge von Stablo-Malmedy fügen sich diesem Bild weitgehend ein[44]. Dies um so mehr, als sich auch Stablo-Malmedy nach

---

[37] Die beste Ausgabe der Urkunde bietet B. KRUSCH, SS rer. Merov. 4 S. 746 ff. Der Vita Eligii II, 15 S. 680 f. ist zu entnehmen, daß Eligius das Gut Solignac von Dagobert I. zum Zwecke einer Klostergründung erbeten und erhalten hatte.

[38] Ebd. S. 747: *et nullam potestatem nullumque ius episcopus vel quelibet alia persona in prefato monasterio neque in rebus neque in personis nisi tantum gloriosissimus princeps poenitus sit habiturus.*

[39] So BAIX, Saint Remacle S. 178, der von Solignac als einer „abbaye royale" spricht; ähnlich in Anschluß daran auch PRINZ, Mönchtum S. 133 f. und 163.

[40] So in Anschluß an SEMMLER, Episcopi potestas S. 388 mit Anm. 53. Aufschlußreich ist vor allem der Bericht der Vita Eligii II, 15 S. 703 über den Besuch des Eligius in Solignac kurz nach 646 (vgl. zum Datum oben Anm. 11): *Visitatis etiam in suo monasterio fratribus necnon et secundo eisdem abbate constituto ... Venit autem et ad praedium parentum suorum; nam et ibi iam habebatur monasterium a germano eius ... constructum.* In ähnlicher Richtung ist wohl auch die Bemerkung in seiner Urkunde zu deuten, in der er den König bittet, *quia ... munuscula ipsa ex largitate ... Dagoberti regis videor habere et possidere,* er möge ihm die vorliegende *cessionis meae aepistola* bekräftigen, SS rer. Merov. 4 S. 748.

[41] PARDESSUS 2 Nr. 275 S. 39 f.: *caenobii septa ... loco nuncupante Resbacis construxerunt, quod gloriosissimi domini Dagoberti regis largitatis munere certi sunt meruisse.* Zu Agilus vgl. Vitae Columbani II, 8 S. 122 f.

[42] D Mer 15 S. 17. Zu Audoins Stellung als Eigenklosterherr von Rebais vgl. SEMMLER, Episcopi potestas S. 388 Anm. 54. Rebais wird in dem interpolierten Bischofsprivileg für St. Colombe in Sens neben Lérins, Luxeuil und St. Marcel in Chalon-sur-Saône unter den *regalia monasteria* aufgeführt, PARDESSUS 2 Nr. 333 S. 110, doch spricht der Kontext deutlich gegen eine Deutung als Königskloster.

[43] Vgl. Anm. 38 und die Anm. 42 zitierte Urkunde, die eine umfassende Privilegierung des Klosters durch Dagobert I. enthält.

[44] Ähnlich wie für diese und zahlreiche weitere irofränkisch geprägte Klöster des 7./8. Jh.s ist auch für Stablo-Malmedy mit einer frühen Verleihung weitgehender Freiheiten gegenüber dem

seiner Gründung noch königlicher Unterstützung erfreuen konnte[45]. Wohl wird in den ältesten erhaltenen Urkunden nicht unmittelbar gesagt, daß Sigibert III. Grimoald das für die Gründung erforderliche Land überlassen hatte. Andererseits aber war der Erwerb der Gründungsstätte innerhalb der königlichen *forestis* durch Grimoald die selbstverständliche Voraussetzung jeder weiteren Maßnahme zur Errichtung der beiden Klöster[46]. Ebenso ist nicht direkt bezeugt, daß Stablo und Malmedy dem Obereigentum Grimoalds unterstanden. Läßt jedoch die Tatsache, daß Grimoald bei Stablo-Malmedy im Gegensatz zu Cugnon selbst als Gründer auftrat, darauf schließen, daß er eine weitgehende Verfügungsgewalt über das Doppelkloster beanspruchte, so bestätigt die reichere Überlieferung für Solignac und Rebais, wie eng in vergleichbaren Fällen Gründung und Eigentumsrechte miteinander verbunden waren. Man wird danach mit Semmler mit hoher Wahrscheinlichkeit davon ausgehen können, daß das Doppelkloster Stablo-Malmedy als „Eigenkloster der pippinidischen Gründer" angelegt war[47]. Bei einer solchen Deutung wird zugleich auch um so klarer ersichtlich, weshalb Childerich II. nach dem Sturz des Grimoald die Gründung von Stablo-Malmedy und Grimoalds Schenkungen an das Kloster als ein Werk Sigiberts III. ausgeben ließ. In diesem Vorgehen spiegelt sich wider, daß das Kloster nunmehr den Pippiniden entzogen und unmittelbar dem König unterstellt worden war[48].

Diözesanbischof (in diesem Falle gegenüber den Bischöfen von Tongern-Maastricht und Köln) zu rechnen. Eine Urkunde Childerichs III. von 744, in der dieser Stablo-Malmedy u. a. eine Reihe klösterlicher Freiheiten bestätigt, nimmt Bezug darauf, daß die beiden Klöster *ab antiquis iuxta pontificum institutionem pro regale sanctione ... sub libertatis privilegio videntur consistere,* D Mer 97 S. 87 f. = HR 1 Nr. 16 S. 43 ff. Die Urkunde geht, wie KRUSCH, SS rer. Merov. 5 S. 94 zeigte, auf die Formula Marculf I, 2 MG Formulae S. 42 ff. zurück, die ihrerseits wiederum auf dem Privileg für Rebais von 635 beruht. FRANK, Klosterbischöfe S. 85 f. scheint einen Zusammenhang zwischen der Verleihung eines frühen Privilegs für Stablo-Malmedy und der Erhebung des Remaklus zum Abtbischof vor 656 anzunehmen; ähnlich rechnet auch SEMMLER, Episcopi potestas S. 388 Anm. 56 mit einer frühen Erteilung des Freiheitsbriefes. WEHLT, Reichsabtei S. 204 f., dem sich hierin MÜLLER-KEHLEN, Ardennen S. 46 anschließt, stellt in Anschluß an PERRIËNS, Studie S. 54 ff. die Existenz eines solchen älteren Privilegs in Frage. Angesichts der irofränkischen Prägung von Stablo-Malmedy im 7. Jh. und der Person seines Gründerabtes Remaklus ist es jedoch sehr wahrscheinlich, daß es sich bei dem Privileg, auf das sich die Urkunde Childerichs III. bezieht, um eine in die Gründungszeit des Klosters zurückreichende Verleihung der klösterlichen Freiheiten handelte.

[45] Vgl. D Mer 23 S. 23 = HR 1 Nr. 4 S. 12 ff. Möglicherweise hatte Grimoald die *villa* Germigny, die er an Stablo-Malmedy schenkte, von Sigibert III. eigens für die weitere Ausstattung des Klosters erhalten; ähnlich auch HALKIN/ROLAND 1 S. 9.

[46] Entsprechend vermutet DUPRAZ, Regnum Francorum S. 145, „que la construction s'était faite sur une parcelle de la forêt royale des Ardennes que Sigebert avait concédée à Grimoald"; vgl. auch Anm. 29. Aufschlußreich in diesem Zusammenhang erscheint, daß auch Dagobert I. bei Rebais nicht von einer Schenkung an die Klostergründer, sondern unmittelbar von der Errichtung des Klosters auf Fiskalgut spricht, vgl. das unter Anm. 42 angegebene Zitat.

[47] SEMMLER, Episcopi potestas S. 388 mit Anm. 56.

[48] Vgl. dazu oben S. 105 ff. mit Anm. 22 und 23. Obgleich man gegen Ende der Regierungszeit Dagoberts II. 679 in Stablo-Malmedy eine Kopie der Germigny betreffenden Urkunde

Die Ursachen für die Verlegung des Klosters von Cugnon nach Stablo-Malmedy werden in der zeitgenössischen Überlieferung nicht erwähnt. Der Vergleich der ältesten Urkunden bietet jedoch einige Anhaltspunkte. Cugnon, *in terra nostra silva Ardenense* gelegen, war ein *castrum*. Das Ausstattungsgut von drei Leugen Wald mit einem Fischwasser und zugehörigen Leuten war *ad usus eorum servorum Dei* bestimmt[49]. Von der Maas, einem Hauptverkehrsstrang jener Zeit, war der Ort nur wenige Kilometer entfernt. Stablo und Malmedy hingegen befanden sich *in foreste nostra nuncupante Arduinna in locis vaste solitudinis, in quibus caterva bestiarum germinat*. Die Klöster erhielten eine *forestis* im Umkreis von zwölf Meilen zugewiesen, deren Nutzung und Betreten allen nicht zum Kloster gehörigen Leuten verboten war, damit die Mönche *absque impressione populi vel tumultuatione saeculari Deo soli vacarent*[50]. Angesichts der günstigen Verkehrslage von Stablo-Malmedy[51], der Nachbarschaft zu den umliegenden Königshöfen[52] und bei dem häufigen Vorkommen ähnlicher Wendungen in klösterlichen Gründungsberichten liegt es nahe, mit Wehlt den Bemerkungen über die Abgeschiedenheit des Klosters vor allem topischen Charakter und weniger historischen Aussagewert beizumessen[53]. Einer solchen Deutung steht jedoch entgegen, daß Stablo und Malmedy in der Tat wesentlich einsamer gelegen waren als Cugnon, daß das große Waldgebiet im Umkreis des Klosters den Mönchen nicht so sehr *ad usus* als vielmehr *ob cavenda pericula animarum* verliehen worden war[54] und daß grundsätzlich wohl für eine Ausstattungsurkunde mit Rechtscharakter wie das Diplom Sigiberts III. kaum in dem gleichen Maße mit dem Eindringen topischer Elemente wie bei erzählenden, meist hagiographischen

---

Grimoalds anfertigen ließ und man somit zu dieser Zeit noch über Urkunden des offiziell totgeschwiegenen Gründers verfügte, vgl. EWIG, Staatsstreich S. 455 f., erscheint es nicht als undenkbar, daß eine etwa vorhandene Gründungsurkunde Grimoalds für Stablo-Malmedy nach den Ereignissen von 662 kassiert wurde.

[49] D Mer 21 S. 21 f. = HR 1 Nr. 1 S. 3 f.
[50] D Mer 22 S. 22 f. = HR 1 Nr. 2 S. 6 ff.; vgl. auch Anm. 31.
[51] Zu dem vieldiskutierten Problem der in unmittelbarer Nähe von Stablo-Malmedy verlaufenden *via Mansuerisca*, D Mer 29 S. 29 = HR 1 Nr. 6 S. 21, vgl. zuletzt GYSSELING, Malmédy S. 15, demzufolge mit diesem Namen am ehesten wohl die u. a. von MERTENS/DESPY-MEYER, La Belgique S. 21 Nr. 14 vermutete Römerstraße von Trier nach Maastricht, die die Ardennen durchquerte, bezeichnet wurde.
[52] Vgl. dazu oben S. 106 Anm. 25.
[53] WEHLT, Reichsabtei S. 199 f. Der Topos einer Klostergründung *in solitudine* bildete jüngst den Gegenstand einer allerdings im wesentlichen auf die Beispiele von Lérins und Fulda beschränkten Kontroverse zwischen VON DER NAHMER, Klostergründung S. 90 ff. und PRINZ, Topos S. 164 ff. Auf die Wurzeln dieser Topik führen jedoch vor allem die grundsätzlichen Bemerkungen von ANGENENDT, Monachi peregrini S. 158 ff. zurück, der den monastischen Hintergrund für die Forderung nach Distanz zur Welt und deren Auswirkungen auf das klösterliche Leben im Frankenreich des 7./8. Jh.s aufzeigt.
[54] Wie Anm. 31 gezeigt schloß dies selbstverständlich Nutzungsrechte an der *forestis* innerhalb des abgegrenzten Bezirks nicht aus.

Quellen zu rechnen ist. Die Urkunden für Cugnon und Stablo-Malmedy dürften vielmehr durchaus zutreffend wiedergeben, daß in Stablo-Malmedy erheblich günstigere Voraussetzungen für ein von der Forderung nach Weltferne geprägtes monastisches Leben wie auch für die weitere Entwicklung des Klosters bestanden als in Cugnon[55] und daß dies, wie bereits in der Geschichtsschreibung des 10. Jahrhunderts vermerkt[56] und in der Forschung mehrfach angenommen[57], einer der Hauptgründe für die Verlegung des Klosters gewesen war[58].

Über den Gang der Ereignisse im einzelnen lassen sich nur Vermutungen anstellen. Schon bald nach der Gründung von Cugnon[59] dürfte sich abgezeichnet haben, daß der Ort von seiner Lage her ungünstig gewählt war und daß die weitere Entwicklung des Klosters – möglicherweise auch wegen des Widerstands umliegender Grundbesitzer – auf Schwierigkeiten stieß[60]. Es ist

---

[55] Es sei allerdings vermerkt, daß Cugnon wiederum ungleich einsamer gelegen war als Remaklus' erstes Kloster Solignac, das sich in unmittelbarer Nähe der Stadt Limoges befand.

[56] Vgl. Herigeri Gesta epp. Leod. I, 46 S. 184: *Tandem eius loci fastidiens* (sc. *Remaclus*), *licet incertum quibus de causis, tamen ut sese habet fama relationis, quia scilicet undique premeretur idem locus a circumhabitantium et potentiorum insectationibus, nec haberet rex in vicino, unde ulla eidem loco fieri posset dilatatio, induxit sanctus vir animum regem super hoc adeundum*; vgl. dazu MÜLLER-KEHLEN, Ardennen S. 40 Anm. 10.

[57] Vgl. BERLIÈRE, Stavelot-Malmédy S. 69 sowie zuletzt MÜLLER-KEHLEN, Ardennen S. 40.

[58] BAIX, Étude S. 23 vermutet hingegen, daß aus letztlich unbekannten Motiven „les conseillers de Sigebert décident d'abandonner Cugnon". Die Vermutung von DUPRAZ, Regnum Francorum S. 304 ff., daß Cugnon nach altgallischen Regeln gegründet worden sei, die sich gegenüber der auch für Stablo-Malmedy vorgesehenen columbanischen Mischregel nicht hätten durchsetzen können, und daß dies ein Hauptgrund für die Aufgabe von Cugnon gewesen sei, wurde von BAIX, Saint Remacle S. 188 ff. und weitgehend auch von PRINZ, Mönchtum S. 75 f. zurückgewiesen. Sie ist in mehrfacher Weise historisch äußerst unwahrscheinlich: Einerseits war ein Wechsel einer Mönchsregel innerhalb desselben Klosters durchaus nichts Ungewöhnliches; zum anderen spricht gerade die Tatsache, daß beiden Klöstern derselbe Gründungsabt vorstand, für ein Gleichbleiben der Regel.

[59] In der Forschung wird zumeist bezweifelt, daß es in Cugnon überhaupt zur Gründung eines Klosters gekommen war, vgl. zuletzt WEHLT, Reichsabtei S. 198 und MÜLLER-KEHLEN, Ardennen S. 40. Die Gründung hat weder archäologisch nachweisbare Spuren hinterlassen noch ist sie nachhaltiger in die mittelalterliche Tradition eingegangen. Andererseits aber ist es unwahrscheinlich, daß ein zweifellos längerfristig geplantes und vorbereitetes Projekt wie die Gründung eines Königsklosters für einen aus Aquitanien stammenden Abt nicht wenigstens ansatzweise verwirklicht, sondern sofort an anderer Stelle und unter gänzlich anderen Voraussetzungen erneut in Angriff genommen worden sein sollte. Aus dem Hochmittelalter sind zahlreiche Beispiele dafür bekannt, daß es oft mehrfacher Stationen bedurfte, bis für ein Kloster der endgültige Niederlassungsort gefunden war. Ähnlich möchte man annehmen, daß in Cugnon tatsächlich ein Kloster gegründet worden war, daß dieses aber nach kurzer Zeit seines Bestehens an eine andere Stelle verlegt wurde. Eine Neubesiedlung des aufgegebenen Klosters mit Mönchen fand nicht statt. Die Cugnon betreffende Gründungsurkunde verblieb bei Remaklus, der damit Stablo-Malmedy möglicherweise Besitzrechte auf Cugnon sichern wollte, was jedoch – zumindest nach Ausweis der späteren Überlieferung – nicht gelang.

[60] Zu verweisen ist etwa auf das bekannte Beispiel von Fulda, wo die Gründung eines Klosters zunächst durch *mali homines* verhindert wurde und wo es nach der Übertragung eines Waldgebietes im Umkreis von vier Meilen um das Kloster erst des unmittelbaren Eingreifens des Haus-

anzunehmen, daß sich Remaklus in dieser Situation an Grimoald wandte und mit ihm den Plan einer Neugründung in den nördlichen Ardennen faßte. Mit der Verlegung des Klosters war gleichzeitig eine Umwandlung seines Rechtsstatus verbunden. Wohl blieb die enge Verbindung zum austrasischen Königtum erhalten, doch kam der dominierende Einfluß des Hausmeiers nun auch darin zum Ausdruck, daß die für Remaklus eingerichtete klösterliche Niederlassung unmittelbar als pippinidisches Eigenkloster angelegt wurde[61]. Unter den Anwesenden bei der Gründung bzw. der Ausstattung des Klosters werden die Bischöfe von Köln, Trier, Laon, Toul und Verdun sowie neben Grimoald die *duces* Fulcoald, Bobo, Adregisel und Bobo und die *domestici* Chlodulf, Ansegisel, Bettelin und Garibert genannt[62]. Dieser im Vergleich zur

meiers Karlmann bedurfte, um die in diesem Gebiet begüterten Grundherren zur Aufgabe ihrer Besitzungen zugunsten des Klosters zu bewegen, vgl. zu diesen Vorgängen zuletzt VON DER NAHMER, Klostergründung S. 96 ff. Es ist sehr gut denkbar, daß es auch bei Cugnon zu ähnlichen Widerständen seitens der einheimischen Grundbesitzer gekommen war und daß die von Heriger (wie Anm. 56) mitgeteilte Tradition einen historischen Kern besitzt. Die ausdrückliche Bestimmung der Urkunde Sigiberts III. für Stablo-Malmedy, *ut nullo umquam tempore vitae sue quaelibet persona ipsam forestem audeat irrumpere* könnte sich mit auch auf derartige Vorgänge beziehen.

[61] Zu der naheliegenden Frage, weshalb nicht bereits Cugnon als Hausmeierkloster gegründet wurde und weshalb Grimoald Stablo-Malmedy als Eigenkloster nicht auf Hausgut, sondern auf ehemals königlichem Grund und Boden errichtete, vermitteln die wenigen überlieferten Zeugnisse so gut wie keine Aufschlüsse. Es ist denkbar, daß nach dem Scheitern der Gründung von Cugnon Remaklus und Grimoald eine unmittelbare Unterstellung des Klosters unter den Hausmeier günstiger erschien und daß möglicherweise auch Grimoalds weiter gesteigerte Machtstellung, die ihn wenige Jahre später zu dem Versuch einer Ablösung der merowingischen Königsdynastie verlockte, das Ansehen, das mit einer eigenen Klostergründung verbunden war, und nicht zuletzt auch religiöse Motive zu einer Änderung seiner ursprünglichen Konzeption bewogen. Daß sich entsprechend dem monastischen Anliegen des Remaklus und nach den Erfahrungen in Cugnon die dem König unterstehende *forestis* in den nördlichen Ardennen für die geplante Klostergründung gut eignete, liegt nahe; vgl. auch KASPERS, Comitatus nemoris S. 23 f. Zudem war Grimoald, wie die Anm. 27 und 30 erwähnte Schenkung Sigiberts III. an Stablo-Malmedy zeigt, neben eigener Förderung des Klosters durchaus auch weiterhin an königlicher Unterstützung gelegen.

[62] Das Recht, im Umkreis von 12 Meilen um das Kloster eine *forestis* abzugrenzen, gewährte Sigibert III. dem Remaklus *pro consensu* der im folgenden genannten Großen. Es darf als sicher gelten, daß die aufgeführten Personen der Ausstellung der Urkunde beiwohnten und sich damit, sei es daß sie eigens zu diesem Zwecke oder auch zu einem Hoftage zusammengekommen waren, mit der Gründung von Stablo-Malmedy befaßt hatten. In der Urkunde Sigiberts III. in ihrer überlieferten Fassung werden folgende Personen genannt: *pro consensu fidelium nostrorum, videlicet domni Chuniberti Coloniensis archiepiscopi, necnon et Attelani, Theudofridi, Gislochardi episcoporum, vel inlustrium virorum Grimoaldi, Fulcoaldi, Bobonis, Adregisili, item Bobonis, necnon et domesticorum Flodulfi, Ansigili, Bettelini, Gariberti*, D Mer 22 S. 23 = HR 1 Nr. 2 S. 7. Die Urkunde ist in Kopien aus dem 10. und 13. Jh. überliefert. Daß der Passus überarbeitet ist, zeigt der Titel *archiepiscopus* für Kunibert. Die Urkunde lag dem Diplom Childerichs II. von 669/70 vor, in dem die Forstschenkung Sigiberts bestätigt und verkleinert wurde. Die Namenliste wurde zum Teil übernommen und hierbei korrekter wiedergegeben: *in ipsa preceptione* (sc. die Urkunde Sigiberts III.) *habetur insertum, ut per consilium pontificum ipsius temporis, id est Chuniberti, Nemoriani, Gisloaldi, cum illustribus viris Grimoaldo, Fulcoaldo, Adregisilo, Bobone ducibus, Chlodulfo, Ansegisilo, Gariberto domesticis, taliter actum fuit*, D Mer 29 S. 28 = HR 1 Nr. 6

Gründung von Cugnon wesentlich größere Kreis führender Persönlichkeiten Austrasiens [63] und die Anlage von Stablo-Malmedy als Doppelkloster machen deutlich, welch erhöhten Rang Grimoald seiner Gründung gegenüber dem Königskloster Cugnon zukommen ließ.

Im Gegensatz zu dem nach Verdun und Trier hin orientierten Cugnon war Stablo-Malmedy stärker auf das mittlere Maasgebiet und den Lütticher Raum hin ausgerichtet. Es lag damit im unmittelbaren Einzugsbereich jener Landschaften Austrasiens, denen die Familie Grimoalds enger verbunden war. Möglicherweise war dies mit ausschlaggebend für die Wahl des Gründungsorts in den nördlichen Ardennen und für die Umwandlung des Klosters in ein Eigenkloster Grimoalds. In demselben Jahrzehnt wie Stablo-Malmedy wurden von Grimoalds Mutter Itta die Klöster Nivelles und Fosses gegründet [64]. Nivelles verdankte seine Anfänge und monastische Prägung dem Amandus, der wie Remaklus dem columbanischen Mönchtum nahestand [65]. Fosses stand unmittelbar unter irischem Einfluß [66]. Bereits Baix wies darauf hin, daß ungefähr in denselben Jahren, in denen Remaklus in die nördlichen Ardennen übersiedelte, Amandus die Leitung des Bistums Tongern-Maastricht übernahm [67]. Auch bei der Einsetzung des Amandus in Maastricht ist mit einer starken Einflußnahme Grimoalds zu rechnen [68].

S. 21. Da die 669/70 nicht genannten Bischöfe Attela und Theudofrid Mitte des 7. Jh.s sicher als Bischöfe von Laon und Toul bezeugt sind, vgl. DUCHESNE, Fastes 3 S. 139 und 63, ist ihre Nennung in dem Original des Diploms Sigiberts III. nicht zu bezweifeln. Dasselbe ist auch für die in der Urkunde Childerichs II. nicht aufgeführten weltlichen Großen Bobo und Bettelin vorauszusetzen. Umgekehrt ist davon auszugehen, daß der nur in dem Auszug der Childerich-Urkunde genannte Bischof Numerian von Trier gleichfalls bereits in dem Original der Sigibert-Urkunde aufgeführt war und daß hier auch der gleichfalls nur in dem Auszug überlieferte Amtstitel *dux* für die vor den *domesticis* genannten weltlichen Amtsträger angegeben war, so daß beide Überlieferungsstränge zusammengenommen ein weitgehend zuverlässiges Bild von dem mit der Gründung von Stablo-Malmedy befaßten Personenkreis vermitteln; vgl. auch oben S. 46 Anm. 68.

[63] Zugleich erscheint es als aufschlußreich für die dominierende Stellung Grimoalds in Austrasien, daß eine derart stattliche Versammlung ihm verbundener Großer den Rahmen für die königliche Besitzausstattung des Hausmeierklosters abgab. Zum Fehlen des Maastrichter Bischofs, vgl. oben S. 236 Anm. 35. Bemerkenswert erscheint die Anwesenheit des Bischofs von Laon und des wohl im Pagus von Laon begüterten *dux* Fulcoald und ihre Nennung unter den *fideles* Grimoalds, vgl. dazu unten S. 389 Anm. 104.

[64] Zur Gründung beider Klöster vgl. oben S. 348 mit Anm. 29 und 31. Die Anfänge von Nivelles sind in der Zeit zwischen dem Tod Pippins I. 640 und dem Tod Ittas 652 anzusetzen. HOEBANX, Nivelles S. 47 f. bringt die Nachricht der Vita s. Geretrudis cap. 2 S. 455: *adveniens vir Dei ad domum suam* (sc. *Ittae*) *Amandus episcopus, verbum Dei praedicans* mit der Tätigkeit des Amandus als Bischof von Maastricht 647/48–649/50 in Zusammenhang (Nivelles lag in der Diözese Tongern) und setzt die Gründung von Nivelles zwischen 647 und 652 an. Denkbar wäre aber auch, daß es schon in Zusammenhang mit der Tätigkeit des Amandus im Scarpe-Schelde-Gebiet 639/42 zur Gründung des Klosters kam. Die Stiftung von Fosses ist nach GROSJEAN, Notes S. 393 auf 650/52 zu datieren.

[65] Vgl. Anm. 23.   [66] Vgl. PRINZ, Mönchtum S. 186

[67] BAIX, Étude S. 19; auf dieselben Zusammenhänge weist auch EWIG, Trier S. 116 f. hin.

[68] Vgl. dazu oben S. 233 f.

Die Klostergründungen in Nivelles, Fosses und Stablo-Malmedy und die Übernahme des Bistums Tongern-Maastricht durch Amandus mögen gewiß Ereignisse gewesen sein, die in vieler Hinsicht unabhängig voneinander waren. Dennoch bleibt es auffällig, daß es unter Sigibert III. in keinem anderen Gebiet Austrasiens zu einem auch nur annähernd vergleichbaren Zusammenwirken einer führenden austrasischen Familie mit angesehenen Vertretern des columbanischen Mönchtums kam wie im östlichen Belgien unter der Familie Grimoalds. Daß es sich bei diesem Raum um eine jener Gegenden handelte, zu denen diese Familie besonders enge landschaftliche Verbindungen unterhielt, dürfte gewiß kein Zufall sein. Der Lütticher Raum, aus dem weitere Zeugnisse zur Person Grimoalds nicht vorliegen[69], rückte durch die Gründung von Stablo-Malmedy als eines pippinidischen Hausklosters und durch die Einsetzung des Amandus in Maastricht unter Grimoald stark in den Vordergrund. Dem dürften auch sonst enge Beziehungen Grimoalds in dieses Gebiet entsprochen haben.

Chlodulf

In einer Urkunde Ottos I. von 948 finden sich Angaben über die Stiftung zweier Kirchen und dazugehöriger Xenodochien in *Hreotio et Littemala subteriore* durch einen *Clodulfus maior domus*. Weiter wird von der Ausstattung dieser Gründungen durch Chlodulfs Sohn Aunulf und Pippin II. berichtet[1]. Bei dem Ort *Hreotio* handelt es sich, wie mit großer Sicherheit gezeigt werden kann, um Rutten bei Tongern[2]. Chlodulf wird zumeist mit dem gleichnamigen Bischof von Metz (654/55 bis 670/86), einem Sohn Arnulfs von Metz, identifiziert[3]. Erstmals wies Ingrid Heidrich darauf hin, daß aufgrund der Urkunde von 948 Besitz der Arnulfinger auch im östlichen Belgien faßbar wird und daß somit Pippiniden und Arnulfinger offensichtlich gemeinsam in diesem Raum begütert waren[4]. Eine eingehendere Untersuchung der Urkunde steht noch aus.

---

[69] Der oben S. 345 Anm. 20 erwähnten Nachricht der erweiterten Genealogie der Herzöge von Brabant von 1271 über eine angebliche Bestattung Grimoalds in Jupille ist keinerlei historischer Aussagewert beizumessen.

[1] DO I 101 S. 183 f.
[2] Vgl. hierzu und zur Deutung von *Littemala subteriore* unten S. 382 ff.
[3] Vgl. unten S. 385.
[4] HEIDRICH, Titulatur S. 222 und 225.

a) Die Angaben der Urkunde von 948

Als Empfänger des auf Intervention des Lütticher Bischofs Farabert (947–953) ausgestellten Diploms werden die *matricularii* und der *abbas* an den Kirchen in Rutten und *Littemala* genannt. Die Urkunde besteht in ihrem dispositiven Teil aus einer Besitzbestätigung, einer Immunitätsverleihung und einer Erneuerung früherer Bestimmungen über Rechte und Pflichten des Abtes. Otto I. bestätigte[5] den von Chlodulf erbauten *basilicae* Schenkungen, die von Pippin II. und seiner Gattin Plektrud an die beiden Kirchen gerichtet worden waren. Außerdem setzte er die 24 Armenhäusler, die sich *in ipsis synodochiis* aufhielten und denen die gesamten Erträgnisse beider Orte *(villae)* zukommen sollten, wieder in den Besitz der Güter ein, die Chlodulf seinem Sohn Aunulf in Rutten und *Littemala* hinterlassen hatte. Zusammenfassend werden die derart aufgeführten Besitzungen einschließlich der beiden Kirchen *(basilicae)* den *matriculariis et abbati ipsorum locorum* bestätigt[6]. Auf die daran anschließende Immunitätsverleihung folgt die Erneuerung der von Chlodulf und Aunulf getroffenen Verfügungen über die Rechte und Pflichten des Abtes. Danach sollte dem Abt und dem *custos* nach Abzug der Kosten für die bauliche Unterhaltung nur jener Anteil an den Einkünften der genannten Orte zustehen, der nach der vorgeschriebenen Versorgung der *matricularii* übrig blieb. Abt und *custos* hatten dafür zu sorgen, daß sich ständig 24 Armenhäusler an den beiden Kirchen befanden und hier ihren Unterhalt erhielten[7].

---

[5] In der Urkunde ist von *reddimus* bzw. *per omnia tradendo reddimus* die Rede. E. v. OTTENTHAL, Reg. Imp. Otto I. 165 spricht von einer Besitzrestitution. Nach Th. SICKEL, Regest zu DO I 101 S. 183 handelte es sich um eine Besitzbestätigung. Diese Interpretation scheint angesichts der Tatsache, daß die in der Urkunde genannten Güter offensichtlich den gesamten Besitzstand der Kongregation ausmachten, die zutreffendere zu sein.

[6] Die betreffenden Passagen lauten: *res quas Pipinus et coniunx sua Blictrudis donavit ad basilicas sanctorum, videlicet sancti Petri sanctique Martini, quasque Clodulfus maior domus in villas nuncupatas Hreotio et Littemala subteriore construxit, omnes ex integro reddimus nostra auctoritate ad dictas basilicas et quantum ipse in ipsas villas filio suo Aunulfo moriens dereliquit, totum et ad integrum ad matriculas XXIIII qui in ipsis synodochiis debent residere et de fructu qui in ipsis villis laborari dinoscitur, plenariam substantiam debent habere, ut attentius eis delectet pro remedio animarum nostrarum domini misericordiam implorare. Et suprascriptas res una cum iam dictis basilicis sanctorum Petri et Martini vel ceterorum sanctorum quorum pignora ibidem venerari noscuntur, tam de presente tam in domibus aedificiis mancipiis peculiis molendinis cum omnibus adiacentiis ibidem aspicientibus iam dictis matriculariis et abbati ipsorum locorum per omnia tradendo reddimus, ut quicquid ibi melius in terris et edificiis sive pascuis ac molendinis commutare et restaurare atque emendare potuerint, firmam et liberam absque ullius contradictione habeant potestatem ...* Hieran anschließend folgt die Verleihung der Immunität.

[7] Auch diese Passage sei als Grundlage für die folgenden Ausführungen des leichteren Verständnisses wegen in vollem Wortlaut wiedergegeben: *Abbas vero et custos ipsorum locorum, sicut iam dictus Clodulfus et filius suus Aunulfus et nos ipsi decrevimus, nil ex frugibus et censu predictorum locorum ad suos usus ante accipiat, quam ipsis matriculariis per circulum anni omnia quae destinavimus ex integro donent, et quod remanserit, ad suos et ad structurae predic-*

Die Urkunde weicht in ihrem äußeren Erscheinungsbild[8] und in ihrem Diktat stark von Kanzleiausfertigungen ab und ist wohl außerhalb der Kanzlei entstanden. Bedenken gegen ihre Echtheit bestehen jedoch nicht, da die Schrift zeitgenössisch ist und Monogramm und Protokoll Kanzleiausfertigungen des Notars Hoholt entsprechen[9], der am Ausstellungstag der Urkunde (948 April 30) in der Kanzlei nachweisbar ist[10]. Das Diplom dürfte unter seinem Einfluß entstanden sein[11].

Als Vorlage nimmt Ingrid Heidrich eine Urkunde Pippins II. an[12]. Neben inhaltlichen Kriterien[13] führt sie dafür die Verwendung der Formel *firmam et*

---

torum locorum usus conservando retineant. Quod si quis ex matriculariis corpore exierit, abbas et custos locorum statim in eius loco alium restituat, ut in aeternum ipsi XXIIII matricularii ad ipsas basilicas permaneant et sicut destinavimus vivant.

[8] Dies gilt vor allem für das Schriftbild. SICKEL, Vorbemerkung zu DO I 101 S. 183 spricht von einem „ungeübten Schreiber". Die Urkunde weist, wie eine Durchsicht der im Forschungsinstitut Lichtbildarchiv älterer Originalurkunden (Marburg/L.) vorhandenen Aufnahmen der Originalurkunden Ottos I. ergab, vor allem durch das weitgehende Fehlen von Seitenrändern und in der Ausschmückung des Rekognitionszeichens Abweichungen von Kanzleiausfertigungen auf. Das Chrismon enthält im Gegensatz zu den Ausfertigungen des Hoholt nicht den Buchstaben C, findet sich aber ähnlich etwa in DD O I 36 und 91.

[9] So in Anschluß an SICKEL, Vorbemerkung zu DD O I 94 und 101 S. 177 und 183, der DO I 101 zwar als „Diplom zweifelhafter Originalität" bezeichnet, an seiner Echtheit jedoch festhält; ähnlich auch OTTENTHAL (wie Anm. 5) und STENGEL, Immunität S. 154 Anm. 4.

[10] DO I 100 ebenfalls von 948 April 30 für das Bistum Cambrai und DO I 102 von 948 Mai 2 für Kornelimünster sind wie DO I 101 in Aachen ausgestellt und von Hoholt verfaßt und geschrieben, vgl. Vorbemerkung zu DD O I 100 und 102 S. 182 und 184.

[11] Ob es sich um eine Empfängerausfertigung handelt oder ob DO I 101 unter Anleitung DO I 101 zwar als „Diplom zweifelhafter Originalität" bezeichnet, an seiner Echtheit jedoch DO I 94 S. 177 weist das Diplom einer Reihe zwischen Oktober 947 und Februar 949 außerhalb der Kanzlei entstandener Urkunden zu, deren Entstehung er damit erklärt, daß der Notar Hoholt in dieser Zeit in der Kanzlei allein gestanden habe, wodurch er veranlaßt worden sei, außerhalb der Kanzlei stehende Arbeitskräfte heranzuziehen. Dem könnte entsprechen, daß die gleichzeitig mit DO I 101 für geistliche Empfänger von höherem Rang entstandenen DD 100 und 102, vgl. Anm. 10, von Hoholt stammen, während DO I 101 für einen vergleichsweise unbedeutenden Empfänger von einem beliebigen und ungeübten Schreiber im Auftrag des Hoholt angefertigt wurde, wie SICKEL, Vorbemerkung S. 183 anzunehmen scheint. STENGEL, Immunität S. 154 Anm. 4, 166 Anm. 2 und S. 256 mit Anm. 4 möchte in DO I 101 eher eine Empfängerausfertigung sehen, die vielleicht unter Verwendung einer von Hoholt verfaßten und geschriebenen Urkunde entstand.

[12] HEIDRICH, Titulatur S. 266. Bereits LACOMBLET, NrhUB 1 S. 56 Anm. 2 nahm unter Hinweis auf „die jener frühen Zeit ganz eigentümlichen Ausdrücke und Sprachfehler" eine Urkunde Chlodulfs oder Pippins als Vorlage an. Allgemein die Verwendung einer Vorurkunde in DO I 101 erwägt STENGEL, Immunität S. 256 Anm. 4.

[13] Der Hinweis von HEIDRICH S. 266, ohne eine Vorlage habe der ottonische Urkundenschreiber die Namen Chlodulfs und seines nur in DO I 101 bezeugten Sohnes Aunulf nicht kennen können, erscheint allerdings angesichts der Möglichkeit lokaler Gründungstraditionen als Hauptargument nicht zwingend. Daß die Schreibung *Blictrudis* für Plektrud der Vorlage entstammt, dürfte hingegen nach dem Vergleich mit den zeitgenössischen urkundlichen Belegen *Plectrude* bzw. *Plectrudis*, DD Arnulf 3, 4 und 5 S. 93 und 94 (bei Nr. 4 und 5 bessere Lesung bei WAMPACH, Echternach 1, 2 Nr. 14 und 15 S. 39 und 42) sowie *Blittrudis*, D Arnulf 6 S. 95 = WAMPACH, Echternach 1, 2 Nr. 24 S. 59 recht wahrscheinlich sein; vgl. jedoch unten S. 426 Anm. 108 und 109.

liberam absque ullius contradictione habeant potestatem[14] und der Begriffe *domibus* und *peculiis* in der Pertinenzformel an. Weitere Beispiele für das Vorkommen im 7. und 8. Jahrhundert häufiger, im 10. Jahrhundert hingegen ungebräuchlicher urkundensprachlicher Wendungen sind die Gebetsbitte *ut attentius eis delectet pro remedio animarum nostrarum domini misericordiam implorare*[15], die Patrozinienangabe *(basilica) sanctorum NN et NN vel ceterorum sanctorum quorum pignora ibidem venerari noscuntur*[16], die Erbformel *quantum NN in ipsas villas NN moriens dereliquit*[17] sowie die der Pertinenzformel vorangehende Bestimmung *a die presente*[18]. Älterem Sprachgebrauch dürften auch die Bezeichnungen *synodochium* und *matricularii*[19] entsprechen.

---

[14] Ebd. in Anschluß an Dienemann, Kult S. 145f.

[15] Gebetsbitten in dieser Form begegnen in merowingischen Königs- und Privaturkunden (etwa Pardessus 2 Nr. 361 S. 149 (670): *pro animae meae remedium Domini misericordia adtencius deprecare*, ebd. Nr. 406 S. 201 (686): *ut melius eas delectet pro nobis Domini misericordiam deprecari*) und in Urkunden der karolingischen Hausmeier (etwa D Arnulf 15 S. 102 = HR 1 Nr. 17 S. 49 (747): *ut melius eis delectet pro nos vel stabilitate regni nostri Domini misericordiam attentius deprecare*), vgl. mit weiteren Nachweisen John, Formale Beziehungen S. 30 mit Anm. 102 und Heidrich, Titulatur S. 142. Sie finden sich auch in den Urkunden der karolingischen Könige und Kaiser im 8. und 9. Jh. wie in den Diplomen der westfränkischen Karolinger im 10. Jh., fehlen aber weitgehend in den Diplomen Konrads I., Heinrichs I. und Ottos I. sowie in den Privaturkunden jener Zeit. Ihr Vorkommen ist hier meistens auf den Einfluß älterer Vorurkunden zurückzuführen, so etwa in DH I 38 S. 72, vgl. Vorbemerkung zu DH I 37 S. 71.

[16] So in wörtlicher Übereinstimmung etwa Beyer, MrhUB 1 Nr. 8 S. 11 (720): *seu ceterorum sanctorum quorum pignora ibidem in ipso loco venerare noscuntur* und HR 1 Nr. 20 S. 55 (755): *vel ceterorum sanctorum quorum pignora ibidem venerari noscuntur*; ähnlich etwa auch DD Mer 22 (648) und 45 (676/79) S. 22 und 42, D Arnulf 15 S. 102 (747), Pardessus 2 Nr. 361 S. 149 (670) und Form. Sal. Lind. Nr. 1–3, Formulae S. 266 ff. Die Formel begegnet im 9. Jh. nur noch selten, an die Stelle des allgemeinen Vermerkes tritt zunehmend die Nennung der Hauptpatrone und des lokal verehrten Heiligen.

[17] Vgl. Anm. 26.

[18] Sie findet sich in einem Großteil der merowingerzeitlichen Schenkungsurkunden, wo sie als Gegensatz zu der testamentarischen Verfügung *post obitum* den sofortigen Vollzug der Schenkung kennzeichnet, vgl. Heidrich, Titulatur S. 140, und kam im Verlauf des 9. Jh.s weitgehend außer Gebrauch (im 10. Jh. noch nachweisbar etwa in D Ko I 8 S. 9 sowie bei Wampach, Echternach 1,2 Nr. 170 S. 266). Ihr dürfte die jüngere, allerdings weniger häufig verwendete Formel *ab hodierna die et deinceps* u. ä. entsprechen, etwa D KdE 80 Lauer, Recueil S. 179, D Ko I 25 S. 24, DD O I 33 und 49 S. 119 und 133.

[19] Der Begriff *synodochium*, vom 6. bis 8. Jh. die gebräuchliche Bezeichnung für eine von Geistlichen betreute Anstalt zur Aufnahme von Pilgern, Armen und Kranken, ist auch im 9. Jh. noch mehrfach belegt, läßt sich aber in Urkunden des 10. Jh.s nur mehr selten und zumeist in Diplomen für italienische Empfänger nachweisen, wo das Institut der Xenodochien länger fortbestand. Wie ungebräuchlich der Begriff wurde, verdeutlicht die Bemerkung in dem Schreiben der Synodalteilnehmer von Quierzy von 858: *Sed et rectoribus monasteriorum et xenodochiorum, id est hospitalium, praecipite ...*, Capitularia 2 Nr. 297 S. 434. Im Gegensatz dazu wurde die Bezeichnung *matricularius* weiter verwendet, wenngleich sich ihre Bedeutung veränderte. Wurde im 6. bis 9. Jh. unter *matricularius* vor allem ein in einer Liste *(matricula)* eingetragener, von einer kirchlichen Anstalt bzw. Kirche versorgter Armenhäusler verstanden, so galt die Bezeichnung später zunehmend für niedere Kirchendiener; so in Anschluß an Hauck, Wohltätigkeitsanstalten S. 441 f. und zuletzt Häussling, Alkuin S. 224. Aus dem Kontext in der Urkunde von 948, etwa der Verbindung mit *sinodochium* geht hervor, daß der Begriff *matricularius* hier in seiner

Nimmt man aufgrund dieser sprachlichen Beobachtungen eine urkundliche Vorlage des 7./8. Jahrhunderts an, so liegt es nahe, ihr die genauen Angaben über die Stiftung der Kirchen durch Chlodulf, die Erbgüter des Aunulf in Rutten und *Littemala* und die Bestimmungen des Chlodulf und seines Sohnes über die Einkünfte der *matricularii* und die Rechte und Pflichten des Abtes zuzuweisen[20]. Für eine derartige Zuweisung sprechen auch inhaltliche Kriterien. Die Stiftung von Xenodochien und Armenhäusern durch geistliche Amtsträger und Laien erreichte nördlich der Alpen im 7. Jahrhundert ihren Höhepunkt[21]. Nach dem 8. Jahrhundert ist sie selten oder nur in veränderter Form bezeugt[22]. Daß Xenodochien, die sich fast immer in Verbindung zu einer Kirche befanden[23], der Beherbergung einer bestimmten, vom Stifter festgesetzten Zahl von Armen (zumeist zwölf) dienten, ist mehrfach überliefert[24]. Ebenso finden sich in den Stiftungsurkunden öfters Anweisungen für den Vor-

---

älteren Bedeutung verwendet ist. In diesem Zusammenhang ist darauf hinzuweisen, daß auch die in dem Diplom allein verwendete Bezeichnung *basilica* in der Bedeutung von „Kirche" und „geistlicher Anstalt" im 7. und 8. Jh. gebräuchlicher war als in ottonischer Zeit.

[20] Vergleichbare sprachliche Entsprechungen zu älteren Urkunden oder Anlehnungen an die Urkundensprache des 10. Jh.s lassen sich bei diesen Passagen nicht nachweisen.

[21] Zu dem Institut der Xenodochien und seiner Verbreitung vgl. allgemein HAUCK, Wohltätigkeitsanstalten S. 449 ff., LESNE, Histoire 1 S. 401 ff. und SCHÖNFELD, Xenodochien S. 13 ff. mit Anm. 5, die zahlreiche Beispiele für die Gründung von Xenodochien im 6. und 7. Jh. bringen. Als Hinweis auf die Häufigkeit soll hier lediglich darauf verwiesen werden, daß bei Markulf II, 1, Formulae S. 70 ff. eine eigene Formula *de magna rem, qui vult exsinodocio aut monasterio construere* überliefert ist. Zu den *matriculae* vgl. HAUCK S. 441 ff., LESNE, Histoire 1 S. 380 ff. und ROUCHE, La matricule S. 91 ff.

[22] Nach SCHÖNFELD, Xenodochien S. 15 hören die Neugründungen im Frankenreich mit dem Ende des 7. Jh.s im wesentlichen auf. HAUCK, Wohltätigkeitsanstalten S. 443 f. und ROUCHE, La matricule S. 102 ff. setzen den Niedergang des Anstaltswesens im 8. Jh. mit der Zeit Karl Martells an. LESNE, Histoire 6 S. 102 ff. weist auf einige Stiftungen von Xenodochien und Hospitälern im 9. Jh. hin, rechnet zugleich aber mit dem weitgehenden Verschwinden der selbständigen Anstalten zu dieser Zeit (S. 109). Zum Bedeutungswandel des Begriffes *matricularius* im 8./9. Jh. vgl. Anm. 19.

[23] Vgl. LESNE, Histoire 1 S. 402 und SCHÖNFELD, Xenodochien S. 18. Die häufige Gründung „d'un monastère-hôpital", der die mehrfach begegnende synonyme Verwendung von *monasterium* und *xenodochium* im 6. und 7. Jh. entspricht, erklärt LESNE S. 403 damit, daß bei selbständigen Xenodochien, d. h. bei Anstalten, die nicht als Annex eines Klosters oder einer Domkirche gegründet wurden, „la meilleure manière de les (sc. les voyageurs et les malades) assister était de les remettre aux soins d'un communauté monastique". Die Gründung derartiger Xenodochien sei so häufig gewesen, daß aus der Erwähnung einer Kirche bei einem Xenodochium auf die Betreuung der Anstalt durch Mönche oder durch die zu der Kirche gehörigen Kleriker geschlossen werden könne, ebd. S. 404 f.

[24] Vgl. etwa Markulf II, 1 Formulae S. 71 f.: *ad prefato oratorio vel cellola* (diese wird einige Zeilen später als *exsinodocius ipse* bezeichnet) *iuxta apostolorum numero duodecim ad presens pauperum ... conlocari*; ähnlich Vita Ansberti cap. 14 S. 628, PARDESSUS 2 Nr. 438 S. 239 (696), Gesta abb. Font. cap. 2, 2 S. 16, BUSSON/LEDRU, Actus S. 120 f., LEVISON, Testament S. 130, Passio Praeiecti cap. 16 sowie die von ROUCHE, La matricule S. 93 f. angeführten Beispiele für die Zwölfzahl in Armenmatrikeln.

steher über den Unterhalt der Armenhäusler und die Neubesetzung freigewordener Stellen²⁵.

Die sprachlichen Übereinstimmungen und die inhaltlichen Entsprechungen lassen danach mit großer Wahrscheinlichkeit darauf schließen, daß bei der Abfassung des Diploms von 948 für die Angaben über die Frühzeit der Stiftungen eine ältere Urkunde verwendet wurde. Die erhaltenen Auszüge reichen für sichere Angaben über den Aussteller und den Inhalt der Urkunde nicht aus. Mit Heidrich ist am ehesten eine Schenkungs- und Bestätigungsurkunde Pippins II. anzunehmen²⁶. Es gibt keine Anhaltspunkte dafür, daß die Angaben dieser Vorlage über Chlodulf, Aunulf und Pippin II. in dem Diplom von 948 verfälscht wiedergegeben sind²⁷. Über die Anfänge der Stiftungen ergibt

---

²⁵ So etwa in dem Testament des Adalgisel-Grimo von 634; *Tu, abba, qui tunc temporis fueris, pauperes XVI, quos in exsenodocio posui ad pascendum et fovendum, ut eos, sicut ego presens alimonia et vestimentum vel reliqua dilectione gubernavi, ita tu et successores tui faciant; et cum Deo [iubente ex eis] aliquis discesserit, alius in loco ponatur, ut ipse numerus semper fiat adimpletus,* LEVISON, Testament S. 130 Z. 28–29. Ähnliche Aufforderungen richtete Bertrichram von Le Mans an den Abt von St. Peter und Paul, dem er das Xenodochium in Pontlieue unterstellt hatte, BUSSON/LEDRU, Actus S. 120 f.; vgl. auch PARDESSUS 2 Nr. 438 S. 239 ff.

²⁶ HEIDRICH, Titulatur S. 266. Nimmt man eine von Pippin ausgestellte Urkunde als Vorlage an, so beinhaltete diese nach den Angaben des Diploms von 948 nicht allein eine Bestätigung, so Heidrich, sondern auch eine Schenkung. Die Schenkungen Pippins und seiner Gattin, deren Bestätigung in der Urkunde von 948 an erster Stelle erfolgt, sind nicht näher spezifiziert. Die Angabe *Pipinus et coniunx sua Blictrudis* weicht von der zeitgenössischen Titulatur (in den sicher überlieferten Urkunden fast übereinstimmend: *illuster vir Pippinus filius Ansgisili quondam, necnon et illustris matrona mea Plectrudis, filia Huogoberti quondam,* so etwa D Arnulf 4 S. 93 = WAMPACH, Echternach 1,2 Nr. 14 S. 39) erheblich ab; Gebetsbitten kommen außer in D Arnulf 2 S. 92, hier jedoch nach HEIDRICH S. 248 fraglich, in den Urkunden Pippins II. nicht vor. Bei den Bestimmungen über die Rechte des Abtes werden Chlodulf und Aunulf, nicht aber Pippin genannt. Letztlich spricht für die Verwendung einer Urkunde Pippins somit nur die Tatsache, daß in DO I 101 übereinstimmend mit allen erhaltenen Urkunden Pippins Plektrud als handelnd neben Pippin genannt wird. Es fällt auf, daß demgegenüber die Angaben über Chlodulf und Aunulf ausführlicher und genauer sind. Da von Verfügungen beider über die Rechte des Abtes die Rede ist, sind Urkunden Chlodulfs und Aunulfs als Vorlagen für eine Urkunde Pippins, so nur für Chlodulf HEIDRICH S. 264, oder sogar für DO I 101 nicht auszuschließen. Nach den Belegen etwa bei PARDESSUS 2 Nr. 413 S. 211 (690): *quantumcumque in supra nomenata loca moriens dereliquero,* D Mer 73 S. 65 = LAUER/SAMARAN Nr. 29 S. 21 (703): *vel quicquid ipsi Gammo moriens dereliquit,* BRUCKNER, Regesta Alsatiae Nr. 103 und 123 S. 47 und 63 (723, 734), GLÖCKNER, CL 791 Bd. 2 S. 231 (784/95) u. ö. darf auch die Wendung *et quantum ipse in ipsas villas filio suo Aunulfo moriens dereliquit* in dieser Form der urkundlichen Vorlage zugewiesen werden. Da diese Angabe wegen der Verfügungen des Aunulf kaum für eine Urkunde des Chlodulf beansprucht werden kann und die Annahme unwahrscheinlich ist, daß man in Rutten wohl über Urkunden Chlodulfs und Aunulfs, nicht aber Pippins verfügte, ist am ehesten anzunehmen, daß DO I 101 unter Verwendung einer Urkunde Pippins entstand, die neben der Schenkung eine Bestätigung der Gründung der beiden Xenodochien und ihres Besitzes der Erbgüter des Aunulf enthielt. Weshalb die Schenkung Pippins 948 nicht näher spezifiziert und die Titulatur Pippins nicht übernommen wurde, muß offenbleiben.

²⁷ Ungewöhnlich für eine Urkunde des 7./8. Jh.s erscheinen lediglich die sehr detaillierten Bestimmungen über die Aufteilung der Einkünfte zwischen Abt, *custos* und Insassen, wie sie sich

sich danach folgendes Bild: Chlodulf richtete bei den von ihm erbauten Kirchen in Rutten und *Littemala* Xenodochien ein, die er mit jeweils zwölf Armenhäuslern besetzte. Er stellte die Xenodochien unter die Leitung eines Abtes und bestimmte einen Teil der Erträgnisse beider *villae* für den Unterhalt der Armenhäusler. Weitere Besitzanteile in Rutten und *Littemala* hinterließ er seinem Sohn Aunulf, die dieser unter Bekräftigung der Verfügungen seines Vaters über die Rechte und Pflichten des Abtes ebenfalls den Insassen der Xenodochien übertrug. Die Gründung und Ausstattung der Anstalten durch Chlodulf und die Schenkung des Aunulf wurden vermutlich von Pippin II. bestätigt. Pippin machte seinerseits mit seiner Gattin Plektrud eine Schenkung an beide *basilicae*. Über weiteren Besitz neben den Gütern in Rutten und *Littemala* und den Schenkungen Pippins II. scheinen die Stiftungen nicht verfügt zu haben.

Die wenig eindeutigen Angaben der Urkunde zu den Orten Rutten und *Littemala* machen es nötig, vor einer weiteren Interpretation zunächst kurz auf die Geschichte dieser Orte einzugehen.

b) Zur Ortsgeschichte von Rutten

Die Überlieferung zur Ortsgeschichte setzt umfassender erst im 13. Jahrhundert ein. An älteren Zeugnissen sind lediglich eine Urkunde Heinrichs II. von 1018[28] und die im 12. Jahrhundert entstandene Vita Evermari[29] zu nennen[30]. Die Überlieferung des 13. Jahrhunderts läßt erkennen, daß die Abtei Burtscheid und der Herzog von Brabant über größeren Besitz in Rutten verfügten und daß sich an der Pfarrkirche St. Martin ein Kanonikerstift befand.

---

im Frühmittelalter in dieser Schärfe sonst nurmehr gegenüber Klostervorstehern oder Bischöfen als Besitzern von Xenodochien finden. Daß die Kirche selbst den Insassen und dem Abt der Anstalt übertragen wurde, kommt in den zeitgenössischen Urkunden m. W. nicht vor. Man möchte fragen, ob von der allgemeinen Bestätigung abgesehen nicht hier das Hauptanliegen für die Ausstellung der Urkunde zu vermuten ist, vgl. auch unten Anm. 69.

[28] DH II 381 S. 485; vgl. Anm. 31.

[29] Hier hauptsächlich die Teile 2 und 4, S. 130 ff. und 133 ff.; zur Datierung der Vita vgl. VAN DER ESSEN, Étude S. 202, der S. 200 ff. eine Vorlage aus dem 10. Jh. annimmt, sowie MEISEN, Evermarus S. 65 und REMANS, Rutten S. 61 f., die jeweils auch einen kurzen Überblick über die Ortsgeschichte geben.

[30] Unter den Burtscheider Archivalien im Staatsarchiv Düsseldorf befindet sich nach OEDIGER, Hauptstaatsarchiv 4 S. 75 ein „Kopiar des 17. Jh.s betr. die Kirche zu Rutten (Russon) (12.–16. Jh.)", Burtscheid Repertorien und Handschriften 2, das jedoch wie die meisten Burtscheider Archivalien des Staatsarchives nach OEDIGER S. VIII und freundlicher Mitteilung von Herrn StADir. Dr. W. JANSSEN (Düsseldorf) infolge von Kriegseinwirkungen nicht mehr benutzbar ist.

1. Der Besitz der Abtei Burtscheid

Die Abtei Burtscheid gelangte 1018 durch Tausch mit dem Kloster Seligenstadt in den Besitz der *curtis Riuti*. Der Umfang der Güter wird in der Bestätigungsurkunde Heinrichs II. nicht angegeben[31]. Dem Bericht der Vita Evermari ist zu entnehmen, daß die Abtei unter Abt Widrich (Mitte des 11.

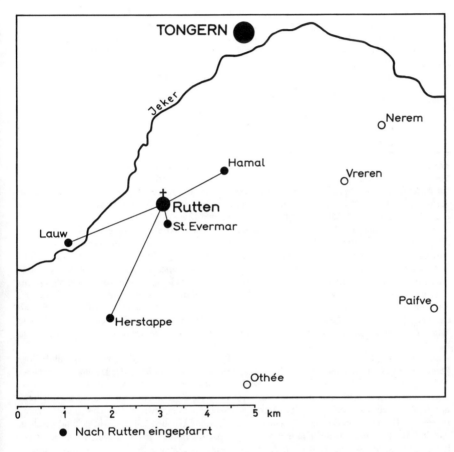

Karte 10: Rutten und Umgebung

---

[31] DH II 381 S. 485 = WISPLINGHOFF, Rhein. UB 1 Nr. 112 S. 164: *pro curte Riuti cunctisque eius pertinentiis sita in pago Haspengouue in comitatu vero Gisilberti comitis*. Die Abtei Burtscheid gab den Hof Camberg (Kr. Limburg) zum Tausch, den sie 1000 von Otto III. erhalten hatte, DO III 348 S. 777 = WISPLINGHOFF Nr. 109 S. 160. In dem ältesten Burtscheider Totenbuch findet sich zum 23. Januar der Eintrag: *O. pie memorie dns. Otto tercius imperator qui dedit nobis Rutis*, BOSBACH, Nekrologium S. 99. Der Eintrag stammt von der ältesten Hand und wird von BOSBACH S. 91 ff., der für diesen Passus ein älteres Totenbuch als Vorlage annimmt,

Jahrhunderts) über eine *pars villae* verfügte und offensichtlich im Besitz der Pfarrkirche St. Martin war[32]. Genauere Angaben enthält eine Urkunde von 1230. Die Abtei erscheint hier als Inhaber des Patronats der Pfarrkirche sowie als Besitzer der Kapelle St. Evermar und eines Wirtschaftshofes[33]. Die Kirche

---

in den Beginn des 14. Jh.s datiert. Nach BOSBACH S. 99 Anm. 4 läßt der Eintrag die Deutungen zu, daß Otto III. Burtscheid das Tauschobjekt für Rutten schenkte oder Güter in Rutten gab, die durch den Tausch 1018 vergrößert wurden. ROTTHOFF, Reichsgut S. 124 mit Anm. 729 entscheidet sich für letztere Deutung. Er nimmt an, daß die Pfarr- und Kollegiatkirche in Rutten durch Schenkung Ottos III. an Burtscheid gelangte; ähnlich auch WISPLINGHOFF S. 158 f. Für diese Interpretation mag sprechen, daß der 1018 verwendete Begriff *curtis* wohl ein Gut mit zugehöriger Kirche und eventuell auch einem kleineren Stift bezeichnen kann, vgl. NIERMEYER S. 295 f., nicht aber eine Kirche allein. Nach PAQUAY, Rutten S. 178 und SIMENON, Visitationes 2 S. 608 war der für den Pfarrgottesdienst bestimmte Altar der Pfarr- und Stiftskirche in Rutten den Hll. Marcellinus, Petrus und Erasmus geweiht. Das Patrozinium Marcellinus und Petrus kann in diesem Zusammenhang wohl nur damit erklärt werden, daß auch die Pfarrkirche ursprünglich zu dem Besitz des Klosters Seligenstadt in Rutten gehörte. Die wahrscheinlichere Interpretation des Nekrologeintrages dürfte danach sein, daß man in Burtscheid zu Beginn des 14. Jh.s den Besitz in Rutten, der durch ein von Otto III. geschenktes und nur kurz in der Hand der Abtei verbliebenes Tauschgut erworben war, unmittelbar auf Otto III. zurückführte. Als sicherer Hinweis für Reichsgut in Rutten kann der Nekrologeintrag somit ebensowenig gelten wie (in unserem Zusammenhang bei der Frage nach der Identität des Stifters) die Nachricht von DO I 101 über die Gründung durch Chlodulf, so ROTTHOFF, Reichsgut S. 125.

[32] Vita Evermari III, 2 S. 135: *Ea tempestate Wedericus Abbas S. Joannis Babtistae de Porzeto, Deo probata vita acceptus, et S. Evermaro carus (pro eo quod idem Sanctus, cum parte villae quae ex praesentia illius nobilitatur, proprietatem sui et redditus suos S. Joanni et praedicto loco, id est de Porzeto, dependit) ecclesiam sepulcro eius superductam ampliare instituit.* Der wenig deutliche Passus ist am ehesten so zu deuten, daß der Heilige (= der Besitz der Reliquien) und die mit seinem Kult verbundenen erheblichen Einkünfte, von denen die Vita ebd. berichtet, mit dem Besitzanteil von Seligenstadt in Rutten an Burtscheid gekommen waren. Auf Rechte an der Pfarrkirche läßt schließen, daß der Burtscheider Abt Widrich die zunächst in der *ecclesia sancti Martini* aufbewahrten Reliquien des Heiligen in die Evermaruskapelle überführte, Vita III, 2 S. 135.

[33] MEUTHEN, UB Aachen Nr. 103 S. 326 f. Für seine Zustimmung zur Umwandlung der Benediktinerabtei Burtscheid in ein Zisterzienserinnenkloster 1230 hatte der Dekan des Aachener Marienstifts sich ausbedungen, *quod parrochia de Rutten et locatio prebendarum ibidem de cetero inperpetuum attineant decanie beate Marie in Aquis*. Die Äbtissin von Burtscheid bzw. der Abt von Heisterbach als Visitator von Burtscheid hatten jeweils dem Dekan die vakante Pfarre von Rutten zu übertragen (in einer Urkunde von 1276 ließ die Äbtissin geltend machen, daß ihr das Präsentationsrecht *tam ratione iuris patronatus ... quam ratione possessionis* zukomme, QUIX, Burtscheid Nr. 86 S. 283, MUMMENHOFF, Regesten 1 Nr. 326). Anstelle des dritten Teils des Zehnten sollte der Dekan wie die früheren Pfarrer von Rutten auch (*sicut actenus ab antiquo observatum est*) Naturalleistungen *de grangia ibidem sanctimonialium de Porceto* und darüber hinaus den Zehnt von 10 Bunder Land in Lauw und der *dotis ecclesie in Luiden* erhalten. Die Kapelle St. Evermar sollte wie bisher in vollem Besitz von Burtscheid bleiben. Der Dekan bzw. sein Vikar hatten es zuzulassen, *quod omnes servientes curie ad parrochiam non pertinentes et religiosi in eadem manentes vel supervenientes officia christianitatis in eadem* (sc. *cappella s. Evermari*) *percipiant*. Offensichtlich erhielt St. Evermar in diesem Zusammenhang Pfarrrechte für die Angehörigen des Burtscheider Hofes in Rutten und die dortigen Geistlichen, vgl. zu den letzteren Vita Evermari III, 3 S. 137 und VAN DERVEEGHDE, Le Polyptyque S. 150. Zur Interpretation der Urkunde von 1230 vgl. auch SCHAAKE, Burtscheid S. 69 ff. und 77 ff.

St. Martin war Mittelpunkt eines größeren Pfarrsprengels, zu dem Lauw[34], Herstappe[35] und Hamal[36] gehörten[37]. Wie Urkunden des 13. und 14. Jahrhunderts und einem um 1300 angelegten Burtscheider Heberegister zu entnehmen ist, stand der Abtei Burtscheid in Rutten, Herstappe und Lauw der größte Teil des Zehnten zu[38]. Der Umfang der zu dem Wirtschaftshof ge-

---

[34] Vgl. PAQUAY, Les paroisses S. 134. Soweit sich die Geschichte von Lauw zurückverfolgen läßt, sind außer der kirchlichen Abhängigkeit keine Beziehungen zu Rutten zu erkennen. Urkunden von 1233, 1244 und 1246 ist zu entnehmen, daß der Zehnt von Lauw zur Hälfte dem Kapitel St. Lambert zustand, BS 1 Nr. 246 S. 317, und daß das Lütticher Stift St^e Croix im Besitz mehrerer Höfe, Ländereien und Einkünfte sowie der Gerichtsbarkeit in Lauw war, PONCELET, Sainte-Croix Nr. 72 S. 36 und BS 1 Nr. 425 S. 519. 1146 ist ein *Wigerus de Ludo* unter den Ministerialen des Lütticher Bischofs bezeugt, PIOT 1 Nr 52 S. 71. Es ist danach wahrscheinlich, daß die Besitzungen von St^e Croix (Ende des 10. Jh.s von Notker gegründet) in Lauw auf Besitzungen der Lütticher Kirche zurückgingen, wie BAILLIEN, Lauw S. 13 angibt. Ob jedoch die Güter der Lütticher Kirche, die offensichtlich einen großen Teil des Orts ausmachten, bereits im Frühmittelalter zum Besitzstand des Bistums gehörten, so BAILLIEN ebd., muß offenbleiben. Die Annahme von ROTTHOFF, Reichsgut S. 124, daß es sich bei diesen Gütern um karolingisches Reichsgut handelt, beruht auf seiner Gleichsetzung von Lauw mit *Littemala subterior*, vgl. dazu unten S. 383 f. Burtscheid, das 1230 im Besitz der Kirche und eines Zehnten in Lauw bezeugt ist, vgl. Anm. 33, erwarb 1269 den Lütticher Zehntanteil, BS 2 Nr. 627 S. 196, MUMMENHOFF, Regesten 1 Nr. 233. Nach dem Heberegister von 1300 fol. 34^v, vgl. Anm. 38, stand der Abtei in Lauw der Zehnt von 410 Bunder Land zu. Nach einer nicht mehr benutzbaren Urkunde von 1437, Burtscheid Akten 23 a, hatte die Abtei in Lauw Grundbesitz von über 86 Morgen; erwähnt bei SCHAAKE, Burtscheid S. 101, vgl. OEDIGER, Hauptstaatsarchiv 4 S. 76.

[35] Der Ort ist erstmals in der Vita Evermari I, 11 S. 127 bezeugt und galt danach als sehr alt. Die kirchlichen Beziehungen zu Rutten werden erst zu Beginn des 14. Jh.s faßbar, MUMMENHOFF, Regesten 2 Nr. 252, dürfen aber bereits für die ältere Zeit vorausgesetzt werden. Sonstige Beziehungen zu Rutten sind nicht festzustellen. Im 12. Jh. ist neben Allodialgut, DARIS, Beaurepart S. 336, geringerer Besitz des Lütticher Stifts St. Jean bezeugt, LAHAYE, Saint-Jean Nr. 14 S. 11. Nach einer Urkunde von 1395 standen der Abtei Burtscheid die gesamten Zehnten *in villa et territorio de Herstaple* zu, PAQUAY, Rutten, Oorkonden Nr. 2 S. 182. Nach Angaben des Heberegisters fol. 34^v handelte es sich um Zehnten von 388 Bunder Land. 1437 verpachtete Burtscheid Ländereien in Herstappe im Umfang von über 358 Morgen Land, vgl. SCHAAKE, Burtscheid S. 101. Wie in Lauw verfügte zunächst auch das Kapitel St. Lambert in Herstappe über einen Teil des Zehnten, den es 1269 Burtscheid überließ, BS 2 Nr. 627 S. 196.

[36] PAQUAY, Les paroisses S. 143. Die kirchlichen Beziehungen zu Rutten sind erst durch die Visitationsberichte bezeugt, SIMENON, Visitationes 2 S. 613. Burtscheid hatte weder Zehnt- noch sonstige Einkünfte noch Landbesitz in Hamal. Der Ort wird erstmals Anfang des 13. Jh.s genannt, Reineri Annales S. 672. Der Ort war Sitz der Familie *de Hamale*, die ihre Güter in Hamal von Arnold von Elsloo, einem Lehnsmann der Grafen von Hochstaden, zu Lehen genommen hatten, vgl. LACOMBLET, NrhUB 2 Nr. 325 S. 170. PAQUAY, Hamal S. 48 kann wahrscheinlich machen, daß Hamal mit der Übertragung der Grafschaft an das Erzbistum Köln kam. Ob Hamal über den Herzog von Brabant ein Reichslehen war und mit den benachbarten brabantischen Lehen Rutten, Nerem, Paifve und Othée Teil „d'un même domaine impérial primitif" war, so PAQUAY S. 31, muß wohl offenbleiben.

[37] Wie die Ausführungen in den vorhergehenden Anmerkungen zeigen, ist es im Falle von Rutten nicht möglich, aus den späteren Besitzverhältnissen auf einen der Urpfarrei entsprechenden ursprünglichen grundherrschaftlichen Verband zu schließen.

[38] In Urkunden von 1276, 1289 und 1396 wurden zwischen der Abtei Burtscheid und dem Kloster Herkenrode sowie den Lütticher Stiften St^e Croix und St. Martin Zehnstreitigkeiten beigelegt, die an den Grenzen des Pfarr- und Zehntsprengels Rutten zu den benachbarten Pfarreien

hörenden Ländereien läßt sich nicht näher bestimmen. Nach den Angaben der Vita Evermari machten sie eine *pars villae* aus[39]. In dem Heberegister werden 90 in Eigenregie von der *curtis monasterii* bewirtschaftete Bunder Land erwähnt[40]. 1437 verpachtete die Abtei ihren Hof mit Ländereien in Rutten, Herstappe und Lauw im Umfang von über 570 Bunder Land[41]. Sie verfügte also über ziemlich umfangreichen Besitz.

2. Das Kanonikerstift in Rutten

Der erste sichere Beleg für das Bestehen eines Kanonikerstifts in Rutten ist die Urkunde mit den neuen Stiftsstatuten von 1281. Sie läßt erkennen, daß das Stift in der lokalen Tradition als eine königliche Gründung galt[42]. Frühere Mißstände und die Gesandtschaft des päpstlichen Legaten Hugo von St. Sabina (1251/53) hatten zu einer Reform unter dem Ruttener Propst Heinrich von Gymnich (1281) geführt[43]. Bereits diese Hinweise lassen deutliche Rückschlüsse auf ein höheres Alter des Stifts zu[44]. Als Stiftskirche diente die

---

Othée (Herkenrode), Vreren, Fize-le-Marsal (St^e Croix) und Villers-l'Évêque (St. Martin) entstanden waren, QUIX, Burtscheid Nr. 82, 91 und 167, S. 278, 290 f. und 403 f., MUMMENHOFF, Regesten 1 Nr. 321 und 455. Die Angaben der Urkunden decken sich, was die Ausdehnung des Zehntsprengels betrifft, mit der Beschreibung der Burtscheid zustehenden Zehnten von Rutten, Herstappe und Lauw in dem fragmentarisch erhaltenen Heberegister, Staatsarchiv Düsseldorf, Burtscheid, Akten 36 fol. 34–34ᵛ; OEDIGER, Hauptstaatsarchiv 4 S. 71 datiert es wohl aufgrund paläographischer Merkmale in das 14. Jh. Seine Entstehung kann bereits vor 1312 angesetzt werden, da der Graf von Löwen-Gaesbeek, der seinen Besitz in Rutten vor 1312 veräußert hatte, noch als Empfänger grundherrlicher Zinsen in Rutten genannt wird, vgl. Anm. 55 und 56. Im folgenden wird deshalb von einer Datierung um 1300 ausgegangen. Im Verlauf des 13. Jh.s war es der Abtei Burtscheid gelungen, ihren Zehntbesitz in Rutten, Lauw und Herstappe zu arrondieren, vgl. Anm. 34 und 35. Den Zehnt des Dekans und des Kapitels des Stifts St. Marien in Tongern an den Besitzungen des Lütticher Bischofs in Rutten erhielt Burtscheid 1227 zur Pacht, MEUTHEN, UB Aachen Nr. 225 S. 505.

[39] Vgl. Anm. 32.

[40] Der Aufzählung der Zehnten in Rutten, Herstappe, Lauw und Othée (10½ Bunder) folgt fol. 34ᵛ die Angabe: *Item curtis monasterii ibidem habet LXXXX bonuaria que per se colit*; sie ist wohl auf Rutten, Herstappe und Lauw zu beziehen.

[41] SCHAAKE, Burtscheid S. 100 f.; vgl. Anm. 35.

[42] PAQUAY, Statuts S. 71: *sed inter alia considerantes quod ipsa ecclesia a sua fundatione regaliter instituta et iam vestustate consumpta indigeat reparatione, utpote ab antecessoribus nostris plurimum desolata, et in qua precipue est defectus librorum iam vetustate consumptorum, in qua ecclesia etiam nullus est ornatus ad cultum divinum peragendum nec aliqui redditus ad premissa peragenda. Nos, moderni quoque qui in praesentia sumus canonici*... Auf diese Passage machte bereits LACOMBLET, NrhUB 1 S. 56 Anm. 2 aufmerksam.

[43] In den Statuten wird *super reformatione dicte ecclesie* gehandelt, S. 70; zu den Mißständen vgl. das Zitat Anm. 42. Einige Zeilen weiter wird auf die *edita super reparatione ordinum* des Kardinals Hugo von Sabina eingegangen; zu dessen Gesandtschaft 1251/53 in Belgien vgl. DE MOREAU, Histoire 3 S. 317.

[44] Anders PAQUAY, Rutten S. 172, der mit der Existenz des Stifts erst im 13. Jh. rechnet, was jedoch nach den Anm. 42 zitierten Auszügen aus den Stiftsstatuten kaum zutreffen dürfte.

Pfarrkirche St. Martin. Der Propst war zugleich Pfarrer von Rutten[45]. In einem Vertrag von 1230 überließ die Abtei Burtscheid dem Dekan des Aachener Marienstifts neben der Besetzung der Pfarrei auch die *locatio prebendarum* in Rutten[46]. Nach Angabe der Statuten von 1281 und einer Urkunde von 1317 sind hierin die Pfründen der Kanoniker von St. Martin zu sehen[47]. Damit ist deutlich, daß sich das Stift im Besitz des Klosters Burtscheid befand. In den Statuten von 1281 werden die Einkünfte der Kanoniker mit 12 Mark Silber jährlich als *tenues ... et exiles* bezeichnet[48]. Aus welchen Ländereien die Pfründen bestanden, muß hier offenbleiben[49]. Der Hof des Klosters Burtscheid entrichtete nach Angaben des Heberegisters von 1300 dem Propst, den Kanonikern und den Mesnern der *ecclesia beati Martini in Rutten* Grundzinse[50]. Das Stift verfügte danach über ein eigenes Vermögen innerhalb des Burtscheider Besitzes in Rutten. Die Statuten von 1281 enthalten keine Angaben über die Zahl der Kanonikate an St. Martin. In einem Visitationsbericht von 1548 werden 6 *prebendae* genannt[51].

3. Die Herrschaft des Herzogs von Brabant

In einem Vergleich mit Heinrich I. von Brabant verzichtete Graf Ludwig II. von Loon 1206 u. a. auf seine Ansprüche *versus Rutte ... excepta advocatia*[52].

---

[45] Die Pfarrei Rutten war von der Äbtissin von Burtscheid vor 1276 dem Lütticher Kanoniker Heinrich von Gymnich übertragen worden, QUIX, Burtscheid Nr. 86 S. 283, MUMMENHOFF, Regesten 1 Nr. 326. 1281 ist Heinrich als *canonicus Leodiensis et rector sive investitus et praepositus ecclesiae Ruttensis* bezeugt, PAQUAY, Statuts S. 70.

[46] Vgl. Anm. 33. An anderer Stelle der Urkunde heißt es: *eandem ecclesiam libere tenebit et prebendas, et siqua sunt alia ad ecclesiam de Rutten pertinentia, personis idoneis quibuscumque voluerit, cum vacaverint, assignabit* (sc. *decanus Aquensis*), MEUTHEN, UB Aachen Nr. 103 S. 326.

[47] PAQUAY, Statuts S. 71. In dem Vergleich mit dem Dekan des Marienstifts 1317 *occasione investiture ecclesie Ruttensis et iuris conferendi canonicatus et prebendas ecclesie eiusdem* erklärte die Äbtissin von Burtscheid, daß dieses Recht (hier nur als *ius conferendi prebendas* bezeichnet) *ad illum qui investituram ipsam obtineret a nobis spectabat insolidum, quodque ita fuisset ab olim observatum*, QUIX, Burtscheid Nr. 105 S. 307 f., MUMMENHOFF, Regesten 2 Nr. 221. Die Verbindung der Pfarrei mit dem Stift erklärt am ehesten, weshalb der Dekan sich 1230 von den Pfarreien der Abtei Burtscheid gerade Rutten zuweisen ließ, vgl. Anm. 33, und daß dies Anlaß zu lang anhaltenden Streitigkeiten zwischen dem Dekan und der Abtei wurde, vgl. dazu SCHAAKE, Burtscheid S. 69 ff.

[48] PAQUAY, Statuts S. 71.

[49] Nach PAQUAY, Rutten S. 174 standen dem Propst jährliche Einkünfte von 23 Bunder und 13 großen Ruten in den Fluren *t'Heurvelt*, *t'Cortenbosch*, *in die Keppe*, *achter Cloosterbosch*, *te Weraert* und *ten Grootenardt* zu. Grotenart und Cortenbosch sind im Einzugsbereich des Schöffengerichts von Rutten-Nerem-Paifve bezeugt, PAQUAY, Rutten S. 161.

[50] Fol. 35 werden unter dem *census hereditarius quem tenetur curtis Ruttensis* aufgeführt: *Item custodi superiori ecclesie beati Martini in Rutten III solidos et XII capones. Item canonicis ibidem vel vicariis eorundum III solidos et III denarios. Item custodi ibidem I modium speltae ... Item praeposito Ruttensi 1½ capones et 3½ denarios bone monete.*

[51] SIMENON, Visitationes S. 611.

[52] VAN DER BERGH, Oorkondenboek 1 Nr. 205 S. 124; zum Kontext vgl. Anm. 61. Zur Datie-

Die Rechte des Herzogs in Rutten gingen im Verlauf des 13. Jahrhunderts auf die Grafen von Löwen und Gaesbeek, eine brabantische Nebenlinie über[53]. Eine Urkunde Heinrichs I. von Löwen von 1275 ist u. a. an *le Maires et le Eschevin de me ville de Ruechon* gerichtet[54]. Nach Angaben des Heberegisters von 1300 war die Abtei Burtscheid dem Herrn von Gaesbeek für Ländereien in Rutten zinspflichtig[55]. 1312 kam es zwischen dem Besitznachfolger der Grafen von Löwen in Rutten, Adam von Oupeye, als dem *temporalis dominus villarum de Herstallio et de Ruttis* und der Abtei Burtscheid zu Auseinandersetzungen, in deren Verlauf Adam von Oupeye den Besitz des Klosters in Rutten als freies Eigen anerkannte[56].

Die weltliche Grundherrschaft in Rutten dürfte nach diesen Nachrichten einen größeren Teil des Ortes umfaßt haben[57]. Über ihre Geschichte vor 1206 scheinen keine sicheren Angaben möglich[58]. Dem Vergleich zwischen Heinrich I. von Brabant und Ludwig II. von Loon waren Streitigkeiten u. a. wegen

---

rung der Urkunde und zu den politischen Ereignissen vgl. KOCH, Oorkondenboek 1 S. 459 und BAERTEN, Loon S. 77 f.

[53] Nach PAQUAY, Rutten S. 150 übertrug Herzog Heinrich II. von Brabant (1235–1247) Rutten seinem Bruder Gottfried von Löwen zu Lehen, der es wiederum seinem Sohn Heinrich I. von Löwen, Herrn von Herstal, Gaesbeek, Rutten und Breda weitergab. Ältere Zeugnisse für den Besitz der Grafen von Löwen in Rutten als die Anm. 54 zitierte Urkunde scheinen nicht bekannt zu sein.

[54] BUTKENS, Trophées 1, Preuves S. 220; 1298 stellten *villicus et scabini ville de Ruthis* eine Urkunde über einen Grundzins in Rutten aus, PAQUAY, Tongres Nr. 136 S. 328 f. Es handelte sich um die Schöffen des Brabanter Hofs in Rutten; Zeugnisse für eine eigene Gerichtsbarkeit des Burtscheider Hofs sind nicht überliefert.

[55] Fol. 35; die Grundzinse an den *dominus de Gazebeke* werden unter dem gleichen Titel aufgeführt wie die an das Stift St. Martin, vgl. Anm. 50.

[56] PAQUAY, Rutten, Oorkonden Nr. 5 S. 184: *recognoscimus et fatemur, curiam, quam ... obtinent in villa nostra de Rutis cum suis mansionibus ac bonis et pertinentiis spectantibus ad eandem, fuisse et esse liberum allodium monasterii predicti quodque nobis nihil iuris, oneris aut servitutis competiit vel competit seu debetur de allodio predicto exceptis censibus et caponibus de certis terris nobis persolvendis et uno mansionario pro tempore nobis statuendo prout hactenus observatum est et consuetum.* Diese Passage macht die Stellung des Burtscheider Hofes als Enklave innerhalb der weltlichen Herrschaft deutlich. Zur Besitznachfolge der Herren von Oupeye vgl. PAQUAY, Rutten S. 151.

[57] Neben den Besitzungen von Burtscheid und des Herzogs von Brabant und geringem Allodialbesitz, vgl. PAQUAY, Tongres Nr. 136 und 139 S. 328 ff., sind im 13. Jh. noch Güter des Lütticher Bischofs in Rutten bezeugt, PAQUAY, Tongres Nr. 27 S. 150, die jedoch nach Angaben des Lehnsbuches des Adolf von der Mark (Anfang 14. Jh.), wo als größte Einheiten in Rutten 29 Bunder Land genannt werden, PONCELET, Le livre des fiefs S. 394, nicht sehr umfangreich waren. Die Annahme von ROTTHOFF, Reichsgut S. 124, daß es sich hierbei um altes Krongut handelte, läßt sich nicht abstützen.

[58] Rutten wird allgemein zu den Reichsgütern gezählt, die zusammen mit Maastricht 1202/1204 an den Herzog von Brabant verlehnt wurden, COENEN, Limbursche Oorkonden 1 Nr. 665, ULENS, Le domaine impériale S. 208 und HARDENBERG, Vroenhof S. 46; ähnlich auch ROTTHOFF, Reichsgut S. 124, der aufgrund der Urkunde von 948, der Schenkung Ottos III. (vgl. Anm. 31) und der Verlehnung von 1202 Rutten „als Mittelpunkt eines größeren karolingischen Krongutskomplexes" betrachtet.

der Reichslehen in und um Maastricht[59] und der Vogtei von St. Truiden[60] vorausgegangen. Auch die Rechte auf Rutten waren umstritten. Dem Wortlaut der Urkunde nach gehörte der Ort nicht zu den Reichsgütern, die 1204 zusammen mit Maastricht als Lehen an den Herzog kamen[61]. Anhaltspunkte für eine frühere Zugehörigkeit von Rutten zum Besitz der Grafen von Loon fehlen[62]. Der Urkunde König Philipps von 1204 für Heinrich I. von Brabant ist zu entnehmen, daß der Herzog vor 1204 Reichsgüter westlich der Maas an den Grafen von Loon verlehnt hatte[63]. Die Bestätigung dieser Oberlehen für den Herzog von Brabant durch Philipp an hervorgehobener Stelle innerhalb der Urkunde läßt darauf schließen, daß es neben Maastricht und Zubehör auch wegen anderer Reichsgüter im Loon'schen Einflußbereich zu Auseinandersetzungen zwischen dem Herzog und dem Grafen gekommen war. Da Rutten, das in unmittelbarer Nachbarschaft zur Grafschaft Loon lag und vor 1206 Gegenstand von Streitigkeiten zwischen Brabant und Loon war, weder unter den mit Maastricht verlehnten Reichsgütern noch unter den Besitzungen der Grafen von Loon nachweisbar ist, liegt die Annahme nahe, daß der Ort zu den 1204 genannten, zwischen Herzog und Grafen strittigen *bona ... imperio attinentia* gehörte. Für eine solche Zuweisung spricht auch, daß außer Rutten und dem benachbarten Nerem sämtliche Orte, deren Gerichte über den Maastrichter Vroenhof beim Aachener Oberhof appellierten, früher in Reichsbesitz nachweisbar sind[64]. Es ist denkbar, daß Rutten ähnlich wie

---

[59] Vgl. PANHUYSEN, Maastricht S. 82 ff., DEETERS, Servatiusstift S. 100 und BAERTEN, Loon S. 76 f.

[60] Vgl. CHARLES, Saint-Trond S. 354.

[61] VAN DER BERGH, Oorkondenboek 1 Nr. 205 S. 124: *Comes renuntiabit omni querelae, quam versus Traiectum habuit, cum omnibus villis et appenditiis, que spectant ad Traiectum, videlicet Volne, Montenake, Wilre, Lintale et quae sunt aliae villae. Querelae, quam habet versus Rutte, comes renuntiabit, excepta advocatia.*

[62] Vgl. die Zusammenstellung der besitzgeschichtlichen Belege bei BAERTEN, Les origines S. 469 ff.

[63] Nachdem dem Herzog im dispositiven Teil u. a. Maastricht *cum omnibus iusticiis et appendiciis suis extra civitatem et intra* zu Lehen gegeben waren, wird am Ende der Urkunde in Art eines Nachtrages zwischen Zeugenliste und Actumzeile noch folgender Passus eingeführt: *Item concedimus Duci universa bona constituta ultra Mosam, quae antea Comes de Loen ab ipso Duce in feodum acceperat, imperio attinentia*, BUTKENS, Trophées 1, Preuves S. 56; vgl. LAURENT, Actes Nr. 4 S. 4 f. und BAERTEN, Loon S. 85 f.

[64] Untergerichte des Vroenhofs waren Argenteau, Montenaken, Nerem, Petersheim mit Lanaken, Rothem und Rutten, vgl. SCHWABE, Oberhof S. 83 ff. Zum Reichsgut in diesen Orten vgl. ROTTHOFF, Reichsgut S. 35 f., 75, 97 und 123. Nerem gehörte zur Pfarrei Vreren, die sich vor 1005 in Reichsbesitz befand, PAQUAY, Les paroisses S. 106 f. und ROTTHOFF S. 76. Der Ort ist 1275 im Besitz des Grafen von Löwen bezeugt, BUTKENS, Trophées 1, Preuves S. 220. Es ist nicht unwahrscheinlich, daß es sich bei Nerem um ein brabantisches Reichslehen handelte. Die von ROTTHOFF S. 44 Anm. 108 vorgeschlagene Gleichsetzung mit dem in der Nonenschenkung an das Aachener Marienstift genannten Reichsgut *Heim*, DH I 23 S. 59, läßt sich jedoch nicht weiter abstützen.

Herstal bereits im 12. Jahrhundert dem Einfluß der Grafen von Löwen als den Herzögen von Niederlothringen unterstand[65].

4. Rückschlüsse auf die Geschichte von Rutten im frühen Mittelalter

Es ist zu fragen, inwieweit die späteren Verhältnisse mit den Nachrichten der Urkunde von 948 in Verbindung gebracht werden können und zusammen mit ihnen Aussagen zur Frühgeschichte des Ortes ermöglichen. Zunächst läßt sich aufgrund der Ortsgeschichte die Identität des 948 erwähnten *Hreotio* mit Rutten über die sprachlich unbedenkliche Gleichsetzung von *Hreotio* mit *Riuti* hinaus eindeutig erweisen[66]. Das Patrozinium St. Martin in Rutten und die Überlieferung der die Kirche in *Hreotio* betreffenden Urkunde von 948 in dem Archiv des Klosters Burtscheid[67], in dessen Besitz sich die Kirche von Rutten befand, lassen an der Identität keinen Zweifel aufkommen. Es liegt folglich nahe, die Existenz eines kleineren Kanonikerstifts an St. Martin im 12./13. Jahrhundert mit den Angaben der Urkunde Ottos I. über die Gründung eines Xenodochiums in Verbindung zu bringen[68]. Die wahrscheinlichste Erklärung für das Bestehen des Stifts dürfte sein, daß sich das Xenodochium im Laufe der Zeit zu einer Klerikergemeinschaft entwickelte, wobei die für die *matricularii* bestimmten Einkünfte und Ländereien im Stiftsgut und später in

---

[65] Gottfried von Löwen, der Vater Herzog Heinrichs I. von Brabant, ist 1171 im Besitz eines *benefitium ducatus sui quod situm est in villa Harstallii* bezeugt, BS 1 Nr. 53 S. 89. Auch Herstal ging im 13. Jh. an die Grafen von Löwen über, vgl. LEQUARRÉ, Herstal S. 86 und JORIS, Herstal S. 416. Bei der Verpfändung der *bona nostra que in prediis vel burgis ultra Mosam ... habebamus* durch Friedrich I. 1174 an den Lütticher Bischof werden genannt: *burgus Traiecti cum omnibus pertinentiis suis, Rotheim, Vileir, Monteigney, Freres, Folon, burgus sancti Trudonis,* BS 1 Nr. 56 S. 93 f. Die Nichterwähnung von Rutten könnte mit demselben Grund erklärt werden wie das Fehlen von Herstal. Ohne nähere Begründung nimmt REMANS, Rutten S. 52 in Anschluß an H. HARDENBERG an, daß Rutten 1018 an Graf Giselbert (von Loon) als dem Grafen im Haspengau übergegangen und von diesem an die Grafen von Löwen gelangt sei.

[66] Die Identifizierung wird durch das Fehlen einer *pagus*-Angabe in DO I 101 erschwert. Für den Dorsalvermerk aus dem Ende des 12. Jh.s: *De Berga et Litmala* (nach Aufnahme im Forschungsinstitut Lichtbildarchiv älterer Originalurkunden (Marburg/L.) Nr. E 3919) steht eine Erklärung aus. Gegenüber QUIX, Burtscheid S. 61 ff., der den Namen aufgrund einer Verlesung *Breotio* mit Burtscheid deutete, identifizierte erstmals LACOMBLET, NrhUB 1 S. 56 Anm. 2, vor allem aus inhaltlichen Gründen, den Ort mit Rutten. Diese Deutung wurde von der Forschung allgemein übernommen, vgl. zuletzt GYSSELING, Woordenboek S. 874, HEIDRICH, Titulatur S. 264, MEUTHEN, UB Aachen S. 461 und HERBILLON, Toponymes hesbignons (R-) S. 55. In der Erforschung der frühmittelalterlichen Geschichte des Lütticher Raums blieben die in DO I 101 überlieferten Nachrichten über die Anfänge von Rutten, auf die jüngst vor allem Heidrich aufmerksam machte, jedoch weitgehend unberücksichtigt.

[67] Das Original befindet sich im Hauptstaatsarchiv Düsseldorf, Burtscheid, Urkunden; OEDIGER, Hauptstaatsarchiv 4 S. 75. Vgl. auch MEUTHEN, UB Aachen S. 13.

[68] Mit LACOMBLET, NrhUB 1 S. 56 Anm. 2 ist in diesem Zusammenhang darauf hinzuweisen, daß der Propst und das Kapitel von St. Martin ihr Stift Ende des 13. Jh.s als eine *ecclesia a sua fundatione regaliter instituta* betrachteten, vgl. Anm. 42.

den einzelnen Pfründen aufgingen. Bei einer solchen Annahme lassen die Rechte der Abtei Burtscheid auf das Stift in Rutten im 12./13. Jahrhundert darauf schließen, daß die Stiftung des Chlodulf zu den Gütern gehörte, die 1018 aus dem Besitz der Abtei Seligenstadt an Burtscheid übergingen[69]. Die Anfänge des Seligenstädter Außenbesitzes in Rutten sind nicht sicher zu bestimmen. Zur Besitzgeschichte von Seligenstadt im 9. und 10. Jahrhundert ist nur wenig bekannt[70]. Beziehungen der Abtei zum lothringischen Raum waren am ehesten durch die Person ihres Gründers gegeben. 830 hatte Einhard, der sich zu dieser Zeit vom Aachener Hof zurückzog, Ludwig den Frommen gebeten, der Gemeinschaft von Geistlichen in Seligenstadt einige Güter zu übertragen[71]. Es ist am wahrscheinlichsten, daß Rutten in diesem Zusammenhang an Seligenstadt gelangte[72]. Für eine Vergabung aus Reichsgut mag auch sprechen, daß in späterer Zeit Reichsbesitz in Rutten zu erschließen ist. Bei einer solchen Annahme ergibt sich, daß die Stiftung des Chlodulf vor dem Beginn des 9. Jahrhunderts in Reichsbesitz überging. Auch die Güter, die nach der Ausstattung des Xenodochiums durch Chlodulf, Aunulf und Pippin II. in Rutten verblieben waren, dürften wohl schon früh an das Reich gefallen sein.

c) *Littemala*

Eine sichere Deutung des Namens *Littemala subterior* steht noch aus. Der Ort wird zumeist mit Limal (prov. Brabant, arr. Nivelles) identifiziert, das 1155 als *Litmale* bezeugt ist[73]. De Vos weist darauf hin, daß sich aus der Ortsgeschichte von Limal keine Entsprechungen zu den Angaben der Urkunde von

---

[69] Vgl. oben S. 375 mit Anm. 31. Als Hintergrund für die Abfassung der Urkunde von 948 ist es danach wahrscheinlich, daß den Geistlichen von Rutten an der Bestätigung ihres Eigenvermögens innerhalb der Seligenstädter Besitzungen in Rutten gelegen war, vgl. Anm. 27. Die Urkunde Pippins II. und eventuell auch ältere Vorlagen wurden zur Begründung ihrer Ansprüche herangezogen und auch in Passagen, die den Verhältnissen des 10. Jh.s nicht mehr entsprachen, in den der Kanzlei vorgelegten Entwurf übernommen. Hierzu gehören die Bezeichnungen *matricularii* und *synodochia*, vielleicht auch die Angaben über die Gründung in *Littemala subteriore*. Es erscheint jedoch nicht als ausgeschlossen, daß die nicht nachweisbare Stiftung in *Littemala* als die kleinere Gründung zur Zeit Ottos I. nicht mehr bestand.

[70] Vgl. KOCH, Seligenstadt S. 217ff. und SCHOPP, Seligenstadt S. 189. Nach der Zusammenstellung bei KOCH S. 250ff. war Rutten von den bekannten Gütern der Abtei die am weitaus entferntesten gelegene Außenbesitzung.

[71] Vgl. HAMPE, Zur Lebensgeschichte Einhards S. 605f. und FLECKENSTEIN, Einhard S. 104f. und 114f. Einharti Epistolae Nr. 10 S. 114: *vobis suggessi, ut aliquid de vestris beneficiis ad sustentationem eorum, qui iuxta sacratissima sanctorum martyrum corpora Deo deservituri sunt, eisdem mitissimis patronis vestris dare dignaremini.*

[72] So auch ROTTHOFF, Reichsgut S. 124, der allerdings annimmt, daß das Kanonikerstift in Rutten nicht zu den an Seligenstadt gelangten Gütern zählte, sondern bis in die Zeit Ottos III. in Reichsbesitz verblieb, vgl. Anm. 31; mit einem Erwerb bereits der Kirche durch Seligenstadt unter Einhard rechnet hingegen REMANS, Rutten S. 53.

[73] So etwa VINCENT, Noms S. 115, CARNOY, Les origines S. 147, HERBILLON/STEVENS, Toponymes hesbignons S. 72 und GYSSELING, Woordenboek S. 618.

948 ergeben[74]. Nach Schrijnemakers handelt es sich bei *Littemala* um Limmel bei Maastricht[75]. Der Ort wird erstmals 1230/36 und unter der Form *Limail* genannt[76]. Auch hier läßt sich die Gleichsetzung mit *Littemala* von der Ortsgeschichte her nicht absichern[77]. Rotthoff geht bei seiner Identifizierung mit Lauw davon aus, daß nach Angaben der Urkunde von 948 ein enger Zusammenhang zwischen Rutten und *Littemala* bestand[78]. Die kirchlichen Anstalten in den beiden Orten hatten einen gemeinsamen Abt zum Vorsteher. Abt und *custos* verwalteten die Einkünfte der *matricularii* an beiden Kirchen. Beide Anstalten, von dem gleichen Stifter gegründet, waren Empfänger gemeinsam an sie gerichteter Schenkungen und Urkunden. Die Tatsache, daß Rutten 948 an erster Stelle genannt wird und daß das Diplom Ottos I. unter den Ruttener Archivalien des Klosters Burtscheid überliefert ist, läßt darauf schließen, daß Rutten von den beiden Stiftungen der höhere Rang zukam. In Verbindung mit der späteren Ortsgeschichte ist der Urkunde von 948 zu entnehmen, daß es sich bei der Anstalt in Rutten um eine kleinere Gemeinschaft mit geringen Einkünften handelte[79]. Dies dürfte in noch höherem Maße für die Stiftung in *Littemala* anzunehmen sein. Es ist unwahrscheinlich, daß die beiden kleinen, nur von einem Vorsteher und *custos* geleiteten Gründungen in größerer Entfernung voneinander gelegen waren[80]. Ergeben sich für eine Gleichsetzung von *Littemala* mit Lauw oder einem anderen Ort in der Nähe

---

[74] DE VOS, Toponymie de Limal S. 72. Er gelangt aus diesem Grund zu dem Urteil, daß trotz der sprachlichen Identität der Beleg von 948 „ne concerne vraisemblablement pas Limal en Brabant".

[75] SCHRIENEMAKERS, Littemala S. 89 ff. Hier auch eine ausführliche Auseinandersetzung mit den bisher vorgeschlagenen Deutungen Vijlen und Mamelis bei Vaals (westl. Aachen), Lemiers bei Vaals, Limal und Lauw.

[76] Ebd. S. 89.

[77] Die Ausführungen von SCHRIENEMAKERS S. 89 ff. zur Ortsgeschichte von Limmel bei Maastricht lassen keinerlei Berührungspunkte zu den Angaben von 948 erkennen. Der von ihm mehrfach zum Beweis angeführten Annahme einer parallelen Entwicklung in Burtscheid liegt die unzutreffende Deutung von *Hreotio* mit Burtscheid zugrunde.

[78] ROTTHOFF, Reichsgut S. 123 Anm. 724; dieser Deutung schließt sich MEUTHEN, UB Aachen S. 461 an. Rotthoff betont unter Hinweis auf den engen Zusammenhang beider Orte, wie er sich aus DO I 101 ergebe, daß die angegebenen Patrozinien „nur auf Russon (St. Martin) und Lowaige (St. Peter)" paßten, zumal beide Orte in enger kirchlicher Verbindung gestanden hätten. Da die ältesten Belege für Lauw (*Lude, Leuuegge*, vgl. GYSSELING S. 618; *Luiden*, MEUTHEN S. 327) sprachlich nicht aus *Littemala* abzuleiten sind, nimmt Rotthoff eine Substitution des Ortsnamens *Littemala* an. Da sich außer dem Petruspatrozinium und den Pfarrbeziehungen keine Anhaltspunkte aus der Ortsgeschichte gewinnen lassen, vgl. Anm. 34, reichen die Argumente für die Identität wohl kaum für die Annahme eines derart seltenen Vorganges aus.

[79] Vgl. oben S. 379; nach den in Anm. 43, 49 und 50 zusammengestellten Nachrichten scheint die materielle Ausstattung des Stifts recht bescheiden gewesen zu sein.

[80] Auch dies spricht mit ROTTHOFF, Reichsgut S. 123 Anm. 724 gegen die Gleichsetzung mit Limal in Brabant sowie ebenso gegen die von HEIDRICH, Titulatur S. 264 wohl in Anschluß an DEPOIN, Saint Arnoul S. 23 vorgeschlagene Deutung mit einem Littoy, wohl Lithoijen bei Oss (Noordbrabant).

von Rutten auch keine sicheren Anhaltspunkte, so genügt in unserem Zusammenhang die Feststellung, daß sich die Gründung in *Littemala* mit hoher Wahrscheinlichkeit in der näheren Umgebung von Rutten befand.

d) Zur Person des Chlodulf

Der urkundlichen Vorlage von DO I 101 ist zur Person des Chlodulf zu entnehmen, daß er einen Sohn Aunulf hatte und bei Tongern begütert war. Chlodulf und sehr wahrscheinlich auch Aunulf[81] waren zur Zeit Pippins II. bereits verstorben. Chlodulf trägt in der Urkunde von 948 den Titel eines *maior domus*. Heidrich führt auch diesen Titel auf die Vorlage zurück und weist darauf hin, daß Mitte des 7. Jahrhunderts in Neustrien mehrere *maiores domus* nebeneinander bezeugt sind[82]. Vergleichbare Zeugnisse für Austrasien fehlen jedoch. So ist weder ein Hausmeier Chlodulf nachweisbar noch gibt es Anhaltspunkte dafür, daß gleichzeitig mit Pippin I., Grimoald oder Wulfoald noch andere Persönlichkeiten das Hausmeieramt innehatten[83]. Zweifel an der Originalität des Titels *maior domus* scheinen somit berechtigt. Es ist denkbar, daß bei der Abfassung der Urkunde im 10. Jahrhundert eine andere Amtsbezeichnung durch den Hausmeiertitel ersetzt wurde.

Als Träger des Namens *Chlodulf* sind im 7. Jahrhundert in Austrasien lediglich ein *domesticus* Chlodulf[84] und der Bischof Chlodulf von Metz, ein

---

[81] So mit HEIDRICH, Titulatur S. 227.
[82] HEIDRICH, Titulatur S. 227. Man wird dies für Chlodwig II. (639–657) wahrscheinlich machen können, unter dem die Hausmeier Erchinoald (641–658), vgl. EBLING, Prosopographie S. 137, und Rodobert (654), vgl. D Mer 19 S. 20 = LAUER/SAMARAN Nr. 6 S. 7, gleichzeitig bezeugt sind. Die Vermutung von EWIG, Teilreiche S. 120, Rodobert sei Nachfolger des burgundischen Hausmeiers Flaochad gewesen, dürfte nach dem Kontext der Urkunde von 654 kaum zutreffen. Näherer Untersuchung bedarf die von Heidrich in diesem Zusammenhang aufgeführte, nicht im Original erhaltene Urkunde eines Sichelmus von 663, die einer Zeit entstammt, als Ebroin neustrischer und burgundischer Hausmeier war, und deren Adresse an die *Dominis nostris propriis Reideberto, Chrodeberto, Emerulfo maioribus domus sacri palatii* gerichtet ist, PARDESSUS 2 Nr. 348 S. 131. EBLING S. 112 vermutet, daß die Amtbezeichnung *maior domus* auf die Lex Gundobada zurückgeht und an dieser Stelle „lediglich einen einflußreichen Großen am Hof Chlothars III." meint.
[83] Die in der bis 643 reichenden Chronik des sog. Fredegar überlieferte Reihe der austrasischen Hausmeier: Rado (613), Chucus (vor 617/18 bis vor 623), Pippin I. (623–640) und Grimoald (seit 643), vgl. oben S. 350 mit Anm. 40 und 42 und S. 355 mit Anm. 4, scheint vollständig zu sein; mit DUPRAZ, Regnum Francorum S. 289 ist anzunehmen, daß das austrasische Hausmeieramt nach Pippins I. Tod bis zum Sieg des Grimoald über den *baiolos* Otto vakant blieb. Die Nachrichten des LHF sind zwar weniger ausführlich und ungenauer, die Angabe, daß der *dux* Wulfoald mit der Einsetzung Childerichs II. (662) auf Grimoald folgte, cap. 43/44 S. 316 ff., dürfte jedoch außer Frage stehen. Nach den wenigen Nachrichten, die vorliegen, war Wulfoald unter Childerich II. (662–675) und Dagobert II. (675/76–679) die führende Persönlichkeit am Hofe, vgl. oben S. 255 mit Anm. 92 und S. 258 mit Anm. 110. Es gibt keinen Hinweis darauf, daß es zwischen 679/80 und 687, d. h. vor der Übernahme des Hausmeieramtes durch Pippin II., einen austrasischen Hausmeier gab, LHF cap. 46–48 S. 319 ff.
[84] Vgl. Anm. 97.

Sohn des Arnulf von Metz[85], bezeugt. Für die Identität des Stifters der Xenodochien in Rutten und *Littemala* mit dem Arnulfinger Chlodulf traten zuletzt, allerdings ohne nähere Begründung, Prinz und Heidrich ein[86]. Norberg identifiziert den *domesticus* Chlodulf mit dem späteren Bischof von Metz[87].

Über die Laienzeit des Metzer Bischofs ist nur wenig bekannt[88]. Besonderes Interesse verdient die Nachricht der Vita Arnulfi über die Bedrohung von Arnulfs Söhnen durch den austrasischen König Dagobert I. (623–629). Sie setzt offensichtlich die Tatsache voraus, daß sich Chlodulf und Ansegisel in ihrer Jugend am Königshof aufgehalten hatten[89]. Bei einer solchen Deutung würde sich bei ihnen wohl ein ähnliches Bild ergeben wie bei ihrem Vater Arnulf von Metz, der am Hofe Theudeberts II. von dem Hausmeier Gundulf ausgebildet worden war und anschließend das Amt eines *domesticus* übernommen hatte[90]. Auch bei Chlodulf und Ansegisel dürfte der Aufenthalt am Königshof der Vorbereitung für die Übernahme eines hohen Amtes gedient haben[91]. Bereits dies macht wahrscheinlich, daß beide in der Folgezeit unter Pippin I. oder Grimoald mit führenden Aufgaben betraut wurden. Das zweite sichere Zeugnis zur Person Chlodulfs aus der Zeit vor seiner Erhebung zum Bischof von Metz ist ein Brief, den der Bischof Desiderius von Cahors an Arnulfs Sohn, den *Dominus illuster* Chlodulf richtete[92]. Die Adresse des

---

[85] Die Nachricht der Vita Arnulfi cap. 5 S. 433: *ex eadem egregia femina duorum filiorum gaudia suscepisset* (sc. *Arnulfus*), wird von Paulus Diaconus, Gesta epp. Mett. S. 264 präzisiert: *duos filios procreavit, id est Anschisum et Chlodulfum*; ebd. wird Chlodulf als *maior filius* und S. 267 als Nachfolger des Godo auf dem Metzer Bischofsstuhl genannt; zur Abstammung Chlodulfs vgl. zuletzt HLAWITSCHKA, Vorfahren S. 73 Anm. 6 und HEIDRICH, Titulatur S. 222 mit Anm. 711.

[86] PRINZ, Mönchtum S. 192, HEIDRICH, Titulatur S. 90 Anm. 80 und S. 264; ähnlich bereits in der älteren Forschung QUIX, Burtscheid S. 58 f., HAUCK, Kirchengeschichte 1 S. 286 Anm. 4 und DEPOIN, Saint Arnoul S. 22 f.

[87] NORBERG, Epistulae S. 25; ähnlich bereits ARNDT, Epistolae 3 S. 197 Anm. 2 und LEVISON, SS rer. Merov. 6 S. 280 Anm. 1.

[88] Eine Zusammenstellung der Zeugnisse über Chlodulf und eine kurze Biographie dieses Metzer Bischofs gibt HEIDRICH, Titulatur S. 220 ff.; unkritisch DEPOIN, Saint Arnoul S. 21 ff.

[89] Vita Arnulfi cap. 17 S. 439. Es wird berichtet, Dagobert habe, um Arnulf von seinem Vorhaben abzubringen, sein Bischofsamt in Metz niederzulegen und die Einsamkeit aufzusuchen – was zugleich auch ein Verlassen des Königshofes bedeutete –, dem Bischof gedroht: *Dilectissimi filii tui quia ita amissum habent, nisi nobiscum consistas, capita amputabo*; Interpretation in Anschluß an HEIDRICH, Titulatur S. 222.

[90] Vgl. dazu oben S. 352 mit Anm. 48.

[91] Zur Ausbildung von Angehörigen der Führungsschicht am merowingischen Königshof und zur Stellung des Hofes als Ausbildungsstätte für die Übernahme führender politischer Positionen vgl. oben S. 252 mit Anm. 74.

[92] Desiderii epistolae I, 8 S. 197 f.; Neuausgabe von NORBERG, Epistulae S. 24. Desiderius dankt in seinem Schreiben Chlodulf für die Unterstützung, die ihm dieser auf einer Reise gewährte, ermahnt ihn, sich das väterliche Vorbild ständig vor Augen zu halten und bittet ihn, sich für Angelegenheiten der Kirche von Cahors einzusetzen, die ihm der Überbringer des Briefes übermittelte. Der Brief ist nicht datiert, womit seine Interpretation erheblich erschwert wird. KRUSCH, Vorrede zur Vita Desiderii, SS rer. Merov. 4 S. 549 f. setzt die in dem Brief erwähnte Reise in das

Briefes und die Chlodulf im Kontext beigelegten Titel entsprechen dem Sprachgebrauch des Desiderius in seinen Schreiben an weltliche Große[93]. Die Bemerkung *probabiliter probe polleas*[94] und die Bitte des Desiderius, Chlodulf möge sich für die Angelegenheiten der Kirche von Cahors einsetzen[95], lassen auf eine einflußreiche Stellung des Chlodulf schließen. Enge Beziehungen des Adressaten zu Metz werden mit der Bezeichnung des hl. Stephan als *patronus vester* sichtbar[96]. Möglicherweise ist diese Angabe mit Heidrich als ein Beleg dafür zu werten, daß Chlodulf zur Abfassungszeit des Briefes bereits designierter Bischof von Metz war[97]. Die Hinweise des Desi-

Jahr 639 und sieht in dem Schreiben ebenso wie in dem Brief an Grimoald I, 6 den Versuch des Desiderius, nach dem Tode der mit ihm befreundeten austrasischen Großen Arnulf und Pippin I. die Gunst der Söhne beider zu erlangen. Ähnlich, jedoch mit Datierung der Reise in das Jahr 647, NORBERG S. 25. HEIDRICH, Titulatur S. 224 schließt hingegen aus der Angabe: *Non enim itineris illius, quo aetate sum gravata confectus, iam quadam doloris memoria ducor*, Desiderius habe die Reise in seinen letzten Lebensjahren, d. h. nicht lange vor 655 unternommen.

[93] Die Adresse *Domino inlustri et a nobis peculiaris suspiciendo, Domino et in Christo filio Chlodulfo Desiderius peccator* stimmt wörtlich mit der Adresse des Briefes an Grimoald I, 2, NORBERG S. 12, überein, in der allerdings dem Personennamen des Adressaten noch der Titel *maiorem domus* vorangestellt wird. Sehr ähnlich ist die Adresse eines Briefes des Bischofs Verus von Rodez an Desiderius aus dessen Laienzeit, II, 19, NORBERG S. 73. Die Anrede *Domino inlustri* in der Adresse findet sich in einem weiteren Schreiben des Desiderius an Grimoald, I, 6, NORBERG S. 20, sowie in einem Brief des Abtes Bertegysel an Desiderius aus dessen Laienzeit, II, 2, NORBERG S. 45, in dem Desiderius als *thesaurarius* angesprochen wird. Im Kontext des Briefes erhält Chlodulf die Titel *dominacio vestra* und *vir excellentissime*. Desiderius gebraucht die Wendung *dominacio vestra* lediglich noch in einem Brief an Dagobert I., I, 5, NORBERG S. 19; sie findet sich auch als Anrede des Desiderius in einigen an ihn gerichteten Briefen seiner bischöflichen Amtskollegen, II, 1, 11, 12 und 19, NORBERG S. 47, 59, 61 und 73. Der Titel *vir excellentissime* läßt sich sonst in dem Briefwechsel nicht mehr nachweisen. Desiderius spricht in seinen Briefen an Grimoald, Sigibert III. und Dagobert I. von *excellentia vestra* u. ä., I, 2, 4 und 5, NORBERG S. 12, 17 und 19. Bei Dagobert I. gebraucht er die Anrede *praecellentissime princeps*, I, 5, NORBERG S. 19. Desiderius selbst wiederum wird in einem Brief des Bischofs Paulus von Verdun als *praecellentissimus eclesiae speculator* angesprochen, II, 11, NORBERG S. 59.

[94] Der Passus lautet: *quae* (sc. die vorbildlichen Werke Arnulfs) *si gestis adicias vitae huius et intenta meditatione conserves, ille* (sc. Deus bzw. Christus) *orationibus donabit utique nunc faborem, quo probabiliter probe polleas...*; Interpretation nach NORBERG S. 26.

[95] Die Bitte wird mit den Worten umschrieben: *... et, ubi quod aut iste* (sc. der Überbringer des Briefes) *dixerit aut aditum cognoscitis oportunum, condiciones patroni vestri beati Stefani, cuius administrationem gerere videor, habete receptas et per omnia commendatas*. Das Kathedralpatrozinium von Cahors war St. Stephan.

[96] Wie Anm. 95.

[97] Als weitere Hinweise führt HEIDRICH, Titulatur S. 223 f. an, daß Desiderius auf eine Umkehr Chlodulfs zu besserem Leben Bezug nimmt *(Iam, quantum me hactenus de vestra gratia dolui contristatum, superhabundare me de vestra gratulor caritate)* und ihn zur „Weiterführung des Werkes Arnulfs" ermahnt (S. 224). Bei ihrem weiteren Argument, in der Überschrift des Briefes *Item epistula domni Desiderii ad Chlodulfo op* sei die Kürzung op entgegen NORBERG S. 25, der die Auflösung *optimate* vorgeschlagen hatte, als Verschreibung für epo (*episcopo*) zu deuten, bleibt fraglich, ob es sich bei dieser Angabe nicht eher um einen Zusatz des Schreibers aus dem 9. Jh. handelte, dem zweifellos bekannt war, daß Chlodulf das Bischofsamt bekleidet hatte. Heidrich folgert aus diesen Beobachtungen, daß Chlodulf zur Abfassungszeit des Briefes designierter aber noch nicht geweihter Bischof gewesen sei, womit auch die Adresse des Desiderius-Briefes und die Anrede Chlodulfs als *vir excellentissimus* gut erklärt werden könnten.

derius-Briefes auf eine führende Position Chlodulfs[98] und die Nachrichten der Vita Arnulfi über Chlodulfs Jugendaufenthalt am Hofe Dagoberts I. entsprechen einander in hohem Maße. Sie deuten übereinstimmend darauf hin, daß Chlodulf vor seiner Bischofserhebung ein hohes weltliches Amt innegehabt hatte.

Der *domesticus* Chlodulf wird in der Ausstattungsurkunde Sigiberts III. von 648/50(?) für Stablo-Malmedy unter jenen *fideles* genannt, mit deren Zustimmung der König dem Doppelkloster das große Waldgebiet in seinem Umkreis übertrug[99]. Hierbei führt Chlodulf in der Reihe der weltlichen Großen zusammen mit einem Ansegisel die Gruppe der *domestici* an. Die Nennung dieser Amtsträger ist im Gegensatz zu der Anrede einzelner Amtsinhaber in anderen königlichen Urkunden jener Zeit nicht in der Weise zu interpretieren, daß die Amtssprengel der zahlreich aufgeführten *duces* und *domestici* von der königlichen Verfügung betroffen waren[100]. Die Urkunde sollte mit ihrem Hinweis auf den *consensus* der genannten geistlichen und weltlichen Würdenträger vielmehr dokumentieren, daß ein großer Kreis führender Persönlichkeiten Austrasiens seine formale Zustimmung zu der Ausstattung von Stablo-Malmedy erteilt und damit den feierlichen Rahmen für die Gründung der beiden Klöster abgegeben hatte[101]. Stablo-Malmedy war nicht als Königskloster angelegt worden, sondern, wie oben gezeigt, als eine Gründung des Hausmeiers Grimoald, der das Doppelkloster mit königlicher Hilfe als ein Eigenkloster seines Hauses errichten ließ[102]. Für jene Großen, die sich durch die Erteilung ihres Konsenses – der damit zugleich auch dem Vorgehen

---

[98] Ähnlich ARNDT, Epistolae 3 S. 197 Anm. 2 und NORBERG S. 25, der vermerkt, daß die Titulatur des Chlodulf dem von ihm für Chlodulf angenommenen Rang eines *domesticus* gut entspreche.

[99] D Mer 22 S. 23 = HR 1 Nr. 2 S. 7. In den Abschriften der nicht mehr im Original erhaltenen Urkunde aus dem 10. und 13. Jh. sind für Chlodulf und den neben ihm genannten Ansegisel die verderbten Formen *Flodulfi* und *Ansigili* überliefert. Die korrekten Namensformen *Chlodulfo* und *Ansegisilo* finden sich in dem zeitgenössischen Auszug der Urkunde in D Mer 29 S. 28 = HR 1 Nr. 6 S. 21; vgl. dazu oben S. 366 Anm. 62.

[100] Anders EBLING, Prosopographie S. 54, 84f., 109 und 156f., der annimmt, die in der Urkunde genannten *domestici* seien herangezogen worden, weil sie für die königliche *forestis* in den Ardennen zuständig gewesen seien. Er scheint sich hierfür vor allem darauf zu stützen, daß bis auf Bettelin sämtliche *domestici* in der gleichfalls den Forst um Stablo-Malmedy betreffenden Urkunde Childerichs II. von 669/70 wieder aufgeführt werden. Doch handelt es sich bei der Namenliste in der Urkunde von 669/70 lediglich um eine Übernahme der Namenreihe aus der Vorurkunde von 648/50(?), ohne daß die damals genannten Amtsträger an der Regelung von 669/70 erkennbar beteiligt gewesen waren, vgl. oben S. 366 Anm. 62. Die Urkunde von 669/70, die u. a. an einen *Hodone domestico* adressiert ist, zeigt vielmehr, daß von der Forstübertragung an Stablo-Malmedy 648/50(?) lediglich der Sprengel eines einzigen *domesticus* betroffen gewesen war, vgl. dazu oben S. 100f. mit Anm. 1 und 4. Es ist allerdings gut denkbar, daß sich unter den 648/50(?) genannten *domestici* auch der für das Gebiet um Stablo-Malmedy zuständige Amtsträger befand.

[101] Vgl. oben S. 366f.

[102] Vgl. oben S. 362f.

Grimoalds galt – an der Gründung von Stablo-Malmedy beteiligten, wird man danach annehmen können, daß es sich, wie dies für Bischof Kunibert sicher bezeugt ist[103], zumeist um Amtsträger handelte, die dem engeren Umkreis des Hausmeiers angehörten[104].

Wie bei Arnulfs Sohn Chlodulf ist auch bei Ansegisel davon auszugehen, daß er nach seinem Aufenthalt am Hofe ein führendes Amt übernahm. Die betreffenden Nachrichten der Vita Arnulfi[105] und die Hinweise des Paulus Diaconus und der Annales Mettenses auf Ansegisels Stellung als *maior domus* bzw. als *princeps* deuten übereinstimmend in diese Richtung[106]. Die engen politischen Verbindungen zwischen den Familien Arnulfs von Metz und Pippins I. waren bereits vor der Übernahme des Hausmeieramts durch Grimoald 643 durch die Heirat zwischen Ansegisel und Grimoalds Schwester Begga weiter vertieft worden[107]. Chlodulf wiederum war nach dem Zeugnis der Virtutes s. Geretrudis ein naher Vertrauter von Grimoalds Schwester Gertrud gewesen[108]. Bei der Frage nach der Identität der Amtsträger Chlodulf und Ansegisel, die 648/50 im engeren Umkreis Grimoalds begegnen, richtet sich der Blick somit in erster Linie auf die gleichnamigen Söhne Arnulfs von Metz[109]. Dies um so mehr, als diese wohl kaum gänzlich unbeteiligt an der groß angelegten Gründung eines Eigenklosters durch ihren Schwager Grimoald gewesen sein dürften. Sprechen bereits diese allgemeinen Beobachtungen in hohem Maße für die Personengleichheit der beiden *domestici* und der

---

[103] Fredegar IV, 86 S. 164: *Grimoaldus cum Chuniberto pontefice se in amiciciam constringens...* (640/43).

[104] Von den weltlichen Großen ist allein Grimoald sicher identifiziert. Zu den *duces* Adregisel und Bobo vgl. oben S. 44 mit Anm. 60. LEVISON, SS rer. Merov. 5 S. 610 Anm. 10 hält den *dux* Fulcoald für identisch mit dem in einem Auszug einer Schenkungsurkunde Childerichs II. von 673 für St. Wandrille genannten *illuster vir* Fulcoald, Vita Lantberti abbatis cap. 3 S. 610, und einem 666/67 als Schenker an Amandus bezeugten und im Gebiet von Laon begüterten *vir illustris Fulcoaldus dux*, PARDESSUS 2 Nr. 350 S. 133; ihm folgt EBLING, Prosopographie S. 152 f., der Fulcoald als *dux* der Champagne vermutet. Für diese Gleichsetzung könnte neben dem gemeinsamen Amt eines *dux* vor allem sprechen, daß unter den bei der Ausstattung von Stablo-Malmedy anwesenden Bischöfen auch Attela von Laon bezeugt ist und Grimoald somit sicher über gute Beziehungen zu führenden Persönlichkeiten dieses Gebiets verfügte, vgl. oben S. 366 Anm. 62.

[105] Vgl. Anm. 89.

[106] Vgl. dazu unten S. 399 mit Anm. 13.

[107] Zur Datierung dieser Eheverbindung vgl. unten S. 397 ff.

[108] Cap. 2 S. 465. Es wird von einem Besuch des *civitatis Metensis episcopus nomine Chlodulfus* bei Modesta, der Äbtissin des Trierer Nonnenklosters St. Marien (Oeren), am Tag nach dem Tode der hl. Gertrud (17. März 659) berichtet, bei dem Chlodulf der Modesta *statim per ordinem narravit staturam corporis eius* (sc. Geretrudis) *et speciem decoris eius*. Vgl. hierzu auch HEIDRICH, Titulatur S. 222 und WERNER, Anfänge S. 32 ff.

[109] So für Chlodulf bereits ARNDT, LEVISON und NORBERG (wie Anm. 87) sowie für Ansegisel KRUSCH, Staatsstreich S. 414 Anm. 5, EWIG, Teilreiche S. 136 Anm. 201, SPRANDEL, Adel S. 18, ROUSSEAU, Andenne S. 38 und HASELBACH, Annales Mettenses S. 45 f. Zurückhaltend hingegen EBLING, Prosopographie S. 54 und 109.

Söhne Arnulfs, so wird diese Gleichsetzung weitgehend durch das zusätzliche Argument bestätigt, daß Chlodulf und Ansegisel in der Urkunde für Stablo-Malmedy an erster Stelle unter den *domesticis* und in der Altersfolge der Söhne Arnulfs[110] genannt werden. Man wird danach mit einiger Sicherheit annehmen dürfen, daß es sich bei den 648/50 bezeugten Amtsträgern um die Arnulfinger Chlodulf und Ansegisel handelt, die als führende Vertreter ihrer Familie an dem von Grimoald mit großer Feierlichkeit inszenierten Akt teilnahmen.

Zur Person Chlodulfs ergibt sich somit, daß er unter Grimoald zunächst das Amt eines *domesticus* bekleidete. Um 654/55, mit Sicherheit aber vor 659 wurde er Bischof von Metz[111]. Sein Todesjahr ist zwischen 670 und 686 anzusetzen[112]. Chlodulf gehörte demnach derselben Zeit an wie der gleichnamige Stifter der Xenodochien in Rutten und *Littemala*[113]. Dieser war gleichfalls ein hoher weltlicher Amtsträger gewesen. Der für ihn überlieferte Titel *maior domus* ist unzutreffend[114]. Sehr wahrscheinlich handelt es sich um eine rangsteigernde Umdeutung jenes Titels, der Chlodulf ursprünglich in der urkundlichen Vorlage beigelegt worden war. Bei einer solchen Annahme scheint fraglich, ob für Chlodulf das auch im 9. und 10. Jahrhundert angesehene Amt eines *dux* oder *comes* vorauszusetzen ist. Eher ist denkbar, daß wie bei Ansegisel auch bei Chlodulf in der späteren Tradition aus einem *domesticus* leicht ein *maior domus* werden konnte[115]. Mit der Feststellung, daß der Stifter der Xenodochien und Chlodulf, der Sohn Arnulfs von Metz, gemeinsam hohe Amtsträger gewesen waren und vielleicht sogar dasselbe Amt innehatten, sind über die bloße Namensgleichheit und dieselbe Zeitstellung der beiden Personen hinaus erste positive Anhaltspunkte dafür gewonnen, daß beide möglicherweise identisch waren.

---

[110] Vgl. Anm. 85.

[111] Datierung in Anschluß an HEIDRICH, Titulatur S. 225 ff.; zu 659 als terminus ante quem vgl. Anm. 108.

[112] Ebd. S. 227.

[113] Dieser war unter Pippin II., d. h. vor 714, bereits verstorben. Die Abfolge der Schenkungen und Bestätigungen in Rutten und *Littemala* legt darüber hinaus nahe, daß auch Chlodulfs Sohn Aunulf zur Ausstellungszeit der verlorenen Urkunde Pippins II. nicht mehr am Leben war, vgl. Anm. 26. Man wird danach die Stiftung der beiden Xenodochien durch Chlodulf mit einiger Wahrscheinlichkeit bis in die Mitte des 7. Jh.s zurückverlegen können.

[114] Vgl. S. 385 mit Anm. 83.

[115] Vgl. zu Ansegisel unten S. 399 mit Anm. 14. Für diese Deutung spricht auch, daß das Amt des *domesticus* neben dem des *dux* und *comes* in den merowingerzeitlichen Urkunden weitaus häufiger begegnet als andere Ämter wie das eines *referendarius, grafio, senescalcus, iudex* o. ä. Zudem konnte, nachdem im Verlauf des 9. Jh.s das Amt des *domesticus* gänzlich außer Gebrauch gekommen und in der Folgezeit zunehmend unbekannt geworden war, der in den Titeln *domesticus* und *maior domus* mit dem Wort *domus* gemeinsam enthaltene sprachliche Bezug auf das königliche Gut bzw. den königlichen Hof leicht zu einer Verwechslung und einer Umdeutung führen. Über Vermutungen zum ursprünglichen Titel Chlodulfs ist jedoch nicht hinauszukommen.

Wie der Stifter der Xenodochien in Rutten und *Littemala* verfügte auch der Sohn Arnulfs über Beziehungen in den Lütticher Raum. Unter Chlodulfs Episkopat ließ sich der aus dem Haspengau stammende Trudo in Metz zum Kleriker ausbilden. Trudos Erbgüter in Zerkingen lagen ca. 20 km von dem Xenodochium in Rutten entfernt. Die Ausbildung des Trudo in Metz und seine an Chlodulf gerichtete Schenkung von Zerkingen an die Metzer Domkirche lassen auf enge persönliche Verbindungen zwischen Trudo und Chlodulf schließen [116]. Chlodulfs Neffe Pippin II. ist durch die in dem Diplom von 948 benutzte Urkunde sicher als Förderer der Stiftungen in Rutten und *Littemala* bezeugt. Er scheint darüber hinaus auch die Gründung der beiden Xenodochien und die betreffenden Verfügungen ihres Stifters Chlodulf und dessen Sohnes Aunulf bestätigt zu haben [117]. Beide Xenodochien und der Besitz, der nach der Ausstattung der beiden Anstalten in Rutten verblieben war, gingen noch vor dem Beginn des 9. Jahrhunderts in karolingische Hand über. Es liegt nahe, die Verbindungen Chlodulfs in den Lütticher Raum und die Tatsache, daß Chlodulfs Neffe Pippin II. die Stiftungen eines Chlodulf in diesem Gebiet förderte [118] und daß Pippins Nachkommen als Besitzer der beiden Xenodochien auftraten [119], zueinander in Beziehung zu setzen und in diesen wechselseitigen Entsprechungen ein weiteres Argument für eine Identität des Sohnes Arnulfs mit dem Gründer von Rutten und *Littemala* zu sehen. Dies um so mehr, als bei einer solchen Deutung die Übertragung von Ländereien durch Pippin II. und Plektrud an die von Chlodulf erbauten Kirchen ähnlich ihrer Schenkung an die Grabeskirche des Arnulf, St. Aposteln vor Metz [120], schlüssig mit verwandtschaftlichen Beziehungen erklärt werden könnte.

---

[116] Vgl. dazu oben S. 77 ff. Auch Chlodulfs enge Beziehungen zu Gertrud von Nivelles lassen Verbindungen in die Gebiete nördlich der Ardennen erkennen, vgl. Anm. 108.

[117] Vgl. oben S. 373 mit Anm. 26.

[118] Die Unterschiede zu St. Truiden, wo Pippin II. und Plektrud das Grab des hl. Trudo *orationis causa* aufsuchten und mit ihrer Schenkung diesem Heiligen und der Bischofskirche in Metz Ehrerbietung erwiesen, sind deutlich zu erkennen; vgl. dazu oben S. 77 f. mit Anm. 24 und 31.

[119] Denkbar ist allerdings auch, daß Rutten und *Littemala* auf ähnliche Weise an die Karolinger gelangt waren wie dies für das *xenodochium* Fleury-en-Vexin (dép. Oise, arr. Beauvais) bezeugt ist, das sein Gründer Fraericus an Pippin II. mit der Auflage übertragen hatte, es zu einem Kloster zu erweitern, vgl. dazu SEMMLER, Episcopi potestas S. 305 ff. und unten S. 425 mit Anm. 100. Ein solcher Vorgang hätte der „Klostererwerbspolitik" entsprochen, wie sie SEMMLER bes. S. 392 ff. für die frühen Karolinger seit Pippin II. herausgearbeitet hat. Nimmt man eine derartige Übertragung auch für Rutten und *Littemala* an, so wäre in Verbindung mit den übrigen Beobachtungen zur Identität des Gründers wohl am ehesten zu vermuten, daß Verwandtschaftsbeziehungen den Erwerb der beiden Stiftungen möglicherweise bereits durch Pippin II. von Aunulf oder dessen Erben mitveranlaßt haben könnten.

[120] D Arnulf 2 S. 92: *ad basilicam sanctorum apostolorum iuxta urbem Mettis constructam, ubi domnus et avus noster Arnulphus in corpore requiescit.* Der Passus ist in inhaltlicher Hinsicht von den späteren Überarbeitungen der Urkunde nicht betroffen, vgl. HEIDRICH, Titulatur S. 248.

Die vorangehenden Beobachtungen können den Mangel an unmittelbaren Zeugnissen für eine Personenidentität wie auch das Fehlen etwa von sicheren besitzgeschichtlich-genealogischen Indizien nicht ausgleichen[121]. Insofern bleibt trotz mehrfacher Übereinstimmungen in den Nachrichten über Arnulfs Sohn Chlodulf und den gleichnamigen Gründer der Xenodochien hinsichtlich ihrer Identität ein nicht auszuräumender Unsicherheitsfaktor bestehen. Andererseits aber stützen sich die Hinweise auf die Gleichheit der beiden Personen – die Tatsache, daß beide als Träger des seltenen Namens *Chlodulf*[122] etwa zu derselben Zeit im Maas-Mosel-Raum ein hohes weltliches Amt ausübten und Beziehungen zu der Gegend um Tongern unterhielten[123], die Schenkungen Pippins II. an die Kirchen in Rutten und *Littemala* und deren Übergang in karolingischen Besitz – gegenseitig in einem so hohen Maße ab, daß die Gleichsetzung der beiden Namensträger, wie sie bereits mehrfach in der Forschung vorgeschlagen wurde[124], eine ungleich höhere Wahrscheinlichkeit besitzt als die Annahme, es habe sich um zwei verschiedene Personen gehandelt. Auf diesem Hintergrund wird man die derart erschlossene Personenidentität zur Grundlage weitergehender personengeschichtlicher Aussagen machen können.

---

[121] Als schlüssiger Hinweis auf eine Identität könnte angesichts der übrigen Argumente die namenstatistische Beobachtung von HEIDRICH, Titulatur S. 227 gelten, daß Aunulf, der Sohn des Stifters der Xenodochien denselben Namen getragen habe wie Arnulf, der Vater Chlodulfs von Metz. Doch läßt sich dieses Argument aus sprachlichen Gründen nicht aufrecht erhalten. Bei Arnulf und Aunulf handelt es sich um etymologisch verschiedene Namen. Der Stamm *Arn-* wird auf germ. *aran* zurückgeführt; der Stamm *Aun-* gilt als *u*-Erweiterung des Stammes *Awi-*, vgl. FÖRSTEMANN, Personennamen Sp. 135 und 207 f. und KAUFMANN, Ergänzungsband S. 37 und 46. Beide Personennamen sind im 6./7. Jh. nebeneinander bezeugt. Belege für Aunulf finden sich etwa bei Gregor von Tours, Hist. Franc. IV, 50 S. 187 und mehrfach als Münzmeister-Namen, vgl. DE BELFORT, Description générale 5 S. 52. Ein deutlicher Beleg für die Verschiedenheit beider Namen ist folgender Passus in dem Testament des Bertrichram von Le Mans von 616: *omnes in duas partes, ex ipsa villa sunt delegatas; testicharnulfus germanus ipsius Aunulfo possedebant*, BUSSON/LEDRU, Actus Cenom. S. 121. Die Herausgeber weisen S. XIV aufgrund des Kontextes eindeutig nach, daß es sich bei dem Wort *testicharnulfus* um eine Korruptel für *tertiam (sc. partem) Arnulfus* handelt. Eine Verschreibung oder Verlesung von *r* zu *u* aus der merowingerzeitlichen Vorlage durch den Schreiber des 10. Jh.s ist nicht auszuschließen. Bei dem Fehlen sonstiger Hinweise und dem Vorkommen beider Namen in fränkischer Zeit ist jedoch zunächst davon auszugehen, daß auch in der Vorlage von DO I 101 der Name Aunulf angegeben war.

[122] An frühen Namensbelegen sind m. W. nurmehr Vita Ermenlandi cap. 20 S. 705: *claudus nomine Flodulfus,* und eine Weißenburger Urkunde von 718, ZEUSS, Trad. Wiz. Nr. 227 S. 217: *Chludulfus* bekannt.

[123] Während bei dem Gründer der Xenodochien anzunehmen ist, daß sein Amtssprengel im Umkreis seiner bekannten Besitzungen lag, vgl. oben S. 123 f. mit Anm. 15, ist ähnlich auch für den Sohn Arnulfs zunächst mit einer Amtstätigkeit in den Einflußbereichen seiner Familie zu rechnen.

[124] Vgl. Anm. 86.

e) Zusammenfassung

Die Feststellungen von Ingrid Heidrich zu den Vorlagen des Diploms Ottos I. von 948 und zur Person des Chlodulf von Metz können weitgehend bestätigt und zusätzlich abgesichert werden. Danach gehen die Angaben von DO I 101 über die Gründung und Ausstattung der Xenodochien in *Hreotio et Littemala subteriore* durch einen *Clodulfus maior domus* und dessen Sohn Aunulf unzweifelhaft auf eine frühmittelalterliche urkundliche Vorlage zurück, bei der es sich aller Wahrscheinlichkeit nach um eine von Pippin II. für diese Kirchen ausgestellte Schenkungs- und Bestätigungsurkunde handelte. Die Glaubwürdigkeit dieser erst im 10. Jahrhundert überlieferten Nachrichten steht somit außer Frage. Der Ort *Hreotio* läßt sich aufgrund ortsgeschichtlicher Beobachtungen sicher mit Rutten bei Tongern identifizieren. Die Stiftung in *Littemala subteriore* dürfte sich in der näheren Umgebung von Rutten befunden haben. Der Gründer der beiden Xenodochien, Chlodulf, war mit hoher Wahrscheinlichkeit identisch mit dem gleichnamigen, älteren Sohne des Arnulf von Metz. Für diesen ist zu erschließen, daß er unter Grimoald das Amt eines *domesticus* bekleidete und um 654/55 die Leitung des Bistums Metz übernahm. Die Stiftung der Kirchen und Xenodochien in Rutten und *Littemala* fällt in die Zeit vor Chlodulfs Bischofserhebung. Chlodulf vererbte weitere Eigengüter an beiden Orten seinem Sohne Aunulf, die dieser den Stiftungen seines Vaters überließ.

Die Gründung der beiden Xenodochien ist mit der Stiftung des *monasterio sive xenodocio* in Longuyon vor 634 durch Adalgisel-Grimo zu vergleichen[125]. Wie Longuyon konnte auch Rutten als eine eigene Anstalt im Gegensatz zu dem 634 bezeugten Leprosenhaus in Maastricht und der Armenmatrikel der Kirche in Huy[126] bis ins Spätmittelalter überdauern. Der ursprüngliche Rechtsstatus der Xenodochien in Rutten und *Littemala* ist nicht mehr sicher zu erkennen. Angesichts der Tatsache, daß sich beide Gründungen spätestens zu Beginn des 9. Jahrhunderts in Reichsbesitz befanden, ist es die nächstliegende Annahme, daß die Stiftungen Chlodulfs im Besitz seiner Familie verblieben waren und möglicherweise bereits nach dem Tode Aunulfs an Pippin II. übergingen. Sehr wahrscheinlich Ludwig der Fromme übertrug die beiden kleineren Anstalten an die von Einhard gegründete Abtei Seligenstadt, von der sie 1018 durch Tausch an das Kloster Burtscheid gelangten. Das Xenodochium in Rutten, dessen weitere Geschichte allein noch zu verfolgen ist, hatte der allgemeinen Entwicklung entsprechend seinen ursprünglichen

---

[125] LEVISON, Testament S. 126 Z. 6–9; vgl. dazu auch Anm. 25 und oben S. 36 mit Anm. 25.

[126] Ebd. S. 132 Z. 39–40 nennt Adalgisel-Grimo die *leprosi Treiectenses* und die *matricula Choinse ecclesie* als Empfänger von Legaten. Beide Anstalten sind in der späteren Überlieferung nicht mehr nachweisbar.

Charakter als geistlich geleitetes Armenhaus im Verlauf des 9./10. Jahrhunderts eingebüßt und sich allmählich in eine mit bescheidenen Pfründen ausgestattete Kanonikergemeinschaft umgewandelt. Das Stift, zweifellos eine der kleinsten und unbedeutendsten Kollegiatskirchen der Diözese, zählte neben Amay zu den ältesten Gründungen auf dem offenen Lande im Lütticher Raum. Die nach der Ausstattung des Xenodochiums durch Chlodulf und Aunulf in Rutten verbliebenen Güter fielen gleichfalls an das Reich und gingen wohl über die Herzöge von Niederlothringen an die Herzöge von Brabant über.

Sind die ortsgeschichtlichen Beobachtungen für die Geschichte des karolingischen Haus- und Reichsguts und der frühen kirchlichen Gründungen im Lütticher Raum in mehrfacher Hinsicht von Interesse, so kommt den Ergebnissen über die Anfänge von Rutten und *Littemala* noch erheblich weiterreichende Bedeutung zu. Wie schon Heidrich herausstellte, darf die urkundliche Vorlage von DO I 101 aller Wahrscheinlichkeit nach als ein annährend zeitgenössisches, direktes Zeugnis für arnulfingischen Besitz im Lütticher Raum gelten[127]. Das vorherrschende Bild der karolingischen Stammlandschaften erfährt hierdurch eine erhebliche Modifizierung. Als Herkunftsgebiet der Arnulfinger gilt zumeist der Raum um Metz und Verdun[128]. Vergleichbar frühe und unmittelbare Nachrichten über arnulfingische Güter in diesen Gegenden liegen nicht vor[129]. Doch sind die Besitzungen Pippins II. bei Metz und Verdun[130] angesichts der engen Beziehungen Arnulfs und Chlodulfs zum Metzer Königshof und zur Bischofskirche in Metz mit weitgehender

---

[127] HEIDRICH, Titulatur S. 222.

[128] Vgl. etwa AUBIN, Herkunft S. 42, ZATSCHEK, Reich S. 38, HLAWITSCHKA, Herkunft S. 16 und DENS., Vorfahren S. 52 f.

[129] SPRANDEL, Adel S. 17 f. vermutet in der *villa Dodiniamaca* (Dogneville, dép. Vosges, arr. Epinal) und *Calciago* (Courcelles-Chaussy, dép. Moselle, arr. Metz), in die sich Arnulf nach Angaben seiner Vita cap. 15 S. 438 als Bischof häufig zum Gebet zurückzog, Hausgüter Arnulfs. Es kann sich jedoch ebensogut auch um Besitzungen der Metzer Kirche gehandelt haben. HLAWITSCHKA, Herkunft S. 16 sieht einen Hinweis darauf, daß Arnulf „nicht mit dem zweiten, nördlich der Ardennen gelegenen Herkunftskomplex zu verbinden ist", in der Tatsache, daß Arnulf sich 629 nach seinem Rücktritt vom Bischofsamt in die Vogesen und nicht in die Ardennen zurückzog. Arnulf begab sich in eine Einsiedelei in der Nachbarschaft des von seinem Freunde Romarich gegründeten Klosters Remiremont. Die Wahl dieses Ortes ist deutlich mit Arnulfs Freundschaft zu Romarich zu erklären und läßt keine Rückschlüsse auf Arnulfs landschaftliche Verbindungen zu, vgl. Vita Arnulfi cap. 6 und 19 S. 433 und 440.

[130] Es handelt sich um Norroy-le-Sec (dép. Meurthe-et-Moselle, arr. Briey), D Arnulf 2 S. 92 (691), Pareid und Cumières-le-Mort-Homme (beide dép. Meuse, arr. Verdun), D Arnulf 3 S. 92 f. = BLOCH, St. Vanne Nr. 1 S. 377 f. (702) sowie um Vigy (dép. Moselle, arr. Metz), D Arnulf sp. 7 S. 124, vgl. dazu HEIDRICH, Titulatur S. 250. Karl Martell schenkte an Bischof Poppo von Verdun den Ort Pierrepont (dép. Meurthe-et-Moselle, arr. Briey), Gesta epp. Vird. cap. 11 S. 43, wo noch weiterer Besitz Karls genannt wird, vgl. dazu HEIDRICH S. 271. Bei den Urkunden Pippins II. und Plektruds von 691 und 702 handelte es sich um Schenkungen an St. Vanne in Verdun und St. Arnulf vor Metz. Die wenigen Belege lassen auf einen wesentlich umfangreicheren Besitz der frühen Karolinger in diesem Raum schließen.

Sicherheit mit der bisherigen Forschung auf älteres arnulfingisches Hausgut zurückzuführen [131]. Nimmt man die Nachrichten über Rutten und *Littemala* hinzu, so ergibt sich, daß die Familie Arnulfs von Metz sowohl an der oberen Mosel und der oberen Maas als auch in den Gebieten nördlich der Ardennen begütert war.

Für die Arnulfinger ist damit eine ähnliche Besitzstruktur zu erschließen wie sie für Adalgisel-Grimo als einen Zeitgenossen Arnulfs und Chlodulfs durch dessen Testament von 634 sicher bezeugt ist. Grimos Besitzungen erstreckten sich in weiter Streulage von den Gegenden bei Metz und Verdun über den Trierer Raum und die Ardennen hinweg bis in das Gebiet von Lüttich. Grimo gehörte wie Arnulf und Chlodulf einer Familie an, die hohe Amtsträger stellte und somit zur vornehmsten austrasischen Führungsschicht zählte [132]. Der arnulfingische Besitz in den Gebieten südlich und nördlich der Ardennen entspricht folglich durchaus der Besitzgrundlage gleichrangiger austrasischer Familien jener Zeit [133]. Die Vermutung liegt nahe, daß die Arnulfinger nicht nur in der Gegend um Metz und Verdun und im Lütticher Raum begütert waren, sondern daß sie ähnlich Adalgisel-Grimo auch in den dazwischen gelegenen Gebieten, im Trierer Raum und in den Ardennen, über Besitz verfügten. Hingegen dürfte die Aufgliederung der karolingischen Stammlandschaften in zwei „Besitzkomplexe um Metz-Verdun und im östlichen Belgien", die jeweils mit den Herkunftsgebieten der Arnulfinger und

---

[131] Wie Anm. 128. Zu bedenken bleibt allerdings, daß die Nähe zum Königshof an sich noch wenig zur Frage der landschaftlichen Herkunft besagt. Die Verbindungen zum Hof waren aber ein wesentlicher Grund für die Übernahme des Metzer Bischofsamtes durch Arnulf und wohl auch durch Chlodulf. Dem Bischofssitz in Metz kam durch die Stellung der Stadt als königliche *sedes* bis in die Mitte des 7. Jh.s besondere Bedeutung zu. Zu Arnulf, der am Metzer Hof Theudeberts II. ausgebildet worden und hier tätig gewesen war, heißt es anläßlich seiner Bischofserhebung in der Vita Arnulfi cap. 7 S. 434: *una vox populorum Arnulfum domesticum adque consiliarium regis dignum esse episcopum adclamavit.* Ähnlich lassen die Nachrichten in cap. 7, 11 und 16 f. S. 434, 436 und 438 f. mit Deutlichkeit erkennen, daß Arnulf als Bischof von Metz in Verbindung mit seinem hohen kirchlichen Amt seine führende Stellung am Hofe beibehalten konnte. WIERUSZOWSKI, Episkopat S. 34 weist darauf hin, daß die kirchlichen Bestimmungen über den Indigenat der Bischöfe häufig durch die Einsetzung von Hofbeamten oder Vertrauten des Königs durchbrochen wurden. Ähnliches ist auch für die Bischofseinsetzung Chlodulfs zu vermuten, wobei denkbar wäre, daß die Familie erst aufgrund der Tätigkeit Arnulfs am Metzer Königshof und der hiermit zu erklärenden Übernahme des Bistums besitzmäßig im Metz-Verduner Raum Fuß fassen konnte. Die Stellung der Arnulfinger in den als ihre Stammlande geltenden Landschaften an der oberen Mosel und der oberen Maas bedarf nochmaliger näherer Untersuchung. Zugleich wäre es in diesem Zusammenhang von besonderem Interesse, wenn die Angaben der um 800/14 in Metz entstandenen Genealogie Arnulfs hinsichtlich einer Zugehörigkeit Arnulfs zur Familie der Metzer Bischöfe Agilulf und Arnoald, die bei Paulus Diaconus keine Entsprechung finden, als glaubwürdig erwiesen werden könnten, vgl. JÄSCHKE, Karolingergenealogien S. 205.
[132] Vgl. oben S. 32 ff.
[133] Dieses Bild wird durch die Überlieferung zur Familie der Adela von Pfalzel als einer großen austrasischen Familie des beginnenden 8. Jh.s, für die gleichfalls sichere besitzgeschichtliche Angaben möglich sind, weiter bestätigt, vgl. oben S. 159 ff.

der Pippiniden gleichgesetzt werden[134], in dieser Form kaum zutreffend sein. Vielmehr läßt sich für den Lütticher Raum als eine der Landschaften des östlichen Belgien mit hoher Wahrscheinlichkeit zeigen, daß hier Arnulfinger und Pippiniden bereits in der ersten Hälfte des 7. Jahrhunderts gemeinsam begütert waren[135]. Zugleich scheint ein neues Licht auch auf die Frage nach der Herkunft der frühkarolingischen Besitzungen an der mittleren Mosel um Trier zu fallen[136].

Da Metz über zwei Generationen hinweg das Wirkungszentrum der Familie Arnulfs war, ist anzunehmen, daß sich der größere Teil der arnulfingischen Güter in den Gebieten an der oberen Mosel und der oberen Maas befand. Andererseits zeigt die Stiftung zweier Xenodochien bei Tongern durch Chlodulf, daß der Raum nördlich der Ardennen für die Arnulfinger nicht ohne Bedeutung gewesen war. Ob die Familie Arnulfs außer in Rutten und *Littemala* noch über weiteren Besitz in diesem Gebiet verfügte, ist nicht mehr anzugeben. Es erscheint jedoch nicht als ausgeschlossen, daß auch noch andere unter Pippin II. und seinen Nachkommen bezeugte karolingische Besitzungen im Lütticher Raum auf arnulfingischen Besitz zurückgingen.

Begga – Ansegisel

Begga wird Ende des 7. Jahrhunderts in den in Nivelles verfaßten Virtutes s. Geretrudis als Schwester der hl. Gertrud genannt und ist damit sicher als eine weitere Tochter Pippins I. bezeugt[1]. Wie aus den Annales Mettenses hervorgeht, war sie mit Ansegisel, dem jüngeren Sohn des Arnulf von Metz, vermählt[2]. Von den Kindern, die dieser Ehe entstammten, ist allein Pippin II.

---

[134] So insbesondere HLAWITSCHKA, Vorfahren S. 53.

[135] Nimmt man an, daß Chlodulf etwa erst durch Kauf oder Heirat in den Besitz von Rutten und *Littemala* gelangt war, so ergibt sich für dieses Bild lediglich eine zeitliche Verschiebung, die aber das grundsätzliche Ergebnis einer die Ardennen übergreifenden weiträumigen Grundherrschaft der Arnulfinger nicht betrifft. Eine solche Möglichkeit ist nicht auszuschließen, da die Orte in dem Auszug der urkundlichen Vorlage in DO I 101 nicht eigens als Erbgüter Chlodulfs bezeichnet werden.

[136] Zu den ältesten Belegen hierfür vgl. unten S. 409 mit Anm. 29.

[1] Cap. 10 S. 469; Zitat vgl. Anm. 22. Die Virtutes bestätigen damit die Nachricht der Annales Mettenses a. 678 S. 2 über Pippins II. Mutter *nomine Begga filia Pippini precellentissimi quondam principis*; vgl. auch HLAWITSCHKA, Vorfahren S. 74 Anm. 8.

[2] Annales Mettenses a. 678 S. 1 f.; Pippin II. wird hier entsprechend seinen urkundlichen Aussagen in DD Arnulf 2, 3, 5, 6 S. 92 ff. und der Nachricht des LHF cap. 46 S. 320 als *filius Ansegisili* bezeichnet, als seine *gloriosa genetrix* wird Begga genannt. Die Verbindung Ansegisels zu Arnulf von Metz – in den Annales Mettenses tritt Arnulf lediglich als *agnatione propinquus* Pippins II. entgegen – ist vor allem durch die Gesta epp. Mett. des Paulus Diaconus S. 264 ge-

bekannt³. Über seine ruhmreiche Nachkommenschaft ist Begga als *nobilissimorum regum mater* und damit als Stammutter des karolingischen Hauses in die spätere Überlieferung eingegangen⁴.

Die Heiratsverbindung zwischen Ansegisel und Begga entsprach den engen politischen Verbindungen, die beider Väter, Arnulf von Metz und Pippin I., miteinander über Jahrzehnte hinweg unterhalten hatten. Der Zeitpunkt der Eheschließung ist nicht mehr näher zu bestimmen. Begga dürfte um 610/25 geboren sein⁵; die Geburt Ansegisels ist vor 614 anzusetzen⁶. Das Geburtsjahr Pippins II. fällt in den Zeitraum zwischen 635 und 655⁷. Kombiniert man

---

sichert, der Ansegisel als jüngeren Sohn Arnulfs nennt und eine Aussage Karls d. Gr. wiedergibt, wonach dieser *de eiusdem beati Arnulfi descendens prosapia, ei in generationis linea trinepos erat*. Zu den insbesondere von B. KRUSCH und S. HELLMANN geäußerten Zweifeln an der Abstammung von Pippins II. Vater Ansegisel von Arnulf von Metz vgl. zuletzt HLAWITSCHKA, Vorfahren S. 74 Anm. 7 und HASELBACH, Annales Mettenses S. 45 mit Anm. 25.

³ Die zuletzt von ECKHARDT, Merowingerblut S. 21 f. vertretene Annahme, der 679/80 gemeinsam mit Pippin II. auftretende *dux* Martin (LHF cap. 46 S. 319) sei ein Bruder Pippins gewesen, läßt sich nach den Einwänden von HLAWITSCHKA, Merowingerblut S. 70 f. nicht mehr aufrecht erhalten. In einer jüngeren Arbeit erwägt ECKHARDT, Studia Merovingica S. 132 ff. demgegenüber, daß Martin mütterlicherseits ein Halbbruder Pippins II. gewesen sei, der einer vor 644, möglicherweise mit dem austrasischen *dux* Adalgisel geschlossenen ersten Ehe Beggas entstammte. Er stützt sich hierbei auf ein nach 1040 in Vienne entstandenes Kalendar, das von *Pipinus, Ansegelli filius, et Martinus, frater eius* spricht, vgl. SS rer. Merov. 2 S. 579. Doch fragt sich, inwieweit diese spät überlieferte und isolierte Nachricht als Grundlage derart weitgehender, durch keinerlei zeitgenössische Hinweise abzustützender Hypothesen dienen kann. Zu der fraglichen Einbeziehung des *dux* Adalgisel vgl. Anm. 9 und oben S. 44 Anm. 56.

⁴ So in der bald nach der Mitte des 11. Jh.s in Nivelles verfaßten Vita s. Gertrudis tripartita I, 10 S. 129.

⁵ Itta, die Mutter Beggas und Gemahlin Pippins I., starb nach Aussage der Vita s. Geretrudis cap. 3 S. 457 im 12. Jahre nach dem Tode Pippins I., d. h. 652, im Alter von ungefähr 60 Jahren. Sie dürfte somit um 592/93 geboren sein. Ihre Tochter Gertrud kam im Jahre 626 (sie starb nach cap. 7 S. 463 659 im Alter von 33 Jahren) zur Welt, als ihre Mutter für mittelalterliche Verhältnisse bereits ein relativ hohes Alter erreicht hatte. Gertrud darf demnach wohl als das jüngste der bekannten Kinder Pippins I. und Ittas gelten. Grimoald, der 658 eine 20jährige Tochter hatte, vgl. Vita s. Geretrudis cap. 6 S. 460, aber schon 641 das Amt eines *dux* bekleidete, vgl. oben S. 354 Anm. 2, wurde sehr wahrscheinlich schon vor 620 geboren. Allzu weit an 610 wird man das Geburtsjahr Beggas nicht heranrücken wollen, da sonst – Begga starb erst 692/93 – für sie mit einem für jene Zeit ungewöhnlich hohen Lebensalter gerechnet werden müßte. BONNELL, Anfänge S. 183 und DUPRAZ, Regnum Francorum S. 287 Anm. 4 setzen ihre Geburt um 615 an. ECKHARDT, Studia Merovingica S. 145 vermutet, daß Grimoald um 610/14 und Begga um 616/20 geboren wurden.

⁶ Die Nachrichten der Vita Arnulfi cap. 5 S. 433 und der Gesta epp. Mett. des Paulus Diaconus S. 264, die beiden Söhne Arnulfs, Chlodulf und Ansegisel, seien zu der Zeit, als Arnulf *diversis in palacio honoribus et ministerio primo floruit* bzw. *in iuventutis suae tempore* geboren worden, sind deutlich von dem Bestreben gekennzeichnet, Arnulf nicht dem Verdacht auszusetzen, er habe noch nach seiner Bischofserhebung 614 im Ehestand gelebt. Dennoch dürften sie inhaltlich zutreffen, da Arnulf bereits als *domesticus* ein Alter erreicht hatte, zu dem er zweifellos schon länger verheiratet gewesen war.

⁷ Auszugehen ist von der Nachricht des LHF cap. 48 S. 323, daß Pippin II. im Zuge der Neuordnung der Verhältnisse in Neustrien in der Zeit zwischen dem Tode des neustrischen Hausmeiers Berchar (Ende 688) und dem Tode Theuderichs III. (März/Mai 690) seinem ältesten Sohn Drogo den Dukat in der Champagne übertragen hatte. Drogo dürfte zu diesem Zeitpunkt

diese wenigen Hinweise, so ist die Heirat zwischen Begga und Ansegisel am ehesten wohl in die Jahre 630/40 zu datieren[8]. Der Plan zu dieser Eheverbindung reichte sehr wahrscheinlich noch weiter zurück. So berichtet die Vita s. Geretrudis für Beggas Schwester Gertrud, daß diese noch eine *parva puella* bzw. ein *infans* gewesen sei, als sich der Sohn eines austrasischen *dux* darum bemühte, *ut sibi ipsa puella in matrimonium fuisset promissa secundum morem saeculi propter terrenam ambitionem et mutuam amicitiam*[9]. In Verbindung mit dieser für politische Heiraten jener Zeit aufschlußreichen Episode lassen die wenigen chronologischen Anhaltspunkte mit hoher Wahrscheinlichkeit darauf schließen, daß Pippin I. und Arnulf noch auf dem Höhepunkt ihrer Macht in Austrasien vor 629[10] bzw. nach den Ereignissen von 629/31[11]

mindestens 20 Jahre alt gewesen sein. Die Vermählung Pippins II. mit Plektrud ist danach spätestens 668/70 anzusetzen. Dies bedeutet, daß Pippin kaum nach 655 geboren wurde. Sehr weit über 640 hinaus wird man Pippins II. Geburtsjahr nicht zurückverlegen wollen, um auch für ihn, der 714 starb, nicht ein unwahrscheinlich hohes Alter annehmen zu müssen. Zu dem Ansatz von ECKHARDT, Studia Merovingica S. 145 auf 644/45 vgl. Anm. 8.

[8] BONNELL, Anfänge S. 182 nimmt an, daß die Heirat um 630 stattgefunden hatte. ECKHARDT, Studia Merovingica S. 142 ff. setzt die Eheverbindung Ansegisels und Beggas in die Jahre 643/44. Er verweist hierfür auf den Eintrag in der Weltchronik Sigeberts von Gembloux zum Jahre 649, S. 324: *Ansigisus etiam filius sancti Arnulfi clarebat, cui Begga soror Grimoaldi nupserat*. Ausgehend von der Annahme, daß Sigebert für diese Nachricht eine Vorlage benutzte, die in ihren Einträgen über die frühen Karolinger hinsichtlich der Jahresangaben „um sechs Jahre, ausnahmsweise um sieben Jahre zu hoch zählte", setzt er den Eintrag in das Jahr 643/44 und schließt aus seinen Angaben auf eine Heirat Ansegisels und Beggas zu diesem Zeitpunkt. Die Annahme einer verlorenen, wohl annalistisch angelegten Vorlage Sigeberts für seine Nachrichten über die Arnulfinger-Pippiniden in diesem Teil seiner Chronik läßt sich jedoch quellenkritisch in keiner Weise abstützen. Sigebert berichtet zu Beginn seines Jahreseintrags zu 649 über die Tätigkeit der Bischöfe Eligius von Noyon und Audoin von Rouen sowie der Äbte Filibert und Richarius von Ponthieu (S. Ricquier), ohne sich hierbei auf ein konkretes Ereignis zu beziehen *(clarent)*. Es ist anzunehmen, daß ihm dieser Eintrag geeignet erschien, ähnlich auch den Hinweis auf Arnulfs Sohn Ansegisel an dieser Stelle in sein nach der Jahreszählung angelegtes Werk einzufügen. Doch auch unabhängig von einer solchen Erklärung wird man die Nachricht bereits von ihrem Wortlaut her kaum als Beleg für eine Heirat Ansegisels und Beggas im Jahre 649 bzw. 643/44 werten können, da der Hinweis auf die Eheverbindung mit Begga lediglich einen erläuternden Vermerk zur Person Ansegisels darstellt, keineswegs aber den eigentlichen Gegenstand des Berichts bildet. Der Datierungsvorschlag von Eckhardt beruht somit in mehrfacher Weise auf unsicheren Grundlagen. Dies gilt in noch höherem Maße für die auf diesem Ansatz beruhenden weitergehenden Folgerungen Eckhardts, wonach Pippin II. um 644/45 geboren wurde und Begga möglicherweise vor 644 schon einmal in erster Ehe verheiratet gewesen sei.

[9] Cap. 1 S. 454. Die Episode spielte sich offensichtlich noch während der Herrschaftszeit Dagoberts I. als König von Austrasien, d. h. vor 629 ab, als Gertrud noch keine vier Jahre alt gewesen war. Spätester Zeitpunkt dürfte 631 gewesen sein, vgl. oben S. 351 mit Anm. 42 ECKHARDT, Studia Merovingica S. 146 f. verlegt die Erzählung in die Zeit nach Dagoberts Herrschaftsantritt im Gesamtreich in die Jahre 630/32 und hält es für denkbar, daß sich der Bericht nicht auf Gertrud, sondern auf deren Schwester Begga beziehen könnte. Doch gibt es hierfür keinerlei überzeugende Anhaltspunkte.

[10] Dieser Ansatz hat wohl größere Wahrscheinlichkeit für sich, da Arnulf bis 629 Bischof von Metz und damit eine politisch führende Persönlichkeit gewesen war. Vgl. auch die in dieser Hinsicht aufschlußreichen Nachrichten der Fredegar-Chronik IV, 85 und 86 S. 164 über die mehrfachen Freundschaftsbünde Pippins I. und Grimoalds mit Bischof Kunibert von Köln.

den Plan gefaßt hatten, das enge politische Zusammenwirken ihrer Familien durch ein Ehebündnis weiter zu vertiefen. Dahinter stand, wie es auch der Bericht der Vita s. Geretrudis nahelegt, zweifellos die Absicht, die wechselseitige *amicitia* zwischen den politisch führenden Angehörigen beider Familien erneut zu bekräftigen und durch die Vereinigung eines Teils der jeweiligen Hausgüter die Besitzgrundlage beträchtlich zu erweitern. Hiermit sollten die Voraussetzungen für die Beibehaltung bzw. für den Wiedergewinn der führenden Position der Arnulfinger-Pippiniden in Austrasien geschaffen werden.

Wie Chlodulf hatte sich auch Ansegisel in jungen Jahren unter Dagobert I. (623–629) am austrasischen Königshof aufgehalten[12]. Die naheliegende Annahme, daß seine Ausbildung am Hofe der Vorbereitung für die Übernahme führender Ämter diente, wird weitgehend dadurch bestätigt, daß Ansegisel nach Quellenaussagen aus dem Ende des 8. und dem beginnenden 9. Jahrhundert eine hohe politische Stellung innehatte. Paulus Diaconus teilt mit, daß Ansegisel *in Francorum regnum … sub nomine maioris domui gerebat principatum*. Den Annales Mettenses zufolge hatte Ansegisel den *principatus* in Austrasien übernommen[13]. Beide Nachrichten sind unzutreffend bzw. stark tendenziös[14], lassen aber auf eine tatsächliche führende Position Ansegisels schließen. Auf diesem Hintergrund ist es äußerst wahrscheinlich, daß Ansegisel mit jenem Grimoald eng verbundenen *domesticus Ansegisilus* identisch war, der in der Ausstattungsurkunde für Stablo-Malmedy von 648/50(?) neben Chlodulf unter den *fideles* des von Grimoald getragenen Königs Sigibert III. bezeugt ist[15]. Angesichts der vornehmen Abstammung Ansegisels und der späteren Hinweise auf seine bedeutende Stellung scheint es gut mög-

---

[11] So BONNELL, Anfänge S. 106. Weniger wahrscheinlich ist demgegenüber die chronologisch gleichfalls noch denkbare Möglichkeit, daß das Ehebündnis erst nach 640 unter Grimoald geschlossen wurde.

[12] Vita Arnulfi cap. 17 S. 439; vgl. dazu oben S. 386 mit Anm. 89.

[13] Historia Langobardorum VI, 23 S. 172. Die Annales Mettenses a. 678 S. 1 f. sprechen von Ansegisel als einem *nobilissimi quondam Francorum principis*, dessen Sohn Pippin II. *orientalium Francorum glorioso genitori feliciter succedens suscepit principatum*. Weiter heißt es, daß Ansegisel *duces ac optimates Francorum … nutriverat magnisque olim honoribus exaltaverat*.

[14] Die Angabe des Paulus Diaconus, Ansegisel sei *maior domus* gewesen, kann nach den bekannten Nachrichten über die austrasischen Hausmeier nach Pippin I. kaum zutreffen, vgl. oben S. 385 Anm. 83. Sehr wahrscheinlich projizierte Paulus Diaconus die führende Stellung Pippins II. als Hausmeier im Gesamtreich auf die Stellung Ansegisels zurück. Der Autor der Annales Mettenses beschreibt Ansegisels Position als die eines Inhabers des *principatus* über Austrasien, vgl. Anm. 13. Damit konnte er den Aufstieg der Arnulfinger-Pippiniden von Pippin I., der lediglich den *principatus* über das Gebiet zwischen Kohlenwald und Maas innegehabt hatte, über den austrasischen Prinzipat Ansegisels bis hin zu Pippin II., der schließlich den *singularem Francorum obtinuit principatum* (a. 687 S. 12), von Generation zu Generation auch an dem stets anwachsenden Macht- und Herrschaftsbereich dokumentieren; anders HASELBACH, Annales Mettenses S. 45 f.

[15] D Mer 22 S. 23 = HR 1 Nr. 2 S. 7; vgl. dazu oben S. 366 mit Anm. 62 und S. 389 mit Anm. 109.

lich, daß Ansegisel ähnlich seinem Vater Arnulf mehrere von einem *domesticus* zu verwaltende Sprengel unter sich vereint hatte[16]. Wo in Austrasien sein Amtsbezirk lag, ist nicht mehr anzugeben. Da seine Familie sehr wahrscheinlich auch im Lütticher Raum über Besitz verfügte und er in eine vorwiegend im östlichen Belgien begüterte Familie einheiratete, ist es nicht undenkbar, daß sein Amtssprengel in den Landschaften nördlich der Ardennen gelegen war. Doch gibt es hierfür keinerlei nähere Anhaltspunkte. Ansegisel wurde sehr wahrscheinlich in den Auseinandersetzungen, die nach dem Sturz des Grimoald 662 ausbrachen und zu einer zeitweiligen Entmachtung der Arnulfinger-Pippiniden führten, von einem Gundoin erschlagen. Bei seinem Mörder handelte es sich aller Wahrscheinlichkeit nach um jenen *Gundoinus dux*, der 669/70 als führender Amtsträger der von Wulfoald getragenen, karolingerfeindlichen Regierung Childerichs II. im Raum um Stablo-Malmedy bezeugt ist und dessen Tätigkeitsbereich wohl auch bis in das mittlere Maasgebiet hineinreichte[17]. Doch muß offenbleiben, inwieweit die Ausschaltung Ansegisels Gundoin den Weg zu dieser Stellung geöffnet hatte.

Direkte Nachrichten über Beziehungen Ansegisels in das mittlere Maasgebiet finden sich erst in der späteren Überlieferung. So beschreibt die Vita s. Beggae aus dem Ende des 11. Jahrhunderts die Burg Chèvremont bei Lüttich als königlichen Wohnsitz Ansegisels und Beggas und berichtet, daß Ansegisel in den Wäldern in der Umgebung von Chèvremont ermordet worden sei[18]. Doch gehen diese Angaben schwerlich auf einen historischen Kern zurück. Eher wohl handelt es sich um eine Verknüpfung der zuerst Anfang des 11. Jahrhunderts in der jüngeren Vita s. Arnulfi überlieferten volkstümlichen Legende von der heimtückischen Ermordung Ansegisels[19] mit einer lokalen

---

[16] Vita Arnulfi cap. 4 S. 433; danach hatte Arnulf die Verwaltung von *sex provinciae, quas ex tunc et nunc totidem agunt domestici*, allein übernommen.

[17] Annales Mettenses a. 687 S. 2; vgl. dazu oben S. 107ff.

[18] Vita s. Beggae cap. I, 3 S. 113f.; vgl. hierzu wie auch zur Datierung der Vita unten S. 436 mit Anm. 155.

[19] Es handelt sich um die Legende, daß der *dux* Ansegisel einen ausgesetzten Knaben zu sich genommen, ihm den Namen *Godinus* bzw. *Gondoinus* gegeben und ihn wie seinen eigenen Sohn erzogen und gefördert habe. Als jener aber herangewachsen sei, habe er, *spe coniugii eius ac dignitatum illectus*, Ansegisel auf der Jagd heimtückisch erschlagen. Diese Sage, die sich um die dunkle Nachricht der Annales Mettenses über die Ermordung Ansegisels durch einen *Gundewinus* rankte, begegnet m. W. erstmals in der Vita altera s. Arnulfi cap. 5 S. 441, die, wie an anderer Stelle zu zeigen ist, frühestens Anfang des 11. Jh.s in St. Arnulf vor Metz verfaßt wurde. Der breit ausgeschmückte Bericht der Vita s. Beggae cap. I, 3 S. 114 weist wörtliche Anklänge an die Fassung der Legende in der jüngeren Arnulfsvita auf. Eine verkürzte Version, für die sie wohl eine gemeinsame, nicht mit der Arnulfsvita identische Vorlage benutzten, überliefern Sigebert von Gembloux in seiner Weltchronik a. 685 S. 327 und die jüngere Fassung der Vita s. Gertrudis tripartita I, 10 S. 129. Auf letzterer wiederum beruht die um 1107 in Lüttich entstandene Vita s. Modoaldi I, 10 S. 53. Obwohl die Mehrzahl der Zeugnisse somit aus dem östlichen Belgien stammt, wird man doch kaum von einer Entstehung der Legende und damit von einem Fortleben betreffender älterer Traditionen in diesem Raum ausgehen können. Nach den m. W. bislang

Lütticher Tradition, wonach Chèvremont unter den frühen Karolingern eine Burg von großer Bedeutung gewesen war[20]. Wohl in weiterer Ausschmückung dieser Nachrichten berichtet die zu Beginn des 12. Jahrhunderts entstandene jüngere Fassung der Vita s. Gertrudis tripartita, daß Begga ihren Gemahl Ansegisel in dem von ihr gegründeten Kloster Andenne bestattet habe[21].

Erst für die letzten Lebensjahre Beggas, mehrere Jahrzehnte nach dem Tode Ansegisels, liegen wieder sichere Zeugnisse vor. Sie lassen enge Verbindungen der Tochter Pippins I. in das mittlere Maasgebiet erkennen. Die zeitgenössischen Virtutes s. Geretrudis berichten, daß Begga im dreiunddreißigsten Jahre nach dem Tode ihrer Schwester Gertrud, d. h. im Jahre 691, den Plan gefaßt hatte, für sich ein Kloster zu gründen[22]. Hierzu habe sie die Äbtissin Agnes von Nivelles um Unterstützung gebeten und von dieser Reliquien und Bücher erhalten. Die monastische Prägung des Konvents erfolgte durch einige aus Nivelles stammende *seniores spirituales sorores, qui ipsum monasterium docere potuissent regularis vite disciplinam normamque relegionis initium.* Weiter wird mitgeteilt, daß Begga bereits im zweiten Jahre nach der Gründung ihres Klosters gestorben sei.

Der Name des Klosters ist in den Virtutes nicht genannt. Erst die spätere Tradition, wie sie erstmals in der 1080/90 entstandenen Vita s. Beggae faßbar wird, läßt erkennen, daß es sich bei dem Ort der Klostergründung um Andenne an der Maas (11 km südwestlich von Huy gelegen) gehandelt hatte[23]. Andenne, im 12. Jahrhundert als Kanonissenstift bezeugt, wird erstmals 870 im Vertrag von Meerssen unter den königlichen *abbatias* genannt[24]. Trotz der

---
bekannten Belegen ist wohl eher mit einem Ursprung in Metz zu rechnen, wo zudem der Bericht der Annales Mettenses gut bekannt war.

[20] Vgl. dazu unten S. 436f.

[21] I, 10 S. 128 f.; vgl. zu den beiden Fassungen der Vita s. Gertrudis tripartita WERNER, Modoald S. 9 ff.

[22] Cap. 10 S. 469: *Anno autem trigesimo tertio post obitum beatae Geretrude, inspirante Domino, venit in corde sue germane nomine Becgane, ut sibi ipsa vellit monasterium construere.* Auch die im folgenden wiedergegebenen Nachrichten entstammen diesem Kapitel. Der Tod Gertruds konnte zuletzt von GROSJEAN, Notes S. 388 ff. mit Sicherheit auf das Jahr 659 (17. März) datiert werden. Zur Entstehungszeit der Virtutes vgl. KRUSCH, Vorrede S. 448 und HOEBANX, Nivelles S. 31 ff.

[23] Vita s. Beggae cap. II, 15 S. 119. Ähnlich die kurz darauf entstandene jüngere Fassung der Vita s. Gertrudis tripartita I, 10 S. 128: *Cuius* (sc. *Beggae*) *etiam sanctitatis pia clarent monumenta in loco, in quo ex divina revelatione septem construxit ecclesias, ubi et corpus eius a sacris virginum choris honoratur, quae et tempore suo die noctuque Deo ibi famulantur.* Wie sehr Begga als Lokalpatronin von Andenne verehrt wurde, zeigt die älteste erhaltene Urkunde des Klosters von 1095, aus der hervorgeht, daß die *fratres et sorores ecclesie Andanensis* in diesem Jahre das *corpus sanctissime Begge* anläßlich der Hochzeit des Herzogs Dietrich II. von Oberlothringen nach Huy gebracht hatten, um hier ihre Rechtsansprüche in einer Vogteifrage durchzusetzen, vgl. BONENFANT-FEYTMANS, Le plus ancien acte S. 32 f.

[24] Capitularia II Nr. 251 S. 195. Zur hochmittelalterlichen Geschichte des Klosters bzw. Stifts, das erstmals mit der Vita s. Beggae und der Anm. 23 erwähnten Urkunde Ende des 11. Jh.s deutlicher in der Überlieferung entgegentritt, vgl. zuletzt ROUSSEAU, Andenne S. 43 ff.

großen Überlieferungslücke von nahezu vierhundert Jahren zwischen den Virtutes s. Geretrudis und dem Gründungsbericht der Vita s. Beggae ist an der Glaubwürdigkeit der hochmittelalterlichen Nachrichten nicht zu zweifeln[25]. Sie wird bereits dadurch bestätigt, daß einerseits die Angaben der Virtutes eine räumliche Nähe zwischen Nivelles und Andenne nahelegen und daß andererseits allein Andenne über eine Lokaltradition verfügte, derzufolge das Kloster die Gründung und Grablege der Begga gewesen war[26]. Hinzu kommt, daß in Andenne Spuren einer für die Merowingerzeit typischen, aus mehreren kleinen Kirchen bestehenden Klosteranlage zutage kamen[27] und daß der Erwerb des im Kirchenschatz von Andenne aufbewahrten Reliquiars aus dem beginnenden 8. Jahrhundert zweifellos in die Frühzeit des Klosters zurückreichte[28].

Wie ihre Mutter Itta zählte auch Begga zu jenen sozial hochgestellten Damen, die nach dem Tode ihres Gemahls ein Eigenkloster errichteten, um hier im geistlichen Stande an einem ihrem hohen Range entsprechenden Witwensitz zu leben und sich eine angemessene Grablege zu schaffen[29]. Bemerkenswert erscheint jedoch der große zeitliche Abstand zwischen dem Tod des Ansegisel wohl bald nach 662 und der Gründung von Andenne. Anhaltspunkte für eine Erklärung könnten sich daraus ergeben, daß die Anfänge des Klosters zeitlich mit der endgültigen Konsolidierung der Herrschaft Pippins II. nach seinem Sieg bei Tertry von 687 zusammenfielen. Möglicherweise hatte Begga in den politischen Wirren der Jahrzehnte zuvor und angesichts der starken Verfolgungen, denen ihre Familie zeitweise ausgesetzt war, die Vor-

---

[25] Daß sich die Nachrichten der Virtutes auf Andenne beziehen, gilt allgemein als sicher, seitdem KRUSCH, SS rer. Merov. 2 S. 448 gegen BONNELL, Anfänge S. 75 ff. nachweisen konnte, daß es sich bei den Virtutes s. Geretrudis um eine weitgehend zeitgenössische Quelle handelt. Vgl. auch den Forschungsbericht bei PRINZ, Mönchtum S. 190 mit Anm. 181.

[26] Vgl. Anm. 23. Die hier genannten Zeugnisse setzen bereits eine längere lokale Verehrung der Begga in Andenne voraus. Wohl im Verlauf des 11. Jh.s, als es auch anderwärts zu einem raschen Aufblühen örtlicher Heiligenkulte kam, scheint man in Andenne versucht zu haben, diese ältere Verehrung zu einem angesehenen Lokalkult zu steigern und die Gründerin des Klosters zu dessen Patronin zu erheben. Doch stand der Kult der hl. Begga von Anfang an im Schatten der Verehrung der hl. Gertrud und erreichte nur geringe Verbreitung. Von den zahlreichen von Coens edierten belgischen Heiligenlitaneien weist nur eine Litanei des 13. Jh.s aus dem Andenne benachbarten Stift St. Marien in Huy den Namen der Begga auf, vgl. COENS, Litanies S. 247.

[27] Vgl. GARANT, Essai S. 60 ff. und ROUSSEAU, Andenne S. 48 ff., der auf ähnliche Anlagen in Elnone, Saint-Wandrille, Corbie, Saint-Ricquier, Saint-Vaast und Nivelles hinweist. Andenne trug im Hoch- und Spätmittelalter den Namen *Andana ad septem ecclesias*, so erstmals in der Vita s. Beggae cap. III, 20 S. 122 und in der Vita s. Gertrudis tripartita (wie Anm. 23). Die Mehrkirchenanlage blieb bis in das 18. Jh. weitgehend erhalten.

[28] Vgl. dazu DASNOY, Le reliquaire S. 57 ff.

[29] Ähnlich sind auch die Kirchen- bzw. Klosterstiftungen der Oda in Amay und der Adela von Pfalzel zu beurteilen, vgl. oben S. 55 ff. und 159 f. EWIG, Trier S. 120 stellt heraus, daß bei der Gründung von Frauenklöstern im Gegensatz zu den Männerklöstern jener Zeit meist „ein privates Interesse vorherrsche".

aussetzungen für eine Klostergründung zu einem früheren Zeitpunkt nicht für günstig gehalten. Die engen Beziehungen Beggas zu Nivelles, das gleichsam als Mutterkloster von Andenne fungierte, waren vorwiegend familiär bedingt. Die naheliegende Hypothese, daß sich Begga vor der Stiftung von Andenne zeitweise selbst in Nivelles aufgehalten habe, findet in den Virtutes jedoch keine Entsprechung[30].

Zeitgenössische Nachrichten zur ältesten Besitzausstattung von Andenne liegen nicht vor. Die Angabe der Virtutes s. Geretrudis, die Nonnen aus Nivelles hätten bei ihrer Ankunft in Andenne die Reliquien der Gertrud *iuxta altare sanctae Genoveve virginis* niedergelegt, läßt darauf schließen, daß am Ort bereits vor der Klostergründung eine Kirche bestanden hatte[31]. Der bei dieser Kirche vorauszusetzende Hof ist mit Sicherheit dem ältesten Besitz des Klosters zuzuweisen. Die zugehörigen Ländereien entsprachen nach Despy und Rousseau dem späteren *ban d'Andenne*[32]. Dieser erstmals im 12. Jahrhundert bezeugte grundherrschaftliche Bezirk umfaßte neben dem Ort Andenne selbst die umliegenden Weiler Andenelle, Bousalle, Froidebise und Groyine sowie einen Teil des Waldes von Haillot und Ohey[33]. Der gegenüber von Andenne auf dem nördlichen Maasufer gelegene Ort Seilles war im 11./12. Jahrhundert Mittelpunkt einer Grundherrschaft des Klosters Kornelimünster, zu der auch die benachbarten Dörfer Sclayn und Landenne gehörten[34]. Für eine Rückführung dieser Außenbesitzungen von Kornelimünster auf königliche Schenkung[35] spricht, daß Sclayn im 12. Jahrhundert als ein Gut betrachtet wurde, das einstmals *ad imperatoriam ... dignitatem* gehört hatte[36], und daß der 806 bezeugte Aufenthaltsort Karls des Großen *Silli*,

---

[30] Die Bemerkung der Virtutes cap. 10 S. 469, daß Begga *postea vero in tale devotione* (sc. mit dem Plan einer Klostergründung) *venit ad supradictum monasterium Nivialae*, scheint eine derartige Annahme eher auszuschließen.

[31] Cap. 10 S. 469. Das Patrozinium St. Genoveva ist im Lütticher Raum Mitte des 7. Jh.s in Zepperen bei St. Truiden bezeugt, Vita Trudonis cap. 20 S. 291; vgl. oben S. 85 Anm. 54. Bei keiner der sieben Kirchen, aus denen die Klosteranlage von Andenne bestand, ist später das Patrozinium St. Genoveva zu belegen, vgl. ROUSSEAU, Andenne S. 50 ff. Hauptkirche und damit auch Aufbewahrungsort der Gertrud-Reliquien war St. Marien. Wie bei Zerkingen ist wohl auch in Andenne schon bald nach der Einrichtung des Klosters mit einem Wechsel des Patroziniums der älteren Kirche zu rechnen, vgl. dazu oben S. 78.

[32] DESPY, Henri IV S. 236; ROUSSEAU, Andenne S. 40. Die Löwener Licencié-Arbeit von J. DIERICKS-SMETS, Le domaine du chapitre d'Andenne depuis les origines jusqu'au début du XVe siècle (1958/59) war mir nicht zugänglich.

[33] So in Anschluß an DESPY, Henri IV S. 236.

[34] Vgl. DESPY, Henri IV S. 236, dem sich VANDENBOUHEDE, Les domaines S. 52 ff. anschließt.

[35] Vgl. VANDENBOUHEDE, Les domaines S. 51 ff.

[36] So in einer Urkunde von Kornelimünster aus dem beginnenden 12. Jh.; zitiert nach DESPY, Henri IV S. 232.

super ripam Mosae fluminis[37] sehr wahrscheinlich mit Seilles identisch ist[38]. Despy nimmt an, daß das karolingische Krongut Seilles und das Gebiet von Andenne ursprünglich zusammengehört und einen pippinidischen Besitzkomplex mit dem Zentrum in Seilles gebildet hätten[39]. Diese These bedarf jedoch noch eingehender ortsgeschichtlicher Überprüfung.

Mit Sicherheit ist festzuhalten, daß mit Andenne ein weiterer Ort im mittleren Maasgebiet faßbar wird, zu dem die frühen Karolinger enge Verbindungen unterhielten. Beggas Klostergründung in Andenne läßt darauf schließen, daß ihr Wirkungszentrum und die Hauptmasse ihrer Besitzungen im östlichen Belgien gelegen waren. Dies dürfte ihrer Herkunft aus der Familie Pippins I. entsprochen haben. Durch ihre Eheverbindung hatten Begga und Ansegisel neben den elterlichen Erbgütern Beggas auch weite Teile der arnulfingischen Besitzungen in ihrer Hand vereint. Für die Pippiniden bedeutete dies vor allem wohl einen Besitzzuwachs in den Gebieten südlich der Ardennen. Rechnet man aufgrund der Urkunde Ottos I. für Rutten und *Littemala* mit Gütern der Arnulfinger auch im mittleren Maasgebiet, so wurde durch die Heirat Beggas und Ansegisels die Besitzgrundlage der Familie auch in diesem Raum verbreitert. Auf diesem Hintergrund erscheint es sogar denkbar, daß die Besitzungen Beggas in Andenne nicht, wie zumeist angenommen, auf elterliche Erbgüter[40], sondern auf Güter ihres Mannes Ansegisel zurückgingen[41]. Andenne war nach Nivelles und Fosses die dritte Klostergründung binnen weniger Jahrzehnte durch Familienangehörige Pippins I. in den westlichen Teilen des Raums zwischen Kohlenwald und Maas. Zeigt dies die engen Verbindungen der Familie zu den Gebieten westlich von Huy und Namur, so bildete Andenne zugleich auch ein Bindeglied zwischen dieser Landschaft und dem Lütticher Raum.

---

[37] Annales qui d. Einhardi a. 806 S. 122.
[38] Identifizierung mit MÜHLBACHER, Reg. Imp. Karol. 422 a, GAUERT, Itinerar S. 320 f. (Karte) und EWIG, Descriptio S. 176 f. (Karte). Seilles ist 1132 als *Sellio* bezeugt, vgl. GYSSELING, Woordenboek S. 906; sprachliche Bedenken ergeben sich also nicht. Ein anderer Ort an der mittleren Maas, auf den die Nachricht der Annalen bezogen werden könnte, ist nicht bekannt.
[39] DESPY, Henri IV S. 234 f.
[40] So etwa BAIX, Begge Sp. 444, HLAWITSCHKA, Herkunft S. 16 und EWIG, Descriptio S. 157.
[41] Nicht auszuschließen ist selbstverständlich auch die Möglichkeit, daß Begga, wie dies für Adela bezeugt ist, das Gelände für ihre Klostergründung erst später durch Tausch oder Kauf erworben hatte, vgl. oben S. 160 mit Anm. 7. Bemerkenswert erscheint der weiträumige Grundbesitz von Andenne, wie er seit dem Ende des 11. Jh.s in den Urkunden faßbar wird. Danach reichten die Güter des Stifts von dem Gebiet an der oberen Maas zwischen Verdun und Sedan bis an den Mittelrhein bei Andernach, vgl. BONENFANT-FEYTMANS, Le plus ancien acte S. 21 und oben S. 13 Anm. 8. Angesichts der großen Überlieferungslücke wird man diese späteren besitzgeschichtlichen Nachrichten jedoch kaum für Rückschlüsse auf die Gründungsausstattung von Andenne heranziehen können.

Pippin II.

Die zeitgenössische Überlieferung zu Pippin II. setzt erst mit seinem Herrschaftsantritt in Austrasien im Jahre 679/80 ein. Der um 726/27 in Neustrien entstandene Liber Historiae Francorum berichtet hierüber mit folgenden knappen Worten: *Eo quoque tempore, decedente Vulfoaldo de Auster, Martinus et Pippinus iunior, filius Anseghiselo quondam, decedentibus regibus, dominabantur in Austria, donec tandem aliquando hii duces in odium versi contra Ebroinum, exercitum plurimum Austrasiorum commotum, contra Theudericum regem et Ebroinum aciem dirigunt*[1]. Diese Mitteilung ist neben zwei urkundlichen Belegen für Bischof Chlodulf von 662/69 und 664/66[2] und dem Bericht der Vita s. Geretrudis über die Geschicke des Klosters Nivelles unter der Äbtissin Wulfetrud, der Tochter Grimoalds[3], zugleich die einzige direkte Nachricht aus frühkarolingischer Zeit zur Geschichte der Arnulfinger-Pippiniden in den Jahren nach dem Sturz des Grimoald 662. Sie zeigt, daß es der Familie nach knapp zwei Jahrzehnten gelungen war, den Rückschlag von 662 zu überwinden und erneut an die Spitze Austrasiens zu treten. Über die näheren Umstände dieses Vorgangs finden sich jedoch in dem Liber Historiae Francorum und den übrigen Zeugnissen jener Zeit keinerlei Hinweise[4].

Der Wiederaufstieg der Arnulfinger-Pippiniden war unmittelbar mit der Person Pippins II. verbunden. Pippins Vater Ansegisel war sehr wahrscheinlich im Zusammenhang mit dem Sturz des Grimoald erschlagen worden[5]. Pippin II., der zu diesem Zeitpunkt das Mündigkeitsalter wohl schon erreicht hatte[6], stand einer außerordentlich schwierigen Situation gegenüber. Wie die Entfremdung von Stablo-Malmedy, die Versuche einer Enteignung Wulfetruds in Nivelles[7] und die führende Rolle Wulfoalds bei der Besetzung des Maas-

---

[1] LHF cap. 46 S. 319 f.

[2] PARDESSUS 2 Nr. 360 S. 147, D Mer 28 S. 27; vgl. dazu HEIDRICH, Titulatur S. 220 f.

[3] Vita s. Geretrudis cap. 6 S. 460.

[4] Zu den politischen Ereignissen und der Rolle der Arnulfinger-Pippiniden zwischen 662 und 679/80 vgl. neben der oben S. 258 Anm. 109 genannten Literatur HASELBACH, Annales Mettenses S. 52 ff., HLAWITSCHKA, Vorfahren S. 59 f. und STAAB, Gesellschaft S. 304 ff.

[5] Vgl. dazu oben S. 109 ff. und 400.

[6] Vgl. oben S. 397 mit Anm. 7. Der zeitliche Spielraum für den Ansatz seines Geburtsjahres läßt allerdings auch die Möglichkeit offen, daß Pippin II. erst kurz vor 655 geboren wurde, doch dürfte dies weniger wahrscheinlich sein.

[7] Zu Stablo-Malmedy vgl. oben S. 105 ff. und 363 mit Anm. 48. Zu den Vorgängen in Nivelles vgl. den oben S. 255 Anm. 94 zitierten Bericht der Vita s. Geretrudis cap. 6 S. 460. Im Anschluß an den Bericht über die Pressionen, denen Wulfetrud seitens Childerichs II. und seiner Umgebung ausgesetzt gewesen war, heißt es allerdings weiter: *Sed Domini misericordia et sanctorum orationibus protecta* (sc. *Vulfetrudis*), *omnibus suis adversariis Christus, cui se ancillam devovit, miro modo restitit, et ita ei Deus gratiam suam contulit, ut qui antea per cupiditatem raptores atque accusatores fuerunt, postea vero largitate et beneficiis extiterunt defensores.* Es bedarf noch näherer Überprüfung, inwieweit diese Nachricht als Hinweis auf einen gewissen Ausgleich noch vor 669 (dem Todesjahr Wulfetruds) gewertet werden kann; vgl. auch HASELBACH, Annales Mettenses S. 44. In der übrigen Überlieferung findet sich hierzu keinerlei Entsprechung.

trichter Bischofsstuhls 669/75⁸ zeigen, hatte die Familie selbst in ihrem angestammten Einflußbereich zwischen Kohlenwald und Maas starke Einbußen ihrer Machtstellung hinnehmen müssen. Noch bei den heftigen Auseinandersetzungen nach der Ermordung Childerichs II. 675 war die Position der Arnulfinger-Pippiniden nicht so weit gefestigt, daß sie erkennbar in das Geschehen eingreifen konnten⁹. Vielmehr gelang es dem aus Neustrien vertriebenen Wulfoald, mit dem aus Irland zurückgerufenen Dagobert II. einen austrasischen König zu stellen und erneut die Vorherrschaft in Austrasien zu erlangen¹⁰. Die Grundlagen für seinen Herrschaftsantritt von 679/80 scheint Pippin II. erst in den Jahren nach 675/76 gelegt zu haben¹¹. In welcher Weise er den Wiederaufstieg seines Hauses vorbereitete, ist den Quellen kaum mehr zu entnehmen¹². Sicher erkennbar ist lediglich, daß er ein Bündnis mit dem *dux* Martin eingegangen war¹³. Mit einiger Wahrscheinlichkeit ist zu erschließen, daß es Pippin noch vor 679/80 gelungen war, mit dem Mörder seines Vaters, dem in den Ardennen und wohl auch im mittleren Maasgebiet tätigen *dux* Gundoin, einen wichtigen Gegner seines Hauses zu beseitigen¹⁴. Folgt man dem Bericht des Liber Historiae Francorum, so hatte Pippin 679/80 die Stellung eines *dux* inne. Pippin ist auch später häufig als *dux* bezeugt, doch bedarf noch der Klärung, welche Position sich hinter diesem Titel verbarg¹⁵. Es ist nicht ausgeschlossen, daß Pippin bereits 679/80 als Amtsträger auftreten konnte.

---

⁸ Vgl. oben S. 254 ff.

⁹ So auch FISCHER, Ebroin S. 153. Die Annahme von DUPRAZ, Regnum Francorum S. 102 Anm. 1 und 366 und EWIG, Teilreiche S. 129, daß die Arnulfinger-Pippiniden 675 auf seiten Ebroins gestanden hätten, läßt sich nicht näher belegen; vgl. dazu oben S. 259 mit Anm. 113.

¹⁰ Vgl. oben S. 258 mit Anm. 110.

¹¹ So in Anschluß an FISCHER, Ebroin S. 153.

¹² Kennzeichnend für die unsichere Quellengrundlage ist, daß gänzlich entgegenstehende Auffassungen zur politischen Haltung der Arnulfinger-Pippiniden in diesen Jahren vertreten werden. So nehmen etwa DUPRAZ, Regnum Francorum S. 370 f. und EWIG, Teilreiche S. 134 an, daß sich die frühen Karolinger mit Ebroin gegen Dagobert II. und Wulfoald verbündeten, wohingegen STAAB, Gesellschaft S. 307 mit einem gemeinsamen Vorgehen der Arnulfinger-Pippiniden und Wulfoalds gegen Ebroin rechnet; sichere Anhaltspunkte für die eine wie die andere Deutung fehlen jedoch.

¹³ Zu ihm vgl. EBLING, Prosopographie S. 189, der vermutet, daß Martin *dux* der Champagne gewesen sei.

¹⁴ Vgl. oben S. 109 ff.

¹⁵ Hierzu vgl. vor allem HEIDRICH, Titulatur S. 90 f. und 232 und WOLFRAM, Intitulatio I S. 144 ff. Ist Pippin II. in dem LHF nur durch die Bemerkung *hii duces* als *dux* bezeichnet, so wird ihm dieser Titel in der Überarbeitung des LHF durch den ersten Fortsetzer des sog. Fredegar nahezu durchweg beigelegt. Heidrich nahm an, daß Pippins *dux*-Titel eng mit seinem umfangreichen austrasischen Grundbesitz verbunden gewesen war. EWIG, Teilreiche S. 135 vermutete, Pippin II. sei nach der Ermordung Ebroins „Dux der austrasischen Franken" gewesen. Demgegenüber rechnet HASELBACH, Annales Mettenses S. 54 mit Anm. 68 stärker mit einem untechnischen Gebrauch des Wortes *dux* an dieser Stelle und sieht die entscheidende Machtgrundlage

Die Nachrichten zu den Ereignissen von 679/80 selbst zeigen, daß einerseits erst der Tod Wulfoalds und die Ermordung Dagoberts II. (23.12.679)[16] die Voraussetzungen für die Übernahme der Macht in Austrasien durch Pippin und Martin schufen, daß andererseits aber beide *duces* bereits vorher über beträchtlichen Rückhalt in dem östlichen Teilreich verfügt haben müssen. Anders ist es nicht zu erklären, daß Pippin und Martin unmittelbar nach dem Tod Dagoberts II. an der Spitze eines austrasischen Heeres gegen den neustrischen Hausmeier Ebroin ziehen konnten[17] und daß es Pippin möglich war, sich trotz seiner Niederlage gegen Ebroin und der Ermordung Martins in Austrasien zu behaupten. Wo in Austrasien er hauptsächlichen Rückhalt fand, ist nicht unmittelbar bezeugt. Geht man davon aus, daß entsprechend den Nachrichten der Annales Mettenses der Sieg über Gundoin ein entscheidender Schritt zur Wiedergewinnung der Macht gewesen war, so ist denkbar, daß Pippin vor allem in den ehemaligen Einflußbereichen seiner Familie in den Gebieten nördlich der Ardennen wichtige Positionen zurückgewonnen hatte[18]. Dem entspricht, daß in den Auseinandersetzungen der folgenden Jahre (681/83) zwischen Pippin II. und dem neustrischen Hausmeier Ghislemar Namur und Köln als Stützpunkte Pippins bezeugt sind[19]. Die Wiedereinsetzung Bischof Lamberts in Maastricht 682/83 kann als Versuch Pippins gedeutet werden, seine Machtposition im mittleren Maasgebiet weiter zu verstärken[20].

Die Überlieferung zu den landschaftlichen Beziehungen Pippins II. setzt umfassender erst in der Zeit nach Pippins Sieg bei Tertry und seinem Herrschaftsantritt im Gesamtreich 687 ein. Den wenigen erhaltenen Urkunden

---

Pippins in seiner „gefolgsherrlichen Position in Austrasien" gegeben. Doch läßt der Bericht des LHF m. E. durchaus auch die Deutung zu, daß Pippin II. schon 679/80 als *dux* im Sinne eines Amtsträgers fungieren konnte. EBLING, Prosopographie S. 189 nimmt dies für Martin an, sieht aber in der zitierten Passage des LHF vor allem einen Hinweis auf die militärische Funktion Pippins und Martins als Führer des austrasischen Heeres.

[16] Da sich hinter der Bemerkung des LHF *decedentibus regibus* die Ermordung Dagoberts II. verbirgt, vgl. dazu Vita Wilfridi cap. 33 S. 227, liegt es nahe, aus der gleichlautenden Nachricht: *decedente Vulfoaldo* auf ein gewaltsames Ende auch Wulfoalds zu schließen; ähnlich auch FISCHER, Ebroin S. 163, der es ebd. S. 166 angesichts des sofort nach dem Tode Dagoberts und Wulfoalds ausbrechenden Krieges zwischen Pippin II. und Ebroin für unwahrscheinlich hält, daß Ebroin und die Pippiniden trotz gemeinsamer Gegnerschaft zu Wulfoald und Dagobert gemeinsam deren Sturz betrieben hätten.

[17] Ähnlich auch FISCHER, Ebroin S. 164.

[18] Annales Mettenses a. 678 S. 1; vgl. dazu oben S. 111. Dieser Annahme könnte gut die Beobachtung von EWIG, Staatsstreich S. 455 f. entsprechen, der auf die Herstellung einer Kopie von Grimoalds Germigny betreffender Schenkungsurkunde für Stablo-Malmedy in dem Doppelkloster knapp 5 Monate vor der Ermordung Dagoberts II. hinweist und vermutet, daß das Verhalten der Mönche von Stablo-Malmedy gut mit dem politischen Umschwung zu erklären sei, der sich gewiß schon im Sommer 679 angekündigt habe und dessen Nutznießer die Arnulfinger-Pippiniden gewesen waren.

[19] Vgl. dazu oben S. 264 f. mit Anm. 136 und 137.

[20] Vgl. oben S. 265.

Pippins und Plektruds stehen zahlreiche Urkundenauszüge, Nachrichten zeitgenössischer erzählender Quellen sowie spätere urkundliche und hagiographische Zeugnisse gegenüber, die eine größere Zahl von Besitzungen und Aufenthaltsorten Pippins II. erkennen lassen. Neben dem Raum um Metz und Verdun[21], den Ardennen[22] und den Gebieten im östlichen Belgien treten Landschaften entgegen, zu denen ältere Beziehungen der Arnulfinger-Pippiniden nicht oder allenfalls sehr unsicher bezeugt sind. Dies gilt insbesondere für den neustrischen Kernraum zwischen Somme, Oise, Seine und Eure, in dem Pippin in den Jahren 702/04 bis 707 eine Reihe von Gütern an das Kloster St. Wandrille schenkte[23]. Eine allerdings fragliche Schenkung bei Gernicourt[24] nördlich von Reims bildet das Zwischenglied zu den Gütern im Metz-Verduner Raum und zu einer Besitzgruppe westlich des Kohlenwaldes im Hennegau bei Maubeuge, wo Pippin mehrere Orte an die Kirche in Chèvremont übertrug[25]. Östlich des Kohlenwaldes reichten die Güter Pippins in den Zonen nördlich des mittleren Maasgebiets von dem Raum um Brüssel über Toxandrien bis in die Gegend von Nijmwegen[26]. Von dort rheinaufwärts läßt sich Besitz Pippins am Niederrhein bei Düsseldorf und Köln nachweisen[27]. Weiter rheinaufwärts scheint Pippin II. auch im Wormsgau bei Oppenheim

---

[21] Vgl. dazu oben S. 394 mit Anm. 130.

[22] Als Besitzung Pippins II. ist hier sicher der Ort Lierneux südwestl. von Stablo-Malmedy bezeugt, den Pippin dem Kloster urkundlich übertragen hatte, vgl. D Arnulf 16 S. 103 = HR 1 Nr. 18 S. 52. Fraglich ist hingegen, inwieweit die *cella Andagina*, das spätere Kloster St. Hubert, auf eine Schenkung Pippins und Plektruds zurückgeht, vgl. dazu Anm. 99.

[23] Es handelte sich neben dem zu einem Kloster ausgebauten Xenodochium Fleury-en-Vexin, das Pippin und Plektrud durch Übertragung eines Fraericus erhalten hatten, vgl. dazu Anm. 100, um Besitzungen in insgesamt 6 Orten in den Départements Oise, Eure und Seine-et-Oise, vgl. Gesta abb. Font. II, 3 S. 18 f. und HEIDRICH, Titulatur S. 268 f. Zur Herkunft dieser Güter, die ZATSCHEK, Reich S. 34 überwiegend als Hausgüter ansah, vgl. HLAWITSCHKA, Vorfahren S. 3 Anm. 9.

[24] So in Anschluß an HEIDRICH, Titulatur S. 266. In dieser Gegend sind bereits Schenkungen Grimoalds bezeugt, vgl. oben S. 355 mit Anm. 5.

[25] D Karol 1 Nr. 124 S. 174. Es handelt sich um die Orte Grand-Reng, Vieux-Reng, *Kuinegas*, Waudrez, *Achiniagas* und *Altporto*, die zum größten Teil auf die von Pippin II. geschenkten Ausstattungsgüter von St. Marien auf Chèvremont zurückgehen dürften, vgl. unten S. 423 f.

[26] Gleichfalls zum Ausstattungsgut der Marienkirche auf Chèvremont gehörten die Orte Vilvoorde im Gau Brabant sowie Budel im südlichen Toxandrien, wie Anm. 25. Im südlichen Toxandrien werden als weitere Besitzungen Pippins II. die Schenkgüter an St. Truiden in Eksel und Oostham genannt, vgl. dazu unten S. 455 f. In demselben Raum bzw. im Maasgau ist wohl auch der Ausstellort der Urkunde Pippins II. und Plektruds von 714 März 2 *Bagoloso* zu vermuten, vgl. oben S. 156 mit Anm. 77. Über Eigengut nördlich von Nijmwegen verfügte Pippin II. in Elst (Prov. Gelderland); diese Güter hatte er von Childebert III. erhalten, D Arnulf 12 S. 100 = DB 1 Nr. 174 S. 307; vgl. hierzu auch S. 461.

[27] Nach Beda, Hist. eccl. V, 11 S. 302 hatte Pippin II. dem angelsächsischen Missionar und Willibrord-Gefährten Suitbert das Gelände für die Gründung eines Klosters *in insula quadam Hreni* (das spätere Kaiserswerth) übertragen. Beziehungen zu Köln sind durch Pippins und Plektruds Aufenthalte 683/84 bzw. 716 in Köln und durch die Gründung von St. Marien im Kapitol durch Plektrud zu erschließen; vgl. oben S. 265 mit Anm. 137, LHF cap. 52 S. 326 und unten S. 429 f.

begütert gewesen zu sein[28]. Von hier aus wiederum in westlicher Richtung begegnet als Besitzzentrum zwischen Mittelrhein und der oberen Maas und Mosel die Gegend um Trier, wo Eigengüter Pippins in Pfalzel und Bollendorf bezeugt sind und wo Pippin und Plektrud 704/06 das Kloster Echternach erwerben konnten[29].

Innerhalb dieses weiten Raums zwischen Seine und Rhein, oberer Maas und Mosel und dem Mündungsgebiet von Rhein und Maas weist das mittlere Maasgebiet, was die landschaftlichen Verbindungen Pippins II. anbetrifft, die dichteste Überlieferung auf. Dies gilt für die Gegend um Floreffe und Namur[30], vor allem aber für den Lütticher Raum, den südlichen Maasgau und das südliche Toxandrien. Hier richtete Pippin II. Schenkungen an die Klöster und Kirchen in St. Truiden, Stablo-Malmedy, Chèvremont und Rutten-*Littemala*, stiftete selbst ein Kloster in Susteren und gründete eine Klerikergemeinschaft auf der Burg Chèvremont bei Lüttich. Die Burg als die neben Namur zweite beherrschende Feste des mittleren Maasgebiets befand sich in seiner Hand. Ihre Kirche St. Marien bestimmte Pippin II. aller Wahrscheinlichkeit nach zu seiner Grablege. In enger Verbindung zu Chèvremont stand die *villa* Jupille, die als einer der bevorzugten Aufenthaltsorte Pippins II. anzusehen ist und an der wohl schon für die Zeit Pippins mit der Existenz einer Pfalz gerechnet werden kann. Unter jenen zahlreichen Landschaften Austrasiens und Neustriens, in denen Pippin II. begütert war, tritt somit der Lütticher Raum in mehrfacher Weise in den Vordergrund. Man wird dies schwerlich allein mit der Zufälligkeit der Überlieferung erklären wollen. Von den einzelnen Orten, die im Lütticher Raum als Besitzungen Pippins faßbar werden, kommt der Burg Chèvremont mit der Klerikergemeinschaft St. Marien besonderes Interesse zu. Im folgenden ist weiterhin auf die einzelnen Schenkgüter und Aufenthaltsorte Pippins im Haspengau und im südlichen Toxandrien sowie allgemein auf die Frage nach dem Verhältnis von karolingischem Hausgut und merowingischem Fiskalbesitz im mittleren Maasgebiet einzugehen.

---

[28] Vgl. HEIDRICH, Titulatur S. 267 und STAAB, Gesellschaft S. 303 f. Betreffende Nachrichten finden sich in einer Urkunde des Mainzer Erzbischofs Siegfried I. von Mainz von 1070, derzufolge der *rex Pippinus, filius Ansgisi* der Nikomedeskirche in Mainz Besitz in Armsheim Kr. Alzey geschenkt hatte.

[29] Pfalzel wird in der Adela-Urkunde von 732/33 als Tauschgut Pippins II. genannt, vgl. oben S. 160 Anm. 7. In Bollendorf bei Echternach verfügte Karl Martell 718 über Güter *quantumcumque mihi ibidem obvenit de genitore meo Pippino*, D Arnulf 9 S. 97 = WAMPACH, Echternach 1,2 Nr. 27 S. 67. Beide Nachrichten bieten keinerlei Anhaltspunkte dafür, daß diese Güter, wie HLAWITSCHKA, Herkunft S. 15 vermutet, aus dem Besitz der Familie von Pippins Gemahlin Plektrud stammten. Über den Erwerb von Ländereien und des Klosters in Echternach durch Pippin II. und Plektrud 704/06 berichten DD Arnulf 4 und 5 S. 93 f. = WAMPACH Nr. 14 und 15 S. 39 und 42 f. Der Ausstellort dieser Urkunden, *Gaimundas*, ist noch nicht sicher identifiziert, vgl. oben S. 279 mit Anm. 23. Er ist vermutlich auch im Raum um Trier, Metz und Verdun zu suchen.

[30] Zu Namur vgl. oben S. 264 mit Anm. 136; zu Floreffe vgl. ROUSSEAU, La Meuse S. 224 f.

a) Burg und Stift Chèvremont

In einer Urkunde von 779 bestätigte Karl der Große dem Abt der Kirche St. Marien in *Novo Castello* Besitzungen, die diese Kirche von Pippin II. und anderen Wohltätern erhalten hatte[31]. Aufgrund besitzgeschichtlicher Beobachtungen kann gezeigt werden, daß es sich bei *Novum Castellum* um jene große Burg bei Lüttich handelt, die seit dem Ende des 9. Jahrhunderts unter dem Namen Chèvremont in der Überlieferung entgegentritt[32]. Die Urkunde von 779 ist eines der wichtigsten Zeugnisse für die Stellung Pippins II. im Lütticher Raum. Sie läßt enge Beziehungen Pippins zu Burg und Kirche auf Chèvremont erkennen und enthält Angaben über eine Reihe frühkarolingischer Besitzungen in der engeren und weiteren Umgebung von Lüttich. Angesichts der reichen Schenkungen Pippins an die Kirche St. Marien auf Chèvremont gewinnen die Nachrichten des 12. und 13. Jahrhunderts, wonach Pippin II. in Chèvremont bestattet worden sei, erhöhtes Interesse[33].

1. Die Burg Chèvremont

Zeitgenössische Nachrichten zur Geschichte der Burg in frühkarolingischer Zeit sind nicht überliefert. Erst seit dem 11. Jahrhundert wird im Lütticher Raum und in Oberlothringen die Tradition faßbar, daß Chèvremont bereits unter Ansegisel eine *sedes regalis* gewesen sei[34] und daß Pippin II. auf Chèvremont ein *castellum magnum* errichtet habe[35]. Reicher hingegen ist die Überlieferung zur Bedeutung der Burg im 10. Jahrhundert. Sie läßt Chèvremont als die wichtigste Burg im mittleren Maasgebiet während der Auseinandersetzungen lothringischer Großer mit den westfränkischen und deutschen Königen erkennen. Ausgehend von der topographischen Situation, den archäologischen Zeugnissen, dem Ortsnamen und den wenigen Nachrichten aus dem 8. Jahrhundert ist zu fragen, ob eine ähnlich dominierende Stellung von Chèvremont bereits für das 7. und beginnende 8. Jahrhundert vorausgesetzt werden kann.

Chèvremont, etwa 7 km südöstlich des Stadtzentrums von Lüttich auf dem östlichen Ufer der Vesdre gelegen, gehört zum Plateau von Herve, einem

---

[31] D Karol 1 Nr. 124 S. 173 f.

[32] Vgl. unten S. 423 f. mit Anm. 95.

[33] Eine ausführliche Zusammenstellung und Erörterung der Nachrichten zur Geschichte von Chèvremont gibt JOSSE, Jupille S. 24–31 und S. 38–50. Im Vordergrund ihrer Untersuchung steht dabei die Geschichte der Burg als eines Teils des Fiskus Jupille, weniger die Bedeutung von Chèvremont als frühkarolingische Besitzung. Es erscheint somit als gerechtfertigt, im Rahmen der vorliegenden Arbeit nochmals auf Chèvremont einzugehen. Von der älteren Forschung sind die Ausführungen von KURTH, Notger 1 S. 48 ff. und S. 185 ff., ROUSSEAU, La Meuse S. 226 ff. und YANS, La pénétration S. 983 ff. besonders hervorzuheben. Die Monographie von DEMARTEAU, Notre-Dame ist großenteils unkritisch.

[34] Vita s. Beggae I, 3 S. 113; vgl. dazu unten S. 436 mit Anm. 152.

[35] Genealogia Dagoberti, Zitat vgl. unten S. 426.

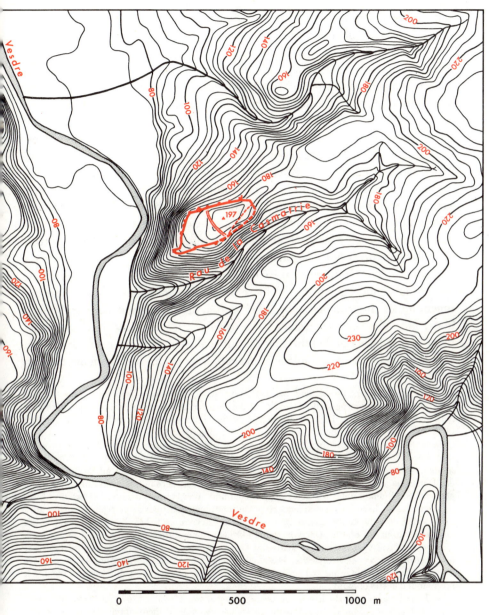

Karte 11: Die topographische Situation von Chèvremont
(Umfassungsmauern und ältester Graben nach J. Mertens)

Übergangsgebiet zwischen den Ardennen und dem Aachen-Maastrichter Land. Das Plateau bricht im Westen zur Vesdre hin in einem durch Seitentäler stark zerfurchten Steilabfall ab. Der Burgberg von Chèvremont erhebt sich bis zu 120 Meter über das Tal der Vesdre. Er bildet das äußerste, durch einen schmalen Sattel abgehobene Ende eines langgezogenen, zur Vesdre und dem Ruisseau de la Casmatrie steil abfallenden Bergrückens. Das Gipfelplateau hat eine Länge von etwa 400 Metern und eine Breite von 150 bis 200 Metern. Vom Sattel steigt es zunächst um etwa 20 Meter an, um dann gegen Südosten wieder abzufallen. Das Plateau ist im Westen, Süden und Osten durch Steilhänge zur Vesdre und dem tiefeingeschnittenen Tal des Ruisseau de la Casmatrie nach drei Seiten hin gegen Angriffe gut geschützt. Lediglich von Nordosten, wo sich das Plateau zu einem schmalen Sattel verengt, ist der Zugang leichter möglich. Der Berg lag nicht unmittelbar an einem der großen Verkehrswege. Bedeutung gewann Chèvremont jedoch dadurch, daß es, am Nordrand der Ardennen unweit der Maas gelegen, für den gesamten dichtbesiedelten Lüttich-Maastrichter Raum der nächstgelegene Platz mit fortifikatorisch hervorragenden Voraussetzungen war.

Umfassendere Grabungen auf Chèvremont stehen noch aus. In der Mitte des 19. Jahrhunderts wurden kleinere Teile der Umfassungsmauern und des Innenraumes untersucht[36]. Die 1943 von J. Breuer begonnenen Grabungen in der Nordwestecke der Anlage[37] werden seit 1965 von J. Mertens weitergeführt[38]. Der bisherige Befund läßt darauf schließen, daß das gesamte Plateau von einer starken Maueranlage umgeben war[39]. Für die Ummauerung im

---

[36] Die Grabungsergebnisse sind bei Defize-Lejeune, Répertoire S. 90 und Josse, Jupille S. 9 und 24 ff. zusammengestellt. Danach wurden bei der Untersuchung der Umfassungsmauer die Fundamente von drei Türmen offengelegt. Bereits 1803 waren sechs gallo-römische Gräber im Innern der Anlage entdeckt worden, in deren Nähe 1862/63 römische Keramik und zwei kleinere Alabasterskulpturen gefunden wurden. Daneben kamen Spuren von Brandgräbern zutage. Van Dorselaer, Repertorium S. 122 rechnet mit einem römerzeitlichen Friedhof auf Chèvremont. Josse S. 9 nimmt eine Siedlung auf Chèvremont in römischer Zeit an. Nicht sicher ist die Datierung eines vor 1909 auf Chèvremont gefundenen Mosaikfragments. Stern, Recueil général 1 S. 24 nimmt unter Berufung auf J. Breuer und unter Hinweis darauf, daß sich im Musée de Liège ein auf Chèvremont gefundenes Hypokaustenfragment befindet, römischen Ursprung an.

[37] Vgl. hierzu die Grabungsanzeige von Breuer, Chèvremont S. 127. Breuer weist auf Funde aus der Steinzeit hin und hebt hervor, daß 1943 kein römerzeitliches Fundmaterial zutage kam. Er vermutet, daß Chèvremont ein keltisches Oppidum war, dessen Belegung sich in römischer und merowingischer Zeit fortsetzte. Die Weiheinschrift für Merkur, vgl. Anm. 41, weist nach Breuer auch darauf hin, „que ce haut lieu fut fréquenté par des pèlerins gallo-romains, comme le furent tout d'autres oppida".

[38] Erste Berichte über die Ergebnisse der Grabungen von 1965 bis 1967 gibt Mertens, Vaux-sous-Chèvremont S. 23 und Ders. in dem Ausstellungskatalog „Vijfentwintig jaar archeologische opgravingen in België". Brussel 1972 S. 123 ff. mit Plan auf S. 124 f. Abb. 13. Neben den Grabungen an der Nordwestecke wurden mehrere Suchschnitte an der Umfassungsmauer durchgeführt.

[39] Die Umfassungsmauer ist lediglich im Südosten noch nicht nachgewiesen. Sie kann jedoch nach den übrigen Zeugnissen auch für diesen Teil der Anlage erschlossen werden; vgl. den Anm. 38 genannten Grundriß von Mertens. Im Bereich des Sattels war die Burg durch Mauer und Graben geschützt.

Süden, Westen und Norden läßt sich eine Verstärkung durch Türme zeigen. In der Mehrzahl kamen viereckige, daneben aber auch runde Türme zutage, die einer anderen Bauperiode zuzuweisen sind[40]. Mehrfach fanden sich römische Mauersteine an der Umfassungsmauer in zweiter Verwendung. Im Innern der Anlage wurden römisches Scherbenmaterial und ein römischer Inschriftenstein gefunden, bei dem es sich allerdings auch um eine Spolie handeln könnte[41]. Die Grabungen in der Nordwestecke erbrachten zahlreiche Mauerzüge, die auf eine an die Ringmauer anschließende dichte Innenbebauung schließen lassen[42]. Auch hier sind mehrere Bauperioden zu erkennen. Mertens nimmt an, daß sich die älteste Anlage auf der höchsten Erhebung des Burgberges befand und von dem vorderen Teil des Plateaus durch einen Graben getrennt war[43]. Das bisherige Fundmaterial reicht zur Datierung der einzelnen Bauperioden der Umfassungsmauer und der Innenbebauung noch nicht aus. Von den archäologischen Zeugnissen für eine römerzeitliche Siedlung abgesehen bieten die einzigen sicheren Anhaltspunkte für den Zeitraum der Besetzung des Burgberges noch immer die schriftlichen Quellen. Ihnen ist zu entnehmen, daß sich bereits zu Beginn des 8. Jahrhunderts ein *castellum* auf Chèvremont befand und daß die Burg nach ihrer Zerstörung im Jahre 987 nicht wieder aufgebaut wurde[44]. In Verbindung mit dem Grabungsbefund ergibt sich, daß das gesamte Plateau durch eine gewaltige, aus mehreren Bauperioden bestehende Maueranlage geschützt war, die zumindest teilweise bereits für den Beginn des 8. Jahrhunderts vorauszusetzen ist.

Die Burg wird zwischen 741 und 870 in Königsurkunden und in den Reichsannalen als *Novum Castellum, Novum Castrum* oder *Castellum* bezeichnet[45].

---

[40] Briefliche Mitteilung von Herrn Prof. Dr. J. MERTENS, Leuven.

[41] Corpus Inscriptionum Latinarum 13, 1,2 Nr. 3607: *MERCURI[O] INGENUS TANEHI FI[LIUS] V.S.L.M.* Der offensichtlich im 17. Jh. verloren gegangene Stein wurde 1541 nach einem zeitgenössischen Bericht „au dessoulx de Chèvremont ... entre les ruynes du dit Chèvremont, au plus hault de la montagne" gefunden, vgl. DEMARTEAU, Notre-Dame S. 6f.

[42] In seinem kurzen Grabungsbericht von 1972 vermerkt MERTENS (wie Anm. 38), daß es sich wohl um einen großen regelmäßig angelegten Gebäudekomplex gehandelt habe „met een grondplan dat eerder doet denken aan een abdijkerk met kloosterpand".

[43] Vgl. den Anm. 38 erwähnten Plan der Burganlage.

[44] Anselm spricht in seinen 1052/56 entstandenen Gesta epp. Leod. cap. 25 S. 203 von den von Lüttich aus gut sichtbaren *eiusdem oppidi ruinae*. In dem Chronicon s. Laurentii (erste Hälfte 13. Jh.) cap. 8 S. 265 heißt es: *nec ab illo die hostibus ibi refugium esse vel munimem potuit*. ROTTHOFF, Reichsgut S. 58 und JOSSE, Jupille S. 50 nehmen an, daß das Gelände der Burg an das Aachener Marienstift fiel. Zu Chèvremont als Richtstätte der Aachener Vögte von Fléron vgl. DEMARTEAU, Notre-Dame S. 49.

[45] Mit völliger Sicherheit sind allerdings nur die für das Stift in *Novo Castello* ausgestellten Urkunden Karls d. Gr. von 779 und Lothars I. von 844, D Lo I 86 S. 210, auf Chèvremont zu beziehen. Zu der Identifizierung des 741 in den Ann. qui d. Einhardi genannten *Novo-Castello... iuxta Arduennam* mit Chèvremont vgl. S. 418 mit Anm. 67. Als Belege aus dem 9. Jh. kommen in *Novo castello* bzw. in *Novo Castro in pago Leochensi* ausgestellte Urkunden Lothars I. von

Seit dem Ende des 9. Jahrhunderts erscheint sie in Urkunden und erzählenden Quellen ausschließlich unter dem Namen *Capremons, Kivermunt* und ähnlichen Formen[46]. Es gibt keine Anhaltspunkte dafür, daß die Errichtung mehrerer Burgen in der Umgebung von Chèvremont im ausgehenden 9. Jahrhundert eine Neubenennung notwendig gemacht hätte. Eher ist zu fragen, inwieweit unter *Capremons* ein älterer Flurname zu verstehen ist, der im offiziellen Sprachgebrauch des 8. und 9. Jahrhunderts zeitweise durch das nomen appellativum *Novum Castellum* verdrängt wurde[47]. Bei einer solchen Annahme würde die Bezeichnung *Novum Castellum* auf ein nicht zu hohes Alter der Burg schließen lassen. Die Bezeichnung *Novum Castellum* setzt nicht unbedingt das Bestehen einer älteren Burganlage auf Chèvremont oder in dessen Umgebung voraus[48].

---

855 und Lothars II. von 863, D Lo I 138 S. 310 und D Lo II 17 S. 413, sowie die Erwähnung einer Abtei *Castellum* im Vertrag von Meerssen 870 in Betracht, Capitularia 2 Nr. 251 S. 193. Der Beleg von 855 (die Urkunde betrifft Güter im Haspengau) wird allgemein auf Chèvremont bezogen, vgl. Reg. Imp. Karol. 1172, ROUSSEAU, La Meuse S. 227, EWIG, Les Ardennes S. 16, SCHIEFFER, DD Lothar I S. 309 und JOSSE, Jupille S. 38. Das 863 genannte *Novum Castrum* wird in Anschluß an HALKIN/ROLAND 1 S. 86 Anm. 2 von GYSSELING, Woordenboek S. 735 und SCHIEFFER, DD Lothar II S. 410 mit Neufchâteau-sur-Amblève (Ortsteil von Sprimont, prov. Liège, arr. Liège) identifiziert. Diese Gleichsetzung hat aufgrund der Ortsgeschichte von Neufchâteau wenig Wahrscheinlichkeit für sich, vgl. ROUSSEAU, La Meuse S. 239 ff. und JOSSE, Jupille S. 39, die den Ort mit Chèvremont identifizieren, vgl. auch Anm. 65. Die Deutung auf Chèvremont, gegen die sich weder vom Sprachgebrauch für *castrum* bzw. *castellum* noch von der Gauangabe her (der nahegelegene Ort Blindef ist 882 im Lüttichgau bezeugt, D K III 64 S. 108) Bedenken ergeben und die durch den Aufenthalt Lothars I. in Chèvremont eine gewisse Bestätigung erfährt, dürfte demgegenüber wesentlich zutreffender sein. Die 870 unter den Ludwig d. Dt. gesprochenen Abteien im Zusammenhang mit Susteren, Odilienberg und Inden genannte Abtei *Castellum* wurde in Anschluß an G. WAITZ (Annales Bertiniani S. 110 Anm. 5) mehrfach mit Kessel (nö. Roermond, Prov. Limburg) identifiziert, vgl. JOSSE, Jupille S. 32 Anm. 6. Da es keine Hinweise für das Bestehen eines Klosters in Kessel gibt, in *Novo Castello* 779 und 844 dagegen eine Gemeinschaft von Geistlichen bezeugt ist, ist an der Gleichsetzung des Ortes mit Chèvremont u. a. durch MÜHLBACHER, Reg. Imp. Karol. 1480 und HOYOUX, La clause S. 11 festzuhalten.

[46] Die frühesten Belege sind D Zw 15 S. 45 (897): *abbatia Capremons dicta* und die Ende des 9. Jh.s entstandenen Miracula s. Remacli II, 4 S. 440: *a Capremontis castello*. Eine ausführliche Zusammenstellung der weiteren Belege gibt VANNÉRUS, Chèvremont S. 107–111.

[47] Diese Vermutung äußerte bereits GRANDGAGNAGE, Mémoire S. 65 f. In den zahlreichen Untersuchungen zum Ortsnamen Chèvremont, vgl. VANNÉRUS S. 102 ff. und YANS, La pénétration S. 987 ff., wurde der für die Ortsgeschichte wichtigen Frage nach dem Alter dieses Namens und den Ursachen des Namenwechsels m. W. nicht nachgegangen. Nach VANNÉRUS S. 114 und GYSSELING, Woordenboek S. 233 ist an der Rückführung des Ortsnamens Chèvremont auf rom. *caprae mons festzuhalten. Die Belege aus dem 10. Jh., *Kevermunt* (DO I 88 S. 170) und *Kivermunt* (Widukind II, 22 und 28 S. 86 und 90), scheinen die volkssprachliche romanisierte Form wiederzugeben. VANNÉRUS S. 111 ff. führt zahlreiche Belege für den Ortsnamen Chèvremont im romanischen Sprachgebiet auf, die jedoch alle jünger sind. Setzt man *Novum Castrum* (863) und *Castellum* (870) mit Chèvremont gleich, vgl. Anm. 45, so zeigen diese im Wortlaut abweichenden, aber inhaltlich der Bezeichnung *Novum Castellum* entsprechenden Formen den Namen als nomen appellativum deutlich auf, vgl. auch BACH, Deutsche Namenkunde 2, 2, 1 S. 70 ff.

[48] So die Annahme von JOSSE, Jupille S. 29. ROUSSEAU, Les Carolingiens S. 196 bemerkt zu

Lassen bereits die Lage von Chèvremont und der archäologische Befund auf eine größere Bedeutung der Burg schließen, so ist diese in den Quellen des 10. Jahrhunderts deutlich überliefert. Nachdem die Burg während der Normanneneinfälle den Mönchen von Stablo[49] und wohl auch den Nonnen aus Moorsel[50] als Zufluchtsstätte gedient hatte, erscheint sie im 10. Jahrhundert im Verlauf der Auseinandersetzungen lothringischer Großer mit den westfränkischen und deutschen Königen mehrfach in gleicher Funktion. 922 wurde Giselbert, der zu den einflußreichsten lothringischen Parteigängern Roberts von Francien gehörte, von Karl dem Einfältigen in Chèvremont belagert[51]. Derselbe Giselbert, seit 928 Herzog von Lothringen, flüchtete bei dem Einfall Ottos I. 939 nach Lothringen zusammen mit Ottos Bruder Heinrich nach Chèvremont. Die Belagerung mußte wegen der *difficultas locorum* abgebrochen werden[52]. Heinrich suchte nach der Schlacht bei Andernach 939 erneut Zuflucht auf Chèvremont, wurde aber von der Witwe Giselberts, Gerberga, abgewiesen. Liudprand schildert die Burg in diesem Zusammenhang als ein *castellum ... ingeniis non solum hominum, verum natura ipsa muni-*

dem Namen: „le Château-Neuf par rapport, sans doute, au palais, au ‚palatium' de Jupille, dans la plaine".

[49] Miracula s. Remacli II, 4 S. 440. In dem vorangehenden Kapitel wird von der Flucht der Mönche zu einem *castrum super Urtae alveum locatum Longium* (Logne, Ortsteil von Vieuxville, prov. Liège, arr. Huy) berichtet, in dem sich die Mönche *aliquandiu* aufhielten und in dem sich ein Wunder ereignete. Von einer Rückkehr nach Stablo wie nach dem Bericht über Chèvremont ist nicht die Rede. Während das Kapitel mit der Angabe *Alio itidem tempore* eingeleitet wird, beginnt der Bericht über Chèvremont mit den Worten: *Per idem tempus*. JOSSE, Jupille S. 40 mit Anm. 71 nimmt den Aufenthalt in Logne 882 und die Flucht nach Chèvremont 892 an. Der Wortlaut der Miracula spricht eher dafür, mit D'HAENENS, Les Invasions S. 114 anzunehmen, daß die Mönche zunächst nach Logne und von dort nach Chèvremont flüchteten. Bei einer solchen Annahme wird deutlich, daß Logne, eine Stabloer Besitzung, HR 1 S. 613, nicht den gleichen Schutz wie Chèvremont gewährte.

[50] In der jüngeren Fassung der Vita s. Gudulae, die im 12./13. Jh. unter Verwendung der älteren Vita s. Gudulae und der Nachrichten des Regino von Prüm über die Normanneneinfälle entstand, heißt es, die Nonnen von Moorsel (Prov. Oostvlanderen, arr. Aalst) hätten die Reliquien der Gudula *in locum, qui dicitur Capraemons* gebracht. D'HAENENS, Les invasions S. 280 hält diese Angabe ohne ausreichende Begründung für „une interpolation tardive imaginée par l'auteur". Hält man mit JOSSE, Jupille S. 39 f. mit Anm. 65 an der Glaubwürdigkeit der Nachricht fest, so wird man die Angabe als einen weiteren Hinweis auf die hervorragende Stellung von Chèvremont werten dürfen.

[51] Flodoard, Annales a. 922 S. 11. Chèvremont erscheint hier als *Gisleberti castrum*. Die Belagerung erfolgte, nachdem Karl d. E. nach der Erhebung Roberts zum westfränkischen König nur noch der lothringische Herrschaftsbereich verblieben war. Giselbert wurde von Truppen Roberts entsetzt.

[52] Die Berichte Widukinds II, 22 S. 85 f. und des Fortsetzers des Regino a. 939 S. 160 zu diesen Ereignissen weichen voneinander ab. Während Widukind als Ursache für den Abbruch der Belagerung angibt: *obsidio difficultate locorum parum procederet*, nennt Adalbert den Einfall Ludwigs IV. ins Elsaß. Nach Reg. Imp. Otto I. 77 b verdient der Bericht Widukinds aus chronologischen Gründen den Vorzug.

tum[53]. Bei einem weiteren Zug Ottos I. nach Lothringen 940/42 wurde Chèvremont von Anhängern Giselberts behauptet[54]. Im Verlauf der Erhebung lothringischer Großer unter Führung des Grafen Immo im Jahre 960 kam es erneut zu einer erfolglosen Belagerung der Burg. Neben Chèvremont, das im Besitz Immos war, wird als zweites wichtiges *castrum* Namur genannt[55]. Josse konnte wahrscheinlich machen, daß Chèvremont bei der Belagerung durch das Heer der Kaiserin Theophanu 987 in der Hand lothringischer Gegner Ottos III. war[56]. Ähnlich häufige Nachrichten aus dem 10. Jahrhundert über andere Burgen des mittleren Maasgebietes sind nicht überliefert. Die Zusammenstellung der Zeugnisse zeigt, daß Chèvremont zu dieser Zeit eine der wichtigsten Burgen Niederlothringens war[57]. Ihre Bedeutung beruhte wohl vor allem auf ihrer Stellung als uneinnehmbarer Zufluchtsort[58] in unmittelbarer Nähe des politisch zentralen Gebietes um Lüttich und Maastricht. Der Besitz der Burg dürfte eine wesentliche Voraussetzung für die Ausübung der Macht in diesem Raum gebildet haben[59].

---

[53] Liudprand, Antapodosis IV, 34 S. 127. Ob sich Gerberga während der gesamten Auseinandersetzungen des Jahres 939 oder erst seit der ersten Belagerung von Chèvremont oder seit dem Tod des Giselbert in Chèvremont aufhielt, ist nicht anzugeben. Es ist jedoch deutlich, daß die Burg während der Auseinandersetzungen den engsten Angehörigen des Giselbert als Aufenthaltsort diente.

[54] Widukind II, 28 S. 90: *Kievermunt etiam ab Ansfrido et Arnoldo adhuc tenebatur*. Auch die Neffen des Giselbert konnten ihre Burgen halten. Zur zeitlichen Einordnung vgl. Reg. Imp. Otto I. 91a und 110a. Die Identität des Ansfrid und Arnold ist nicht näher auszumachen, vgl. dazu Josse, Jupille S. 44. Unklar ist auch, inwieweit der von Widukind 939 und 940/942 im Zusammenhang mit der Belagerung von Chèvremont genannte Graf Immo bereits zu diesem Zeitpunkt Einfluß auf die Burg erlangt hatte. Mit Rotthoff, Reichsgut S. 57 ist es wahrscheinlich, daß die Burg nach der Auslieferung von Ansfrid und Arnold durch Immo an diesen überging.

[55] Flodoard, Annales a. 960 S. 149: *Quidam Brunonis hostium, Rotbertus nomine, Namuvium castrum muniebat; alter Immo munitionem quam dicunt Capraemontem*.

[56] Josse, Jupille S. 47f. unter Hinweis auf Nachrichten in den Briefen Gerberts von Reims von 987 über eine *praesentem obsidionem Caprimontis*. Die Verf. hält es ebd. S. 49 für nicht unwahrscheinlich, daß es sich um den lothringischen Herzog Karl handelte.

[57] Rousseau, La Meuse S. 47 bezeichnet Chèvremont als „jusqu'à l'époque féodale, la forteresse la plus importante du pays mosan". Andere namentlich bekannte Burgen in dem Raum um Lüttich sind Logne an der Ourthe, vgl. Anm. 49, und das *oppidum Harburg* im Mündungsgebiet von Maas und Geul nö. Maastricht, vgl. Richer I, 38 S. 25. Beide waren weniger sicher als Chèvremont. Widukind II, 27 und 28 S. 89 berichtet von Burgen in der Hand des Immo und der Neffen des Giselbert. Es kennzeichnet die Stellung von Chèvremont, daß gerade diese Burg im Besitz des Giselbert als der mächtigsten Persönlichkeit dieses Raumes war und daß sich Immo, sobald sich ihm die Möglichkeit hierzu bot, in den Besitz der Burg setzte.

[58] Dies geht aus den Zeugnissen über die jeweiligen Belagerungen eindeutig hervor. Entsprechend betont auch Gaier, Art et organisation S. 56: „Tout donne à penser que cette place était imprenable de vive force au Xe siècle." Allgemein ist die Bedeutung der Burgen bei Richer I, 37 S. 24 wohl treffend gekennzeichnet: *Belgae mox non in aperto cum Gisleberto resistere nisi sunt, sed oppidis ac municipiis sese recludunt*.

[59] Aufgrund der Tatsache, daß der mit der Verwaltung Lothringens beauftragte Graf Gebhard in zwei Urkunden Ludwigs d. K. für das Stift auf Chèvremont als Intervenient erscheint, DD LdK 18 und 70 S. 122 und 206, nimmt Parisot, Le royaume S. 560 an, daß das Stift und damit auch die Burg Chèvremont Gebhard unterstanden. Zu seinen früheren Lehen, die Gisel-

Ob die Burg im 7. und beginnenden 8. Jahrhundert eine vergleichbare Bedeutung besaß, ist den zeitgenössischen Quellen – wie bereits betont – nicht unmittelbar zu entnehmen. Die Nachrichten der Urkunde Karls des Großen von 779 über die Ausstattung der Kirche St. Marien in *Novo Castello* lassen darauf schließen, daß Pippin II. auf Chèvremont ein Stift gegründet hatte[60]. Dies wiederum macht deutlich, daß die Burg spätestens unter Pippin II. bestand und daß sie in seiner Hand war. Für sichere Aussagen darüber, wann und von wem die Burg erbaut wurde[61] und auf welche Weise sie in den Besitz der frühen Karolinger gelangte, reicht die Überlieferung nicht aus. Lediglich bei der Annahme, daß der Name *Novum Castellum,* der die Neuanlage der Burg kennzeichnete, eine ältere Benennung des Berges als *capraе mons* ablöste, würde sich ergeben, daß die Burg möglicherweise erst im 7. Jahrhundert, kaum jedoch aber vor dem Beginn des 6. Jahrhunderts erbaut worden war[62]. Ansonsten jedoch muß offenbleiben, ob es sich um eine alte Besitzung der Arnulfinger-Pippiniden handelte, ob die Burg während der Machtkämpfe im 7. Jahrhundert ihren Besitzer mehrfach gewechselt hatte oder ob die frühen Karolinger erstmals nach dem Herrschaftsantritt Pippins II. 679/80 die Verfügungsgewalt über die Burg gewannen. Es bleibt lediglich zu prüfen, inwieweit eine Sichtung sämtlicher die Frühzeit von Chèvremont betreffender Nachrichten, die Heranziehung von Parallelzeugnissen über Burgen vergleichbarer Bedeutung und allgemeinere Überlegungen über das Verhältnis von Chèvremont zu den umliegenden früh bezeugten Orten Anhaltspunkte für den Wahrscheinlichkeitsgrad der einen oder anderen dieser Möglichkeiten ergeben können.

Das einzige zeitgenössische Zeugnis zur Geschichte von Chèvremont in frühkarolingischer Zeit ist die Nachricht der Annales qui d. Einhardi zum Jahre 741 über die Festsetzung Grifos durch Karlmann *in Novo-Castello, quod iuxta Arduennam situm est*[63]. Der Name *Novum Castellum* wird von

bert nach seiner Flucht 920/21 von Karl d. E. zurückerhielt, gehörten u. a. Jupille und *Capraemontem,* d. h. Burg und wohl auch Stift, Richer I, 39 S. 25. Es ist nicht unwahrscheinlich, daß Chèvremont nach dem Tode Gebhards (910) als Lehen an Graf Reginar (gest. 915) und an dessen Sohn Giselbert überging, ähnlich JOSSE, Jupille S. 35 f. Bei einer solchen Annahme würde sich ergeben, daß Chèvremont bereits zu Beginn des 10. Jh.s jeweils im Besitz der führenden Amtsträger im niederlothringischen Raum gewesen war.

[60] Vgl. unten S. 423 f.
[61] KURTH, Notger S. 49 und ROTTHOFF, Reichsgut S. 57 nehmen an, daß die Burg von Pippin II. errichtet wurde. Eine entsprechende Nachricht findet sich zwar in der Genealogia Dagoberti, vgl. unten S. 432 Anm. 133, doch dürfte sie hier wohl eher als eine Ableitung aus der Tradition von Pippins II. Bestattung in Chèvremont zu betrachten sein.
[62] Keinerlei Datierungshinweise bietet hingegen der bisherige archäologische Befund. In seinem letzten Vorbericht von 1972 vermerkt MERTENS (wie Anm. 38) hierzu lediglich: „Vage aanduidingen schijnen te wijzen op bewoning tijdens de Romeinse en Merovingische perioden."
[63] Annales qui d. Einhardi S. 3. Die Festsetzung erfolgte nach der Belagerung Grifos, der seine Halbbrüder von Laon aus angegriffen hatte, durch Karlmann und Pippin. Die Annales Mettenses a. 741 S. 33 überliefern die Namensform *Nova-Castella.*

der Forschung zumeist auf Neufchâtel-sur-Aisne in der Nähe von Laon[64] bzw. auf Neufchâteau in den belgischen Ardennen[65] bezogen. Geht man davon aus, daß beide Orte erstmals im 11./12. Jahrhundert bezeugt sind[66], wohingegen mit Chèvremont ein gleichfalls *iuxta Arduennam* gelegenes *Novum Castellum* sicher in der Hand der frühen Karolinger nachweisbar ist, so dürfte kaum zu bezweifeln sein, daß es sich bei der 741 genannten Burg dieses Namens, wie zuletzt auch Josse betonte, um Chèvremont handelte[67]. Dies um so weniger, als auf Chèvremont seit den Tagen Pippins II. eine Klerikergemeinschaft bestand und auf dieser Burg somit die Voraussetzungen für eine Klosterhaft gegeben waren, wie sie zu jener Zeit die übliche Form der Festsetzung eines hochgestellten politischen Gegners bildete. Grifo blieb sechs Jahre in Chèvremont inhaftiert[68].

---

[64] So etwa MIKOLETZKY, Karl Martell S. 150. Er folgt hierin SCHUMACHER, Beiträge S. 23 f., der die anderen Deutungsvorschläge Neufchâteau (Prov. Luxemburg, arr. Neufchâteau), Neufchâteau-sur-Amblève (prov. Liège, arr. Liège) und Chèvremont – diese Orte liegen innerhalb der Ardennen – wegen der Lokalisierung der 741 genannten Burg *iuxta Arduennam* für unzutreffend hielt und die günstigsten Voraussetzungen vom Ortsnamen wie von der Lage her bei Neufchâtel-sur-Aisne (dép. Aisne, arr. Laon) gegeben sah. Ausschlaggebend für diese Deutung war wohl auch, daß die Kämpfe zwischen Grifo und seinen Halbbrüdern bei dem benachbarten Laon stattfanden. Der Bericht der Annales qui d. Einhardi enthält jedoch keinerlei Hinweise darauf, daß Laon und *Novum Castellum* in derselben Gegend gelegen waren. Historisch dürfte dies eher unwahrscheinlich sein, da Grifo offensichtlich gerade im Raum von Laon Rückhalt gefunden hatte. Frühe ortsgeschichtliche Belege liegen der Deutung von *Novum Castellum* auf Neufchâtel-sur-Aisne nicht zugrunde.

[65] Vgl. etwa MÜHLBACHER, Reg. Imp. Karol. 43 d, VON SIMSON, Annales Mettenses S. 33 Anm. 1, EWIG, Les Ardennes S. 11 und DENS., Descriptio Franciae S. 158. Als weitere Deutung schlugen HALKIN/ROLAND 1 S. 82 Anm. 2 Neufchâteau-sur-Amblève im Bereich des Königshofes Sprimont (prov. Liège, arr. Liège) vor. Doch läßt sich auch diese Deutung von der Ortsgeschichte her nicht absichern. Die Burg wurde erst im Verlauf des 13. Jh.s errichtet, vgl. ROUSSEAU, La Meuse S. 239 f. und BAAR, Sprimont S. 52 ff., der allerdings S. 13 gleichfalls für diese Identifizierung des 741 genannten *Novum Castellum* eintritt. Noch späteren Datums ist die Burg Neufchâteau bei Aubin (prov. Liège, arr. Verviers), die als Deutungsmöglichkeit gänzlich ausscheiden dürfte.

[66] Neufchâtel-sur-Aisne, nach GYSSELING, Woordenboek S. 735 erstmals 1134 bezeugt, ist in der Überlieferung von St. Hubert bereits 1074 als *Novum Castellum* nachweisbar, vgl. KURTH, Saint-Hubert 1 Nr. 33 S. 38. Bei Neufchâteau in belg. Luxembourg handelt es sich nach GEUBEL/GOURDET, Neufchâteau, S. 35 ff. um den Mittelpunkt einer Ende des 12. Jh.s entstandenen territorialen Vereinigung von Besitzanteilen der ehemaligen Königshöfe Longlier, Mellier und Paliseul unter den Herren von Chiny. Der Ort ist erstmals 1199 unter dem Namen *Novum Castellum* bezeugt, KURTH Nr. 132 S. 176; vgl. auch JOSSE, Jupille S. 26 und MÜLLER-KEHLEN, Ardennen S. 178.

[67] JOSSE, Jupille S. 26; ähnlich in der älteren Forschung bereits ROUSSEAU, La Meuse S. 227 und GANSHOF, La Belgique S. 23. Dieser Deutung schließt sich auch MÜLLER-KEHLEN, Ardennen S. 14 an, die ebd. Anm. 10 auf eine bestätigende Nachricht aus dem 14. Jh. in den Gesta abb. Trud. Cont. tertia I, 21 S. 375 aufmerksam macht, wonach das Waldgebiet *Arduenna ... a Leodio civitate ab uno latere usque Metim et ab alia usque citra Coloniam protenditur et dilatatur.*

[68] Annales qui d. Einhardi a. 741 S. 3: *in qua custodia usque ad tempus, quo idem Carlomannus Romam profectus est, dicitur permansisse*; entsprechend die davon unabhängige Mitteilung der Annales Mettenses a. 747 S. 39 f. über die Freilassung Grifos durch Pippin d. J. im Jahre 747.

Aufgrund seiner topographischen Situation und seiner, wie die Nachrichten des 10. Jahrhunderts zeigen, auch das weitere Umland beherrschenden Stellung kann Chèvremont mit Burgen wie Laon und Namur verglichen werden. Beide Orte werden im Zusammenhang der Auseinandersetzungen Pippins II. mit den neustrischen Hausmeiern genannt. Nach Angaben des Liber Historiae Francorum zog sich Pippins Verbündeter Martin nach der Niederlage gegen Ebroin im Frühjahr 680 nach Laon zurück, während Pippin nach Austrasien flüchtete. Martin konnte Laon halten und wurde erst bei einem zweiten Heereszug des Ebroin durch eine List zum Verlassen der Burg gebracht[69]. Der Fortsetzer Fredegars berichtet, der Hausmeier Ghislemar habe bei einem Einfall nach Austrasien (681/83) das Heer Pippins *ad castro Namuco* angegriffen und Pippin II. nach falschen Eiden eine schwere Niederlage zugefügt[70]. In beiden Fällen ist die Bedeutung der Burg als Zufluchtsort und Verteidigungsstätte gegen einen auf dem offenen Felde überlegenen Gegner deutlich erkennbar[71]. Namur war im 7./8. Jahrhundert von Chèvremont aus gesehen der nächste maasaufwärts gelegene Ort mit einer größeren Befestigung[72]. Wenn im 10. Jahrhundert Namur und Chèvremont als wichtigste befestigte Stützpunkte im mittleren Maasgebiet genannt werden[73], so wird man nach den Nachrichten für Namur zu 681/83 eine ähnliche Bedeutung auch für Chèvremont bereits in frühkarolingischer Zeit voraussetzen können. Entsprechend der Überlieferung für Laon und Namur ist auch für Chèvremont anzunehmen, daß die Burg für Pippin II. vor allem die Bedeutung eines nahezu uneinnehmbaren Aufenthaltsortes besaß und wohl vorzugsweise der Verteidigung diente[74].

---

[69] LHF cap. 46 S. 320: *Ebroinus eos cede crudelissima insequutus, maxima parte ex illa regione vastata. Martinus per fugam elapsus, Lauduno Clavato ingressus, illuc se reclusit ... Hoc dolose ac fallaciter super vacuas capsas ei iurantes, ille vero credens eos, Erchreco veniens, ibi cum sociis suis interfectus est.*

[70] Cont. Fred. cap. 4 S. 171: *Nam ad castro Namuco contra hostem Pippini ducis Ghislemaris consurgens, fraudulenter falso iuramento dato, quam plures eorum nobilis viris occidit*; zur Interpretation und Datierung vgl. oben S. 264 mit Anm. 136.

[71] In die gleiche Richtung deutet wohl auch die Überlieferung zu den Auseinandersetzungen 741 zwischen Grifo und seinen Halbbrüdern Karlmann und Pippin. Heißt es in den Annales qui d. Einhardi a. 741 S. 3, Grifos Mutter Swanahild habe Grifo dazu bewogen, *ut sine dilatione Laudunum civitatem occuparet ac bellum fratribus indiceret*, so berichten die Annales Mettenses a. 741 S. 32, daß Grifo und Swanahild auf die Nachricht von dem Heranrücken Karlmanns und Pippins hin *fuga lapsus, cum his qui se sequi voluerant in Lauduno Clavato se incluserunt. Carolomannus vero et Pippinus eos subsequentes castrum obsident.* Der Bericht der Annales qui d. Einhardi macht zugleich jedoch deutlich, daß der Besitz einer wichtigen Burg nach Auffassung der Zeitgenossen eine beträchtliche Machtgrundlage darstellte.

[72] Zur topographischen Situation von Namur und der Anlage des frühmittelalterlichen *castrum* vgl. ROUSSEAU, Namur S. 32f.

[73] Vgl. oben S. 416 mit Anm. 55.

[74] Ähnlich auch JOSSE, Jupille S. 31. Vgl. zur Rolle der *castra* im 6. Jh. auch IRSIGLER, Untersuchungen S. 232f.

Laon, seit dem 6. Jahrhundert Sitz eines Bischofs, und Namur, 692 als Aufenthaltsort des königlichen Hofes bezeugt, waren als Orte mit einer spätantiken Tradition im 6./7. Jahrhundert zugleich stadtähnliche Siedlungen von größerer politischer, wirtschaftlicher und kultureller Bedeutung[75]. In dieser Hinsicht hebt sich Chèvremont deutlich von beiden Burgen ab. Es handelte sich vielmehr, wie auch der Name *Novum Castellum* zeigt, um eine Neuanlage aus fränkischer Zeit, die vor allem der Schaffung eines größeren befestigten Stützpunktes im Lüttich-Maastrichter Raum dienen sollte. Als Erbauer einer derartigen Anlage kommen zu dieser Zeit keineswegs nur der König oder königliche Amtsträger als Vertreter der Zentralgewalt in Betracht. Die Nachrichten über den Burgenbau des Bischofs Nicetius von Trier und den Besitz des *castellum Habendum* durch Romarich bzw. des *castrum Teulegio* durch Adalgisel-Grimo lassen vielmehr erkennen, daß auch die Angehörigen der Führungsschicht Burgen errichten bzw. über Burgen als Eigengut verfügen konnten[76].

In der engeren Umgebung von Chèvremont ist eine besonders dichte Streuung frühkarolingischer Besitzungen bezeugt. Zur Maas hin werden die *villae* Jupille und Hermalle bereits unter Pippin II. genannt. Herstal begegnet 723 als Aufenthaltsort Karl Martells. Die Villikationsbezirke der drei Orte grenzten, wie aus den späteren Besitzverhältnissen zu erkennen ist, unmittelbar aneinander[77], was den Schluß zuläßt, daß bereits die frühen Karolinger in diesem Bereich über einen größeren geschlossenen Besitzkomplex verfügt hatten. Südlich von Chèvremont, bereits innerhalb des Waldgebiets der Ardennen, schloß sich mit Esneux, Sprimont, Blindef und Theux ein dichter Kranz karolingischer Königshöfe an, die zwar erst im 9. Jahrhundert in der Überlieferung faßbar werden[78], von denen aber zumindest ein Teil bereits zu Beginn des 8. Jahrhunderts in der Hand der Karolinger gewesen sein dürfte.

---

[75] Vgl. hierzu BRÜHL, Palatium und Civitas 1 S. 73 ff. und ROUSSEAU, Namur S. 37 ff. Als Aufenthaltsort des königlichen Hofes unter Chlodowech III. ist *Namucho* 692 Juni 25 bezeugt, D Mer 62 S. 55 = HR 1 Nr. 12 S. 36 ff.

[76] Zu dem von Venantius Fortunatus in einem eigenen Gedicht ausführlich beschriebenen *castello eius* (sc. *Nicetii*) *super Mosella* wie auch zum Besitz von Burgen in der Hand von Großen des 6. Jh.s vgl. IRSIGLER, Untersuchungen S. 232 f. mit Anm. 87. Zu der Burg *Habendum*, in der Romarich um 620 das später nach ihm benannte Kloster Remiremont gründete, vgl. etwa den Beleg in der Vita Arnulfi cap. 22 S. 442. Zu Adalgisel-Grimos Besitz in Tholey vgl. oben S. 33 mit Anm. 13.

[77] Vgl. dazu unten S. 445 ff. und 454 mit Karte 12 S. 444.

[78] Zu Sprimont, Blindef und Theux vgl. MÜLLER-KEHLEN, Ardennen S. 203 ff. Zu Esneux, das mit GYSSELING, Woordenboek S. 334 und mehreren anderen Forschern mit dem in der Zehntbestätigung Ludwigs d. Fr. für Stablo-Malmedy von 814 unter den *fiscis nostris* genannten *Astanido* zu identifizieren ist, vgl. HR 1 Nr. 25 S. 66; MÜLLER-KEHLEN S. 15 Anm. 16 läßt die Deutung des Ortsnamens offen. Die Orte liegen in einer Entfernung von 8 bis 11 km im südlichen Umkreis von Chèvremont. Setzt man für ihre Villikationsbezirke eine ähnliche Ausdehnung voraus wie sie für Jupille und Herstal zu erschließen ist, so ergibt sich, daß auch dieser Raum eine Zone überwiegend königlichen Einflusses gewesen war; vgl. auch S. 466 mit Anm. 301.

Chèvremont war somit von einer auffälligen Massierung frühkarolingischer Güter umgeben. Es ist kaum zu bezweifeln, daß dieser dicht gelagerte Besitz und die Burg aufeinander hin orientiert waren.

Besonders deutlich wird der enge Bezug der Burg zu den umliegenden Höfen an dem Beispiel von Jupille sichtbar. Micheline Josse, die den frühkarolingischen Fiskus Jupille mit großer Sicherheit rekonstruieren konnte, wies nach, daß Chèvremont inmitten des Villikationsbezirks der *villa* Jupille gelegen war [79]. Es gibt keinerlei Hinweise darauf, daß der Burg eigene Ländereien innerhalb dieses Bezirks zugeordnet waren [80]. Vielmehr ist anzunehmen, daß die Versorgung der Burg von der *villa* Jupille und den benachbarten Höfen aus erfolgte. Jupille darf nach den wenigen erhaltenen Nachrichten über frühe Aufenthaltsorte der Karolinger als die bevorzugte karolingische Pfalz im mittleren Maasgebiet in der ersten Hälfte des 8. Jahrhunderts gelten. Der Bericht des ersten Fortsetzers Fredegars über die Erkrankung Pippins II. in *Iobvilla super Mosam fluvium* im Jahre 714 läßt erkennen, daß bereits unter Pippin II. in Jupille geeignete Baulichkeiten für einen längeren Aufenthalt des karolingischen *dux* und seines Gefolges bestanden. Unter Karl Martell und König Pippin sind mehrere Osteraufenthalte an diesem Ort bezeugt [81]. Hält man sich vor Augen, daß nahezu in demselben Zeitraum, in dem Jupille als bevorzugter Aufenthaltsort frühkarolingischer Herrscher begegnet, Chèvremont als Gefängnis Grifos diente, so dürften die Funktionen von Jupille und Chèvremont als aufeinander zugeordnete Pfalz und Burg deutlich werden [82]. Nach dem Zeugnis zu 714 ist die Trennung von Burg und Pfalz bereits für die Zeit Pippins II. vorauszusetzen. Dies bestätigt die Annahme, daß Chèvremont vor allem als unangreifbarer und beherrschender Zufluchtsort angelegt worden war. Dem entspricht, daß die frühen Karolinger bei ihren Aufenthalten im mittleren Maasgebiet zunächst vornehmlich das im Schutze von Chèvremont

---

[79] Vgl. JOSSE, Jupille S. 136 ff. und die Karte 3 „Composition et limites du domaine de Jupille" im Anhang, sowie Karte 12 unten S. 444.

[80] EWIG, Les Ardennes S. 16 zählt – offensichtlich wegen der Herrscheraufenthalte im 9. Jh. – Chèvremont zu den *fisci*. YANS, La pénétration S. 992 interpretiert die Nachricht der Gesta epp. Leod. cap. 25 S. 203, wonach Bischof Notker nach der Zerstörung der Burg Chèvremont im Jahre 987 dem Aachener Marienstift Besitzungen übertragen hatte, *quae prius ad memoratum oppidum erant appenditia*, in dem Sinne von „anciennes possessions de l'oppidum detruit". Aus dem Bericht Anselms geht jedoch eindeutig hervor, daß damit die Güter des Stifts auf Chèvremont gemeint sind, das 987 gleichfalls zugrundeging. Wenn unter den *res*, die Herzog Giselbert 920/21 von Karl d. E. zurückerhielt, vgl. oben S. 416 Anm. 59, Jupille und Chèvremont getrennt aufgeführt werden, so deutet dies nicht auf zwei getrennte Besitzkomplexe hin; vielmehr ist die eigene Nennung von Chèvremont mit der besonderen Stellung als Burg und Stift zu erklären.

[81] Vgl. dazu unten S. 453.

[82] Angesichts dieser Gegenüberstellung wird man aus den Aufenthalten Lothars I. und Lothars II. in Chèvremont, vgl. Anm. 45, keine Rückschlüsse auf Pfalzfunktionen der Burg zu Beginn des 8. Jh.s ziehen wollen.

gelegene Jupille aufsuchten. Das auf dem gegenüberliegenden Maasufer befindliche Herstal erscheint erst nach der endgültigen Festigung der karolingischen Herrschaft als bevorzugte Pfalz.

Die Beobachtungen zu dem engen Verhältnis zwischen der Burg Chèvremont und den umliegenden karolingischen Höfen, insbesondere Jupille, lassen den weiteren Schluß zu, daß der Erwerb dieser Güter und der Besitz der Burg miteinander in Verbindung standen. Bei der Frage nach der Frühgeschichte der Burg ist danach vor allem von den beiden Möglichkeiten auszugehen, daß die Arnulfinger-Pippiniden die Burg ähnlich anderen Großen jener Zeit auf ihren angestammten Eigengütern zum Schutz bei kriegerischen Auseinandersetzungen angelegt hatten oder aber daß sie erst nach dem Herrschaftsantritt Pippins II. in den Besitz der Burg und der umliegenden Güter gelangt waren. Aufschlußreiche Hinweise auf die Beziehungen Pippins II. zu Chèvremont enthalten die Nachrichten über die auf der Burg befindliche Kirche St. Marien und über die Bestattung Pippins in Chèvremont.

2. Das Stift St. Marien

Nach Aussage der Urkunde von 779 bestand auf der Burg Chèvremont eine *ecclesia sancte Marie*, zu der eine Gemeinschaft von Geistlichen unter der Leitung eines Abtes gehörte[83]. Das Diplom Karls des Großen wie auch die urkundlichen Zeugnisse des 9. Jahrhunderts enthalten keinerlei Hinweise darauf, daß es sich bei den auf Chèvremont tätigen Geistlichen um eine monastisch organisierte Gemeinschaft handelte[84]. Da zudem bereits im 9. Jahrhundert von *clerici* die Rede ist[85] und 909 *canonici* bezeugt sind[86], ist, wie bereits mehrfach angenommen, mit hoher Wahrscheinlichkeit davon auszugehen, daß der Konvent an St. Marien auf Chèvremont schon von seiner Gründung an als Klerikergemeinschaft eingerichtet worden war[87]. Im Jahre 972 kam die *abbatia Kiuermunt* durch Schenkung Ottos I. an das Aachener Marienstift[88]. 987 wurde sie zusammen mit der Burg und zwei weiteren auf dem

---

[83] D Karol 1 Nr. 124 S. 173 f. Die Geistlichen werden als *servientes eiusdem loci* bzw. als *ibidem deo servientes* bezeichnet. Der Vorsteher erscheint als *abbas* bzw. als *eiusque* (sc. *ecclesiae*) *rector*. Namentlich wird der *venerabilis vir Ermenhardus abbas* genannt.

[84] Die auf Chèvremont tätigen Geistlichen werden in den bekannten Urkunden weder als *monachi* bezeichnet noch findet sich wie in vergleichbaren Urkunden für klösterliche Gemeinschaften ein Hinweis auf die Befolgung einer Mönchsregel.

[85] So in dem Diplom Lothars I. von 844 für Chèvremont, in dem zugleich von der *cellulam in honore sancte dei genitricis Marie constructam* die Rede ist, D Lo I 86 S. 210. 897 erscheint der Ort als *nostra abbatia Capremons dicta*, D Zw 15 S. 45. Wenig signifikant ist auch die Angabe in D LdK 18 S. 122: *Fratribus ex monasterio Capremons vocato* (902).

[86] D LdK 70 S. 206: *ad substanciam canonicorum in Capremonte loco vocato degentium*.

[87] So etwa BLUME, Abbatia S. 114, ROUSSEAU, La Meuse S. 227 und ROTTHOFF, Reichsgut S. 57. PRINZ, Mönchtum S. 205 läßt die Frage des ursprünglichen Charakters der Gemeinschaft offen.

[88] DO I 417 S. 569 = WISPLINGHOFF, Rhein. UB 1 Nr. 25 S. 39 f.

Berg befindlichen Kirchen zerstört[89]. Nach Angaben Anselms gehörten dem Stift zu diesem Zeitpunkt zwölf Kanoniker an[90].

Über die Anfänge des Stifts sind keine direkten Nachrichten überliefert. Aus der Urkunde von 779 geht hervor, daß die Gemeinschaft von Geistlichen bereits unter Pippin II. bestand. In der Narratio heißt es, Pippin II. habe der Marienkirche auf Chèvremont Besitzungen zum Unterhalt der *servientes eiusdem loci* übertragen[91]. Auf Bitten des Abtes Ermenhardus, der darüber keine Urkunden vorweisen konnte, bestätigte Karl der Große diese Güter und Schenkungen anderer Wohltäter. In der Aufzählung der Güter wird Besitz in folgenden Orten genannt: Hermalle im Haspengau, Budel in Toxandrien, Vilvoorde in Brabant, Grand-Reng, Vieux-Reng, *Kuinegas*, Waudrez, *Achiniagas* und *Altporto* im Hennegau, José im Luihgau und Frasnes-lez-Couvin im Lommegau[92]. Die Güter in *Achiniagas* und *Altporto* waren gegen Besitz in *Auuanlia* eingetauscht worden, worunter nach einer Urkunde von 844 Awans bei Lüttich zu verstehen ist[93]. Die 779 genannten Güter bildeten den Grundbestand des Stiftsbesitzes. Im Verlauf des 9. und 10. Jahrhunderts kamen nur noch wenige, zumeist in nächster Nachbarschaft gelegene Besitzungen hinzu[94]. Da in Hermalle, Budel, Vilvoorde, Grand-Reng und Awans im 9./10. Jahrhundert Reichsgut bezeugt ist[95], dürfte der Besitz des Stifts an diesen

---

[89] Anselmi Gesta epp. Leod cap. 25 S. 203. Nach Angaben des Aegidius von Orval, Gesta epp. Leod. II, 50 S. 57 waren die beiden anderen Kirchen auf Chèvremont dem Johannes bzw. dem hl. Dionysius geweiht.

[90] Anselmi Gesta epp. Leod. cap. 25 S. 203.

[91] Vgl. Anm. 97.

[92] Deutung der Ortsnamen nach GYSSELING, Woordenboek S. 482, 201, 1015, 421, 1010, 234, 1052, 39, 50, 544 und 374. ROUSSEAU, La Meuse S. 223 f. schlägt für die von Gysseling nicht identifizierten Ortsnamen *Kuinegas* und *Altporto* eine Deutung auf Chevesnes (Ortsteil von Sars-la-Buissière) bzw. auf Bienne-lez-Happart (beide prov. Hainaut, arr. Thuin) vor. In dem ON *Achiniagas* vermutet er das 794 als *Aciniagas* bezeugte Oignies bei Couvin (prov. Namur, arr. Philippeville). Auffällig ist die weite Streuung des Besitzes bis in die Nähe von Brüssel und Mons. Die Hauptmasse der Güter lag nicht in der unmittelbaren Umgebung von Chèvremont, sondern im Hennegau, und dort nach den sicher identifizierten Orten in dem engeren Gebiet zwischen der Sambre bei Maubeuge und Thuin sowie der Römerstraße Bavai–Köln. Zu den in den Bestätigungsurkunden nicht eigens genannten Besitzungen des Stifts in seinem engsten Umkreis vgl. Anm. 94.

[93] Vgl. dazu unten S. 448 f.

[94] So nach Angaben von D LdK 70 S. 206 (909) unter Zwentibold 11 Hufen und die Kirche in Mortier, unter Ludwig d. K. 2 Hufen in Wandre und Besitz in Ayeneux, D LdK 18 S. 122 f. (902), sowie unter Otto I. 2 Hufen und eine Kirche in Hermalle, vgl. unten S. 442 mit Anm. 170. Anselm, Gesta epp. Leod. cap. 25 S. 303 berichtet über Besitz des Stifts in seiner unmittelbaren Umgebung: *ad quorum usus respiciebant de adiacentibus villis nonnullae decimarum partes, et praeterea quorundam ex integro agrorum ususfructus.* Hierbei dürfte es sich zum großen Teil um jene Güter gehandelt haben, die später die Vogtei Fléron des Aachener Marienstifts als des Besitznachfolgers des Stifts auf Chèvremont ausmachten, vgl. JOSSE, Jupille S. 51 ff. Die Anfänge dieser Besitzungen sind nur bei José und Ayeneux sicher anzugeben.

[95] Zu Awans vgl. unten S. 448 f. Die übrigen Orte werden in einer Urkunde von 947 genannt, in der Otto I. neben 2 Hufen und einer Kirche in Hermalle dem Stift in *loco Kevermunt*

Orten mit Sicherheit auf Pippin II. zurückgehen [96]. Da in der Urkunde von 779 vor allem von Schenkungen Pippins II. die Rede ist und der Hinweis auf die Stiftungen anderer gottesfürchtiger Personen stark formelhaften Charakter trägt [97], sind noch weitere der aufgezählten Güter als Schenkungen Pippins II. anzusehen. Es ergeben sich somit ausreichende Anhaltspunkte dafür, daß der größte Teil des Stiftsbesitzes auf Pippin II. zurückging. Mit hoher Wahrscheinlichkeit kann somit Pippin als der Gründer des Stifts angesehen werden [98]. Ob er auch der Erbauer der Marienkirche auf Chèvremont war, bleibt jedoch offen.

An Klostergründungen Pippins II. sind neben Chèvremont noch Fleury-en-Vexin und Susteren zu nennen. Die Nachrichten aus dem 10. Jahrhundert über die Beteiligung Pippins II. an der Gründung der Klöster St. Hubert und Celles bei Dinant können hingegen unberücksichtigt bleiben [99]. In Fleury-en-Vexin bestand bereits ein Xenodochium. Es wurde von seinem Stifter Fraericus Pippin II. mit der Auflage übertragen, darin einen Mönchskonvent ein-

---

die Kirchen in Grand-Reng, Vilvoorde und Budel schenkte, DO I 88 S. 170. Aus der Gegenüberstellung dieser Urkunde mit den Diplomen Karls d. Gr. von 779 und Lothars I. von 844 geht die Identität von *Novum Castellum* und Chèvremont eindeutig hervor. Die Vorbehalte von YANS, La pénétration S. 986 ff. entbehren der Grundlage.

[96] Zurückhaltend BONNELL, Anfänge S. 71, der jedoch DO I 88 nicht berücksichtigte.

[97] Die Narratio beginnt mit dem Hinweis darauf, *quod inclite memorie proavus noster Pippinus quondam maior domus ecclesie sancte Marie Novo Castello constructe diversis rebus pro mercedis augmento dedisset, unde servientes eiusdem loci consolationem substantie usque nunc visi sunt habere*. Auf diese Schenkungen bezieht sich der Hinweis des Abtes auf fehlende Urkunden. Im folgenden ist die Rede von *quantumcumque prenominatus avus noster ibidem condonavit aut ceteri deum timentes homines in postmodum addiderunt*. Beispiele für den formelhaften Charakter der Wendung sind etwa DD Karol 1 Nr. 30, 68, 74, 100, 111, 131 S. 42, 99, 107, 143, 156 und 181.

[98] So auch VON SIMSON, Annales Mettenses S. 19 Anm. 2, HAUCK, Kirchengeschichte 1 S. 287 Anm. 1 und PRINZ, Mönchtum S. 204 f. Die Frage der Gründung des Stifts wird von ROUSSEAU, La Meuse S. 227 und JOSSE, Jupille S. 25 f. offen gelassen.

[99] Das Vorgängerkloster von St. Hubert, *Andagina*, wird von ROUSSEAU, Les Carolingiens S. 209 f. als Gründung Pippins II. und Plektruds betrachtet. Es handelte sich nach der Translatio s. Huberti cap. 30 S. 817 um ein Kanonikerstift, das nach einer in der Vita s. Beregisi cap. 3 S. 251 (um 937) benutzten Privaturkunde zu Beginn des 8. Jh.s unter Leitung eines Abtes Beregisus stand. Nach Angaben der Vita war Beregisus der *praecipuus sacerdos* Pippins II. gewesen, cap. 7 S. 524. Dem durch die Schilderung über einen vom Himmel gefallenen Brief stark legendarischen Gründungsbericht, cap. 14 S. 525 f., ist allenfalls zugrundezulegen, daß Beregisus das Stift auf von Pippin und Plektrud geschenktem Land errichtete. Der Bericht wurde später weiter ausgeschmückt und war Grundlage von Fälschungen auf den Namen Pippins II., vgl. HEIDRICH, Titulatur S. 253 ff. und PRINZ, Mönchtum S. 206. Ausführlich zu den Anfängen des Stifts, wenn auch weniger zurückhaltend gegenüber dem Gründungsbericht BAUDHUIN, Saint-Hubert S. 2 ff.; vgl. auch DESPY-MEYER/DUPONT, Saint-Hubert S. 23 ff. Noch dunkler sind die Anfänge von Celles bei Dinant, für dessen Gründung durch einen Hadelin, Schüler des Remaklus, Pippin II. Land zur Verfügung gestellt haben soll; so erstmals in der Vita s. Hadelini des Heriger von Lobbes, cap. II, 9 S. 379. Eine urkundliche Vorlage oder eine glaubwürdige Lokaltradition sind in dieser Passage nicht zu erkennen. Zurückhaltend äußert sich auch PRINZ, Mönchtum S. 207.

zurichten¹⁰⁰. Pippin schenkte das Kloster der Abtei St. Wandrille, behielt aber sich und seinen Erben die Schutzgewalt über Fleury vor. In Susteren hatten Pippin und Plektrud auf käuflich erworbenem Land eine Kirche mit einer *cellula* errichtet und sie mitsamt einem Wirtschaftshof an Willibrord zur Gründung eines Konvents übertragen¹⁰¹. Der Anteil Pippins II. beschränkte sich bei Fleury-en-Vexin auf die Umwandlung einer bereits bestehenden Gründung in ein Kloster und bei Susteren auf die Schaffung der baulichen und wirtschaftlichen Voraussetzungen für die Einrichtung eines kleineren Klosters durch Willibrord. Neben der Ausstattung mit dem *mansionile* Susteren werden keine weiteren Landschenkungen genannt. Auch Fleury scheint von Pippin II. keine nennenswerte Dotierung erhalten zu haben¹⁰². Fleury ging durch Verfügung Pippins an ein größeres Kloster über. Susteren verblieb zwar im Obereigentum Pippins II. und seiner Familie, unterstand aber weitgehend dem Einfluß Willibrords.

Fleury und Susteren können mit Chèvremont nur bedingt verglichen werden. Im Gegensatz zu den Konventen beider Gründungen waren die Geistlichen an St. Marien auf Chèvremont nicht monastisch organisiert. Vor allem aber hob sich die Kirche St. Marien durch ihre großzügige, weitgestreute Besitzausstattung von den bescheiden dotierten Klöstern in Fleury und Susteren ab. Die Klerikergemeinschaft, die Pippin II. auf Chèvremont eingerichtet hatte, war jedoch nicht nur die am reichsten ausgestattete seiner Gründungen. Auch unter seinen bekannten Schenkungen an andere austrasische Klöster und Kirchen erreichte keine nur annähernd den Umfang der Besitzübertragungen an Chèvremont¹⁰³. Dies läßt darauf schließen, daß das Stift St. Marien in *Novo Castello* die bevorzugte Gründung Pippins II. gewesen war und daß ihn mit dieser Kirche besonders enge Beziehungen verbanden.

---

¹⁰⁰ Gesta abb. Font. cap. 2, 2 S. 16 f. Zur Übertragung durch Fraericus heißt es, daß dieser das Xenodochium an Pippin II. *contradidit, ea videlicet ratione ut in maiori eligantia ipsum locum sublimaret* (sc. *Pippinus*) *ac monachorum congregationem ibidem constitueret, quod ita et factum est*. Die ausführlichen Angaben über die Gründungsausstattung durch Fraericus scheinen darauf hinzudeuten, daß mit der Umwandlung des Xenodochiums in ein Kloster keine nennenswerte Vergrößerung des Besitzstandes verbunden war.

¹⁰¹ D Arnulf 6 S. 95 = WAMPACH, Echternach 1, 2 Nr. 24 S. 59; vgl. dazu oben S. 169 f. In unserem Zusammenhang interessiert die Passage: *Placuit nobis ut apostolico patri Willibrordo episcopo ipsam basilicam tradidissemus; quod ita et fecimus in eo modo, ut ibidem fratres peregrinos vel alios Deum timentes congregare debeat*. Diese Bestimmung und das Salvatorpatrozinium der Klosterkirche von Susteren zeigen, daß Willibrord maßgeblichen Anteil an der Klostergründung hatte und wohl deren eigentlicher Initiator gewesen war.

¹⁰² Vgl. Anm. 100; im Falle größerer Schenkungen wären angesichts der sehr detaillierten besitzgeschichtlichen Angaben der Gesta abb. Font. zweifellos entsprechende Nachrichten zu erwarten gewesen.

¹⁰³ Vergleichbar sind allenfalls die Schenkungen Pippins II. an das neustrische Kloster St. Wandrille, die Fleury-en-Vexin mit einschlossen, vgl. oben S. 408 mit Anm. 23.

3. Die Nachrichten über die Bestattung Pippins II. auf Chèvremont

In zwei entlegenen Quellen des 12. bzw. beginnenden 13. Jahrhunderts ist die Nachricht überliefert, Pippin II. sei auf Chèvremont bestattet worden. Die sog. Historiae Francorum Steinveldenses II berichten zunächst in Anschluß an den Fortsetzer Fredegars, dann in selbständigen Angaben über den Tod Pippins II.: *Insecuto quoque tempore idem Pippinus dux moritur, et in Capremonte sepelitur*[104]. Gleichfalls unter Verwendung von Nachrichten aus der Fortsetzung Fredegars heißt es ausführlicher in der Genealogia Dagoberti: *Reliquit (sc. Pipinus princeps) vero superstitem filium vocabulo Karolo sepultusque est a coniuge sua Plectrude cum multitudine Francorum Capremontis in ecclesia sancte Dei genitricis Marie, ubi castellum magnum vivens construxerat*[105]. Zur Beurteilung dieser Angaben ist auf den jeweiligen Überlieferungszusammenhang und auf das gegenseitige Abhängigkeitsverhältnis der Historiae und der Genealogia sowie auf entsprechende Traditionen aus dem Lütticher Raum einzugehen.

Die Historiae Francorum Steinveldenses II

Die Historiae gehören zu einer Reihe von Einträgen zweiter Hand in dem Codex British Museum Add. 21109[106]. Die Provenienz des Codex, der im 15. Jahrhundert im Besitz des Klosters Steinfeld bezeugt ist, bedarf noch der Klärung[107]. Die Historiae enthalten Nachrichten über Pippin II. und Plektrud. Es handelt sich weitgehend um Auszüge aus der Fortsetzung des sog. Fredegar. An eigenen Angaben finden sich neben der kurzen Mitteilung über das Begräbnis Pippins II. in Chèvremont nur mehr ausführlichere Nachrichten über die Gründung und Ausstattung des Klosters St. Marien im Kapitol zu Köln durch Plektrud[108], den Tod der Plektrud in Köln und ihre Bestattung in St. Marien[109]. Da die Auszüge aus der Continuatio Fredegarii mit der Nach-

---

[104] SS 13 S. 728 Z. 45. Der Titel des kurzen Werkes stammt von dem Herausgeber G. WAITZ. Die Worte *Insecuto – moritur* sind nahezu wörtlich der Cont. Fred. cap. 8 S. 173 entnommen.
[105] Paris, Bibliothèque Nationale, Fonds latin 9422 fol. 132. Der zitierte Passus findet sich auch bei VON SIMSON, Annales Mettenses S. 19 Anm. 4. Auf Cont. Fred. cap. 8 S. 173 geht der Eingangssatz *Reliquit – Karolo* zurück.
[106] Die ausführlichste Beschreibung des Codex gibt G. WAITZ bei PERTZ, Bemerkungen S. 370. Die Historiae finden sich nach neuerer Paginierung auf fol. 86ᵛ.
[107] WAITZ (wie Anm. 106) S. 364 teilt den Besitzvermerk *pertinet ad Steynfelt* 1476 mit. Die Frage der ursprünglichen Herkunft bzw. des Entstehungsortes der aus dem 12. Jh. stammenden Handschrift kann hier offenbleiben, da sie, wie die folgende Untersuchung ergibt, in unserem Zusammenhang unerheblich ist.
[108] S. 728 Z. 37: *Plictrudis vero cum infinitis tesauris Coloniam secessit, et monasterium ibidem infra muros ipsius urbis, quod dicitur puellarum, in honore sanctae Mariae honorifice edificavit, quod prediis et tesauris strenue ampliavit*.
[109] Ebd. Z. 53: *At vero Plictrudis plena operibus bonis et elemosinis Deo serviens, in castitate et humilitate perfecta, plena dierum in eadem urbe obiit et in monasterio suo sepeliri voluit*.

richt über Pippins II. Vermählung mit Plektrud einsetzen und der Bericht mit der Mitteilung über den Tod und die Grablege der Plektrud endet, dürfte die Schrift hauptsächlich auf die Person der Plektrud hin abgefaßt worden sein.

Fast gleichlautend mit den Historiae ist eine Aufzeichnung, die E. Gelenius 1640 nach einer heute verlorenen Handschrift des Klosters St. Marien im Kapitol unter dem Titel *Compendium Vitae beatae Plectrudis* veröffentlichte[110]. Auch hier findet sich die Nachricht über die Bestattung Pippins II. in Chèvremont. Bei abweichendem Wortlaut stehen zum Teil die Historiae[111], zum Teil das Compendium[112] der Continuatio Fredegarii näher. Für beide Aufzeichnungen kann somit eine gemeinsame Vorlage erschlossen werden. Übereinstimmungen mit den Historiae und dem Compendium weist auch die Vita s. Noitburgis virginis auf, deren älteste Handschrift aus dem 13. Jahrhundert stammt[113]. Dabei steht die Vita den Historiae[114] näher als dem Com-

---

[110] GELENIUS, Par Sanctorum S. 21 gibt als Vorlage ein *vetus manuscriptum codice Archivi Capitolini* an. Das Compendium, auf das DE BUCK, Vorrede zur Vita Noitburgis S. 837 aufmerksam machte, blieb in der weiteren Forschung unberücksichtigt. Die von Gelenius benutzte Handschrift wird weder bei SCHAEFER, Inventare S. 103 bzw. 113 ff. unter den Archivalien des ehemaligen Kanonissenstifts St. Marien im Kapitol noch in der Zusammenstellung der handschriftlichen Überlieferung aus St. Marien bei RATHGENS, Kunstdenkmäler Köln 2, 1 S. 180 ff. genannt und dürfte wohl verloren sein. Der Verdacht einer Fälschung der als Fälscher bekannten Gebrüder Gelenius scheidet angesichts der Übereinstimmungen mit den Hist. Steinveld. und der teilweise genaueren Wiedergabe des Wortlauts der Cont. Fred. durch das Compendium aus.

[111] Entscheidend ist hier, daß die Historiae aus der Cont. Fred. cap. 10 S. 174 die Angabe *regem sibi constituit nomine Chlothario* übernehmen: *et regem nomine Lotharium constituit*, wohingegen dieser Satz in dem Compendium ausgefallen ist. Es erübrigt sich danach, die übrigen Beispiele anzuführen, in denen die Historiae den Wortlaut der Cont. Fred. besser wiedergeben als das Compendium.

[112] Die eindeutigsten Beispiele sind: Cont. Fred. cap. 6 S. 172: *maior domus palatii super Francos electus est*; das Compendium bringt diese Nachricht in wörtlicher Übereinstimmung, während es in den Historiae heißt: *maior domus et palatii super Francos electus est*. – Cont. Fred. cap. 6 S. 172: *aliam duxit uxorem nobilem et eligantem nomine Chalpaida*, Compendium: *aliam duxit uxorem Alpaidam*, Historiae: *aliam duxit uxorem nomine Adalheidam*. – Cont. Fred. cap. 8 S. 173: *sub custodia detentus*, Compendium: *sub custodia habuit*, Historiae: *in custodiam habuit*. – Cont. Fred. cap. 10 S. 174: *et cuncta suo dominio restituit*, Compendium: *ipse quoque cuncta dominio suo subiecit*, Historiae: *ipse quoque dominio suo subiecit*. Eine Abhängigkeit des Compendiums von den Historiae muß nach der Zusammenstellung dieser Beispiele als ausgeschlossen gelten.

[113] Die Hs. ist allerdings nicht mehr erhalten. Es handelt sich um ein Kölner Kalendar, das noch in der 1. Hälfte des 19. Jh.s von einem Priester Heuberger benutzt wurde, dessen Datierung und Abschrift DE BUCK, Vorrede S. 836 § 4 übernahm.

[114] Vita § 2 S. 842: *maior domus sive palatii ... electus est*, Historiae: *maior domus et palatii ... electus est*, Compendium: *maior domus palatii ... electus est*. Den Varianten liegen abweichende Interpretationen zugrunde: während in dem Compendium, das damit zugleich der Cont. Fred. nähersteht, vgl. Anm. 112, *maior domus* als ein zusammengehöriger Titel mit dem davon abhängigen Genitiv *palatii* aufgefaßt wird, erkannte der Schreiber der Historiae die alte Amtsbezeichnung nicht und sah in *domus* und *palatii* zwei nebeneinanderstehende von *maior* abhängige Genitive, die er durch ein *et* verband. – Weitere Beispiele sind Vita § 3 S. 843: *quamdam Adelheydam* (älteste Hs allerdings *Adlegidam*) *alio nomine Alpaydem superduxerit*, Historiae: *aliam duxit uxorem Adalheidam* (weiter unten ist ebd. von *Alpaida* die Rede), Compen-

pendium [115]. Die gemeinsamen Abweichungen gegenüber dem Compendium lassen auf eine Verwendung der Historiae in der Vita oder auf eine gemeinsame Vorlage beider Quellen schließen. Der Autor der Vita nennt als seine Vorlage einen *Libellus reginae nostrae Plectrudis* [116]. Die Bezeichnung der Plektrud als *regina nostra* [117] und die engen Beziehungen des Noitburgis-Kultes zu St. Marien im Kapitol weisen auf die Herkunft der Vorlage aus diesem Kloster hin [118].

Aus dem Textvergleich ergibt sich, daß die Historiae Francorum Steinveldenses II entweder einen *Libellus reginae (nostrae) Plectrudis* zur Vorlage hatten oder mit diesem identisch sind. Der Libellus und das sog. *Compendium Vitae beatae Plectrudis* gehen auf eine gemeinsame Vorlage zurück. Da Plektrud im Mittelpunkt des Berichtes steht, die eigenen Nachrichten größtenteils die Anfänge von St. Marien im Kapitol betreffen und die beiden Ableitungen in diesem Kloster nachweisbar sind, darf die Entstehung der Vorlage in St. Marien als sicher gelten.

---

dium: *aliam duxit uxorem Alpaidam*, das wiederum der Cont. Fred. nähersteht, vgl. Anm. 112. – Vita § 4 S. 843 in wörtlicher Übereinstimmung mit den Historiae: *ad se visitandum filium Grimoaldum invitavit*, Compendium: *ad se visitandum invitavit Grimoaldum*. – Vita ebd. und Historiae gleichlautend: *Qui adveniens civitatem Leodium basilicam sancti Lamberti martyris intravit*, Compendium: *Qui adveniens civitatem Leodium et basilicam ... intravit*. Es handelt sich zwar nur um kleinere Abweichungen, die aber zusammengenommen doch mit Sicherheit auf eine engere Verwandtschaft zwischen der Vita und den Historiae gegenüber dem Compendium schließen lassen.

[115] Die einzige gemeinsame Variante des Compendiums und der Vita: *genuitque ex ea duos filios* bzw. *Ex ea genuit duos filios* gegenüber den Historiae: *genuitque ex ea filios duos* (gleichlautend mit Cont. Fred. cap. 5 S. 171) fällt demgegenüber nicht ins Gewicht.

[116] Vita s. Noitburgis § 4 S. 843.

[117] Die Verehrung der Plektrud in St. Marien als *regina* ist bereits im 12. Jh. bezeugt, vgl. Anm. 120. In dem ältesten erhaltenen Totenbuch des Klosters, bei dem es sich nach SCHAEFER, Parochie S. 89 um eine um 1300 entstandene Abschrift eines älteren Totenbuchs handelt, findet sich fol. 94ᵛ der Vermerk über Zahlungen *in die regine nostre Plectrudis*, zitiert nach SCHAEFER S. 90 Anm. 5. Eine Plektrudisverehrung ist sonst nur noch im Frauenstift Essen bekannt, das in engerer Beziehung zu St. Marien im Kapitol stand. Hier erscheint Plektrud jedoch nicht als *regina*, vgl. SCHAEFER S. 91 mit Anm. 4. Die Bezeichnung der Plektrud als *regina nostra* ist demnach am ehesten mit einer Zugehörigkeit des Autors der Vita Noitburgis zum Klerus von St. Marien, das im 12. Jh. in ein Stift umgewandelt wurde, zu erklären.

[118] Die in der 2. Hälfte des 12. Jh.s erstmals bezeugte *ecclesia s. Nothburgis*, LACOMBLET, NrhUB 1 Nr. 508 S. 357, war ursprünglich die zu St. Marien gehörende Pfarrnebenkirche St. Peter und Paul und befand sich innerhalb des Stiftsbezirks, vgl. OEDIGER, Bistum Köln S. 295 mit Anm. 135. Noitburgis war nach Angaben der Vita § 3 S. 843 eine Nichte der Plektrud und wurde vor dem Hochaltar der Kirche St. Peter und Paul bestattet, § 9 S. 844. Eine Verehrung dieser Heiligen außerhalb Kölns ist nicht bekannt. Wie einem Zusatz in den jüngeren Hss. der Vita zu entnehmen ist, wurden die Reliquien der Noitburgis im 14. Jh. in das Kartäuserkloster bei Koblenz überführt, DE BUCK S. 844 Anm. 82. Da die älteste Hs dem 13. Jh. angehörte und die Vita deutlichen Bezug auf Köln nimmt, vgl. SCHAEFER, Parochie S. 55 Anm. 2, darf es nach den Ausführungen in Anm. 117 als sicher gelten, daß die Schrift von einem Kleriker an St. Marien unter Benutzung einer dortigen Vorlage zur Steigerung des von St. Marien geförderten Noitburgis-Kultes verfaßt wurde.

Für ihre Datierung gibt es keine sicheren Anhaltspunkte. Die älteste bekannte Ableitung in den Historiae Francorum Steinveldenses II gehört der Handschrift nach dem 12. Jahrhundert an. Die Tradition über die Gründung eines Nonnenklosters an St. Marien dürfte jedoch kaum wesentlich früher entstanden sein, da an St. Marien, wie Hlawitschka wahrscheinlich machen konnte, erst unter Erzbischof Brun (953–965) ein Nonnenkonvent eingerichtet wurde[119]. Die Aufzeichnung über das Leben der Plektrud ist neben einer Grabplatte aus der Mitte des 12. Jahrhunderts mit der Aufschrift S. PLECTRUDIS REGINA das älteste Zeugnis für eine Plektrudis-Tradition in St. Marien[120]. Die Nachrichten über die Gründung von St. Marien durch Plektrud gelten allgemein als glaubwürdig[121]. Angesichts der Zeugnisse für die nicht unbedeutende Stellung der Kirche St. Marien in vorottonischer Zeit[122]

---

[119] HLAWITSCHKA, Anfänge S. 4 ff. kann zeigen, daß zwischen 934 und 965, wahrscheinlich unter Brun, enge Beziehungen zwischen den Benediktinerinnen von Remiremont und der Kirche St. Marien hergestellt wurden, die um 1300 mit der Gründungstradition des Klosters in Verbindung gebracht wurden. Er macht, vor allem aufgrund der Tatsache, daß St. Marien in der 2. Hälfte des 10. Jh.s als *monasterium ... quod dicunt Novum* erscheint, OEDIGER, Regesten 1 Nr. 498, die Neugründung des Klosters unter Brun wahrscheinlich, S. 9 ff.

[120] Datierung der Reliefgrabplatte und Zitat der Inschrift nach MÜHLBERG, Grab S. 68 u. S. 39.

[121] Vgl. SCHAEFER, Parochie S. 67 ff., PRINZ, Mönchtum S. 207 mit Anm. 240 und HLAWITSCHKA, Anfänge S. 1 mit Anm. 1 und 2, die jeweils die ältere Literatur angeben, sowie HLAWITSCHKA S. 13 ff.; zurückhaltend hingegen OEDIGER, Bistum Köln S. 400 und 418 f. Die Nachrichten der Historiae Franc. Steinveldenses II blieben gegenüber dem Bericht in der 1217/18 entstandenen Rezension B der Chronica regia Coloniensis S. 12 f. weitgehend unberücksichtigt. Erst HLAWITSCHKA S. 1 Anm. 1 machte auf dieses ältere Zeugnis aufmerksam. Mit dem Nachweis der Vorlage der Historiae läßt sich die Tradition noch etwas weiter zurückverfolgen.

[122] Bei der Grabung in St. Marien im Kapitol 1956 kamen nachrömisches und vorottonisches Mauerwerk auf den Fundamenten des römischen Kapitoltempels und ein Kalksteinsarkophag aus fränkisch-karolingischer Zeit zutage, der allerdings erst in nachottonischer Zeit an seine Fundstelle (Mittelschiff) gelangte. MÜHLBERG, Grab S. 23 und 28 und O. DOPPELFELD in seinem Bericht über die Kirchengrabung von 1956 bei MÜHLBERG, Tätigkeitsbericht S. 71 bringen das nachrömische Bauwerk und den Sarkophag mit der Tradition über die Gründung des Klosters durch Plektrud und deren Bestattung daselbst in Verbindung, wobei MÜHLBERG S. 23 ff. zeigen kann, daß der Sarkophag im Hoch- und Spätmittelalter als Sarkophag der Plektrud galt. Neben dem archäologischen Zeugnis sprechen die Hinweise auf die frühere Stellung der Kirche als Pfarrkirche und der hohe Rang von St. Marien unter den Kölner Kirchen für ein höheres Alter der Kirche, vgl. SCHAEFER, Parochie S. 61 ff. und S. 92, MÜHLBERG, Grab S. 85 Anm. 232 und HLAWITSCHKA Anfänge S. 15. Die Datierung der klösterlichen Anfänge von St. Marien in das 10. Jh. hält HLAWITSCHKA S. 13 insofern mit der Plektrudistradition für vereinbar, als er Plektrud als Stifterin der Kirche St. Marien betrachtet. Aus der Passage der Vita Brunonis cap. 34 S. 34: *De ancillis Dei, que in monasterio sancte Mariae divine religioni fuerant dedite, deque canonicis ad sancti Andree apostoli ecclesiam translatis et si-qua erant huiusmodi, scrupulum quidem reliquit non modicum* (sc. *Bruno*) schließt Hlawitschka, daß sich vor den Maßnahmen Bruns eine kleine Gruppe von Kanonikern an der Kirche befunden habe. Diese Interpretation gewinnt durch die Hinweise auf den früheren Rang von St. Marien als Pfarrkirche weitere Wahrscheinlichkeit. Die Vermutung liegt nahe, daß bereits Plektrud an der zu ihrer Grablege bestimmten Kirche eine Klerikergemeinschaft eingerichtet hatte.

und der bescheidenen Form der späteren Plektrudisverehrung[123] ist eine solche Beurteilung wohl zutreffender als etwa eine Rückführung der Plektrudis-Tradition auf die zeitgenössischen Nachrichten über Plektruds Aufenthalt in Köln nach dem Tode Pippins II. Legt man der Aufstellung einer Tumba mit reichverzierter Grabplatte über dem Grab der Plektrud in St. Marien Mitte des 12. Jahrhunderts das Bestreben zugrunde, Andenken und Ansehen der als Klostergründerin verehrten Plektrud zu steigern[124], so ist es wahrscheinlich, daß in diesem Zusammenhang auch die Aufzeichnung über das Leben der Stifterin entstand.

Zusammenfassend ist festzuhalten, daß wahrscheinlich in der ersten Hälfte des 12. Jahrhunderts unter Verwendung der Continuatio Fredegarii und eigener Nachrichten in St. Marien im Kapitol ein kurzer Bericht über das Leben der Plektrud abgefaßt wurde. Die eigenen Angaben beruhen größtenteils auf der weitgehend glaubwürdigen Lokaltradition von St. Marien. Wie die Nachricht über Pippins Bestattung in Chèvremont nach St. Marien gelangte, ist allein aufgrund der Kölner Zeugnisse nicht anzugeben. Daß sie ebenfalls der ältesten Lokaltradition von St. Marien entstammte, ist denkbar, aber nicht sehr wahrscheinlich[125]. Der in dem Codex British Museum Add. 21109 überlieferte und von Waitz unter dem Titel „Historiae Francorum Steinveldenses II" edierte Text stellt eine Ableitung des in St. Marien verfaßten Berichts über Plektrud dar.

---

[123] Nach den erhaltenen Zeugnissen entsteht nicht der Eindruck, als sei mit größerem Aufwand versucht worden, dem Kloster mit Plektrud eine weithin angesehene Gründungsheilige und Lokalpatronin zu verschaffen. Plektrud wurde weder kanonisiert noch wurden ihre Gebeine erhoben. Sie erhält nur selten die Prädikate *sancta* oder *beata*. Die älteste Aufzeichnung ihrer Lebensgeschichte hat mit einer Heiligenvita so gut wie nichts gemeinsam. Eine Verehrung der Plektrud ist sonst nur in dem St. Marien nahestehenden Essener Stift bezeugt, vgl. Anm. 117. Eine derartige Entwicklung erscheint angesichts der Entstehung zahlreicher Lokalkulte seit dem 10./11. Jh. als ungewöhnlich, vgl. etwa den Noitburgis-Kult an der Pfarrkirche des Klosters St. Marien, vgl. Anm. 118. Sie läßt sich mit der Annahme einer anfänglich kleineren Gemeinschaft von Geistlichen an St. Marien und der späteren Gründung eines nach Remiremont und dessen Traditionen ausgerichteten Konventes gut vereinbaren, vgl. auch HLAWITSCHKA, Anfänge S. 14. Die Tatsache, daß in St. Marien eine Lebensbeschreibung der Plektrud abgefaßt wurde, die nicht dazu diente, einen Kult zu begründen, und die keinerlei hagiographische Züge trägt, spricht m. E. sehr für die Glaubwürdigkeit dieses Berichts.

[124] So mit MÜHLBERG, Grab S. 85f. Die von MÜHLBERG, ebd. S. 84 zunächst erwogene Möglichkeit, mit der Anfertigung einer Tumba mit Reliefplatte habe sich das Stift um die Kanonisierung der Gründerin bemüht, ist bei dem Fehlen entsprechender Tendenzen in dem Bericht über Plektrud wenig wahrscheinlich.

[125] Gegen die Annahme, daß die Kenntnis über die Grablege Pippins II. – setzt man die Glaubwürdigkeit der Nachricht voraus – auf Plektrud zurückging und in die Tradition über die Anfänge der Kirche aufgenommen wurde, spricht vor allem die erst seit Ende des 9. Jh.s gebräuchliche Namensform *Capremons*, vgl. oben S. 413f. Es ist weiter darauf hinzuweisen, daß durch die Person Erzbischof Bruns im 10. Jh. besonders enge Beziehungen Kölns zum niederlothringischen Raum bestanden.

Die Genealogia Dagoberti III.

Der Codex Paris Bibliothèque Nationale, Fonds latin 9422, in dem die Genealogia Dagoberti überliefert ist[126], stammt aus dem Besitz des Klosters Orval[127], wo er bereits in der ersten Hälfte des 13. Jahrhunderts nachweisbar ist[128]. Die Handschrift wird allgemein in das ausgehende 12. oder beginnende 13. Jahrhundert datiert[129].

Die genealogischen Nachrichten der Genealogia scheinen für die Zeit zwischen Chlodwig I. und Theuderich III. auf eine der jüngeren Merowingergenealogien zurückzugehen[130]. Sie sind bei Chlodwig, Chlothar I. und Dagobert I. um Angaben aus der Regierungszeit dieser Könige erweitert. Es handelt sich hierbei um Auszüge aus der Vita Vedastis des Alkuin und den Gesta Dagoberti[131]. Die Angaben über die Könige nach Theuderich III. beruhen weitgehend auf den Annales Mettenses priores[132]. Sie sind mit ausführlichen

---

[126] Die Genealogia findet sich auf fol. 131–132. Ihr vollständiger Titel lautet: *(Incipit) commemoratio genealogie domni ac sanctissimi martyris Christi Dagoberti regis Francorum incliti ac strenuissimi.* Die Genealogia ist ebenso wie die in dem Codex folgende Genealogia Pippini m. W. noch nicht vollständig ediert. Auszüge finden sich bei KRUSCH, Vorrede zur Vita Dagoberti III. S. 510 und bei VON SIMSON, Erörterungen S. 559 ff.

[127] Vgl. DEGERING, Handschriften S. 82 Anm. 78, der ebd. zugleich auch die ausführlichste Beschreibung des Codex bringt. Die Hs enthält die Schrift des Rupert von Deutz, De divinis officiis, fol. 1–119, die Prophetien des Merlin, fol. 119–112, den Triumphus sancti Lamberti de castro Bullonio, fol. 122ᵛ–130, sowie fol. 131–138ᵛ die beiden Genealogien und die Vita Dagoberti.

[128] Aegidius von Orval, der seine Gesta epp. Leod. um die Mitte des 13. Jh.s in dem Kloster Orval verfaßte, schrieb für seinen Bericht über die Eroberung der Burg Bouillon durch den Lütticher Bischof im Jahre 1141 (III, 14 S. 91) das erste Kapitel des Triumphus sancti Lamberti de castro Bullonio aus. Er bringt dabei die Lesarten der Hs Paris BN lat 9422, vgl. HELLER, Vorrede zur Ausgabe des Aegidius S. 4 mit Anm. 7, S. 7 Anm. 21 und S. 91 Anm. 1.

[129] Während KRUSCH, Vorrede S. 510, VON SIMSON, Erörterungen S. 559 und LEVISON, Conspectus Nr. 514 S. 644 die Hs in das Ende des 12. Jh.s datieren, setzen sie die Bollandisten, Catalogus 2 S. 564, ARNDT, Vorrede zum Triumphus s. Lamberti S. 497, DEGERING, Handschriften S. 82 Anm. 78 und HAACKE, Ruperti Tuitiensis liber de divinis officiis S. XXXI in das 13. Jh.

[130] Die Vorlage konnte nicht sicher bestimmt werden. Die meisten Übereinstimmungen weist die Genealogia mit einer von BOUQUET, Recueil 2 S. 697 ff. edierten „Prosapia regum Francorum" auf, die BOUQUET S. 697 Anm. a allerdings dem Verfasser des Chronicon s. Medardi Suessionensis aus dem 13. Jh. zuweist.

[131] Für seinen Bericht über die Taufe Chlodwigs gibt der Autor die *vita beatissimi Remigii atque Vedasti* als Vorlage an. Nachweisen läßt sich nur die Benutzung der Vita Vedastis cap. 1 S. 416 und der Gesta Dagoberti cap. 1 S. 401. Die Gesta sind auch für die Nachrichten über den Sieg Chlothars I. über die Sachsen, die Geburt Dagoberts I., die Einsetzung Sigiberts III. und Chlodwigs II. Tod und die Bestattung Dagoberts I. herangezogen und zum Teil in wörtlicher Übereinstimmung, zum Teil mit stärkeren Abweichungen wiedergegeben (cap. 1, 2, 39, 42–44 S. 401, 416 und 421 f.). Der Autor benutzte eine Fassung der Hs-Gruppe 3, die durch Hss des 9. und 13. Jh.s aus St. Bertin und St. Germain-des-Prés vertreten ist, KRUSCH, Vorrede S. 398.

[132] Es handelt sich um Auszüge über die Merowingerkönige aus den Jahresberichten der Annales Mettenses zu 690, 693, 711, 714 und 718 S. 12, 15 ff., 18, 19, 20 ff. und 25. Von dem stark verkürzten Bericht über die Schlacht bei Tertry abgesehen ist die Vorlage meist in wörtlicher Übereinstimmung wiedergegeben. VON SIMSON, Vorlage S. 423 zeigt, daß die Vorlage der

Nachrichten derselben Quelle über Pippin II. und Karl Martell durchsetzt. Außer dem Bericht über Pippins II. Bestattung in Chèvremont [133] sind an selbständigen Angaben die genaue Lokalisierung der Grablege Dagoberts I. in St. Denis und die Mitteilung über das Begräbnis Dagoberts III. in Stenay zu nennen [134]. Letztere entspricht älterer Tradition [135].

Die Genealogia bildet in dem Codex aus Orval gemeinsam mit der Genealogia Pippini und der Vita Dagoberti eine thematisch zusammengehörige Gruppe. Die Texte sind ohne Abstand aufeinander folgend von derselben Hand geschrieben [136] und nehmen Bezug auf den als Märtyrer verehrten König Dagobert III. In dem Titel der Genealogia Pippini wird Dagoberts Abstam-

---

Genealogia Dagoberti und der Genealogia Pippini zum Teil bessere Lesarten als der Durhamer Codex der Annales Mettenses priores enthielt.

[133] Die Passage, bereits oben S. 426 zitiert, lautet im Kontext: *Reliquit vero* (sc. *Pippinus*) *superstitem filium vocabulo Karolo sepultusque est a coniuge sua Plectrude cum multitudine Francorum Capremontis in ecclesia sancte Dei genitricis Marie, ubi castellum magnum vivens construxerat. Cuius in locum Rainfridum Karolus per consilium Francorum maiorem domus sub Dagoberto constituit* (Übereinstimmungen mit den Ann. Mett. gesperrt). In den Ann. Mett. folgt der Satz über die Nachfolge von Grimoalds Sohn Theudoald erst einige Zeilen nach dem Bericht über Pippins Tod. Subjekt ist nicht Karl sondern *Franci*. Der Satz aus der Vorlage wird somit in der Genealogia aus dem Zusammenhang gerissen und inhaltlich verändert wiedergegeben. Auffällig ist auch, daß sich der Bericht über die Bestattung nicht unmittelbar an die Nachricht über Pippins Tod anschließt. Größere Bedeutung ist dem jedoch nicht beizumessen. Die Annahme, an Stelle des Berichts über Chèvremont habe ursprünglich eine Angabe gestanden, auf die sich der mit *Cuius* beginnende Satz bezogen habe, ist möglich, aber wenig wahrscheinlich. Eher ist anzunehmen, daß der Autor, der die Nachrichten über die Einsetzung Raginfrids wegen der Erwähnung Dagoberts III. brachte, den Wortlaut seiner Vorlage unachtsam übernahm und wie bei den sonstigen Angaben der Ann. Mett. über die Einsetzung von Königen und Hausmeiern einen Angehörigen des karolingischen Hauses als handelnde Person nannte. Die in den Bericht der Vorlage eingeschobene Nachricht über Chèvremont ist wohl mit dem Bestreben des Autors zu erklären, die Grablege der Herrscher jeweils möglichst genau anzugeben, vgl. Anm. 134. Daß die Nachricht über Chèvremont der Vorlage angehörte, ist aufgrund des unterschiedlichen Sprachgebrauchs und der abweichenden Überlieferung in dem Durhamer Codex und den Annales Mettenses posteriores auszuschließen.

[134] Der Angabe der Gesta Dagoberti cap. 43 S. 421: *translatus est in basilicam beatissimorum martyrum ... atque iuxta eorum tumulum in dextro latere honore merito sepultus*, entspricht in der Genealogia: *translatus est ad monasterium beatissimorum martyrum Dyonisi sociorumque eius humatusque in dextro latere altaris sanctorum Petri et Pauli apostolorum*. Der Frage der Herkunft und Glaubwürdigkeit dieser Nachricht wurde nicht weiter nachgegangen. Der Mitteilung der Ann. Mett. über den Tod Dagoberts III. (S. 21) fügte der Autor der Genealogia hinzu: *per martyrium vitam finivit innocens sepultusque est Satanaco in horatorio beatissimi Remigii archiepiscopi*.

[135] Vgl. Anm. 142.

[136] Die Texte stehen in der Reihenfolge: Genealogia Dagoberti fol. 131–132, Genealogia Pippini fol. 132–132ᵛ, Vita Dagoberti fol. 132ᵛ–138ᵛ. Die einzelnen Stücke sowie Prolog und Hauptteil der Vita sind durch Rubra miteinander verbunden, die sich zumeist unmittelbar an den vorhergehenden Text anschließen. Zu Beginn der Genealogia Dagoberti findet sich eine besonders reich ausgeschmückte, große Initiale; die Anfänge der folgenden Stücke werden durch schlicht verzierte kleinere Kapitalbuchstaben hervorgehoben. Es ist danach deutlich, daß die drei Quellen als eine zusammengehörige Textgruppe galten. Sie sind von einer anderen Hand als der bereits auf fol. 130 endende Triumphus s. Lamberti geschrieben.

mung aus dem Geschlecht Pippins hervorgehoben [137]. Die Genealogia selbst besteht aus der in St. Wandrille interpolierten Metzer Karolingergenealogie [138] und aus dem Bericht der Annales Mettenses über die Vorfahren Pippins II. [139]. Beide Vorlagen sind weitgehend wörtlich und ohne Hinzufügung eigener Angaben ausgeschrieben. Die Vita Dagoberti ist noch in einem zweiten, ebenfalls aus dem 12./13. Jahrhundert stammenden Codex überliefert [140]. Sie wurde nach der Mitte des 11. Jahrhunderts auf Bitten der Mönche von Stenay von einem unbekannten Autor verfaßt [141]. Ihre selbständigen Nachrichten beruhen zum Teil auf der Lokaltradition von Stenay [142], wo die Reliquien Dagoberts III. aufbewahrt wurden und der Heilige als Patron der Klosterkirche verehrt wurde [143].

Die beiden Genealogien stehen sich untereinander näher als der Vita [144]. Sie dürften jedoch nur in geringem zeitlichen Abstand zur Vita, d. h. wohl

---

[137] Fol. 132: *Incipit textus genealogie Pipini, de cuius prosapia ortus est prefatus Dagobertus rex gloriosissimus.*

[138] Es handelt sich um die von PERTZ, SS 2 S. 308 f. auf der rechten Spalte wiedergegebene Fassung, die in Hss aus dem 10. und 12. Jh. überliefert ist.

[139] Die Auszüge setzen mit den Angaben der Ann. Mett. über Begga ein und reichen unter Auslassung der Charakterisierung Pippins (S. 3 Z. 8–17) bis zur Nachricht über Pippins *principatus* über die *orientales Franci* (S. 4 Z. 20), vgl. auch VON SIMSON, Erörterungen S. 564.

[140] Paris, Bibliothèque Nationale, Fonds latin 6263. Der Codex enthält nur die Vita Dagoberti. Er wird von KRUSCH, Vorrede S. 510 und LEVISON, Conspectus Nr. 512 S. 644 in das 12. Jh., von den Bollandisten, Catalogus 2 S. 552 in das 13. Jh. datiert. Seine Herkunft ist nicht bekannt.

[141] Die Bemerkung des Autors im Prolog der Vita S. 511: *Fraternitas itaque Satanagensis flagitans rogitat, ut arduum valdeque sanctum aggrediar opus de gloriosi Dagoberti actibus*, scheint darauf hinzudeuten, daß er dem Konvent von Stenay (dép. Meuse, arr. Verdun) nicht angehörte. Die Abtei gelangte 1069 durch Schenkung des Herzogs Gottfried von Niederlothringen an das Kloster Gorze, D'HERBOMEZ, Gorze Nr. 138 S. 240 ff. FOLZ, Saint Dagobert S. 29 vermutet, daß die Vita von einem Gorzer Mönch verfaßt wurde, und kann ihre Entstehung in der Zeit des Investiturstreits wahrscheinlich machen. Das Chronicon Epternacense des Theoderich, für dessen Nachricht über den Tod Dagoberts III. (S. 60) KRUSCH, Vorrede S. 509 die Benutzung der Vita Dagoberti annimmt, wird von Krusch unzutreffend Thiofrid von Echternach zugewiesen und in die Zeit zwischen 1081–1110 datiert. Es entstand nach WAMPACH, Echternach 1, 1 S. 81 f. nach 1191.

[142] Dies gilt vor allem für die Angaben über den Ort der Ermordung des Königs, die Bestattung Dagoberts in der Remigiuskapelle von Stenay und die Beteiligung Karls d. K. an der Erhebung der Reliquien des Dagobert sowie für den Bericht über den Neubau der Kirche und die Gründung eines Stifts, cap. 13–15 S. 518 ff. Die Nachrichten über den Anteil Karls sind nach FOLZ, Saint Dagobert S. 18 ff. glaubwürdig. Zurückhaltend hingegen KRÜGER, Königsgrabkirchen S. 191 ff. Die Lebensgeschichte des Königs ist weitgehend erfunden. Dagobert III. wird mit Dagobert II. verwechselt, vgl. KRUSCH, Vorrede S. 509 und FOLZ S. 21. Als Vorlagen wies KRUSCH S. 515 f. insbesondere die Gesta Dagoberti und die Chronik des sog. Fredegar nach. Darüber hinaus konnte VON SIMSON, Erörterungen S. 557 f. und DERS., Vorlage S. 423 die Verwendung der Ann. Mett. priores aufzeigen.

[143] So erstmals bezeugt in einer Urkunde von 1069: *ecclesiam sancti Dagoberti apud Sathanacum villam*, D'HERBOMEZ, Gorze Nr. 138 S. 240 f. Vgl. hierzu zuletzt ausführlich KRÜGER, Königsgrabkirchen S. 190 ff.

[144] Es lassen sich weder textliche Abhängigkeiten von der Vita noch stilistische Übereinstimmungen feststellen. Andererseits sind den Genealogien und der Vita außer dem Bezug auf Dago-

noch in der ersten Hälfte des 12. Jahrhunderts, entstanden sein[145]. Ihr Anliegen ist, die Abstammung Dagoberts III. von den Merowingern und Karolingern[146] anhand der Stammbäume der beiden Familien aufzuzeigen. Hierfür setzt die Genealogia Pippini die Genealogia Dagoberti voraus[147]. Dies läßt in Verbindung mit der Tatsache, daß in beiden Genealogien ausgiebig jeweils verschiedene Passagen derselben Vorlage zitiert werden, darauf schließen, daß die Texte in engem Zusammenhang miteinander abgefaßt wurden und sehr wahrscheinlich von demselben Autor stammen. Die Entstehung dieser ausführlichen, auf Dagobert III. ausgerichteten zweifachen Genealogie ist am ehesten in Stenay[148], dem Zentrum des lokal sehr begrenzten Dagobertkultes, anzunehmen[149]. Für diese Lokalisierung spricht auch die gemeinsame Über-

---

bert III. noch die Benutzung der Gesta Dagoberti und der Annales Mettenses, die Verwechslung Dagoberts III. mit Dagobert II. und das Fehlen anderwärts überlieferter, detaillierterer Nachrichten über den Tod des Königs, vgl. Anm. 149, gemeinsam. Ist es auch unwahrscheinlich, daß die Genealogien und die Vita von demselben Autor stammen, so läßt die Verwendung der gleichen Vorlagen und Traditionen auf dieselbe Herkunft der drei Texte und ihre Abfassung in zeitlicher Nähe schließen.

[145] Ihre Entstehung vor der Vita ist unwahrscheinlich. Die Einordnung des ermordeten Königs Dagobert II. in die Zeit Pippins, d. h. seine Verwechslung mit Dagobert III., ist eher auf den Bericht der Vita als auf die Angabe der Ann. Mett. über den friedlichen Tod Dagoberts III. zurückzuführen, die von dem Autor der Genealogia abgeändert wurde. Eine gleichzeitige Abfassung ist wegen der Verschiedenheit des Autors und der Tatsache, daß die Vita in der besseren Hs ohne die Genealogien überliefert ist, nicht anzunehmen. Gegen eine Entstehung der Genealogien erst längere Zeit nach der Vita sprechen ihre Gemeinsamkeiten mit dieser, vgl. Anm. 144.

[146] Vgl. Anm. 137.

[147] Die Zugehörigkeit Dagoberts III. zur *prosapia* Pippins II. wird mit der gemeinsamen Abstammung beider von Chlothar II. begründet. In der Genealogia Dagoberti wird die Verwandtschaft Dagoberts III. mit Chlothars II. Sohn Dagobert I. erläutert. In der Genealogia Pippini wird der arnulfingische Zweig der Vorfahren Pippins auf den Senator Anspert und Chlothars II. Tochter Blithild zurückgeführt.

[148] Hält man die Abfassung der Vita in Stenay für unwahrscheinlich, vgl. Anm. 141, und berücksichtigt man die Hinweise auf dieselbe Herkunft der Vita und der Genealogien, vgl. Anm. 144, so bleibt die Frage einer genaueren Lokalisierung zwar offen, an der Entstehung der Genealogien im Zusammenhang mit dem auf Stenay ausgerichteten Dagobert-Kult ist jedoch kaum zu zweifeln.

[149] Über die Verehrung Dagoberts III. außerhalb von Stenay sind nur wenige Nachrichten bekannt. Das älteste Zeugnis ist der Eintrag in dem Psalter der Königin Emma, der Gattin Ludwigs IV. (954–986): *10. Kalendas Ianuarii sancti Dagoberti regis et martyris,* zitiert nach KRUSCH, SS rer. Merov. 2 S. 521 Anm. 2. FOLZ, Saint Dagobert S. 30 kann eine Verehrung Dagoberts III. nur noch an der Kathedrale von Verdun nachweisen. Dem entspricht die geringe Verbreitung der Vita. Einige, offensichtlich im Original nicht mehr erhaltene Zeugnisse für die Verbreitung der Tradition sind bei HENSCHEN, De tribus Dagobertis und CALMET, Histoire 1 überliefert, zitiert bei KRUSCH S. 519 Anm. 1 und S. 521 Anm. 2. Danach war in einem Trierer Kalendar der 10. September als Festtag Dagoberts III. vermerkt. Dieses Datum fehlt in der älteren, Stenay nahestehenden Überlieferung, wird aber in einer „ex antiquo cartulario Gorziense" stammenden Notiz über die Ermordung und Erhebung Dagoberts und die Klostergeschichte von Stenay bis 1069 als Erhebungstag mitgeteilt, vgl. CALMET, Histoire 1, Preuves Sp. 469. Die gleiche Quelle beschreibt die Stätte des Martyriums genauer als die Vita und gibt im Gegensatz zur Vita, wo der als *filiolus* bezeichnete Mörder nicht genannt wird, dessen Namen mit *Grimoaldus* an. Ebenfalls detailliert beschrieben wird das Martyrium zum 23. Dezember in einer erweiterten Fassung

lieferung der Genealogien und der Vita in dem Codex aus Orval. Angesichts der engen Nachbarschaft der beiden Klöster von Orval und Stenay (Luftlinie etwa 20 km) liegt die Annahme nahe, daß die Genealogien und die Vita von Stenay nach Orval gelangten und dort von einem Schreiber als zusammengehörige, den Lokalpatron eines benachbarten Klosters betreffende Textgruppe abgeschrieben wurden.

Darf es nach diesen Ausführungen als sehr wahrscheinlich gelten, daß die Genealogia Dagoberti im 12. Jahrhundert im Zusammenhang mit der lokalen Heiligenverehrung Dagoberts III. in Stenay entstand, so finden sich in der Überlieferung dieses Klosters doch keinerlei Hinweise darauf, woher die Nachricht über Chèvremont stammte. Da die Genealogia weitgehend aus Auszügen anderer Quellen besteht, die Angaben über Chèvremont, was die Burg und die Kirche betrifft, detailliert und zutreffend sind und lokales Interesse ausscheidet, ist es sicher, daß auch für diese Nachricht eine ältere, wohl schriftliche Tradition vorlag. Anhaltspunkte dafür, in welchem Zusammenhang diese Tradition in den oberlothringischen Raum gelangte, ergeben sich nicht[150].

Die Lütticher Tradition

Das Stift auf Chèvremont wurde nach der Zerstörung von 987 aufgehoben. Nachrichten über die Frühzeit von Kirche und Burg sind weder in der Lüt-

---

des Martyrologiums des Ado von Vienne aus dem Lütticher Kloster St. Laurent. Hier wird ein *filiolus ... nomine Joanne* als Mörder genannt. HENSCHEN, De tribus Dagobertis S. 191 schließt aus dem Eintrag des Todestages des Thomas Becket (gest. 1170) von jüngerer Hand auf die Anlage des Martyrologiums vor dem Ende des 12. Jh.s. Auch bei Berücksichtigung dieser in weiter räumlicher Entfernung voneinander entstandenen Zeugnisse ist an dem Urteil von FOLZ, Saint Dagobert S. 29 festzuhalten: „la gloire posthume de Dagobert demeura-t-elle confinée dans une région très reduite". Neben Stenay ist kein anderes Zentrum des Dagobert-Kultes zu erkennen, für dessen Gebrauch die Genealogiae hätten abgefaßt werden können.

[150] Mit der Aufnahme des Mitte des 12. Jh.s in Lüttich entstandenen Triumphus s. Lamberti und der Schrift *De divinis officiis* des Rupert von Deutz (hier mit dem ungebräuchlichen Titel: *Robertus, monachus S. Laurentii apud Leodium, de officiis ecclesiasticis*) ist der Codex Paris BN lat. 9422 ein Zeugnis für enge literarische Beziehungen zwischen Orval und Lüttich im ausgehenden 12. bzw. beginnenden 13. Jh. Diese Beziehungen vertieften sich, als der vermutlich im Lütticher Raum beheimatete Orvaler Mönch Aegidius Mitte des 13. Jh.s unter Heranziehung eines überaus umfangreichen Quellenmaterials in Orval für das Stift Neufmoustier bei Huy eine Lütticher Bischofsgeschichte verfaßte, vgl. HELLER, Vorrede S. 1f. Der Eintrag über Dagobert III. in dem Martyrolog aus St. Laurent, vgl. Anm. 149, kann als Hinweis auch auf Beziehungen in umgekehrter Richtung gelten. Berücksichtigt man, daß sich die Nachricht über Chèvremont in der Genealogia schlecht in den Kontext einfügt, vgl. Anm. 133, so würden sich wohl Anhaltspunkte für die Annahme ergeben, daß diese Nachricht erst in Orval in die Genealogia eingefügt wurde. Gegen eine solche Annahme spricht jedoch, daß dieser Nachricht, wie ihr Fehlen in dem Bericht des Aegidius über Chèvremont zeigt, in Orval offensichtlich keine größere Bedeutung beigemessen wurde, daß sie dem Anliegen des Verfassers der Genealogia entspricht, den Bestattungsort jeweils möglichst genau anzugeben, und daß sie in der Lütticher Überlieferung selbst keinerlei Entsprechung findet.

ticher noch in der Aachener Überlieferung zu finden. In der Lütticher Geschichtsschreibung wird Chèvremont fast nur in Zusammenhang mit der Einnahme der Burg unter Bischof Notker erwähnt[151]. Eine Ausnahme bildet die Vita s. Beggae. Hier wird Chèvremont ausführlich als *locus regiae sedis* unter Begga und Ansegisel geschildert[152]. Die Vita wurde Ende des 11. Jahrhunderts von einem Kanoniker aus Andenne verfaßt[153], der Chèvremont offensichtlich aus eigener Anschauung kannte[154] und die Tradition über die Ermordung des Ansegisel mit diesem Ort in Verbindung brachte[155]. Eine gewisse Entsprechung zu den Angaben der Vita bietet der Bericht des Chronicon s. Laurentii aus der ersten Hälfte des 13. Jahrhunderts über die Zerstörung von Chèvremont, in dem die Burg unter dem Namen *Caput Mundi* erscheint, eine Benennung, die mit der Bedeutung des Platzes als *sedes regni* in der Zeit vor Karl dem Großen erklärt wird[156]. Es gibt keine Anhaltspunkte dafür, daß der Autor die Vita s. Beggae kannte[157]. Beide Zeugnisse lassen auf eine in Lüttich

---

[151] So erstmals bei Anselm, Gesta epp. Leod. cap. 25 S. 203, dessen Bericht Grundlage einer reichen Legendenbildung in den folgenden Jahrhunderten wurde, vgl. hierzu KURTH, Notger 1 S. 188 ff. und 192 ff. und SILVESTRE, Le Chronicon S. 151 ff.

[152] Vita s. Beggae cap. I, 3 S. 113: *Locus regiae sedis tunc forte habebatur Capremons, iam ab antecedentibus regibus muris castelli circumdatus, sed ab ipso generoso duce ac coniuge illius facundissima Begga palatiis aulicis constructus, seris et portis munitus, solemniter decoratus atque perfectus est.* Wie aus den anschließenden Zeilen hervorgeht, wurde Chèvremont von dem Autor als die *sedes regalis* des *regni Lotharii*, d. h. Lothringens, betrachtet.

[153] Zum Autor der von VAN DER ESSEN, Étude S. 182 den „romans hagiographiques" zugewiesenen Vita vgl. ebd. S. 186 und BAIX, Sainte Begge Sp. 144. Die Abfassung der Vita kann nach dem Nachweis ihrer ältesten Hs als einer Schrift des Kalligraphen Goderam von Lobbes durch BROUETTE, Vita Beggae S. 82 f. und aufgrund lokalgeschichtlicher Beobachtungen, ebd. S. 83 f., in die Zeit um 1080/90 bzw. in das ausgehende 11. Jh. datiert werden.

[154] Man wird dies der Angabe über die Chèvremont benachbarten Wälder, cap. I, 3 S. 113, der Schilderung des Fluchtweges der Begga (*per clivum montis devenit super fluvium, qui ab incolis regionis illius Visera* (Vesdre) *nominatur*) cap. I, 8 S. 115, und Beggas Prophezeiung einer späteren Zerstörung der Burg, ebd., entnehmen dürfen.

[155] Zu der seit dem Beginn des 11. Jh.s faßbaren, wohl im Metzer Raum entstandenen Legende von der heimtückischen Ermordung Ansegisels durch seinen Pflegesohn Gundoin auf der Jagd vgl. oben S. 400 Anm. 19. In der Vita s. Beggae wird als hauptsächlicher Ort des Geschehens die Umgebung von Chèvremont angegeben, die durch reiche Waldungen ausgezeichnet war. Die beiden Traditionskerne: Chèvremont als Sitz Beggas und Ansegisels und Ansegisels Ermordung auf der Jagd ließen sich auf diese Weise günstig vereinen. Doch fand diese Ausschmückung der Legende nur geringe Verbreitung. Sie wurde erst zu Beginn des 15. Jh.s in die Lütticher Geschichtsschreibung aufgenommen, vgl. BACHA, La Chronique S. 51 und 58 sowie JOSSE, Jupille S. 27.

[156] Chronicon s. Laurentii cap. 8 S. 264: *Enim vero Caput Mundi nobile castrum, sic nominatum eo quod ante Carolum Magnum sedes regni, quam ille Aquis transtulit, ibi esset.* Bei der Chronik, die nach SILVESTRE, Le Chronicon S. 315 ff. bislang unzutreffend Rupert von Deutz zugeschrieben wurde, handelt es sich um eine jüngere Kompilation, deren älterer Teil, dem der Bericht über Chèvremont angehört (ebd. S. 154), nach SILVESTRE S. 321 um 1247 abgefaßt wurde.

[157] So nach der eingehenden Untersuchung sämtlicher Vorlagen der Chronik durch SILVESTRE, Le Chronicon S. 129 f.

bestehende Tradition schließen, derzufolge Chèvremont in frühkarolingischer Zeit ein Platz von hoher politischer Bedeutung gewesen war. Doch kann es sich hierbei nur um eine bescheidene und wenig verbreitete Überlieferung gehandelt haben. Sie ging – von einigen Bemerkungen bei Jean d'Outremeuse (14. Jh.) abgesehen[158] – weder in die übrige Lütticher Geschichtsschreibung[159] noch auch sonst in die hoch- und spätmittelalterliche Historiographie des mittleren Maasgebietes ein. Auch in den Genealogien der Herzöge von Brabant aus der zweiten Hälfte des 13. Jahrhunderts wird Chèvremont nicht erwähnt. Dies ist um so erstaunlicher, als es das offenkundige Anliegen dieser Schriften war, eine möglichst enge Verbindung des karolingischen Hauses, von dem sich die Herzöge von Brabant herleiteten, zum Lüttich-Brabanter Raum aufzuzeigen und auch für weniger bekannte Orte wie etwa Landen eine frühkarolingische Tradition zu beanspruchen[160]. Eine Nachricht über die Grablege Pippins II. findet sich weder hier noch anderswo. Von den Orten in der engeren Umgebung Lüttichs wurde in der lokalen Tradition wie auch in den Brabanter Genealogien vor allem Jupille mit Pippin II. in Verbindung gebracht[161]. Diese Tradition stellt eine spätere Ausschmückung der Lambertslegende unter Verwendung zeitgenössischer Nachrichten über den Aufenthalt Pippins II. in Jupille dar[162].

---

[158] Jean d'Outremeuse, Ly Myreur Bd. 2 S. 347 zählt das *casteal de Chievremont* neben Jupille und Metz zu den *trois palais ... en le royalme d'Austrie* unter Pippin II., ähnlich ebd. S. 364; vgl. auch Josse, Jupille S. 21 und S. 27 Anm. 117. Ansonsten stellt Jean d'Outremeuse in seinen Ausführungen über die Frühgeschichte von Chèvremont die Beziehungen der frühen Tongerner Bischöfe zu diesem Platz in den Vordergrund, etwa Bd. 1 S. 532, Bd. 2 S. 37, 236, 253, wobei er offensichtlich die Angaben des Aegidius von Orval noch weiter ausschmückte, vgl. Anm. 159.

[159] So stellt etwa Aegidius von Orval, Gesta epp. Leod. II, 50 S. 58 in Anschluß an seinen Bericht über die Einnahme von Chèvremont durch Bischof Notker im Jahre 987 keine Verbindung des Platzes zu den frühen Karolingern her, sondern bringt Chèvremont vielmehr in Beziehung zu Bischof Monulf von Tongern (2. Hälfte 6. Jh.), der von Chèvremont aus Lüttich als den künftigen Bischofssitz erkannt und daraufhin in Lüttich die Kirche St. Cosmas und Damian erbaut habe. Monulf galt seit dem 11./12. Jh. als Gründer dieser angeblich ältesten Lütticher Kirche, vgl. die Vita Landiberti des Nikolaus cap. 15 S. 419 mit Anm. 3.

[160] Vgl. oben S. 343 ff. mit Anm. 6, 7 und 20. Das Fehlen von Nachrichten über Chèvremont erscheint als um so bemerkenswerter, als etwa Herstal als *caput Brabantiae* erscheint, Jupille als Grablege Grimoalds d. Ä. bezeichnet wird und von der Klostergründung Plektruds in St. Marien im Kapitol in Köln und ihrer Bestattung daselbst die Rede ist. Von Pippin II. heißt es entsprechend der weithin verbreiteten Lütticher Tradition (vgl. Anm. 162): *mansit apud Iopilliam iuxta Harstallium*. Das Fehlen von Nachrichten über Chèvremont kann als sicheres Indiz dafür gelten, daß die betreffende Überlieferung weitgehend unbekannt war.

[161] Vgl. Anm. 160 sowie Josse, Jupille S. 20 ff. mit Anm. 71.

[162] So erstmals im 10. Jh. in der Erweiterung der von Ado von Vienne mitgeteilten Version über die Ermordung des Lambert in den Annales Lobienses S. 227, wo von einem Besuch des Lambert am Hofe Pippins II. in *Iopila villa* am Vorabend seines Martyriums die Rede ist; vgl. auch oben S. 124 Anm. 22. Diese Angabe wurde in den jüngeren Lambertsviten und in den Bistumsgeschichten des Anselm und Aegidius übernommen und weiter ausgeschmückt, vgl. Josse, Jupille S. 21 ff.

Die gemeinsame Herkunft der Nachrichten

Die beiden Quellen, in denen die Nachricht über Pippins II. Bestattung auf Chèvremont überliefert ist, gehören dem 12. Jahrhundert an und entstanden in den Klöstern St. Marien im Kapitol in Köln bzw. St. Dagobert in Stenay bei Verdun. Sie sind jeweils auf eine örtlich verehrte Persönlichkeit aus der Frühzeit des Klosters ausgerichtet und beruhen auf unterschiedlichen Vorlagen. Beide Geschichtswerke fanden nur geringe Verbreitung. Beziehungen zwischen Stenay und St. Marien im Kapitol sind nicht zu erkennen [163]. Die Nachrichten über die Bestattung Pippins in den Historiae Steinveldenses II und der Genealogia Dagoberti weichen in ihrem Inhalt und Wortlaut erheblich voneinander ab. Gemeinsam ist ihnen lediglich die Lokalisierung der Grablege auf Chèvremont. Eine gegenseitige Abhängigkeit der beiden Quellen oder die unmittelbare Benutzung einer gemeinsamen Vorlage sind somit auszuschließen. Der Angabe über den Bestattungsort Pippins II. kommt in beiden Quellen nur untergeordnete Bedeutung zu. Weder in Köln noch in Stenay [164] ist ein lokales Interesse an dieser Mitteilung vorauszusetzen. Daß die Nachricht in einem der beiden Klöster oder gar jeweils unabhängig voneinander in Köln und Stenay erfunden wurde, erscheint als gänzlich ausgeschlossen. Ebenso unwahrscheinlich ist, daß sie jeweils der ältesten lokalen Tradition von St. Marien im Kapitol und Stenay entstammte.

Nach diesen Feststellungen zum Verhältnis der beiden Quellen ist davon auszugehen, daß den Nachrichten über Chèvremont eine gemeinsame Tradition zugrundeliegt, die auf getrennten Wegen nach Köln und in den oberlothringischen Raum gelangte. Die Herkunft dieser Tradition ist nicht sicher zu bestimmen. In den zeitgenössischen Berichten über den Tod Pippins II. und in der Geschichtsschreibung des Chèvremont benachbarten Bildungszentrums Lüttich finden sich entsprechende Nachrichten nicht. Dies ist um so bemerkenswerter, als die detaillierten Angaben der Genealogia Dagoberti eine lebendige ortsgeschichtliche Überlieferung geradezu vorauszusetzen scheinen. Ihre Hinweise auf die Existenz einer *ecclesia sancte Dei genitricis Marie* und eines *castellum* auf Chèvremont in der Zeit Pippins II. entsprechen im Gegensatz zu den sonstigen Mitteilungen der hoch- und spätmittelalterlichen Geschichtsschreibung über Chèvremont in frühkarolingischer Zeit dem Bild, wie es aus der Urkunde Karls des Großen von 779 als einem zeitgenössischen Zeugnis

---

[163] Durch die Gründung eines Nonnenkonvents an St. Marien unter maßgeblichem Einfluß des Klosters Remiremont im 10. Jh., vgl. HLAWITSCHKA, Anfänge S. 4 ff., bestanden zwar enge Verbindungen zum oberlothringischen Raum; daß davon auch Stenay betroffen war, wo erst in der 2. Hälfte des 11. Jh.s von Gorze aus ein Mönchskonvent eingerichtet wurde, ist jedoch sehr unwahrscheinlich.

[164] Ist auch die Entstehung der Genealogia in Stenay selbst nicht sicher, so ist doch an ihrer Abfassung für das dortige Kloster St. Dagobert nicht zu zweifeln, vgl. oben S. 434 mit Anm. 148.

zu gewinnen ist. Sie beruhen somit zweifellos auf einer guten Kenntnis jener Verhältnisse, die bis zur Zerstörung von Burg und Kirche im Jahre 987 auf Chèvremont bestanden hatten. Fragt man, wer als Träger einer solchen stark lokalgeschichtlich geprägten Tradition in Frage kommt, so ist wohl in erster Linie die geistliche Gemeinschaft zu nennen, deren Kirche als Grablege Pippins II. im Mittelpunkt dieser Nachrichten stand. Als nächstliegende Erklärung bietet sich somit an, daß die Nachrichten über die Bestattung Pippins II. der lokalen Überlieferung des Stifts St. Marien auf Chèvremont entstammten und daß sie noch vor 987 von Chèvremont aus auf unbekanntem Wege nach Köln und Oberlothringen gelangt waren, wo sie spätestens im 12. Jahrhundert Eingang in Geschichtsquellen fanden, die sich mit Pippins II. Gemahlin Plektrud bzw. mit dem angeblich mit Pippin verwandten König Dagobert III. befaßten. Hingegen geriet es in der unmittelbaren Umgebung von Chèvremont nach der Zerstörung der Burg und der Auflösung des Stifts in Vergessenheit bzw. wurde gezielt übergangen, daß es sich bei jener Kirche St. Marien, die Bischof Notker zusammen mit der Burg hatte niederreißen lassen, möglicherweise um die Grablege eines Ahnherrn Karls des Großen gehandelt hatte. Um so stärker stellte die Lütticher Tradition über Chèvremont dafür die ruhmreiche Eroberung der gefährlichen Burg durch Notker in den Vordergrund. Zugleich wurde entsprechend der zunehmenden Ausschmückung der Lambertslegende von den Orten in der Umgebung Lüttichs vor allem Jupille mit der Person Pippins II. in Verbindung gebracht.

Hält man es nicht für ausreichend gesichert, daß die Nachrichten über die Bestattung Pippins II. in Chèvremont auf der Lokaltradition des Stiftes St. Marien beruhen, so ist doch daran festzuhalten, daß sich gegenüber diesen Angaben, die in zwei voneinander unabhängigen, in weiter räumlicher Distanz voneinander niedergeschriebenen Quellen überliefert sind, weder vom Überlieferungszusammenhang her noch aufgrund anderslautender Mitteilungen über den Bestattungsort Pippins II. Bedenken ergeben. Einer Auswertung für die Frühzeit steht allein ihre späte Überlieferung im 12. Jahrhundert entgegen.

4. Zusammenfassung

Chèvremont ist angesichts seiner hervorragenden fortifikatorischen Voraussetzungen und seiner im 10. Jahrhundert deutlich erkennbaren politischen Bedeutung als die beherrschende Burg des Lütticher Raums anzusehen. Nach Aussage der Urkunde Karls des Großen von 779 bestand bereits unter Pippin II. eine Burganlage auf Chèvremont. Innerhalb der Burg befand sich eine Kirche St. Marien, an der Pippin II. eine Klerikergemeinschaft einrichtete, die er reich dotierte. Die Gründung des Stifts weist Pippin II. zugleich als den Besitzer der Burg aus. Nach den bisherigen Grabungsergebnissen ist mit einer sehr ausgedehnten Burganlage auf Chèvremont zu rechnen, deren Umfang im Frühmittelalter allerdings noch nicht näher bestimmt werden kann. Die Nachrichten über die Rolle der Burg in den Auseinandersetzungen des 10. Jahrhunderts und die im 8. Jahrhundert erkennbare Funktion von Chèvremont und Jupille als aufeinander bezogene Burg und Pfalz lassen darauf schließen, daß die Anlage auch unter Pippin II. vor allem der Verteidigung diente. Damit dürfte ihr zugleich aber auch erhebliche Bedeutung für die Herrschaftsausübung im Lütticher Raum zugekommen sein. Daß sich die Burg Chèvremont in der Hand Pippins II. befand, darf als ein wichtiger Hinweis auf seine Machtstellung im mittleren Maasgebiet gelten.

Das Stift an St. Marien auf Chèvremont war unter den Klöstern und Kirchen, die Pippin II. gegründet bzw. durch Schenkungen gefördert hatte, jene Gründung, die er am weitaus reichsten dotierte und der somit offensichtlich seine besondere Vorliebe galt. Die Nachrichten über die Bestattung Pippins II. auf Chèvremont, die aller Wahrscheinlichkeit nach auf der Lokaltradition des Stifts St. Marien beruhen, gewinnen auf diesem Hintergrund erhöhtes Interesse. Sie entsprechen den zeitgenössischen Hinweisen auf die Gründung und besondere Bevorzugung der Klerikergemeinschaft in Chèvremont durch Pippin II. in einem so hohen Maße, daß trotz ihrer späten Überlieferung schwerlich an ihrer Glaubwürdigkeit zu zweifeln ist[165]. Man wird danach mit weitgehender Sicherheit davon ausgehen können, daß Pippin II. die Marienkirche auf Chèvremont zu seiner Grablege bestimmt hatte und daß er aus diesem Grunde bei ihr eine reich dotierte Klerikergemeinschaft einrichtete. Es entsprach seinem Rang als dem faktischen Herrscher über das fränkische Reich, daß er, nachdem er nicht wie seine Söhne Drogo mit St. Arnulf vor Metz und Karl Martell mit St. Denis[166] Kirchen von alter arnulfingischer bzw. merowingischer Tradition zu seiner Grablege machte, sich selbst ein kirchliches Zentrum schuf, das als angemessener Bestattungsort dienen konnte. Um so aufschlußreicher erscheint es, daß er als Stätte hierzu Chèvremont vorsah.

Mit den *villae* Jupille, Herstal und Hermalle an der Maas und den südlich anschließenden karolingischen Königshöfen Esneux, Blindef, Sprimont und Theux war Chèvremont von einem dichten Kranz karolingischer Besitzungen umgeben, die, sofern sie nicht ohnehin bereits unter Pippin II. und Karl Martell bezeugt sind, zum größten Teil in frühkarolingische Zeit zurückreichen dürften. Diese auffällige Massierung früher karolingischer Güter stand zwei-

---

[165] Für die Glaubwürdigkeit dieser Angaben setzten sich bereits von Simson, Annales Mettenses S. 19 Anm. 4 und Ewig, Descriptio Franciae S. 158 ein. Hingegen äußert sich Josse, Jupille S. 26 Anm. 109 unter Hinweis auf die späte Überlieferung der Historiae Steinveldenses zurückhaltend.

[166] Vgl. Cont. Fred. cap. 6 und 24 S. 172 und 179.

fellos in engem Zusammenhang mit dem Besitz der Burg. Nach ihrem Namen *Novum Castellum* zu schließen scheint die Burg in fränkischer Zeit errichtet worden zu sein. Der Besitz von Burgen in der Hand fränkischer Großer war, wie die Beispiele von Remiremont und Tholey zeigen, im 6./7. Jahrhundert keineswegs eine Seltenheit. Sichere Anhaltspunkte dafür, von wem das *Novum Castellum* auf Chèvremont erbaut wurde und wann es in den Besitz der Arnulfinger-Pippiniden gelangte, stehen aus. Hält man sich jedoch vor Augen, daß diese beherrschende Burg und ihre Umgebung unter Pippin II. als eine dichte Zone unmittelbaren karolingischen Einflusses entgegentreten und daß andererseits bereits Pippin I. und Grimoald über eine führende Stellung im mittleren Maasgebiet verfügten, so hat die Annahme, daß sich Chèvremont mit dem umliegenden Besitzkomplex schon in den Generationen vor Pippin II. in der Hand der Pippiniden befand, größere Wahrscheinlichkeit für sich als die gleichfalls denkbare Möglichkeit, daß Pippin II. die Burg erst nach seinem Herrschaftsantritt 679/80 erwerben bzw. selbst erbauen konnte.

Die Gründung einer Klerikergemeinschaft auf Chèvremont und die Bestimmung der Kirche St. Marien zu seiner Grablege lassen besonders enge Beziehungen Pippins II. zu der Burg erkennen. Fragt man, welcher Art diese Beziehungen waren, so erscheint es als eine verlockende Hypothese, daß es sich bei Chèvremont um eine alte Besitzung der Familie Pippins II. handelte und daß der – möglicherweise von seinen Vorfahren errichteten – Burg in den Auseinandersetzungen um die Vorherrschaft der Arnulfinger-Pippiniden im mittleren Maasgebiet eine entscheidende Rolle zugekommen war. Bei einer solchen Deutung läßt sich die spätere Tradition, wonach Chèvremont im 7. und 8. Jahrhundert ein *locus regiae sedis* bzw. die *sedes regni* gewesen sei, zwanglos auf eine noch nach Jahrhunderten lebendige Erinnerung an die hervorragende Stellung der Burg in der Zeit des karolingischen Aufstiegs zurückführen.

b) Schenkungen und Aufenthaltsorte Pippins II.

In der urkundlichen und erzählenden Überlieferung des 8. bis 10. Jahrhunderts werden mehrere Landschenkungen Pippins II. im Lütticher Raum und im südlichen Toxandrien genannt. Aufschlußreichstes Zeugnis ist wiederum die Urkunde Karls des Großen von 779 für das Marienstift auf Chèvremont. Sie führt unter den ältesten Ausstattungsgütern des Stifts u. a. Besitzungen in Hermalle und Awans im Haspengau auf[167] und läßt erkennen, daß der weitaus größte Teil der bestätigten Güter aus der Hand Pippins II.

---

[167] Awans ist allerdings erst in der Bestätigungsurkunde Lothars I. von 844 als im Haspengau gelegen bezeugt, vgl. unten S. 448 mit Anm. 207.

stammte. In dem an den Haspengau nördlich anschließenden Toxandrien verfügte das Stift nach Aussage der Urkunde von 779 über Besitz in Budel. Schenkungen Pippins II. in diesem Raum erwähnt die Vita Trudonis des Donat, die unter Benutzung einer verlorenen Urkunde von der Übertragung der *villae* Eksel und Oostham durch Pippin an die Grabeskirche des hl. Trudo in Zerkingen berichtet. In der Urkunde Ottos I. von 948 für die Xenodochien in Rutten und *Littemala* und in der Vita s. Remacli des Heriger von Lobbes (972/80) ist von Schenkungen Pippins II. an die Stiftungen des Chlodulf und an Stablo-Malmedy die Rede. Als Aufenthaltsort Pippins II. im Lütticher Raum ist durch den Bericht der Continuatio Fredegarii Jupille an der Maas bezeugt. Hermalle und Jupille grenzten gemeinsam an die *villa* Herstal, die als die bekannteste Besitzung der Karolinger im mittleren Maasgebiet erstmals 723 in der Überlieferung entgegentritt[168].

1. Hermalle und Herstal

An erster Stelle unter den *villae* bestätigte Karl der Große 779 den Geistlichen auf Chèvremont *Harimalla in pago Hasbaniense*[169]. 947 erweiterte Otto I. den Stiftsbesitz an diesem Ort, indem er den Kanonikern von Chèvremont *hobas II in villa Herimala sitas et ecclesiam I cum omnibus appendiciis suis* schenkte[170]. Dieses Zeugnis für späteres Reichsgut in Hermalle läßt mit hoher Sicherheit darauf schließen, daß die Besitzungen des Stifts an diesem Ort auf Pippin II. zurückgingen. Pippin hatte einen Teil der *villa* der von ihm gegründeten Klerikergemeinschaft überlassen und weitere Teile, darunter wohl auch die Kirche, einbehalten. Diese gingen in das spätere Reichsgut über[171].

Das Kanonikerstift auf Chèvremont gelangte 972 durch Schenkung Ottos I. an das Aachener Marienstift[172]. Nach der Zerstörung von Chèvremont und der Auflösung des dortigen Stifts im Jahre 987 fiel ein Großteil von dessen Besitzungen an St. Marien in Aachen. Hierzu zählten auch die Güter in Hermalle. Sie werden in dem sog. Indiculus redituum, einem vor dem Ende des 12. Jahrhunderts entstandenen Güterverzeichnis des Aachener Marienstifts, näher umschrieben. Danach verfügte das Stift in Hermalle über eine halbe Salhufe, zwei Servilhufen und die Kirche, *ad quam pertinet decima tocius*

---

[168] Das im Maasgau gelegene Kloster Susteren kann in diesem Zusammenhang unberücksichtigt bleiben, da der zu seiner Gründung verwandte Hof in Susteren erst um 714 von Plektrud und Pippin II. erworben worden war, vgl. dazu oben S. 169.
[169] D Karol 1 Nr. 124 S. 174: *villas, id sunt Harimalla in pago Hasbaniense;* D Lo I 86 S. 210: *nomina villarum, que predicte cellule subiecte sunt, id est in pago Hasbaniense Harimalla.*
[170] D O I 88 S. 170.
[171] So auch ROTTHOFF, Reichsgut S. 35.
[172] D O I 417 S. 560 f. = WISPLINGHOFF, Rhein. UB 25 S. 39 f.

illius predii[173]. Die Kirche und die beiden Servilhufen gingen offensichtlich auf die Schenkung Ottos I. von 947 an Chèvremont zurück. Hingegen erscheint es fraglich, daß der von Pippin II. an Chèvremont übertragene und von Karl dem Großen und Lothar I. bestätigte Besitz in Hermalle lediglich eine halbe Salhufe betragen haben sollte. Zwei Aachener Urkunden des 12. Jahrhunderts lassen erkennen, daß das Marienstift bereits in der zweiten Hälfte des 11. Jahrhunderts in dem Hermalle auf dem östlichen Maasufer gegenüberliegenden Ort Richelle eine *curia* mit Schöffengericht besaß[174]. Der Indiculus nennt an Gütern des Stifts in Richelle eine Villikation mit sechs Salhufen und vier Servilhufen[175]. Nach einer Urkunde von 1286 gehörte Richelle zum Kirchspiel Hermalle[176]. Da dieser Ort einerseits weder unter den ältesten Besitzungen des Aachener Marienstifts noch unter den Gütern des Stifts auf Chèvremont erscheint und da es andererseits unwahrscheinlich ist, daß der von Pippin II. an Chèvremont geschenkte Besitz in Hermalle lediglich eine halbe Salhufe betrug, wird man mit Brassinne und Rotthoff aufgrund der Pfarrbeziehungen annehmen können, daß Richelle ursprünglich einen Bestandteil der *villa* Hermalle gebildet hatte[177].

Das Kirchspiel Hermalle umfaßte außer Richelle noch die Dörfer Preixhe und Werihet auf dem westlichen Maasufer sowie Sarolay und Argenteau auf dem gegenüberliegenden östlichen Ufer der Maas[178]. Argenteau ist unter Heinrich III. als königliches *castrum* bezeugt[179]. Die Burg war Mittelpunkt der bis in das 16. Jahrhundert reichsunmittelbaren Herrschaft Argenteau[180]. Zu der „seigneurie d'Argenteau" gehörten nach Poswick auf dem westlichen Ufer der Maas die Orte Hermalle mit Werihet und Preixhe und auf dem östlichen Maasufer die Orte Borre, Sarolay, Sur le Bois, Wixhou und Bagatelle[181]. Das von diesen Orten umschriebene Gebiet, das zugleich die Aachener Besitzungen in Richelle mit einschloß, deckte sich weitgehend mit dem Bereich der Urpfarrei Hermalle. Dies läßt den Schluß zu, daß der zu Argen-

---

[173] MEUTHEN, UB Aachen Nr. 47 S. 235; zur Datierung vgl. ebd. S. 232 f.
[174] MEUTHEN, UB Aachen Nr. 20 und 23 S. 166 f. und 173. Die Urkunden betreffen eine Zinsverpflichtung zugunsten des Aachener Marienstifts, die in der 2. Hälfte des 11. Jh.s eingegangen worden war und deren Einhaltung in der Zuständigkeit des Schöffengerichts der *curia Richele* lag.
[175] MEUTHEN, UB Aachen Nr. 47 S. 235.
[176] CEYSSENS, Étudẹ, Annexes 2 S. 213.
[177] BRASSINNE, Saint-Remacle S. 291 f.; ROTTHOFF, Reichsgut S. 35, dessen Annahme Anm. 53, die 947 erwähnte *ecclesia* (DO I 88 S. 170) sei die Kapelle in Richelle gewesen, sich allerdings vom Wortlaut der Urkunde her nicht abstützen läßt.
[178] So in Anschluß an BRASSINNE, Saint-Remacle S. 291 ff., POSWICK, Argenteau S. 186 und COLLEYE, La paroisse S. 458.
[179] Dies geht aus der Bestätigungsurkunde Heinrichs IV. von 1070 Juni 25, DH IV 234 S. 295 hervor: *Sed et castrum quod dicitur Argentel, sicut genitor noster eidem ecclesie* (sc. *Leodicensi*) *concessit, et nos concedimus cum omni intrandi et exeundi libertate.*
[180] Vgl. hierzu SCHWABE, Oberhof S. 83.
[181] POSWICK, Argenteau S. 179.

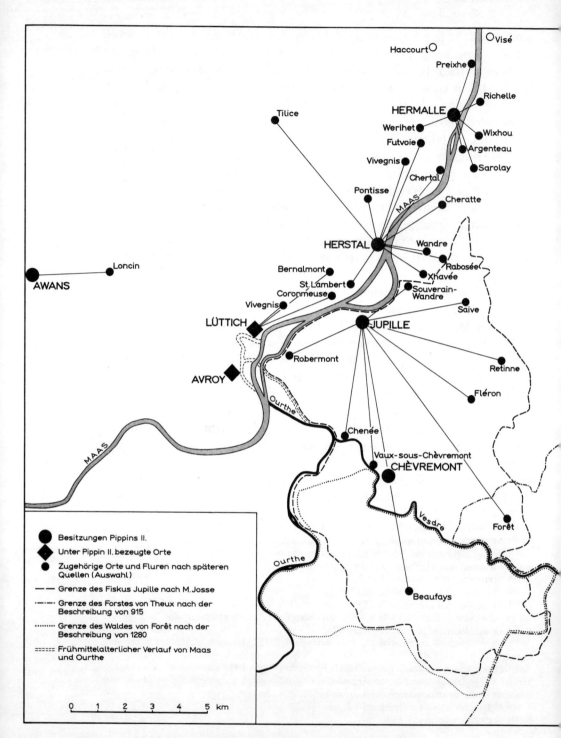

Karte 12: Frühkarolingische Besitzungen in der näheren Umgebung von Lüttich

teau gehörige Reichsbesitz, der die Grundlage für die spätere Herrschaft dieses Namens bildete, und der Besitz von St. Marien in Hermalle und Richelle annähernd dem Umfang der frühmittelalterlichen *villa* Hermalle entsprachen. Damit wird weiter verdeutlicht, daß Pippins II. Schenkung an das Stift auf Chèvremont nur einen kleineren Teil dieser *villa* ausgemacht hatte. Der Besitz des Stifts in Hermalle wurde zwar durch Otto I. vermehrt, doch war der größte Teil der *villa* in der Hand der Karolinger bzw. in Reichsbesitz verblieben und ging in der späteren reichsunmittelbaren Herrschaft Argenteau auf[182]. Mit der Errichtung der Burg Argenteau durch königliche Lehnsleute[183] im Verlauf des 11. Jahrhunderts verlagerte sich das Zentrum der Villikation von Hermalle aus auf das östliche Maasufer.

Der aus der späteren Herrschaft Argenteau, dem Besitz des Aachener Marienstifts in Richelle und Hermalle und den Pfarreiverhältnissen zu erschließende Bezirk der frühkarolingischen *villa* Hermalle grenzte im Süden an das Gebiet von Herstal[184]. Der Ort, bereits 716/18 anläßlich der Translation des hl. Lambert nach Lüttich genannt, ist erstmals 723 in karolingischer Hand bezeugt, als Karl Martell in *Harastallio uilla publice* dem von Erzbischof Willibrord geleiteten *monasterium* in Utrecht Besitz in und um Utrecht sowie in Vechten übertrug[185]. Die Urkunde wurde in Anwesenheit zahlreicher Großer, darunter Karls Sohn Karlmann, wie auch Willibrords ausgestellt. Ihre Datierung vom 1. Januar legt nahe, daß sich Karl mit seinem Hofe bereits über das Weihnachtsfest in Herstal aufgehalten hatte. Doch auch unabhängig davon sprechen Zahl und Rang der Anwesenden dafür, daß in Herstal die baulichen und wirtschaftlichen Voraussetzungen für die Beherbergung des Hofes bei feierlichen Anlässen gegeben waren[186]. Weiterhin darf es als sehr wahrscheinlich gelten, daß sich der Ort bereits unter Pippin II. in karolingischem Besitz befand. Nach 723 ist Herstal erst wieder 752 als Aufenthalts-

---

[182] So auch ROTTHOFF, Reichsgut S. 35 f.
[183] Nach einer von POSWICK, Argenteau, Pièces Justificatives Nr. 1 S. 210 mitgeteilten Urkunde ist erstmals 1029 ein *Hubertus de Castro Argentelle* bezeugt.
[184] Auf dem westlichen Maasufer verlief die Grenze zwischen dem Weiler Werihet als dem südlichsten Teil von Hermalle und der zu Vivegnis gehörenden Flur Futvoie sowie Chertal als dem nördlichsten Teil von Herstal. Die heutigen Gemarkungen von Herstal und Hermalle grenzen unmittelbar südlich von Werihet aneinander.
[185] Zu dem Beleg von 716/18 vgl. oben S. 308 f. D Arnulf 11 S. 99 = DB 1 173 S. 305 f.; zur Pfalz Herstal vgl. jetzt die Untersuchung von JORIS, Herstal S. 386 ff.
[186] Die Urkunde wurde außer von Karl Martell und Karlmann sowie zwei Geistlichen von 13 weltlichen Großen unterzeichnet. Geht man davon aus, daß zum Gefolge Karl Martells, Willibrords und der übrigen Unterzeichner der Urkunde jeweils noch eine weitere Anzahl von Persönlichkeiten gehörte, so ist auf einen relativ großen Personenkreis zu schließen, der im Winter in Herstal untergebracht und versorgt werden konnte. Die Anwesenheit Willibrords spricht dafür, daß die Kirche in Herstal (St. Marien) bereits zu diesem Zeitpunkt bestand. JORIS, Herstal S. 410 bezeichnet Herstal als „simple *villa* des maires du palais au début du VIIIe siècle"; doch wird man für diesen Ort bereits unter Karl Martell mit einiger Bedeutung rechnen können.

ort eines karolingischen Herrschers bezeugt[187]. Die Blütezeit der Pfalz setzte bekanntlich mit dem Herrschaftsantritt Karls des Großen ein. In den Jahren 770 bis 784 war Herstal mit insgesamt 12 Aufenthalten, von denen fünf auf das Osterfest und vier auf das Weihnachtsfest entfielen, der bevorzugte Aufenthaltsort Karls des Großen, wobei seine Funktion vor allem als die einer „bevorzugten Festpfalz" gekennzeichnet werden kann[188].

Die Pfalz, deren letzten Herrscheraufenthalt der Besuch Karls des Einfältigen von 920 bildete[189], und das Königsgut in Herstal gelangten zu einem großen Teil als Amtslehen der Herzöge von Niederlothringen[190] in die Hand der Herzöge von Brabant[191]. Aus karolingischer Zeit liegen nur wenige Nachrichten über den Reichsbesitz in Herstal vor. Lothar II. schenkte der Marienkapelle in Aachen die None u. a. von *Haristallio*[192]. Der Ort wird als *villa* bezeichnet, doch dürfte das in Herstal befindliche umfangreiche Königsgut zweifellos als Fiskus organisiert gewesen sein[193]. Wie aus dem Kapitular Karls des Kahlen von 877 hervorgeht, gehörte zu dem *palatium* von Herstal auch eine *forestis*[194]. Auf umfangreiche Waldungen in der Umgebung von Herstal lassen noch hochmittelalterliche Nachrichten wie die Erwähnung einer *aream ... in banno Haristalliensi que dicitur Tiliz, tunc silvosam* von 1185 oder einer *silvam que dicitur Pontiz ad villam Harstail pertinentem* von 1197 schließen[195]. Die Kirche von Herstal gelangte mit einigen kleineren

---

[187] Reg. Imp. Karol. 66; einen Überblick über die Herrscheraufenthalte in Herstal bis 920 gibt JORIS, Herstal S. 403 ff.

[188] So FLACH, Aachener Reichsgut S. 19 mit Anm. 50, der ebd. eine spezifizierte Aufschlüsselung der Aufenthalte Karls in Herstal gibt und sie mit den 16 für Worms überlieferten Aufenthalten Karls vergleicht; zur Bedeutung der Pfalz unter Karl dem Großen vgl. auch GAUERT, Itinerar S. 320 und JORIS, Herstal S. 404 ff.

[189] Vgl. JORIS, Herstal S. 409.

[190] Als *beneficium ducatus sui* (sc. *ducis Lotharingie*) ist der Ort erstmals in einer Urkunde Friedrich Barbarossas von 1171 September 29 bezeugt, BS 1 Nr. 53 S. 89; vgl. dazu ROTTHOFF, Reichsgut S. 91 f. und JORIS, Herstal S. 415.

[191] Vgl. LEQUARRÉ, Herstal S. 84 ff., YANS, Le destin S. 489 ff. und JORIS, Herstal S. 415 ff.

[192] D Lo II 43 S. 454; die verlorene Urkunde ist durch die Bestätigung Arnulfs von 888 Juni 13, D Arn 31 S. 46, bekannt.

[193] Von den in der Urkunde als *villa* bezeichneten Orten sind etwa Theux, Glains, Cherain, Thommen, Düren, Klotten und Aachen in Urkunden Ludwigs des Frommen und Zwentibolds als *fisci* bezeugt, HR 1 Nr. 25 S. 66 und D Zw 11 S. 37. Da auch bei Herstal – ebenso wie bei dem gleichfalls in D Lo 43 genannten Jupille – mit einer Organisation des Königsgutes in Haupt- und Nebenhöfen zu rechnen ist, scheint der Begriff „Fiskus" auch für Herstal und Jupille angebracht.

[194] Capitularia 2 Nr. 281 S. 361. Karl der Kahle zählt Herstal zu jenen *palatiis*, in denen sein Sohn, *si necessitas non fuerit, morari vel in quibus forestibus venationem exercere non debeat ... Aristallium cum foreste penitus excipitur*. Es bedarf noch der Untersuchung, ob für Herstal ähnlich wie für Theux eine mehrere Königshöfe übergreifende *forestis* vorauszusetzen ist. JORIS, Herstal S. 413 scheint die Nachricht vor allem auf die Herstal unmittelbar umgebenden Waldungen beiderseits der Maas zu beziehen.

[195] MEUTHEN, UB Aachen Nr. 40 S. 220; VAN DERVEEGHDE, Le domaine S. 36 Anm. 6.

Besitzungen durch Schenkung Ottos III. an das Aachener Marienstift[196]. Aus dem Umfang des brabantischen Reichslehens Herstal und den Pfarreibeziehungen läßt sich die Ausdehnung der frühkarolingischen *villa* bzw. des späteren Fiskus mit hoher Wahrscheinlichkeit erschließen. Danach erstreckte sich auch die *villa* Herstal über Gebiete beiderseits der Maas. Auf dem östlichen Maasufer umfaßte sie den Ort Wandre[197] und grenzte damit im Norden an den zu Hermalle gehörigen Ort Sarolay und im Süden an Saive, das einen Teil des Fiskus Jupille bildete[198]. Westlich der Maas wurde das Gebiet von Herstal im Süden bei Coronmeuse und Bernalmont von der Gemarkung Lüttich begrenzt[199]. Im Norden reichte es bei Chertal unmittelbar an Hermalle heran[200]. Der weiter landeinwärts zwischen Hermalle und Herstal gelegene Ort Vivegnis, eine alte Besitzung des Lütticher Stifts St. Pierre, wies enge kirchliche und rechtliche Beziehungen zu Herstal auf[201]. Da darüber hinaus Besitz des Herzogs von Brabant in Vivegnis bezeugt ist[202], wird man mit Poncelet eine ursprüngliche Zugehörigkeit dieses Ortes zu Herstal annehmen können[203]. In westlicher Richtung dürfte Tilice, etwa 5,5 km nordwestlich des Ortskerns gelegen, der äußerste Punkt der ehemaligen *villa* Herstal gewesen sein.

Die hervorragende Bedeutung der Pfalz Herstal und die späteren besitzgeschichtlichen Zeugnisse sprechen dafür, daß sich der Ort in seiner Gesamtheit im Besitz der Karolinger befunden hatte. Nach den hoch- und spätmittelalterlichen Besitzverhältnissen zu schließen, scheint es auch in Hermalle keine größeren Grundbesitzer neben dem König und den von ihm bedachten Kir-

---

[196] Die Urkunde Ottos III. ist verloren; die Schenkung ist durch die Bestätigungsurkunde Friedrichs II. von 1226 Juni für St. Marien bekannt: *Iupillam et Harstal, quas Otto tercius cum omni iure et appenditiis suis et nonis et decimis dedit,* MEUTHEN, UB Aachen Nr. 92 S. 299. Vgl. dazu ROTTHOFF, Reichsgut S. 91 mit Anm. 466 und JORIS, Herstal S. 414 mit Anm. 94.

[197] Vgl. PONCELET, Wandre S. 100 und Annexes Nr. 1 S. 102: *frater Henricus Herstalliensis investitus, parochianorum suorum de Wandre saluti* (1186). Reichsgut in Wandre ist 895 und 902 bezeugt, vgl. Gesta epp. Tull. cap. 29 S. 638 und D LdK 18 S. 122 f. Zu Wandre gehörten nach PONCELET S. 98 f. die Weiler Rabosée und Xhavée.

[198] Vgl. hierzu ausführlich JOSSE, Jupille S. 91 ff.; zur gemeinsamen Grenze der Fisci Herstal und Jupille vgl. ebd. S. 140.

[199] Vgl. dazu oben S. 304 mit Anm. 132 und 133.

[200] So in Anschluß an LEQUARRÉ, Herstal S. 76 ff.; die für diese Frage aufschlußreiche Arbeit von L. LINOTTE, Histoire de l'ancien ban de Cheratte (Mémoire de licence de l'Université de Liège 1957/58) war mir nicht zugänglich.

[201] Vgl. BRASSINNE, Saint-Remacle S. 288, PONCELET, Herstal S. 133 (Annexes Nr. 3) und DENS., Vivegnis S. 10.

[202] VAN DER MADE, Vivegnis, Annexes 1 S. 166 (1232): *in eleemosynam factam dicto loco a patre nostro* (sc. *duce Lotharingiae*) *pro se et suis gratanter consensimus, videlicet XXIII bonuaria nemoris sui de Pontis et terrae incultae in montibus circa villam veteris vineti.*

[203] PONCELET, Herstal S. 100. Gegenüber seiner Annahme ebd. S. 79, bei den erst im 12./13. Jh. bezeugten Besitzungen des Lütticher Stifts St. Pierre in Vivegnis habe es sich um jene Güter gehandelt, die Karlmann St. Peter anläßlich der Erhebung des hl. Hugbert 743 übertragen hatte, ist jedoch mit JORIS, Herstal S. 413 f. Zurückhaltung angebracht; vgl. dazu auch oben S. 311 Anm. 163.

chen gegeben zu haben. Für diese Herstal benachbarte *villa* ist somit gleichfalls mit einem weitgehend geschlossenen Besitz der Karolinger zu rechnen. Nimmt man nicht an, daß die Karolinger ihre Güter an beiden Orten im Verlauf des 8. Jahrhunderts arrondierten, so wird man diese umfangreichen Besitzungen bereits für Pippin II. voraussetzen dürfen.

2. Awans

Die Urkunde Karls des Großen für St. Marien auf Chèvremont von 779 nennt weiterhin die Güter *Achiniagas et Altporto, quas* (sc. *villas*) *in concamio pro Auuanlia receperunt*[204]. Die eingetauschten Besitzungen lagen im Hennegau, die abgegebenen Güter in *Auuanlia* sind nach einer Urkunde von 844 im Haspengau zu lokalisieren[205]. Der Name *Auuanlia* wird zumeist als Korruptel für **Auuansia* angesehen und auf den etwa 8 km westlich von Lüttich gelegenen Ort Awans bezogen, der 854 sicher als *Hauuannis* bzw. *Auuans* bezeugt ist[206]. 844 bestätigte Lothar I. dem Abt von Chèvremont u.a. *in pago Hasbaniense Auuanlia et Imburcio, unde memorata cellula decimam vel censum suscepit*[207]. Sieht man in *Auuanlia* nicht einen verschwundenen, ansonsten nicht mehr nachweisbaren Ort, so dürfte die Gleichsetzung mit Awans die größte Wahrscheinlichkeit haben. Ebenfalls auf Awans ist wohl ein *Auuanno* zu beziehen, das 814 in einer die *decimis et capellis ab antecessoribus nostris sibi concessis ex quidam fiscis nostris* betreffenden Bestätigungsurkunde Ludwigs des Frommen für Stablo-Malmedy genannt wird[208]. 854 schließlich schenkte Lothar I. dem Kloster Prüm die gesamte

---

[204] D Karol 1 Nr. 124 S. 174.
[205] Wie Anm. 207.
[206] Vgl. etwa HERBILLON, Toponymes hesbignons (A-Ays) S. 225, GYSSELING, Woordenboek S. 87, SCHIEFFER, DD Lo I und Lo II S. 495 (Register) und MEUTHEN, UB Aachen S. 153; zu den Belegen von 854 vgl. Anm. 209.
[207] D Lo I 86 S. 210. Unter den späteren Besitzungen des Aachener Marienstifts als des Besitznachfolgers von Chèvremont sind Besitzrechte in Awans wie auch in dem noch nicht sicher identifizierten *Imburcio* nicht nachweisbar.
[208] HR 1 Nr. 25 S. 66. Die von HALKIN/ROLAND S. 581 (Register) vorgeschlagene Gleichsetzung mit Awans wird von HERBILLON und GYSSELING (wie Anm. 206) übernommen. Ein in einer Stabloer Urkunde von 902 genanntes *Auuans*, HR 1 Nr. 48 S. 118, ist jedoch nach dem Kontext mit HERBILLON S. 225 eher auf Awans (Ortsteil von Aywaille, prov. Liège, arr. Liège) in den Ardennen zu beziehen. Eine frühe *capella*, die als Kirche des Königshofes bzw. als Fiskalkirche zu betrachten wäre, läßt sich in beiden Orten dieses Namens nicht nachweisen. Das bei Lüttich gelegene Awans und das zugehörige Loncin waren bis ins 15. Jh. nach Hollogne-aux-Pierres eingepfarrt; die am Orte befindlichen Kapellen hatten die Patrozinien St. Agatha bzw. Johannes d. T., vgl. BRASSINNE, Hozémont S. 251 und DE MOREAU, Histoire 3 S. 122. Andererseits sind sehr spät (im 16. Jh.) ein Meierhof und Rechte des Klosters Stablo-Malmedy in Awans bei Lüttich bezeugt, vgl. HR 2 Nr. 1224 und 1323 S. 559 und 579. Es bedarf noch der Klärung, inwieweit diese Besitzungen auf die Schenkung von vor 814 zurückgehen.

uillam Hauuans im Haspengau. In einer kurz darauf ausgestellten Urkunde Lothars ist von Awans als dem *quondam nostri fisci de Auuans* die Rede [209].

Kombiniert man diese Zeugnisse, so ergibt sich am ehesten wohl folgendes Bild: Das Stift Chèvremont hatte vor 779 Güter in Awans gegen Besitzungen im Hennegau vertauscht, aber einige Zehnten und sonstige Einkünfte einbehalten, die ihm 844 von Lothar I. bestätigt wurden. Bereits vor 814 zählte Awans zu den königlichen *fisci*. Während Stablo-Malmedy offensichtlich den Fiskalzehnten und die Kapelle des Königshofes erhielt, gelangte der gesamte übrige Reichsbesitz 854 an Prüm. Er umfaßte nach Angaben des Prümer Urbars von 893 eine Salhufe und 49 Servilhufen in Awans selbst und 10 Servilhufen in dem benachbarten, als Nebenhof anzusehenden Ort Loncin [210]. Diese Güter scheinen sämtlichen an beiden Orten vorhandenen Besitz ausgemacht zu haben. Bis in das 13. Jahrhundert hinein sind keine weiteren Besitzer in Awans mehr bezeugt [211]. Für die Interpretation der Nachrichten von 779 über den Awans betreffenden Gütertausch ist aus diesem Befund zu folgern, daß der König selbst der Tauschpartner der Kleriker auf Chèvremont gewesen war. Das Stift Chèvremont hatte die weitaus meisten seiner frühen Besitzungen von Pippin II. erworben. Bereits dies legt nahe, daß auch Awans zu den Schenkgütern Pippins gehört hatte. In Hermalle stellten die von Pippin II. an Chèvremont übertragenen Güter nur einen kleineren Teil der *villa* dar, während die Hauptmasse des Besitzes wohl in der Hand Pippins verblieb [212]. Hält man ähnliches auch für andere der 779 genannten Besitzungen für denkbar, dann könnte die Tatsache, daß der Ort Awans nach dem Gütertausch in seiner Gesamtheit in Reichsbesitz erscheint, die ohnehin wahrscheinliche Annahme weiter bestätigen, daß die im Tausch an den König abgegebenen Güter des Stifts in Awans zu der Gründungsdotierung durch Pippin II. gehörten.

Mit hoher Wahrscheinlichkeit wird man danach Awans als eine weitere frühkarolingische Besitzung im Lütticher Raum ansehen dürfen. Der Umfang der frühkarolingischen *villa* entsprach, wie die Besitzabfolge erkennen läßt, im wesentlichen der späteren Herrschaft Awans-Loncin des Klosters Prüm. Diese Herrschaft bestand bis zu ihrer Aufhebung durch die französische Revolution im Jahre 1792 und ist in ihren Grenzen wohl weitgehend durch die

---

[209] DD Lo I 131 und 132 S. 294 f.
[210] Vgl. BEYER, MrhUB 1 Nr. 135 S. 165 f.
[211] Zwischen 893 und 1201 liegen keinerlei urkundliche Zeugnisse zur Ortsgeschichte vor. Mit dem Beginn des 13. Jh.s werden in der Überlieferung zahlreiche Besitzer kleinerer Ländereien und Einkünfte in Awans faßbar, vgl. etwa BS 1 Nr. 190 S. 250 (1228), WAMPACH, Urkunden- und Quellenbuch 2 Nr. 411 S. 448 (1242), VAN DERVEEGHDE, Le domaine S. 160 Nr. 71 (vor 1229) und S. 69 Anm. 3 (1254) sowie DIES., Le Polyptyque S. 86 f. (1280) und DE JAER, Awans S. 67, der den Prozeß der Aufsplitterung der Prümer Grundherrschaft in Awans in zahlreiche kleinere Besitzungen im Verlauf des 14. und 15. Jh.s aufzeigt.
[212] Vgl. dazu oben S. 442 ff.

heutigen Gemarkungsgrenzen von Awans und Loncin umschrieben[213]. Von den umliegenden Orten sind in karolingischer Zeit nurmehr Villers-l'Évêque und Hollogne-aux-Pierres bezeugt. Die Überlieferung zu den übrigen Nachbarorten setzt erst im Verlauf des 11. bis 13. Jahrhunderts ein[214]. Zu Villers-l'Évêque heißt es in einer Bestätigungsurkunde Ludwigs des Frommen von 831, daß Bischof Waltcaud von Lüttich und ein Norduin innerhalb dieser *villa* Güter kleineren Umfanges getauscht hatten[215]. Hollogne wird in einer von Schieffer auf 873/82 datierten Stabloer Fälschung auf den Namen Lothars II. 862 als Zubehör der *villa* Horion (etwa 6,5 km südwestlich von Awans gelegen) genannt[216]. Die *villam Hurionem* hatte Lothar II. 862 den Mönchen von Stablo-Malmedy als Konventsgut zugesichert[217]. Sie umfaßte nach den durchaus nicht unglaubwürdigen Angaben der Fälschung neben Hollogne auch Zubehör in Goreux und Streel. Insgesamt machte der Stabloer Besitz an diesen Orten 36 Servilhufen, eine Salhufe und eine *capella* aus[218]. Der Besitzkomplex war kleiner als das für Awans-Loncin zu erschließende Reichsgut, das aus 59 Servilhufen, einer Salhufe und einer *capella* bestand. Er war aber wesentlich größer als die in Villers-l'Évêque genannten *duas partes de bonuario* bzw. *bonuarium unum et virgas tres*[219]. In der Umgebung von Awans ist somit im 9. Jahrhundert deutlich ein Nebeneinander größerer geschlossener Besitzkomplexe und kleinerer Besitzsplissen zu erkennen. Im Falle von Awans ist ein derartiger größerer Komplex mit einer hohen Zahl

[213] Vgl. DE JAER, Awans S. 68 ff.

[214] Es handelt sich um Fooz (erster Beleg 1139), Hognoul (1085), Othée (1216), Xhendremael (1070), Alleur (1196), Ans (1085), Montegnée (1203), Grâce-Berleur (1181) und Bierset (1178); Belege nach GYSSELING, Woordenboek S. 368, 502, 777, 1095, 47, 419 und 142 sowie für Ans und Montegnée nach HERBILLON, Toponymes hesbignons (A-Ays) S. 220 und DEMS., Topoymes hesbignons (Mo-à O-) S. 100. Bereits 1088 ist nach ROTTHOFF, Reichsgut S. 54 und GYSSELING S. 1047 der zur Gemeinde Alleur gehörige Ort Waroux bezeugt, der mit dem von Heinrich IV. der bischöflichen Kirche in Lüttich geschenkten *Walruoz* identifiziert wird, DH IV 399 S. 528. Für die angesichts der räumlichen Nachbarschaft zu Awans zunächst naheliegende Annahme, Waroux habe ursprünglich wie Loncin zur Villikation Awans gehört, gibt es jedoch keinerlei bestätigende Hinweise.

[215] BS 1 Nr. 2 S. 3; zur Identifizierung des hier genannten *in pago Asbaninse in loco ... Villario* mit Villers-l'Évêque vgl. oben S. 323 mit Anm. 19.

[216] D Lo II 37 (Sp.) S. 448; zur Datierung vgl. SCHIEFFER, Vorbemerkung S. 447.

[217] D Lo II 17 S. 412. Lothar II., der das Kloster *beneficiario munere quibusdam fidelibus nostris* überlassen hatte, sprach von den klösterlichen Besitzungen den Mönchen zu ihrer eigenen Nutzung Güter an insgesamt 15 Orten zu, darunter im Haspengau allein in Horion.

[218] D Lo II 37 (Sp.) S. 448: *in pago Hasbaniensi in villa nuncupante Hurione cum adiacentiis Holonio, Grosso rubro et Stradella, in qua sunt mansa XXXVI cum capella et manso dominicato.* SCHIEFFER, Vorbemerkung S. 446 bezeichnet es als den Zweck der Fälschung, die für die Praxis unbefriedigende bloße Namenliste des D Lo 17 durch eine spezifizierte Aufzählung der einzelnen Güter zu präzisieren und zu korrigieren, wobei keineswegs immer eine Fälschungsabsicht zu unterstellen sei. Die Orte Streel, Goreux und Hollogne-aux-Pierres liegen etwa 5 bzw. 3 km westlich von Horion. Das Güterverzeichnis von Stablo-Malmedy von 1130/31 nennt *in Horion XX* (sc. *mansus*), HR 1 Nr. 150 S. 303.

[219] BS 1 Nr. 2 S. 3.

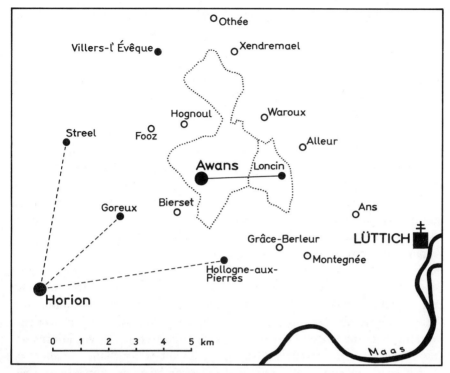

● Im 9. Jahrhundert als Mittelpunkt einer Villikation bezeugt
● Im 9. Jahrhundert bezeugt
.... Moderne Gemarkungsgrenzen

Karte 13: Awans und Umgebung

von Servilhufen und nur einer Herrenhufe und einer dazugehörigen *capella* sicher als karolingischer Fiskus bezeugt, der aller Wahrscheinlichkeit nach auf eine frühkarolingische *villa* im Besitze Pippins II. zurückgeht. Die Annahme liegt nahe, daß es sich bei den ähnlich organisierten Gütern von Stablo-Malmedy in Horion gleichfalls um ehemaliges Reichsgut handelte. Doch lassen sich weitere Anhaltspunkte hierfür nicht erbringen.

3. Jupille

Jupille ist der erste sicher bezeugte Aufenthaltsort eines karolingischen Herrschers im Lütticher Raum. Der Fortsetzer des sog. Fredegar berichtet zum Jahre 714, daß Pippin II. in *Iobvilla super Mosam fluvium* erkrankt sei[220].

---

[220] Cont. Fred. cap. 7 S. 173: *Egrotante quoque Pippino Iobvilla super Mosam fluvium, cum ad eum visitandum idem Grimoaldus venisset.*

In dem als Vorlage benutzten Liber Historiae Francorum fehlt diese Ortsangabe. Beide Quellen teilen jedoch mit, daß Pippins jüngerer Sohn, der in Neustrien tätige Hausmeier Grimoald, seinen erkrankten Vater besucht habe und in Lüttich erschlagen worden sei [221]. In der Susteren betreffenden Urkunde Pippins II. und Plektruds vom 2. März 714, die Pippin *propter egritudinem* nicht selbst unterzeichnete, wird Grimoald noch unter den Lebenden genannt [222]. Die Nachricht der Annales s. Amandi über den Tod Grimoalds *in mense Aprili* dürfte somit glaubwürdig sein [223]. Wie der Vermerk in der Urkunde für Susteren und die Reise des Grimoald zeigen, war Pippin II. im Frühjahr 714 bereits schwer erkrankt. Da sich Grimoald auf die Nachricht von der Erkrankung seines Vaters hin von Neustrien aus in den Lütticher Raum begab, scheint sich Pippin schon einige Zeit vor April 714 in Jupille aufgehalten zu haben. Im Liber Historiae Francorum und in der Continuatio Fredegarii heißt es in Anschluß an den Bericht über die Ermordung Grimoalds, Pippin habe dessen Sohn Theudoald zum Hausmeier einsetzen lassen und sei *insecuto quoque tempore ... egrotans* gestorben [224]. Als Todestag Pippins geben die Annales Mettenses den 16. Dezember 714 an [225]. An welchem Ort Pippin starb, ist in den Quellen nicht vermerkt. Der Verfasser der Continuatio Fredegarii war, wie seine Mitteilung über Pippins Erkrankung in Jupille erkennen läßt, über die letzten Lebensjahre des karolingischen *dux* gut informiert. Das Fehlen einer nochmaligen Ortsangabe ist mit hoher Wahrscheinlichkeit dahingehend zu deuten, daß Pippin in dem bereits genannten Jupille gestorben war [226]. Pippin hatte sich offensichtlich nahezu das gesamte Jahr 714 hindurch an diesem Ort aufgehalten. In Jupille bestanden demnach bereits vor 714 die baulichen und wirtschaftlichen Voraussetzungen für eine lange Beherbergung des Hofes. Es erscheint aufschlußreich, daß damit eben jene frühkarolingischen *villa* zu einem Sitz mit pfalzähnlichem Charakter ausgebaut worden war, die sich in unmittelbarer Nähe der beherrschenden Burg Chèvremont befand. Pippins enge Verbindungen zu Chèvremont und dem auf der Burg

---

[221] LHF cap. 50 S. 324: *Cedendum enim tempore, egrotante Pippino principe, genitorem eius, dum ad eum visitandum accessisset* (sc. *Grimoaldus*); es folgt wie in der Anm. 220 zitierten Cont. Fred. der Bericht über die Ermordung Grimoalds; vgl. dazu oben S. 306 mit Anm. 147.

[222] D Arnulf 6 S. 96 = WAMPACH, Echternach 1,2 Nr. 24 S. 59f. Die Urkunde wurde in dem nicht sicher zu identifizierenden Ort *Bagoloso* ausgestellt, vgl. dazu oben S. 156 mit Anm. 77. Es darf als sicher gelten, daß Pippin bei der Ausstellung der Urkunde nicht zugegen war.

[223] Annales s. Amandi a. 714 S. 6: *depositio Grimoaldo in mense Aprili*.

[224] LHF cap. 51 S. 325: *Eodem tempore Pippinus febre valida correptus, mortuus est*; Cont. Fred. cap. 8 S. 173: *Insecuto quoque tempore idem Pippinus dux egrotans mortuus est*. In beiden Quellen ist zwischen diese Nachricht und der über die Ermordung Grimoalds lediglich die Mitteilung über die Einsetzung Theudoalds eingeschoben.

[225] Annales Mettenses a. 714 S. 19; die Nachricht darf nach MÜHLBACHER, Reg. Imp. Karol. 21 b als glaubwürdig gelten.

[226] So auch ROUSSEAU, La Meuse S. 51; zurückhaltend JOSSE, Jupille S. 18.

befindlichen Stift St. Marien und die näheren Umstände seines Aufenthalts von 714 lassen darauf schließen, daß Jupille schon in den Jahren zuvor der bevorzugte Aufenthaltsort Pippins II. im mittleren Maasgebiet gewesen war[227].

Unter den Nachfolgern Pippins ist für Karl Martell ein Aufenthalt in Jupille bezeugt[228]. Für Karls Sohn König Pippin sind 756 und 760 Osteraufenthalte an diesem Ort überliefert bzw. mit hoher Wahrscheinlichkeit zu erschließen[229]. Dies berechtigt dazu, Jupille, obgleich es nicht eindeutig als *palatium* bezeugt ist[230], dennoch als eine frühkarolingische Pfalz anzusehen. Die vergleichbar hohe Zahl der bekannten Besuche und deren überwiegender Charakter als Festaufenthalte legen nahe, daß Jupille in der Zeit vor Karl dem Großen zu den bevorzugten Aufenthaltsorten der Karolinger in diesem Raum zählte. Diese Stellung des Ortes ist zweifellos mit der Nähe von Chèvremont wie aber auch mit dem Rang zu erklären, den Jupille unter Pippin II. einnahm. Das auf dem gegenüberliegenden Maasufer gelegene Herstal, erstmals 723 mit einem Herrscheraufenthalt genannt[231], löste mit dem Beginn der Regie-

---

[227] Die Tatsache, daß bei der Ausschmückung der Lambertlegende, wie sie seit dem 10. Jh. faßbar wird, vgl. Anm. 162, als Sitz Pippins II. Jupille angegeben wurde, könnte durchaus die Erinnerung an die hervorragende Stellung dieses Ortes unter Pippin widerspiegeln. Nicht auszuschließen ist allerdings, daß diese Angabe lediglich auf den Bericht der Cont. Fred. über Pippins Erkrankung in Jupille zurückging.

[228] Die zuletzt von HEIDRICH, Gründungsurkunden S. 82 ff. herausgegebenen beiden Reichenauer Fälschungen des 12. Jh.s auf den Namen Karl Martells haben folgende Datumszeile: *Actum Iopilla villa sub die quod fecit mensis aprilis dies viginti quinque, anno dominice incarnationis dccxxiiii*. Wie Ingrid HEIDRICH, Grundausstattung S. 57, die die vieldiskutierten Reichenauer Gründungsurkunden nochmals einer eingehenden diplomatischen Untersuchung unterzog, zeigen konnte, entstammen die Ort- und Zeitangabe *Actum – mensis* mit Sicherheit einer echten Vorlage, bei der es sich aller Wahrscheinlichkeit nach um einen Schutzbrief Karl Martells für Pirmin handelte, wohingegen die Inkarnationsangabe falsch und das Tagesdatum suspekt seien. Damit kann ein Aufenthalt Karl Martells in Jupille erschlossen werden. Das in den Fälschungen überlieferte Datum 724 April 25 ist insofern von Interesse, als das Osterfest im Jahre 724 auf einen 16. April fiel und ein Osteraufenthalt Karls in Jupille angesichts der Anm. 229 angegebenen Belege für Pippin d. J. nicht unwahrscheinlich erscheint.

[229] Sicher überliefert ist ein Osteraufenthalt König Pippins im Jahre 760 durch den Bericht der Annales regni Francorum a. 759 S. 16: *Eodem anno celebravit natalem Domini in Longlare et pascha in Iopila* (sc. *Pippinus rex*). Eine von GANSHOF, Note S. 311 ff. in ihrer Echtheit bestätigte Privaturkunde für die Bischofskirche von Le Mans wurde *per iussionem domni regis Pipini* im März 756 in *Iobvilla palacio publico* ausgestellt, vgl. ebd. S. 310 und JOSSE, Jupille S. 16 f. Da Ostern 756 auf den 28. März fiel, ist ein Osteraufenthalt Pippins in Jupille sehr wahrscheinlich.

[230] Die Bezeichnung *palacium publicum*, wie sie sich in der Datumszeile der Urkunde von 756 findet, vgl. Anm. 228, wird von GANSHOF, Note S. 317 und JOSSE, Jupille 17 als Beleg für die Existenz einer Pfalz in Jupille angesehen. Datierungen *palatio publico* können aber häufig auch lediglich die Pfalzversammlung bezeichnen, vgl. SCHLESINGER, Beobachtungen S. 260, so daß dieser Beleg für sich alleine genommen nicht ausreichend tragfähig ist.

[231] Vgl. oben S. 445 mit Anm. 185.

rung Karls des Großen Jupille zu einem Zeitpunkt ab, als der Schutz durch das benachbarte Chèvremont nicht mehr erforderlich war.

Der Umfang der frühkarolingischen Villikation Jupille konnte von Micheline Josse aufgrund der späteren besitzgeschichtlichen Zeugnisse sowie mit Hilfe der hoch- und spätmittelalterlichen Pfarr- und Gerichtsorganisation mit hoher Sicherheit erschlossen werden[232]. Mit einer Fläche von über 9000 Hektar[233] war der Fiskus Jupille wesentlich größer als der Fiskus Herstal, der nach Joris etwa 2500 bis 3000 Hektar umfaßte[234]. Das Gebiet von Jupille erstreckte sich allerdings zum größten Teil über weitausgedehnte Waldungen, die sich südlich an den Ortskern anschlossen und beiderseits der Vesdre gelegen waren. Der Ort Jupille selbst befand sich an der nordwestlichen Grenze des Villikationsbezirks, die durch die Maas gebildet wurde. Lediglich das schmale Gebiet entlang der hochwasserfreien Flußterrasse der Maas dürfte im Frühmittelalter zur landwirtschaftlichen Nutzung geeignet gewesen sein[235]. Wie in Herstal lagen auch in Jupille Pfalz und Kirche in unmittelbarer Nähe der Maas[236]. Der Fiskus Jupille grenzte im Nordwesten und im Norden an den Fiskus Herstal. Hierbei war zum Ort Herstal hin die Maas die Grenze. Zu den auf dem östlichen Maasufer gelegenen Teilen des Fiskus Herstal, Wandre und Cheratte, verlief die Grenze bei Souverain-Wandre und Saive[237]. Im Westen schloß sich an der Maas und Ourthe die frühe bischöfliche *villa* Lüttich an den Fiskus Jupille an[238]. Von den Orten in dem südlich und östlich an Jupille angrenzenden Gebiet sind im 9. und beginnenden 10. Jahrhundert Esneux, Sprimont, Blindef, Theux, Rechain, Herve und Mortier als königliche *fisci* oder *villae* bezeugt[239]. Wenngleich in diesem Raum bereits vor 779 auch Streubesitz von St. Servatius nachweisbar ist[240], wird man doch

---

[232] JOSSE, Jupille S. 32 ff.; vgl. besonders die Zusammenfassung S. 131 ff. Zur Bezeichnung von Jupille als „Fiskus" vgl. Anm. 193.

[233] JOSSE, Jupille S. 142 f. gibt mit Vorbehalten eine Fläche von 9342 Hektar an und hält Jupille für einen überdurchschnittlich großen Fiskus. Sie erklärt seinen Umfang mit seiner Lage zwischen der Ackerbauzone des Haspengaues und dem Waldgebiet der Ardennen. Nach einem Vergleich mit dem erschlossenen Umfang anderer Fisci gelangt sie zu dem Urteil: „Le domaine de Jupille a en effet une contenance plus élevée que celle des fiscs purement agricoles mais moindre que celle des réserves exclusivement forestières" (S. 143).

[234] JORIS, Herstal S. 412.

[235] JOSSE, Jupille S. 14 f. nimmt für diese Zone eine Ausdehnung von etwa 400 Hektar an.

[236] Zur Lage der Pfalz vgl. JOSSE, Jupille S. 14 f.

[237] Ebd. S. 91 ff. und 140; vgl. auch die Karte 3 „Composition et limites du domaine de Jupille" im Anhang sowie oben S. 444 Karte 12.

[238] Vgl. dazu oben S. 305 f.

[239] Vgl. dazu unten S. 465 f.

[240] Karl d. Gr. bestätigte 779 den Geistlichen auf Chèvremont auch *aliquos mansos in Angelgiagas in pagello Leuhio, quem similiter in concamio pro pratis de ecclesia sancti Servatii commutaverunt,* D Karol 1 Nr. 124 S. 174. Es handelt sich um den Ort José (Ortsteil von Battice, prov. Liège, arr. Verviers) unweit Herve 10 km östlich von Jupille gelegen, der im Indiculus

davon ausgehen können, daß es sich hier um eine Zone weitgehend geschlossenen karolingischen Besitzes handelte. Wichtigster Ort in diesem überwiegend bewaldeten Gebiet dürfte Theux gewesen sein, dem neben einem *fiscus* auch eine umfangreiche *forestis* zugeordnet war, die sich über die Gebiete von Rechain, Sprimont und Blindef erstreckte und im Süden bis nahe an Stablo-Malmedy heranreichte[241]. An der Havagne und der Vesdre grenzte der Forst von Theux unmittelbar an den Fiskus Jupille[242]. Inwieweit noch andere alte Abgrenzungen in diesem Raum zu Jupille nachweisbar sind, bedarf noch näherer Untersuchung. Festzuhalten ist jedoch, daß mit Jupille eine weitere große Besitzung Pippins II. faßbar wird und daß Pippin sehr wahrscheinlich auch in den südlich und östlich anschließenden Waldgebieten über beträchtliche Güter verfügen konnte.

4. Schenkungen im südlichen Toxandrien

In der 784/91 verfaßten Vita Trudonis wird berichtet, Pippin II. und seine Gemahlin Plektrud hätten bei einem Besuch in Zerkingen Ländereien an das Grab des hl. Trudo übertragen und einen Altar aus Gold und Silber gestiftet. Zu den Landschenkungen heißt es: *tradidit (sc. Pippinus) ad tumulum ipsius, quicquid habere visus est in villa quae cognominatur Ochinsala et in altera*

---

redituum des Aachener Marienstifts von vor dem Ende des 12. Jh.s als *Engelzeies* bezeugt ist, vgl. MEUTHEN, UB Aachen Nr. 47 S. 235 und Vorbemerkung S. 233 sowie JOSSE, Jupille S. 55 ff.

[241] Zu Theux als *fiscus* vgl. HR 1 Nr. 25 und 29 S. 66 und 74 f. (814, 827); der Forstbezirk ist in einer Urkunde Karls d. E. von 915 für die Bischofskirche von Lüttich beschrieben, vgl. D KdE 81 LAUER, Recueil S. 181 sowie MÜLLER-KEHLEN, Ardennen S. 104 f.

[242] Die Forstbeschreibung von Theux von 915 (wie Anm. 241) gibt als einen Teil der westlichen Grenze des Forstes an: *usque ad Nordrees fontem et ad Hauernai usque ad Uesere, et inde ad rivum de Solmania*, d. h. von Noidré entlang der Havagne bis zu deren Mündung in die Vesdre und die Vesdre abwärts bis zur Mündung der Soumagne. Das Lütticher Domkapitel hatte 1266 die Güter der Bischofskirche von Verdun in Jupille, die diese von Heinrich II. erhalten hatte, mit dem Ziel eines käuflichen Erwerbs in Pacht genommen. Die Güter werden bereits in dem Polyptychon des Domkapitels von 1280 genau beschrieben; als Grenze der *silva* des zu Jupille gehörigen Ortes Forêt wird dabei u. a. angegeben: *Item sunt ibidem magna nemora quorum fines se extendunt de Pralhons usque ad Frepont et rivum de Havreneche. Item de Havreneche usque ad curtem de Andumont*, VAN DERVEEGHDE, Le Polyptyque S. 143. Die Grenze verlief somit von Prayon (hier mündet die Soumagne in die Vesdre) die Vesdre aufwärts bis nach Fraipont (hier mündet die Havagne in die Vesdre) und von hier entlang der Havagne bis in die Höhe von Andoumont. Im Bereich der Vesdre und Havagne deckten sich somit die Grenzen des Forstes von Theux und der *silva* von Forêt. Es handelt sich hierbei um eine alte, für die Organisation des Königsguts und der Forste in karolingischer Zeit in diesem Raum außerordentlich aufschlußreiche Abgrenzung. Ob sie bereits in frühkarolingische Zeit zurückreichte, muß allerdings offenbleiben. Aufschlußreich in diesem Zusammenhang erscheint, daß, wie der Vergleich der Forstbeschreibungen für Stablo-Malmedy von 669/70 und 814 mit der von 915 für den Forst von Theux zeigt, die zu Theux gehörige *forestis* im Gebiet der Flüsse Warche und Roarnay weit in die seinerzeit Stablo-Malmedy zugestandene *forestis* hineinreichte, vgl. HR 1 Nr. 6 und 25 S. 20 f. und 65 f. Dies könnte für eine Neuabgrenzung im 9. Jh. sprechen; vgl. auch Karte 12 oben S. 444.

*villa quae dicitur Ham*²⁴³. Dem Verfasser lag für diese Angaben eine vor 697/701 ausgestellte Urkunde Pippins II. vor²⁴⁴. Die beiden Orte sind – wie bereits oben gezeigt – mit Eksel und Oostham im südlichen Toxandrien zu identifizieren²⁴⁵. Die Deutung von *Ham* auf Oostham läßt sich sprachlich, besitzgeschichtlich sowie auch durch die Lokalisierung des Ortes im Kempenland durch Theoderich von St. Truiden im 12. Jahrhundert zweifelsfrei absichern. Für *Ochinsala* kommt aus sprachlichen Gründen auch eine Deutung auf Neder-Ockerzeel bei Brüssel in Betracht, doch verdient die Gleichsetzung mit Eksel den Vorzug, da allein an diesem Ort späterer Besitz von St. Truiden nachweisbar ist. Die seit dem 12. Jahrhundert in der Überlieferung faßbaren Güter des Klosters in Oostham und Eksel hatten nur geringen Umfang. Reichsgut ist an keinem der Orte bezeugt. Dies könnte dafür sprechen, daß Pippin hier jeweils nur über kleinere Besitzanteile verfügt hatte.

Eine weitere Besitzung Pippins II. im südlichen Toxandrien ist dank der Urkunde Karls des Großen von 779 für das Stift auf Chèvremont zu erschließen. Danach gehörte zum ältesten Ausstattungsgut des Stifts auch die *(villa) Budilio in Texandria*²⁴⁶. Wie bei Hermalle und Awans kann die ohnehin wahrscheinliche Rückführung des Besitzes in Budel auf Schenkung Pippins II. dadurch bestätigt werden, daß am Ort späteres Reichsgut nachweisbar ist. 947 schenkte Otto I. den Kanonikern auf Chèvremont die Kirche in Budel mit dem Zehnt²⁴⁷. Diese Schenkung wurde, nun an das Aachener Marienstift als Besitznachfolger von Chèvremont gerichtet, unter Heinrich III. nochmals wiederholt²⁴⁸. 1236 verpachtete das Marienstift *curiam nostram et decimam in Budele* dem Zisterzienserinnenkloster St. Marien in Roermont, löste das Pachtverhältnis aber zu Beginn des 14. Jahrhunderts wieder auf²⁴⁹. Bis in das 13. Jahrhundert sind keine anderen Grundbesitzer am Ort bezeugt. Die Ausstattungsgüter für Chèvremont, die nach 987 in den Besitz von St. Marien in Aachen übergingen, und die aus späterem Reichsgut stammenden Güter umfaßten offensichtlich einen großen Teil der Ortsgemarkung.

---

²⁴³ Vita Trudonis cap. 23 S. 292 f.
²⁴⁴ Vgl. oben S. 77 mit Anm. 24.
²⁴⁵ Vgl. hierzu wie auch zu den folgenden Einzelangaben oben S. 155 mit Anm. 69, 72 und 73.
²⁴⁶ D Karol 1 Nr. 124 S. 174.
²⁴⁷ D O I 88 S. 170.
²⁴⁸ Die betreffende Urkunde ist verloren; in der großen Bestätigungsurkunde Friedrichs II. für das Aachener Marienstift von 1226 Juni heißt es jedoch: *ecclesias in Viluorde et Budele, quas Henricus tercius cum suis appenditiis et iure suo dedit*, MEUTHEN, UB Aachen Nr. 92 S. 300. ROTTHOFF, Reichsgut S. 49 hält es für möglich, daß die beiden an Chèvremont geschenkten Kirchen in Vilvoorde und Budel nach der Schenkung von Chèvremont an St. Marien in Aachen 972 wieder an das Reich zurückfielen oder daß die Schenkung Ottos I. von 947 nicht ausgeführt wurde.
²⁴⁹ Vgl. MEUTHEN, UB Aachen Nr. 119 S. 344 f. und MUMMENHOFF, Regesten 2 Nr. 60.

5. Zusammenfassung

Den einzeln besprochenen besitzgeschichtlichen Zeugnissen sind noch zwei weitere Nachrichten zur Seite zu stellen. Wie oben gezeigt, ging die Bestätigungsurkunde Ottos I. von 948 für die Xenodochien in Rutten und *Littemala* auf eine Urkunde Pippins II. und Plektruds zurück, in der diese den beiden Stiftungen nicht näher lokalisierte Ländereien übertragen hatten[250]. Soweit der Besitzstand der Kirche von Rutten in der späteren Überlieferung faßbar ist, dürften die Schenkungen Pippins II. am ehesten wohl Güter in der unmittelbaren Umgebung von Rutten und *Littemala* betroffen haben. Möglicherweise handelte es sich sogar um Besitzungen, die an beiden Orten selbst gelegen waren[251]. Von einer weiteren Schenkung Pippins II. im Lütticher Raum berichtet Heriger von Lobbes in seiner 972/80 entstandenen Vita s. Remacli. Wohl unter Benutzung einer urkundlichen Vorlage teilt er mit, Pippin II. habe den Klöstern Stablo und Malmedy *duas ex fiscis suis villas* übertragen, davon *unam in Hasbanio, alteram in Ardenna*[252]. Der Hinweis auf die Schenkung in den Ardennen bezog sich möglicherweise auf ein bereits in einer Urkunde Karlmanns von 748 erwähntes *testamentum* Pippins, wonach dieser den Klöstern den Ort Lierneux südlich von Stablo-Malmedy geschenkt hatte[253]. Die Güter im Haspengau sind hingegen nicht mehr zu lokalisieren. Die älteste bekannte Besitzung von Stablo-Malmedy in diesem Raum neben den 814 bestätigten Zehnten und Kapellen in Wasseiges und Awans ist die *villa* Horion, die in der Urkunde Lothars II. von 862 genannt ist und in einer Stabloer Fälschung von 873/82 näher umschrieben wird[254]. Einer Rückführung auf Pippin II. steht jedoch entgegen, daß in der späteren Überlieferung noch weitere Besitzungen von Stablo-Malmedy im Haspengau bezeugt sind, die gleichfalls von der Schenkung Pippins II. hergeleitet werden könnten[255]. Reichsgut ist an keinem dieser Orte belegt.

Von den bekannten Gütern Pippins II. im Lütticher Raum, denen Herstal hinzugezählt werden darf, bildeten Hermalle, Jupille und Herstal eine zusammengehörige Gruppe. Diese Orte waren jeweils Mittelpunkte größerer Villikationsbezirke, die unmittelbar aneinander grenzten. Die Bezirke von Herstal

---

[250] DO I 101 S. 183: *res quas Pipinus et coniunx sua Blictrudis donavit ad basilicas sanctorum*; vgl. dazu oben S. 373 mit Anm. 26.

[251] Die später bekannten Besitzungen des Stifts in Rutten scheinen überwiegend in dessen näherer Umgebung gelegen zu haben. Dies legt nahe, auch das älteste Ausstattungsgut in diesem Bereich zu vermuten, vgl. oben S. 379 mit Anm. 49 und 50.

[252] KRUSCH, SS rer. Merov. 5 S. 111 mit Anm. 3; zu Heriger als Verfasser der Vita vgl. WATTENBACH/HOLTZMANN 1 S. 141 mit Anm. 196.

[253] D Arnulf 16 S. 103 = HR 1 Nr. 18 S. 52; vgl. dazu unten S. 460.

[254] Vgl. oben S. 450 mit Anm. 217 und 218.

[255] Zu denken wäre etwa an die im 10. Jh. bezeugten Orte Haneffe, *Versines* und Seraing (911) sowie Tourinne (975), HR 1 Nr. 51 und 84 S. 122 und 188.

und des nördlich anschließenden Hermalle umfaßten Ländereien beiderseits der Maas. In allen drei Orten sind die frühen Karolinger als die größten, wenn nicht sogar als die alleinigen Grundbesitzer anzusehen. Nördlich von Lüttich erstreckte sich somit entlang der Maas über etwa 10 km Länge ein weitgehend geschlossener Komplex frühkarolingischer Güter. In südöstlicher Richtung dehnten sich diese Besitzungen über den umfangreichen Villikationsbezirk von Jupille in das Waldgebiet der Ardennen aus, wo mit den benachbarten Orten Esneux, Sprimont, Blindef, Theux und Rechain dicht gelagertes karolingisches Reichsgut bezeugt ist. Der Raum nördlich und östlich von Lüttich, in dem eine auffällige Massierung frühkarolingischer Besitzungen zu beobachten ist, bildete unter Pippin II. den Mittelpunkt karolingischer Herrschaft im mittleren Maasgebiet. Hier lagen einander unmittelbar benachbart und von weitgehend geschlossenem karolingischen Besitz umgeben Pippins bevorzugte Pfalz Jupille, die beherrschende Burg Chèvremont mit der von Pippin gegründeten Klerikergemeinschaft und die in der Folgezeit häufig aufgesuchte Pfalz Herstal.

Mit dem etwa 12 km westlich von Herstal gelegenen Awans läßt sich sehr wahrscheinlich eine weitere umfangreiche Besitzung Pippins II. im Lütticher Raum nachweisen. Weitere Güter Pippins in diesem Gebiet sind durch die Nachrichten über Schenkungen *in Hasbanio* bzw. in der Nähe von Tongern bezeugt. Über deutlich erkennbaren Streubesitz verfügte Pippin im südlichen Toxandrien. Seine Schenkgüter an St. Truiden und Chèvremont in Oostham, Eksel und Budel lagen bis zu 35 km weit voneinander entfernt. Ihr Abstand zu dem Besitzzentrum bei Lüttich betrug zwischen 60 und 70 Kilometer. Dies läßt zusammen mit den übrigen Hinweisen auf Güter Pippins II. im Haspengau darauf schließen, daß die in der Überlieferung nicht mehr faßbaren Besitzungen Pippins im Lütticher Raum, mit denen in einem beträchtlichen Umfang zu rechnen ist, gleichfalls in weiter Streulage zueinander gelegen waren. Der Besitzkomplex um Jupille, Chèvremont, Herstal und Hermalle dürfte sich in seiner Geschlossenheit deutlich von den übrigen Gütern Pippins im Haspengau abgehoben haben.

c) Zum Verhältnis von karolingischem Hausgut und merowingischem Fiskalbesitz

Von Rutten und *Littemala* abgesehen werden die ältesten karolingischen Besitzungen im Lütticher Raum erst zu einem Zeitpunkt faßbar, als die Arnulfinger-Pippiniden unter Pippin II. die faktische Regierungsgewalt im Gesamtreich erlangt hatten und die von ihnen eingesetzten merowingischen Könige vollends ein Schattendasein führten. War es bereits unter Dagobert I.

als einem der letzten selbständig regierenden Merowingerkönige in großem Umfange zur Entfremdung von Königsgut durch hohe Amtsträger gekommen[256], so darf als sicher gelten, daß das Königtum nach dem Herrschaftsantritt Pippins II. 679/80 in Austrasien und 687 im Gesamtreich kaum mehr eigene Verfügungsgewalt über den Fiskalbesitz besaß. Entsprechend hebt Rousseau für das mittlere Maasgebiet hervor, daß zumindest für die Zeit nach dem Beginn des 8. Jahrhunderts „la distinction entre les biens du fisc et les domaines familiaux des maires du Palais est devenue purement théorique"[257]. Zu dem Status der Güter Pippins II. im Lütticher Raum werden unterschiedliche Auffassungen vertreten. So sehen Bonnell und Ganshof Jupille als ein ehemaliges Fiskalgut an[258], während Rousseau den Ort eher den karolingischen Hausgütern zuweisen möchte[259]. Bei der *villa* Herstal muß es nach Joris offenbleiben, „si ce domaine faisait partie du patrimoine familial des Pippinides ou s'il s'agissait d'une portion du fisc royal confisquée par le maire du palais Pépin II, après la victoire de Tertry en 687"[260]. Dieselbe Schwierigkeit ergibt sich, geht man allein von den besitzgeschichtlichen Nachrichten aus, letztlich für den gesamten Güterkomplex Pippins II. um Jupille, Chèvremont und Hermalle sowie in gleicher Weise für die unter Karl Martell und Karlmann bezeugten karolingischen Besitzungen und das seit König Pippin und Karl dem Großen im Lütticher Raum faßbare karolingische Reichsgut. Mit der Frage nach dem ursprünglichen Rechtsstatus dieser Güter ist ein Problem angesprochen, von dem die Aussagemöglichkeiten zur landschaftlichen Herkunft bzw. den Stammlanden der Arnulfinger-Pippiniden unmittelbar betroffen sind.

Zum Verhältnis von karolingischem Hausgut und merowingischem Fiskalbesitz liegen für das mittlere Maasgebiet nur wenige Zeugnisse vor. Das

---

[256] Vgl. CLAUDE, Comitat S. 51 mit Anm. 253 und S. 58.
[257] ROUSSEAU, La Meuse S. 49.
[258] BONNELL, Anfänge S. 75 und GANSHOF, Note S. 317 mit Anm. 40. Beide berufen sich darauf, daß in dem Bericht der Annales Mettenses a. 714 S. 18 über die Erkrankung Pippins II., der auf die oben S. 451 mit Anm. 220 zitierte Nachricht der Cont. Fred. zurückgeht, Jupille als *villa publica* bezeichnet wird. Wie VON SIMSON S. 18 Anm. 13 und Ganshof hervorheben, verwendet der Autor die Bezeichnung *villa publica* häufig für merowingische und karolingische Königshöfe und Pfalzen wie Montmacq, Amblève, Berny-Rivière, Compiègne, Düren oder Corbeny, vgl. a. 692, 715, 754, 757, 761, 771 S. 14, 22, 46, 49, 51 und 57. Doch erscheint es fraglich, inwieweit diese Angabe des um 805 schreibenden Verfassers den unter Pippin II. bestehenden Status von Jupille zutreffend wiedergibt und inwieweit selbst unter dieser Voraussetzung aus der Bezeichnung *villa publica* auf Reichsgut geschlossen werden kann. Eher möchte man annehmen, daß es dem Autor weniger auf eine scharfe Trennung von karolingischem Hausgut und merowingischem Fiskalgut ankam, sondern daß er bei dieser Angabe vor allem die gewiß noch zu seiner Zeit bekannte Bedeutung von Jupille als eines bevorzugten Aufenthaltsortes der frühen Karolinger hervorheben wollte; vgl. auch ROUSSEAU, La Meuse S. 226 Anm. 5.
[259] ROUSSEAU, La Meuse S. 47 und 226.
[260] JORIS, Herstal S. 393 f.

älteste von ihnen betrifft Namur. In den Auseinandersetzungen von 681/83 hatte sich Pippin II. nach Aussage der Continuatio Fredegarii in dem *castro Namuco* gegen den neustrischen Hausmeier Ghislemar verteidigt[261]. Im Jahre 692 hielt sich der königliche Hof unter Chlodowech III. in *Namucho* auf, wo eine Urkunde für Stablo-Malmedy ausgestellt wurde[262]. Dieser Königsaufenthalt wie die Existenz einer merowingischen Münzstätte in Namur[263] lassen auf umfangreichen Fiskalbesitz in Namur schließen[264]. Es wird deutlich, daß Pippin II. spätestens nach 679/80 Namur in seine Hand gebracht hatte, um mit dieser Burg in den Kämpfen um die Vorherrschaft in Austrasien einen weiteren Stützpunkt im mittleren Maasgebiet zu besitzen, daß er andererseits aber nach der Festigung seiner Herrschaft den Status von Namur als Fiskalgut wenigstens formell aufrecht erhalten ließ. Ein weiteres Beispiel aus der Zeit Pippins II. ist Lierneux. Der Ort, etwa 15 km südwestlich von Stablo in den Ardennen gelegen, ist in der Urkunde Childerichs II. von 669/70 über die Neuabgrenzung des Forstes um Stablo-Malmedy als königliche *curtis* bezeugt[265]. Aus der Grenzbeschreibung von 669/70 geht mit hoher Wahrscheinlichkeit hervor, daß dieser Königshof ursprünglich innerhalb jenes Forstbezirkes gelegen war, den Sigibert III. dem Abt Remaklus bei der Gründung der Klöster überlassen hatte[266]. Bei der Verkleinerung der *forestis* durch Childerich II. wurde Lierneux wieder aus diesem Bezirk herausgelöst und erhielt einen Teil der zunächst an Stablo-Malmedy geschenkten Waldungen zur Verwaltung durch die zu der *curtis* gehörigen *forestarii* unterstellt[267]. Diese Maßnahme Childerichs II. war offensichtlich gegen die von Grimoald gegründeten Klöster gerichtet[268]. Einer Urkunde Karlmanns von 747 ist zu entnehmen, daß Pippin II. *per suum testamentum villam aliquam que vocatur Lethernav una cum appenditiis et adiacentiis suis* an Stablo-Malmedy übertragen hatte[269]. Die Vermutung liegt nahe, daß Pippin mit dieser Schenkung von Lierneux dem Doppelkloster einen gewissen Ersatz für die Verkleinerung seines Besitzes durch Childerich II. verschaffen wollte. Auf welche Weise Pippin in den Besitz von Lierneux gelangte, ist nicht mehr anzu-

---

[261] Cont. Fred. cap. 4 S. 171; vgl. dazu oben S. 264 mit Anm. 136.

[262] D Mer 62 S. 56 = HR 1 Nr. 12 S. 36 ff.

[263] Vgl. DE BELFORT, Description générale 2 S. 408 f. und PROU, Monnaies mérovingiennes S. 265 f.

[264] ROUSSEAU, Namur S. 38 ff. stellt demgegenüber stärker die Rolle von Namur als einer Nebenresidenz der Bischöfe von Tongern-Maastricht heraus; vgl. dazu jedoch oben S. 325 ff.

[265] D Mer 29 S. 28 = HR 1 Nr. 6 S. 21.

[266] Vgl. dazu oben S. 106 Anm. 25.

[267] Die in der Urkunde genannten *forestarii* dürften zweifellos zu den im Umkreis von Stablo-Malmedy gelegenen Höfen Lierneux, Amblève und Cherain gehört haben, die unmittelbar von den die *forestis* um Stablo-Malmedy betreffenden Verfügungen Sigiberts III. und Childerichs II. betroffen waren.

[268] Vgl. dazu oben S. 106 mit Anm. 25.

[269] D Arnulf 16 S. 103 = HR 1 Nr. 18 S. 51 ff.; vgl. auch HEIDRICH, Titulatur S. 266 (Nr. 7).

geben. Seine Schenkung dieses Ortes läßt jedoch deutlich erkennen, daß nach dem Herrschaftsantritt von 679/80 Fiskalgut in die Verfügungsgewalt Pippins II. übergegangen war.

Zwei weitere aufschlußreiche Beispiele, die allerdings das friesische Gebiet betreffen, sind aus der Zeit Karl Martells überliefert. 723 schenkte Karl an das von Willibrord geleitete Utrechter Domkloster Besitz in und um Utrecht sowie in dem benachbarten Vechten *quantumcumque ad partem fisci vel ad nostram presens esse videtur*[270]. 726 übertrug er der Bischofskirche in Utrecht Besitzungen *iuris nostri* in Elst nördlich von Nijmwegen, die einstmals einem Eberhard gehört hatten. In der Urkunde wird genau ausgeführt, daß diese Güter wegen der Untreue Eberhards konfisziert und von Childebert III. (694/95–711) *de suo fisco* an Pippin II. geschenkt worden waren. Pippin wiederum habe die Besitzungen Karl Martell *iure hereditario* überlassen[271]. Die Angaben der Urkunde von 723 sind wohl am ehesten in der Weise zu interpretieren, daß Karl Martell als der faktische Inhaber der Regierungsgewalt in einem hoheitlichen Akt Fiskalland zur Ausstattung der Utrechter Kirche zur Verfügung stellte. In der Urkunde von 726 hingegen wird das geschenkte Gut deutlich als ein Eigengut Karl Martells gekennzeichnet, das auf königlicher Schenkung an seinen Vater beruhte. Pippin II. hatte sich seinerzeit die konfiszierten Besitzungen Eberhards nicht unmittelbar angeeignet, sondern sie sich, um etwaige Ansprüche Eberhards und dessen Familienangehöriger abschlagen zu können, formell vom König übertragen lassen. Wenngleich Karl bei seinen beiden Schenkungen von 723 und 726 jeweils die volle Verfügungsgewalt über die betreffenden Güter zustand, so wurde doch an der rechtlichen Scheidung zwischen Fiskalgut auf der einen und Eigengut des Hausmeiers auf der anderen Seite festgehalten.

Die genannten Beispiele weisen übereinstimmend darauf hin, daß nach 679/80 merowingisches Fiskalgut in großem Umfang in die Verfügungsgewalt der karolingischen Hausmeier gelangte[272]. Sie zeigen zugleich aber, daß

---

[270] D Arnulf 11 S. 99 = DB 1 Nr. 173 S. 305. Karl schenkte *omnem rem fisci ditionibus* innerhalb und außerhalb der Mauern des *castrum* Utrecht, soweit *ibidem fiscus ad presens esse videtur*, sowie die *villa* und das *castrum* Vechten. Die Übereignungsformel wird mit den zitierten Worten *quantumcumque ad partem fisci vel ad nostram presens esse videtur* eingeleitet. Bei strenger wörtlicher Interpretation wären danach Utrecht als Fiskal- und Vechten als Eigengut Karls anzusehen, doch erscheint es fraglich, inwieweit eine derart strikte Auslegung dem Wortlaut angemessen ist. Auf diese wie auch auf die Elst und Lierneux betreffenden Urkunden macht in demselben Zusammenhang bereits HEIDRICH, Titulatur S. 200 f. aufmerksam.

[271] D Arnulf 12 S. 100 = DB 1 Nr. 174 S. 307: *quantumcumque ibi habuit vel possedit Everhardus, dum ipse infidelis regi apparuit et in regis Francorum infidelitate foris patria ad infideles se sociavit, et propter hoc omnes res suas in fisco regali fuerunt redacte, quas gloriosus rex Hildebertus genitori nostro Pippino de suo fisco et ex largitatis sue munere concessit, mihique genitor meus Pippinus iure hereditario in proprietatem concessit.*

[272] Als ein weiteres Beispiel aus den ersten Regierungsjahren Karl Martells und aus dem nördlichen Austrasien kann Zülpich gelten, das nach Gregor, Hist. Franc. III, 8 S. 106 in königl-

dies nicht mit einem unterschiedslosen Übergang in das arnulfingisch-pippinidische Hausgut gleichbedeutend war. Eigengut und Fiskalbesitz konnten vielmehr in Einzelfällen deutlich voneinander geschieden werden. Auch im Lütticher Raum ist danach mit einem Nebeneinander von Haus- und Fiskalgut in der Hand Pippins II. zu rechnen. Das Beispiel von Namur läßt darauf schließen, daß Pippin einige dieser Güter bereits zur Stärkung seiner Machtposition in den Kämpfen um die Vorherrschaft in Austrasien herangezogen hatte. Keine der Nachrichten über die Besitzungen Pippins II. im Lütticher Raum ist derart detailliert, daß sie für sich alleine genommen sichere Aussagen über die Herkunft der betreffenden Güter zulassen könnte. Um so stärkeres Interesse kommt der Frage zu, in welchem Umfange merowingisches Fiskalgut im Lütticher Raum nachweisbar ist und inwieweit sich von dem späteren karolingischen Reichsgut in diesem Gebiet her Rückschlüsse ergeben.

Zum merowingischen Fiskalgut im Lütticher Raum haben sich nur wenige Zeugnisse erhalten. Die Abhaltung eines Märzfeldes 595 in Maastricht durch Childebert II., die merowingische Münzprägung an diesem Ort und der Aufenthalt Childerichs II. 669/70 in *Traiecto* lassen auf eine starke Stellung des Königs in diesem wichtigsten städtischen Zentrum des mittleren Maasgebiets schließen[273]. Später nachweisbares Reichsgut in Maastricht ist danach mit hoher Wahrscheinlichkeit auf merowingischen Fiskalbesitz zurückzuführen[274]. Ein ähnliches Bild ergibt sich für Huy, das gleichfalls eine merowingische Münzstätte war. Hier sind 744 königliche Zolleinkünfte bezeugt. Reichsgut, das in Huy unter Lothar I. vergabt wurde, dürfte wie in Maastricht in merowingische Zeit zurückreichen[275]. Fiskalbesitz auf dem offenen Lande ist hingegen allein in einer Fälschung des 12. Jahrhunderts aus St. Vaast in Arras genannt, derzufolge Theuderich III. (673–690/91) dem Kloster St. Vaast Güter u. a. in Halmaal und Emmeren bei St. Truiden geschenkt haben soll[276]. Doch bedarf noch näherer Überprüfung, inwieweit dieser Fälschung ein historischer Kern zugrundeliegt[277]. Reicher ist die Überlieferung für das

---

licher Hand war und das Karl 723 und 726 als Aufenthaltsort diente, vgl. Gesta abb. Font. III, 5 S. 33 sowie dazu Reg. Imp. Karol. 35 und HEIDRICH, Titulatur S. 241 (A 10); zu 726 vgl. D Arnulf 12 S. 100 = DB 1 Nr. 174 S. 307. Umgekehrt aber erscheint es aufschlußreich, daß Chilperich II. 716 die bereits 669/70 unter den königlichen *curtes* bezeugte *villa* Amblève in den Ardennen aufsuchte, vgl. Annales Mettenses a. 716 S. 22 f.; sie wurde somit unverändert dem Fiskalgut zugerechnet. Vgl. auch Anm. 279.

[273] Vgl. ECKHARDT, Decretio Childeberti S. 32f. und 70, PROU, Monnaies mérovingiennes S. 257 ff. und D Mer 29 S. 29 = HR 1 Nr. 6 S. 23.

[274] Vgl. dazu oben S. 318 mit Anm. 190.

[275] Zu Huy vgl. PROU, Monnaies mérovingiennes S. 261 ff., D Mer 97 S. 88 = HR 1 Nr. 16 S. 45 sowie ROUSSEAU, La Meuse S. 41 ff. und JORIS, Huy S. 81 ff. Zu dem im 9. Jh. bezeugten Reichsgut am Ort vgl. auch oben S. 326 mit Anm. 40 und 41.

[276] D Mer (Sp.) 76 S. 192; vgl. dazu auch D KdK 502 (Sp.) TESSIER, Recueil S. 663 und ebd. Vorbemerkung S. 662.

[277] Vgl. oben S. 88 mit Anm. 69 und 70.

Gebiet um Stablo-Malmedy und südöstlich von Namur. Im Umkreis der beiden Ardennenklöster sind 669/70 die Königshöfe Amblève, Cherain und Lierneux bezeugt. Sie lagen im Zuständigkeitsbereich eines *domesticus*[278]. Dies könnte auf noch weiteres Königsgut in diesem Raum hindeuten. Besitzungen Childerichs II. bei Maibe südöstlich von Namur werden in einer Urkunde von 692 erwähnt, in der Chlodowech III. einen Gütertausch zwischen Childerich und Stablo-Malmedy bestätigte[279]. Die Tatsache, daß einerseits durch die günstige Stabloer Überlieferung eine Reihe von königlichen Gütern in den nördlichen Ardennen faßbar wird und daß andererseits der König in den an der Maas gelegenen Wirtschaftszentren Huy und Maastricht eine starke Stellung innehatte, läßt darauf schließen, daß es auch außerhalb dieser städtischen Siedlungen Fiskalbesitz im Lütticher Raum gab. Dem könnte entsprechen, daß mit dem unter Pippin II. tätigen *domesticus* Dodo ein Amtsträger bekannt ist, dem offensichtlich die Verwaltung des Königsguts im Umkreis von Maastricht und Lüttich unterstand[280]. Für den Nachweis einzelner Fiskalorte in diesem Raum reicht die Überlieferung allerdings nicht aus.

Frühkarolingische Besitzungen im Lütticher Raum sind nach der Erwähnung von Herstal 723 unter Karl Martell erst wieder für die Zeit Karlmanns bezeugt[281]. Die *villa Uuasidio*, in der Karlmann 747 eine Urkunde für Stablo-Malmedy ausstellte, ist mit dem im 9. Jahrhundert mehrfach genannten Königshof Wasseiges zu identifizieren, der etwa 20 km nordwestlich von Huy an der Römerstraße Bavai–Tongern–Köln gelegen war[282]. Etwa 10 km maas-

---

[278] D Mer 29 S. 28f. = HR 1 Nr. 6 S. 20f.

[279] D Mer 62 S. 55 = HR 1 Nr. 12 S. 36f. Danach hatte Abt Remaklus als Tauschgut an Childerich II. den *locellum cui nomen Athetasis* gegeben und dafür *de fisco nostro locellum qui dicitur Maipa* erhalten; für den Ortsnamen *Athetasis*, dessen Deutung GYSSELING, Woordenboek S. 76 offenläßt, schlagen HALKIN/ROLAND S. 36 Anm. 2 einen Bezug auf Natoye (prov. Namur, arr. Dinant) vor; *Maipa* ist sicher mit dem Natoye benachbarten Maibe (Ortsteil von Schaltin) gleichzusetzen, vgl. HALKIN/ROLAND S. 37 Anm. 1 und GYSSELING S. 649. Auch diese Bestätigung zeigt, daß nach der Herrschaftsübernahme durch Pippin II. der Status des Königsgutes formell beibehalten wurde.

[280] Vgl. dazu oben S. 124.

[281] Nicht den frühkarolingischen Gütern im Lütticher Raum hinzugezählt werden kann jene *Glamau villa*, in der Karl Martell 720 einen Gerichtstag abhielt und die mit dem 814 unter den *fisci* und in der Nonenschenkung Lothars II. an St. Marien in Aachen unter den königlichen *villae* genannten *Glaniaco* gleichzusetzen ist, vgl. D Arnulf 10 S. 97 = HR 1 Nr. 15 S. 40, ebd. Nr. 25 S. 66 und D Lo II 43 S. 454. Der mehrfach auf Glain bei Lüttich bezogene Ortsname, vgl. zuletzt EWIG, Descriptio Franciae S. 176f. (Karte) ist nach zuletzt GYSSELING, Woordenboek S. 408, ROTTHOFF, Reichsgut S. 81f. und MÜLLER-KEHLEN, Ardennen S. 153f. auf wüst Glains bei Bovigny (prov. Luxembourg, arr. Bastogne) zu deuten. Zu Olne als einer weiteren mehrfach Karl Martell zugewiesenen Besitzung im Lütticher Raum vgl. Anm. 297.

[282] D Arnulf 15 S. 102 = HR 1 Nr. 17 S. 49f. Der Ort ist identisch mit dem 814 unter den *fiscis* genannten *Vuasitico*, ebd. Nr. 25 S. 66, und dem in Einhards Translatio ss. Marcellini et Petri IV, 8 S. 258 erwähnten *in pago Hasbanio ... vicum regium quem Wasidium vocant*. Sprachlich identisch ist auch jenes 841 bei Nithard III, 3 S. 31 genannte *Wasiticum*, in dem sich Karl d. K. auf dem Wege nach Maastricht aufhielt. ROUSSEAU, La Meuse S. 230 und GYSSELING, Woor-

aufwärts von Huy befand sich der 806 erwähnte Aufenthaltsort Karls des Großen Seilles[283]. Weitere karolingische Reichsgüter in den westlichen Teilen des Haspengaues werden unter Ludwig dem Frommen und Lothar II. mit den benachbarten, am Oberlauf des Jeker gelegenen Orten Lens[284] und Ligney[285] faßbar. Karolingische Besitzungen im äußersten Westen und Nordwesten des Haspengaues waren möglicherweise Jandrain[286], Tienen und Diest[287]. Im engeren Umkreis von Lüttich, Tongern und Maastricht ist in karolingischer Zeit Reichsgut an den Orten Awans, Rutten-*Littemala*[288],

denboek S.1048 beziehen diese Belege auf Wasseiges (prov. Liège, arr. Waremme), während KNAEPEN, Visé S.261f. sie auf Visé an der Maas südlich von Maastricht deutet. Ausschlaggebend für die Gleichsetzung mit Wasseiges dürfte sein, daß Wasseiges im Haspengau lokalisiert wird, wohingegen Visé, wie die Angabe des Meerssener Vertrages von 870: *Liugas quod de ista parte est Mosae et pertinet ad Veosatum* (Capitularia II Nr.251 S.195) zeigt, im Lüttichgau gelegen war.

[283] Vgl. dazu oben S.403f. mit Anm.38; gegenüber von Seilles befand sich das von Pippins II. Mutter Begga gegründete Kloster Andenne. – Nicht mehr zum Haspengau gehörten die noch weiter maasaufwärts gelegenen Reichsgüter *in pago Namucensi, in villa nuncupante Beiss*, die Ludwig d.Fr. 832 in der Anm.285 genannten Schenkung seinem Getreuen Aginulf schenkte und die nach ROUSSEAU, La Meuse S.235 in dem 4,5 km östlich von Namur an der Maas gelegenen Ort Beez (prov. und arr. Namur) zu lokalisieren sind.

[284] Das *Lens regis palatio*, in dem Lothar II. 866 eine Urkunde für seinen Bruder Ludwig II. ausstellte, ist identisch mit dem in seiner Nonenschenkung an St. Marien in Aachen unter den königlichen *villae* genannten *Lens*, dem von Karl d.K. 877 unter seinen *palatia* aufgeführten *Lens* und dem unter demselben Herrscher bezeugten Prägeort *LENNIS FISCO*, vgl. DD Lo II 29 und 43 S.433 und 454, Capitularia II Nr.281 S.361 und GYSSELING, Woordenboek S.606. Die Belege sind mit ROUSSEAU, La Meuse S.238, GYSSELING und SCHIEFFER, DD Lo I und Lo II S.509 (Register) auf einen der Orte Namens Lens am Jeker, Lens-Saint-Remy, Lens-Saint-Servais oder Lens-sur-Geer zu beziehen; letztere Deutung erwägt vor allem ROTTHOFF, Reichsgut S.96.

[285] 832 schenkte Ludwig d.Fr. seinem Getreuen Aginulf u.a. vier Hufen *in pago Alsbanio, in villa nuncupante Liniaco*, vgl. BOUQUET, Recueil 6 S.574, Reg.Imp.Karol. 897. Mit ROUSSEAU, La Meuse S.235 und HERBILLON, Toponymes hesbignons (L-) S.46f. dürfte die Deutung auf Ligney (prov. Liège, arr. Waremme) die größte Wahrscheinlichkeit besitzen.

[286] In einer Schenkung von 855 übertrug Lothar I. seinem Vasallen Ebroin *quasdam res nostrae proprietatis, quae in pago Hasbannio sitae esse noscuntur, id est in villa Gundrinio mansum dominicatum*, D Lo I 138 S.309. Hatte ROUSSEAU, La Meuse S.237 den Ort für aller Wahrscheinlichkeit nach identisch mit dem 1139 erstmals als *Jandrainc* bezeugten Jandrain (prov. Brabant, arr. Nivelles) gehalten, so lehnte GYSSELING, Woordenboek S.540 eine derartige Deutung ab und bezeichnete SCHIEFFER, Vorbemerkung S.309 den Ortsnamen als unbestimmbar. HERBILLON, Toponymes hesbignons (I-à K-) S.30f. hielt hingegen die Deutung auf Jandrain für wahrscheinlich, die freilich als ursprüngliche Form *Gandrinio* zur Voraussetzung habe. Geht man davon aus, daß unter den bislang bekannten Orts-, Flur- und Wüstungsnamen des Haspengaues eine vergleichbar deutliche Entsprechung nicht nachweisbar ist, so dürfte der Bezug von *Gundrinio* auf Jandrain, der zwar nicht weiter abgesichert werden kann, doch einige Wahrscheinlichkeit für sich haben.

[287] In einer Interpolation aus dem Ende des 11.Jh.s in das D KdK 363 von 872 für St. Germain-des-Prés heißt es, Ludwig d.Fr. habe diesem Kloster u.a. *in pago scilicet Hasbanio villam vel abbatiam Thuinas dictam* übertragen, TESSIER, Recueil S.310 Anm.a. Der Ortsname wird zumeist auf Tienen (prov. Brabant, arr. Leuven) bezogen, vgl. zuletzt HERBILLON, Toponymes hesbignons (T- à Va-) S.70. Die Glaubwürdigkeit der Nachricht bedarf allerdings noch näherer Überprüfung. – Der Ort *Diostae* (Diest, prov. Brabant, arr. Leuven), ist im Jahre 900 als Ausstellort einer Urkunde Zwentibolds bezeugt, D Zw 28 S.68. Dies könnte, insbesondere falls die von

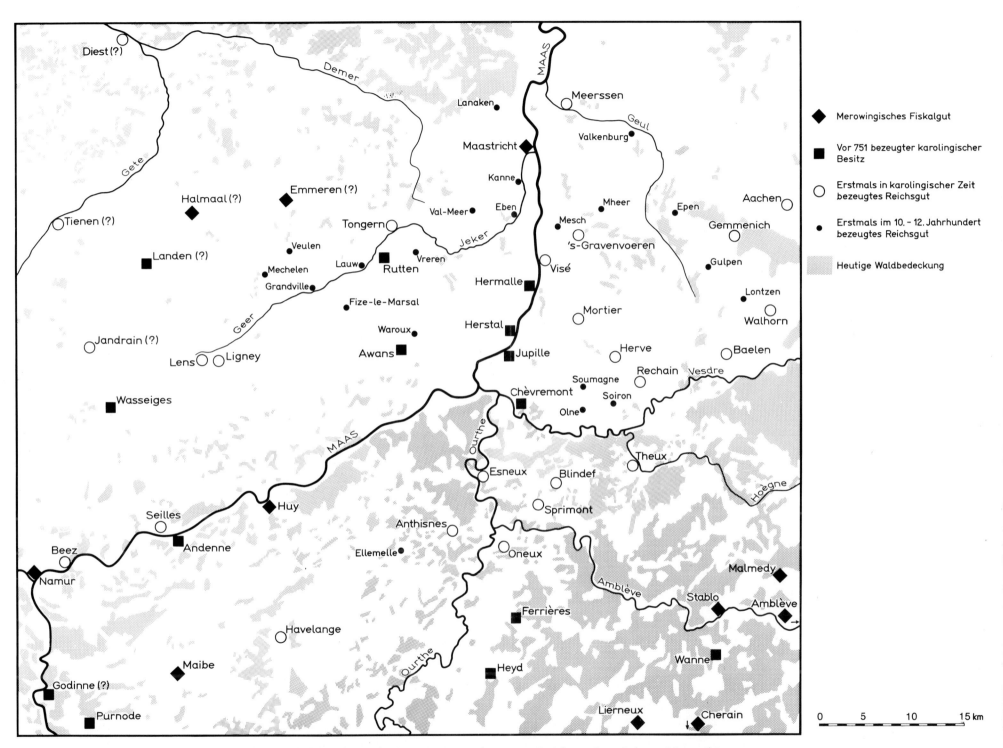

Karte 14: Merowingisches Fiskalgut, frühkarolingische Besitzungen und späteres Reichsgut im mittleren Maasgebiet

Tongern²⁸⁹, Herstal²⁹⁰ und Maastricht²⁹¹ belegt. Insgesamt aber erscheint die Zahl der in karolingischer Zeit nachweisbaren Reichsgüter im Haspengau, jener fruchtbaren und dichtbesiedelten Altsiedellandschaft westlich der Maas, als verhältnismäßig gering.

Demgegenüber weist das Gebiet östlich und südöstlich der Maas zwischen Maastricht, Lüttich, Aachen und dem Raum nördlich von Stablo-Malmedy eine starke Massierung des karolingischen Reichsguts auf. Unweit nördlich von Maastricht lag der Königshof Meerssen²⁹²; entlang der Maas zwischen Lüttich und Maastricht reihten sich die Besitzungen in Jupille, die östlichen Teile der Höfe Herstal und Hermalle und die karolingische Münzstätte Visé²⁹³ aneinander. Zwischen diesem Gebiet, der engeren Umgebung von Aachen und der Vesdre sind in karolingischer Zeit die Königshöfe 's-Gravenvoeren²⁹⁴, Mortier²⁹⁵, Herve²⁹⁶, Rechain²⁹⁷, Baelen²⁹⁸, Gemmenich und Wal-

---

ROTTHOFF, Reichsgut S. 147 Anm. 913 erwähnten spätmittelalterlichen Hinweise für Reichsbesitz am Ort abgesichert werden könnten, dafür sprechen, daß auch Diest Bestandteil des karolingischen Reichsguts war.

²⁸⁸ Vgl. oben S. 383 mit Anm. 72 (erschlossene Schenkung an Seligenstadt unter Einhard).
²⁸⁹ Vgl. dazu ROTTHOFF, Reichsgut S. 132.
²⁹⁰ Vgl. etwa D Lo II 43 S. 454 und oben S. 446 mit Anm. 194.
²⁹¹ Zu dem im Meerssener Vertrag von 870 Ludwig d. Dt. zugesprochenen *districtum Trectis*, Capitularia II Nr. 251 S. 194, vgl. FLACH, Aachener Reichsgut S. 344 ff.; zum Reichsbesitz an St. Servatius siehe DEETERS, Servatiusstift S. 28 ff. und oben S. 322 Anm. 17.
²⁹² Das *palatium* Meerssen ist 847, 851 und 870 als Ort von Treffen der Söhne Ludwigs d. Fr. bezeugt, vgl. Capitularia II Nr. 204, 205 und 251 S. 68, 72 und 193 sowie ROUSSEAU, La Meuse S. 237. Lothar schenkte die None der *villa* Meerssen an St. Marien in Aachen, D Lo II 43, S. 454.
²⁹³ Vgl. ROUSSEAU, La Meuse S. 66 mit Anm. 4 und GYSSELING, Woordenboek S. 1018. Da im 10. Jh. Reichsgut am Ort bezeugt ist, wird man Visé auch unabhängig von den Anm. 282 genannten Belegen als karolingisches Reichsgut betrachten können; vgl. ROTTHOFF, Reichsgut S. 140.
²⁹⁴ In dem *loco, qui vocatur Furonis* fand 878 ein Treffen zwischen Ludwig d. J. und Ludwig d. St. statt, Capitularia II Nr. 246 S. 169. Es handelt sich um das in DO I 316 S. 430 = WISPLINGHOFF, Rheinisches UB Nr. 23 S. 35 genannte *Furon* im Lüttichgau, das auf 's-Gravenvoeren, frz. Fouron-le-Comte (prov. Limburg, arr. Tongeren) zu deuten ist, vgl. ROUSSEAU, La Meuse S. 240 f. und GYSSELING, Woordenboek S. 422.
²⁹⁵ D LdK 70 S. 206; die Urkunde betrifft eine Schenkung an das Stift Chèvremont. Der Umfang des über Chèvremont an das Aachener Marienstift gelangten Besitzes, darunter eine Kirche, ist im Indiculus redituum beschrieben, vgl. MEUTHEN, UB Aachen Nr. 47 S. 235.
²⁹⁶ Arnulf von Kärnten hatte dem Bischof Lugdelm von Toul im Lüttichgau u. a. *capellam de Arvia* übertragen, Gesta epp. Tull. cap. 29 S. 638. Daß sich weiteres Reichsgut am Orte befand, zeigen Schenkungen Heinrichs III. von 1040, vgl. ROTTHOFF, Reichsgut S. 92 f.
²⁹⁷ D Lo II 43 S. 454. Zentrum des karolingischen Hofes *Richeim* war das heutige Petit-Rechain, vgl. MÜLLER-KEHLEN, Ardennen S. 201 ff. Der ca. 5 km südwestlich von Petit-Rechain gelegene Ort Olne wird von HALKIN/ROLAND 1 S. 48 und in Anschluß daran von ROTTHOFF, Reichsgut S. 118 mit Anm. 685 mit einem 747 von Karlmann an Stablo-Malmedy geschenkten *Olisna* identifiziert, D Arnulf 15 S. 102 = HR 1 Nr. 17 S. 49. Sprachlich und besitzgeschichtlich verdient jedoch die bereits von HALKIN/ROLAND 1 S. 48 erwogene Gleichsetzung mit dem 1105/19 als Ones in Stabloer Besitz bezeugten Wanne (prov. Liège, arr. Verviers) südlich von Stablo den Vorzug, vgl. GYSSELING, Woordenboek S. 1043.
²⁹⁸ D Lo II 43 S. 454; vgl. ROTTHOFF, Reichsgut S. 97 ff. und MÜLLER-KEHLEN, Ardennen S. 121 ff.

horn[299] bezeugt. In dem südlich anschließenden Raum zwischen den Flußläufen der Vesdre, Ourthe und Amblève werden bis zum Ausgang des 9. Jahrhunderts die königlichen *villae* und *fisci* Esneux[300], Sprimont[301], Blindef[302] und Theux[303] genannt. Für ein Gebiet von etwa 30 mal 30 Kilometern lassen sich somit, Jupille und Aachen eingeschlossen, nicht weniger als 15 Königshöfe nachweisen. Für einige von ihnen wie Jupille, Aachen, Gemmenich und Walhorn konnten Villikationsbezirke von beträchtlichem Umfang erschlossen werden[304]. Im Gegensatz zum Haspengau handelte es sich bei diesem Raum, dem Übergangsgebiet der Ardennen in das niederrheinische Tiefland, um eine sehr waldreiche Zone, die trotz mehrfacher Siedlungsspuren aus römischer und fränkischer Zeit vorwiegend als Ausbaulandschaft anzusehen ist[305].

Das aus ottonischer und salischer Zeit bekannte Reichsgut im mittleren Maasgebiet entspricht in seiner Verteilung dem für die Karolingerzeit gewonnenen Bild[306]. Es zeigt westlich der Maas eine weite Streuung im Haspengau mit zunehmender Verdichtung auf das Maasgebiet zwischen Tongern, Maastricht und Lüttich hin und läßt östlich der Maas die dichteste Lagerung

---

[299] Beide *villae* sind gleichfalls erstmals in der Nonenschenkung Lothars II. an das Aachener Marienstift genannt, D Lo II 43 S. 454; zu ihnen vgl. ausführlich FLACH, Aachener Reichsgut S. 97 ff.

[300] Der Ort begegnet erstmals in der Zehntbestätigung Ludwigs d. Fr. von 814 für Stablo-Malmedy, HR 1 25 S. 66; zu seiner Identifizierung vgl. oben S. 420 mit Anm. 78.

[301] D Lo II 43 S. 454; vgl. MÜLLER-KEHLEN, Ardennen S. 203 f. Legt man für die Rekonstruktion der karolingischen *villa* den Umfang des sog. „ban de Sprimont" und der Urpfarrei Sprimont zugrunde, vgl. dazu BAAR, Sprimont S. 18 und 37 ff., so ergibt sich, daß die Villikationsbezirke der Höfe Sprimont, Esneux, Blindef, Jupille und Theux unmittelbar aneinander grenzten. Das Gebiet zwischen Ourthe, Vesdre, Amblève und Hoëgne bildete somit im 9. Jh. einen wohl weitgehend geschlossenen Reichsgutskomplex.

[302] D K III 64 S. 108. Zu dem *fisculus Blandovium* gehörten 45 Hufen und eine Kapelle.

[303] HR 1 Nr. 25 und 29 S. 66 und 74; vgl. dazu ROTTHOFF, Reichsgut S. 127 und MÜLLER-KEHLEN, Ardennen S. 207 ff.

[304] Vgl. JOSSE, Jupille S. 142 f. und FLACH, Aachener Reichsgut S. 120 und 179 f. mit Anm. 483.

[305] Vgl. etwa das von MÜLLER-KEHLEN, Ardennen, für die von ihr untersuchten Königshöfe in den Ardennen zusammengestellte Fundmaterial, insbesondere die Tabelle 3 S. 231. Es ergibt für die merowingische Zeit einen „deutlichen Siedlungsrückgang gegenüber der römischen Zeit" (S. 26), wie er etwa für den Haspengau aber auch das Condroz in diesem Umfang nicht feststellbar ist.

[306] Vgl. hierzu die Übersichtskarte S. 464 f. und die von ROTTHOFF, Reichsgut im Anhang beigegebene Karte „Das Reichsgut in Niederlothringen und Friesland 900–1198". Beiliegende Karte, die keine Vollständigkeit beanspruchen möchte, beruht für die zwischen Maas und Ourthe gelegenen Gebiete des Condroz im wesentlichen auf der Zusammenstellung von ROUSSEAU, La Meuse S. 221 ff. sowie für das Reichsgut des 10.–12. Jh.s auf den Ergebnissen von Rotthoff. Aufgenommen wurden dabei jedoch nur solche Orte, für die eine Zugehörigkeit zum Reichsgut mit zumindest hoher Wahrscheinlichkeit gezeigt werden kann und die nicht als Zubehör eines größeren Reichsgutsbezirkes anzusehen sind. Durch diese wie auch durch einige durch die Ergebnisse der jüngeren Forschung wie GYSSELING, Woordenboek, MEUTHEN, Aachener Urkundenbuch und FLACH, Aachener Reichsgut bedingte Einschränkungen ist die Zahl der Eintragungen im Condroz wie auch in dem Gebiet zwischen Maas, Vesdre und dem Aachener Raum geringer als auf den betreffenden Karten von Rousseau (S. 244 f.) und Rotthoff.

in dem Raum zwischen Aachen, Maastricht und Lüttich erkennen. Dies berechtigt zu dem Schluß, daß ein Großteil des seit dem 10. Jahrhundert bezeugten Reichsguts in diesem Gebiet in die karolingische Zeit zurückreichte[307]. Umgekehrt zeigen die Beispiele von Rutten-*Littemala* und der Höfe Cherain und Amblève[308], daß im 7. Jahrhundert faßbare arnulfingisch-pippinidische Güter und merowingische Fiskalbesitzungen in gleicher Weise in dem späteren karolingischen Reichsgut aufgingen. Man wird somit annehmen können, daß das für die Karolingerzeit vorauszusetzende Reichsgut annähernd den Umfang und die räumliche Verteilung sowohl des merowingischen Königsguts wie auch des arnulfingisch-pippinidischen Hausguts widerspiegelt. Für detailliertere Aussagen, wo die jeweiligen Schwerpunkte des Fiskalbesitzes und der Hausgüter lagen[309] und wie hoch der jeweilige Anteil beider Gütergruppen an der Gesamtheit des karolingischen Reichsguts war, reicht die Überlieferung nicht aus. Um so weniger wird man, allein von den besitzgeschichtlichen Zeugnissen ausgehend, die Herkunft einzelner frühkarolingischer Besitzungen wie Jupille, Hermalle oder Herstal näher bestimmen können. Andererseits aber ergeben sich für die allgemeine Beurteilung des besitzgeschichtlichen Befundes einige aufschlußreiche Anhaltspunkte. Als wichtigste merowingische Fiskalgüter im Lütticher Raum sind die Besitzungen in den städtischen Zentren Huy und Maastricht anzusehen. Sie konnten, wie das Beispiel Namur 681/83 unter Pippin II. zeigt, demjenigen, der die Ver-

---

[307] Im Haspengau vermutet ROTTHOFF, Reichsgut S. 77 etwa für den Ort Vreren südöstlich Tongern eine Zugehörigkeit zum merowingischen Krongut; der Ort wurde 1005 von Heinrich II. aus Reichsbesitz vergabt. Für den Raum Lüttich-Aachen darf es als sehr wahrscheinlich gelten, daß die 1005 von Heinrich II. an St. Adalbert in Aachen geschenkten und einander benachbarten *villae* Soiron und Soumagne (prov. Liège, arr. Verviers) aus karolingischem Reichsgut stammten, vgl. ROTTHOFF S. 118f. Sie schließen die Lücke zwischen den Königshöfen Jupille, Herve und Rechain.

[308] Zu Rutten vgl. oben S. 393 ff. Die Orte Cherain und Amblève werden 669/70 und z. T. noch 716 als merowingische Fiskalgüter genannt und begegnen 814 bzw. unter Lothar II. in karolingischem Reichsbesitz, vgl. D Mer 29 S. 28f. = HR 1 Nr. 6 S. 21, Annales Mettenses a. 716 S. 22f. und HR 1 Nr. 25 S. 66; vgl. auch MÜLLER-KEHLEN, Ardennen S. 144ff. und 166ff.

[309] Einen weiteren Schwerpunkt der den Karolingern verfügbaren Besitzungen nördlich des Trier-Verduner Raums bildete in der ersten Hälfte des 8. Jh.s das Condroz, wo Karlmann in einer Schenkung von 747 dem Kloster Stablo-Malmedy insgesamt 16 *villae* übertrug, D Arnulf 15 S. 102f. = HR 1 Nr. 17 S. 49f. Die in dieser Schenkung genannten, nördlich gelegenen und sicher bzw. weitgehend sicher identifizierten Orte Godinne, Purnode, Ferrières, Heyd und Wanne, vgl. zu letzterem Anm. 297, sind in der Karte S. 464f. verzeichnet. Sie lagen zusammen mit Andenne, Maibe und Stablo-Malmedy in einem Gebiet, für das in der zweiten Hälfte des 7. Jh.s arnulfingisch-pippinidische Güter wie auch Fiskalbesitz bezeugt sind. Es ist somit eine Herkunft dieser Güter sowohl aus Hausgut als auch aus Fiskalgut anzunehmen. Der relativ hohen Zahl der 747 bezeugten Besitzungen stehen keine Nachrichten zur Seite, die auf eine vergleichbar zentrale politische Bedeutung des Condroz für die frühen Karolinger hindeuten könnten, wie sie für den Lütticher Raum erschlossen werden kann. Die politische Bedeutung dieses Gebiets lag wohl vor allem in seiner Funktion als Bindeglied zwischen den Kernlandschaften an der oberen Maas und Mosel einerseits und den nördlichen Gebieten zwischen dem Kohlenwald und der mittleren Maas andererseits.

fügungsgewalt über die königlichen Rechte erlangt hatte, eine beträchtliche Machtposition verschaffen. Dem Einfluß auf Huy und Maastricht dürfte somit für die Vorherrschaft in diesem Raum nicht geringe Bedeutung zugekommen sein. Umgekehrt bedeutete der Verlust der Verfügungsgewalt über das Königsgut, wie ihn die Arnulfinger-Pippiniden nach dem Sturz des Grimoald zweifellos hinnehmen mußten, eine erhebliche Schwächung der Machtgrundlage. Nimmt man an, daß die frühen Karolinger bei ihrem Wiederaufstieg unter Pippin II. außer über Andenne und Rutten-*Littemala* noch über weitere Güter im Lütticher Raum verfügen konnten, so wird man ihre Besitzgrundlage schwerlich allein auf entfremdeten Fiskalbesitz zurückführen können. Aus der Zeit nach der Erringung der Vorherrschaft im Frankenreich durch Pippin II. und Karl Martell sind für das nordöstliche Austrasien einige Zeugnisse überliefert, die erkennen lassen, daß trotz der völligen Entmachtung des merowingischen Königtums der Fiskalbesitz keineswegs unterschiedslos in das Hausgut der karolingischen Hausmeier als der faktischen Inhaber der Regierungsgewalt übergegangen war. Dies könnte dafür sprechen, daß auch nach 679/80 dem arnulfingisch-pippinidischen Hausgut eine hervorgehobene Bedeutung unter den in der Verfügungsgewalt der Karolinger befindlichen Besitzungen zukam.

Ergebnisse

Die Nachrichten zur Stellung der Arnulfinger-Pippiniden im Lütticher Raum weisen, gemessen an ihrer geringen Zahl, eine bemerkenswerte inhaltliche Vielfalt auf. Wichtigste zeitgenössische Zeugnisse sind die Urkunden zur Gründung von Stablo-Malmedy, der Bericht der Virtutes s. Geretrudis über die Anfänge von Andenne und die urkundlichen und erzählenden Hinweise des 8. Jahrhunderts über Besitzungen und Aufenthaltsorte Pippins II., insbesondere die Urkunde Karls des Großen von 779 für St. Marien auf Chèvremont. Hinzu kommen mit der Umschreibung des Herrschaftsbereichs Pippins I. in den Annales Mettenses, den Angaben der Urkunde Ottos I. von 948 über die Stiftungen des Chlodulf in Rutten und *Littemala* und den Nachrichten des 12. Jahrhunderts über Pippins II. Bestattung auf Chèvremont einige aufschlußreiche jüngere Quellenaussagen, denen, wie ihre Einzeluntersuchung ergibt, jeweils hoher Aussagewert für die Frühzeit beizumessen ist. Dank der derart gewonnenen Quellengrundlage kann ein verhältnismäßig sicheres Bild von den Beziehungen der frühen Karolinger zum Lütticher Raum bis in die Zeit Pippins II. gezeichnet werden.

Zeitlich am weitesten zurück reicht der Bericht der Annales Mettenses, demzufolge der Herrschaftsbereich Pippins I. die Landschaften zwischen Kohlenwald, der mittleren Maas und der friesischen Grenze umfaßt hatte. Für den Raum zwischen Kohlenwald und Namur läßt sich diese Angabe aufgrund der zeitgenössischen Nachrichten über die Gründung der pippinidischen Klöster Nivelles und Fosses sicher bestätigen. Vergleichbare Zeugnisse, die auch in dem östlich anschließenden Gebiet zwischen Namur und Maastricht frühe Besitzungen der Familie Pippins I. erkennen ließen, fehlen. Bedenken gegenüber einer Zuweisung auch dieser Gegenden zum ältesten Einflußbereich Pippins I. ergeben sich jedoch nicht. Da für Pippin I. als einen Angehörigen der vornehmsten Führungsschicht eine weiträumige Besitzstreuung anzunehmen ist, wird man vielmehr mit einiger Wahrscheinlichkeit davon ausgehen können, daß Pippin wie im Gebiet zwischen Kohlenwald und Namur so auch im Lütticher Raum als dem östlichen Teil seines Herrschaftsbereichs über Eigengut verfügen konnte. Landen – jener Ort, der in der späteren Tradition vor allen anderen Orten dieses Gebiets mit Pippin I. in Verbindung gebracht wurde – läßt sich allerdings nicht unter den ältesten pippinidischen Gütern nachweisen.

Landschaftliche Verbindungen der Familie Pippins I. in das östliche Belgien sind auch in der Generation nach Pippin deutlich zu erkennen. Unter Pippins Sohn Grimoald kam es hier zur Gründung der pippinidischen Klöster Nivelles, Fosses und Stablo-Malmedy. Das von Pippins Gemahlin Itta gegründete Kloster Nivelles diente Grimoald als Aufenthaltsort und war die Ausbildungsstätte und das spätere Wirkungszentrum seiner Tochter Wulfetrude. Die naheliegende Annahme, daß Grimoald nicht nur enge Verbindungen in den Raum zwischen Namur und Kohlenwald unterhielt, sondern auch an die Beziehungen seines Vaters in den Lütticher Raum anknüpfte, wird in hohem Maße durch seine Klostergründung in Stablo-Malmedy bestätigt. Stablo-Malmedy war, dies zeigt der Vergleich mit dem Vorgängerkloster Cugnon, als ein Eigenkloster Grimoalds errichtet worden. Cugnon, um 646/47 auf Betreiben des Hausmeiers Grimoald am Südrand der Ardennen für Abt Remaklus gegründet, hatte den Status eines Königsklosters. Da Remaklus in Cugnon auf Schwierigkeiten stieß, nahm Grimoald wohl um 648/50 in den nördlichen Ardennen, im unmittelbaren Einzugsbereich des Lütticher Raums eine größer angelegte und besser ausgestattete Neugründung in Stablo und Malmedy vor. Wohl stellte der König auch für dieses Kloster Land zur Verfügung, doch hob sich Stablo-Malmedy als Gründung Grimoalds gegenüber Cugnon deutlich als Eigenkloster des Hausmeiers ab. Nivelles, Stablo-Malmedy und Fosses waren vom irofränkischen bzw. rein irischen Mönchtum geprägt. Amandus, der maßgeblich an den Anfängen von Nivelles beteiligt war, übernahm wohl unter starker Einflußnahme Grimoalds in den Jahren

647/48 bis 649/50 – also sehr wahrscheinlich gleichzeitig mit den Anfängen von Stablo-Malmedy – die Leitung des Bistums Tongern-Maastricht. Wenngleich unmittelbare besitzgeschichtliche Zeugnisse fehlen, so lassen doch die Gründung von Stablo-Malmedy und die Einsetzung des Amandus in Maastricht enge Beziehungen Grimoalds zum Lütticher Raum erkennen. Dem dürften auch sonstige Verbindungen des Grimoald in dieses Gebiet entsprochen haben. Dies um so mehr, als auch hier, rechnet man mit Besitzungen seines Vaters Pippin an der mittleren Maas, Erbgüter Grimoalds anzunehmen sind.

Mit einer weiteren Klostergründung im mittleren Maasgebiet tritt Grimoalds Schwester Begga entgegen. Sie stiftete im Jahre 691, kurz vor ihrem Tode, das Kloster Andenne an der Maas westlich von Huy. Das Kloster, von Nivelles aus monastisch betreut, diente ihr als angemessener Witwensitz und als Grablege. Begga, die diese Stiftung in hohem Alter vornahm, war um 630/40 mit Ansegisel, dem Sohn Arnulfs von Metz, vermählt worden. Nach vorherrschender Auffassung führte diese Eheverbindung zur Vereinigung der arnulfingischen Güterkomplexe um Metz und Verdun mit den pippinidischen Hausgütern im östlichen Belgien. Diese, das Bild der karolingischen Stammlandschaften entscheidend prägende Annahme bedarf jedoch der Modifizierung. Eine Reihe von Indizien spricht dafür, daß es sich bei jenem Amtsträger Chlodulf, der nach Aussage einer 948 auszugsweise überlieferten Urkunde Pippins II. die Xenodochien Rutten und *Littemala* in der Nähe von Tongern gegründet hatte, mit hoher Wahrscheinlichkeit um den gleichnamigen Sohn Arnulfs von Metz handelte. Die Stiftung der beiden Xenodochien ist vor Chlodulfs Erhebung zum Bischof von Metz im Jahre 654/55 anzusetzen. Sie läßt auf enge Beziehungen Chlodulfs in den Lütticher Raum schließen. In Verbindung mit den Nachrichten zur Familie Pippins I. ergibt sich somit, daß Arnulfinger und Pippiniden sehr wahrscheinlich bereits in der ersten Hälfte des 7. Jahrhunderts nebeneinander im Lütticher Raum begütert waren. Den engen politischen Beziehungen zwischen Arnulf von Metz und Pippin I., wie sie bereits vor 611 bestanden, könnte somit durchaus eine weiträumige Besitznachbarschaft in Gegenden gemeinsamer Besitzbeziehungen entsprochen haben. Durch die Heirat Ansegisels und Beggas rückten der Raum um Metz – Verdun und das östliche Belgien als die jeweiligen Wirkungszentren Arnulfs und Pippins I. enger zusammen.

Nach dem Sturz des Grimoald 662 verlieren sich die Spuren der Arnulfinger-Pippiniden im Lütticher Raum für nahezu zwei Jahrzehnte im dunkeln. Neben Grimoald war offensichtlich auch Ansegisel im Zusammenhang der Ereignisse von 662 umgekommen. Sein Mörder Gundoin ist sehr wahrscheinlich mit jenem gleichnamigen Parteigänger Wulfoalds gleichzusetzen, der 669/70 als *dux* in dem Raum um Stablo-Malmedy begegnet und dessen Amtssprengel wohl auch in das mittlere Maasgebiet hineinreichte. Die Ermordung Ansegisels, Gundoins Amtstätigkeit in früheren Einflußbereichen der Pippiniden, die Pressionen, denen Grimoalds Tochter Wulfetrude in Nivelles ausgesetzt war, die Umwandlung von Stablo-Malmedy in ein Königskloster und die Einflußnahme Wulfoalds auf die Bischofserhebung des Lambert in Maastricht deuten übereinstimmend darauf hin, daß die Arnulfinger-Pippiniden nach 662 zunächst beträchtliche Einbußen ihrer Machtposition in den Gebieten zwischen Kohlenwald und Maas hatten hinnehmen müssen. Andererseits aber tritt eben diese Landschaft nach dem Wiederaufstieg der Familie unter Pippin II. als jener Raum entgegen, in dem Pippin in den ersten Jahren nach seinem Herrschaftsantritt von 679/80 neben dem Gebiet um Köln über den stärksten Rückhalt verfügte. Auch auf diesem Hintergrund erscheint die Nachricht der Annales Mettenses als durchaus glaubwürdig, wonach Pippins Sieg über Gundoin, den Mörder seines Vaters, eine wichtige Etappe zur Wiedergewinnung der Vormachtstellung seines Hauses in Austrasien gewesen sei.

Während der Auseinandersetzungen mit dem neustrischen Hausmeier Ghislemar 681/83 bildete der Lütticher Raum einen zentralen Teil des durch die Stützpunkte Namur und Köln umschriebenen Einflußbereichs Pippins II. im nördlichen Austrasien. Er rückt in der Folgezeit unter den zahlreichen Landschaften Austrasiens, zu denen Beziehungen Pippins II. nachweisbar sind, als jenes Gebiet in den Vordergrund, das die dichteste Überlieferung zur Person Pippins II. aufweist. Hier lagen mit Stablo-Malmedy, Rutten-*Littemala*, St. Truiden und St. Marien auf Chèvremont so dicht wie in keiner anderen Gegend Austrasiens Klöster und Kirchen beieinander, die Pippin II. mit Schenkungen bedachte. Dementsprechend ist auch der Großteil der bekannten Besitzungen Pippins II. in diesem Gebiet bezeugt: Awans bei Lüttich, die namentlich nicht genannten Schenkungen im Haspengau an Stablo-Malmedy und Rutten-*Littemala*, Güter in Budel, Eksel und Oostham im südlichen Toxandrien sowie vor allem der weitgehend geschlossene Besitzkomplex nördlich und östlich von Lüttich bei Jupille, Hermalle und Herstal, der sich um die Burg Chèvremont und die Pfalz Jupille gruppierte. Die beiden letzteren, einander eng zugeordneten Plätze dürfen als der Mittelpunkt der Herrschaftsausübung Pippins im mittleren Maasgebiet gelten.

Das *Novum Castellum* auf Chèvremont, wohl erst in fränkischer Zeit an fortifikatorisch hervorragender Stelle errichtet und in unmittelbarer Nähe zum Maastal bei Lüttich gelegen, ist als die beherrschende Burg des Lütticher Raums und des mittleren Maasgebiets bis hin nach Namur anzusehen. Sie befand sich in der Hand Pippins II., dessen enge Beziehungen zu diesem Platz daraus ersichtlich werden, daß er an der Kirche St. Marien auf Chèvremont eine Klerikergemeinschaft einrichtete, die er reicher mit Besitz ausstattete als alle übrigen von ihm gegründeten und geförderten Kirchen und Klöster, und daß er, wie Zeugnissen des 12. Jahrhunderts mit hoher Wahrscheinlichkeit zu entnehmen ist, diese Stätte zu seiner Grablege bestimmte. Nach der Festigung der Herrschaft Pippins tritt jedoch nicht Chèvremont, sondern das etwa 5 Kilometer entfernte, am Maasufer gelegene Jupille als der bevorzugte Aufenthaltsort Pippins im mittleren Maasgebiet entgegen. Hier befanden sich die baulichen und wirtschaftlichen Voraussetzungen für einen langen Aufenthalt des Herrschers. Pippin scheint nahezu sein gesamtes letztes Lebensjahr in Jupille verbracht zu haben. Burg und Pfalz, zu demselben Villikationsbezirk gehörig, waren einander offenkundig in der Weise zugeordnet, daß Chèvremont als nahezu uneinnehmbare Festung vor allem dem Schutz und der Verteidigung bei kriegerischen Auseinandersetzungen diente, während Jupille die Funktion eines Herrscherwohnsitzes in Friedenszeiten zukam.

Stellt man die einzelnen, von ihrer Provenienz wie von ihrer inhaltlichen Aussage her sehr unterschiedlichen Zeugnisse über die Beziehungen Pippins II. zum Lütticher Raum einander gegenüber, so wird man es schwerlich allein mit einer günstigeren Überlieferung erklären können, daß unter Pippin II. gerade dieses Gebiet so stark in den Vordergrund tritt. Vielmehr ist davon auszugehen, daß die vergleichsweise reiche Überlieferung eine tatsächliche hervorgehobene Bedeutung des Lütticher Raums in der Zeit Pippins II. widerspiegelt. Dem entspricht, daß diese Landschaft bereits in den ersten Jahren nach dem Herrschaftsantritt Pippins zu jenen Gegenden gehörte, in denen Pippin über den stärksten Rückhalt verfügen konnte.

Der Überblick über die Nachrichten zu den Beziehungen der frühen Karolinger in den Lütticher Raum ergibt zusammengefaßt, daß von Pippin I. an über Grimoald, Begga, Ansegisel und Chlodulf bis zu Pippin II. kontinuierlich Verbindungen der Arnulfinger-Pippiniden zu diesem Gebiet nachweisbar sind. Am markantesten läßt sich diese Kontinuität an der Reihe der Kloster- und Kirchengründungen verdeutlichen. Sie setzen, allerdings zunächst noch nicht im Lütticher Raum, mit den Gründungen von Pippins I. Gemahlin Itta in Nivelles am Kohlenwald und Fosses bei Namur ein. Es folgen in der nächsten Generation Stablo-Malmedy unter Grimoald und Beggas Stiftung in Andenne. Pippin II. gründete St. Marien auf Chèvremont und Susteren im Maasgau. Nimmt man die beiden Xenodochien Chlodulfs in Rutten und *Littemala* bei Tongern hinzu, so zeigt sich, daß mit Ausnahme von Fleury (Pippin II.) und St. Marien im Kapitol (Plektrud) sämtliche bekannten Kloster- und Kirchengründungen der frühen Karolinger in eben jenem Gebiet zwischen Kohlenwald und mittlerer Maas lagen, das in den Annales Mettenses als Herrschaftsbereich Pippins I. umschrieben ist. Von diesen Gründungen dienten Nivelles, Andenne und Chèvremont ihren Stiftern als angemessener Witwensitz bzw. als Grablege. Entsprach dies bei den Frauenklöstern häufigerem Beispiel jener Zeit, so kam St. Marien auf Chèvremont als der Grabeskirche Pippins II., des faktischen Herrschers im fränkischen Reich, ein besonderer Rang zu. Mit ihrer Bestimmung als Bestattungsort war weder ein politischer Anspruch verbunden wie bei der Wahl von St. Denis als Grablege Karl Martells noch lag wie bei der Bestattung von Pippins II. Sohn Drogo in St. Arnulf vor Metz eine kirchlich geprägte Familientradition zugrunde. Vielmehr schuf sich Pippin II. eine neue, seinem Rang entsprechend ausgestattete Grabeskirche und richtete an ihr ein kirchliches Zentrum ein. Sein Vorgehen spricht für eine besondere Vorliebe für die Burg Chèvremont und ihre Kirche St. Marien. Daß Pippins Stiftsgründung auf Chèvremont in demselben Raum wie sämtliche Kloster- und Kirchenstiftungen seiner Vorfahren gelegen war, kennzeichnet eine enge, in Generationen gewachsene landschaftliche Verbundenheit Pippins II. zu diesem Gebiet.

Auf dem Hintergrund dieser Beobachtungen kommt den wenigen besitzgeschichtlichen Nachrichten erhöhter Aussagewert zu. Abgesehen von Rutten-*Littemala* werden erstmals unter Pippin II. mit dessen Streubesitzungen im Haspengau und im südlichen Toxandrien und dem Besitzkomplex um Jupille und Chèvremont Güter der Arnulfinger-Pippiniden im Lütticher Raum faßbar. Allein von den jeweiligen Besitznachweisen ausgehend muß es offenbleiben, ob es sich bei diesen Gütern um altes Hausgut oder um Fiskalbesitz handelte, der nach dem Herrschaftsantritt von 679/80 in die Hand Pippins gelangt war. Eine Reihe von Forschern neigt letzterer Deutung zu und nimmt an, erst unter Pippin II. hätten die Arnulfinger-Pippiniden stärkeren Einfluß im Lütticher Raum gewonnen. Sieht man jedoch die besitzgeschichtlichen Zeugnisse im Zusammenhang mit den übrigen Nachrichten, so kann kaum ein Zweifel daran bestehen, daß den seit Pippin I. kontinuierlich bezeugten engen landschaftlichen Verbindungen der Pippiniden und Arnulfinger zum Lütticher Raum seit jeher auch Besitzrechte in diesem Gebiet entsprachen und daß die erstmals unter Pippin II. genannten Güter im Haspengau und an der mittleren Maas zu einem guten Teil auf altes pippinidisches und wohl auch arnulfingisches Hausgut zurückzuführen sind. Welche dieser Besitzungen zur ältesten Besitzschicht der Arnulfinger-Pippiniden im Lütticher Raum gehörten, ist im einzelnen allerdings nicht mehr auszumachen. Da Pippin I. und Grimoald jeweils über eine führende Stellung im mittleren Maasgebiet verfügten, liegt die Vermutung nahe, daß Chèvremont mit dem umliegenden Besitzkomplex als das weitaus wichtigste der unter Pippin II. faßbaren Güter bereits in ihrer Hand gewesen war. Für eine solche Deutung spricht auch die besondere Stellung der Burg unter Pippin II. selbst. Hält man sich vor Augen, wie scharf noch in der Zeit Karl Martells zwischen Hausgut und Fiskalgut geschieden werden konnte, so ist es schwer vorstellbar, daß es sich bei jenem Platz, den Pippin II. mit beträchtlichem Aufwand zu einer seinem Range angemessenen Grablege ausbaute, um entfremdetes Fiskalgut gehandelt haben könnte, in dessen Besitz Pippin erst nach 679/80 gelangt wäre. Eher möchte man annehmen, daß die Burg – wie es auch für andere Große jener Zeit bezeugt ist – zu den alten Eigengütern seiner Familie zählte, daß sie ihm als wichtiger Stützpunkt in den Kämpfen um den Wiederaufstieg seines Hauses diente und daß beides zusammengenommen seine besondere Vorliebe für diese Stätte begründete. Gerade unter Pippin II., in den Auseinandersetzungen der Zeit vor 679/80 und der Jahre 681/83, konnte die Burg eine hervorragende Bedeutung für die Arnulfinger-Pippiniden erlangen.

Insgesamt darf man somit davon ausgehen, daß auch im Lütticher Raum als dem östlichen Teil des Herrschaftsbereichs Pippins I. altes Hausgut der Pippiniden und wohl auch der Arnulfinger gelegen war. Dem Einfluß auf den dichtbesiedelten Haspengau und das Maastal mit seinen städtischen Zentren Huy und Maastricht dürfte für die Herrschaftsausübung in dieser wichtigen Landschaft des nördlichen Austrasien erhebliches Gewicht zugekommen sein. Zu der Frage, welcher Art die Herrschaft der Arnulfinger-Pippiniden in den Gebieten ihrer ältesten Hausgüter war, enthält die Überlieferung allerdings nur wenige Anhaltspunkte. Die betreffenden spärlichen Hinweise bestätigen weder die Annahme einer Herrschaft vorwiegend eigenen Rechts noch lassen sie darauf schließen, daß sich die Arnulfinger-Pippiniden bei ihrem Aufstieg lediglich auf eine vom König übertragene Amtsgewalt stützen konnten. In den Quellen treten vielmehr beide Elemente nebeneinander entgegen. Freundschaftsbünde und reicher Anhang unter den *fideles* scheinen zusammen mit ausgedehntem Grundbesitz in gleicher Weise zum Aufbau einer Machtposition beigetragen zu haben wie die Ausübung hoher königlicher Ämter. Den Nachrichten über die Schwurfreundschaften Pippins I. und Grimoalds mit Kunibert von Köln und anderen austrasischen Großen und den Angaben über das durch die Heirat Beggas mit Ansegisel vertiefte Bündnis zwischen Pippiniden und Arnulfingern sowie über das Zusammenwirken Pippins II. 679/80 mit einem *dux* Martin steht die Tatsache gegenüber, daß nahezu sämtliche bekannten Angehörigen der Arnulfinger-Pippiniden als Amtsträger bezeugt sind. Arnulf von Metz, zunächst als *domesticus* am Hofe tätig, übernahm das Bischofsamt in der königlichen Residenz Metz. Seine Söhne Chlodulf und Ansegisel wurden am Hofe ausgebildet und erhielten beide gleichfalls das Amt eines *domesticus*. Chlodulf wurde 654/55 zum Bischof von Metz erhoben. Für Pippin I. ist eine Amtstätigkeit erst 623 mit der Übernahme des Hausmeieramts in Austrasien überliefert. Doch ist es nicht unwahrscheinlich, daß er bereits zuvor Amtsträger gewesen war. Sein Sohn Grimoald, der seinem Vater 643 als Hausmeier folgte, scheint schon 641 *dux* gewesen zu sein. Pippin II. hatte nach dem Bericht des Liber Historiae Francorum 679/80 das Amts eines *dux* inne. Diese Angabe kann nicht als sicherer Beleg für eine frühe Amtstätigkeit Pippins II. gelten. Doch ist es angesichts des Beispiels seiner

Vorfahren durchaus denkbar, daß auch Pippin II. versucht hatte, seine eigene Machtgrundlage, sobald sich ihm die Möglichkeit dazu bot, durch eine Stellung als führender Amtsträger zu verbreitern.

Hält man sich vor Augen, daß Chlothar II. in seinem Pariser Edikt von 614 den Großen des Frankenreichs den Indigenat führender Amtsträger bestätigte, so liegt die Annahme nahe, daß auch die Arnulfinger-Pippiniden in jenen Gebieten, in denen ihre Hausgüter lagen, die Übernahme hoher Ämter anstrebten. Hierdurch konnte ihre Machtposition in den jeweiligen Einflußbereichen weiter ausgebaut werden. Dem Bericht der Annales Mettenses über den *principatus* Pippins I. zwischen Kohlenwald und Maas könnte somit durchaus als historischer Kern zugrunde liegen, daß Pippin in diesem weiten, von Eigengut durchsetzten Gebiet eine Herrschaft als hoher Amtsträger ausgeübt hatte. Ähnlich ist für Chlodulf und Ansegisel zu vermuten, daß sie am ehesten in den Landschaften als *domestici* tätig waren, in denen sie auch über Eigengut verfügten. Es erscheint nicht als ausgeschlossen, daß ihr Amtssprengel auch in den Lütticher Raum hineinreichte. Nach dem Sturz Grimoalds verloren die Arnulfinger-Pippiniden bis auf Chlodulf, der seinen Metzer Bischofsstuhl halten konnte, weitgehend die Machtgrundlage, die sie dank ihrer engen Verbindungen zum König und ihrer Stellung als königliche Amtsträger erworben hatten. Deutlichstes Beispiel hierfür ist Stablo-Malmedy, das von Grimoald als Eigenkloster auf Königsland gegründet, nach 662 den Pippiniden entzogen und in ein Königskloster umgewandelt wurde. In dieser Situation kam es entscheidend auf die eigenen Machtmöglichkeiten, d.h. auf die Hausgüter und die Verbindungen zu anderen Großen an. Die Überlieferung aus der Zeit Pippins II. spricht mit hoher Wahrscheinlichkeit dafür, daß die im Lütticher Raum vorhandenen Besitzungen den Arnulfingern-Pippiniden bei ihrem Wiederaufstieg unter Pippin II. eine wichtige Grundlage boten.

Schluß

Ziel der vorliegenden Arbeit war es, die Machtgrundlagen und die politische Stellung der frühen Karolinger in einer jener Landschaften, die als die Herkunftsgebiete des karolingischen Hauses gelten, näher zu untersuchen. Eng damit verbunden war die Frage, inwieweit es sich bei dem betreffenden Raum tatsächlich um eine der karolingischen Stammlandschaften handelte und wie sich das Verhältnis der Arnulfinger-Pippiniden zu den anderen politischen Kräften dieses Raums, der einheimischen Oberschicht, den führenden kirchlichen Kreisen und dem merowingischen Königtum in der Zeit des karolingischen Aufstiegs gestaltete. Das mittlere Maasgebiet um Lüttich erschien aufgrund seiner geographischen und historischen Voraussetzungen, seiner herausragenden Stellung unter Pippin II. und seiner relativ günstigen Überlieferung für eine derartige Untersuchung als besonders geeignet. Wohl haben sich auch im Lütticher Raum keine größeren geschlossenen Traditionskomplexe erhalten, doch stehen zahlreiche, wenngleich auch weit verstreute Einzelnachrichten zur Verfügung, deren Aussagen sich unschwer zu einem Gesamtbild von ausreichender Dichte vereinen lassen.

Die erstmals unter Pippin II. bezeugten Besitzungen der frühen Karolinger im Lütticher Raum gingen aller Wahrscheinlichkeit nach auf Güter beider Vorfahrenzweige des karolingischen Hauses zurück. Für die Pippiniden können Besitzrechte an der mittleren Maas bereits unter Pippin I. erschlossen werden. Arnulfingische Güter werden sehr wahrscheinlich eine Generation später unter Chlodulf, dem Sohn Arnulfs von Metz, faßbar. Soweit erkennbar, bestand die älteste Besitzgrundlage der Arnulfinger-Pippiniden im Lütticher Raum aus einem weitgehend geschlossenen Besitzkomplex, der sich mit den beiderseits der Maas gelegenen Höfen Herstal, Hermalle und Jupille um die beherrschende Burg Chèvremont gruppierte, und aus einer Reihe von Streubesitzungen im Haspengau und im südlichen Toxandrien. Im Gegensatz zu den dicht massierten Gütern östlich der Maas läßt sich in den westlich gelegenen Gebieten eine Gemengelage der frühkarolingischen Besitzungen mit den Gütern anderer Grundherren beobachten. So reihten sich etwa auf dem westlichen Maasufer entlang der Maas die Höfe des Godobald in Avroy und der Tongerner Bischofskirche in Lüttich, die frühkarolingischen *villae* Herstal und Hermalle und die Güter des Bischofs in Nivelle und Emael nahtlos aneinander. Eine weiträumigere Nachbarschaft bestand zwischen den bischöflichen Besitzungen in Tongern, den Gütern des Arnulfingers Chlodulf in Rutten und dem Hof des Crodoald in Glons. Im südlichen Toxandrien waren Pippin II. und die vornehme Schenkerin Bertilindis in den beiden unmittelbar benachbarten Orten Eksel und Hoksent begütert. In weiterer Entfernung dazu lagen die Besitzungen des Schenkers Heinrich in Reppel und des Grafen Rotbert in Schaffen sowie die Güter Pippins II. in Oostham und Budel. Diese mehrfach deutlich erkennbare Gemenge- und Streulage läßt auf dem Hintergrund der gesamten besitzgeschichtlichen Überlieferung für den Haspengau und das südliche Toxandrien weitere Rückschlüsse auf das Alter der frühkarolingischen Güter zu.

Der Haspengau, eine der fruchtbarsten Altsiedellandschaften im östlichen Belgien, wies bereits in fränkischer Zeit eine relativ dichte Besiedlung auf. Neben den frühen Karolingern waren hier, wie die genannten Beispiele zeigen, zahlreiche andere Grundbesitzer begütert. Quellenmäßig faßbar werden vor allem die Bischofskirche von Tongern-Maastricht, der König und eine breite einheimische Oberschicht. Das Bistum, dessen Kernraum der Haspengau mit den einander ablösenden Bischofsresidenzen Tongern, Maastricht und Lüttich bildete, dürfte über sehr umfangreichen Besitz verfügt haben. Weniger reich war wohl der merowingische König begütert, für den Besitz vor allem in den städtischen Zentren Maastricht und Huy bezeugt ist. Doch ist einiges Fiskalgut auch auf dem offenen Lande anzunehmen. Die Hauptmasse des vorhandenen Grundbesitzes scheint sich in der Hand privater Grundherren befunden zu haben. Die Überlieferung läßt auf eine zahlenmäßig starke Schicht sozial gehobener Familien schließen, die bereits längere Zeit im mittleren Maasgebiet begütert und ansässig waren. Ihre Güter umfaßten zumeist Besitz an mehreren Orten und befanden sich in Streulage. Die frühkarolingischen Besitzungen entsprachen vollauf dem Bild dieser privaten Grundherrschaften. Die durch die Gunst der Überlieferung punktuell faßbare Gemengelage der arnulfingischen und pippinidischen Güter mit reichem Privat- und Kirchengut darf, nimmt man den Fiskalbesitz hinzu, als kennzeichnend für die frühmittelalterliche Besitzstruktur weiter Teile des Haspengaues und auch des südlichen Toxandrien gelten. Angesichts der – wenngleich auch nur in Umrissen erkennbaren – weit vorangeschrittenen Besitzdifferenzierung in diesen Gegenden ist es nur wenig wahrscheinlich, daß die Pippiniden und Arnulfinger erst seit der Zeit Pippins I. und Chlodulfs im mittleren Maasgebiet besitzmäßig Fuß faßten. Eher ist anzunehmen, daß die für das 7. und beginnende 8. Jahrhundert im Haspengau und im südlichen Toxandrien zu erschließenden Besitzverhältnisse das Ergebnis einer längeren Entwicklung waren und daß die frühen Karolinger somit bereits vor ihrem ersten quellenmäßigen Auftreten über Besitz in diesen Gebieten verfügten.

Ein grundsätzlich anderes Bild ergibt sich für die Besitzverhältnisse in den Gegenden östlich der Maas. In den waldreichen und dünn besiedelten Zonen zwischen Lüttich, Aachen und Stablo-Malmedy ist keinerlei privater Grundbesitz und nur in bescheidenem Umfang Kirchengut nachweisbar. Nördlich und östlich von Lüttich tritt mit der *villa* Jupille, den auf dem östlichen Maasufer gelegenen Teilen von Herstal und Hermalle sowie mit der Burg Chèvremont dicht massierter Besitz der frühen Karolinger entgegen. Die Gründungsstätte von Stablo-Malmedy und die südlich der beiden Klöster gelegenen Höfe Amblève, Cherain und Lierneux sind als merowingischer Fiskalbesitz bezeugt. Im 8. und 9. Jahrhundert werden in dem Waldgebiet nördlich von Stablo-Malmedy zwischen Lüttich und Aachen zahlreiche *villae* und *fisci* genannt, die auf weitgehend geschlossenen Reichsbesitz schließen lassen. Dies spricht in Verbindung mit den Nachrichten aus frühkarolingischer Zeit dafür, daß sich in diesem Raum seit jeher nur geringes Privat- und Kirchengut befand und daß hier in großräumig organisierten Gutsbezirken der merowingische König und die frühen Karolinger die hauptsächlichen Grundbesitzer waren. Die Anfänge der jeweiligen Besitzrechte und der ursprüngliche Anteil von merowingischem Fiskalbesitz und karolingischem Hausgut sind nicht mehr sicher zu bestimmen. Aufschlußreich erscheint, daß die bekannten karolingischen Besitzungen, die um die Burg Chèvremont gruppierten Güter Jupille, Herstal und Hermalle, unmittelbar an der Maas und damit in der Übergangszone zwischen dem Haspengau und dem östlich anschließenden Ausbauland der Ardennen und ihres Vorlandes gelegen waren. Diese Güter wie auch die Burg Chèvremont befanden sich aller Wahrscheinlichkeit nach bereits seit langem in der Hand der Arnulfinger-Pippiniden. Anhaltspunkte dafür, daß es sich um Fiskalgut handelte, das erst im Verlauf des 7. Jahrhunderts von den frühen Karolingern erworben worden war, ergeben sich nicht. Fiskalbesitz, wie er südlich von Stablo-Malmedy sicher bezeugt ist, scheint danach vor allem in den nördlich der beiden Klöster anschließenden und weiter vom Maasufer entfernten Waldzonen gelegen zu haben. Bei einer solchen Annahme liegt die Hypothese nahe, daß die Arnulfinger-Pippiniden schon früh von Jupille und Chèvremont aus versuchten, ihre Besitzrechte in das dem König unterstehende Ausbauland der nördlichen Ardennen auszudehnen. In dem dicht besiedelten Haspengau hingegen dürfte es schwierig gewesen sein, die bereits vorhandene Besitzgrundlage durch späteren Gütererwerb – es sei denn durch Heiratsverbindungen – nennenswert zu verbreiten.

Unter den politischen Kräften des Lütticher Raums im ausgehenden 6. und im 7. Jahrhundert sind die Pippiniden und Arnulfinger zunächst dem großen Kreis der hier begüterten führenden Familien zuzuweisen. Die Oberschicht des Lütticher Raums setzte sich im wesentlichen aus zwei Gruppen zusammen: einer größeren Gruppe von Familien, deren Besitzgrundlage und Wirkungsbereich insgesamt auf das mittlere Maasgebiet beschränkt blieben, und einem kleinen Kreis herausgehobener Familien, die in weiten Teilen Austrasiens begütert waren, hohe Amtsträger stellten und zur vornehmsten austrasischen Führungsschicht zählten. Dieser letzteren Gruppe gehörten die Arnulfinger-Pippiniden an. Weitere bekannte Vertreter der ranghöchsten Oberschicht im Lütticher Raum sind Adalgisel-Grimo und Adela von Pfalzel. Will man die Rolle des mittleren Maasgebiets unter den karolingischen Stammlandschaften näher bestimmen, so wird man sich an dem Bild zu orientieren haben, das sich aus dem Testament des Grimo von 634 und der Urkunde der Adela von 732/33 für die landschaftlichen Beziehungen von Familien ergibt, denen die Arnulfinger-Pippiniden zunächst gleichgestellt waren.

Gemeinsam ist den Familien Adalgisel-Grimos und Adelas, daß sich ihre weiträumigen Grundherrschaften über Gebiete sowohl südlich als auch nördlich der Ardennen erstreckten. Dasselbe Bild ist für die Arnulfinger zu erschließen, die sehr wahrscheinlich ebenso wie Grimo in der Gegend von Metz und Verdun wie auch im Lütticher Raum begütert waren. Für die Pippiniden sind als älteste Besitzgrundlage Güter zwischen dem Kohlenwald und der mittleren Maas, möglicherweise auch darüber hinaus zwischen dem Hennegau und dem ripuarischen Raum anzunehmen. Dem entsprachen die weitgestreuten Besitzungen Adelas in den Gebieten nördlich der Ardennen zwischen Maastricht und dem Niederrhein. Weitere frühkarolingische Besitzungen sind unter Pippin II. im Trierer Raum bezeugt. Für sie ist weder eine Herkunft aus Fiskalbesitz noch eine Übernahme aus der Mitgift von Pippins Gemahlin Plektrud zu erkennen. Die naheliegende Annahme, daß es sich um arnulfingische oder pippinidische Hausgüter handelte, findet in den urkundlichen Zeugnissen über den Besitz sozial gleichgestellter austrasischer Familien eine hinreichende Stütze. Ist es einerseits wahrscheinlich, daß die Arnulfinger nicht nur bei Metz und Verdun und bei Lüttich, sondern ebenso wie Adalgisel-Grimo auch in dem dazwischen liegenden Trierer Raum begütert waren, so ist es andererseits durchaus denkbar, daß auch die ältesten pippinidischen Güter ähnlich den Besitzungen Adelas von Pfalzel von den Gebieten nördlich der Ardennen bis an die mittlere Mosel bei Trier hinabreichten. Mit hoher Wahrscheinlichkeit wird man danach für beide Vorfahrenzweige des karolingischen Hauses jeweils weiträumige Grundherrschaften voraussetzen dürfen, wie sie durch die Gunst der Überlieferung für Angehörige gleichrangiger Familien sicher bezeugt sind.

Die bisher vorherrschende Auffassung von den karolingischen Stammlandschaften erfährt durch dieses Ergebnis eine gewisse Modifizierung. Die Annahme, daß ein arnulfingischer Besitzkomplex bei Metz und Verdun und ein pippinidischer Besitzkomplex im östlichen Belgien durch die Heirat Ansegisels mit Begga vereint worden seien und daß die Arnulfinger-Pippiniden erst durch die Eheverbindung Pippins II. mit Plektrud Besitzungen im Trierer Raum erworben hätten, ist danach in dieser Form nicht aufrechtzuerhalten. Dies um so weniger, als zum einen bereits unabhängig von der Heirat Ansegisels und Beggas durch Chlodulfs Stiftungen bei Tongern arnulfingischer Besitz auch im Lütticher Raum faßbar wird, und als zum anderen die Rekonstruktion einer im Trierer Raum begüterten „Hugobert-Irmina-Sippe", der Pippins II. Gemahlin Plektrud angehört habe, als äußerst fraglich gelten muß. Weist man Plektrud der Verwandtschaft Adelas von Pfalzel zu – auch dies läßt sich nicht absichern –, so würde sich ergeben, daß sie einer Familie entstammte, deren Besitzungen weit über den Trierer Raum hinaus bis in die Gegenden nördlich von Maastricht und am Niederrhein reichten. Wie bei Ansegisels Heirat mit Begga wäre anzunehmen, daß auch die Eheverbindung Pippins II. weniger zu einer Ausweitung der Besitzrechte in andere Landschaften Austrasiens als vielmehr zu einer Verbreiterung der Besitzgrundlage in Gegenden gemeinsamer Besitzbeziehungen führte.

Dem vornehmlich von Hlawitschka entworfenen Bild von „Blöcken ursprünglichen Karolingerbesitzes" um Metz–Verdun und im östlichen Belgien ist somit gegenüberzustellen, daß beide Vorfahrenzweige des karolingischen Hauses sehr wahrscheinlich bereits vor ihrer Versippung unter Ansegisel und Begga jeweils über weitgestreuten Grundbesitz in mehreren Gegenden Austrasiens verfügten. Doch ist daran festzuhalten, daß das Schwergewicht des arnulfingischen Einflußbereichs mehr in den Gebieten südlich der Ardennen gelegen war, wohingegen sich die pippinidischen Machtzentren wohl vor allem in dem Raum zwischen Kohlenwald und mittlerer Maas befanden. Dem Lütticher Raum, in dem beide Familien begütert waren, kam somit innerhalb der ältesten Einflußzonen der Arnulfinger und der Pippiniden unterschiedliche Bedeutung zu. Für die Arnulfinger dürfte ihr Besitz in diesem Gebiet insgesamt von vergleichsweise geringem Gewicht gewesen sein. Für die Pippiniden hingegen scheint das mittlere Maasgebiet um Lüttich einen ihrer Machtschwerpunkte im östlichen Belgien gebildet zu haben. Sieht man in der Streu- und Gemengelage der frühkarolingischen Besitzungen im Haspengau und im südlichen Toxandrien das Ergebnis einer längeren Entwicklung, so ist es sehr wahrscheinlich, daß die Besitzrechte der Pippiniden im Lütticher Raum weit in das 6. Jahrhundert zurückreichten. Vergleichbare Angaben über das Alter der arnulfingischen Güter in diesem Gebiet sind nicht möglich. Als aufschlußreiches Parallelbeispiel mag jedoch gelten, daß auch Adalgisel-Grimo nur über geringen Besitz im Lütticher Raum verfügte, daß seine Familie aber bereits seit mehreren Generationen hier begütert war. Es erscheint danach als gut denkbar, daß auch der arnulfingische Besitz bereits dem 6. Jahrhundert angehörte.

Seit dem ersten quellenmäßigen Auftreten der Pippiniden und seit Chlodulf von Metz sind über Generationen hinweg enge landschaftliche Verbindungen der frühen Karolinger zum Lütticher Raum nachzuweisen. Sie fanden ihren deutlichsten Ausdruck in zahlreichen Kloster- und Kirchengründungen. Mit Stablo-Malmedy, Rutten-*Littemala*, Andenne, Chèvremont und Susteren massierte sich ein Großteil der bekannten geistlichen Stiftungen der Arnulfinger und Pippiniden im mittleren Maasgebiet um Huy, Lüttich und Maastricht. Unter Pippin II. mit den bevorzugten Aufenthaltsorten Jupille und Chèvremont und nochmals unter Karl dem Großen mit den einander als bevorzugte Residenzen ablösenden Pfalzen Herstal und Aachen bildete diese Landschaft einen der Kernräume karolingischer Herrschaft. Die alten Besitzrechte der Pippiniden und Arnulfinger, ihre zahlreichen persönlich geprägten Kirchen- und Klostergründungen und die hervorragende politische Stellung dieses Raums auch noch nach dem Aufstieg des karolingischen Hauses lassen in mehrfacher Weise eine über Jahrhunderte andauernde landschaftliche Verwurzelung erkennen. Dies berechtigt dazu, den Begriff einer karolingischen Stammlandschaft auch auf den Lütticher Raum anzuwenden. Wann die Arnulfinger und Pippiniden erstmals im mittleren Maasgebiet Fuß faßten, muß bei dem Fehlen jeglicher Anhaltspunkte letztlich offenbleiben. Geht man von einer breiten, seit alters ansässigen Oberschicht aus, so ist es durchaus wahrscheinlich, daß die Familie Pippins I. schon lange Zeit, bevor sie zu Beginn des 7. Jahrhunderts erstmals in der Überlieferung entgegentritt, im Lütticher Raum beheimatet gewesen war.

Unter den Landschaften des nördlichen Austrasien zählte der Lütticher Raum aufgrund seiner günstigen natürlichen und verkehrsgeographischen Voraussetzungen, seiner Siedlungsdichte und seiner wirtschaftlichen und kulturellen Tradition zu den politisch zentralen Gebieten. Die frühen Karolinger waren hier, wie bereits die Gemengelage ihrer Güter mit den Besitzungen anderer Grundherren zeigt, keineswegs die einzigen Machtfaktoren. Um so größeres Interesse kommt der zweiten, in unserer Untersuchung gestellten Frage zu, wie sich das Verhältnis der Arnulfinger-Pippiniden zu den anderen politischen Kräften des Lütticher Raums, der einheimischen Führungsschicht, den Bischöfen von Tongern-Maastricht und dem merowingischen Königtum in der Zeit ihres Aufstiegs gestaltete.

Für die Zeit Pippins I. liegen hierzu keinerlei Nachrichten vor. Man wird lediglich vermuten können, daß Pippin, der möglicherweise bereits vor 611 führender Amtsträger in dem Raum zwischen Kohlenwald und Maas gewesen war, neben Arnulf von Metz Verbündete auch unter den Großen seines Herrschaftsbereichs fand und daß er Einfluß auf die Einsetzung des Maastrichter Bischofs genommen hatte. Führende Familien im mittleren Maasgebiet, die den Arnulfingern-Pippiniden nahestanden, werden erstmals unter Grimoald faßbar. Zu ihnen zählte vor allem die Familie des Adalgisel-Grimo. Ihr gehörte ein unter Grimoald tätiger *dux* Bobo an. Wie die Familie Adalgisel-Grimos zeigt, konnten sich die Arnulfinger-Pippiniden im Maas-Mosel-Raum auch auf seit alters führende und ihnen zunächst gleichrangige Familien stützen. Sie ist damit zugleich eines der wenigen Beispiele für eine Kontinuität innerhalb der austrasischen Führungsschicht des 6. und 7. Jahrhunderts. Grimoald, der wohl schon zu Lebzeiten seines Vaters das Amt eines *dux* bekleidete, fand sehr wahrscheinlich auch noch bei anderen einflußreichen Familien des Lütticher Raums Rückhalt, so etwa bei den Familien des Amandus-Schülers Bavo und des *comes* Adilio. Grimoalds Schwager Chlodulf, der zunächst als *domesticus* tätig war, knüpfte enge Beziehungen zu der im nordwestlichen Haspengau ansässigen und reich begüterten Familie des Trudo an. Gute Verbindungen zu den einheimischen Großen und die Bekleidung führender Ämter dürften schon vor der Übernahme der Regierungsgewalt in Austrasien im Jahre 643 wesentlich zur Machtstellung Grimoalds und der Arnulfinger im Lütticher Raum beigetragen haben. Nach 643 werden die frühen Karolinger noch deutlicher als dominierende Kräfte in diesem Gebiet faßbar. Offenbar gegen den Widerstand des einheimischen Klerus und wohl auch der einheimischen Führungsschicht setzte Grimoald die Erhebung des ihm nahestehenden Missionsbischofs Amandus zum Bischof von Tongern-Maastricht durch. Seinen Einfluß auf den König nutzte er, um mit Stablo-Malmedy ein Eigenkloster seines Hauses auf Fiskalland zu gründen.

Eine dauerhafte Machtstellung im Lütticher Raum vermochte Grimoald den Arnulfingern-Pippiniden allerdings nicht zu verschaffen. Wie sehr die Vorherrschaft selbst über diesen Einzelraum von den jeweiligen Machtverhältnissen in Gesamtaustrasien abhängig war, zeigen die Ereignisse nach dem Sturz des Grimoald. Nach dem Verlust der Regierungsgewalt in Austrasien im Jahre 662 waren die frühen Karolinger nicht mehr in der Lage, entscheidenden Einfluß auf das Bistum Tongern-Maastricht und die Großen des Lütticher Raums auszuüben. In Auseinandersetzungen, deren Schauplatz möglicherweise das mittlere Maasgebiet war, wurde Ansegisel von Anhängern der karolingerfeindlichen Regierung Wulfoalds und Childerichs II. erschlagen. Sein siegreicher Gegner Gundoin übernahm sehr wahrscheinlich das Amt eines *dux* im Raum um Stablo-Malmedy und wohl auch im mittleren Maasgebiet. Er erhielt damit die führende politische Stellung in eben jenen Gegenden, die zuvor zu den unmittelbaren Einflußzonen der Arnulfinger-Pippiniden gehört hatten. Die neuen Machthaber nutzten ihre Vertrauensstellung bei Childerich II., um durch die Umwandlung von Stablo-Malmedy in ein Königskloster die Position der Arnulfinger-Pippiniden weiter zu schwächen. Sie erreichten darüber hinaus, daß dem von Grimoald gegründeten Kloster ein Teil seiner

Besitzausstattung entzogen wurde. In gleicher Weise bemächtigten sich die Gegner der frühen Karolinger des Bistums Tongern-Maastricht. Der führenden Maastrichter Familie des Lambert gelang es, durch Parteinahme für die von Wulfoald getragene Regierung Childerichs II. den Maastrichter Bischofsstuhl zu besetzen. Wie sehr den jeweils herrschenden Kreisen an einer Einflußnahme auf das im Zentrum des nördlichen Austrasien gelegene Bistum gelegen war, zeigen die Ereignisse nach der Ermordung Childerichs II. im Jahre 675, in deren Verlauf Lambert zeitweise aus Maastricht vertrieben wurde. Sie werfen zugleich ein Schlaglicht auf das bewegte politische Schicksal des Lütticher Raums in dieser Zeit heftiger inneraustrasischer Machtkämpfe, lassen aber keine näheren Einzelheiten über die beteiligten Parteien erkennen. Insgesamt deuten die wenigen Nachrichten aus der Zeit nach 662 übereinstimmend darauf hin, daß sich nach dem mißglückten Staatsstreich Grimoalds die austrasischen Gegner der Arnulfinger-Pippiniden zeitweilig selbst in deren ureigensten Herrschaftsbereichen durchsetzen konnten.

Um so bemerkenswerter erscheint auf diesem Hintergrund der steile Wiederaufstieg des karolingischen Hauses unter Pippin II. in den Jahren 679 bis 687. Die entscheidende Frage, wie die Arnulfinger-Pippiniden die Krise von 662 überwanden, ist auch von der Überlieferung des Lütticher Raums her nicht sicher zu beantworten. Immerhin aber ergeben sich einige Anhaltspunkte, die zu einer Klärung beitragen können. Zu jenen Gütern, die die Arnulfinger-Pippiniden auch nach 662 behaupten konnten, scheint offensichtlich die Burg Chèvremont mit dem umliegenden Besitzkomplex an der Maas gehört zu haben. Sie bot Pippin II. sicheren Rückhalt und war einer seiner wichtigsten Stützpunkte im mittleren Maasgebiet. Sieht man in dem Mörder Ansegisels den in den nördlichen Ardennen tätigen *dux* Gundoin, so ist dem Bericht der Annales Mettenses zu entnehmen, daß es vor 679 in diesem Raum zu Auseinandersetzungen zwischen Pippin II. und einflußreichen Gegnern seines Hauses gekommen war, deren siegreiches Ende für Pippin zweifellos die Wiedergewinnung der Vorherrschaft in dem Machtbereich Gundoins und damit einen wichtigen Schritt zum Herrschaftsantritt in Austrasien von 679/80 bedeutete. Zu Beginn des 8. Jahrhunderts wird im Lütticher Raum ein größerer Kreis führender Familien faßbar, die Pippin II. politisch eng verbunden waren. Zumindest einige von ihnen dürften bereits in den Auseinandersetzungen der siebziger und achtziger Jahre des 7. Jahrhunderts zu den Parteigängern Pippins II. gehört haben. Wie sehr sich Pippin um Anhänger unter der einheimischen Führungsschicht bemühte, zeigt die von ihm betriebene Rückberufung des Lambert auf den Maastrichter Bischofsstuhl im Jahre 682/83. Hierdurch strebte er vermutlich einen Ausgleich mit der mächtigen Familie Lamberts an, um damit seine Stellung im mittleren Maasgebiet bei den Auseinandersetzungen der Jahre 681/83 mit dem neustrischen Hausmeier Ghislemar zu festigen. Die genannten Indizien könnten dafür sprechen, daß Pippin II. – gestützt auf die wenigen seiner Familie verbliebenen Positionen im Lütticher Raum – Anhänger unter den führenden Familien dieses Gebiets zu gewinnen suchte, um mit ihrer Hilfe zunächst einen der wichtigsten Gegner seines Hauses im nördlichen Austrasien zu beseitigen. Von der derart neu gefestigten Machtstellung im Lütticher Raum aus konnte Pippin II. dann die Rückgewinnung früherer Positionen auch in anderen Teilen Austrasiens in Angriff nehmen. Bei einer solchen Deutung könnte der weitgehend ungeklärte Vorgang des Wiederaufstiegs der Karolinger wenigstens ansatzweise von einer Einzellandschaft her aufgehellt werden.

Mit dem Herrschaftsantritt Pippins II. im Gesamtreich nach dem Sieg von Tertry im Jahre 687 setzt auch für den Lütticher Raum eine reichere Überlieferung ein. Die Klostergründung von Pippins Mutter Begga in Andenne, die Einrichtung eines großzügig ausgestatteten Stifts auf Chèvremont durch Pippin, die Stellung von Jupille als bevorzugter Aufenthaltsort, die Wahl von St. Marien auf Chèvremont als Grablege Pippins und die mehrfachen Schenkungen an Klöster und Kirchen des mittleren Maasgebiets weisen übereinstimmend auf eine hervorgehobene Bedeutung dieses Raums auch in der Zeit nach der Konsolidierung der Herrschaft Pippins II. hin. Seit dem ausgehenden 7. Jahrhundert treten in der Überlieferung des Lütticher Raums zahlreiche Große entgegen, die den frühen Karolingern nahestanden und unter Pippin II. und Karl Martell führende Stellungen übernahmen. Zu nennen sind der *domesticus* Dodo, der aus Avroy bei Lüttich stammende spätere Abt von St. Denis Godobald, der zum Nachfolger Bischof Lamberts erhobene Hugbert, die Familien der Adela von Pfalzel, des Grafen Rotbert und des Chrodegang von Metz. Auch die toxandrischen Schenker an Willibrord sind in diesem Zusammenhang anzuführen. Daß in dem Lütticher Raum – eben jener Landschaft, die unter Pippin II. besonders in den Vordergrund rückt – eine verhältnismäßig große Zahl führender Familien im Umkreis der frühen Karolinger begegnet, dürfte schwerlich auf Zufall beruhen. Das auffällige Zusammentreffen bestätigt vielmehr die Vermutung, daß Pippin II. vor 679 in diesem Raum, in dem seiner Familie mit Chèvremont und dem umliegenden Güterkomplex ein wichtiger Stützpunkt verblieben war, eine Reihe von Parteigängern unter der einheimischen Führungsschicht hatte gewinnen können. Sie standen bei den Kämpfen um die Wiedergewinnung der Vorherrschaft seines Hauses auf seiten Pippins II. und zählten nach seinem Herrschaftsantritt zur politischen Führungsschicht des Lütticher Raums.

Das in der Forschung vorherrschende Bild, wonach sich die frühen Karolinger bei ihrem Aufstieg in ihren Stammlandschaften auf eine Reihe führender Familien stützen konnten, läßt sich somit von der Untersuchung des Lütticher Raums her in gewisser Weise bestätigen. Ebenso aber wird deutlich, daß sich die Arnulfinger-Pippiniden in diesen Gebieten auch mit einflußreichen Gegnern auseinanderzusetzen hatten. Die Forschung hat weiterhin mehrfach angenommen, daß die frühen Karolinger im Zuge ihrer Expansion im 8. Jahrhundert Angehörige der ihnen seit alters verbundenen führenden Familien aus ihrem engsten landschaftlichen Umkreis zur Sicherung ihrer Herrschaft in weit entfernten Reichsteilen als führende Amtsträger eingesetzt hätten. Ein gut bezeugtes Beispiel hierfür aus dem Lütticher Raum sind die Familienangehörigen Adelas von Pfalzel, die unter Karl Martell in einflußreichen Stellungen in Burgund und der Provence tätig wurden. Insgesamt aber sollten derartige Vorgänge nicht überschätzt werden. Dies um so weniger, als die hierfür angeführten Beispiele häufig auf unzutreffenden Voraussetzungen beruhen. So ergeben sich etwa für die oft behauptete Herkunft der mittelrheinischen Rupertiner aus dem Haspengau keinerlei Anhaltspunkte.

Mit dem Wiederaufstieg der Arnulfinger-Pippiniden war auch eine Rückgewinnung zeitweise verlorener Positionen im Lütticher Raum verbunden. Wenngleich von einem unterschiedslosen Aufgehen des merowingischen Fiskalbesitzes in der karolingischen Gütermasse auch unter Pippin II. nicht die Rede sein kann, so zeigt die Schenkung des Königshofes Lierneux an Stablo-Malmedy doch, daß Pippin auch Königsgut zum Ausgleich der nach 662 erlittenen Verluste heranzog. Einfluß auf das Bistum Tongern-Maastricht hatte Pippin II., wie seine Rückberufung Bischof Lamberts zeigt, schon vor 682/83 erlangt. Sein Verhältnis zu Lambert selbst jedoch dürfte nicht allzu eng gewesen sein. Lamberts Gegner Dodo und Godobald gehörten dem Umkreis Pippins II. an. Die Gunst Pippins galt vor allem dem Missionsbischof Willibrord, dessen Tätigkeit in Toxandrien er förderte und dem er mit der Klostergründung in Susteren einen wichtigen Stützpunkt im Maasgau verschaffte. Lamberts Nachfolger Hugbert, auf dessen Einsetzung Pippin II. sicherlich Einfluß nahm, entstammte sehr wahrscheinlich wie Lambert der einheimischen Führungsschicht. Wie die Nachfolge seines Sohnes Florbert zeigt, besaß er in hohem Maße das Vertrauen der Karolinger. Ähnlich enge Beziehungen des karolingischen Hauses zum Tongerner Bischofssitz, wie sie etwa zur Bischofskirche in Metz bestanden, sind jedoch auch unter Hugbert nicht zu erkennen. Der von Hugbert mit großem Aufwand betriebene Ausbau des Ortes Lüttich zu einem weithin berühmten Kultzentrum des hl. Lambert führte zwar dazu, daß sich die bischöfliche Residenz von Maastricht aus zunehmend nach Lüttich und damit in die unmittelbare Nachbarschaft der karolingischen Pfalzen Jupille und Herstal verlagerte. Die Karolinger selbst jedoch nahmen auf diese Entwicklung, die ihren hauptsächlichen Grund in dem rasch aufblühenden Lambertkult besaß, nur geringen Einfluß.

Mit diesen Bemerkungen zur Stellung Pippins II. kann der zusammenfassende Überblick über die Geschichte des Lütticher Raums in frühkarolingischer Zeit abgebrochen werden. Deutlich erkennbar wird, daß selbst in einem Raum, der wie das Gebiet um Lüttich mit gutem Grund zu den Stammlandschaften des karolingischen Hauses gezählt werden kann, der Aufstieg der frühen Karolinger zur Vorherrschaft in Austrasien und im Gesamtreich keineswegs geradlinig verlief. Den Arnulfingern-Pippiniden, die sehr wahrscheinlich der alteingesessenen Führungsschicht des Maas-Mosel-Raums entstammten, gelang es zunächst, sich durch Bündnisse mit anderen Großen und die Übernahme hoher Ämter über die ihnen gleichrangigen Familien im Lütticher Raum zu erheben und dank ihrer Machtstellung in Gesamtaustrasien dominierenden Einfluß auch auf die politischen Kräfte dieses ihres Herkunftsgebiets zu gewinnen. Nach dem Verlust der Vorherrschaft in Austrasien im Jahre 662 waren sie jedoch nicht in der Lage, diese Stellung im Lütticher Raum zu behaupten. Vielmehr verloren sie entscheidende Machtpositionen an ihre Gegner aus der austrasischen wie auch der einheimischen Führungsschicht. Ausschlaggebend für ihren Wiederaufstieg scheint gewesen zu sein, daß sie dennoch einige wichtige Stützpunkte bewahren konnten, von denen aus sie – vor allem durch die Gewinnung von Parteigängern unter den Großen des mittleren Maasgebiets – die Voraussetzungen schufen, um zunächst im Lütticher Raum und von dort ausgehend auch in anderen Teilen Austrasiens die Vorherrschaft wieder zu erlangen. Nach der Konsolidierung der Alleinherrschaft Pippins II. blieben die engen landschaftlichen Beziehungen der Karolinger zum Lütticher Raum weiter bestehen und wurden dank der führenden Stellung Pippins II. im Gesamtreich weiter vertieft und ausgebaut. Die Bevorzugung des mittleren Maasgebiets um Herstal und Aachen durch Karl den Großen hatte eine ihrer Wurzeln zweifellos auch in der historischen Bedeutung dieses Raums für die Vorfahren Karls.

Die Untersuchung des Lütticher Raums zeigt, in welch hohem Maße eine Wechselwirkung zwischen der Machtposition der Arnulfinger-Pippiniden in dieser Stammlandschaft und der jeweiligen politischen Gesamtkonstellation in Austrasien bestand. In diesem Sinne spiegelt die Geschichte des Lütticher Raums im 7. und beginnenden 8. Jahrhundert zugleich auch die Geschichte des karolingischen Hauses in der Zeit seines Aufstiegs wider. Die Möglichkeit, von einem Einzelraum aus zur Erkenntnis eines übergreifenden historischen Vorgangs beitragen zu können, berechtigt zu der Hoffnung, daß der Aufstieg des karolingischen Hauses, eines der grundlegenden Probleme der Geschichte des europäischen Frühmittelalters, durch eine Untersuchung auch der übrigen karolingischen Stammlandschaften – zu denken wäre vor allem an den Metz-Verduner Raum – in entscheidenden Punkten geklärt werden kann.

Abkürzungs- und Sigelverzeichnis

AA SS	Acta Sanctorum quotquot toto urbe coluntur ... collegit ... Ioannes Bollandus. Editio tertia Paris–Rom 1863 ff.
AHEB	Analectes pour servir à l'Histoire Ecclésiastique de la Belgique
AHVNrh	Annalen des Historischen Vereins für den Niederrhein, insbesondere das alte Erzbistum Köln
ASAN	Annales de la Société Archéologique de Namur
BCRH	Bulletin de la Commission Royale d'Histoire
BIAL	Bulletin de l'Institut Archéologique Liègeois
Bibl. Fac. Liège	Bibliothèque de la Faculté de Philosophie et Lettres de l'Université de Liège
BS	BORMANS/SCHOOLMEESTERS, Cartulaire de l'église Saint-Lambert de Liège
BSAHL	Bulletin de la Société d'Art et d'Histoire du Diocèse de Liège
BSRVL	Bulletin de la Société Royale „Le Vieux Liège"
BSSLL	Bulletin de la Société Scientifique et Littéraire du Limbourg
BTD	Bulletin de la Commission Royale de Toponymie et Dialectologie
CRH	Commission Royale d'Histoire
D, DD	Diplom, Diplomata
DA	Deutsches Archiv für Geschichte des Mittelalters
DACL	Dictionnaire d'Archéologie Chrétienne et de Liturgie
D Arnulf	vgl. Diplomata maiorum domus e stripe Arnulforum
DB	GYSSELING/KOCH, Diplomata Belgica ante annum millesimum centesimum scripta
DHGE	Dictionnaire d'Histoire et de Géographie Ecclésiastiques
D Mer	vgl. Diplomata regum Francorum e stirpe Merowingica
Formulae	MGH Formulae Merovingici et Karolini aevi
HR	HALKIN/ROLAND, Recueil des chartes de l'abbaye de Stavelot-Malmedy
Hs	Handschrift
HZ	Historische Zeitschrift
LHF	Liber Historiae Francorum
MGH	Monumenta Germaniae Historica
MIGNE PL	J. P. MIGNE, Patrologiae cursus completus. Series Latina. Paris 1841 ff.
MIÖG	Mitteilungen des Instituts für Österreichische Geschichtskunde
NA	Neues Archiv der Gesellschaft für Ältere Deutsche Geschichtskunde
PSAHL	Publications de la Société Historique et Archéologique dans le Limbourg à Maestricht
RBPhH	Revue Belge de Philologie et d'Histoire
Reg. Imp. Karol.	Regesta Imperii 1
Reg. Imp. Otto I.	Regesta Imperii 2, 1
RHE	Revue d'Histoire Ecclésiastique
RhVjbll	Rheinische Vierteljahresblätter
SS	MGH Scriptores

SS rer. Merov.	MGH Scriptores rerum Merovingicarum
SS in us. schol.	MGH Scriptores rerum Germanicarum in usum scholarum separatim editi
VO	Verzamelde Opstellen, uitgegeven door den Geschied- en Oudheidkundigen Studiekring te Hasselt
ZAGV	Zeitschrift des Aachener Geschichtsvereins
ZRG GA	Zeitschrift der Savignystiftung für Rechtsgeschichte. Germanistische Abteilung
ZRG KA	Zeitschrift der Savignystiftung für Rechtsgeschichte. Kanonistische Abteilung

(Die Kurztitel und Verweise betreffen im Quellenverzeichnis aufgeführte Titel)

Verzeichnis der zitierten Quellen und Literatur

I. Quellen

a) ungedruckte Quellen

Bruxelles, Bibliothèque Royale, Section des manuscrits, II. 1050, fol. 75ᵛ–81ᵛ: Vita s. Amoris.
Düsseldorf, Hauptstaatsarchiv, Stifts- und Klosterarchive: Burtscheid, Akten, Nachträge Nr. 36: Bruchstück eines Heberegisters (meist Rutten betreffend).
Hasselt, Rijksarchief, Abdij te Munsterbilzen, Nr. 495: Urkunde des Bischofs Heinrich II. von Lüttich für Munsterbilzen von 1157.
Liège, Archives de l'État, Collégiale de Saint-Jean l'Évangéliste, Charte Nr. 35: Urkunde des Kapitels Saint-Jean in Lüttich betreffend Emael (undatiert; 12. Jh.).
Paris, Bibliothèque Nationale, Fonds latin 9422, fol. 131–132: Genealogia Dagoberti; fol. 132–132ᵛ: Genealogia Pippini.

b) gedruckte Quellen

Acta s. Theodardi episcopi Traiectensis martyris, ed. J. LIMPENS (AA SS Sept. 3. 1868 S. 588–592).
Additamentum Nivialense de Fuilano, ed. B. KRUSCH (SS rer. Merov. 4. 1902 S. 449–451).
Adventus et elevatio s. Landoaldi sociorumque eius, ed. O. HOLDER-EGGER (SS 15, 2. 1888 S. 607–611).
Aegidii Aureaevallensis Gesta episcoporum Leodiensium, ed. J. HELLER (SS 25. 1880 S. 14–129).
Aegidii Aureaevallensis Gesta episcoporum Leodiensium, ed. J. HELLER (SS 25. 1880 S. 14–129). S. 129–135).
Alcuini Carmina, ed. E. DÜMMLER (MGH Poetae Latini 1. 1881 S. 169–351).
Alcuini Epistolae, ed. E. DÜMMLER (MGH Epistolae 4. 1895 S. 18–481).
Altfridi Vita s. Liudgeri, ed. W. DIEKAMP (W. Diekamp, Die Vitae sancti Liudgeri = Die Geschichtsquellen des Bisthums Münster 4. 1881 S. 3–53).
Annales s. Amandi, ed. G. H. PERTZ (SS 1. 1826 S. 6–14).
Annales Bertiniani, ed. G. WAITZ (SS in us. schol. 5) 1883; Neuausgabe: Annales de Saint-Bertin, ed. F. GRAT, J. VIELLIARD, S. CLEMENCET (Société de l'Historie de France) Paris 1964.
Annales qui dicuntur Einhardi, ed. F. KURZE (SS in us. schol. 6) 1895.
Les Annales de Flodoard, ed. PH. LAUER (Collection de textes pour servir à l'étude et à l'enseignement de l'histoire) Paris 1905.
Annales Fuldenses, ed. F. KURZE (SS in us. schol. 7) 1891.
Annales Laureshamenses, ed. G. H. PERTZ (SS 1. 1826 S. 22–30).
Annales Lobienses, ed. G. WAITZ (SS 13. 1881 S. 225–244).
Annales Mettenses priores, ed. B. VON SIMSON (SS in us. schol. 10) 1905.
Annales regni Francorum, ed. F. KURZE (SS in us. schol. 6) 1895.
Annales Sangallenses maiores, ed. J. VON ARX (SS 1. 1826 S. 73–85).
Annales Stabulenses, ed. G. WAITZ (SS 13. 1881 S. 39–43).
Anselmi Gesta episcoporum Leodiensium, ed. R. KÖPKE (SS 7. 1846 S. 189–234).

Arbeonis episcopi Frisingensis Vitae sanctorum Haimhrammi et Corbiniani, ed. B. KRUSCH (SS in us. schol. 13) 1920.

G. BECKER, Catalogi bibliothecarum antiqui. 1885.

Venerabilis Baedae Historia ecclesiastica gentis Anglorum, ed. C. PLUMMER (C. Plummer, Venerabilis Baedae opera historica. Oxford 1896 S. 3–360).

H. BEYER, Urkundenbuch der, jetzt die Preußischen Regierungsbezirke Coblenz und Trier bildenden mittelrheinischen Territorien 1. Coblenz 1860.

TH. BITTERAUF, Die Traditionen des Hochstifts Freising 1 (744–926) (Quellen und Erörterungen zur bayerischen und deutschen Geschichte NF 4) 1905.

H. BLOCH, Die älteren Urkunden des Klosters St. Vanne zu Verdun (Jahrbuch der Gesellschaft für Lothringische Geschichte und Altertumskunde 10. 1898 S. 338–449).

P. BONENFANT, Les chartes de Réginard, évêque de Liège, pour l'abbaye de Saint-Laurent (BCRH 105. 1940 S. 306–366).

S. Bonifatii et Lulli Epistolae, ed. M. TANGL (MGH Epistolae selectae 1) 1916.

S. BORMANS/E. SCHOOLMEESTERS, Cartulaire de l'église Saint-Lambert de Liège 1–6; ab 5 bearb. von É. PONCELET (CRH) Bruxelles 1893/1933.

F. X. BOSBACH, Das älteste Burtscheider Nekrologium (ZAGV 20. 1898 S. 90–178).

M. BOUQUET, Recueil des historiens des Gaules et de la France 2–3. Nouvelle édition publiée sous la diréction de L. DELISLE, Paris 1869.

A. BRUCKNER, Regesta Alsatiae aevi Merowingici et Karolini 496–918. Strasbourg-Zürich 1949.

G. BUSSON/A. LEDRU, Actus pontificum Cenomannis in urbe degentium (Archives historiques du Maine 2) Le Mans 1901.

Cantatorium sive Chronicon sancti Huberti, vgl. La Chronique de Saint-Hubert.

Carmen de sancto Bavone, ed. K. STRECKER (MGH Poetae Latini 5. 1937 S. 246–247).

Carmen de sancto Landberto, ed. P. VON WINTERFELD (MGH Poetae Latini 4. 1899 S. 142–157).

Sancti Chrodegangi Metensis episcopi Regula canonicorum, ed. PH. LABBE (MIGNE PL 89. 1856 Sp. 1098–1120).

Chronicarum quae dicuntur Fredegarii Scholastici libri IV cum Continuationibus, ed. B. KRUSCH (SS rer. Merov. 2. 1888 S. 18–193).

Chronicon Epternacense auctore Theoderico, ed. L. WEILAND (SS 23. 1874 S. 38–64).

Chronica regia Coloniensis, ed. G. WAITZ (SS in us. schol. 18) 1880.

Canonici Leodiensis Chronicon rhythmicum, ed. W. WATTENBACH (SS 12. 1856 S. 416–421).

La Chronique de Saint-Hubert dite Cantatorium, ed. K. HANQUET (CRH) Bruxelles 1908.

La Chronique liégeoise de 1402, ed. É. BACHA (CRH) Bruxelles 1900.

J. COENEN, Limburgsche Oorkonden 1–4. Maaseick 1932/44.

Compendium vitae beatae Plectrudis, ed. E. GELENIUS (E. Gelenius, Par sanctorum Swibertus et Plectrudis. 1640 S. 21–22).

Concilia Galliae a. 314–a. 506, ed. C. MUNIER (Corpus Christianorum. Series Latina 148) Turnhout 1963.

Concilia Galliae a. 511–a. 695, ed. C. DE CLERCQ (Corpus Christianorum. Series Latina 148A) Turnhout 1963.

Corpus Inscriptionum Latinarum 13, 1, 2: Inscriptiones Belgicae, ed. O. HIRSCHFELD/C. ZANGEMEISTER. 1904.

J. CUVILIER, Cartulaire de l'abbaye de Val-Benoit (CRH) Bruxelles 1906.

J. DARIS, Cartulaire de l'église Saint-Barthélemy à Liège (J. Daris, Notices historiques sur les églises du Diocèse de Liège 6. Liège 1875 S. 177–223).

J. DARIS, Le cartulaire de l'abbaye de Saint Laurent (J. Daris, Notices historiques sur les églises du Diocèse de Liège 9. Liège 1882 S. 122–221).

J. DARIS, Notice historique sur l'abbaye de Beaurepart à Liège (BIAL 9. 1868 S. 303–374).

J. DEMARTEAU, Saint Théodard et Saint Lambert. Vies anciennes (Société des Bibliophiles Liègeois 30) Liège 1886/90.

A. DE REIFFENBERG, Monuments pour servir à l'histoire des provinces de Namur, de Hainaut et de Luxembourg 7 (CRH) Bruxelles 1847.

Desiderii episcopi Cadurcensis Epistolae, ed. W. ARNDT (MGH Epistolae 3. 1892 S. 193–214).

G. Despy, La charte de 741–742 du comte Robert de Hesbaye pour l'abbaye de Saint-Trond (Annales de la Fédération archéologique et historique de Belgique 37. 1961 S. 82–91).
G. Despy, Les Chartes de l'abbaye de Waulsort. Étude diplomatique et édition critique 1 (946–1199) (CRH) Bruxelles 1957.
A. d'Herbomez, Cartulaire de l'abbaye de Gorze. Ms. 826 de la Bibliothèque de Metz (Mettensia 2) Paris 1898/1901.
Diplomata regum Francorum e stirpe Merowingica, ed. K. H. Pertz (MGH Diplomata imperii 1. 1872 S. 91– 110, S. 209–215 [Diplomata spuria]).
Diplomata maiorum domus e stirpe Arnulforum, ed. K. H. Pertz (MGH Diplomata imperii 1. 1872 S. 91–110, S. 209–215 [Diplomata spuria]).
Diplomata Karolinorum (MGH)
 1. Die Urkunden Pippins, Karlmanns und Karls des Großen, ed. E. Mühlbacher. 1906.
 3. Die Urkunden Lothars I. und Lothars II., ed. Th. Schieffer. 1966.
Diplomata regum Germaniae ex stirpe Karolinorum (MGH)
 1. Die Urkunden Ludwigs des Deutschen, Karlmanns und Ludwigs des Jüngeren, ed. P. F. Kehr. 1932/34.
 2. Die Urkunden Karls III., ed. P. F. Kehr. 1936/37.
 3. Die Urkunden Arnolfs, ed. P. F. Kehr. 1940.
 4. Die Urkunden Zwentibolds und Ludwigs des Kindes, ed. Th. Schieffer. 1960.
Diplomata regum et imperatorum Germaniae (MGH)
 1. Die Urkunden Konrad I., Heinrich I. und Otto I., ed. Th. Sickel. 1879/84.
 2. Die Urkunden Otto des II. und Otto des III., ed. Th. Sickel. 1888/93.
 3. Die Urkunden Heinrichs II. und Arduins, ed. H. Bloch und H. Bresslau. 1900/13.
 4. Die Urkunden Konrads II. Mit Nachträgen zu den Urkunden Heinrichs II., ed. H. Bresslau. 1909.
 5. Die Urkunden Heinrichs III., ed. H. Bresslau und P. F. Kehr. 1931.
 6. Die Urkunden Heinrichs IV., ed. D. v. Gladiss. 1941/52.
 8. Die Urkunden Lothars II. und der Kaiserin Richenza, ed. E. von Ottenthal und H. Hirsch. 1927.
 9. Die Urkunden Konrads III. und seines Sohnes Heinrich, ed. F. Hausmann. 1969.
R. Doppler, Verzameling van charters en bescheiden betrekkelijk het vrije Rijkskapittel van Sint Servaas te Maastricht 1: 800–1460. Maastricht 1930/32.
E. F. J. Dronke, Traditiones et antiquitates Fuldenses. Fulda 1844.
K. A. Eckhardt, Pactus Legis Salicae II, 2: Kapitularien und 70-Titel-Text (Germanenrechte NF) 1956.
Einharti Epistolae, ed. K. Hampe (MGH Epistolae 5. 1899 S. 109–145).
Einhardi Translatio et miracula ss. Marcellini et Petri, ed. G. Waitz (SS 15, 1. 1887 S. 238–264).
Epistolae Austrasicae, ed. W. Gundlach (MGH Epistolae 3. 1892 S. 11–153).
Epistulae s. Desiderii Cadurcensis, ed. D. Norberg (Acta Universitatis Stockholmiensis. Studia Latina Stockholmiensia 6) Stockholm 1961.
M. S. P. Ernst, Codex diplomaticus Limburgensis (M. S. P. Ernst, Histoire du Limbourg, suivie de celle des comtés de Daelhem et de Fauquemont, des annales de l'abbaye de Rolduc 6. Liège 1847 S. 75–461).
H. P. Eversen, Limietbeschrijvingen van Maastricht, den Vroenhof, Tweebergen en Sint-Pieter (PSAHL 19. 1882 S. 370–450).
M. Évrard, Documents relatifs à l'abbaye de Flône (AHEB 23. 1892 S. 273–454).
Folcuini Gesta abbatum Lobiensium, ed. G. H. Pertz (SS 4. 1841 S. 54–74).
Formulae Merovingici et Karolini aevi, ed. K. Zeumer (MGH Legum sectio V) 1886.
Fragment van een Liber Traditionum van de Sint-Pietersabdij te Gent (941), ed. M. Gysseling und A. C. F. Koch (Diplomata Belgica 1. 1950 Nr. 49 S. 123–138).
G. D. Franquinet, Beredeneerde inventaris der oorkonden en bescheiden van het Kapittel van O. L. Vrouwekerk te Maastricht 1–2. Maastricht 1870/77.
Fredegar, vgl. Chronicarum quae dicuntur Fredegarii.
Fundatio s. Albani Namucensis, ed. O. Holder-Egger (SS 15, 2. 1888 S. 962–964).

C. GAIER, Documents relatifs aux domaines hesbignons de l'abbaye de Saint-Denis en France (BCRH 127. 1967 S. 163–202).
GELENIUS, Par sanctorum, vgl. Compendium Vitae beatae Plectrudis.
Genealogia ducum Brabantiae heredum Franciae, ed. J. HELLER (SS 25. 1880 S. 387–391).
Genealogia ducum Brabantiae ampliata, ed. J. HELLER (SS 25. 1880 S. 392–398).
Gerhohi praepositi Reichersbergensis Liber de gloria et honore filii hominis (MIGNE PL 194. 1855 Sp. 1075–1160).
Gesta abbatum Fontanellensium, vgl. Gesta sanctorum patrum Fontanellensis coenobii.
Gesta abbatum Gemblacensium auctore Sigeberto, ed. G. H. PERTZ (SS 8. 1848 S. 523–564).
Gesta abbatum Trudonensium, ed. R. KÖPKE (SS 10. 1852 S. 227–448).
Gesta Dagoberti I. regis Francorum, ed. B. KRUSCH (SS rer. Merov. 2. 1888 S. 399–425).
Gesta episcoporum Autissiodorensium, ed. G. WAITZ (SS 13. 1881 S. 394–400).
Gesta episcoporum Cameracensium, ed. L. C. BETHMANN (SS 7. 1846 S. 402–525).
Gesta episcoporum Mettensium, ed. G. WAITZ (SS 10. 1852 S. 531–551).
Gesta episcoporum Tullensium, ed. G. WAITZ (SS 8. 1848 S. 632–648).
Gesta episcoporum Virdunensium, ed. G. WAITZ (SS 4. 1841 S. 39–51).
Gesta sanctorum patrum Fontanellensis cœnobii, ed. F. LOHIER und J. LAPORTE (Société le l' Histoire de Normandie) Rouen-Paris 1936.
K. GLÖCKNER, Codex Laureshamensis 1–3 (Arbeiten der Historischen Kommission für den Volksstaat Hessen) 1929/36 (Nachdruck 1963).
A. GOERZ, Mittelrheinische Regesten 1. 1876.
Gregorii episcopi Turonensis Historiarum libri X, ed. B. KRUSCH und W. LEVISON (SS rer. Merov. 1,1) 1937/51.
Gregorii episcopi Turonensis Liber in gloria confessorum, ed. B. KRUSCH (SS rer. Merov. 1,2. 1885 S. 744–820).
Gregorii episcopi Turonensis Liber in gloria martyrum, ed. B. KRUSCH (SS rer. Merov. 1,2. 1885 S. 484–561).
M. GYSSELING/A. C. F. KOCH, Diplomata Belgica ante annum millesimum centesimum scripta 1: Teksten (Bouwstoffen en Studiën voor de Geschiedenis en de Lexicografie van het Nederlands 1) Brussel 1950.
J. HALKIN/C. G. ROLAND, Recueil des chartes de l'abbaye de Stavelot-Malmedy 1–2 (CRH) Bruxelles 1909/30.
L. HALPHEN/F. LOT, Recueil des actes de Lothaire et de Louis V, rois de France (954–987) (Chartes et Diplômes relatifs à l'histoire de France) Paris 1908.
HANQUET, vgl. La Chronique de Saint-Hubert.
Herigeri Gesta episcoporum Leodiensium, ed. R. KÖPKE (SS 7. 1846 S. 162–189).
Historia regum Francorum monasterii sancti Dionysii, ed. G. WAITZ (SS 9. 1851 S. 395–406).
Historiae Francorum Steinveldenses II, ed. G. WAITZ (SS 13. 1881 S. 728).
Inventio, elevatio et translatio sacri corporis s. Amalbergae Tamisia ad coenobium Blandiniense, ed. J. B. SOLLIER (AA SS Julii 3. 1867 S. 98–100).
Iocundi Translatio et miracula s. Servatii Traiectensis, ed. R. KÖPKE (SS 12. 1856 S. 88–125).
Isidori Hispalensis episcopi Etymologiarum sive originum libri XX, ed. W. M. LINDSAY. Oxford 1911.
Jacques de Hemricourt, Le patron de la temporalité (CRH Œuvres de Jacques de Hemricourt 3, ed. C. DE BORMAN, A. BAYOT und É. PONCELET. Bruxelles 1931 S. 51–154).
Jean d'Outremeuse, Ly Myreur de Histors 1–2, ed. A. BORGNET und S. BORMANS (CRH) Bruxelles 1864.
A. C. F. KOCH, Oorkondenboek van Holland en Zeeland tot 1299 1: Eind van de 7e eeuw tot 1222. 's-Gravenhage 1970.
G. KURTH, Chartes de l'abbaye de Saint-Hubert en Ardenne 1 (CRH) Bruxelles 1903.
TH. J. LACOMBLET, Urkundenbuch für die Geschichte des Niederrheins oder des Erzstifts Cöln, der Fürstenthümer Jülich und Berg, Geldern, Meurs, Cleve und Mark, und der Reichsstifte Elten, Essen und Werden 1–2. 1840/46.

L. LAHAYE, Fragments d'un polyptique de la collégiale Saint-Jean Évangéliste à Liège, de l'an 1250 (BCRH 107. 1942 S. 199–292).
L. LAHAYE, Inventaire analytique des chartes de la Collégiale de Saint-Jean l'Évangéliste à Liège 1–2 (CRH) Bruxelles 1921/31.
PH. LAUER, Recueil des actes de Charles III le Simple roi de France 1–2 (Chartes et Diplômes relatifs à l'histoire de France) Paris 1940/49.
PH. LAUER / CH. SAMARAN, Les diplômes originaux des Mérovingiens. Paris 1908.
H. LAURENT, Actes et documents anciens intéressants la Belgique conservés aux Archives de l'État à Vienne (Haus-, Hof- und Staatsarchiv – Niederländische Urkunden) 1196–1356 (CRH) Bruxelles 1933.
J. LECHNER, Verlorene Urkunden (Regesta imperii 1. 1908 S. 839–873).
A. LESORT, Chronique et chartes de l'abbaye de Saint-Mihiel (Mettensia 6) Paris 1909/12.
Lex Ribuaria, ed. F. BEYERLE und R. BUCHNER (MGH Legum sectio I. 3,2) 1954.
Liber Historiae Francorum, ed. B. KRUSCH (SS rer. Merov. 2. 1888 S. 238–328).
Liber memorialis von Remiremont, ed. E. HLAWITSCHKA, K. SCHMID und G. TELLENBACH (MGH Libri memoriales 1) 1970.
Libri confraternitatum sancti Galli, Augiensis, Fabariensis, ed. P. PIPER (MGH Necrologia Germaniae) 1884.
Liudprandi Antapodosis, ed. J. BECKER (Liudprandi opera. SS in us. schol. 41. 1915 S. 1–158).
Marculfi Formulae, ed. K. ZEUMER (MGH Formulae. 1886 S. 36–106).
E. MARTÈNE, U. DURAND, Veterum scriptorum et monumentorum historicorum, dogmaticorum, moralium amplissima collectio 4. Paris 1729.
Martyrologium Hieronymianum, ed. H. QUENTIN (AA SS Nov. 2, 2) 1931.
E. MEUTHEN, Aachener Urkunden 1101–1250 (Publikationen der Gesellschaft für Rheinische Geschichtskunde 58) 1972.
M. MEYER, Ein übersehenes Diplom Heinrichs I. (NA 23. 1898 S. 115–121).
Miracula s. Dionysii episcopi Parisiensis, ed. J. MABILLON (Acta Sanctorum Ordinis S. Benedicti 3, 2. Paris 1672 S. 343–364).
Miracula s. Huberti post mortem, ed. CH. DE SMEDT (AA SS Nov. 1. 1887 S. 819–829).
Miracula s. Remacli Stabulensia II, ed. O. HOLDER-EGGER (SS 15, 1. 1887 S. 438–443).
Ex miraculis s. Trudonis auctore Stepelino, ed. O. HOLDER-EGGER (SS 15, 2. 1888 S. 822–830).
S. MULLER, Oorkondenboek van het Sticht Utrecht tot 1301 1. Utrecht 1920/25.
W. MUMMENHOFF, Regesten der Reichsstadt Aachen (einschließlich des Aachener Reiches und der Reichsabtei Burtscheid 1 (1251–1300), 2 (1301–1350) (Publikationen der Gesellschaft für Rheinische Geschichtskunde 47) 1961/37.
Nithardi Historiarum libri IIII, ed. E. MÜLLER (SS in us. schol. 44) 1907.
NORBERG, Epistulae vgl. Epistulae s. Desiderii.
Odilonis Cluniacensis abbatis Epitaphium domine Adelheide auguste, vgl. PAULHART, Lebensbeschreibung.
F. W. OEDIGER, Die Regesten der Erzbischöfe von Köln im Mittelalter 1: 313–1099 (Publikationen der Gesellschaft für Rheinische Geschichtskunde 21, 1) 1954/61.
J. PAQUAY, Cartulaire de l'ancienne église collégiale et archidiaconale de Notre-Dame à Tongres (BSSLL 24. 1906 S. 71–351; 25. 1907 S. 17–210; 26. 1908 S. 161–316).
J. PAQUAY, La collégiale Saint-Barthélemy à Liège. Inventaire analytique des chartes (Analecta ecclesiastica Leodiensia 1) Liège 1935.
J. PAQUAY, Pouillé de l'ancien diocèse de Liège en 1497. Tongres 1908.
J. PAQUAY, Statuts de la collégiale de Russon (Leodium 19. 1926 S. 70–74).
J. M. PARDESSUS, Diplomata, chartae, epistolae, leges aliaque instrumenta ad res Gallo-Francicas spectantia 1–2. Paris 1843/49.
Passio Friderici episcopi Traiectensis auctore Odberto, ed. O. HOLDER-EGGER (SS 15, 1. 1887 S. 342–356).
Passio Leudegarii episcopi Augustodunensis I, ed. B. KRUSCH (SS rer. Merov. 5. 1910 S. 282–322).
Passio Leudegarii episcopi Augustodunensis II, ed. B. KRUSCH (SS rer. Merov. 5. 1910 S. 323–357).

Passio Praeiecti episcopi et martyris Averni, ed. B. KRUSCH (SS rer. Merov. 5. 1910 S. 225–248).
Passio s. Theodardi episcopi et martyris, ed. J. DEMARTEAU (J. Demarteau, Saint Théodard et Saint Lambert. Vies anciennes = Société des Bibliophiles Liègeois 30. Liège 1886/90 S. 35–47).
H. PAULHART, Die Lebensbeschreibung der Kaiserin Adelheid von Abt Odilo von Cluny (Odilonis Cluniacensis abbatis Epitaphium domine Adelheide auguste) (MIÖG Ergänzungsband 20, 2 = Festschrift zur Jahrtausendfeier der Kaiserkrönung Ottos des Großen 2. 1962 S. 28–54).
Pauli Warnefridi Gesta episcoporum Mettensium, ed. G. H. PERTZ (SS 2. 1829 S. 260–268).
Pauli diaconi Casinensis Historia Langobardorum, ed. G. WAITZ und L. BETHMANN (MGH Scriptores rerum Langobardicarum. 1878 S. 45–187).
CH. PIOT, Cartulaire de l'abbaye de Saint-Trond 1 (CRH) Bruxelles 1870.
H. PIRENNE, Le livre de l'abbé Guillaume de Ryckel (1249–1272). Polyptyque et comptes de l'abbaye de Saint-Trond au milieu du XIIIe siècle (CRH) Bruxelles 1896.
É. PONCELET, Actes des Princes Évêques de Liège. Hugues de Pierrepont 1200–1229 (CRH) Bruxelles 1941.
É. PONCELET, Inventaire analytique des chartes de la Collégiale de Saint-Pierre à Liège (CRH) Bruxelles 1906.
É. PONCELET, Inventaire analytique des chartes de la Collégiale de Sainte-Croix à Liège 1 (CRH) Bruxelles 1911.
É. PONCELET, Le livre des fiefs de l'église de Liège sous Adolphe de la Marck (CRH) Bruxelles 1898.
R. POUPARDIN, Recueil des chartes de l'abbaye de Saint-Germain-des-Prés des origines au début du XIIIe siècle 1 (558–1182). Paris 1909.
Regesta Imperii
1. Die Regesten des Kaiserreichs unter den Karolingern 751–918. Nach J. F. BÖHMER neubearb. von E. MÜHLBACHER und J. LECHNER. Innsbruck 1908 (Nachdruck mit Ergänzungen von C. BRÜHL und H. H. KAMINSKY 1966).
2, 1. Die Regesten des Kaiserreichs unter Heinrich I. und Otto I. 919–973. Nach J. F. BÖHMER neubearb. von E. VON OTTENTHAL. Innsbruck 1893 (Nachdruck mit Ergänzungen von H. H. KAMINSKY 1967).
Reginonis abbatis Prumiensis Chronicon cum Continuatione Treverensi, ed. F. KURZE (SS in us. schol. 50) 1890.
Reineri Annales s. Iacobi Leodiensis, ed. L. C. BETHMANN (SS 16. 1859 S. 651–680).
Richeri Historiarum libri IIII, ed. G. WAITZ (SS in us. schol. 51) 1877.
Ruotgeri Vita Brunonis archiepiscopi Coloniensis, ed. I. OTT (MGH Scriptores rerum Germanicarum NS 10) 1951.
Ruperti Chronicon s. Laurentii Leodiensis, ed. W. WATTENBACH (SS 8. 1848 S. 262–279).
Ruperti Tuitiensis Liber de divinis officiis, ed. H. HAACKE (Corpus Christianorum. Continuatio Mediaeualis 7) Turnhout 1967.
J. RUWET, Cartulaire de l'abbaye cistercienne du Val-Dieu (XIIe–XIVe siècle) (CRH) Bruxelles 1955.
J. G. SCHOONBROODT, Inventaire analytique et chronologique des chartes du Chapitre de Saint-Martin à Liège. Liège 1871.
J. G. SCHOONBROODT, Inventaire analytique et chronologique des archives de l'abbaye du Val Saint-Lambert-lez-Liège 1. Liège 1875.
Sedulii Scotti Carmina, ed. L. TRAUBE (MGH Poetae Latini 3, 1. 1886 S. 154–237).
Series episcoporum Leodiensium, ed. O. HOLDER-EGGER (SS 13. 1881 S. 290–291).
Sigeberti Auctuarium Gemblacense, ed. L. C. BETHMANN (SS 6. 1844 S. 390–392).
Sigeberti monachi Gemblacensis Chronographia, ed. L. C. BETHMANN (SS 6. 1844 S. 300–374).
G. SIMENON, Visitationes archidiaconatus Hasbaniae in dioecesi Leodiensi ab anno 1613 ad annum 1763 1–2. Liège 1939.
E. E. STENGEL, Urkundenbuch des Klosters Fulda 1 (Veröffentlichungen der Historischen Kommission für Hessen und Waldeck 10, 1) 1913/58.

J. STIENNON, Documents inédits sur l'organisation domaniale de l'abbaye de Saint-Trond au XIIe siècle (BCRH 114. 1949 S. 169–187).

K. F. STUMPF, Die Reichskanzler des 10., 11. und 12. Jahrhunderts nebst einem Beitrag zu den Regesten und zur Kritik der Kaiserurkunden dieser Zeit 1–2. Innsbruck 1865/83.

Sulpicii Severi Chronica, ed. C. HALM (Corpus Scriptorum ecclesiasticorum Latinorum 1. 1866 S. 3–105).

J. TARDIF, Monuments historiques (Archives de l'Empire. Inventaires et documents) Paris 1866.

G. TESSIER, Recueil des actes de Charles II le Chauve, roi de France 1–3 (Chartes et Diplômes relatifs à l'histoire de France) Paris 1943/55.

Thegani Vita Hludowici imperatoris, ed. G. H. PERTZ (SS 2. 1829 S. 590–604).

O. THIMISTER, Cartulaire ou recueil de chartes et documents inédits de l'église collégiale de Saint-Paul. Liège 1878.

Tomellus seu sermo Domini Radbodi s. Traiectensis ecclesiae episcopi de vita et meritis paradoxae virginis Christi Amalbergae, ed. J. B. SOLLIER (AA SS Julii 3. 1867 S. 85–87).

Translatio s. Landoaldi, ed. M. GYSSELING und A. C. F. KOCH (Diplomata Belgica 1. 1950 Nr. 138 S. 235–244).

Translatio s. Landoaldi, ed. O. HOLDER-EGGER (SS 15, 2. 1888 S. 601–607).

Translatio et miracula s. Germani, ed. G. WAITZ (SS 15, 1. 1887 S. 5–9).

Triumphus s. Lamberti de castro Bullonio, ed. W. ARNDT (SS 20. 1868 S. 498–511).

Triumphus s. Remacli de Malmundariensi coenobio, ed. W. WATTENBACH (SS 11. 1854 S. 436–461).

L. PH. C. VAN DEN BERGH, Oorkondenboek van Holland en Zeeland 1: tot het einde van het Hollandsche Huis. Amsterdam–'s-Gravenhage 1866.

D. VAN DERVEEGHDE, Le Polyptyque de 1280 du chapitre de la Chathédrale Saint-Lambert à Liège (CRH) Bruxelles 1958.

E. VAN DRIVAL, Cartulaire de l'abbaye de Saint-Vaast d'Arras rédigé au XIIe siècle par Guimann. Arras 1875.

H. VAN NEUSS, Inventaire des archives du Chapitre noble de Munsterbilsen. Hasselt 1887.

Venanti Honori Clementiani Fortunati presbyteri Italici opera poetica, ed. F. LEO (MGH Auctores Antiquissimi 4, 1) 1881.

F. VERCAUTEREN, Actes des comtes de Flandre 1071–1128 (CRH) Bruxelles 1938.

Virtutes s. Fursei abbatis Latiniacensis, ed. B. KRUSCH (SS rer. Merov. 4. 1902 S. 440–449).

De virtutibus factis post discessum beatae Geretrudis, ed. B. KRUSCH (SS rer. Merov. 2. 1888 S. 464–471).

Vita s. Amalbergae virginis, ed. J. B. SOLLIER (AA SS Julii 3. 1867 S. 87–98).

Vita s. Amandi, ed. B. KRUSCH (SS rer. Merov. 5. 1910 S. 428–449).

Vita s. Amoris confessoris, ed. C. SUYSKENS (AA SS Oct. 4. 1865 S. 343–347).

Vita brevior s. Amoris, ed. C. SUYSKENS (AA SS Oct. 4 1865 S. 348–349).

Vita s. Arnulfi episcopi et confessoris, ed. B. KRUSCH (SS rer. Merov. 2. 1888 S. 432–446).

Vita altera s. Arnulphi episcopi, ed. P. BOSCH (AA SS Julii 4. 1868 S. 440–444).

Vita Audoini episcopi Rotomagensis, ed. W. LEVISON (SS rer. Merov. 5. 1910 S. 553–567).

Vita Bavonis confessoris Gandavensis, ed. B. KRUSCH (SS rer. Merov. 4. 1902 S. 534–545).

Vita s. Bavonis, ed. K. STRECKER (MGH Poetae Latini 5. 1937 S. 227–245).

Vita s. Beggae viduae, ed. J. Geldolph DE RYCKEL. Leuven 1631; (wiederabgedr. in: J. GHESQUIÈRE, Acta Sanctorum Belgii selecta 5. Bruxelles–Tongerlo 1789 S. 111–124).

Vita s. Bercharii, ed. W. LEVISON (W. Levison, Die Merowingerdiplome für Montiérender. NA 33. 1908 S. 745–762).

Vita s. Beregisi abbatis, ed. C. DE BYE (AA SS Oct. 1. 1866 S. 520–529).

Vita Bertilae abbatissae Calensis, ed. W. LEVISON (SS rer. Merov. 6. 1913 S. 101–109).

Vita Bertuini episcopi et sancti Maloniensis, ed. W. LEVISON (SS rer. Merov. 7. 1920 S. 177–182).

Vita Chrodegangi episcopi Mettensis, ed. G. H. PERTZ (SS 10. 1852 S. 553–572).

Vitae Columbani abbatis discipulorumque eius, ed. B. KRUSCH (SS rer. Merov. 4. 1902 S. 61–152).

Vita Condedi anachoretae Belcimacensis, ed. W. LEVISON (SS rer. Merov. 5. 1910 S. 646–651).

Vita altera s. Dadonis vel Audoini episcopi, ed. G. Cuypers (AA SS Aug. 4. 1887 S. 810–819).
Vita Desiderii Cadurcae urbis episcopi, ed. B. Krusch (SS rer. Merov. 4. 1902 S. 563–602).
Vita s. Eligii episcopi Noviomensis, ed. L. d'Achery (Migne, PL 87. 1863 Sp. 481–592).
Vita Eligii episcopi Noviomagensis, ed. B. Krusch (SS rer. Merov. 4. 1902 S. 663–741).
Vita Ermenlandi abbatis Antrensis auctore Donato, ed. W. Levison (SS rer. Merov. 5. 1910 S. 682–710).
Vita Eucherii episcopi Aurelianensis, ed. W. Levison (SS rer. Merov. 7. 1920 S. 46–53).
Vita s. Evermari tripartita, ed. G. Henschen (AA SS Maii 1. 1866 S. 125–142).
Vita Filiberti abbatis Gemeticensis et Heriensis, ed. W. Levison (SS rer. Merov. 5. 1910 S. 583–606).
Vita Fursei abbatis Latiniacensis, ed. B. Krusch (SS rer. Merov. 4. 1902 S. 434–449).
Vitae Galli vetustissimae fragmentum, ed. B. Krusch (SS rer. Merov. 4. 1902 S. 251–256).
Vita Germani abbatis Grandivallensis, ed. B. Krusch (SS rer. Merov. 5. 1910 S. 33–40).
Vita s. Geretrudis, ed. B. Krusch (SS rer. Merov. 2. 1888 S. 453–464).
Vita s. Gertrudis tripartita, ed. J. Geldolph de Ryckel (J. Geldolph de Ryckel, Vitae s. Gertrudis abbatissae Nivellensis Brabantiae tutelaris, historicae narrationes tres. Leuven 1632 S. 105–141, 35–101, 147–193).
Vita Gregorii abbatis Traiectensis auctore Liudgero, ed. O. Holder-Egger (SS 15, 1. 1877 S. 66–79).
Vita s. Gudiliae virginis (alia vita auctore anonymo), ed. J. Bolland (AA SS Jan. 1. 1863 S. 524–530).
Vita s. Hadelini confessoris, ed. J. Bolland (AA SS Febr. 1. 1866 S. 377–381).
Vita ss. Herlindis sive Harlindis et Reinulae abbatissarum Masaci in Belgio, ed. G. Henschen (AA SS Martii 3. 1865 S. 384–388).
Vita s. Hiltrudis virginis, ed. J. Pien (AA SS Sept. 7. 1867 S. 461–468).
Vita Hludowici imperatoris, ed. G. H. Pertz (SS 2. 1829 S. 607–648).
Vita Hugberti episcopi Traiectensis, ed. W. Levison (SS rer. Merov. 6. 1913 S. 482–496).
Vita s. Hucberti et Translatio eius auctore Jona episcopo Aurelianensi, ed. Ch. de Smedt (AA SS Nov. 1. 1887 S. 806–818).
Vita s. Jonathi (Catalogus codicum hagiographicorum Bibliothecae Regiae Bruxellensis 1: Codices latini membranei 2. Bruxelles 1889 S. 273–275).
Vita Landelini abbatis Lobbiensis et Crispiensis, ed. W. Levison (SS rer. Merov. 6. 1913 S. 438–444).
Vita Lantberti abbatis Fontanellensis et episcopi Lugdunensis, ed. W. Levison (SS rer. Merov. 5. 1910 S. 608–612).
Vita Landiberti episcopi Traiectensis vetustissima, ed. B. Krusch (SS rer. Merov. 6. 1913 S. 353–384).
Vita Landiberti episcopi Traiectensis auctore Nicolao, ed. B. Krusch (SS rer. Merov. 6. 1913 S. 407–429).
Vita Landiberti auctore Nicolao, canonico Leodiensi, ed. C. Suyskens (AA SS Sept. 5. 1866 S. 602–617).
Vita prior s. Lamberti auctore Sigeberto Gemblacensi, ed. J. Chapeauville (Migne, PL 160. 1880 Sp. 759–782).
Vita Landiberti auctore Stephano episcopo Leodiensi, ed. C. Suyskens (AA SS Sept. 5. 1866 S. 581–588).
Vita Maximini episcopi Trevirensis, ed. B. Krusch (SS rer. Merov. 3. 1896 S. 74–82).
Vita s. Modoaldi auctore Stephano, ed. G. Henschen (AA SS Maii 3. 1866 S. 51–63).
Vita et passio s. Mononis martyris, ed. R. de Buck (AA SS Oct. 8. 1866 S. 367–368).
Vita Nivardi episcopi Remensis, ed. W. Levison (SS rer. Merov. 5. 1910 S. 160–171).
Vita s. Noitburgis virginis, ed. R. de Buck (AA SS Oct. 13. 1883 S. 842–845).
Vita Notgeri episcopi Leodiensis, ed. G. Kurth (G. Kurth, Notger de Liège et la civilisation au Xe siècle 2. Paris–Bruxelles–Liège 1905. Appendices 2 S. 10–15).
Vita Pippini ducis et maioris domus, ed. J. Bolland (AA SS Febr. 3 S. 263–265).
Vita s. Ragenuflae virginis, ed. J. B. Sollier (AA SS Julii 3. 1867 S. 666–669).

Vita Remacli episcopi et abbatis, ed. B. KRUSCH (SS rer. Merov. 5. 1910 S. 104–108).
Vita Rigoberti episcopi Remensis, ed. W. LEVISON (SS rer. Merov. 7. 1920 S. 58–79).
Vita sancti ac beatissimi Servatii episcopi et confessoris, ed. B. KRUSCH (SS rer. Merov. 3. 1896 S. 87–89).
Vita Trudonis confessoris Hasbaniensis, ed. W. LEVISON (SS rer. Merov. 6. 1913 S. 274–298).
Vita s. Trudonis presbyteri et confessoris, a Theoderico abbate s. Trudonis conscripta, ed. F. L. SURIUS (F. L. Surius, De Probatis Sanctorum Historiis 6. Köln 1582 S. 588–610).
Vita Vedastis episcopi auctore Alcuino, ed. B. KRUSCH (SS rer. Merov. 3. 1896 S. 414–427).
Vita Wilfridi I. episcopi Eboracensis auctore Stephano, ed. W. LEVISON (SS rer. Merov. 6. 1913 S. 193–263).
Vita s. Willibrordi archiepiscopi Traiectensis auctore Alcuino, ed. W. LEVISON (SS rer. Merov. 7. 1920 S. 113–141).
L. VOET, De brief van abt Othelbold aan gravin Otgiva, over de relikwieën en het domein van de Sint-Baafsabdij te Gent (1019–1030) (CRH) Bruxelles 1949.
C. WAMPACH, Geschichte der Grundherrschaft Echternach im Frühmittelalter 1, 2 (Quellenband). Luxemburg 1930.
C. WAMPACH, Urkunden- und Quellenbuch zur Geschichte der altluxemburgischen Territorien bis zur burgundischen Zeit 1–2. Luxemburg 1935/38.
H. WARTMANN, Urkundenbuch der Abtei Sanct Gallen 1: Jahr 700–840. Zürich 1863.
Widukindi monachi Corbeiensis rerum gestarum Saxonicarum libri III, ed. P. HIRSCH und H. E. LOHMANN (SS in us. schol. 60) 1935.
L. VON WINTERFELD, Eine Originalurkunde des Klosters St.-Jakob zu Lüttich (ca. 1100) (BCRH 83. 1914 S. 223–231).
E. WISPLINGHOFF, Rheinisches Urkundenbuch. Ältere Urkunden bis 1100. 1: Aachen–Deutz (Publikationen der Gesellschaft für Rheinische Geschichtskunde 57) 1972.
M. YANS, Le cartulaire de l'abbaye de Saint-Laurent-lez-Liège, conservé au British Museum (BSAHL 47. 1967 S. 23–134).
C. ZEUSS, Traditiones possessionesque Wizenburgenses. 1842.

II. Literatur

P. AEBISCHER, Les origines du nom de „Liège" (RBPhH 35. 1957 S. 643–682).
J. AERTS, De pagus Haspengouw (Album Dr. M. Bussels. Hasselt 1967 S. 57–68).
P. ALBERS, Sint Amandus Bisschop van Maastricht (PSAHL 64. 1928 S. 139–168).
J. ALENUS-LECERF / M. DRADON, Tombes mérovingiens à Hollogne-aux-Pierres (Les Chercheurs de la Wallonnie 20. 1966/68 S. 1–134).
A. ANGENENDT, Monachi peregrini. Studien zu Pirmin und den monastischen Vorstellungen des frühen Mittelalters (Münstersche Mittelalter-Schriften 6) 1972.
A. ANGENENDT, Pirmin und Bonifatius. Ihr Verhältnis zu Mönchtum, Bischofsamt und Adel (Mönchtum, Episkopat und Adel zur Gründungszeit der Reichenau, hg. von A. BORST = Vorträge und Forschungen 20. 1974 S. 251–304).
A. ANGENENDT, Willibrord im Dienste der Karolinger (AHVNrh 175. 1973 S. 63–113).
H. AUBIN, Die Herkunft der Karlinger (Karl der Große oder Charlemagne? Acht Antworten deutscher Geschichtsforscher. 1935 S. 41–48).
P. BAAR, Histoire du Ban et de la Commune de Sprimont. Liège 1969.
A. BACH, Deutsche Namenkunde 2: Die deutschen Ortsnamen. 1954.
É. BACHA, Étude critique sur une source d'Anselm: les Acta S. Theodardi (Mélanges Camille de Borman. Liège 1919 S. 27–34).
J. BAERTEN, A propos de Biettine dans le Masau (BTD 35. 1961 S. 49–61).
J. BAERTEN, Het graafschap Loon (11de–14de eeuw). Ontstaan – politiek – instellingen (Maaslandse monografien 9) Assen 1969.

J. BAERTEN, In Hasbanio comitatus quatuor (Verdrag van Meersen, 870) (Handelingen der Koninklijke Nederlandse Maatschappij voor Taal- en Letterkunde en Geschiedenis 19. 1965 S. 5–14).

J. BAERTEN, Les origines des comtes de Looz et la formation territoriale du comté (RBPhH 63. 1965 S. 459–491, 1217–1242).

G. BAESECKE, De gradus Romanorum (Kritische Beiträge zur Geschichte des Mittelalters. Festschrift für Robert Holtzmann = Historische Studien 238. 1933 S. 1–8).

H. BAILLIEN, De Geschiedenis van Lauw. Tongeren 1950.

F. BAIX, Begge (DHGE 7. 1934 Sp. 441–448).

F. BAIX, Étude sur l'abbaye et principauté de Stavelot-Malmédy 1: L'Abbaye royale et bénédictine (Des origines à l'avènement de S. Poppon, 1021). Paris–Charleroi 1924.

F. BAIX, Saint Hubert (La Terre Wallone 16. 1927 S. 106–122, 200–222; 17. 1927/28 S. 115–125, 348–364; 19. 1928/29 S. 65–86, 169–179).

F. BAIX, Saint Hubert. Sa mort, sa canonisation, ses reliques (Mélanges Félix Rousseau. Études sur l'histoire du pays mosan au moyen âge. Bruxelles 1958 S. 71–80).

F. BAIX, Saint Remacle et les abbayes de Solignac et de Stavelot-Malmédy (Revue bénédictine 61. 1951 S. 167–207).

S. BALAU, Étude critique des sources de l'histoire du Pays de Liège au moyen âge (Mémoires couronnés et mémoires des savants étrangers publiés par l'Académie royale des Sciences, des Lettres et des Beaux-Arts de Belgique 61) Bruxelles 1902/03.

G. P. J. BANNENBERG, Sint Willibrord in Waalre en Valkenswaard. Ontstaan en ontwickeling ener vroege christengemeenschap tot parochie. Nijmwegen 1948.

M. BARTH, Heiligenkalendare alter Benediktinerklöster des Elsaß (Weißenburg, Münster, Maursmünster und Altdorf) (Freiburger Diözesan-Archiv 78. 1958 S. 82–125).

J. BAUDHUIN, Étude sur l'histoire de l'abbaye de Saint-Hubert des origines jusqu'en 1189. Mémoire de licence de l'Université de Liège. Liège 1943/44 (masch.).

R. BAUERREISS, Fons sacer. Studien zur Geschichte des frühmittelalterlichen Taufhauses auf deutschsprachlichem Gebiet (Abhandlungen der bayerischen Benediktiner-Akademie 6) 1949.

M. BAUWENS-LESENNE, Bibliografisch repertorium van de oudheidkundige vondsten in Limburg, behoudens Tongeren–Koninksem (vanaf de vroegste tijden tot de Noormannen) (Nationaal Centrum voor oudheidkundige navorsingen in België. Reeks A: Bibliografische repertoria 8) Brussel 1968.

A. BERGENGRUEN, Adel und Grundherrschaft im Merowingerreich. Siedlungs- und standesgeschichtliche Studie zu den Anfängen des fränkischen Adels in Nordfrankreich und Belgien (Vierteljahrsschrift für Sozial- und Wirtschaftsgeschichte, Beiheft 41) 1958.

U. BERLIÈRE, Abbaye de Stavelot-Malmédy (Monasticon belge 2: Province de Liège. Liège 1928 S. 58–105).

C. BERNARD, Étude sur le diplôme de 968, par lequel Gerberge, veuve de Louis IV d'Outremer, donne à Saint-Remi de Reims son domaine de Meersen (BCRH 123. 1958 S. 191–224).

F. BEYERLE, Die süddeutschen Leges und die merowingische Gesetzgebung. Volksrechtliche Studien 2 (ZRG GA 49. 1929 S. 264–432).

F. BEYERLE, Das legislative Werk Chilperichs I. (ZRG GA 78. 1961 S. 1–38).

B. BISCHOFF, Die Hofbibliothek Karls des Großen (Karl der Große. Lebenswerk und Nachleben 2: Das geistige Leben, hg. von B. BISCHOFF. 1965 S. 42–62).

B. BISCHOFF, Panorama der Handschriftenüberlieferung aus der Zeit Karls des Großen (Karl der Große. Lebenswerk und Nachleben 2. S. 233–254).

B. BISCHOFF, Eine karolingische Prachthandschrift in Aachener Privatbesitz (Aachener Kunstblätter 32. 1966 S. 46–53).

B. BISCHOFF, Mittelalterliche Schatzverzeichnisse 1: Von der Zeit Karls des Großen bis zur Mitte des 13. Jahrhunderts (Veröffentlichungen des Zentralinstituts für Kunstgeschichte in München 4) 1967.

A. BLAISE, Dictionnaire Latin-Francais des auteurs chrétiens. Turnhout 1954.

D. P. BLOK, Teisterbant (Mededelingen der Koninklijke Nederlandse Akademie van Wetenschapen. Afd. Letterkunde N. R. 26, 12) Amsterdam 1963.

K. BLUME, Abbatia. Ein Beitrag zur Geschichte der kirchlichen Rechtssprache (Kirchenrechtliche Abhandlungen 83) 1914.

H. W. BÖHME, Germanische Grabfunde des 4. bis 5. Jahrhunderts zwischen unterer Elbe und Loire. Studien zur Chronologie und Bevölkerungsgeschichte (Münchner Beiträge zur Vor- und Frühgeschichte 19) 1974.

K. BÖHNER, Das Trierer Land zur Merowingerzeit nach den Zeugnissen der Bodenfunde (Geschichte des Trierer Landes 1, hg. von H. LAUFNER. 1964 S. 303–336).

P. C. BOEREN, Frankische tijd en Vroege Middeleeuwen (Limburg's Verleden. Geschiedenis van Nederlands Limburg tot 1815. 2. Maastricht 1967 S. 417–530).

G. BOES, L'abbaye de Saint-Trond. Des origines jusqu'à 1155. Tongres 1970.

G. BOES, De abdij van Sint-Truiden tijdens de eerste eeuwen van haar bestaan (Ons Geestelijk Erf 21. 1947 S. 66–73).

A.-M. BONENFANT-FEYTMANS, Le plus ancien acte de l'abbaye d'Andenne (Études d'histoire dédiées à la mémoire de Henri Pirenne par ses anciens élèves. Bruxelles 1937 S. 19–33).

H. E. BONNELL, Die Anfänge des karolingischen Hauses (Jahrbücher der Deutschen Geschichte 6) 1866.

W. BOPPERT, Die frühchristlichen Inschriften des Mittelrheingebietes. 1971.

L. BOSCHEN, Die Annales Prumienses. Ihre nähere und weitere Verwandtschaft. 1972.

J. BRASSINNE, Un cimetière mérovingien à Liège (La Vie Wallone 29. 1955 S. 29–38).

J. BRASSINNE, Les paroisses de l'ancien concile de Hozémont (BSAHL 12. 1900 S. 241–284).

J. BRASSINNE, Les paroisses de l'ancien concile de Saint-Remacle (BSAHL 14. 1903 S. 267–352).

H. BRESSLAU, Exkurse zu den Diplomen Konrads II. (NA 34. 1909 S. 67–123, 385–426).

H. BRESSLAU, Handbuch der Urkundenlehre für Deutschland und Italien 2, 1. 2. Aufl. 1931.

J. BREUER, Chèvremont (prov. Liège) (Archéologie 1947, 1 S. 127–128. In: L'Antiquité Classique 16. 1947 S. 123–138).

J. BREUER, Les études archéologiques au pays de Liège. Coup d'oeil rétrospectif (Liège, capitale de la Wallonie. Liège 1924 S. 131–139).

J. BREUER, Vergulde triens uit een Merovingisch graf op het Lindel (Overpelt) (Limburg 38. 1959 S. 286–290).

É. BROUETTE, Falcon (DHGE 16. 1967 Sp. 431–432).

É. BROUETTE, Le plus ancien manuscrit de la Vita Beggae œuvre inconnue de Goderan de Lobbes (Scriptorium 16. 1962 S. 81–84).

C. BRÜHL, Palatium und Civitas. Studien zur Profantopographie spätantiker Civitates vom 3. bis zum 13. Jahrhundert 1: Gallien. 1975.

TH. BRULARD, La Hesbaye. Étude géographique d'économie rurale (Bibliothèque de l'Institut de Géographie. Université Catholique de Louvain. Série B, 10) Louvain 1962.

E. C. G. BRUNNER, Probleme der Entwicklung Lüttichs (Hansische Geschichtsblätter 60. 1935 S. 379–381).

M. BRUWIER, Brève histoire de la commune de Munsterbilzen (Bulletin trimestriel du Crédit communal de Belgique 65. 1963 S. 133–152).

R. BUCHNER, Die Provence in merowingischer Zeit. Verfassung – Wirtschaft – Kultur (Arbeiten zur deutschen Rechts- und Verfassungsgeschichte 9) 1933.

H. BÜTTNER, Christentum und fränkischer Staat in Alemannien und Rätien während des 8. Jahrhunderts (Zeitschrift für schweizerische Kirchengeschichte 43. 1949 S. 1–27, 132–150; wiederabgedr. in: H. Büttner, Frühmittelalterliches Christentum und fränkischer Staat zwischen Hochrhein und Alpen. 1961 S. 7–54).

H. BÜTTNER, Geschichte des Elsaß 1: Politische Geschichte des Landes von der Landnahmezeit bis zum Tode Ottos III. (Neue deutsche Forschungen. Abt. mittelalterliche Geschichte 8) 1939.

H. BÜTTNER, Heppenheim, Bergstraße und Odenwald. Von der Franken- zur Stauferzeit (1200 Jahre Heppenheim. 1955 S. 27–53; wiederabgedr. in: H. Büttner, Zur frühmittelalterlichen Reichsgeschichte an Rhein, Main und Neckar, hg. von A. GERLICH. 1975 S. 158–184).

H. BÜTTNER, Das Bistum Worms und der Neckarraum während des Früh- und Hochmittelalters (Archiv für mittelrheinische Kirchengeschichte 10. 1958 S. 9–38; wiederabgedr. in: Büttner, Zur frühmittelalterlichen Reichsgeschichte S. 207–236).

A. M. BURG, Das elsässische Herzogtum (Zeitschrift für die Geschichte des Oberrheins 117 NF 78. 1969 S. 83–95).

M. BUSSELS, De oudste bescheiden over de Kempische Landbouw (Het Oude Land van Loon 14. 1959 S. 305–330).

M. BUSSELS, De bezittingen der abdij van St-Truiden te Peelt (VO 16. 1941 S. 147–159).

M. BUSSELS, Verdeling en beheer van de goederen der St. Truidense abdij (Het Oude Land van Loon 11. 1956 S. 331–347).

F. CH. BUTKENS, Trophées tant sacrées que profanes du Duché de Brabant 1. 's-Gravenhage 1724.

A. W. BYVANCK, Nederland in den romeinschen tijd 1–2. Leiden 1944/45.

M. CALBERG, Tissus et broderies attribués aux Saintes Harlinde et Relinde (Bulletin de la Société royale d'Archéologie de Bruxelles. 1951 S. 1–26).

A. CALMET, Histoire ecclésiastique et civile de Lorraine 1. Nancy 1728.

A. CARLOT, Étude sur le domesticus franc (Bibl. Fac. Liège 13) Liège 1903.

Catalogus codicum hagiographicorum latinorum Biblioth. Nat. Parisiensis, ed. hagiographi Bollandiani 1–3. Bruxelles–Paris 1889/93.

J. CEYSSENS, Aubin-Neufchâteau (Leodium 1. 1902 S. 69–72).

J. CEYSSENS, Étude historique sur l'origine des paroisses (BSAHL 14. 1903 S. 161–221).

J. CEYSSENS, La paroisse de Visé (BSAHL 6. 1890 S. 13–227).

J. L. CHARLES, La Ville de Saint-Trond au moyen âge. Des origines à la fin du XIVe siècle (Bibl. Fac. Liège 173) Paris 1965.

A. CLAASSEN, De Franken bij ons? (Limburg 37. 1958 S. 233–248).

A. CLAASSEN, Het merovingisch grafveld van het Lindel (Overpelt) (Het Oude Land van Loon 15. 1960 S. 53–58).

P. CLASSEN, Bemerkungen zur Pfalzenforschung am Mittelrhein (Deutsche Königspfalzen. Beiträge zu ihrer historischen und archäologischen Erforschung 1 = Veröffentlichungen des Max-Planck-Instituts für Geschichte 11,1. 1963 S. 75–96).

P. CLASSEN, Kaiserreskript und Königsurkunde. Diplomatische Studien zum römisch-germanischen Kontinuitätsproblem 2: Die Urkunden der Germanenkönige bis zur Mitte des 8. Jahrhunderts. Übernahme römischer Formen und Wandel des Gehalts (Archiv für Diplomatik 2. 1956 S. 1–115).

D. CLAUDE, Die Bestellung der Bischöfe im merowingischen Reiche (ZRG KA 49. 1963 S. 1–75).

D. CLAUDE, Untersuchungen zum frühfränkischen Comitat (ZRG GA 81. 1964 S. 1–79).

J. M. B. CLAUSS, Historisch-topographisches Wörterbuch des Elsaß. 1895/1912.

H. CLAUSSEN, Heiligengräber im Frankenreich. Ein Beitrag zur Kunstgeschichte des Frühmittelalters. Diss. phil. Marburg 1950 (masch.).

J. CLOSON, Alexandre Ier de Juliers, évêque de Liège (BSAHL 13. 1902 S. 403–473).

J. COENEN, La chapelle Saint-Lambert à Herstal (Bulletin des Commissions royales d'Art et d'Archéologie 63. 1924 S. 178–188).

J. COENEN, Saint Hubert, le fondateur de Liège. Étude publiée à l'occasion du XIIe centenaire. Liège 1927.

J. COENEN, De drie munsters der Maasgouw. Aldeneyck, Susteren, St. Odilienberg (PSAHL 56. 1920 S. 71–141; 57. 1921 S. 19–76; 58. 1922 S. 1–44).

M. COENS, Amand (Biographie Nationale de Belgique 31. Suppl. 3. Bruxelles 1962 Sp. 17–24).

M. COENS, S. Bavon était-il évêque? (Analecta Bollandiana 63. 1945 S. 220–241).

M. COENS, Anciennes litanies des Saints (Recueil d'études Bollandiennes par Maurice COENS = Subsidia Hagiographica 37. Bruxelles 1963 S. 129–322).

M. COENS, Martyrologes belges manuscrits de la bibliothèque des Bollandistes (Analecta Bollandiana 85. 1967 S. 113–142).

M. COENS, Sur le prologue original de la Vie de Saint Amour, patron de Munsterbilzen (Analecta Bollandiana 84. 1966 S. 343–348).

M. Coens, Les saints particulièrement honorés à l'abbaye de Saint-Trond (Analecta Bollandiana 72. 1954 S. 85–133, 397–426).

M. Coens, Saints et saintes honorés à l'abbaye de Susteren dans l'ancien diocèse de Liège (Analecta Bollandiana 80. 1962 S. 327–344).

M. Coens, Utriusque linguae peritus. En marge d'un prologue de Thierry de Saint-Trond (Analecta Bollandiana 76. 1958 S. 118–150).

M. Coens, La Vie de sainte Ode d'Amay (Analecta Bollandiana 65. 1947 S. 196–244).

A. Collart-Sacré, La Libre Seigneurie de Herstal. Son histoire, ses monuments, ses rues et ses lieux-dits 1–2. Liège 1927/37.

M. Colleye, La paroisse de Hermalle sous Argenteau (BSRVL 1. 1932/34 S. 458–460).

M. Conrat, Ein Traktat über romanisch-fränkisches Ämterwesen (ZRG GA 29. 1908 S. 239–260).

S. Corsten, Rheinische Adelsherrschaft im ersten Jahrtausend (RhVjbll 28. 1963 S. 84–129).

P. Daniels, A propos du Mareolt, d'une charte de 741 (BSAHL 6. 1890 S. 1–12).

A. Dasnoy, Le reliquaire mérovingien d'Andenne (ASAN 49. 1958 S. 41–60).

A. Dasnoy, Les sculptures mérovingiennes de Glons (Revue belge d'Archéologie et d'Histoire de l'Art 22. 1953 S. 137–152 = Archaeologia Belgica 17. Bruxelles 1953).

A. de Belfort, Description générale des monnaies mérovingiennes par ordre alphabétique des ateliers 1–5. Paris 1892/95.

P. J. Debouxhtay, Les possessions de la collégiale de Saint-Paul de Liège au XIIe siècle (Leodium 26. 1933 S. 45–54).

P. J. Debouxhtay / F. Dubois, Histoire de la seigneurie de Nivelle-sur-Meuse et de l'ancienne paroisse de Lixhe. Liège 1935.

R. de Buck, De s. Ermelinde virgine (AA SS Oct. 12. 1867 S. 843–872).

K. H. Debus, Früher kirchlicher Fernbesitz (Pfalzatlas, Textband, 23. Heft. 1975 S. 861–912).

J. Deeters, Servatiusstift und Stadt Maastricht. Untersuchungen zu Entstehung und Verfassung (Rheinisches Archiv 73) 1970.

A. M. Defize-Lejeune, Répertoire bibliographique des trouvailles archéologiques de la province de Liège. Depuis l'âge du bronze jusqu'aux Normands (Centre National de Recherches archéologiques en Belgique. Répertoires archéologiques 5) Bruxelles 1964.

H. Degering, Handschriften aus Echternach und Orval nach Paris (Aufsätze Fritz Milkau gewidmet. 1921 S. 48–85).

F. Deissner-Nagels, Valenciennes, ville carolingienne (Le Moyen Age 68. 1962 S. 51–90).

L. de Jaer, La Seigneurie d'Awans-Loncin près de Liège (BIAL 63. 1939 S. 65–84).

J. Delatte, La Hesbaye liégeoise à la fin du XIIIe siècle (BSRVL 4. 1951/55 S. 290–297).

S. J. de Laet, De Kempen in de romeinse en in de vroeg-merovingische tijd (Brabants Heem 2. 1950 S. 29–38).

S. J. de Laet / W. Glasbergen, De voorgeschiedenis der Lage Landen. Groningen 1959.

A. Delahaye, Lagen de goederen door St. Willibrord aan Echternach geschonken, werkelijk in Noord-Brabant? (Archives et Bibliothèques de Belgique 37. 1966 S. 37–60).

R. de Maeyer, De overblijfselen der Romeinsche villa's in België. De archeologische inventaris 1 (Rijksuniversiteit te Gent. Werken uitgegeven door de Faculteit van de Wijsbegeerte en Letteren 90) Antwerpen–'s-Gravenhage 1940.

R. de Maeyer, De Romeinsche villa's in België (Rijksuniversiteit te Gent. Werken uitgegeven door de Faculteit van de Wijsbegeerte en Letteren 82) Antwerpen– 's-Gravenhage 937.

A. Demangeon, Belgique. Pays-Bas. Luxembourg (Géographie universelle 2) Paris 1927.

J. Demarteau, La première église de Liège: l'abbaye de Notre Dame (BSAHL 7. 1892 S. 1–108).

J. Demarteau, Saint Hubert d'après son plus ancien biographe (BIAL 16. 1881 S. 89–160).

J. Demarteau, Notre-Dame de Chèvremont. 3. édition Liège 1913.

É. de Moreau, Les abbayes de Belgique (VIIe–XIIe siècles) (Collection Notre Passé) Bruxelles 1952.

É. de Moreau, Histoire de l'église en Belgique 1–3 (Museum Lessianum. Section historique 1–3) Bruxelles 1945.

É. DE MOREAU, Saint Amand. Apôtre de la Belgique et du nord de la France (Museum Lessianum. Section missiologique 7) Louvain 1927.

É. DE MOREAU, Saint Amand. Le principal évangélisateur de la Belgique. Bruxelles 1942.

É. DE MOREAU, Le transfert de la résidence des évêques de Tongres à Maestricht (RHE 20. 1924 S. 457–464).

É. DE MOREAU, La Vita Amandi prima et les fondations monastiques de S. Amand (Analecta Bollandiana 67. 1949 S. 447–464).

É. DE MOREAU/J. DEHARVENG, Circonscriptions ecclésiastiques. Chapitres, abbayes, couvents en Belgique avant 1559 (É. DE MOREAU, Histoire de l'église en Belgique, tome complémentaire 1 = Museum Lessianum. Section historique 11) Bruxelles 1948.

A. DE NOUË, Études historiques sur l'ancien pays de Stavelot et de Malmédy. Liège 1848.

J. DEPOIN, Grandes figures monacales des temps mérovingiens: Saint Arnoul de Metz. Études de critique historique (Revue Mabillon. Archives de la France monastique 11. 1921 S. 245–258; 12. 1922 S. 13–25).

CH. DEREINE, Clercs et Moins au Diocèse de Liège du Xe au XIIe siècle (ASAN 45. 1950 S. 183–203).

A. DE RYCKEL, Les communes de la province de Liège. Liège 1892.

PH. DE SCHAETZEN/M. VANDERHOEVEN, Merovingisch grafveld te Engelmanshoven (provincie Limburg) (Het Oude Land van Loon 9. 1954 S. 15–35).

M. DESITTERE, De urnenveldenkultuur in het gebied tussen Neder-Rijn en Noordzee (Dissertationes Archaeologicae Gandenses 11) Brugge 1968.

G. DESPY, Henri IV et la fondation du chapitre de Sclayn (Mélanges Félix Rousseau. Études sur l'histoire du pays mosan au moyen âge. Bruxelles 1958 S. 221–236).

A. DESPY-MEYER/P. P. DUPONT, Abbaye de Saint Hubert (Monasticon belge 5: Province de Luxembourg. Liège 1975 S. 9–83).

CH. DE VOS, Toponymie de Limal (Wavrensia. Bulletin du Cercle Historique et Archéologique de Wavre et de la Région 12. 1963 S. 65–123).

J. DE WALQUE, Les limites mérovingiennes de l'abbaye de Stavelot-Malmédy (Folklore Stavelot-Malmédy – Saint-Vith 37–39. 1973/75 S. 7–50).

A. D'HAENENS, Ermelinde (DHGE 15. 1963 Sp. 746–749).

A. D'HAENNES, Les invasions normandes en Belgique au IXe siècle. Le phénomène et sa répercussion dans l'historiographie médiévale (Université de Louvain. Recueil des travaux d'Histoire et de Philologie. 4. série 38) Louvain 1967.

J. DIENEMANN, Der Kult des heiligen Kilian im 8. und 9. Jahrhundert. Beiträge zur geistigen und politischen Entwicklung der Karolingerzeit (Quellen und Forschungen zur Geschichte des Bistums und Hochstifts Würzburg 10) 1955.

I. DIENEMANN-DIETRICH, Der fränkische Adel in Alemannien im 8. Jahrhundert (Grundfragen der alemannischen Geschichte. Mainauvorträge 1952 = Vorträge und Forschungen 1. 1955 S. 149–192).

E. DOBERER, Die ornamentale Steinskulptur an der karolingischen Kirchenausstattung (Karl der Große. Lebenswerk und Nachleben 3: Karolingische Kunst, hg. von W. BRAUNFELS und H. SCHNITZLER. 1965 S. 203–233).

A. DOLL, Das Pirminskloster Hornbach. Gründung und Verfassungsentwicklung bis Anfang des 12. Jahrhunderts (Archiv für mittelrheinische Kirchengeschichte 5. 1953 S. 108–142).

O. DOPPELFELD, s. MÜHLBACH, Tätigkeitsbericht.

L. DREES, Der heilige Remaclus. Gründer der Abtei Stavelot-Malmedy (Schriftenreihe des Geschichtsvereins „Zwischen Venn und Schneifel" 1) St. Vith 1967.

C. DU CANGE/G. A. L. HENSCHEL, Glossarium mediae et infimae latinitatis 1–6. Paris 1840/46.

L. DUCHESNE, Fastes épiscopaux de l'ancienne Gaule 1–3. Paris 1894/1915.

R. DÜCHTING, Sedulius Scottus. Seine Dichtungen. 1968.

L. DUPRAZ, Contribution à l'histoire du regnum Francorum pendant le troisième quart du VIIe siècle (656–680). Fribourg 1948.

L. DUPRAZ, Essai sur une chronologie nouvelle des règnes de Chlothaire III (657–673) et de Childéric II (662–675) (Schweizer Zeitschrift für Geschichte 2. 1952 S. 525–568).

Ch. Duvivier, Recherches sur le Hainaut ancien du VIIe au XIIe siècles. Bruxelles 1865.
H. Ebling, Prosopographie der Amtsträger des Merowingerreiches von Chlothar II. (613) bis Karl Martell (741) (Beihefte der Francia 2. 1974).
A. Eckardt/A. Frh. v. Reitzenstein, Die Kunstdenkmäler der Pfalz 5: Bezirksamt Germersheim. 1937.
U. Eckardt, Untersuchungen zu Form und Funktion der Treueidleistung im merowingischen Frankenreich (Untersuchungen und Materialien zur Verfassungs- und Landesgeschichte 6) 1976.
K. A. Eckhardt, Merowingerblut 1: Die Karolinger und ihre Frauen. 2: Agilolfinger und Etichonen (Germanenrechte NF, Deutschrechtliches Archiv 10–11) 1965.
K. A. Eckhardt, Lex Ribuaria 1: Austrasisches Recht im 7. Jahrhundert (Germanenrechte NF, Westgermanisches Recht) 1959.
K. A. Eckhardt, Studia Merovingica (Bibliotheca rerum historicarum, ed. K. A. Eckhardt, 11) 1975.
W. A. Eckhardt, Die Decretio Childeberti und ihre Überlieferung (ZRG GA 84. 1967 S. 1–71).
W. A. Eckhardt, Die Kapitulariensammlung Bischof Ghaerbalds von Lüttich (Germanenrechte NF, Deutschrechtliches Archiv 5) 1955.
E. Ennen, Frühgeschichte der europäischen Stadt. 1953.
W. Ensslin, Praeses (Paulys Realencyclopädie der classischen Altertumswissenschaft. Neue Bearbeitung begonnen von G. Wissowa, fortgeführt von W. Kroll und K. Mittelhaus. Supplementband 8. 1956 Sp. 598–614).
E. Ewig, L'Aquitaine et les Pays Rhénans au haut moyen âge (Cahiers de civilisation médiévale 1. 1958 S. 37–54).
E. Ewig, Les Ardennes au Haut-Moyen-Age (Anciens pays et assemblées d'états 28. 1963 S. 3–38).
E. Ewig, Beobachtungen zur Entwicklung der fränkischen Reichskirche unter Chrodegang von Metz (Frühmittelalterliche Studien 2. 1968 S. 67–77).
E. Ewig, Beobachtungen zur Frühgeschichte des Bistums Köln (Studien zur Kölner Kirchengeschichte 5: Zur Geschichte und Kunst im Erzbistum Köln. Festschrift für Wilhelm Neuss. 1960 S. 13–39).
E. Ewig, Saint Chrodegang et la réforme de l'église franque (Saint Chrodegang. Communications présentées au colloque tenu à Metz à l'occasion du souzième centenaire de sa mort. Metz 1967 S. 25–53).
E. Ewig, Die Civitas Ubiorum, die Francia Rinensis und das Land Ribuarien (RhVjbll 19. 1954 S. 1–29).
E. Ewig, Descriptio Franciae (Karl der Große. Lebenswerk und Nachleben 1: Persönlichkeit und Geschichte, hg. von H. Beumann. 1965 S. 143–177).
E. Ewig, Die Kathedralpatrozinien im römischen und fränkischen Gallien (Historisches Jahrbuch 79. 1960 S. 1–61).
E. Ewig, Kirche und Civitas in der Merowingerzeit (Settimane di studio 7: Le chiese nei regni dell'Europa occidentale e i loro rapporti con Roma sino all'800. Spoleto 1960 S. 54–71).
E. Ewig, Das Bistum Köln im Frühmittelalter (AHVNrh 155/156. 1954 S. 205–243).
E. Ewig, Milo et eiusmodi similes (Sankt Bonifatius. Gedenkgabe zum zwölfhundertsten Todestag. 1954 S. 412–440).
E. Ewig, Die ältesten Mainzer Patrozinien und die Frühgeschichte des Bistums Mainz (Das erste Jahrtausend. Kultur und Kunst im werdenden Abendland an Rhein und Ruhr. Textband 1, hg. von V. H. Elbern. 1962 S. 114–127).
E. Ewig, Der Petrus- und Apostelkult im spätrömischen und fränkischen Gallien (Zeitschrift für Kirchengeschichte 71. 1960 S. 215–251).
E. Ewig, Noch einmal zum „Staatsstreich" Grimoalds (Speculum Historiale. Geschichte im Spiegel von Geschichtsschreibung und Geschichtsdeutung. Johannes Spörl zum 60. Geburtstag dargebracht. 1965 S. 454–457).
E. Ewig, Die Stellung Ribuariens in der Verfassungsgeschichte des Merowingerreichs (Gesellschaft für rheinische Geschichtskunde. Vorträge 18) 1969.

E. Ewig, Studien zur merowingischen Dynastie (Frühmittelalterliche Studien 8. 1974 S. 15–59).
E. Ewig, Die fränkischen Teilreiche im 7. Jahrhundert (613–714) (Trierer Zeitschrift 22. 1953 S. 85–144).
E. Ewig, Die fränkischen Teilungen und Teilreiche (511–613) (Akademie der Wissenschaften und der Literatur Mainz. Abhandlungen der geistes- und sozialwiss. Kl. 1952, 9).
E. Ewig, Trier im Merowingerreich. Civitas, Stadt, Bistum. 1954.
E. Ewig, Volkstum und Volksbewußtsein im Frankenreich des 7. Jahrhunderts (Settimane di studio 5, 2: Caratteri del secolo VII in Occidente. Spoleto 1958 S. 587–648).
G. Faider-Feytmans, L'aire de dispersion de cimetières mérovingiens en Belgique (Études mérovingiennes. Actes des journées de Poitiers. Paris 1953 S. 103–109).
G. Faider-Feytmans, La Belgique à l'époque mérovingienne (Collection Notre Passé) Bruxelles 1964.
G. Faider-Feytmans, De Romeinse beschaving in de Nederlanden (Algemene Geschiedenis der Nederlanden 1. Utrecht 1949 S. 133–178).
F. Falk, Geschichte des ehemaligen Klosters Lorsch an der Bergstraße. 1866.
A. Fath, Beiträge zum Leben des heiligen Theodard und zur Geschichte des Dieterskirchel (Rülzheimer Gottesdienstordnungen Winter 1946/47. Ms im Pfarrarchiv Rülzheim).
H. E. Feine, Kirchliche Rechtsgeschichte 1: Die katholische Kirche. 4. Aufl. 1964.
H. Fichtenau, Arenga. Spätantike und Mittelalter im Spiegel von Urkundenformeln (MIÖG Ergänzungsband 18) 1957.
B. Fischer, Bibeltext und Bibelreform unter Karl dem Großen (Karl der Große. Lebenswerk und Nachleben 2: Das geistige Leben, hg. von B. Bischoff. 1965 S. 156–216).
J. Fischer, Der Hausmeier Ebroin. Diss. phil. Bonn 1954.
J. Fischer, Oriens-Occidens-Europa. Begriff und Gedanke „Europa" in der späten Antike und im frühen Mittelalter (Veröffentlichungen des Instituts für europäische Geschichte Mainz 15) 1957.
D. Flach, Untersuchungen zur Verfassung und Verwaltung des Aachener Reichsgutes von der Karlingerzeit bis zur Mitte des 14. Jahrhunderts (Veröffentlichungen des Max-Planck-Instituts für Geschichte 46) 1976.
J. Fleckenstein, Einhard, seine Gründung und sein Vermächtnis in Seligenstadt (Das Einhardkreuz. Vorträge und Studien der Münsteraner Diskussion zum arcus Einhardi, hg. von K. Hauck = Abhandlungen der Akademie der Wissenschaften in Göttingen. Phil.-Hist. Kl. 3. Folge, 87. 1974 S. 96–121).
J. Fleckenstein, Fulrad von Saint-Denis und der fränkische Ausgriff in den süddeutschen Raum (Studien und Vorarbeiten zur Geschichte des großfränkischen und frühdeutschen Adels, hg. von G. Tellenbach = Forschungen zur oberrheinischen Landesgeschichte 4. 1957 S. 9–39).
J. Fleckenstein, Die Hofkapelle der deutschen Könige 1: Grundlegung. Die karolingische Hofkapelle (Schriften der MGH 16, 1) 1959.
E. Förstemann, Altdeutsches Namenbuch 1: Personennamen. 1900.
R. Folz, Metz dans la monarchie franque au temps de saint Chrodegang (Saint Chrodegang. Communications présentées au colloque tenu à Metz à l'occasion du douzième centenaire de sa mort. Metz 1967 S. 1–24).
R. Folz, Tradition hagiographique et culte de Saint Dagobert roi des Francs (Le Moyen Age 69. 1963 S. 17–35).
H. Frank, Die Klosterbischöfe des Frankenreiches (Beiträge zur Geschichte des alten Mönchtums und des Benediktinerordens 17) 1932.
H. Frère, Le droit de monnaie de l'évêque de Liège (Revue Numismatique 6. série 8. 1966 S. 70–88).
H. Frère, Monnaies de l'évêque frappées à Liège (avant 1344) et à Avroy (Revue belge de Numismatique et de Sigillographie 109. 1963 S. 37–73).
É. Freson, Histoire de Glons (La Vallée du Geer. Esquisse générale, Géographie, Géologie, Histoire, Archéologie, Botanique, Entomologie = Publications de la Commission scienti-

fique Belgo-Néerlandaise pour la Protection de la Montagne St. Pierre 7. Beeringen 1963 S. 59–61).
J. FRIEDRICH, Kirchengeschichte Deutschlands 2, 1: Die Merovingerzeit. 1869.
W. H. FRITZE, Universalis gentium confessio. Formen, Träger und Wege universalmissionarischen Denkens im 7. Jahrhundert (Frühmittelalterliche Studien 3. 1969 S. 78–130).
Führer zu vor- und frühgeschichtlichen Denkmälern, hg. vom Römisch-Germanischen Zentralmuseum Mainz 5: Saarland. 1966.
Gallia Christiana 7. Paris 1744.
C. GAIER, Art et organisation militaires dans la principauté de Liège et dans le comté de Looz au Moyen Age (Académie royale de Belgique. Classe des Lettres. Mémoires in-8°, 2. série, 59, 3) Bruxelles 1968.
J. GAIER-LHOEST, L'évolution topographique de la ville de Dinant au moyen âge (Pro Civitate, Collection Histoire, Série in-8°, 4) Bruxelles 1964.
F. L. GANSHOF, Quelques aspects principaux de la vie économique dans la monarchie franque au VIIe siècle (Settimane di Studio 5, 1: Caratteri del secolo VII in occidente. Spoleto 1958 S. 73–101).
F. L. GANSHOF, La Belgique carolingienne (Collection Notre Passé) Bruxelles 1958.
F. L. GANSHOF, Carbonaria Silva (Handwörterbuch zur deutschen Rechtsgeschichte 1. 1966 Sp. 589–590).
F. L. GANSHOF, Étude sur le développement des villes entre Loire et Rhin au moyen âge. Paris–Bruxelles 1943.
F. L. GANSHOF, Grondbezit en gronduitbating tijdens de vroege middeleeuwen in het Noorden van het Frankische rijk en meer bepaald in Taxandrie (Brabants Heem 6. 1954 S. 3–19).
F. L. GANSHOF, Note sur une charte privée carolingienne datée de Jupille (Mélanges Félix Rousseau. Études sur l'histoire du pays mosan au moyen âge. Bruxelles 1958 S. 309–319).
F. L. GANSHOF, Het tijdperk van de Merowingen (Algemene Geschiedenis der Nederlanden 1. Utrecht 1949 S. 252–305).
R. GARANT, Essai de reconstitution de l'emplacement de 7 églises, place du Chapitre à Andenne (ASAN 43. 1965 S. 60–65).
A. GAUERT, Zum Itinerar Karls des Großen (Karl der Große. Lebenswerk und Nachleben 1: Persönlichkeit und Geschichte, hg. von H. BEUMANN. 1965 S. 307–321).
F. GEHRIG, Die Grenzen von Wildbann, Waldmark, Grafschaft und Diözese vom Ufgau bis zum Taubergau sowie am Mittel- und Oberrhein (Freiburger Diözesan-Archiv 84. 1964 S. 5–115).
L. F. GENICOT, L'avant-corps ottonien d'Amay (Le Moyen Age 73. 1967 S. 349–374).
L. F. GENICOT, Discordiae concordantium. Sur l'intérêt des textes hagiographiques (Académie royale de Belgique. Bulletin de la Classe des Lettres et Sciences morales et politiques. 5. série, 51. 1965 S. 65–75).
L. F. GENICOT, Un groupe épiscopal mérovingien à Liège? (Bulletin de la Commission royale des Monuments et des Sites 15. 1964 S. 265–283).
A. GEUBEL / L. GOURDET, Histoire du pays de Neufchâteau. La ville. La seigneurie. Le ban de Mellier. Gembloux 1955.
P. GLAZEMA, Het kerkhof te Gemonde, Noordbrabant (Berichten van de Rijksdienst voor het oudheidkundig bodemonderzoek in Nederland 5. 1954 S. 70–87).
K. GLÖCKNER, Die Anfänge des Klosters Weißenburg (Elsaß-Lothringisches Jahrbuch 18. 1939 S. 1–46).
K. GLÖCKNER, Lorsch und Lothringen, Robertiner und Capetinger (Zeitschrift für die Geschichte des Oberrheins 89 NF 50. 1937 S. 301–354).
M. GOCKEL, Karolingische Königshöfe am Mittelrhein (Veröffentlichungen des Max-Planck-Instituts für Geschichte 31) 1970.
M. GOCKEL, Zur Verwandtschaft der Äbtissin Emhilt von Milz (Festschrift für Walter Schlesinger 2 = Mitteldeutsche Forschungen 74/2. 1974 S. 1–70).
M. GORISSEN, Geschiedenis van Maasland. De fiscus van Maastricht (Het Oude Land van Loon 16. 1961 S. 113–134).

P. Gorissen, Maasgouw, Haspengouw, Mansuarie (RBPhH 42. 1964 S. 383–398).
L. Gothier, Comment Liège s'est formé (BSRVL 4. 1951/55 S. 463–481).
Ch. Grandgagnage, Mémoire sur les anciens noms de lieux dans la Belgique orientale (Mémoires couronnés et mémoires des savants étrangers publiés par l'Académie royale des Sciences, des Lettres et des Beaux-Arts de Belgique 26) Bruxelles 1855.
F. Graus, Volk, Herrscher und Heiliger im Reich der Merowinger. Studien zur Hagiographie der Merowingerzeit. Prag 1965.
Ph. Grierson, Money and Coinage under Charlemagne (Karl der Große. Lebenswerk und Nachleben 1: Persönlichkeit und Geschichte, hg. von H. Beumann. 1965 S. 501–536).
Ph. Grierson, The Translation of the Relics of St. Amalberga to St. Peter's of Ghent (Revue bénédictine 51. 1939 S. 292–315).
H. Gröhler, Über Ursprung und Bedeutung der französischen Ortsnamen 1–2 (Sammlung romanischer Elementar- und Handbücher. Reihe 5,2,8) 1933.
P. Grosjean, Saints anglosaxons des marches galloises. A propos d'un ouvrage récent (Analecta Bollandiana 79. 1961 S. 161–169).
P. Grosjean, Notes d'hagiographic celtique 38: Chronologie de S. Feullien (Analecta Bollandiana 75. 1957 S. 379–393).
M. Gysseling, Malmédy en de via Mansuarisca (Naamkunde 7. 1975 S. 1–6).
M. Gysseling, Toponymisch woordenboek van België, Nederland, Luxemburg, Noord-Frankrijk en West-Duitsland (vóór 1226) 1–2 (Bouwstoffen en Studiën voor de Geschiedenis en de Lexicografie van het Nederlands 6, 1–2) Tongeren-Brussel 1960.
A. Halbedel, Fränkische Studien. Kleine Beiträge zur Geschichte und Sage des deutschen Altertums (Eberings Historische Studien 132) 1915.
J. Halkin, Albéron Ier évêque de Liège (BSAHL 8. 1894 S. 321–354).
K. Hallinger, Zur Rechtsgeschichte der Abtei Gorze bei Metz (vor 750–1572) (Zeitschrift für Kirchengeschichte 83. 1972 S. 325–350).
K. Hampe, Zur Lebensgeschichte Einhards (NA 21. 1896 S. 601–631).
R. Hankart, La franchise d'Avroy au XVI siècle (La Vie Wallonne 34. 1960 S. 101–118).
A. Hansay, Étude sur la formation et l'organisation économique du domaine de l'abbaye de Saint-Trond depuis les origines jusqu'à la fin du XIIIe siècle (Université de Gand. Recueil de travaux publiés par la Faculté de Philosophie et Lettres 22) Gand 1899.
H. Hardenberg, De Maastrichtse Vroenhof (Miscellanea Trajectensia. Bijdragen tot de geschiedenis van Maastricht. Uitgegeven bij gelegenheid van het 300-jarig bestaan van de Stadsbibliotheek van Maastricht = Werken uitgegeven door Limburgs Geschied- en Oudheidkundig Genootschap gevestigt te Maastricht 4. Maastricht 1962 S. 29–53).
H. Hardenberg, Naamkundige problemen rond het koningsgoed in de Maasgouw (Mededelingen van de Vereniging voor Naamkunde te Leuven en de Comissie voor Naamkunde te Amsterdam 43. 1963 S. 4–26).
I. Haselbach, Aufstieg und Herrschaft der Karlinger in der Darstellung der sogenannten Annales Mettenses priores. Ein Beitrag zur Geschichte der politischen Ideen im Reiche Karls des Großen (Historische Studien 412) 1970.
A. Hauck, Kirchengeschichte Deutschlands 1–2. 3. und 4. Aufl. 1904/12.
A. Hauck, Wohlthätigkeitsanstalten (Realencyklopädie für protestantische Theologie und Kirche. 3. Aufl. 21. 1908 S. 435–452).
K. Hauck, Lebensnormen und Kultmythen in germanischen Stammes- und Herrschergenealogien (Saeculum 6. 1955 S. 186–223).
A. A. Häussling, Alkuin und der Gottesdienst der Hofkapelle (DA 25. 1969 S. 223–229).
W. Haubrichs, Die Weißenburger Mönchslisten der Karolingerzeit (Zeitschrift für die Geschichte des Oberrheins 118 NF 79. 1970 S. 1–42).
W. Haubrichs, Die bliesgauischen Ortsnamen des Fulrad-Testamentes und die frühe Pfarrorganisation der Archipresbyterate Sankt Arnual und Neumünster im Bistum Metz 1 (Jahrbuch für westdeutsche Landesgeschichte 2. 1976 S. 23–76).
J. Havet, Les origines de Saint-Denis (Œuvres de J. Havet 1: Questions mérovingiennes. Paris 1896 S. 191–246).

I. Heidrich, Die urkundliche Grundausstattung der elsässischen Klöster, St. Gallens und der Reichenau in der ersten Hälfte des 8. Jahrhunderts (Die Gründungsurkunden der Reichenau, hg. von P. Classen = Vorträge und Forschungen 24. 1977 S. 31–62).

I. Heidrich. Der Text der Reichenauer „Gründungsurkunden" (Die Gründungsurkunden der Reichenau S. 81–88).

I. Heidrich, Titulatur und Urkunden der arnulfingischen Hausmeier (Archiv für Diplomatik 11/12. 1965/66 S. 71–279).

G. Henschen, De tribus Dagobertis Francorum regibus diatriba. Antwerpen 1655.

J. Herbillon, Le lieu de sépulture de saint Théodard (Archives, Bibliothèques et Musées de Belgique 31. 1960 S. 74–76).

J. Herbillon, Toponymie de la Hesbaye liégeoise 5: Villers-l'Évêque. Wetteren 1932.

J. Herbillon, Toponymes hesbignons: 9. Avreû 10. Djèt'fô 11. Gorêye (BTD 23. 1949 S. 29–41).

J. Herbillon, Toponymes hesbignons (A-Ays) (BTD 28. 1954 S. 209–229).

J. Herbillon, Toponymes hesbignons (Chap- à Cut-) (BTD 32. 1958 S. 101–139).

J. Herbillon, Toponymes hesbignons (G-) (BTD 36. 1962 S. 103–132).

J. Herbillon, Toponymes hesbignons (He-) (BTD 38. 1964 S. 81–103).

J. Herbillon, Toponymes hesbignons (Hi- à Hy-) (BTD 39. 1965 S. 47–76).

J. Herbillon, Toponymes hesbignons (I- à K-) (BTD 40. 1966 S. 25–49).

J. Herbillon, Toponymes hesbignons (L-) (BTD 41. 1967 S. 27–56).

J. Herbillon, Toponymes hesbignons (Mo- à O-) (BTD 45. 1971 S. 95–134).

J. Herbillon, Toponymes hesbignons (R-) (BTD 47. 1973 S. 31–56).

J. Herbillon, Toponymes hesbignons (T- à Va-) (BTD 49. 1975 S. 61–90).

J. Herbillon/A. Stevens, Toponymes hesbignons 5: Identifications (BTD 21. 1947 S. 49–84).

H.-W. Herrmann, Das Testament des Adalgisel-Grimo (22. Bericht der Staatlichen Denkmalpflege im Saarland. 1975 S. 67–89).

H.-W. Herrmann/E. Nolte, Zur Frühgeschichte des Stiftes St. Arnual und des Saarbrücker Talraumes (Zeitschrift für die Geschichte der Saargegend 19. 1971 S. 52–123).

W. Hess, Geldwirtschaft am Mittelrhein in karolingischer Zeit (Blätter für deutsche Landesgeschichte 98. 1962 S. 26–63).

F. J. Heyen, Untersuchungen zur Geschichte des Benediktinerinnenklosters Pfalzel bei Trier (ca. 700–1016) (Studien zur Germania Sacra 5 = Veröffentlichungen des Max-Planck-Instituts für Geschichte 15) 1966.

E. Hlawitschka, Zu den klösterlichen Anfängen in St. Maria im Kapitol zu Köln (RhVjbll 31. 1966/67 S. 1–16).

E. Hlawitschka, Zur landschaftlichen Herkunft der Karolinger (RhVjbll 27. 1962 S. 1–17).

E. Hlawitschka, Merowingerblut bei den Karolingern? (Adel und Kirche. Gerd Tellenbach zum 65. Geburtstag dargebracht von Freunden und Schülern. 1968 S. 66–91).

E. Hlawitschka, Die Vorfahren Karls des Großen (Karl der Große. Lebenswerk und Nachleben 1: Persönlichkeit und Geschichte, hg. von H. Beumann. 1965 S. 51–82).

J. J. Hoebanx, L'Abbaye de Nivelles des Origines au XIVe siècle. Bruxelles 1951.

G. Hövelmann, Westfränkischer Klosterbesitz am unteren Niederrhein (RhVjbll 27. 1962 S. 18–36).

O. Holder-Egger, Aus Handschriften (Beilage zum französisch-belgischen Reisebericht) (NA 10. 1885 S. 367–374).

O. Holder-Egger, Zu den Heiligengeschichten des Genter St. Bavoklosters (Historische Aufsätze dem Andenken an Georg Waitz gewidmet. 1886 S. 622–665).

E. Houtman, Prieuré de Donk (Monasticon belge 6: Province de Limbourg. Liège 1976 S. 69–70).

J. Hoyoux, La clause ardennaise du traité de Meersen (Le Moyen Age 53. 1947 S. 1–13).

J. Hoyoux, Figure et destinée de la Chaussée Brunehaut au moyen âge et à l'époque moderne (BIAL 65. 1945 S. 71–94).

J. Hubert, Les „cathédrales doubles" de la Gaule (Genava N. S. 11. 1963 S. 105–125).

N.-N. Huyghebaert, Origines et rapports des deux monastères brugois de Saint-Barthélemy de l'Eeckhout et de Saint-Trond (Augustiana 19. 1969 S. 255–290).

F. IRSIGLER, Untersuchungen zur Geschichte des frühfränkischen Adels (Rheinisches Archiv 70) 1969.

K.-U. JÄSCHKE, Die Karolingergenealogien aus Metz und Paulus Diaconus (RhVjbll 34. 1970 S. 190–218).

W. JOHN, Formale Beziehungen der privaten Schenkungsurkunden Italiens und des Frankenreiches und die Wirksamkeit der Formulare (Archiv für Urkundenforschung 14. 1936 S. 1–104).

A. JORIS, Du Ve au milieu du VIIIe siècle. A la lisière de deux mondes (Études d'histoire Walonne 4) Bruxelles 1967.

A. JORIS, Le palais carolingien d'Herstal (Le Moyen Age 79. 1973 S. 385–420).

A. JORIS, Aux portes de Liège: les domaines forestiers de Saint-Laurent et le domaine universitaire du Sart-Tilman (R. LEJEUNE, Saint-Laurent de Liège. Église, abbaye et hôpital militaire. Mille ans d'histoire. Liège 1968 S. 49–57).

A. JORIS, Probleme der mittelalterlichen Metallindustrie im Maasgebiet (Hansische Geschichtsblätter 87. 1969 S. 58–76).

A. JORIS, La ville de Huy au moyen âge. Des origines à la fin du XIVe siècle (Bibl. Fac. Liège 152) Paris 1959.

M. JOSSE, Le domaine de Jupille des origines à 1297 (Pro Civitate, Collection Histoire. Série in-8°, 14) Bruxelles 1966.

W. JUNGANDREAS, Historisches Lexikon der Siedlungs- und Flurnamen des Mosellandes (Schriftenreihe zur Trierischen Landesgeschichte und Volkskunde 8) 1962.

R. KAISER, Untersuchungen zur Geschichte der Civitas und Diözese Soissons in römischer und merowingischer Zeit (Rheinisches Archiv 89) 1973.

J. KALF, De Monumenten van Geschiedenis en Kunst in de provincie Limburg 1: De Monumenten in de gemeente Maastricht (De Nederlandse Monumenten van Geschiedenis en Kunst 5) 's-Gravenhage 1926/53.

H. KASPERS, Comitatus nemoris. Die Waldgrafschaft zwischen Maas und Rhein. Untersuchungen zur Rechtsgeschichte der Forstgebiete des Aachen-Dürener Landes einschließlich der Bürge und Ville (ZAGV Beiheft 2) 1957.

H. KAUFMANN, Grundfragen der Namenkunde 3: Untersuchungen zu altdeutschen Rufnamen. 1965.

H. KAUFMANN, Ergänzungsband zu Ernst Förstemann, Personennamen. 1968.

A. KESSEN, Over de historisch-topografische ontwikkeling van Maastricht's plattegrond (PSAHL 78–82. 1942/46 S. 197–215).

H. KESTERS, De abdij van St. Truiden (Limburg 30. 1951 S. 61–74, 81–91).

H. KESTERS, Notice sur la Vita Trudonis (BSAHL 39. 1955 S. 181–204).

R. KLAUSER, Zur Entwicklung des Heiligsprechungsverfahrens bis zum 13. Jahrhundert (ZRG KA 40. 1954 S. 85–101).

E. KLEBEL, Zur Geschichte des Herzogs Theodo (Verhandlungen des Historischen Vereins für Oberpfalz und Regensburg 99. 1958 S. 165–205; wiederabgedr. in: Zur Geschichte der Bayern, hg. von K. BOSL = Wege der Forschung 60. 1965 S. 172–224).

E. KLEBEL, Herzogtümer und Marken bis 900 (DA 2. 1938 S. 1–53; wiederabgedr. in: Die Entstehung des deutschen Reiches (Deutschland um 900), hg. von H. KÄMPF = Wege der Forschung 1. 1956 S. 42–93).

J. KNAEPEN, Visé. Evolution d'un domaine jusqu'à son acquisition par la cathédrale Saint-Lambert de Liège (BSRVL 6. 1961/65 S. 261–287).

W. H. TH. KNIPPENBERG, Opgravingen bij de Oude Toren te St. Michielsgestel, Noordbrabant (Berichten van de Rijksdienst voor het oudheidkundig bodemonderzoek in Nederland 12–13. 1962/63 S. 345–355).

E. KNÖGEL, Schriftquellen zur Kunstgeschichte der Merowingerzeit (Bonner Jahrbücher 140–141. 1936 S. 1–258).

J. KOCH, Die Wirtschafts- und Rechtsverhältnisse der Abtei Seligenstadt im Mittelalter (Archiv für hessische Geschichte und Altertumskunde NF 21. 1940 S. 209–312).

G. KÖBLER, burg und stat – Burg und Stadt? (Historisches Jahrbuch 87. 1967 S. 305–325).

A. KONINCKX, De Abdij van Munsterbilzen en haar Heiligen (Limburg 29. 1950 S. 13–20, 29–32, 47–50, 88–94, 105–112, 127–134).

Th. Kraus, Die Ardennen. Eine geographische Einführung (Deutsches Archiv für Landes- und Volksforschung 4. 1940 S. 77–92).

K. H. Krüger, Königsgrabkirchen der Franken, Angelsachsen und Langobarden bis zur Mitte des 8. Jahrhunderts. Ein historischer Katalog (Münstersche Mittelalter-Schriften 4) 1971.

B. Krusch, Chronologica regum Francorum stirpis Merowingicae (SS rer. Merov. 7. 1920 S. 468–516).

B. Krusch, Reise nach Frankreich im Frühjahr und Sommer 1892 (NA 18. 1893 S. 549–649).

B. Krusch, Der Staatsstreich des fränkischen Hausmeiers Grimoald I. (Historische Aufsätze Karl Zeumer zum 60. Geburtstag. 1910 S. 411–438).

B. Krusch, Die älteste Vita Leudegarii (NA 16. 1891 S. 563–596).

G. Kurth, La cité de Liège au moyen âge 1–3. Bruxelles–Liège 1910.

G. Kurth, Les ducs et les comtes d'Auvergne au VIe siècle (G. Kurth, Études Franques 1. Paris 1919 S. 183–203).

G. Kurth, Étude critique sur Saint Lambert et son premier biographe (Annales de l'Académie d'Archéologie de Belgique 33. 3. série, 3. Anvers 1876 S. 5–112).

G. Kurth, Notger de Liège et la civilisation au Xe siècle 1–2. Paris–Bruxelles–Liège 1905.

G. Kurth, Saint-Lambert (Biographie Nationale de Belgique 11. Bruxelles 1890/91 Sp. 143–148).

G. Kurth, Landrade (Biographie Nationale de Belgique 11. Bruxelles 1890/91 Sp. 257–260).

G. Kurth, Les nationalités en Auvergne au VIe siècle (G. Kurth, Études Franques 1. Paris 1919 S. 227–241).

G. Kurth, Les origines de la ville de Liège (BSAHL 2. 1882 S. 1–87).

G. Kurth, Les premiers siècles de l'abbaye de Saint-Hubert (BCRH 5. série 8. 1898 S. 7–114).

G. Kurth, Un témoignage du IXe siècle sur la mort de saint Lambert (BCRH 5. série 3. 1893 S. 414–422).

G. Kurth, Le Vita Sancti Lamberti et M. Krusch (G. Kurth, Études Franques 2. Paris 1919 S. 319–346).

F. Kurze, Die Annales Lobienses (NA 37. 1912 S. 587–614).

S. Kuttner, La réserve papale du droit de canonisation (Revue historique de droit francais et étranger 4. série 17. 1938 S. 172–228).

L. Lahaye, Les paroisses de Liège (BIAL 46. 1921 S. 1–208).

Fr. Langenbeck, Probleme der elsässischen Geschichte in fränkischer Zeit (Alemannisches Jahrbuch 1957 S. 1–132).

R. Laurent/D. Callebaut/B. Roosens, L'habitat rural à l'époque romaine (Cartes archéologiques de la Belgique 3) Bruxelles 1972.

H. Leclercq, Glons (DACL 6, 1. 1924 Sp. 1319–1322).

H. Leclercq, Liège (DACL 9, 1. 1930 Sp. 617–656).

H. Leclercq, Maestricht (DACL 10, 1. 1931 Sp. 922–977).

Ph. Lecouturier, Liège. Étude de Géographie urbaine. Liège 1930.

F. Leitschuh/H. Fischer, Katalog der Handschriften der königlichen Bibliothek zu Bamberg 1,1. 1895/1906.

W. Lemoine, Histoire du Sart Tilman (Université de Liège. Cahiers du Sart Tilman 1. 1963 S. 29–71).

Th. Lepique, Der Volksheilige Hubertus in Kult, Legende und Brauch. Diss. phil. Bonn 1951 (masch).

M. D. Lequarré, La terre franche de Herstal et sa cour de justice (BIAL 29. 1900 S. 75–166).

J. Lesire, La ferme abbatiale de Saint-Laurent à Glons (BSRVL 5. 1956/60 S. 161–167).

É. Lesne, Histoire de la propriété ecclésiastique en France 1–6 (Mémoires et Travaux publiés par des professeurs des Facultés Catholiques de Lille) Lille 1910/43.

L. Levillain, Études mérovingiennes. La charte de Clotilde (10 mars 673) (Bibliothèque de l'École des Chartes 105. 1944 S. 5–63).

L. Levillain, Études sur l'abbaye de Saint-Denis à l'époque mérovingienne 1–4 (Bibliothèque de l'École des Chartes 82. 1921 S. 5–116; 86. 1925 S. 5–99; 87. 1926 S. 20–97, 245–346; 91. 1930 S. 5–65, 264–300).

L. Levillain, La succession d'Austrasie au VIIe siècle (Revue historique 112. 1913 S. 62–93).

W. Levison, Zu den Annales Mettenses (Aus rheinischer und fränkischer Frühzeit. Ausgewählte Aufsätze von Wilhelm Levison. 1948 S. 474–483).

W. Levison, Kleine Beiträge zu Quellen der fränkischen Geschichte (NA 27. 1902 S. 330–408).

W. Levison, Conspectus codicum hagiographicorum (SS rer. Merov. 7. 1920 S. 529–706).

W. Levison, Metz und Südfrankreich im frühen Mittelalter. Eine Urkunde König Sigiberts III. für die Kölner und Metzer Kirche (Aus rheinischer und fränkischer Frühzeit S. 139–163).

W. Levison, Das Nekrologium von Dom Racine und die Chronologie der Merowinger (NA 35. 1910 S. 15–53).

W. Levison, Das Testament des Diakons Adalgisel-Grimo vom Jahre 634 (Aus rheinischer und fränkischer Frühzeit S. 118–138).

H. Lévy-Bruhl, Les élections abbatiales en France 1: Époque franque. Paris 1913.

J. Linssen, Een onderzoek naar Odilienberg (PSAHL 94/95. 1958/59 S. 121–172).

H. Löwe, Bonifatius und die bayerisch-fränkische Spannung (Jahrbuch für fränkische Landesforschung 15. 1955 S. 85–127; wiederabgedr. in: Zur Geschichte der Bayern, hg. von K. Bosl = Wege der Forschung 60. 1965 S. 264–328).

H. Löwe, Pirmin, Willibrord und Bonifatius. Ihre Bedeutung für die Missionsgeschichte ihrer Zeit (Settimane di Studio 14: La conversione al Christianesimo nell'Europa dell'alto medioevo. Spoleto 1967 S. 217–261).

E. A. Lowe, Codices Latini Antiquiores. A palaeographical guide to latin manuscripts prior to the ninth century 10: Austria, Belgium, Czechoslovakia, Denmark, Egypt and Holland. Oxford 1963.

A. Luchaire, Études sur quelques manuscrits de Rome et de Paris (Université de Paris. Bibliothèque de la Faculté des Lettres 8) Paris 1899.

G. V. Lux, Oudheidkundige onderzoek van de Sint-Petruskerk te Wintershoven (Limburg 48. 1969 S. 145–183 = Archaeologia Belgica 112. Brussel 1969).

A. Malcorps, De eerste abten van Sint-Truiden (Limburg 12. 1931 S. 185–192).

Th. Mayer, Das deutsche Königtum und sein Wirkungsbereich (Das Reich und Europa, hg. von F. Hartung. 1941 S. 52–74).

G. Mayr, Studien zum Adel im frühmittelalterlichen Bayern (Studien zur bayerischen Verfassungs- und Sozialgeschichte 5) 1974.

K. Meisen, Der Volksheilige Evermarus und das Evermarusspiel in Rutten (Belgien) (Rheinisches Jahrbuch für Volkskunde 11. 1960 S. 61–145).

J. Mertens, Gallo-Romeins graf uit Grobbendonk (Scrinium Lovaniense. Mélanges historiques Étienne van Cauwenbergh. Louvain 1961 S. 136–149 = Archaeologia Belgica 53. Bruxelles 1961).

J. Mertens, Recherches archéologiques dans l'abbaye mérovingienne de Nivelles (Miscellanea archaeologica in honorem J. Breuer = Archaeologia Belgica 61. Bruxelles 1962 S. 89–113).

J. Mertens, Les routes romaines de la Belgique (Industrie 10. Octobre 1955 = Archaeologia Belgica 33. Bruxelles 1957).

J. Mertens, Tombes mérovingiennes et églises chrétiennes. Arlon, Grobbendonk, Landen, Waha (Archaelogia Belgica 187) Bruxelles 1976.

J. Mertens, Vaux-sous-Chèvremont (Archéologie 1965 S. 23).

J. Mertens/A. Despy-Meyer, La Belgique à l'époque romaine (Cartes archéologiques de la Belgique 1–2) Bruxelles 1968.

W. Metz, Austrasische Adelsherrschaft des 8. Jahrhunderts. Mittelrheinische Grundherren in Ostfranken, Thüringen und Hessen (Historisches Jahrbuch 87. 1967 S. 257–304).

H. L. Mikoletzky, Karl Martell und Grifo (Festschrift Edmund E. Stengel zum 70. Geburtstag. 1952 S. 130–156).

K. J. Minst, Lorscher Codex – deutsch. Urkundenbuch der ehemaligen Fürstabtei Lorsch. 1966.

J. Molemans, Bijdrage tot de bewonings- en ontginningsgeschiedenis van de Limburgse Kempen, voornamelijk in het licht van de namenvoorraad (Naamkunde 5. 1973 S. 270–328).

G. Monchamp, Une inscription mérovingienne inédite à Glons (province de Liège) (Académie royale de Belgique. Bulletin de la Classe des Lettres et des Sciences morales et politiques et de la Classe des Beaux-Arts. 1901 S. 642–666).

B. MORRET, Stand und Herkunft der Bischöfe von Metz, Toul und Verdun im Mittelalter. Diss. phil. Bonn 1911.

M. TH. MORLET, Les noms de personne sur le territoire de l'ancienne Gaule du VIe au XIIe siècle 1: Les noms issus du germanique continental et les créations gallo-germaniques. Paris 1968.

E. MÜHLBACHER, Deutsche Geschichte unter den Karolingern (Bibliothek Deutscher Geschichte) 1896.

FR. MÜHLBERG, Grab und Grabdenkmal der Plektrudis in St. Marien im Kapitol zu Köln (Wallraf-Richartz-Jahrbuch 24. 1962 S. 21–96).

FR. MÜHLBERG, Tätigkeitsbericht für das Jahr 1956 (Kölner Jahrbuch für Vor- und Frühgeschichte 7. 1964 S. 49–98).

H. MÜLLER-KEHLEN, Die Ardennen im Frühmittelalter. Untersuchungen zum Königsgut in einem karolingischen Kernland (Veröffentlichungen des Max-Planck-Instituts für Geschichte 38) 1973.

E. MUNDING / A. DOLD, Palimpsesttexte des Codex Latin. Monacensis 6333 (Frisingensis 133, Cimelium 308) (Texte und Arbeiten hg. durch die Erzabtei Beuron 1. Abt. 15–18) 1930.

A. J. MUNSTERS, Verkenning van de Middeleeuwse Kerk in Limburg (Limburg's Verleden. Geschiedenis van Nederlands Limburg tot 1815. 2. Maastricht 1967 S. 417–530).

D. VON DER NAHMER, Die Klostergründung „in solitudine" – ein unbrauchbarer hagiographischer Topos? (Hessisches Jahrbuch für Landesgeschichte 22. 1972 S. 90–111).

H. NESSELHAUF, Die spätrömische Verwaltung der gallisch-germanischen Länder (Abhandlungen der Preußischen Akademie der Wissenschaften. Jahrgang 1938. Phil.-hist. Kl. 2) 1938.

D. NEUNDÖRFER, Studien zur ältesten Geschichte des Klosters Lorsch (Arbeiten zur deutschen Rechts- und Verfassungsgeschichte 3) 1920.

J. F. NIERMEYER, Mediae latinitatis Lexicon minus (fortges. von C. VAN DE KIEFT). Leiden 1954/76.

J. F. NIERMEYER, La Meuse et l'expansion franque vers le Nord (VIIe–VIIIe siècles) (Mélanges Felix Rousseau. Études sur l'histoire du pays mosan au moyen âge. Bruxelles 1958 S. 455–463; wiederabgedr. in: Siedlung, Sprache und Bevölkerungsstruktur im Frankenreich, hg. von F. PETRI = Wege der Forschung 49. 1973 S. 554–564).

J. F. NIERMEYER, Onderzoekingen over Luikse en Maastrichtse oorkonden en over de Vita Baldrici episcopi Leodiensis. Een bijdrage tot de geschiedenis van burgerij en geestelijkheid in het Maasgebied tot het begin van de dertiende eeuw. Groningen 1935.

U. NONN, Zur Familie des Diakons Adalgisel-Grimo (Jahrbuch für westdeutsche Landesgeschichte 1. 1975 S. 11–17).

U. NONN, Merowingische Testamente. Studien zum Fortleben einer römischen Urkundenform im Frankenreich (Archiv für Diplomatik 18. 1972 S. 1–129).

J. NOTERMANS, St. Lambertus, Bisschop en Martelaar (Limburg 34. 1955 S. 197–209, 217–233).

F. W. OEDIGER, Das Bistum Köln von den Anfängen bis zum Ende des 12. Jahrhunderts (Geschichte des Erzbistums Köln, hg. von E. HEGEL, 1) 1972.

F. W. OEDIGER, Das Hauptstaatsarchiv Düsseldorf und seine Bestände 4: Stifts- und Klosterarchive. Bestandsübersichten. 1964.

F. W. OEDIGER, Steinfeld. Zur Gründung des ersten Klosters und zur Verwandtschaft der Grafen von Are und Limburg (Aus Geschichte und Landeskunde. Forschungen und Darstellungen. F. Steinbach zum 65. Geburtstag. 1960 S. 37–49).

O. G. OEXLE, Die Karolinger und die Stadt des heiligen Arnulf (Frühmittelalterliche Studien 1. 1967 S. 250–364).

M. C. OFFERMANS, Les noms de personne dans les régions de la Meuse moyenne, du VIIe au XIIe siècle (Mémoire de licence de l'Université de Liège 1958/59). Liège 1959 (masch.).

G. W. A. PANHUYSEN, Maastricht omstreden door Brabant, Luik, Loon en Gelre 1200–1274 (Miscellanea Trajectensia. Bijdragen tot de geschiedenis van Maastricht, uitgegeven bij gelegenheid van het 300-jarige bestaan van de Stadsbibliotheek van Maastricht = Werken uitgegeven door Limburgs Geschied- en Oudheidkundige Genootschap gevestigt te Maastricht 4. Maastricht 1962 S. 81–120).

A. PAQUAY, Amburnia et la source miraculeuse de Saint Trudon (BSAHL 14. 1903 S. 251–266).
J. PAQUAY, De Heiligen van Munsterbilzen en hunne verering (Het Oude Land van Loon 18. 1963 S. 1–16).
J. PAQUAY, Les paroisses de l'ancien concile de Tongres (BSAHL 18. 1909 S. 1–307).
J. PAQUAY, Le patrimoine de l'église de Liège. Apercu économique (Analecta ecclesiastica Leodiensia 4) Liège 1936.
J. PAQUAY, De groote Relieken van t'adellijk Stift te Munsterbilzen (Limburg 9. 1928 S. 145–153).
J. PAQUAY, Rutten (BSSLL 56. 1932 S. 147–193).
J. PAQUAY, La seigneurie de Hamal (BSAHL 23. 1931 S. 31–52).
J. PAQUAY, Wintershoven. Geschiedkundige schets (VO 8. 1932 S. 40–71).
R. PARISOT, Le royaume de Lorraine sous les Carolingiens (843–923). Paris 1899.
F. PAULY, Siedlung und Pfarrorganisation im alten Erzbistum Trier (9): Die Landkapitel Remich und Luxemburg (Veröffentlichungen des Bistumsarchivs Trier 23) 1972.
F. PAULY, Siedlung und Pfarrorganisation im alten Erzbistum Trier (10): Zusammenfassung und Ergebnisse (Veröffentlichungen der Landesarchivverwaltung Rheinland-Pfalz 25; Veröffentlichungen des Bistumsarchivs Trier 25) 1976.
F. PÉNY, Saint Hubert. Premier évêque de Liège. Fondateur de la Cité. Gembloux 1961.
J. P. PERRIËNS, Een studie over de privileges der abdij Stavelot-Malmedy van de stichting tot het einde der XIIIde eeuw (648–650 tot 1192) (Mémoire de Licence de l'Université de Louvain) Leuven 1962 (masch.).
CL. PERROUD, Les origines du premier duché d'Aquitaine. Paris 1881.
G. H. PERTZ, Bemerkungen über einzelne Handschriften und Urkunden (Archiv der Gesellschaft für ältere deutsche Geschichtskunde 7. 1839 S. 227–1022).
F. PETRI, Die Anfänge des mittelalterlichen Städtewesens in den Niederlanden und dem angrenzenden Frankreich (Studien zu den Anfängen des europäischen Städtewesens. Reichenau-Vorträge 1955–1956 = Vorträge und Forschungen 4. 1958 S. 227–295).
F. PETRI (Hg.), Siedlung, Sprache und Bevölkerungsstruktur im Frankenreich (Wege der Forschung 49) 1973.
J. PHILIPPE, Les fouilles archéologiques de la Place Saint-Lambert, à Liège (Préhistoire, époque romaine, moyen âge, temps modernes) (Inventaire des Collections des Musées Curtius et d'Ansembourg 2) Liège 1956.
J. PHILIPPE, Liège au temps des aigles romaines et sous les Francs (Si Liège m'était conté. 1965 S. 3–12).
R. M. PIDAL, Historia de Espana 3: Espana Visigoda (414–711 de J. C.). 2. Aufl. Madrid 1963.
P. PIEYNS-RIGO, Abbaye de Saint-Trond (Monasticon belge 6: Province de Limbourg. Liège 1976 S. 13–67).
É. PITON, Histoire de la ville de Landen. Gembloux 1951.
É. PITON, Le surnom „de Landen" convient-il à Pépin l'illustre Maire de Palais? (BSRVL 45. 1937 S. 225–230).
A. POENSGEN, Geschichtskonstruktionen des früheren Mittelalters zur Legitimierung kirchlicher Ansprüche in Metz, Reims und Trier. Diss. phil. Marburg 1971.
É. POLAIN, La formation territoriale de la Cité de Liège (Revue du Nord 18. 1932 S. 161–180).
P. V. POLENZ, Landschafts- und Bezirksnamen im frühmittelalterlichen Deutschland. Untersuchungen zur sprachlichen Raumerschließung 1: Namentypen und Grundwortschatz. 1961.
É. PONCELET, Les domaines urbains de Liège (Commission communale de l'Histoire de l'Ancien Pays de Liège. Documents et Mémoires sur le Pays de Liège 2) Liège 1947.
É. PONCELET, Herstal et Vivegnis. Souveraineté territoriale, règlements de seigneurie, chartes d'affranchisement (BCRH 102. 1937 S. 77–139).
É. PONCELET, L'abbaye de Vivegnis (BSAHL 10. 1896 S. 1–41).
É. PONCELET, Trois documents relatifs à la paroisse de Wandre (BSAHL 13. 1902 S. 97–107).
B. POSCHMANN, Die abendländische Kirchenbuße im frühen Mittelalter (Breslauer Studien zur historischen Theologie 16) 1930.

R. R. POST, Die Christianisierung des limburgischen Raumes (Archief voor de geschiedenis van de katholieke kerk in Nederland 3. 1961 S. 234–246).

R. R. POST, Kerkgeschiedenis van Nederland 1. Utrecht 1957.

E. POSWICK, Histoire de la seigneurie libre et impériale d'Argenteau et de la maison de ce nom aujourd'hui Mercy-Argenteau. Bruxelles 1905.

F. PRINZ, Frühes Mönchtum im Frankenreich. Kultur und Gesellschaft in Gallien, den Rheinlanden und Bayern am Beispiel der monastischen Entwicklung (4. bis 8. Jahrhundert). 1965.

F. PRINZ, Die bischöfliche Stadtherrschaft im Frankenreich vom 5. bis zum 7. Jahrhundert (HZ 217. 1974 S. 1–35).

F. PRINZ, Topos und Realität in hagiographischen Quellen (Eine Erwiderung) (Zeitschrift für bayerische Landesgeschichte 37. 1974 S. 162–166).

M. PROU, Catalogue des monnaies francaises de la Bibliothèque Nationale. Les monnaies mérovingiennes. Paris 1896.

H. QUENTIN, Les martyrologes historiques du moyen âge. Étude sur la formation du martyrologe romain (Études d'histoire des dogmes et d'ancienne littérature ecclésiastique 3) Paris 1908.

CH. QUIX, Geschichte der ehemaligen Reichs-Abtei Burtscheid, von ihrer Gründung im 7ten Jahrhunderte bis 1400. Nebst Urgeschichte der Stadt Aachen, des Fleckens Stolberg, des Städtchens Gangelt und einer Übersicht der Länder zwischen Ruhr und Maas bis auf Karl d. Gr. Aachen 1834.

M.-TH. RAEPSAET-CHARLIER / G. RAEPSAET, Gallia Belgica et Germania Inferior. Vingt-cinq années de recherches historiques et archéologiques (Aufstieg und Niedergang der römischen Welt. Geschichte und Kultur Roms im Spiegel der neueren Forschung, hg. von H. TEMPORINI und W. HAASE, 2. 4. 1975 S. 3–299).

H. RAHTGENS, Die kirchlichen Denkmäler der Stadt Köln. St. Gereon – St. Johann Baptist – Die Marienkirchen – Groß St. Martin (Die Kunstdenkmäler der Rheinprovinz 7, 1: Die Kunstdenkmäler der Stadt Köln 2, 1) 1911.

A. REINERS, Les manuscrits de l'ancienne abbaye d'Echternach conservés à la Bibliothèque Nationale de Paris (Publications de la section historique de l'Instiut grand-ducal de Luxembourg 40. 1889 S. 13–52).

E. REMANS, Rutten en Sint-Evermarus (Limburg 47. 1968 S. 49–72).

H. RENN, Das erste Luxemburger Grafenhaus (963–1136) (Rheinisches Archiv 39) 1941.

H. REUMONT, Zur Chronologie der Gorzer Urkunden aus karolingischer Zeit (Jahrbuch der Gesellschaft für lothringische Geschichte und Altertumskunde 14. 1902 S. 270–289).

P. RICHÉ, Éducation et culture dans l'occident barbare (VIe–VIIIe siècles) (Patristica Sorbonensia) Paris 1967.

L. RICOUART, Les biens de l'abbaye de St. Vaast dans la Hollande, la Belgique et les Flandres francaises. Anzin 1887.

J. RIEDMANN, Unbekannte frühkarolingische Handschriftenfragmente in der Bibliothek des Tiroler Landesmuseums Ferdinandeum (MIÖG 84. 1976 S. 262–289).

A. ROES, De Merovingische begraafplaats van Alphen (N.-Br.) (Bijdragen tot de studie van het Brabantse Heem 4) Eindhoven 1955.

H. ROOSENS, De Merovingische begraafplaatsen in België (Maatschappij voor Geschiedenis en Oudheidkunde te Gent. Verhandelingen 5) Gent 1949.

H. ROOSENS, Cultuurbezit uit Laat-Romeinse en Vroeg-Middeleeuwse Grafvelden (Publicaties van het Provinciaal Gallo-Romeins Museum Tongeren 5) Tongeren 1963.

H. ROOSENS, Laeti, Foederati und andere spätrömische Bevölkerungsniederschläge im belgischen Raum (Die Kunde NF 18. 1967 S. 89–109 = Archaeologia Belgica 104. Brüssel 1968).

H. ROOSENS, Quelques particularités des cimetières mérovingiens du nord de la Belgique (Bulletin de la Société archéologique TRES Acta 7. 1968 = Archaeologia Belgica 108. Bruxelles 1968).

H. ROOSENS, Überlegungen zum Sarkophag von Amay (Archäol. Korrespondenzblatt 8. 1978 S. 237–241).

H. ROOSENS / J. ALENUS-LECERF, Sépultures Mérovingiennes au „Vieux Cimetière" d'Arlon (Archaeologia Belgica 88) Bruxelles 1965.

H. ROOSENS/D. THOMAS-GOORIECKX, Die merowingische Goldscheibenfibel von Rosmeer (Archaeologia Belgica 123) Brüssel 1970.

P. ROOSENS, Toxandria in de Romeinse en Merovingische tijden (Taxandria. Tijdschrift van de Koninklijke Geschied- en Oudheidkundige Kring van de Antwerpse Kempen N. R. 30. 1958 33–131).

G. ROTTHOFF, Studien zur Geschichte des Reichsguts in Niederlothringen und Friesland während der sächsisch-salischen Kaiserzeit. Das Reichsgut in den heutigen Niederlanden, Belgien, Luxemburg und Nordfrankreich (Rheinisches Archiv 44) 1953.

G. ROTTHOFF, Studien zur mittelalterlichen Geschichte im Raum Krefeld (RhVjbll 41. 1977 S. 1–39).

M. ROUCHE, La matricule des pauvres. Évolution d'une institution de charité du Bas Empire jusqu'à la fin du Haut Moyen Age (M. MOLLAT, Études sur l'histoire de la pauvreté = Publications de la Sorbonne, Série „Etudes" 8. Paris 1974 S. 83–110).

F. ROUSSEAU, Les Carolingiens et l'Ardenne (Académie royale de Belgique. Bulletin de la Classe des Lettres et des Sciences morales et politiques. 5. série, 48. 1962 S. 167–221).

F. ROUSSEAU, La Meuse et le pays mosan en Belgique. Leur importance historique avant le XIIIe siècle (ASAN 39. 1930 S. 2–248) (Nachdruck Bruxelles 1977).

F. ROUSSEAU, Le monastère mérovingien d'Andenne (ASAN 53. 1965 S. 35–59).

F. ROUSSEAU, Namur, ville mosane (Collection Notre Passé) 2. édition Bruxelles 1958.

CH. B. RÜGER, Germania Inferior. Untersuchungen zur Territorial- und Verwaltungsgeschichte Niedergermaniens in der Prinzipatszeit (Beihefte der Bonner Jahrbücher 30) 1968.

É. SALIN, La civilisation mérovingienne d'après les sépultures, les textes et le laboratoire 2: Les sépultures. Paris 1952.

A. SCHAAKE, Die Verfassung und Verwaltung der Cisterzienserinnenabtei Burtscheid von ihrer Entstehung bis um die Mitte des 14. Jahrhunderts. Diss. phil. Münster 1913.

H. SCHÄFER, Das Alter der Parochie Klein St. Martin–S. Maria im Kapitol und die Entstehungszeit des Marienstiftes auf dem Kapitol zu Köln. Eine kritische Studie zur Kölner Kirchengeschichte (AHVNrh 74. 1902 S. 53–102).

H. SCHÄFER, Inventare und Regesten aus den Kölner Pfarrarchiven 3 (AHVNrh 83) 1907.

TH. SCHIEFFER, Winfrid-Bonifatius und die christliche Grundlegung Europas. 1954 (Nachdruck 1972).

W. SCHLESINGER, Beobachtungen zur Geschichte und Gestalt der Aachener Pfalz in der Zeit Karls des Großen und Ludwigs des Frommen (Studien zur europäischen Vor- und Frühgeschichte. Herbert Jankuhn gewidmet. 1968 S. 258–281; wiederabgedr. in: Zum Kaisertum Karls des Großen. Beiträge und Aufsätze, hg. von G. WOLF = Wege der Forschung 38. 1972 S. 384–434).

W. SCHLESINGER, Burg und Stadt (Aus Verfassungs- und Landesgeschichte. Festschrift für Theodor Mayer 1. 1954 S. 97–150; wiederabgedr. in: W. Schlesinger, Beiträge zur deutschen Verfassungsgeschichte des Mittelalters 2: Städte und Territorien. 1963 S. 92–147).

O. SCHLÜTER, Die Siedlungsräume Mitteleuropas in frühgeschichtlicher Zeit 2, 1: Das südliche und nordwestliche Mitteleuropa (Forschungen zur deutschen Landeskunde 74) 1953.

J. SCHMITZ, Sühnewallfahrten im Mittelalter. Diss. phil. Bonn 1910.

R. SCHNEIDER, Brüdergemeine und Schwurfreundschaft. Der Auflösungsprozeß des Karlingerreiches im Spiegel der caritas-Terminologie in den Verträgen der karlingischen Teilkönige des 9. Jahrhunderts (Historische Studien 388) 1964.

R. SCHNEIDER, Königswahl und Königserhebung im Frühmittelalter. Untersuchungen zur Herrschaftsnachfolge bei den Langobarden und Merowingern (Monographien zur Geschichte des Mittelalters 3) 1972.

W. SCHÖNFELD, Die Xenodochien in Italien und Frankreich im frühen Mittelalter (ZRG KA 1922 S. 1–54).

M. SCHOPP, Die weltliche Herrschaft der Abtei Seligenstadt 1478–1803 (Archiv für hessische Geschichte und Altertumskunde NF 29. 1965/66 S. 177–401).

P. E. SCHRAMM, Studien zu frühmittelalterlichen Aufzeichnungen über Staat und Verfassung (ZRG GA 49. 1929 S. 167–232).

P. E. Schramm, Der „Traktat über romanisch-fränkisches Ämterwesen". Ein Text des 7. Jahrhunderts, betrachtet im Rahmen frühmittelalterlicher Aufzeichnungen über den „Staat" und seine Geistesverwandten aus den folgenden Jahrhunderten (P. E. Schramm, Kaiser, Könige und Päpste. Gesammelte Aufsätze zur Geschichte des Mittelalters 1: Beiträge zur allgemeinen Geschichte 1: Von der Spätantike bis zum Tode Karls des Großen (814). 1968 S. 120–145).

A. Schrienemakers, Littemala, niet Vylen, maar (hoogstwaarschijnlijk) Limmel (De Maasgouw 82. 1963 Sp. 82–94).

K. H. Schulze, Die Grafschaftsverfassung der Karolingerzeit in den Gebieten östlich des Rheins (Schriften zur Verfassungsgeschichte 19) 1973.

E. Schumacher, Beiträge zur Geschichte Grifos, des Sohnes Karl Martells (Programm des kgl. humanistischen Gymnasiums zu Landau für das Schuljahr 1903/04) 1904.

W. Schwabe, Der Aachener Oberhof (ZAGV 47. 1925 S. 83–159; 48/49. 1926/27 S. 61–120).

K. Selle-Hosbach, Prosopographie merowingischer Amtsträger in der Zeit von 511 bis 613. Diss. phil. Bonn 1974.

J. Semmler, Chrodegang, Bischof von Metz 747–766 (Die Reichsabtei Lorsch. Festschrift zum Gedenken an ihre Stiftung 764. 1, hg. von F. Knöpp. 1973 S. 229–245).

J. Semmler, Episcopi potestas und karolingische Klosterpolitik (Mönchtum, Episkopat und Adel zur Gründungszeit des Klosters Reichenau, hg. von A. Borst = Vorträge und Forschungen 20. 1974 S. 305–395).

J. Semmler, Die Geschichte der Abtei Lorsch von der Gründung bis zum Ende der Salierzeit 764–1125 (Die Reichsabtei Lorsch 1. 1973 S. 75–173).

J. Semmler, Zur pippinidisch-karolingischen Sukzessionskrise 714–723 (DA 33. 1977 S. 1–36).

H. Silvestre, Le Chronicon Sancti Laurentii Leodiensis dit de Rupert de Deutz. Étude critique (Université de Louvain. Recueil de Travaux d'Histoire et de Philologie. 3. série, 43) Louvain 1952.

G. Simenon, Notes pour servir à l'histoire des paroisses qui dépendaient de l'abbaye de Saint-Trond (BSAHL 17. 1908 S. 1–269).

G. Simenon, L'organisation économique de l'abbaye de Saint-Trond depuis la fin du XIIIe siècle jusqu'au commencement du XVIIe siècle (Académie royale de Belgique. Classe des Lettres et des Sciences morales et politiques et Classe des Beaux-Arts. Mémoires, Collection in-8°. 2. série, 10, 2) Bruxelles 1912.

B. von Simson, Die wiederaufgefundene Vorlage der Annales Mettenses (NA 24. 1899 S. 401–424).

B. von Simson, Kritische Erörterungen 1: Zu der Vita Dagoberti III. und den Annales Mettenses (NA 15. 1890 S. 557–564).

F. W. Smulders, Echternach en St. Michiels-Gestel (Brabants Heem 3. 1951 S. 82–83).

F. W. Smulders, Esch en Echternach (Brabants Heem 2. 1950 S. 50–51).

D. Snijders / H. J. Geerkens, Waar kwamen Harlindis en Relindis vandaan? (Album Dr. M. Bussels. Hasselt 1967 S. 525–530).

M. Soenen, Abbaye d'Aldeneik, à Maaseik (Monasticon belge 6: Province de Limbourg. Liège 1976 S. 75–88).

R. Sprandel, Der merovingische Adel und die Gebiete östlich des Rheins (Forschungen zur oberrheinischen Landesgeschichte 5) 1957.

J. Sprenger, Fundamentresten, een tweetal sarcophagen en een 17e eeuwse grafsteen gevonden te Sint Pieter, Maastricht (De Maasgouw 75. 1956 Sp. 141–150).

N. P. Sprenger de Rover, Rumelacha, Datmunda en Tadia (698–699) (Brabants Heem 3. 1951 S. 50–65).

K. Sprigade, Die Einweisung ins Kloster und in den geistlichen Stand als politische Maßnahme im frühen Mittelalter. Diss. phil. Heidelberg 1964.

H. Sproemberg, Lüttich und das Reich im Mittelalter (H. Sproemberg, Beiträge zur belgisch-niederländischen Geschichte = Forschungen zur mittelalterlichen Geschichte 3. 1959 S. 346–367).

F. Staab, Untersuchungen zur Gesellschaft am Mittelrhein in der Karolingerzeit (Geschichtliche Landeskunde. Veröffentlichungen des Instituts für geschichtliche Landeskunde an der Universität Mainz 11) 1975.

L. Stamer, Kirchengeschichte der Pfalz bis zur Vollendung des Kaiserdomes in Speyer. 1936.

F. Stein, Adelsgräber des achten Jahrhunderts in Deutschland (Römisch-Germanische Kommission des deutschen archäologischen Instituts zu Frankfurt am Main. Germanische Denkmäler der Völkerwanderungszeit Serie A, 9) 1967.

E. E. Stengel, Die Immunität in Deutschland bis zum Ende des 11. Jahrhunderts. Forschungen zur Diplomatik und Verfassungsgeschichte 1: Diplomatik der deutschen Immunitäts-Privilegien vom 9. bis zum Ende des 11. Jahrhunderts. 1910.

H. Stern, Recueil général des mosaiques de la Gaule 1: Gaule Belgique 2 (X^e supplément à Gallia) Paris 1960.

J. Stiennon, Étude sur le Chartrier et le Domaine de l'Abbaye de Saint-Jacques de Liège (1015– 1209) (Bibl. Fac. Liège 124) Paris 1951.

A. Stracke, Over de antiquissima Vita s. Trudonis (Ons Geestelijk Erf 39. 1965 S. 272–298).

H. Swinnen, Toponymie des communes Boirs et Glons. (Mémoire de licence de l'Université de Liège) Liège 1964/65 (masch.).

C. Suyskens, De s. Lamberto seu Landeberto. Commentarius praevius (AA SS Sept. 5. 1866 S. 518–573).

M. Tangl, Studien zur Neuausgabe der Briefe des hl. Bonifatius und Lullus 1 (NA 40. 1916 S. 639–790; wiederabgedr. in: M. Tangl, Das Mittelalter in Quellenkunde und Diplomatik. Ausgewählte Schriften 1 = Forschungen zur mittelalterlichen Geschichte 12. 1966 S. 60– 177).

M. Tangl, Das Testament Fulrads von Saint-Denis (NA 32. 1907 S. 167–217).

G. Tellenbach, Europa im Zeitalter der Karolinger (Historia Mundi 5: Frühes Mittelalter. Bern 1956 S. 393–450).

G. Tellenbach, Königtum und Stämme in der Werdezeit des deutschen Reiches (Quellen und Studien zur Verfassungsgeschichte des deutschen Reiches in Mittelalter und Neuzeit 7, 4) 1939.

G. Tellenbach (Hg.), Studien und Vorarbeiten zur Geschichte des großfränkischen und frühdeutschen Adels (Forschungen zur oberrheinischen Landesgeschichte 4) 1957.

E. Thirion / M. Dandoy, Quelques recherches aux environs de la Collégiale d'Amay (Bulletin du Cercle Archéologique Hesbaye-Condroz 6. 1966 S. 35–47).

J. Timmermans, Problemen in verband met de oude kerk van Donk (Limburg 35. 1956 S. 103– 111, 129–134).

J. Torsy, Die kirchliche Erschließung der Landbezirke im Raum um Köln (Das erste Jahrtausend. Kultur und Kunst im werdenden Abendland an Rhein und Ruhr. Textband 2, hg. von V. H. Elbern. 1964 S. 711–733).

V. Tourneur, Les Belges avant César (Collection Notre Passé) Bruxelles 1944.

W. Tuckermann, Länderkunde der Niederlande und Belgiens (Enzyklopädie der Erdkunde 19) 1931.

R. Ulens, Le domaine impériale de la région mosane et ses inféodations successives (VO 10: 1934 S. 207–223).

É. Vacandard, Saint Ouen, évêque de Rouen. L'ordre monastique et le palais mérovingien (Revue des questions historiques 71 N. S. 27. 1902 S. 5–71).

É. Vacandard, La schola du palais mérovingien (Revue des questions historiques 61 N. S. 17. 1897 S. 490–502).

H. Ch. van Bostraten, De Merovingische begraafplaats te Lutlommel (Taxandria 36. 1964 S. 3–100 = Archaeologia Belgica 86. Brussel 1965).

J. van Brabant, Sint Bavo. Edelman, boeteling en monnik. Wilrijk 1967.

H. van Crombruggen, Les nécropoles gallo-romaines de Tongres (Helinium 2. 1962 S. 36–50).

L. Ph. C. van den Bergh, Handboek der Middelnederlandse Geographie. 3. druk, aangevuld en omgewerkt door A. A. Beekman en H. J. Moerman. 's-Gravenhage 1949.

N. Vandenbouhede, Les domaines de l'abbaye de Cornelimünster dans les principautés de la Belgique actuelle du IX^2 au milieu du XIV^2 siècle. (Mémoire de licence à l'Université de Liège) Liège 1962/63 (masch.).

L. van der Essen, Bavo (DHGE 7. 1934 Sp. 14–15).
L. van der Essen, Étude critique et littéraire sur les vitae des saints Mérovingiens de l'ancienne Belgique (Université de Louvain. Recueil de travaux publiés par les membres des conférences d'Histoire et de Philologie 17) Louvain–Paris 1907.
L. van der Essen, Hucbald de Saint-Amand (ca. 840–930) et sa place dans le mouvement hagiographique médiéval (RHE 19. 1923 S. 333–351, 522–552).
L. van der Essen, Le siècle des saints (625–739). Étude sur les origines de la Belgique chrétienne (Collection Notre Passé) Bruxelles 1948.
L. van der Essen, Théodard (Biographie Nationale de Belgique 24. Bruxelles 1926/29 Sp. 753–754).
L. Vanderkindere, La formation des principautés belges au moyen âge 2. Bruxelles 1902.
R. van der Made, L'abbaye de Vivegnis et la paiement des tailles de la communauté de Herstal (BIAL 77. 1965 S. 157–169).
D. van Derveeghde, Le domaine du Val Saint-Lambert de 1202 à 1387. Contribution à l'histoire rurale et industrielle du Pays de Liège (Bibl. Fac. Liège 130) Paris 1955.
H. van der Velpen, Alpaide stichteres der Collegiale Kerk van Hœgaarden (Eigen Schoon en de Brabander. Maandschrift van het geschied- en oudheidkundig genootschap van Vlaams-Brabant 36. 1953 S. 1–17).
H. van de Weerd, Une colonie agricole de l'abbaye de Floreffe en Campine au XIIe siècle (Leodium 22. 1929 S. 36–49).
H. van de Weerd, Geschiedenis van Eelen. Parochie-heerlijkheid-gemeente (PSHAL 46. 1910 S. 149–286).
H. van de Weerd, Kessenich. Folklore en Geschiedenis (VO 4. 1928 S. 9–22).
H. van de Weerd, Het Landdekenaat Eyck. Maeseyck 1928.
H. van de Weerd, Limburg in het Testament van den H. Willibrord (Limburg 15. 1934 S. 68–70; 16. 1934 S. 105–109, 125–129).
H. van de Weerd, De Maasgouw (Pagus Masau) (Mélanges Camille de Borman. Liège 1919 S. 47–56).
H. van de Weerd, Het Maasland in de VIIIe eeuw (VO 4. 1928 S. 9–31).
H. van de Weerd, Munsterbilzen en Wintershoven (Limburg 34. 1955 S. 151–155).
H. van de Weerd, De H. Willibrordus en Limburg (VO 15. 1939 S. 185–240).
H. van de Weerd, De H. Willibrordus te Meldert (Limburg 34. 1955 S. 77–81).
A. van Doorselaer, Les nécropoles d'époque romaine en Gaule septentrionale (traduit du néerlandais par M. M. Amand) (Dissertationes archaeologicae Gandenses 10) Brugge 1967.
A. van Doorselaer, Repertorium van de begraafplaatsen uit de romeinse tijd in Noord-Gallië 2: Deutschland, France, Grand-Duché de Luxembourg, Nederland. Brussel 1964.
R. van Doren, Chelles (DHGE 12. 1953 Sp. 604–605).
R. Vanheusden, Abbaye de Munsterbilzen (Monasticon belge 6: Province de Limbourg. Liège 1976 S. 103–129).
J. Vannerus, Le nom de Chèvremont (BTD 25. 1951 S. 101–118).
J. S. van Veen / A. A. Beekman, Geschiedkundige Atlas van Nederland 9,3: De kerkelijke indeeling omstreeks 1550: De Bisdommen Munster, Keulen en Luik. 's-Gravenhage 1923.
É. van Wintershoven, L'inscription dédicatoire de l'église d'Emael (BSAHL 13. 1902 S. 127–141).
G. Verbist, Saint Willibrord. Apôtre des Pays-Bas et fondateur d'Echternach. Louvain 1938.
F. Vercauteren, Étude sur les Civitates de la Belgique seconde. Contribution à l'histoire urbaine du nord de la France de la fin du IIIe à la fin du XIe siècle. Bruxelles 1934.
A. Verhulst, Das Besitzverzeichnis der Genter Sankt-Bavo-Abtei von ca. 800 (Clm 6333). Ein Beitrag zur Geschichte und Kritik der karolingischen Urbarialaufzeichnungen (Frühmittelalterliche Studien 5. 1971 S. 193–234).
A. Verhulst, De Sint-Baafsabdij te Gent en haar grondbezit (VIIe–XIVe eeuw). Bijdrage tot de kennis van de structuur en de uitbating van het grootgrondbezit in Vlaanderen tijdens de middeleeuwen (Verhandelingen van de Koninklijke Vlaamse Academie voor Wetenschappen, Letteren en Schone Kunsten van België. Klasse der Letteren 39) Brussel 1958.

A. Verhulst, Kritisch onderzoek over enkele aantekeningen uit het Liber Traditionum der Sint-Pietersabdij te Gent, in verband met het oudste grondbezit der Sint-Baafsabdij te Gent (BCRH 119. 1954 S. 143–181).

A. Verhulst, Over de stichting en de vroegste geschiedenis van de Sint-Pieters- en de Sint-Baafsabdijen te Gent (Handelingen der Maatschappij voor Geschiedenis en Oudheidkunde te Gent N. R. 7. 1953 S. 1–51).

A. Verbeek, Spuren der frühen Bischofskirchen in Tongern und Maastricht (Bonner Jahrbücher 158. 1958 S. 346–371).

A. Vincent, Les localités belges chez l'Anonyme de Ravenne (vers 670) (Latomus. Revue d'Études Latines 5. 1946 S. 373–379).

H. H. Völckers, Karolingische Münzfunde der Frühzeit (751–800). Pippin, Karlmann, Karl der Große (I. und II. Münzperiode) (Abhandlungen der Akademie der Wissenschaften in Göttingen. Phil.-hist. Kl. 3. Folge, 61) 1965.

C. Vogel, Le pèlerinage pénitentiel (Convegni del Centro di studi sulla spiritualità medievale 4: Pellegrinaggi e culto dei Santi in Europa fino alla I^a Crociata. Todi 1963 S. 37–94).

W. Vogel, Die Normannen und das Fränkische Reich bis zur Gründung der Normandie (799–911) (Heidelberger Abhandlungen zur mittleren und neueren Geschichte 14) 1906.

K. Voigt, Die karolingische Klosterpolitik und der Niedergang des westfränkischen Königtums. Laienäbte und Klosterinhaber (Kirchenrechtliche Abhandlungen 90/91) 1917.

F. Vollmer, Die Etichonen. Ein Beitrag zur Frage der Kontinuität früher Adelsfamilien (Studien und Vorarbeiten zur Geschichte des großfränkischen und frühdeutschen Adels, hg. von G. Tellenbach = Forschungen zur oberrheinischen Landesgeschichte 4. 1957 S. 137–184).

P. Wackwitz, Gab es ein Burgunderreich in Worms? (Der Wormsgau, Beihefte 20/21) 1964/65.

G. Waitz, Deutsche Verfassungsgeschichte 2, 1–2. 3. Aufl. 1882.

C. Wampach, Das Apostolat des hl. Willibrord in den Vorlanden der eigentlichen Frisia. Aktuelle Fragen um dessen räumliche Bestimmung (AHVNrh 155/56. 1954 S. 244–256).

C. Wampach, Geschichte der Grundherrschaft Echternach im Frühmittelalter 1,1 (Textband). Luxemburg 1929.

C. Wampach, Sankt Willibrord. Sein Leben und Lebenswerk. Luxemburg 1953.

W. Wattenbach / R. Holtzmann, Deutschlands Geschichtsquellen im Mittelalter. Die Zeit der Sachsen und Salier. Neuausgabe, besorgt von F.-J. Schmale. 1967.

W. Wattenbach / W. Levison, Deutschlands Geschichtsquellen im Mittelalter. Vorzeit und Karolinger. Heft 1–3, bearbeitet von W. Levison und H. Löwe. 1952/57.

H. P. Wehlt, Reichsabtei und König, dargestellt am Beispiel der Abtei Lorsch mit Ausblicken auf Hersfeld, Stablo und Fulda (Veröffentlichungen des Max-Planck-Instituts für Geschichte 28) 1970.

R. Wenskus, Sächsischer Stammesadel und fränkischer Reichsadel (Abhandlungen der Akademie der Wissenschaften in Göttingen. Phil.-hist. Kl. 3. Folge, 93) 1976.

H. Werle, Eigenkirchenherren im bonifatianischen Mainz (Festschrift Karl Siegfried Bader. 1965 S. 469–484).

H. Werle, Haganonis Villa. Zur Traditio des Ortes Hahnheim an das Kloster Lorsch vor 1200 Jahren (Mitteilungsblatt zur rheinhessischen Landeskunde 13. 1964 S. 172–177).

K. F. Werner, Bedeutende Adelsfamilien im Reich Karls des Großen. Ein personengeschichtlicher Beitrag zum Verhältnis von Königtum und Adel im frühen Mittelalter (Karl der Große. Lebenswerk und Nachleben 1: Persönlichkeit und Geschichte, hg. von H. Beumann, 1965 S. 83–142).

M. Werner, Adelsfamilien im Umkreis der frühen Karolinger. Die Verwandtschaft Irminas von Oeren und Adelas von Pfalzel (Vorträge und Forschungen, Sonderband 28; in Vorbereitung).

M. Werner, Zu den Anfängen des Klosters St. Irminen-Oeren in Trier (RhVjbll 42. 1978 S. 1–51).

M. Werner, Zur Verwandtschaft des Bischofs Modoald von Trier (Jahrbuch für westdeutsche Landesgeschichte 4. 1978 S. 1–35).

B. Wibin, Découverte d'une nécropole ancienne à Amay (1932) (BIAL 57. 1933 S. 119–134).

H. WIERUSZOWSKI, Die Zusammensetzung des gallischen und fränkischen Episkopats bis zum Vertrag von Verdun (843) mit besonderer Berücksichtigung der Nationalität und des Standes (Bonner Jahrbücher 127. 1922 S. 1–83).

B. WILLEMS, Die Schlacht bei Amel (716) und der umstrittene Heilige Agilolfus (Das Land von Malmedy und St. Vith. Gesammelte Aufsätze zu seiner Geschichte und Kultur von B. Willems. 1962 S. 73–133).

J. WILLEMS, Découverte d'un sarcophage d'époque mérovingienne à Amay (Archéologie 1977, 1 S. 20–23).

J. WILLEMS, Le quartier artisanal gallo-romain et mérovingien de „Batta" à Huy (Archaeologia Belgica 148) Bruxelles 1973.

J. WILLEMS, Le vicus belgo-romain d'Amay et l'occupation médiévale (Bulletin du Cercle Archéologique Hesbaye-Condroz 8. 1969 S. 5–13).

H. A. WILSON, The Calendar of St. Willibrord. From MS Paris Lat. 10837. A Facsimile with Transscription, Introduction and Notes (Henry Bradshaw Society 50) London 1918.

E. WISPLINGHOFF, Niederrheinischer Fernbesitz an der Mosel während des Mittelalters und der frühen Neuzeit (Jahrbuch für westdeutsche Landesgeschichte 3. 1977 S. 61–88).

E. WISPLINGHOFF, Untersuchungen zur frühen Geschichte der Abtei S. Maximin bei Trier von den Anfängen bis etwa 1150 (Quellen und Abhandlungen zur mittelrheinischen Kirchengeschichte 12) 1970.

Mittellateinisches Wörterbuch bis zum ausgehenden 13. Jahrhundert, hg. von der Bayerischen Akademie der Wissenschaften und der Deutschen Akademie der Wissenschaften zu Berlin 1–2, 7. 1967/76.

H. WOLFRAM, Intitulatio 1. Lateinische Königs- und Fürstentitel bis zum Ende des 8. Jahrhunderts (MIÖG Ergänzungsband 21) 1967.

J. M. WOLTERS, Notice historique sur l'ancien chapitre des chanoisses nobles de Munsterbilsen dans la province actuelle de Limbourg. Gand 1849.

M. YANS, Le destin diplomatique de Herstal-Wandre, terre des Nassau, en banlieu liégeoise (Annuaire d'Histoire liégeoise 6. 1960 S. 488–561).

M. YANS, A propos du domaine de l'abbaye de Saint-Laurent. Contributions de paléographie et de diplomatique à l'étude de l'expansion urbaine de Liège (Annuaire d'Histoire liégeoise 5. 1957 S. 895–932).

M. YANS, La pénétration liégeoise dans le duché de Limbourg (Jupille, La Rochette, Chèvremont, Fléron) (Annuaire d'Histoire liégeoise 6. 1961 S. 951–1041).

M. YANS, Le toponyme „Treist", Transitum. Liège, bourg de route? (BSRVL 4. 1951/55 S. 481–485).

A. N. ZADOKS-JITTA, De eerste muntslag te Duurstede (Jaarboek voor Munt- en Penningkunde 48. 1961 S. 1–14).

H. ZATSCHEK, Wie das erste Reich der Deutschen entstand. Staatsführung, Reichsgut und Ostsiedlung im Zeitalter der Karolinger (Quellen und Forschungen aus dem Gebiet der Geschichte 16) 1940.

M. ZENDER, Räume und Schichten mittelalterlicher Heiligenverehrung in ihrer Bedeutung für die Volkskunde. Die Heiligen des mittleren Maaslandes und der Rheinlande in Kultgeschichte und Kultverbreitung. 1959.

J. ZETTINGER, Die Berichte über Rompilger aus dem Frankenreich bis zum Jahre 800. Rom 1900.

E. ZÖLLNER, Geschichte der Franken bis zur Mitte des 6. Jahrhunderts. 1970.

CH. ZOLLER-DEVROEY, Le domaine de l'abbaye Saint-Pierre de Corbie en Basse-Lotharingie et en Flandre au Moyen Age (RBPhH 54. 1976 S. 427–457, 1061–1097).

Register

I. Personen

Identifizierte Personen sind durch unterscheidende Zusätze gekennzeichnet; Namenbelege ohne erläuternde Angaben können sich auch auf verschiedene Namenträger beziehen.

Abbo, Bischof von Metz 278, 356
Adela, Adula, Attala 93, 163, 166 f.
Adela, Gründerin und Äbtissin von Pfalzel 31, 149, 159–174, 219 f., 222, 224–226, 395, 402, 404, 479 f., 484 f.
Attela, Bischof von Laon 359, 366 f., 389
Adalbero, Bischof von Metz 75, 87
Adalbert, Herzog im Elsaß 123
Adaltrudis, Adeltrudis 62, 67 f., 113
Adalgisel, austrasischer dux 15, 42–46, 58, 65, 255, 351, 354, 356, 359, 397
Adalgisel-Grimo, Verduner Diakon 30, 31–59, 81–83, 162, 172, 174, 219 f., 222, 351 f., 373, 393, 395, 420, 479 f., 482
Adalhard 156, 183
Adalhard, Abt von Corbie 336
Adalhard II., Abt von St. Truiden 87, 90, 191, 193
Adalhard, Stifter von Aldeneik 175–184, 219, 222
Adalher 205
Adalrich, Chatalrich, Herzog im Elsaß 104, 259 f.
Adalrich, dux 259
Adalsinda 102 f.
Adam von Oupeye 380
Adeleo 325
Adilio, Graf 59, 62–64, 186, 222 f., 246, 482
Adlef 141
Ado 35, 38, 41, 362
Adolf von der Mark, Bischof von Lüttich 320
Adregisel, austrasischer dux 44, 366, 389
Adrianus 112–114
Aegidius von Orval 99, 431, 435
Agiulf, Bischof von Metz 395
Agilus, Abt von Rebais 362
Agglethrudis 62
Agilfrid, Bischof von Lüttich 242, 311 f., 321
Aginulf 464

Agnes, Äbtissin von Nivelles 401
Ainmar, Bischof von Auxerre 188
Alard 304
Alberich 160–164, 168–171, 173 f., 198, 222, 225
Alberich, Bischof von Utrecht 165, 170–174
Albero I., Bischof von Lüttich 329
Albert 102
Albert II., Graf von Namur 99
Albuin, Graf im Eifelgau 247
Albuin, Graf bei Maastricht 247
Alduin 153
Aldwin, Bischof von Köln 257
Elduinus, presbiter 153
Alexander I., Bischof von Lüttich 49
Aelffled, Äbtissin von Streaneshalh 162
Alkuin 61, 165
Aloinus 62
Allowinus-Bavo vgl. Bavo
Alpaida, Gemahlin Pippins II. 124 f., 269
Amalberga 113–116, 120 f.
Amalbert, Abt von St. Denis 132
Amalgisel, Thesaurar der Tongerner Bischofskirche 217, 290, 318 f.
Amandus, Missionsbischof, zeitweise Bischof von Tongern-Maastricht 51, 59, 61, 63–65, 67–72, 80, 114, 223, 231–236, 237, 338, 348, 358, 361, 367 f., 389, 469 f., 482
Amantius 113 f.
Amor 117–121
Aengilbald 140–148, 156, 183
Aengilbert 140–148
Angilram, Erzbischof von Metz 73, 75, 92, 201, 214
Anno I., Bischof von Köln 257
Ansbald 140–148, 153 f.
Anspert 434
Ansfrid 416
Ansegisel, domesticus 366, 388–390, 399

Ansegisel, Sohn Arnulfs von Metz 13, 107–111, 342, 373, 386, 389f., 396–404, 405, 410, 436, 470–472, 474f., 479f., 482
Ansuin 188, 213
Aper 68, 71, 243, 250
Arn, Erzbischof von Salzburg 249
Arnold 416
Arnoald, Bischof von Metz 395
Arnold von Elsloo 377
Arnulf 392
Arnulf, Bischof von Metz 13, 15, 53, 349f., 352f., 358, 368, 386f., 389, 392, 394–398, 400, 470, 474, 481
Arnulf, dux, Enkel Pippins II. 168
Arnulf, Kaiser 446, 465
Arnulf II., Graf von Flandern 87
Arnulf, Graf von Valenciennes 87, 89
Aud-, Aut- vgl. Od-
Aunulf 368–370, 372–374, 383, 385, 390–394

Badager 150
Balderich, Bischof von Lüttich 320
Baldgisel 289
Balther 188, 213
Balthilde, Gemahlin Chlodwigs II. 147
Bautgislus, Bautgisilus 53
Baudigysilus, Bischof von Angers 54
Baudegysilus, Bischof von Le Mans 54
Bavo 59–72, 81, 219, 222f., 482
Begga, Gründerin von Andenne, Tochter Pippins I. 12f., 16, 341, 344f., 347, 389, 396–404, 433, 436, 464, 470, 472, 474, 479f., 484
Benignus, Abt von St. Wandrille 196
Berchar, neustrischer Hausmeier 397
Beregisus, Abt von Andagina 31, 424
Bernardus 94, 99
Bernarius, Bischof 279
Berta 87
Bertila, Äbtissin von Chelles 147
Birthilo, Graf 245
Bertrichram, Bischof von Le Mans 81, 373
Bertram, Bischof von Metz 90
Bertegisel, Abt 387
Berthar, Graf 196
Bertilindis 140–148, 153–155, 477
Bertrada d. Ä., Gründerin von Prüm 13, 166, 169
Bertrada d. J., Gemahlin Pippins III. 13, 166, 169
Berthoald, Abt von St. Denis 132
Bertulf, Abt von Bobbio 358
Bettelin, domesticus 366f., 388

Bettulf, Bischof von Tongern-Maastricht 229f.
Bilichild, Gemahlin Childerichs II. 100f., 236, 255
Plektrud 167–169
Plektrud, Gemahlin Pippins II. 13, 79, 82, 93, 97, 166–169, 171, 174, 224, 267f., 277–280, 307, 311, 345, 369f., 373f., 391, 394, 398, 408f., 424–430, 437, 439, 442, 452, 455, 457, 472, 479f.
Blithild, Tochter Chlothars II. 434
Bobo, Bischof von Valence 258
Bobo, Herzöge 15, 32, 38, 41f., 44–46, 55, 58f., 220, 222, 356, 359, 366f., 389, 482
Bodegisel, Bodgis 43, 53, 55
Bodegislus, Bodygisilus, Herzöge 54, 220
Bodigysilus, Gesandter Childeberts II. 54
Bodalgiselus, Buotgisus, Gründer von Lubeln(?) 53
Boggis, Herzog in Aquitanien(?) 42f., 47f., 52–59, 277
Bodo von Hozémont 335
Bonifatius, Missionserzbischof 163–165, 173, 176–180, 199, 316
Bonifatius, Herzog im Elsaß 104
Bovo, Gründer von Caster 329, 333
Brunichilde, Königin 349f., 352f.
Brun, Erzbischof von Köln 416, 429f.
Burgundofaro, Bischof von Meaux 358

C vgl. K

Dagobert I., König 41, 44, 167f., 232, 350–352, 358, 362f., 386–388, 398f., 431f., 434, 458
Dagobert II., König 105f., 111, 258–262, 355, 363, 385, 406f., 433f.
Dagobert III., König 432–435, 439
Dalfinus, Abt von St. Denis 130
Deido vgl. Desideratus
Desideratus, Bischof von Chalon-sur-Saône 258, 260
Desiderius, Bischof von Cahors 355, 358, 386f.
Desiderius, König der Langobarden 311f.
Dido, Bischof von Poitiers 234, 355
Dietrich II., Herzog von Oberlothringen 401
Docfa, presbiter 153
Dodo, domesticus 63, 121–126, 129f., 134, 138, 219, 222, 224, 243, 263, 268–272, 274, 339, 463, 484f.
Domitian, Bischof von Tongern-Maastricht 228–230, 325f.
Donat 73, 75–80, 85

521

Drogo, Bischof von Metz 75
Drogo, dux der Champagne, Sohn Pippins II. 279, 307, 440, 473

Ebergisil, Bischof von Köln 42, 230
Evergisus, Bischof von Tongern-Maastricht(?) 230
Eberhard 461
Eberhard, Graf im Elsaß 123
Everachus, Bischof von Lüttich 68f., 97, 134, 230, 320, 329f., 336
Eburuines 148
Ebroin, neustrischer Hausmeier 255, 257–266, 277, 385, 405–407, 419, 464
Ebroin, Graf am Niederrhein 51, 148
Einhard 60, 66, 71, 249, 322, 383, 393, 465
Eligius, Bischof von Noyon 104, 244, 252–254, 299, 356–359, 362, 398
Eliolfus 62
Emerulfus, Hausmeier(?) 385
Emma, Gemahlin Ludwigs IV. 434
Erchinoald, neustrischer Hausmeier 124, 244, 358, 385
Aericus, dux bei Namur 101, 186, 221
Erkanfred, Graf 196
Erluinus 183
Ermbert 102, 104
Irmina, Äbtissin von Oeren 13, 166f., 169, 174, 238, 278
Irmingard, Gemahlin Ludwigs d. Fr. 200f., 215
Ermengundis 32f., 38, 41, 58
Ermenhard, Abt von St. Marien auf Chèvremont 422f.
Ermelinde 31, 66
Eticho vgl. Adalrich
Eucherius, Bischof von Orleans 79, 164, 185–189, 194f., 225, 244, 312, 322
Eugen III., Papst 320, 329f.
Eufemia 211
Eustachius von Halmaal 88
Eutlinde 148

Falco, Bischof von Tongern 229f.
Fara, Agilolfinger 44, 354
Farabert, Bischof von Lüttich 369
Faramund, Bischof von Köln(?) 257
Pharamund, Bischof von Tongern-Maastricht 256f., 260, 262–264, 326
Fardulf, Abt von St. Denis 128
Fastrada 170–172
Filibert, Abt von Noirmoutier 264, 398
Flaochad, burgundischer Hausmeier 385
Florbert, Bischof von Tongern-Maastricht 68, 224, 276–280, 298, 310, 338, 485

Florbert, Abt von St. Bavo in Gent 59
Foillan 234, 348, 355, 358
Folbert 188, 213
Folcbald 141f.
Fraericus, Stifter von Fleury-en-Vexin 391, 408, 424f.
Franco, Bischof von Lüttich 176–178, 297, 312f.
Franco I., Bischof von Le Mans 226, 277
Franco II., Bischof von Le Mans 226, 277
Friedrich, Erzbischof von Mainz 297
Friedrich I., Kaiser 87, 319f., 322, 326, 328, 382, 446
Friedrich II., Kaiser 447
Friedrich, Herzog von Niederlothringen 86f.
Fulcar, Bischof von Tongern-Maastricht 276
Fulcoald 389
Fulcoald, dux bei Laon 366f., 389
Fulrad, Abt von St. Denis 128, 132, 210
Furseus, Gründer von Lagny 251f., 358

Gallus 122, 269–272
Gallus, Bischof von Clermont 54
Gammo 373
Gaotbert 141f., 145
Gebhard, Herzog von Lothringen 416f.
Ghaerbald, Bischof von Lüttich 29, 267, 294, 312, 321
Garebald, Bischof von Toul 279
Gerberga, Gemahlin Herzog Giselberts von Lothringen 87, 135, 415f.
Gerberga, Gemahlin Graf Lamberts I. von Löwen 343
Gerberga, Gemahlin Herzog Friedrichs von Niederlothringen 87
Garibert, domesticus 366
Gerhard, Graf von Loon 87
Gerard, Graf von Paris 128
Gerelind 168, 170
Germanus, Bischof von Paris 41
Gertrud, Äbtissin von Nivelles, Tochter Pippins I. 12, 44, 53, 64f., 223, 234, 300, 343–345, 347f., 355, 358, 389, 391, 396–398, 401f.
Gewilib, Bischof von Mainz 277
Giselbert, Herzog von Lothringen 87, 91, 318, 415–417, 421
Giselbert, comes Mansuariorum 189
Giselbert, Graf von Duras 89
Giselbert, Graf von Loon 375, 382
Ghislemar, neustrischer Hausmeier 225, 264f., 274, 407, 419, 460, 471, 483
Gisloald, Bischof von Verdun 43, 359, 366
Goda, Äbtissin von Munsterbilzen 118
Godo, Bischof von Metz 356, 386

Godobald, Abt von St. Denis 121f., 126–139, 219, 222, 224f., 269, 272f., 338f., 476, 484f.
Gotfridus 217
Gottfried I., Herzog von Niederlothringen 433
Gottfried I. der Bärtige, Graf von Löwen, Herzog von Niederlothringen 343, 380, 382
Goderam von Lobbes 436
Goderam, Vogt von St. Servatius 248
Godescalc, Lütticher Diakon 242
Godescalc, Schreiber der Hofschule Karls d. Gr. 242
Godoin, Abt von Stablo-Malmedy 105f., 261f.
Cozpertus, praeses 245
Gozelin von St. Bertin 115
Gregor, Abt von St. Martin in Utrecht 163–165, 170–174, 198
Grifo, Hausmeier, Sohn Karl Martells 165, 173, 311, 417–419, 421
Grimo, Abt von St. Truiden 75, 79
Grimo vgl. Adalgisel-Grimo
Grimoald 434
Grimoald I., Hausmeier 13, 15f., 44f., 47, 57, 64, 82, 105–107, 110, 222, 234–237, 241, 244, 255, 258, 262, 273, 338, 341, 345, 347f., 354–368, 385–390, 393, 398–400, 407f., 437, 441, 460, 469f., 473–475, 482
Grimoald II., Hausmeier, Sohn Pippins II. 77, 124, 132, 272, 301, 306–308, 314f., 317, 345, 451f.
Grinuara, Stifterin von Aldeneik 175–184
Guntram 208
Guntram, Graf am Mittelrhein 208f.
Guntland, Gundeland 200, 210
Gundeland, Abt von Gorze und Lorsch 199f., 204, 207–210, 212, 215
Gundoland, neustrischer Hausmeier 351
Gullint 156
Gunduin, Gundewin, Gondoin 102–104, 107–110, 224, 261, 400, 407, 436, 470f. 483
Gundoin, dux in den Ardennen 100–111, 186, 221, 223, 236, 400, 406, 482f.
Gundoin, Herzog im Elsaß 104
Gunduin, Graf 104
Gundulf, Bischof von Tongern-Maastricht 230
Gundulf, austrasischer Hausmeier 352

Hadelin 424
Haderich 148f., 168–170, 222
Hadrian IV., Papst 49, 250, 320, 328, 336
Hamadeo, Graf 245
Harifrid 82, 93, 217
Harlindis, Äbtissin von Aldeneik 175–184
Hartgar, Bischof von Lüttich 230, 293, 297
Charievus, Graf bei Namur 101, 186, 246
Hattho 153
Heden, Herzog in Mainfranken und Thüringen 149
Heinrich 149, 477
Heinrich I., Bischof von Lüttich 50, 304
Heinrich II., Bischof von Lüttich 118
Heinrich von Gymnich, Propst von Rutten 378f.
Heinrich I., König 177, 371
Heinrich II., Kaiser 319, 326, 335, 374f., 455, 467
Heinrich III., Kaiser 86, 249, 443, 456, 465
Heinrich IV., Kaiser 86, 334, 443, 450
Heinrich, Herzog von Bayern, Bruder Ottos I. 415
Heinrich I., Herzog von Brabant 344, 379–382
Heinrich II., Herzog von Brabant 380
Heinrich, Graf 86
Heimerich, Graf am Mittelrhein 207, 211
Heinrich I., Graf von Löwen-Gaesbeek 380
Herelaef 150, 156
Heriger von Lobbes 68, 112–114, 230
Herisplindis 243
Hesterbaldus 145
Hilda 118
Hildibold 141f.
Childebert II., König 318, 462
Childebert III., König 408, 461
Childebert adoptivus, König, Sohn Grimoalds I. 355
Chillard, Abt von St. Denis 127f., 130f.
Childerich II., König 100f., 105–107, 110f., 223, 236f., 241, 243, 253–263, 266, 273f., 318, 338, 363, 385, 400, 405f., 460, 462f., 482f.
Childerich III., König 311, 363
Hilduin, Abt von St. Bertin 312f.
Hilduin, Abt von St. Denis 127
Chilperich I., König 93, 244
Chilperich II., König 133, 462
Him- vgl. Im-
Hinkmar, Erzbischof von Reims 127f.
Hodo, domesticus 100f., 104, 111, 123f., 162, 170, 236, 388
Hoholt, Notar Ottos I. 370
Hr- vgl. R-

Hugo, Abt von St. Denis u. St. Wandrille, Bischof von Paris, Neffe Karl Martells 13, 133
Hugo von St. Sabina, päpstlicher Legat 378
Hugo Capet, König von Frankreich 343
Chucus, austrasischer Hausmeier 278, 350, 385
Hucbald von St. Amand 69
Hucpold, Pfalzgraf 119
Hucbold, Graf bei Mailand 119
Hucpald, Graf bei Verona 119
Hugobert, Hubert 13, 166, 168f., 188, 213, 277f., 373
Hugbert, Bischof von Tongern-Maastricht 30, 47f., 52, 56, 152, 179, 219, 222, 224, 238, 242, 249, 266–268, 275–280, 281f., 285, 289–295, 297f., 300–303, 306–311, 314–319, 322, 327f., 332, 338f., 447, 484f.
Hucbert, Hociobercthus, Pfalzgrafen 277f.
Chugobercthus, Seneschall 162, 166, 277f.
Hubert von Argenteau 445
Hunfrid 184

I, J, Y

Ido, presbiter 96
Immo, Graf in Niederlothringen 416
Ymena 166f.
Chimnechild, Emnehild, Königin 100f., 236, 255, 258
Ingoram, dux 200f., 215
Innozenz II., Papst 87, 320, 334
Johannes 435
Johann I., Bischof von Metz 73
Johannes, Bischof von Tongern-Maastricht 50, 230f., 325, 327
Jonas, Bischof von Orleans 131
Josephus, Chorbischof(?) 279
Irmin- vgl. Ermin-
Itta-Iduberga, Gründerin von Nivelles, Gemahlin Pippins I. 12f., 53, 64, 234, 343, 345, 348, 352, 355, 358, 361, 367, 397, 402, 469, 472
Julianus 112f.

C, Ch, K

Chatalrich vgl. Adalrich
Chalpaida vgl. Alpaida
Chammingo, Graf 186
Cancor, Graf 199, 202–207, 211, 216
Char- vgl. Har-
Karl der Große, Kaiser 17, 96, 115, 165, 173, 200f., 204, 207, 226, 242, 295f., 311–313, 315f., 319, 321, 345, 397, 403, 410, 423f., 436, 439, 442f., 446, 453f., 459, 464, 481, 486
Karl der Kahle, westfränkischer König 70, 88, 182, 186, 247, 312f., 433, 446, 463f.
Karl III., Kaiser 313, 319
Karl der Einfältige, westfränkischer König 86, 415, 417, 421, 446
Karl Martell, Hausmeier 127, 130–134, 138f., 156f., 163–165, 173, 185–188, 195f., 198, 215, 218, 220, 224f., 272f., 276, 278f., 303, 308, 315, 322f., 339, 345f., 394, 409, 420f., 426, 432, 440, 445, 453, 459, 461, 463, 468, 473, 484f.
Karl, Herzog von Niederlothringen 343, 416
Karlmann, Hausmeier 164f., 173, 280, 309–311, 315, 338, 357, 366, 417–419, 445, 447, 459f., 463, 465, 467
Chil- vgl. Hil-
Chim- vgl. Im-
Chl- vgl. L-
Konrad I., König 371
Constantinus 221
Constantinus, Bischof von Beauvais 279
Chr- vgl. R-
Chuc- vgl. Hug-
Kuno 334
Kunibert, Bischof von Köln 15, 43–45, 58, 106, 234, 255, 351, 355f., 359f., 366, 389, 398, 474
Cuntperth, praeses 245

Lantbert 185, 188, 195, 213
Lambert, Bischof von Tongern-Maastricht 30, 48, 68, 80, 115f., 121–130, 138f., 152, 179, 203f., 210, 213, 219, 222f., 230, 236–239, 241–274, 275f., 280–282, 287–291, 293, 298–303, 307f., 310, 314f., 317f., 326f., 336, 338f., 407, 437, 445, 471, 483–485
Lambert, Abt von St. Wandrille 203
Lambert I., Graf von Löwen 343
Landrada 197, 201, 213
Landrada, Gründerin von Munsterbilzen 67f., 112–121, 213, 219, 327
Landerich, Bischof von Paris 133
Landoald 67–72, 113–117, 120f., 213, 222, 253
Landolf 209
Lantso 69
Liutfrid, Herzog im Elsaß 123
Leodegar, Bischof von Autun 257–259, 271
Leodegasius, Bischof von Mainz 349
Leotharius, praepositus in St. Truiden 79
Leudesius, neustrischer Hausmeier 265

Chlothar I., König 431
Chlothar II., König 349–352, 434, 475
Chlothar III., König 259, 385
Lothar I., Kaiser 201, 312, 314, 319, 321, 326, 345, 414, 421, 424, 443, 448 f., 462, 465
Lothar II., König 247, 297, 421, 446, 450, 464, 467
Clotrada 71
Chlodwig I., König 431
Chlodwig II., König 101, 385, 431
Chlodwig III., König 107, 271 f., 420, 460, 463
Chlodwig, Scheinkönig Ebroins 258 f., 261
Ludwig der Fromme, Kaiser 201, 215, 226, 296, 319, 321, 323, 383, 393, 446, 448, 450, 464
Ludwig der Deutsche, König 201, 247, 312, 414, 465
Ludwig II., Kaiser 464
Ludwig der Jüngere, König 465
Ludwig der Stammler, westfränkischer König 465
Ludwig das Kind, König 247, 316, 423
Ludwig IV., westfränkischer König 343, 415
Ludwig II., Graf von Loon 379 f.
Chlodulf, Flodulf, Chludulf 392
Chlodulf, Bischof von Metz, Sohn Arnulfs von Metz 15, 74–78, 80–82, 92 f., 223, 340, 342, 358, 368–396, 399, 405, 468, 470, 472, 474–477, 480–482
Chlodulf, Hausmeier (?) 342, 368–370, 372–374, 385 f., 390–393, 470
Chlodulf, domesticus 366, 385 f., 388–390, 399
Lugdelm, Bischof von Toul 465

Macharius 326
Maginarius, Abt von St. Denis 128
Martin I., Papst 232 f.
Martin, dux 15, 109, 258, 397, 405–407, 419, 474
Maternus, Bischof von Tongern (?) 228, 230, 249
Mathilde 86
Maximilian I., Kaiser 336
Milo, Bischof von Trier 277
Modoald, Bischof von Trier 348
Modesta, Äbtissin von St. Irminen-Oeren in Trier 389
Monon 50
Monulf, Bischof von Tongern-Maastricht 229 f., 322, 327, 437
Mummolinus 55

Nanduin 141
Nandger 194
Nardgaot 142
Nicetius, Bischof von Trier 420
Nivard, Bischof von Reims 355
Noitburgis 428
Nordebert 278
Norduin 323, 450
Notker, Bischof von Lüttich 68, 70, 112 f., 134, 138, 230, 290 f., 311, 313, 320, 326, 333, 337, 377, 421, 436 f., 439
Numerian, Bischof von Trier 356, 359, 366 f.

Oda 51
Oda, Gründerin von St. Georg in Amay 42, 47–59, 277, 402
Ota, Tochter Herzog Theodos von Bayern 51
Odo, Otto 102–104, 170
Otto I., Kaiser 86, 248, 369, 371, 415 f., 422 f., 442 f., 445, 456
Otto II., Kaiser 65, 86, 319, 322, 326
Otto III., Kaiser 66, 134, 316, 319, 326, 375 f., 380, 416, 447
Otto, Erzieher Sigiberts III. 44, 103, 354, 356, 385
Otbert, Bischof von Lüttich 330
Audobertus, presbiter 276
Odacrus 221
Otgiva, Gräfin von Flandern 65 f., 114
Autlaecus 122, 125, 243, 269–272
Oadrada 141 f., 145 f.
Odulfus 118
Odulf, Graf 118
Audoin, Bischof von Rouen 264 f., 358, 362, 398
Otwin, Abt von St. Bavo in Gent 66
Auduinus, Graf 104
Ogo, Bischof von Lüttich 297
Othelbold, Abt von St. Bavo in Gent 65 f., 114, 320

Palatina 54
Paschalis II., Papst 89
Paulus, Bischof von Verdun 35 f., 358, 387
Paulus, presbiter 146, 153
Perpetuus, Bischof von Tongern-Maastricht 230, 325–327
Petrus 122, 125, 243, 269–272
Philipp von Schwaben, König 381
Philipp, gen. Moiesseamore de Glons 99
Pippin I., Hausmeier 12–16, 44, 47, 65 f., 93, 223, 234, 341, 342–354, 367, 385–387, 389, 396–399, 404, 441, 468–470, 472–477, 481

Pippin II., Hausmeier 12–18, 31, 74, 77, 79, 82, 93, 97, 106–111, 115, 121–126, 138, 155–157, 160, 163, 166–171, 174, 194, 202, 216, 221, 224f., 229, 241–243, 258–269, 271–280, 282, 303, 306–308, 314f., 317f., 338–342, 345–347, 352, 368–370, 373f., 383, 385, 390–394, 396–399, 402, 405–468, 470–477, 479–481, 483–486
Pippin III., König 13, 133, 165, 168, 173, 188, 197, 199, 211, 215, 221, 259, 275, 295f., 311, 319, 345f., 417–419, 421, 453, 459
Pippin, König von Aquitanien, Sohn Ludwigs d. Fr. 201
Pirmin, Abtbischof 453
Plektrud vgl. unter B
Poppo, Bischof von Verdun 394

Hrabanus Maurus 209
Rado, austrasischer Hausmeier 350, 385
Rado, Thesaurar Dagoberts I. 362
Ratbod, Herzog der Friesen 307
Reidebertus, Hausmeier (?) 385
Radulf, Herzog in Thüringen 44, 46, 354
Ragino, praeses 245
Regentrud 162, 167f.
Raganfred, neustrischer Hausmeier 133, 289
Reginar, Bischof von Lüttich 98, 100, 134, 320f.
Reginar I., Graf im Hennegau und Haspengau 417
Reginar II., Graf im Hennegau 87
Reinila, Äbtissin von Aldeneik 175–184
Ragenufla 31
Rachilt 211f.
Rantgar 306f.
Rantwig 51
Chrauding, Abt von Tholey 43
Remaklus, Abt von Stablo-Malmedy 51, 74–76, 80–82, 85, 88, 92, 100, 107, 230, 236f., 239, 322f., 356–361, 365–367, 424, 460, 463, 469
Remigius, Bischof von Reims 229
Reolus, Bischof von Reims 261
Rigobert, Bischof von Reims 221
Richarius, Abt von Ponthieu 398
Richer, Bischof von Lüttich 50, 176, 238, 292f., 320, 326
Richildis, Gemahlin Karls d. K. 312
Richwin, Grafen 86
Rivaldus 122, 269–272
Romarich, Gründer von Remiremont 358, 394, 420
Rodobertus, Chrodebertus, Rotbert, Ruadbertus 141f., 156, 195f., 416

Rotbert, Erzbischof von Trier 248
Robertus, presbiter 196
Chrodebertus, Hausmeier (?) 385
Hrotbert, Referendar Chlothars III. 203
Rotbert, Pfalzgraf Childeberts III. 195
Chrodebertus, praeses 196
Rotbert, Vogt von St. Wandrille 196
Rotbert, Graf im Haspengau 30, 63, 151, 184–196, 197, 202f., 209f., 212–214, 216, 219, 222, 224f., 246, 249, 278, 298, 477, 484
Rupert I., Graf am Mittelrhein 202f., 211
Rodbertus, Gesandter Pippins III. 211
Robert von Francien, westfränkischer König 415
Chrodegang, Bischof von Metz 75, 77, 163, 197–216, 219–222, 224–226, 484
Ruthart, Graf am Oberrhein 199, 211
Crodelind 166
Hrotmund, Notar Lothars I. 314
Chrodoaldus, Chodoald, Rodoald 97
Chrodoald, Bischof von Worms (?) 97
Chrodoald, Agilolfinger 97, 350
Crodoald, Stifter von Glons 94–100, 219, 221, 477
Chrodoara, Äbtissin von Amay (?) 50f.
Chrodoin 53
Rodulf, Abt von St. Truiden 78, 83, 93, 193
Rudolf, Grafen 86f.
Ruezele von Wandre 333
Rusticus, Bischof von Cahors 126

Sadalberga, Äbtissin von St. Marien vor Laon 104
Sarabert, Priester 66, 68f., 113
Savaricus, Bischof von Auxerre 188
Sedulius Scottus 297
Servatius, Bischof von Tongern 228, 230, 249, 281, 294, 299, 322
Sigisla, Äbtissin von Chelles 147
Sigibald, Bischof von Metz 75, 79, 197
Sigibert I., König 94
Sigibert II., König 94, 350
Sigibert III., König 16, 44, 94f., 100f., 105–107, 233–235, 255, 261f., 351, 354–357, 359–361, 363–368, 387f., 399, 431, 460
Sigebodo, Graf 86
Sigiburgis 69, 112f.
Sigfried I., Erzbischof von Mainz 409
Sichelmus 97, 385
Sigram 197, 201, 213, 225
Silvinus 345
Stephan III., Papst 199
Stephan, Bischof von Lüttich 316
Stephan, Abt von St. Jacques in Lüttich 99

Suitbert, Gründer von Kaiserswerth 408
Sulpicius, Bischof von Bourges 356, 358
Swanahild, Gemahlin Karl Martells 419

Theodo, Herzog von Bayern 51
Thietbaldus 149f.
Tiebaldus, miles 99
Theudebert II., König 349, 352, 386, 395
Theudofrid, Bischof von Toul 359, 366f.
Thiofrid, Abt von Echternach 433
Theodard 238
Theodard, Bischof von Narbonne 240
Theodard, Bischof von Tongern-Maastricht 80, 101, 111, 230, 236–241, 252–257, 280, 290, 300, 338
Theotcharius 238
Theotcharius, Theotar, Herzöge 238
Theodelinde 148
Theoderich, Bischof von Metz 86
Theuderich II., König 97, 349f., 352
Theuderich III., König 88, 107, 258f., 261, 264, 277, 397, 405, 431, 462
Theuderich IV., König 132f., 311
Theoderich von Echternach 139f.
Theoderich von St. Truiden 119
Thiodold 156
Theodoald, Hausmeier, Sohn Grimoalds II. 124, 452
Theodoin 242, 257, 289
Theophanu, Kaiserin, Gemahlin Ottos II. 86, 416
Trudo, Gründer von St. Truiden 73–93, 219, 221–224, 238, 277, 391, 482
Trotmar 205
Turnoald, Bischof von Paris 133
Udo, Bischof von Toul 86
Ultan 234
Uro, domesticus 354
Urban III., Papst 336

Walda 217
Walto, Abt von St. Denis 128
Walbodo, Bischof von Lüttich 320
Waltcaud, Bischof von Lüttich 57, 137, 292–294, 296, 304, 319, 323f., 326, 450
Waleram II., Herzog von Limburg 83

Waimar, dux der Champagne 260
Wando, Abt von St. Wandrille 188, 249, 322
Waratto, neustrischer Hausmeier 264f.
Wazo, Bischof von Lüttich 87, 250, 320
Weland 200
Verengaot 141f.
Verus, Bischof von Rodez 387
Wialdruth 208f.
Witbald, Lütticher Chorbischof 296
Widegern, Bischof von Straßburg 103
Widrich, Abt von Burtscheid 375f.
Wigibald 140–142, 145f.
Wigbert 142
Guikardus, Abt von St. Truiden (?) 73
Wigerich von Lauw 377
Wicholdus 93
Willibald 140
Willibrord, Missionserzbischof 31, 97, 115, 139–158, 166, 169–172, 176, 178–184, 194, 224, 249, 267f., 274, 279, 298, 339, 425, 445, 461, 485
Wilfrid, Bischof von York 258, 261, 264
Wilhelm von Ryckel, Abt von St. Truiden 87, 89f.
Wilhelm von Halingen 191
Williswind, Gemahlin Graf Ruperts I. 199, 202–207, 211, 216
Winebert 188, 213
Winetharius, Chorbischof (?) 279
Vintiana 67f., 113f.
Wulfetrude, Äbtissin von Nivelles, Tochter Grimoalds I. 234, 255, 355, 397, 405, 469, 471
Wolfgunda 102, 104
Wolfhard 209
Wolfoald 102
Wulfoald, Hausmeier 33, 43, 47, 102–104, 107f., 110f., 223, 241, 255–263, 273f., 338, 385, 400, 405–407, 470f., 482f.
Wulfoald, Grafen 33, 102f.
Womar, Abt von St. Bavo in Gent 68

Zacharias, Papst 276, 316
Zwentibold, König von Lothringen 297, 313, 423, 446, 464

II. Orte

Die Orte in Belgien sind nach Provinzen und Arrondissements (prov., arr.) lokalisiert, die Orte in Deutschland nach Kreisen (Kr.), die Orte in Frankreich nach Départements und Arrondissements (dép., arr.) und die Orte in den Niederlanden nach Provinzen (Prov.). Bei den im Großherzogtum Luxemburg gelegenen Orten (Luxembourg) wie auch bei größeren Städten wurde auf eine nähere Angabe ihrer Verwaltungszugehörigkeit verzichtet. Die Angaben für Belgien entsprechen dem Stand von 1968, die Angaben für Deutschland dem Stand von 1961. Die Lokalisierung der Orte in Frankreich und in den Niederlanden folgt der gegenwärtig bestehenden Verwaltungsgliederung. Bei Orts- und Stadtteilen ist die zugehörige Gemeinde (Gem. bzw. Stadt) vermerkt.

Aachen 16f., 315, 336, 345, 370, 381, 436, 446, 465f., 478, 486
– St. Adalbert 467
– St. Marien 376, 379, 381, 413, 421–423, 442f., 445–447, 455f., 464, 466
Aalburg, Gem. Wijk, Prov. Noordbrabant 159
Aalst, prov. Limburg, arr. Hasselt 85, 89f.
Aalst, Prov. Noordbrabant 144
Achiniagas (Oignies?) 408, 423, 448
Aldeneik, Gem. Maaseik, prov. Limburg, arr. Maaseik 31, 78, 175–184, 267, 339
Alleur, prov. u. arr. Liège 450
Alphen, Prov. Noordbrabant 26, 142, 144f., 148, 153, 220
Altporto (Bienne-lez-Happart?) 408, 423, 448
Amay, prov. Liège, arr. Huy 20, 28, 31f., 37–43, 47–52, 54–59, 277, 285, 394, 402
Amblève, prov. Liège, arr. Verviers 101, 106, 459f., 462f., 467, 478
Ambron vgl. Emmeren
Amercœur, Stadt Lüttich 305f.
Amiens 349
Andagina, Andagium vgl. Saint-Hubert
Andenne, prov. u. arr. Namur 12f., 15f., 20, 337, 341, 344f., 401–404, 436, 464, 467f., 470, 472, 481, 484
Andenelle, Gem. Andenne, prov. u. arr. Namur 403
Andernach, Kr. Mayen 312, 349, 404
Andoumont, Gem. Gomzé-Andoumont, prov. u. arr. Liège 455
Angers 72, 248
Angleur, prov. u. arr. Liège 135
Ans, prov. u. arr. Liège 134f., 284, 320, 450
Antwerpen 152, 267
Araride (unbek. in Toxandrien oder Thüringen) 149
Arbrefontaine, prov. Luxembourg, arr. Bastogne 106
Argenteau, prov. u. arr. Liège 381, 443–445
Arlon, prov. Luxembourg 27f.
Armsheim, Kr. Alzey 409

Arras 140, 280
– St. Vaast 20, 88f., 91, 336, 402, 462
As, prov. Limburg, arr. Hasselt 119
Aschheim, Kr. München 245
Asfeld, dép. Ardennes, arr. Rethel 419
Asselt, Gem. Zwalmen, Prov. Limburg 176
Assent, prov. Brabant, arr. Leuven 187, 190
Athetasis (Natoye?) 463
Attenhoven, prov. Brabant, arr. Leuven 90
Augny, dép. Moselle, arr. Metz 72
Autun 260
Avernas-le-Bauduin, prov. Liège, arr. Waremme 26f.
Avroy, Stadt Lüttich 130, 134–139, 187, 271, 284, 321, 338, 476, 484
Awagne, Gem. Lisogne, prov. Namur, arr. Dinant 321, 323
Awans, prov. u. arr. Liège 423, 441, 448–451, 456–458, 464, 471
Awans, Gem. Aywaille, prov. u. arr. Liège 448
Ayeneux, prov. u. arr. Liège 423

Badelingen, wüst bei Echternacherbrück, Kr. Bitburg 160, 166f.
Baelen, prov. Liège, arr. Verviers 87, 465
Bagatelle, Gem. Argenteau, prov. u. arr. Liège 443
Bagoloso (Bakel?) 156, 408, 452
Bakel, Prov. Noordbrabant 78, 150–153, 156, 190, 267, 298
Bassenge, prov. Limburg, arr. Liège 335
Bassing, dép. Moselle, arr. Château-Salins 53
Bastogne, prov. Luxembourg 33f., 39, 188
Baudechisilovalle vgl. Bougival
Bautershoven, Stadt Sint-Truiden, prov. Limburg, arr. Hasselt 87, 89f.
Bavay, dép. Nord, arr. Avesnes-sur-Helpe 28
Bayencourt, dép. Oise, arr. Compiègne 278
Beaulieu-en-Argonne, dép. Meuse, arr. Bar-le-Duc 43
Beaumont, Gem. Esneux, prov. u. arr. Liège 137

Beauvais 349
Bebrona vgl. Fosses-la-Ville
Bechtheim, Kr. Worms 324
Bedelinga, Bedelingis (Badelingen?) 160, 167f.
Beerlegem, prov. Oost-Vlanderen, arr. Oudenaarde 146
Beez, prov. u. arr. Namur 464
Beidlingen, wüst bei Trier 167
Beilingen, Kr. Bitburg 167
Berbroek, prov. Limburg, arr. Hasselt 191
Berga (Rutten?) 382
Bergen-op-Zoom, Prov. Noordbrabant 13
Berlingen, prov. Limburg, arr. Tongeren 88
Bern, Gem. Herpt, Prov. Noordbrabant 144, 151
Bernalmont, Stadt Lüttich 304f., 447
Bernissem, Stadt Sint-Truiden, prov. Limburg, arr. Hasselt 90
Berny-Rivière, dép. Aisne, arr. Soissons 459
Beslanc (Lank?) 160–162, 167f.
Besonheid, Flur bei Vivegnis u. Vottem, prov. u. arr. Liège 304
Besslingen, Luxembourg 168
Bettinum (unbek. in Toxandrien oder nö. Maastricht) 145
Beuveille, dép. Meurthe-et-Moselle, arr. Briey 38, 41
Bevingen, Stadt Sint-Truiden, prov. Limburg, arr. Hasselt 89f.
Bèze, dép. Côte-d'Or, arr. Dijon 259
Bienne-lez-Happart, prov. Hainaut, arr. Thuin 423
Bierset, prov. u. arr. Liège 450
Bilstein, prov. Liège, arr. Verviers 99
Bilter, Gem. Hoepertingen, prov. Limburg, arr. Tongeren 85
Bilzen, prov. Limburg, arr. Tongeren 119
Bitburg 168
Blerick, Gem. Maasbree, Prov. Limburg 159
Blindef, Gem. Louveigné, prov. u. arr. Liège 414, 420, 440, 454f., 458, 466
Blootenberg, Flur bei Meldert, prov. Brabant, arr. Leuven 66
Boirs, prov. u. arr. Liège 23, 26, 98f.
Bois-d'Avroy, Stadt Lüttich 135
Bois-l'Évêque, Stadt Lüttich 135
Bolder, Gem. Zichen-Zussen-Bolder, prov. Limburg, arr. Tongeren 334
Bollendorf, Kr. Bitburg 409
Bonn 295
Borre, Gem. Argenteau, prov. u. arr. Liège 443
Bougival, dép. Seine-et-Oise, arr. Versailles 54
Bouillon, prov. Luxembourg, arr. Neufchâteau 431

Bousalle, Gem. Andenne, prov. u. arr. Namur 403
Braives, prov. Liège, arr. Waremme 26
Bras-sur-Lomme, prov. Luxembourg, arr. Neufchâteau 324
Breda, Prov. Noordbrabant 380
Breust, Gem. Eijsden, Prov. Limburg 329, 336
Brügge 83
Brukskens, Gem. Brustem, prov. Limburg, arr. Hasselt 87
Brus, Gem. Glons, prov. u. arr. Liège 98f.
Brustem, prov. Limburg, arr. Hasselt 85, 87, 90
Buatgisingas vgl. Bassing
Budel, Prov. Noordbrabant 155, 408, 423f., 442, 456, 458, 471, 477
Builes vgl. *elle Vignette*
vigne Builhet vgl. *elle Vignette*
Burtscheid, Stadt Aachen 384–380, 382–384, 393
Buzin, Gem. Verlée, prov. Namur, arr. Dinant 324

Cahors 386f.
Camberg Kr. Limburg 375
Cambrai 280, 326, 370
Caster, Gem. Lanaye, arr. u. prov. Liège 24, 328f., 333
Celles, prov. Namur, arr. Dinant 424
Chalon-sur-Saône 362
Chaumont, Gem. Chaumont-Gistoux, prov. Brabant, arr. Nivelles 66f., 72, 320
Chelles, dép. Seine-et-Marne, arr. Meaux 141f., 147, 153f., 158
Cherain, prov. Luxembourg, arr. Bastogne 101, 106, 446, 460, 463, 467, 478
Cheratte, prov. u. arr. Liège 454
Chertal, Gem. Herstal, prov. u. arr. Liège 445
Chevesnes, Gem. Sars-la-Buissière, prov. Hainaut, arr. Thuin 423
Chèvremont, Gem. Vaux-sous-Chèvremont, prov. u. arr. Liège 16, 78, 155, 229, 272, 280, 282, 307, 311, 314f., 317, 319, 339, 341f., 400f., 408f., 410–441, 442–445, 448f., 452–454, 456, 458f., 468, 471–474, 476, 478, 481, 483f.
Chiny, prov. Luxembourg, arr. Virton 345
Clermont, dép. Oise 228, 248
Cloosterbosch, Flur bei Rutten, prov. Limburg, arr. Tongeren 379
Colombier, Flur bei Glons, prov. u. arr. Liège 99
Compiègne, dép. Oise 277, 459
Corbeny, dép. Aisne, arr. Laon 459

Corbie, dép. Somme, arr. Amiens 20, 312, 336, 402
Coronmeuse, Stadt Lüttich 304f., 447
t'Cortenbosch, Flur bei Rutten, prov. Limburg, arr. Tongeren 379
Cortona, Prov. Arezzo (Italien) 96
Coulogne, dép. Aisne, arr. Saint-Quentin 70
Courcelles-Chaucy, dép. Moselle, arr. Metz 394
Cugnon, prov. Luxembourg, arr. Neufchâteau 16, 45f., 356–361, 363–367, 469
Cumières-le-Mort-Homme, dép. Meuse, arr. Verdun 394
Curpte, Flur bei Donk, prov. Limburg, arr. Hasselt 191
Curtrictias, Curtriza (Kortessem?) 194

Dachau 298
Dalsheim Kr. Worms 209
Datmunda vgl. Gemonde
Deurne, Prov. Noordbrabant 150
Devant le Pont, Gem. Visé, prov. u. arr. Liège 329
Diedenhofen vgl. Thionville
Diessen, Prov. Noordbrabant 141, 144f., 151–153
Diest, prov. Brabant, arr. Leuven 190, 464f.
Dilsen, prov. Limburg, arr. Maaseik 26
Dinant 27, 286f., 325–327, 337
– St. Vinzenz 325f.
Dogneville, dép. Vosges, arr. Epinal 394
Domburg, Prov. Zeeland 295
Donk, prov. Limburg, arr. Hasselt 78, 189–195, 214, 298
Dorestad vgl. Duurstede
Düren 312, 446, 459
Dugny, dép. Meuse, arr. Verdun 83
Duras, prov. Limburg, arr. Hasselt 85, 90
Duurstede, Prov. Utrecht 28

Eben, Gem. Eben-Emael, prov. u. arr. Liège 247, 328–330, 334–336
Echternach, Luxembourg 139f., 149–151, 153f., 159, 166, 168, 170, 179, 194, 238, 268, 279, 409
Eersel, Prov. Noordbrabant 141–145, 153
Eijsden, Prov. Limburg 329
Eksel, prov. Limburg, arr. Masseik 76f., 79, 155f., 194, 408, 442, 455f., 458, 471, 477
Elnone vgl. Saint-Amand-les-Eaux
Elsloo, Prov. Limburg 176
Elst, Prov. Gelderland 408, 461
Emael, Gem. Eben-Emael, prov. u. arr. Liège 277, 289, 294, 321f., 324, 327, 330, 332–336, 338, 476

Emmeren, wüst bei Hoepertingen, prov. Limburg, arr. Tongeren 76, 85, 88, 91–93, 217, 462
Emmerenbos, Flur bei Hoepertingen 88
Enixhe, Flur bei Lixhe, prov. u. arr. Liège 328–330
Engelmanshoven, prov. Limburg, arr. Hasselt 26, 220
Enkirch, Kr. Zell (Mosel) 160
Epen, Gem. Wittem, Prov. Limburg 159, 247
Erchreco vgl. Asfeld
Eschbach, Nieder-, Kr. Friedberg 210, 298
Esneux, prov. u. arr. Liège 420, 440, 454, 458, 466
Essen 428, 430
Étaples (früher Quentovic), dép. Pas-de-Calais, arr. Montreuil-sur-Mer 28
Evergnicourt, dép. Aisne, arr. Laon 324
Eyck vgl. Maaseik

Fehun vgl. Zichen
Ferrières, prov. Liège, arr. Huy 467
Fétinne, Stadt Lüttich 135
Fexhe-Slins, prov. u. arr. Liège 100
Fize-le-Marsal, prov. Liège, arr. Waremme 378
Flémalle, prov. u. arr. Liège 31, 33, 35, 246
Fléron, prov. u. arr. Liège 413, 423
Fleury-en-Vexin, dép. Oise, arr. Beauvais 391, 408, 424f., 472
Flomersheim, Stadt Frankenthal 209
Flône, prov. Liège, arr. Huy 50, 100
Florée, prov. u. arr. Namur 324
Floreffe, prov. u. arr. Namur 155, 409
fontana Cancaronis (unbek. bei Stablo-Malmedy) 202, 209
Fontanelle vgl. Saint-Wandrille
Fooz, prov. u. arr. Liège 450
Forêt, prov. u. arr. Liège 455
Fosses vgl. Fosses-la-Ville
Fosses-la-Ville, prov. u. arr. Namur 12, 15, 348, 352, 355, 361, 367f., 404, 469, 472
Fraipont, prov. u. arr. Liège 455
Frasnes-lez-Couvin, prov. Namur, arr. Philippeville 423
Freising 298
Freres vgl. Vreren
Fresnes-en-Woëvre, dép. Meuse, arr. Verdun 33, 35, 41
Froidebise, Gem. Coutisse, prov. u. arr. Namur 403
Fulda 364f.
Futvoie, Gem. Vivegnis, arr. u. prov. Liège 445

Gaasbeek, prov. Brabant, arr. Halle-Vilvoorde 380
Gaimundas (unbek. in Lothringen) 279, 338, 409
Gangelt Kr. Aachen 159
Geistingen, Gem. Ophoven, prov. Limburg, arr. Maaseik 183
Geldenaken vgl. Jodoigne
Gellep, Stadt Krefeld 160
Gellik, prov. Limburg, arr. Tongeren 119
Gemmenich, prov. Liège, arr. Verviers 465 f.
Gemonde, Gem. Sint-Michielsgestel, Prov. Noordbrabant 149
Gemünd, Kr. Bitburg 148
Genappe, prov. Brabant, arr. Nivelles 87
Gengenbach, Kr. Offenburg 199 f., 210 f.
Genk, prov. Limburg, arr. Hasselt 119
Gent 59
– St. Bavo 59–72, 112–116, 120
– St. Pieter (Blandinium) 60, 68 f., 71, 114, 119
Germigny, wüst bei Neuville-en-Turne-à-Fuy, dép. Ardennes, arr. Rethel 105 f., 261 f., 363, 407
Germigny-des-Prés, dép. Loiret, arr. Orléans 95
Gernicourt, dép. Aisne, arr. Laon 408
Gestel, Gem. Lummen, prov. Limburg, arr. Hasselt 155
Gingelom, prov. Limburg, arr. Hasselt 344, 348
Givet, dép. Ardennes, arr. Mézières 277, 289, 321 f., 325
Glain, prov. u. arr. Liège 463
Glains, wüst bei Bovigny, prov. Luxembourg, arr. Bastogne 446, 463
Glons, prov. u. arr. Liège 94–100, 221, 291, 321, 477
Godinne, prov. Namur, arr. Dinant 467
Goganheim (unbek. am Mittelrhein) 324
Gorsem, prov. Limburg, arr. Hasselt 85 f., 90 f.
Goreux, Gem. Voroux-Goreux, prov. Liège, arr. Waremme 450
Gorze, dép. Moselle, arr. Metz 86, 191, 197, 199 f., 205, 209–211, 214 f., 433 f., 438
Grâce-Berleur, prov. u. arr. Liège 450
Grand-Failly, dép. Meurthe-et-Moselle, arr. Briey 33, 40
Grandhan, prov. Luxembourg, arr. Marche-en-Famenne 34
Grand-Leez, prov. u. arr. Namur 187
Grand-Reng, prov. Hainaut, arr. Thuin 408, 423 f.
's-Gravenvoeren, prov. Limburg, arr. Tongeren 336, 465

Griesheim, Kr. Darmstadt 209
Grobbendonk, prov. Antwerpen, arr. Turnhout 27
Gronsveld, Prov. Limburg 336
Grootenardt, Grotenart, Flur bei Rutten, prov. Limburg, arr. Tongeren 379
Groyine, Gem. Andenne, prov. u. arr. Namur 403
Grueslo (unbek. am Niederrhein) 183
Gundrinio (Jandrain?) 464
Guvelingen, Stadt Sint-Truiden, prov. Limburg, arr. Hasselt 89 f.

Haccourt, prov. u. arr. Liège 327, 330
Haeslaos vgl. Hasselt
Hahnheim, Kr. Mainz 204, 207
Haillot, prov. u. arr. Namur 403
Halen, prov. Limburg, arr. Hasselt 189–193
Halingen, Gem. Velm, prov. Limburg, arr. Hasselt 86
Hallembaye, Gem. Haccourt, prov. u. arr. Liège 327, 330
Halmaal, prov. Limburg, arr. Hasselt 85, 87 f., 90 f., 462
Hamal, Gem. Rutten, prov. Limburg, arr. Tongeren 377
Haneffe, prov. Liège, arr. Waremme 457
Hapert, Gem. Hogeloon, Prov. Noordbrabant 142–145
Harburg (unbek. nö. Maastricht) 416
Haslon (unbek. nö. Maastricht) 176
Haspres, dép. Nord, arr. Valenciennes 88
Hasselt, Gem. Overpelt, prov. Limburg, arr. Maaseik 142–145, 151
Hauterne-les-Visé, Gem. Visé, prov. u. arr. Liège
Hayeneux, Gem. Herstal, prov. u. arr. Liège 304
Heerlen, Prov. Limburg 86
Heeze, Prov. Noordbrabant 151
Heim (Nerem?) 381
Heis, Flur bei Wonck, prov. u. arr. Liège 333 f.
Heisterbach, Siegkreis 376
Hennicas (Enixhe?) 329
's Herenelderen, prov. Limburg, arr. Tongeren 26
Herkenrode, Gem. Kuringen, prov. Limburg, arr. Hasselt 377 f.
Hermalle, prov. u. arr. Liège 130, 308, 335 f., 338, 420, 423, 440 f., 442–445, 447–449, 456–459, 465, 467, 471, 476, 478
Herstal, prov. u. arr. Liège 16 f., 23, 27, 86, 134, 184, 280, 282, 300, 303–306, 308 f., 311–313, 315, 332, 335 f., 338 f., 343,

345f., 380, 382, 420, 422, 437, 440, 442, 445–448, 453f., 457–459, 463, 465, 467, 471, 476, 478, 481, 485f.
- Place Licourt 303f., 308
- St. Lambert 298, 300, 303, 305, 308f., 332
- St. Marien 308, 445f.

Herstappe, prov. Limburg, arr. Tongeren 377f.
Herve, prov. Liège, arr. Verviers 454, 465, 467
Heßheim, Kr. Frankenthal 194
Heukelom, Gem. Vroenhoven, prov. Limburg, arr. Tongeren 335
t'Heurvelt, Flur bei Rutten, prov. Limburg, arr. Tongeren 379
Heusden, prov. Limburg, arr. Hasselt 89
Heyd, prov. Luxembourg, arr. Marche-en-Famenne 467
Hoegaarden, prov. Brabant, arr. Leuven 214
Hoepertingen, prov. Limburg, arr. Tongeren 85, 88f., 91
Hognoul, prov. u. arr. Liège 450
Hohenbudberg, Stadt Krefeld 160–162, 167f.
Hoksent, Gem. Eksel, prov. Limburg, arr. Maaseik 142–145, 155f., 477
Hollogne-aux-Pierres, prov. u. arr. Liège 26, 220, 448, 450
Holtaim, Holtheim vgl. Houtain-Saint-Siméon u. Houtain-l'Évêque
Hombroux, Gem. Alleur, prov. u. arr. Liège 320
Honau, Kr. Kehl 123
Honnecourt, dép. Nord, arr. Cambrai 182
Hontsum, Gem. Halen, prov. Limburg, arr. Hasselt 191
Hordenne, Gem. Anseremme, prov. Namur, arr. Dinant 324f.
Horion, Gem. Horion-Hozémont, prov. u. arr. Liège 450f., 457
Hornbach, Kr. Zweibrücken 200, 279
Houtain-l'Evêque, prov. Brabant, arr. Leuven 100
Houtain-Saint-Siméon, prov. u. arr. Liège 100
Hoyoux, Gem. Herstal, prov. u. arr. Liège 304
Hüffelsheim, Kr. Bad Kreuznach 209f.
Hulsel, Gem. Hoge-en-Lage-Mierde, Prov. Noordbrabant 144f.
Huy, prov. Liège 16, 20, 27, 37, 50, 218, 238, 285–287, 325f., 337, 401, 462f., 467f., 474, 477, 481
- Armenmatrikel 31, 35, 37, 393
- Flur „Batta" 27
- St. Cosmas 231, 325, 327
- St. Marien 320f., 325f., 402

Imburcio (unbek. im Haspengau) 448
Incourt, prov. Brabant, arr. Nivelles 31
Iré (Iré-le-Prés oder Iré-le-Sec), dép. Meuse, arr. Verdun 32f., 38

Jandrain, prov. Brabant, arr. Nivelles 464
Jemeppe, prov. u. arr. Liège 130
Jodoigne, prov. Brabant, arr. Nivelles 85
José, Gem. Battice, prov. Liège, arr. Verviers 423, 454f.
Jupille, prov. u. arr. Liège 16, 136, 229, 272, 278, 280, 282, 285, 303–307, 311, 313f., 317, 319, 338f., 343, 345f., 368, 409f., 417, 420–422, 437, 439f., 442, 446f., 451–455, 457–459, 465–467, 471–473, 476, 478, 484f.

Kaimt, Stadt Zell (Mosel) 160
Kaiserswerth, Stadt Düsseldorf 408
Kanne, prov. Limburg, arr. Tongeren 330, 333–336
Karlburg, Kr. Karlstadt (Main) 13
Kasselaar, Gem. Kozen, prov. Limburg, arr. Hasselt 90
Kasteren, Gem. Hogeloon, Prov. Noordbrabant 151
Keppe, Flur bei Rutten, prov. Limburg, arr. Tongeren 379
Kerkom-bij-Sint-Truiden, prov. Limburg, arr. Hasselt 85f., 90f.
Kessel, Prov. Limburg 159, 414
Kessenich, prov. Limburg, arr. Maaseik 183
Klotten, Kr. Cochem (Mosel) 168, 170, 446
Kobern, Kr. Koblenz 324
Koblenz 247, 428
Köln 28, 185, 187f., 229, 237, 247, 265, 337, 349, 407f., 426, 430, 438f., 471
- Bischofskirche 52, 257f., 363, 377
- Bischöfe vgl. Aldwin, Anno, Brun, Ebergisil, Faramund, Kunibert
- St. Andreas 429
- St. Kunibert 43
- St. Marien im Kapitol 345, 408, 426–430, 437f., 472
- St. Noitburgis 428
- St. Ursula 13

Köwerich, Kr. Trier 166
Kornelimünster (Inden), Kr. Aachen 20, 86, 370, 403, 414
Kortessem, prov. Limburg, arr. Tongeren 194
Kozen, prov. Limburg, arr. Hasselt 90
Kuik, Prov. Noordbrabant 159
Kuinegas (Chevesnes?) 408, 423

Labroye, Flur bei Nivelle, Gem. Lixhe, prov. u. arr. Liège 328, 332
Lambsheim, Kr. Frankenthal 194
Lanaken, prov. Limburg, arr. Tongeren 187, 247, 381
Lanaye, prov. u. arr. Liège 328, 330
Landen, prov. Brabant, arr. Leuven 342–346, 354, 437, 469
Landenne, prov. Liège, arr. Huy 403
Lank, Gem. Lank-Latum, Kr. Kempen-Krefeld 160
Laon 70, 104, 237, 367, 389, 427–420
Lauw, prov. Limburg, arr. Tongeren 376–378, 384
Lava, Gem. Eben-Emael, prov. u. arr. Liège 333
Leeuw vgl. Sint-Pieters-Leeuw
Lemiers, Gem. Vaals, Prov. Limburg 384
Lenculen, Stadt Maastricht 381
Lens-Saint-Remi, prov. Liège, arr. Waremme 464
Lens-Saint-Servais, prov. Liège, arr. Waremme 23, 464
Lens-sur-Geer, Gem. Oreye, prov. Liège, arr. Waremme 464
Lérins, dép. Alpes-Maritimes, arr. Grasse 362, 364
Les Avins, prov. Liège, arr. Huy 323
Levetlaus vgl. Lindel
Lexhy, Gem. Horion-Hozémont, prov. u. arr. Liège 49
Lierneux, prov. Liège, arr. Verviers 101, 106, 408, 457, 460f., 463, 478, 485
Liers, prov. u. arr. Liège 285
Lieser, Kr. Bernkastel 57, 324
Liessies, dép. Nord, arr. Avesnes-sur-Helpe 298
Ligney, prov. Liège, arr. Waremme 464
Limal, prov. Brabant, arr. Nivelles 383f.
Limeux, dép. Somme,, arr. Abbeville 182, 361
Limmel, Stadt Maastricht 384
Limoges 244, 365
Lindel, Gem. Overpelt, prov. Limburg, arr. Maaseik 26, 144, 146, 151, 220
Liniaco vgl. Ligney
Linkhout, prov. Limburg, arr. Hasselt 26
Lintale vgl. Lenculen
Linz, Kr. Neuwied 13
Lithoijen, Prov. Noordbrabant 384
Littemala subterior (unbek., wohl bei Tongern) 383–385, 393; vgl. Rutten
Lixhe, prov. u. arr. Liège 327–332
Loën, Gem. Lixhe, prov. u. arr. Liège 328, 330
Löwen, prov. Brabant 348
Logne, Gem. Vieuxville, prov. Liège, arr. Huy 415f.

Loksbergen, Gem. Halen, prov. Limburg, arr. Hasselt 191
Loncin, prov. u. arr. Liège 448–450
Longeville-lès-St. Avold, dép. Moselle, arr. Boulay 53, 55
Longlier, prov. Luxembourg, arr. Neufchâteau 86, 418, 453
Longuyon, dép. Meurthe-et-Moselle, arr. Briey 32, 35f., 57, 393
Lorsch, Kr. Bergstraße 156, 194, 199f., 202–212, 215f.
Lubeln, vgl. Longeville-lès-St. Avold
Lüttich 47f., 87, 122, 125, 134–138, 229, 238f., 243, 268f., 272, 276, 280–319, 321, 325, 327, 338f., 400, 410, 435–439, 445, 452, 454, 463, 471, 476–478, 481, 485
– Bischofskirche (bis ins 9./10. Jh. Bischofskirche von Tongern-Maastricht) 17f., 20f., 29, 48, 50, 57, 64, 66, 68, 80, 89, 179, 182, 223, 228–340, 363, 367f., 377, 380, 382, 405f., 443, 450, 455, 470, 476f., 482f., 485
– Bischöfe vgl. Adolf von der Mark, Agilfrid, Albero I., Alexander I., Amandus, Balderich, Bettulf, Domitian, Evergisus, Everachus, Falco, Farabert, Pharamund, Florbert, Franco, Fulcar, Ghaerbald, Gundulf, Hartgar, Heinrich I., Heinrich II., Hugbert, Johannes, Lambert, Maternus, Monulf, Notker, Otbert, Ogo, Perpetuus, Reginar, Richer, Servatius, Stephan, Theodard, Walbodo, Waltcaud, Wazo
– Domkapitel St. Lambert 73, 86, 89f., 98, 100, 138, 191, 238, 304, 320, 334f., 344, 377, 455
– Kathedrale St. Lambert 284f., 290f., 293, 295, 298–304, 306f., 310, 312, 314f., 317
– *domus episcopi*, spätere Bischofspfalz 293, 297, 302, 304, 313, 316
– Kirchen, Klöster u. Stifte
  – St. Barthélemy 87, 99, 304, 320
  – St. Cosmas 437
  – Ste. Croix 320, 335, 377f.
  – St. Denis 99, 320
  – Ste. Foy 304
  – St. Jacques 99, 307, 345
  – St. Jean 99, 320, 333–336, 377
  – St. Laurent 98, 134f., 320f., 335, 435
  – St. Martin 134f., 320, 329f., 336, 377f.
  – St. Mathieu-à-la-Chaîne 305
  – St. Nicolas 305
  – Notre-Dame-aux-Fonts 288, 291, 293, 304f.
  – St. Paul 304, 329f., 336

- St. Pholien 305
- St. Pierre 78, 99, 277, 280, 285, 290, 292f., 302, 309–311, 314, 316, 320, 447
- Ste. Walburge 304
- Stadt
  - *novus vicus* (En Neuvice) 295
  - Prés Saint-Denis 305
  - Treist 285
  - vgl. auch Amercoeur, Avroy, Bernalmont, Bois-d'Avroy, Bois-l'Évêque, Coronmeuse, Fétinne, Morinval, Pierreuse, Publémont, Robermont, Saint-Gilles, Vivegnis

Lummen, prov. Limburg, arr. Hasselt 191
Lutlommel, Gem. Lommel, prov. Limburg, arr. Maaseik 26, 146, 220
Luxeuil, dép. Haute-Saône, arr. Lure 258, 357f., 362

Maaseik, prov. Limburg 159, 180
Maastricht 16, 20, 24, 27, 37, 63, 80, 88, 100, 118, 122f., 159, 186, 195, 218, 228f., 236f., 243–254, 265f., 268, 271, 273f., 276, 280–282, 285f., 290, 294, 297–300, 302, 307f., 314, 316–319, 322f., 327, 329, 335, 337–339, 349f., 364, 367f., 380–382, 407, 462f., 465, 467f., 470f., 474, 477, 481, 483, 485
- Bischofskirche vgl. Lüttich, Bischofskirche
- Leprosen 35, 393
- St. Amor 118
- St. Marien 96f., 228, 250f., 291, 317f., 320, 333, 336f.
- St. Servatius 20, 71, 87f., 91, 93, 188, 229, 247–251, 317f., 322f., 334, 337, 454, 465

Machariaco (unbek. im Bitgau) 160
Maibe, Gem. Schaltin, prov. Namur, arr. Dinant 463, 467
Maidières, dép. Meurthe-et-Moselle, arr. Nancy 73
Mainz 204, 210, 298, 409
Malmedy vgl. Stablo
Mamelis, Gem. Vaals, Prov. Limburg 384
Manderfeld, prov. Liège, arr. Verviers 314
Le Mans 81, 453
Marloie, Gem. Waha, prov. Luxembourg, arr. Marche 324
Maroilles, dép. Nord, arr. Avesnes-sur-Helpe 196
Marsal, dép. Moselle, arr. Château-Salins 72, 238
Marseille 27f., 54
Maubeuge, dép. Nord, arr. Avesnes-sur-Helpe 408

Meerfelt vgl. Nederweert
Meerhout, Flur bei Donk, prov. Limburg, arr. Hasselt 189–193
Meerssen, Prov. Limburg 159, 247, 465
Meeswijk, prov. Limburg, arr. Tongeren 159
Meldert, Gem. Honsem, prov. Brabant, arr. Leuven 31, 66f., 72, 320
Meldert, prov. Limburg, arr. Hasselt 151, 194
Mellier, prov. Luxembourg, arr. Neufchâteau 418
Melveren, Stadt Sint-Truiden, prov. Limburg, arr. Hasselt 85, 87, 89f.
Mercy-le-Bas, dép. Meurthe-et-Moselle, arr. Briey 33, 36, 41
Metsteren, Stadt Sint-Truiden, prov. Limburg, arr. Hasselt 90
Metz 15, 28, 51, 72, 76, 103, 198, 222, 251, 294, 298, 340, 349, 352, 355f., 386f., 394–396, 401, 437, 474, 479f.
- Bischofskirche 74–77, 81–83, 86, 89, 91–93, 199, 207, 209, 212, 214f., 277, 322, 391, 393–395, 485
- Bischöfe vgl. Abbo, Adalbero, Aginulf, Angilram, Arnoald, Arnulf, Bertram, Chlodulf, Chrodegang, Drogo, Godo, Johann I., Sigibald, Theoderich
- Leprosen 35
- St. Aposteln (St. Arnulf) 52, 391, 394, 400, 440, 473

Mierde, Prov. Noordbrabant 151
Mörsch, Stadt Frankenthal 194
Molem, Gem. Lummen, prov. Limburg, arr. Hasselt 150
Molhem, Gem. Peer, prov. Limburg, arr. Maaseik 150
Momalle, prov. Liège, arr. Waremme 49
Monceau, dép. Orne, arr. Mortagne-au-Perche 196
Mons Vitulus vgl. Blootenberg
Montegnée, prov. u. arr. Liège 134f., 450
Montenaken, Gem. Vroenhoven, prov. Limburg, arr. Tongeren 335f., 381f.
Monticellos vgl. Monceau
Montier-en-Der, dép. Haute-Marne, arr. Saint-Dizier 255
Montmacq, dép. Oise, arr. Compiègne 459
Montmédy, dép. Meuse, arr. Verdun 33–35
Moorsel, prov. Oost-Vlanderen, arr. Aalst 415
Morinval, Stadt Lüttich 304
Morken, Kr. Bergheim (Erft) 27
Mortier, prov. u. arr. Liège 423, 454, 465
Mülheim, Stadt Köln 150
Münstermaifeld, Kr. Mayen 348

Muizen, prov. Limburg, arr. Hasselt 88
Mulheim, Gem. Lanklaar, prov. Limburg, arr. Tongeren 150
Mulnaim (unbek. in Toxandrien oder Thüringen) 149 f.
Munsterbilzen, prov. Limburg, arr. Tongeren 112–121, 194, 327, 330
Murbach, dép. Haut-Rhin, arr. Guebwiller 103, 133
Musinium vgl. Muizen

Namur 27, 62 f., 101, 218, 225, 264 f., 274, 285, 286 f., 325–327, 337, 339, 348 f., 407, 416, 419 f., 460, 462, 467, 471
- St. Aubin 99
- St. Marien 326
Nassogne, prov. Luxembourg, arr. Marche-en-Famenne 50, 327
Natoye, prov. Namur, arr. Dinant 463
Navagne, Gem. Moelingen, prov. Limburg, arr. Tongeren 329
Nederokkerzeel, prov. Brabant, arr. Halle-Vilvoorde 155, 456
Nederweert, Prov. Limburg 156
Neerhespen, prov. Brabant, arr. Leuven 246
Neerpelt, prov. Limburg, arr. Maaseik 156
Neerwinden, prov. Brabant, arr. Leuven 65–67, 70, 72, 344
Nehren, Kr. Cochem 32, 34 f.
Neonsigo (Lüttich?) 286
Nerem, prov. Limburg, arr. Tongeren 377, 379, 381
Nethen, prov. Brabant, arr. Nivelles 333
Nettinne, prov. Namur, arr. Dinant 324
Neufchâteau (Aubin), prov. Liège, arr. Verviers 418
Neufchâteau, prov. Luxembourg 418
Neufchâteau-sur-Amblève, Gem. Sprimont, prov. u. arr. Liège 414, 418
Neufchâtel-sur-Aisne, dép. Aisne, arr. Laon 418
Neufmoustier, Gem. Huy, prov. Liège 435
Nieuwerkerken, prov. Limburg, arr. Hasselt 90
Nieuwenhoven, Stadt Sint-Truiden, prov. Limburg, arr. Hasselt 90
Nivelle, Gem. Lixhe, prov. u. arr. Liège 275, 277, 289, 298, 300, 308, 321–325, 327–336, 338, 476
Nivelles, prov. Brabant 12 f., 15, 64, 107, 131, 163, 168, 174, 234 f., 244, 255, 337 f., 343–346, 348, 352, 355, 358, 367 f., 396 f., 401–405, 469 f., 472
Nivialcha (unbek. Prägeort in Gallien) 348
Noërs, dép. Meurthe-et-Moselle, arr. Briey 32

Nogent-sur-Oise, dép. Oise, arr. Senlis 259
Noidré, Gem. Sprimont, prov. u. arr. Liège 455
Norroy-le-Sec, dép. Meurthe-et-Moselle, arr. Briey 394
Noyers-Pont-Mangis, dép. Ardennes, arr. Sedan 324 f.
Noyon, dép. Oise, arr. Compiègne 248, 254, 280, 358
Nyelles-sur-Selles, dép. Nord, arr. Valenciennes 71

Obbicht, Prov. Limburg 145, 159
Oborne, Gem. Glons, prov. u. arr. Liège 98 f.
Ochinsala vgl. Eksel
Odegem, Gem. Assebroek, prov. West-Vlaanderen, arr. Brugge 83
Odilienberg vgl. Sint-Odiliënberg
Ohey, prov. u. arr. Namur 403
Oignies, prov. Namur, arr. Philippeville 423
Olne, prov. Liège, arr. Verviers 463, 465
Omal, prov. Liège, arr. Waremme 22
Oost, Gem. Eijsden, Prov. Limburg 329, 336
Oostham, prov. Limburg, arr. Hasselt 76 f., 79, 155, 194, 408, 442, 456, 458, 471, 477
Orleans 185, 230, 312, 351
Orval, Gem. Villers-devant-Orval, prov. Luxembourg, arr. Virton 431, 435
Oss, Prov. Noordbrabant 151
Othée, prov. u. arr. Liège 377 f., 450
Ougrée, prov. u. arr. Liège 137
Overhespen, prov. Brabant, arr. Leuven 246
Overpelt, prov. Limburg, arr. Maaseik 26

Paifve, prov. u. arr. Liège 285, 377, 379
Paliseul, prov. Luxembourg, arr. Neufchâteau 418
Pareid, dép. Meuse, arr. Verdun 41, 394
Paris 132 f., 229, 248, 351
- St. Denis 101, 127–134, 210, 225, 272 f., 312, 346, 432, 440, 473
- St. Germain-des-Prés 20, 182, 431, 464
Petersheim, Gem. Lanaken, prov. Limburg, arr. Tongeren 381
Petit-Lanaye, Gem. Lanaye, prov. u. arr. Liège 328
Petit-Rechain, prov. Liège, arr. Verviers 454 f., 458, 465, 467
Pfalzel, Kr. Trier 159–163, 172, 402, 409
Pfeddersheim, Kr. Worms 209, 211
Pierrepont, dép. Meurthe-et-Moselle, arr. Briey 41, 394
Pierreuse, Stadt Lüttich 284
Piétrebais, prov. Brabant, arr. Nivelles 187
Porcien, dép. Ardennes, arr. Rethel 221

Pontisse, Gem. Herstal, prov. u. arr. Liège 446
Pontlieue, Stadt Le Mans 373
Prayon, Gem. Forêt, prov. u. arr. Liège 455
Prüm 13, 20, 448 f.
Publémont, Stadt Lüttich 134 f., 284, 313
Purnode, prov. Namur, arr. Dinant 467

Quentovic vgl. Étaples
Quierzy, dép. Aisne, arr. Laon 371
Quintanilla de la Viñas, Burgos (Spanien) 95 f.

Rabosée, Gem. Wandre, prov. u. arr. Liège 447
Rebais, dép. Seine-et-Marne, arr. Meaux 362 f.
Rechain vgl. Petit-Rechain
Recht, prov. Liège, arr. Verviers 106
Regnemoseht (unbek. im Bitgau) 160
Reichenau, Kr. Konstanz 453
Reims 13, 15, 127 f., 248, 251, 355
– St. Rémi 20, 104, 135
Remiremont, dép. Vosges, arr. Epinal 394, 420, 429 f., 438, 441
Reppel, prov. Limburg, arr. Maaseik 149, 151, 153, 155, 477
Rheinbrohl, Kr. Neuwied 13, 348
Richelle, prov. u. arr. Liège 443
Riemst, prov. Limburg, arr. Tongeren 119
Rijnrode, Gem. Loksbergen, prov. Limburg, arr. Hasselt 191
Rimini 228
Robermont, Stadt Lüttich 328
Roermond, Prov. Limburg 456
Rom 67, 69, 131 f., 264
Rosmeer, prov. Limburg, arr. Tongeren 26, 220
Rotem, prov. Limburg, arr. Maaseik 381 f.
Rouen 349
Rülzheim, Kr. Germersheim 240
Rümlingen, Luxembourg 148
Ruimel, Gem. Sint-Michielsgestel, Prov. Noordbrabant 148 f., 152 f.
Rumelacha vgl. Ruimel
Rutten, prov. Limburg, arr. Tongeren 15 f., 368 f., 372 f., 374–385, 386, 390–396, 404, 409, 442, 457 f., 464, 467 f., 470–472, 477, 481

Saargemünd vgl. Sarreguemines
Saint-Amand-les-Eaux, dép. Nord, arr. Valenciennes 402
Saint-Bertin vgl. Saint-Omer

Saint-Denis, prov. u. arr. Namur 187
Saint-Gilles, Stadt Lüttich 135
Saint-Hubert, prov. Luxembourg, arr. Neufchâteau 57, 137, 292, 296, 310, 319, 323 f., 326, 408, 424
Saint-Laurent, Gem. Glons, prov. u. arr. Liège 99
Saint-Mihiel, dép. Meuse, arr. Commercy 33, 102 f.
Saint-Nicolas-en-Glain, prov. u. arr. Liège 135
Saint-Omer, dép. Pas-de-Calais 182, 431
Saint-Pierre, Gem. Glons, prov. u. arr. Liège 98 f.
Saint-Riquier, dép. Somme, arr. Abbeville 20, 320, 402
Saint-Wandrille, dép. Seine-Maritime, arr. Rouen 249, 255, 298, 389, 402, 408, 425, 433
Saive, prov. u. arr. Liège 447, 454
St. Arnual, Stadt Saarbrücken 55
St. Gallen 62
Sarolay, Gem. Argenteau, prov. u. arr. Liège 443, 447
Sarreguemines, dép. Moselle 279
Sart a Ban, Gem. Ben-Ahin, prov. Liège, arr. Huy 26
Scarra vgl. Scharhof
Schaffen, prov. Brabant, arr. Leuven 151, 189–193, 477
Scharhof, Stadt Mannheim 204
Schoor, Flur bei Velm, prov. Limburg, arr. Hasselt 86
Schulen, prov. Limburg, arr. Hasselt 191
Schurhoven, Stadt Sint-Truiden, prov. Limburg, arr. Hasselt 89 f.
Sclayn, prov. u. arr. Namur 403
Sclessin, Gem. Ougrée, prov. u. arr. Liège 137
Scriptinas (unbek. im Maasgau) 159 f., 163, 174
Sedan, dép. Ardennes 324, 404
Sées, dép. Orne, arr. Alençon 196
Seilles, prov. Liège, arr. Huy 403 f., 463
Seligenstadt, Kr. Offenbach (Main) 375 f., 383, 393, 465
Seltz, dép. Bas-Rhin, arr. Wissembourg 239
Sens-sur-Yonne, dép. Yonne 362
Seraing, prov. u. arr. Liège 332, 457
Sescaut vgl. Zussen
Silli vgl. Seilles
Sint-Geertruid, Prov. Limburg 336
Sint-Geertruide, Gem. Landen, prov. Brabant, arr. Leuven 344, 346
Sint-Michielsgestel, Prov. Noordbrabant 151

Sint-Odiliënberg, Prov. Limburg 159, 314
Sint-Pieter, Stadt Maastricht 248, 250 f., 273, 299, 321, 329, 335, 337
Sint-Pieters-Leeuw, prov. Brabant, arr. Halle-Vilvoorde 85
Sint-Truiden, prov. Limburg, arr. Hasselt 16, 20, 30 f., 73–93, 117, 151, 155, 164, 184–195, 198, 201, 213 f., 224, 238, 246, 248, 296, 322, 337, 344, 381 f., 391, 403, 408 f., 442, 455 f., 458, 471
Slins, prov. u. arr. Liège 98–100
Sofia 228
Soiron, prov. Liège, arr. Verviers 467
Soissons, dép. Aisne 299
Solignac, dép. Haute-Vienne, arr. Limoges 104, 356–359, 361–363, 365
Soumagne, prov. Liège, arr. Verviers 467
Soupy, Gem. Autreville-Saint-Lambert, dép. Meuse, arr. Verdun 324 f.
Souverain-Wandre, Gem. Wandre, prov. u. arr. Liège 454
Soye-lez-Namur, prov. u. arr. Namur 321, 323
Speyer 238 f., 241
Sprimont, prov. u. arr. Liège 87, 418, 420, 440, 454 f., 458, 466
Staaien, Stadt Sint-Truiden, prov. Limburg, arr. Hasselt 85–87
Stablo, prov. Liège, arr. Verviers 15 f., 20, 44–46, 80, 82, 100 f., 105–111, 137, 218, 223, 236 f., 242 f., 255–257, 261 f., 274, 321, 326, 334 f., 337, 341, 355 f., 359–368, 388–390, 399 f., 405, 407, 409, 415, 420, 442, 448–451, 455, 457, 460, 463, 465–472, 475, 478, 481 f., 485
Steinbach, Gem. Waimes, prov. Liège, arr. Verviers 106
Steinfeld, Kr. Schleiden 426
Stenay, dép. Meuse, arr. Verdun 229, 324, 432–435, 438
Straßburg 239, 261
Straten, Stadt Sint-Truiden, prov. Limburg, arr. Hasselt 90
Streel, Gem. Fexhe-le-Haut-Clocher, prov. Liège, arr. Waremme 450
Strohn, Kr. Daun 99
Struona vgl. Strohn
Sur le Bois, Flur bei Argenteau, prov. u. arr. Liège 443
Susteren, Prov. Limburg 78, 97, 154, 158 f., 168–172, 174, 179, 182, 222, 267, 339, 361, 414, 424 f., 442, 452, 481, 485

Tadia vgl. Tede
Tadler, Luxembourg 148

Tavier, prov. Liège, arr. Huy 323
Tede, Gem. Sint-Michielsgestel, Prov. Noordbrabant 149
Temmels, Kr. Saarburg 32 f., 35, 43
Terbiest, Stadt Sint-Truiden, prov. Limburg, arr. Hasselt 90
Terron-sur-Aisne, dép. Ardennes, arr. Rethel 105 f., 262
Tertry, dép. Somme, arr. Péronne 402, 407
Tervuren, prov. Brabant, arr. Leuven 277, 289, 321 f., 324
Terwagne, prov. Liège, arr. Huy 323
Theux, prov. Liège, arr. Verviers 420, 446, 454 f., 458, 466
Thionville, dép. Moselle 314
Tholey, Kr. St. Wendel 33–37, 55, 57, 81, 420, 441
Thommen, prov. Liège, arr. Verviers 446
Thuin, prov. Hainaut 238, 348
Tienen, prov. Brabant, arr. Leuven 187, 464
Tihange, prov. Liège, arr. Huy 231
Tilburg, Prov. Noordbrabant 144 f.
Tilice, Gem. Fexhe-Slins, prov. u. arr. Liège 446 f.
Tilleur, prov. u. arr. Liège 135, 137, 323–325
Tongern, prov. Limburg 23 f., 27 f., 75, 80, 96 f., 117, 228 f., 246 f., 285, 294, 297, 313, 316, 322, 324, 338, 465, 477, 480
– Bischofskirche vgl. Lüttich, Bischofskirche
– St. Marien 20, 330, 378
Toul 86, 237
Tourinne, prov. Liège, arr. Waremme 457
Tournai 83, 280
Tours 35, 40
Trier 33, 37, 58, 160, 172, 237, 285, 337, 348, 364, 409, 434
– Bischofskirche 52, 248, 279
– Bischöfe vgl. Milo, Modoald, Nicetius, Numerian, Rotbert
– Armenmatrikel 35
– St. Marien (St. Irminen-Oeren) 389
– St. Maximin 32, 35, 39, 57
Trognée, prov. Liège, arr. Waremme 76

Ürzig, Kr. Wittlich 160
Utrecht 165, 172, 179, 266, 268, 279, 282, 445, 461

Vailly, dép. Aisne, arr. Soissons 70
Valenciennes, dép. Nord 87, 104, 175, 277
Valencina (unbek. Kloster in Gallien) 175, 222
Val-Meer, prov. Limburg, arr. Tongeren 334
Val Saint-Lambert, Gem. Seraing, prov. u. arr. Liège 304

Vechmaal, prov. Limburg, arr. Tongeren 335
Vechten, Gem. Bunnik, Prov. Utrecht 445, 461
Velm, prov. Limburg, arr. Hasselt 76, 85f. 88, 91f., 214
Velpen, Gem. Halen, prov. Limburg, arr. Hasselt 189–193
Verdun 28, 36, 83, 237, 314, 394, 404, 479f.
– Bischofskirche 32f., 35–38, 43, 52, 81, 306, 434, 455
– Bischöfe vgl. Gisloald, Paulus, Poppo
– St. Vanne 35, 104, 394
Versines (unbek. im Haspengau) 457
Vesqueville, prov. Luxembourg, arr. Neufchâteau 324
Veulen, prov. Limburg, arr. Tongeren 381f.
Vienne 397
Vieux-Reng, dép. Nord, arr. Avesnes-sur-Helpe 408, 423
elle Vignette, Flur bei Boirs, prov. u. arr. Liège 99
Vigy, dép. Moselle, arr. Metz 394
Vijlen, Gem. Vaals, Prov. Limburg 384
Villers-le-Buillet, prov. Liège, arr. Huy 323
Villers-l'Évêque, prov. u. arr. Liège 323f., 373, 450
Villey-Saint-Étienne, dép. Meurthe-et-Moselle, arr. Toul 250
Villina (Wellen?) 183
Vilvoorde, prov. Brabant, arr. Halle-Vilvoorde 408, 423f., 456
Vindiniaco (unbek. bei Saint-Mihiel) 33
Visé, prov. u. arr. Liège 329, 335f., 464f.
Vivegnis, prov. u. arr. Liège 311, 445, 447
Vivegnis, Stadt Lüttich 304, 306, 323f.
Vlierden, Gem. Deurne, Prov. Noordbrabant 150
Voerendaal, Prov. Limburg 86
Volne vgl. Veulen
Vottem, prov. u. arr. Liège 285
Vreren, prov. Limburg, arr. Tongeren 378, 381f., 467
Vroenendael, Flur bei Eben, prov. u. arr. Liège 334
Vroenhoven, prov. Limburg, arr. Tongeren 318

Waalre, Prov. Noordbrabant 78, 141–144, 152f.
Waalhoeven, Gem. Velm, prov. Limburg, arr. Hasselt 86
Waladorp (unbek. am Niederrhein) 183
Walhorn, prov. Liège, arr. Verviers 465f.
Wandre, prov. u. arr. Liège 423, 447, 454
Wange, prov. Brabant, arr. Leuven 344
Wanne, prov. Liège, arr. Verviers 465, 467
Waroux, Gem. Alleur, prov. u. arr. Liège 334, 450
Wasseiges, prov. Liège, arr. Waremme 311, 321, 457, 463f.
Wassenberg, Kr. Geilenkirchen-Heinsberg 159
Waudrez, prov. Hainaut, arr. Thuin 408, 423
Waut, Gem. Anseremme, prov. Namur, arr. Dinant 324f.
Webbekom, prov. Brabant, arr. Leuven 191
Weißenburg vgl. Wissembourg
Wellen, Kr. Saarburg 43
Wellen, prov. Limburg, arr. Tongeren 183
Welten, Gem. Heerlen, Prov. Limburg 86
Weraert, Flur bei Rutten, prov. Liège, arr. Tongeren 379
Werden, Stadt Essen 131
Werihet, Gem. Hermalle, prov. u. arr. Liège 443–445
Wichimonhiaga (unbek. bei Verdun) 33, 35
Wihogne, prov. u. arr. Liège 285
Wikelde, Flur bei Hoepertingen, prov. Limburg, arr. Tongeren 88
Wilderen, prov. Limburg, arr. Hasselt 85, 89f.
Wilre vgl. Wolder
Winden vgl. Neerwinden
Wintelre, Gem. Vessem, Prov. Noordbrabant 151
Wintershoven, prov. Limburg, arr. Tongeren 65–72, 112–116, 120, 194, 243, 253
Wiodh (unbek. im östl. Belgien) 321
Wissembourg, dép. Bas-Rhin 102, 238–241, 260, 298, 354
Wixhou, Gem. Argenteau, prov. u. arr. Liège 443
Woinville, dép. Meuse, arr. Commercy 33
Wolder, Stadt Maastricht 381f.
Wolfbusch, Flur bei Amblève, prov. Liège, arr. Verviers 106
Wonck, prov. u. arr. Liège 23, 329f., 334, 336
Worms 239, 349, 446

Xhavée, Gem. Wandre, prov. u. arr. Liège 447
Xhendremael, prov. u. arr. Liège 450

Yernawe, Gem. Saint-Georges-sur-Meuse, prov. Liège, arr. Waremme 323f.
Yernée, prov. Liège, arr. Huy 323

Zel, Flur bei Glons, prov. u. arr. Liège 98
Zepperen, prov. Limburg, arr. Hasselt 76, 85, 87f., 90–93, 323, 403
Zerkingen (früherer Name von Sint-Truiden) vgl. Sint-Truiden
Zerkingen, Stadt Sint-Truiden 89f.

Zichen, Gem. Zichen-Zussen-Bolder, prov. Limburg, arr. Tongeren 334
Zülpich, Kr. Euskirchen 196, 349, 461f.
Zussen, Gem. Zichen-Zussen-Bolder, prov. Limburg, arr. Tongeren 334